Sozialverwaltung im aktivierenden Staat

AF815013

SPEYERER SCHRIFTEN ZUR VERWALTUNGSWISSENSCHAFT

Herausgegeben von Rainer Pitschas

Band 2

PETER LANG
Frankfurt am Main · Berlin · Bern · Bruxelles · New York · Oxford · Wien

Dieter Puschke

Sozialverwaltung im aktivierenden Staat

Die Reform der Sozialverwaltung
zwischen Aufgabenkomplexität,
bundesstaatlichen Rahmenbedingungen
und Effizienzanforderungen
am Beispiel des Landesamtes für Soziales,
Jugend und Versorgung in Rheinland-Pfalz

PETER LANG
Europäischer Verlag der Wissenschaften

Bibliografische Information Der Deutschen Bibliothek
Die Deutsche Bibliothek verzeichnet diese Publikation in der Deutschen Nationalbibliografie; detaillierte bibliografische Daten sind im Internet über <http://dnb.ddb.de> abrufbar.

Zugl.: Speyer, Dt. Hochsch. für Verwaltungswiss., Diss., 2006

ISSN 1862-250X
ISBN 3-631-53819-7

© Peter Lang GmbH
Europäischer Verlag der Wissenschaften
Frankfurt am Main 2006
Alle Rechte vorbehalten.

Das Werk einschließlich aller seiner Teile ist urheberrechtlich geschützt. Jede Verwertung außerhalb der engen Grenzen des Urheberrechtsgesetzes ist ohne Zustimmung des Verlages unzulässig und strafbar. Das gilt insbesondere für Vervielfältigungen, Übersetzungen, Mikroverfilmungen und die Einspeicherung und Verarbeitung in elektronischen Systemen.

www.peterlang.de

Wenn Reformen dauerhaft sein sollen,
so müssen sie langsam durchgeführt
werden.

Niccolò Macchavelli
Über die Reform des Staates von Florenz

Zu den Veröffentlichungen zur Verwaltungsmodernisierung in Deutschland soll mit dieser Schrift ein praxisorientierter Beitrag beigesteuert werden. Sie befasst sich mit dem Entstehen, dem Aufwuchs und der Neuordnung staatlicher Sozialaufgaben, die von den Ländern zwar in eigener Verwaltungszuständigkeit, aber überwiegend im Vollzug sozialer Bundesaufgaben geleistet werden. Die Komplexität dieses Aufgabenfeldes veranlasste zwischenzeitlich alle Bundesländer, zur Reorganisation ihrer sozialer Aufgabenfelder eigene Lösungen zu finden und ihre Landessozialverwaltungen entsprechend ihren Leitvorstellungen von Organisation und Funktionalität ihrer Landesverwaltung zu gestalten. Die Zeitfolge des Reformprozesses und die Modalitäten seiner Bewältigung in Rheinland-Pfalz belegen die Richtigkeit der These, dass ein Reformprozess dann nachhaltig wirkt, wenn er sich Zeit lässt und die Betroffenen mitnimmt.

Der Landesvollzug sozialer Leistungsaufgaben steht heute ebenso im Umbruch, wie die Sozialgesetzgebung des Bundes. Der Wechsel von der umfassenden staatlichen Fürsorge im Wohlfahrtsstaat hin zu mehr Verantwortung aller für das eigene soziale Schicksal ist zwar vollzogen; der weitere Weg und die künftigen Strukturen dieses neuen sozialen Rechtsstaates und seiner Verwaltung sind hingegen noch offen. Die Reform der Verwaltungsstrukturen für soziale Aufgaben in den Ländern ist insofern ein Spiegelbild neuer Leitbilder zur sozialen Verantwortung des Gemeinwesens für seine Mitglieder.

Ich durfte in Rheinland-Pfalz die Neuorganisation der Landessozialverwaltung seit 1994 begleiten. Die Zeit seither bedeutete für mich auch die berufliche Neuorientierung in einem Verwaltungsbereich, zu dem ich vorher kaum Berührung hatte. Dabei hat mir Herrn *Reg.-Dir. Jakob Theo Schwartz* sehr geholfen. Es wurde unabdingbar, mich mit vielen Bereichen dieses neuen Aufgabenfeldes auch wissenschaftlich zu befassen. Meine ersten Notizen hierzu bildeten den Anfang dieser Schrift. Das wissenschaftliche Rüstzeug verdanke ich vor allem der Deutschen Hochschule für Verwaltungswissenschaften in Speyer. Ich möchte deshalb im Vorwort allen denen danken, die an der Entstehung dieser Arbeit besonderen Anteil hatten und mich ermutigten, vor dem Umfang ihrer Bewältigung nicht zu kapitulieren.

Mein besonderer Dank gilt Herrn *Univ.-Prof. Dr. Rainer Pitschas*. Er gab mir die entscheidenden Impulse, um meine ersten Ergebnisse zur Reorganisation der rheinland-pfälzischen Landessozialverwaltung zu dieser Arbeit aufwachsen zu lassen. Seiner positiven Kritik und seinem Ansporn schulde ich ihren Abschluss. Er ermöglichte mir in seinen Seminaren den Blick über den Tellerrand des eigenen Wirkungskreises auf die Themenvielfalt der Verwaltungserneuerung im interdisziplinären und internationalen Bezug. Durch ihm erfuhr ich eine vorbildliche Betreuung meines Vorhabens und stetige Hilfestellung zu seiner Vollendung.

Herrn *Univ.-Prof. Dr. Carl Böhret* danke ich für die Mühe der Zweitdurchsicht meiner Arbeit. Er ermöglichte mir nach meiner langer Tätigkeit als Verwaltungspraktiker die Wiederaufnahme des Kontakts zur Deutschen Hochschule für Verwaltungswissenschaften in Speyer, der sich seit 1973 nur noch sporadisch ergeben hatte. Seinem Einsatz verdanke ich, dass ich für mein Dissertationsvorhaben an der Hochschule Gehör finden konnte.

Herr *Univ.-Prof. Dr. Holger Mühlenkamp* hat mich im Rigorosum begleitet; hierfür bin ich ihm positiv verbunden. Mein Dank gilt auch Herrn *Univ.-Prof. Dr. Klaus Lüder*, der mir den Blick für die Notwendigkeit der Wirkungsanalyse des Verwaltungshandelns schärfte.

Erst nach Abschluss meines Vorhabens wurde mir bewusst, wie wertvoll die Unterstützung meiner Familie für das Gelingen meiner Arbeit war. Dies gilt zunächst meinen beiden Kindern, Frau *cand. med. Stefanie Puschke* und Herrn *Dipl.-Kfm. Axel Puschke*, die trotz Belastung durch ihr eigenes Studium meine Arbeit kritisch durchsahen und wertvolle Korrekturhilfen gaben. Besonderer Dank gilt meiner Ehefrau *Karin Puschke*, die meinen Zeitaufwand für diese Arbeit nie in Frage stellte, sondern mich ermunterte, sie zum Abschluss und zu einem guten Ergebnis zu bringen. Ihr widme ich diese Arbeit.

Inhaltsverzeichnis

A: Einführung

Problemstellung und Ziel der Untersuchung

I. Sozialrecht im Wandel

Das Sozialrecht der Bundesrepublik Deutschland ist seit den 1990er Jahren einem Veränderungsprozess unterworfen, dessen Bedeutung und Tragweite, aber auch dessen Bestand und Akzeptanz heute noch nicht eingeschätzt werden kann. Unter dem Rubrum der Reform oder des Umbaus des Sozialstaates brachten die Bundesregierungen bereits kurze Zeit nach der Wiedervereinigung Deutschlands sozialrechtliche Reformvorhaben in den Gesetzgebungsgang des Deutschen Bundestages seit seiner 13. Wahlperiode ein, die weite Bereiche der in der Geschichte der Bundesrepublik Deutschland gewachsenen Sozialgesetzgebung zunächst veränderten und sodann seit der 15. Wahlperiode des Deutschen Bundestages durch grundlegende Umgestaltung ihrer Strukturprinzipien neu fassten.[1]

Umfassende Würdigungen dieser Gesetzgebung durch die sozialrechtliche Literatur liegen noch nicht vor; erste Kommentierungen werten sie allerdings als grundlegenden Umbau des Sozialstaates, der überfällig gewesen sei und einen Paradigmenwechsel in der Sozialgesetzgebung eingeleitet habe.[2] Diese Gesetze sind Ausdruck einer Neudefinition von sozialer Sicherheit in Deutschland, mit der der Sozialstaat versucht, eine Antwort auf die Überforderung der sozi-

---

[1] Beispiele sind das Gesetz zur Modernisierung der gesetzlichen Krankenversicherung vom 14.11.2003 (BGBl. I. S. 2190), das Dritte Gesetz für moderne Dienstleistungen am Arbeitsmarkt vom 23.12.2003 (BGBl. I S. 2848), das Vierte Gesetz für moderne Dienstleistungen am Arbeitsmarkt vom 24.12.2003 (BGBl. I. S. 2954) und das Gesetz zur Einordnung des Sozialhilferechts in das Sozialgesetzbuch vom 27.12.2003 (BGBl. I S. 3022), mit denen binnen weniger Wochen im Deutschen Bundestag das Recht der Arbeitsförderung, das Recht der gesetzlichen Krankenversicherung und das Recht der Sozialhilfe grundlegend geändert wurden. Zum Ersten und Zweiten Gesetz für moderne Dienstleistungen am Arbeitsmarkt vgl. GRAHN, BJÖRN; SCHMIDT, BENJAMIN: *Änderungen im Sozialrecht durch die „Hartz-Gesetze“*, in: SGb 2003, S. 207 ff.; PITSCHAS, RAINER: *Die Zukunft der sozialen Sicherungssysteme*, in: VVDStRL 64, S. 123, ff.

[2] BUTZER, HERMANN: *Verfassungsrechtliche Anmerkungen zum GKV-Modernisierungsgesetz*, in: MedR 2004, S. 177 ff.; MROZYNSKI, PETER: *Paradigmenwechsel in der Sozialgesetzgebung*, in: Bayerische Sozialnachrichten 3/ 2004, S. 3 ff.; PREIS, ULRICH; KELLERMANN, BRITTA: *Reform des Sozialstaats zwischen Sozialstaatsprinzip und Grundrechtsschutz*, in: SGb 2004, S. 329 ff.; ROTHKEGEL, RALF: *Sozialhilferecht im Umbruch*, in: ZFSH/ SGB 2004, S. 396 ff.; STORR, MICHAEL: *„Neuorganisation der Sozialen Sicherungssysteme“*, in: SGb 2004, S. 279

alen Sicherungssysteme durch stetig steigende Leistungsausgaben bei fortschreitendem Rückgang von Beitrags- und Steuerleistungen zu finden.

Der während des 20. Jahrhunderts intakte Sozialkompromiss zwischen Staat und Gesellschaft ist einer neuen Spannung zwischen Sozialpolitik und Bürgergesellschaft gewichen, deren Auflösung noch offen ist.[3] Die Frage nach der Reichweite sozialer Solidarität führt zu den Konturen eines neuen Verständnisses vom sozialen Rechtsstaat, der sich vom sozialen Interventionsstaat hin zu einem sozialen Rechtsstaat wandelt, welcher auf einem Verbund von vorrangiger individueller Selbstverantwortung für den eigenen sozialen Risikoschutz und staatlich organisiertem, aber nachrangigen gesellschaftlichem Sozialschutz aufbaut. Der „aktivierende“ Sozialstaat beansprucht, Sozialleistungen bedarfs- und zielgenau zu erbringen und bindet die Empfänger von Sozialleistungen und ihr Engagement für ihre soziale Sicherung als Verantwortungspartner ein.[4]

Auslöser dieser Neuausrichtung sozialer Solidarität war die negative Entwicklung der Staatsfinanzen in Deutschland, deren Dimension bei der Bereitstellung sozialer Leistungen besonders deutlich wird. So werden die Ausgaben des Bundes nach den Feststellungen des Bundesrechnungshofs zunehmend von den Sozialausgaben und den Zinsausgaben für Kredite bestimmt. Im Bundeshaushalt 2003 entfielen fast 46 Prozent der Gesamtausgaben auf den Sozialbereich.[5] Bei den rheinland-pfälzischen Gemeinden und Gemeindeverbänden nahmen die Sozialausgaben in 2003 nach den Personalausgaben mit 1.343 Mio. € die zweithöchste Ausgabenposition ein.[6] Diese finanzielle Krisensituation ist in ihrem Grundtatbestand zwar in allen modernen Indust-

---

[3] BUTTERWEGGE, CHRISTOPH: *Krise und Zukunft des Sozialstaates*, Wiesbaden 2005, S. 75 ff.; STOLLEIS, MICHAEL: *Geschichte des Sozialrechts in Deutschland*, Stuttgart 2003, S. 332 ff.

[4] PITSCHAS, RAINER: *Das sozialrechtliche Verwaltungsverfahren im „aktivierenden“ Sozialstaat. Verfahrensrechtliche Konsequenzen der staatlichen Verantwortungspartnerschaft mit der Bürgergesellschaft*, in: Wulffen, Matthias von; Krasney, Otto Ernst (Herausg.): *Festschrift 50 Jahre Bundessozialgericht*, Köln, Berlin, München 2004, S. 766 ff., derselbe, *Die Zukunft der....*, a. a. O., S. 124 f.

[5] BUNDESRECHNUNGSHOF: *Bemerkungen 2003 zur Haushalts- und Wirtschaftsführung des Bundes*, Bonn 2003, S. 13 (verfügbar unter www.bundesrechnungshof.de/download/ bemerkungen_2003.pdf, eingesehen am 10.09.2004); zur Situation nach Abschluss der Gesetzgebung des Bundes zur sozialen Entschädigung, Hilfe und Versorgung in den 1970er Jahren ABELSHAUSER, WERNER: *Deutsche Wirtschaftsgeschichte seit 1945*, Bonn 2004, S. 439 f.

[6] RECHNUNGSHOF RHEINLAND-PFALZ: *Kommunalbericht 2003*, Speyer 2004, S. 5, 16

riestaaten zu beobachten;[7] der besonderen Entwicklung Deutschlands zum sozialen Interventionsstaat bis in die 1990er Jahre wird aber nun aufgrund der defizitären Situation öffentlicher Haushalte in der Sozialpolitik eine bewusste Distanz entgegengesetzt.[8]

Diese sozialpolitische Umorientierung vollzieht sich parallel zu einer Modernisierung auf allen Ebenen der staatlichen Verwaltung und der Kommunalverwaltung, die in Deutschland seit den 1980er Jahren stattfindet.[9] Sie erfasste die Sozialverwaltungen der Länder in besonderer Weise. Ihre Organisationsstrukturen wuchsen nach Inkrafttreten der wesentlichen Teile der heutigen Sozialgesetzgebung durch Hinzufügen neuer Organisationseinheiten mit zusätzlichen Aufgaben zu den bisherigen Verwaltungssystemen auf. Dies führte zu andauerndem Wachstum sowohl von Ausgaben als auch von Verwaltungsaufgaben sowie zu einer immer komplexeren Aufbau- und Ablauforganisation dieser Verwaltungseinheiten.[10] Ursächlich war ein Zusammenwirken von Faktoren, die bereits in den 1970er Jahren einwirkten und sich in den 1990er Jahren nach Wiedererlangung der deutschen Einheit und dem Fortfall der Ost-West-Konfrontation verstärkten.

Ein Auslöser war die ungünstige demographische Entwicklung mit zunehmender Alterung der Bevölkerung in Deutschland, die bereits in den 1970er Jahren einsetzte und zunächst durch Zuwanderungen abgemildert werden konnte.[11] Sie ging einher mit einer Abnahme früher noch intakter interfamiliärer sozialer Absicherungen, die durch stärkere Inanspruchnahme öffentlicher

---

[7] BUTTERWEGGE, *Krise und Zukunft....*, a. a. O., S. 25 ff.; KÖNIG, KLAUS: *„Neue" Verwaltung oder Verwaltungsmodernisierung: Verwaltungspolitik in den 90er Jahren*, in: DÖV 1995, S. 356 f.

[8] PITSCHAS, RAINER: *Kommunale Sozialpolitik*, in: Maydell, Bernd Baron von; Ruland, Franz (Herausg.): *Sozialrechtshandbuch (SRH)*, 3. Aufl., Baden-Baden 2003, S. 1299 f.

[9] KLAGES, HELMUT: *Zwischenbilanz der Verwaltungsmodernisierung in Deutschland*, in: VuM 1997, S. 132 ff.; KÖNIG, KLAUS: *Verwaltungsmodernisierung im internationalen Vergleich*, in: DÖV 1996, S. 93 ff.; PITSCHAS, RAINER: *Verwaltungsmodernisierung und Verwaltungsrecht im „schlanken Staat"*, in: VuM 1996, S. 4 ff.; derselbe, *Aspects of Max Weber's Theory of Bureaucracy and New Public Management Approach*, in: The Indian Journal of Public Administration, Vol. XXXIX (1993), S. 647 ff.

[10] KLAGES, HELMUT: *Wie sieht die Verwaltung der Zukunft aus?*, in: VR 1995, S. 2 unter Verweis auf die von *Niklas Luhmann* so genannte „Anbaustrategie"; derselbe: *Erforderlicher Umbau ministerieller Strukturen*, in: VOP 10/1997, S. 10 f. zum Wachstum der Ministerialbürokratie

[11] DEUTSCHER BUNDESTAG (Herausg.): *Bericht der Enquête-Kommission „Demographischer Wandel –Herausforderung unserer älter werdenden Gesellschaft an den Einzelnen und die Politik"*, BT-Drs. 14/8800 vom 28.03.2002, S. 15 ff.; vgl. auch ABELSHAUSER, *Deutsche Wirtschaftsgeschichte seit....*, a. a. O., S. 315 ff.

sozialer Sicherungssysteme zu kompensieren waren. Hinzu kam eine Verschlechterung der wirtschaftlichen Rahmenbedingungen infolge des Wegbrechens früherer Absatzmärkte in Osteuropa und eines verschärften Wettbewerbsdrucks durch die Globalisierung. Sie schlug sich in steigender Arbeitslosigkeit und einer Veränderung der Erwerbsarbeit durch Lockerung bisheriger fester Bindungen zwischen Arbeitgebern und Arbeitnehmern nieder.[12] Die hierdurch entstehende Überlastung der sozialen Sicherungssysteme begegnete einer Verringerung der Staatseinnahmen, die zur vom Bundesrechnungshof festgestellten Strukturkrise der öffentlichen Finanzen aufwuchs.[13] Schließlich trug die Verlagerung bisheriger nationalstaatlicher Funktionen, Kompetenzen und Gestaltungsmöglichkeiten auf die Europäische Union dazu bei, den Modernisierungsdruck auch auf die Landessozialverwaltungen als Verwaltungsträger für bundesstaatliche Sozialleistungsvorgaben[14] zu erhöhen.[15]

II. Neues öffentliches Management als Masterplan zur Verwaltungsmodernisierung

Die öffentliche Verwaltung durchlief in Deutschland zwar bereits seit den 1920er Jahren[16] und in neuerer Zeit seit den 1960er Jahren Reformen, die sie strukturell und funktional veränderten.[17] Die finanzielle Mangelsituation der öffentlichen Haushalte durch schrumpfende Einnahmen und überdehnte Sozialsicherungssysteme führte allerdings gegenüber diesen früheren Strukturre-

---

[12] BUDÄUS, DIETRICH; FINGER, STEFANIE: *Stand und Perspektiven der Verwaltungsreform in Deutschland*, in: Die Verwaltung 1999, S. 314; HAUSER, RICHARD: *Zukunft des Sozialstaats*, in: Maydell, Bernd Baron von; Ruland, Franz (Herausg.): *Sozialrechtshandbuch (SRH)*, 3. Aufl., Baden-Baden 2003, S. 206 ff.

[13] So auch BUDÄUS, DIETRICH: *Public Management: Konzepte und Verfahren zur Modernisierung öffentlicher Verwaltungen*, 4. Aufl., Berlin 1998, S. 13 ff.; LÜDER, KLAUS: *„Triumph des Marktes im öffentlichen Sektor" – Einige Anmerkungen zur aktuellen Verwaltungsreformdiskussion–*, in: DÖV 1996, S. 94

[14] BUDÄUS/ FINGER, *Stand und Perspektiven....*, a. a. O., S. 314; HAUSER, *Zukunft des Sozialstaats*, a. a. O., S. 199 ff.

[15] EICHENHOFER, EBERHARD: *Tragweite europäischen Sozialrechts für das deutsche Sozialrecht*, in: Wulffen, Matthias von; Krasney, Otto Ernst (Herausg.): *Festschrift 50 Jahre Bundessozialgericht*, Köln, Berlin, München 2004, S. 850 ff.

[16] FROTSCHER, WERNER: *Organisation der Reichsverwaltung und der Länderverwaltungen einschließlich der Vorschläge zur Reichsreform*, in: Jeserich, Kurt G. A.; Pohl, Hans; Unruh, Georg-Christoph von (Herausg.): *Deutsche Verwaltungsgeschichte*, Bd. 4, Stuttgart 1985, S. 113 f.; WAGENER, FRIDO: *Neubau der Verwaltung*, 2. Aufl., Berlin 1974, S. 104 ff.

[17] WAHL, RAINER: *Die Organisation und Entwicklung der Verwaltung in den Ländern und in Berlin*, in: Jeserich, Kurt G. A.; Pohl, Hans, Unruh, Georg Christoph von (Herausg.): *Deutsche Verwaltungsgeschichte*, Bd. 5, Stuttgart 1987, S. 230 ff.

formen auch international zu einer neuen Art der Verwaltungserneuerung. Sie war durch eine Ökonomisierung der öffentlichen Verwaltung geprägt, bei der der Kostendeckungsgrad der öffentlichen Leistungserstellung unter dem Signum des „New Public Management" Priorität erhielt.[18] Diese neue Ökonomisierungsstrategie leitete umfangreiche Reorganisationsmaßnahmen in öffentlichen Verwaltungen der westlichen Industrienationen durch Deregulierung, Privatisierung und Subventionsabbau ein, die auch in Deutschland die Modernisierungsdiskussion unter Leitbildbegriffen von staatlichem Handeln beeinflusste.[19]

Die Neuausrichtung der Verwaltungsmodernisierung nach volks- und betriebswirtschaftlichen Gesichtspunkten wurde in den 1990er Jahren zuerst von den deutschen Kommunen als „Neues Steuerungsmodell" aufgegriffen und in Handlungskonzepte umgesetzt.[20] Diese Konzeption beinhaltet neben dem Streben nach betriebsbezogener Wirtschaftlichkeit und Zweckorientierung die Anpassungsfähigkeit öffentlicher Verwaltungen an komplexe und dynamische Umweltsituationen.[21] Die programmatischen Ansätze dieser ökonomischen Verwaltungsmodernisierung sind vielschichtig und fassen den Wandel der bürokratischen Verwaltung zur postmodernen Verwaltung[22] unter den Begriffen „Reinventing Government",[23] „wirkungsorientiertes Verwaltungshandeln"[24] oder Public Management[25] zusammen.[26]

---

[18] Zu den internationalen Dimensionen KÖNIG, KLAUS: *Rückzug des Staates – Privatisierung der öffentlichen Verwaltung*, in: DÖV 1998, S. 964; derselbe, *„Neue" Verwaltung oder....*, a. a. O., S. 350 ff.; derselbe, *Verwaltungsmodernisierung im internationalen....*, a. a. O., S. 265 f.;

[19] NASCHOLD, FRIEDER: *Produktivität öffentlicher Dienstleistungen*, in: Naschold, Frieder; Pröhl, Marga (Herausg.): *Produktivität öffentlicher Dienstleistungen*, 3. Aufl., Gütersloh 1994, S. 368 ff.; PENSKI, ULRICH: *Staatlichkeit öffentlicher Verwaltung und ihre marktmäßige Modernisierung*, in: DÖV 1999, S. 85 f.

[20] BUDÄUS/ FINGER, *Stand und Perspektiven....*, a. a. O., S. 328 f.; HILL, HERMANN: *Potentiale und Perspektiven der Verwaltungsmodernisierung*, in: Lüder, Klaus (Herausg.): *Öffentliche Verwaltung der Zukunft*, Berlin 1998, S. 129; KLAGES, *Zwischenbilanz der Verwaltungsmodernisierung....*, a. a. O., S. 132; JANN, WERNER: *Neues Steuerungsmodell*, in: Blanke, Bernhard; Bandemer, Stephan von; Nullmeier, Frank; Wewer, Göttrik: *Handbuch zur Verwaltungsreform*, Opladen 1998, S. 73 ff.

[21] LÜDER, *„Triumph des Marktes...."*, a. a. O., S. 94

[22] PITSCHAS, *Verwaltungsmodernisierung, Dienstrechtsreform und neues Personalmanagement*, in: Die Verwaltung 1999, S. 1 ff.

[23] OSBORNE, DAVID; GAEBLER, TED: *Der innovative Staat (Reinventing Government)*, Wiesbaden 1997, S. 34 ff.

[24] SCHEDLER, KUNO; PROELLER, ISABELLA: *New Public Management*, Bern, Stuttgart, Wien 2000, S. 59 ff.

In diesem Kontext hat sich das neue öffentliche Management[27] in Deutschland als Sammelbegriff für eine betriebswirtschaftliche Ausrichtung der öffentlichen Verwaltungstätigkeit durch eine Vielzahl von Reformelementen und Entwicklungen herausgebildet. Er beinhaltet die Abkehr von dem von *Max Weber* als rationale Ausübung legaler Herrschaft durch Regelbindung, Gleichbehandlung und Kontrollierbarkeit geprägten Bürokratiebegriff[28] hin zu einer Verwaltung, die Managementtechniken privater Unternehmungen anwendet und vielschichtige Organisationsformen und Steuerungsinstrumente öffentlicher Aufgabenerfüllung nutzt, um Handlungs- und Gestaltungsspielräume sowohl bei der politischen Leitungsebene als auch auf der Vollzugsebene zurück zu gewinnen.[29]

Das neue öffentliche Management zielt auf die Veränderung der Organisationsstrukturen von Verwaltungseinheiten ab, das so in das Regelgeflecht eingreift, welches für die Handelnden im Rahmen der Organisation die Geschäftsgrundlage darstellt.[30] Dies bedeutet Umgestaltung von Zuständigkeiten und Entscheidungskompetenzen sowohl der Entscheidungseinheiten mit ihren Aufgaben und Teilaufgaben als auch der Aufgabenverteilung und Handlungskompetenz. [31] Seine Inhalte wurden zum Masterplan der Modernisierung der rheinland-pfälzischen Landesverwaltung.[32] An ihr war das Ministerium für

---

[25] REICHARD, CHRISTOPH: *Interdependenzen zwischen Öffentlicher Betriebswirtschaftslehre und Public Management*, in: Bräunig, Dietmar; Greiling, Dorothea (Herausg.): *Stand und Perspektiven der Öffentlichen Betriebswirtschaftslehre*, Berlin 1999, S. 48 ff.

[26] Vgl. SCHRÖTER, ECKHART; WOLLMANN, HELLMUT: *New Public Management*, in: Blanke, Bernhard; Bandemer, Stephan von; Nullmeier, Frank; Wewer, Göttrik: *Handbuch zur Verwaltungsreform*, Opladen 1998, S. 68 ff.

[27] Vgl. KÖNIG, KLAUS: *Öffentliches Management und Governance als Verwaltungskonzepte*, in: DÖV 2001, S. 618

[28] Vgl. die Zusammenfassung bei BLANKART, CHARLES BEAT: *Öffentliche Finanzen in der Demokratie*, 4. Aufl., München 2001, S. 482 f.; KIESER, ALFRED: *Max Webers Analyse der Bürokratie*, in: Kieser, Alfred (Herausg.): *Organisationstheorien*, 5. Aufl., Stuttgart 2002, S. 46 ff.

[29] BUDÄUS, DIETRICH: *Von der bürokratischen Steuerung zum New Public Management – eine Einführung*, in: Budäus, Dietrich; Conrad, Peter; Schreyögg, Georg (Herausg.): *New Public Management*, Berlin, New York 1998, S. 3 f.; detailliert REINERMANN, HEINRICH: *Neues Politik- und Verwaltungsmanagement: Leitbild und theoretische Grundlagen*, Speyerer Arbeitshefte 130, Speyer 2000, S. 23 ff.

[30] Zu den Elementen bürokratischer Organisationen MAYNTZ, RENATE: *Soziologie der öffentlichen Verwaltung*, 4. Aufl., Heidelberg 1997, S. 110 f.

[31] Zur Organisationsstruktur SCHMIDT-PREUß, MATTHIAS: *Steuerung durch Organisation*, in: DÖV 2001, S. 47

[32] VORAN: Schriften zur Verwaltungsmodernisierung in Rheinland-Pfalz, Heft 3: *Verwaltungsmodernisierung nach dem Vorbild der Wirtschaft*, Mainz 3/ 1996, S. 14 ff.

Arbeit, Soziales und Gesundheit mit seinem gesamten nachgeordneten Geschäftsbereich von Beginn der Modernisierungsmaßnahmen an beteiligt.[33] Aus Teilen dieses Geschäftsbereichs entstand 1996 das Landesamt für Soziales, Jugend und Versorgung.

III. Landessozialverwaltung im Schnittpunkt von Sozialrechtsumbau und Verwaltungsmodernisierung

Der grobe Abriss zu den Anstößen für die derzeitige Reform vieler Sozialgesetze in Deutschland und zu den Inhalten der Modernisierung der öffentlichen Verwaltung auf allen Wirkungsebenen zeigte Entwicklungen auf, die unabhängig voneinander begannen und verlaufen, aber dennoch miteinander verwoben sind. Dabei ging die Initiative zur Erneuerung von der exekutiven Ebene aus und verwirklichte sich zunächst im Umbau von Kommunalverwaltungen nach den Grundsätzen des Neuen Steuerungsmodells.[34] Seine Grundzüge setzten sich in Verwaltungsreformen auf der Ebene aller Länder fort[35] und werden am Beispiel der Sozialverwaltungen von vier Ländern in dieser Arbeit nachgezeichnet. Die Gestaltung dieser Reformen traf bei den Landessozialverwaltungen auf die auf Bundesebene eingeleitete und bis Ende 2003 in wichtigen Teilbereichen des Sozialrechts vollzogenen Reformgesetzgebung. Auf diese Weise trafen Wirkungsebenen in den Sozialverwaltungen der Länder zusammen, die sich selbst im Umbau befanden und neben den internen Modernisierungsmaßnahmen die Reformgesetzgebung des Bundes in ihrem Zuständigkeitsbereich zu vollziehen hatten. Diese Situation gleicht eher einem Reifenwechsel bei voller Fahrt als der Reparatur eines Autos in einer Fachwerkstatt. Dass sie in Rheinland-Pfalz dennoch zu einem guten Ende geführt werden konnte, ist dem besonderen Engagement zu verdanken, welches die Mitarbeiter dieser Verwaltungen bei der Umgestaltung ihrer Arbeitsbereiche einbrachten.[36]

---

[33] VORAN: Schriften zur Verwaltungsmodernisierung in Rheinland-Pfalz, Heft 2: *Auf gutem Weg zur modernen Verwaltung*, Mainz 12/ 1995, S. 28 ff.

[34] EICHHORN, PETER; FRIEDRICH, PETER; JANN, WERNER; OECHSLER, WALTER A.; PÜTTNER, GÜNTER; REINERMANN, HEINRICH (Herausg.): *Verwaltungslexikon*, 3. Aufl., Baden-Baden 2003, Stichwort: Neues Steuerungsmodell; SCHUPPERT, GUNNAR FOLKE: *Verwaltungswissenschaft*, 1. Aufl., 2000, S. 951 ff.

[35] Beispielhaft hierfür ist das Verwaltungsreform-Grundsätze-Gesetz des Landes Berlin, das bei SCHUPPERT, *Verwaltungswissenschaft*, a. a. O., S. 952 ff. wiedergegeben ist.

[36] Aus Gründen der besseren Lesbarkeit wird auf die im behördlichen Schriftverkehr vorgeschriebene geschlechtsneutrale Sprache verzichtet, wonach bei personenbezogenen Begriffen sowohl die männliche als auch die weibliche Form aufgeführt werden soll. Im folgenden Text sind selbstverständlich bei Benennung dieser Begriffe auch die jeweils weiblichen Begriffsbildungen inbegriffen.

Auch das Zeitfenster der Entwicklung und Umsetzung der Reformgesetzgebung im Sozialsektor und der parallel hierzu stattfindenden Verwaltungsmodernisierung in den Ländern war eng. Es reichte auf Bundesebene von der Neuausrichtung von Staat und Verwaltung nach dem Leitbild des „aktivierenden Staates" im Jahr 1998[37] bis zum vorläufigen Ende im Jahr 2003, innerhalb dessen die Sozialgesetzbücher II, IX und XII verabschiedet und die Sozialgesetzbücher III und V grundlegend umgestaltet wurden.[38] In Rheinland-Pfalz reichte es bei der Modernisierung der Landessozialverwaltung von 1994, als im Auftrag der Landesregierung eine Verwaltungsmodernisierungskommission ihre Arbeit aufnahm,[39] bis 2001, als die Landesregierung ihren Bericht zur Neuorganisation der Landessozialverwaltung vorlegte.[40]

Ziel dieser Arbeit ist es, die Ursachen und Bedingungen nachzuzeichnen, unter denen sich die Reform der rheinland-pfälzischen Landessozialverwaltung vollzog. Dabei sind die bundesstaatlichen Rahmenbedingungen als die Vorgaben aufzuzeigen, die ihr Verwaltungshandeln bestimmen und als sozialrechtliche Fachverwaltung prägen. In ihrer Ausgestaltung als Bündelungsbehörde des Landes im sozialrechtlichen Leistungsvollzug und als Überwachungsbehörde über private Leistungserbringer ist sie in besonderer Weise den Effizienzanforderungen ausgesetzt, die durch Leitbilder staatlichen Handelns vorgegeben werden.

Diese Vorgaben erhält sie heute vom Leitbild des aktivierenden Staates, das gegenüber früheren Vorgaben für Staatstätigkeit eine neue Balance zwischen staatlichen Pflichten, aktivierender Eigeninitiative der Gesellschaft und gesellschaftlichem Engagement und damit eine neue Verantwortungsteilung zwischen Staat und Gesellschaft herstellen will.[41] Ich möchte mit ihr auch aufzeigen, welche sozialrechtlichen Vorgaben zur Entstehung, Prägung und Veränderung eines Segments staatlicher Verwaltung führten, das im föderalen Verwaltungsgefüge als Aufgabenträger zur Verwirklichung des Sozialstaatsgebots nach Art. 20 Abs. 1 GG den Landesvollzug der Sozialgesetzgebung

---

[37] Vgl. BUNDESMINISTERIUM DES INNEREN (Herausg.): *Moderner Staat – Moderne Verwaltung. Das Programm der Bundesregierung*, Berlin 1999, S. 7

[38] Zusammenfassung bei BUTTERWEGGE, *Krise und Zukunft....*, a. a. O., S. 188 ff.

[39] Vgl. VORAN, Heft 2, a. a. O., S. 45 ff. zur Zusammensetzung der Kommission

[40] VORAN: Schriften zur Verwaltungsmodernisierung in Rheinland-Pfalz, Heft 13: *Bericht über die Neuorganisation der Landessozialverwaltung im Geschäftsbereich des Ministeriums für Arbeit, Soziales und Gesundheit*, Mainz 1/ 2001, S. 7 ff.

[41] BUNDESMINISTERIUM DES INNEREN (Herausg.), *Moderner Staat – moderne....*, a. a. O., S. 8; RUPP, HANS HEINRICH: *Die Unterscheidung von Staat und Gesellschaft*, in: Isensee, Josef; Kirchhof, Paul (Herausg.): *Handbuch des Staatsrechts der Bundesrepublik Deutschland*, Bd. II, Heidelberg 2004, S. 921

des Bundes sicherzustellen hat. Unter diesem Blickwinkel eröffnet sich in der Themenstellung ein Mikrokosmos der Fragestellungen und Problemlagen, die im Zusammenhang mit der Reform des Föderalismus in Deutschland und der Verantwortungsteilung zwischen dem Bund, den Ländern und den Kommunen erörtert werden.[42]

Aufbau der Arbeit

Die vorliegende Arbeit enthält neben den Kapiteln „Einführung" sowie „Zusammenfassung und Thesen" zwei Hauptteile, die ich kurz vorstellen möchte:

IV. Erster Teil: Strukturen der Landessozialverwaltung im aktivierenden Staat

Der erste Teil der Arbeit stellt die verfassungs- und sozialrechtlichen Grundlagen für die Organisation und die Aufgabenwahrnehmung der rheinland-pfälzischen Landessozialverwaltung vor dem Hintergrund des aktuellen Leitbildes zur Rolle des Staates und seiner Verwaltung dar. Die Bestandsaufnahme ist um Perspektiven künftiger Gestaltung der Aufgabenwahrnehmung ergänzt.

In Kapitel 1 wird vor dem Hindergrund des Leitbildes vom aktivierenden Staat zunächst auf die Funktion von Leitbildern staatlichen Handelns als Ausdruck seines Aufgabenverständnisses und seines Handelns eingegangen. Sie wird den Staatszwecken und Staatszielen des Grundgesetzes gegenübergestellt. Es folgt die Darstellung der verfassungsrechtlichen Grundlagen für die Verwaltungszuständigkeiten der Länder im Sozialrecht und die Einflüsse des Rechts der Europäischen Union auf diese Kompetenzzuordnung. Das Kapitel schließt mit der Erörterung der rheinland-pfälzischen Landeszuständigkeiten im sozialen Entschädigungsrecht, der Kriegsopferfürsorge, der Sozialhilfe, der Kinder- und Jugendhilfe, des Teilhaberechts behinderter Menschen, im öffentlichen Gesundheitswesen, der Arbeitsmarktförderung und weiterer sozialrechtlicher Landeszuständigkeiten ab. Dabei wird auch auf die inhaltliche Gewichtung der Aufgaben eingegangen.

Kapitel 2 befasst sich mit der Entwicklung des Rechts der sozialen Entschädigung, der Kriegsopferfürsorge, der Sozialhilfe und der Kinder- und Jugendhilfe seit seiner Differenzierung aus der Armenhilfe des 19. Jahrhunderts. Schwerpunkt der Darstellung ist die Einflussnahme dieser Sozialrechtsbereiche auf die Verwaltungsbehörden, die mit ihrem Vollzug beauftragt wurden.

---

[42] So beispielsweise PITSCHAS, *Kommunale Sozialpolitik*, a. a. O., S. 1301 f.; WILMS, HEINRICH: *Überlegungen zur Reform des Föderalismus in Deutschland*, in: ZRP 2003, S. 87 f.

Dabei sollen die historischen Hintergründe der heutigen Behördenzuständigkeiten für diese Rechtsgebiete deutlich gemacht werden.

Kapitel 3 setzt die als Rückblick auf seine Entwicklung angelegte Darstellung mit dem Recht der Teilhabesicherung für behinderte Menschen, das öffentliche Gesundheitswesen und die Heimaufsicht fort. Auch hier liegt der Schwerpunkt bei der Steuerungsfunktion dieses sozialen Aufgabenbereichs auf die Organisation und Aufgabenwahrnehmung seiner Behörden. Sie wird ergänzt um die Darstellung der Regelungsformen und der Beeinflussung staatlicher Überwachungstätigkeit gegenüber nichtstaatlichen Akteuren als Arbeitgeber, Produzenten, Heimbetreibern oder Angehörigen staatlich gebundener Berufe.

In Kapitel 4 werden die organisatorischen Rahmenbedingungen skizziert, die den Aufbau einer Landessozialverwaltung beeinflussen. Ausgangspunkt der Betrachtung ist die Funktion der sozialrechtlichen Teilbereiche als Leistungs-, Verfahrens- und Steuerungsrecht für Verwaltungsorganisation, Verwaltungsverfahren und Aufgabenverständnis seiner Amtswalter. Die Darstellung schließt die Grundbegriffe und Grundmuster der Organisation von Landesverwaltungen ein und nimmt auch auf ihre Verwaltungstraditionen Bezug.

V. Zweiter Teil: Die rheinland-pfälzische Landessozialverwaltung – Vergleich, Entwicklung, Perspektiven

Teil 2 der Arbeit befasst sich mit dem Vergleich der Landessozialverwaltungen von Rheinland-Pfalz, Bayern, Nordrhein-Westfalen und Sachsen-Anhalt in ihren geschichtlichen Bezügen. Weiterhin wird die Entstehung der heutigen Organisationsstruktur des Landesamtes für Soziales, Jugend und Versorgung in verwaltungsbetriebswirtschaftlicher Fragestellung erörtert und auf Möglichkeiten der Auslagerung bisheriger Sozialverwaltungsaufgaben auf private Träger eingegangen.

Kapitel 5 stellt die Landessozialverwaltungen von Rheinland-Pfalz, Bayern, Nordrhein-Westfalen und Sachsen-Anhalt gegenüber. Aus der Darstellung der Entstehung dieser Länder und ihrer sozialen Verwaltungsbereiche werden die geschichtlichen Hintergründe der heutigen Strukturen und ihr Zusammenwachsen zu den heutigen Organisationsformen aufgezeigt. Dabei sollen auch die Besonderheiten sozialrechtlicher Entwicklungen in den vier Ländern skizziert werden, die repräsentativ für eine Besatzungszone nach 1945 in Deutschland stehen.

Das Kapitel 6 befasst sich mit der binnenorganisatorischen Entwicklung der Landessozialverwaltung von Rheinland-Pfalz im Zeitfenster seiner jüngsten Verwaltungsreform. Ausgehend von den Leitbegriffen des neuen öffentlichen Managements werden die Schwerpunkte der Darstellung durch die verwaltungsbetriebswirtschaftlichen Elemente der Organisationsgestaltung und die personalwirtschaftlichen Besonderheiten im Reorganisationsprozess gebildet. Sie werden ergänzt um die Einwirkung der eingeführten Informations- und Kommunikationstechnik auf die Ablauforganisation der Verwaltung und ihre hierarchischen Strukturen, die zu einer Neuordnung der Beziehungen und Abhängigkeiten im Verwaltungsprozess geführt haben und neue Arbeitsformen, wie Teamarbeit, ermöglichen. Schließlich wird auf die Notwendigkeit der Einführung einer Kosten- und Leistungsrechnung auf der Grundlage doppischer Buchführung im Landesamt und den Prozess zur Erstellung eines Leitbildes als Grundlage zur Bildung einer neuen Verwaltungskultur eingegangen.

In Kapitel 7 wird das Potential der rheinland-pfälzischen Landessozialverwaltung sowohl in Bezug auf die Auslagerung von Verwaltungsleistungen als auch zur organisatorischen Weiterentwicklung untersucht. Dabei wird eine Bestandsaufnahme der Verantwortungsteilung der Landessozialverwaltung mit dem Wirkungskreis des Dritten Sektors in dem sozialen Leistungsbereich vorgenommen, für den die Gewährleistungsverantwortung in Landesträgerschaft liegt und der in partnerschaftlicher Zusammenarbeit unter jeweils eigener Zielsetzung wahrgenommen wird. Sie wird um die Bereiche ergänzt, in denen das Landesamt im öffentlichen Gesundheitswesen mit Privaten kooperiert. Eine Darstellung der Möglichkeiten zur Auslagerung von Vollzugsaufgaben auf Dritte, zur Finanzierung von Verwaltungsleistungen durch Gebühren und zur Weiterentwicklung der Organisation des Geschäftsbereichs als virtuelle Organisation mit flächendeckenden und bürgernahen Anlaufstellen schließt das Kapitel ab.

In der 24 Thesen umfassenden Zusammenfassung der Arbeit möchte ich zur Entwicklung der Landessozialverwaltung vor dem Hintergrund der Erfahrungen in Rheinland-Pfalz Stellung beziehen und versuchen, weitere Möglichkeiten ihrer Fortentwicklung aufzuzeigen.

VI. Bemerkungen zu den Inhalten der Arbeit

In den nachfolgenden Kapiteln werden nicht nur Erkenntnisse aus der Literatur zur Reorganisation der Landessozialverwaltungen in der Bundesrepublik Deutschland verarbeitet. Es werden auch verwaltungsinterne Dokumente sowie Berichte herangezogen, die unter den Landessozialverwaltungen ausgetauscht werden. Darüber hinaus enthalten sie Daten, die durch eigene Recherchen bei den Landessozialverwaltungen teils durch Abfragen in der Form von Länderumfragen, teils durch Auswertungen von Internetseiten dieser Verwaltungen gewonnen wurden.

Die Kapitel 6 und 7 sind auch durch meine persönlichen Erkenntnisse und Eindrücke geprägt, die ich seit meiner Tätigkeit in der rheinland-pfälzischen Landessozialverwaltung seit 1994 sammeln konnte. Seither war ich zunächst im zuständigen Landesministerium und ab 1997 im Landesamt für Soziales, Jugend und Versorgung in Dienststellungen tätig, die mit der Reorganisation der rheinland-pfälzischen Landessozialverwaltung unmittelbaren Bezug hatten. Diese Teile der Arbeit können also auch als Werkstattbericht angesehen werden, der meine persönlichen Erfahrungen wiedergibt und sie im Gesamtzusammenhang bewertet.

Die Reform der Sozialgesetzgebung in Deutschland hat wohl in dem Bereich, der den Landessozialverwaltungen zum Vollzug übertragen wurde, einen vorläufigen Abschluss gefunden. Diese gesetzgeberischen Neuerungen erfordern nun ihre Umsetzung durch Ausführungs- oder Durchführungsgesetzgebung der Länder. Hier zeichnen sich die ersten Konturen zumindest in Rheinland-Pfalz ab. Es konnte jedoch nicht abgewartet werden, bis auch diese Ländergesetzesvorhaben abgeschlossen sind. Sie haben ohnehin auf die Reorganisation der Sozialverwaltungen der Länder nur noch geringen Einfluss, da die grundlegenden Reformen in den Ländern auf den Weg gebracht wurden. Allerdings sind weitere Änderungen durchaus möglich, sodass die hier vorgenommene Bestandsaufnahme zwar eine lange Entwicklung nachzeichnet, aber dennoch eine Momentaufnahme am Ende des Jahres 2004 bleibt.

B: Strukturen der Landessozialverwaltung im aktivierenden Staat

Kapitel 1: Landessozialverwaltung Rheinland-Pfalz im aktivierenden Staat

I. Leitbilder, Staatszwecke und die Sozialstaatsbindung des Grundgesetzes

1. Leitbilder staatlichen Handelns

a. Leitbild aktivierender Staat

Die deutsche Bundesregierung legt seit 1998 ihrer Regierungstätigkeit das Leitbild vom aktivierenden Staat zugrunde und verfolgt seine Umsetzung in den von ihr dem Deutschen Bundestag während seiner 15. Wahlperiode vorgelegten Sozialgesetzen.[43] Mit diesem Leitbild wurde unter den Stichworten einer neuen Verantwortungsteilung, mehr Bürgerorientierung, staatlicher Vielfalt und effizienter Verwaltung das zuvor geltende Konzept des schlanken Staates durch ein neues Staatsverständnis ersetzt.[44] Das Konzept des aktivierenden Staates nimmt verschiedene Linien bisheriger Sozialstaats- und Verwaltungsreformen auf und verfolgt in einer neuen Verantwortungsteilung zwischen Gesellschaft und Staat ein Zusammenfügen gesellschaftlicher Selbstorganisationspotentiale mit Staatstätigkeit, das weitergehen soll, als staatliches Handeln effektiver, effizienter und gerechter zu machen. Nach diesem Konzept soll sich eine moderne Verwaltung darum bemühen, die Bürger konstruktiv und sinnvoll an der öffentlichen Leistungserstellung zu beteiligen, um wertvolle Erkenntnisse für die Verwaltung zu nutzen und dem Bedürfnis der Bürger nach wirksamer Mitwirkung zu entsprechen.[45]

---

[43] Dies sind im Wesentlichen die Sozialgesetzbücher II, IX und XII; zur zeitlichen Einordnung der Konzeption vgl. EICHHORN/ FRIEDRICH/ JANN/ OECHSLER/ PÜTTNER/ REINERMANN (Herausg.), *Verwaltungslexikon*, a. a. O., Stichwort: Aktivierender Staat

[44] Koalitionsvereinbarung vom 20.10.1998 „Aufbruch und Erneuerung - Deutschlands Weg ins 21. Jahrhundert", nachgewiesen in BUNDESMINISTERIUM DES INNEREN (Herausg.): *Moderner Staat – Moderne....*, a. a. O., S. 7; vgl. auch Schriftenreihe des Bundesministeriums des Inneren: *Moderner Staat – Moderne Verwaltung*, www.staat-modern.de (eingesehen am 24.08.2004)

[45] DEUTSCHER BUNDESTAG (Herausg.): *Bericht der Enquête-Kommission „Zukunft des Bürgerschaftlichen Engagements": Bürgerschaftliches Engagement: auf dem Weg in eine zukunftsfähige Bürgergesellschaft*, BT-Drs. 14/ 8900 vom 03.06.2002, S. 25 ff.; HILL, HERMANN: *Über Binnenmodernisierung zu Good Governance*, in: VOP 12/ 2000, S. 9 ff.; KÖNIG, *Öffentliches Management und....*, a. a. O., S. 622 ff.; SCHEDLER/ PROELLER, *New*

Das Leitbild vom aktivierenden Staat legt eine Verantwortungsteilung zwischen staatlichem und privatem Sektor zugrunde, mit der die bisherigen sich eher zu widersprechen scheinenden Grundziele von Effektivität, Effizienz und Legitimität im Prozess der Verwaltungsmodernisierung in ein übergreifendes Konzept der Qualitäts- und Produktivitätssteigerung der öffentlichen Leistungserbringung eingebunden werden. Zugleich soll die Handlungsfähigkeit des demokratischen Staates durch neue Kooperationsformen, neue Rollenverständnisse und die Suche nach neuen, effektiven und nachhaltigen Problemlösungen gesteigert werden. Dabei konzentriert sich der aktivierende Staat auf die Veränderung der öffentlichen Aufgabenerledigung und auf gemeinsame Verantwortlichkeiten mit der Gesellschaft. Die Verantwortungsteilung drückt sich als Abstufung aus, bei der weniger die Verantwortung des Sozialstaates eingefordert wird, sondern vielmehr die Verantwortung für den Sozialstaat, die gemeinsam vom Staat, den Verbänden und den Bürgern in einer eindeutigen Zuordnung der jeweiligen Verantwortlichkeiten getragen werden soll.[46]

In der neuen Verantwortungsteilung übernimmt der aktivierende Staat die Gewährleistungsverantwortung für eine öffentliche Aufgabe, wenn hierfür im demokratischen Prozess der Willensbildung ein gewichtiges Interesse festgestellt wurde, ohne damit aber zugleich die Finanzierungs- und Vollzugsverantwortung tragen zu müssen.[47] Die Finanzierungsverantwortung soll der Staat nur dann übernehmen, wenn für die Leistung keine marktkonformen

---

Public Management, a. a. O., S. 206; SCHUPPERT, *Verwaltungswissenschaft*, a. a. O., S. 920 ff.

[46] DEUTSCHER BUNDESTAG (Herausg.), *Bericht der Enquête-....*, a. a. O., S. 242 ff.; BUNDESMINISTERIUM DES INNEREN (Herausg.), *Moderner Staat – Moderne....*, a. a. O., S. 8 f.; HILL, *Über Binnenmodernisierung zu....*, a. a. O., S. 10; LAMPING, WOLFGANG; SCHRIDDE, HENNING; PLAß, STEFAN; BLANKE, BERNHARD: *Der aktivierende Staat. Positionen, Begriffe, Strategien*, Bonn 2002, S. 28; PITSCHAS, RAINER: *Verantwortungskooperation zwischen Staat und Bürgergesellschaft*, in: Sommermann, Karl-Peter; Ziekow, Jan (Herausg.): *Perspektiven der Verwaltungsforschung*, Berlin 2002, S. 229 ff.; zu den Begriffen und Funktionen von Verantwortungsstufung und Verantwortungsteilung SCHUPPERT, GUNNAR FOLKE: *Die öffentliche Verwaltung im Kooperationsspektrum staatlicher und privater Aufgabenerfüllung: Zum Denken in Verantwortungsstufen*, in: Die Verwaltung 1998, S. 421 ff.; derselbe, *Verwaltungswissenschaft*, a. a. O., S. 921 f.

[47] Zum Begriff der Gewährleistungsverantwortung FRANZIUS, CLAUDIO: *Der „Gewährleistungsstaat" – ein neues Leitbild für den sich wandelnden Staat?*, in: Der Staat 2003, S. 504 ff.; SCHUPPERT, *Die öffentliche Verwaltung....*, a. a. O., S. 424; derselbe, *Verwaltungswissenschaft*, a. a. O., S. 933 f.; zum Gewährleistungsmodell REICHARD, CHRISTOPH: *Institutionelle Wahlmöglichkeiten bei der öffentlichen Aufgabenwahrnehmung*, in: Budäus, Dietrich (Herausg.): *Organisationswandel öffentlicher Aufgabenwahrnehmung*, 1. Aufl., Baden-Baden 1998, S. 122 ff.

Entgelte erzielt werden können oder die staatliche Finanzierung ausdrücklich der im politischen Prozess gewonnenen legislativen Zielsetzung entspricht.

Dies kann im Sozialbereich dann gegeben sein, wenn soziale Defizite nicht mehr solidarisch im privaten, gemeinwirtschaftlichen oder kommunalen Solidarverband gelöst werden können, sondern durch öffentliche Leistungen billig oder unentgeltlich befriedigt oder durch Einkommen oder Unterhalt vom Gemeinwesen kompensiert oder korrigiert werden müssen.[48] Der „neue" Sozialstaat übernimmt statt der eigenen Handlungs- und Produktionsverantwortung die Rolle als Aufsichtsinstanz und gewährleistet so die Erfüllung der im demokratischen Willensbildungsprozess als notwendig festgestellten sozialen Ziele durch privates Handeln in einer neuen Partnerschaft zwischen öffentlichen und privaten Trägern.[49]

Dies bedeutet auch, dass der Staat die Vollzugsverantwortung nur dann übernimmt, wenn nichtstaatliche Dritte nicht verfügbar sind oder der Vollzug durch derartige Dritte aus Risiko-, Missbrauchs- oder Gleichbehandlungsaspekten ausscheidet. *Heinrich Reinermann* beschreibt die neue Rolle der Verwaltung unter diesen Prämissen wie folgt: „Die öffentliche Hand konzentriert sich auf die Gewährleistung der Erfüllung nach wie vor als öffentlich angesehene Aufgaben; sie sieht ihre eigentliche Rolle zuallererst in einer Steuerung, nicht unbedingt aber in der Erbringung öffentlicher Aufgaben (von „providing" zu „enabling"). Mit diesem Rollenverständnis öffnet sich der Blick auf die Fülle neuer Handlungsformen des Staates, die der Orientierung, der Rahmensetzung, der Moderation, der finanziellen Unterstützung, generell der Zusammenarbeit mit nicht-staatlichen Einrichtungen in Netzwerken und Partnerschaften gewidmet ist".[50]

b. Funktionen von Leitbildern staatlichen Handelns

Das Leitbild des aktivierenden Staates eröffnet nach der Erklärung der Bundesregierung eine zukunftsweisende Perspektive für das gewandelte Verständnis der Aufgaben von Staat und Verwaltung.[51] Sie legt ihrer Regierungs-

---

[48] Zu den Regelungsfeldern des Sozialrechts ZACHER, HANS: *Zur Anatomie des Sozialrechts*, in: SGb 1982, S. 332

[49] PITSCHAS, RAINER: *Verwaltungsrecht im funktionalen Wandel des spätmodernen Staates*, in: Pitschas, Rainer (Herausg.): *Entwicklungen des Staats- und Verwaltungsrechts in Südkorea und Deutschland*, Berlin 1998, S. 180; derselbe, Die Zukunft der...., a. a. O., S. 130

[50] REINERMANN, HEINRICH: *Die Krise als Chance: Wege innovativer Verwaltungen*, Speyerer Forschungsberichte, Bd. 139, 5. Aufl., Speyer 1994, S. 26

[51] BUNDESMINISTERIUM DES INNEREN (Herausg.), *Moderner Staat – Moderne....*, a. a. O., S. 7; EICHENHOFER, EBERHARD: *Wahl des Lebensstils – Auswirkungen in der sozialen Sicherheit*, in: SGb 2003, S. 709

tätigkeit und der gesetzgeberischen Tätigkeit der sie tragenden Fraktionen im Deutschen Bundestag eine bestimmte Leitidee zur Staats- und Verwaltungsmodernisierung zugrunde, wie sie in der betriebswirtschaftlichen Organisationsgestaltung als Ursprung und grundsätzliche Annahme unternehmerischer Tätigkeit vorangesetzt wird. Sie beinhaltet grundlegende Orientierungs- und Verhaltensmuster und schlägt sich in konkretisierten Regelungs- und Verhaltensvorgaben nieder.[52] Derartige Leitbilder oder Visionen stellen die Basis für die Gestaltung von Organisationen dar, die als Organisationsentwicklung unter Bezug auf die Vergangenheit gegenwartsorientiert oder als Organisationsumwandlung zweck- und zukunftsorientiert unter Änderung des bislang herrschenden Paradigmas[53] geformt werden kann.[54]

Leitbilder staatlichen Handelns stellen politische Zielsetzungen dar, an denen die staatliche und soziale Wirklichkeit kritisch gemessen und nach denen sie bewertet wird. Solche Leitbilder werden der Wirklichkeit als die bessere Alternative vorangestellt; sie sind Zielvorstellungen, denen die gesellschaftliche und soziale Wirklichkeit durch politisches Handeln angenähert werden soll.[55] Sie setzen letztlich die prinzipielle Frage um, ob und in welchem Maße der Staat individuellen Zwecken zu dienen habe, wie der Entfaltungsfreiheit, der Sicherheit oder der Wohlfahrt des Einzelnen. Ihre Antwort findet sich in liberalen oder sozialen Staatszwecken und ihren Modellen. Hinter in Leitbildern ausgedrückten politischen Zielvorstellungen kann auch die Frage stehen, ob der Staat und seine Verwaltung überindividuelle Zwecke haben, wie die Ausbreitung einer Religion oder die Entfaltung nationaler Macht und Größe bei religiösen oder nationalistischen Staatsmodellen.[56] Die Umsetzung dieser Fragen geht auf weltanschauliche Erklärungs- und Deutungsschemata zurück, die

---

[52] SCHEDLER/ PROELLER, *New Public Management*, a. a. O., S. 49; SCHULTE-ZURHAUSEN, MANFRED: *Organisation*, 2. Aufl., München 1999, S. 219; WEWER, GÖTTRIK: *Leitbilder und Verwaltungskultur*, in: Blanke, Bernhard; Bandemer, Stephan von; Nullmeier, Frank; Wewer, Göttrik: *Handbuch zur Verwaltungsreform*, Opladen 1998, S. 141 f.

[53] Als Paradigmen werden allgemein anerkannte wissenschaftliche Leistungen bezeichnet, die für eine bestimmten Zeitraum einer Gemeinschaft von Fachleuten wissenschaftliche Probleme und Lösungen liefern; vgl. EICHHORN/ FRIEDRICH/ JANN/ OECHSLER/ PÜTTNER/ REINERMANN (Herausg.), *Verwaltungslexikon*, a. a. O., Stichwort: Paradigma; SEIFFERT, HELMUT: *Einführung in die Wissenschaftstheorie*, Bd. 2, 10. Aufl., München 1996, S. 222 ff.; REINERMANN, *Die Krise als....*, a. a. O., S. 19 f.

[54] STAEHLE, WOLFGANG H.; CONRAD, PETER; SYDOW, JÖRG: *Management*, 8. Aufl., München 1999, S. 931 f.

[55] VOGEL, RICK: *Öffentliche Verwaltung in den Perspektiven interpretativer Organisationstheorie*, in: Die Verwaltung 2004, S. 124 f.

[56] ZIPPELIUS, REINHOLD: *Allgemeine Staatslehre*, 13. Aufl., München 1999, S. 7

als Leitideen das gesellschaftliche Handeln beeinflussen und die Sozialstruktur oder die ökonomische Entwicklung einer Gesellschaft mitbestimmen.[57]

Leitbilder staatlichen Handelns drücken auch Überlegungen aus, wie ein zeitgemäßes und modernes Staatswesen ausgestaltet sein soll, welche Aufgaben es zu bewältigen hat und welche Leistungen aus welchen Ressourcen in staatlichem Auftrag erbracht werden. Sie verarbeiten die finanzwissenschaftliche Frage, was als staatlicher Anteil an der Gesamtheit der volkswirtschaftlichen Ressourcen und erwirtschafteten Güter einer in einem Staatsverband zusammengeschlossenen Gesellschaft so verteilt werden kann, dass er von allen bestmöglich genutzt wird und zugleich dem Kriterium der gerechten Verteilung genügt. Diese umverteilende Funktion des Staates versteht das Ziel der Staatstätigkeit als Befriedigung der Gesamtheit der individuellen Interessen, nach dem ein Staatseingriff nur begründbar ist, wenn durch den Markt die Gesamtheit der individuellen Interessen nicht so befriedigt wird, wie dies nach den Kriterien von Effizienz und Verteilungsgerechtigkeit erwünscht ist. Dahinter steht die Sichtweise vom Staat als einem Zweckverband, zu dem sich die Individuen aus freien Stücken zusammengeschlossen haben, um Probleme zu überwinden, die der Einzelne nicht lösen kann.[58]

Leitbilder staatlichen Handelns geben einen Ausschnitt von Staatsbildern wieder, die Staatsideen oder Staatstheorien bündeln und auf den Punkt bringen, um sie in der politischen Auseinandersetzung als plakative Aussage zu verwenden. Sie reduzieren die Komplexität bestimmter Argumentationszusammenhänge durch ihre Verständigungsfunktion und bringen tragende Ideen und Strukturen von Epochen der Staatlichkeit durch ihre Erklärungs- sowie Deutungsfunktion auf eine prägnante Kurzformel. So rückt der Begriff des Sozialstaates durch seine Verständigungsfunktion zu einer bestimmten Staatsaufgabe ebenso in den Vordergrund wie der des Militärstaates oder des Machtstaates durch seine Kurzformel zur Erklärung bestimmter historischer Zusammenhänge.[59]

Die seit den 1990er Jahren auf der Ebene des Bundes formulierten Leitbilder vom schlanken Staat und aktivierenden Staat markieren Meilensteine in der Diskussion um die Zukunft des Staates und seiner Verwaltung. Ihnen ist trotz unterschiedlicher Theorieansätze und Schlussfolgerungen die Feststellung gemeinsam, dass der moderne Staat einen Funktionswandel vollzieht, der

---

[57] ZIPPELIUS, *Allgemeine Staatslehre*, a. a. O., S. 39

[58] BLANKART, *Öffentliche Finanzen in....*, a. a. O., S. 39 ff.; WELLISCH, DIETMAR: *Finanzwissenschaft I*, München 1999, S. 54 f.; GRIMM, DIETER: *Der Wandel der Staatsaufgaben und die Zukunft der Verfassung*, in: Grimm, Dieter (Herausg.): *Staatsaufgaben*, 1. Aufl., Baden-Baden 1994, S. 621 f.

[59] Vgl. VOßKUHLE, ANDREAS: *Der „Dienstleistungsstaat"*, in: Der Staat 2001, S. 508 f.

durch die Abkehr sowohl vom Hoheitsstaat als auch vom Wohlfahrtsstaat klassischer Prägung gekennzeichnet ist.[60]

Ausgangspunkt ist die Feststellung, dass die herkömmlichen Strukturen, Instrumente und Leistungen öffentlicher Institutionen den raschen wirtschaftlichen und sozialen Wandel in modernen Industriegesellschaften nicht mehr in genügendem Maß bewältigen können. Zudem habe die Krise der öffentlichen Finanzen Ausmaße angenommen, denen mit punktuellen Sparmaßnahmen nicht mehr zu begegnen sei. Gleichzeitig wird ein Steuerungsdefizit des Staates diagnostiziert, das in einem Akzeptanz- und Wirkungsverlust staatlichen Handelns deutlich wird und durch Souveränitätsverluste des Staates als Folge des Eingebundenseins in internationale und supranationale Zusammenhänge überlagert ist.[61]

Die Leitbilder vom schlanken Staat und aktivierenden Staat sind zugleich jeweils unterschiedliche Visionen einer geänderten Rollenverteilung zwischen den an der Erfüllung der öffentlichen Aufgaben beteiligten Sektoren, die ausgehend vom Wandel des Staatsverständnisses und seiner Aufgaben den Organisationswandel im öffentlichen Sektor prägen und die Merkmale der Sachaufgaben, ihre Erfüllungsmodalitäten sowie die staatlich-gesellschaftliche Rollenverteilung bestimmen. Die Stellschrauben zur Änderung dieser Rollenverteilung beeinflussen durch die Neudefinition der Sachaufgaben die jeweiligen Erfüllungsmodalitäten und damit auch die Rolle der Verwaltung bei der Aufgabenwahrnehmung.[62] Der Wandel des in seiner Leitidee zum Ausdruck kommenden Rollen- und Aufgabenverständnisses des Staates hat somit unmittelbare Auswirkungen auf die Modalitäten der öffentlichen Aufgabenerfüllung und beeinflusst so die Organisation seiner Träger.[63] Er ist das Ergeb-

---

[60] BÖHRET, CARL: *Funktionaler Staat*, Frankfurt a. M. 1993, S. 32 f.; KAUFMANN, FRANZ-XAVER: *Diskurse über Staatsaufgaben*, in: Grimm, Dieter (Herausg.): *Staatsaufgaben*, 1. Aufl., Baden-Baden 1994, S. 27 ff.; SCHUPPERT, *Verwaltungswissenschaft*, a. a. O., S. 366 ff.

[61] KAUFMANN, *Diskurse über Staatsaufgaben*, a. a. O., S. 30; TRUTE, HANS-HEINRICH: *Verantwortungsteilung als Schlüsselbegriff eines sich verändernden Verhältnisses von öffentlichem und privatem Sektor*, in: Schuppert, Gunnar Folke (Herausg.): *Jenseits von Privatisierung und „schlankem Staat"*, 1. Aufl., Baden-Baden 1999, S. 15 f.

[62] SCHMIDT-AßMANN, EBERHARD: *Verwaltungsorganisationsrecht als Steuerungsressource –einleitende Problemskizze–*, in: Hoffmann-Riem, Wolfgang; Schmidt-Aßmann, Eberhard (Herausg.): *Verwaltungsorganisationsrecht als Steuerungsressource*, Baden-Baden 1997, S. 9 ff.

[63] SCHUPPERT, GUNNAR FOLKE: *Geändertes Staatsverständnis als Grundlage des Organisationswandels öffentlicher Aufgabenwahrnehmung*, in: Budäus, Dietrich (Herausg.): *Organisationswandel öffentlicher Aufgabenwahrnehmung*, 1. Aufl., Baden-Baden 1998, S. 19 f.

nis einer auch im internationalen Kontext der westlichen Industriestaaten vollzogenen Kritik an Funktion und Ausmaß von Staatsaufgaben, mit der Auswege aus der zunehmenden Steuerungsunfähigkeit des Staates und der Krise des Sozialstaates gesucht werden.[64]

Leitbilder staatlichen Handelns geben Auskunft über Sichtweisen der jeweils handelnden Akteure zur Rolle des ihnen durch Legitimation übertragenen Staatswesens, die nach Staatstypen unterschieden werden können,[65] letztlich aber auf Grundtheorien zur Rechtfertigung des Staates und seiner Tätigkeit zurückgehen. Dabei wird nach *Josef Isensee* das Modell des modernen Staates weniger durch die Ziele als durch die Mittel bestimmt. Der moderne Staat habe eine Art Blankovollmacht, in der jeweiligen Situation die angemessenen Lösungen der Probleme des Gemeinwohls zu finden.[66] Leitbilder staatlichen Handelns spiegeln in diesem Sinne politische Grundannahmen zur inhaltlichen Ausgestaltung der staatlichen Grundaufgabe der Gemeinwohlverwirklichung[67] wider. Ihre Aussagen können sich von der Umsetzung des Minimalstaates mit seinen eingegrenzten Funktionen der Gewährleistung von innerer, äußerer und rechtlicher Sicherheit[68] bis hin zum alle Lebensbereiche umfassenden Interventions- und Umverteilungsstaat[69] erstrecken.

c. Leitbild schlanker Staat

Leitbilder zur Staats- und Verwaltungsmodernisierung sind vom Staatsverständnis geprägt, das dem Handeln des Staates und seiner Verwaltung zugrunde liegt, folgen aber auch Traditionen, die entweder im Sinne von Fortentwicklung weiterverfolgt oder im Sinne von Veränderung oder Um-

---

[64] BUDÄUS, DIETRICH: *Organisationswandel öffentlicher Aufgabenwahrnehmung als Teil eines New Public Management*, in: Budäus, Dietrich (Herausg.): *Organisationswandel öffentlicher Aufgabenwahrnehmung*, 1. Aufl., Baden-Baden 1998, S. 101 ff.

[65] SCHUPPERT, *Geändertes Staatsverständnis als....*, a. a. O., S. 28 ff.; derselbe, *Verwaltungswissenschaft*, a. a. O., S. 55 ff.

[66] ISENSEE, JOSEF: *Staat und Verfassung*, in: Isensee, Josef; Kirchhof, Paul (Herausg.): *Handbuch des Staatsrechts der Bundesrepublik Deutschland,* Bd. I1, 3. Aufl., Heidelberg 2004, S. 64

[67] BRUGGER, WILFRIED: *Liberalismus, Pluralismus, Kommunitarismus*, 1. Aufl., Baden-Baden 1999, S. 44 ff.; ISENSEE, *Staat und Verfassung*, a. a. O., S. 12 ff.

[68] HAYEK, FRIEDRICH A. VON: *Liberalismus I*, in: Beckenrath, Erwin von und andere Mitautoren (Herausg.): *Handwörterbuch der Sozialwissenschaften,* Bd. 6, Göttingen 1959, S. 591 ff.; KAUFMANN, *Diskurse über Staatsaufgaben*, a. a. O., S. 21 ff.; ZIPPELIUS, *Allgemeine Staatslehre*, a. a. O., S. 290 ff.

[69] ISENSEE, *Staat und Verfassung*, a. a. O., S. 63 f.; KÜNG, EMIL: *Interventionismus*, in: Beckenrath, Erwin von und andere Mitautoren (Herausg.): *Handwörterbuch der Sozialwissenschaften,* Bd. 5, Göttingen 1956, S. 591; zum Umverteilungsgedanken HIPPEL, EIKE VON: *Grundfragen der Umverteilung*, in: SGb 2001, S. 354 ff.

gestaltung verlassen werden.[70] Hier sollen die Leitideen dargestellt werden, die dem Leitbild vom aktivierenden Staat vorausgingen.

Der Leitidee des aktivierenden Staates ging das Leitbild vom schlanken Staat voraus, das die Bundesregierung unter Bundeskanzler *Helmut Kohl* durch Koalitionsvereinbarung zwischen CDU, CSU und FDP im November 1994 als wesentliches Politikziel für ihre Regierungstätigkeit in der 13. Legislaturperiode beschloss. Dieses Leitbild war getragen von der Absicht, das staatliche Handeln im normativen, administrativen und gerichtlichen Bereich auf „das notwendige Maß" zu beschränken.[71] Zur Umsetzung dieses Leitbildes beschloss die Bundesregierung am 18.07.1995 die Einsetzung einer Expertenkommission mit der Aufgabe, „Initiativen fachlich und politisch zu fördern, die sich mit dem Thema schlanker Staat/ Abbau überflüssiger Bürokratie" befassen. Ein Sachverständigenrat unter Vorsitz von *Rupert Scholz* wurde damit betraut, diese Initiativen zusammenzuführen und zu prüfen, ob auf den Gebieten öffentliche Verwaltung, Haushaltsrecht, Aufgabenkritik, Privatisierung, Deregulierung, Überprüfung von Standards, Abbau von Statistiken und verwaltungsgerichtlichen Verfahren zusätzliche Maßnahmen erforderlich sind und sie gegebenenfalls durch eigene Vorschläge zu entwickeln.[72]

Der Sachverständigenrat „Schlanker Staat" schloss seine Arbeit am 12.09.1997 ab und legte am 06.10.1997 der Bundesregierung seinen Abschlussbericht vor.[73] Unter den Kapiteln „Modernisierung von Staat und Verwaltung als Grundlage für die Zukunftsfähigkeit des Standortes Deutschland", „Weniger Staat – mehr bürgerliche Freiheit" und „Bekenntnis zum schlanken Staat" wird eine Vielzahl von Einzelinitiativen der Bundesregierung zur Reduzierung der Gesetzgebungsflut, der Begrenzung staatlicher Tätigkeit und der Reform der Verwaltung in Ländern und Kommunen, der Reform von Be-

---

[70] Im Sinne des von *Lorenz von Stein* geprägten Begriffs der Verwaltung als dem arbeitenden Staat, vgl. STOLLEIS, MICHAEL: *Geschichte des öffentlichen Rechts in Deutschland,* 2. Bd., München 1992, S. 390; Zur Tradition BANDEMER, STEPHAN VON; HILBERT, JOSEF: *Vom expandierenden zum aktivierenden Staat,* in: Blanke, Bernhard; Bandemer, Stephan von; Nullmeier, Frank; Wewer, Göttrik: *Handbuch zur Verwaltungsreform*, Opladen 1998, S. 25; EICHHORN/ FRIEDRICH/ JANN/ OECHSLER/ PÜTTNER/ REINERMANN (Herausg.), *Verwaltungslexikon*, a. a. O., Stichwort: Schlanker Staat

[71] MEYER-TESCHENDORF, KLAUS G.; HOFMANN, HANS: *Zwischenergebnisse des Sachverständigenrats „Schlanker Staat"*, in: DÖV 1997, S. 268

[72] KRAUS, RUDOLF: *Die neuen politischen Zielvorgaben zur „Verschlankung" der Staatsaufgaben*, in: br 1998, S. 7; MEYER-TESCHENDORF/ HOFMANN, *Zwischenergebnisse des Sachverständigenrats....*, a. a. O., S. 269; STOBER, ROLF: *Allgemeines Wirtschaftsverwaltungsrecht*, 14. Aufl., Stuttgart 2004, S. 36 ff.

[73] SACHVERSTÄNDIGENRAT „SCHLANKER STAAT": *Abschlussbericht, Band 1*, Bonn 1997, S. 203

hördenstrukturen und des öffentlichen Dienstes, der Rechtsvereinfachung und Entlastung der Justiz sowie der Orientierung der europäischen Rechtssetzung an Subsidiarität und Effizienz dargestellt.[74] Ein „Leitfaden zur Verwaltungsmodernisierung" fasst Initiativen und Instrumente zur Modernisierung von Behörden zusammen.[75]

In seinen Überlegungen zur Reformierung der Sozialen Marktwirtschaft und damit der bundesdeutschen Wirtschafts- und Gesellschaftsordnung sowie zur Notwendigkeit der Wahrnehmung bestimmter Staatsaufgaben nimmt der Abschlussbericht die auf internationaler Ebene bereits seit den 1980er Jahren durchgeführten Managementansätze des New Public Management in Deutschland[76] auf und entwickelt sie zu einer Konzeption einer generellen Verschlankung von Staat und Verwaltung auf allen Ebenen des föderalen Systems. Ihr Schwerpunkt bildet der Abbau des Umfangs der Staatstätigkeit und damit auch seiner Verwaltungstätigkeit durch Deregulierung, Privatisierung und Binnenrationalisierung.[77] Neben der Forderung nach einer Neubestimmung des Verhältnisses zwischen Staat und Gesellschaft wird die These entwickelt, dass der Staat in seiner Aufgabenwahrnehmung überfordert sei und nur durch Beschränkung auf seine Kernaufgaben gesunden sowie die Wettbewerbsfähigkeit des Wirtschaftsstandorts Deutschland sicherstellen könne.[78]

Das Leitbild vom schlanken Staat greift auf Elemente des Neoliberalismus und seine ordoliberale Interpretation in Form der Sozialen Marktwirtschaft zurück[79] und propagiert eine Beschränkung der Staatsaufgaben, die zugleich allgemeinen Wettbewerbsregeln unterworfen und durch Dezentralisation auf untere Verwaltungsträger verlagert werden sollen. Der Staat soll sich auf

---

[74] Zusammenfassung bei KRAUS, *Die neuen politischen Zielvorgaben....*, a. a. O., S. 8 ff.; vgl. auch HOFMANN, HANS: *Philosophie einer neuen Staatstätigkeit*, in: VOP 10/ 1997, S. 15 ff.; MEYER-TESCHENDORF/ HOFMANN, *Zwischenergebnisse des Sachverständigenrats....*, a. a. O., S. 269

[75] SACHVERSTÄNDIGENRAT „SCHLANKER STAAT": Abschlussbericht Band 3: *Leitfaden zur Modernisierung von Behörden*, Bonn 1997

[76] KLAGES, HELMUT: *Nachhaltige Verwaltungsmodernisierung*, in: VuM 2003, S. 4

[77] BUDÄUS/ FINGER, *Stand und Perspektiven....*, a. a. O., S. 330 f.; KÖNIG, KLAUS; FÜRCHTNER, NATASCHA: *„Schlanker Staat" zwischen Bonn und Berlin*, in: VerwArch 1999, S. 1 ff.

[78] SACHVERSTÄNDIGENRAT „SCHLANKER STAAT": *Abschlussbericht Band 1*, a. a. O., S. 61; vgl. auch LAMPING/ SCHRIDDE/ PLAß/ BLANKE, *Der aktivierende Staat....*, a. a. O., S. 13 f.

[79] Zu Neo- und Ordoliberalismus SIEMS, MATHIAS: *Der Neoliberalismus als Modell für die Gesetzgebung?*, in: ZRP 2002, S. 170 ff., vgl. auch EICHHORN/ FRIEDRICH/ JANN/ OECHSLER/ PÜTTNER/ REINERMANN (Herausg.), *Verwaltungslexikon*, a. a. O., Stichworte: Liberalismus und Ordoliberalismus

Rahmen setzende und gewährende Aufgaben beschränken, um sie dem Markt als einem der staatlichen Intervention überlegenen Koordinierungsmechanismus zu überlassen und sich zugleich von einer Vielzahl von Aktivitäten zu entlasten. Die Konzeption des schlanken Staates fordert in diesem Sinne die Reduktion von Staatsaufgaben zugunsten einer effizienten Selbstregulierung der Gesellschaft über den Markt und zu aktivierende und zu stärkende subsidiäre Hilfssysteme.[80]

Das Leitbild vom schlanken Staat rückte die Staatstätigkeit in den Mittelpunkt der Diskussion über Staats- und Verwaltungsmodernisierung und wies Wege, wie jenseits der auch in Deutschland mit dem Neuen Steuerungsmodell seit den 1980er Jahren umgesetzten New-Public-Management-Bewegung angelsächsischen Ursprungs Verfahren und Instrumente bereit gestellt werden können, die nicht nur weniger Staat, sondern einen anderen, sich vom Ausgleichs- und Umverteilungsstaat lösenden Staat möglich machen.[81] Nach Veröffentlichung des Abschlussberichts des Sachverständigenrats „Schlanker Staat" wurden zum Prinzip der offenen Staatsaufgaben, der Gewichtung der gesellschaftlichen Selbstregulierungskräfte und insbesondere der betriebswirtschaftlichen Ausrichtung von Verwaltung und ihren Leistungen gegenüber den Bürgern kritische Stimmen erhoben, die auf die begrenzte Vergleichbarkeit von öffentlichen Aufgaben und der wirtschaftlichen Betätigung in der Privatwirtschaft verwiesen.[82] Darüber hinaus wurde ein schlüssiges Konzept für die Umsetzung einer systematischen Organisationsentwicklung in der Verwaltung des Bundes angemahnt.[83] Hier setzte das Leitbild vom „aktivierenden Staat" mit seiner veränderten Schwerpunktbildung hin zu einer syner-

---

[80] LAMPING/ SCHRIDDE/ PLAß/ BLANKE, *Der Aktivierende Staat....*, a. a. O., S. 14 f.

[81] Zur Umsetzung des Neuen Steuerungsmodells KLAGES, *Zwischenbilanz der Verwaltungsmodernisierung....*, a. a. O., S. 132 ff.; zur New-Public-Management-Bewegung KÖNIG, *Verwaltungsmodernisierung in internationalen....*, a. a. O., S. 265 ff.; zu Chancen und Risiken des „schlanken Staates" PITSCHAS, *Verwaltungsmodernisierung und Verwaltungsrecht....*, a. a. O., S. 5 ff.; UNRUH, GEORG-CHRISTOPH VON: *„Schlanker Staat" – Schlagwort oder realisierbarer Leitbegriff*, in: BayVBl. 2002, S. 45 f.

[82] PITSCHAS, *Verwaltungsmodernisierung und Verwaltungsrecht...*, a. a. O., S. 6 ff. unter dem Tenor „Verwaltungen und Staat sind keine Aktiengesellschaften" mit dem Hinweis auf das Leitbild des demokratischen Sozialstaates, das der ökonomischen Effizienz Grenzen setze; ähnlich VON UNRUH, *„Schlanker Staat"- Schlagwort....*, a. a. O., S. 46

[83] RÜRUP, BERT: *Effizienzrevolution in der öffentlichen Verwaltung*, in: VuM 2000, S. 265 f.; vgl. auch BANNER, GERHARD: *Verwaltungsreform als Staatsdilemma*, in: VuM 1997, S. 337 ff., der der Kommission „Schlanker Staat" lediglich Oberflächenbehandlung in Fragen der Strukturreform von Verwaltungen vorhält.

getischen Nutzung des Zusammenwirkens von Staats-, Markt- und Eigenversorgung und sozialer Selbsthilfe an.[84]

d. Der aktive Staat als Grundtyp staatlicher Garantenstellung für das Gemeinwohl

Die Leitbilder schlanker Staat und aktivierender Staat setzten in Deutschland neue Akzente in der Diskussion um Schwerpunkte und Umfänge staatlichen Handelns. Als Leitbilder wurden zuvor Visionen zur Reform oder Erneuerung öffentlicher Verwaltungen lediglich auf kommunaler Ebene formuliert, wie sie seit 1989 mit dem Neuen Steuerungsmodell verbunden wurden.[85] Im Bund und den Ländern enthielten demgegenüber die Regierungserklärungen der Bundeskanzler und der Ministerpräsidenten zu Beginn einer Legislaturperiode die Schwerpunkte der Regierungstätigkeit, die von den Mehrheitsfraktionen in den Parlamenten gestützt und mitgetragen wurden. Die von Bundeskanzler Ludwig Erhard eingeführte Metapher von der formierten Gesellschaft ist ebenso eine Kurzformel dieser Schwerpunkte wie das Versprechen von Bundeskanzler Willi Brandt, „mehr Demokratie wagen" zu wollen.[86]

Auf der Ebene des Bundes und der Länder galten allerdings die Grundannahmen zum Staatsverständnis und den Aufgaben seiner Verwaltungsorganisationen weiter, die bereits in den 1890er Jahren mit den *Bismarck'*schen Sozialreformen gesetzt wurden.[87] Durch sie wurden die staatstheoretischen Gedanken von Lorenz von Stein zur Rolle des Staates als sozialem Staat, der die im 19. Jahrhundert während der industriellen Revolution und der Verelendung der Arbeiterschaft entstandenen Klassengegensätze durch Schaffung einer sozialen Verwaltung verändern könne, umgesetzt.[88] Diese Reformen markierten

---

[84] LAMPING/ SCHRIDDE/ PLAß/ BLANKE, *Der Aktivierende Staat....*, a. a. O., S. 16

[85] An dieser Stelle sei aus der Vielzahl der Veröffentlichungen zum Neuen Steuerungsmodell auf BUDÄUS/ FINGER, *Stand und Perspektiven....*, a. a. O., S. 328 f. und KLAGES, HELMUT: *Wie sieht die Verwaltung der Zukunft aus?*, in: VR 1995, S. 4 ff. verwiesen; vgl. ebenfalls KLAGES, *Zwischenbilanz der Verwaltungsmodernisierung....*, a. a. O., S. 133 ff. Zu den Inhalten des Neuen Steuerungsmodells JANN, *Neues Steuerungsmodell*, a. a. O., S. 70 ff.

[86] STERN, KLAUS: *Das Staatsrecht der Bundesrepublik Deutschland*, Bd. V, München 2000, S. 1473, 1480

[87] PITSCHAS, *Die Zukunft der....*, a. a. O., S. 117 ff.; TENNSTEDT, FLORIAN: *Geschichte des Sozialrechts*, in: Maydell, Bernd Baron von; Ruland, Franz (Herausg.): *Sozialrechtshandbuch*, 3. Aufl., Baden-Baden 2003, S. 25 ff.; STERN, *Das Staatsrecht der....*, Bd. V, a. a. O., S. 416 f.; STOLLEIS, *Geschichte des Sozialrechts....*, a. a. O., S. 64 ff.

[88] KAUFMANN, *Diskurse über Staatsaufgaben*, a. a. O., S. 22 f.; STOLLEIS, *Geschichte des öffentlichen....*, 2. Bd., a. a. O., S. 392 f.; ZACHER, HANS F.: *Das soziale Staatsziel*, in: Isensee, Josef; Kirchhoff, Paul (Herausg.): *Handbuch des Staatsrechts der Bundesrepublik Deutschland, Bd. 1*, Heidelberg 1987, S. 1056 f.

die Abkehr von der zuvor geltenden liberalen Staatsvorstellung einer Selbstbegrenzung des Staates auf seine Rolle als Hüter von innerer Sicherheit und Rechtssicherheit auch unter Inkaufnahme sozialer Ungleichgewichte.[89]

Der paternalistische Sozialstaat der 1890er Jahre entsprach den Vorstellungen der Regierung Bismarck und der ihr folgenden Regierungen bis zum Ersten Weltkrieg von einem starken, souveränen Staat, bei dem Neutralität und Überparteilichkeit als zentrales Merkmal der Exekutive galt, hinter dem sich indessen die eigentliche politische Staatstätigkeit mit ihren beherrschenden und gestaltenden Funktionen verbarg.[90] In diesem Staat erfüllte die Verwaltung die Staatsaufgaben im Alltag; sie war die in den Alltag umgesetzte staatliche Tätigkeit auf der gesamten Breite öffentlicher Aufgaben.[91]

Diese Vorstellung von einer Gestaltung des gesellschaftlichen Umfeldes durch Politik und Verwaltung als ihrem zentralen Handlungssubjekt setzte sich bis in die Aufbaujahre von Staat und Gesellschaft nach dem Zweiten Weltkrieg fort und wurde durch die Euphorie der Planbarkeit jeglicher Staatstätigkeit durch neue, EDV-gestützte Verfahren am Ende der 1960er Jahre sogar noch verstärkt.[92] Sie verband sich mit den Vorstellungen der 1920er Jahre vom Wohlfahrtsstaat, in dem der soziale Ausgleich durch Intervention und Umverteilung sozialer Ungleichgewichte und Nachteile erzielt werden sollte.[93] Diese sozialdemokratischen Konzeptionen von der Verantwortung des Staates für die Gestaltung der Gesellschaft flossen in die Forderung nach so-

---

[89] Vgl. BRUGGER, *Liberalismus, Pluralismus, Kommunitarismus*, a. a. O., S. 158 f. unter Hinweis auf die staatstheoretischen Vorstellungen von *Immanuel Kant*; siehe auch HAYEK, *Liberalismus I*, a. a. O., S. 592 f. ; ZACHER, HANS F.: *Das soziale Staatsziel*, in: Isensee, Josef; Kirchhoff, Paul (Herausg.): *Handbuch des Staatsrechts der Bundesrepublik Deutschland,* Bd. 1I, Heidelberg 2004, S. 685

[90] BÖHRET, CARL: *Öffentliche Verwaltung in der Demokratie*, in: König, Klaus; Oertzen, Hans Joachim von; Wagener, Frido (Herausg.): *Öffentliche Verwaltung in der Bundesrepublik Deutschland*, 1. Aufl., Baden-Baden 1981, S. 67; STOLLEIS, *Geschichte des öffentlichen Rechts....*, 2. Bd., a. a. O., S. 457; derselbe, *Geschichte des Sozialrechts….*, a. a. O. S. 104 ff.; zum Leitbild des paternalistischen Sozialstaats EVERS, ADALBERT; OLK, THOMAS: *Bürgerengagement im Sozialstaat – Randphänomen oder Kernproblem?*, in: Aus Politik und Zeitgeschichte B 9/ 2002, S. 7

[91] WAHL, RAINER: *Zur Lage der Verwaltung Ende des 20. Jahrhunderts*, in: Jeserich, Kurt G. A.; Pohl, Hans; Unruh, Georg-Christoph von (Herausg.): *Deutsche Verwaltungsgeschichte,* Bd. 5, Stuttgart 1986, S. 1197 f.

[92] BRINKMANN, HANS: *Strategien für eine effektivere und effizientere Verwaltung*, in: Naschold, Frieder; Pröhl, Marga (Herausg.): *Produktivität öffentlicher Dienstleistungen*, Bd. 1, 3. Aufl., Gütersloh 1994, S. 178 f.

[93] HENNING, HANSJOACHIM: *Sozialpolitik III*, in: Albers, Willi und andere Mitherausgeber: *Handwörterbuch der Wirtschaftswissenschaften (HdWW),* 7. Bd., Stuttgart, New York, Tübingen, Göttingen, Zürich 1977, S. 100

zialstaatlichem Handeln ebenso ein, wie die Vorstellungen der katholischen Soziallehre,[94] der liberalen Genossenschaftsbewegung[95] und die Prägung der staatlichen Willensbildung durch korporatistische Einbindung von Gewerkschaften und Wirtschaftsverbänden.[96]

Dem aktiven Staat[97] und seiner Verwaltung wuchsen durch seine sich in alle Lebensbereiche verästelnde Aufgabenfülle in den Zeiten der wirtschaftlichen Prosperität und ihren positiven Bedingungen für die Staatseinnahmen während der ersten Jahrzehnte nach dem Zweiten Weltkrieg eine derartige Ausweitung von Aufgaben zu, dass die Binnenprobleme des staatlichen Handelns, insbesondere bei der Abstimmung von Plänen und Programmen, überproportional anwuchsen und durch überbordende Kosten seiner Verwaltungen selbst zu einem Problem wurden.[98] Der aktive Staat behandelte die gesellschaftliche Umwelt als in weiten Teilen steuerungsbedürftiges und zur Selbststeuerung nur eingeschränkt fähiges Objekt, um das er sich umfassend zu kümmern habe. Dabei verzichtete er weitgehend auf die Aktivierung der gesellschaftlichen Selbststeuerungskräfte.[99]

Der Ölpreis-Schock in der Mitte der 1970er Jahre und seine negativen Konsequenzen auf die Entwicklung der Wirtschaft und damit auch der Staatseinnahmen[100] leitete ein Umdenken ein. Als sein Ergebnis wurde ein Staatsversagen als Folge der wachsenden Ausdehnung der Staatstätigkeit zum Ausgleich gesellschaftlich unausgewogener Verhältnisse und einem Versagen der föderalen politischen Abstimmungsprozesse (Politikverflechtung) festgestellt.[101] Diese seit den 1980er Jahren einsetzende Gegenbewegung der Kritik am Staatsversagen und am Umfang der Staatstätigkeit forderte die kritische Durchleuchtung der Staatsaufgaben unter den Stichworten Deregulierung,

---

94 RAUSCHER, ANTON: *Soziallehre, kirchliche*, in: Albers, Willi und andere Mitherausgeber: *Handwörterbuch der Wirtschaftswissenschaften (HdWW),* 7. Bd., Stuttgart, New York, Tübingen, Göttingen, Zürich 1977, S. 42 f.

95 STOLLEIS, *Geschichte des öffentlichen....*, 2. Bd., a. a. O., S. 361 ff.

96 STOLLEIS, *Geschichte des öffentlichen....*, 2. Bd., a. a. O., S. 457 ff.

97 International gebräuchlich ist der Begriff des „big government“, vgl. REINERMANN, *Die Krise als....*, a. a. O., S. 28

98 WAHL, *Zur Rolle der....*, a. a. O., S. 1201

99 LAMPING/ SCHRIDDE/ PLAß/ BLANKE, *Der Aktivierende Staat....*, a. a. O., S. 9; PITSCHAS, *Das sozialrechtliche Verwaltungsverfahren....*, a. a. O., S. 770

100 STERN, Das Staatsrecht der...., Bd. V, a. a. O., S. 1516

101 HAUG, VOLKER: *Die Föderalismusreform*, in: DÖV 2004, S. 192 f.; HEINELT, HUBERT: *Vom Verwaltungsstaat zum Verhandlungsstaat*, in: Blanke, Bernhard; Bandemer, Stephan von; Nullmeier, Frank; Wewer, Göttrik: *Handbuch zur Verwaltungsreform*, Opladen 1998, S. 22 f.; SCHUPPERT, *Verwaltungswissenschaft*, a. a. O., S. 565 f.

Entstaatlichung, Privatisierung, Entbürokratisierung, Abbau der Normenflut, Rechtsbereinigung und Verwaltungsvereinfachung.[102] Die Kritik zielte darauf ab, dass eine effektive Steuerung die gesellschaftlichen Selbstregulierungskräfte stärker einbinden müsse und staatliche Planung mehr die gesellschaftlichen Zusammenhänge zu berücksichtigen habe.[103] Die internationalen New-Public-Management-Inititativen sind eine Ausprägung dieser Gegenbewegung.[104]

e. Dritte Wege: Kommunitarismus und Wohlfahrtspluralismus

Die Vorstellungen des liberalen Minimalstaates mit seiner Beschränkung auf Sicherheits- und Rechtsgewährung und des sozialen Eingriffs- und Interventionsstaates bildete noch staatstheoretische Gegensatzpole aus, zwischen denen eine Mitte des Kompromisses oder der synergetischen Nutzung nicht auszumachen war. Deshalb wurde in den 1980er Jahren in den USA unter dem Stichwort des Kommunitarismus eine intensive Diskussion um das Schicksal des Gemeinsinns und des Bewusstseins einer Gemeinschaftsverpflichtung eröffnet. Sie fand in Deutschland vor dem Hintergrund der deutsch-deutschen Einigung und einer vom wirtschaftlichen Wettbewerb beeinflussten Solidarität großes Interesse, weil sie einen dritten Weg[105] zwischen dem Wohlfahrtsstaat mit seinen korporatistischen Strukturen und der sozialen Kälte der neoklassischen Wirtschaftslehre wies.[106] Der Kommunitarismus[107] eröffnete mit seinem Postulat nach Stärkung eines dritten Sektors zivilgesellschaftlicher Elemente und Kräfte einen Ausweg. Mit ihm konnte die Überbetonung allumfassender Fürsorge vermieden werden, ohne dem freien Kräftespiel eigennutzorientierter Individuen, denen die sozialen Tugenden von Solidarität und Bürgersinn fremd sind, ausgeliefert zu sein.[108]

---

[102] WAHL, *Zur Rolle der....*, a. a. O., S. 1201

[103] LAMPING/ SCHRIDDE/ PLAß/ BLANKE, *Der Aktivierende Staat....*, a. a. O., S. 9; PITSCHAS, *Das sozialrechtliche Verwaltungsverfahren....*, a. a. O., S. 771

[104] Vgl. SCHRÖTER/ WOLLMANN, *New Public Management*, a. a. O., S. 60 f.

[105] Zum Begriff des Dritten Weges: GALLUS, ALEXANDER; JESSE, ECKHARD: *Was sind Dritte Wege?*, in: Aus Politik und Zeitgeschichte B 16-17/ 2001, S. 7 ff.

[106] Vgl. LADEUR, KARL-HEINZ: *„Deliberative Demokratie" und „Dritter Weg" – Eine neue Sackgasse?*, in: Der Staat 2002, S. 18 ff.; VORLÄNDER, HANS: *Dritter Weg und Kommunitarismus*, in: Aus Politik und Zeitgeschichte B 16-17/ 2001, S. 16 f.

[107] Grundzüge bei EICHHORN/ FRIEDRICH/ JANN/ OECHSLER/ PÜTTNER/ REINERMANN (Herausg.), *Verwaltungslexikon*, a. a. O., Stichwort: Kommunitarismus; kritische Würdigung bei BUDÄUS, DIETRICH; GRÜNING, GERNOT: *Kommunitarismus – eine Reformperspektive?*, Berlin 1997, S. 17 ff.; BUTTERWEGGE, *Krise und Zukunft....*, a. a. O., S. 87 ff.

[108] BUDÄUS/ GRÜNING, *Kommunitarismus – eine Reformperspektive?*, a. a. O., S. 22 ff.; RUPP, *Die Unterscheidung von....*, a. a. O., S. 921 f.

Das Programm des in den USA durch *Amitai Etzioni* zur Bürgerbewegung entwickelten Kommunitarismus[109] geht auf die Theorie der Gerechtigkeit von John Rawls zurück,[110] der moralisches Handeln als vernunftbegründetes Handeln freier autonomer Subjekte versteht. Zielvorstellung ist die Wiederherstellung einer aktiven Gesellschaft freier und gleicher Bürger, die auf der Würde aller Menschen, gegenseitiger Toleranz sowie der friedlichen Austragung von Konflikten beruht und in der die Tugenden von Fürsorge und Teilen, von sozialer Gerechtigkeit und gemeinschaftsbezogener Verantwortung einen festen Platz haben. Weder der Minimalstaat noch der überforderte Dienstleistungs- und Wohlfahrtsstaat könne die gesellschaftliche Balance unter den Bedingungen sozialer Integration gewährleisten, sondern eine Wiederbelebung von Traditionen der Selbsthilfe und der Selbstheilungskräfte der Gemeinschaften und Assoziationen der Bürger. Durch ein Netzwerk von Verantwortungsgemeinschaften sollen die Bürger in die Lage versetzt werden, wesentliche Funktionen des gesellschaftlichen Zusammenlebens in Selbsthilfeprojekten und Assoziationen ohne den Staat zu erbringen und in freier und gemeinschaftlicher Solidarität zu regeln.[111]

Das Konzept des Kommunitarismus wurde in den USA als politische Gegenbewegung zum Monetarismus der Reagan-Ära durch den amerikanischen Präsidenten *Bill Clinton* als Konzept des „Reinventing Government“ und Leitbild politischen Handelns genutzt, mit dem die Selbstregulierung der Bürgergesellschaft aktiviert werden sollte, da das politische Gemeinwesen letztlich vom Engagement seiner Bürger für die öffentlichen Angelegenheiten getragen werde.[112] Von hier aus wurde es in Großbritannien durch Tony Blair zur

---

[109] ETZIONI, AMITAI: *Der dritte Weg – Zwischen Staat und Markt: Zur Theorie der Zivilgesellschaft*, in: TuP 2000, S. 403 ff., 443 ff.; kritische Würdigung bei BUDÄUS/ GRÜNING, *Kommunitarismus – eine Reformperspektive?*, a. a. O., S. 58 ff.; BUTTERWEGGE, *Krise und Zukunft....*, a. a. O., S. 88 f.

[110] HÖFFE, OTFRIED: *Einführung in Rawls' Theorie der Gerechtigkeit*, in: Höffe, Otfried (Herausg.): John Rawls, *Eine Theorie der Gerechtigkeit*, Berlin 1998, S. 8 ff.; vgl. auch die Zusammenfassung bei BRUGGER, *Liberalismus, Pluralismus, Kommunitarismus*, a. a. O., S. 293 ff.; BRUGGER, WINFRIED: *Kommunitarismus als Verfassungstheorie des Grundgesetzes*, in: AöR 1998, S. 338 ff.; BUDÄUS/ GRÜNING, *Kommunitarismus – eine Reformperspektive?*, a. a. O., S. 11 ff.; LINDNER, JOSEF FRANZ: *Das BVerfG, der Länderfinanzausgleich und der Schleier des Nichtwissens*, in: NJW 2000, S. 3758 f.

[111] BANDEMER/ HILBERT, *Vom expandierenden zum....*, a. a. O., S. 27 f.; BUDÄUS/ GRÜNING, *Kommunitarismus – eine Reformperspektive?*, a. a. O., S. 27 ff.;LAMPING/ SCHRIDDE/ PLAß/ BLANKE, *Der Aktivierende Staat....*, a. a. O., S. 19; RUPP, *Die Unterscheidung von....*, a. a. O., S. 921 f.

[112] BUDÄUS/ GRÜNING, *Kommunitarismus – eine Reformperspektive?*, a. a. O., S. 63;OSBORNE/ GAEBLER, TED: *Der innovative Staat*, a. a. O., S. 15 ff.; VORLÄNDER, *Dritter Weg und....*, a. a. O., S. 20 f.

Grundlage des politischen Konzepts von New Labour erhoben und löste in Deutschland den früheren sozialdemokratischen Etatismus mit seinem Bild vom Staat als alleinigem Mittel zur Lösung sozialer Probleme ab.[113] Seine Vorstellung von einer aktiven, sich selbst regulierenden Bürgergesellschaft floss in das Leitbild vom aktivierenden Staat ein.[114]

Einen anderen Weg aus dem Dilemma, zwischen sozialblindem Minimalstaat und überfordertem Wohlfahrtsstaat wählen zu müssen, bieten die wohlfahrtsverbandlichen Strömungen der „neuen Subsidiarität" und des „Wohlfahrtspluralismus". Sie versuchen eine Neubestimmung von Markt, Staat und Bürgergesellschaft unter Auslotung synergetischer Effekte von Kooperation und Koordination.[115] Dabei nimmt das Konzept des Wohlfahrtspluralismus Ansätze aus Kommunitarismus, der Korporatismusdebatte, der katholischen Soziallehre und liberale Standpunkte der Wohlfahrtsökonomie auf und bringt sie mit dem seit der Weimarer Republik bestehenden Subsidiaritätskonzept der Sozialpartnerschaft zwischen Kapital und Arbeit mit seinem heute noch in § 75 Abs. 2 Satz 1 SGB XII[116] niedergelegten bedingten Vorrang der verbandlichen Wohlfahrtspflege zusammen.[117] Wie der Kommunitarismus zeigt der Wohlfahrtspluralismus Konzepte zum staatlichen Umgang mit den Organisations- und Selbsthilfepotentialen der Gesellschaft auf und unterscheidet sich insofern von der Konzeption des New Public Management, das auf das bessere Management des Staatshandelns selbst abzielt.[118]

Das Konzept des Wohlfahrtspluralismus fördert die Vielheit und Vielfalt menschlicher Individuen und Gruppen. Es betont die Wichtigkeit des Gruppenlebens in einem Staat als Vergemeinschaftungsform freier Menschen, die an der Staatswillensbildung demokratisch mitwirken. Die Gemeinwohlverpflichtung des Staates umfasst in diesem Sinne die Freiheit zur Gemeinsamkeit und zur Verschiedenheit, zur Zusammenarbeit und zur Konkurrenz. Sie besteht so in der angemessenen Ordnung und Repräsentation dieser Interes-

---

[113] BUTTERWEGGE, *Krise und Zukunft....*, a. a. O., S. 138 f.; LADEUR, *„Deliberative Demokratie" und....*, a. a. O., S. 19 f.; WOHLFAHRT, NORBERT: *Der aktivierende Sozialstaat: Konzept und Konsequenzen einer veränderten Sozialpolitik*, in: NDV 2001, S. 82

[114] BUTTERWEGGE, *Krise und Zukunft....*, a. a. O., S. 239; GALLUS/ JESSE, *Was sind Dritte....*, a. a. O., S. 7 f.; LAMPING/ SCHRIDDE/ PLAß/ BLANKE, *Der Aktivierende Staat....*, a. a. O., S. 35 f.; vgl. auch DEUTSCHER BUNDESTAG (Herausg.), *Bericht der Enquête-....*, a. a. O., S. 47

[115] EVERS/ OLK, a. a. O., S. 12; LAMPING/ SCHRIDDE/ PLAß/ BLANKE, *Der Aktivierende Staat....*, a. a. O., S. 23

[116] Bis 31.12.2004: § 93 Abs. 1 Satz 1 BSGH

[117] LAMPING/ SCHRIDDE/ PLAß/ BLANKE, *Der Aktivierende Staat....*, a. a. O., S. 22 f.

[118] BANDEMER/ HILBERT, *Vom expandierenden zum....*, a. a. O., S. 26

sen.[119] Aus der seit den 1970er Jahren entstandenen Konkurrenz zwischen den traditionellen Wohlfahrtsverbänden mit seinen mächtigen Dachorganisationen und den sich entwickelnden neuen Initiativen von Bürgerengagement in Selbsthilfegruppen und Bürgerinitiativen wurde die Forderung nach einer neuen Subsidiaritätspolitik entwickelt. Sie zielt darauf ab, durch Einräumung geeigneter Rahmenbedingungen die Funktionsweise und Überlebensbedingungen von Netzwerken des Bürgerengagements, von selbstorganisierten Gruppen und freiwilligen Initiativen unter Einbezug der besonderen Stellung der Wohlfahrtsverbände zu verbessern.[120]

In diesem Beziehungsgeflecht neuer Subsidiarität begegnet der Staat einer Vielzahl von gesellschaftlichen Aktivitäten von Vereinen und Verbänden, von frei-gemeinnützigen Organisationen, von freiwilligen Vereinigungen und Organisationen ohne Gewinnerzielungsabsicht. Sie werden unter dem Begriff des Dritten Sektors zusammengefasst und bilden die dem Gemeinwesen verpflichtete Bürgergesellschaft ab, die zur Verantwortungskooperation und Mitverantwortung als Verantwortungspartnerschaft mit dem Staat bereit ist.[121] Ihnen gegenüber tritt der Staat in einem gewandelten Rollenverständnis als kooperativer Staat auf, der sein Verwaltungshandeln an gemeinsamer und kooperativer Problemlösung ausrichtet.[122] Er verlässt damit seine Rolle als paternalistischer Souverän und sieht seine primäre Aufgabe in der Verantwortungskooperation mit der dem Gemeinwohl verpflichteten Bürgergesellschaft.[123]

f. Der aktivierende Sozialstaat als Ausdruck einer neuen Subsidiarität

Das Konzept des aktivierenden Sozialstaates stellt mit seiner Sichtweise zur Weiterentwicklung des Sozialstaates einen der grundlegenden Bestandteile des Leitbildes vom aktivierenden Staat dar. Ausgangspunkt ist die seit den 1970er Jahren immer wieder festgestellte Krise des Sozialstaates, aus denen Auswege entweder mit Konzepten des Minimalstaates durch „Einschnitte ins Soziale Netz“ oder durch Umbau sozialstaatlicher Leistungen in einer „neuen

---

[119] BRUGGER, *Liberalismus, Pluralismus, Kommunitarismus*, a. a. O., S. 200

[120] EVERS/ OLK, a. a. O., S. 12; SCHUPPERT, GUNNAR FOLKE: *Zur Anatomie und Analyse des Dritten Sektors*, in: Die Verwaltung 1995, S. 143 f.

[121] ENGELHARDT, WERNER WILHELM: *Hybride Organisationsformen des „Dritten“ bzw. „Nonprofit“ -Sektors und die künftige Verwaltungsreform*, in: Budäus, Dietrich (Herausg.): *Organisationswandel öffentlicher Aufgabenwahrnehmung*, 1. Aufl., Baden-Baden 1998, S. 179 ff.; PITSCHAS, *Verantwortungskooperation zwischen Staat....*, a. a. O., S. 225 f.; RUPP, *Die Unterscheidung von....*, a. a. O., S. 917 f.

[122] PITSCHAS, *Verantwortungskooperation zwischen Staat....*, a. a. O., S. 233 ff.; SCHUPPERT, *Geändertes Staatsverständnis als....*, a. a. O., S. 36 f.

[123] PITSCHAS, Verantwortungskooperation zwischen Staat...., a. a. O., S. 267

sozialen Sicherheitsarchitektur" gesucht wurden.[124] Das Konzept des aktivierenden Sozialstaates begründet, anknüpfend an das dem Leitbild des aktivierenden Staates zugrunde liegenden Modell des „enabling state" eine Neuorientierung der Sozialpolitik, bei der dem Staat die Rolle des steuernden und herausfordernden Akteurs im Zusammenwirken mit den gesellschaftlichen Kräften zukommt.[125] Diesem neuen Rollenverständnis liegt die Annahme zugrunde, dass viele öffentliche Aufgaben durch Aktivierung der Bürger besser erbracht werden können, als durch Erledigung in staatlicher Trägerschaft. Diese Annahme von einer „aktiven Gesellschaft", die eigenverantwortlich in die Erledigung öffentlicher Aufgaben eingebunden werden kann, legt auch neue Inhalte von Subsidiarität zugrunde, in denen der Staat nicht mehr als Nothelfer gefordert ist, sondern aktiv Hilfe zur Selbsthilfe leistet.[126]

Im Bereich der sozialen öffentlichen Aufgabengestaltung als einem klassischen Anwendungsbereich des Subsidiaritätsprinzips besteht der Unterschied zum überkommenen Modell, entweder der staatlichen Durchführung oder der Privatisierung sozialer Aufgaben, in der Herausforderung und Aktivierung der Selbststeuerungspotentiale der in der Wohlfahrtspflege tätigen Akteure.[127] Bislang wurde das der staatlichen Allzuständigkeit Grenzen setzende Regulativ der Subsidiarität darin gesehen, dass „die sozialstaatliche Intervention erst Platz greift, wo die gesellschaftliche Selbstregulierung den Erfordernissen sozialer Gerechtigkeit nicht Genüge tut und die Resultate der Marktprozesse der Regulierung bedürften". Hierdurch wurde die Autonomie der Gesellschaft durch die Grundrechte der Individuen und Organisationen vor staatlicher Einflussnahme geschützt mit der Folge, dass dem Staat dort Eingriffe verwehrt sind, wo Leistungen von der freien Wohlfahrtspflege erbracht werden.[128]

Die dem aktivierenden Sozialstaat zugrunde liegende und gewandelte Bedeutung des Begriffs der Subsidiarität liegt darin, dass der Staat dafür verantwortlich ist, Strukturen zu schaffen, die das Engagement der gesellschaftlichen Kräfte fördern und fordern und ihre Selbststeuerungspotentiale steigern. In diesem Sinne fördert der Staat zwar weiterhin, fordert aber gleichzeitig

---

124 Vgl. MÜHLUM, ALBERT: *Sozialpolitik in der Modernisierungskrise – Befunde und Lösungsansätze*, in: ZfJ 1998, S. 509 ff.; MÜNDER, JOHANNES: *Das SGB II – Die Grundsicherung für Arbeitssuchende*, in: NJW 2004, S. 3210

125 PITSCHAS, *Das sozialrechtliche Verwaltungsverfahren....*, a. a. O., S. 768, 771

126 BANDEMER/ HILBERT, *Vom expandierenden zum aktivierenden....*, a. a. O., S. 28; MÜNDER, *Das SGB II – Die....*, a. a. O., S. 3210; PITSCHAS, *Das sozialrechtliche Verwaltungsverfahren....*, a. a. O., S. 766

127 Zum Begriff EICHHORN/ FRIEDRICH/ JANN/ OECHSLER/ PÜTTNER/ REINERMANN (Herausg.), *Verwaltungslexikon*, a. a. O., Stichwort: Akteur

128 ISENSEE, *Gemeinwohl und Staatsaufgaben....*, a. a. O., S. 76 f.

auch eine Gegenleistung und gibt so dem Sozialstaat eine neue Bedeutung. So wird Teilhabe zur Teilnahme und Verteilungsgerechtigkeit zur Chancengerechtigkeit auch mit der Konsequenz, dass die Ablehnung von Förderangeboten mit Sanktionen belegt werden kann.[129]

2. *Staatszwecke, Staatsziele und das Sozialstaatsprinzip des Grundgesetzes*

a. Staatszwecke und Staatszielbestimmungen

Die Leitbildern staatlichen Handelns zugrunde liegenden Annahmen und ihre hieraus gezogenen Folgerungen stehen als Grundlage staatlichen Handelns auf dem Prüfstand ihrer Konformität mit dem Grundgesetz als verfassungsgesetzlicher Vorgabe für die Tätigkeit des Staates und seiner Organisation. Die Prüfung kann entweder erfolgen, indem das Grundgesetz auf seinen Gehalt an Aussagen zu Staatszwecken, Staatszielen oder Staatsaufgaben untersucht wird[130] oder seine Bestimmungen durch Zuordnung zu Staatszielbestimmungen, Staatsstrukturprinzipien und Kompetenzzuordnungen voneinander abgegrenzt werden.[131] Beide Vorgehensweisen ermöglichen es, Aussagen des Grundgesetzes zu Zwecken und Zielen staatlichen Handelns im Sinne von Verfassungsaufträgen an Regierung und Verwaltung herauszuarbeiten. An ihnen können die Leitideen staatlichen Handelns gemessen werden, die von einer im demokratischen Willensbildungsprozess bestimmten Regierung formuliert wurden. Allerdings beschränkt sich das Grundgesetz in seinen Abschnitten zur Staatsorganisation auf Kompetenzzuweisungen und gibt weder Auskunft über Art und Umfang staatlicher Tätigkeit, noch benennt es die grundlegenden Funktionen des Bundestages oder der Bundesregierung.[132]

Zwecke, Ziele und Aufgaben des Staates werden in der staatsrechtlichen Literatur mit unterschiedlichen Inhalten gebraucht, wobei eine Stufenfolge der

---

[129] MÜNDER, *Das SGB II – Die....*, a. a. O., S. 3210, 3212; PITSCHAS, *Die Zukunft der....*, a. a. O., S. 124 f.; WOHLFAHRT, *Der aktivierende Sozialstaat....*, a. a. O., S. 83

[130] Vgl. die zusammenfassende Darstellung bei HEBEISEN, WALTER MICHAEL: *Staatszwecke, Staatsziele, Staatsaufgaben*, Chur, Zürich 1996, S. 94 ff.

[131] BROHM, WINFRIED: *Soziale Grundrechte und Staatszielbestimmungen in der Verfassung*, in: JZ 1994, S. 217 ff.; BULL, HANS PETER: *Staatszwecke im Verfassungsstaat*, in: NVwZ 1989, S. 802; MAUNZ, THEODOR; ZIPPELIUS, REINHOLD: *Deutsches Staatsrecht*, 30. Aufl., München 1998, S. 36 f.; MERTEN, DETLEF: *Über Staatsziele*, in: DÖV 1993, S. 369 ff.; ZACHER, HANS F.: *Der soziale Bundesstaat*, in: ZFSH/ SGB 2003, S. 453 ff.

[132] DEGENHARDT, Christoph: *Staatsrecht I*, 16 Aufl., Heidelberg 2000, S. 174; MAUNZ/ ZIPPELIUS, *Deutsches Staatsrecht*, a. a. O., S. 265 f.; MAURER, HARTMUT: *Staatsrecht I*, 2. Aufl., München 2001, S. 493 f.; HERZOG, ROMAN, *Kommentierung zu Art. 62*, in: Maunz, Theodor; Dürig, Günter und andere Mitherausgeber: *Grundgesetz Kommentar*, Loseblattausgabe, München 1983, Art. 62 Rdnr. 51 ff.

Begriffe gebildet wurde, an deren oberen Ende der Staatszweck steht, dem sich Staatsziele nachordnen, die sich wiederum in Staatsaufgaben auffächern. *Josef Isensee* unterscheidet die Staatsziele von den Staatszwecken durch ihre Bezüge zum Grundgesetz, die sich aus ihm im Gegensatz zu den Staatszwecken als überzeitlichen Wesenszügen, Rechtfertigungsgründen oder rationalen Begrenzungen des Staates in einem theoretischen System der Staatszwecklehre herausgebildet hätten. In dieser Hierarchie der Abstraktion blendet er den Staatszweck als theoretisches Konstrukt der Rechtfertigung von Staatstätigkeit[133] aus den Vorgaben des Grundgesetzes aus und definiert Staatziele als Belange des Gemeinwohls (öffentliche Interessen), die der Staat sich zu eigen macht und in deren Dienst er sich planmäßig stellt. So sei das soziale Staatsziel des Grundgesetzes abstrakter als eine Staatsaufgabe, die sich auf bestimmte Tätigkeitsbereiche beziehe, wie Sozialhilfe oder die Sicherstellung der stationären Krankenversorgung.[134]

Das Thema „Staatszwecke im Verfassungsstaat" war Teil der Arbeit der Gemeinsamen Verfassungskommission nach der Wiedervereinigung, die sich mit der in Art. 5 des Einigungsvertrages[135] enthaltenen Empfehlung, Überlegungen zur Aufnahme von Staatszielbestimmungen in das Grundgesetz anzustellen, zu befassen hatte.[136] In diesem Zusammenhang verwendet *Winfried Brugger* den Begriff des Staatszweckes synonym mit dem des Staatszieles und ordnet ihm folgende Funktionen zu: Staatzwecke und Staatsziele dienten der Identifizierung eines Staatstyps, der Rechtfertigung staatlichen Handelns, der rechtstaatlichen Kontrolle dieses Handelns sowie der Reduktion von Komplexität.[137] Staatszwecke seien keine anwendungsfähigen Rechtsregeln,

---

[133] Zur historischen Einordnung der Staatszwecklehre STERN, KLAUS: *Das Staatsrecht der Bundesrepublik Deutschland,* Bd. III/ 2, München 1994, S. 236 f.; STOLLEIS, MICHAEL: *Geschichte des öffentlichen Rechts in Deutschland,* 1. Bd., München 1988, S. 323 ff.

[134] ISENSEE, JOSEF: *Gemeinwohl und Staatsaufgaben im Verfassungsstaat*, in: Isensee, Josef; Kirchhof, Paul (Herausg.): *Handbuch des Staatsrechts der Bundesrepublik Deutschland*, Bd. III, 2. Aufl., Heidelberg 1996, S. 51 ff.; vgl. auch HEBEISEN, *Staatszwecke, Staatsziele, Staatsaufgaben*, a. a. O., S. 122 f.; STERN, KLAUS: *Das Staatsrecht der Bundesrepublik Deutschland*, Bd. III/1, München 1988, S. 932 f. ordnet Staatszwecke als Bestandteile der Rechtfertigung des Staates den Aufträgen an den Staat zur Sicherung der Rechtsposition seiner Bürger zu.

[135] Vertrag zwischen der Bundesrepublik Deutschland und der Deutschen Demokratischen Republik über die Herstellung der Einheit Deutschlands vom 31.08.1990 (BGBl. I S. 889)

[136] Thematischer Überblick bei BAUER, HARTMUT: *Die Verfassungsentwicklung des Wiedervereinigten Deutschland*, in: Isensee, Josef; Kirchhof, Paul (Herausg.): *Handbuch des Staatsrechts,* Bd. I, 3. Aufl., Heidelberg 2003, S. 743 ff.

[137] BRUGGER, WILFRIED: *Staatszwecke im Verfassungsstaat*, in: NJW 1989, S. 2428 ff.; vgl. auch HEBEISEN, *Staatszwecke, Staatsziele, Staatsaufgaben*, a. a. O., S. 118 ff.

sondern Rechtsprinzipien, aus denen sich eine grobe Richtung ergebe, die sich vom Minimalstaat bis hin zu einem umfassenden Aufgabenverständnis erstrecken könne.[138] Das Grundgesetz sei infolge unterschiedlicher und teilweise auch zueinander in Konkurrenz stehender Staatszielbestimmungen wegen des Grundsatzes der Einheitlichkeit der Verfassungszielbestimmungen offen und verweise hinsichtlich der Verwirklichung von Staatszielen auf gesetzgeberisches Tätigwerden und damit auf den politischen Prozess.[139]

Hans Peter Bull entwickelt, ausgehend vom Staatszweckverständnis von *Hermann Heller* und *Hans Kelsen* unter wesentlicher Bezugnahme auf *Ulrich Scheuner*[140] die These, Staatszwecke seien als Begriff der Staatsphilosophie nicht in Verfassungsnormen festgelegt. Im modernen Verfassungsstaat wiesen Staatszielbestimmungen und Staatsaufgabennormen der staatlichen Tätigkeit den Weg. Es bedürfe also des Staates als der Organisation, die das Gemeinwohl gegen die Individual- und Einzelgruppeninteressen zur Geltung zu bringen habe, um den inneren Frieden zu wahren, den Ausgleich gegenwärtig artikulierter Interessen herzustellen und darüber hinaus für die Zukunft zu sorgen.[141] Auf dem Staatsrechtslehrertag 1989 wurden Begriffe und logische Bezüge von verfassungsrechtlichen Staatszwecken, Staatszielen und Staatsaufgaben umfassend diskutiert;[142] eine allgemeine Auffassung zu Stufung und Rangordnung dieser Begriffe konnte jedoch nicht gefunden werden. Sie hätten untereinander keine Rangordnung und könnten zueinander nicht in ein systematisches Verhältnis gebracht werden.[143]

---

[138] BRUGGER, *Staatszwecke im Verfassungsstaat*, a. a. O., S. 2431 f.

[139] BRUGGER, *Staatszwecke im Verfassungsstaat*, a. a. O., S. 2428

[140] SCHEUNER, ULRICH: *Staatszielbestimmungen*, in: Schnur, Roman (Herausg.): *Festschrift für Ernst Forsthoff zum 70. Geburtstag*, München 1972, S. 328 ff.

[141] BULL, HANS PETER: *Staatszwecke im Verfassungsstaat*, in: NVwZ 1989, S. 801, 805 f.; vgl. auch BULL, HANS PETER: *Die Staatsaufgaben nach dem Grundgesetz*, 2. Aufl. Hamburg 1977, S. 17 ff.

[142] Vgl. LINK, HEINZ-CHRISTOPH; REES, GEORG: *Staatszwecke im Verfassungsstaat*, Berlin, New York 1990, S. 7 ff.

[143] So die zusammenfassende Bewertung von HEBEISEN, *Staatszwecke, Staatsziele, Staatsaufgaben*, a. a. O., S. 133 ff.

b. Die Staatszielbestimmungen des Grundgesetzes und das Sozialstaatsprinzip

Das Grundgesetz hält sich als Rahmenverfassung eines föderalen Staates[144] und aus der Erfahrung seiner Verfassungsgeschichte mit Aussagen über Staatszwecke zurück.[145] Es werden allerdings der Verfassungsauftrag zur Sicherung der Rechtspositionen seiner Bürger, der in Art. 1 Abs. 1 Satz 2 GG als Verpflichtung aller staatlichen Gewalt niedergelegt ist, die Würde des Menschen zu achten und zu schützen, sowie das in Art. 1 Abs. 2 Satz 2 GG enthaltene Bekenntnis des deutschen Volkes zu unverletzlichen und unveräußerlichen Menschenrechten als Grundlage jeder menschlichen Gemeinschaft, als Staatszwecke des Grundgesetzes angesehen.[146] Die Zurückhaltung des Grundgesetzes zu Staatszwecken wird der Entwicklung und Entfaltung des modernen Staates zum Verfassungsstaat zugerechnet, der im Polizeistaat, als Ausdruck der Konsolidierung autonomer Herrschaft über ein Territorium, seinen Anfang fand, sich sodann zum Rechtsstaat, als Schutz des Bürgers vor Übergriffen der Staatsgewalt, und schließlich zum Sozialstaat beziehungsweise zum sozialen Rechtsstaat, als Verantwortungsgemeinschaft für die soziale Sicherheit des Einzelnen, wandelte.[147]

Das Grundgesetz gibt ebenso keine konkret gefasste Staatszielbestimmungen vor, aus denen Festlegungen zu bestimmten Inhalten staatlicher Politik zu entnehmen sind.[148] Zu den wenigen Staatszielbestimmungen als programmatischen Direktiven für das staatliche Handeln zählen neben der Verwirklichung eines freien Europa (Präambel, Art. 23 Abs. 1 GG) und der inzwischen erreichten Wiedervereinigung die „soziale" Staatlichkeit gem. Art. 20 Abs. 1 und 28 Abs. 1 Satz 1 GG, die Erhaltung des gesamtwirtschaftlichen Gleich-

---

144 ISENSEE, *Staat und Verfassung*, a. a. O., S. 97

145 BULL, *Staatszwecke im Verfassungsstaat*, a. a. O., S. 804; MAUNZ/ ZIPPELIUS, *Deutsches Staatsrecht*, a. a. O., S. 36 f.; STERN, *Das Staatsrecht der....*, Bd. III/ 1, a. a. O., S. 932 ff.

146 BULL, *Staatszwecke im Verfassungsstaat*, a. a. O., S. 804; STERN, *Das Staatsrecht der....*, Bd. III/ 1, a. a. O., S. 933 f.; BRUGGER, *Staatszwecke im Verfassungsstaat*, a. a. O., S. 2427 ff. rechnet wegen der von ihm vorgenommenen begrifflichen Gleichsetzung von Staatszweck und Staatsziel Freiheit, Friede, Gerechtigkeit, Allgemeinwohl zu den übergreifenden Zwecken und Zielen und sodann Grundrechtsschutz, Landesverteidigung, sozialer Ausgleich zu den konkreteren Direktiven.

147 BRUGGER, *Kommunitarismus als Verfassungstheorie....*, a. a. O., S. 359; ISENSEE, *Staat und Verfassung*, a. a. O., S. 64; KAUFMANN, *Diskurse über Staatsaufgaben*, a. a. O., S. 26 f.

148 HERZOG, ROMAN: *Kommentierung zu Art. 20*, in: Maunz, Theodor; Dürig, Günter und andere Mitherausgeber: *Grundgesetz Kommentar*, Loseblattausgabe, München 1980, Art. 20 I Rdnr. 9

gewichts nach Art. 109 Abs. 2 GG, die Pflicht zur Durchsetzung der tatsächlichen Gleichstellung von Frauen und Männern gem. Art. 3 Abs. 2 Satz 1 GG und die Pflicht zum Schutz der natürlichen Lebensgrundlagen nach Art. 20 a GG.[149]

Von ihnen gehört das Sozialstaatsprinzip des Art. 20 Abs. 1 GG, das dem Gesetzgeber vorgibt, soziale Gerechtigkeit zu verwirklichen und für sozialen Ausgleich zu sorgen,[150] zugleich zu den Staatsstrukturprinzipien, wie den Verfassungsprinzipen der Republik, der Demokratie oder des Bundesstaates.[151] Doch auch das Sozialstaatsprinzip steht im Kontext zu anderen Staatszielen und ist für sich allein genommen zu unbestimmt, um aus ihm eine staatliche Handlungspflicht für bestimmte soziale Maßnahmen oder Reformen herzuleiten. Diese wie die anderen Leitlinien des Grundgesetzes bedürfen der gesetzgeberischen Umsetzung und stellen insoweit die Voraussetzungen der konkreten Aufgabenwahrnehmung des Staates dar.[152]

Die Staatszielbestimmungen des Grundgesetzes sind lediglich hinsichtlich des Zieles verbindlich und lassen hinsichtlich der Art und Weise der Zielerreichung Spielräume.[153] So können einzelne Staatsziele des Grundgesetzes in Konkurrenz zueinander stehen, wie etwa die sozialstaatliche, auf Solidarität für Bedürftige abstellende Konzeption sozialer Gerechtigkeit gegen die stärker die individuelle Leistung betonenden liberalistischen Gerechtigkeitskonzeptionen. Auch könnten soziale Ausgleichsmaßnahmen ab einem bestimmten Grad die wirtschaftliche Effektivität und damit die Wohlfahrt des Gemeinwesens untergraben.[154] Dieses Dilemma der Handlungswahl bestimmt die Diskussion um sozialpolitische Steuerungsfragen und Aufgabenwahrnehmungen, die in übergreifende Leitbilder für staatliches Handeln einfließen.

Da das Grundgesetz in seinen Staatszielbestimmungen weder eindeutige Aussagen zur Lösung derartiger Konkurrenzprobleme trifft, noch durch Verfas-

---

149 BROHM, *Soziale Grundrechte und....*, a. a. O., S. 217 (mit kritischer Stellungnahme zum Staatsziel Umweltschutz und der Gleichstellungsklausel); KLEIN, HANS H.: *Staatsziele im Verfassungsgesetz – Empfiehlt es sich, ein Staatsziel Umweltschutz in das Grundgesetz aufzunehmen?*, in: DVBl. 1991, S. 734; MAURER, *Staatsrecht I*, a. a. O., S. 176 ff.; MERTEN, *Über Staatsziele*, a. a. O., S. 372 ff.

150 MAUNZ/ ZIPPELIUS, *Deutsches Staatsrecht*, a. a. O., S. 102 f.; PITSCHAS, *Die Zukunft der....*, a. a. O., S. 112; STERN, *Das Staatsrecht der....*, Bd. I, a. a. O., S. 891 ff.

151 STERN, *Das Staatsrecht der....*, Bd. III/ 1, a. a. O., S. 121 f.

152 BRUGGER, *Staatszwecke im Verfassungsstaat*, a. a. O., S. 2427; MAUNZ/ ZIPPELIUS, *Deutsches Staatsrecht*, a. a. O., S. 104 f.; ZACHER, *Das soziale Staatsziel*, a. a. O., S. 738 f.

153 MAURER, *Staatsrecht I*, a. a. O., S. 177

154 BRUGGER, *Staatszwecke im Verfassungsstaat*, a. a. O., S. 2428; vgl. auch DEGENHARDT, *Staatsrecht I*, a. a. O., S. 165

sungsaufträge allgemein durchsetzbare Rechte begründet, gilt der Grundsatz der Einheit der Verfassungsziele mit dem Auftrag an die Staatsorgane, alle Ziele gleich zu achten und bestmöglich zu verwirklichen.[155] Die Staatsziele des Grundgesetzes sind in diesem Sinne offen und verweisen auf gesetzgeberisches Tätigwerden und damit auf den politischen Prozess parlamentarischer Willensbildung des Gesetzgebers. Ihm steht bei der Zielverwirklichung ein weites Ermessen zu, wie an der Staatszielbestimmung der Art. 20 Abs. 1 und 28 Abs. 1 GG für den Sozialstaat mit seiner Untergliederung in soziale Sicherung und soziale Gerechtigkeit deutlich wird.[156] Das Bundesverfassungsgericht ordnet dem Sozialstaatsprinzip die Pflicht des Staates zu, „für eine gerechte Sozialordnung zu sorgen....; bei der Erfüllung dieser Pflicht kommt dem Gesetzgeber ein weiter Gestaltungsspielraum zu.... . Das Sozialstaatsprinzip stellt also dem Staat eine Aufgabe, sagt aber nichts darüber, wie diese Aufgabe zu erledigen ist – wäre es anders, dann würde das Prinzip mit dem Prinzip der Demokratie in Widerspruch geraten."[157]

c. Staatsaufgaben und ihre Umsetzung in staatliche Wahrnehmungskompetenzen

Staatszielbestimmungen werden also als Verfassungsnormen mit bindender Wirkung verstanden, die der Staatstätigkeit die fortdauernde Beachtung oder Erfüllung bestimmter Aufgaben und sachlich umschriebener Ziele vorschreiben.[158] Demgegenüber drücken sich die Modernisierungsbestrebungen der Bundesregierungen in schlagwortartiger Zusammenfassung ihres jeweiligen Verständnisses von der Umsetzung der Staatsaufgaben aus und geben ihre Vorstellungen über die Verwirklichung von Staatszielbestimmungen als Antwort auf die konkreten Aufgaben der Gegenwart wieder.[159] Die Herstellung und Erhaltung einer gerechten sozialen Ordnung im Sinne der Sicherung eines sozialen Mindeststandards nach den Vorgaben der Art. 20 Abs. 1 und 28

---

[155] BRUGGER, *Staatszwecke im Verfassungsstaat*, a. a. O., S. 2428; HERZOG, in: Maunz/ Dürig (Herausg.), *Grundgesetz Kommentar*, a. a. O., Art. 20 I Rdnr. 37 ff.; MAURER, *Staatsrecht I*, a. a. O., S. 179

[156] ISENSEE, *Gemeinwohl und Staatsaufgaben....*, a. a. O., S. 55 f.; MAURER, *Staatsrecht I*, a. a. O., S. 247 f.; STERN, *Das Staatsrecht der....*, Bd. 1, a. a. O., S. 890 f.; MAUNZ/ ZIPPELIUS, *Deutsches Staatsrecht*, a. a. O., S. 102 f. verwenden neben dem Unterziel der sozialen Gerechtigkeit das der öffentlichen Wohlfahrt.

[157] BVERFGE 59, 231, 263; 65, 182, 193; 94, 241, 263; MAUNZ/ ZIPPELIUS, *Deutsches Staatsrecht*, a. a. O., S. 103; PREIS/ KELLERMANN, *Reform des Sozialstaates....*, a. a. O., S. 330; SCHULIN, BERTRAM; IGL, GERHARD: *Sozialrecht*, 7. Aufl., Düsseldorf 2002, S. 12 ff.

[158] BUNDESMINISTER DES INNEREN/ BUNDESMINISTER DER JUSTIZ: *Staatszielbestimmungen, Gesetzgebungsaufträge*. Bericht der Sachverständigenkommission, Bonn 1983, S. 21

[159] MAURER, *Staatsrecht I*, a. a. O., S. 181 f.

Abs. 1 GG gehört zu den Staatszielen, die sich als elementare Aufgabe auch bei anderen westlichen Verfassungsstaaten wiederfinden.[160] Was allerdings hieraus abgeleitet als Staatsaufgabe gelten soll, kann nicht nur aus dem staatstheoretischen Bezugsrahmen des Grundgesetzes entnommen werden, sondern ist ebenso Angelegenheit politischer Prozesse und ihrer Entscheidungen. Als Staatsaufgabe erscheint demzufolge, was Parlament und Regierung in einem rechtmäßigen Verfahren unter Beachtung der verfassungsgemäßen Schranken an Programmen auf den Weg bringen.[161]

Staatsziele konkretisieren sich in gegenständlich begrenzten Staatsaufgaben als den öffentlichen Aufgaben, auf die der Staat nach Maßgabe beziehungsweise in den Grenzen der Verfassung zugreift.[162] Sie wiederum bilden einen Teil der öffentlichen Aufgaben als den Tätigkeitsbereichen, die den öffentlichen Interessen entsprechen und zur Gemeinwohlverwirklichung beitragen.[163] Öffentliche Aufgaben, die in vielen Bereichen von Privaten wahrgenommen werden, wie etwa die Stromversorgung oder Krankenhausträgerschaften, werden dann zu Staatsaufgaben, wenn der Staat sie durch Recht an seine eigene Erledigung bindet und dies im Rahmen der verfassungsrechtlichen Grenzen geschieht.[164] Die zunehmende Ausformulierung sozialstaatlicher Aufgaben auf der Gesetzgebungsebene mit der Folge der Handlungsverpflichtung staatlicher Träger führte zu der heute kritisierten Aufblähung und Differenzierung staatlicher Sozialgestaltung und seines Verwaltungsrechts mit der Folge, dass Bürger und gesellschaftliche Teilsysteme in zunehmende Abhängigkeit vom Staat geraten sind.[165]

Die Handlungsverpflichtung des Staates und seiner Organe bei der Erfüllung öffentlicher Aufgaben wird von *Josef Isensee* in fünf Stufenfolgen gesehen,

---

[160] Dazu gehören die Sicherung des inneren und äußeren Friedens, der Schutz der Menschenrechte und Grundfreiheiten, die Vorsorge gegen Risiken, die sich aus der wissenschaftlichen und technischen Entwicklung ergeben, der Schutz der natürlichen Lebensgrundlagen, die Mitwirkung bei internationalen Einsätzen zum Schutz der Menschenrechte in Krisengebieten entsprechend der UN-Charta, vgl. MAURER, *Staatsrecht I*, a. a. O., S. 5; zu ihrer Entwicklung GRIMM, *Der Wandel der....*, a. a. O., S. 621 ff.

[161] KAUFMANN, FRANZ-XAVER: *Diskurse über Staatsaufgaben*, a. a. O., S. 19

[162] BULL, *Staatszwecke im Verfassungsstaat*, a. a. O., S. 802

[163] ISENSEE, *Gemeinwohl und Staatsaufgaben....*, a. a. O., S. 62 f.; SCHUPPERT, *Verwaltungswissenschaft*, a. a. O., S. 859 f.

[164] BVERFGE 12, 205, 243; ISENSEE, *Gemeinwohl und Staatsaufgaben....*, a. a. O., S. 64 f.; zur Wirtschaftsverfassung BADURA, PETER: *Wirtschaftsverwaltungsrecht*, in: Schmidt-Aßmann, Eberhard (Herausg.): *Besonderes Verwaltungsrecht*, 12. Ausg., Berlin 2003, S. 261 ff.

[165] GRIMM, *Der Wandel der Staatsaufgaben....*, a. a. O., S. 625; KAUFMANN, *Diskurse über Staatsaufgaben*, a. a. O., S. 36 f.

von denen die vollständige Aufgabenwahrnehmung durch die staatliche Verwaltung, wie bei der Landesverteidigung oder der polizeilichen Gefahrenabwehr, die höchste Stufe darstellt. Ihr folgt die Teilnahme des Staates an der Aufgabenerfüllung zusammen mit freien Leistungsträgern oder in Konkurrenz zu ihnen, wie bei der Unterhaltung von Einrichtungen der Sozial- und Jugendhilfe. Hieran schließt sich die Steuerung der Tätigkeit Privater durch Interventionen, Subventionen oder beeinflussender Planung an, wie bei der Daseinsvorsorge insgesamt oder der staatlichen Kontrolle der Wirtschaft, wie bei der Arzneimittelherstellung und ihrem Vertrieb. In zwei weiteren Stufen folgen die Schaffung und Durchsetzung der rechtlichen Rahmenordnung mit Mitteln allgemeiner Gesetze und die Anregung und Förderung privater Tätigkeiten in gemeinwohlwichtigen Bereichen.[166]

Jede aus dem Bereich der öffentlichen Aufgaben durch Gesetz begründete Staatsaufgabe bedarf zu ihrer Erfüllung der verfassungsgesetzlichen Zuweisung von Wahrnehmungskompetenz und Handlungsbefugnis, mit der ihre Ausführung einer bestimmten Organisationseinheit im staatlichen Organisationsgefüge übertragen und damit zugleich eine bestimmte unmittelbar oder mittelbar staatliche Körperschaft, eine Gattung von Behörden oder Verwaltungsorganen mit Handlungsvollmacht ausgestattet wird.[167] Das Grundgesetz begründet in Art. 30 GG die Kompetenzvermutung für staatliches Tätigwerden bei den Ländern, soweit keine andere grundgesetzliche Regelung getroffen oder zugelassen wurde.[168] Diese wird überlagert durch die Regelungen der Art. 70 ff. GG zu den Kompetenzen für die Gesetzgebung zwischen dem Bund und den Ländern und den Verwaltungszuständigkeiten nach Art. 83 ff. GG, aus denen sich die Verwaltungstypen von Bundesverwaltung, Auftragsverwaltung des Bundes und Landeseigenverwaltung ergeben.[169]

[166] Vgl. ISENSEE, *Gemeinwohl und Staatsaufgaben....*, a. a. O., S. 64

[167] ISENSEE, *Gemeinwohl und Staatsaufgaben....*, a. a. O., S. 65 f.

[168] DEGENHARDT, *Staatsrecht I*, a. a. O., S. 63 f.; MAUNZ, THEODOR; *Kommentierung zu Art. 30*, in: Maunz, Theodor; Dürig, Günter und andere Mitherausgeber: *Grundgesetz Kommentar*, Loseblattausgabe, München 1982, Art. 30 Rdnr. 3 ff.; MAUNZ/ ZIPPELIUS, *Deutsches Staatsrecht*, a. a. O., S. 118 f.; MAURER, *Staatsrecht I*, a. a. O., S. 309 f.; STERN, *Das Staatsrecht der Bundesrepublik Deutschland,* Bd. I, 2. Aufl., München 1984, S. 672 f.

[169] STERN, *Das Staatsrecht der Bundesrepublik Deutschland*, Bd. II, München 1980, S. 686

3. *Staatszwecke und Staatsziele von Landesverfassungen und Leitbilder staatlichen Handelns*

a. Staatszwecke und Staatsziele in den Verfassungen von Bayern, Nordrhein-Westfalen, Rheinland-Pfalz und Sachsen-Anhalt

Landesverfassungen als Ausdruck normativer Verfassungsautonomie der Länder[170] können ebenso Staatszwecke und –ziele enthalten, wie dies im Grundgesetz möglich ist. Da die Länder Träger eigener Staatsgewalt sind und ihre Verfassungen teils vor dem Grundgesetz erlassen wurden, teils in den Jahren unmittelbar nach Verabschiedung des Grundgesetzes in Kraft traten und zu einem weiteren Teil im Fall der neuen Bundesländer erst nach der Wiedervereinigung ergingen, knüpfen sie an unterschiedliche Traditionen ihrer Gestaltung an. So ergingen die Landesverfassungen von Bayern[171] und Rheinland-Pfalz noch während ihrer Zugehörigkeit zur amerikanischen und französischen Besatzungszone. Sie sind Vollverfassungen mit Grundrechtskatalogen, staatsorganisatorischen Regelungen und Bestimmungen über das wirtschaftliche, soziale und kulturelle Leben.[172] Die Landesverfassung von Nordrhein-Westfalen wurde erst nach der Gründung der Bundesrepublik Deutschland unter der Geltung des Grundgesetzes verabschiedet und verweist in Art. 4 Abs. 1 ihres Grundrechtsteils auf die Grundrechte und staatsbürgerlichen Pflichten des Grundgesetzes als unmittelbarer Bestandteil der Landesverfassung.[173] Die Verfassung von Sachsen-Anhalt[174] als dem vierten in dieser Arbeit betrachteten Bundesland schließlich wurde nach der Wiedervereinigung erlassen und enthält neben seinem staatsorganisatorischen Teil und einem umfangreichen Grundrechtskatalog Einrichtungsgarantien (Art. 24 – 33) und Staatsziele (Art. 34 – 40).[175]

Unabhängig von ihren Einzelinhalten, der Ausgestaltung der in ihnen verankerten Grundrechte und ihrer Entstehungsgeschichte haben sich die Verfas-

---

170 MAUNZ/ ZIPPELIUS, *Deutsches Staatsrecht*, a. a. O., S. 107; STERN, *Das Staatsrecht der....*, Bd. I, a. a. O., S. 13

171 Verfassung des Freistaats Bayern vom 02.12.1946 (GVBl. S. 333), zuletzt geändert am 10.11.2003 (GVBl. S. 817)

172 Allgemein MAURER, *Staatsrecht I*, a. a. O., S. 164; für Rheinland-Pfalz JUTZI, SIEGFRIED: *Verfassungsreform in Rheinland-Pfalz*, in: NJW 2000, S. 1295 ff.

173 Verfassung für das Land Nordrhein-Westfalen vom 28.05.1950 (GV NW S. 127), zuletzt geändert am 22.06.2004 (GV NW S. 360); vgl. auch MENZEL, JÖRG: *Einführung*, in: Löwer, Wolfgang; Tettinger, Peter J.: *Kommentar zur Verfassung des Landes Nordrhein-Westfalen*, Stuttgart, München, Hannover, Berlin, Weimar, Dresden 2002, S. 35 ff.

174 Verfassung des Landes Sachsen-Anhalt vom 16.07.1992 (GVBl. LSA S. 564)

175 MERTEN, *Über Staatsziele*, a. a. O., S. 374

sungen der Länder am Homogenitätsprinzip nach Art. 28 Abs. 1 Satz 1 GG auszurichten, wonach die verfassungsmäßige Ordnung in den Ländern den verfassungsgestaltenden Grundentscheidungen des Grundgesetzes, unter anderem für den sozialen Rechtsstaat, entsprechen muss.[176] Damit wirken die Grundsatzentscheidungen für den sozialen Rechtsstaat gem. Art. 20 Abs. 1, 28 Abs. 1 Satz 1 GG unmittelbar in die jeweilige Landesverfassung ein und verhindern die Abkehr eines einzelnen Landes von den grundgesetzlichen Festlegungen zur Sozialstaatlichkeit.[177] Dies hindert die Landesverfassungsgesetzgeber allerdings nicht daran, Staatsziele und Staatszielbestimmungen aufzunehmen, die die grundgesetzlichen Vorgaben zum sozialen Rechtsstaat konkretisieren oder als Staatsziele oder Staatsaufgaben inhaltlich auszugestalten.[178] Etwas derartiges erfolgte tatsächlich durch die Aufnahme sozialer Grundrechte, Einrichtungsgarantien und Staatszielbestimmungen in die Verfassungen der Länder.[179]

b. Handlungsautonomie der Länder im föderalen System und Verwaltungsföderalismus

Aus der Verfassungsautonomie der Länder folgt die Autonomie des staatlichen Handelns ihrer Organe im Rahmen der gesetzlichen Vorgaben des Bundes.[180] Dies ermöglicht ihnen auch, Leitbilder staatlichen Handelns für ihren Verantwortungsbereich zu setzen oder durch Regierungsprogramme zu

---

[176] JUTZI, SIEGFRIED: *Einleitung C,* in: Grimm, Christoph; Caesar, Peter (Herausg.): *Verfassung für Rheinland-Pfalz*, 1. Aufl., Baden-Baden 2001, S. 18; MEDER, *Die Verfassung des Freistaates Bayern, Handkommentar*, 4. Aufl., Stuttgart, München, Hannover, Berlin 1992, S. 61 f.; MENZEL, *Einführung*, a. a. O., S. 51 f.

[177] MAUNZ, THEODOR, *Kommentierung zu Art. 28*, in: Maunz, Theodor; Dürig, Günter und andere Mitherausgeber: *Grundgesetz Kommentar*, Loseblattausgabe, München 1977, Art. 28 Rdnr. 25; MAUNZ/ ZIPPELIUS, *Deutsches Staatsrecht*, a. a. O., S. 120 ff.; STERN, *Das Staatsrecht der....*, Bd. I, a. a. O., S. 704 ff.

[178] MERTEN, *Über Staatsziele*, a. a. O., S. 375, der auch darauf hinweist, dass bei den Staatszielbestimmungen des Grundgesetzes widersprechenden Landesverfassungszielen Art. 31 GG uneingeschränkt Geltung hat; vgl. auch ZACHER, *Der soziale Bundesstaat*, a. a. O., S. 467 ff.

[179] Zur Abgrenzung STERN, *Das Staatsrecht der....*, Bd. I, a. a. O., S. 936 ff.; zu den sozialen Grundrechten in der rheinland-pfälzischen Verfassung vgl. Art. 1 Abs. 2 LV; zu den Staatszielen und Staatsaufgaben Art. 3 Abs. 2 LV (Schutz des ungeborenen Lebens); Art. 17 Abs. 3 LV (Durchsetzung der Gleichberechtigung); Art. 17 Abs. 4 LV (Achtung von Minderheiten); Art. 40 LV (Sportförderung); Art. 51 LV (soziale Marktwirtschaft); Art. 63 LV (Schaffung u. Erhaltung von Wohnraum); Art. 64 LV (Schutz behinderter Menschen); Art. 70 LV (Tierschutz); Art. 74 a LV (Pflicht zur Förderung der Europäischen Gemeinschaft); vgl. die Zusammenstellung bei ZACHER, *Der soziale Bundesstaat*, a. a. O., S. 469; zu den einzelnen Artikeln GRIMM/ CAESAR, *Verfassung für Rheinland-Pfalz....*, a. a. O.

[180] STERN, *Das Staatsrecht der....*, Bd. I, a. a. O., S. 13

bestimmen, die von denen des Bundes abweichen oder ihnen sogar entgegengesetzt sind. Während also beim Bund das Leitbild des aktivierenden Staates die Organisationsgestaltung der Bundesverwaltung bestimmt, könnte in einem Land nach wie vor das Leitbild vom schlanken Staat oder sogar das des Minimalstaates oder des etatitistischen Wohlfahrtsstaates verfolgt werden, solange nicht gegen das Homogenitätsprinzip gem. Art. 28 Abs. 1 GG und bundesgesetzliche Vorgaben verstoßen wird. Dies verdeutlicht das Erfordernis der Steuerungsfunktion bundesgesetzlicher Vorgaben für den Verwaltungsvollzug.[181]

Dies gilt insbesondere für den Aufgabenvollzug durch Landesverwaltungen, wenn sie gem. Art. 83, 84 Abs. 1 GG als Eigenverwaltung geführt werden.[182] In diesem Wirkungsbereich staatlichen Handelns tun sich die größten Einwirkungsmöglichkeiten der Länder über Leitvorstellungen und grundlegende Konzepte exekutiven Handelns auf. Sie können sich in der Ausstattung ihrer Landesverwaltungen und deren organisatorischer Gestaltung verdeutlichen. Dabei können sie sich entweder als durch Privatisierungen „verschlankte", durch Herabzonen der Aufgabendurchführung bis auf die kommunale Eben dezentralisierte[183] und auf die Durchführung von Kernaufgaben zurückgeführte Verwaltungen darstellen oder verbleiben mit ihrem Wahrnehmungsumfang Verwaltungen des aktiven Staates. Als vom Leitbild des aktivierenden Staates geprägte Verwaltungen beschränken sie sich nicht nur auf Kernaufgaben, sondern gewährleisten mit ihrem Personal und ihrer Sachausstattung die staatliche Aufgabenwahrnehmung in Verantwortungsteilung, auch in Kooperation mit der kommunalen Ebene oder mit Dritten. In dieser Ausprägung nehmen sie eine Mittelposition zwischen der schlanken und der allumfassenden Verwaltung ein.

Es lassen sich allerdings keine Typenverknüpfungen dergestalt ableiten, nach denen etwa zum schlanken Staat eine schlanke Verwaltung gehört, während dem Leitbild des aktivierenden Staates ein Verwaltungstyp „aktivierende Verwaltung" zuzurechnen wäre.[184] Für die Bildung und Veränderung staatli-

---

[181] PITSCHAS, *Organisationsrecht als Steuerungsressource....*, a. a. O., S. 194 f.; SCHUPPERT, *Verwaltungswissenschaft*, a. a. O., S. 475 f.

[182] STERN, *Das Staatsrecht der....*, Bd. I, a. a. O., S. 707 f.; derselbe, *Das Staatsrecht der....*, Bd. II, a. a. O., S. 793 ff.

[183] KIRCHHOF, FERDINAND: *Klare Verantwortungsteilung von Bund, Ländern und Kommunen?*, in: DVBl. 2004, S. 978

[184] So ist das Schlagwort der lean administration nicht aus der Verknüpfung mit dem schlanken Staat verbunden, sondern aus der Begriffskette lean production – lean management hergeleitet, vgl. WEIDINGER, WILHELM: *Schlanke Verwaltung = leistungsfähige Verwaltung?*, in: BayVBl. 1997, S. 513

cher Verwaltungen sind ebenso wie bei den administrativen Einheiten privater Betriebe betriebswirtschaftliche Kriterien maßgeblich, die sich in ihrer Aufbau- und Ablauforganisation ausdrücken. Als Produktionsstätten des Staates folgen sie den Traditionslinien seiner Entwicklung und auch seiner Aufgabenentwicklung,[185] werden aber im organisatorischen Innenverhältnis nach den Grundsätzen der Betriebswirtschaftslehre gestaltet und umgeformt. Deshalb stellen die Gestaltungsgrundsätze des neuen öffentlichen Managements Möglichkeiten dar, auf die Binnenorganisation nach betriebswirtschaftlichen Optimierungsgesichtspunkten einzuwirken.[186]

Allerdings führen, wie beispielhaft dargestellt wird, unterschiedliche politische Vorstellungen von Staatsaufgaben zu unterschiedlichen Ausprägungen der Aufgabenwahrnehmung von Verwaltungen. Sie drücken sich im Verwaltungsvollzug in ihrer Wahrnehmungsintensität und ihrer Einbindung in die Organisationsstruktur einer Landesverwaltung aus. Ihre Klammer bildet das Recht, das die Zweckbindung dieser Verwaltungen und die Aufsichtsbefugnisse über sie bestimmt und so die Verwaltungsaufgaben steuert.

Die Art und Weise des Vollzugs von Bundesgesetzen in Eigenverwaltung der Länder gem. Art. Art. 83, 84 Abs. 1 GG ist lediglich hinsichtlich ihrer rechtlichen Konformität durch die Rechtsaufsicht des Bundes überprüfbar, solange der Bund nicht von seiner Einwirkungsbefugnis nach Art. 84 Abs. 2 GG Gebrauch macht oder sie möglicherweise mangels Zustimmung im Bundesrat nicht durchsetzen kann.[187] Allerdings hat die Durchführung von Staatsaufgaben der Daseinsvorsorge und des Vollzugs der Sozialgesetze länderübergreifende Auswirkungen und wird darüber hinaus von internationalen Verpflichtungen der Bundesrepublik Deutschland beeinflusst.[188] Dieser Bereich des Gesetzesvollzugs durch die Länderverwaltungen wird unter dem Begriff des Wettbewerbsföderalismus eher als Wettstreit um die Effizienz von Verwal-

---

[185] So ROELLECKE, GERT: *Das Interesse der Rechtswissenschaft am Nichtwissen*, in: DÖV 2003, S. 900

[186] ROELLECKE, *Das Interesse der....*, a. a. O., S. 899 drückt dies so aus: „New Public Management ist nichts anderes als der Versuch, die öffentliche Verwaltung wie ein Privatunternehmen unter dem Aspekt ihrer Entbehrlichkeit mit ökonomischen Methoden zu verschlanken, das heißt, von außen Druck auszuüben".

[187] KIRCHHOF, *Klare Verantwortungsteilung von....*, a. a. O., S. 982; KLOEPFER, *Bemerkungen zur Föderalismusreform*, a. a. O., S. 569 f.; SCHWANENGEL, *Die Malaise des deutschen....*, a. a. O., S. 554; STERN, *Das Staatsrecht der....*, Bd. II, a. a. O., S. 798 ff.

[188] Dies deutet SOMMERMANN, KARL-PETER: *Grundfragen der Bundesauftragsverwaltung*, in: DVBl. 2001, S. 1553 an.

tungen behandelt,[189] als um seine Auswirkungen auf die Rechtspositionen der Bürger.[190]

c. Sozialstaatsbindungen in den Landesverfassungen von Bayern, Nordrhein-Westfalen, Rheinland-Pfalz und Sachsen-Anhalt

Unabhängig von der Einwirkung des Gebots des Art. 28 Abs. 1 Satz 1 GG, dass die verfassungsmäßige Ordnung in den Ländern den Grundsätzen auch des sozialen Rechtsstaats zu entsprechen habe und an ihnen gemessen werde,[191] wurde das sozialstaatliche Prinzip als verfassungsrechtliche Strukturnorm ebenfalls in die Verfassungen der Länder aufgenommen. Dabei wirkten die bereits vor dem Grundgesetz in Kraft getretenen Bestimmungen in den Verfassungen auch von Bayern und Rheinland-Pfalz auf die Ausformulierung der sozialstaatlichen Grundsätze des Grundgesetzes ein. So leitet sich das Prinzip des sozialen Rechtsstaates nach Art. 20 Abs. 1, 28 Abs. 1 Satz 1 GG auch aus den Verfassungen dieser Länder ab.[192]

Von den Landesverfassungen vor dem Grundgesetz bezeichnet die bayerisches Verfassung den Freistaat Bayern in Art. 3 als einen Sozialstaat.[193] Ihre soziale Programmatik geht über die allgemeine Festlegung dieses Sozialstaatsprinzips hinaus und legt in Art. 169 Abs. 1 die Gewährleistung eines Mindestlebensstandards für jedermann fest und gewährt den Frauen in Art. 168 Abs. 1, den Müttern in Art. 125 Abs. 1 Satz 2, den Kindern und Jugendlichen in Art. 125 Abs. 1, 126 Abs. 3 und den Familien in Art. 124, 125 und 169 Abs. 1 besonderen Schutz. Sie räumt weiterhin das Recht auf Arbeit in Art. 166 Abs. 2 ein, stellt die menschliche Arbeitskraft in Art. 167 unter Schutz, gewährleistet in Art. 168 Abs. 1, 169 Abs. 1 das Recht auf gerechten Lohn, das in Art. 167 durch ein Recht auf angemessene Arbeitsbedingungen und das Koalitionsrecht der Arbeitnehmer in Art. 170 Abs. 1 ergänzt wird. Die Vorsorge durch eine Sozialversicherung ist in Art. 171 verfassungsrechtlich verankert und das Recht auf Fürsorge in Art. 168 Abs. 3 fixiert.

---

[189] Vgl. BAUER, HARTMUT: *Entwicklungstendenzen und Perspektiven des Föderalismus in der Bundesrepublik Deutschland*, in: DÖV 2002, S. 843 ff.; FÄRBER, GISELA: *Effizienzprobleme des Verwaltungsföderalismus*, in: DÖV 2001, S. 488 ff.

[190] Vgl. die Kritik von BROß, SIEGFRIED: *Vorbemerkungen zu den Art. 83 – 87 GG*, in: Münch, Ingo von; Kunig, Philip (Herausg.): *Grundgesetz-Kommentar*, 5. Aufl., München 2003, S. 294

[191] MAUNZ/ ZIPPELIUS, *Deutsches Staatsrecht*, a. a. O., S. 122; ZACHER, *Das soziale Staatsziel*, a. a. O., S. 1046

[192] STERN, *Das Staatsrecht der....*, Bd. I, a. a. O., S. 878 ff.

[193] MEDER, *Die Verfassung des....*, a. a. O., S. 83; zur Entstehung STERN, *Das Staatsrecht der....*, Bd. V, a. a. O., S. 1046 f.; vgl. auch ZACHER, *Der soziale Bundesstaat*, a. a. O., S. 469

Die rheinland-pfälzische Verfassung bezeichnet Rheinland-Pfalz in Art. 74 Abs. 1 als einen sozialen Gliedstaat Deutschlands.[194] Auch sie schützt in Art. 53 die menschliche Arbeitskraft vor Ausbeutung und Betriebsgefährdungen und verpflichtet in Art. 53 Abs. 2 Land und Gemeinden, darauf hinzuwirken, dass jeder seinen Lebensunterhalt durch frei gewählte Arbeit verdienen kann. Frauen und Jugendlichen wird in Art. 55 Abs. 2 besonderer Schutz und in Art. 56 Abs. 2 Schutz im Arbeitsleben gewährt; das Familienleben wird in Art. 55 Abs. 1 vor widrigen Arbeitsbedingungen geschützt. Nach Art. 53 Abs. 3 hat eine Sozial- und Arbeitslosenversicherung alle vor den Wechselfällen des Lebens zu bewahren; aus Art. 26 ergibt sich das Recht auf allgemeine Fürsorge und Erziehung der Jugend unter Mitwirkung der Kirchen und der Verbände der Wohlfahrtspflege.

Die nordrhein-westfälische Verfassung als eine der Verfassungsschöpfungen nach Inkrafttreten des Grundgesetzes[195] umschreibt in ihrer Präambel ihre sozialstaatlichen Grundsätze als Wille und Ziel, „die Not der Gegenwart in gemeinschaftlicher Arbeit zu überwinden“ und „...Gerechtigkeit und Wohlstand für alle zu schaffen“.[196] Zwar enthält die Verfassung Bestimmungen zum Recht auf Arbeit (Art. 24 Abs. 1 Satz 2) und zum Mitbestimmungsrecht der Arbeiter (Art. 26); Vorschriften zu Fürsorge und Wohlfahrtspflege, zu Versorgung oder Sozialversicherung wurden in ihr jedoch nicht aufgenommen.[197]

Die Verfassung von Sachsen-Anhalt als nach der Wiedervereinigung entstandene Verfassung konnte fünfzig Jahre Staatsrechtsentwicklung in der Bundesrepublik Deutschland zugrunde legen und unterscheidet zwischen subjektiven Grundrechten, Einrichtungsgarantien als institutionellen Garantien und Staatszielen.[198] Art. 2 Abs. 1 der Verfassung enthält die Staatszielbestimmung des Landes als sozialen Rechtsstaat und nimmt damit die Formulierung des Art. 20 Abs. 1 GG auf.[199] Im Grundrechtsteil der Verfassung (Art. 4 bis 23)

---

[194] SCHRÖDER, MEINHARD: *Kommentierung zu Art. 74*, in: Grimm, Christoph; Caesar, Peter (Herausg.): Verfassung für Rheinland-Pfalz, 1. Aufl., Baden-Baden 2001, S. 411 f.; ZACHER, *Der soziale Bundesstaat*, a. a. O., S. 469; zur Entstehungsgeschichte STERN, *Das Staatsrecht der....*, Bd. V, a. a. O., S. 1061 f.

[195] Vgl. STERN, *Das Staatsrecht der....*, Bd. V, a. a. O., S. 1053 f.

[196] ZACHER, *Der soziale Bundesstaat*, a. a. O., S. 469

[197] Vgl. MÜLLER-TERPITZ, RALF: *Kommentierung zu Art. 24*, in: Löwer, Wolfgang; Tettinger, Peter J. (Herausg.): *Kommentar zur Verfassung des Landes Nordrhein-Westfalen*, Stuttgart, München, Hannover, Berlin, Weimar, Dresden 2002, S. 455 ff.

[198] Zur Unterscheidung MAUNZ/ ZIPPELIUS, *Deutsches Staatsrecht*, a. a. O., S. 138 ff.; MAURER, *Staatsrecht I*, a. a. O., S. 175 ff.

[199] ZACHER, *Der soziale Bundesstaat*, a. a. O., S. 469; vgl. auch REICH, ANDREAS: *Verfassung des Landes Sachsen-Anhalt*, Bad Honnef 1994, S. 51 f.

sind keine sozialen Grundrechte verankert; im die Einrichtungsgarantien festlegenden zweiten Abschnitt beinhaltet Art. 24 Abs. 2 die Förderung und Entlastung von Personen, die für in häuslicher Gemeinschaft lebenden Kindern und Hilfsbedürftige sorgen.[200] Art. 33 verpflichtet das Land zur Förderung der sozialen Tätigkeit der freien Wohlfahrtspflege und Jugendhilfe und zu ihrer Anerkennung als gemeinnützig.[201] Die im dritten Abschnitt normierten Staatsziele der Verfassung stellen in Art. 38 ältere Menschen und Menschen mit Behinderung unter besonderen Schutz und legen in Art. 39 die Förderung von Arbeit als dauernde Aufgabe des Landes und der Kommunen fest.[202]

Die sozialen Grundrechte der Landesverfassungen stehen unter dem Vorbehalt ihrer Homogenität mit Art. 28 Abs. 1 GG und haben sich auch als Landesverfassungsrecht dem Gesetzesvorbehalt des Bundesrechts nach Art. 31 GG zu beugen. Dies gilt ebenso für Einrichtungsgarantien und Staatsziele, die ohnehin einer gesetzgeberischen Umsetzung bedürfen.[203] Diese ist darüber hinaus nur möglich, soweit das jeweilige Land mangels bundesgesetzlicher Regelung oder Regelungsbefugnis im Wege der eigenen Gesetzgebung tätig werden kann.[204]

II. Grundlagen der Kompetenzzuordnung für Landessozialverwaltungen

1. Verfassungsrechtliche Grundlagen der Verwaltungszuständigkeiten

a. Das Sozialstaatsprinzip des Grundgesetzes als Grundlage der Kompetenzzuordnung

Das System der sozialen Sicherung in der Bundesrepublik Deutschland, in dem die öffentliche Verwaltung den Kernbereich der sozialstaatlichen Gewährleistung abdeckt, ist durch eine spezifische Verknüpfung von Kompetenzzuordnung, Programmatik und Verfahren geprägt.[205] Sie findet ihren verfassungsrechtlichen Ausdruck im Sozialstaatsprinzip des Grundgesetzes (Art. 20 Abs. 1, 28 Abs. 1 Satz 1 GG), das den Staat und seine Organe dazu verpflichtet, sich im Ausgleich widerstreitender Interessen um die Herstellung erträglicher Lebensbedingungen für alle in Not Geratene zu bemühen und ei-

---

200 REICH, *Verfassung des Landes....*, a. a. O., S. 138 f.

201 REICH, *Verfassung des Landes....*, a. a. O., S. 161 f.

202 REICH, *Verfassung des Landes....*, a. a. O., S. 170 ff.

203 Ausführlich STERN, *Das Staatsrecht der....*, Bd. III/ 2, a. a. O., S. 1486 ff.

204 DEGENHARDT, *Staatsrecht I*, a. a. O., S. 169 f.; MERTEN, *Über Staatsziele*, a. a. O., S. 375; ZACHER, *Der soziale Bundesstaat*, a. a. O., S. 467 f. auch mit kritischem Hinweis auf den geringen den Ländern verbleibenden Regelungsspielraum

205 SCHÜTTE, WOLFGANG: *Modernisierung von innen?*, in: ArchsozArb 2002, S. 53

ne annähernd gleichmäßige Förderung des Wohls aller Bürger und eine annähernd gleiche Verteilung der Lasten anzustreben.[206]

Aufgabe dieser Sozialstaatlichkeit ist die Gewährleistung der sozialen Voraussetzungen der Realisierung grundrechtlicher Freiheit.[207] Die Ausformulierung der sozialstaatlichen Aufgaben findet sich, wie dargestellt, nicht im Grundgesetz; es wird vielmehr dem Gesetzgeber überlassen, die Einzelheiten ihrer Konkretisierung damit auch der Organisation der staatlichen Träger und ihrer Behörden[208] zu bestimmen, die mit der Gewährleistung des Sozialstaatsprinzips befasst sind.[209] Die Strukturen der Sozialverwaltungen in der Bundesrepublik Deutschland sind deshalb die Folge der Kompetenzregelungen des Grundgesetzes, die insbesondere die Gesetzgebungsbefugnisse des Bundes und der Länder festlegen.

Das Sozialstaatsprinzip gem. Art. 20 Abs. 1, 28 Abs. 1 Satz 1 GG stellt sich nach *Rainer Pitschas* als offenes Prinzip und als Staatsaufgabe dar, mit der Zielvorgabe, ein menschenwürdiges Dasein für jedermann zu sichern, und dem Auftrag an das staatliche Handeln, sich um einen Ausgleich widerstreitender Interessen zu bemühen, um auf diese Weise für die Versöhnung der sozialen Gegensätze und für eine gerechte Sozialordnung zu sorgen. Mit seinem Auftrag zu sozialer Sicherheit, gerechter Sozialordnung und sozialer Gerechtigkeit wirke es als permanenter Auftrag, der stetige Konkretisierung und Aktualisierung erfordere.[210]

Im föderativ gegliederten sozialen Rechtsstaat sind dabei die Ziele der sozialen Sicherheit, der sozialen Gerechtigkeit, der gesellschaftlichen Integration und der Ermöglichung individueller Entfaltung in Freiheit als integrale Bestandteile des Gemeinwohls von Gesetzgebung und Verwaltung gleichermaßen zu verfolgen. Dabei tragen die staatlichen Organe die Gewährleistungs-

---

[206] BVERFGE 36, 73, 84; 50, 57, 108; 59, 231, 263; MAUNZ/ ZIPPELIUS, *Deutsches Staatsrecht*, a. a. O., S. 102 f.; GITTER, WOLFGANG; SCHMITT, JOCHEM, *Sozialrecht*, 5. Aufl., München 2001, S. 20; STERN, *Das Staatsrecht der....*, Bd. I, a. a. O., S. 891 ff.

[207] MAUNZ/ ZIPPELIUS, *Deutsches Staatsrecht*, a. a. O., S. 101 f.

[208] Errichten von Behörden umfasst Aufgabenübertragung und Ausstattung mit Personal und Sachmitteln; BVERFGE 10, 20, 48; 75, 108, 150 ff.; zum sozialrechtlichen Behördenbegriff vgl. § 12 Satz 1 SGB I, zum verwaltungsrechtlichen Behördenbegriff § 1 Abs. 4 VwVfG.

[209] SCHULIN/ IGL, *Sozialrecht*, a. a. O., S. 12; ZACHER, *Der soziale Bundesstaat*, a. a. O., S. 468

[210] PITSCHAS, RAINER: *Der „neue" soziale Rechtsstaat. Vom Wandel der Arbeits- und Sozialverfassung des Grundgesetzes*, in: Ruland, Franz; Maydell, Bernd Baron von; Papier, Hans-Jürgen (Herausg.): *Verfassung, Theorie und Praxis des Sozialstaats*, Heidelberg 1998, S. 756 f.; derselbe, *Die Zukunft der....*, a. a. O., S. 113 ff.

pflicht zur Zielerreichung und haben sie durch Gesetzgebung und dem sozialen Rechtsstaat verpflichteten Gesetzesvollzug sicherzustellen.[211]

b. Verfassungsrechtliche Grundlagen der Kompetenzzuordnung für Sozialleistungen

Die Sozialgesetzgebung konkretisiert auf der Ebene der Rechtssetzung das Sozialstaatsprinzip des Grundgesetzes und erfasst im Sozialrecht als Inbegriff des Rechts der sozialen Sicherheit und sozialen Wohlfahrt die Teilsysteme der sozialen Vorsorge, der Entschädigung, der Förderung und der Hilfe.[212] Die durch das Sozialrecht gewährten Leistungen der Fürsorge, Versicherung und Vorsorge werden im gegliederten Sozialstaat[213] durch Leistungsträger vollzogen, die von der kommunalen Ebene bis zur Bundesebene reichen und ihre Zuständigkeit aus dem Sozialrecht herleiten, das sich wiederum auf die Kompetenzzuordnungen des Grundgesetzes gründet.

Die Verteilung dieser sozialrechtlichen Gesetzgebungs- und Verwaltungskompetenzen zwischen dem Bund und den Ländern ist von *Detlef Merten* und *Rainer Pitschas* eingehend erörtert worden.[214] Sie stellen dar, dass sich die konkurrierende Gesetzgebungskompetenz[215] des Bundes unter anderem auf die Versorgung der Kriegsbeschädigten und Kriegshinterbliebenen (Art. 74 Abs. 1 Nr. 10 GG) erstreckt. Diese wird als Entschädigung für eine besondere Opferlage charakterisiert, mit der die von der Gemeinschaft auferlegten und von ihr zu tragenden immateriellen Schäden, wie Leben oder Gesundheit entschädigt werden.[216] Im Bereich der Fürsorge, welche die öffentliche Fürsorge und die Fürsorge für die ehemaligen Kriegsgefangenen umfasst, hat der Bund die konkurrierende Gesetzgebungskompetenz gem. Art. 74 Nr. 7 und 10 GG.

---

211 ZACHER, *Der soziale Bundesstaat*, a. a. O., S. 454 ff.

212 EICHENHOFER, EBERHARD: *Zum System des Sozialrechts*, in: SGb 1998, S. 290; derselbe: *Sozialrecht und Privatrecht – wechselseitig unvereinbar oder aufeinander bezogen?*, in: NZS 2004, S. 169; zur Kodifikation des Sozialrechts RULAND, FRANZ: *Sozialrecht*, in: Schmidt-Aßmann, Eberhard (Herausg.): *Besonderes Verwaltungsrecht*, Berlin, New York 1999, S. 735

213 So PITSCHAS, *Der „neue" soziale....*, a. a. O., S. 755

214 MERTEN, DETLEF; PITSCHAS, RAINER: *Sozialverwaltung im Reformprozess*, Berlin 1997, S. 15 ff.

215 Beim Zugriff auf diese Gesetzgebungsmaterien hat der Bund Vorrang vor den Ländern; vgl. MAUNZ/ ZIPPELIUS, *Deutsches Staatsrecht*, a. a. O., S. 325 f.; STERN, KLAUS: *Das Staatsrecht der....*, Bd. II, a. a. O., S. 593 ff.

216 GITTER/ SCHMITT, *Sozialrecht*, a. a. O., S. 272; SCHULIN, BERTRAM: *Soziales Entschädigungsrecht*, in: Maydell, Bernd Baron von; Ruland, Franz (Herausg.): *Sozialrechtshandbuch*, 2. Aufl., Neuwied 1996, S. 1309

Für das Gesundheitswesen, das ebenfalls zum Sozialrecht im formellen Sinne gehört, ist zwar im Grundgesetz eine umfassende Kompetenzzuweisung nicht enthalten.[217] Sie ergibt sich jedoch aus der Regelung von Kompetenzteilen, wie der konkurrierenden Gesetzgebungskompetenz des Bundes für die Zulassung zu ärztlichen und anderen Heilberufen (Art. 74 Nr. 19, 19a und 26 GG), die dem Bund insofern die gesetzliche Regelungsbefugnis zuweise.[218] Die Jugendfürsorge steht als Unterfall der öffentlichen Fürsorge ebenfalls in der konkurrierenden Regelungsbefugnis des Bundes; ihr sei, wie das Bundesverfassungsgericht bestätigt hat,[219] die Jugendpflege kraft Sachzusammenhang als Annexkompetenz zugeordnet.[220]

c. Verfassungsgrundlagen der Verwaltungszuständigkeiten im Sozialbereich

Den Kompetenzregelungen der Art. 70 ff. GG entsprechen für den Gesetzesvollzug die Zuordnungsgrundsätze nach Art. 83 ff. GG, denen das grundsätzliche Wahrnehmungsgebot staatlicher Befugnisse durch die Länder nach Art. 30 GG vorangestellt ist.[221] Unter ihnen stellt Art. 83 GG den Regeltyp der Vollzugszuständigkeit dar, nach dem die Länder die Bundesgesetze als eigene Angelegenheiten ausführen, soweit das Grundgesetz keine andere Zuständigkeitsbestimmung enthält.[222] Der Schwerpunkt der Tätigkeit öffentlicher Verwaltung liegt somit bei den Ländern, die diese durch das jeweilige Landes-

---

[217] BVERFGE 102, 26, 37 im Hinblick auf Art. 74 Abs. 1 Nr. 19 GG; PITSCHAS, *Die Zukunft der....*, a. a. O., S. 111 zur Zuordnung zur sozialen Sicherung

[218] MERTEN/ PITSCHAS, *Sozialverwaltung im Reformprozess, a. a. O.*, S. 19 f.; so auch MAUNZ/ ZIPPELIUS, *Deutsches Staatsrecht,* a. a. O., S. 328; SODAN, HELGE: *Gesundheitsrecht*, in: Achterberg, Norbert; Püttner, Günter; Würtenberger, Thomas: *Besonderes Verwaltungsrecht,* Bd. II, 2. Aufl., Heidelberg 2000, S. 24 ff.; STERN, *Das Staatsrecht der....*, Bd. II, a. a. O., S. 605; ZACHER, *Der soziale Bundesstaat*, a. a. O., S. 457 f.

[219] BVERFGE 22, 180, 212 f.

[220] MERTEN/ PITSCHAS, *Sozialverwaltung im Reformprozess,* a. a. O., S. 21; PITSCHAS, RAINER: *Strukturen und Verfahrensweisen des Jugendamtes im kooperativen Rechts- und Sozialstaat*, in: Sachverständigenkommission 11. Kinder- und Jugendbericht (Herausg.): Band 1: Strukturen der Kinder- und Jugendhilfe, München 2002, S. 177 f.; STERN, *Das Staatsrecht der....*, Bd. II, a. a. O., S. 796 f.

[221] DEGENHARDT, *Staatsrecht I*, a. a. O., S. 63 f.; MAURER, *Staatsrecht I*, a. a. O., S. 632 ff.; MAUNZ/ ZIPPELIUS, *Deutsches Staatsrecht*, a. a. O., S. 345 f.; STERN, *Das Staatsrecht der....*, Bd. II, a. a. O., S. 797 f.

[222] MAUNZ/ ZIPPELIUS, *Deutsches Staatsrecht,* a. a. O., S. 348; MERTEN/ PITSCHAS, *Sozialverwaltung im Reformprozess,* a. a. O., S. 28; STERN, *Das Staatsrecht der....*, Bd. II., a. a. O., S. 797 f.

recht zu organisieren haben, soweit nicht die eigene Landesverfassung bereits die Vorgaben enthält.[223]

Die Landesexekution von Bundesgesetzen ist nur dort eingeschränkt, wo dem Bund vom Grundgesetz eine Kompetenzzuweisung zugesprochen oder zugelassen wird.[224] Sie umfasst die Regelung des Verwaltungsverfahrens durch die Bundesregierung unter dem Vorbehalt der Zustimmung durch den Bundesrat (Art. 84 Abs. 2 GG)[225] sowie die Bundesaufsicht, die gem. Art. 84 Abs. 3 Satz 1 GG auf die Rechtsaufsicht beschränkt ist und nur unter den durch Art. 84 Abs. 4 GG näher bestimmten Voraussetzungen durch Einzelweisungen verstärkt werden kann. Alle in Art. 84 GG genannten Aufsichtsbefugnisse des Bundes beschränken sich auf die Rechtsaufsicht und lassen für fachaufsichtliche Befugnisse keinen Raum.[226]

Als Ausnahme von der Landeseigenverwaltung beim Vollzug von Bundesgesetzen lässt das Grundgesetz in Art. 85 den Landesvollzug im Auftrag des Bundes zu. Diese Bundesauftragsverwaltung ist Landesverwaltung nach Weisung des Bundes, der über diesen Vollzugstyp gem. Art. 85 Abs. 5 GG die Fachaufsicht ausübt und allgemeine Verwaltungsvorschriften erlassen kann (Art. 85 Abs. 2 GG).[227] Sie ist nur dann zulässig, wenn dies im Grundgesetz zugelassen oder vorgeschrieben ist und kann dort zwingend oder wahlweise festgelegt sein, wobei die fakultative Bundesauftragsverwaltung kraft verfassungsrechtlicher Ermächtigung durch Bundesgesetz eingeführt werden darf.[228] Wesentliches Unterscheidungsmerkmal zur Landeseigenverwaltung ist die Zuordnung der Sachkompetenz, die zwar auch bei der Bundesauftragsverwaltung beim durchführenden Land liegt, vom Bund durch sein Weisungsrecht jedoch an sich gezogen werden kann. Dadurch wird die Bundesauf-

---

223 BADURA, PETER: *Verfassungsrahmen der öffentlichen Verwaltung*, in: König, Klaus; Siedentopf; Heinrich (Herausg.): *Öffentliche Verwaltung in Deutschland*, 1. Aufl. 1996/97, S. 57; KIRCHHOF, *Klare Verantwortungsteilung von....*, a. a. O., S. 982; MAUNZ/ ZIPPELIUS, *Deutsches Staatsrecht*, a. a. O., S. 348; STERN, *Das Staatsrecht der....*, Bd. II, a. a. O., S. 797; WILMS, *Überlegungen zur Reform....*, a. a. O., S. 87 f.

224 BADURA, *Verfassungsrahmen der öffentlichen....*, a. a. O., S. 55 f.

225 Zum Begriff der Verfahrensregelung vgl. BVERFGE 75, 108, 150; MAUNZ/ ZIPPELIUS, *Deutsches Staatsrecht*, a. a. O., S. 349; STERN, *Das Staatsrecht der....*, Bd. II, a. a. O., S. 803

226 Stern, Das Staatsrecht der...., Bd. II, a. a. O., S. 805

227 Zur Bundesauftragsverwaltung SCHULTE, MARTIN: *Zur Rechtsnatur der Bundesauftragsverwaltung*, in: VerwArch 81 (1990), S. 416 ff.; SOMMERMANN, *Grundfragen der Bundesauftragsverwaltung*, a. a. O., S. 1550; zu den Inhalten von Fachaufsicht GROß, THOMAS: *Was bedeutet Fachaufsicht*, in DVBl. 2002, S. 794 ff.

228 STERN, *Das Staatsrecht der....*, Bd. II, a. a. O., S. 805

tragsverwaltung zu einer Form der Bundesverwaltung, bei der den Ländern die Wahrnehmungskompetenz bleibt.[229]

Die Landeseigenverwaltung nach Art. 83 GG ist der Regeltyp des Vollzugs von Sozialgesetzen. Dabei bleiben die Länder uneingeschränkt und ohne Einwirkungsmöglichkeiten des Bundes für den Vollzug der eigenen Landesgesetze und die Verwaltungsaufgaben zuständig, die nicht dem Bund zugewiesen sind (Art. 30 GG); die Ausführung von Landesgesetzen durch Bundesbehörden ist nach dem Grundgesetz ohnehin ausgeschlossen.[230] Neben dem im Sozialrecht aufgrund verfassungsgesetzlicher Ermächtigung zugelassenen Bundesvollzug[231] ergibt sich also beim Landesvollzug von Bundesgesetzen eine Abstufung der Exekutions- und Organisationsbefugnis der Länder für die eigene Verwaltung von der Beschränkung der landeseigenen Organisationsgewalt bis hin zum Landesvollzug im Bundesauftrag als Bundesauftragsverwaltung.[232]

d. Zuordnung von Teilbereichen des Sozialrechts als Aufgaben staatlicher Verwaltung

Die die Daseinssicherung und –vorsorge verwirklichende Leistungsverwaltung[233] ist in der Bundesrepublik Deutschland auf allen Ebenen ihres föderativen Verwaltungsaufbaus eingerichtet. Die Sozialverwaltung nimmt aus diesem breiten Spektrum mit dem Aufgabenbereich der Existenzsicherung der einzelnen Mitglieder des Gemeinwesens durch Sozialversicherung, Sozialversorgung und Sozialhilfe einen Teilbereich wahr.[234] Ihre Aufgaben werden wie

---

[229] BVERFGE, 81, 310, 331 f.; JOCHUM, HEIKE: *Die Bundesauftragsverwaltung im Umbruch: Wie weit reicht die Sachkompetenz des Bundes?*, in: DÖV 2003, S. 17; SOMMERMANN, *Grundfragen der Bundesauftragsverwaltung*, a. a. O., S. 1550; vgl. auch den Überblick bei SCHULTE, *Zur Rechtsnatur der....*, a. a. O., S. 418

[230] LERCHE, PETER: *Kommentierung zu Art. 83*, in: Maunz, Theodor; Dürig, Günter und andere Mitherausgeber (Herausg.): *Grundgesetz Kommentar*, Loseblattausgabe, München 2001, Art. 83 Rdnr. 25; BROß, *Kommentierung zu Art. 83* , in: von Münch/ Kunig: *Grundgesetz-Kommentar*, a. a. O., S. 302

[231] Art. 87 Abs. 2 Satz 1, Art. 87 Abs. 2 Satz 2 und Art. 87 Abs. 2 Satz 3 GG

[232] MERTEN/ PITSCHAS, *Sozialverwaltung im Reformprozess*, a. a. O., S. 29 ff.; WILMS, *Überlegungen zur Reform....*, a. a. O., S. 88

[233] BADURA, PETER: *Daseinsvorsorge als Verwaltungszweck der Leistungsverwaltung*, in: DÖV 1966, S. 629 ff.; PENSKI, *Staatlichkeit öffentlicher Verwaltung....*, a. a. O., S. 88 f.; THIEME, WERNER: *Aufgaben und Aufgabenverteilung*, in: König; Klaus; Siedentopf., Heinrich: (Herausg.): *Öffentliche Verwaltung in Deutschland*, 1. Aufl., Baden-Baden 1996/97, S. 310 f.

[234] MAURER, HARTMUT: *Allgemeines Verwaltungsrecht*, 14. Aufl., München 2002, S. 7; WOLFF, HANS J.; BACHOF, OTTO; STOBER, ROLF: *Verwaltungsrecht*, Bd. 1, 11. Aufl., München 1999, S. 55 ff.; ZACHER, *Der soziale Bundesstaat*, a. a. O., S. 468

staatliche Kompetenzen in anderen Tätigkeitsbereichen durch unmittelbare Verwaltungen auf Bundes-, Landes- oder kommunaler Ebene, in mittelbarer Verwaltungsträgerschaft durch juristische Personen des öffentlichen Rechts oder als Auftragsverwaltung durch unterstaatliche Rechtsträger wahrgenommen.[235]

Die Gewährleistung sozialer Sicherheit als Sicherung des Einzelnen vor elementaren Risiken wird durch öffentlich organisierte Vorsorgesysteme bereitgestellt, von denen die staatlichen und steuerfinanzierten Vorsorgesysteme der Sozialversorgung und Sozialhilfe lediglich den kleineren Teilbereich darstellen; der überwiegende Teil wird durch die beitragsfinanzierten gesetzlichen Sozialversicherungssysteme abgedeckt. Durch die Gesamtheit dieser sozialen Sicherungssysteme wird das in Art. 20 Abs. 1 und 28 Abs. 1 GG niedergelegte Sozialstaatsgebot erfüllt, das dem Staat den Ausgleich der sozialen Gegensätze und die Schaffung einer gerechten Sozialordnung vorgibt.[236]

Von den fünf gesetzlichen Sozialversicherungssystemen sind die Arbeitsförderung und Teilbereiche der Rentenversicherung in juristischen Personen des Bundes gem. Art. 86, 87 GG als bundesmittelbare Verwaltungen organisiert;[237] andere Teilbereiche der Rentenversicherung sowie die gesetzliche Unfallversicherung, sind als Körperschaften des öffentlichen Rechts auf der Ebene eines Landes eingerichtet, davon bestimmte Träger über die Grenzen eines einzelnen Bundeslandes hinaus.[238] Die gesetzlichen Kranken- und Pflegekassen sind als öffentlich-rechtliche Körperschaften teilweise in Bereichen kommunaler Gebietskörperschaften tätig, können aber auch bundesweite oder landesweite Zuständigkeit für bestimmte Berufsgruppen haben oder ihre Zuständigkeit auf bestimmte privatwirtschaftliche Unternehmungen beziehen.[239]

---

[235] SCHUNCK, EGON; DE CLERCK, HANS; GUTHARDT, HARALD: *Allgemeines Staatsrecht und Staatsrecht des Bundes und der Länder*, 15. Aufl., Siegburg 1995, S. 328 ff.; WOLFF/ BACHOF/ STOBER, *Verwaltungsrecht,* Bd. 1, a. a. O., S. 84 f.

[236] Vgl. BVERFGE 22, 180, 204; STERN, *Das Staatsrecht der....,* Bd. I, a. a. O., S. 877 ff.; vgl. auch GITTER/ SCHMITT, *Sozialrecht*, a. a. O., S. 20 f.; MAUNZ/ ZIPPELIUS, *Deutsches Staatsrecht*, a. a. O., S. 102 f.

[237] Träger der Arbeitsförderung ist die Bundesagentur für Arbeit mit ihren Untergliederungen (§§ 367 f. SGB III); Träger der Rentenversicherung für Angestellte ist die Bundesanstalt für Angestellte (§ 132 SGB VI).

[238] Träger der Rentenversicherungen der Arbeiter sind die Landesversicherungsanstalten (§ 127 SGB VI); Träger der gesetzlichen Unfallversicherung sind die Berufsgenossenschaften, die überwiegend in der Trägerschaft der Länder stehen, aber auch den Bund als Träger haben können (§ 114 SGB VII).

[239] Ortskrankenkassen für örtliche Bezirke (§§ 143 ff. SGB V), Betriebskrankenkassen für bestimmte Betriebe (§§ 147 ff. SGB V), Innungskassen für Handwerkskammerbezirke (§ 157 ff. SGB V), die Seekasse (§ 165 SGB V), die Landwirtschaftliche Krankenkasse (§

Ihre Aufsicht wird von bundeseigener Verwaltung, den Aufsichtsbehörden der Länder oder auf kommunaler Ebene ausgeübt.[240]

e. Trägervielfalt der Sozialverwaltungen in den Ländern

Die Sozialverwaltung, zu der neben den Behörden der Sozialhilfe auch die Behörden der Kriegsopferversorgung und –fürsorge, der Kinder- und Jugendhilfe und des öffentlichen Gesundheitswesens zuzuordnen sind,[241] ist als staatlicher Verwaltungsapparat durch eine organisatorische Trägervielfalt gekennzeichnet, die sowohl durch das gegliederte föderale System der Bundesrepublik als auch durch die Aufgabenzuordnung des Bundes, der Länder und der Kommunen geprägt ist.[242] Dieses System der mit der sozialen Sicherung beauftragten Verwaltungen ist bei der Versorgungsverwaltung als Eigenverwaltung der Länder ausgeprägt, bei Integrationsämtern und Hauptfürsorgestellen als Aufgabe von Länderverwaltungen oder höheren Kommunalverbänden, bei Aufsichtstätigkeiten des öffentlichen Gesundheitsdienstes, der Heimaufsichten und der Kinder- und Jugendhilfe als Aufgabe von Landesbehörden oder höheren Kommunalverbänden und bei Fürsorgestellen, Gesundheits-, Jugend-, Sozial- und Versicherungsämtern als Aufgaben in kommunaler Trägerschaft, die alle historische Anknüpfungen haben.[243] In dieser Infrastruktur sozialer Leistungsverwaltungen wurden Teilbereiche als Sonderverwaltungen ausgebildet, andere in die allgemeine staatliche oder kommunale Verwaltung integriert.

Staatliche Vor- oder Fürsorgeleistungen für Einzelne oder für Gruppen der Gesellschaft, die aufgrund persönlicher Lebensumstände oder gesellschaftlicher Benachteiligung in ihrer persönlichen oder sozialen Entfaltung behindert

---

166 SGB V) und die Bundesknappschaft (§ 167, 177 SGB V) für bestimmte Berufe. Die Ersatzkassen sind über Landesgrenzen hinweg organisiert (§ 168 ff. SGB V).

[240] Gem. § 90 SGB IV führt das Bundesversicherungsamt die Aufsicht über die bundesmittelbaren Versicherungsträger. Über die in nur einem Land tätigen Versicherungsträger führt die Aufsicht die für die Sozialversicherung zuständigen obersten Verwaltungsbehörden dieses Landes oder die von der Landesregierung durch Rechtsverordnung bestimmte Behörde. Versicherungsbehörden sind gem. § 91 Abs. 1 SGB IV die Versicherungsämter und das Bundesversicherungsamt; die Landesregierungen sind gem. § 91 Abs. 2 SGB IV ermächtigt, einzelne Aufgaben der Sozialversicherung auf Landesbehörden zu übertragen.

[241] PITSCHAS, *Organisationsrecht als Steuerungsressource in der Sozialverwaltung*, in: Schmidt-Aßmann, Eberhard; Hoffmann-Riem-Wolfgang (Herausg.): *Verwaltungsorganisationsrecht als Steuerungsressource*, 1. Aufl., Baden-Baden 1997, S. 164 f.

[242] MERTEN/ PITSCHAS; *Sozialverwaltung im Reformprozess*, a. a. O., S. 41 ff.

[243] PUSCHKE, DIETER: *Die Organisation des rheinland-pfälzischen Landesamtes für Soziales, Jugend und Versorgung*, in: VersorgV 2002, S. 19 f.

sind,[244] sind die wesentlichen Aufgabeninhalte der sozialen Leistungsverwaltung. Sie können in Sicherung und Hilfe durch soziale Entschädigung und Sozialhilfe bestehen, aber auch Förderung, wie bei der Kinder- und Jugendhilfe, oder Hilfe für behinderte Menschen im Arbeitsleben einschließlich der ihr vorgelagerten Feststellungsverfahren umfassen.[245] Die Sozialleistungen können in Geldleistungen (Sozialen Transferleistungen als Einkommensersatz) oder in Sach- oder Dienstleistungen (Krankenbehandlung, Erziehung) bestehen.

Der Staat kommt seiner Verpflichtung auf das Soziale darüber hinaus durch Korrekturen des bestehenden gesellschaftlichen Gefüges nach, mit denen Wirtschaft und Gesellschaft durch das Sozialstaatsprinzip geprägt werden.[246] Dies geschieht im SGB IX durch Maßnahmen zum Ausgleich von Nachteilen behinderter Menschen, kann aber auch durch die Gestaltung von Rechtsgebieten erreicht werden, die bestimmten Gruppen von Menschen besonderen Schutz gewähren, wie das Heimgesetz oder das Betreuungsgesetz.[247] Die Sozialverwaltung ist in der Gestaltung dieser Rechtsgebiete durch Beteiligungs- oder Aufsichtsaufgaben eingebunden.

Diese Aufgabenzuordnungen haben sich parallel mit der Entstehung des Sozialrechts ab Mitte des 19. Jahrhunderts entwickelt und sind in ihrer heutigen Ausprägung auch vor diesem Hintergrund zu sehen.[248] Zugleich beleuchten die Zusammenhänge das Heraustreten sozialer Problemfelder aus einem internen gesellschaftlichen Solidarverband, der ab einem bestimmten Punkt nicht mehr in der Lage war, diese Probleme zu lösen und sie deshalb der Sozialpolitik zur externalisierenden Korrektur durch soziales Recht übergab.[249]

Die Zuordnung von Trägerschaften für soziale Leistungen, wie bei den Kommunen als örtliche Träger der Sozialhilfe oder der Nachrang der Sozialhilfe vor der Leistungspflicht von Angehörigen eines Sozialhilfeempfängers, geben heute noch Auskunft über die ursprünglichen internen Lösungsmechanismen dieser sozialen Problemlagen. Während diese Prozesse im sozialen Entschädigungsrecht, bei der Rehabilitation behinderter Menschen und in der

---

[244] BVerfGE 45, 376, 387

[245] ZACHER, *Zur Anatomie des....*, a. a. O., S. 335

[246] SCHULIN/ IGL, *Sozialrecht*, a. a. O., S. 11 f.

[247] Gesetz zur Reform des Rechts der Vormundschaft und Pflegschaft für Volljährige vom 12.09.1990 (BGBl. I S. 2002)

[248] TENNSTEDT, *Geschichte des Sozialrechts*, a. a. O., S. 25; ZACHER, *Der soziale Bundesstaat*, a. a. O., S. 452

[249] ZACHER, *Zur Anatomie des....*, a. a. O., S. 330; derselbe, *Der soziale Bundesstaat*, a. a. O., S. 458 f.; derselbe, *Das soziale Staatsziel*, a. a. O., S. 711 f.

Sozialhilfe abgeschlossen sind, kann heute möglicherweise die Entstehung neuen Sozialrechts im Betreuungswesen und im Heimrecht beobachtet werden.[250]

2. *Kompetenzüberlagerungen der Verwaltungszuständigkeiten durch das Recht der Europäischen Union*

a. Das europäische Gemeinschaftsrecht im mehrstufigen föderalen Rechtssystem

Das föderale Mehrebenensystem der Gesetzgebungs- und Gesetzesdurchführungszuständigkeiten in der Bundesrepublik Deutschland ist spätestens seit dem Vertrag von Maastricht[251] durch die Sozialrechtssetzung und Sozialpolitik der Europäischen Union überwölbt, die als europäisierter sozialer Rechtsstaat die uneingeschränkte Steuerungsfähigkeit des Bundes durch Sozialrecht beschränkt. Dieses durch die Übertragung von Hoheitsrechten auf die Europäische Union entstandene Ergebnis ist gem. Art. 23 Abs. 1 GG als Staatsziel ausdrücklich legitimiert mit der Folge, dass sich auf der Ebene der Europäischen Gemeinschaft ein europäisches Sozialstaatsprinzip herausbildet, welches mit dem Subsidiaritätsprinzip des Gemeinschaftsrechts verbunden ist.[252] Das supranationale Recht der Europäischen Union setzt verbindliches Recht und verpflichtet die gesetzgebenden Organe der Mitgliedstaaten, es in nationales Recht umzusetzen. Dabei hat es keinen Geltungsvorrang wie bei Art. 31 GG, jedoch Anwendungsvorrang mit der Folge, dass nationale Rechtsvorschriften nicht anwendbar sind, soweit und solange die gemeinschaftsrechtlichen Vorschriften ihnen widersprechen.[253]

Einer das nationale Recht in allen Bereichen umfassenden Übersteuerung steht das Prinzip der Subsidiarität des Gemeinschaftsrechts gem. Art. 5 EGV entgegen, das als Kompetenzschranke wirkt und eine Inanspruchnahme von Kompetenzen durch die Europäische Union nur gestattet, wenn die Ziele von

---

[250] PITSCHAS, RAINER: *Die Betreuung in der „schlanken" Sozialverwaltung – Betreuungsbehörden zwischen Bürokratie und Management*, in: Bt.Prax. 1997, S. 216 f.

[251] Vertrag über die Europäische Union vom 07.02.1992, BGBl. II S. 1253

[252] OPPERMANN, THOMAS: *Europarecht*, 2. Aufl., München 1999, S. 694 ff.; PITSCHAS, *Der „neue" soziale....*, a. a. O., S. 763 f.; derselbe: *Verwaltungsrecht im funktionalen Wandel des spätmodernen Staates*, in: Pitschas, Rainer (Herausg.): *Entwicklungen des Staats- und Verwaltungsrechts in Südkorea und Deutschland*, Berlin 1998, S. 177; STOLLEIS, *Geschichte des Sozialrechts....*, a. a. O., S. 317 f., ZACHER, *Das soziale Staatsziel*, a. a. O., S. 765 ff.

[253] GITTER/ SCHMITT, *Sozialrecht*, a. a. O., S. 16; MAUNZ/ ZIPPELIUS, *Deutsches Staatsrecht*, a. a. O., S. 460 f.; MAURER, *Staatsrecht I*, a. a. O., S. 131, 553 f.; SCHULIN/ IGL, *Sozialrecht*, a. a. O., S. 28 f.

den Mitgliedstaaten nicht hinreichend erreicht werden können.[254] Wurden jedoch der Europäischen Gemeinschaft Kompetenzen nach den Verfahrensvorschriften des Art. 23 Abs. 1 Satz 3 GG zugewiesen, wirkt die Überlagerung durch das europäische Recht auch auf die Strukturen der Verwaltungen im Sozialbereich. Sie beeinflusst insbesondere die Verwaltungsstrukturen der Beschäftigungs- und Arbeitsmarktpolitik und der Gesundheitspolitik.[255]

Entsprechend dem vereinbarten Ziel der Europäischen Gemeinschaft, auf eine Verbesserung der Lebens- und Arbeitsbedingungen für Arbeitnehmer hinzuwirken und eine Angleichung dieser Bedingungen zu fördern, sind der Europäischen Union Einzelbereiche der Sozialpolitik übertragen.[256] Unter ihnen ist die Verbesserung der Arbeitsumwelt für die Menschen in der Europäischen Gemeinschaft, sowohl nach der Zweckbestimmung des Art. 2 EGV als auch vor dem Hintergrund ihrer historischen Wurzeln als Gemeinschaft zur Förderung einer marktorientierten Wettbewerbswirtschaft, einer der Schwerpunkte.[257]

Im Zusammenwirken mit der Verpflichtung gem. Art. 158 EGV, „die harmonische Entwicklung der Gemeinschaft als Ganzes zu fördern" und der spiegelbildlichen Pflicht nach Art. 159 EGV, die eigene nationale Wirtschaftspolitik diesem Kohäsionsprinzip unterzuordnen,[258] sind die Mitgliedstaaten angehalten, soziale Standards zu schaffen und die nationalen Regelungen dort anzugleichen, wo dies zur Verwirklichung der Ziele der Gemeinschaft notwendig ist.[259] Die sozialen Ziele des Art. 136 EGV enthalten in Verbindung mit der Kompetenzvorschrift des Art. 140 EGV zur Förderung der Zusammenarbeit zwischen den Mitgliedstaaten in sozialen Fragen und weiterer Vor-

---

254 BVERFGE 89, 193, 210; vgl. auch MÖSCHEL, WERNHARD: *Zum Subsidiaritätsprinzip im Vertrag von Maastricht*, in: NJW 1993, S. 3026 f.; OPPERMANN, *Europarecht*, a. a. O., S. 197 ff.; SCHOLZ, RUPERT: *Kommentierung zu Art. 23*, in: Maunz, Theodor; Dürig, Günter und andere Mitherausgeber: *Grundgesetz Kommentar*, Loseblattausgabe, München 1996, Art. 23 Rdnr. 68 ff.

255 OPPERMANN, *Europarecht*, a. a. O., S. 696 ff.

256 PITSCHAS, *Organisationsrecht als Steuerungsressource....*, a. a. O., S. 193

257 BERGMANN, JAN MICHAEL: *Grundstrukturen der Europäischen Gemeinschaft und Grundzüge des gemeinschaftlichen Sozialrechts*, in: SGb 1998, S. 452; SCHULTE, BERND: *Sozialpolitik und europäische Integration*, in: ZFSH/ SGB 2002, S. 336; ZACHER, *Das soziale Staatziel*, a. a. O., S. 768

258 OPPERMANN, *Europarecht*, a. a. O., S. 694 ff.; PITSCHAS, *„Soziale" Kohäsionspolitik im Verfassungsstaat Europa und nationale Arbeitsvermittlung*, in: SGb 1992, S. 477 f.

259 MAUNZ/ ZIPPELIUS, *Deutsches Staatsrecht*, a. a. O., S. 454 f.; OPPERMANN, *Europarecht*, a. a. O., S. 694

schriften zum sozialen Dialog den Kern einer über die Koordinierung hinausgehenden Harmonisierung der europäischen Sozialsysteme.[260]

Zu den Angelegenheiten von gemeinsamem Interesse gehören die Förderung der Beschäftigung (Art. 125 – 130 EGV) mit den Befugnissen der Kommission zu beschäftigungspolitischen Leitlinien und Empfehlungen für einzelne Mitgliedsstaaten.[261] Hierzu gehören der Europäische Sozialfonds[262] und gem. Art. 152 EGV das Mandat der Europäischen Gemeinschaft für die Entwicklung einer Handlungsstrategie zur Verbesserung der Gesundheit der Bevölkerung, der Verhütung von Humankrankheiten und der Beseitigung der Ursachen für die Gefährdung der menschlichen Gesundheit.[263] Insbesondere der Europäische Sozialfonds und der Handlungsauftrag zum Gesundheitsschutz haben Auswirkungen auf die binnenstaatlichen Verwaltungsstrukturen.[264]

b. Die Verwaltung von Mitteln des Europäischen Sozialfonds durch den Bund und die Länder

Mit dem Europäischen Sozialfonds setzt die Europäische Union ihre beschäftigungspolitischen Ziele in konkrete Handlungen um. Als Europäischer Strukturfonds besteht sein Zweck gem. Art. 146 EGV darin, „innerhalb der Gemeinschaft die berufliche Verwendbarkeit und die örtliche und berufliche Mobilität der Arbeitskräfte zu fördern sowie die Anpassung an die industriellen Wandlungsprozesse und an Veränderungen der Produktionssysteme insbesondere durch berufliche Bildung und Umschulung zu erleichtern".[265] Hierdurch stellt die Europäische Union den Mitgliedstaaten finanzielle Mittel zur Verbesserung des Arbeitsmarktes zur Verfügung, die sich auf Programme der

---

[260] BERGMANN, *Grundstrukturen der Europäischen....*, a. a. O., S. 461; zu den Inhalten der Europäischen Sozialpolitik SCHULTE, BERND: *Das Europäische Sozialmodell im künftigen Europa*, in: ZFSH/ SGB 2001, S. 70 ff.; so im Ergebnis auch PITSCHAS, *„Soziale" Kohäsionspolitik im....*, a. a. O., S. 478; derselbe, *Organisationsrecht als Steuerungsressource....*, a. a. O., S. 194

[261] OPPERMANN, *Europarecht*, a. a. O., S. 701 ff.

[262] OPPERMANN, *Europarecht*, a. a. O., S. 714 ff.

[263] OPPERMANN, *Europarecht*, a. a. O., S. 891 ff.; SCHULTE, *Das Europäische Sozialmodell....*, a. a. O., S. 71 ff.; ZACHER, *Das soziale Staatsziel*, a. a. O., S. 767 f.

[264] Für die Arbeitsmarktpolitik PITSCHAS, *„Soziale" Kohäsionspolitik im....*, a. a. O., S. 482; für die Gesundheitspolitik HIRSCH, GÜNTER: *Einfluss der EG auf nationale Gesundheitssysteme*, in: MedR 2000, S. 587 ff.

[265] Der Europäische Sozialfonds (ESF) ist einer der drei Europäischen Strukturfonds, zu denen weiterhin der Europäische Fonds für regionale Entwicklung (EFRE) und der Europäische Ausrichtungs- und Garantiefonds für die Landwirtschaft (EAGFL) gehören; CONRAD, SABINE: *Der Europäische Sozialfonds*, in: ZFSH/SGB 1994, S. 409 ff.; vgl. auch OPPERMANN, *Europarecht*, a. a. O., S. 714 ff.; PITSCHAS, *Organisationsrecht als Steuerungsressource....*, a. a. O., S. 193 f.

Mitgliedstaaten beziehen, mit denen die von der Kommission vorgegebenen Ziele umgesetzt werden. Der Schwerpunkt besteht in der Unterstützung von Hilfsmaßnahmen für Menschen unter besonderer Betonung der beruflichen Bildung und der beruflichen Qualifikation.[266]

Bei der Arbeitsmarktförderung durch die Europäische Union gem. Art. 146 ff. EGV besteht eine Besonderheit insofern, als das von der Europäische Union durch Rechtsverordnung vorgegebene Prinzip der Partnerschaft die Wahrung einer engen Abstimmung zwischen der Europäischen Kommission, dem jeweiligen Mitgliedstaat und den von diesem benannten nationalen, regionalen und lokalen Behörden und damit deren Beteiligung vorschreibt.[267] Sie überlagert die gem. Art. 74 Abs. 1 Nr. 12 GG wahrgenommene Rechtssetzungsbefugnis des Bundes durch das SGB III mit seinen Regelungen der Zuständigkeitswahrnehmungen durch die Bundesagentur für Arbeit und seine nachgeordneten Behörden gem. § 367 ff. SGB III als mittelbare Bundesverwaltung.[268]

Damit werden die gem. Art. 87 Abs. 3 GG vorgeschriebenen Verwaltungszuständigkeiten durch Recht der Europäischen Union übersteuert. Beim Europäischen Sozialfonds vollzieht sich dies in einem Bereich, der als regionale Arbeitsmarktförderung auch der nationalen Wirtschaftspolitik zugerechnet wird. Seine Anwendung, Planung und Durchführung ist an regional bestimmte Zielsetzungen gebunden und hängt von einer dort aufzubringenden Kofinanzierung ab.[269]

Werden die Mittel des Europäischen Sozialfonds von einzelnen Ländern entsprechend den Zielbestimmungen der Kommission angefordert und kofinanziert, wird in Abstimmung mit der Bundesregierung die Zuständigkeit des diese Mittel in Anspruch nehmenden Landes begründet. In diesen Fällen, die in der Bundesrepublik Deutschland nicht von allen Ländern in Anspruch ge-

---

266 OPPERMANN, *Europarecht*, a. a. O., S. 716; SCHULTE, *Das Europäische Sozialmodell....*, a. a. O., S. 72; PITSCHAS, *„Soziale" Kohäsionspolitik im....*, a. a. O., S. 479

267 Art. 4 Abs. 1 der Rahmenverordnung (EWG) Nr. 2081/93 des Rates vom 20.07.1993 zur Änderung der Verordnung (EWG) Nr. 2052/88 über Aufgaben und Effizienz der Strukturfonds und über die Koordination ihrer Interventionen untereinander sowie mit denen der Europäischen Investitionsbank und der anderen vorhandenen Finanzierungsinstrumente (ABl. EG Nr. L 193 vom 31.07.1993 S. 5), vgl. CONRAD, *Der Europäische Sozialfonds*, a. a. O., S. 413

268 STERN, *Das Staatsrecht der....*, Bd. II, a. a. O., S. 823 f.

269 So MÄDER, WERNER: *Europäische Arbeitsmarktpolitik – Rechtlicher Rahmen des EG-Vertrages*, in: ZFSH/ SGB 1997, S. 14 ; vgl. auch KALUZA, HILDEGARD: *Der Europäische Sozialfonds*, 1. Aufl., Baden-Baden 1998, S. 122 ff.

nommen werden können,[270] nutzt der Bund seine Regelungskompetenz entsprechend der Einschränkung des Art. 72 Abs. 2 GG nicht, da ausschließlich besondere Regionen durch die Europäische Union gefördert werden und eine bundesrechtliche Regelung nicht geboten ist. Hier ist also die landesrechtliche Regelungskompetenz erhalten.[271]

c. Europäische Regelungsvorgaben für das öffentliche Gesundheitswesen

Art. 152 EGV weist dem Europäischen Rat (Art. 4 Abs. 1 EGV) die Kompetenz zu, Qualitäts- und Sicherheitsstandards für „Organe und Substanzen menschlichen Ursprungs sowie für Blut und Blutderivate" festzulegen und Förderungsmaßnahmen zum Gesundheitsschutz zu ergreifen. Diese Kompetenzzuweisung beinhaltet einen Sicherstellungsauftrag der Europäischen Gemeinschaft für ein hohes Gesundheitsschutzniveau[272] und die Entwicklung von Möglichkeiten für eine gemeinsame Gesundheitspolitik und ihre Instrumentarien.[273]

Entsprechend dem Strukturprinzip der begrenzten Einzelermächtigung nach Art. 5 Abs. 1 EGV und der in ihm enthaltenen Aufteilung der Gesetzgebungszuständigkeiten zwischen der Gemeinschaft und den Mitgliedsländern[274] beschränkt sich die Befugnis nach Art. 152 EGV auf die Koordination der Gesundheitspolitiken und –programme der Mitgliedsstaaten in den aufgeführten Bereichen und das Ergreifen von Initiativen zu ihrer Koordination.[275] Die wichtigsten Instrumente der Europäischen Union im Gesundheitsbereich sind die Förderung und Unterstützung der Zusammenarbeit der Mitgliedstaaten, deren nationale Verantwortung für die Gesundheitspolitik nach wie vor besteht;[276] eine Harmonisierung der nationalen Gesundheitssysteme ist (noch) ausdrücklich ausgeschlossen.[277] Die Gemeinschaft ist verpflichtet, bei ihren

---

270 Zu den fünf prioritären Förderzielen und den hierunter fallenden Ländern oder Regionen dieser Länder CONRAD, *Der Europäische Sozialfonds*, a. a. O., S. 411 f.

271 MERTEN/ PITSCHAS, *Sozialverwaltung im Reformprozess*, a. a. O., S. 28

272 HIRSCH, *Einfluss der EG....*, a. a. O., S. 587 f.; PITSCHAS, RAINER: *Inhalt und Reichweite des Mandats der Europäischen Gemeinschaft auf dem Gebiet der Gesundheitspolitik*, in: Zeitschrift für Sozialreform 1993, S. 468 ff.; PITSCHAS, RAINER: *Europäische Gesundheitspolitik und berufliche Sozialarbeit im Gesundheitswesen*, in: NDV 1994, S. 461 f.

273 HANIKA, HEINRICH: *Europäische Gesundheitspolitik*, in: MedR 1998, S. 195; PITSCHAS, *Europäische Gesundheitspolitik und....*, a. a. O., S. 462; SCHULTE, *Das Europäische Sozialmodell....*, a. a. O., S. 72 f.

274 OPPERMANN, *Europarecht*, a. a. O., S. 197 ff.

275 OPPERMANN, *Europarecht*, a. a. O., S. 892 f.

276 HANIKA, Europäische Gesundheitspolitik, a. a. O., S. 195

277 HIRSCH, *Einfluss der EG....*, a. a. O., S. 588; PITSCHAS, *Inhalt und Reichweite....*, a. a. O., S. 475

Angleichungsmaßnahmen von einem hohen Gesundheitsschutz auszugehen (Art. 95 Abs. 3 EGV) sowie Wanderarbeiter auch durch Gesundheitsversorgung umfassend abzusichern (Art. 136 EGV) und hat gleichrangige Zuständigkeiten mit den Mitgliedsstaaten gem. Art. 153 Abs. 2 EGV für das Gesundheitswesen gegenüber Drittländern und den internationalen Organisationen. Hieraus resultiert ein Zuständigkeitsbereich der Europäischen Union, der als der Beginn einer Harmonisierung des öffentlichen Gesundheitswesens angesehen werden kann.

Die Ausrichtung der Europäischen Union als Wirtschafts- und Währungsunion prägt nach wie vor die Zuständigkeitsverteilung zwischen den Organen der Union und der Mitgliedsländer, die im Bereich der sozialen Sicherungssysteme einschließlich des öffentlichen Gesundheitswesens bei den Mitgliedstaaten verblieben ist. Die wirtschaftlichen Grundfreiheiten und das Wettbewerbsrecht der Europäischen Union beeinflussen jedoch auch die Systeme der sozialen Sicherheit der Mitgliedstaaten, wie durch die Rechtsprechung des Europäischen Gerichtshofs zur Kostenerstattung von Sozialversicherungssystemen in den Urteilen *Kohll* und *Decker* belegt ist.[278] Der Einfluss der Europäischen Gesundheitspolitik mit seinem jetzt schon durch Art. 152 EGV erteilten Sicherstellungs- und Präventionsauftrag wird sich ausweiten und zu einem dichten Netz auch administrativer gesundheitspolitischer Steuerung innerhalb der Europäischen Union entwickeln.[279]

Diese Zuständigkeitsüberlagerungen durch Recht der Europäischen Union wirken sich insbesondere bei der Durchführung des Arzneimittelgesetzes aus.[280] In ihm werden die nationalen Zulassungsbestimmungen für Arzneimittel durch Verordnungen der Europäischen Union ergänzt, mit denen eine Vereinheitlichung arzneimittelrechtlicher Zulassungs- und Überwachungsbestimmungen innerhalb der Europäischen Union erreicht wurde. Diese Europäisierung des Arzneimittelrechts erstreckt sich zunehmend auch auf die Arzneimittelüberwachung. So wurde durch nationale Umsetzung von Richtlinien des Rats der Europäischen Gemeinschaften das Prinzip der gegenseitigen Anerkennung von nationalen Zulassungen innerhalb der Europäischen Union

---

[278] EuGH, Urteil vom 28.04.1998 RS C-120/95 (Decker ./. Caisse de maladie des employés privés), in: EuGHE 1998, I-1831, und RS C-158/96 (Kohll ./. Union des caisses de maladie) in: EuGHE 1998, I-1931 ; vgl. auch Eichenhofer, *Tragweite europäischen Sozialrechts....*, a. a. O., S. 847 ff.

[279] Pitschas, *Europäische Gesundheitspolitik und....*, a. a. O., S. 462

[280] Gesetz über den Verkehr mit Arzneimitteln (Arzneimittelgesetz) vom 24.08.1974 (BGBl. I S. 2445) idF der Bek. v. 11.12.1998 (BGBl. I S. 3586), zuletzt geändert am 30.07.2004 (BGBl. I S. 2031)

eingeführt.[281] Es hat zur Folge, dass die nationalen Zulassungsbehörden nicht mehr unabhängig voneinander im dezentralisierten Zulassungsverfahren über Erteilung oder Versagung von Zulassungen entscheiden können, sondern bei nationalem Dissens gegenüber dem Ministerrat der Europäischen Union vorlagepflichtig sind, der auf der Grundlage von Empfehlungen eines bei der Europäischen Arzneimittelagentur in London eingerichteten Ausschusses eine Entscheidung trifft. Diese Entscheidung bindet die nationale Zulassungsbehörde, die sie als eigene Entscheidung umsetzt.[282]

Aufgrund von über den Rahmen der Europäischen Union hinausgehenden internationalen Verflechtungen und Abhängigkeiten beim Vertrieb von Arzneimitteln und Medizinprodukten erhalten bei der Überwachung der Betriebe und Herstellerverfahren zunehmend auch internationale Vereinbarungen Bedeutung, die eine gegenseitige Abstimmung der Überwachungsverfahren und der Kontrolle bei den Herstellern beinhalten.[283] In diesen Vereinbarungen werden den Teilnehmerstaaten neben gegenseitiger Bindung von Konformitätsbewertungen und Zertifizierungen auch Rechte eingeräumt, ihrerseits Durchführung und Wirksamkeit der nationalen Aufsicht zu überprüfen.

III. Soziale Leistungsgewährung im aktivierenden Staat und ihre Behördenzuständigkeit in Rheinland-Pfalz

1. Soziale Leistungsgewährung im aktivierenden Staat

a. Staatliche Aufgabenträger in der Modernisierungsdiskussion

In der Diskussion um die Modernisierung des Staates und seiner Verwaltungen kann eine Entwicklungslinie verfolgt werden, die in den westlichen Industrienationen drei strategische Schwerpunktbildungen erfahren hat. Sie liegen, wie Klaus König festgestellt hat, zum einen in der Vermögens- und Aufgabenprivatisierung sowie der Deregulierung staatlicher Aufgaben, mit denen staatliche und damit auch soziale Handlungsverantwortung von hoheitlichen

---

[281] Richtlinie 93/ 40/ EWG zur Änderung der Richtlinie 81/ 851/ EWG und 82/ 852 EWG zur Angleichung von Rechtsvorschriften der Mitgliedstaaten über Tierarzneimittel vom 14.06.1993 (ABl. EG Nr. L 214 vom 24.08.1993, S. 31); vgl. RAULAND, MARCO: *Die entscheidende Hürde*, in: PTA heute 1999, S. 625

[282] REHMANN, WOLFGANG A.: *Arzneimittelgesetz*, München 1999, Einführung Rdnr. 7 f.

[283] Beispielsweise Abkommen zwischen der Europäischen Gemeinschaft mit den Vereinigten Staaten von Amerika über die gegenseitige Anerkennung von GMP (Good Manifacturing Practice – Gute Herstellungspraxis für Arzneimittel) und über die Konformitätsbewertung und Zertifizierung von Medizinprodukten vom 04.02.1999 (Beschluss des Rates vom 22.06.1998), ABl. EG L 31/1; derartige gegenseitige Anerkennungsabkommen (Mutual Recognition Agreements –MRA) wurden mit folgenden Ländern abgeschlossen: Australien und Neuseeland, Kanada, Schweiz

auf private Aufgabenträger verlagert werden, sei es durch Beseitigung oder Lockerung regulativer Eingriffe in den Markt, sei es durch Übergabe öffentlicher Vermögen in private Hände.[284]

Die Privatisierungen vormals staatlicher Institutionen des Bundes, darunter die Deutsche Bahn AG, die Deutsche Post AG und die Deutsche Telekom AG, unter gleichzeitiger Einrichtung staatlicher Regulierungsbehörden zur Kontrolle dieser nunmehr privatrechtlichen Unternehmungen[285] sowie die Novellierung der Handwerksordnung[286] und des Ladenschlussgesetzes[287] stehen hierfür als Beispiel. Daneben steht die Binnenmodernisierung der Verwaltung, die in Deutschland, ausgehend von der kommunalen Ebene, auf allen staatlichen Ebenen angelangt ist.[288] Der dritte Schwerpunkt liegt bei einer Kürzungspolitik staatlicher Leistungen, bei der die Vermeidung öffentlicher Aufgaben im Vordergrund steht und die sich in Programm-, Organisations- und Personalabbau darstellt.[289]

Leitgedanke dieser Modernisierungsmaßnahmen ist die Grundannahme des neuen öffentlichen Management, dass Marktbeziehungen hierarchischen Beziehungen generell überlegen seien.[290] Diese Sichtweise räumt der funktionalen Grundordnung des Staates und seiner Organe nur eine minimale Rolle ein und betrachtet die Funktionsweise öffentlicher Aufgabenträger unter dem Blickwinkel ihrer Ökonomisierung und Managerialisierung.[291] Die Ausdifferenzierung der Funktion von Verwaltung als Dienstleistungsunternehmen,[292]

---

[284] KÖNIG, *Rückzug des Staates....*, a. a. O., S. 965; vgl. auch BUDÄUS/ FINGER, *Stand und Perspektiven....*, a. a. O., S. 330; SCHUPPERT, *Geändertes Staatsverständnis als....*, a. a. O., S. 23 f.

[285] Einzelheiten und weitere Beispiele bei WOLFF, HANS J., BACHOF, OTTO; STOBER, ROLF; KLUTH, WINFRIED; MÜLLER, MARTIN: *Verwaltungsrecht,* Bd. 3, 5. Aufl., München 2004, S. 568 ff., 625

[286] Drittes Gesetz zur Änderung der Handwerksordnung und anderer handwerksrechtlichen Vorschriften vom 24.11.2003 (BGBl. I S. 2934)

[287] Bekanntmachung der Neufassung des Gesetzes über den Ladenschluss vom 02.06.2003 (BGBl. I S. 744)

[288] BUDÄUS, *Von der bürokratischen....*, a. a. O., S. 4 f.; BUDÄUS/ FINGER, *Stand und Perspektiven....*, a. a. O., S. 325 f.; KÖNIG, *Rückzug des Staates....*, a. a. O., S. 965

[289] KÖNIG, *Rückzug des Staates....*, a. a. O., S. 965

[290] LÜDER, *„Triumph des Marktes....*, a. a. O., S. 99; REICHARD, *Institutionelle Wahlmöglichkeiten bei....*, a. a. O., S. 121; SCHUPPERT, *Verwaltungswissenschaft*, a. a. O., S. 999 ff.

[291] KÖNIG, *Rückzug des Staates....*, a. a. O., S. 964; derselbe, *„Neue" Verwaltung oder....*, a. a. O., S. 354 ff.; LÜDER, *„Triumph des Marktes....*, a. a. O., S. 99; PENSKI, *Staatlichkeit öffentlicher Verwaltung....*, a. a. O., S. 86

[292] PENSKI, *Staatlichkeit öffentlicher Verwaltung....*, a. a. O., S. 86 ff.; SCHUPPERT, *Verwaltungswissenschaft*, a. a. O., S. 922

der Schaffung von Wettbewerbsbedingungen im öffentlichen Sektor[293] und der Binnenmodernisierung nach betriebswirtschaftlichen Optimierungsgrundsätzen[294] sind von dieser Sichtweise bestimmt.[295] Das Leitbild vom „schlanken Staat“ ist seine politische Leitidee.[296]

b. Öffentliche Verwaltung im aktivierenden Staat

Öffentliche Verwaltungen haben indessen, anders als gewinnorientierte Betriebe der Privatwirtschaft, eine Doppelfunktion und damit eine Zwitterstellung. Als ausführendes Organ des sie tragenden Gemeinwesens dienen sie seinen übergeordneten Interessen, brauchen dafür aber eine Organisation, die betriebliche Grundsätze umsetzt.[297] Das Dienstleistungsmanagement öffentlicher Verwaltungen weist deshalb prinzipielle Unterschiede zu dem privater Dienstleistungen auf.

Zwar gehört die interne Steigerung von Effizienz und Effektivität der Erbringung von öffentlichen Dienstleistungen zu den selbstverständlichen Managementgrundsätzen auch für die Verwaltung.[298] *Rainer Pitschas* stellt dem allerdings als weitere Handlungsmaxime den Grundsatz der Gemeinwohlbezüglichkeit der Verwaltung hinzu, der sich neben der Wirtschaftlichkeit des Verwaltungshandelns in seiner Rechtmäßigkeit, Zweckmäßigkeit, Einsichtigkeit und Gemeinwohlverpflichtung ausdrücke. Öffentliches Dienstleistungsmanagement habe die in Konkurrenz zueinander stehenden Handlungsgrundsätze der Rechtmäßigkeit, Wirtschaftlichkeit, Zweckmäßigkeit und Bürgernähe miteinander zu verbinden und untereinander auszutarieren.[299] Dabei stehe bei der öffentlichen Verwaltung die Aufgabenerfüllung zugunsten des Gemeinwohls unverrückbar im Vordergrund, die dem Vorrang der Rechtsordnung vor jeglicher Zweckordnung unterworfen sei. Deshalb müsse bezweifelt werden, ob es ein gemeinsames „Neues Steuerungsmodell“ für die öffentliche

---

[293] BUDÄUS/ FINGER, *Stand und Perspektiven....*, a. a. O., S. 322 f.

[294] BUDÄUS/ FINGER, *Stand und Perspektiven....*, a. a. O., S. 325 f.; KÖNIG, *„Neue“ Verwaltung oder....*, a. a. O., S. 351 f.

[295] KÖNIG, *„Neue“ Verwaltung oder....*, a. a. O., S. 354 ff.; LÜDER, *„Triumph des Marktes....*, a. a. O., S. 99

[296] PENSKI, *Staatlichkeit öffentlicher Verwaltung....*, a. a. O., S. 86

[297] OETTLE, KARL: *Elemente der Ökonomisierung des Verwaltungshandelns*, in: Die Verwaltung 1999, S. 297; SCHUPPERT, *Verwaltungswissenschaft*, a. a. O., S. 78 f.

[298] PITSCHAS, RAINER: *Verwaltungsmodernisierung im Spannungsfeld von öffentlichem Dienstleistungsmanagement und dem Steuerungsanspruch des Rechts*, in: Merchel, Joachim; Schrapper, Christian (Herausg.): *Neue Steuerung: Tendenzen der Organisationsentwicklung in der Sozialverwaltung*, Münster 1996, S. 111

[299] PITSCHAS, *Verwaltungsmodernisierung im Spannungsfeld....*, a. a. O., S. 117

Verwaltung geben könne,'[300] das sich ausschließlich an der Ökonomisierung und Managerialisierung des Verwaltungshandelns ausrichtet.[301]

Das Leitbild des aktivierenden Staates setzt demgegenüber bei der Rolle des Staates und seiner Institutionen als Gewährleister und Ermöglicher an, dessen Politik auf die Mobilisierung, Steuerung und Unterstützung gemeinschaftlicher und privater Aktivitäten gerichtet ist.[302] Hierdurch soll sich das Gegenüber privater oder öffentlicher Leistungserbringung auflösen und sich das Miteinander dieser beiden Erbringungsformen ergänzen.

Vor allem im Bereich sozialer Leistungserbringung soll das Prinzip der Subsidiarität und damit das Zusammenspiel von Staat und Gesellschaft gestärkt werden, in dem der Staat aktiv Hilfe zur Selbsthilfe leistet.[303] Damit soll der Schwerpunkt staatlicher Sozialpolitik weg von der hierarchischen Steuerung oder gar der Einschränkung sozialer Leistungen hin zur Freisetzung und Förderung gesellschaftlicher Selbststeuerungspotentiale verlagert werden.[304] Der Staat soll nicht als Minimalstaat dort tätig werden, wo dies die Gesellschaft von ihm fordert, sondern selbst die Gesellschaft und ihre Mitglieder zu eigenen Aktivitäten fordern und fördern.[305]

Der aktivierende Staat steht zu seiner umfassenden Verantwortung zur Lösung gesellschaftlicher Aufgaben, will allerdings nicht alle Leistungen durch seine eigenen Verwaltungsorgane erbringen müssen. Nach seinem eher pragmatisch bestimmten Verständnis versucht er einen dritten Weg zwischen der überkommenen Idee des Sozialstaates als Eigenproduzent aller staatlichen Wohlfahrtsleistungen und dem neoklassischen Wettbewerbsmodell. Er versucht vielmehr, die bereits bestehenden Formen gesellschaftlicher Selbstorganisation, die im sozialen Bereich als gemeinwirtschaftliche und private Aktivitäten vorhanden sind, durch Gewährleistung, Steuerung und Unterstützung

---

[300] PITSCHAS, *Verwaltungsmodernisierung im Spannungsfeld....*, a. a. O., S. 119

[301] KÖNIG, *„Neue" Verwaltung oder....*, a. a. O., S. 354 f.; differenziert auch LÜDER, *„Triumph des Marktes....*, a. a. O., S. 96, 99

[302] DEUTSCHER BUNDESTAG (Herausg.), *Zukunft des Bürgerschaftlichen....*, S. 242 ff.; FRANZIUS, *Der „Gewährleistungsstaat – ein....*, a. a. O., S. 494 ff.; PITSCHAS, RAINER: *Neues Verwaltungsrecht im partnerschaftlichen Rechtsstaat?*, in: DÖV 2004, S. 232; SCHUPPERT, *Verwaltungswissenschaft*, a. a. O., S. 920 ff.

[303] BANDEMER/ HILBERT, *Vom expandierenden zum....*, a. a. O., S. 28 f.; PITSCHAS, *Das sozialgerichtliche Verwaltungsverfahren....*, a. a. O., S. 771

[304] Am Beispiel des GKV-Modernisierungsgesetzes KINGREEN, THORSTEN: *Wettbewerbsrechtliche Aspekte des GKV-Modernisierungsgesetzes*, in: MedR 2004, S. 188 f.

[305] BANDEMER/ HILBERT, *Vom expandierenden zum....*, a. a. O., S. 28 f.; WOLFF/ BACHOF/ STOBER/ KLUTH/ MÜLLER, *Verwaltungsrecht*, Bd. 3, a. a. O., S. 506

zu nutzen.[306] Hierfür übernimmt er die Gesamtverantwortung auch hinsichtlich der Effektivität und Effizienz der Leistungserbringung.[307] Mit dieser Gewährleistungsverantwortung ist der Verzicht verbunden, die staatliche Sozialverwaltung als Eigenerstellungsinstanz des Staates für die Gesamtheit sozialer Leistungserbringung in Anspruch nehmen zu sollen.[308]

c. Dimensionen sozialer Leistungserbringung

Die in den Sozialgesetzbüchern und ihren Anwendungsgesetzen[309] bestimmten sozialen Leistungen begründen staatliche Aufgaben, für deren Erbringung der soziale Rechtsstaat einzustehen hat. Der Vollzug dieser Gesetze beinhaltet auch sozialverfahrensrechtliche Zuständigkeitszuweisungen, mit denen die Aufgaben der Aufgabenträger festgelegt werden. Die Leistungen dieser Aufgabenträger sind öffentliche Güter, über deren Bereitstellung im betriebswirtschaftlichen Sinne von Erstellung und Gewährung als Erbringung in striktem Gesetzesvollzug zu entscheiden ist.[310]

Im Gefüge der Staatsgewalten trägt folglich die Gesamtheit der sozialen Leistungsverwaltung als öffentliche Verwaltung die Verwaltungsverantwortung für die Aufgabenerfüllung, mit der im sozialen Rechtsstaat das Sozialrecht als materielles Recht durch das Handeln der Exekutive verwirklicht wird. Das Gesetz ist Auftrag und Richtlinie für die Verwaltungsbehörden; auf der Grundlage dieser Entscheidungsvollmacht wirkt der soziale Rechtsstaat zur Erfüllung seines Gemeinwohlauftrags auf die Gesellschaft ein.[311] Der soziale Rechtsstaat stellt also die soziale Effizienz neben die wirtschaftliche Effizienz einer nach wirtschaftlichen Gesichtspunkten handelnden Verwaltung.[312]

Die Modalitäten dieser Verwaltungsverantwortung umfassen die Verantwortung für den Vollzug, die Entfaltungsverantwortung zur Umsetzung gesetzge-

---

[306] HOFFMANN-RIEM, WOLFGANG: *Tendenzen in der Verwaltungsrechtsentwicklung*, in: DÖV 1997, S. 441 f.; SCHEDLER/ PROELLER, *New Public Management*, a. a. O., S. 32; SCHUPPERT, *Verwaltungswissenschaft*, a. a. O., S. 921 f.; WOLFF/ BACHOF/ STOBER/ KLUTH/ MÜLLER, *Verwaltungsrecht*, Bd. 3, a. a. O., S. 505 ff.

[307] BANDEMER/ HILBERT, *Vom expandierenden zum....*, a. a. O., S. 31; PITSCHAS, *Die Zukunft der....*, a. a. O., S. 130

[308] PICOT, ARNOLD; WOLFF, BIRGITTA: *Zur ökonomischen Organisation öffentlicher Leistungen: „Lean Management" im öffentlichen Sektor?*, in: Naschold, Frieder; Pröhl, Marga (Herausg.): *Produktivität öffentlicher Dienstleistungen*, 3. Aufl., Gütersloh 1994, S. 77

[309] Bundesversorgungsgesetz, Bundessozialhilfegesetz (bis 31.12.2004), SGB XII

[310] PITSCHAS, *Verwaltungsmodernisierung im Spannungsfeld....*, a. a. O., S. 109 f.

[311] PITSCHAS, RAINER: *Verwaltungsverantwortung und Verwaltungsverfahren. Strukturprobleme, Funktionsbedingungen und Entwicklungsperspektiven eines konsensualen Verwaltungsrechts*, München 1990, S. 10

[312] PITSCHAS, *Verwaltungsmodernisierung im Spannungsfeld....*, a. a. O., S. 110

berischer Programme, die Verantwortung für die Programmverwirklichung und die Initiativverantwortung bei neuen Lagen und in Vorbereitung gesetzgeberischer Veränderungsentscheidungen. Ihre Klammer ist die Gesamtverantwortung der Exekutive als Verpflichtung auf das Ganze.[313] Dies bedeutet allerdings weder, dass die öffentliche Verwaltung die ihr übertragenen Aufgaben selbst erfüllen muss und folglich in eigener Regie wahrzunehmen hat[314] noch, dass öffentliche Dienstleistungen ausschließlich von staatlichen Aufgabenträgern zu erbringen sind.[315] Verwaltungsaufgaben werden vielmehr neben ihren Merkmalen als Sachaufgabe durch ihre Erfüllungsmodalitäten und die staatlich-gesellschaftliche Rollenverteilung bestimmt.[316] Dabei prägt die Rollenverteilung zwischen den an der Erfüllung öffentlicher Aufgaben beteiligten Sektoren, also dem öffentlichen, dem privaten und dem dritten Sektor[317] die Modalitäten der Aufgabenerfüllung und wirkt sich auf die Verwaltungsorganisation und das Rollenverständnis seiner Mitglieder aus.[318]

Von den drei Grundtypen der Verwaltungsverantwortung beinhaltet die Erfüllungsverantwortung, dass der Staat durch seine Verwaltung bestimmte Aufgaben durchführen lässt und für die Ergebnisse verantwortlich ist.[319] Von ihr unterscheidet sich die staatliche Gewährleistungsverantwortung durch die Eröffnung von Möglichkeiten einer Zusammenarbeit mit nicht staatlichen Trägern, die öffentliche Dienstleistungen anbieten und durchführen und für deren Gemeinwohlverantwortung die öffentliche Hand durch Rahmensetzung und strukturierende Vorgaben einzustehen hat.[320] Sie schließt die Überwa-

---

313 SCHUPPERT, *Die öffentliche Verwaltung....*, a. a. O., S. 420 f., derselbe, *Verwaltungswissenschaft*, a. a. O., S. 80

314 Vgl. HOFFMANN-RIEM, *Tendenzen in der....*, a. a. O., S. 442; SCHUPPERT, *Die öffentliche Verwaltung....*, a. a. O., S. 423; derselbe, *Verwaltungswissenschaft*, a. a. O., S. 277 f.

315 BRITZ, GABRIELE: *Die Mitwirkung Privater an der Wahrnehmung öffentlicher Aufgaben durch Einrichtungen des öffentlichen Rechts*, in: VerwArch 2000, S. 418 f.; REICHARD, *Institutionelle Wahlmöglichkeiten bei....*, a. a. O., S. 121

316 BREDE, HELMUT: *Grundzüge der Öffentlichen Betriebswirtschaftslehre*, München, Wien 2001, S. 13; SCHMIDT-AßMANN, *Verwaltungsorganisationsrecht als Steuerungsressource....*, a. a. O., S. 9 ff.

317 Zusammengefasst bei REICHARD, *Institutionelle Wahlmöglichkeiten bei....*, a. a. O., S. 127 ff.; vgl. auch SCHUPPERT, *Verwaltungswissenschaft*, a. a. O., S. 354 ff.

318 PITSCHAS, *Das sozialrechtliche Verwaltungsverfahren....*, a. a. O., S. 780 f.; SCHEDLER/ PROELLER, *New Public Management*, a. a. O., S. 36; SCHUPPERT, *Geändertes Staatsverständnis als....*, a. a. O., S. 20

319 HOFFMANN-RIEM, *Tendenzen in der....*, a. a. O., S. 442; SCHUPPERT, *Die öffentliche Verwaltung....*, a. a. O., S. 423; derselbe, *Verwaltungswissenschaft*, a. a. O., S. 404

320 HOFFMANN-RIEM, *Tendenzen in der....*, a. a. O., S. 441; REICHARD, *Institutionelle Wahlmöglichkeiten bei....*, a. a. O., S. 124; SCHUPPERT, *Die öffentliche Verwaltung....*, a. a. O.,

chung der Aufgabenerfüllung durch Private ein[321] und kann staatliche Regulierung erfordern.[322] Bei all dem verbleibt die Auffangverantwortung des Staates durch Einstehen für die Qualität der Leistungserbringung oder, wie beim Risikoverwaltungsrecht am Beispiel der staatlichen Überwachung der Produktion und des Vertriebs von Arzneimitteln, durch Intervention.[323]

Frieder Naschold zählt zu den Stärken des öffentlichen Sektors die korrekte Rechtsanwendung und die verlässliche Produktion von Standarddienstleistungen bei gleichzeitig pluralistischer und dezentral angelegter Grundstruktur des öffentlichen Sektors sowie einer hohen fachlichen Qualifikation der Beschäftigten. Zu den Schwächen rechnet er insbesondere im internationalen Vergleich die mangelnde Berücksichtigung der Kostenstrukturen und eine vergleichsweise geringe kundenbezogene Qualitäts- und Innovationsdynamik.[324] Bei der Neubestimmung öffentlicher Aufgaben mit dem Ziel der Erhöhung der Produktivität öffentlicher Dienstleistungen gehe es, unabhängig von der sie tragenden Grundposition, um eine Veränderung der Leistungstiefe staatlicher Aufgabenerledigung, mit der entweder das Konzept staatlicher Kernaufgaben oder das Konzept einer ziel- und kriterienorientierten Leistungstiefenpolitik verfolgt werde.[325]

Ziel ist eine arbeitsteilige Gemeinwohlkonkretisierung durch Kooperation von öffentlichen Verwaltungen und gesellschaftlichen Initiativen, die dazu beitragen soll, staatliche Leistungsfähigkeit bei zunehmender Komplexität gesellschaftlicher Prozesse, Unsicherheiten von Entwicklungen und Ressourcen-

---

S. 424 f.; derselbe, *Geändertes Staatsverständnis als....*, a. a. O., S. 25 f.; derselbe, *Staatsaufsicht im Wandel*, in: DÖV 1998, S. 835; derselbe, *Verwaltungswissenschaft*, a. a. O., S. 404 ff.

[321] SCHUPPERT, *Die öffentliche Verwaltung....*, a. a. O., S. 425; derselbe, *Staatsaufsicht im Wandel*, a. a. O., S. 836 f.; derselbe, *Verwaltungswissenschaft*, a. a. O., S. 406 ff.

[322] PITSCHAS, RAINER: *Verantwortungskooperation zwischen Staat und Bürgergesellschaft*, in: Sommermann, Peter; Ziekow, Jan (Herausg.): *Perspektiven der Verwaltungsforschung*, Berlin 2002, S. 235; SCHUPPERT, *Die öffentliche Verwaltung....*, a. a. O., S. 426; derselbe, *Staatsaufsicht im Wandel*, a. a. O., S. 835 f.; derselbe, *Verwaltungswissenschaft*, a. a. O., S. 407; WOLFF/ BACHOF/ STOBER/ KLUTH/ MÜLLER, *Verwaltungsrecht*, Bd. 3, a. a. O., S. 633

[323] HOFFMANN-RIEM, *Tendenzen in der....*, a. a. O., S. 442; PITSCHAS, *Verantwortungskooperation zwischen Staat....*, a. a. O., S. 236; SCHUPPERT, *Die öffentliche Verwaltung....*, a. a. O., S. 426 f.

[324] NASCHOLD, FRIEDER; BOGUMIL, JÖRG: *Modernisierung des Staates*, 2. Aufl., Opladen 2000, S. 40

[325] NASCHOLD/ BOGUMIL, *Modernisierung des Staates*, a. a. O., S. 40; NASCHOLD, *Produktivität öffentlicher Dienstleistungen*, a. a. O., S. 383; vgl. auch HILL, HERMANN: *Bürokratieabbau und Verwaltungsmodernisierung*, in: DÖV 2004, S. 721 f.

knappheiten sicherzustellen.[326] Die Kooperation als Strukturprinzip staatlicher Verwaltung prägt die staatliche Aufgabenwahrnehmung ebenso wie die Strukturen ihrer Verwaltungen.[327]

Dem Leitbild des aktivierenden Staates liegt die Funktionslogik des kooperativen Staates als Verflechtung öffentlicher Verwaltung und gesellschaftlicher Kräfte in gegenseitigem Nutzen zugrunde, die Loyalität und Vertrauen als wichtigste Ressource verwendet.[328] Hierzu gehört die Zulassung und Nutzung gesellschaftlicher Selbststeuerungspotentiale und der verantwortungsbewussten Bürgergesellschaft als Verantwortungspartnerschaft und Verantwortungsteilung zwischen Staat und Gesellschaft.[329] Der kooperative Staat handelt durch die kooperierende Verwaltung als verantwortungsteilende Verwaltung nach Maßgabe der verfassungsrechtlichen Vorgaben.[330] Da diese Vorgaben in Bezug auf den Umfang der Staatsaufgaben weder starr fixiert sind noch einen Königsweg zur öffentlichen Aufgabenreform aufzeigen und zudem die öffentlichen Aufgaben einem ständigen Wandel unterliegen,[331] bestimmt die politische Ausformung die Inhalte der Verantwortungspartnerschaft.[332]

Öffentliche Aufgabenreform bedingt auch einen Strukturwandel des Verwaltungsrechts hin zu einem Verwaltungskooperationsrecht als gesetzliche Ausgestaltung dieser Verantwortungsteilung und der Verantwortungszuordnung.[333] Entsprechend den Zielvorstellungen des aktivierenden Staates wur-

---

326 SCHUPPERT, *Die öffentliche Verwaltung....*, a. a. O., S. 428 f.; STOBER, ROLF: *Police-Private-Partnership aus juristischer Sicht*, in: DÖV 2000, S. 261

327 PITSCHAS, *Verantwortungskooperation zwischen Staat....*, a. a. O., S. 223; SCHEDLER/ PROELLER, *New Public Management*, a. a. O., S. 36

328 SCHUPPERT, *Geändertes Staatsverständnis als....*, a. a. O., S. 37, derselbe, *Verwaltungswissenschaft*, a. a. O., S. 921 f.

329 PITSCHAS, *Verantwortungskooperation zwischen Staat....*, a. a. O., S. 226, 229 f.; derselbe, *Neues Verwaltungsrecht im....*, a. a. O., S. 232; SCHUPPERT, *Zur Anatomie und....*, a. a. O., S. 200; derselbe, *Verwaltungswissenschaft*, a. a. O., S. 921 f.; zum Begriff der Bürgergesellschaft KOCKA, JÜRGEN: *Die Rolle der Stiftungen in der Bürgergesellschaft der Zukunft*, in: Aus Politik und Zeitgeschichte, B 14/ 2004, S. 4 f.

330 SCHUPPERT, *Die öffentliche Verwaltung....*, a. a. O., S. 429, 440 f.; derselbe, *Verwaltungswissenschaft*, a. a. O., S. 402

331 BREDE, *Grundzüge der Öffentlichen....*, a. a. O., S. 21 ff., 39 ff.

332 BUDÄUS/ FINGER, *Stand und Perspektiven der....*, a. a. O., S. 320 f.; NASCHOLD, *Modernisierung des Staates*, a. a. O., S. 55 f.; PITSCHAS, *Neues Verwaltungsrecht im....*, a. a. O., S. 231 f.; SCHUPPERT, *Verwaltungswissenschaft*, a. a. O., S. 921

333 PITSCHAS, RAINER: *Polizeirecht im kooperativen Staat*, in: DÖV 2002, S. 226 ff. am Beispiel des Polizeirechts; derselbe, *Verantwortungskooperation zwischen Staat....*, a. a. O., S. 240

den hierzu im Recht der sozialen Leistungserbringung wesentliche Gesetzesänderungen abgeschlossen.[334] Sie eröffnen den betreffenden Sozialverwaltungen neue Formen der Verwaltungspartnerschaft mit nicht-öffentlichen Leistungsanbietern, wie dies bereits in § 93 BSHG[335] durch die Gleichstellung privater und gemeinnütziger Einrichtungsträger erreicht wurde.[336]

2. *Behördenzuständigkeiten für das soziale Entschädigungsrecht*

a. Landeseigenverwaltung beim Bundesversorgungsgesetz und seinen Anwendungsgesetzen

Das Bundesversorgungsgesetz[337] und seine Anwendungsgesetze[338] werden von Länderverwaltungen durchgeführt, die hinsichtlich ihrer Organisationsgewalt der Landeseigenverwaltung zugerechnet werden.[339] Zur Begründung für diese Zuordnung wird Art. 120 Abs. 1 Satz 1 GG herangezogen, der in Abweichung von Art. 104 a Abs. 3 Satz 2 GG eine Spezialregelung für Kriegsfolgelasten beinhalte und dem Bund insoweit lediglich die Ausgabenverantwortung, nicht aber die Vollzugsverantwortung übertrage. Das Bundesversorgungsgesetz sei im Zusammenhang mit der Übernahme der Sachaufwendungen für Kriegsbeschädigte, Kriegshinterbliebene und gleichgestellte Personen durch den Bund aufgrund des Ersten Überleitungsgesetzes[340] ein Gesetz, das Kriegsfolgeregelungen treffe, deren Kosten ausschließlich der Bund trage. Art. 104 a Abs. 3 Satz 2 GG sei wegen der ausschließlichen Kostenübernahme durch den Bund, durch die die Spezialregelung des Art. 120 Abs. 1 Satz 1 zur Anwendung komme, auf den Vollzug des Bundesversorgungsgesetzes nicht anwendbar.[341]

---

[334] So insgesamt mit der Umgestaltung des BSHG zum SGB XII und durch das Gesetz zur Modernisierung der Gesetzlichen Krankenversicherung (BGBl. 2003 I S. 2190), ebenso mit der Vertragsgestaltung gem. §§ 78 a ff. SGB VIII; besondere politische Brisanz hat das ebenfalls zum 01.01.2005 in Kraft tretende SGB II.

[335] Ab 01.01.2005: § 75 SGB XII

[336] PITSCHAS, *Das sozialrechtliche Verwaltungsverfahren....*, a. a. O., S. 780 f.

[337] Vom 20.12.1950 (BGBl. S. 791), zuletzt geändert am 06.04.1998 (BGBl. I S. 688)

[338] Bundes-Seuchengesetz, Infektionsschutzgesetz, Häftlingshilfegesetz, Opferentschädigungsgesetz, strafrechtliches Rehabilitierungsgesetz, verwaltungsrechtliches Rehabilitierungsgesetz

[339] MERTEN/ PITSCHAS, *Sozialverwaltung im Reformprozess*, a. a. O., S. 44

[340] Erstes Gesetz zur Überleitung von Lasten und Deckungsmitteln auf den Bund idF der Bek. v. 28.04.1955 (BGBl. I S. 193), zuletzt geändert am 20.12.1991 (BGBl. I S. 2317)

[341] MAUNZ, THEODOR: *Kommentierung zu Art. 104 a*, in: Maunz, Theodor; Dürig, Günter und andere Mitherausgeber: *Grundgesetz Kommentar*, Loseblattausgabe, München 1977, Art. 104 a Rdnr. 37; MERTEN/ PITSCHAS, *Sozialverwaltung im Reformprozess, a. a. O.*, S.

Demgegenüber wurde im Zusammenhang mit dem Inkrafttreten des Finanzreformgesetzes vom 12.05.1969[342], mit dem Art. 104 a in den X. Abschnitt des Grundgesetzes eingefügt wurde,[343] von *Hubert Görg* die Auffassung vertreten, die Auftragsverwaltung des Bundes sei durch diese Finanzreform auch auf die mit der Durchführung des Bundesversorgungsgesetzes befassten Behörden der Länder ausgedehnt worden.[344] *Görg* stellt –unter Bezugnahme auf den Bericht der dieses Finanzreformgesetz vorbereitenden Kommission[345] und die Gesetzesmaterialien– dar, dass nach der Zielrichtung dieser Finanzreform Art. 104 a GG als die spätere Grundgesetzbestimmung[346] gegenüber Art. 120 Abs. 1 GG Geltung beanspruche. Deshalb sei Art. 104 a Abs. 3 Satz 1 GG der ausschließliche Anknüpfungspunkt und die verfassungsrechtliche Grundlage für die Zuordnung der Versorgungsverwaltungen der Länder als Auftragsverwaltung des Bundes. Auch aus dem Kommissionsbericht und den Gesetzesmaterialien als Grundlagen der damaligen Beratungen zu Art. 104 a GG ergebe sich, dass mit Inkrafttreten dieses Grundgesetzartikels die Auftragsverwaltung des Bundes auf die mit dem Bundesversorgungsgesetz befassten Landesverwaltungen ausgedehnt werden sollte.[347]

Die Darstellung von *Görg* ist aus der Rückbetrachtung ebenso schlüssig, wie die herrschende Auffassung zum Vorrang des Art. 120 Abs. 1 Satz 1 GG als Spezialgesetz vor Art. 104 a Abs. 3 Satz 1 GG,[348] hat sich aber gegenüber der damals bereits herrschenden Meinung nicht durchsetzen können.

b. Zur Genese der Aufgabenteilung zwischen Bund und Ländern bei der Kriegsopferversorgung

Bei der Fragestellung zur Zuordnung der Versorgungsverwaltung ist auch zu berücksichtigen, dass der Bund bereits im Jahr 1951 den Ländern mit ihrer

---

44; SCHÄFER, KARL HEINZ, *Kommentierung zu Art. 120*, in: Münch, Ingo von; Kunig, Philip (Herausg.): *Grundgesetz-Kommentar,* Bd. 3, 5. Aufl., München 2003, Art. 120 Rdnr. 12

[342] BGBl. I S. 359

[343] STERN, *Das Staatsrecht der....*, Bd. II, a. a. O., S. 1072

[344] GÖRG, HUBERT: *Die Erweiterung der Bundesauftragsverwaltung*, in: Der Versorgungsbeamte 1969, S. 111 ff.; derselbe: *Eine Erwiderung: Bundesauftragsverwaltung in der Kriegsopferversorgung*, in: Der Versorgungsbeamte 1969, S. 135. Die Argumentation von *Görg* wurde von KESSLER, RAINER: *Die gesetzlichen Grundlagen des sozialen Entschädigungsrechts*, in ZfS 2001, S. 238 wieder aufgegriffen, allerdings die Frage, ob die Durchführung des BVG Bundesauftragsverwaltung sei, offen gelassen.

[345] Nachweis bei STERN, *Das Staatsrecht der....*, Bd. II, a. a. O., S. 1072

[346] „Lex posterior derogat legi priori", vgl. ZIPPELIUS, REINHOLD: *Juristische Methodenlehre*, 7. Aufl. München 1999, S. 41

[347] GÖRG, *Die Erweiterung der....*, a. a. O., S. 112 f.

[348] Nachweis bei MERTEN/ PITSCHAS, *Sozialverwaltung im Reformprozess,* a. a. O., S. 44 f.

Zustimmung im Bundesrat die Errichtung von Landesversorgungsämtern und Versorgungsämtern aufgegeben hat, die von diesen als Sonderverwaltungen zu organisieren waren.[349] Darüber hinaus erließ der Bund zum Verwaltungsverfahren und zur sachlichen Zuständigkeit in der Kriegsopferversorgung eigene Vorschriften[350] und nutzte insoweit alle damals in Art. 84 Abs. 1 und 2 GG eingeräumten Möglichkeiten, die organisatorischen Gestaltungsmöglichkeiten der Länder durch feste Vorgaben zu binden.[351] Seine Befugnisse nach Art. 84 Abs. 3 und 4 GG in der Form nachgelagerter Rechtsaufsicht ergänzen diese Vorgaben.[352] Die Grenze der Einwirkungsmöglichkeiten des Bundes bei der Versorgungsverwaltung als Landeseigenverwaltung und der bei Landesbehörden, die der fakultativen Bundesaufsicht unterstehen, verläuft also ausschließlich bei der Aufsicht. Sie ist auf der einen Seite gem. Art. 84 Abs.3 und 5 GG durch Rechtsaufsicht und Einzelanweisung geprägt und besteht auf der anderen Seite neben dem vorgelagerten Einvernehmen bei der Bestellung der Leiter der Mittelbehörden in der Fachaufsicht gem. Art. 85 Abs. 3 und 4 GG.

Diese geringen Unterschiede waren wohl der Grund, warum bei Inkrafttreten des Art. 104 a GG die Frage der Erweiterung der Bundesauftragsverwaltung auf die Landesbehörden der Kriegsopferversorgung in der Literatur keine vertiefende Erörterung fand. Ihre pragmatische Betrachtung erbrachte keine wesentlichen Änderungen der bereits vorhandenen Bedingungen, die sich allenfalls im Weisungsverfahren gem. Art. 84 Abs. 3 GG hätten ergeben können. Da damals die obersten Landesbehörden die fachlichen Vorgaben des für die Kriegsopferversorgung zuständigen Bundesministers für Arbeit und Sozi-

---

[349] Gesetz über die Errichtung der Verwaltungsbehörden der Kriegsopferversorgung vom 12.03.1955 (BGBl. I S. 169), geändert durch das Vierte Überleitungsgesetz vom 27.04.1955 (BGBl. I S. 189)

[350] Gesetz über das Verwaltungsverfahren der Kriegsopferversorgung (VfG); allgemeine Verwaltungsvorschriften zum VfG vom 05.08.1961 (BAnz. Nr. 152 v. 10.08.1961, zuletzt geändert am 21.03.1969, BAnz. Nr. 61 v. 28.03.1969); Verordnung über die Zuständigkeit der Verwaltungsbehörden der Kriegsopferversorgung für Berechtigte außerhalb des Geltungsbereichs des Grundgesetzes vom 09.06.1964 (BGBl. I S. 349)

[351] LERCHE, PETER: *Kommentierung zu Art. 84*, in: Maunz, Theodor; Dürig, Günter und andere Mitherausgeber: *Grundgesetz Kommentar*, Loseblattausgabe, Lieferung 24, München 1977, Art. 84 Rdnr. 88; MAUNZ/ ZIPPELIUS, *Deutsches Staatsrecht*, a. a. O., S. 349; vgl. auch die bis in organisatorische Details gehenden Regelungen der Verwaltungsvorschriften zur Durchführung des Gesetzes über die Errichtung der Verwaltungsbehörden der Kriegsopferversorgung vom 12.03.1951, Bundesanzeiger Nr. 155 S. 4 (BArbBl. 1951, S. 349). Sie wurden erst durch Beschluss der Bundesregierung vom 14.02.2001 außer Kraft gesetzt (BAnz. Nr. 67 v. 20.03.2001).

[352] STERN, *Das Staatsrecht der....*, Bd. II, a. a. O., S. 804 ff.

alordnung ohnehin in den meisten Fällen ohne inhaltliche Änderungen als eigene Erlasse übernahmen, wurde auch hier kein für die Versorgungsverwaltung vorteilhafter Unterschied gesehen.[353]

c. Die Versorgungsverwaltung als fakultative Bundesauftragsverwaltung

Bei der Durchführung von Versorgungsaufgaben nach dem Soldatenversorgungsgesetz, dem Gesetz über den Bundesgrenzschutz und dem Zivildienstgesetz handeln die Versorgungsverwaltungen der Länder allerdings als fakultative Auftragsverwaltung des Bundes. In § 88 Abs. 1 Satz 2 SVG wird bestimmt, dass der Dritte Teil dieses Gesetzes (§§ 80 bis 92 a SVG), der die Versorgung beschädigter Soldaten nach Beendigung des Wehrdienstes, gleichgestellter Personen und ihrer Hinterbliebenen regelt, von „den zuständigen Behörden im Auftrag des Bundes durchgeführt" wird.[354] § 59 Abs. 1 des Bundesgrenzschutzgesetzes verweist hinsichtlich der Versorgung des von diesem Gesetz erfassten Personenkreises auf das Soldatenversorgungsgesetz, sodass auch für ihn § 88 Abs. 1 Satz 2 SVG Anwendung findet. Auch in § 51 Abs. 1 ZDG ist ausdrücklich bestimmt, dass die Versorgung der Zivildienstpflichtigen, die gem. §§ 47 bis 49 ZDG inhaltlich bestimmt wird, „von den zur Durchführung des Bundesversorgungsgesetzes zuständigen Behörden im Auftrag des Bundes durchgeführt" wird. Bei der Kriegsopferversorgung, die bei Gesundheitsschäden aufgrund besonderen Dienstpflichten für die staatliche Allgemeinheit gewährt werden, entsteht so die Situation, dass sie durch Landeseigenverwaltung abgewickelt wird, wenn die Dienstverpflichtung oder Opferlage im Zusammenhang mit dem Zweiten Weltkrieg oder davor bestand, während sie als Bundesauftragsverwaltung durchzuführen ist, wenn die staatliche Dienstverpflichtung auf einer Bestimmung des Grundgesetzes (Art. 12 a Abs. 1 und 2 GG) beruht.

Die Einstufung der Versorgungsverwaltung als Landeseigenverwaltung erhielt vor dem Hintergrund ihrer Aufgabenerweiterung durch die später dargestellten Feststellungsverfahren nach §§ 69 ff. SGB IX mit ihrer Bindungswirkung für viele andere Bundes- und Landesbehörden und unterschiedlichen Anstrengungen der Länder zur Neuordnung ihrer Verwaltungen eine neue Dimension. In diesem Aufgabenbereich ist eine bundeseinheitliche Verwal-

---

[353] ROHR, KURT: *Bundesauftragsverwaltung in der Kriegsopferversorgung*, in: Der Versorgungsbeamte 1969, S. 113 f. Der Autor berichtet auch aus einer älteren Kommentierung von *Maunz* und *Dürig* zu Art 85 GG, die generell die Notwendigkeit und Zweckmäßigkeit der Auftragsverwaltung des Bundes bezweifelt hätten.

[354] Vgl. EICHBERGER, RUDOLF: *Das Soldatenversorgungsgesetz als Teil des sozialen Entschädigungsrechts*, in: ZfS 1999, S. 103; KESSLER, *Die gesetzlichen Grundlagen....*, a. a. O., S. 238; WILKE, GERHARD: *Das Soldatenversorgungsgesetz*, in: Die Kriegsopferversorgung 1957, S. 144 f.

tungspraxis zur Herstellung gleichwertiger Lebensverhältnisse im Sinne von Art. 72 Abs. 2 GG geboten.[355]

Der Aufgabentyp der Landeseigenverwaltung mit Interventionsbefugnis des Bundes nur im Konfliktfall und ausschließlich als Rechtsaufsicht entspricht der bundeseinheitlichen und effektiven Aufgabenwahrnehmung in diesem zunehmend wichtiger werdenden Rechtsbereich mit seinen vielfältigen Ausstrahlungen in die Lebensbedingungen behinderter Menschen eher nicht.[356] Die Rechtsnatur der Verwaltungstätigkeit der Länder beim Vollzug des Bundesversorgungsgesetzes wird überdies neu zu erörtern sein, wenn die Versorgung der Kriegsopfer im eigentlichen Sinne mangels verbliebener Anspruchsberechtigter, die eine gesundheitliche Beeinträchtigung im Sinne von § 1 BVG durch den Zweiten Weltkrieg erlitten haben, nicht mehr stattfindet. Dann würde das Bundesversorgungsgesetz ausschließlich als Rechtsfolgeregelung über die Anwendungsgesetze vollzogen und der unmittelbare Bezug zu Art. 120 Abs. 1 GG nicht mehr gegeben sein.[357] Dies wird jedoch noch einige Jahre dauern.[358]

In Rheinland-Pfalz wurden mit Art. 3 des Landesgesetzes zur Neuordnung des öffentlichen Gesundheitsdienstes und zur Errichtung des Landesamtes für Soziales, Jugend und Versorgung und des Landeskrankenhauses –Anstalt des öffentlichen Rechts– vom 17.11.1995[359] die Aufgaben des Landesversorgungsamts auf das Landesamt für Soziales, Jugend und Versorgung übertragen. Seither ist diese obere Landesbehörde in seiner Eigenschaft als Landesversorgungsamt Rheinland-Pfalz[360] mit seinen vier nachgeordneten Ämtern

---

355 Vgl. BVERFGE 33, 303, 352; STERN, *Das Staatsrecht der....*, Bd. I, a. a. O., S. 662

356 So auch SOMMERMANN, *Grundfragen der Bundesauftragsverwaltung*, a. a. O., S. 1553; zu Gestaltungsüberlegungen für die Versorgungsverwaltung KESSLER, *Die gesetzlichen Grundlagen....*, a. a. O., S. 239

357 Nach BVERFGE 9, 305, 324 sind Kriegsfolgelasten nur die Lasten solcher Kriegsfolgen, deren entscheidende Ursache der zweite Weltkrieg ist: „Je mehr Zeit verstreicht, desto mehr wird der zweite Weltkrieg als maßgebliche Ursache ... zurücktreten.“; vgl. auch SCHULIN, *Soziales Entschädigungsrecht*, a. a. O., S. 1319

358 Der Rechnungshof Baden-Württemberg hat in seinem Bericht zur Organisation und Wirtschaftlichkeit der dortigen Versorgungsverwaltung festgestellt, dass im Jahr 2015 im Zuständigkeitsbereich dieser Verwaltung immer noch etwa 16.000 Akten der Kriegsopferversorgung (von etwa 88.000 im Jahr 2002) zu bearbeiten seien; vgl. Landtag von Baden-Württemberg –12. Wahlperiode– Drs. 12/2693 vom 30.03.1998, S. 30

359 GVBl. S. 485, 493 f.

360 § 1 Abs. 1 Satz 2 des Landesgesetzes über die Errichtung des Landesamtes für Soziales, Jugend und Versorgung

für soziale Angelegenheiten in Koblenz, Landau, Mainz und Trier als Versorgungsverwaltung von Rheinland-Pfalz tätig.[361]

3. *Behördenzuständigkeiten zur Teilhabesicherung für schwerbehinderte Menschen und im Fürsorgerecht*

a. Behörden zur Durchführung der Aufgaben nach dem SGB IX

Die im SGB IX zusammengefassten gesetzlichen Regelungen des Schwerbehindertenrechts und des sozialrechtlichen Rehabilitationsrechts untergliedern sich in Vorschriften zur Feststellung des Vorliegens einer Behinderung und des Grades der Behinderung (§§ 69 ff. SGB IX), zur Beschäftigungspflicht der Arbeitgeber einschließlich der Verpflichtung zur Ausgleichsabgabe (§§ 71 ff. SGB IX), zum Kündigungsschutz für schwerbehinderte Menschen (§§ 85 ff. SGB IX), zu den begleitenden Hilfen im Arbeitsleben (§ 102 Abs. 2 SGB IX) zum Anerkennungs- und Förderwesen für Werkstätten für behinderte Menschen und von Integrationsprojekten (§§ 132 ff. SGB IX) sowie zu Vergünstigungen für schwerbehinderte Menschen.[362] Während das Feststellungsverfahren den für die Durchführung des Bundesversorgungsgesetzes zuständigen Landesbehörden obliegt,[363] werden die übrigen Aufgaben von den Integrationsämtern der Länder durchgeführt. Die Bestimmungen der §§ 1 bis 67 SGB IX zu den medizinischen, berufsfördernden und ergänzenden Leistungen zur Rehabilitation, ihrer Träger und der Zusammenarbeit unter den Rehabilitationsträgern gelten für alle sozialrechtlichen Rehabilitationsträger.[364] Sie

---

[361] Die vier rheinland-pfälzischen Versorgungsämter wurden zusammen mit den früheren Außenstellen der Hauptfürsorgestelle und Zweigstellen des Landesamtes für Soziales, Jugend und Versorgung zu Ämtern für soziale Angelegenheiten zusammengefügt; vgl. Rundschreiben des Ministeriums für Arbeit, Soziales und Gesundheit vom 04.01.1999, MinBl. 1999, S. 43, 104

[362] EBSEN, INGWER, *Schwerbehindertenrecht*, in: Maydell, Bernd Baron von; Ruland, Franz (Herausg.): *Sozialrechtshandbuch (SRH)*, 3. Aufl., Baden-Baden 2003, S. 1407

[363] Die Länder können gem. § 69 Abs. 1 Satz 3 SGB IX allerdings abweichende Zuständigkeiten regeln.

[364] Dies sind die gesetzlichen Renten-, Kranken- und Unfallversicherungsträger, die Träger der Sozial- und Jugendhilfe, die Bundesanstalt für Arbeit sowie die Träger der Kriegsopferversorgung, Kriegsopferfürsorge und der sozialen Entschädigung außerhalb der Kriegsopferversorgung; vgl. PITSCHAS, RAINER: *Integration behinderter Menschen als Teilhabekonzept im Rechts- und Sozialvergleich: Zur Neuordnung des deutschen Rehabilitationsrechts*, in: Maydell, Bernd von; Pitschas, Rainer; Schulte, Bernd (Herausg.): *Behinderung in Asien und Europa im Politik- und Rechtsvergleich*, 1. Aufl., Baden-Baden 2003, S. 401 f.; derselbe: *Integration behinderter Menschen als Teilhabekonzept. Zur Neuordnung des deutschen Rehabilitationsrechts in vergleichender Perspektive*, in: SGb 2003, S. 68 f.; STÄHLER, THOMAS P.; WIMMER, DIRK: *Die Neuordnung des Rehabilitations- und Schwerbehindertenrechts*, in: NZS 2002, S. 573 ff.

werden gem. §§ 22 ff. SGB IX zur Zusammenarbeit in gemeinsamen Servicestellen verpflichtet, die von ihnen in einem bundesweit einmaligen Modell unter Nutzung ihrer bestehenden Strukturen zu errichten und zu betreiben sind.[365]

Die Bestimmungen zum Feststellungsverfahren und zu den Aufgaben der Hauptfürsorgestellen wurden aus §§ 4 ff. des früheren Schwerbehindertengesetzes[366] in Teil 2 des SGB IX beginnend mit § 69 inhaltsgleich übertragen[367] Dabei wurden sprachliche und redaktionelle Anpassungen sowie Präzisierungen bei bußgeldbewehrten Tatbeständen vorgenommen und Verfahrensregelungen zur Zusammenarbeit mit den Integrationsämtern angepasst und vereinfacht.[368] Die behördlichen Einwirkungsrechte des Bundes aus dem früheren Schwerbehindertengesetz sind also im SGB IX fortgeschrieben; allerdings wurde der noch in dem von der Bundesregierung vom 26.01.2001 dem Bundesrat gem. Art. 76 Abs. 2 GG zugeleiteten Gesetzesentwurf verwendete Behördenbegriff der Hauptfürsorgestelle im späteren Gesetzgebungsverfahren des Bundestages in Integrationsamt geändert.[369]

---

[365] PITSCHAS, *Integration behinderter Menschen....*, a. a. O., S. 68 f.; REIMANN, AXEL: *Recht der Rehabilitation und Teilhabe behinderter Menschen*, in: Maydell, Bernd Baron von; Ruland, Franz (Herausg.): *Sozialrechtshandbuch (SRH)*, 3. Aufl., Baden-Baden 2003, S. 1447 ff.; REIMANN, AXEL; SCHLIEHE, FERDINAND: *Regelungen zu den gemeinsamen Servicestellen für Rehabilitation*, in: VersorgV 2002, S. 65 ff.; STÄHLER/ WIMMER, *Die Neuordnung des....*, a. a. O., S. 572

[366] Gesetz zur Sicherung der Eingliederung Schwerbehinderter in Arbeit, Beruf und Gesellschaft (SchwbG) in der Neufassung vom 26.08.1986 (BGBl. I S. 1421), zuletzt geändert durch Gesetz vom 05.10.1994 (BGBl. I S. 2911)

[367] MASUCH, PETER: *Die Beeinträchtigung der Teilhabe in der Gesellschaft. Die Rechtsprechung des Bundessozialgerichts auf dem Weg zm neuen Behindertenbegriff*, in: Wulffen, Matthias von; Krasney, Otto Ernst (Herausg.): *Festschrift 50 Jahre Bundessozialgericht*, Köln, Berlin, München 2004, S. 199 f.; STÄHLER/ WIMMER, *Die Neuordnung des....*, a. a. O., S. 576 f.; WELTI, FELIX: *Das neue SGB IX – Recht der Rehabilitation und Teilhabe behinderter Menschen*, in: NJW 2001, S. 2211

[368] Gesetzentwurf der Fraktionen der SPD und BÜNDNIS 90/DIE GRÜNEN: Entwurf eines Sozialgesetzbuches –Neuntes Buch– (SGB IX) Rehabilitation und Teilhabe behinderter Menschen, BT-Drs. 14/5074 vom 16.01.2001, S. 112

[369] Der Gesetzentwurf vom 16.01.2001 verwandte noch den Begriff der Hauptfürsorgestelle, der so nach Abschluss der ersten Beratung im Bundestag am 19.01.2001 (BT-Pl.Prot. 14/144) dem Bundesrat zugeleitet wurde. Dieser beschloss in seiner 750. Sitzung am 09.03.2001 eine Stellungnahme, in der die Bundesregierung um Prüfung gebeten wurde, ob „der Begriff der ‚Hauptfürsorgestelle' im gesamten SGB IX durch einen zeitgemäßeren Begriff wie z. B. ‚Integrationszentrum für Schwerbehinderte' ersetzt werden" könne. Die Namensänderung sei wegen der historischen Überlebtheit des Begriffs und seinem geringen Informationsgehalt hinsichtlich der tatsächlichen Aufgaben der Hauptfürsorgestellen angezeigt. Zum mit dem SchwbG eingeleiteten Paradigmenwechsel der Behin-

Der Aufgabenbereich der Integrationsämter ist in § 102 SGB IX festgelegt, der die Regelung des früheren § 31 SchwbG wiedergibt. Die Ermächtigung der Landesregierung zur Aufgabendelegation auf örtliche Träger, die in § 37 Abs. 2 SchwbG enthalten war, ergibt sich aus § 107 Abs. 2 SGB IX.[370] Durch die im Gesetzgebungsverfahren des SGB IX erfolgte Umbenennung der Verwaltungsinstitution Hauptfürsorgestelle in Integrationsamt entstand eine Verweisungslücke, die durch die Übertragung der Regelungsinhalte der entsprechenden Vorgängergesetze zu schließen ist. So ergibt die Rückverweisung aus §§ 102 und 103 bis 107 SGB IX auf die ersetzten §§ 31 bis 34 und 36 bis 37 des vorherigen Schwerbehindertengesetzes den Bezug zu den Hauptfürsorgestellen. Ihre behördliche Einrichtung verweist über das davor geltende Schwerbeschädigtengesetz auf die Reichsverordnung über die soziale Kriegsbeschädigten- und Kriegshinterbliebenenfürsorge vom 08.02.1919.[371] Durch diese Verordnung waren auf Länderebene „Hauptfürsorgestellen der Kriegsbeschädigten- und Kriegshinterbliebenenfürsorge“ und auf örtlicher Ebene entsprechende Fürsorgestellen einzurichten, die durch Bundesrecht bis in das Schwerbehindertengesetz fortgeschrieben wurden.[372]

In Rheinland-Pfalz sind Trägerschaft und behördliche Zuständigkeit in der Kriegsopferfürsorge durch das Landesgesetz zur Durchführung der Kriegsop-

---

dertenpolitik verhalte sich der Begriff ‚Hauptfürsorgestelle‘ eher kontraproduktiv. Der Vorschlag des Bundesrates wurde aufgegriffen und der Begriff der Hauptfürsorgestelle in ‚Integrationsamt‘ im Bericht des Ausschusses für Arbeit und Sozialordnung abgeändert (Bundestags-Drucksache 14/5800 vom 04.04.2001, S. 25 und Folgeänderungen). Die Beschlussempfehlungen wurden Gegenstand der Abschlussberatungen im Deutschen Bundestag am 06.04.2001, in der die Abgeordnete *Katrin Göhring-Eckardt* (BÜNDNIS 90/ DIE GRÜNEN) darauf hinwies, „dass es zu den Nebeneffekten unseres Gesetzentwurfs zählt, dass ... Hauptfürsorgestellen in Zukunft Integrationsämter heißen werden“ (Deutscher Bundestag, Stenographischer Bericht der 165. Sitzung, Plenarprotokoll 14/165, S. 16118). Vgl. auch PITSCHAS, *Integration behinderter Menschen....*, a. a. O., S. 69. Der jetzt geltende Begriff des Integrationamts und seine Verknüpfung mit dem Begriff der Hauptfürsorgestelle nach dem früheren Schwerbehindertengesetz ist in dem dargestellten historischen Kontext zu sehen; zur Methode ZIPPELIUS, *Juristische Methodenlehre*, a. a. O., S. 44

[370] Die Regelungen zu den Aufgaben der Hauptfürsorgestellen (§ 31 SchwbG) und die Verfahrensregeln gem. §§ 32 bis 34 und 36 bis 37 SchwbG sind nun in §§ 102 bis 107 SGB IX enthalten; § 35 SchwbG wurde in § 64 SGB IX übernommen.

[371] RGBl. S. 187; vgl. auch BERG, WILFRIED: *Arbeits- und Sozialverwaltung einschließlich Sozialversicherung und Reichsversorgung*, in: Jeserich, Kurt G. A.; Pohl, Hans; Unruh, Georg-Christoph von (Herausg.): *Deutsche Verwaltungsgeschichte,* Bd. 4, Stuttgart 1985, S. 232

[372] Bundesgesetzblatt, Teil III, 830-2-4 (S. 1799); MERTEN/ PITSCHAS, *Sozialverwaltung im Reformprozess*, a. a. O., S. 43

ferfürsorge (DGKOF)[373] festgelegt. Aus § 2 Abs. 2 DGKOF ergibt sich infolge der Zuweisung der Aufgaben des überörtlichen Trägers der Kriegsopferfürsorge die Einrichtung der Hauptfürsorgestelle beim Landesamt für Soziales, Jugend und Versorgung, dessen Aufgaben nach § 31 SchwbG nun als Aufgaben des Integrationsamtes gem. § 102 SGB IX fortgesetzt werden.

b. Behörden der Sozialhilfe und der Kriegsopferfürsorge

Die Struktur der Trägerschaft der Sozialhilfe ist durch § 97 ff. SGB XII[374] vorgegeben und wird dort in örtliche (§ 97 Abs. 1 SGB XII) und überörtliche Trägerschaft (§ 97 Abs. 2 SGB XII) aufgeteilt. Mit dieser Regelung bezieht der Bund auch die Gemeinden und Gemeindeverbände in die Trägerschaft der Sozialhilfe ein und erstreckt so seine Einrichtungskompetenz gemäß Art. 84 Abs. 1 GG auch auf ihre Behörden.[375] Für Rheinland-Pfalz bestimmt zwar § 48 LKO die Kreisverwaltungen als Behörden, derer sich das Land als eigene Behörden bedienen kann;[376] in ihrer Eigenschaft als örtlicher Träger der Sozialhilfe führen sie allerdings mit den kreisfreien Städten die Sozialhilfe als pflichtige Selbstverwaltungsangelegenheit durch.[377] Diese Zuordnung ergibt sich aus § 1 des rheinland-pfälzischen Landesgesetzes zur Ausführung des Bundessozialhilfegesetzes, der die Aufgaben des örtlichen Sozialhilfeträgers auf die Landkreise und kreisfreien Städte delegiert.[378]

Als überörtlicher Träger der Sozialhilfe wurde in Rheinland-Pfalz gem. § 2 Abs. 1 AGBSHG[379] das Land festgelegt; andere Länder haben die Wahlmög-

---

[373] Vom 08.03.1963 (GVBl. S. 82), zuletzt geändert am 17.11.1995, GVBl. S. 485

[374] Bis 31.12.2004: §§ 96 ff. BSHG

[375] BVERFGE 22, 180, 210; LERCHE, in: Maunz/ Dürig (Herausg.), *Grundgesetz Kommentar*, a. a. O., Art. 84 Rdnr. 59; MERTEN/ PITSCHAS, *Sozialverwaltung im Reformprozess*, a. a. O., S. 41 f.; SEEWALD, OTFRIED: *Kommunalrecht*, in: Steiner, Udo (Herausg.): *Besonderes Verwaltungsrecht*, 6. Aufl., Heidelberg 1999, S. 38

[376] Dualistisches Aufgabenmodell, vgl. SCHMIDT-AßMANN, EBERHARD: *Kommunalrecht*, in: Schmidt-Aßmann (Herausg.): *Besonderes Verwaltungsrecht*, 11. Aufl., Berlin, New York 1999., S. 30 f.; SCHRÖDER, MEINHARD: *Kommunalverfassungsrecht*, in: Achterberg, Norbert; Püttner, Günter; Würtenberger, Thomas (Herausg.): *Besonderes Verwaltungsrecht*, Bd. II, 2. Aufl., Heidelberg 2000, S. 10

[377] GOLETZ, ANDREA: *Träger der Sozialhilfe*, in: ZfF 1994, S. 196

[378] Die Zuordnung von Aufgaben als Selbstverwaltungsaufgaben durch den Landesgesetzgeber ist möglich, da dies, so das Bundesverfassungsgericht, in der Verwaltungskompetenz der Länder liege (BVERFGE 77, 288, 297). Eine Zuordnung dieser Aufgaben als Selbstverwaltungsaufgaben der Gemeinden durch den Bundesgesetzgeber, wie damals durch § 12 Abs. 1 JWG und § 96 Abs. 1 Satz 2 BSHG getroffen, wurde von ihm demgegenüber für nichtig erklärt (BVERFGE 22, 180, 210, vgl. MERTEN/ PITSCHAS, *Sozialverwaltung im Reformprozess*, a. a. O., S. 42)

[379] Ab 01.01.2005: § 1 Abs. 2 AGSGB XII

lichkeit des § 96 Abs. 2 BSHG dazu genutzt, höhere Kommunalverbände als überörtliche Träger zu bestimmen.[380] Mit der Durchführung der Aufgaben des überörtlichen Trägers der Sozialhilfe wurde das Landesamt für Soziales, Jugend und Versorgung als obere Landesbehörde betraut, das insoweit auch für die Zusammenarbeit mit den Verbänden der freien Wohlfahrtspflege und die Bildung einer Schiedsstelle zuständig ist (§§ 10, 93 ff., 94 Abs. 1 BSHG).[381]

Die Tätigkeit der Behörden der Kriegsopferfürsorge vollzieht sich auf der Grundlage der §§ 25 bis 27 i BVG, die den entschädigungsrechtlichen Teilleistungsbereich der Kriegsopfervorsorgung abdecken (§ 9 Nr. 2 BVG). Aufgabe der Kriegsopferfürsorge ist es gem. § 25 Abs. 2 BVG, sich der Beschädigten und ihrer Familien sowie Hinterbliebenen in allen Lebenslagen anzunehmen, um einen angemessenen Ausgleich oder eine Milderung für die Folgen der Schädigung oder des Verlustes des Ehegatten, Elternteiles, Kindes oder Enkelkindes zu erreichen. Diese Schadensausgleichsfunktion hat ihre Grenze in der sozialen Angemessenheit der Hilfe und der Besonderheit des Einzelfalls.[382] Leistungen der Kriegsopferfürsorge sind daher keine Versorgungsleistungen, sondern erfüllen eine Ausgleichsfunktion für die Folgen einer Schädigung unter sozialen Gesichtspunkten.[383]

Die Leistungen der Kriegsopferfürsorge werden von den Hauptfürsorgestellen als überörtliche Träger und den Fürsorgestellen als örtliche Träger gewährt. Für Rheinland-Pfalz bestimmt das Landesgesetz zur Durchführung der Kriegsopferfürsorge (DGKOF) die örtlichen und sachlichen Zuständigkeiten der Träger und ihrer Behörden, die ihre originäre Bezeichnung im sozialen Entschädigungsrecht beibehalten. Gem. § 2 Abs. 2 DGKOF werden die Aufgaben des überörtlichen Trägers der Kriegsopferfürsorge vom Landesamt für Soziales, Jugend und Versorgung durchgeführt.

---

[380] In Baden-Württemberg, Hessen und Sachsen die Landeswohlfahrtsverbände, in Bayern die Bezirke als kommunale Körperschaften, in Nordrhein-Westfalen die Landschaftsverbände. In allen übrigen Bundesländern nehmen Landesbehörden diese Aufgabe wahr; vgl. EICHENHOFER, EBERHARD: *Sozialrecht*, 4. Aufl, Tübingen 2003, S. 291 f.; GITTER/SCHMITT, *Sozialrecht*, a. a. O., S. 324; eingehend GOLETZ, *Träger der Sozialhilfe*, a. a. O., S. 197 ff.

[381] § 2 Abs. 2 AGBSHG; weitere Zuständigkeiten über die Aufgaben gem. § 97 SGB XII (§ 100 BSHG) hinaus sind gem. § 3 AGBSHG die vorbeugende Gesundheitshilfe und Krankenhilfe bei Krebskrankheit, die Nichtsesshaftenhilfe und die Hilfe in besonderen Lebenslagen für nach dem Landesgesetz für psychisch Kranke untergebrachten Personen.

[382] BVERWGE 20, 141, 145; 51, 268, 275; vgl. auch SCHULIN, *Soziales Entschädigungsrecht*, a. a. O., S. 1351

[383] LEISNER, FRANZ: *Kommentierung zu §§ 25-27i BVG*, in: Wilke, Gerhard (Herausg.): *Soziales Entschädigungsrecht*, 7. Aufl., Stuttgart, München, Hannover, Berlin, Weimar 1992, § 25 BVG Rdnr. 3

c. Behörden zur Durchführung des SGB VIII

Träger der öffentlichen Jugendhilfe sind gem. § 69 Abs. 1 SGB VIII die Kreise und kreisfreien Städte als örtliche Träger sowie die überörtlichen Träger, die durch Landesrecht zu bestimmen sind.[384] Rheinland-Pfalz hat gem. § 2 Abs. 1 des Landesgesetzes zur Ausführung des Kinder- und Jugendhilfegesetzes (AGKJHG)[385] die Landkreise und kreisfreien Städte sowie bestimmte große kreisangehörige Städte zu örtlichen Trägern bestimmt, die diese Aufgaben als Selbstverwaltungsangelegenheiten erledigen. Überörtlicher Träger ist gem. § 7 Abs. 1 AGKJHG das Land, das nach § 7 Abs. 2 AGKJHG ein Landesjugendamt aus dem Landesjugendhilfeausschuss und der Verwaltung des Landesjugendamtes bildet;[386] mit seiner Aufgabenwahrnehmung ist das Landesamt für Soziales, Jugend und Versorgung beauftragt. In dieser Zusammensetzung einer oberen Landesbehörde mit einem Beschlussorgan und einer Verwaltung zur allgemeinen Aufgabenwahrnehmung ist für das Land die Vorschrift des § 70 Abs. 3 SGB VIII umgesetzt, die diese besondere behördliche Organisationsform als zweigliedrige Behörde sowohl für die örtlichen Jugendämter als auch für Landesjugendämter vorschreibt.[387]

Die sachliche Zuständigkeit des rheinland-pfälzischen Landesjugendamtes als Aufgabenteil des Landesamtes für Soziales, Jugend und Versorgung erstreckt sich gem. § 80 SGB VIII auf die überörtliche Jugendhilfeplanung und den Zuständigkeitskatalog gem. § 85 Abs.2 SGB VIII, der die Aufgabe der sozialpädagogisch kompetenten Beratung und Unterstützung der öffentlichen und freien Träger der Jugendhilfe umfasst.[388] Durch Landesverordnung wurde dem Landesjugendamt zudem die Zuständigkeit für Unterhaltsleistungen gem. §§ 39 Abs. 2 Satz 1 und Abs. 5 SGB VIII und des Schutzes von Kindern und Jugendlichen in Einrichtungen nach §§ 45 bis 48 SGB VIII einschließlich

---

[384] RÜFNER, WOLFGANG: *Kinder- und Jugendhilferecht*, in: Achterberg, Norbert; Püttner, Günter; Würtenberger, Thomas (Herausg.): *Besonderes Verwaltungsrecht*, Bd. II, Heidelberg 2000, S. 973 f.

[385] vom 21.12.1993 (GVBl. S. 632), zuletzt geändert am 12.10.1999 (GVBl. S. 326)

[386] Zur Stellung des Landesjugendhilfeausschusses im dualen Aufbau der Behörde Landesjugendamt BERNZEN, CHRISTIAN: *Aufgaben, Kompetenzen und Zuständigkeiten des Landesjugendhilfeausschusses*, in: ZfJ 1996, S. 20 ff.

[387] EICHENHOFER, *Sozialrecht*, a. a. O., S. 311; WIESNER, REINHARD: *Die Landesjugendämter – Aufgabenstellung und Zukunftsperspektiven*, in: NDV 1997, S. 213; RÜFNER, *Kinder- und Jugendhilferecht*, a. a. O., S. 973 f. ordnet den Jugendhilfeausschuss allerdings zwischen Rat und eigentlicher Verwaltung des Jugendamtes ein und begründet so die Bindung der Vorgaben des Jugendhilfeausschusses gegenüber der Verwaltung eines Jugendamtes.

[388] BALTZ, JOCHEM: *Veränderte Zuständigkeiten in der Jugendhilfe*, in: NDV 1999, S. 371; RÜFNER, *Kinder- und Jugendhilferecht*, a. a. O., S. 974

der Betriebsuntersagungen übertragen.[389] Das Landesamt für Soziales, Jugend und Versorgung nimmt schließlich die Aufgabe der zentralen Adoptionsstelle nach § 11 des Adoptionsvermittlungsgesetzes[390] wahr.

Der Jugendschutz gem. § 10 Satz 1 des Jugendschutzgesetzes[391] wurde den Landkreisen, kreisfreien Städten und großen kreisangehörigen Städten mit eigenem Jugendamt als Auftragsangelegenheit übertragen, über die das Landesamt für Soziales, Jugend und Versorgung die Fachaufsicht ausübt. Gleiches gilt für die Durchführung des Unterhaltsvorschussgesetzes[392] und des Bundeserziehungsgeldgesetzes.[393] Auch diese Leistungsgesetze führen die Landkreise, kreisfreien Städte und großen kreisangehörigen Städte mit eigenem Jugendamt als Auftragsangelegenheiten durch. Die Fachaufsicht über die Durchführung dieser Gesetze obliegt ebenfalls dem Landesamt für Soziales, Jugend und Versorgung.

Da nach § 11 des Bundeserziehungsgeldgesetzes die Ausgaben für das Erziehungsgeld vom Bund getragen werden, wird dieses Gesetz gem. Art. 104 a Abs. 2 Satz 2 GG im Auftrag des Bundes durchgeführt; oberste Fachaufsichtsbehörde ist auch hier das zuständige Bundesministerium.[394] Dies gilt jedoch nicht für das Unterhaltsvorschussgesetz, das in seinem § 8 Abs. 1 für den Bund lediglich einen Kostenanteil von einem Drittel der zu gewährenden Geldleistungen vorsieht. Hier liegt Landeseigenverwaltung gem. Art. 83, 84 GG vor.[395]

---

389 Landesverordnung über Zuständigkeiten auf dem Gebiet des Kinder- und Jugendhilferechts und des Jugendschutzrechts sowie nach dem Adoptionsvermittlungs-, Unterhaltsvorschuss- und Bundeserziehungsgeldgesetz vom 11.03.1991 (GVBl. S. 165), geändert durch Landesgesetz zur Reform und Neuorganisation der Landesverwaltung vom 12.10.1999 (GVBl. S. 325)

390 Gesetz über die Vermittlung der Annahme als Kind und über das Verbot der Vermittlung von Ersatzmüttern vom 02.07.1976 (BGBl. I S. 1762), zuletzt geändert 22.12.2001 (BGBl. I S. 2950)

391 Vom 25.02.1985 (BGBl. I S. 425), zuletzt geändert durch Gesetz vom 23.07.2004 (BGBl. I S. 1857)

392 Gesetz zur Sicherung des Unterhalts von Kindern alleinstehender Mütter und Väter durch Unterhaltsvorschüsse oder -ausfallleistungen vom 23.07.1979 (BGBl. I S. 1184), idF der Bek. v. 02.01.2002 (BGBl. I 2, 615), zuletzt geändert am 30.07.2004 (BGBl. I S. 1950)

393 Gesetz zum Erziehungsgeld und zur Elternteilzeit vom 06.12.1985 (BGBl. I S. 2154), idF der Bek. v. 09.02.2004 (BGBl. I S. 206), zuletzt geändert am 30.07.2004 (BGBl. I S. 1950)

394 MERTEN/ PITSCHAS, *Sozialverwaltung im Reformprozess*, a. a. O. S. 39 f.

395 Zur Abgrenzungsproblematik: MAUNZ, in: Maunz/ Dürig (Herausg.), *Grundgesetz Kommentar*, a. a. O., Art. 104 a Rdnr. 39

4. Weitere Zuständigkeiten der Landessozialverwaltung

a. Behörden des öffentlichen Gesundheitsdienstes

Im Bereich des öffentlichen Gesundheitsdienstes ist eine geschlossene bundesgesetzliche Träger- oder Kompetenzzuweisung für die Verwaltungstätigkeit der Länder nicht gegeben. Die sich aus Art. 74 Abs. 1 Nr. 19, 19 a und 26 GG ergebende konkurrierende Gesetzgebungsbefugnis des Bundes wurde hinsichtlich der Verwaltungsträgerschaft von Bund und Ländern im Infektionsschutzgesetz für Maßnahmen zur Verhütung und Bekämpfung von Infektionskrankheiten beim Menschen, im Arzneimittelgesetz[396], im Apothekergesetz[397] sowie den bundesrechtlichen Bestimmungen für die Zulassung zu ärztlichen Heilberufen,[398] zum Heilgewerbe und zu den Heilhilfsberufen durch Bundesgesetze ausgeübt.[399]

Neben diesen gesundheitsschützenden Gesetzen, die auch die Ausübung von dem Heilwesen dienenden Berufen betreffen, verbleiben behördliche Aufgaben der Gesundheitsförderung als Aufgaben der öffentlichen Verwaltung im Gesundheitswesen. Hierzu zählen die wirtschaftliche Sicherung der Krankenhäuser und die Gesundheitsfürsorge. Diese gesetzlichen Aufgaben sind, abgesehen von bestimmten Bundesoberbehörden vorbehaltenen Aufgaben,[400] den Ländern als Eigenverwaltung zugewiesen.[401]

Die Aufgaben des öffentlichen Gesundheitsdienstes in Rheinland-Pfalz wurden durch Landesgesetz über den öffentlichen Gesundheitsdienst vom 17.11.1995 neu gestaltet.[402] Nach § 2 Abs. 1 Nr. 3 dieses Gesetzes nehmen die Kreisverwaltungen die Aufgaben der unteren Gesundheitsbehörden als

---

[396] Gesetz über den Verkehr mit Arzneimitteln vom 24.08.1976 idF der Bek. v. 11.12.1998 (BGBl. I S. 3586), zuletzt geändert durch Gesetz vom 30.07.2004 (BGBl. I S. 2031)

[397] Gesetz über das Apothekenwesen vom 20.08.1960 (BGBl. I S. 697), idF der Bek. v. 15.10.1980 (BGBl. I S. 1993), zuletzt geändert durch Gesetz vom 27.04.2002 (BGBl. I S. 1467)

[398] Bundesärzteordnung idF der Bek. v. 16.04.1987 (BGBl. I S. 1218) zuletzt geändert am 25.11.2003 (BGBl. I S. 2304)

[399] SODAN, *Gesundheitsrecht*, a. a. O., S. 771

[400] Gesetz über Nachfolgeeinrichtungen des Bundesgesundheitsamtes –BGA-NachfG– vom 24.06.1994 (BGBl. I S. 1416); Bundesinstitut für Arzneimittel und Medizinprodukte; Robert-Koch-Institut –Bundesinstitut für Infektionskrankheiten und nicht übertragbare Krankheiten–; Bundesinstitut für gesundheitlichen Verbraucherschutz und Veterinärmedizin.

[401] SODAN, *Gesundheitsrecht*, a. a. O., S. 777

[402] Art. 1 des Landesgesetzes zur Neuordnung des öffentlichen Gesundheitsdienstes und zur Errichtung des Landesamtes für Soziales, Jugend und Versorgung und des Landeskrankenhauses –Anstalt des öffentlichen Rechts–, GVBl. S. 485

Auftragsangelegenheiten des Landes wahr; zu oberen Gesundheitsbehörden wurden gem. § 2 Abs. 1 Nr. 2 des Gesetzes die Bezirksregierungen bestimmt. Die Aufgabe der oberen Gesundheitsbehörde wurde gem. § 57 Nr. 1 des Landesgesetzes zur Reform und Neuorganisation der Landesverwaltung vom 12.10.1999 auf das Landesamt für Soziales, Jugend und Versorgung übergeleitet.[403]

b. Behörden der Arbeitsmarktförderung

Im Bereich der Arbeitsmarktförderung als Teilbereich des Zuständigkeitsbereichs nach Art. 74 Nr. 12 GG hat der Bund mit dem SGB III seine Gesetzgebungsbefugnis ausgeübt und in seinen §§ 367 ff. die Bundesagentur für Arbeit mit ihren nachgeordneten Arbeitsagenturen in der Rechtsform der Körperschaft des öffentlichen Rechts mit Selbstverwaltung zum bundesweiten Träger der Arbeitsförderung bestimmt.[404] Das SGB III belässt aufgrund seiner umfassenden Regelungsinhalte zur öffentlichen Arbeitsförderung und seinen Kompetenzzuweisungen auf Verwaltungsträger des Bundes weder Spielraum für landesgesetzliche Ergänzungen noch Aufgabenübertragungen auf Länderbehörden.

Die Arbeitsförderung in Bundeszuständigkeit wird ergänzt durch Fördermaßnahmen des Europäischen Sozialfonds, der bereits seit 1957 als Instrument europäischer Arbeitsmarktpolitik durch den damaligen Art. 123 EGV (heute Art. 146 EGV) eingerichtet wurde.[405] Mit diesem Finanzierungsinstrumentarium wurde die Europäische Kommission in die Lage versetzt, eine gemeinsame europäische Arbeitsmarkt- und Beschäftigungspolitik zu betreiben. Der Europäische Sozialfonds ist seit 1993 so ausgestaltet, dass er nationale Arbeitsförderungsmaßnamen der Mitgliedstaaten ergänzt oder unterstützt.[406] Seine Zweckbindung an bestimmte Förderschwerpunkte nach den Förderzielen 1, 2, 5 und 6, die von den Mitgliedstaaten nur in bestimmten Regionen erfüllt werden, bilden ihn zu einem Instrument der regionalen Arbeitsförderung

---

[403] GVBl. S. 325. Die weiteren Zuständigkeiten des Landesamtes für Soziales, Jugend und Versorgung für den öffentlichen Gesundheitsdienst ergeben sich aus Art. 58 bis 75, sowie Art. 79, 81 und 82 dieses Gesetzes

[404] GITTER/ SCHMITT: *Sozialrecht*, a. a. O., S. 270; MAUNZ, in: Maunz/ Dürig (Herausg.): *Grundgesetz Kommentar*, a. a. O., Art. 74 Rdnr. 164

[405] Vertrag zur Gründung der Europäischen Gemeinschaft vom 25.03.1957 (BGBl. II S. 766)

[406] CONRAD, *Der Europäische Sozialfonds*, a. a. O., S. 412; PITSCHAS, *Organisationsrecht als Steuerungsressource....*, a. a. O., S. 193

aus.[407] Diese regionale Orientierung eines dem Grunde nach EU-weit verfügbaren Förderinstruments wird durch sechs vorgegebene Politikbereiche verstärkt, die an die möglichen Förderregionen der Mitgliedstaaten gebunden sind und von diesen im Rahmen der dortigen Kompetenzverteilung festzulegen sind.[408]

Die Durchführung von Programmen und Maßnahmen zur Verbesserung des Arbeitsmarktes unter Berücksichtigung der jeweiligen Bedürfnisse der Regionen mit ihren spezifischen Problemen kann durch den Bund über die Bundesagentur für Arbeit oder die Länder erfolgen. Der größte Teil der Finanzmittel des Europäischen Strukturfonds wird nach einem zwischen dem Bund und den Ländern vereinbarten Verteilerschlüssel direkt auf die Bundesländer verteilt. Diese beschließen ihre eigenen Programme und setzen ihre Förderschwerpunkte nach ihren regionalen Bedürfnissen. Die Umsetzung und Komplementärfinanzierung ist Aufgabe der Länder, die die zu fördernden Projekte auswählen, begleitend bewerten und bezüglich der Verwendung der Europäischen Union gegenüber rechenschaftspflichtig sind.[409]

In Rheinland-Pfalz wurden dem Landesamt für Soziales, Jugend und Versorgung die Bewilligung, Prüfung und Abrechnung von Projekten aus Fördermitteln des Europäischen Strukturfonds einschließlich der kofinanzierten Landesmittel und die Kontrolle ihrer zweckgemäßen Verwendung übertragen. Die vorgeschaltete Prüfung der Konformität der Projekte mit den vom Land festgelegten regionalen und thematischen Förderzielen geschieht durch das rheinland-pfälzische Ministerium für Arbeit, Soziales, Familie und Gesundheit, das für die jeweilige Einzelprüfung private Fachfirmen hinzuzieht. Regionale Förderschwerpunkte in Rheinland-Pfalz bilden die Ziel-2-Gebiete, die sich auf die altindustriellen Gebiete der Westpfalz mit ihrer früheren Schuhindustrie erstrecken. Außerhalb einer regionalen Begrenzung werden Förderungen nach Ziel 3 gewährt, das die Bekämpfung und Vermeidung von Jugend- und Langzeitarbeitslosigkeit zum Inhalt hat und insofern nicht an regionalwirtschaftliche Besonderheiten gebunden ist.[410]

---

[407] KALUZA, *Der Europäische Sozialfonds*, a. a. O., S. 122 ff.; MÄDER, *Europäische Arbeitsmarktpolitik –Rechtlicher....*, a. a. O., S. 14; PITSCHAS, *Soziale Kohäsionspolitik im....*, a. a. O., S. 479

[408] Art. 2 der Verordnung (EG) Nr. 1784/1999 des Europäischen Parlaments und des Rates vom 12.07.1999 betreffend den Europäischen Sozialfonds ABl. EG L 213/5 vom 13.08.1999

[409] Verordnung (EG) Nr. 43/2001 der Kommission vom 02.03.2001 mit Durchführungsvorschriften zur Verordnung (EG) Nr. 1260/1999 des Rates in Bezug auf die Verwaltungs- und Kontrollsysteme bei Strukturfondsinterventionen, ABl. EG L 63/21 vom 03.03.2001

[410] Einzelheiten bei KALUZA, *Der Europäische Sozialfonds*, a. a. O., S. 135 ff.

c. Sonstige Aufgaben der Landessozialverwaltung in Rheinland-Pfalz

Über die gem. § 29 Abs. 1 SGB IV als Körperschaften des öffentlichen Rechts ausgestalteten Träger der Sozialversicherung üben der Bund und die Länder die Aufsicht aus, die sich gem. § 87 Abs. 1 Satz 2 SGB IV auf die Beachtung von Gesetz und sonstigem Recht erstreckt, das für die Versicherungsträger maßgeblich ist. Dabei wird die Aufsicht über die bundesunmittelbaren Versicherungsträger, deren Bereich sich über das Gebiet eines Landes hinaus erstreckt, vom Bundesversicherungsamt durchgeführt. Für die Aufsicht über die landesunmittelbaren Träger sind demgegenüber die für die Sozialversicherung zuständigen obersten Landesbehörden zuständig (§ 90 Abs. 1 und 2 SGB IV).

Diese Aufsichtszuständigkeit ist in Rheinland-Pfalz gem. §§ 90 Abs. 2 SGB IV, 2 Abs. 1 der Landesverordnung über Zuständigkeiten nach dem Sozialgesetzbuch im Bereich der Sozialversicherung vom 15.09.1998[411] dem Landesamt für Soziales, Jugend und Versorgung übertragen. Sie gilt für alle landesunmittelbaren Versicherungsträger in Rheinland-Pfalz, mit Ausnahme der Aufsicht über die Allgemeine Ortskrankenkasse Rheinland-Pfalz in Satzungs-, Haushalts- und Beitragsangelegenheiten, für die die Zuständigkeit nach § 90 Abs. 2 1. Halbsatz SGB IV beim Ministerium für Arbeit, Soziales, Familie und Gesundheit als oberster Sozialversicherungsbehörde beibehalten wurde. Zugleich wurde dem Landesamt für Soziales, Jugend und Versorgung gem. § 3 der genannten Landesverordnung die Zuständigkeit nach der Pflege-Buchführungsverordnung[412] und für die Verfolgung und Ahndung von Ordnungswidrigkeiten nach § 111 Abs. 1 Nr. 1 und 5 SGB IV und § 112 Abs. 1 Nr. 1, 5 und 6 SGB XI übertragen.

Darüber hinaus bestimmt § 1 Abs. 2 der genannten Landesverordnung das Landesamt für Soziales, Jugend und Versorgung zur Fachaufsichtsbehörde über die kommunalen Versicherungsämter, deren Aufgaben von den Landkreisen und kreisfreien Städten als Auftragsangelegenheiten wahrgenommen werden (§§ 92, 93 SGB IV).[413] Mit dieser Zuständigkeitszuweisung obliegt dem Landesamt für Soziales, Jugend und Versorgung auch die Fachaufsicht über die kommunalen Versicherungsämter des Landes in den Angelegenheiten aller Zweige der gesetzlichen Sozialversicherung in Landeszuständigkeit

---

[411] GVBl. S. 270

[412] vom 22.11.1995 (BGBl. I S. 1528)

[413] BECKER, ULRICH: *Organisation und Selbstverwaltung der Sozialversicherung*, in: Maydell, Bernd Baron von; Ruland, Franz (Herausg.): *Sozialrechtshandbuch (SRH)*, 3. Aufl., Baden-Baden 2003, S. 234

und die Rechtsaufsicht über die regionalen Versicherungsträger einschließlich der Ausübung gesetzlich vorgegebener Mitwirkungsrechte.[414]

Im Bereich der Aufsicht über Alten-, Pflege- und Behindertenheime im Sinne von § 1 HeimG ist in Rheinland-Pfalz aufgrund von § 23 HeimG dem Landesamt für Soziales, Jugend und Versorgung durch Art. 113 des Landesgesetzes zur Reform und Neuorganisation der Landesverwaltung die Durchführungszuständigkeit übertragen. Sie besteht insbesondere in der Überwachung der Heime nach § 15 HeimG, die grundsätzlich einmal pro Jahr in jedem Heim durchzuführen ist, in der Beratung nach Mängelfeststellung (§ 16 HeimG), in der Anordnung der Mängelbeseitigung (§ 17 HeimG) sowie schließlich in der Erteilung eines Beschäftigungsverbots oder der kommissarischen Heimleitung (§ 18 HeimG) bis hin zu einer Betriebsuntersagung nach § 19 HeimG.

Beim Vollzug der Unterbringung nach §§ 63, 64 StGB in einem psychiatrischen Krankenhaus und in einer Entziehungsanstalt verweist § 138 Abs. 1 Satz 1 StVollzG auf die Gesetzgebungszuständigkeit der Länder. Für Rheinland-Pfalz gilt in diesem Bereich das Maßregelvollzugsgesetz, dessen Regelungen neben Zweck und Organisation des Maßregelvollzugs die Behandlungsgrundsätze, Entgelte, Rechte und Einschränkungen, Ordnungsbestimmungen und Besuchskommission sowie die Einschränkung von Grundrechten der Maßregelvollzugspatienten umfassen.[415] § 2 Abs. 1 dieses Gesetzes bestimmt die Einrichtungen des Landes und des Bezirksverbandes Pfalz zu Maßregelvollzugsanstalten.

Nach § 2 Abs. 1 Satz 2 des Landesgesetzes über die Errichtung des Landeskrankenhauses –Anstalt des öffentlichen Rechts–[416] wird diese Aufgabe vom Landeskrankenhaus –Anstalt des öffentlichen Rechts– in seinen Einrichtungen in Weißenthurm und Alzey wahrgenommen; die Einrichtung des Bezirksverbandes Pfalz befindet sich in Klingenmünster. In § 2 Abs. 2 des Maßregelvollzugsgesetzes ist das Landesamt für Soziales, Jugend und Versorgung als zuständige Behörde für die Durchführung des Maßregelvollzugs und die Aufsicht über seine Durchführung in den genannten Einrichtungen benannt.

---

[414] Vgl. GRAEFF, GÜNTER: *Kommentierung zu § 91*, in: Hauck, Karl (Herausg.): *Sozialgesetzbuch SGB IV*, Loseblattausgabe, Berlin 1997, Stand Februar 2002, § 91 Rdnr. 3; SCHNAPP, FRIEDRICH E.: *Sozialversicherungsrecht*, in: Achterberg/ Püttner/ Würtenberger (Herausg.), *Besonderes Verwaltungsrecht,* Bd. II, a. a. O., S. 810

[415] Landesgesetz über den Vollzug freiheitsentziehender Maßnahmen (Maßregelvollzugsgesetz) vom 23.09.1986 (GVBl. S. 223), zuletzt geändert am 17.11.1995 (GVBl. S. 473)

[416] Art. 4 des Landesgesetzes zur Neuordnung des öffentlichen Gesundheitsdienstes und zur Errichtung des Landesamtes für Soziales, Jugend und Versorgung und des Landeskrankenhauses –Anstalt des öffentlichen Rechts– vom 17.11.1995 (GVBl. S. 485)

In Verbraucherinsolvenzverfahren oder sonstigen Kleinverfahren nach dem neunten Teil der Insolvenzordnung[417] werden die Länder gem. § 305 Abs. 1 Nr. 1, 3. Halbsatz Insolvenzordnung damit beauftragt, geeignete Personen o-der Stellen zu bestimmen, die in diesen Verfahren als Schuldnerberatungs-stellen geeignet sind und die Befugnis haben, erfolglose Einigungen mit den Gläubigern innerhalb der gesetzlich vorgesehenen Fristen zu bescheinigen. Diese Befugnis wurde durch § 1 des Landesgesetzes zur Ausführung der In-solvenzordnung[418] auf das Landesamt für Soziales, Jugend und Versorgung übertragen. In diesem Landesgesetz werden weiterhin die Aufgaben der Schuldnerberatungsstellen (§2 Abs. 1), die Anerkennungsvoraussetzungen (§ 3 Abs. 1) und das Anerkennungsverfahren (§ 4), das widerruflich ist und un-ter Auflagen erteilt werden kann, bestimmt. Das Land hat sich nach § 5 dieses Gesetzes verpflichtet, Fördermittel für die anerkannten Schuldnerberatungs-stellen zur Verfügung zu stellen, deren Umfang und Vergabeverfahren durch Rechtsverordnung geregelt sind.

Durch Art. 8 des Betreuungsgesetzes[419] wurden die Kompetenz zur Bestim-mung von örtlichen und überörtlichen Behörden in Betreuungsangelegenhei-ten auf die Länder übertragen, zu deren Aufgaben neben Unterbringungsan-gelegenheiten auch die Anregung und Förderung der Tätigkeit von Einzelper-sonen oder gemeinnützigen und freien Organisationen zu Gunsten Betreu-ungsbedürftiger sowie Aufklärung und Beratung über Vollmachten und Betreuungsverfügungen gehören.[420] In seinem Ausführungsgesetz hat Rhein-land-Pfalz die Kreisverwaltungen und Verwaltungen der kreisfreien Städte zu örtlichen Betreuungsbehörden bestimmt, die diese Aufgaben als Pflichtaufga-ben der Selbstverwaltung zu erfüllen haben; überörtliche Betreuungsbehörde ist das Landesamt für Soziales, Jugend und Versorgung mit Zuständigkeit zur Unterstützung der örtlichen Betreuungsbehörden und der Anerkennung, För-derung und fachlichen Beratung von Betreuungsvereinen.[421]

Weitere Aufgabe der überörtlichen Betreuungsbehörde ist die Förderung der Zusammenarbeit von Betreuern, Organisationen, Behörden und Gerichten in

---

[417] Vom 05.10.1994 (BGBl. I S. 2866), zuletzt geändert am 13.12.2001 (BGBl. I S. 3574)

[418] Vom 20.07.1998 (GVBl. S. 216)

[419] Art. 8 des Betreuungsgesetzes enthält das Gesetz über die Wahrnehmung behördlicher Aufgaben der Betreuung Volljähriger (Betreuungsbehördengesetz –BtBG) vom 12.09.1990 (BGBl. I S. 2002), zuletzt geändert durch Gesetz vom 25.06.1998 (BGBl. I S. 1580)

[420] § 6 des Gesetzes über die Wahrnehmung behördlicher Aufgaben der Betreuung Volljäh-riger

[421] § 1 des Landesgesetzes zur Ausführung des Betreuungsgesetzes und zur Änderung an-derer Gesetze vom 20.12.1991 (GVBl. S. 407), zuletzt geändert durch Gesetz vom 07.11.2000 (GVBl. S. 436)

Betreuungsangelegenheiten.[422] Hierzu gehört auch die finanzielle Förderung von Betreuungsvereinen einschließlich ihrer Verwendungskontrolle.[423]

IV. Zwischenfazit

In diesem Kapitel wurden die Inhalte des Leitbildes vom „aktivierenden Staat“ dargestellt und seine Bezüge zu früheren Leitbildern staatlichen Handelns untersucht. Dieses Leitbild wie das vorausgehende Leitbild vom „schlanken Staat“ stellen die staatsorganisatorischen Zielvorstellungen als Antwort auf die Probleme dar, die der Sozialstaat seit den 1970er Jahren infolge wesentlicher Veränderungen herkömmlicher Lebensmuster von Ehe und Familie, Erwerbsarbeit und den Regeln selbstverantwortlichen Lebens zu bewältigen hatte. Diese auch in den übrigen westlichen Industrienationen zu bewältigenden Schwierigkeiten führten zu einer Überforderung der sozialen Sicherheitssysteme, die eine Abkehr vom aktiven Staat früherer Prägung mit seiner umfassenden Vor- und Fürsorge erforderlich machten und in den beiden seit den 1990er Jahren als Grundmuster staatlichen Handelns aufgestellten Leitbildern unterschiedliche Antworten fanden. Dabei wurde auf die wesentlichen Inhalte des Kommunitarismus und des Wohlfahrtspluralismus als „dritte Wege“ zwischen aktivem und schlankem Staat und ihre Einflussnahme auf die Grundzüge des aktivierenden Staates als förderndem und forderndem Staat eingegangen.

Den Leitbildern sowohl des schlanken als auch des aktivierenden Staates ist die Aktivierung der Managementgrundsätze des New Public Management für die Verwaltungen im Bund und in den Ländern gemeinsam, die zuvor lediglich auf kommunaler Ebene genutzt wurden. Sie, wie auch die übrigen seit den 1960er Jahren in der Bundesrepublik Deutschland geltenden Leitbilder der politischen Umsetzung von Staatszielen und Staatsaufgaben entsprechen den Vorgaben des Grundgesetzes, insbesondere dem Sozialstaatsprinzip gem. Art. 20 Abs. 1 GG.

Das Grundgesetz gibt hinsichtlich der Verwirklichung grundlegender politischer Leitvorstellungen keine bindenden Vorgaben und überlässt es der Politik im Bund und den Ländern, über die Prioritäten zu entscheiden. Dabei können sich in den Ländern andere und unterschiedliche Prioritäten herausbilden, die unter dem Stichwort des Wettbewerbsföderalismus auch im Wettbewerb

---

[422] § 2 Abs. 2 des Landesgesetzes zur Ausführung des Betreuungsgesetzes und zur Änderung anderer Gesetze vom 20.12.1991 (GVBl. S. 407), zuletzt geändert durch Gesetz vom 07.11.2000 (GVBl. S. 436)

[423] Verwaltungsvorschrift des Ministeriums für Arbeit, Soziales, Familie und Gesundheit vom 14.09.2001 (MinBl. S. 415)

stehen können, solange das Homogenitätsprinzip des Art. 28 Abs. 1 GG gewahrt ist.

Unter diesen Vorgaben kommt der durch das Grundgesetz vorgegebenen Funktionsteilung zwischen Gesetzgebungskompetenz und Verwaltungsvollzug besondere Bedeutung zu. Es wurde dargestellt, wie dem Bund durch Art. 70 ff. GG weitgehend die legislativen Zuständigkeiten übertragen sind und die Länder nach Art. 83 ff. GG die Ausübung staatlicher Befugnisse und die Erfüllung staatlicher Aufgaben zu gewährleisten haben. Dies hat besonderen Einfluss auf die soziale Leistungsverwaltung der Länder, die als Eigenverwaltung wahrgenommen wird und heute von organisationsrechtlichen Vorgaben des Bundes weitgehend frei ist. Damit halten die Länder bei der Durchführung der ihnen übertragenen sozialen Leistungsaufgaben eine weitgehende Sach- und Wahrnehmungskompetenz, die sich auch auf die organisatorische Gestaltung ihrer Verwaltungen einschließlich der Inanspruchnahme unterstaatlicher Aufgabenträger auswirkt.

Zu den besonderen Merkmalen des Ländervollzugs sozialer Leistungsgesetze und der hiermit verbundenen Aufsichtstätigkeit gehört die Trägervielfalt der Sozialverwaltungen in den Ländern. Da heute die früher bestehenden organisationsrechtlichen Bindungen durch Bundesgesetzgebung weitgehend durch Länderermächtigungen relativiert sind, sind die Länder in ihrer Befugnis zur eigenverantwortlichen Gestaltung ihrer Landessozialverwaltungen faktisch frei.

Zugleich eröffnen Kompetenzvorgaben durch das Recht der Europäischen Union im Bereich der Verwaltung von Mitteln des Europäischen Sozialfonds und bei der Durchführung europarechtlicher Vorgaben für das öffentliche Gesundheitswesen den Ländern neue Zuständigkeiten. Für sie sehen die gesetzlichen Vorgaben des Bundes ausschließlich die Verwaltungsträgerschaft durch mittelbare Staatsverwaltung auf Bundesebene vor. Beim Recht der Arbeitsmarktförderung begründeten die europarechtlichen Vorgaben neue Zuständigkeiten für Landesverwaltungen. Auch im öffentlichen Gesundheitswesen ergeben sich neue Zuständigkeitsperspektiven für die Länder im Bereich der Gesundheitsfürsorge, die durch bundesgesetzliche Regelungen als Länderaufgabe stark reduziert und in die Zuständigkeit der gesetzlichen und privaten Sozialversicherung überwiesen wurde. Im Bereich der Wirtschaftsüberwachung der Produktion und des Vertriebs von Arzneimitteln und Medizinprodukten setzt das Recht der Europäischen Union neue Akzente in Bezug auf einen Verwaltungswettbewerb unter den Mitgliedsstaaten bei der Zulassung und ihre europaweite Koordination.

Die Einzelheiten des Landesvollzugs sozialrechtlicher Bundesgesetze wurden am Beispiel der Landessozialverwaltung von Rheinland-Pfalz beleuchtet.

Dies wurde für die Versorgungsverwaltung, den überörtlichen Träger der Sozial- und Jugendhilfe sowie der Kriegsopferfürsorge und Arbeitsförderung dargestellt. Ebenso wurde auf den öffentlichen Gesundheitsdienst und die Überwachungsaufgaben über Alten-, Behinderten- und Pflegeheime Bezug genommen.

Kapitel 2: Soziale Entschädigung und Fürsorge in historischem Bezug

I. Versorgungsleistungen nach dem sozialen Entschädigungsrecht

1. Bedingungen sozialer Entschädigungsleistung

Das soziale Entschädigungsrecht gewährt gem. § 5 SGB I den Personen einen finanziellen Ausgleich, die einen Gesundheitsschaden erlitten haben, „für dessen Folgen die staatliche Gemeinschaft in Abgeltung eines besonderen Opfers oder aus anderen Gründen nach versorgungsrechtlichen Grundsätzen" einzustehen hat. Der Ausgleich umfasst sowohl Heil- und Krankenbehandlung und Rehabilitationsleistungen als auch Beschädigtenrente, Ausgleich wegen einer Minderung der Erwerbsfähigkeit, Leistungen an Hinterbliebene und sonstige Hilfen im Einzelfall.[424] Die aus Steuermitteln finanzierte soziale Entschädigung ist Ausdruck der Einstandspflicht der Allgemeinheit dafür, dass ein Versorgungsfall aufgrund eines Personenschadens auf Veranlassung des Staates entstanden ist, dessen Ursächlichkeit von der risikogeneigten Tätigkeit über das schädigende Ereignis zum Körperschaden der betroffenen Person hinführt.[425]

Soziale Entschädigung wird nur geleistet, wenn Leistungsgrund und staatliche Einstandspflicht durch Gesetz festgelegt sind.[426] Die Versorgungsfälle und der Umfang der staatlichen Einstandpflicht sind heute im Bundesversorgungsgesetz (BVG) und seinen Anwendungsgesetzen definiert, die alle unterschiedliche Tatbestandsvoraussetzungen für den Eintritt des Versorgungsfalls beinhalten, zu den Rechtsfolgen aber auf das Bundesversorgungsgesetz verweisen.[427] Der Grund der staatlichen Einstandspflicht ist unterschiedlich. Er beruht beim Soldatenversorgungsgesetz, beim Zivildienstgesetz und beim Bundesgrenzschutzgesetz auf der staatlichen Gewährleistungspflicht für besonders gefahrengeneigten Staatsdienst.[428] Beim Infektionsschutzgesetz und dem früheren Bundesseuchengesetz beruht er auf der staatlichen Verantwortung für Schäden, die durch die Erfüllung staatlicher Verpflichtungen zum

---

[424] EICHENHOFER, *Sozialrecht*, a. a. O., S. 229 f.; GITTER/ SCHMITT, *Sozialrecht*, a. a. O., S. 272 ff.; RULAND, *Sozialrecht*, a. a. O., S. 741

[425] GITTER/ SCHMITT, *Sozialrecht*, a. a. O., S. 273 f.; RÜFNER, *Daseinsvorsorge und soziale....*, a. a. O., S. 1076 f.; STOLLEIS, *Geschichte des Sozialrechts....*, a. a. O., S. 238 f.

[426] EICHENHOFER, *Sozialrecht*, a. a. O., S. 230; SCHULIN/ IGL, *Sozialrecht*, a. a. O., S. 375 ff.

[427] SCHULIN/ IGL, *Sozialrecht*, a. a. O., S. 369

[428] BSGE 26, 30, 36; EICHENHOFER, *Sozialrecht*, a. a. O., S. 230

Schutz der Allgemeinheit entstanden sind.[429] Beim Opferentschädigungsgesetz ist es die staatliche Einstandspflicht für einen Opferausgleich, weil der präventive Schutz vor schweren Straftaten im Einzelfall versagt hat.[430] Beim Häftlingshilfegesetz und den beiden Rehabilitationsgesetzen schließlich ist es die staatliche Verantwortung für Personenschäden, die Deutsche in fremdem Gewahrsam einschließlich des Gewahrsams der früheren DDR erlitten haben.[431]

2. *Die historischen Bezüge des sozialen Entschädigungsrechts*

Durch die Rechtsfolgeverweisung der genannten Anwendungsgesetze auf das Bundesversorgungsgesetz wird auch die Behördenzuständigkeit der Versorgungsverwaltungen der Länder begründet und damit die Verwaltungskompetenz dieses Teilbereichs der Landessozialverwaltung in Anspruch genommen. Das BVG und seine Durchführungsgesetze[432] sind somit für die Behördenstrukturen der Versorgungsverwaltungen in der Bundesrepublik Deutschland bestimmend; ihre Änderungen hatten noch in jüngster Zeit unmittelbaren Einfluss auf wesentliche Veränderungen der Strukturen dieser Verwaltungen in den Ländern.[433] Das im BVG niedergelegte Recht der Kriegsopferversorgung ist also nicht nur hinsichtlich der tragenden Rechtsgrundsätze, sondern auch in Bezug auf das Verwaltungsverfahren und die durchführende Verwaltungsorganisation prägend.

Das BVG als das anspruchsbestimmende Gesetz der sozialen Entschädigung bildet das Grundmuster der sozialen Entschädigung ab, auf dem die weiteren

---

[429] GITTER/ SCHMITT, *Sozialrecht*, a. a. O., S. 275 f.

[430] BSGE 49, 104, 105; vgl. auch EICHENHOFER, *Sozialrecht*, a. a. O., S. 230 f.; WOLFF, HANS J.; BACHOF, OTTO; STOBER, ROLF; KLUTH, WINFRIED; PEILERT, ANDREAS: *Verwaltungsrecht*, Bd. 2, 6. Aufl., München 2000, S. 577

[431] GITTER/ SCHMITT, *Sozialrecht*, a. a. O., S. 276 f.; zusammenfassend EICHENHOFER, *Sozialrecht*, a. a. O., S. 230; SCHULIN, BERTRAM; KÖLBL, URSULA: *Soziales Entschädigungsrecht*, in: Achterberg, Norbert; Püttner, Günter; Würtenberger, Thomas (Herausg.): *Besonderes Verwaltungsrecht*, Bd. II, 2. Aufl., Heidelberg 2000, S. 883 f.

[432] Gesetz über die Errichtung der Verwaltungsbehörden der Kriegsopferversorgung vom 12.03.1951 (BGBl. I S. 169), geändert durch das vierte Überleitungsgesetz vom 27.04.1955 (BGBl. I S. 189); Gesetz über das Verwaltungsverfahren der Kriegsopferversorgung vom 02.05.1955 (BGBl. I S. 202) idF der Bek. v. 06.05.1976 (BGBl. I S. 1169)

[433] Mit dem Zweiten Gesetz zur Erleichterung der Verwaltungsreform in den Ländern (2. Zuständigkeitslockerungsgesetz) vom 03.05.2000 (BGBl. I S. 632) wurde § 1 des Gesetzes über die Errichtung der Verwaltungsbehörden der Kriegsopferversorgung insofern geändert, als die Charakterisierung der Versorgungsverwaltungen „als besondere Verwaltungsbehörden" durch Streichung verändert wurde.

Entschädigungstatbestände der späteren Anwendungsgesetze aufbauen.[434] Es knüpft die staatliche Risikohaftung der sozialen Entschädigung an körperliche Schädigungen, deren Ursachen auf militärische Dienste oder Schadensereignisse im Zweiten Weltkrieg oder auf vorherige kriegerische Ereignisse zurückgehen,[435] und ist deshalb bundesgesetzliche Grundlage des Rechts der Kriegsopferversorgung.[436] Seine Grundsätze der Risikohaftung der staatlichen Gemeinschaft durch Ausgleich körperlicher Schädigungen in Form von Renten- und Rehabilitationsleistungen ohne weitere Tatbestandserfordernisse, wie Bedürftigkeit oder Subsidiarität, wurden dem Reichsversorgungsgesetz entnommen, das in Deutschland erstmals die Kriegsopferversorgung als Schadensvergütung nach den Grundsätzen der staatlichen Risikohaftung gestaltete.[437] Die Grundsätze dieses Gesetzes bilden den Ausgangspunkt des heutigen sozialen Entschädigungsrechts in der Bundesrepublik.[438]

3. *Die Entwicklung des sozialen Entschädigungsrechts in Deutschland*

a. Ursprünge des sozialen Entschädigungsrechts und seiner Verwaltung

Die soziale Entschädigung geht wie die Sozialhilfe auf die öffentliche Armenhilfe zurück, die sich in Deutschland seit dem 19. Jahrhundert mit ihrer eingreifenden und ordnenden Funktion, aber auch mit ihrer Leistungsfunktion als öffentliches Recht etablierte.[439] Das Armenwesen als Teil- und zugleich Spezialdisziplin des Verwaltungsrechts in Deutschland ist die Antwort auf die durch Industrialisierung und Auflösung bisheriger Solidarbindungen entstandenen Notlagen, die neuer Inhalte staatlichen Handelns bedurften.[440] Die Mil-

---

[434] RULAND, *Sozialrecht*, a. a. O., S. 808

[435] Der Anspruch auf Versorgung nach dem BVG wird von BLEY, HELMAR: *Die öffentlich-rechtliche Risikohaftung als Teil eines sozialen Entschädigungsrechts*, in: SGb 1974, S. 53 ff. zusammenfassend als Anspruch aus staatlicher Risikohaftung bezeichnet; vgl. auch EICHENHOFER, *Sozialrecht*, a. a. O., S. 230 f.; SCHULIN/ KÖLBL, *Soziales Entschädigungsrecht*, a. a. O., S. 882 f.

[436] SCHIEKEL, HORST: *Kriegsopferversorgung*, in: Beckenrath, Erwin von und andere Mitautoren (Herausg.): *Handwörterbuch der Sozialwissenschaften*, 6. Bd., Tübingen, Göttingen 1959, S. 379

[437] Gesetz über die Versorgung der Militärpersonen und ihrer Hinterbliebenen bei Dienstbeschädigung vom 12.05.1920 (RGBl. S. 989) idF der Bek. v. 22.12.1927 (RGBl. I S. 515)

[438] HAUBENWALLNER, PETER: *Soziale Entschädigung und Sozialhilfe*, in: br 1993, S. 109; KLEIN, OTTO: *Die neue Versorgungsgesetzgebung*, in: Kriegsopferversorgung 1952, S. 50; SCHULIN/ KÖLBL, *Soziales Entschädigungsrecht*, a. a. O., S. 885

[439] STOLLEIS, *Die Geschichtlichkeit des Sozialrechts*, in: SGb 1984, S. 379 f.; derselbe, *Geschichte des Sozialrechts....*, a. a. O., S. 116 f.

[440] EICHENHOFER, *Sozialrecht*, a. a. O., S. 13 f.; STOLLEIS, *Geschichte des öffentlichen....*, 2. Bd., a. a. O., S. 262 f.

derung von Not und Bedürftigkeit infolge von Kriegseinwirkung, Unfall, Alter und Krankheit machten die Besetzung neuer staatlicher Tätigkeitsfelder im Bereich der Daseinssicherung notwendig, für deren Umsetzung sozialpolitisch orientierte Gesetze oder Verordnungen im Bereich des öffentlichen Rechts die Voraussetzung bildeten.[441] Ihre Motivation war damals weniger von Nächstenliebe getragen, als von der Erkenntnis, sozialrevolutionäres Gefahrenpotential reduzieren zu müssen und Sozialreformen als gesellschaftliches Befriedungsinstrument zu nutzen.[442]

Kriegsinvalidität und Erwerbsunfähigkeit infolge von Krankheit oder sozialer Not hatten zwar unterschiedliche Ursachen. Sie hatten jedoch bis ins 19. Jahrhundert überwiegend Vermögenslosigkeit und Freiheitsverlust zur Folge.[443] Die Milderung dieser Notsituationen oblag zunächst den leistungsfähigen kommunalen Gemeinschaften, die sich dieser Aufgabe in der Nachfolge der früheren und angesichts der Massenverelendung nicht mehr ausreichend gerüsteten kirchlichen oder genossenschaftlichen karitativen Träger[444] sowohl aus Gründen der gemeinschaftlichen Solidarität, als auch aus ordnungspolitischen Gründen zu stellen hatten.[445] Die Territorialstaaten übernahmen diese Aufgaben für die Landbevölkerung erst, als auch dort solidarische Lösungen getroffen werden mussten.[446] Sie bildeten dabei oft gruppenspezifische Unterscheidungen nach Ursachen von Notlagen heraus, wie bei der Sorge für Kriegsopfer und ihre Hinterbliebenen.[447]

Die Handlungsbereiche der Daseinsfürsorge, Daseinsvorsorge und sozialen Befriedung erforderten von den Behörden der in Deutschland nach der Auflö-

---

[441] HENNING, HANSJOACHIM: *Aufbau der Sozialverwaltung*, in: Jeserich, Kurt G. A.; Pohl, Hans; Unruh, Georg-Christoph von (Herausg.): *Deutsche Verwaltungsgeschichte,* Bd. 3, Stuttgart 1984, S. 276 f.

[442] WEHLER, HANS-ULRICH: *Deutsche Gesellschaftsgeschichte,* Bd. 2, 3. Aufl., München 1996, S. 454 f.; derselbe: *Deutsche Gesellschaftsgeschichte,* Bd. 3, München 1995, S. 907 ff.

[443] HENNING, *Aufbau der Sozialverwaltung*, a. a. O., S. 277 f.

[444] Kirchengemeinden, Klöster, Zünfte und Gilden, vgl. GITTER, WOLFGANG: *Sozialrecht*, 4. Aufl., München 1996, S. 8 f.; SACHßE, CHRISTOPH; TENNSTEDT, FLORIAN: *Geschichte der Armenfürsorge in Deutschland,* Bd. 1*: Vom Spätmittelalter bis zum 1. Weltkrieg*, Stuttgart, Berlin, Köln 1989, S. 28 f.

[445] EICHENHOFER, *Sozialrecht*, a. a. O., S. 14 f.; GITTER, *Sozialrecht*, a. a. O., S. 8; REINHARD, WOLFGANG: *Geschichte der Staatsgewalt,* 2. Aufl., München 2000, S. 460 f.

[446] Vgl. zum Preußischen Allgemeinen Landrecht EICHENHOFER, *Sozialrecht*, a. a. O., S. 14; GITTER, *Sozialrecht*, a. a. O., S. 10

[447] KLEIN, OTTO: *Die Entwicklung des Versorgungswesens bis zum 1. Weltkrieg*, in: Kriegsopferversorgung 1952, S. 13 f.; SCHULIN, *Soziales Entschädigungsrecht*, a. a. O., S. 1312 f.; STOLLEIS, *Die Geschichtlichkeit des....*, a. a. O., S. 380

sung der alten Reichsverfassung ab 1806 entstehenden Territorialstaaten[448] neue Formen der Aufgabenerledigung, mit denen wegen der Notwendigkeit besonderer Fachlichkeit oder Spezialisierung eigene Arten und Formen öffentlicher Verwaltung herausgebildet wurden. Für die Kriegsopfer und ihre Hinterbliebenen wurde zunächst die Zuständigkeit der Militärverwaltung begründet, als die Territorialstaaten sich ihrer Verantwortung für ihre durch Kriegseinwirkung zu Schaden gekommenen Soldaten annahmen.[449]

b. Die sozialen Bedingungen der Kriegsbeschädigten vor 1871

Fragen und Lösungen im Zusammenhang mit der staatlichen Einstandspflicht für die Versorgung von Kriegsbeschädigten und Kriegshinterbliebenen sind bis aus der Antike berichtet worden.[450] Bis zum 18. Jahrhundert galten Kriegsverletzungen und ihre gesundheitlichen Folgen allerdings als Risiko der Söldner, das vom Sold mit abgegolten war. Das Kriegführen wurde als ein Gewerbe wie andere angesehen, dessen Berufsrisiken der einzelne Soldat selbst zu tragen hatte.[451] Kriegsbeschädigte, die nicht mehr selbst für sich oder ihre Familien sorgen konnten, fielen wie die Armen der privaten oder öffentlichen karitativen Fürsorge anheim; die damalige staatliche Regulierung beschränkte sich auf Armen- oder Bettelordnungen in den Städten und regionalen Herrschaftsgebieten.[452]

Erst die in allen europäischen Staaten zu Beginn des 19. Jahrhunderts üblich werdende Verpflichtung der wehrpflichtigen jungen Männer zum Kriegsdienst und die Einführung der allgemeinen Wehrpflicht[453] leitete einen Umdenkungsprozess in der Frage der Kriegsopferversorgung ein, der in Deutschland mit dem Reichsversorgungsgesetz seinen ersten Abschluss fand. Mit der Verpflichtung seiner männlichen Staatsbürger zum Wehrdienst als staatliche Inpflichtnahme fand sich der Staat nun umgekehrt in der Pflicht zur Versor-

---

448 WILLOWEIT, DIETMAR: *Deutsche Verfassungsgeschichte*, 4. Aufl., München 2001, S. 229 ff.

449 SCHIECKEL, HORST, *Kriegsopferversorgung*, a. a. O., S. 376 f.

450 HAUBENWALLNER, *Soziale Entschädigung und....*, a. a. O., S. 104 ff.; HEINECKE, HANS: *Vom Gnadenthaler zur Rente*, in: Kriegsopferversorgung 1974, S. 145 ff.; VORBERG, ROBERT; VAN NUIS, HANNS: *Das Recht der Kriegsbeschädigten und Kriegshinterbliebenen, Teil 1 Allgemeiner Teil*, Herford 1966, S. 3 ff.; ZECK, HANS: *Aus der Geschichte des Versorgungswesens*, in: Der Versorgungsbeamte 1953, S. 58, 66

451 SCHIECKEL, *Kriegsopferversorgung*, a. a. O., S. 376; STOLLEIS, *Geschichte des Sozialrechts....*, a. a. O., S. 119

452 HAUBENWALLNER, *Soziale Entschädigung und....*, a. a. O., S. 105 f.; STOLLEIS, *Geschichte des öffentlichen....*, 3. Bd., a. a. O., S. 371

453 Vgl. NEUGEBAUER, KARL-VOLKER (Herausg.): *Grundzüge der deutschen Militärgeschichte*, Bd. 1, Freiburg 1993, S. 88 ff., 118

gung der Opfer des Krieges, die sich von der Ehrenpflicht zur Rechtspflicht wandelte.[454] Aus der Fürsorge für Kriegsbeschädigte wurde so der Versorgungsanspruch der Kriegsopfer.

Bereits 1811 wurden in Preußen bisherige Leistungen für Kriegsinvaliden zusammengefasst und Grundsätze für die Anerkennung, Versorgung und Unterbringung invalider Soldaten durch „Zivilbedienungen" (Anstellung im Zivildienst) oder in Invalidenhäusern (Versorgungsanstalten für Invalide) geschaffen. Daneben konnte ein Zivilversorgungsschein gewährt werden, der zur Weiterbeschäftigung im Staatsdienst berechtigte.[455] Diese für die übrigen deutschen Staaten prägenden Grundsätze wurden in Preußen 1849 durch eine geldliche Versorgung und 1851 durch eine Krüppel- und Blindenzulage ergänzt. Witwen von Kriegsgefallenen erhielten ebenfalls eine jährliche geldliche Unterstützung, die allerdings von ihrer Bedürftigkeit abhing.[456]

c. Kriegsbeschädigtenversorgung im Deutschen Reich nach Reichsgründung

Nach Gründung des Deutschen Reiches 1871 wurden die Grundlagen der Kriegsopferversorgung entsprechend den bisherigen Entwicklungen vor allem in Preußen durch das Militärpensionsgesetz von 1871 festgesetzt, das die Pensionsansprüche der Offiziere, Unteroffiziere und Mannschaften entsprechend ihren Rangverhältnissen regelte.[457] Dieses Gesetz wurde später in folgende drei Gesetze aufgespalten, die bis zum Ende des Ersten Weltkrieges galten: Das Offizierpensionsgesetz von 1906 regelte die Versorgung der Offiziere und Wehrmachtsbeamten entsprechend den Versorgungsbezügen der Beamten unter Ergänzung von Zulagen für Verstümmelungen.[458] Das Mannschafts-

---

[454] HASE, FRIEDHELM, *Soziales Entschädigungsrecht*, in: Maydell, Bernd Baron von; Ruland, Franz (Herausg.): *Sozialrechtshandbuch (SRH)*, 3. Aufl., Baden-Baden 2003, S. 1360; SCHIECKEL, *Kriegsopferversorgung*, a. a. O., S. 377; STOLLEIS, *Die Geschichtlichkeit des....*, a. a. O., S. 380; derselbe, *Geschichte des Sozialrechts....*, a. a. O., S. 119

[455] KLEIN, *Die Entwicklung des....*, a. a. O., S. 14 f.; VORBERG/ VAN NUIS, *Das Recht der Kriegsbeschädigten und....*, a. a. O., S. 9 f.; SCHULIN, *Soziales Entschädigungsrecht*, a. a. O., S. 1312 f.; STOLLEIS, *Geschichte des Sozialrechts....*, a. a. O., S. 119

[456] Grundsätze und Bestimmungen über das Pensions- und Versorgungswesen der Militärinvaliden vom Feldwebel aufwärts, zitiert bei VORBERG/ VAN NUIS, *Das Recht der Kriegsbeschädigten und....*, a. a. O., S. 9

[457] Gesetz betr. die Pensionierung und Versorgung der Militärpersonen des Reichsheeres und der Kaiserlichen Marine sowie die Bewilligung für die Hinterbliebenen solcher Personen vom 27.06.1871 (RGBl. S. 275); vgl. auch HEINECKE, *Vom Gnadenthaler zur....*, a. a. O., S. 146 f.; STOLLEIS, *Geschichte des Sozialrechts....*, a. a. O., S. 120

[458] Gesetz über die Pensionierung der Offiziere einschließlich Sanitätsoffiziere des Reichsheeres, der kaiserlichen Marine und der kaiserlichen Schutztruppen vom 31.05.1906 (RGBl. S. 565)

versorgungsgesetz von 1906 für Unteroffiziere und Mannschaften des Reichsheeres, der Marine und der Schutztruppen stellte die Versorgung dieses Personenkreises sicher und sah auch eine Rente für diejenigen vor, die aus Anlass des militärischen Dienstes eine Gesundheitsschädigung erlitten hatten.[459]

Die Renten wurden in Angleichung an die gesetzliche Unfallversicherung nach der Minderung der Erwerbsfähigkeit abgestuft und waren entsprechend dem militärischen Dienstgrad verschieden hoch bemessen.[460] Das Militärhinterbliebenengesetz von 1907 erfasste die Versorgung der Hinterbliebenen von Offizieren, Unteroffizieren und Heeresbeamten und legte Bezüge in Form von Witwen- und Waisengeld abhängig vom Dienstgrad des verstorbenen Militärangehörigen fest.[461]

Die Kriegsopferversorgung war bis hierhin ein Unterfall der allgemeinen Versorgung der Militärangehörigen, wie sie auch den Beamten gewährt wurde und somit eine berufsspezifische Versorgung.[462] Alle Versorgungs- und Fürsorgeangelegenheiten von ehemaligen Soldaten und Wehrmachtsbeamten wurden bis zum Ende des Ersten Weltkrieges für ehemalige Soldaten von den stellvertretenden Generalkommandos und Marinestationen sowie für Hinterbliebene von den Indendanturen der Armeekorps, also insgesamt und ausschließlich von Militärverwaltungsbehörden, bearbeitet.[463]

d. Kriegsopferversorgung in der Weimarer Republik (1918 – 1933)

Nach dem Ersten Weltkrieg erwies sich, dass weder die bisherige Gesetzgebung noch die damalige Verwaltungsorganisation der erforderlichen Versorgung von weit mehr als zwei Millionen Kriegsopfern und Hinterbliebenen ge-

---

[459] Gesetz über die Versorgung der Personen der Unterklassen des Reichsheeres, der kaiserlichen Marine und der kaiserlichen Schutztruppen vom 31.05.1906 (RGBl. S. 593)

[460] KERSCHENSTEINER, ANTON: *Kriegsbeschädigten- und Kriegshinterbliebenenversorgung*, in: Elster, Ludwig; Weber, Adolf; Wieser, Friedrich: *Handwörterbuch der Staatswissenschaften*, 4. Aufl., 5. Bd., Jena 1923, S. 959 f.

[461] Militärhinterbliebenengesetz vom 17.05.1907 (RGBl. S. 214)

[462] RÜFNER, WOLFGANG: *Daseinsvorsorge und soziale Sicherheit*, in: Isensee, Josef; Kirchhoff, Paul (Herausg.): *Handbuch des Staatsrechts der Bundesrepublik Deutschland*, Bd. III, 2. Aufl., Heidelberg 1996, a. a. O., S. 1076; STOLLEIS, MICHAEL: *Geschichte des öffentlichen....*, 3. Bd., München 1999, S. 220

[463] FENSKE, HANS: *Die Verwaltung im Ersten Weltkrieg*, in: Jeserich, Kurt G. A.; Pohl, Hans; Unruh, Georg-Christoph von (Herausg.): *Deutsche Verwaltungsgeschichte*, Bd. 3, Stuttgart 1984, S. 895; KERSCHENSTEINER, *Kriegsbeschädigten- und Kriegshinterbliebenenversorgung*, a. a. O., S. 966; VORBERG/ VAN NUIS, *Das Recht der Kriegsbeschädigten und....*, a. a. O., S. 12

recht werden konnte.[464] Das Mannschaftsversorgungsgesetz war auf den Personenkreis und die Dienstbedingungen der Vorkriegszeit zugeschnitten, als gesunde, junge und in aller Regel unverheiratete Männer zum Wehrdienst herangezogen wurden. Während des ersten Weltkrieges wurden demgegenüber berufstätige und auch verheiratete Männer eingezogen, die in ihren früheren Beruf zurückkehren und ihn wieder ausüben wollten oder mussten. Auch waren die körperlichen Tauglichkeitskriterien während des Krieges herabgesetzt worden; die neue Kriegsführung mit hohem Artillerieeinsatz und Beschuss durch Giftgas verursachte neue Formen von Gesundheitsschäden vor allem innerer Organe, die in den bisherigen Versorgungsgesetzen unberücksichtigt waren.

Eine Kriegsopferversorgung ausschließlich für äußere körperliche Schäden und nach den Maßstäben des früheren militärischen Dienstgrades wurde diesen Gegebenheiten nicht mehr gerecht. Es mussten neue Grundsätze für die berufliche Rehabilitation, die Heil- und Krankenbehandlung und den finanziellen Ausgleich von durch im Kriegseinsatz erlittenen Gesundheitsschäden geschaffen werden, die den früheren wirtschaftlichen und sozialen Lebensbedingungen der Betroffenen Rechnung trug.[465] Sie erfolgten mit dem Reichsversorgungsgesetz vom 12.05.1920,[466] das erstmals für alle Gruppen von Militärpersonen neben Rentenzahlungen Rehabilitationsleistungen in Form von Heilbehandlung und Berufsförderungsmaßnahmen vorsah.[467]

Das Reichsversorgungsgesetz (RVG) gründete einen Anspruch auf Versorgung auf eine durch militärische Dienstverrichtung als gesundheitliche Einwirkung entstandene Dienstbeschädigung. Dabei genügte gem. § 2 RVG bereits damals für die Kausalität der Dienstbeschädigung als Folge der Gesund-

---

[464] KERSCHENSTEINER, *Kriegsbeschädigten- und Kriegshinterbliebenenversorgung,* a. a. O., S. 961, gibt die Anzahl der Versorgungsberechtigten mit 1.537.000 Kriegsbeschädigten, 533.000 Witwen, 1.134.000 vaterlosen Waisen, 58.000 elternlosen Waisen, 58.000 Elternpaaren und 162.000 alleingebliebenen Elternteilen an, die nach dem Reichsversorgungsgesetz im Jahr 1923 versorgungsberechtigt waren. Die jährlichen Rentenleistungen ohne Offizierpensionen hätten 1923 rund 182 Mrd. Reichsmark betragen. Vgl. auch die Zahlenangaben bei HEINECKE, *Vom Gnadenthaler zur....*, a. a. O., S. 147; TENNSTEDT, *Geschichte des Sozialrechts*, a. a. O., S. 39; WEHLER, HANS-ULRICH: *Deutsche Gesellschaftsgeschichte, Band 4*, München 2003, S. 430 f.

[465] So BRENCKENDORFF und andere Mitherausgeber: *Kommentar der Reichsversorgungsbeamten zum Reichsversorgungsgesetz*, Berlin 1929, S. XVI

[466] RGBl. I S. 989

[467] KERSCHENSTEINER, *Kriegsbeschädigten- und Kriegshinterbliebenenversorgung*, a. a. O., S. 959; TENNSTEDT, *Geschichte des Sozialrechts*, a. a. O., S. 39; SCHULIN, *Soziales Entschädigungsrecht*, a. a. O., S. 1313

heitsstörung die Wahrscheinlichkeit des ursächlichen Zusammenhangs.[468] Die Einstufung dieser gesundheitlichen Schäden erfolgte ab 1920 im ersten umfassenden Einstufungssystem, den „Anhaltspunkten für die Beurteilung der Minderung der Erwerbsfähigkeit nach dem Reichsversorgungsgesetz vom 12.05.1920.[469] Für Militärangehörige und Hinterbliebene, die noch in Friedenszeiten ihren Dienst beendet hatten, wurde durch das Altrentnergesetz von 1921 auf das Reichsversorgungsgesetz hinsichtlich der Anspruchsfolgen verwiesen.[470]

Das Kriegspersonenschädengesetz aus dem Jahr 1922 erfasste mit seiner Verweisung auf das Reichsversorgungsgesetz alle Personen als Anspruchsberechtigte, die während des Ersten Weltkrieges durch Kriegseinflüsse, wie Fliegerangriffe, körperlich zu Schaden kamen.[471] Diese beiden Gesetze wurden zu den ersten Anwendungsgesetzen des Reichsversorgungsgesetzes und erweiterten den Kreis der Anspruchsberechtigen auf Kriegsopferversorgung und –fürsorge sowohl rückwirkend über den Beginn des Ersten Weltkrieges hinaus als auch auf Zivilpersonen.[472]

Als Leistungen wurden unter den Voraussetzungen der §§ 24 bis 30 RVG Renten gewährt, für deren Bemessung der Grad der Minderung der Erwerbs-

---

[468] § 101 Abs. 2 Reichsversorgungsgesetz begrenzte die Anwendbarkeit des Gesetzes auf den Personenkreis, der nach dem 31.07.1914 seinen Dienst begann. Versorgungsansprüche aus Militärdienstverhältnissen vor diesem Zeitpunkt wurden gem. § 101 Abs. 3 Reichsversorgungsgesetz nach den bis dahin geltenden Vorschriften abgewickelt. Vgl. auch KERSCHENSTEINER, *Kriegsbeschädigten- und Kriegshinterbliebenenversorgung,* a. a. O., S. 960; VORBERG/ VAN NUIS, *Das Recht der Kriegsbeschädigten und....,* a. a. O., S. 14

[469] DOLATA, RALF: *Die Grundlagen für die Feststellung eines Grades der Behinderung im Schwerbehindertenrecht und die Frage, ist die Festsetzung eines Grades der Behinderung ein Anachronismus oder ein unabdingbar notwendiges Kriterium zur Schaffung von Einzelfallgerechtigkeit?*, in: br 2004, S. 2, der auch darstellt, dass diese Anhaltspunkte aus militärärztlichen Vorschriften zur Frage der Kriegsbeschädigung aus dem Jahr 1916 weiterentwickelt wurden.

[470] Gesetz über die Versorgung der vor dem 01.08.1914 aus der Wehrmacht ausgeschiedenen Militärpersonen und ihrer Hinterbliebenen vom 18.07.1921 (RGBl. S. 953)

[471] Gesetz über den Ersatz der durch den Krieg verursachten Personenschäden vom 15.07.1922 (RGBl. S. 620) idF der Bek. vom 22.12.1927 (RGBl. I S. 533). In dieser Fassung konnten auch sogenannte Tumultschäden nach den Grundsätzen des RVG entschädigt werden, wobei die Vorschriften über das mitwirkende Verschulden eines Beschädigten nach § 254 BGB (alter Fassung) zu beachten waren.

[472] Weitere Anwendungsgesetze, die den ursprünglichen Berechtigtenkreis des RVG erweiterten, waren: Wehrmachtsversorgungsgesetz vom 04.08.1921 (RGBl. S. 993), Reichsgesetz über die Schutzpolizei der Länder vom 17.07.1922 (RGBl. S. 597); Gesetz über die Versorgung der Polizeibeamten beim Reichswasserschutz vom 26.02.1926 (RGBl. I S. 149); vgl. auch HASE, *Soziales Entschädigungsrecht*, a. a. O., S. 1361

fähigkeit, der Familienstand und der Wohnsitz des Beschädigten maßgeblich war; der militärische Dienstgrad wurde unbeachtlich, ebenso die frühere Trennung nach Einsätzen im Front- oder Heimatdienst. Hieraus wird die Orientierung des Reichsversorgungsgesetzes an den Grundsätzen der staatlichen Risikohaftung ebenso deutlich, wie die Anknüpfung der Rentenbemessung an den Grundsätzen der damaligen gesetzlichen Unfallversicherung.[473] Neu war auch der Bezug der Rentenhöhen zum früheren Beruf (§§ 26 Nr. 2, 28 RVG) durch Gewährung einer Ausgleichszulage, für deren Höhe der vor dem Militärdienst erlernte und ausgeübte Beruf maßgeblich war.[474]

e. Die Behörden zur Durchführung des Reichsversorgungsgesetzes

Die Behörden zur Durchführung der Kriegsopferversorgung waren zweigeteilt. Das Verwaltungsverfahren war gem. § 1 des Gesetzes über das Verfahren in Versorgungssachen auf die Versorgungsämter und Hauptversorgungsämter als Verwaltungsbehörden der Reichsversorgung übertragen;[475] im Spruchverfahren wurden die Versorgungsgerichte und das Reichsversorgungsgericht als Rechtsmittelinstanzen der Reichsversorgung tätig.[476] Mit der Leitung des Versorgungswesens wurde der Reichsarbeitsminister beauftragt;[477] die Versorgungsbehörden waren gem. § 4 Abs. 1 Reichsbehörden, ihre Beamten Reichsbeamte.

Die Versorgungsgerichte waren demgegenüber als Einrichtungen der Oberversicherungsämter Gerichte der Länder, die für diese die Kostentragungspflicht hatten (§ 8) und durch ihre obersten Landesbehörden (für Preußen das Ministerium für Wohlfahrt) die Dienstaufsicht ausübten.[478] Die Aufgaben der

---

473 SCHIECKEL, *Kriegsopferversorgung*, a. a. O., S. 277

474 Vgl. Verordnung zur Durchführung des § 25 Abs. 3 und des § 28 des Gesetzes über die Versorgung der Militärpersonen und ihrer Hinterbliebenen bei Dienstbeschädigung (Reichsversorgungsgesetz) vom 01.09.1920 (RGBl. S. 1633)

475 Gesetz über das Verfahren in Versorgungssachen (VerfG) vom 10.01.1922 (RGBl. S. 59) idF der Bek. v. 20.03.1928 (RGBl. I S. 71); Gesetz über die Versorgungsbehörden vom 15.05.1920 (RGBl. S. 1063); STOLLEIS, *Geschichte des Sozialrechts....*, a. a. O., S. 123

476 Zur Spruchtätigkeit der Versorgungsgerichtsbarkeit BÜRCK, HARALD: *War die Spruchtätigkeit des Reichsversicherungsamtes, des Reichsversorgungsgerichts, der Oberversicherungsämter, der Versicherungsämter, der Versorgungsgerichte und der Schiedsgerichte nach damaligem und heutigem Rechtsverständnis Rechtsprechung?*, in: Wannagat, Georg (Herausg.): *Entwicklung des Sozialrechts, Aufgabe der Rechtsprechung*, Berlin, Bonn, München 1984, S. 159 f.; TENNSTEDT, *Geschichte des Sozialrechts*, a. a. O., S. 39; SCHWARZ, ALFRED: *Die Sozialgerichtsbarkeit*, in: Der Versorgungsbeamte 1953, S. 1 f.; STOLLEIS, *Geschichte des Sozialrechts....*, a. a. O., S. 83

477 Vgl. auch BERG, *Arbeits- und Sozialverwaltung*, a. a. O., S. 239

478 KERSCHENSTEINER, *Kriegsbeschädigten- und Kriegsopferversorgung*, a. a. O., S. 966; OLSHAUSEN, TH. V.; SCHULTE-HOLTHAUSEN, TH: *Das Gesetz über das Verfahren in Ver-*

Kriegsopferfürsorge waren aus der Organisationsstruktur der Versorgungsverwaltung ausgeklammert und durch Reichsverordnung aus dem Jahr 1924 als „gehobene Fürsorge“ den damaligen Landes- und Bezirksfürsorgeverbänden zur Erledigung zugewiesen.[479]

Von den ursprünglichen 25 Hauptversorgungsämtern und 312 Versorgungsämtern im Deutschen Reich verblieben im Jahr 1926 noch 15 Hauptversorgungsämter und 104 Versorgungsämter.[480] Für den nördlichen Landesteil des heutigen Rheinland-Pfalz waren das Hauptversorgungsamt Koblenz mit den Versorgungsämtern Koblenz und Trier für die früheren Gebiete der Rheinprovinz sowie das Hauptversorgungsamt Kassel mit dem Versorgungsamt Mainz für die damaligen Kreise Bingen, Mainz, Alzey, Oppenheim und Worms zuständig. Die im Westerwald und im Taunus gelegenen Landkreise von Rheinland-Pfalz wurden vom Versorgungsamt Gießen betreut. Für den südlichen Landesteil war das Hauptversorgungsamt Würzburg mit den Versorgungsämtern Kaiserslautern, Ludwigshafen und Zweibrücken zuständig;[481] diese drei Ämter wurden später aufgelöst und im Versorgungsamt Landau für die Region der Pfalz zusammengefasst.[482]

Für die Pfalz war als Spruchbehörde das Versorgungsgericht beim Oberversicherungsamt Speyer zuständig, für den früheren Regierungsbezirk Koblenz das Versorgungsgericht beim Oberversicherungsamt Koblenz. Der Regierungsbezirk Trier lag in Versorgungssachen in der Zuständigkeit des Versorgungsgerichts beim Oberversicherungsamt Trier; der zum Land Hessen zuzurechnende Zuständigkeitsbereich des Versorgungsamts Mainz war dem Versorgungsgericht beim Oberversicherungsamt Darmstadt zugewiesen.[483] Diese Organisationsstruktur galt bis Mai 1945 fort.

---

sorgungssachen mit Ausführungsbestimmungen, 2. Aufl., München, Berlin, Leipzig 1926, S. 16 f.

479 Reichsverordnung über die Fürsorgepflicht vom 13.02.1924 (RGBl. I S. 100)

480 VON OLSHAUSEN/ SCHULTE-HOLTHAUSEN, *Das Gesetz über....*, a. a. O., S. 222 ff.; BERG, *Arbeits- und Sozialverwaltung*, a. a. O., S. 239 weist für die Zeit nach 1923 (allerdings ohne Datumsangabe) noch 12 Hauptversorgungsämter und 76 Versorgungsämter nach. Im Jahr 1927 belief sich der Personalbestand in der Reichsversorgungsverwaltung auf 7.703 Beamte (einschließlich Ärzte und Apotheker) und 2.105 Angestellte (Quelle: *Entwicklung der Versorgungsverwaltung*, in: Der Versorgungsbeamte 1963, S. 1)

481 VON OLSHAUSEN/ SCHULTE-HOLTHAUSEN, *Das Gesetz über....*, a. a. O., S. 223 ff.

482 In REICHSARBEITSMINISTERIUM (Herausg.): *Handbuch der Reichsversorgung* Bd. 2, Berlin 1932, S. 2398 ist das Versorgungsamt Landau für den Zuständigkeitsbereich der Pfalz ausgewiesen. Als Jahr seiner Einrichtung ist in Akten des Amtes für soziale Angelegenheiten Landau 1930 nachgewiesen.

483 REICHSARBEITSMINISTERIUM (Herausg.), *Handbuch der Reichsversorgung,* Bd. 2, a. a. O., S. 2426 ff.

f. Die Entwicklung der Kriegsopferversorgung im nationalsozialistischen Führerstaat (1933 – 1945

Nach der Berufung *Adolf Hitlers* zum Reichskanzler am 30.01.1933 beseitigte der nationalsozialistische Führerstaat nacheinander bis 1938 viele der seit 1929 von der früheren Reichsregierung unter Reichskanzler *Heinrich Brüning* vollzogenen Kürzungen bei der Kriegsopferversorgung von 1930 bis 1932[484] und verfügte für bestimmte Personengruppen, wie Witwen und Hirnverletzte, sogar Verbesserungen.[485] Nach der Einführung der allgemeinen Wehrpflicht ab Oktober 1935 in Deutschland[486] wurde allerdings die Umgestaltung sowohl der Gesetzgebung als auch der Behördenorganisation für die Kriegsopferversorgung vorbereitet.

Gesetzliche Grundlage für die Versorgung der Soldaten und vergleichbaren Personen der neuen Wehrmacht wurde ab 1938 das Wehrmachtsfürsorge- und Versorgungsgesetz. Es schuf für den erfassten Personenkreis sowohl hinsichtlich der Voraussetzungen für eine Versorgung als auch in Bezug auf das Verfahren die Möglichkeiten der Rechtsverfolgung und die behördlichen Zuständigkeiten neues Recht.[487] Auf der Grundlage dieses Gesetzes und des späteren Einsatzfürsorge- und Versorgungsgesetzes[488] wurde eine Zweiteilung sowohl der Anspruchsberechtigen der Kriegsopferversorgung als auch der Verwaltungszuständigkeiten vollzogen.[489]

Das Wehrmachtsfürsorge- und –versorgungsgesetz (WFVG) gestaltete die Versorgung und Fürsorge der Wehrmachtsangehörigen und ihrer Hinterbliebener ab Einführung der Wehrpflicht um und machte in seiner Präambel den

---

[484] BERG, *Arbeits- und Sozialverwaltung*, a. a. O., S. 240. HUDEMANN, RAINER: *Sozialpolitik im deutschen Südwesten zwischen Tradition und Neuordnung 1945 – 1953*, Mainz 1988, S. 593 f. weist nach, dass hiervon 489.000 Kriegsopfer betroffen waren; die übrigen seien durch eine Verschärfung der Einstufungen der MdE zahlreiche Verstümmelungen neu bewertet und dadurch die Untergrenzen für Rentenleistungen nochmals angehoben worden.

[485] Einzelheiten bei HUDEMANN, *Sozialpolitik im deutschen....*, a. a. O., S. 395 f.; vgl. auch SACHßE/ TENNSTEDT, *Geschichte der Armenfürsorge....*, Bd. 3, a. a. O., S. 184 ff.; WUTTKE, MAX: *Fünfzig Jahre Versorgungsrecht*, in: Der Versorgungsbeamte 1956, S. 86

[486] Wehrgesetz vom 21.05.1935 (RGBl. I S. 609); vgl. auch NEUGEBAUER, *Grundzüge der deutschen....*, a. a. O., S. 335; STERN, *Das Staatsrecht der....*, Bd. V, a. a. O., S. 853

[487] Fürsorge- und Versorgungsgesetz für die ehemaligen Angehörigen der Wehrmacht und ihrer Hinterbliebenen (Wehrmachtsfürsorge- und Versorgungsgesetz – WFVG) vom 26.08.1938 (RGBl. I S. 1077)

[488] Fürsorge- und Versorgungsgesetz für die ehemaligen Angehörigen der Wehrmacht bei besonderem Einsatz und ihre Hinterbliebenen (–Einsatzfürsorge- und versorgungsgesetz–EWFVG) vom 06.07.1993 (RGBl. I S. 1217)

[489] HUDEMANN, *Sozialpolitik im deutschen....*, a. a. O., S. 395

Kurswechsel deutlich, den der nationalsozialistische Führerstaat verfolgte. Es sei „Ehrenpflicht des Staates...., für seine Soldaten so zu sorgen, dass ihnen aus der Ableistung des aktiven Wehrdienstes kein Nachteil erwächst.... Allen Soldaten.... soll Sicherheit gegeben werden, dass bei opferfreudigem Einsatz ihrer Gesundheit und ihres Lebens sowohl für sie selbst als auch für ihre Frauen und Kinder gesorgt wird." Der Dienst in der Wehrmacht wurde zum Ehrendienst erklärt, nach dessen Beendigung die Arbeits- und Berufsbetreuung unter Fürsorgegesichtspunkten im Vordergrund stehe und nicht der Grundgedanke der sozialen Entschädigung.[490]

Das Gesetz enthielt in den §§ 137 bis 183 neue Verfahrensvorschriften für die Versorgung und Fürsorge der Kriegsopfer und Hinterbliebenen. Ab Oktober 1935 waren bereits bei den Wehrkreiskommandos Versorgungsabteilungen gebildet worden, die nach Inkrafttreten des WFVG in Wehrmachtsfürsorge- und –versorgungsämter umbenannt wurden (§ 137 WFVG). Das Feststellungsverfahren in Versorgungsangelegenheiten der Wehrmachtsangehörigen wurde so militärischen Dienststellen übertragen, die der Dienst- und Fachaufsicht höherer militärischer Stäbe unterlagen. So wurden die Wehrkreiskommandos zu Aufsichts- und Beschwerdedienststellen (§ 137 WFVG) und das Reichsfürsorge- und -versorgungsgericht der Wehrmacht zum Spruchkörper in Versorgungsstreitigkeiten (§ 140 WFVG). Neben diesen militärischen Dienststellen bestanden weiterhin als Reichsbehörden unter dem Reichsarbeitsminister die Versorgungsdienststellen fort, die die Versorgung der Kriegsopfer sicherstellten, welche vor 1935 durch Kriegseinwirkung eine gesundheitliche Schädigung erlitten hatten oder aufgrund eines Anwendungsgesetzes anspruchsberechtigt waren.

Im Jahr 1943 erfolgte eine letzte Umgestaltung der Zuständigkeiten in der Kriegsopferversorgung. Mit Führererlass vom 11.10.1943 wurden die Wehrmachtsfürsorge- und –versorgungsämter aufgelöst und die Versorgung der Nicht-Berufssoldaten der Wehrmacht und ihrer Hinterbliebenen den Versorgungsdienststellen rückübertragen.[491] Als Zeitpunkt der Rückübertragung und der Auszahlung der Versorgungsgebührnisse durch die Versorgungsämter wurde für die Elternversorgung der 01.11.1943, die Witwen- und Waisenver-

---

[490] WUTTKE, *Fünfzig Jahre Versorgungsrecht*, a. a. O., S. 86; vgl. auch SACHßE/TRENNSTEDT, *Geschichte der Armenfürsorge....*, Bd. 3, a. a. O., S. 186 f.

[491] Erlass des Führers über die Wehrmachtsfürsorge und –versorgung vom 11.10.1943 (RGBl. I S. 569); vgl. WUTTKE, *Fünfzig Jahre Versorgungsrecht*, a. a. O., S. 87; Grund war wohl die Erkenntnis, dass angesichts der drohenden Niederlage jeder Soldat für den Kampf mobilisiert werden musste und man es sich nicht mehr leisten konnte, Verwaltungsarbeiten von Militärpersonal erledigen zu lassen, für die nicht kriegsdienstfähige Verwaltungsbeamte ebenso befähigt waren.

sorgung der 01.02.1944 und die Beschädigtenversorgung der 01.04.1944 verfügt.[492] Diese Zuständigkeit blieb bis zum Mai 1945 bestehen.

g. Kriegsopferversorgung in Deutschland 1945 – 1949

Nach der Kapitulation der deutschen Wehrmacht am 08.05.1945 und der Übernahme der obersten Regierungsgewalt in Deutschland durch die vier Siegermächte[493] wurden durch Kontrollratsgesetz Nr. 34 vom 20.03.1946 alle Gesetze über die rechtliche und wirtschaftliche Stellung von Angehörigen und ehemaligen Angehörigen der deutschen Wehrmacht aufgehoben und irgendwelche Zahlung von Versorgungsbezügen an diesen Personenkreis untersagt.[494] Dies hatte neben der Auflösung der Versorgungsverwaltung auch zur Folge, dass alle Verwaltungsentscheidungen auf der Grundlage der im deutschen Reich geltenden Versorgungsgesetze außer Kraft traten und die bis dahin bestandskräftig entschiedenen Versorgungsansprüche auf der Grundlage der späteren Gesetzgebung neu festgestellt werden mussten.[495] Die Heilfürsorge der Kriegsopfer wurde den Gesundheitsbehörden übertragen; ihre schwierige wirtschaftliche Situation konnte im Fall der Bedürftigkeit von den Fürsorgebehörden gemildert werden.[496] Erst zwei Jahre nach der Kapitulation der deutschen Wehrmacht entstanden in den vier Besatzungszonen jeweils unterschiedliche rechtliche Regelungen zur Kriegsopferversorgung.

---

[492] Verordnung des Reichsarbeitsministers über die Durchführung des Erlasses des Führers über die Wehrmachtsfürsorge und –versorgung vom 06.11.1943 (RGBl. I S. 634)

[493] Zu Kapitulation und Regierungsübernahme durch die Vier Mächte STOLLEIS, MICHAEL: *Besatzungsherrschaft und Wiederaufbau 1945 – 1949*, in: Isensee, Josef; Kirchhof, Paul (Herausg.): *Handbuch des Staatsrechts,* Bd. I, 3. Aufl., Heidelberg 2003, S. 278 ff.

[494] Art. III Amtsblatt des Kontrollrats in Deutschland, S. 172

[495] BSGE 3, 251, 255 ff.; vgl. auch SCHÖNLEITER, (Herausg.): *Bundesversorgungsgesetz Kommentar*, a. a. O., Einleitung S. VIII. Aus diesem Grunde enthielt § 86 BVG in seiner Erstfassung Bestimmungen, wie bei aufgrund früherer versorgungsrechtlicher Vorschriften bestandskräftig festgestellter Ansprüche zu verfahren ist. Es wurde in jedem Fall eine „Umanerkennung" im Sinne einer Neufestsetzung (entweder durch das BVG oder eines seiner Vorgängergesetze der Länder nach 1945) erforderlich; vgl. DRITTLER, HANS: *Zur rechtlichen Tragweite der Feststellungen nach dem Reichsversorgungsgesetz*, in: Kriegsopferversorgung 1953, S. 17 f.; SCHIEL, C.-H.: *Rechtskraftwirkungen der Bescheide und Entscheidungen im Versorgungsrecht aus der Zeit vor 1945*, in: SGb 1954, S. 139 f. zur damaligen Rechtspraxis und zu den Auffassungen in der Literatur.

[496] BARTH, ERNST*: Die Kriegsopferversorgung in West- und Ostdeutschland nach 1945*, in: Kriegsopferversorgung 1952, S. 2; WUTTKE, *Fünfzig Jahre Versorgungsrecht*, a. a. O., S. 101

In den vier Besatzungszonen wurden nach Wiederherstellung der Staatlichkeit der Länder[497] ab 1947 Gesetze zur Regelung der Kriegsopferversorgung verabschiedet, in denen die unterschiedlichen Rechtsvorstellungen der jeweiligen Besatzungsmacht zur sozialrechtlichen Zuordnung der Kriegsopferversorgung zum Ausdruck kamen, die aber auch an die Grundsätze des Reichsversorgungsgesetzes anknüpften.[498] Die näheren Einzelheiten dieser Entwicklung werden im Zusammenhang mit der Darstellung der Sozialverwaltungen der Länder Bayern, Nordrhein-Westfalen, Rheinland-Pfalz und Sachsen-Anhalt erörtert, von denen jedes Land in einer der vier Besatzungszonen entstand. Diese Landesgesetze wurden erst durch das Bundesversorgungsgesetz im Jahr 1950 auf Bundesebene ersetzt; die aufgrund der Landesgesetze zur Kriegsopferversorgung geschaffenen Landesbehörden wurden zu Versorgungsverwaltungen der Länder.[499]

4. *Das geltende Verwaltungsverfahren der sozialen Entschädigung*

a. Grundzüge der Kriegsopferversorgung

Verwaltungsverfahren nach dem sozialen Entschädigungsrecht werden auf Antrag eines Geschädigten bei den Versorgungsämtern durchgeführt, in Rheinland-Pfalz bei den vier Ämtern für soziale Angelegenheiten in Koblenz, Landau, Mainz und Trier. Für sie gilt das Gesetz über das Verwaltungsverfahren der Kriegsopferversorgung, dessen heute noch geltenden Bestimmungen durch die SGB I und X ergänzt werden.[500] Leistungen nach dem BVG werden gewährt, wenn ein Antragsteller eine gesundheitliche Schädigung erlitten hat, die durch eine Dienstverrichtung im Sinne von § 1 Abs. 1 und 2 BVG entstanden ist. In dieser Vorschrift werden alle militärischen Dienstverhältnisse und Ereignisse erfasst, für die eine gesteigerte Verantwortung der staatlichen Gemeinschaft bei Personenschäden besteht.

Dies sind die militärischen Dienstverhältnisse nach § 2 BVG, die militärähnlichen Dienste gem. § 3 und 4 BVG sowie die in § 5 BVG genannten Kriegseinwirkungen. Hierunter fallen Kampfhandlungen, Einwirkungen von Kampfmitteln (insbesondere Bombenangriffe), behördliche Maßnahmen im Zusammenhang mit Kampfhandlungen (Evakuierungen, Fliegeralarm), Flucht und Vertreibung. Es sind ferner Schädigungen sowohl durch deutsche als

---

[497] STERN, *Das Staatsrecht der....*, Bd. V, a. a. O., S. 1026 ff.; STOLLEIS, *Besatzungsherrschaft und Wiederaufbau....*, a. a. O., S. 291 ff.

[498] Zusammenfassung bei BARTH, *Die Kriegsopferversorgung in....*, a. a. O., S. 2 ff.; missverständlich STOLLEIS, *Geschichte des Sozialrechts....*, a. a. O., S. 239, mit seiner Darstellung, die Versorgungsämter hätten bis dahin das RVG angewendet.

[499] Vgl. WUTTKE, *Fünfzig Jahre Versorgungsrecht*, a. a. O., S. 101

[500] HASE, *Soziales Entschädigungsrecht*, a. a. O., S. 1400

auch alliierte Besatzung, Internierungen, Verurteilungen wegen Kriegsverbrechen und Zwangsarbeit sowie nachträgliche Auswirkungen kriegerischer Vorgänge und im kriegseigentümlichen Gefahrenbereich, wie Schäden durch Munitions- oder Blindgängerexplosionen und Trümmerschäden. Der Kreis der Anspruchsberechtigten ist in § 7 BVG definiert, darunter auch Nichtdeutsche, die in militärischen oder militärähnlichen Diensten standen. Anspruchsberechtigt sind auch die Personen, die eine Schädigung gem. § 5 BVG in Deutschland oder einem von der deutschen Wehrmacht besetzten Gebiet erlitten haben.[501]

Durch das Bundesversorgungsgesetz werden die Opfertatbestände erfasst, die auf Schädigungsereignissen bis zur Beendigung des Zweiten Weltkrieges und seiner Folgen einschließlich der Schadensereignisse in Kriegsgefangenschaft beruhen. Diese Ereignisse konkretisieren sich bei den Kriegseinwirkungen (§ 5 BVG) auf Zusammenhänge mit dem Zweiten Weltkrieg, gehen aber bei den militärischen und militärähnlichen Diensten weiter zurück. Sie erfassen in Anwendung des § 6 BVG vor Beginn des Zweiten Weltkrieges beispielsweise Schadensereignisse beim Einsatz in der „Legion Condor“,[502] den Polizeidienst nach Überführung in die Wehrmacht ab 1935 oder beim Einsatz im Arbeitsdienst ab 1934.[503]

Militärischer Dienst ist gem. § 2 Abs. 1 Buchst. a BVG jeder nach deutschem Wehrrecht geleistete Dienst; er wird durch das Wehrgesetz vom 21.05.1935 inhaltlich bestimmt.[504] Danach ist auch jeder Dienst als Soldat oder Wehrmachtsbeamter in deutschen Streitkräften des Ersten Weltkrieges und sogar der davor eingesetzten deutschen kolonialen Schutztruppen Wehrdienst.[505] Das Entschädigungsrecht des BVG findet also auch auf Personen Anwendung, die bereits vor dem Zweiten Weltkrieg einen Körperschaden erlitten,

---

501 ROHR, KURT; STRÄßER, HORST (Herausg.): *Bundesversorgungsrecht mit Verfahrensrecht, Handkommentar* Bd. 1, 6. Aufl., 66. Lfg., St. Augustin 2002, § 7 Ziff. 7

502 Das als „Legion Condor“ bezeichnete Truppenkontingent der deutschen Wehrmacht wurde von Juli 1936 bis Mai 1939 im spanischen Bürgerkrieg verwendet und umfasste bis zu 5.500 Soldaten. Insgesamt waren, bedingt durch Personalaustausch, 18.000 deutsche Soldaten in dieser Zeit im Einsatz, vgl. NEUGEBAUER (Herausg.), *Grundzüge der deutschen....*, Bd. 1, a. a. O., S. 337

503 Verwaltungsvorschrift zu § 6 BVG, vgl. HASE, *Soziales Entschädigungsrecht*, a. a. O., S. 1375 ff.; ROHR/ STRÄßER, *Bundesversorgungsrecht mit Verfahrensrecht*, a. a. O., § 6 Ziff. 2

504 RGBl. I S. 609; vgl. auch ROHR/ STRÄßER, *Bundesversorgungsrecht mit Verfahrensrecht*, a. a. O., § 2 Ziff. 1

505 WILKE, GERHARD: *Bundesversorgungsgesetz Handkommentar*, München 1960, S. 42

insbesondere die damals noch sehr zahlreichen Kriegsopfer des Ersten Weltkrieges und ihre Hinterbliebenen.[506]

Ein Anspruch auf Entschädigung entsteht, wenn zwischen der durch das Bundesversorgungsgesetz geschützten Tätigkeit und der Schädigung ein ursächlicher Zusammenhang besteht. Hierfür gilt die auch im Unfallversicherungsrecht anzuwendende Theorie der wesentlichen Bedingung, wonach als Ursachen oder Mitursachen nur solche Umstände anzusehen sind, die wegen ihrer besonderen Bedeutung zu dessen Eintritt wesentlich beigetragen haben.[507] Die Entschädigungspflicht entfällt, wenn diese Kausalität wegen des eigenen Tuns des Beschädigten, etwa aufgrund von Fehlverhalten, zu verneinen ist.[508]

Sind mehrere Ursachen gesetzt, „muss die Entscheidung darüber, welche Bedingungen im Rechtssinn als Ursache oder Mitursache zu gelten haben und welche nicht, aus der Auffassung des praktischen Lebens hergeleitet werden".[509] Entschädigungsleistungen sind darüber hinaus nach § 1 a BVG dann zu versagen, wenn der Berechtigte oder die Person, von der sich die Berechtigung ableitet, während der Herrschaft des Nationalsozialismus gegen die Grundsätze der Menschlichkeit oder Rechtsstaatlichkeit verstoßen und sie nach dem 13.11.1997 einen Antrag auf Leistungen gestellt hat.[510]

---

[506] Damit wird zugleich deutlich, dass das BVG kein Gesetz ist, das ausschließlich die Folgelasten des Zweiten Weltkrieges im Sinne von Art. 120 a GG regelt, sondern eine größere zeitliche Rückwirkung hat.

[507] BSGE 1, 72, 76; 7, 53, 55; 11, 50, 52; EICHENHOFER, *Sozialrecht*, a. a. O., S. 232 f.; GITTER/ SCHMITT, *Sozialrecht*, a. a. O., S. 276; zur Funktion des medizinischen Sachverständigen in Fragen der haftungsbegründenden Kausalität: GITTER, WOLFGANG: *Die Funktion des Sachverständigen im Lichte des materiellen Sozialrechts*, in: SGb 1987, S. 360 ff.

[508] SCHULIN/ KÖBL, *Soziales Entschädigungsrecht*, a. a. O., S. 892; FEHL, HANS-MARTIN, *Kommentierung zu § 1 BVG*, in: Wilke, Gerhard (Herausg.): *Soziales Entschädigungsrecht*, 7. Aufl., Stuttgart, München, Hannover, Berlin, Weimar 1992, § 1 Rdnr. 66 ff.

[509] BSGE 1, 72, 76; vgl. auch ROEMER, HANNS: Die versorgungsrechtliche Kausaltheorie im Spiegel einer allgemeinen Haftungslehre, in: SGb 1963, S. 392 ff.; kritisch HASE, Soziales Entschädigungsrecht, a. a. O., S. 1365 f.

[510] Dieser durch Gesetz zur Änderung des Bundesversorgungsgesetzes vom 14.01.1998 (BGBl. I S. 66) eingeführte Versagungsgrund ist die späte gesetzgeberische Antwort auf besonders in den 1990er Jahren in den Medien dargestellte Kriegsverbrechen deutscher Soldaten, wie die völkerrechtswidrige Erschießungsaktion eines Wehrmachtskommandos am 13.10.1943 im italienischen Caiazzo, bei der 22 italienische Bürger ermordet und dessen Haupttäter erst 1993 in Deutschland angeklagt wurden. Ein Soldat des Kommandos bezog aufgrund einer späteren Verwundung Kriegsopferentschädigung beim Amt für soziale Angelegenheiten Koblenz; vgl. BGH in: NJW 1995, S. 1297 ff. Zum Zustandekommen des Gesetzes HEINZ, DIRK: *Zum Entzug von Versorgungsleistungen nach der Ausschlussklausel des § 1 a BVG – ein Fall der „unechten Rückwirkung" von Gesetzen*, in: ZfS 1999, S. 244 ff.; KRAUS, RUDOLF: *Der neue § 1 a BVG – Zielvorgaben und Auslegungskriterien*,

b. Die Entschädigungstatbestände des Bundesversorgungsgesetzes

Ein Anspruch auf Versorgung entsteht gem. § 1 Abs. 3 Satz 1 BVG nur, wenn ein ursächlicher Zusammenhang zwischen einer gesundheitlichen Schädigung und einer Gesundheitsstörung besteht.[511] Dieser medizinische Ursache-Wirkungs-Zusammenhang ist gem. § 20 Abs. 1 SGB X von Amts wegen zu ermitteln. Er erfolgt durch ärztliche Begutachtung, wobei sich der Gutachter unter Zugrundelegung der medizinisch-wissenschaftlichen Erkenntnisse ein Urteil über die Kausalitätsfragen bildet und eine Bewertung nach medizinischen Gesichtspunkten zum Grad der Minderung der Erwerbsfähigkeit (MdE) des Antragstellers abgibt.[512] Er beurteilt die Schädigungsfolgen einer Gesundheitsstörung, die durch nach dem BVG als entschädigungspflichtig anerkannte Ereignisse ausgelöst wurden und bemisst sie mit dem Grad der Minderung der Erwerbsfähigkeit (MdE) gem. § 30 Abs. 1 und 2 BVG.[513]

Die ärztliche Begutachtung der Gesundheitsschäden erfolgte seit Inkrafttreten des Bundesversorgungsgesetzes auf der Grundlage der „Anhaltspunkte für die ärztliche Gutachtertätigkeit im Versorgungswesen", die 1952 vom Bundesarbeitsministerium herausgegeben wurden.[514] Die Wahrscheinlichkeit eines ursächlichen Zusammenhangs von Schädigung und Gesundheitsstörung liegt vor, wenn nach geltender medizinisch-wissenschaftlicher Lehrmeinung mehr dafür als dagegen spricht.[515] Die ärztliche Gutachtertätigkeit im sozialen Entschädigungsrecht unterliegt der Überwachung durch die leitenden Ärzte in

in: br 1998, S. 145 ff.; kritische Würdigung durch FRANK, ANDREAS: *Die Vereinbarkeit des § 1 a BVG mit dem Grundgesetz*, in: br 2003, S. 1 ff.; WULFHORST, TRAUGOTT: *Verfassungswidrigkeit der „Unwürdigkeits"-Tatbestände des § 1a Bundesversorgungsgesetz*, in: ZfS 2001, S. 266 f.

511 SCHULIN/ IGL, *Sozialrecht*, a. a. O., S. 375 f.

512 BUNDESMINISTERIUM FÜR GESUNDHEIT UND SOZIALE SICHERUNG (Herausg.): *Anhaltspunkte für die ärztliche Gutachtertätigkeit im sozialen Entschädigungsrecht und nach dem Schwerbehindertengesetz*, Bonn April 2004, S. 14 ff.; die Anhaltspunkte sind Regelsätze und Hilfestellung für den Gutachter und in diesem Sinn von der Rspr. anerkannt, vgl. BSG in: Der Versorgungsbeamte 1964, S. 127 Nr. 133

513 BUNDESMINISTERIUM FÜR GESUNDHEIT UND SOZIALE SICHERUNG (Herausg.), *Anhaltspunkte für die....*, a. a. O. S. 20 ff; vgl. auch HASE, *Soziales Entschädigungsrecht*, a. a. O., S. 1392

514 DOLATA, *Die Grundlagen für....*, a. a. O., S. 1, der auch die Neuauflagen der Anhaltspunkte in den Jahren 1954, 1958, 1965 und 1973 zitiert.

515 Zur ärztlichen Gutachtertätigkeit im sozialrechtlichen Verwaltungsverfahren: GITTER, *Die Funktion des....*, a. a. O., S. 361 ff.; FRITZE, EUGEN: *Aufgaben und Tätigkeit des medizinischen Sachverständigen*, in: SGb 1987, S. 372 ff.; zu Zurechnungszusammenhang und Kausalität: SCHULIN/ IGL, *Sozialrecht*, a. a. O., S. 376 f.

den Amtsbereichen der Versorgungsverwaltung. Die Entscheidung über die Anerkennung von Schädigungsfolgen trifft die Verwaltung.[516]

Für die Einzelheiten der Rentenberechnung gilt sowohl für das BVG als auch für die Anwendungsgesetze das Regelwerk der §§ 30 ff. BVG, das durch Rechtsverordnungen zu den Einzelvorschriften ergänzt wird.[517] Als Leistungen werden nach §§ 10 ff. BVG Renten (Grundrente, Ausgleichsrente, Berufsschadensausgleich, Ehegatten- und Kinderzulage und Pflegezulage), Leistungen an Hinterbliebene (Hinterbliebenenrenten, Hinterbliebenenbeihilfen, Bestattungs- und Sterbegeld) und Heil- und Krankenbehandlung einschließlich der orthopädischen Versorgung gewährt. Im Arbeitsablauf können die Verwaltungsvorgänge im sozialen Entschädigungsrecht unterteilt werden in Grundentscheidungen (Entscheidungen über Erst- und Änderungsanträge), laufende Zahlungsvorgänge, einschließlich der jährlichen Rentenanpassungen, Rentenumstellungen (etwa Umstellung auf Hinterbliebenenrenten beim Tod des Versorgungsberechtigten), Kostenerstattungen (bei Heil- und Krankenbehandlung von Versorgungsempfängern), Rückforderungen und Regresse.

c. Versorgungsberechtigte nach dem BVG und den Anwendungsgesetzen

Entschädigungsleistungen an Berechtigte, deren Anspruchsvoraussetzungen unmittelbar auf dem BVG beruhen, sind heute fortlaufende Leistungen, bei denen die Prüfung der Anspruchsvoraussetzungen durch die Versorgungsverwaltung abgeschlossen ist. Neuanträge sind wegen der Beschränkung des BVG auf Schadensereignisse im Zusammenhang mit dem Zweiten Weltkrieg oder vorheriger Opferlagen, abgesehen von wenigen Anträgen von Übersiedlern, nicht mehr zu bearbeiten.

Bei den rheinland-pfälzischen Ämtern für soziale Angelegenheiten wurden 2003 noch 33.255 Anspruchsberechtigte nach dem Bundesversorgungsgesetz betreut,[518] für die neben den laufenden Rentenleistungen (einschließlich Rentenanpassungen oder Umstellungen auf Hinterbliebenenrenten) medizinische Leistungen der Heil- und Krankenbehandlung nach den Grundsätzen der gesetzlichen Krankenversicherung (§ 18 BVG), Versorgungskrankengeld, Ver-

---

[516] BUNDESMINISTERIUM FÜR GESUNDHEIT UND SOZIALE SICHERUNG (Herausg.), *Anhaltspunkte für die....*, a. a. O. S. 19

[517] Einzelheiten bei HASE, *Soziales Entschädigungsrecht*, a. a. O., S. 1384; die Rechtsverordnungen sind unter http://www.bmgs.bund.de/download/gesetze_web /gesetze.htm abrufbar (zuletzt eingesehen am 13.07.2004)

[518] Stand 2003. Zum Vergleich 1953: In Rheinland-Pfalz bezogen 282.629 Versorgungsempfänger Leistungen nach dem BVG (bei 26.693 unerledigten Rentenanträgen, Quelle: FRIEDMANN, A.: *Kriegsopferversorgung im Bundesgebiet und in West-Berlin*, in: Die Kriegsopferversorgung 1953, S. 43)

sorgung mit Hilfsmitteln und Kuren gewährt werden.[519] Das Amt für soziale Angelegenheiten in Trier betreut noch 44 Versorgungsberechtigte gem. §§ 64 bis 64 f. BVG aus Luxemburg.[520] Die Gesamtheit der Leistungen nach dem BVG belief sich 2003 in Rheinland-Pfalz auf etwa 173,1 Mio. €; sie werden gem. §§ 1 Abs. 1, 8 des Ersten Überleitungsgesetzes vom Bund getragen.[521]

Versorgungsfälle von Soldaten der Bundeswehr nach §§ 81 ff. SVG und Beamten des Bundesgrenzschutzes (§ 59 Abs. 1 Bundesgrenzschutzgesetz) sowie von Zivildienstleistenden gem. § 47 ff. ZDG werden ebenfalls in der Zuständigkeit der Versorgungsverwaltungen der Länder bearbeitet, allerdings erst nach Beendigung des Dienstverhältnisses.[522] Die ihnen zugrunde liegenden Schadensereignisse können entweder durch dienstliche Tätigkeit verursacht sein, auf während dienstlicher Tätigkeit erlittenen Unfällen beruhen oder durch Verhältnisse entstanden sein, die dem jeweiligen Dienst eigentümlich sind. Hierzu zählen auch die relativ häufigen Wegeunfälle (§ 81 Abs. 4 SVG; § 47 Abs. 5 ZDG).[523] Die rheinland-pfälzischen Ämter für soziale Angelegenheiten betreuen derzeit 1.171 Versorgungsempfänger nach dem SVG und neun Berechtigte nach dem ZDG. Die Aufwendungen für Versorgungsleistungen nach diesen Gesetzen trägt ebenfalls der Bund (§ 88 Abs. 8 SVG; § 51 Abs. 4 ZDG).

Entschädigungsleistungen nach dem Operentschädigungsgesetz kann beantragen, wer durch einen vorsätzlichen, rechtswidrigen tätlichen Angriff eine gesundheitliche Schädigung erlitten hat oder bei dessen Abwehr gesundheitlich oder wirtschaftlich zu Schaden gekommen ist (§ 1 Abs. 1 OEG). Die staatliche Einstandspflicht zur Gewaltopferentschädigung ist aus dem staatlichen Gewaltmonopol abgeleitet, das auch darin besteht, Übergriffe einzelner auf die Rechtsgüter anderer zu verhindern. Kommt der Staat in Einzelfällen dieser

519 Zu den Inhalten dieser Leistungen: EICHENHOFER, *Sozialrecht*, a. a. O., S. 236 f.; GITTER/ SCHWAB, *Sozialrecht*, a. a. O., S. 277 ff.; RULAND, *Sozialrecht*, a. a. O., S. 809 f.; SCHULIN/ IGL, *Sozialrecht*, a. a. O., S. 379 ff.

520 § 1 Abs. 1 Buchst. c der Verordnung über die Zuständigkeit der Verwaltungsbehörden der Kriegsopferversorgung für Berechtigte außerhalb des Geltungsbereichs des Grundgesetzes vom 09.06.1964 (BGBl. I S. 349), geändert am 22.12.1966 (BGBl. I S. 772)

521 Vgl. auch BSGE 39, 20, 22 f.

522 Zur dualen Verfahrensbearbeitung zwischen Wehr- und Versorgungsverwaltung EICHBERGER, *Das Soldatenversorgungsgesetz als....*, a. a. O., S. 103

523 Zu diesem und anderen in mittelbarem Zusammenhang mit der Wehrdienstverrichtung stehenden Entschädigungstatbeständen EICHBERGER, *Das Soldatenversorgungsgesetz als....*, a. a. O., S. 99 f.

Gewährleistungsverpflichtung nicht nach, so soll er wenigstens dem Opfer gegenüber für seinen Schaden haften.[524]

Die rheinland-pfälzischen Ämter für soziale Angelegenheiten betreuten 2003 665 anerkannte Gewaltopfer und bearbeiten jährlich etwa 600 Anträge (639 Anträge in 2003). Etwa 10 bis 15 Prozent der jährlichen Anträge können anerkannt werden (60 Anerkennungen in 2003). Die Kostenträgerschaft für die Entschädigung nach dem OEG teilen sich der Bund und das zuständige Land im Verhältnis von 40 zu 60 vom Hundert (§ 4 Abs. 1 und 2 OEG).

Leistungen nach Bundes-Seuchengesetz und Infektionsschutzgesetz können diejenigen beanspruchen, die, –in der Folge einer gesetzlich vorgeschriebenen Impfung (§§ 51 ff. BSeuchG) oder einer Impfung, die entweder von einer zuständigen Behörde empfohlen[525] oder gemäß internationalen Gesundheitsvorschriften durchgeführt wurde[526] (§ 60 Abs. 1 IfSG)–, einen Gesundheitsschaden erlitten haben, der über die normale Impfreaktion hinausgeht. Derartige Impfschadensfälle entstanden unter der Geltung der Pflicht zur Pockenschutzimpfung bis zum Jahr 1983 mit schwerwiegenden gesundheitlichen Folgen für die Betroffenen leider immer wieder.[527] Seit Aufhebung der Impfpflicht sind diese Schadensfälle eher selten. Die Kosten für derartige Entschädigungsleistungen hat das betreffende Land zu zahlen (§ 59 Abs. 2 BSeuchG, § 66 Abs. 2 IfSG). Die rheinland-pfälzischen Ämter für soziale Angelegenheiten betreuen insgesamt 174 Impfschadensfälle.

Versorgungsleistungen nach dem strafrechtlichen oder dem verwaltungsrechtlichen Rehabilitierungsgesetz erhält, wer infolge einer Freiheitsentziehung (§ 21 StrRehaG) oder einer rechtsstaatwidrigen Verwaltungsentscheidung (§ 3 VwRehaG) einen Gesundheitsschaden erlitten hat.[528] In Rheinland-Pfalz werden vier Versorgungsfälle nach diesen Gesetzen betreut. Die Ausgaben für Leistungen nach den beiden Gesetzen teilen sich der Bund (60 % bzw. 65 % Kostenlast) und das betroffene Land (40 % bzw. 35 % Kostenlast, § 17 VwRehaG; § 20 StrRehaG). Entschädigung nach dem Häftlingshilfegesetz erhalten Deutsche, die nach Besetzung ihres früheren Aufenthaltsortes oder aus politischen und von ihnen nach freiheitlich demokratischer Auffassung nicht zu vertretenden Gründen in Gewahrsam genommen wurden und da-

---

[524] EICHENHOFER, *Sozialrecht*, a. a. O., S. 233; HASE, *Soziales Entschädigungsrecht*, a. a. O., S. 1382; SCHULIN/ IGL, *Sozialrecht*, a. a. O., S. 374 f.

[525] Vgl. BSGE 42, 178, 181 f.; EICHENHOFER, *Sozialrecht*, a. a. O., S. 235

[526] BSGE 42, 172, 174 ff.; EICHENHOFER, *Sozialrecht*, a. a. O., S. 235

[527] Vgl. HASE, *Soziales Entschädigungsrecht*, a. a. O., S. 1380 f.; SCHULIN/ IGL, *Sozialrecht*, a. a. O., S. 372 f.

[528] HASE, *Soziales Entschädigungsrecht*, a. a. O. S. 1379 f.; SCHULIN/ KÖLBL, *Soziales Entschädigungsrecht*, a. a. O., S. 887 f.

durch einen Gesundheitsschaden erlitten haben (§§ 1, 4 HHG). Aufgrund dieses Gesetzes sind in Rheinland-Pfalz 82 Personen versorgungsberechtigt. Die Aufwendungen für Leistungen nach diesem Gesetz trägt der Bund (§ 13 HHG).

Gegen Verwaltungsentscheidungen im Zusammenhang mit dem Bundesversorgungsgesetz ist der Rechtsweg zu den Sozialgerichten gegeben. Dies ergibt sich für die Kriegsopferversorgung unmittelbar aus § 51 Abs. 1 SGG; für die Anwendungsgesetze erfolgt die Rechtswegverweisung durch § 88 Abs. 7 SVG, § 51 Abs. 3 ZDG, § 68 Abs. 2 IfSG, § 7 Abs. 1 OEG, § 10 Abs. 3 Satz 1 HHG, § 25 Abs. 5 StrRehaG. In Streitigkeiten nach dem verwaltungsrechtlichen Rehabilitierungsgesetz ist gem. § 16 Abs. 1 VwRehaG der Verwaltungsrechtsweg gegeben.

d. Fortentwicklung des sozialen Entschädigungsrechts und Auswirkungen auf den Verwaltungsvollzug

Das soziale Entschädigungsrecht mit seiner Vielzahl unterschiedlicher Tatbestände des Opferausgleichs hat sich bis heute zu einem in sich nicht geschlossenen Komplex unterschiedlicher Rechtsinstitute entwickelt, in dem die Kriegsopferversorgung auch sechzig Jahre nach Beendigung des Zweiten Weltkriegs noch die dominierende Rolle spielt und insbesondere die Verfahrensschritte prägt. Zwar hat die Versorgungsverwaltung immer noch eine große Anzahl dieser Kriegsopfer zu betreuen; das Verwaltungsverfahren der Überprüfung der Anspruchsvoraussetzungen hat sich jedoch in den einzelnen Anwendungsgesetzen zum BVG auseinander entwickelt.

Dies wird am Soldatenversorgungsgesetz und dem Opferentschädigungsgesetz deutlich, die zwar beide hinsichtlich der Entschädigungsfolgen auf das BVG verweisen, im Verfahren der Anspruchsberechtigung jedoch unterschiedliche Wege gehen. Beim Soldatenversorgungsgesetz binden die Fachvorgaben der Wehrbehörden die Tätigkeit der Landessozialverwaltung als Bundesauftragsverwaltung,[529] während das Opferentschädigungsgesetz als gemeinschaftliches Ausgleichsinstitut von Bund und Land mit überwiegender Landesfinanzierung in der autonomen Sach- und Wahrnehmungshoheit der Länder liegt.[530] Die Fortschreibung von für die Anspruchsberechtigten günstig gefasster Entschädigungsleistungen aus Zeiten günstiger Staatseinnahmen

---

[529] KESSLER, *Die gesetzlichen Grundlagen....*, a. a. O., S. 238

[530] So wurden so genannte Strahlenschäden von Soldaten der Bundeswehr und Nationalen Volksarmee, die diese beim Dienst an Radargeräten erlitten haben sollen, ab dem Jahr 2000 auf Weisung des Bundes ohne exakten wissenschaftlich-medizinischen Nachweis entschädigt, obwohl die schädigende Wirkung des Dienstes an diesen Radargeräten und ihre Ursächlichkeit für bestimmte gesundheitliche Schädigungen nicht im Einzelfall erwiesen wurde.

führte darüber hinaus zu einer Überversorgung für den Kreis der Kriegs- und Wehrdienstopfer, während bei später normierten Entschädigungstatbeständen eher Restriktionen vorgenommen wurden.[531]

Das heutige soziale Entschädigungsrecht weist auch deshalb keine in sich geschlossene Systematik mehr auf, weil seine Abgrenzung zu den Entschädigungsfällen der sogenannten unechten Unfallversicherung zunehmend unschärfer wurde. Bei ihnen handelt es sich um öffentlich-rechtliche Entschädigungstatbestände zugunsten von Personen, die sich für das Allgemeinwohl einer aus über das Allgemeine hinausgehenden Opferbereitschaft ausgesetzt haben und deshalb einen staatlichen Ausgleich für erlittene Gesundheitsschäden erhalten.[532] Hierzu gehören Nothelfer, Organ- oder Blutspender, Kindergartenkinder, Schüler und Studenten, für deren Entschädigung ein versicherungsrechtlicher Anknüpfungspunkt gewählt wurde, obwohl zumindest ein Teil von ihnen unter dem Gesichtspunkt des staatlichen Opferausgleichs ebenso über das soziale Entschädigungsrecht einen Schadensausgleich erhalten könnte.[533]

Die Abgrenzungsprobleme zwischen sozialem Entschädigungsrecht und den Tatbeständen der unechten Unfallversicherung werden zunehmen, wenn den Empfehlungen aus dem Bericht vom 03.06.2002 der Enquête-Kommission „Zukunft des Bürgerschaftlichen Engagements in Deutschland" des Deutschen Bundestages zur Ausweitung der gesetzlichen Unfallversicherung auf weitere Felder des bürgerschaftlichen Engagements gefolgt wird. Dabei soll es sich um die Tatbestände handeln, bei denen entsprechend den bereits gesetzlich fixierten Teilbereichen eine besondere staatliche Verantwortung für Ursachen und Folgen von Gesundheitsschäden besteht.[534] Durch eine derartige Ausweitung würde der zur sozialen Entschädigung zuzuordnende

---

[531] HASE, *Soziales Entschädigungsrecht*, a. a. O., S. 1365; VOß, JÜRGEN: *Das Bundesversorgungsgesetz als Leitgesetz für das soziale Entschädigungsrecht - Vorschläge für eine Strukturreform*, in: ZfS 2003, S. 161

[532] EICHENHOFER, *Sozialrecht und Privatrecht....*, a. a. O., S. 171; RÜFNER, *Daseinsvorsorge und soziale....*, a. a. O., S. 1077; SCHMITT, JOCHEM: *Unfallversicherung*, in: Maydell, Bernd Baron von; Ruland, Franz (Herausg.): *Sozialrechtshandbuch (SRH)*, Baden-Baden 2003, S. 903

[533] EICHENHOFER, a. a. O., S. 239 f.; RÜFNER, *Daseinsvorsorge und soziale....*, a. a. O., S. 1077; SCHULIN/ KÖLBL, *Soziales Entschädigungsrecht*, a. a. O., S. 884; BOERNER, DIETMAR: *Förderung von bürgerschaftlichem Engagement durch das Sozialrecht*, in: SGb 2002, S. 655 f.; IGL, GERHARD: *Sozialrechtliche Stellung mitmenschlich und ehrenamtlich Engagierter*, in: SGb 2002, S. 709 ff.

[534] DEUTSCHER BUNDESTAG (Herausg.), *Zukunft des Bürgerschaftlichen....*, a. a. O., S. 661; kritisch IGL, *Sozialrechtliche Stellung mitmenschlich....*, a. a. O., S. 713

Rechtsbereich, zu dem auch die unechte Unfallversicherung zu rechnen ist,[535] erheblich erweitert und die Unübersichtlichkeit der gesamten Rechtsmaterie insgesamt gesteigert, weil die Trennlinien zwischen den sozialen Entschädigungstatbeständen im BVG und dem SGB VII weiter an Kontur verlieren.

In der niedersächsischen Landessozialverwaltung wurden Vorschläge zur Reform des sozialen Entschädigungsrechts erarbeitet, durch die das bisherige stark gruppenbezogen ausdifferenzierte Entschädigungsrecht vereinfacht und die Bedarfslagen den heutigen Gegebenheiten auch unter Verzicht auf fürsorgerische Ausprägungen einzelner Leistungen, wie der Ausgleichsrenten, angepasst werden.[536] Hierzu gehört die Ausrichtung der Vorschriften an den Bedarfslagen der anerkannten Anspruchsberechtigten durch Ausgestaltung der Leistungsvorschriften des körperlichen oder seelischen Schadensersatzes auf Nettobasis und in pauschalierter Form. Darüber hinaus sollen die Schädigungsfolgen, insbesondere von seelischen Gesundheitsstörungen, den heutigen Gegebenheiten angepasst und die Beibehaltung eines einheitlichen Leistungsrechts bei unterschiedlichen Haftungsgrundlagen gesichert werden.

Bei Schäden ohne bleibende Gesundheitsstörungen mit einem rentenberechtigten Grad der Minderung der Erwerbsfähigkeit soll eine einmalige Entschädigung erfolgen; eine Grundrente wegen einer Minderung der Erwerbsfähigkeit von unter 50 Prozentpunkten soll abgefunden werden können. Berufsschäden sollen an der heutigen Wirklichkeit gemessen ausgeglichen und die Hinterbliebenenversorgung durch Abkehr vom Leitbild der „Hausfrauenehe" umstrukturiert werden. Die Elternversorgung soll wegfallen und das System der Waisenversorgung in Anlehnung an unterhaltsrechtliche Bestimmungen pauschaliert werden.

Diese Vorschläge nehmen auch das in der Literatur geäußerte Anliegen auf, im Bereich des sozialen Entschädigungsrechts eine grundlegende Bereinigung durchzuführen.[537] Sie berücksichtigen zwar weniger die Forderung nach einer „übergreifenden Dogmatik des sozialen Entschädigungsrechts",[538] stützen aber eine praxisorientierte Systematisierung seiner Leistungssysteme, die den Ländern als Kostenträgern der Verwaltung einen kostengünstigen Ver-

---

[535] EICHENHOFER, *Sozialrecht und Privatrecht....*, a. a. O., S. 171; IGL, *Sozialrechtliche Stellung mitmenschlich....*, a. a. O., S. 708; SCHULIN/ KÖLBL, *Soziales Entschädigungsrecht*, a. a. O., S. 884

[536] Eingehend VOß, *Das Bundesversorgungsgesetz als....*, a. a. O., S. 161 f.

[537] EICHENHOFER, a. a. O., S. 231 f.; HASE, *Soziales Entschädigungsrecht*, a. a. O. S. 1366; KESSLER, *Die gesetzlichen Grundlagen....*, a. a. O., S. 236

[538] So SCHULIN/ KÖLBL, *Soziales Entschädigungsrecht*, a. a. O., S. 925, die dem Bundesversorgungsgesetz die Funktion der Dauerordnung absprechen und es unter den Gesichtspunkten der äußeren Systematik und Klarheit als abstoßend einstufen.

waltungsvollzug ermöglichen. Darüber hinaus liegt ihr Schwerpunkt bei einer besseren Verständlichkeit für die Berechtigten zu Inhalten und Umfang sozialer Entschädigungsleistungen.[539]

Durch ihre Konzentration auf der Rechtsfolgeseite bei Offenheit der Voraussetzungen sozialer Entschädigungsleistungen führen sie bei Verbesserung der Rechtsanwendung im Verwaltungsvollzug die bisherige Systematik des BVG fort. Durch eine derartige Verfahrensbereinigung würde auch die Möglichkeit eröffnet, die gesamte unechte Unfallversicherung aus der Systematik des gesetzlichen Arbeitsversicherungsrechts herauszulösen und sie insgesamt mit dem Recht der sozialen Entschädigung zu vereinen.[540] Die Entlastungsfunktion für die gesetzliche Unfallversicherung als beitragsfinanzierte soziale Absicherung für abhängig Beschäftigte vor Unfallfolgen wäre erheblich. So würde das soziale Entschädigungsrecht in Kompetenzzentren staatlicher Verwaltungen gebündelt.

II. Fürsorgeleistungen nach dem Bundesversorgungsgesetz und seinen Anwendungsgesetzen

1. Die historischen Bezüge der heutigen Kriegsopferfürsorge

a. Das Recht der Kriegsopferfürsorge seit dem Ersten Weltkrieg

Das Recht der Kriegsopferfürsorge ist seit Inkrafttreten des Reichsversorgungsgesetzes Teilbereich der Kriegsopferversorgung (§§ 3 Nr. 2, 21 bis 23 RVG), erhielt jedoch in Bezug auf das Verwaltungsverfahren und die behördlichen Zuständigkeiten eine eigenständige Ausprägung. Vor dem Ersten Weltkrieg war die soziale Fürsorge für bedürftige Kriegsopfer und ihre Hinterbliebenen in einigen Territorien Bestandteil der damaligen Gesetzgebung für diesen Personenkreis, im Übrigen aber der Verantwortung der öffentlichen und privaten allgemeinen Fürsorge überlassen. Die Landkreise als untere Verwaltungsbehörden hatten versorgungsberechtigten Kriegsopfern oder ihren Hinterbliebenen bei Bedürftigkeit zusätzlich zu den von den Militärbehörden zu zahlenden Versorgungsbezügen Zuschüsse auszuzahlen. Sie wurden vom Reich erstattet.[541]

Die soziale Fürsorge des Reichsversorgungsgesetzes setzte demgegenüber ihren Schwerpunkt bei der beruflichen Rehabilitation und Wiedereingliederung

[539] VOß, *Das Bundesversorgungsgesetz als....*, a. a. O., S. 162

[540] Diese Schlussfolgerung klingt deutlich bei SCHULIN/ KÖLBL, *Soziales Entschädigungsrecht*, a. a. O., S. 884, 924 f. und KESSLER, *Die gesetzlichen Grundlagen....*, a. a. O., S. 236, an

[541] FENSKE, *Die Verwaltung im....*, a. a. O., S. 893 f.; STOLLEIS, *Geschichte des Sozialrechts....*, a. a. O., S. 129 f.

der Kriegsbeschädigten in das Erwerbsleben an. Sie trug damit den während des Ersten Weltkrieges entstandenen Initiativen von Verantwortungsträgern in Politik, Wirtschaft, Gesellschaft und freier Wohlfahrtspflege Rechnung, rechtliche Grundsätze für eine Rückführung der Kriegsbeschädigten in das Erwerbsleben zu schaffen. Diese sollten neben der notwendigen Heilbehandlung und der materiellen Entschädigung durch Renten als weiteren Schwerpunkt die berufliche Beratung, die Berufsumschulung und die Arbeitsvermittlung umfassten.[542]

Die Initiativen führten bereits damals zu heutigen öffentlich-rechtlichen Arbeitsgemeinschaften[543] vergleichbaren organisatorischen Zusammenschlüssen von öffentlichen Aufgabenträgern der gesetzlichen Sozialversicherung, der Arbeitsvermittlung, der Ärzteschaft, von karitativen Organisationen und von Arbeitgeber- und Arbeitnehmerverbänden unter der Federführung von Provinzial- oder Landesverwaltungen, die zum Ziel hatten, das Los und die Eingliederungsschwierigkeiten von Kriegsverletzten, Invaliden und Hinterbliebenen zu verbessern. Ein auf Reichsebene noch während des Ersten Weltkrieges erfolgter Zusammenschluss dieser öffentlichen und privaten Institutionen erreichte 1917 die Anerkennung als Reichsausschuss der Kriegsbeschädigtenfürsorge in der Organisationsform der Körperschaft des öffentlichen Rechts, der als Vorläufer der heutigen Bundesarbeitsgemeinschaft der Hauptfürsorgestellen gilt.[544]

b. Die Fürsorgegesetzgebung des Jahres 1919 für Kriegsopfer und ihre Hinterbliebenen

Der zum Ende des Ersten Weltkrieges stärker werdende Handlungsdruck zur beruflichen und wirtschaftlichen Integration der aus dem Krieg zurückkehrenden Kriegsbeschädigten führte dazu, dass die am 09.11.1918 ausgerufene Republik[545] bereits zu Beginn des Jahres 1919 zwei Rechtsverordnungen erließ, deren Grundsätze bis heute fortgelten. Der Verordnung über Beschäftigung Schwerbehinderter vom 09.01.1919[546] folgte bereits am 08.02.1919 die Verordnung über die soziale Kriegsbeschädigten- und Kriegshinterbliebenen-

[542] FENSKE, *Die Verwaltung im....*, a. a. O., S. 895 f.; KERSCHENSTEINER, *Kriegsbeschädigten- und Kriegshinterbliebenenversorgung*, a. a. O., S. 967

[543] Zum Begriff der öffentlich-rechtlichen Arbeitsgemeinschaft PITSCHAS, RAINER: *Die Amtshilfe für und durch Sozialleistungsträger*, in: SGb 1990, S. 241 f.

[544] Der Reichsausschuss der Kriegsbeschädigten- und Kriegshinterbliebenenfürsorge wurde als Körperschaft des öffentlichen Rechts in § 2 der Verordnung über die soziale Kriegsbeschädigten- und Kriegshinterbliebenenfürsorge vom 08.02.1919 (RGBl. S. 187) bestätigt.

[545] STERN, *Das Staatsrecht der....*, Bd. V, a. a. O. S. 495

[546] RGBl. S. 28; STOLLEIS, *Geschichte des Sozialrechts....*, a. a. O., S. 165

fürsorge, mit der die Organisation dieses Fürsorgebereichs festgelegt wurde.[547] Diese Verordnung befasste sich insbesondere mit der Verwaltungsorganisation der Kriegsopferfürsorge. § 5 der Verordnung legte fest, dass die Länder für ihr Gebiet eine oder mehrere Hauptfürsorgestellen der Kriegsbeschädigten- und Kriegshinterbliebenenfürsorge zu bilden hätten, die auch gemeinsam für mehrere Länder eingerichtet werden konnten.

Jeder Hauptfürsorgestelle wurde ein Beirat aus Vertretern der Kriegsbeschädigten und Kriegshinterbliebenen, aus dem Unternehmer- und Arbeitnehmerbereich sowie aus dem Bereich der Fürsorgeverbände zur Seite gestellt (§ 6), der in allen grundsätzlichen Fragen, in Beschwerdeverfahren und in Fragen der Mittelverwendung zu entscheiden hatte (§ 7). Sofern in einem Land mehrere Hauptfürsorgestellen gebildet wurden, konnte hier als übergeordnete Stelle eine Landesstelle der Kriegsbeschädigten- und Kriegshinterbliebenenfürsorge errichtet werden (§ 8); bei den unteren Verwaltungsbehörden waren örtliche Fürsorgestellen einzurichten (§ 9). Die Organisation der örtlichen Fürsorgestellen blieb den obersten Landesbehörden überlassen (§ 10).

c. Verfahren und behördliche Zuständigkeiten der Kriegsopferfürsorge nach 1919

Für das Verfahren und die Zuständigkeiten der sozialen Kriegsbeschädigtenfürsorge galt die Verordnung der Reichsregierung vom 08.02.1919, die bald durch die sogenannten Zuständigkeitsgrundsätze des Reichsausschusses für Kriegsbeschädigte und Kriegshinterbliebene ergänzt wurde.[548] *Anton Kerschensteiner* bemerkt hierzu, dass über diese Verfahrensgrundsätze hinaus eine gesetzliche Bindung vermieden werden sollte, um die soziale Fürsorge möglichst leicht und zweckentsprechend den jeweils bestehenden Bedürfnissen anpassen zu können. Die Fürsorge solle im Gegensatz zu der schematischen Regelung, auf der die Rentenversorgung aufgebaut sei, die besonderen Umstände jedes Einzelfalles berücksichtigen.[549]

Die auf der Grundlage der Verordnung vom 08.02.1919 und der Zuständigkeitsgrundsätze geschaffene Verwaltungsorganisation der Kriegsopferfürsorge bildete einen Behördenbereich heraus, der sich in einigen Ländern mit Landeshauptfürsorgestellen, in allen Ländern mit Hauptfürsorgestellen und

---

[547] RGBl. S. 187

[548] Grundsätze über Aufgaben und Zuständigkeit der sozialen Kriegsbeschädigten- und Kriegshinterbliebenenfürsorge vom 05.12.1919, veröffentlicht in den Amtlichen Nachrichten des Reichsarbeitsministeriums –Abteilung für Kriegsbeschädigten- und Kriegshinterbliebenenfürsorge– 1919, S. 85; vgl. auch STOLLEIS, *Geschichte des Sozialrechts....*, a. a. O., S. 132 f.

[549] KERSCHENSTEINER, *Kriegsbeschädigten- und Kriegshinterbliebenenversorgung*, a. a. O., S. 967;

Fürsorgestellen darstellte. Preußen hatte seine 15 Hauptfürsorgestellen den Provinzialverwaltungen angegliedert; von der Bildung einer Landesstelle wurde abgesehen.[550] Für den heutigen nördlichen Landesteil von Rheinland-Pfalz war die Hauptfürsorgestelle beim Oberpräsidenten der Rheinprovinz in Düsseldorf zuständig.[551] Hessen hatte eine Hauptfürsorgestelle in Darmstadt, die dem hessischen Landesarbeits- und Wirtschaftsamt angegliedert war.[552] Sie war für den rheinhessischen Teil des heutigen Rheinland-Pfalz zuständig. In Bayern wurden unter einer „Landeshauptfürsorgesstelle der Kb- und Kh-fürsorge" bei den Regierungen Hauptfürsorgestellen für die dort zusammengefassten Kreise gebildet.[553] Für den pfälzischen Teil des heutigen Rheinland-Pfalz war die Hauptfürsorgestelle bei der Regierung der Pfalz in Speyer zuständig.

d. Die Neuordnung der Fürsorgepflicht ab 1924

Im Jahr 1923 stand die Weimarer Republik aufgrund der Ruhrbesetzung durch französische und belgische Truppen als Folge der Nichterfüllung von Reparationen und einer zerrütteten Finanz- und Währungswirtschaft aufgrund einer sich beschleunigenden, galoppierenden Preissteigerungsrate[554] vor ihrer bisher schwierigsten Krise. Nun änderte die Reichsregierung auf der Rechtsgrundlage des Ermächtigungsgesetzes vom 08.12.1923[555] durch Notverordnung neben den Eckdaten des mit der Finanzreform von 1920 eingeführten

---

[550] Verordnung betreffend die Errichtung von Hauptfürsorgestellen der Kriegsbeschädigten- und Kriegshinterbliebenenfürsorge vom 20.03.1919 (Preußische Gesetzessammlung 1919, S. 83)

[551] REICHSARBEITSMINISTERIUM (Herausg.): *Handbuch der Reichsversorgung,* Bd. 2, a. a. O., S. 2430 f.

[552] Bekanntmachung über die soziale Kriegsbeschädigten- und Kriegshinterbliebenenfürsorge vom 28.02.1919 (Hessisches Regierungsblatt 1919 S. 99)

[553] Verordnung über die soziale Kriegsbeschädigten- und Kriegshinterbliebenenfürsorge in Bayern vom 07.04.1920 (GVBl. für den Freistaat Bayern Nr. 19 vom 14.04.1920, S. 112)

[554] AMBROSIUS, GEROLD: *Von Kriegswirtschaft zu Kriegswirtschaft 1914 - 1945*, in: North, Michael (Herausg.): *Deutsche Wirtschaftsgeschichte*, München 2000, S. 307; PETZINA, DIETMAR: *Soziale und wirtschaftliche Entwicklung*, in: Jeserich, Kurt, G. A.; Pohl, Hans; Unruh, Georg-Christoph von (Herausg.): *Deutsche Verwaltungsgeschichte,* Bd. 4, Stuttgart 1985, S. 53 ff.

[555] RGBl. I S. 1179. Dieses aus zwei Paragraphen bestehende Ermächtigungsgesetz war vom 08.12.1923 bis zum 14.02.1924 befristet und ermächtigte die Reichsregierung „die Maßnahmen zu treffen, die sie im Hinblick auf die Not von Volk und Reich für erforderlich und dringend erachtet." Vgl. hierzu STERN, *Das Staatsrecht der....,* Bd. V, a. a. O., S. 632

Finanzausgleichs zwischen dem Reich und den Ländern[556] auch wesentliche Aufgabenzuordnungen an die Länder. Es wurden neben den Aufgaben des Schul- und Bildungswesens sowie der Polizei die Aufgaben der Wohlfahrtspflege den Ländern „nach Maßgabe näherer reichsrechtlicher Vorschriften zur selbständigen Erfüllung" überlassen.[557]

Zu den jetzt von den Ländern in Eigenverwaltung durchzuführenden Aufgaben der Wohlfahrtspflege wurden auch die Aufgaben der sozialen Fürsorge für Kriegsbeschädigte und Kriegshinterbliebene bestimmt.[558] Eine besondere Verordnung sollte die Lastentragung der Aufgaben der Wohlfahrtspflege durch Fürsorgeverbände regeln; die Erfüllung der sonstigen Aufgaben war den jeweiligen landesrechtlichen Vorschriften überlassen.[559] Im Gegenzug für die mit großen finanziellen Folgen für die Länder und Gemeindeverbände verbundenen Aufgabenübertragung wurden die Verteilerschlüssel des Finanzausgleichs vom Reich an die Länder –teils dauerhaft, teils befristet– erhöht.[560]

---

[556] Anders als das Grundgesetz enthielt die Weimarer Reichsverfassung keine verfassungsrechtliche Regelung des Finanzausgleichs; Rechtsgrundlage für die Beteiligung der Länder und Gemeinden am Ertrag von Reichssteuern bildete das Landessteuergesetz vom 30.03.1920 (RGBl. S. 402), das in seinen allgemeinen Bestimmungen (§ 16) die Beteiligung der Länder an den Einnahmen aus Reichssteuern durch Reichsgesetz vorsah und den Ländern die Gesetzgebungsbefugnis für die Beteiligung ihrer Gemeinden an ihrem Anteil übertrug; vgl. PETZINA, *Soziale und wirtschaftliche....*, a. a. O., S. 56; STERN, *Das Staatsrecht der....*, Bd. II, a. a. O., S. 1131. Zur Bewertung des Landessteuergesetzes als Instrument des Finanzausgleichs: HIDIEN, JÜRGEN W.: *Nichts ist unmöglich: Aus dem Kuriositätenkabinett des bundesstaatlichen Finanzausgleichs*, in: DÖV 1999, S. 904

[557] § 42 Abs. 1 der Dritten Steuernotverordnung vom 14.02.1924 (RGBl. I S. 74)

[558] § 42 Abs. 1 der Dritten Steuernotverordnung bestimmte neben der Kriegsopferfürsorge folgende Aufgaben zu Aufgaben der Wohlfahrtspflege: Die Fürsorge für die Rentenempfänger der Invaliden- und Angestelltenversicherung, soweit sie nicht den Versicherungsträgern oblag, die Fürsorge für die Kleinrentner und die ihnen gleichgestellten Personen, die Fürsorge für hilfsbedürftige Minderjährige, die Wochenfürsorge, die Flüchtlingsfürsorge, die Leistungen nach dem Gesetz über die durch innere Unruhen verursachten Schäden vom 12.05.1920 (RGBl. S. 941) idF der Verordnung v. 08.01.1924 (RGBl. I S. 23).

[559] § 42 Abs. 3 der Dritten Steuernotverordnung. Vgl. auch MÄDING, ERHARD: *Aufgabenfelder und Aufgabenzuordnung der Republik*, in: Jeserich, Kurt G. A.; Pohl, Hans; Unruh, Georg-Christoph von (Herausg.): *Deutsche Verwaltungsgeschichte,* Bd. 4, Stuttgart 1985, a. a. O., S. 102

[560] Dies macht der Vergleich der §§ 39 ff. der Dritten Steuernotverordnung mit den in §§ 17 ff. des Landessteuergesetzes ursprünglich vorgesehenen Verteilerschlüsseln deutlich. Das Landessteuergesetz wurde durch das Gesetz zur Änderung des Landessteuergesetzes (Finanzausgleichsgesetz) vom 23.06.1923 (RGBl. I 483, 494) ersetzt.

e. Die Verordnung über die Fürsorgepflicht von 1924

Mit der Verordnung über die Fürsorgepflicht vom 13.02.1924[561] wurden die rechtlichen Rahmenbedingungen für eine Erledigung aller Fürsorgeaufgaben durch die Länder geschaffen, die diese jetzt über Landes- und Bezirksfürsorgeverbände zu organisieren hatten. Durch sie wurde auch die Verordnung über die soziale Kriegsbeschädigten- und Kriegshinterbliebenenfürsorge vom 08.02.1919 geändert. Nun wurde es möglich, die Aufgaben der Hauptfürsorgestellen und Fürsorgestellen auf andere Behörden zu übertragen, jedoch nur dann, wenn sichergestellt wurde, dass die in diesen Gesetzen vorgesehenen Beteiligungs- und Mitwirkungsrechte gewahrt und die Gremienbeteiligung gewährleistet war.[562] Auch die Reichsgrundsätze über Voraussetzung, Art und Maß der öffentlichen Fürsorge[563] fassten in ihren §§ 18 bis 32 die besonderen Verfahrensbestimmungen für die Kriegsbeschädigten- und Kriegshinterbliebenenfürsorge zusammen.

Mit der Fürsorgepflicht-Verordnung und den Reichsgrundsätzen fand eine seit dem Ersten Weltkrieg begonnene Entwicklung ihren vorläufigen Abschluss, mit der neben anderen anspruchsberechtigten Gruppen der Personenkreis der Kriegsbeschädigten und Kriegshinterbliebenen aus der allgemeinen öffentlichen Fürsorge im Sinne der Armenfürsorge herausgelöst und als gehobene Fürsorge[564] in die organisatorische Zuständigkeit der Länder abgegeben wurde. Der Unterschied zwischen der nach Gruppen zusammengefassten gehobenen Fürsorge[565] zur allgemeinen öffentlichen Fürsorge lag in der privilegierten Berücksichtigung der Ursache der Bedürftigkeit durch Gesetz, mit der die allgemeinen Grundsätze der damaligen Einheitsfürsorge mit Subsidiarität, Rückzahlungspflicht und Verwandtenhaftung ersetzt wurden. Die soziale Fürsorge wurde so zur Leistung auf gesetzlicher Grundlage, während die öffentliche Fürsorge subsidiäre staatliche Auffangleistung blieb.[566]

---

561 RGBl. I S. 100. Sein unmittelbarer Bezug auf das Ermächtigungsgesetz vom 18.12.1923 verlieh auch dieser Verordnung Gesetzeskraft.

562 §§ 33 und 34 der Verordnung über die Fürsorgepflicht vom 13.02.1924 (RGBl. I S. 105 f.)

563 vom 04.12.1924 (RGBl. I S. 765)

564 JELLINEK, WALTER: *Verwaltungsrecht*, 3. Aufl., 1931, Neudruck: Bad Homburg v. d. H. 1966, S. 536

565 Soziale Fürsorge für Kriegsbeschädigte und Kriegshinterbliebene, die Fürsorge für Rentenempfänger der Rentenversicherungen, die Kleinrentnerfürsorge, die Fürsorge für Schwerbeschädigte und Schwerbeschädigte, die Fürsorge für hilfsbedürftige Minderjährige, die Wochenfürsorge, vg. BERG, *Arbeits- und Sozialverwaltung*, a. a. O., S. 231

566 ROHWER-KAHLMANN, HARRY: *Die Soziale Fürsorge nach dem BVG – Teil der öffentlichen Fürsorge oder der Versorgung?*, in: ZfF 1951, S. 230

f. Die behördlichen Zuständigkeiten der Kriegsopferfürsorge nach 1924

In Preußen wurden die Provinzialverbände zu Landesfürsorgeverbänden bestimmt; Bezirksfürsorgeverbände waren die Stadt- und Landkreise. Die Aufgaben der Landes- und Bezirksfürsorgeverbände waren von den Gemeinden und Gemeindeverbänden als Selbstverwaltungsangelegenheiten durchzuführen.[567]. Bayern teilte in Art. 1 seines Fürsorgegesetzes[568] die Stadtkreise und die kreisunmittelbaren Gemeinden den Bezirksfürsorgeverbänden zu und fasste mittelbare Gemeinden zu Ortsfürsorgeverbänden für die Armenfürsorge zusammen. Bei den Landesfürsorgeverbänden wurde in staatlicher und gebietskörperschaftlicher Trägerschaft unterschieden, wobei nach Art. 12 dem Staat (Land Bayern) die Trägerschaft für die Kriegsbeschädigten- und Kriegshinterbliebenenfürsorge oblag.

Hessen bestimmte das Land zum Landesfürsorgeverband und die Kreise zu Bezirksfürsorgeverbänden. Die damaligen Kreise Mainz und Worms bildeten mit ihren Städten und Landgemeinden wie die übrigen Kreise des Landes eigene Bezirksfürsorgeverbände. Die Aufgaben der Hauptfürsorgestelle wurden dem Landesfürsorgeverband als Landesfürsorgestelle dem Minister für Arbeit und Wirtschaft übertragen.[569]

Die während der NS-Diktatur im Jahr 1935 erlassene Deutsche Gemeindeordnung[570] erforderte bei den Durchführungsbestimmungen der Länder zur Fürsorgepflicht-Verordnung zwar klarstellende Änderungen, beließ es jedoch bei den dargestellten Grundsätzen der Aufgaben- und Lastenverteilung auf Landesebene.

g. Grundsätze staatlicher Fürsorgetätigkeit in den vier Besatzungszonen nach 1945

Die Kriegsopferfürsorge teilte nach der Übernahme der Regierungsgewalt in Deutschland durch die Vier Mächte das gleiche Schicksal wie die Kriegsopferversorgung: Ihre Ausübung als staatliche Aufgabe wurde untersagt. Das Kontrollratsgesetz Nr. 34 vom 20.08.1946 erfasste auch die bisherigen Ge-

---

[567] § 1 der preußischen Ausführungsverordnung zur Verordnung über die Fürsorgepflicht vom 17.04.1924 (Preußische Gesetzessammlung S. 210) idF v. 30.05.1932 (Preußische Gesetzessammlung S. 207)

[568] Bayerisches Ausführungsgesetz zur Reichsverordnung über die Fürsorgepflicht vom 14.03.1930 (GVBl. für die Freistaat Bayern S. 38)

[569] Gesetz zur Ausführung der Verordnung über die Fürsorgepflicht in Hessen vom 17.06.1926 (Reg. Bl. S. 189) idF der Änderungsverordnung vom 28.07.1931 (Reg. Bl. S. 85)

[570] THIEL, MARKUS: *Gemeindliche Selbstverwaltung und kommunales Verfassungsrecht im neuzeitlichen Preußen*, in: Die Verwaltung 2002, S. 56 f.

setze und Verordnungen zur Kriegsopferfürsorge.[571] Ihre Wiederaufnahme als öffentliche Aufgabe gestaltete sich ab 1946 in den Westzonen parallel zur Kriegsopferversorgung nach den organisatorischen Prinzipien, wie sie bereits in der Zeit der Weimarer Republik herausgebildet wurden. Hiervon hob sich allerdings die Entwicklung in der sowjetischen Besatzungszone und der späteren Deutschen Demokratischen Republik ab. Dabei bestand in der öffentlichen Betreuung der Kriegsopferfürsorge der bereits nach dem Ersten Weltkrieg herausgebildete Grundsatz weiter fort, dass soziale Fürsorge ortsnah bei den Betroffenen anzusetzen habe. Die Umsetzung dieses Grundsatzes in behördliche Zuständigkeit und Organisation entwickelte sich jedoch unterschiedlich und blieb es bis heute.

Die Zweiteilung behördlicher Zuständigkeiten für Versorgung und soziale Fürsorge für Kriegsopfer wurde fortgeschrieben. Damit wurde der Grundsatz weiter verfolgt, dass der Versorgung festgesteckte Grundsätze zugrunde liegen, die, auf welcher rechtlichen Grundlage auch immer, den Schadensausgleich für schicksalsgleiche oder zumindest ähnliche Gruppen bezwecken. Demgegenüber stelle die soziale Fürsorge als Rechtspflicht darauf ab, individuelle Bedürfnisse zu betreuen und den einzelnen Menschen zu helfen, deren eigene Kräfte ohne Eigenverschulden nicht zur Selbsthilfe ausreichten.[572] Deshalb wurde unmittelbar nach Inkrafttreten der ersten landesgesetzlichen Grundlagen für die Kriegsopferversorgung auch die soziale Fürsorge für diese Berechtigten wieder aufgenommen und durch kommunale und regionale Initiativen im Wirkungskreis der früheren Hauptfürsorgestellen und Fürsorgestellen ausgeübt.

h. Die Zusammenfassung der Kriegsopferfürsorge im Bundesversorgungsgesetz

Nach Gründung der Bundesrepublik Deutschland wurde erst zwischen 1960 und 1966 durch drei Neuordnungsgesetze zum Bundesversorgungsgesetz der bisherige Bezug der Kriegsopferfürsorge zur Fürsorgepflicht-Verordnung und die Reichsgrundsätze über Voraussetzung, Art und Maß der öffentlichen Fürsorge des Jahres 1924 aufgelöst. Durch Verordnungen des Bundes wurde auch hinsichtlich der Zuständigkeit eine neue Rechtsgrundlage geschaffen. Dabei fasste das Erste Kriegsopferversorgungs-Neuordnungsgesetz[573] neben einer Einführung eines Berufsschadensausgleichs für Erwerbsunfähige und eines Einkommensausgleichs anstelle des Versorgungskrankengeldes alle

---

571 Amtsblatt der Militärregierung Deutschland Nr. 13 vom 20.08.1946

572 BARTH, *Soziale Fürsorge für Kriegsopfer in Berlin*, in: Kriegsopferversorgung 1951, S. 85

573 vom 27.06.1960 (BGBl. I S. 453)

bisherigen Verordnungen und Verwaltungsvorschriften zu §§ 25 bis 27 BVG zusammen. Dabei wurde unter der Überschrift „Kriegsopferfürsorge" die frühere Rechtsmaterie der sozialen Fürsorge als Arbeits- und Berufsförderung in neun Paragraphen neu gegliedert. Diese Leistungen erfassten nun –neben den bisherigen Leistungsarten– die ergänzende Hilfe zum Lebensunterhalt, die Erholungsfürsorge und die Wohnungsfürsorge als spezielle Hilfearten (§ 25 b BVG). Weiterhin wurde die Sonderfürsorge zur Aufgabe der Hauptfürsorgestellen bestimmt (§ 27 e BVG).[574]

Eine erste Verordnung der Bundesregierung zur Kriegsopferversorgung auf der Grundlage der Ermächtigung des damaligen § 27 d BVG (jetzt § 27 i BVG) enthielt die nach der Ergänzung des BVG noch erforderlichen Rechtsvorschriften über Art, Ausmaß und Dauer der Fürsorgeleistungen für Kriegsopfer und Hinterbliebene sowie das Verfahren.[575] Sie wurde nach Änderung und Neufassung durch die heute geltende Verordnung zur Kriegsopferfürsorge abgelöst.[576]

Regelungen zur Organisation der Fürsorgebehörden in den Ländern enthielten dagegen weder die Neuordnungsgesetzgebung noch die auf ihrer Grundlage erlassenen Verordnungen, sodass die Zuständigkeit der Länder weiterhin auf der Grundlage der Verordnung über die soziale Kriegsbeschädigten- und Kriegshinterbliebenenfürsorge vom 08.02.1919 bestand. Unter Einbeziehung auch der Verordnung aus 1919 erarbeiteten Vertreter der Länder Baden-Württemberg, Bayern, Hessen und Nordrhein-Westfalen einen Musterentwurf für ein Landesgesetz zur Durchführung der Kriegsopferfürsorge, der in Rheinland-Pfalz die Grundlage für sein Gesetz zur Durchführung der Kriegsopferfürsorge vom 08.03.1963 bildete.[577]

Durch das Zweite Kriegsopferversorgungs-Neuordnungsgesetz[578] wurden, –neben anderem im fürsorgerechtlichen Teil des BVG–, die aufgrund des zwischenzeitlich in Kraft getretenen Bundessozialhilfegesetzes erforderlichen Verweisungen vorgenommen; das Dritte Kriegsopferversorgungs-Neuord-

---

574 ARBEITSGEMEINSCHAFT DER DEUTSCHEN HAUPTFÜRSORGESTELLEN (Herausg.): *50 Jahre Kriegsopfer- und Schwerbeschädigtenfürsorge*, a. a. O., S. 63; WILKE (Herausg.), *Soziales Entschädigungsrecht*, a. a. O., § 25 Rdnr. 1

575 Verordnung zur Kriegsopferfürsorge vom 30.05.1961 (BGBl. I S. 653). Diese Verordnung wurde nach späterer Änderung und Ergänzung am 27.08.1965 neu gefasst (BGBl. I S. 1031).

576 Verordnung zur Kriegsopferfürsorge vom 16.01.1979 (BGBl. I S. 80), zuletzt geändert am 30.09.1991 (BGBl. I S. 1990).

577 GVBl. S. 82; vgl. ARBEITSGEMEINSCHAFT DER DEUTSCHEN HAUPTFÜRSORGESTELLEN (Herausg.): *50 Jahre Kriegsopfer-....*, a. a. O., S. 68 f.

578 vom 21.02.1964 (BGBl. I S. 86)

nungsgesetz[579] baute die Leistungen der Kriegsopferversorgung und –fürsorge für Beschädigte und Witwen weiter aus und ordnete die Systematik der bisherigen Rechtsänderungen neu, die in der jetzigen Fassung der §§ 25 bis 27 j BGV fortbesteht.[580] Eine weitere organisationsrechtliche Vorgabe für die Behörden der Kriegsopferfürsorge wurde durch diese Gesetze nicht getroffen. Die Regelungen haben bis heute Bestand.

2. *Kriegsopferfürsorge heute*

a. Die aktuelle Bedeutung der Kriegsopferfürsorge in Rheinland-Pfalz

Die Verwaltungsverfahren der Kriegsopferfürsorge haben die gleiche rückläufige Entwicklung, wie dies bei der Kriegsopferversorgung beschrieben wurde. Dennoch können diese Verfahren nicht als vernachlässigbare Größe angesehen werden. Zwar ist aufgrund der demographischen Entwicklung die Zahl der Anspruchsberechtigten nach § 1 BVG, die zugleich Anspruchsberechtigte der Kriegsopferfürsorge gem. §§ 25 ff BVG sein oder werden können, sehr deutlich zurückgegangen.[581] Im Bereich der Anspruchsberechtigten nach den Anwendungsgesetzen des BVG (wie SVG, ZDG, OEG, BSeuchG und IfSG) behalten die Verwaltungsverfahren der Kriegsopferfürsorge jedoch eine dauerhafte Bedeutung, wenn auch mit heute absehbaren Fallzahlen, die weit unter denen der anspruchsberechtigten Kriegsopfer im Sinne von § 1 BVG liegen werden.[582]

Gem. § 3 Abs. 2 DGKOF ist das Landesamt für Soziales, Jugend und Versorgung als überörtlicher Träger der Kriegsopferfürsorge in Rheinland-Pfalz für folgende Leistungsarten zuständig:

- Die Hilfen zur beruflichen Rehabilitation gem. §§ 26 und 26 a BVG (§ 3 Abs. 2 Nr. 1 DGKOF),
- die Erziehungsbeihilfen gem. § 27 BVG, soweit sie zum Besuch von Hochschulen und Fachhochschulen oder zum Zweck der Fürsorgeerziehung und der Freiwilligen Erziehungshilfe gewährt werden (§ 3 Abs. 2 Nr. 2 DGKOF),

---

579 vom 28.12.1966 (BGBl. I S. 750)

580 HASE, *Soziales Entschädigungsrecht*, a. a. O., S. 1399 f.; WILKE (Herausg.), *Soziales Entschädigungsrecht*, a. a. O., Einleitung Rdnr. 4;

581 Während 1980 in der Bundesrepublik Deutschland 2.015.399 Versorgungsberechtigte nach dem BVG lebten, waren es 1992 einschließlich der Berechtigten aus den neuen Bundesländern noch 1.341.530 Personen und 2000 insgesamt 896.809 Berechtigte (Quelle: ERNST, KARL-FRIEDRICH: *Die Entwicklung der Kriegsopferfürsorge nach dem Bundesversorgungsgesetz von 1995 bis 2000*, in: br 2000, S. 146)

582 So auch ERNST, *Die Entwicklung der....*, a. a. O., S. 144

- die Sonderfürsorge gem. § 27 e BVG für besonders schwer betroffene Kriegsbeschädigte, wie Kriegsblinde, Ohnhänder, Querschnittsgelähmte, die eine Pflegezulage beziehen, sowie Hirnbeschädigte und Beschädigte, deren Minderung der Erwerbsfähigkeit allein wegen Erkrankung an Tuberkulose oder wegen einer Gesichtsentstellung wenigstens 50 vom Hundert beträgt (§ 3 Abs. 2 Nr. 6 DGKOF),
- die Erholungshilfen gem. § 27 b BVG für Sonderfürsorgeberechtigte (§ 3 Abs. 2 Nr. 3 DGKOF), die Wohnungshilfen gem. § 27 c BVG (§ 3 Abs. 2 Nr. 4 DGKOF), die Hilfen in besonderen Lebenslagen gem. § 27 d BVG, soweit für entsprechende Leistungen der Sozialhilfe der überörtliche Träger der Sozialhilfe sachlich zuständig ist (§ 3 Abs. 2 Nr. 5 DGKOF),

sowie die Leistungen der Kriegsopferfürsorge an Hilfesuchende außerhalb des Geltungsbereichs des Bundesversorgungsgesetzes, also die Berechtigten der Auslandsversorgung (§ 3 Abs. 2 Nr. 7 DGKOF).[583]

b. Hilfearten und Fallzahlen der Verwaltungsverfahren

Für die 2003 in Rheinland-Pfalz lebenden 1.792 Sonderfürsorgeberechtigten gem. § 27 e BVG ist das Landesamt für alle Leistungsarten der Kriegsopferfürsorge zuständig, also auch für die Leistungsarten, die für die übrigen Beschädigten von den örtlichen Fürsorgestellen erbracht werden. Ihr Anteil als Leistungsempfänger ist bei allen Hilfearten mit Ausnahme der Hilfe zur Pflege in Einrichtungen höher als bei den übrigen Anspruchsberechtigten. Dies betrifft insbesondere die Erholungshilfe, die Hilfe zum Lebensunterhalt, die Pkw-Hilfen und sonstige Hilfen in besonderen Lebenslagen.[584] Die Sonderfürsorgeberechtigten erfahren darüber hinaus eine intensivere Beratung und Betreuung durch Hausbesuche und Außensprechtage, die von den Mitarbeitern der Zweigstellen der Hauptfürsorgestellen bei Ämtern für soziale Angelegenheiten durchgeführt werden.[585] Die Gesamtausgaben für diesen Personenkreis beliefen sich in Rheinland-Pfalz im Jahr 2003 auf etwa 2,7 Mio. €.

Die Erholungshilfe gem. § 27 b BVG wird von den Sonderfürsorgeberechtigten wegen ihres hohen Alters und der damit einhergehenden geringeren Mobilität zunehmend weniger in Anspruch genommen, sodass 2003 für die rheinland-pfälzischen Berechtigten noch 81 Erholungsmaßnahmen durchge-

---

583 Dies sind die beim Amt für soziale Angelegenheiten Trier betreuten anspruchsberechtigten Personen in Luxemburg.

584 Näheres bei STORK, ERICH: *Die Entwicklung der Kriegsopferfürsorge*, in: br 1990, S. 107

585 Zu den Grundsätzen der besonderen Betreuung in der Kriegsopferfürsorge: ERNST, *Die Entwicklung der....*, a. a. O., S. 145; WILKE (Herausg.), *Soziales Entschädigungsrecht*, a. a. O., § 27 e BVG Rdnr. 1

führt werden konnten. Der Rückgang der Inanspruchnahme dieser Hilfeart[586] trifft vor allem die gut ausgestatteten Einrichtungen der Kriegsopferverbände, die heute auch länderbezogen zu einander in Konkurrenz treten.[587]

Geldleistungen der Wohnungshilfe gem. § 27 c BVG, die von Beschädigten und ihren Witwen beansprucht werden können, sind auf die behindertengerechte bauliche Ausgestaltung der Wohnungen beschränkt.[588] Hier wird heute aufgrund des Alters der Anspruchsberechtigten der Einbau von Treppenliften, Türverbreiterungen oder Ausstattungsänderungen im Sanitärbereich erforderlich. Derart kostenintensive Maßnahmen helfen, teuere Heimunterbringungen zu vermeiden oder zumindest hinauszuzögern.[589] In Rheinland-Pfalz wurden als Wohnungshilfe 25.069 € Einzelleistungen ausgezahlt, davon 24.338 € an Sonderfürsorgeberechtigte.

Als Hilfen in besonderen Lebenslagen gem. § 27 d BVG wurden vom Landesamt für Soziales, Jugend und Versorgung 1.614 Leistungsberechtigte betreut. Ein großer Teil dieser Hilfen wird für Kinder von Kriegsopfern oder Berechtigte mit Impfschaden aufgebracht, die wegen ihrer Behinderung entweder in einer Sondereinrichtung untergebracht werden müssen oder nicht auf dem Arbeitsmarkt erwerbstätig sein können und deshalb langfristig in einer Werkstatt für behinderte Menschen beschäftigt sind.[590]

Die Hilfen zur beruflichen Rehabilitation in der Zuständigkeit des Landesamtes für Soziales, Jugend und Versorgung beschränken sich heute auf den Kreis der Anspruchsberechtigten nach den Anwendungsgesetzen des BVG. Die Mehrzahl von ihnen kann nach einer beruflichen Rehabilitationsmaßnahme einer Erwerbstätigkeit nachgehen. In diesem Zusammenhang ist die Kriegsopferfürsorge Rehabilitationsträger gem. § 6 Abs. 1 Nr. 5 SGB IX, insbesondere für Leistungen zur Teilhabe am Arbeitsleben (§§ 5 Nr. 2, 33 bis

---

[586] Noch 2002 waren des 104 Erholungsmaßnahmen für die Sonderfürsorgeberechtigten und 485 insgesamt.

[587] Die Erholungshilfe wird als Erholungsaufenthalt bei freier Wahl des Erholungsortes und der Erholungseinrichtung durch den Berechtigten als Sachleistung bei Durchführung in Vertragseinrichtungen der Kriegsopferfürsorge oder durch Übernahme der Unterbringungs- und Verpflegungskosten und der Fahrtkosten als Geldleistung unter Beachtung von persönlichen Zweckmäßigkeitsgesichtspunkten gewährt; vgl. WILKE (Herausg.), *Soziales Entschädigungsrecht*, a. a. O., § 27 b BVG, Rdnr. 2; siehe auch STORK, *Die Entwicklung der....*, a. a. O., S. 106

[588] WILKE (Herausg.), *Soziales Entschädigungsrecht*, a. a. O., § 27 c BVG, Rdnr. 2

[589] ERNST, *Die Entwicklung der....*, a. a. O., S. 150

[590] WILKE (Herausg.), *Soziales Entschädigungsrecht*, a. a. O., § 27 d BVG, Rdnr. 5

43 SGB IX).[591] Die Ausgaben für Rehabilitationsleistungen der Kriegsopferfürsorge in Rheinland-Pfalz sind allerdings mit 366.443 € in 2003 im Vergleich zu anderen Rehabilitationsträgern gering. Erziehungsbeihilfen nach § 27 BVG werden vom Landesamt heute ebenfalls nur noch im Zusammenhang mit den Anwendungsgesetzen des BVG gewährt. Ihr Ausgabevolumen belief sich in Rheinland-Pfalz im Aufgabenbereich des überörtlichen Trägers der Kriegsopferfürsorge auf 28.920 €.

In einem beim Landesamt für Soziales, Jugend und Versorgung gem. § 7 DGKOF gebildeten Beirat aus Vertretern der Kriegsopferverbände werden die Widerspruchsverfahren entschieden, die sich entweder gegen Entscheidungen des Landesamtes selbst oder gegen Entscheidungen der örtlichen Fürsorgeträger in Rheinland-Pfalz richten, welche gem. § 4 DGKOF Aufgaben des überörtlichen Trägers der Kriegsopferfürsorge durchführen. Dieser Beirat hatte im Jahr 2003 über 12 Widerspruchsfälle zu entscheiden, davon 5 Widerspruchsfälle gegen Entscheidungen örtlicher Fürsorgestellen.

c. Fortentwicklung der Kriegsopferfürsorge in Auswirkung auf ihre Verwaltung

Auch die Kriegsopferfürsorge bedarf als Hilfeart des sozialen Entschädigungsrechts der Fortentwicklung. Die Vorschläge hierzu reichen von der Frage nach der Sinnhaftigkeit dieser besonderen Ausprägung der Sozialhilfe[592] bis zum Postulat, dieses Rechtsgebiet vor dem Hintergrund zunehmender Auslandseinsätze der Bundeswehr und internationaler Einsätze des Bundesgrenzschutzes und von Hilfsorganisationen des Bundes (Technisches Hilfswerk) von seinen Bezügen auf die Opfersituation des Zweiten Weltkriegs zu befreien und fortzuentwickeln.[593] Dies betrifft bereits die Bezeichnung dieses Rechtsgebiets, die ihre aktuellen Bezüge zur Rehabilitation bestimmter Gruppen von behinderten Menschen nicht mehr vermitteln kann.

Hinsichtlich der Zuständigkeit der örtlichen und überörtlichen Träger der Kriegsopferfürsorge gilt noch heute die Verordnung über die soziale Kriegsbeschädigten- und Kriegshinterbliebenenfürsorge vom 08.02.1919.[594] Da die §§ 25 bis 27 j BVG lediglich die materiellrechtliche Ausgestaltung der Kriegsopferfürsorge regeln und zu Verwaltungszuständigkeiten in § 53 der Verordnung zur Kriegsopferfürsorge ausschließlich die örtliche Zuständigkeit

---

591 MORITZ, HEINZ PETER: *Die rechtliche Integration behinderter Menschen nach SGB IX, BGG und Antidiskriminierungsgesetz*, in: ZFSH/ SGB 2002, S. 207 ff.; WELTI, *Das neue SGB IX....*, a. a. O., S. 2210

592 HASE, *Soziales Entschädigungsrecht*, a. a. O., S. 1359

593 EICHBERGER, *Das Soldatenversorgungsgesetz als....*, a. a. O., S. 104

594 RGBl. S. 187, übernommen als fortgeltendes Recht in BGBl. III 830-2-4

bestimmt ist,[595] gilt diese Reichsverordnung gem. Art. 125 GG weiter fort.[596] §§ 5 und 9 dieser Verordnung legen die sachliche Zuständigkeit der Verwaltungsbehörden der Kriegsopferfürsorge in die organisatorische Zuständigkeit der Bundesstaaten, also heute der Länder, sodass die Länder die Verwaltungsträgerschaft eigenständig regeln können.

Vor dem Hintergrund der demographischen Entwicklung der Berechtigten der Kriegsopferfürsorge verfolgten die Sozialverbände im Bundesausschuss der Kriegsbeschädigten- und Kriegsopferfürsorge seit längerem die Zusammenfassung der örtlichen und überörtlichen Trägerschaften in der Zuständigkeit der Länder, weil die örtlichen Träger in ihren Verwaltungen keinen auf diese Fürsorgeart spezialisierten Sachverstand mehr vorhielten und die allgemeinen Grundsätze der Sozialhilfe anwendeten. Diesem Begehren wurde in den neuen Bundesländern bereits teilweise entsprochen;[597] die Bundesregierung hat die übrigen Länder aufgefordert, ebenfalls die örtliche und überörtliche Trägerschaft in Landeszuständigkeit zusammenzufassen. Rheinland-Pfalz beabsichtigt ebenfalls, in der künftigen Neufassung seines Durchführungsgesetzes zur Kriegsopferfürsorge den örtlichen und überörtlichen Träger in Landeszuständigkeit zu bündeln. Der relativ geringe personelle Mehrbedarf in den Ämtern für soziale Angelegenheiten erscheint durch den Vorteil von Kompetenzbündelung in regionalen Zentren, die im übrigen in Zukunft durch mobile Bürgerservice-Büros nachfragenah vertreten sein werden, gerechtfertigt.

III. Sozialhilfe in historischer Perspektive

1. Grundlagen öffentlicher Fürsorge in Deutschland

a. Geschichtliche Bezüge der öffentlichen Fürsorge

Staatlich organisierte Fürsorgetätigkeit nahm in Deutschland seinen Ausgangspunkt im 15. und 16. Jahrhundert, als die mittelalterlichen Städte und fürstlichen Territorien begannen, die von kirchlichen Institutionen (Kirchengemeinden, Klöster), Stiftungen oder beruflichen Zusammenschlüssen (Kaufmannsgilden, Handwerkerzünfte, Bruderschaften) geleistete Hilfe für arme und hilfsbedürftige Menschen zunächst durch eigene Maßnahmen und

---

[595] Verordnung zur Kriegsopferfürsorge vom 30.05.1961 (BGBl. I S. 653), idF der Bek. vom 16.01.1979 (BGBl. I S. 80), zuletzt geändert am 27.12.2003 (BGBl. I S. 3022)

[596] Vgl. KIRN, MICHAEL: *Kommentierung zu Art. 125*, in: Münch, Ingo von; Kunig, Philip (Herausg.): *Grundgesetz-Kommentar,* Bd. 3, a. a. O., S. 1333 f.; STERN, *Das Staatsrecht der....,* Bd. I, a. a. O., S. 723 f.

[597] Brandenburg und Sachsen-Anhalt führten bei ihren Landesbehörden die örtliche und überörtliche Trägerschaft zusammen.

Institutionen zu ergänzen und später in einer gebietlichen Leitfunktion zu koordinieren sowie zu organisieren.[598] Der Wandel der Armenfürsorge von der familiären, kirchlich-klösterlichen oder genossenschaftlichen Unterstützungsleistung zur hoheitlichen Aufgabe nahm seinen Ausgang in den überbevölkerten Städten, die wegen ihrer lehensrechtlichen Besonderheiten gegenüber den unter fürstlicher Hoheitsgewalt und Abhängigkeit stehenden dörflichen Lebensgemeinschaften auch auf Besitzlose, Arbeitslose oder durch sonstige Umstände Entwurzelte große Anziehungskraft ausübten.[599] Massenhungersnöte, Kriege und der einsetzende Wandel in der Arbeitswelt zu verstärkter Arbeitsteilung sowie der Verfall der Reallöhne verstärkten die Landflucht, mit der in Not, Arbeits- und Bindungslosigkeit geratene Menschen als Arbeitslose, Arbeitsscheue, Kranke, Krüppel und Bettler ihre Zuflucht in den mittelalterlichen Städten suchten.[600]

Da die Städte ab dem Mittelalter eine Vorreiterrolle beim marktwirtschaftlichen Wandel zu arbeitsteiliger Warenproduktion und einem auf Geldwirtschaft basierten Warentausch erwarben, wurden sie gegenüber dem umliegenden Land und den dort lebenden Menschen zu Inseln des Wohlstandes und der Mildtätigkeit. Der wirtschaftliche Erfolg ihrer Bewohner drückte sich auch in Almosen und Stiftungen aus, mit denen Einrichtungen für Arme, wie Spitäler und Armenspeisungen unterstützt wurden. Diese Hilfe blieb wegen der zunehmend größer werdenden Anziehungskraft der Städte für Arme und Bedürftige aus der ländlichen Umgebung sehr bald nur noch den in Not geratenen eigenen Bewohnern vorbehalten, von denen die „Ortsfremden“ unterschieden und ausgeschlossen wurden.[601] Hieraus entwickelte sich die hoheitli-

---

[598] Ausführlich bei SACHßE/ TENNSTEDT, *Geschichte der Armenfürsorge....*, Bd.1, a. a. O., S. 26 ff.; vgl. auch EICHENHOFER, *Sozialrecht*, a. a. O. S. 13 f.

[599] RITTER, GERHARD A.: *Der Sozialstaat: Entstehung und Entwicklung im internationalen Vergleich*, München 1989, S. 29 ff.; STOLLEIS, *Geschichte des Sozialrechts....*, a. a. O., S. 13 ff.

[600] Zur Sozialordnung und Sozialpolitik im Mittelalter vgl. JENKS, STUART: *Von den archaischen Grundlagen bis zur Schwelle der Moderne*, in: North, Michael (Herausg.): *Deutsche Wirtschaftsgeschichte*, München 2000, S. 95 ff.; zu Bettelei und Almosengewährung im Mittelalter FLIERL, HANS: *Freie und öffentliche Wohlfahrtspflege*, 2. Aufl., München 1992, S. 127 f.; vgl. auch BUTTERWEGGE, *Krise und Zukunft....*, a. a. O., S. 38; STOLLEIS, *Die Geschichtlichkeit des.....*, a. a. O., S. 379

[601] DAHLINGER, ERICH; MERGLER, OTTO: *Einführung in das Sozialhilferecht*, in: Mergler/ Zink, *Bundessozialhilfegesetz*, 4. Aufl., Stuttgart 2002, Einführung Rdnr. 9; FLIERL, *Freie und öffentliche....*, a. a. O., S. 129; RITTER, *Der Sozialstaat: Entstehung....*, a. a. O., S. 32 f.; STOLLEIS, *Geschichte des Sozialrechts....*, a. a. O., S. 18 f.; STUART, *Von den archaischen....*, a. a. O., S. 99 f.

che Reglementierung des Armen- und Bettelwesens durch städtische Armen- und Bettelordnungen sowie ihre polizeiliche Durchsetzung.[602]

Reformation und Renaissance in Europa brachen die wirtschaftlichen und politischen Ordnungen des Mittelalters auf und ersetzten die bisherigen sozialen und gesellschaftlichen Kräfte in den Klöstern und Bruderschaften durch neue karitative Bewegungen, die aus der religiösen Auseinandersetzung dieser Zeit entstanden.[603] Die in der Aufklärung durch Kameralistik und Polizeiwissenschaften formulierte Lehre von der Schaffung „gemeiner Wohlfahrt" und „guter Policey" führte die in den Städten entstandene repressive Armenpolitik – mit Bestrafung, Disziplinierung und Arbeitszwang für Arme sowie in Not Geratene– zu einer neuen Sichtweise, die auf dem Gedanken der mitmenschlichen Solidarität und der Mobilisierung der gesellschaftlichen Kräfte zur Unterdrückung der Armut beruhte.[604] Diese neuen karitativen Ansätze und die aufklärerischen Lehren von der „guten Policey" –als dem staatlichen Streben nach individueller und gemeinschaftlicher Glückseligkeit– führten im Allgemeinen Preußischen Landrecht von 1794 zur staatlichen Verpflichtung, „für die Ernährung und Verpflegung derjenigen Bürger zu sorgen, die sich ihren Unterhalt nicht selbst" oder über unterhaltspflichtige Privatpersonen verschaffen können, und „denjenigen, welchen es nur an Mitteln und Gelegenheit" zum Verdienst ihres Unterhalts mangelt, Arbeiten nach „ihren Fähigkeiten und Kräften" anzuweisen.[605]

---

[602] FLIERL, *Freie und öffentliche....*, a. a. O., S. 131 belegt dies durch Zitat der damals beispielgebenden Nürnberger Bettelordnung des Jahres 1370; vgl. auch RÜFNER, *Daseinsvorsorge und soziale....*, a. a. O., S. 1073; STOLLEIS, *Geschichte des öffentlichen....*, 1. Bd., a. a. O., S. 371

[603] FLIERL, *Freie und öffentliche....*, a. a. O., S. 136 ff. führt hier die geistige Urheberschaft von *Martin Luther*, *Johannes Calvin* und *Carlo Borromeo* auf, auf deren Grundlagen die Wohlfahrtspflege durch *Vincent von Paul* (1581 – 1660), *Philipp Jakob Spener* (1635 – 1705), *August Hermann Francke* (1663 – 1727) und *Johann Heinrich Pestalozzi* (1746 – 1827) neue Akzente erhielt.

[604] RITTER, *Der Sozialstaat: Entstehung....*, a. a. O., S. 29; STOLLEIS, *Geschichte des öffentlichen Rechts....*, 1. Bd., a. a. O., S. 384 f.; derselbe, *Geschichte des Sozialrechts....*, a. a. O., S. 21

[605] §§ 1 und 2 des 19. Titels im 2. Teil des Allgemeinen Landrechts, zitiert nach RITTER, *Der Sozialstaat: Entstehung....*, a. a. O., S. 40 f.; vgl. auch NORTH, MICHAEL: *Von der atlantischen Handelsexpansion bis zu den Agrarreformen (1450 – 1815)*, in: North, Michael (Herausg.): *Deutsche Wirtschaftsgeschichte*, München 2000, S. 185 ff.; STOLLEIS, *Die Geschichtlichkeit des....*, a. a. O., S. 379; derselbe, *Geschichte des Sozialrechts....*, a. a. O., S. 23 f.

b. Die Reformen des Armenwesens im 19. Jahrhundert

Im 19. Jahrhundert verwob sich in Europa die vorindustrielle Armut mit einer rapiden Bevölkerungsvermehrung und einer Massenverelendung in den Industriezentren, auf die der Wirtschaftsliberalismus dieser Zeit zunächst die Antwort hatte, die öffentliche Armenhilfe zu vermindern und den Zwang zur Arbeit zu verschärfen.[606] Erst die ab 1850 einsetzenden Produktivitätszuwächse in Industrie und Landwirtschaft, die Verbesserung der Transportmöglichkeiten und die Öffnung überlokaler und überregionaler Märkte führten zu einem erhöhten Arbeitsplatzangebot, das half, den Pauperismus der frühkapitalistischen Industriegesellschaften abzumildern.[607] Die damals von den Kirchen getragene freie Wohlfahrtspflege war durch die staatliche Zersplitterung in Deutschland,[608] die weitgehende Abhängigkeit und Rechtlosigkeit der Landbevölkerung,[609] und strukturelle Krisen –sowohl in der katholischen als auch den reformatorischen Kirchen[610]– in ihrer Entfaltung und Wirkung gehemmt. Dies war der Nährboden für die gesellschaftliche und politische Solidarisierung der Arbeiterschaft in der Sozialdemokratie und den Gewerkschaften, der schließlich *Otto von Bismarck* als Reichskanzler ab 1881 eine staatliche Sozialpolitik durch Absicherung der Arbeiterschaft gegen Unfälle und Krankheiten sowie durch Anspruch auf Rente in der gesetzlichen Sozialversicherung entgegensetzte.[611]

Das 19. Jahrhundert ist durch den Übergang feudalistischer und absolutistischer Herrschaftsformen zu demokratischen Strukturen gekennzeichnet, die in

---

606 RÜFNER, *Sozialhilferecht*, a. a. O., S. 927; STOLLEIS, *Die Geschichtlichkeit des....*, a. a. O., S. 379 f.; WEHLER, HANS-ULRICH: *Deutsche Gesellschaftsgeschichte,* Bd. 2, a. a. O., S. 281 f.

607 RITTER, *Der Sozialstaat: Entstehung....*, a. a. O., S. 45, WEHLER, *Deutsche Gesellschaftsgeschichte*, Bd. 2, a. a. O., S. 284 ff.

608 STERN, *Das Staatsrecht der....*, Bd. V, a. a. O., S. 86 ff.

609 NORTH, *Von der atlantischen....*, a. a. O., S. 130 ff; WEHLER, HANS-ULRICH: *Deutsche Gesellschaftsgeschichte,* Bd. 1, 2. Aufl., München 1989, S. 170 ff.

610 FLIERL, *Freie und öffentliche....*, a. a. O., S. 145 f.

611 BUNDESMINISTERIUM FÜR ARBEIT UND SOZIALORDNUNG (Herausg.): *Sozialgeschichte, Bilder und Dokumente*, 5. Aufl., Berlin 2001, S. 52 f.; BUTTERWEGGE, *Krise und Zukunft....*, a. a. O., S. 41 f.; EICHENHOFER, *Sozialrecht*, a. a. O., S. 19 f.; HERZOG, in: Maunz/ Dürig, *Kommentar zum Grundgesetz*, a. a. O., Art. 20 Rdnr. 10; KALTENBORN, MARKUS: *Die Sozialgesetzgebung des Reichskanzlers Fürst Otto von Bismarck*, in: JZ 1998, S. 770 ff.; STOLLEIS, *Die Geschichtlichkeit des....*, a. a. O., S. 380; TENNSTEDT, FLORIAN: *Geschichte des Sozialrechts*, a. a. O., S. 25 f.; WEHLER, HANS-ULRICH: *Deutsche Gesellschaftsgeschichte,* Bd. 3, a. a. O., S. 907 ff.; ZIEGLER, DIETER: *Das Zeitalter der Industrialisierung*, in: North, Michael (Herausg.): *Deutsche Wirtschaftsgeschichte*, München 2000, S. 273 ff.

den Städten und Gemeinden ihren Anfang nahmen. Hierfür steht die *Stein-Hardenberg'*sche Gemeindereform ebenso, wie die Säkularisierung und Mediatisierung in den vom napoleonischen Frankreich besetzten Gebieten Deutschlands.[612] Die Realisierung der kommunalen Selbstverwaltung bewirkte auch die Freisetzung karitativen Engagements vieler Bürger, die sich nach der Liberalisierung des Vereinsrechts in der Mitte des 19. Jahrhunderts auch für diesen Zweck in Vereinen zusammenschlossen und durch sie soziale Aufgaben wahrnahmen oder hierfür Einrichtungen unterhielten.[613] Die Armenhilfe blieb eine traditionelle Aufgabe der Gemeinden, die Bedürftige zu unterstützen hatten, welche nicht bereits durch den eigenen Familienverband oder gewerbliche Bruderschaften, wie Zünfte und Gilden, aufgefangen wurden. So wurde durch die Preußische Gemeindeordnung von 1808 das Armenwesen den Gemeinden übertragen und hierfür eine dezentralisierte Organisation vorgeschrieben.[614]

c. Die Zuständigkeiten in der Armenpflege bis zum Ende der Monarchie

Die durch die wirtschaftliche und gesellschaftliche Liberalisierung in Deutschland geförderte größere Mobilität seiner Bevölkerung –auch auf der Suche nach neuen Beschäftigungsformen und –möglichkeiten– machte es erforderlich, die noch Anfang des 19. Jahrhunderts bestehenden gesetzlichen Bindungen an Kleinstterritorien und feudalen Abhängigkeiten zu lösen und größere persönliche Freizügigkeit zu schaffen. Sie allerdings barg die Gefahr, dass nun Arme oder Verarmte ihren Wohnsitz wechselten und den Zuzugsgemeinden zusätzliche Verpflichtungen der Armenpflege und gesundheitlichen Fürsorge aufbürdeten. Im preußischen Armenwesen übertrugen deshalb zwei Gesetze von 1842 –über die Verpflichtung zur Armenpflege und über die Aufnahme neu anziehender Personen– die Verantwortung zur Armenpflege von den Geburts- auf die Zuzugsgemeinden und beseitigten damit auch die bisherigen Einschränkungen der persönlichen Freizügigkeit.[615] Das zunächst im norddeutschen Bund geltende und später als Reichsgesetz über-

---

612 STERN, *Das Staatsrecht der....*, Bd. V, a. a. O., S. 57; WEHLER, *Deutsche Gesellschaftsgeschichte*, Bd. 1, a. a. O., S. 363 ff.; WILLOWEIT, *Deutsche Verfassungsgeschichte*, a. a. O., S. 224 f.

613 FLIERL, *Freie und öffentliche....*, a. a. O., S. 147 f.; SCHUPPERT, *Zur Anatomie und Analyse....*, a. a. O., S. 144 ff.

614 VON UNRUH, *Staat und kommunale....*, a. a. O., S. 602; zur Gemeindeordnung von 1808 THIEL, *Gemeindliche Selbstverwaltung und....*, a. a. O., S. 34 ff.

615 RITTER, *Der Sozialstaat: Entstehung....*, a. a. O., S. 47 f.; WEBER, ADOLF: *Fürsorge und Wohlfahrtspflege*, 2. Aufl., Berlin, Leipzig 1926, S. 16 f.

nommene Gesetz über die Freizügigkeit von 1867[616] regelte den Zusammenhang zwischen Freizügigkeit und Armenfürsorge durch Beschränkung des Zurückweisungsrechts der Zuzugsgemeinde. Es bestand nur dann, wenn die aufnehmende Gemeinde den Nachweis führen konnte, dass der neu Anziehende auf öffentliche Unterstützung angewiesen ist, die nicht nur durch vorübergehende Arbeitsunfähigkeit verursacht sein durfte.[617]

Das Unterstützungswohnsitzgesetz von 1870[618] schrieb als Grundsatz reichseinheitlich[619] fest, dass die Gemeinden auch für die Personen zu sorgen hätten, die sich über eine Mindestperiode –nach erlangter Volljährigkeit– in der Gemeinde aufgehalten hatten; durch einen in dieser Zeit ununterbrochenen Aufenthalt war ein Unterstützungswohnsitz begründet.[620] Das Gesetz übertrug die Verpflichtung zur Armenfürsorge auf Ortsarmenverbände, die auch aus mehreren benachbarten Gemeinden bestehen konnten. Landesarmenverbände, die in Preußen von den Provinzen, in den übrigen Ländern landesweit gebildet wurden, waren für die Personen ohne Unterstützungswohnsitz (Landarme) zuständig.[621] In Preußen bestand darüber hinaus bei den Landesarmenverbänden eine Zuständigkeit für die Anstaltsfürsorge.[622]

---

[616] Gesetz über die Freizügigkeit vom 01.11.1867 (BGBl. S. 55, abgedruckt bei HUBER, ERNST RUDOLF: *Dokumente zur deutschen Verfassungsgeschichte,* 3. Aufl., Berlin, Köln, Mainz 1986, Nr. 207), vgl. MAUNZ, THEODOR; DÜRIG, GÜNTER: *Kommentierung zu Art. 11*, in: Maunz, Theodor; Dürig, Günter und andere Mitherausgeber: *Grundgesetz Kommentar*, München 1970, Art. 11 Rdnr. 16; STERN, *Das Staatsrecht der....*, Bd. V, a. a. O., S. 308

[617] FLIERL, *Freie und öffentliche....*, a. a. O., S. 147; STOLLEIS, *Geschichte des Sozialrechts....*, a. a. O., S. 26 ff.

[618] Gesetz über den Unterstützungswohnsitz vom 06.06.1870 (RGBl. 1871 S. 391) idF der Bek. v. 30.05.1908 (RGBl. S. 381)

[619] mit Ausnahme von Bayern, das bis 1914 am Heimatrecht (Gemeindebürgerrecht, das vor allem durch Geburt oder Heirat erworben wurde) festhielt und den Unterstützungswohnsitz erst durch sein Armengesetz vom 21.08.1914 (GVBl. S. 551) einführte; vgl. BRACKMANN, PAUL; DRILLING, PHILIPP: *Wohlfahrtspflege*, Detmold-Herford 1950, S. 45; DAHLINGER/ MERGLER, *Einführung in das Sozialhilferecht*, in: Mergler/ Zink, *Kommentar zum Bundessozialhilfegesetz,* a. a. O., Einführung Rdnr. 10

[620] TENNSTEDT, *Geschichte des Sozialrechts*, a. a. O., S. 25; WEBER, *Fürsorge und Wohlfahrtspflege*, a. a. O., S. 16 f. Das wirtschaftliche Erfordernis, Mobilität eher zu fördern als zu beschneiden, führte bei diesem Gesetz zur Verkürzung des ursprünglich mindestens dreijährigen Aufenthalts auf später ein Jahr; vgl. auch BRACKMANN/ DRILLING, *Wohlfahrtspflege*, a. a. O., S. 46

[621] STOLLEIS, *Geschichte des Sozialrechts....*, a. a. O., S. 28; WEBER, *Fürsorge und Wohlfahrtspflege*, a. a. O., S. 26 f.

[622] RÜFNER, WOLFGANG: *Die Entwicklung der Verwaltung in den Bundesstaaten*, in: Jeserich, Kurt G. A.; Pohl, Hans; Unruh, Georg-Christoph von (Herausg.): *Deutsche Ver-*

Fürsorge im Sinne von Armenpflege wurde aus Gründen der öffentlichen Ordnung geleistet; der Hilfeempfänger war nicht Subjekt und Träger von Rechten, sondern Objekt behördlicher Verpflichtungen, die Armenbehörden dem Staat gegenüber zu erbringen hätten.[623] Der Umfang der Hilfe wurde durch Landesgesetz bestimmt und bestand neben anderem in Unterkunft, Gewährung des unentbehrlichen Lebensunterhalts sowie Pflege bei Krankheit und Begräbnis. Verwaltungsstreitverfahren unter den Armenverbänden –insbesondere zu Fragen der Unterstützungspflicht– wurden erstinstanzlich durch vom Landesgesetzgeber hierzu bestimmten Behörden und in zweiter Instanz durch das Bundesamt für das Heimatwesen[624] entschieden. Hier zeichnen sich bereits die Konturen der heute geltenden Grundsätze zum gewöhnlichen Aufenthalt, zum Kostenersatz und zu den landesrechtlichen Kompetenzen in der Sozialhilfe ab.

2. *Die öffentliche Fürsorge von 1919 bis 1949*

a. Die Neuordnung des Systems der öffentlichen Fürsorge in der Weimarer Republik

Durch Art. 7 Nr. 5 WRV war dem Deutschen Reich die konkurrierende Gesetzgebungszuständigkeit für das Armenwesen und die Wanderfürsorge zugewiesen. Sie wurde durch die Verordnung über die Fürsorgepflicht wahrgenommen, die am 01.04.1924 als gesetzliche Grundlage der öffentlichen Fürsorge im Deutschen Reich in Kraft trat. Sie ersetzte das bisher für die Zuständigkeiten der Armenpflege geltende Unterstützungswohnsitzgesetz und ver-

---

waltungsgeschichte, Bd. 3, Stuttgart 1984, S. 699; für die Rheinprovinz HOFMANN, WOLFGANG: *Aufgaben und Struktur der kommunalen Selbstverwaltung in der Zeit der Hochindustrialisierung*, in: Jeserich, Kurt G. A.; Pohl, Hans; Unruh, Georg-Christoph von (Herausg.): *Deutsche Verwaltungsgeschichte,* Bd. 3, Stuttgart 1984, S. 641

[623] Urteil des Bundesamtes für das Heimatwesen vom 22.06.1901, Entscheidungen des Bundesamtes, Bd. 33, S. 38, 41; siehe auch DAHLINGER, KARL: *Die Rechtsstellung des Einzelnen nach dem Bundessozialhilfegesetz*, in: NJW 1962, S. 1129; SCHMITT, KARL: *Das Bundessozialhilfegesetz*, in: Kriegsopferversorgung 1963, S. 41; SCHMITT, JOCHEM: *Arbeits- und Sozialverwaltung*, in: Jeserich, Kurt G. A.; Pohl, Hans; Unruh, Georg-Christoph von (Herausg.): *Deutsche Verwaltungsgeschichte,* Bd. 5, Stuttgart 1986, S. 574

[624] Als gerichtsähnlicher Spruchkörper und oberer Reichsbehörde im Zuständigkeitsbereich des Reichsinnenministeriums, vgl. RÜFNER, *Die Entwicklung der....*, a. a. O., S. 914; derselbe: *Die Entwicklung der Verwaltungsgerichtsbarkeit*, in: Jeserich, Kurt, G. A.; Pohl, Hans; Unruh, Georg-Christoph von (Herausg.) *Deutsche Verwaltungsgeschichte,* Bd. 4, Stuttgart 1985, S. 643

abschiedete so auch den Begriff der Armenfürsorge aus dem verwaltungsrechtlichen Sprachgebrauch.[625]

Die Fürsorgeverbände als Träger der Fürsorge hatten die Kosten der öffentlichen Fürsorge aus eigenen Mitteln aufzubringen, während für die Kosten der gehobenen Fürsorge in den diesbezüglichen Gesetzen entsprechende Regelungen zur Kostentragung bestanden.[626] Den Bezirksfürsorgeverbänden[627] oblag die vorläufige Verpflichtung zur Fürsorgeleistung für alle Deutschen, die sich bei Eintritt der Hilfsbedürftigkeit in dem jeweiligen Verband befanden. Die endgültige Verpflichtung zur Fürsorgeleistung hatte der Bezirksfürsorgeverband, in dessen Bezirk der Hilfsbedürftige seinen gewöhnlichen Aufenthalt hatte (§ 7).

Der gewöhnliche Aufenthalt als das entscheidende Tatbestandsmerkmal für die Fürsorgelastverteilung löste den zuvor geltenden Unterstützungswohnsitz ab, der eine bestimmte zeitliche Frist hatte, zuletzt ein Jahr. Der gewöhnliche Aufenthalt wurde durch besondere Beziehungen des Hilfsbedürftigen zu einer Gemeinde bestimmt, die tatsächlich unter fürsorgerechtlichen Gesichtspunkten, wie dem Mittelpunkt der Lebensbeziehungen, begründet wurden.[628] Den Landesfürsorgeverbänden oblag die öffentliche Fürsorge für die Hilfsbedürftigen, die keinen gewöhnlichen Aufenthalt hatten oder bei denen er nicht zu ermitteln war. Für diese Personen, insbesondere Wohnungslose, hatten sie auch die endgültige Fürsorgepflicht und Kostenlast, wenn ihnen von einem vorläufig verpflichteten Bezirksfürsorgeverband Hilfe gewährt wurde. Sie waren aufgrund entsprechender Ausführungsbestimmungen der Länder darüber hinaus für die Personen zuständig, die heute unter die Hilfen in besonderen Lebenslagen fallen würden.[629] Weiterhin hatten sie die Fürsorgepflicht für deutsche Rückwanderer und für Ausländer.[630]

---

[625] MUTHESIUS, HANS: *Reichsrechtliche Grundlagen der öffentlichen Fürsorgepflicht*, 3. Aufl., Berlin, München 1949, S. 18; STOLLEIS, *Geschichte des Sozialrechts....*, a. a. O., S. 131 ff.;TENNSTEDT, *Geschichte des Sozialrechts*, a. a. O., S. 41

[626] BERG, *Arbeits- und Sozialverwaltung*, a. a. O., S. 232 f.

[627] In Preußen die Stadt- und Landkreise, in Bayern die Bezirke und die kreisunmittelbaren Städte, in Sachsen die Bezirksverbände und die bezirksfreien Städte.

[628] MUTHESIUS, *Reichsrechtliche Grundlagen der....*, a. a. O., S. 37 f.; TENNSTEDT, *Geschichte des Sozialrechts*, a. a. O., S. 41. Der Begriff des gewöhnlichen Aufenthalts knüpfte im Übrigen an § 10 Unterstützungswohnsitzgesetz an, bei dem jetzt auf das Merkmal der Freiwilligkeit verzichtet wurde. Zum heutigen Begriff des gewöhnlichen Aufenthalts gem. § 30 Abs. 3 Satz 2 SGB I vgl. BSGE 63, 47, 48 ff; 65, 84, 86 f.; FRANK, LOTHAR: *Zur Auslegung des Begriffes „gewöhnlicher Aufenthalt"*, in: SGb 1999, S. 547 ff.

[629] Art. 6 Abs. 1 Nr. 1 des bayerischen Fürsorgegesetzes vom 14.03.1930 (GVBl. S. 38); § 6 Abs. 1 der preußischen Ausführungsverordnung zur Verordnung über die Fürsorgepflicht

Für die Erstattungsverfahren der Fürsorgeverbände untereinander galten nach § 29 der Fürsorgepflicht-Verordnung weiterhin die Verfahrensvorschriften gem. §§ 37 bis 57, 58 Abs. 2 des Unterstützungswohnsitzgesetzes. Danach musste ein Fürsorgeverband, der für einen Hilfsbedürftigen Mittel aufgewendet hatte, seinen Erstattungsanspruch innerhalb von drei Monaten gegenüber dem Fürsorgeverband anmelden, welcher nach seiner Meinung die Kosten hätte übernehmen müssen. Lehnte der in Anspruch genommene Fürsorgeverband die Kostenerstattung ab, wurde dieses Verwaltungsstreitverfahren von den nach Landesrecht hierzu berufenen Instanzen entschieden. Dies waren in Bayern und Preußen die bereits vor 1919 eingerichteten Verwaltungsgerichte dieser Länder,[631] in Hessen der Provinzial-Ausschuss.[632]

Gehörte dieser Fürsorgeverband einem anderen Land an, entschied erstinstanzlich zwar ebenfalls der nach Landesrecht hierzu berufene Spruchkörper. Er hatte allerdings seiner Entscheidung die reichsrechtlichen Grundsätze der §§ 38 ff. Unterstützungswohnsitzgesetz zugrunde zu legen. In zweiter Instanz entschied das Bundesamt für das Heimatwesen abschließend.[633] Ergänzend zu diesen verwaltungsrechtlichen Kostenerstattungsverfahren schlossen die Fürsorgeverbände Fürsorgerechtsvereinbarungen ab, um untereinander Verfahrensvereinfachungen bei der Kostenerstattung zu erreichen.[634]

b. Die Regelung des Fürsorgewesens im nationalsozialistischen Führerstaat

Die Zeit zwischen 1933 und 1945 ist weniger durch Änderungen der geltenden Rechtsgrundlagen zum öffentlichen Fürsorgewesen gekennzeichnet, als vielmehr durch einen sich während der nationalsozialistischen Diktatur vollziehenden Missbrauch bestehender und über Jahrzehnte gewachsener Rechtsgrundsätze, die nun die bisherige gemeinschaftliche Grundüberzeugung der Träger öffentlicher Fürsorge und der freien Wohlfahrtspflege auf den Kopf stellten. Bereits während der Weimarer Republik blickten der Centralausschuß für die Innere Mission seit 1848, das Deutsche Rote Kreuz seit 1869, der

---

vom 17.04.1924 (Preußische Gesetzessammlung S. 207); vgl. auch WEBER, *Fürsorge und Wohlfahrtspflege*, a. a. O., S. 33

[630] Art. 8 des bayerischen Fürsorgegesetzes; § 13 der preußischen Ausführungsverordnung zur Verordnung über die Fürsorgepflicht

[631] RÜFNER, *Die Entwicklung der....*, a. a. O., S. 649 f.

[632] § 39 des Gesetzes zur Ausführung der Verordnung über die Fürsorgepflicht in Hessen vom 17.06.1926 (RegBl. S. 85); zum hessischen Provinzial-Ausschuss RÜFNER, *Die Entwicklung der....*, a. a. O., S. 927

[633] § 51 Unterstützungswohnsitzgesetz; zur Zuordnung der Spruchtätigkeit des Bundesamtes für das Heimatwesen RÜFNER, *Die Entwicklung der....*, a. a. O., S. 643

[634] BRACKMANN/ DRILLING, *Wohlfahrtspflege*, a. a. O., S. 46; MUTHESIUS, *Reichsrechtliche Grundlagen der....*, a. a. O., S. 31 f.

Deutsche Caritasverband seit 1897, die Zentral-Wohlfahrtsstelle der Deutschen Juden seit 1917, der Hauptausschuß der Arbeiterwohlfahrt seit 1919 und der Vorläufer des Deutschen Paritätischen Wohlfahrtsverbandes seit 1924 auf eine gefestigte Tradition und eine bedeutende Rolle im Zusammenwirken mit der öffentlichen Fürsorge zurück.[635]

Alle diese freien Träger hatten sich 1933 zunächst der als Hilfsorganisation der Nationalsozialistischen Deutschen Arbeiterpartei gegründeten Nationalsozialistischen Volkswohlfahrt unterzuordnen. Sie wurden noch im selben Jahr unter ihrer ideologischen Führung zur Arbeitsgemeinschaft (später Reichsgemeinschaft) der freien Wohlfahrtspflege zusammengefasst. Sie waren damit „gleichgeschaltet" und hatten ihre auch geistige Eigenständigkeit verloren.[636]

Die ab 1933 einsetzende radikale Veränderung der Organisation der öffentlichen Wohlfahrtspflege wurde durch die am Führerprinzip ausgerichtete, reichseinheitliche deutsche Gemeindeordnung des Jahres 1936 herbeigeführt;[637] die Fürsorgepflicht-Verordnung und die sie ergänzenden Reichsgrundsätze über Voraussetzung, Art und Maß der öffentlichen Fürsorge blieben weitgehend unverändert bestehen. Mit Hilfe dieser neuen Gemeindeordnung konnten alle Schlüsselstellungen in den Gemeinden und Gemeindeverbänden, damit also auch in den Fürsorgeverbänden, so besetzt werden, dass die Durchsetzung der nationalsozialistischen Auffassung von öffentlicher Fürsorge möglich wurde.[638]

Für die öffentliche Fürsorge sowie der Wochenfürsorge, die Wandererfürsorge, die freie Wohlfahrtspflege und die Familienunterstützung blieb der Reichs- und Preußische Minister des Inneren zuständig; dem Reichs- und Preußischen Arbeitsminister oblagen alle Angelegenheiten der gehobenen Fürsorge für Kriegsbeschädigte und Kriegshinterbliebene, Kleinrentner und Sozialrentner, die allgemeinen Angelegenheiten der Arbeiterfürsorge und alle Sondermaßnahmen für die minderbemittelte Bevölkerung einschließlich der

---

[635] FLIERL, *Freie und öffentliche....*, a. a. O., S. 151; WEBER, *Fürsorge und Wohlfahrtspflege*, a. a. O., S. 46 f.

[636] FLIERL, *Freie und öffentliche....*, a. a. O., S. 159 ff.; PITSCHAS, *Strukturen und Verfahrensweisen....*, a. a. O., S. 175; SACHßE/ TENNSTEDT, *Geschichte der Armenfürsorge....*, Bd. 3, a. a. O., S. 132 ff.; STOLLEIS, *Geschichte des Sozialrechts....*, a. a. O., S. 203 f.; TENNSTEDT, *Geschichte des Sozialrechts*, a. a. O., S. 48 f.

[637] STERN, *Das Staatsrecht der....*, Bd. V, a. a. O., S. 797 f.; THIEL, *Gemeindliche Selbstverwaltung und....*, a. a. O., S. 57 f.

[638] FLIERL, *Freie und öffentliche....*, a. a. O., S. 155 f., 163

Rundfunkgebührenbefreiung.[639] Parallel zu dieser behördlichen Zuständigkeit bildete der Reichszusammenschluss der öffentlichen und freien Wohlfahrtspflege mit dem Hauptamt für Volkswohlfahrt als Partei-Dienststelle der NSDAP –für alle in der nationalsozialistischen Volkswohlfahrt zusammengeschlossenen Wohlfahrtsverbände und dem Deutschen Gemeindetag für alle Träger der öffentlichen Fürsorge– die Klammer, um alle freien und öffentlichen Fürsorgeträger zusammenzufassen und der nationalsozialistischen Fürsorgedoktrin unterzuordnen.[640]

Die Fürsorgerechtsvereinbarungen der Fürsorgeverbände wurden durch Beschlüsse des deutschen Gemeindetages[641] auf das ganze Reichsgebiet ausgedehnt und den späteren Kriegsverhältnissen angepasst. Zugleich wurde 1939 die Rechtsprechung in Fürsorgeangelegenheiten durch Auflösung des Bundesamtes für das Heimatwesen und Verweisung dieser Streitverfahren an die Verwaltungsgerichte zunächst verändert und ab 1944 das Fürsorgestreitverfahren gänzlich abgeschafft.[642]

c. Die öffentliche Fürsorge in Deutschland von 1945 bis 1949

Die Übernahme der Regierungsgewalt durch die vier Siegermächte ab Mai 1945 erbrachte für die gesetzliche Regelung der öffentlichen Fürsorge keine Veränderungen. Die Fürsorgepflicht-Verordnung und die Reichsgrundsätze über Voraussetzung, Art und Maß der öffentlichen Fürsorge aus dem Jahr 1924 galten weiter fort und wurden ergänzt um die Ausführungsgesetze der Länder der Weimarer Republik,[643] die allerdings durch die Aufteilung des Deutschen Reichs in vier Besatzungszonen und die Auflösung des Staates Preußen veränderte Bezüge erhielten.[644]

---

[639] Erlass über die Zuständigkeit auf dem Gebiet der Wohlfahrtspflege vom 31.12.1935 (RGBl. 1936 I, S. 1) und Ausführungserlass vom gleichen Tag (Reichsarbeitsblatt 1936 S. 21)

[640] FLIERL, *Freie und öffentliche....*, a. a. O., S. 162 f.; TENNSTEDT, *Geschichte des Sozialrechts*, a. a. O., S. 47 f.

[641] Als Zwangsvereinigung der deutschen kommunalen Spitzenverbände ab 1933; vgl. MUTHIUS, ALBERT VON: *Kommunalverwaltung und Kommunalpolitik*, in: Jeserich, Kurt G. A.; Pohl, Hans, Unruh, Georg Christoph von (Herausg.): *Deutsche Verwaltungsgeschichte,* Bd. 4, Stuttgart 1985, S. 1064 f.

[642] BRACKMANN/ DRILLING, *Wohlfahrtspflege*, a. a. O., S. 47

[643] STOLLEIS, *Geschichte des Sozialrechts....*, a. a. O., S. 214

[644] Der Staat Preußen wurde durch Kontrollratsgesetz Nr. 46 vom 25.02.1947 (ABl. Nr. 14, S. 262) aufgehoben; vgl. MAUNZ/ HERZOG/ SCHOLZ, in: Maunz/ Dürig, *Kommentar zum Grundgesetz*, a. a. O., Art. 29 Rdnr. 3

Da die Organisation des staatlichen Wiederaufbaus in Deutschland von der Ebene der Gemeinden ausging,[645] behielt die öffentliche Fürsorge, soweit sie in Elend und Not der unmittelbaren Nachkriegszeit überhaupt möglich war, ihre öffentlich-rechtlichen Anknüpfungspunkte bei. Hierfür bildete die Fürsorgepflicht-Verordnung unverändert die rechtliche Grundlage und stieß nur dort auf ihre Grenzen, wo es um die Bewältigung der Not der Heimatvertriebenen, Wohnungslosen, Evakuierten und um den Kostenausgleich unter den Fürsorgeverbänden ging.[646] Die Besatzungsmächte ließen das bis zu 1945 geltende Fürsorgerecht unverändert und setzten lediglich die Regelungen zur die Kriegsopfer betreffenden gehobenen Fürsorge außer Kraft.[647]

Die Zusammenarbeit der Fürsorgeverbände erstreckte sich nach 1945 auf den Kostenausgleich und die Erstattung von Kostenersatz, die durch Fürsorgerechtsvereinbarungen zunächst innerhalb einzelner Besatzungszonen und danach auch zonenübergreifend unter den Westzonen gefestigt wurde.[648]

3. Die Ersetzung der öffentlichen Fürsorge durch das Recht der Sozialhilfe

a. Öffentliche Fürsorge in der Bundesrepublik Deutschland bis 1961

Die Verordnung über die Fürsorgepflicht des Jahres 1924 galt in der Bundesrepublik Deutschland bis zu ihrer Ersetzung durch das Bundessozialhilfegesetz im Jahr 1961 fort.[649] Während der ersten Jahre nach 1949 konzentrierte sich die Sozialpolitik des Bundes auf die Bewältigung des durch Krieg, Vertreibung sowie die Zerstörung von Wohn- und Arbeitsstätten entstandenen Massenelends, die Integration von Millionen von Flüchtlingen, Vertriebenen und Heimkehrern sowie auf die Hilfe für die Kriegsopfer und ihre Hinterbliebenen.[650] Die Lösung dieser sozialpolitisch drängenden Probleme wurde während der ersten beiden Legislaturperioden des Deutschen Bundestages 1949

---

645 MAUNZ/ ZIPPELIUS, *Deutsches Staatsrecht*, a. a. O., S. 4; MAURER, *Staatsrecht I*, a. a. O., S. 83; STERN, *Das Staatsrecht der....*, Bd. V, a. a. O., S. 1021 ff.; UNRUH, GEORG-CHRISTOPH VON: *Die Lage der deutschen Verwaltung zwischen 1945 und 1949*, in: Jeserich, Kurt G. A.; Pohl, Hans; Unruh, Georg-Christoph von (Herausg.): *Deutsche Verwaltungsgeschichte*, Bd. 5, Stuttgart 1986, S. 71ff.

646 FLIERL, *Freie und öffentliche....*, a. a. O., S. 166

647 GIESE, DIETER: 30 Jahre BSHG – Historie und Zukunftsperspektiven, in: ZfF 1993, S. 1

648 BRACKMANN/ DRILLING, *Wohlfahrtspflege*, a. a. O., S. 47

649 SCHELLHORN, WALTER; SCHELLHORN, HELMUT: *Das Bundessozialhilfegesetz Kommentar*, 16. Aufl., Neuwied, Kriftel 2002, Einführung Rdnr. 5 f.; RÜFNER, *Daseinsvorsorge und soziale....*, a. a. O., S. 1073; STOLLEIS, *Geschichte des Sozialrechts....*, a. a. O., S. 215 f.

650 GIESE, DIETER: *25 Jahre Bundessozialhilfegesetz*, in: ZFSH/ SGB 1986, S. 250

bis 1957 gruppenspezifisch orientiert angegangen.[651] Das Fürsorgerecht, als Ausfallgarant für nicht an bestimmte Personengruppen gebundene staatliche Leistungen, blieb demgegenüber auf der Grundlage der auch durch die Besatzungsmächte unverändert gelassenen Fürsorgegesetzgebung der Weimarer Republik Angelegenheit der Länder.[652]

Das Bundesverwaltungsgericht deutete allerdings in einer frühen Entscheidung das herkömmliche Fürsorgerecht unter der Geltung der Sozialstaatsklausel des Art. 20 Abs. 1 GG in ein subjektiv öffentliches Recht auf Fürsorge um. Mit dem Leitsatz „Soweit das Gesetz dem Träger der Fürsorge Pflichten auferlegt, hat der Bedürftige entsprechende Rechte“ gab es der Fürsorgepflicht-Verordnung eine neue Bedeutung als individuelle Anspruchsgrundlage und staatliche sozialrechtliche Verpflichtung.[653] *Dieter Giese* hat in seiner Rückschau auf die Historie des BSHG auf die Verknüpfung der Rentenreform des Jahres 1957 mit der Fürsorgerechtsreform von 1961 unter den wirtschaftlichen Rahmenbedingungen des Staatsaufbaus der 1950er Jahre hingewiesen. Die damalige Rentenreform habe das bis 1956 zumindest teilweise praktizierte Kapitaldeckungsprinzip mit zeitbezogenen Rentenanwartschaften durch eine bruttolohnbezogene und dynamisierte Rente auf der Grundlage des Generationenvertrages zwischen einzahlenden sowie im Arbeitsleben stehenden Aktivmitgliedern und Rentenempfängern als Passivmitgliedern der Rentenversicherungssysteme ersetzt. So sei die Teilhabe auch der Rentner am Wirtschaftswunder von den 1950er bis zur Mitte der 1970er Jahre ermöglicht worden.[654] Aus der Rente als Zuschuss zum Lebensunterhalt in Höhe von etwa 30 Prozent des früheren Arbeitsentgelts wurde so eine selbständige Lebensstandardsicherung.[655]

Der rasche Abbau der Arbeitslosigkeit in den 1950er Jahren bis hin zur sozialökonomischen Vollbeschäftigung[656] im Zusammenwirken mit der dynami-

---

651 Durch Bundesgesetze für Heimkehrer, zum Lastenausgleich für Vertriebene, zur Kriegsopferversorgung, für Flüchtlinge; vgl. STERN, *Das Staatsrecht der....*, Bd. V, a. a. O., S. 1447

652 GIESE, *30 Jahre BSHG....*, a. a. O., S. 1; derselbe: *25 Jahre Bundessozialhilfegesetz....*, a. a. O., S. 257; TENNSTEDT, *Geschichte des Sozialrechts*, a. a. O., S. 61 f.

653 BVERWGE 1, 159 ff.; GIESE, *25 Jahre Bundessozialhilfegesetz*, a. a. O., S. 254; ; RÜFNER, *Sozialhilferecht*, a. a. O., S. STERN, *Das Staatsrecht der....*, Bd. I, a. a. O., S. 895; STOLLEIS, *Geschichte des Sozialrechts....*, a. a. O., S. 216 ff.

654 GIESE, *25 Jahre Bundessozialhilfegesetz*, a. a. O., S. 249 ff., 305 ff., 374 ff.; derselbe: *30 Jahre BSHG....*, a. a. O., S. 1 ff.

655 BUNDESMINISTERIUM FÜR ARBEIT UND SOZIALORDNUNG (Herausg.): *Sozialgeschichte, Bilder und....*, a. a. O., S. 222 f.; RITTER, *Der Sozialstaat: Entstehung....*, a. a. O., S. 156 f.; TENNSTEDT, *Geschichte des Sozialrechts*, a. a. O., S. 59

656 STERN, *Das Staatsrecht der....*, Bd. V, a. a. O., S. 1447 f.

schen Rente ließen die Fürsorge und ihre Leistungen zu einer sozialpolitischen Rand- und Ausnahmeerscheinung werden. [657] Die sozialpolitische Fachöffentlichkeit diskutierte allerdings durchaus die Alternative einer steuerfinanzierten Grundsicherung, welche die Notwendigkeit subsidiärer Fürsorgeleistungen erübrigt hätte. Für eine steuerfinanzierte Staatsbürgerversorgung wurde unter anderen Argumenten der bereits damals sehr erhebliche Staatszuschuss zu den Renten und das Grundprinzip der dynamisierten Rente angeführt, für den ebenfalls die Allgemeinheit die Alterssicherung der Rentenempfänger aufzubringen hätte.[658] Sie hätte nach dem Vorbild englischer oder skandinavischer Sozialsicherungssysteme[659] in einer staatlichen Grundrente und in einem diese ergänzenden Rentensystem auf der Basis erworbener Rentenanwartschaften bestanden. Dieses Modell verlor nach der Rentenreform des Jahres 1957 durch den ihm zugrunde liegenden Ausgleich zwischen den Generationen die Diskussionsgrundlage.[660] Es lebt teilweise im Grundsicherungsgesetz des Jahres 2001 wieder auf, allerdings als Aufgabe örtlicher und überörtlicher Gemeinschaften.[661]

b. Bundessozialhilfegesetz und Sozialverwaltung

Das Bundessozialhilfegesetz wurde in der dritten Legislaturperiode des Deutschen Bundestages (1957 – 1961) beraten und trat am 01.06.1962 in Kraft.[662]

---

[657] GIESE, *30 Jahre BSGH....*, a. a. O., S. 2 zitiert eine entsprechende Äußerung des damaligen Bundesministers auf dem Deutschen Fürsorgetag 1955; zu den wirtschaftspolitischen Rahmenbedingungen der Rentenreform SCHRÖTER, *Von der Teilung....*, a. a. O., S. 373

[658] GIESE, *25 Jahre Bundessozialhilfegesetz....*, a. a. O., S. 255 f.; derselbe, 30 Jahre BSHG...., a. a. O., S. 1 f.; SCHELLHORN, WALTER: *Was wird aus der Sozialhilfe? Anregungen zum 25-jährigen Jubiläum des Bundessozialhilfegesetzes*, in: NDV 1987, S. 242, berichtet von dem Vorschlag des damaligen Vorsitzenden des Deutschen Vereins für öffentliche und private Fürsorge, Hans Muthesius, die Hilfe zum Lebensunterhalt aus dem neuen Sozialhilferecht herauszunehmen und diese Leistungen zur Sicherung der Grundbedürfnisse menschlicher Existenz in einem eigenständigen Gesetz mehr schematisch zu regeln.

[659] Vgl. RITTER, *Der Sozialstaat: Entstehung....*, a. a. O., S. 145 ff.;

[660] RITTER, *Der Sozialstaat: Entstehung....*, a. a. O., S. 157

[661] § 4 des Gesetzes über eine bedarfsorientierte Grundsicherung im Alter und bei Erwerbsminderung, Art. 12 des Gesetzes vom 26.06.2001 (BGBl. I S. 1310, 1335), ab 01.01.2005 §§ 97, 98 SGB XII; vgl. HAMMEL, MANFRED: *Das „Gesetz über eine bedarfsorientierte Grundsicherung im Alter und bei Erwerbsminderung (GSiG)" – Ein tauglicher Ansatz zum Abbau „verschämter Armut" und zum Aufbau einer bedarfsgerechten sozialen Grundsicherung?*, in: ZFSH/ SGB 2001, S. 726 f.; TRENK-HINTERBERGER, *Sozialhilferecht*, a. a. O., S. 1265 f.

[662] Vgl. GIESE, *25 Jahre Bundessozialhilfegesetz....*, a. a. O., S. 257 f.; SCHELLHORN, *Einführung*, a. a. O. Rdnr. 3 f.; SCHMITT, *Arbeits- und Sozialverwaltung*, a. a. O., S. 573; STOLLEIS, *Geschichte des Sozialrechts....*, a. a. O., S. 220 ff.

Es ersetzte die bisherige, durch Regelsätze an Hilfebedürftige gekennzeichnete öffentliche Fürsorge durch Leistungen an Hilfeempfänger, die gem. § 4 BGHG[663] nun einen Rechtsanspruch hatten. Der Hilfebedarf ist vom zuständigen Sozialhilfeträger –unabhängig von der Ursache der Hilfebedürftigkeit– nach den Rechtsgrundsätzen der Subsidiarität (§ 2 BSHG[664]) und Individualität (§ 3 BSHG)[665] für jeden Hilfesuchenden nach pflichtgemäßem Ermessen zu bestimmen (§ 4 Abs. 2 BSHG).[666] Diese Grundsätze prägen die Arbeit der Sozialbehörden, die für den jeweils zuständigen Sozialhilfeträger Geld- und Sachleistungen erbringen.[667]

Maßstab der Höhe dieser Leistungen ist das Gebot des § 1 Abs. 2 BSHG,[668] dem Hilfeempfänger die Führung eines menschenwürdigen Lebens zu ermöglichen. Die gewährte Sozialhilfe soll ihn allerdings auch soweit wie möglich dazu zu befähigen, unabhängig von ihr zu leben, sich also wieder von ihr unabhängig zu machen.[669] Das Finalprinzip und das Bedarfsdeckungsprinzip der Sozialhilfe bestimmen sie als staatliche Hilfe, die für eine Einzelperson in einer individuellen gegenwärtigen Notlage zur Deckung eines konkreten individuellen Bedarfs geleistet wird.[670] Der Nachrang der Sozialhilfe nach § 2 Abs. 1 BSHG (§ 2 Abs. 1 SGB XII) drückt ihre Stellung als Ausfallgarant im System des Sozialrechts aus, das sie zum Basisnetz unter den darüber hängenden Netzen der übrigen Sozialleistungen und zur staatlichen „Ausfallbürg-

---

[663] Ab 01.01.2005: § 17 SGB XII

[664] Ab 01.01.2005: § 2 SGB XII

[665] Ab 01.01.2005: § 9 SGB XII

[666] DAHLINGER, *Die Rechtsstellung des Einzelnen....*, a. a. O., S. 1129 f.; GITTER/ SCHMITT: *Sozialrecht*, a. a. O., S. 315; *Das Bundessozialhilfegesetz....*, a. a. O., S. 42; RÜFNER, *Sozialhilferecht*, a. a. O., S. 936 ff.; RULAND, *Sozialrecht*, a. a. O., S. 749; SCHULIN, *Sozialrecht....*, a. a. O., S. 362 ff.; SCHMITT, *Arbeits- und Sozialverwaltung*, a. a. O., S. 574 f. MAYDELL, BERND BARON VON: *Die Stellung der Sozialhilfe im System sozialer Sicherung –Eigenständigkeit und Abhängigkeit-* in: NDV 1978, S. 341 verdeutlicht, dass das Bundessozialhilfegesetz nur einen Teilbereich der dem Staat obliegenden öffentlichen Fürsorge abdeckt. Vgl. auch SCHELLHORN, *Einführung*, a. a. O. Rdnr. 12

[667] GITTER/ SCHMITT: *Sozialrecht*, a. a. O., S. 314; RÜFNER, *Sozialhilferecht*, a. a. O., S. 950; RULAND, *Sozialrecht*, a. a. O., S. 748

[668] Ab 01.01.2005: § 1 SGB XII

[669] Vgl. BVerwGE 23, 149, 153; 35, 178, 180 f.; 48, 237, 238; BVerwG in ZFSH 1891, 340; VON MAYDELL, *Die Stellung der....*, a. a. O., S. 342; SCHELLHORN, *Was wird aus....*, a. a. O., S. 241

[670] RÜFNER, *Daseinsvorsorge und soziale....*, a. a. O., S. 1074; RULAND, *Sozialrecht*, a. a. O., S. 749; SCHULIN, *Sozialrecht....*, a. a. O., S. 362

schaft" gegenüber vorrangigen Sozialleistungsbereichen ausformt.[671] Zugleich kommt die Brückenfunktion der Sozialhilfe zum Ausdruck, die dann eintritt, wenn ein Hilfebedarf durch andere Sozialleistungsträger nicht oder nicht rechtzeitig gedeckt werden kann.[672] Dies verdeutlicht auch, dass die Sozialhilfe als Basissicherungssystem immer dann betroffen ist, wenn an den vorgelagerten Sozialleistungssystemen Veränderungen vorgenommen werden. Jede Reduktion in anderen Sozialleistungsbereichen wirkt sich unmittelbar in höheren Ausgaben bei der Sozialhilfe aus.[673]

Entsprechend den früheren Grundsätzen der öffentlichen Fürsorge blieb die Sozialhilfeträgerschaft bei den Landkreisen, kreisfreien Städten und Ländern. Deshalb definierte § 97 BSHG[674] die örtliche Zuständigkeit für die Sozialhilfegewährung nach dem tatsächlichen Aufenthalt des Hilfesuchenden und knüpfte damit an den gewöhnlichen Aufenthalt der Fürsorge an.[675] Die Zuweisung der sachlichen Zuständigkeit gem. §§ 99, 100 Abs. 1 BSHG[676] an örtliche oder überörtliche Sozialhilfeträger hat ebenfalls insofern Bezüge zu den früheren Grundsätzen der Fürsorge, als die besonderen Hilfearten gem. §§ 27 BSHG[677] die Zuständigkeit des überörtlichen Trägers bestimmen.

Dabei ist die Aufzählung der Bedarfslagen gem. § 100 Abs. 1 BSHG (§ 97 Abs. 3 SGB XII) für die sachliche Zuständigkeit des überörtlichen Sozialhilfeträgers bindend, die der Landesgesetzgeber lediglich erweitern oder hinsichtlich einer Beteiligung des örtlichen Trägers an der Kostenträgerschaft gestalten kann.[678] Für Rheinland-Pfalz wurde so der Landkreis oder die kreisfreie Stadt als Bezirksfürsorgeverband durch seine örtliche Sozialhilfeträger-

---

[671] DAHLINGER/ MERGLER, *Einführung in das....*, a. a. O., Rdnr. 5; KALTENBORN, BRUNO: *Reformvorschläge für die Sozialhilfe – und ihre Achillesfersen*, in: NDV 1999, S. 76; RULAND, *Sozialrecht*, a. a. O., S. 748; RÜFNER, *Sozialhilferecht*, a. a. O., S. 930; SCHULIN, *Sozialrecht....*, a. a. O., S. 363; TENNSTEDT, *Geschichte des Sozialrechts*, a. a. O., S. 62

[672] DAUBER, GERLINDE: *Zukunft der Sozialhilfe*, in: ArchsozArb 2002, S. 64 f.; EICHENHOFER, *Sozialrecht*, a. a. O., S. 289 ; RÜFNER, *Sozialhilferecht*, a. a. O., S. 935

[673] VON MAYDELL, *Die Stellung der....*, a. a. O., S. 342; SCHULIN, *Sozialrecht....*, a. a. O., S. 363; STOLLEIS, *Geschichte des Sozialrechts....*, a. a. O., S. 225 ff.

[674] Ab 01.01.2005: § 98 SGB XII

[675] FRANK, *Zur Auslegung des....*, a. a. O., S. 548 ff.; GOLETZ, ANDREA: *Sozialhilfe – Örtliche Zuständigkeit*, in: ZfF 1993, S. 225 ff.

[676] Ab 01.01.2005:§ 97 SGB XII

[677] Ab 01.01.2005: § 47 ff. SSBG XII

[678] EICHENHOFER, *Sozialrecht*, a. a. O., S. 291 f.; DAHLINGER/ MERGLER, *Einführung in das....*, a. a. O., Rdnr. 30; RÜFNER, *Sozialhilferecht*, a. a. O., S. 931 unter Bezugnahme auf die rheinland-pfälzische Regelung der Beteiligung der örtlichen Sozialhilfeträger an den Kosten des überörtlichen Trägers der Sozialhilfe

schaft und das Land als Landesfürsorgeverband durch seine Eigenschaft als überörtlicher Sozialhilfeträger ersetzt.

Die Sozialverwaltungen der örtlichen und überörtlichen Sozialhilfeträger hatten nun über Art und Maß der individuellen Hilfegewährung zu entscheiden, wobei der Begriff des menschenwürdigen Lebens gem. § 1 Abs. 2 Satz 1 BSHG[679] und seine Interpretation durch das Bundesverwaltungsgericht auch auf die Arbeitserledigung prägend wirkte.[680] Die Akzentverschiebung von der materiellen Hilfeleistung auf die persönliche Hilfe als Inbegriff fürsorgerisch gebotener Dienstleistungen verstärkte unter dem Stichwort Professionalisierung der Sozialarbeit die sozialpädagogische Komponente beim Personal dieser Behörden und schuf den Sozialdiensten der freien Träger einen neuen Markt.[681]

Bei den überörtlichen Trägern der Sozialhilfe erstreckte sich das sozialstaatliche Fürsorgeprinzip, dessen Sicherung das BSHG gewährleistete, auf den Auftrag zur Versorgung des Hilfesuchenden nach Maßgabe des Nachrangs und des gesellschaftlichen Mindeststandards. Hier konzentrieren sich hier die Hilfearten auf die Eingliederungshilfe für Behinderte, bestimmte Arten der Krankenhilfe und die Hilfe zur Pflege in Einrichtungen.[682] Dies umfasst auch das gesetzlich vorgegebene Erfordernis, den Nachrang der Sozialhilfe durch Rückgriffe bei den Hilfeempfängern, seinen begünstigten Angehörigen bzw. anderen Leistungsträgern durchzusetzen[683] oder nach Vorleistung Kostenerstattungen beim zuständigen Sozialhilfeträger beizutreiben und vor den Verwaltungsgerichten zu verfolgen.[684]

---

679 Ab 01.01.2005: § 1 SGB XII

680 PITSCHAS, *Organisationsrecht als Steuerungsressource....*, a. a. O., S. 175

681 DEIMLING, GERHARD: *150 Jahre Elberfelder System – Ein Nachruf*, in: ZFSH/ SGB 2002, S. 721 f. belegt dies am Niedergang des Elberfelder Systems.

682 GIESE, *25 Jahre Bundessozialhilfegesetz*, a. a. O., S. 376 f.

683 Vgl. EICHENHOFER, EBERHARD: *Rückgriff des Sozialhilfeträgers aufgrund vorangegangener Vermögensverfügungen unter Lebenden oder von Todes wegen*, in: NDV 1999, S. 83 ff; MÜNDER, JOHANNES: *Der sozialhilferechtliche Übergang von Ansprüchen gegen zivilrechtliche Unterhaltspflichtige*, in: NJW 2001, S. 2201 ff.; RÜFNER, *Sozialhilferecht*, a. a. O., S. 931

684 RÜFNER, *Sozialhilferecht*, a. a. O., S. 931; ab dem 01.01.2005 ist für Streitverfahren im Sozialhilferecht die Sozialgerichtsbarkeit zuständig; vgl. Art. 38 des Gesetzes zur Einordnung des Sozialhilferechts in das Sozialgesetzbuch vom 27.12.2003 (BGBl. I. S. 3022); DECKER, ANDREAS: *Sozialhilfe in die Sozialgerichtsbarkeit*, in: ZFSH/ SGB 2004, S. 260; GEIGER, HARALD: *Verlagerung der Sozialhilfestreitigkeiten auf die Sozialgerichte*, in: NJW 2004, S. 1850 ff.; grundsätzlich PITSCHAS, RAINER: *Reform des sozialgerichtlichen Verfahrens. Zur Integration von Sozial- und allgemeiner Verwaltungsgerichtsbarkeit*, in: SGb 1999, S. 389 ff.

c. Auswirkungen sozialrechtlicher Weiterentwicklungen auf die Landessozialverwaltung

Nach seinem Inkrafttreten erfuhr das BSHG durch Folgegesetzgebung und Rechtsprechung, aber auch durch grundlegende Veränderungen der gesamtwirtschaftlichen Rahmenbedingungen in der Bundesrepublik Deutschland, Einwirkungen, die Auswirkungen auf die Aufgabenwahrnehmung der örtlichen wie der überörtlichen Sozialhilfeträger hatten. Nachdem der Anspruch auf Sozialhilfe als subjektives öffentliches Recht sowie sozialrechtliche Grundposition mit § 9 in das SGB I übernommen wurde, spiegeln die Änderungsgesetze zum BSHG[685] sowie ihre Einflüsse auf die Aufgabenwahrnehmung durch die Sozialhilfeträger das sozialpolitische Verständnis zu dieser Basissicherung wider. Diese Fortentwicklung des Sozialhilferechts wurde durch die Zusammenführung von Arbeitslosenhilfe und Sozialhilfe für erwerbsfähige Hilfsbedürftige zu einer Grundsicherung für Arbeitssuchende im SGB II[686] und die Zusammenfassung der übrigen Sozialhilfeleistungen im SGB XII unter Eingliederung der Leistungen der Grundsicherung im Alter und bei Erwerbsminderung[687] und den Hilfen zum Lebensunterhalt für nicht Erwerbsfähige sowie den Hilfen in besonderen Lebenslagen abgeschlossen.[688]

Die Gesetzesänderungen bis zur Verabschiedung der Sozialgesetzbücher II und XII im Jahr 2003 waren im –wenn auch zeitlich nach hinten versetzten– Spiegelbild zur positiven konjunkturellen Entwicklung in der Bundesrepublik mit sozialpolitischer Vollbeschäftigung und teilweisem Arbeitskräftemangel[689] getragen von Verbesserungen des Leistungsrechts, von Vergünstigungen für den Einsatz des Einkommens und Vermögens, von einer Verbesserung der Eingliederungshilfe für Behinderte und der Hilfe zur Pflege bis hin

---

685 Überblick bei DAHLINGER/ MERGLER, *Einführung in das....*, a. a. O., Rdnr. 31 ff., vgl. auch SCHMITT, *Arbeits- und Sozialverwaltung*, a. a. O., S. 575 ff. zur weiteren Entwicklung der Sozialverwaltung bis 1986.

686 Vgl. Entwurf eines Vierten Gesetzes für moderne Dienstleistungen am Arbeitsmarkt vom 05.09.2003, BT-Drs. 15/1516, S. 2; MÜNDER, *Das SGB II – Die.....*, a. a. O., S. 3210 ff.

687 Nach dem Gesetz über eine bedarfsorientierte Grundsicherung im Alter und bei Erwerbsminderung vom 26.06.2001 (BGBl. I S. 1310, 1335), zuletzt geändert am 27.12.2003 (BGBl. I S. 3022); ab 01.01.2005 Bestandteil des SGB XII

688 Artikel 1 des Gesetzes vom 27. Dezember 2003 (BGBl. I S. 3022), in Kraft ab 01.01.2005, vgl. auch KUNKEL, PETER-CHRISTIAN: *Existenzsicherung in SGB II und SGB XII*, in: ZFSH/ SGB 2004, S. 280 ff.

689 SCHRÖTER HARM G., *Von der Teilung zur Wiedervereinigung*, in: North, Michael (Herausg.): Deutsche Wirtschaftsgeschichte, München 2000, S. 383 ; KARASCH, JÜRGEN R.: *50 Jahre Bundesanstalt für Arbeit –Eine Erfolgsgeschichte geht zu Ende*, in: Wege zur Sozialversicherung 2002, S. 201 f.

zu neuen Vorschriften über die Verschonung von Hausgrundstücken.[690] Dem folgte ab den 1980er Jahren, bedingt durch die Strukturalisierung und Verfestigung der Arbeitslosigkeit auf hohem Niveau bis hin zur heutigen Massenarbeitslosigkeit, eine „Reduktionsgesetzgebung". Mit ihr wurde versucht, die jetzt durch die Realität widerlegten Erwartungen nach einem ständigen und lebhaften Wirtschaftswachstum und eine gleichbleibende und dem Status quo entsprechenden Bevölkerungs- und Familienstrukturentwicklung sowie einer stabilen Struktur öffentlicher Haushalte zu kompensieren.[691]

Jetzt wurde in zunehmendem Maße deutlich, welche Auswirkungen jede Veränderung an den Stellschrauben der vorgelagerten Sozialleistungssysteme auf das Basissystem der Sozialhilfe und seine Kostenträgerschaft hat.[692] Zugleich traten die Folgeprobleme der fast ausschließlich dem Bund zugeordneten Entscheidungsbefugnisse über Leistungshöhe und Leistungsstandards der vorgelagerten Sozialsicherungssysteme hervor, für die die auf die Kommunen delegierte Mindestsicherungsaufgabe der Sozialhilfe die Auffangposition einzunehmen hatte.[693] Darüber hinaus beanspruchten die Veränderungen der familiären und gesellschaftlichen Bindungen in der Gesellschaft in immer stärkerem Maße die Sozialhilfe und belasteten in zunehmendem Maße ihre Kostenträger.[694]

Diese Änderungsgesetzgebung fand ihren ersten Abschluss durch das Gesetz zur Reform des Sozialhilferechts von 1996[695], mit dem im Aufgabenbereich der überörtlichen Träger der Sozialhilfe die Rechte der Behinderten in Werkstätten durch eine arbeitnehmerähnliche Rechtsstellung, die Verstärkung ihrer Mitwirkungsrechte und ihre angehobene Entlohnung verbessert und die Pflegesätze in stationären Einrichtungen auf festgelegte prozentuale Steigerungen

---

690 FRANK, WERNER: *Rückwirkungen von Gesetzesänderungen in anderen Sozialleistungsbereichen auf die Sozialhilfe*, in: NDV 1978, S. 350; VON MAYDELL, *Die Stellung der....*, a. a. O., S. 344 f.

691 STOLLEIS, *Geschichte des Sozialrechts....*, a. a. O., S. 225

692 FRANK, *Rückwirkungen von Gesetzesänderungen....*, a. a. O., S. 351 ff.; GIESE, *30 Jahre BSHG....*, a. a. O., S. 3

693 DÖRING, DIETHER: *Schlüsselprobleme der deutschen Sozialstaatsreform*, in: NDV 2000, S. 354; V. MAYDELL, *Die Stellung der....*, a. a. O., S. 342 f.

694 Laut Sozialbericht 2001 der Bundesregierung, S. 101.(www.bma.bund.de/ download/broschueren/ A101.pdf, eingesehen am 24.08.2004) stellten in 2001 die Haushalte von Alleinerziehenden mit 24,2 Prozent die zweitgrößte Gruppe der Empfänger von Hilfe zum Lebensunterhalt dar; vgl. auch DÖRING, *Schlüsselprobleme der deutschen....*, a. a. O., S. 355 ff.; zu den internationalen Aspekten FUKUYAMA, FRANCIS: *Der große Aufbruch*, München 2002, S. 154 ff.

695 Gesetz zur Reform des Sozialhilferechts vom 23.07.1996 (BGBl. I S. 1088)

„gedeckelt" wurden.[696] Darüber hinaus wurde die Heranziehung Unterhaltspflichtiger durch einen Auskunftsanspruch des Sozialhilfeträgers und die Streichung von Absetzbeträgen für Unterhaltspflichtige (§ 91 Abs. 2 Satz 1, 2. Halbsatz BSHG) verschärft.[697] Dem BSHG-Reformgesetz 1996 folgte die Sozialhilfedatenabgleichsverordnung gem. § 117 BSHG[698] vom 01.01.1998, die dazu beitragen sollte, die missbräuchliche Inanspruchnahme von Sozialhilfe zu verhindern.[699] Das Siebte Änderungsgesetz zum Bundessozialhilfegesetz vom 25.06.1999[700] ermöglichte durch eine Experimentierklausel in § 101 a BSHG die Erprobung von Pauschalierungen weiterer Leistungen der Sozialhilfe.[701]

Auf der anderen Seite führte die Verabschiedung neuer oder die Erweiterung bereits bestehender gruppenspezifischer Sozialleistungsgesetze zu einer Entlastung der Sozialhilfeträger. Dies wird am Beispiel des SGB XI deutlich,[702] das auch für die überörtlichen Träger der Sozialhilfe eine erhebliche Reduzierung ihres Aufwandes für die Hilfe zur Pflege in den Bedarfslagen des § 100 Abs. 1 Nr. 1 BSHG brachte.[703] Dennoch bleibt auch hier die Funktion der Sozialhilfe als Basissicherung für den Bedarf erhalten, der nicht von der Pflegeversicherung gedeckt wird. Darüber hinaus belasten Abgrenzungsprobleme zwischen Leistungen der Pflegeversicherung und Leistungen der Sozialhilfe

---

[696] DAHLINGER/ MERGLER, Einführung in das...., a. a. O., Rdnr. 33f u. 33g; DÖRFLER, REINHARD: *Die Sozialhilfereform –Strukturveränderung und Haushaltskonsolidierung-* in: ZFSH/ SGB 1996, S. 456 ff.; KRAUS, RUDOLF: *Die Reform des Sozialhilferechts – Wesentliche Argumente im Gesetzgebungsverfahren*, in: br 1996, S. 183 f.; TRENK-HINTERBERGER, PETER: *Gesetz zur Reform des Sozialhilferechts*, in: NJW 1996, S. 3194 f.; zu den Änderungen zugunsten Behinderter in Werkstätten FINKE, BERND: *Die Auswirkungen des Gesetzes zur Reform des Bundessozialhilfegesetzes auf Werkstätten für Behinderte*, in: br 1996, S. 185 ff.; zur Deckelung der Pflegesätze MÜNDER, JOHANNES; SCHRUTH, PETER: *Zur gesetzlichen Deckelung der Pflegesätze*, in: ZfF 1997, S. 100 ff.

[697] MÜNDER, *Der sozialhilferechtliche Übergang....*, a. a. O., S. 2204; TRENK-HINTERBERGER, *Gesetz zur Reform....*, a. a. O., S. 3195

[698] Ab 01.01.2005: §§ 118, 120 SGB XII

[699] Einzelheiten bei HIRSCHBOECK, THOMAS: *Ausbau automatisierter Datenabgleiche im Bereich der Sozialhilfe*, in: ZFSH/ SGB 2004, S. 592 ff.

[700] Siebtes Gesetz zur Änderung des Bundessozialhilfegesetzes vom 25.06.1999 (BGBl. I S. 1442)

[701] DAHLINGER/ MERGLER, *Einführung in das....*, a. a. O., Rdnr. 33j; vgl. auch TENNSTEDT, *Geschichte des Sozialrechts*, a. a. O., S. 78 f.

[702] Stellvertretend SCHAAF, MICHAEL: *Die soziale Pflegeversicherung als fünfte Säule der Sozialversicherung*, in: SGb 1994, S. 414 ff.

[703] Vgl. die Zahlen für 1963 bis 1997 bei KRAUS, *Entwicklung der Sozialhilfeleistungen....*, a. a. O., S. 70 f.

die Arbeit des leistungspflichtigen Kostenträgers, dessen Behörden die Kostenerstattungen zu beziffern und geltend zu machen haben.[704]

Die Neufassung der Sozialhilfegesetzgebung durch die SGB II und XII trat am 01.01.2005 in Kraft. Beide Gesetze veränderten das System der Fürsorge in Deutschland durch Zusammenfassung der Hilfearten für Arbeitssuchende als Grundsicherung für alle erwerbsfähigen hilfesuchenden Personen im SGB II, während die Leistungen der Sozialhilfe als Leistung für diejenigen Personen, die wegen Alters, voller Erwerbsminderung und die im BSHG als besondere Lebenslagen bezeichneten Lebensumstände durch die Hilfearten des SGB XII abgesichert sind.[705]

Damit stellt das Merkmal der Erwerbsfähigkeit die „Weiche“ dar, nach der die Anspruchsberechtigung der unterschiedlichen Hilfegruppen zu beurteilen ist.[706] Für diejenigen, die ihre Arbeitskraft zur Minderung ihrer Hilfebedürftigkeit einsetzen können, ist nach dem Grundprinzip des „Förderns und Forderns“ im aktivierenden Staat im SGB II eine Agenda sozialpolitischer Verpflichtungen und Hilfestellungen normiert, die diese staatlichen Leistungen zur Existenzsicherung von denen des BSHG unterscheiden. Nun fordert § 2 Abs. 2 SGB II den Einsatz der Arbeitskraft erwerbsfähiger Hilfebedürftiger zu ihrem Lebensunterhalt, auch mit der Konsequenz der Leistungskürzung nach §§ 31 f. SGB II, und fördert sie durch §§ 4 Abs. 2, 15 Abs. 2 und 16 Abs. 2 SGB II mit persönlicher Beratung, Eingliederungsvereinbarungen und ergänzenden Leistungen.

Hierdurch wird für alle erwerbsfähigen Hilfebedürftigen die staatliche Transferleistung der Grundsicherung von der persönlichen Gegenleistung des Bemühens um eigene Existenzsicherung abhängig gemacht. Die Sicherung des Existenzminimums im aktivierenden Staat ist nicht mehr Ausdruck der einseitigen sozialstaatlichen Verpflichtung zur Hilfebedürftigkeit, sondern Gegenleistung für die von dem Hilfebedürftigen zu erbringenden Aktivitäten. Der traditionelle Wohlfahrtsstaat hat sich zumindest in diesem Segment staatlicher Transferleistungen zum Gewährleister gewandelt, der die Aktivierung eigener Kräfte zur Überwindung sozialer Schwierigkeiten einfordert, statt un-

---

[704] Vgl. DAHLINGER/ MERGLER, *Einführung in das Sozialhilferecht*, in: Mergler/ Zink, *Kommentar zum Bundessozialhilfegesetz,* a. a. O., Einführung Rdnr. 63 ff.; FRANK, *Rückwirkungen von Gesetzesänderungen....*, a. a. O., S. 354; MROZYNSKI, PETER: *Pflege zwischen Versicherung und Sozialhilfe*, in: SGb 1996, S. 569 f., 629 f.

[705] MROZYNSKI, PETER: *Grundsicherung für Arbeitssuchende, im Alter, bei voller Erwerbsminderung und die Sozialhilfereform*, in: ZFSH/ SGB 2004, S. 198

[706] KUNKEL, *Existenzsicherung in SGB II....*, a. a. O., S. 280; MROZYNSKI, *Grundsicherung für Arbeitssuchende....*, a. a. O., S. 217 ff.

eingeschränkt seine Einstandspflicht zur Existenzsicherung aufrecht zu erhalten und sich auf Sanktionen nach § 25 Abs. 1 BSHG zu beschränken.[707]

4. *Verwaltungsverfahren des überörtlichen Sozialhilfeträgers*

a. Zuständigkeitsabgrenzung zum örtlichen Sozialhilfeträger in Rheinland-Pfalz und Hilfearten des überörtlichen Trägers

Die Durchführung der Aufgaben des überörtlichen Trägers der Sozialhilfe[708] obliegt gem. § 1 Abs. 2 AGSGB XII[709] dem Landesamt für Soziales, Jugend und Versorgung, das diese Landesaufgabe als obere Landesbehörde landesweit wahrnimmt. In dieser Trägereigenschaft sind im Landesamt neben der Zuständigkeit für die sonstigen Hilfearten gem. § 97 Abs. 3 SGB XII[710] nach § 2 Abs. 2 AGSGB XII vier Arten der Hilfen in besonderen Lebenslagen, die krebskranken Personen gewährt werden, sowie die Hilfen zur Überwindung besonderer sozialer Schwierigkeiten (§§ 67 bis 69 SGB XII) zugewiesen. Die gem. § 2 Abs. 2 Nr. 9 AGSGB XII in die Zuständigkeit des überörtlichen Sozialhilfeträgers gegebenen Hilfen für die nach dem Landesgesetz für psychisch kranke Personen[711] untergebrachten Menschen liegen zwar außerhalb des Sozialhilferechts, werden jedoch ebenfalls vom Landesamt gewährleistet und deshalb in diesem Zusammenhang behandelt.

Auch für die Sozialhilfeleistungen des überörtlichen Sozialhilfeträgers gelten die Prinzipien des Nachrangs der Sozialhilfe gegenüber vorgelagerten Systemen der sozialen Sicherung[712] oder der eigenen Leistungsfähigkeit[713] sowie der individuellen Abstimmung auf den Bedarf im Einzelfall.[714] Der besondere

---

707 MÜNDER, *Das SGB II – Die....*, a. a. O., S. 3210 weist allerdings auch auf die Ambivalenz diese neuen „workfare-Ansatzes" (im Gegensatz zum früheren „welfare-Ansatz) in, der in der sozialpolitischen Zielrichtung und ihrer Durchsetzbarkeit am Arbeitsmarkt besteht.

708 Unterteilung der Hilfearten des überörtlichen Sozialhilfeträgers in Anlehnung an KRAUS, RUDOLF: *Entwicklung der Sozialhilfeleistungen 1963 – 1997 unter besonderer Berücksichtigung der Eingliederungshilfen für Behinderte*, in: br 1999, S. 66 f.; vgl. auch EICHENHOFER, *Sozialrecht*, a. a. O., S. 298 f.; RULAND, *Sozialrecht*, a. a. O., S. 755 f.

709 Bis 31.12.2004: § 2 Abs. 2 AGBSHG

710 Bis 31.12.2004: § 100 BSHG

711 Landesgesetz für psychisch kranke Personen (PsychKG) vom 17.11.1995 (GVBl. S. 473), zuletzt geändert am 06.02.2001 (GVBl. S. 29)

712 RÜFNER, WOLFGANG: *Sozialhilferecht*, in: Achterberg, Norbert; Püttner, Günter; Würtenberger, Thomas: *Besonderes Verwaltungsrecht*, Bd. II, 2. Aufl., Heidelberg 2000, S. 937

713 RULAND: *Sozialrecht*, a. a. O., S. 748 f.

714 GITTER/ SCHMITT: *Sozialrecht*, a. a. O., S. 315; RÜFNER, *Sozialhilferecht*, a. a. O., S. 937 ff.

Personenkreis, der die Hilfeleistung des überörtlichen Sozialhilfeträgers in Anspruch nehmen muss, macht bei Beachtung dieser beiden Grundprinzipien der Hilfegewährung eine besondere Art der Sach- und Verfahrensbearbeitung erforderlich, die trotz hoher Fallzahlen von großer individueller Betreuung geprägt ist. Dies kann sich bei der Bearbeitung der Hilfefälle auf die Festsetzung von Kostenbeträgen (§§ 43 BSHG, 92 SGB XII), die Geltendmachung von Aufwendungsersatz (§§ 29 BSHG, 19 Abs. 5 SGB XII), die Überleitung von Ansprüchen gegenüber Dritten (§§ 90 BSHG, 93 SGB XII), die Geltendmachung von Ansprüchen gegen einen nach bürgerlichem Recht Unterhaltspflichtigen (§§ 91 BSHG, 94 SGB XII), die Geltendmachung von Kostenerstattungsansprüchen (§§ 103 ff. BSHG, 106 ff SGB XII) und die Durchsetzung von Erstattungsansprüchen gegen andere Sozialleistungsträger (§§ 102 ff. SGB X) erstrecken.

Entsprechend der in § 99 SGB XII[715] eröffneten Befugnis sehen §§ 3 und 4 des rheinland-pfälzischen AGSGB XII[716] die Möglichkeit vor, Zuständigkeiten des überörtlichen Sozialhilfeträgers auf örtliche Träger und solche der Landkreise als örtlichen Sozialhilfeträger auf Gemeindeverbände und Gemeinden durch „Heranziehung“[717] zu übertragen. Diese Regelung folgt der bereits in der Fürsorgepflicht-Verordnung von 1924 begründeten Ermächtigung für die damaligen Landesgesetzgeber, Durchführungszuständigkeiten und Kosten auf nachgeordnete Gebietskörperschaften zu verlagern.

Eine entsprechende Durchführungsverordnung bestimmt, dass die kreisfreien Städte und Landkreise einen Großteil der dem Land als überörtlichem Sozialhilfeträger obliegenden Aufgaben durchzuführen haben.[718] Im Bereich der kostenintensiven Hilfen in besonderen Lebenslagen (Eingliederungshilfe)

---

[715] Bis 31.12.2004: § 96 Abs. 1 BSHG

[716] Bis 31.12.2004: §§ 4 und 5 AGBSHG

[717] Diese Heranziehung begründet keine Änderung der gesetzlich festgelegten Trägereigenschaften, sondern eine Aufgabendelegation auf ortsnahe Verwaltungseinheiten, die im Auftrag der Träger tätig werden und deren Verwaltungshandeln diesen zuzurechnen sind mit der Folge, dass verwaltungsrechtliche Rechtsbehelfe vom zuständigen Sozialhilfeträger zu entscheiden sind, vgl. SCHELLHORN/ SCHELLHORN, *Das Bundessozialhilfegesetz Kommentar*, a. a. O., § 96 Rdnr. 48 f.; TRENK-HINTERBERGER, PETER: *Sozialhilferecht*, in: Maydell, Bernd Baron von; Ruland, Franz (Herausg.): *Sozialrechtshandbuch (SRH)*, Baden-Baden 2003, S. 1237

[718] § 1 der Vierten Landesverordnung zur Durchführung des Landesgesetzes zur Ausführung des Bundessozialhilfegesetzes vom 26.04.1967 (GVBl. S. 41), zuletzt geändert am 16.12.2002 (GVBl. S. 481), ersetzt durch die Erste Landesverordnung zur Durchführung des Landesgesetzes zur Durchführung des Landesgesetzes zur Ausführung des Zwölften Buches Sozialgesetzbuch vom 22.12.2004 (GVBl. S. 571); allgemein bei SCHELLHORN/ SCHELLHORN, *Das Bundessozialhilfegesetz Kommentar*, a. a. O., § 96 Rdnr. 48

gem. § 100 Abs. 1 Nr. 1 BSHG[719] wurde als Kriterium der Zuständigkeitszuordnung zwischen dem Land und den Kommunen die Zuordnung der aufzunehmenden Anstalt oder Einrichtung als regional oder überregional gewählt. Diese Zuordnung bestimmt sich nach einer ministeriellen Bekanntmachung über überregionale Einrichtungen zur Eingliederung behinderter Menschen aus dem Jahr 1992,[720] die alle überregionalen Einrichtungen benennt. Sie wird in unregelmäßigen Abständen aktualisiert und fortgeschrieben.

Diese Heranziehungszuweisung wird ergänzt um die Kostenerstattungs- und -beteiligungsregelungen der §§ 6 und 7 AGSGB XII, bei denen der Grundsatz der Identität von Sach- und Finanzverantwortung der Sozialhilfeträger zu Lasten der Delegationsnehmer durchbrochen wird. So gilt zwar gem. § 5 Abs. 2 Satz 1 AGSGB XII der Grundsatz, dass der zuständige Träger zur Erstattung der der durchführenden Gebietskörperschaft entstandenen Aufwendungen verpflichtet ist; die Verwaltungskosten hierfür sind jedoch gem. § 5 Abs. 2 Satz 2 AGSGB XII ausgenommen. Darüber hinaus verpflichtet § 6 Abs. 1 AGSGB XII die örtlichen Sozialhilfeträger, sich an den Aufwendungen des Landes als überörtlichem Sozialhilfeträger zu 50 Prozent zu beteiligen. Auch hier sind gem. § 6 Abs. 1 Satz 2 AGSGB XII die Verwaltungskosten ausgespart.

Die Schwächen dieser Regelung zeigen sich sowohl im Verfahren der Unterbringung von Hilfeempfängern in Heimen als auch im Abrechnungsverfahren unter den Trägern sowie in der Durchführung von Erstattungen und Regressen. Sie verleiten zunächst die örtlichen Träger dazu, Hilfeempfänger auf überregionale Einrichtungen zu verweisen, um ihre Kostenlast mit dem überörtlichen Träger zu teilen und weiterhin ihren eigenen Verwaltungsaufwand in der Abwicklung –einschließlich der Überprüfung von Kostenerstattungen und Regressen– zu minimieren. Die Aufteilung von Sach-, Durchführungs- und Finanzverantwortung unter den Trägern führt darüber hinaus zu einer kommunalen Reservezuständigkeit für die Finanzierung der sozialen Daseinsvorsorge und zu komplexen Abrechnungsverfahren, bei denen die Transparenz und Nachprüfbarkeit der Kosten der Leistungserbringer verloren geht.[721] Mit dem in § 5 Abs. 2 Satz 2 AGSGB XII vorgesehenen „Nettoprinzip“ der Kostenerstattung von Aufwendungen, bei denen Erstattungen vorab abzusetzen sind,[722] wird schließlich das tragende Prinzip der Bruttoveran-

---

[719] Ab 01.01.2005: § 97 Abs. 3 SGB XII

[720] Überregionale Einrichtungen zur Eingliederung Behinderter, Bekanntmachung des Ministeriums für Arbeit, Soziales, Familie und Gesundheit vom 22.06.1992 (MinBl. S. 349)

[721] Vgl. hierzu PITSCHAS, RAINER: *Wandel des Sozialrechts und kommunale Finanzpolitik*, Großburgwedel 2002, S. 5 f.

[722] Vgl. Landtag Rheinland-Pfalz –14. Wahlperiode–, Drs. 14/3424 vom 21.09.2004, S. 16

schlagung von Haushaltsmitteln (§ 12 Abs. 1 HGrG, § 15 Abs. 1 LHO) verlassen.

b. Einzelne Hilfearten und Fallzahlen der Verwaltungsverfahren.

In Rheinland-Pfalz waren im Jahr 2003 196 Mio. € für Eingliederungshilfen des überörtlichen Trägers der Sozialhilfe aufzuwenden. An Hilfen zur Pflege waren vom Land 17 Mio. € zu leisten. Für Hilfen zur Überwindung besonderer sozialer Schwierigkeiten waren 5,4 Mio. € aufzubringen; an Sozialhilfe für Hilfeempfänger ohne gewöhnlichen Aufenthalt wurden 19,7 Mio. € ausgezahlt. Weitere 376 Mio. € waren vom Land für Menschen zu leisten, die in Heimen für beschützendes und betreutes Wohnen untergebracht sind.

In den rheinland-pfälzischen Werkstätten für behinderte Menschen stehen von insgesamt 10.516 Sollplätzen 8.484 Plätze in der Kostenträgerschaft des Landesamtes für Soziales, Jugend und Versorgung. Diese Werkstätten sind nach der Zweckbestimmung des § 136 SGB IX Einrichtungen der beruflichen Rehabilitation, die dem dort genannten Personenkreis eine angemessene berufliche Bildung sowie der Art und Schwere der Behinderung entsprechende Beschäftigung bieten soll. Deshalb werden die Kosten dieser Einrichtungen während des Eingangsverfahrens und des Arbeitstrainings (§ 3 der Werkstättenverordnung[723]) in der überwiegenden Anzahl der Fälle von der Bundesagentur für Arbeit als dem zuständigen Träger der beruflichen Rehabilitation aufgebracht. Die Kostenpflicht der Träger beruflicher Rehabilitation endet jedoch nach zwei Jahren (§§ 18 SGB VI, 102 Abs. 2 SGB III) und geht in der danach folgenden Arbeitsphase gem. § 56 SGB XII auf die überörtlichen Sozialhilfeträger über, die für die Beschäftigung der behinderten Menschen bis in ihr Rentenalter kostenpflichtig werden können.[724]

Im Unterschied zu den übrigen Hilfearten in besonderen Lebenslagen, bei denen der überörtliche Sozialhilfeträger durch Kostenzusage gegenüber dem Sozialhilfeempfänger selbst oder der ihn betreuenden Einrichtung über die Hilfeleistung dem Grunde nach entscheidet, verbleibt bei der Eingliederungshilfe nach § 56 SGB XII dem Kostenträger nur die Weiterzahlung der Unterbringungskosten in einer Werkstatt für behinderte Menschen, nachdem ein anderer Rehabilitationsträger über die Aufnahme des behinderten Menschen

[723] vom 13.08.1980 (BGBl. I S. 1365), zuletzt geändert durch Gesetz vom 19.06.2001 (BGBl. I S. 1046)

[724] BAUR, FRITZ: *Die Werkstatt für Behinderte im Spannungsfeld von Förderung und Arbeitsleistung*, in: ZFSH/ SGB 1999., S. 263 f.; MROZYNSKI, PETER: *Rehabilitationsleistungen – Integrierte Versorgung im gegliederten System: Überlegungen zum SGB IX*, in: SGb 2001, S. 279; SCHLEMBACH, ROSITA: *Das Neunte Buch Sozialgesetzbuch (SGB IX): Schneller, gleichberechtigter, besser?*, in: br 2001, S. 135

in einer derartigen Werkstatt entschieden und die Werkstattkosten während des Eingangsverfahrens übernommen hat.

Sozialhilfe für Deutsche im Ausland (§ 24 SGB XII)[725] wurde für 221 Hilfeempfänger gewährt; hierfür waren 500.615 € aufzubringen. Für 1.983 Plätze in Wohngemeinschaften nach § 39 BSHG (darunter auch Wohngemeinschaften für Suchtkranke und Frauenhäuser) wurden 3,5 Mio. € aufgrund von Vereinbarungen mit den jeweiligen örtlichen Trägern gewährt. Kostenerstattungen nach §§ 102 ff. BSHG wurde in Höhe von 3,8 Mio. € in den Hilfefällen aufgebracht, in denen der gewöhnliche Aufenthalt des Hilfeempfängers strittig oder problematisch war oder sich Änderungen nach Verlassen von Einrichtungen oder aus dem Ausland ergeben haben. Im Zusammenhang mit derartigen Kostenerstattungen waren im Jahr 2002 mit Beteiligung des Landesamtes für Soziales, Jugend und Versorgung als Kläger, Beklagter oder Beteiligter 46 Verwaltungsverfahren anhängig, davon zwei Berufungs- und ein Revisionsverfahren.

c. Auswirkungen des SGB XII und der Ländergesetzgebung zu seiner Ausführung auf die Sozialverwaltung

Das SGB XII ist auf die Hilfearten konzentriert, die für nicht erwerbsfähige Personen und deren Angehörige gewährt werden können. Für die Arbeitslosen- und Sozialhilfe an erwerbsfähige Personen gilt demgegenüber ab dem 01.01.2005 das SGB II,[726] in das neben der Arbeitslosenhilfe der §§ 190 ff. des heutigen SGB III die Hilfe zur Arbeit (§§ 18 ff. BSGH) und die Hilfe zum Aufbau oder zur Sicherung einer Lebensgrundlage (§ 30 BSHG) übernommen wurde. In beiden neuen Sozialgesetzbüchern ist das Fordern und Fördern als einer der tragenden Grundsätze des Leitbildes vom aktivierenden Staat verankert.[727] Die Fokussierung des SGB II auf die Trägerschaften der Grundsicherung für Arbeitsuchende auf die Bundesagentur für Arbeit und die kreisfreien Städte und Kreise belässt den Ländern in diesem Bereich (§ 6 SGB II) lediglich die Möglichkeit, andere Träger als die in § 6 Abs. 2 Nr. 2 SGB II benannten Träger durch Landesrecht zu bestimmen.[728] Für die nicht erwerbsfä-

---

[725] Vgl. BAUR, FRITZ: *Sozialhilfe für Deutsche im Ausland*, in: NVwZ 2004, S. 1322 ff.; RÜFNER, *Sozialhilfe*, a. a. O., S. 966

[726] Art. 1 des Vierten Gesetzes für moderne Dienstleistungen am Arbeitsmarkt vom 24.12.2003 (BGBl. 2954) – Sozialgesetzbuch – Zweites Buch (SGB II) – Grundsicherung für Arbeitssuchende-

[727] § 2 Abs. 2 SGB II; § 11 Abs. 2 u. 3 SGB XII, vgl. MÜNDER, *Das SGB II – Die....*, a. a. O., S. 3210

[728] Das Landesgesetz zur Ausführung des Zweiten Buches Sozialbesetzbuch (AGSGB II) bestimmt in § 2, dass die Verbandsgemeinden und verbandsfreien Gemeinden die Aufga-

higen Sozialhilfe nachfragenden Personen behält § 97 SGB XII die bisherige Systematik der sachlichen Zuständigkeiten der örtlichen und überörtlichen Träger bei, wie sie in §§ 99 u. 100 BSHG niedergelegt war.

Insbesondere das SGB XII bedurfte zu seiner Ausführung einer die Trägerschaften der Sozialhilfe bestimmenden Landesgesetzgebung. Dabei haben die Länder die Gelegenheit einer neuen Ausführungsgesetzgebung für die nun auf nicht Erwerbsfähige konzentrierte Sozialhilfe und Grundsicherung im Alter und bei Erwerbsminderung dazu genutzt, ihrerseits im Verhältnis zu den kommunalen Trägern entweder bisherige Grundsätze in Richtung auf eine stärkere Aufgaben- und Kostenverlagerung zu vertiefen oder ihre bisherigen Grundsätze in diesem Sinne zu verändern. Die Palette der Möglichkeiten reicht von der Errichtung landesweiter Kommunalverbände zur Durchführung der überörtlichen Sozialhilfeträgerschaft über die „Herabstufung" von Hilfearten zu Aufgaben kommunaler Sozialhilfeträger bis zur Einrichtung von Umlagefinanzierungssystemen für einzelne Hilfearten, etwa die Sozialhilfe für Personen ohne gewöhnlichen Aufenthalt oder in bestimmten Anstalten und Heimen.

Rheinland-Pfalz, das sich für die Durchführung der überörtlichen Sozialhilfeträgerschaft der örtlichen Träger bedient und sie an den Kosten beteiligt, hat seine bisherigen, im AGBSHG getroffenen Regelungen zur Kostenträgerschaft und zur Heranziehung der örtlichen Sozialhilfeträger bei der Aufgabenwahrnehmung beibehalten. Wie bisher ist das zuständige Landesministerium ermächtigt, durch Rechtsverordnung Regelungen über Wahrnehmungszuständigkeiten der örtlichen Träger und der Verbandsgemeinden sowie verbandsfreien Gemeinden im Auftrag des überörtlichen Sozialhilfeträgers zu treffen.

IV. Die Entwicklung der Kinder- und Jugendhilfe

1. Ausbildung von Verwaltungsstrukturen öffentlicher Kinder- und Jugendfürsorge

a. Kinder- und Jugendfürsorge bis zum Ersten Weltkrieg

Die industrielle Entwicklung im 19. Jahrhundert führte wie in anderen europäischen Ländern auch in Deutschland zu einer besonderen Fürsorgetätigkeit

---

ben der Grundsicherung für Arbeit Suchende entweder auf Antrag selbst durchführen oder hiermit durch die kommunalen Träger beauftragt werden können. Damit wird der bisherigen Entwicklung in der Arbeitsmarktförderung auf kommunaler Ebene Rechnung getragen, bei der sich die Initiativen zur Einrichtung kommunaler Beschäftigungsgesellschaften bei den Verbandsgemeinden und Städten, zum Teil als Kooperationsprojekte in privater Gesellschaftsform, konzentrierte.

für Kinder und Jugendliche, um die sich deren Eltern wegen Armut, Erwerbslosigkeit oder den besonderen Bedingungen der damaligen industriellen Arbeit im Familienverbund nicht oder nicht ausreichend kümmern konnten.[729] Sie machte es erforderlich, die bereits seit dem Mittelalter als gemeindliche Aufgabe gepflegte Unterstützung von in Not geratenen Kindern und Jugendlichen als Teil der Armenfürsorge sowohl inhaltlich als auch organisatorisch zu erweitern. Die hohe Kindersterblichkeit in Deutschland gegenüber anderen europäischen Ländern und die Gefahren der körperlichen und geistigen Schwächung von Kindern und Jugendlichen durch Kinderarbeit, aber auch die sozialen Folgeerscheinungen des ungelenkten Wachstums der industriellen Ballungsräume, die dort herrschende Wohnungsnot der Industriearbeiter und die familiäre Entwurzelung von Kindern und Jugendlichen[730] führte zu bürgerschaftlichem Engagement in sozialen Vereinen. Diese Vereine kümmerten sich besonders um die nichtehelichen oder verwahrlosten Kinder und Jugendlichen und die zunehmende Zahl von Witwen und Waisen.[731] Die private Jugendfürsorge betreute Waisen, Säuglinge und nichteheliche Kinder bereits zu einer Zeit, als die staatliche Verwaltung die Gefahren der Kinderarbeit und das Gefährdungspotential der industriellen Verelendung der Kinder und Jugendlichen noch als irrelevant ansah,[732] und gründete sogenannte Findelhäuser[733], Waisenhäuser, Kinderbewahranstalten und Kinderheime.[734]

Die ersten staatlichen Schutzvorschriften für Kinder und Jugendliche in Deutschland ab der zweiten Hälfte des 19. Jahrhunderts gingen auch auf das Wirken und die Appelle der damaligen sozial orientieren Vereine zurück, etwa in der Gewerbeordnung oder die Regelung der Adoption und der Rechts-

---

729 BRACKMANN, PAUL; DRILLING, PHILIPP: *Jugendfürsorge*, Detmold-Herford 1950, S. 7; HASENCLEVER, CHRISTA: *Jugendhilfe und Jugendgesetzgebung seit 1900*, Göttingen 1978, S. 20 f.; PITSCHAS, *Strukturen und Verfahrensweisen....*, a. a. O., S. 172

730 ZIEGLER, *Das Zeitalter der....*, a. a. O., S. 271 f.; WEHLER, *Deutsche Gesellschaftsgeschichte*, Bd. 2, a. a. O., S. 254 ff.

731 HAPPE, GÜNTER: *Jugend- und Familienhilfe*, in: Jeserich, Kurt G. A.; Pohl, Hans; Unruh, Georg-Christoph von (Herausg.): *Deutsche Verwaltungsgeschichte*, Bd. 5, Stuttgart 1986, S. 587 f.; STOLLEIS, *Geschichte des Sozialrechts….*, a. a. O. S. 44; WEBER, *Fürsorge und Wohlfahrtspflege*, a. a. O., S. 101 ff.

732 HENNING, *Aufbau der Sozialverwaltung*, a. a. O., S. 282

733 die damals bereits teilweise mit Babyklappen (seinerzeit Drehlade genannt) ausgestattet waren, vgl. WEBER, *Fürsorge und Wohlfahrtspflege*, a. a. O., S. 103 f.

734 MÜNDER, JOHANNES: *Das Jugendwohlfahrtsgesetz von 1922 –„in Kraft getreten"- 1953*, in: RdJB 1990, S. 44 f.; PORTYKUS, GERHARD: *Das Reichsjugendwohlfahrtsgesetz von 1921 bis 1953*, in: RdJ 1958, S. 8 f.; STOLLEIS, *Geschichte des Sozialrechts….*, a. a. O., S. 138

verhältnisse der Minderjährigen im Bürgerlichen Gesetzbuch.[735] Sie wurden ergänzt durch landesrechtliche Vorschriften zur Fürsorgeerziehung und zur Vormundschaft, durch den Schutz von Kindern und Jugendlichen im Strafgesetzbuch und die besondere Behandlung jugendlicher Straffälliger.[736] Bereits vor dem Ersten Weltkrieg wandelte sich so auf Ebene der damaligen Länder die allgemeine Armenpflege zur öffentlichen Fürsorge und bildete die Fachbereiche der Jugendfürsorge und der Gesundheitsfürsorge mit entsprechender behördlicher Kompetenz heraus.[737]

b. Das Reichsjugendwohlfahrtsgesetz und die Behörden der Jugendfürsorge

Der Jugendschutz wurde nach dem Ersten Weltkrieg als Grundrecht und staatliche Aufgabe in Art. 122 WRV aufgenommen, dessen Absatz 2 auch die Ermächtigungsgrundlage für die reichsrechtliche Regelung der Jugendfürsorge beinhaltet.[738] Als Gegenstand konkurrierender Reichsgesetzgebung nach Art. 7 Nr. 7 und aufgrund des Verfassungsauftrags des Art. 122 WRV, „die Jugend .... gegen Ausbeutung sowie gegen sittliche, geistige oder körperliche Verwahrlosung zu schützen“ und hierfür in Staat und Gemeinde die erforderlichen Einrichtungen zu treffen, wurde 1922 das Reichsjugendwohlfahrtsgesetz (RJWG) erlassen, das seither die reichsgesetzliche Grundlage der öffentlichen Jugendhilfe und –pflege bildete.[739] Auf dieses Gesetz gehen, wie *Rai-*

[735] Teile dieser Schutzvorschriften gingen auch auf die Forderung damaliger militärischer Dienststellen zurück, die bereits in der ersten Hälfte des 19. Jahrhunderts öffentlich-rechtliche Folgerungen aus der schlechten körperlichen Verfassung von Rekruten aus dem industriellen Umfeld forderten, vgl. HENNING, *Aufbau der Sozialverwaltung*, a. a. O., S. 284 f.; zum Einfluss des BGB auf die Neuorientierung der Jugendfürsorge HASENCLEVER, *Jugendhilfe und Jugendgesetzgebung....*, a. a. O., S. 21 ff.

[736] Überblick bei MÜNDER, *Das Jugendwohlfahrtsgesetz von....*, a. a. O., S. 45 ff; zum Strafvollzug ECKERT, HANS-ULRICH: *Zur historischen Dimension des Behandlungsgedankens im (Jugend-) Strafvollzug*, in: ZfJ 1998, S. 368 f.

[737] HAPPE, *Jugend- und Familienhilfe*, a. a. O., S. 588; PITSCHAS, *Strukturen der Kinder-....*, a. a. O., S. 172 f.; MÜNDER, *Das Jugendwohlfahrtsgesetz von....*, a. a. O., S. 45 ff.; PORTYKUS, *Das Reichsjugendwohlfahrtsgesetz von....*, a. a. O., S. 7 ff.; STOLLEIS, *Geschichte des Sozialrechts....*, a. a. O., S. 138 f.

[738] BADURA, PETER, *Kommentierung zu Art. 6*, in: Maunz, Theodor; Dürig, Günter und andere Mitherausgeber: *Grundgesetz Kommentar*, München 2002, Art. 6 Rdnr. 90; EICHENHOFER, *Sozialrecht*, a. a. O., S. 305; HASENCLEVER, *Jugendhilfe und Jugendgesetzgebung....*, a. a. O., S. 50 ff.; HEILMANN, STEFAN: *Hilfe oder Eingriff?*,in: ZfJ 2000, S. 46; PITSCHAS, *Strukturen der Kinder-....*, a. a. O., S. 173

[739] Reichsgesetz für Jugendwohlfahrt vom 09.07.1922 (RGBl. I S. 633); vgl. auch EICHENHOFER, *Sozialrecht*, a. a. O., S. 305; PORTYKUS, *Das Reichsjugendwohlfahrtsgesetz von....*, a. a. O., S. 9; STOLLEIS, *Geschichte des öffentlichen....*, 3. Bd., a. a. O., S. 219; WEBER, *Fürsorge und Wohlfahrtspflege*, a. a. O., S. 111 ff.; zum Gesetzgebungsverfahren HASENCLEVER, *Jugendhilfe und Jugendgesetzgebung....*, a. a. O., S. 52 ff.

ner Pitschas dargestellt hat, die heutigen Strukturen der Kinder- und Jugendhilfe auch in ihrer behördlichen Ausprägung zurück.[740]

Das RJWG bestimmte in § 2 die Jugendwohlfahrtsbehörden zu Organen der öffentlichen Jugendfürsorge, die sich hierarchisch in Jugendämter, Landesjugendämter und Reichsjugendamt[741] gliederten. Nach § 8 des Gesetzes hatten die Gemeinden und Gemeindeverbände Jugendämter zu errichten, wobei die Abgrenzung der Bezirke landesgesetzlichen Regelungen überlassen wurde. Die hierzu erlassenen Ausführungsbestimmungen sahen für Preußen die Errichtung eines Jugendamtes für jeden Stadt- und Landkreis mit der zusätzlichen Ermächtigung vor, dass innerhalb von Landkreisen in Gemeinden oder Ämtern von mehr als 10.000 Einwohnern, bei entsprechender finanzieller Leistungsfähigkeit dieser Kommunen und dem Nachweis genügend vorgebildeter Fachkräfte, besondere Jugendämter errichtet werden könnten.[742]

Aufbau, Zusammensetzung, Verfassung und Verfahren der Jugendämter waren gem. § 9 RJWG aufgrund landesgesetzlicher Bestimmungen durch Satzung der Kommunen zu regeln.[743] Dort sollten nur Personen beschäftigt werden, die „eine für die Betätigung in der Jugendwohlfahrt hinreichende Ausbildung besitzen, die insbesondere durch eine mindestens einjährige praktische Arbeit in der Jugendwohlfahrt erworben ist“. Darüber hinaus sollten als stimmberechtigte Mitglieder des Jugendamtes „in der Jugendwohlfahrt erfahrene und bewährte Männer und Frauen aller Bevölkerungskreise, insbesondere aus den im Bezirke des Jugendamtes wirkenden freien Vereinigungen für Jugendwohlfahrt und Jugendbewegung auf deren Vorschlag“ mit festgelegtem Quorum berufen werden. Hier zeichnet sich bereits die Entwicklung zur

---

[740] PITSCHAS, *Strukturen der Kinder-....*, a. a. O., S. 172 ff.; vgl. auch EICHENHOFER, *Sozialrecht*, a. a. O., S. 305; RÜFNER, WOLFGANG: *Zum neuen Kinder-....*, a. a. O., S. 1; derselbe: *Kinder- und Jugendhilferecht*, a. a. O., S. 968 f.; TENNSTEDT, *Geschichte des Sozialrechts*, a. a. O., S. 41 f.

[741] Das nach §§ 15 bis 17 Reichsjugendwohlfahrtsgesetz vorgesehene Reichsjugendamt wurde gem. Art. 1 Ziff. 2 der Verordnung über das Inkrafttreten des Reichsjugendwohlfahrtsgesetzes vom 14.02.1924 (RGBl. I S. 110) nicht errichtet. Vgl. auch HASENCLEVER, *Jugendhilfe und Jugendgesetzgebung....*, a. a. O., S. 71 f.

[742] § 2 des Preußischen Ausführungsgesetzes zum Reichsjugendwohlfahrtsgesetz vom 29.03.1924 (Preußische Gesetzessammlung S. 180); Abschnitt II (4) der Preußischen Allgemeinen Ausführungsanweisung zum Reichsjugendwohlfahrtsgesetz und zum Preußischen Ausführungsgesetz vom 29.03.1924 (VMBl. S. 167)

[743] §§ 3 bis 11 des Preußischen Ausführungsgesetzes zum Reichsjugendwohlfahrtsgesetz. Dabei wurde auch die Möglichkeit eröffnet, in den Gemeinden, in denen ein Wohlfahrtsamt bestand, die Aufgaben des Jugendamtes dem Wohlfahrtsamt zu übertragen; gesundheitliche Aufgaben des Jugendamtes konnten dem Gesundheitsamt zugeordnet werden, vgl. BRACKMANN/ DRILLING, *Jugendfürsorge*, a. a. O., S. 13

sozialfachlichen Spezialisierung der Jugendverwaltung und zur dualen Organisation des Jugendamtes mit Jugendhilfeausschuss und Verwaltung ab, die aus der organisatorischen Verfassung des Jugendamts mit kollegialer Führung durch einen Verwaltungsausschuss hervorging.[744]

Die Durchsetzung der besonderen, fachspezifischen Organisation der Jugendbehörden stieß während der Wirtschaftskrise der 1920er Jahre auf finanzielle Grenzen auch bei der Realisierung der in § 78 RJWG festgelegten Erstattungen des Reiches an den Kosten, die den Trägern der Jugendwohlfahrt entstanden. Diese Kostenregelung wurde von der Reichsregierung mit Verordnung vom 14.02.1024 außer Kraft gesetzt.[745] Im Gegenzug befreite diese Verordnung die Träger der Jugendwohlfahrt von der Verpflichtung, besondere Jugendbehörden zu errichten und gestattete ihnen, die gesetzlichen Aufgaben der Jugendämter durch bereits bestehende Verwaltungseinrichtungen ähnlicher Aufgabenstellung wahrnehmen zu lassen.[746]

Die Organisation der Landesjugendämter wurde nun ohne reichsrechtliche Vorgaben in das Ermessen der Länder gestellt.[747] Sie konnten diese als obere Landesbehörden oder, falls in einem Land mehrere Landesjugendämter für erforderlich gehalten wurden, als Mittelbehörden oder schließlich, wie in Preußen, bei den Provinzialverbänden einrichten.[748] Auch in den übrigen heutigen Flächenländern, wie Baden-Württemberg, Bayern und Hessen, ist der Einfluss der damaligen Entscheidung für die Organisation der Landesjugendämter auf die heutige Trägerschaft der überörtlichen Jugendhilfe und seine behördliche Ausgestaltung erkennbar.[749] In Preußen setzten sich die Landesjugendämter bei den Provinzialverwaltungen aus Vertretern der Jugendämter und Justizbehörden der jeweiligen Provinz zusammen, deren Aufgaben nach dem Katalog

---

744 HAPPE, *Jugend- und Familienhilfe*, a. a. O., S. 590; MÜNDER, JOHANNES: *Der Jugendwohlfahrtsausschuss*, in: RdJB 1987, S. 307; TENNSTEDT, *Geschichte des Sozialrechts*, a. a. O., S. 41

745 Art. 3 der Verordnung über das Inkrafttreten des Reichsgesetzes für Jugendwohlfahrt vom 14.02.1924 (RGBl. I S. 110); zu den Auswirkungen auf die Inhalte der Jugendhilfe PITSCHAS, *Strukturen der Kinder-....*, a. a. O., S. 175; WIESNER, REINHARD: *Kommentierung zu § 69*, in: Wiesner, Rheinhard (Herausg.): *SGB VIII – Kinder- und Jugendhilfe*, 2. Aufl., München 2000, § 69 Rdnr. 6

746 Art 1 der Verordnung über das Inkrafttreten des Reichsgesetzes für Jugendwohlfahrt vom 14.02.1924 (RGBl. I S. 110); vgl. auch MÜNDER, *Das Jugendwohlfahrtsgesetz von....*, a. a. O., S. 49 ff.; PORTYKUS, *Das Reichsjugendwohlfahrtsgesetz von....*, a. a. O., S. 9

747 HASENCLEVER, *Jugendhilfe und Jugendgesetzgebung....*, a. a. O., S. 71

748 Vgl. hierzu UNRUH, GEORG-CHRISTOPH VON: *Die normative Verfassung der kommunalen Selbstverwaltung*, in: Jeserich, Kurt G. A.; Pohl, Hans; Unruh, Georg-Christoph von (Herausg.): *Deutsche Verwaltungsgeschichte,* Bd. 3, Stuttgart 1984, S. 572

749 HAPPE, *Jugend- und Familienhilfe*, a. a. O., S. 590

des § 13 RJWG in der Zusammensetzung und Vermittlung von Erfahrungen in der Jugendwohlfahrt und der Unterstützung der Jugendämter des Zuständigkeitsbereichs bestanden. Aufsichtsfunktionen über die kommunalen Jugendämter oder ihre Substitute übten demgegenüber die Regierungspräsidenten als Träger der Staatsaufsicht aus.[750]

c. Das Reichsjugendwohlfahrtsgesetz während der NS-Diktatur

Die Umgestaltung der Jugendwohlfahrt während der nationalsozialistischen Herrschaft und seine Neuausrichtung am Führerprinzip[751] folgte den ideologischen Leitlinien, die für die gesamte öffentliche Fürsorge angewendet wurden. Sie erfasste zunächst die „Gleichschaltung" der Verbände der freien Jugendpflege, denen die Hitlerjugend mit ihren Untergliederungen als einzige anerkannte staatliche Organisation mit ideologischer Ausrichtung auf die „Wehrertüchtigung" der Jugend vorgesetzt wurde.[752] Soweit die Jugendpflege Teilaufgabe freier Fürsorgeträger war, wurden diese Träger der Nationalsozialistischen Volkswohlfahrt untergeordnet und damit ebenfalls der nationalsozialistischen Staats- und Gesellschaftsidee unterworfen.[753]

Das Reichsjugendwohlfahrtsgesetz wurde zwar am 01.02.1939 novelliert;[754] diese Novelle erfasste jedoch im Wesentlichen die Beseitigung der kollegialen Verfassung der Jugendbehörden. Auch hier war der Hebel für die ideologische Neuausrichtung der Jugendbehörden die Einführung des Führerprinzips, das im Reichsjugendwohlfahrtsgesetz mit der Durchsetzung der Führung der Jugendbehörden ausschließlich und uneingeschränkt durch die Leiter der

---

[750] BRACKMANN/ DRILLING, *Jugendfürsorge*, a. a. O., S. 14 f.; MÜNDER, *Das Jugendwohlfahrtsgesetz von....*, a. a. O., S. 50 ff.

[751] MÜNDER, *Das Jugendwohlfahrtsgesetz von....*, a. a. O., S. 52.; PORTYKUS, *Das Reichsjugendwohlfahrtsgesetz von....*, a. a. O., S. 9 f.; siehe auch STERN, *Das Staatsrecht der....*, Bd. V, a. a. O., S. 821 ff.

[752] Das Gesetz zur Sicherung der Einheit von Partei und Staat vom 29.03.1935 (RGBl. I. S. 502) schrieb, wie den anderen Parteigliederungen der NSDAP, auch der Organisation der Hitlerjugend eine staatliche Monopolstellung zu. Zu ihrer öffentlichen Aufgabe: Gesetz über die Hitlerjugend vom 01.12.1936 (RGBl. I S. 993); hierzu eingehend SACHßE, CHRISTOPH; TENNSTEDT, FLORIAN: *Geschichte der Armenfürsorge in Deutschland,* Bd. 3, Stuttgart, Berlin, Köln 1992, S. 156 ff.; vgl. auch HASENCLEVER, *Jugendhilfe und Jugendgesetzgebung....*, a. a. O., S. 135 ff.

[753] HAPPE, *Jugend- und Familienhilfe*, a. a. O., S. 591; HASENCLEVER, *Jugendhilfe und Jugendgesetzgebung....*, a. a. O., S. 142 ff.; PITSCHAS, *Strukturen der Kinder-....*, a. a. O., S. 175 f.; PORTYKUS, *Das Reichsjugendwohlfahrtsgesetz von....*, a. a. O., S. 10; ausführlich SACHßE/ TENNSTEDT, *Geschichte der Armenfürsorge....*, Bd. 3, a. a. O., S. 159 ff.

[754] Gesetz zur Änderung des Reichsgesetzes für Jugendwohlfahrt vom 01.02.1939 (RGBl. I S. 109)

jeweiligen Gebietskörperschaften erreicht wurde.[755] Die sachlichen Inhalte des Reichsjugendwohlfahrtsgesetzes wurden zwar beibehalten, spielten aber infolge der politischen Entwicklung nach 1939 und der Übernahme der gesamten Kinder- und Jugendarbeit durch die NSDAP und ihre Gliederungen als staatliche Aufgaben keine Rolle mehr.[756]

2. *Strukturen öffentlicher Kinder- und Jugendhilfe seit 1945*

a. Besatzungszeit in Deutschland bis 1949

Ebenso wie die öffentliche Fürsorge wurde die öffentliche Jugendhilfe im Nachkriegsdeutschland nach 1945 von den Kommunalverwaltungen als ersten deutschen Selbstverwaltungen wahrgenommen.[757] Die Besatzungsmächte erklärten bereits 1945 das Reichsjugendwohlfahrtsgesetz in seiner ursprünglichen Fassung für anwendbar und setzten damit seine Änderungen durch die Novellierung von 1939 außer Kraft.[758] Dabei blieb offen, ob damit der Erstfassung des Jahres 1922 Geltung verschafft werden sollte mit der Folge, dass eigenständige Jugendämter errichtet und Jugendamtsausschüsse im Sinne von § 9 RJWG hätten gebildet werden müssen.[759] Dem Gebot der kollegialen Verfassung des Jugendamtes nach § 9 RJWG wurde in den Ländern deshalb in unterschiedlicher Weise Rechnung getragen; es wurde teilweise bereits dadurch als erfüllt angesehen, dass der Bürgermeister oder Landrat sich bei der Führung der Geschäfte des Jugendamtes der Beratung durch Beiräte bediente. Andere Länder, wie Bayern, schrieben einen beratenden Jugendwohl-

---

[755] Einzelheiten bei HASENCLEVER, *Jugendhilfe und Jugendgesetzgebung....*, a. a. O., S. 130 ff.; vgl. auch MÜNDER, *Das Jugendwohlfahrtsgesetz von....*, a. a. O., S. 52; PORTYKUS, *Das Reichsjugendwohlfahrtsgesetz von....*, a. a. O., S. 10; WIESNER, in: Wiesner (Herausg.): *SGB VIII – Kinder- und....*, a. a. O., § 69 Rdnr. 7

[756] PITSCHAS, *Strukturen der Kinder-....*, a. a. O., S. 176; PORTYKUS, *Das Reichsjugendwohlfahrtsgesetz von....*, a. a. O., S. 10

[757] Zur politischen Reorganisation nach 1945 STERN, *Das Staatsrecht der....*, Bd. V, a. a. O., S. 1021 ff.

[758] BRACKMANN/ DRILLING, *Jugendfürsorge*, a. a. O., S. 11 ff. für die britische Besatzungszone; HAPPE, *Jugend- und Familienhilfe*, a. a. O., S. 592; HASENCLEVER, *Jugendhilfe und Jugendgesetzgebung....*, a. a. O., S. 156; PITSCHAS, *Strukturen der Kinder-....*, a. a. O., S. 176; zu den einzelnen Besatzungszonen RAMM, THILO: *Jugendrecht*, München 1990, S. 90 ff.

[759] BRACKMANN/ DRILLING, *Jugendfürsorge*, a. a. O., S. 13 f. weisen für die britische Besatzungszone die durchaus widersprüchliche damalige Weisungslage nach. Vgl. auch PORTYKUS, *Das Reichsjugendwohlfahrtsgesetz von....*, a. a. O., S. 10

fahrtsausschuss vor.[760] Inhaltlich räumten die Besatzungsmächte der Pflege und Betreuung von Kindern und Jugendlichen einen hohen Stellenwert ein.[761]

Für den Aufbau der Landesjugendämter galten die Regelungen der Länder auf der Grundlage der Ermächtigung des § 14 RJWG weiter. Für Preußen bestimmte § 13 des Preußischen Ausführungsgesetzes zum RJWG eine Zusammensetzung der Landesjugendämter aus Vertretern von Jugendämtern und Justizbehörden bei den Provinzialverwaltungen, die in Nordrhein-Westfalen durch höhere Kommunalverbände und in Rheinland-Pfalz durch das Land abgelöst wurden. Die Landesjugendämter beschränkten sich auch weiterhin auf Unterstützungs- und Beratungstätigkeiten in der Jugendhilfe; die Funktionen der Fachaufsicht wurden über die für die Fürsorge zuständigen obersten Landesbehörden im Weisungsstrang der Staatsaufsicht ausgeübt.[762] In anderen Ländern kam es demgegenüber bis zur landesgesetzlichen Umsetzung des RJWG-Änderungsgesetzes von 1953[763] nicht zu einer Errichtung von eigenständigen Landesjugendämtern.[764]

In der sowjetischen Besatzungszone und der aus ihr hervorgegangenen Deutschen Demokratischen Republik wurden die noch im RJWG zusammengefassten Leistungsbereiche der Kinder- und Jugendhilfe den unterschiedlichen gesellschaftlichen Funktionsbereichen, wie der Gesundheitsförderung für Kleinkinder, die Kindergärten dem Bildungsbereich, die Erziehungshilfe den Kommunen zugeordnet. Die Einheit der Jugendhilfe wurde hierdurch aufgelöst.[765]

b. Das Wächteramt der staatlichen Gemeinschaft nach Art. 6 Abs. 2 Satz 2 GG als Auftrag der öffentlichen Kinder- und Jugendhilfe

Das Grundgesetz reduzierte den noch in Art. 120 biss 122 WRV festgelegte Verfassungsauftrag zu öffentlichen Erziehung der Jugend und zum Schutz

---

[760] PORTYKUS, *Das Reichsjugendwohlfahrtsgesetz von....*, a. a. O., S. 10

[761] Hierzu näher HASENCLEVER, *Jugendhilfe und Jugendgesetzgebung....*, a. a. O., S. 154 ff.; PITSCHAS, *Strukturen der Kinder-....*, a. a. O., S. 176 mit weiteren Nachweisen

[762] PORTYKUS, GERHARD: *Jugendwohlfahrtsgesetz Kommentar*, München, Berlin 1953, Bem. 5 zu § 12, Bem. 1 zu § 13

[763] Gesetz zur Änderung von Vorschriften des Reichsjugendwohlfahrtsgesetzes vom 29.08.1953 (BGBl. I S. 1035)

[764] PORTYKUS, *Jugendwohlfahrtsgesetz Kommentar*, a. a. O., Bem. 2 zu § 12 beschreibt die Situation in Baden, Württemberg, Niedersachsen und die Besonderheiten in den Stadtstaaten.

[765] Vgl. GREESE, DIETER: *10 Jahre KJHG – ein differenzierter Blick auf die Umsetzung in der Praxis in Ost und West*, in: RdJB 2000, S. 134; zum Jugendrecht in der DDR RIEDEL, *Jugendwohlfahrtsgesetz Kommentar*, a. a. O., E 31 ff.; STOLLEIS, *Geschichte des Sozialrechts….*, a. a. O., S. 236

gegen Verwahrlosung in Art. 6 GG auf das elterliche Erziehungsrecht. Zwar fasst dieser Grundgesetzartikel die Grundrechtsprogrammatik der Art. 119 bis 122 inhaltlich zusammen und hält ebenso in Art. 6 Abs. 2 Satz 2 GG das staatliche Wächteramt des früheren Art. 120 WRV über die elterliche Erziehung aufrecht.[766] Der frühere Verfassungsauftrag zum Schutz gegen Ausbeutung und Verwahrlosung als Abwehrrecht der Kinder und Jugendlichen wurde jedoch nicht mehr ins Grundgesetz verankert.[767] Hierdurch wurde der Auftrag der öffentlichen Jugendhilfe auf eine Schutzfunktion zurückgeführt, die das Erziehungsrecht der Eltern als ihr „natürliches Recht" und die Erziehung und Pflege der Kinder als „zuvörderst obliegende Pflicht" der Eltern zu bewahren hat und erst dann in die Funktion des Wächteramts aufwächst, wenn die Eltern mit ihrer Erziehungsaufgabe versagen.[768]

Die staatliche Wächterfunktion gem. Art. 6 Abs. 2 Satz 2 GG ist auf Gefahrenabwehr begrenzt und beinhaltet eine Garantenfunktion zugunsten des Kindes als Grundrechtsträger mit eigenem Anspruch auf den Schutz des Staates und eigene Entfaltung seiner Persönlichkeit.[769] Die Schutzfunktion der staatlichen Gemeinschaft dient der Verhütung von Verletzungen des Kindeswohls und gebietet, derartigen Verletzungen vorzubeugen, gegebenenfalls Maßnahmen der Gefahrenabwehr einzuleiten und Verletzungen des Kindeswohls auszugleichen, wenn diese eingetreten sind.[770] Die Gesamtverantwortung für die

---

766 BADURA , in: Maunz/ Dürig, *Grundgesetz Kommentar*, a. a. O., Art. 6 Rdnr. 3 ff.; HASENCLEVER, *Jugendhilfe und Jugendgesetzgebung....*, a. a. O., S. 161 f.

767 PITSCHAS, *Strukturen der Kinder-....*, a. a. O., S. 177 unter Verweis auf den Missbrauch des öffentlichen Erziehungsauftrags während im nationalsozialistischen Führerstaat. Vgl. auch KIEHL, WALTER H.: *Die Rechtsstellung Minderjähriger und Sorgeberechtigter im neuen Kinder- und Jugendhilfegesetz*, in: ZRP 1990, S. 95

768 BVERFGE 6, 71 ff.; BADURA , in: Maunz/ Dürig, *Grundgesetz Kommentar*, a. a. O., Art. 6 Rdnr. 139; EICHENHOFER, *Sozialrecht*, a. a. O., S. 307 f.; HEILMANN, *Hilfe oder Erziehung?*, a. a. O., S. 42; JEAND'HEUR, BERND: *Kindeswohl, staatliches Wächteramt und Reform des Kinder- und Jugendhilferechts*, in: RdJB 1992, S. 166 f.; PITSCHAS, *Strukturen der Kinder-....*, a. a. O., S. 188; RÜFNER, *Zum neuen Kinder-....*, a. a. O., S. 1

769 BVERFGE 24, 119, 144; BADURA , in: Maunz/ Dürig, *Kommentar zum Grundgesetz*, a. a. O., Art. 6 Rdnr. 139; HEILMANN, *Hilfe oder Erziehung?*, a. a. O., S. 43; JEAND'HEUR, *Kindeswohl, staatliches Wächteramt....*, a. a. O., S. 168 f.; KIEHL, *Die Rechtsstellung Minderjähriger....*, a. a. O., S. 95

770 Zum Begriff des Kindeswohls BVERFGE 10, 59, 84; vgl. auch JEAND'HEUR, *Kindeswohl, staatliches Wächteramt....*, a. a. O., S. 166 f.; EICHENHOFER, EBERHARD: *Das neue Kinder- und Jugendhilferecht*, in: JuS 1992, S. 280; derselbe, *Sozialrecht*, a. a. O., S. 298; HINRICHS, KNUT: *Der Erziehungs- und Bildungsauftrag der Jugendhilfe in Abgrenzung zu jenem von Eltern und Schule*, in: ZFSH/ SGB 2004, S. 354 f.; WIESNER, REINHARD: *Das Wächteramt des Staates und die Garantenstellung der Sozialarbeiterin/ des Sozialarbeiters zur Abwehr von Gefahren für das Kindeswohl*, in: ZfJ 2004, S. 162 f.

öffentliche Jugendhilfe liegt somit beim Staat und begrenzt seine Möglichkeiten zur Delegation der Aufgabenwahrnehmung durch freie Träger.[771]

Dass Jugendfürsorge und Jugendpflege als Unterfall der öffentlichen Fürsorge im Sinne des Art. 74 Nr. 7 GG der konkurrierenden Gesetzgebungs- und Regelungszuständigkeit des Bundes anzusehen sind, wurde durch das Bundesverfassungsgericht erst 1967 klargestellt.[772] Bis zu diesem Zeitpunkt bestanden, wie *Rainer Pitschas* nachweist, Auffassungsunterschiede zwischen öffentlichen und privaten Trägern über Kompetenzen und Gesetzgebungszuständigkeiten in der Jugendhilfe und die Grenzen der Einwirkungsmöglichkeiten des Bundes, die bis heute noch nicht vollständig ausgeräumt sind.[773] Dies betrifft sowohl die Konzeption der öffentlichen Kinder- und Jugendhilfe in ihrer Grundorientierung und in technischen Details[774] als auch die Grenzen der öffentlichen Einwirkungsbefugnis auf das elterliche Erziehungsprimat.[775]

Auch in diesem Zusammenhang waren Fragen zur Grundrechtsmündigkeit von Kindern und Jugendlichen und der Stellvertreterfunktion der Erziehungsberechtigten vorgreiflich. Durch ihre Beantwortung entwickelten Rechtsprechung und Lehre die Abkehr von der Einbindung der Kinder und Jugendlichen in besondere elterliche oder schulische Gewaltverhältnisse. Sie leiteten damit den Wandel ihrer Rechtsstellung als Objekte staatlichen Handelns hin zu ihrer persönlichen Selbstbestimmung und Entfaltung als eigene Rechtspersönlichkeiten ein.[776] Dies war Voraussetzung für den Wandel der öffentlichen Aufgabenwahrnehmung von der objektbezogenen Jugendfürsorge zum Kinder- und Jugendhilferecht als öffentliche Leistung und Hilfe und Teil des So-

---

771 HEILMANN, *Hilfe oder Erziehung?*, a. a. O., S. 44; PITSCHAS, *Strukturen der Kinder-....*, a. a. O., S. 187 ff.

772 BVERFGE 22, 180, 203; vgl. auch HASENCLEVER, *Jugendhilfe und Jugendgesetzgebung....*, a. a. O., S. 203 ff.; MAUNZ, THEODOR; DÜRIG, GÜNTER: *Kommentierung zu Art. 74*, in: Maunz, Theodor; Dürig, Günter und andere Mitherausgeber: *Grundgesetz Kommentar*, München 1984, Art. 74 Rdnr. 106; MERTEN/ PITSCHAS, *Sozialverwaltung im Reformprozess, a. a. O.*, S. 28

773 PITSCHAS, *Strukturen der Kinder-....*, a. a. O., S. 177 f.

774 MÜNDER, JOHANNES: *Umsetzungsprobleme des neuen Kinder- und Jugendhilfegesetzes*, in: RdJB 1993, S. 394 ff.; RICHTER, INGO: *Das Kinder- und Jugendhilferecht als Teil des Sozialrechts*, in: RdJB 2000, S. 120 ff.;

775 COESTER, MICHAEL: *Die Bedeutung des Kinder- und Jugendhilfegesetzes (KJHG) für das Familienrecht*, in: FamRZ 1991, S. 254 f.; HEILMANN, *Hilfe oder Erziehung?*, a. a. O., S. 44 ff.; JEAND'HEUR, *Kindeswohl, staatliches Wächteramt....*, a. a. O., S. 165 f.; PITSCHAS, *Strukturen der Kinder-....*, a. a. O., S. 178 f.

776 Statt vieler PITSCHAS, *Strukturen der Kinder-....*, a. a. O., S. 183 ff.

zialrechts[777] unter Beibehaltung seiner Einbindung sowohl im Privatrecht als auch im öffentlichen Recht.[778]

c. Vom Reichsjugendwohlfahrtsgesetz zum Jugendwohlfahrtsgesetz

Das Reichsjugendwohlfahrtsgesetz galt in den ersten Jahren der Bundesrepublik Deutschland in der von den Besatzungsmächten bestätigten Fassung fort. Es wurde erst 1953 durch eine Novellierung verändert, mit der der ursprüngliche Aufgabenbereich der Jugendbehörden wiederhergestellt wurde. So wurden die relativierenden Bestimmungen der Verordnung des Jahres 1924 revidiert.[779] Im neugefassten § 9 Abs. 2 und 3 RJWG wurde nun eine duale Verfassung der Jugendämter aus Jugendwohlfahrtsausschuss und Verwaltung sowie eine gemeinsame Aufgabenwahrnehmung vorgegeben.[780] Das duale Prinzip der Leitungsverantwortung wurde auch in die Neufassung des § 14 aufgenommen, mit dessen Abs. 1 der Landesjugendwohlfahrtsausschuss und die Verwaltung als Organe des Landesjugendamtes nach näherer Bestimmung einer landesrechtlichen Satzung bestimmt wurden. Abs. 2 übertrug die laufenden Verwaltungsgeschäfte des Landesjugendamtes seinem Verwaltungsleiter, der diese satzungsgemäß und entsprechend den Beschlüssen des Landesjugendwohlfahrtsausschusses zu führen hatte.[781] Auf eine Bindung des Landesjugendamtes an eine bestimmte Vertretungskörperschaft wurde in der Novelle verzichtet, sodass § 12 RJWG mit seiner weitgefassten Vorgabe zur Organisation der Landesjugendämter fortgalt.

Eine erneute und nun umfassendere Novelle des Reichsjugendwohlfahrtsgesetzes im Jahr 1961 veränderte die Organisation der Jugendbehörden nicht,

---

[777] Zum Aufgabenwandel HEILMANN, *Hilfe oder Erziehung?*, a. a. O., S. 44 ff.; RICHTER, *Das Kinder- und....*, a. a. O., S. 120 ff.; RÜFNER, *Zum neuen Kinder-....*, a. a. O., S. 1 ff.

[778] Grundlegend PITSCHAS, *Strukturen der Kinder-....*, a. a. O., S. 195 ff.; vgl. auch COESTER, *Die Bedeutung des....*, a. a. O., S. 258 ff.

[779] Gesetz zur Änderung von Vorschriften des Reichsjugendwohlfahrtsgesetzes vom 28.08.1953 (BGBl. I S. 1035); HAPPE, *Jugend- und Familienhilfe*, a. a. O., S. 592; HASENCLEVER, *Jugendhilfe und Jugendgesetzgebung....*, a. a. O., S. 169 ff.; WIESNER, REINHARD: *Kommentierung zu Einleitung*, in: Wiesner, Reinhard: (Herausg.): *SGB VIII – Kinder- und Jugendhilfe*, 2. Aufl., München 2000, Einleitung Rdnr. 2

[780] PORTYKUS, *Jugendwohlfahrtsgesetz Kommentar*, a. a. O., Bem. 5 zu § 9 stellt den Unterschied der dualen Verfassung des Jugendamtes und der Aufgabenteilung zwischen Jugendwohlfahrtsausschuss und Verwaltung nach den Vorgaben der §§ 9 a bis c RJWG zum früheren kollegialen Zusammenwirken heraus. Eingehend zum Jugendwohlfahrtsausschuss unter Bezugnahme auf §§ 13 ff. JWG MÜNDER, *Der Jugendwohlfahrtsausschuss*, a. a. O., S. 308 ff.; vgl. auch HASENCLEVER, *Jugendhilfe und Jugendgesetzgebung....*, a. a. O., S. 174; PITSCHAS, *Strukturen der Kinder-....*, a. a. O., S. 178 f.; WIESNER, in: Wiesner , (Herausg.): *SGB VIII – Kinder- und....*, a. a. O., § 69 Rdnr. 8

[781] PORTYKUS, *Jugendwohlfahrtsgesetz Kommentar*, a. a. O., Bem. 1 ff. zu § 14

sondern führte zu einer Aufgabenerweiterung auch für die Landesjugendämter.[782] In seiner Bekanntmachung und Neufassung wurde dieses Änderungsgesetz nun als Gesetz für Jugendwohlfahrt bezeichnet.[783] Die Behördenhierarchie der Jugendverwaltung wurde durch § 22 JWG erstmals um die obersten Landesbehörden erweitert, um ihre politische Planungs- und Steuerungsfunktion in der Jugendhilfe als Landesaufgabe gegenüber den Verwaltungsaufgaben der Landesjugendämter sowohl funktional als auch inhaltlich abzugrenzen.[784] Weiterhin wurde die Behördenebene des Reichsjugendamtes gem. §§ 15 bis 17 RJWG in §§ 24 bis 26 JWG durch die Zuständigkeitsebene der Bundesregierung und des Bundesjugendkuratoriums ersetzt und damit die Zweigliedrigkeit der Jugendverwaltung bis auf die Bundesebene, hier allerdings nur mit beratender Funktion gegenüber dem zuständigen Ministerium als Entscheidungsträger, fortgeführt.[785]

Erstmals wurde in § 62 JWG die Freiwillige Erziehungshilfe als freiwilliges Pendant zur Fürsorgeerziehung in den Leistungskatalog der Jugendhilfe aufgenommen, die als öffentliche Erziehungsleistung bislang bereits aufgrund landesrechtlicher Regelungen gewährt worden war.[786] Für die Leistungsgewährung wurde gem. § 63 JWG die Zuständigkeit des Landesjugendamtes bestimmt, das auf Antrag der Personenberechtigen beim zuständigen Jugendamt und dessen Stellungnahme zu entscheiden hatte.

Als neue Aufgabe der Landesjugendämter wurde in §§ 78 und 79 JWG die Aufsicht über Heime und andere Einrichtungen für Minderjährige als Pflichtaufgabe aufgenommen, die sich auch auf Kindertagesstätten und Erholungs- oder Freizeitstätten für Minderjährige erstreckte. Die Aufsichtsführung beinhaltete auch Meldepflichten der Einrichtungsträger zum Personal und seiner

---

[782] Gesetz zur Änderung und Ergänzung des Reichsjugendwohlfahrtsgesetzes vom 11.08.1961 (BGBl. I S. 1193); vgl. auch RIEDEL, HERMANN: *Jugendwohlfahrtsgesetz Kommentar*, 4. Aufl., Berlin 1965, E 2; HASENCLEVER, *Jugendhilfe und Jugendgesetzgebung....*, a. a. O., S. 202 f.; HAPPE, *Jugend- und Familienhilfe*, a. a. O., S. 593 f.; WIESNER, in: Wiesner (Herausg.): *SGB VIII – Kinder- und....*, a. a. O., Einleitung Rdnr. 2

[783] Bekanntmachung der Neufassung des Reichsgesetzes für Jugendwohlfahrt vom 11.08.1961 (BGBl. I S. 1205); Gesetz für Jugendwohlfahrt (JWG) vom 11.08.1961 (BGBl. I S. 1206). Die folgenden Paragraphenangaben beziehen sich auf das JWG in der Fassung der Bekanntmachung vom 11.08.1961; vgl. TENNSTEDT, *Geschichte des Sozialrechts*, a. a. O., S. 63

[784] RIEDEL, *Jugendwohlfahrtsgesetz Kommentar*, a. a. O., §§ 22 Rdnr. 1, auch zur Länderkritik an dieser Regelung

[785] RIEDEL, *Jugendwohlfahrtsgesetz Kommentar*, a. a. O., § 26 Rdnr. 1 f.

[786] HAPPE, *Jugend- und Familienhilfe*, a. a. O., S. 593; RIEDEL, *Jugendwohlfahrtsgesetz Kommentar*, a. a. O., § 62 Rdnr. 1; WIESNER, REINHARD: *Der mühsame Weg zu einem neuen Jugendhilfegesetz*, in: RdJB 1990, S. 112

Qualifikation, zu den Einrichtungsplätzen und ihrer Zweckbestimmung sowie zu besonderen Vorkommnissen.[787] Rheinland-Pfalz machte in seinem Ausführungsgesetz zum Jugendwohlfahrtsgesetz[788] allerdings von der Ermächtigung des § 89 JWG Gebrauch und beließ die Aufsicht über Kindererholungsheime, Kindertagesstätten, Säuglingsheime, nichtstaatliche Schülerwohnheime sowie Heime für Vorschulkinder in der Aufsichtszuständigkeit der Bezirksregierungen und schrieb damit den Zustand fort, den schon das RJWG in seinen Bestimmungen über die Pflegekinderaufsicht in Heimen und die Fürsorgeaufsicht getroffen hatte.[789] Das Landesjugendamt war hier bis zum Jahr 2000 lediglich für Sondereinrichtungen für Kinder und Jugendliche zuständig.

d. Das Kinder- und Jugendhilfegesetz als soziales Leistungsgesetz

Das Kinder- und Jugendhilfegesetz vom 26.06.1990[790] drückt auch den rechtsgeschichtlichen Entwicklungsprozess und den sozialrechtlichen Funktionswandel aus, den das Kinder- und Jugendhilferecht seit dem Verfassungsauftrag der Weimarer Reichsverfassung nahm. Während der durch die Weimarer Reichsverfassung geprägte öffentliche Erziehungsauftrag der Jugendhilfe spätestens mit Inkrafttreten des Grundgesetzes keine rechtliche Grundlage mehr hatte, wurde das polizeirechtlich-pädagogische Grundkonzept des RJWG noch bis in das Jugendwohlfahrtsgesetz des Jahres 1961 fortgeschrieben.[791] Auch die Kontroversen im Zusammenhang mit einer Reform des Jugendhilferechts, die zum abschließenden Scheitern eines Jugendhilfegesetzes im Jahr 1980 führten,[792] spiegelten die unterschiedlichen Auffassungen zum Leistungszweck der Jugendhilfe wider. Schließlich setzte sich die Auffassung von Jugendhilfe als sozialer Steuerung und individueller sowie familialer

---

[787] RIEDEL, *Jugendwohlfahrtsgesetz Kommentar*, a. a. O., § 78 Rdnr. 3 f.

[788] § 26 des Landesgesetzes zur Ausführung des Gesetzes für Jugendwohlfahrt vom 08.03.1963 (GVBl. 1984, S. 179)

[789] Die damalige rheinland-pfälzische Zuständigkeitsregelung zur Heimaufsicht verdeutlicht die Fortschreibung des polizeirechtlichen Ursprungs der öffentlichen Jugendfürsorge, vgl. auch PITSCHAS, *Strukturen der Kinder-....*, a. a. O., S. 181; WIESNER, *Die Landesjugendämter – Aufgabenstellung....*, a. a. O., S. 213 f.

[790] BGBl. I S. 1163; das Gesetz trat im alten Bundesgebiet am 01.01.1991 in Kraft und war bereits zum 03.10.1990 im Gebiet der ehemaligen DDR in Kraft getreten, hierzu STOLLEIS, *Geschichte des Sozialrechts....*, a. a. O., S. 235 f.; WIESNER, *Der mühsame Weg....*, a. a. O., S. 124

[791] HASENCLEVER, *Jugendhilfe und Jugendgesetzgebung....*, a. a. O., S. 202; JEAND'HEUR, *Kindeswohl, staatliches Wächteramt....*, a. a. O., S. 165; RICHTER, *Das Kinder- und....*, a. a. O., S. 120 f.; SCHULIN, *Sozialrecht*, a. a. O., S. 354

[792] Vgl. HAPPE, *Jugend- und Familienhilfe*, a. a. O., S. 595; ausführlich WIESNER, *Der mühsame Weg....*, a. a. O., S. 113 ff.; siehe auch PREIS, ULRICH: *Eine notwendige Reform ohne sozialpolitischen Fortschritt*, in: ZRP 1990, S. 90 f.

Förderung im Kinder- und Jugendhilfegesetz durch und führte zu seiner Einbindung als Achtes Buch ins Sozialgesetzbuch.[793] Die Gegenposition verstand die Jugendhilfe nicht als Teil des Sozialleistungsbereichs, sondern ordnete sie dem Gesamtbereich der Bildung und Erziehung zu und stellte deshalb auch die Gesetzgebungskompetenz des Bundes für diesen Regelungsbereich in Frage.[794]

Die sozialpädagogische Prägung der Kinder- und Jugendhilfe, die im SGB VIII in der Ersetzung repressiver Erziehungsmittel, wie der Fürsorgeerziehung durch Hilfen zur Erziehung, Eingliederungshilfen für seelisch behinderte Kinder und Jugendliche und Hilfen für junge Volljährige (§§ 27 bis 41 SGB VIII) [795] und in der Forderung nach fachlich besonders geschultem und befähigtem Personal in den Jugendämtern und Landesjugendämtern (§ 72 SGB VIII) zum Ausdruck kommt,[796] gibt nach wie vor Veranlassung, die Zuordnung des Kinder- und Jugendhilferechts zum Sozialrecht zu relativieren.[797] Weitere Leistungsformen der Jugendhilfe, wie das Leistungsangebot der Kindergärten im Gesamtkonzept von Schule und Bildung und die Rolle der Jugendhilfe bei neuen Konzepten für Ganztagsschulen, lassen die Grenzen zwischen allgemeiner Daseinsvorsorge und dem Bereich Bildung und Erziehung zumindest schwächer werden.[798] Dennoch überwiegen die Gesichtspunkte, die

---

[793] PITSCHAS, *Strukturen der Kinder-....*, a. a. O., S. 180 f.; RÜFNER, *Kinder- und Jugendhilferecht*, a. a. O., S. 969 f.; zu den Positionen WIESNER, in: Wiesner (Herausg.): *SGB VIII – Kinder- und....*, a. a. O., § 69 Rdnr. 11; zur Einbindung des Kinder- und Jugendhilferechts in das SGB SCHELLHORN, WALTER: *Einführung*, in: Schellhorn, Walter (Herausg.): *Sozialgesetzbuch achtes Buch – Kinder- und Jugendhilfe*, 2. Aufl., Neuwied, Kriftel 2000, Rdnr. 16; TENNSTEDT, *Geschichte des Sozialrechts*, a. a. O., S. 79 f.; WIESNER, in: Wiesner (Herausg.): *SGB VIII – Kinder- und....*, a. a. O., Einleitung Rdnr. 29 ff.

[794] WIESNER, *Der mühsame Weg....*, a. a. O., S. 115 ff.; vgl. auch KIRCHHOF, *Klare Verantwortungsteilung von....*, a. a. O., S. 981

[795] Vgl. MÜNDER, *Umsetzungsprobleme des neuen....*, a. a. O., S. 389 f.; RÜFNER, *Kinder- und Jugendhilferecht*, a. a. O., S. 981 f.

[796] EICHENHOFER, *Sozialrecht*, a. a. O., S. 306; LAKIES, THOMAS: *Probleme des Jugendhilferechts im System des Sozialgesetzbuches*, in: ZfJ 1996, S. 451 f.

[797] LAKIES, *Probleme des Jugendhilferechts....*, a. a. O., S. 452 ff.; zum Verhältnis von Jugendhilfe und Schule KUNKEL, PETER-CHRISTIAN: *Jugendhilfe und Schule*, in: RdJB 1990, S. 150 ff.; vgl. auch EICHENHOFER, *Das neue Kinder-....*, a. a. O., S. 279 f..

[798] Vgl. MÜNDER, JOHANNES: *10 Jahre Kinder- und Jugendhilfegesetz: Renovierungs-, Modernisierungs-, Reformbedarf*, in: RdJB 2000, S. 128 f. Dies kommt auch im 11. Kinder- und Jugendbericht der Bundesregierung zum Ausdruck, vgl. BUNDESMINISTERIUM FÜR FRAUEN, SENIOREN, FRAUEN UND JUGEND (Herausg.): *11. Kinder- und Jugendbericht*, Bonn 2002, S. 9 f. Hierzu auch die Stellungsnahme des Landesjugendhilfeausschusses Rheinland-Pfalz vom 14.07.2003, veröffentlicht in ZfJ 2004, S. 104

für die Einordnung der Jugendhilfe in das Sozialgesetzbuch sprechen, darunter auch die verwaltungspraktischen Gesichtspunkte der weitgehenden Trägeridentität im öffentlichen und nichtöffentlichen Bereich und der fachlichen Verwandtschaft von Jugendhilfe und Sozialhilfe.[799]

Die organisationsrechtlichen Vorgaben des Kinder- und Jugendhilfegesetzes

Mit der Einführung einer zweistufigen Trägerstruktur in § 69 SGB VIII, die die gebietskörperschaftlich bezogene Regelung des § 19 JWG ersetzte, entfiel die noch in § 19 Abs. 3 JWG kleineren Ländern eingeräumte Möglichkeit, ein gebietsübergreifendes gemeinsames Landesjugendamt einzurichten.[800] Die Aufgabenzuweisung an nach Landesrecht zu bestimmende überörtliche Träger konnte nun an höhere Kommunalverbände oder als unmittelbare Staatsaufgabe erfolgen. Sie räumte auch die Möglichkeit ein, das Aufgabengebiet des Landesjugendamtes als Teilaufgabe einer obersten Landesbehörde zu bestimmen, sofern seine Aufgabe von den sonstigen Aufgaben abgegrenzt und die Rechtsstellung des Landesjugendhilfeausschusses nicht beeinträchtigt wird.[801]

Aus der Aufzählung der überörtlichen Trägerzuständigkeiten nach § 85 Abs. 2 SGB VIII ergibt sich die Koordinatoren- und Mittlerfunktion der Landesjugendämter. Sie ist zwar landesrechtlich nicht disponibel; diesen oberen Landesbehörden sind jedoch gegenüber den örtlichen Trägern keine Weisungsrechte oder Richtlinienkompetenzen mit Ausnahme ihrer Überwachungsaufgaben zum Schutz von Kindern und Jugendlichen in Einrichtungen nach §§ 45 – 49 a SGB VIII eingeräumt. Hiervon unberührt sind Aufgabenzuweisungen außerhalb des SGB VIII, wie die an zentrale Adoptionsstellen gem. § 2 Adoptionsvermittlungsgesetz.

Die Beschränkung der Landesjugendämter auf Aufgaben der Fachberatung[802] und die Zuweisung kommunalaufsichtlicher Aufgaben an andere Landesbehörden führte zu Länderinitiativen, die Organisationsstrukturen von Jugendamt und Landesjugendamt zur Disposition der Länder zu stellen sowie die Heimaufsichten nach § 45 ff. SGB VIII als einzige den Landesjugendämtern

---

[799] RICHTER, *Das Kinder- und....*, a. a. O., S. 122 f.; RÜFNER, *Kinder- und Jugendhilferecht*, a. a. O., S. 970; SCHULIN, *Sozialrecht*, a. a. O., S. 355

[800] WIESNER, in: Wiesner (Herausg.): *SGB VIII – Kinder- und....*, a. a. O., § 69 Rdnr. 46

[801] WIESNER, in: Wiesner (Herausg.): *SGB VIII – Kinder- und....*, a. a. O., § 69 Rdnr. 26; von dieser Möglichkeit haben Hessen und Schleswig-Holstein Gebrauch gemacht, vgl. Anlage 1

[802] Einzelheiten bei PITSCHAS, *Strukturen der Kinder-....*, a. a. O., S. 219 f.; vgl. auch BERNZEN, *Aufgaben, Kompetenzen und....*, a. a. O., S. 20 f.; WIESNER, in: Wiesner (Herausg.): *SGB VIII – Kinder- und....*, a. a. O., § 85 Rdnr. 7 ff.

verbliebene Aufsichtsfunktion aus der Landeszuständigkeit herauszulösen, den örtlichen Trägern zu überlassen und durch ein „Zuständigkeitslockerungsgesetz" den Kommunen zu übertragen. Diese Bestrebungen wurden in der Literatur aus Gründen der Bewahrung der institutionellen Wächterrolle des Staates und der Landesaufsicht als staatlicher Auftragserfüllung abgelehnt[803] und fanden schließlich im 2. Zuständigkeitslockerungsgesetz vom 03.05.2000 keine Berücksichtigung.[804]

3. *Verwaltungsverfahren des überörtlichen Trägers der Kinder- und Jugendhilfe*

a. Der Verwaltungsauftrag des Landesjugendamtes

Im Aufgabenbereich der Kinder- und Jugendhilfe nach dem SGB VIII ist das Landesamt für Soziales, Jugend und Versorgung als gegenüber externen Anspruchsberechtigten oder Leistungsträgern handelnde Behörde zuständig für

- die Festsetzung der Höhe des Barbetrages zur persönlichen Verfügung gem. § 39 Abs. 2 Satz 1 SGB VIII und der Pauschalbeträge für laufende Leistungen zum Unterhalt gem. § 39 Abs. 5 Satz 1 SGB VIII,
- die Wahrnehmung der Aufgaben zum Schutz von Kindern und Jugendlichen in Einrichtungen gem. §§ 45 bis 48 SGB VIII einschließlich der Betriebsuntersagung,
- die Adoptionsvermittlung gem. §§ 2 Abs. 2, 17 Satz 2 Adoptionsvermittlungsgesetz,
- die Durchführung von Widerspruchsverfahren im Bereich des Bundeserziehungsgeldgesetzes, bei dem die Kreisverwaltungen und in kreisfreien und großen kreisangehörigen Städten mit eigenem Jugendamt die Stadtverwaltungen erstentscheidende Behörden sind.[805]

Aus dieser Zuständigkeitszuweisung, die auch den bundesgesetzlichen Auftrag des § 85 Abs. 2 SGB VIII konkretisiert, wird deutlich, dass das Landesjugendamt keine Zuständigkeit für adressatenbezogene Leistungen oder für

---

[803] BALTZ, *Veränderte Zuständigkeiten in....*, a. a. O., S. 368, 371 ff.; GERNERT, WOLFGANG: *Wohin gehört die sog. „Heimaufsicht" in der Jugendhilfe?*, in: ZfJ 1997, S. 1 ff.; PITSCHAS, *Strukturen der Kinder-....*, a. a. O., S. 220 f.; WIESNER, *Die Landesjugendämter – Aufgabenstellung....*, a. a. O., S. 215 f.

[804] Zweites Gesetz zur Erleichterung der Verwaltungsreform in den Ländern (2. Zuständigkeitslockerungsgesetz) vom 03.05.2000 (BGBl. I S. 632)

[805] §§ 1, 4 und 6 Abs. 2 der Landesverordnung über Zuständigkeiten auf dem Gebiet des Kinder- und Jugendhilferechts und des Jugendschutzrechts sowie nach dem Adoptionsvermittlungs-, Unterhaltsvorschuss- und Bundeserziehungsgeldgesetz vom 11.03.1991, GVBl. S. 165

Entscheidungen zur Hilfegewährung in der Kinder- und Jugendhilfe hat.[806] Dementsprechend beschränken sich seine Verwaltungsverfahren auf aufsichtsrechtliche Verfahren zum Schutz von Kindern und Jugendlichen in Einrichtungen (§ 85 Abs. 2 Nr. 6 SGB VIII), die landeseinheitliche Festlegung von Bar- und Pauschalbeträgen im Zusammenhang mit Unterhaltsleistungen an Kinder und Jugendliche (§ 39 Abs. 2 und 5 SGB VIII) und die Durchführung von Widerspruchsverfahren ausschließlich für Leistungen nach dem Bundeserziehungsgeldgesetz.

Mit der landesrechtlichen Übertragung der Widerspruchsbearbeitung in Angelegenheiten des Bundeserziehungsgeldgesetzes ist keine originäre Aufgabe des überörtlichen Trägers der Kinder- und Jugendhilfe im Sinne von § 85 Abs. 2 SGB VIII ausgedrückt. Es wird vielmehr eine Zuständigkeitsstufe von Bundesauftragsverwaltung, bei der als untere Verwaltungsbehörden die Landkreise und kreisfreien Städte fungieren, in der Mittelinstanz auf eine obere Landesbehörde übertragen.[807]

Der Hauptteil der Kosten für die Kinder- und Jugendhilfe ist von den kommunalen Trägern aufzubringen,[808] die sich in Rheinland-Pfalz im Jahr 2002 für diese auf 1.103,4 Mio € beliefen. 25 Prozent hiervon erstattete das Land, begrenzte allerdings ab 2003 den Erstattungsbetrag auf 40,4 Mio. € und einer künftigen Steigerungsrate von 2 Prozent des Vorjahresbetrags.[809] Sie beträgt in 2004 41,2 Mio. €; bei den Kostenerstattungen an die örtlichen Kinder- und Jugendhilfeträger in Fällen ohne gewöhnlichen Aufenthalt beläuft sie sich auf 8,7 Mio. €.

b. Die Verwaltungsverfahren der zentralen Adoptionsvermittlung

Gem. § 2 Abs. 1 des Adoptionsvermittlungsgesetzes[810] ist die Adoptionsvermittlung Aufgabe der Jugendämter und Landesjugendämter und insofern eine Maßnahme der Jugendhilfe.[811] Die Aufgabe umfasst nach der Definition

---

[806] BERNZEN, *Aufgaben, Kompetenzen und...*, a. a. O., S. 20 f.; MERCHEL, JOACHIM: *Die Fiktion einer „überörtlichen Jugendhilfeplanung“ –Anmerkung zu einer Verlautbarung der Bundesarbeitsgemeinschaft der Landesjugendämter*, in: ZfJ 1998, S. 378

[807] Vgl. MERTEN/ PITSCHAS, *Sozialverwaltung im Reformprozess*, a. a. O., S. 30

[808] RÜFNER, *Kinder- und Jugendhilferecht....*, a. a. O., S. 984

[809] Quelle: RECHNUNGSHOF RHEINLAND-PFALZ: *Kommunalbericht 2003*, a. a. O., Teilziffer 4. 2

[810] Gesetz über die Vermittlung der Annahme als Kind und über das Verbot der Vermittlung von Ersatzmüttern –Adoptionsvermittlungsgesetz– (AdVermiG) in der Fassung der Bekanntmachung vom 27.11.1989 (BGBl. I S. 2016), zuletzt geändert durch Gesetz vom 26.01.1998 (BGBl. I S. 164)

[811] OBERLOSKAMP, HELGA, *Kommentierung zu Anhang III*, in: Wiesner, Reinhard (Herausg.): *SGB VIII – Kinder und Jugendhilfe*, 2. Aufl., München 2000, Anh. III Rdnr. 1

des § 1 Adoptionsvermittlungsgesetz das Zusammenführen von Kindern unter 18 Jahren und Personen, die ein Kind mit dem Ziel der Annahme als Kind annehmen wollen (Adoptionsbewerber). Adoptionsvermittlung ist auch der Nachweis einer Gelegenheit, ein Kind anzunehmen oder annehmen zu lassen, und zwar auch dann, wenn das Kind noch nicht geboren oder noch nicht gezeugt ist. Die Adoptionsvermittlung ist gem. § 5 Abs. 1 des Adoptionsvermittlungsgesetzes auf die Jugendämter und Landesjugendämter oder staatlich kontrollierte Verbände (§ 4 Adoptionsvermittlungsgesetz) beschränkt und damit monopolisiert.[812] Durch die Auflagen des § 3 Adoptionsvermittlungsgesetz, mit der Wahrnehmung von Adoptionsvermittlung nur besonders ausgebildete und beruflich erfahrene Fachkräfte einsetzen zu dürfen, ist sie darüber hinaus durch berufliche Professionalisierung geprägt. Zur Aufgabenwahrnehmung nach dem Adoptionsvermittlungsgesetz durch das Landesamt für Soziales, Jugend und Versorgung war die Einrichtung einer zentralen Adoptionsstelle erforderlich, die den personellen Ausstattungserfordernissen des § 13 Adoptionsvermittlungsgesetz genügt.

Das Aufgabengebiet der internationalen Adoptionsvermittlung ist gem. § 11 Abs. 1 Nr. 2 und 3 Adoptionsvermittlungsgesetz eine wesentliche Aufgabe der zentralen Adoptionsstellen bei den Landesjugendämtern, deren Personalausstattung für diese besondere Aufgabenwahrnehmung insbesondere nach dem Adoptionsübereinkommens-Ausführungsgesetz und dem Adoptionswirkungsgesetz[813] den Anforderungen des § 13 Adoptionsvermittlungsgesetz[814] auch im internationalen Kontext genügen muss.[815] Vor diesem Hintergrund kommt der in § 1 Abs. 1 Satz 4 Adoptionsvermittlungsgesetz eingeräumten Möglichkeit der länderübergreifenden Bildung gemeinsamer zentraler Adoptionsstellen aus personalökonomischen Gründen besondere Bedeutung zu.

---

[812] LÜDERITZ, ALEXANDER: *Verbot von Kinderhandel und Ersatzmuttervermittlung durch Änderung des Adoptionsvermittlungsgesetzes*, in: NJW 1990, S. 1634; PAULITZ, HARALD: *Interstaatliche Adoptionsvermittlung – Bestandsaufnahme und Perspektive*, in: ZfJ 2001 S. 381 f.

[813] Art. 2 des Gesetzes zur Regelung von Rechtsfragen auf dem Gebiet der internationalen Adoption und zur Weiterentwicklung des Adoptionsvermittlungsrechts vom 05.11.2001 (BGBl. I S. 2953); zu den Zuständigkeiten in der Bundesrepublik Deutschland vgl. PAULITZ, *Interstaatliche Adoptionsvermittlung – Bestandsaufnahme....*, a. a. O., S. 383 ff.

[814] Verfügbarkeit eines Kinderarztes oder Kinderpsychiaters, eines Psychologen mit Erfahrungen auf dem Gebiet der Kinderpsychologie, eines Juristen und von Sozialpädagogen oder Sozialarbeitern.

[815] MAURER, HANS-ULRICH: *Das Gesetz zur Regelung von Rechtsfragen auf dem Gebiet der internationalen Adoption und zur Weiterentwicklung des Adoptionsvermittlungsrechts*, in: FamRZ 2003, S. 1346 f.

Rheinland-Pfalz hat deshalb, dem Beispiel anderer Bundesländer folgend,[816] durch Staatsvertrag vom 10.04.2003 zusammen mit Hessen eine gemeinsame zentrale Adoptionsstelle gebildet. Sie ist als Organisationseinheit des Landesamtes für Soziales, Jugend und Versorgung von Mainz aus für Hessen und Rheinland-Pfalz in den in §§ 11 und 12 Adoptionsvermittlungsgesetz festgelegten Aufgabengebieten tätig.[817]

c. Überwachungsaufgaben im Bereich der Kindertagesstätten und sonstiger Einrichtungen

Die Pflegestellen und Einrichtungen, in denen Kinder oder Jugendliche außerhalb des Elternhauses regelmäßig betreut werden, stehen unter dem Erlaubnisvorbehalt der §§ 44 bis 49 SGB VIII. Davon werden gem. § 48 a SGB VIII auch die Wohnformen erfasst, in denen Kinder und Jugendliche betreut werden oder Unterkunft erhalten. Dies sind Pferdehöfe oder andere Einrichtungen, die der Unterbringung von Kindern und Jugendlichen ohne ihre Eltern zu Ferien- oder Freizeitaufenthalten dienen. Der staatliche Erlaubnisvorbehalt ist sowohl gem. § 44 Abs. 1 SGB VIII auf die Person der Betreuer als auch gem. § 45 Abs. 1 SGB VIII auf die Einrichtung und seinen Träger bezogen.[818] Dieser präventive Vorbehalt beinhaltet auch die Befugnis zur Erteilung von (nachträglichen) Auflagen (§ 45 Abs. 5 SGB VIII).

Zu den Einrichtungen gem. § 44 SGB VIII gehören die Kindertagesstätten, die in Rheinland-Pfalz aufgrund von § 10 Abs. 1 des Kindertagesstättengesetzes[819] durch anerkannte Träger der freien Jugendhilfe oder, falls kein freier Träger diese Aufgabe in einer Gemeinde übernimmt, gem. § 10 Abs. 2 des Kindertagesstättengesetzes durch die Gemeinde als Pflichtaufgabe der Selbstverwaltung betrieben werden. Die Einzelheiten des Aufkommens für die Kosten, die aus dem Betrieb dieser Einrichtungen entstehen und ihre Verteilung auf Land, kommunale Gebietskörperschaft und Gemeinde, sind, aufgeteilt nach Personal-, Sach- und Beförderungskosten, in §§ 11 ff. des Kindertagesstättengesetzes bestimmt.

---

[816] Bremen, Hamburg, Niedersachsen und Schleswig-Holstein haben bereits durch Staatsvertrag im Jahr 1979 eine gemeinsame zentrale Adoptionsstelle mit Sitz in Hamburg gebildet; Berlin und Brandenburg errichteten durch Staatsvertrag vom 13.01.1993 ebenfalls eine gemeinsame zentrale Adoptionsstelle mit Sitz in Oranienburg. Vgl. auch MAURER, *Das Gesetz zur....*, a. a. O., S. 1345

[817] GVBl. S. 51

[818] GITTER/ SCHMITT, *Sozialrecht*, a. a. O., S. 312; RÜFNER, *Kinder- und Jugendhilferecht*, a. a. O., S. 983

[819] Kindertagesstättengesetz vom 15.03.1991 (GVBl. S. 79), zuletzt geändert am 18.07.1996 (GVBl. S. 269)

Zu den Instrumenten der Überwachung von Einrichtungen, die nach dem Erlaubnisvorbehalt gem. § 45 SGB VIII einsetzen, zählt die örtliche Prüfung. Sie ist gem. § 46 Abs. 1 SGB VIII ausschließlich nach den Erfordernissen des Einzelfalls vorzunehmen und umfasst das Recht zum Betreten von Wohnungen und die Befugnis, sich mit den Kindern und Jugendlichen in Verbindung zu setzen. Ebenfalls dazu gehören die einrichtungsbezogenen Meldepflichten nach § 47 Abs. 1 SGB VIII und im Fall der Unterbringung bei Tag und Nacht die kindbezogenen Meldepflichten gem. § 47 Abs. 2 SGB VIII. Die personenbezogene Tätigkeitsuntersagung ist nach dem Vorbild des § 18 HeimG als Sondertatbestand einer nachträglichen Auflage in § 48 SGB VIII geregelt.[820]

Die Beratung von Trägern der Einrichtungen ist ein weiteres Instrument der Heimaufsicht, die als allgemeine Beratung auf Wunsch des Nachfragenden gem. § 85 Abs. 2 Nr. 7 SGB VIII und aus Anlass einer Mängelfeststellung gem. § 45 Abs. 3 SGB VIII erfolgen kann. Ziel der Beratung nach dieser Beanstandung ist, wie auch im Heimgesetz, die festgestellten Mängel einvernehmlich zu beseitigen. Die Straf- und Bußgeldvorschriften gem. §§ 104 Abs. 1 Nr. 2, 3 und 105 SGB VIII schließen den Katalog der Eingriffsmöglichkeiten der Heimaufsicht zum Schutz von Kindern und Jugendlichen in Einrichtungen ab.[821]

d. Fortentwicklung organisatorischer Rahmenbedingungen in der Jugendhilfe?

Der im 11. Kinder- und Jugendbericht der Bundesregierung verwendete Begriff des Aufwachsens von Kindern und Jugendlichen in öffentlicher Verantwortung berücksichtigt die Veränderung der gesellschaftlichen Rahmenbedingungen, die sich durch den Wandel der Familie als zentrale Sozialisationsinstanz und Lebensmittelpunkt für Kinder und Jugendliche ergeben und, wie im Bericht vorsichtig ausgedrückt wird, eine „Neujustierung des Verhältnisses von privater und öffentlicher Erziehung bzw. von privater Zuständigkeit und öffentlicher Verantwortung“ erforderlich machen.[822] Mit dieser Feststellung wird der gesellschaftlichen Entwicklung Rechnung getragen, die durch einen Trend zur Pluralisierung der Lebensstile und zu einer stärkeren Individualisierung gekennzeichnet ist. Sie drückt sich in einem Wandel der Bedeutung der Familie als originärer Schutz-, Hilfs- und Solidarinstitution in

---

820 MÖRSBERGER, THOMAS: *Kommentierung zu § 48*, in: Wiesner, Reinhard (Herausg.): *SGB VIII – Kinder- und Jugendhilfe*, 2. Aufl., München 2000, Rdnr. 2

821 WIESNER, *Landesjugendämter – Aufgabenstellung und....*, a. a. O., S. 214

822 BUNDESMINISTERIUM FÜR FAMILIE, SENIOREN, FRAUEN UND JUGEND (Herausg.): *11. Kinder- und Jugendbericht....*, a. a. O., S. 3, 58.; HINRICHS, *Der Erziehungs- und....*, a. a. O., S. 353; STRUZYNA, KARL-HEINZ: *Der 11. Kinder- und Jugendbericht – Herausforderungen, Konsequenzen, Perspektiven*, in: ZfJ 2003, S. 260

der Gesellschaft aus, in dessen Folge die Ein-Verdiener-Ehe und die Rolle der Ehefrau als Hausfrau und Hauptstütze der Erziehung und Betreuung von Kindern und Jugendlichen zurückgegangen sind.[823]

Scheidung, Wiederheirat und partnerschaftliche Lebensverhältnisse nehmen zu; familienzentrierte Arrangements in intakten Ehen oder Lebensgemeinschaften mit Kindern gehören zur Minderzahl der partnerschaftlichen Absprachen, mit denen versucht wird, Beruf, wirtschaftliche Absicherung, Familie und Kindererziehung in Einklang zu bringen.[824] Dieser Wandel sozialer Lebensbeziehungen hat erhebliche Auswirkungen auf die betroffenen Kinder und Jugendlichen, von denen Schulprobleme nur ein Teil der Gesamtproblematik sind.[825]

Das Anwachsen problematischer Lebenslagen für Kinder und Jugendliche stellt die Jugendarbeit und Kinderbetreuung vor neue Herausforderungen, erfordert aber auch neue öffentliche Angebote und Infrastrukturleistungen, um ihnen in sozialökonomisch prekären Lebenslagen Hilfestellung zu geben.[826] Im sozialen Umfeld, das die Entwicklung von Kindern und Jugendlichen beeinflusst, spielt neben den Familien und den vernetzten Angeboten der privaten und öffentlichen Jugendhilfeträger der kommunale Nahbezug eine zunehmende Rolle. Der 11. Kinder- und Jugendbericht hebt dabei den Stadtteilbezug hervor, [827] der in einem Flächenland wie Rheinland-Pfalz überwiegend durch die Gemeinden im Sinne von § 1 GemO dargestellt wird, die zu den Landkreisen als Gemeindeverbände und Aufgabenträger der örtlichen Jugendhilfe lediglich einen Stufenbezug haben.

Bereits heute werden in rheinland-pfälzischen Gemeinden Aufgaben der familienunterstützenden und –ergänzenden Jugendhilfe ortsnah wahrgenommen.[828] Viele Gemeinden unterstützen darüber hinaus die Jugendarbeit ihrer

---

823 BUNDESMINISTERIUM FÜR FAMILIE, SENIOREN, FRAUEN UND JUGEND (Herausg.): *11. Kinder- und Jugendbericht*, a. a. O., S. 122 f.; HAUSER, *Zukunft des Sozialstaats*, a. a. O., S. 206 f.

824 RÜLING, ANNELI; KASSNER, KARSTEN; GROTTIAN, PETER: *Geschlechterdemokratie leben – Junge Eltern zwischen Familienpolitik und Alltagserfahrungen*, in: Aus Politik und Zeitgeschichte, B 19/ 2004, S. 17 ff.

825 BUNDESMINISTERIUM FÜR FRAUEN, SENIOREN, FRAUEN UND JUGEND (Herausg.): *11. Kinder- und Jugendbericht*, a. a. O., S. 147; SCHLEMMER, ELISABETH: *Familienbiographien und Schulerfolg von Kindern*, in: Aus Politik und Zeitgeschichte, B. 19/ 2004, S. 27 ff.

826 HINRICHS, *Der Erziehuungs- und....*, a. a. O., S. 358

827 BUNDESMINISTERIUM FÜR FRAUEN, SENIOREN, FRAUEN UND JUGEND (Herausg.): *11. Kinder- und Jugendbericht*, a. a. O., S. 149 f.

828 Die rheinland-pfälzische Ortsgemeinde Ochtendung (ca. 5.400 Einwohner), in der ich ehrenamtlich tätig bin, beschäftigt einen hauptamtlichen Jugendpfleger und teilt sich mit

örtlichen Vereine mit Zuschüssen, um Kindern und Jugendlichen ihres sozialen Nahraums in der örtlichen Gemeinschaft Betreuung und eine Erlebniswelt zu liefern. Beide Angebote ergänzen die familiäre Erziehung, die wegen der Berufstätigkeit der Eltern oder des Alleinerziehenden oftmals dieses zusätzlichen Angebotes bedarf. Die Basisarbeit ist zwar mit dem Netzwerk der örtlichen Jugendhilfe verknüpft, hat aber bisher noch keine institutionelle Einbindung gefunden. Als Träger von Kindertagesstätten mit Kinderkrippen und Kinderhorten sind die Gemeinden ohnehin befasst, da die freien Träger ihr Leistungsangebot gerade in diesem Bereich oftmals einschränken. Der Begriff der kommunalen Ebene verkürzt diese Basisadresse, da er lediglich bis zu den Landkreisen und kreisfreien Städten reicht.

Bildung und Ausbildung von Kindern und Jugendlichen haben darüber hinaus eine neue Schwerpunktbildung erhalten. Diese Aufgabe beginnt bereits in Kindertageseinrichtungen, setzt sich über schulische Begleitangebote fort und erreicht auch die Berufsausbildung von Jugendlichen. Sie sind auch Ziele der Kinder- und Jugendhilfe, nicht allerdings ihre originäre Aufgabe.[829] Im Zuge der Ausweitung dieser zumeist auf der Ebene der Gemeinden und der gesellschaftlichen Ausbildungseinrichtungen bereitgestellten Angebote ergeben sich neue Schnittstellen zwischen Schulen, Ausbildungsstätten und Kinder- und Jugendhilfe als Jugendarbeit und Jugendsozialarbeit.[830] Es ist fraglich, ob zur Bündelung und Koordinierung dieser Aktivitäten eine Institutionalisierung durch Kooperationsvereinbarungen ausreicht oder hier durch Recht, also auch durch Landesrecht entsprechend der Rechtsetzungshoheit der Länder nach Art. 7 GG, Steuerungsmöglichkeiten geschaffen werden müssen, um eine synergetische Bündelung der Kräfte zu realisieren.

V. Zwischenfazit

Sowohl das soziale Entschädigungsrecht als auch das Recht der Jugend- und Sozialhilfe spiegeln in ihren Strukturen und ihren Verfahrens- und Vollzugsbestimmungen Grundsätze wider, die bereits vor und nach dem Ersten Weltkrieg in Deutschland entwickelt wurden. Aus der Darstellung können Ursachen und Gründe heutiger rechtlicher Gegebenheiten aufgezeigt und ihre

---

einem weiteren Ort ähnlicher Größe in der Nachbarschaft einen weiteren Jugendpfleger als Streetworker. Der örtliche Träger der Jugendhilfe unterstützt diese freiwillige Aufgabe mit einem Personalkostenzuschuss von 10 Prozent für einen Jugendpfleger.

[829] BUNDESMINISTERIUM FÜR FRAUEN, SENIOREN, FRAUEN UND JUGEND (Herausg.): *11. Kinder- und Jugendbericht*, a. a. O., S. 160; HINRICHS, *Der Erziehungs- und....*, a. a. O., S. 358 f.; SCHLEMMER, ELISABETH: *Familienbiographien und Schulerfolg von Kindern*, in: Aus Politik und Zeitgeschichte, B. 19/ 2004, S. 27

[830] HINRICHS, *Der Erziehungs- und....*, a. a. O., S. 262 f.

Tauglichkeit für die heutige gesellschaftliche Wirklichkeit und ihre Herausforderungen hinterfragt werden. Sie sind Ausgangspunkt von Rechtsgestaltungen, die teilweise erst kürzlich vom Bundesgesetzgeber vollzogen wurden.

Es wurde dargestellt, wie sich das soziale Entschädigungsrecht aus seinen Anfängen als auf den Militärberuf bezogenes Versorgungsrecht entwickelt hat, das auf die zum Wehrdienst Verpflichteten erweitert und ihrer Situation angepasst wurde. Erst die Folgen des Ersten Weltkrieges in Deutschland und die Herausforderungen zur Wiedereingliederung der zum Wehrdienst verpflichteten Soldaten ließen eine Gesetzgebung zur Kriegsopferversorgung entstehen, die sowohl der Notwendigkeit der Entschädigung als auch dem Erfordernis einer gesundheitlichen und gesellschaftlichen Rehabilitation Rechnung trug. Diese durch das Reichsversorgungsgesetz geschaffenen Grundsätze wurden zwar durch den nationalsozialistischen Führerstaat und die nachfolgende Besatzungsherrschaft der Vier Mächte teilweise außer Kraft gesetzt, lebten aber im Bundesversorgungsgesetz wieder auf.

Es konnte auch die Kontinuität der heutigen Verwaltungsstrukturen mit den bereits nach dem Ersten Weltkrieg geschaffenen Versorgungsverwaltungen nachgewiesen werden, die nach 1949 besonders deshalb eine Umformung von der Reichsverwaltung zur Landesverwaltung erfuhren, weil die bereits ab 1947 entstandenen Länder dringend die persönlichen Kriegsfolgeprobleme der Kriegsopfer zu lösen hatten und nach Inkrafttreten des Bundesversorgungsgesetzes keine Notwendigkeit bestand, diese gefestigten Verwaltungen zu verändern. Die Entwicklung der Kriegsopferfürsorge folgte demgegenüber sowohl in ihrer inhaltlichen Ausgestaltung als auch in ihrem Verwaltungsvollzug den Grundsätzen der Ortsnähe mit Verwaltungsbehörden in kommunaler und gebietlicher Trägerschaft unterhalb der Ebene der Länder, die bis heute aufrecht erhalten wurde.

Die Entwicklung der Kriegsopferversorgung nach dem Zweiten Weltkrieg zum sozialen Entschädigungsrecht heutiger Prägung vollzog sich durch gesetzgeberische Bildung weiterer Entschädigungstatbestände zum Ausgleich von Personenschäden, für die außerhalb von Kriegsereignissen eine staatliche Einstandspflicht festgesetzt wurde. Durch parallele Einbeziehung von nicht beitragspflichtigen Gruppen in den versicherten Personenkreis gem. § 2 SGB VII und die Abgeltung ihrer Gesundheitsschäden durch das Recht der gesetzlichen Unfallversicherung verlor das soziale Entschädigungsrecht zunehmend an systematischer Geschlossenheit und Trennschärfe zur gesetzlichen Sozialversicherung.

Die Darstellung der Entwicklung der gemeindlichen und staatlichen Fürsorge zum Recht der Sozialhilfe konzentrierte sich auf die Ursachen- und Wirkungszusammenhänge gemeindlicher und staatlicher Unterstützung hilfesuchender Menschen. Dabei konnten die Abhängigkeiten der wirtschaftlichen und gesellschaftlichen Entwicklung in Deutschland und ihre Verknüpfungen mit den staats- und verwaltungsorganisatorischen Lösungen der Aufgabenwahrnehmung für öffentliche Fürsorge und Sozialhilfe nachgezeichnet werden. Es wurde aufgezeigt, wie die heutigen Zuständigkeiten für die unterschiedlichen Arten Sozialhilfe sich aus den Entwicklungen seit den 1920er Jahren in Deutschland verfestigten.

Die Entwicklung des Rechts der Sozialhilfe fand mit den ab 2005 geltenden Sozialgesetzbüchern II und XII seinen aktuellen Abschluss. Auch diese Gesetze fußen auf den verwaltungsorganisatorischen Grundsätzen des letzten Jahrhunderts. Im Vierten Kapitel des SGB XII wurde darüber hinaus in Ansätzen eine nicht subsidiäre staatliche Grundsicherung eingeführt, die von den finanziell überforderten örtlichen Gemeinschaften aufzubringen ist.

Die Skizze zum Recht der Jugendhilfe von seinen Anfängen als Teil der Armenfürsorge und seiner Emanzipation zum eigenständigen Bereich der Sozialgesetzgebung, für deren Vollzug die Ausgestaltung einer besonderen Verwaltungsorganisation erforderlich wurde, verdeutlicht ebenfalls die Ursprünge der heutigen Verwaltungsstrukturen. Hier vollzog sich allerdings eine umfassende Zuständigkeitsverlagerung auf die Ebene der Landkreise und kreisfreien Städte, die heute die Staatsaufsicht auf die Rechtsaufsicht beschränkt. Die uneingeschränkte Sach- und Wahrnehmungsbefugnis dieser kommunalen Ebene ist nur bei der Kindertagesstättenaufsicht durchbrochen, für die als einem besonderen Bereich der Wirtschaftsüberwachung andere Kriterien gelten.

Ebenso gehen die kollegialen Strukturen der Verwaltung der Jugendhilfeträger unter Beteiligung der jeweiligen Jugendhilfeausschüsse als Entscheidungsorgane der Jugendhilfeverwaltungen auf bereits in den 1920er Jahren geschaffene Ursprünge zurück. Diese Verwaltungen sind darüber hinaus die einzigen Verwaltungen, die konsequent den Gedanken der Bürger- und Gremienbeteiligung bei der Verwaltungsführung umgesetzt haben. Darüber hinaus vollzog sich in diesen Bereichen originärer staatlicher Verwaltung eine strukturierte länderübergreifende Verwaltungskooperation unter entsprechender Zuständigkeitsbündelung in den gemeinsamen zentralen Adoptionsstellen für mehrere Länder.

Im 11. Kinder- und Jugendbericht der Bundesregierung vom 30.01.2002 wird das SGB VIII als modernes und geeignetes Leistungsgesetz bezeichnet, dessen Strukturen, Leistungen und Verfahren weiter zu entwickeln und umzusetzen seien. Es wird allerdings auch auf das Verbesserungspotential verwiesen, das der Bericht aufgezeigt habe.[831] An den Schnittstellen von Bildung, Erziehung und Jugendhilfe ist sowohl die Gesetzgebungskompetenz des Bundes als auch die der Länder berührt, die auch auf die derzeitigen Organisationsstrukturen der Kinder- und Jugendhilfe einwirken kann.

[831] BUNDESMINISTERIUM FÜR FRAUEN, SENIOREN, FRAUEN UND JUGEND: *11. Kinder- und Jugendbericht....*, a. a. O., S. 261

Kapitel 3: Teilhabesicherung für behinderte Menschen, öffentliches Gesundheitswesen und Heimaufsicht

I. Gemeinsamkeiten staatlicher Teilhabesicherung für behinderte Menschen, der Überwachung von Heim- und Pflegeeinrichtungen und von Betriebsstätten im Gesundheitswesen

1. Vorbemerkung

Die Gewährleistung der Teilhabesicherung für behinderte Menschen, den öffentlichen Gesundheitsdienst und die staatliche Überwachung des Heimwesens verbindet als Gemeinsamkeit die staatliche Überwachungsverantwortung über die Betriebe, Einrichtungen und Personen, die im Bereich Beschäftigung schwerbehinderter Menschen, der Ausübung von Heilberufen, der Herstellung und den Vertrieb von Arzneimitteln und Medizinprodukten sowie der Beherbergung und Betreuung von Bewohnern von Alten-, Behinderten- und Pflegeheimen auszuüben ist. In dieser Überwachungsfunktion besteht eine enge Verknüpfung mit den Überwachungstätigkeiten im Bereich der Kinder- und Jugendhilfe, wie den Kindertagesstätten und sonstigen Einrichtungen zur Betreuung von Kindern und Jugendlichen.

Diese Aufsichtstätigkeiten entwickelten sich im 19. Jahrhundert aus polizeirechtlichen und gewerberechtlichen Vorschriften, die die Überwachung sowohl im Bereich des Kinder- und Jugendschutzes, als auch im Beherbergungsgewerbe sowie im Gesundheitswesen als Aufgaben staatlicher Verwaltung vorgaben.[832] Diese gemeinsame Wurzel prägt heute noch die Zuordnung von Aufsichtsfunktionen in den drei Rechtsbereichen zu öffentlichen Verwaltungsträgern, aus der in den Ländern die unterschiedliche Entwicklung der behördlichen Wahrnehmung von Wirtschaftsüberwachung ableitbar ist.[833]

Das Recht der Teilhabe und Rehabilitation behinderter Menschen geht mit seinen Elementen der Beschäftigungs- und Schutzverpflichtung für behinderte Menschen auf die Verordnung über Beschäftigung Schwerbeschädigter vom 09.01.1919 zurück, mit der der Wirtschaft nach dem Ende des Ersten Weltkrieg eine Einstellungspflicht für Kriegsbeschädigte und –hinterbliebene und ein besonderer Kündigungsschutz vorgeschrieben wurde. Die spätere gesetzliche Festschreibung von Einstellungsquoten für schwerbeschädigte Arbeit-

---

[832] Vgl. HENNING, *Aufbau der Sozialverwaltung*, a. a. O., S. 282 ff. für den Kinder- und Jugendschutz im 19. Jahrhundert; JELLINEK, *Verwaltungsrecht*, a. a. O., S. 465 ff. für das Heilwesen in den 1930er Jahren.

[833] STOBER, ROLF: *Besonderes Wirtschaftsverwaltungsrecht*, 12. Aufl., Stuttgart, Berlin, Köln 2001, S. 6

nehmer und ihr besonderer Kündigungsschutz prägt bis heute das Schwerbehindertenrecht.[834]

Das öffentliche Gesundheitswesen mit seiner umfassenden behördlichen Aufgabenpalette geht ebenfalls auf gewerberechtliche Ursprünge zurück und entwickelte im Zeitalter der Globalisierung und der internationalen Verflechtung von Pharmaindustrie und –handel, aber auch vor dem Hintergrund des rasanten technischen und wissenschaftlichen Fortschritts im Gesundheitswesen eine Dynamik, wie sie in anderen Rechtsgebieten mit sozialem Bezug kaum eine Entsprechung hat. Die staatliche Überwachung der gewerblichen Altenheime, Altenwohnheime und Pflegeheime wurde als eigenständige Aufgabe demgegenüber erst ab 1967 aus den allgemeinen behördlichen Überwachungsaufgaben der Gewerbeordnung herausgelöst und wuchs seither zur spezifischen Heimaufsicht auf.[835] Sie erhielt vor dem Hintergrund des grundlegenden Wandels der demographischen Entwicklung in Europa und der sozialen Grundstrukturen unserer Gesellschaft ebenfalls einen besonderen Bedeutungszuwachs.[836]

2. *Staatliche Überwachungsverantwortung und fachliche Spezialisierung der Verwaltung*

Das Recht der Rehabilitation und Teilhabe behinderter Menschen, des öffentlichen Gesundheitsdienstes und der Heimaufsicht weist gemeinsame Strukturen in seiner Steuerungsfunktion im Rahmen der staatlichen Überwachungsverantwortung aus.[837] Dabei ist die Zugehörigkeit des Arzneimittel- und Medizinprodukterechts sowie des Infektionsschutzrechts mit seiner Zuweisung umfassender staatlicher Aufsichts- und Kontrollzuständigkeiten zum Risikoverwaltungsrecht offenkundig. Demgegenüber ist die staatliche Organisations-, Bereitstellungs- und Infrastrukturverantwortung beim Recht der akademischen und nichtakademischen Heilberufe und der Bereitstellung einer markt- und bedürfniskonformen Versorgung mit Medikamenten deshalb vielschichtiger, weil in diesen Bereichen historisch gewachsene und gesetzlich fi-

---

834 EBSEN, *Schwerbehindertenrecht*, a. a. O., S. 1404 f.

835 FINKELNBURG, KLAUS: *Der Betrieb von Alten- und Pflegeheimen*, in: NJW 1976, S. 1477 f.; KUNZ, EDUARD; BUTZ, MANFRED; WIEDEMANN, EDGAR: *Heimgesetz Kommentar*, 9. Aufl., München 2003, Einführung S. XIII ff.

836 SCHULTE, BERND: *Behindertenpolitik und Behindertenrecht in der Europäischen Union, als Gemeinschaftsprojekt*, in: Maydell, Bernd Baron von; Pitschas, Rainer; Schulte, Bernd (Herausg.): *Behinderung in Asien und Europa im Politik- und Rechtsvergleich*, 1. Aufl., Baden-Baden 2003, S. 491 f.

837 Zu den Inhalten staatlicher Gewährleistungsaufsicht PITSCHAS, *Struktur- und Funktionswandel....*, a. a. O., S. 911 ff.; SCHUPPERT, *Staatsaufsicht im Wandel*, a. a. O., S. 834 f.

xierte Kooperationsstrukturen durch Kammern mit öffentlich-rechtlichem Sicherstellungsauftrag im Vertragsarzt- und Apothekenrecht einwirken.[838]

Gegenstand des Heimrechts ist die Sicherstellung des Heimbetriebs entsprechend den besonderen Bedürfnissen alter und behinderter Menschen. Seine Verantwortungszuordnung an staatliche Überwachungsbehörden und Kontrollorgane von Sozialversicherungsträgern sowie seine Kooperationsgebote an die Adresse von Heimträgern, Heimbetreibern und die Vertretungsorgane der Heimbewohner weisen seine Zurechnung zum Risikoverwaltungsrecht aus.[839] Das Recht der Rehabilitation und Teilhabe behinderter Menschen berührt mit seinem Teilbereich der Beschäftigungspflicht von Behinderten (§§ 71 – 79) und ihrem besonderen Kündigungsschutz (§§ 81 – 92) sowohl das Gewerberecht als auch das Arbeitsrecht.[840]

Die staatliche Überwachung im öffentlichen Gesundheitswesen, in der Heimaufsicht und zur Sicherung der Teilhabe behinderter Menschen im Arbeits- und Berufsleben ist zudem von einer zunehmenden Spezialisierung des Fachpersonals geprägt. Der Bereich des öffentlichen Gesundheitsdienstes muss über medizinisches und pharmazeutisches Fachpersonal verfügen, um den Überwachungsanforderungen gerecht zu werden, die das Apothekengesetz, das Arzneimittelgesetz, das Medizinproduktegesetz und das Krankenhausgesetz im Bereich der Hygieneüberwachung vorschreiben.[841] In der Heimaufsicht umfasst das Überwachungsgebot des § 9 HeimG auch die Prüfung von Geschäftsbüchern und sonstigen Unterlagen, für die in zunehmendem Maße betriebswirtschaftlich ausgebildetes Personal bei den aufsichtsführenden Verwaltungen vorgehalten werden muss. Die Integrationsämter müssen besonders geschultes Personal einsetzen, um Arbeitgebern und Arbeitnehmern gleichermaßen die Teilhabesicherung behinderter Menschen am Erwerbsleben zu vermitteln; die Behörden zur Behindertenfeststellung müssen über ärztliches Personal für Gutachtertätigkeiten und Untersuchungen verfügen.

In Landesverwaltungen, in denen die einzelnen Fachbereiche aufgabenorientiert als Sonderverwaltungen voneinander abgegrenzt werden, führt dies zur Verwendung von hochqualifiziertem Fachpersonal in unterschiedlichen Be-

---

[838] Zum Risikoverwaltungsrecht und seinen Kooperationsstrukturen in diesem Rechtsbereich PITSCHAS, *Verantwortungskooperation zwischen Staat....*, a. a. O., S. 236 f.

[839] Nach STOBER, ROLF: *Heimgesetz, Heimvertrag und Pflegesatzerhöhung*, in: ZFSH 1977, S. 321, 328 ist das Heimgesetz ein gewerberechtliches Sondergesetz mit sozialem Einschlag zum Schutz und der Verbesserung der Rechtsstellung der Senioren in Heimen mit dem Schwerpunkt der Beratung der Heimbewohner und Heimbetreiber

[840] EBSEN, *Schwerbehindertenrecht*, a. a. O., S. 1403 f.; EICHENHOFER, *Sozialrecht*, a. a. O., S. 283 f.

[841] Vgl. SODAN, *Gesundheitsrecht*, a. a. O., S. 777

hörden, bei denen ein Austausch nur durch Ressortwechsel und Versetzung möglich wird. Tätigkeitsorientiert gebündelte Verwaltungen ermöglichen demgegenüber Aufgabenwechsel und damit eine höhere Verwendungsbreite auch dieses Personals im eigenen Behördenbereich und ohne die Notwendigkeit eines Ressortwechsels. Eine ausdifferenzierte fachliche Spezialisierung führt zudem zur Bildung von fachlich geprägten Sonderbeziehungen zwischen überwachender Verwaltung und den zu überwachenden Einrichtungen mit allen ihren negativen Folgen für den Verwaltungsvollzug,[842] die bei Bündelungsbehörden durch Funktionswechsel vermieden werden können.

II. Teilhabesicherung behinderter Menschen in Deutschland

1. Anfänge eines gruppenorientierten Schwerbeschädigtenrechts

a. Anfänge der Teilhabesicherung für Arbeits- und Militärbeschädigte

Die Anfänge der Teilhabesicherung für behinderte Menschen sind mit der Entwicklung des Rechts der sozialen Entschädigung und der sozialen Fürsorge eng verknüpft. Sie beginnen mit der gruppenspezifisch orientierten besonderen staatlichen Sorge für körpergeschädigte Kriegsteilnehmer, von denen viele bereits vor dem Ersten Weltkrieg durch Beschäftigung im öffentlichen Dienst in das Berufsleben eingegliedert wurden.[843] Als weitere Personengruppe rückten die Arbeitsopfer während der Industrialisierung Deutschlands ab der zweiten Hälfte des 19. Jahrhunderts in den Blickpunkt der sozialpolitischen Betrachtung, die zunächst über die Knappschaften[844] und sodann nach den *Bismarck'*schen Sozialreformen in § 537 ff. RVO durch finanzielle Absicherung ihrer invaliditätsbedingten Arbeitsminderung besondere Zuwendung erhielten.[845] Für alle übrigen behinderten Menschen hatte die Armenfürsorge des Familienverbandes, der Religionsgemeinschaften oder der Gemeinden zu sorgen.

Nach dem Ersten Weltkrieg rückten die heimkehrenden Kriegsbeschädigten in den Mittelpunkt des öffentlichen Interesses, die beruflich und wirtschaftlich abgesichert und in das Erwerbsleben zurückgeführt werden mussten. Vor

---

[842] Sogenannte Fachbruderschaften, vgl. WAHL, *Die Organisation und....*, a. a. O., S. 236. Derartige Spezialisierungstrends können abgefedert werden, wenn beispielsweise Wechsel zwischen Tätigkeiten in der medizinischen Begutachtung und im öffentlichen Gesundheitsdienst in einer Behördenorganisation möglich sind.

[843] Überblick bei KLEIN, *Die Entwicklung des....*, a. a. O., S. 14; VORBERG/ VAN NUIS, *Das Recht der....*, a. a. O., S. 6 ff.

[844] Vgl. HENNING, *Aufbau der Sozialverwaltung*, a. a. O., S. 290 f.

[845] Vgl. SCHMITT, *Unfallversicherung*, a. a. O., S. 902 f; WEHLER, *Deutsche Gesellschaftsgeschichte,* Bd. 3, a. a. O., S. 907 ff.

diesem Hintergrund erließ Reichskanzler *Friedrich Ebert* bereits am 09.01.1919 die Verordnung über die Beschäftigung Schwerbeschädigter,[846] mit der Grundsätze zur beruflichen Integration behinderter Menschen geschaffen wurden, die bis heute fortgelten. Sie galt gleichermaßen für Kriegsbeschädigte und für Opfer eines Arbeitsunfalls nach den Vorschriften der RVO mit einer Beeinträchtigung der Erwerbsfähigkeit ab 50 Prozent.

Mit dieser Verordnung wurden alle öffentlichen und privaten Betriebe und Organisationen verpflichtet, auf je einhundert Mitarbeiterinnen oder Mitarbeiter einen Schwerbeschädigten zu beschäftigen; in der Landwirtschaft war pro fünfzig Beschäftigter ein Schwerbeschädigter einzustellen. Für Schwerbeschädigte geeignete Arbeitsplätze unterlagen der Meldepflicht; die Definition der Schwerbeschädigteneigenschaft war noch auf das Mannschaftsversorgungsgesetz von 1906 bezogen. Schwerbeschädigte erhielten einen besonderen Kündigungsschutz; ihre Kündigung war vor besonderen Arbeitnehmerausschüssen anhörungspflichtig. Verstöße gegen die mit der Verordnung verfügte Beschäftigungspflicht von Schwerbeschädigten konnten mit einer Buße von bis zu 10.000 RM geahndet werden.

b. Die Grundzüge des Schwerbeschädigtengesetzes von 1920

Das Reichsversorgungsgesetz beschränkte sich in §§ 21 bis 23 darauf, den Anspruch auf berufliche Rehabilitation und die Zuständigkeiten der Fürsorgestellen festzulegen. Für alle übrigen Ansprüche innerhalb der sozialen Fürsorge, wie die Kriegsopfer- und Hinterbliebenenfürsorge benannt wurde, blieb nach den Klarstellungen in den Ausführungsbestimmungen zum Reichsversorgungsgesetz[847] die Verordnung über die soziale Kriegsbeschädigten- und Kriegshinterbliebenenfürsorge vom 08.02.1919 die gesetzliche Grundlage. Dies galt auch für die Zuständigkeitsgrundsätze zur sozialen Fürsorge und die gesetzliche Regelung zur Kostenteilung zwischen dem Reich und den Ländern.[848] Für die Versorgung der Opfer von Arbeitsunfällen galten die Vor-

---

[846] RGBl. S. 28 (Friedrich Ebert wurde am 11.02.1919 von der Nationalversammlung zum Reichspräsidenten gewählt)

[847] Ausführungsbestimmungen zum Reichsversorgungsgesetz vom 16.11.1920 (RGBl. S. 1907), Nr. 1 zu § 21 RVG

[848] Zuständigkeitsgrundsätze vom 09./10.12.1919 (Amtliche Nachrichten des Reichsarbeitsministeriums, S. 85; Gesetz über die Kosten der Kriegsbeschädigten- und Kriegshinterbliebenenfürsorge vom 08.05.1920 (RGBl. S. 1066); Ausführungsverordnung zu diesem Gesetz vom 09.08.1920 (RGBl. 1617); vgl. auch MÄDING, *Aufgabenfelder und Aufgabenordnung....*, a. a. O., S. 98

schriften der §§ 537 ff. RVO mit ihrer sozialversicherungsrechtlichen Grundabsicherung.[849]

Für die Wiedereingliederung der Kriegsbeschädigten in das Berufsleben schaffte das Gesetz über die Beschäftigung Schwerbeschädigter vom 06.04.1920 die grundlegenden Voraussetzungen.[850] Es baute auf der Verordnung über die Beschäftigung Schwerbeschädigter vom 09.01.1919 auf und differenzierte die dort festgelegten Rechtsgrundsätze aus. In seinen §§ 1 und 2 wurde die Beschäftigungspflicht der Arbeitgeber für Schwerbeschädigte bestätigt und die Arbeitgebereigenschaft beschrieben. § 3 legte die Schwerbeschädigteneigenschaft auf der Grundlage des Reichsversorgungsgesetzes fest und schuf eine Gleichstellungsvorschrift auf der Grundlage unfallversicherungsrechtlicher Vorschriften. Es wurden nunmehr Personen den Schwerbeschädigten gleichgestellt, die nach unfallversicherungsrechtlichen Vorschriften eine Unfallrente von mehr als 50 Prozent der Vollrente erhielten. Der Grad der Minderung der Erwerbsfähigkeit war als Anspruchsvoraussetzung noch nicht eingeführt.

Durch §§ 4 und 5 wurde der Reichsarbeitsminister ermächtigt, den Ländern zur Beschäftigung Schwerbeschädigter Vorgaben aufzuerlegen und den privaten Arbeitgebern gegenüber entsprechende Anordnungen zu erlassen. Die Hauptfürsorgestellen konnten von diesen Anordnungen in begründeten Einzelfällen Ausnahmen zulassen. Freie Arbeitsplätze waren gem. § 6 binnen einer Drei-Tage-Frist gegenüber den Hauptfürsorgestellen anzeigepflichtig und unterlagen ihrem Nachbesetzungsvorbehalt innerhalb einer sechstägigen Frist.

Zur Durchsetzung der Befugnisse der Hauptfürsorgestellen verpflichtete § 9 die Arbeitgeber unter Strafandrohung zur Auskunfterteilung und zur Duldung von Betriebsbesuchen. Sollten Arbeitgeber sich der Verpflichtung des Gesetzes entziehen, berechtigte § 10 die Hauptfürsorgestellen im Einvernehmen mit den beruflichen Vertretungen der Arbeitgeber und Arbeitnehmer, den Organen der Gewerbeaufsicht und den Arbeitsnachweisen[851], den Rechte aus diesem Gesetz in diesem Betrieb Geltung zu verschaffen.

In jedem Betrieb ab einer Größe von 100 Mitarbeitern war ein Vertrauensmann der Schwerbeschädigten zu bestellen, der der zuständigen Hauptfürsor-

---

[849] Der Dualismus zwischen sozialem Entschädigungsrecht und der sozialversicherungsrechtlichen unechten Unfallversicherung setzt sich bis heute fort, vgl. SCHMITT, *Unfallversicherung*, a. a. O., S. 903

[850] RGBl. I S. 458

[851] Als regionale Organe der nach 1918 im Entstehen begriffenen Reichsarbeitsverwaltung, vgl. BERG, *Arbeits- und Sozialverwaltung*, a. a. O., S. 219 f.; BUNDESMINISTERIUM FÜR ARBEIT UND SOZIALORDNUNG (Herausg.), *Sozialgeschichte, Bilder und Dokumente*, a. a. O., S. 352 f.

gestelle zu benennen war. §§ 12 und 18 enthielten weitergehende Kündigungsschutzvorschriften. Schwerbeschädigte konnten nur mit einer Kündigungsfrist von vier Wochen entlassen werden. Jede Kündigungsabsicht von Schwerbeschädigten war der Hauptfürsorgestelle anzuzeigen; die Absendung der Anzeige setzte den Lauf der Kündigungsfrist in Gang. § 18 setzte die Kündigung von Schwerbeschädigten unter den Zustimmungsvorbehalt der Hauptfürsorgestelle, die allerdings dann zu erteilen war, wenn dem Schwerbeschädigten ein anderer angemessener Arbeitsplatz zugewiesen wurde. Vom Kündigungsvorbehalt der Hauptfürsorgestelle konnte ein Betrieb durch Mehrfachanrechnung von Schwerbeschädigten dann befreit werden, wenn mehr als sechs Schwerbeschädigte pro Hundert Mitarbeiter beschäftigt wurden.

c. Behördliche Zuständigkeiten und Weiterentwicklung des Schwerbeschädigtengesetzes

Der Vollzug des Schwerbeschädigtengesetzes lag bei den Hauptfürsorgestellen. Bei ihnen war ein Schlichtungsausschuss zu bilden, der bei Streitigkeiten über Verpflichtungen aus dem Schwerbeschädigtengesetz abschließend zu entscheiden hatte.[852] Der Schiedsspruch des Schlichtungsausschusses konnte durch die höhere Verwaltungsbehörde für verbindlich erklärt werden. Die Zuständigkeit der höheren Verwaltungsbehörde war gem. § 21 durch die Länder zu bestimmen.

Die Novellierung des Schwerbeschädigtengesetzes vom 12.01.1923 festigte die Einwirkungsmöglichkeiten der Hauptfürsorgestellen zugunsten der Kriegs- und Unfallbeschädigten.[853] Ihre wesentlichen Änderungen betrafen die Feststellung der Schwerbeschädigteneigenschaft (§ 3), die sich nun im Grad der Minderung der Erwerbsfähigkeit entsprechend § 581 RVO ausdrückte und auf einen Rentenanspruch nach dem RVG oder einer gesetzlichen Unfallversicherung bezog. Geändert wurde auch die Pflichtquote zur Schwerbehinderteneinstellung (§ 5), zu deren Festlegung der Reicharbeitsminister ermächtigt wurde, der allerdings bei einer Quote von mehr als zwei pro hundert Mitarbeiter den Reichsrat und den Ausschuss des Reichstages für soziale Angelegenheiten zu hören hatte. § 8 gab nun auch Zivilblinden mit einer Minderung der Erwerbsfähigkeit von weniger als 50 einen Anspruch auf Einstellung als Schwerbeschädigter. In § 10 bezog sich das Einblicksrecht der Hauptfürsorgestellen jetzt ausdrücklich auch auf Besichtigungen im Benehmen mit der Gewerbe- oder Bergaufsicht. § 11 verpflichtete die Hauptfürsorgestellen zur einvernehmlichen Zusammenarbeit mit der Gewerbe- oder

---

[852] § 13 der Verordnung über Tarifverträge, Arbeiter- und Angestelltenausschüsse und Schlichtung von Arbeitsstreitigkeiten vom 23.12.1918 (RGBl. S. 1456)

[853] Gesetz über die Beschäftigung Schwerbeschädigter vom 12.01.1923 (RGBl. S. 57)

Bergaufsicht, den Regionalorganen der Arbeitsverwaltung und den beruflichen Vertretungen der Arbeitgeber und Arbeitnehmer.

Durch § 12 wurde die verpflichtende Bestellung eines Vertrauensmanns der Schwerbeschädigten auf die Anzahl von fünf beschäftigten Schwerbeschädigten bezogen und festgelegt, dass Arbeitsversäumnisse durch die Tätigkeit als Vertrauensmann nicht zu Lohnabzügen führen durften. Die bei dieser Tätigkeit anfallenden Sachkosten wurden dem Arbeitgeber auferlegt. Durch § 13 wurde das Zustimmungsverfahren bei Kündigung von Schwerbeschädigten präzisiert.

Die Kündigung wurde nun an die Schriftform gebunden und eine Zustimmungsfiktion der Hauptfürsorgestelle dann hergestellt, wenn diese der Kündigungsabsicht nicht innerhalb von 14 Tagen nach Zustellung der Kündigung widersprochen hatte. Fristlose Kündigungen bei Krankheiten von Arbeitnehmern, die Folge einer Kriegsbeschädigung waren, bedurften ebenfalls der Zustimmung der Hauptfürsorgestelle. Nach § 14 sollte die Zustimmung zur Kündigung durch die Hauptfürsorgestelle dann nicht versagt werden können, wenn der Arbeitgeber auf dem frei werdenden Arbeitsplatz einen anderen Schwerbeschädigten einstellte. Die Zustimmung durfte nach §§ 15 und 16 weiterhin nicht versagt werden, wenn sie wegen Auflösung oder wesentlicher Einschränkung des Betriebs erfolgte. Bei nur vorübergehenden oder probeweisen Einstellungen von Schwerbeschädigten konnten nach § 17 Arbeitgeber, die ansonsten ihre Einstellungspflicht erfüllt hatten, ohne Beteiligung der Hauptfürsorgestelle diese Arbeitsverhältnisse beenden.

In § 20 wurden die Gleichstellungsbefugnisse der Hauptfürsorgestelle für nicht bestandskräftig beschiedene Schwerbeschädigte präzisiert. § 22 legte die Bildung und Zusammensetzung der Schwerbeschädigtenausschüsse bei den Hauptfürsorgestellen fest, der aus dem Leiter der Hauptfürsorgestelle oder seinem Vertreter als Vorsitzendem und weiteren acht Mitgliedern bestand, und zwar aus zwei schwerkriegsbeschädigten Arbeitnehmern, einem Unfallbeschädigten oder anderem Erwerbsbeschränkten, zwei Vertretern der Arbeitgeber und je einem Vertreter der Gewerbe- oder Bergaufsicht, der Berufsgenossenschaften und der öffentlichen Arbeitsnachweise des Bezirks. In § 23 wurde die Einrichtung und Zusammensetzung eines Schwerbeschädigtenausschusses bei der Reichsarbeitsverwaltung angeordnet, dem die Entscheidung grundsätzlicher Fragen vorbehalten war und der von den Schwerbeschädigtenausschüssen der Hauptfürsorgestellen angerufen werden konnte.[854]

---

[854] Zusammenfassung des Gesetzesinhalts bei KERSCHENSTEINER, *Kriegsbeschädigten- und Kriegshinterbliebenenversorgung*, a. a. O., S. 969

d. Auswirkung der Fürsorgepflicht-Verordnung auf Arbeits- und Berufsfürsorge und ihre behördlichen Zuständigkeiten

Die Fürsorgepflicht-Verordnung vom 13.02.1924 änderte auch das Gesetz über die Beschäftigung Schwerbeschädigter vom 12.01.1923. Jetzt wurde es möglich, die Aufgaben der Hauptfürsorgestellen und Fürsorgestellen auf andere Behörden zu übertragen, jedoch nur dann, wenn sichergestellt wurde, dass die in diesen Gesetzen vorgesehenen Beteiligungs- und Mitwirkungsrechte gewahrt und die Gremienbeteiligung gewährleistet war.[855] Auch die Reichsgrundsätze über Voraussetzung, Art und Maß der öffentlichen Fürsorge[856] fassten in ihren §§ 18 bis 32 die besonderen Verfahrensbestimmungen für die Kriegsbeschädigten- und Kriegshinterbliebenenfürsorge zusammen.

Dabei lag die Arbeits- und Berufsfürsorge und insbesondere die Durchführung des Gesetzes über die Beschäftigung Schwerbeschädigter in der Zuständigkeit der Hauptfürsorgestellen der Länder, die allerdings bereits damals eine gewisse Verzahnung mit der ab 1922 als Reichszentralbehörde entstehenden Reichsarbeitsverwaltung aufwies.[857] Sie ergab sich vor allem bei der Arbeitsvermittlung und der Pflichtquotenhöhe und führte bereits damals zum Zusammenarbeitsgebot zwischen der Arbeitsverwaltung als Reichsverwaltung und den Hauptfürsorgestellen in Landesträgerschaft.[858] Die Hauptfürsorgestellen führten ihre Arbeit auf der Grundlage des während der NS-Diktatur unverändert gelassenen Schwerbeschädigtengesetzes von 1923 unbeeinflusst bis 1945 fort.[859]

2. *Das Schwerbeschädigtenrecht in Deutschland nach 1945*

a. Besatzungsherrschaft und erste Jahre der Bundesrepublik Deutschland

Nach Übergabe der Regierungsgewalt in Deutschland durch die Vier Mächte wurde die Ausübung der Schwerbeschädigtenhilfe als staatliche Aufgabe wegen ihrer Verknüpfung mit der Kriegsopferversorgung zunächst untersagt. Das Kontrollratsgesetz Nr. 34 vom 20.08.1945 erfasste mit seiner Aufhebung aller Gesetze über die rechtliche und wirtschaftliche Stellung und die Vor-

---

[855] §§ 33 und 34 der Verordnung über die Fürsorgepflicht vom 13.02.1924 (RGBl. I S. 105 f.)

[856] vom 04.12.1924 (RGBl. I S. 765)

[857] Zur Entstehung der Arbeitsverwaltung BERG, *Arbeits- und Sozialverwaltung*, a. a. O., S. 219

[858] ROHWER-KAHLMANN, HARRY: *Das Schwerbeschädigtengesetz – ein Gesetz des guten Willens*, in: Kriegsopferversorgung 1953, S. 106

[859] ROHWER-KAHLMANN, *Das Schwerbeschädigtengesetz – ein....*, a. a. O., S. 104 f.

rechte von Angehörigen oder ehemaligen Angehörigen deutscher Streitkräfte auch die bisherigen Gesetze zur Beschädigtenbeschäftigung.[860]

Als Teilbereich der allgemeinen Fürsorge erhielt sie in der allgemeinen Notsituation der unmittelbaren Nachkriegszeit jedoch rasch hohen Stellenwert bei der Administration in den vier Besatzungszonen und den dort im Entstehen begriffenen Ländern.[861] Dabei wurde in allen vier Besatzungszonen wieder an das Schwerbeschädigtengesetz von 1923 angeknüpft, die Arbeits- und Berufsfürsorge allerdings sowohl hinsichtlich des berechtigten Personenkreises als auch in Bezug auf die Pflichten der Wirtschaft durch Zusatzgesetzgebung unterschiedlich gestaltet.[862] Die Entwicklung in den vier Besatzungszonen wird im Zusammenhang mit der Darstellung der Sozialverwaltungen in den Ländern Bayern, Nordrhein-Westfalen, Rheinland-Pfalz und Sachsen-Anhalt dargestellt.

Diese Zuständigkeitszersplitterung im Schwerbeschädigtenrecht galt auch nach Inkrafttreten des Bundesversorgungsgesetzes (BVG) weiter fort. Seine Erstfassung bestimmte ähnlich den entsprechenden Bestimmungen des RVG die soziale Fürsorge für Kriegsopfer in den §§ 25 bis 27 als Arbeits- und Berufsfürsorge[863] und erfasste wie in §§ 21 bis 23 RVG lediglich die berufliche Rehabilitation als Teilbereich der sozialen Fürsorgeleistungen, für die im übrigen hinsichtlich bestimmter Zuständigkeiten und Verfahren die Verordnung über die soziale Kriegsbeschädigten- und Kriegshinterbliebenenversorgung vom 08.02.1919 und die Reichsgrundsätze über Voraussetzung, Art und Maß der öffentlichen Fürsorge vom 04.12.1924 weiterhin als anwendbar erklärt wurden.[864] Allerdings wurden den Berechtigten durch § 27 Abs. 1 BVG zusätzlich Erziehungshilfen gewährt und in § 27 Abs. 2 BVG die Verweisung auf ein besonderes Gesetz für die Beschaffung von Arbeitsplätzen für Beschädigte und Hinterbliebene und ihren Arbeitsschutz ausgesprochen.

Die damaligen Verwaltungsvorschriften zu §§ 25 bis 27 BVG bestimmten die Bezirksfürsorgeverbände (örtliche Träger) zu durchführenden Stellen der Aufgaben der sozialen Fürsorge einschließlich der Sonderfürsorge, die die Maßnahmen der Arbeits- und Berufsförderung „im Zusammenwirken mit der

---

[860] VORBERG/ VAN NUIS, *Das Recht der....*, a. a. O., S. 19

[861] ROHWER-KAHLMANN, *Das Schwerbehindertengesetz – ein....*, a. a. O., S. 105

[862] SEUFERLE, KARL: *Soll das künftige Schwerbeschädigtengesetz nach arbeitsmarktpolitischen oder fürsorgerechtlichen (Schutz-) Gesichtspunkten gestaltet werden?*, in: ZfF 1952, S. 268

[863] § 25 Abs. 2 des Gesetzes über die Versorgung der Opfer des Krieges (Bundesversorgungsgesetz) vom 20.12.1950 (BGBl. I S. 791)

[864] §§ 7 und 9 der Verordnung zur Durchführung des § 26 des Gesetzes über die Versorgung der Opfer des Krieges vom 10.12.1951 (BGBl. I S. 951)

Arbeits- und Berufsförderung durchzuführen" hätten. Den Hauptfürsorgestellen blieb die Sonderfürsorge nach § 27 Abs. 2 BVG und die Erziehungsbeihilfe für ein Hochschulstudium vorbehalten.[865] Auch die Zuständigkeitsüberlappungen zwischen den Fürsorgestellen der Länder und Gemeindeverbände und der bundeseigenen Arbeitsverwaltung waren noch nicht aufgelöst.[866]

Die Behördenzuständigkeit für die Kriegsopferfürsorge, deren Betreutenkreis durch §§ 1 bis 8 BVG über den Kreis der Anspruchsberechtigten nach dem Reichsversorgungsgesetz und seinen Anwendungsgesetzen wesentlich erweitert worden war, wurde weder durch das BVG noch das Gesetz über das Verfahren der Kriegsopferversorgung[867] ausdrücklich verändert. Es verblieb bis zur Verabschiedung des Schwerbeschädigtengesetzes von 1953 bei den unterschiedlichen Regelungen in den Ländern aus der Zeit vor Inkrafttreten des Grundgesetzes,[868] die als Rechtszersplitterung und weder den Interessen der Schwerbeschädigten noch denen der Wirtschaft dienlich angesehen wurden.[869]

b. Die Grundzüge des Schwerbeschädigtengesetzes von 1953

Das Schwerbeschädigtengesetz vom 16.06.1953[870] schuf neben einer bundeseinheitlichen Regelung des Berechtigtenkreises und der Pflichten der öffentlichen und privaten Arbeitgeber Klarheit zur Zuständigkeitsabgrenzung zwischen den gemeindlichen Fürsorgestellen, den Hauptfürsorgestellen für Kriegsbeschädigte und Kriegshinterbliebene in Trägerschaft der Länder oder höheren Kommunalverbände und der Arbeitsverwaltung des Bundes. Es baute

---

865 Nr. 1 und 2 der Verwaltungsvorschriften zu §§ 25 – 27 Abs. 1 (für die allgemeinen Grundsätze der sozialen Fürsorge), Nr. 1 der Verwaltungsvorschriften zu § 25 Abs. 2 (für die allgemeine Zuständigkeit der Hauptfürsorgestellen), Nr. VIII der Verwaltungsvorschriften zu § 27 Abs. 1 (für die Erziehungsbeihilfen), abgedruckt bei SCHÖNLEITER, *Bundesversorgungsgesetz Kommentar*, a. a. O., S. 94 ff.

866 Zum damaligen Meinungsstand hinsichtlich der Aufgabenzuordnung: CREMERS, ALBERT: *Die Verteilung der Aufgaben im künftigen Schwerbeschädigtengesetz*, in: ZfF 1952, S. 330 f.; SEUFERLE, *Soll das künftige....*, a. a. O., S. 268; zusammenfassend SELLMANN, MARTIN; EVERMANN, WERNER: *Gesetz über die Beschäftigung Schwerbeschädigter*, Köln, Berlin 1954, Einleitung XXIX

867 Vom 12.03.1951 (BGBl. I S. 169)

868 Ihre Zusammenstellung findet sich bei BECKER, H.-J.: *Die Rechtsvorschriften über die Beschäftigung Schwerbeschädigter im Bundesgebiet*, in: BArbBl. 1950, S. 48 ff.

869 Vgl. BECKER, H.-J.: *Das Schwerbeschädigtengesetz*, in: Die Kriegsopferversorgung 1953, S. 97; SEUFERLE, *Soll das künftige....*, a. a. O., S. 268

870 Gesetz über die Beschäftigung Schwerbeschädigter –Schwerbeschädigtengesetz– vom 16.06.1953 (BGBl. I S. 389)

auf seinen Vorgängerregelungen aus der Zeit der Weimarer Republik und des Besatzungsregimes in Deutschland von 1945 bis 1949 auf und vollzog in der nunmehrigen bundeseinheitlichen Festlegung einen Kompromiss zwischen Kriegsopferfolgengesetzgebung und Rechtssetzung zugunsten Körperbehinderter.[871] Das Gesetz trug einen deutlichen fürsorgerechtlichen Charakter, berücksichtigte aber auch die für den begünstigten Personenkreis und seine Akzeptanz und Durchsetzbarkeit notwendigen arbeitsmarktpolitischen Gegebenheiten durch eindeutig fixierte Arbeitsteilung zwischen der Arbeitsverwaltung und den Hauptfürsorgestellen.[872]

Die Schwerbeschädigteneigenschaft knüpft an die Voraussetzung einer nicht nur vorübergehenden Minderung der Erwerbsfähigkeit von 50 vom Hundert an, die deutsche Kriegs- und Arbeitsopfer, durch das NS-Regime Verfolgte und Zivilblinde in den Schutz des Gesetzes stellte. Für Nichtdeutsche galt der Schutz nur, wenn sie Leistungsansprüche nach dem BVG oder der gesetzlichen Unfallversicherung hatten (§§ 1 und 2). Damit wurde der Berechtigtenkreis wieder auf Schwerbeschädigte im Sinne der Gesetzgebung vor 1945 reduziert und etwa Gehörlose oder Inhaber eines Bergmannsversorgungsscheins aus dem Schutzbereich ausgeklammert.[873] Für die Feststellung der Beschädigteneigenschaft galt der Nachweis der Feststellungsbescheide nach dem BVG, der Unfallversicherung oder Versorgungsstelle beziehungsweise einer entsprechenden Gerichtsentscheidung; ein gesondertes Feststellungsverfahren fand nicht statt.[874]

Die Beschäftigungspflicht begann bei Betrieben und Verwaltungen ab sieben Arbeitsplätzen und differenzierte zwischen öffentlichen und privaten verwaltungsähnlichen Betrieben (Behörden, Banken, Versicherungen, Bausparkassen) und öffentlichen und privaten Produktionsstätten (§ 3). Verwaltungsbetriebe hatten zehn vom Hundert Pflichtplätze bereit zu stellen, die übrigen acht vom Hundert. Für den öffentlichen Dienst galt darüber hinaus die Ver-

---

871 WUTTKE, MAX: *Arbeit für Schwerbeschädigte und Kriegerfrauen*, in: Der Versorgungsbeamte 1953, S. 53

872 BECKER, *Das Schwerbeschädigtengesetz*, a. a. O., S. 102; SEUFERLE, KARL: *Das neue Schwerbeschädigtengesetz*, in: ZfF 1953, S. 179

873 ROHWER-KAHLMANN, *Das Schwerbeschädigtengesetz – ein....*, a. a. O., S. 105; SELLMANN/ EVERMANN, *Gesetz über die Beschäftigung Schwerbeschädigter*, a. a. O., Vorbemerkungen zu § 1 Rdnr. 5.

874 Die Erste Verordnung zur Durchführung des Schwerbeschädigtengesetzes vom 16.06.1953 (BGBl. I S. 389) setzte lediglich die Voraussetzungen für die Anerkennung der Schwerbeschädigteneigenschaft fest; vgl. WUTTKE, MAX: *Vom Vollzug des Schwerbeschädigtengesetzes (SBG)*, in: Der Versorgungsbeamte 1954, S. 21 f.; SELLMANN/ EVERMANN, *Gesetz über die Beschäftigung Schwerbeschädigter*, a. a. O., § 1 Rdnr. 21

pflichtung zur bevorzugten Einstellung von Witwen und Ehefrauen von Kriegs- und Arbeitsopfern sowie von Kriegsgefangenen und Verschollenen unter der Voraussetzung fachlicher Eignung (§ 8). Für jeden unbesetzten Pflichtplatz bei privaten Arbeitgebern war eine Ausgleichsabgabe von 50,-- DM an die Hauptfürsorgestelle zu zahlen; die Anzahl der Pflichtplätze wurde von der Arbeitsverwaltung festgelegt (§ 9).[875]

Die bereits früher bestehende Verpflichtung, für eine Beschäftigung Schwerbeschädigter entsprechend ihren Kenntnissen und Fähigkeiten zu sorgen, wurde erneut festgelegt (§ 13 Abs.1) und die Durchführung durch Melde- und Auskunftspflichten der Arbeitgeber sowie ein Einblicksrecht der Arbeitsverwaltung und der Hauptfürsorgestellen (§§ 11 und 12) vorgeschrieben.[876] Der Kündigungsschutz für Schwerbeschädigte (§§ 14 bis 19) wurde ebenfalls den Vorschriften des früheren Schwerbeschädigtengesetzes nachgebildet und auf ordentliche Kündigungen durch Arbeitgeber bezogen. Fristlose Kündigungen durch den Arbeitgeber wurden nur dann eingeschränkt, wenn der wichtige Grund im Zusammenhang mit einer Gesundheitsschädigung im Schutzbereich des Schwerbeschädigtengesetzes stand (§ 19 Abs. 3). Ordentliche Kündigungen bedurften einer Mindestkündigungsfrist von 4 Wochen und der Zustimmung der Hauptfürsorgestelle in einem Antragsverfahren (§§ 14 bis 16). Die Hauptfürsorgestelle hatte vor ihrer Entscheidung den Vertrauensmann der Schwerbeschädigten des Betriebes (§ 16 Abs. 2) sowie das zuständige Arbeitsamt zu beteiligen (§ 17).[877]

c. Die Neuregelung der Behördenzuständigkeiten

Für die Durchführung des Schwerbeschädigtengesetzes wurde in §§ 20 bis 23 sowohl die gemeinsame Verantwortung der Arbeitsverwaltung und der Hauptfürsorgestellen festgelegt, als auch eine eindeutige Zuständigkeitsabgrenzung vorgenommen, deren Grundsätze bis in das SGB IX fortgeschrieben wurden. Aufgaben mit fürsorgerischer Gewichtung wurden den Hauptfürsorgestellen zugewiesen (§ 21), zu denen insbesondere die Gleichstellung (§ 2) und der Kündigungsschutz, die Beschaffung von Wohnungen als Aus-

---

[875] Zu den damals kontroversen Positionen zur Ausgleichsabgabe vgl. SELLMANN/ EVERMANN, *Gesetz über die Beschäftigung Schwerbeschädigter*, a. a. O., § 9 Rdnr. 1 ff.; zum Festsetzungsverfahren und der Beitreibung ROHWER-KAHLMANN, *Das Schwerbeschädigtengesetz – ein....*, a. a. O., S. 114; SELLMANN/ EVERMANN, *Gesetz über die Beschäftigung Schwerbeschädigter*, a. a. O., § 9 Rdnr. 8 ff.

[876] ROHWER-KAHLMANN, HARRY: *Das Schwerbeschädigtengesetz*, in: Die Kriegsopferversorgung 1953, S. 114 f.

[877] ROHWER-KAHLMANN, *Das Schwerbeschädigtengesetz*, a. a. O., S. 115; vgl. auch die Kommentierung bei SELLMANN/ EVERMANN, *Gesetz über die Beschäftigung Schwerbeschädigter*, a. a. O., zu §§ 14 ff.

gleichsleistung, die Familienfürsorge, die Fürsorgeaufgaben nach §§ 25 bis 27 BVG und die Maßnahmen zur Wiederherstellung und Erhaltung der Arbeitskraft gehörten.[878] Zu den Aufgaben der Hauptfürsorgestellen gehörten ferner die orthopädische Versorgung der Schwerbeschädigten und die Beschaffung von technischen Hilfen am Arbeitsplatz (§ 21 Abs. 2).

Die Ausgleichsabgabe war von den Arbeitgebern an die Hauptfürsorgestellen abzuführen (§ 9 Abs. 2 Satz 2) und für Zwecke der Arbeits- und Berufsförderung für Schwerbeschädigte und für Witwen und Ehefrauen der Kriegs- und Arbeitsopfer, zur Widerherstellung und Erhaltung der Arbeitskraft dieses Personenkreises und ansonsten für die Schwerbeschädigten- und Kriegshinterbliebenenfürsorge zu verwenden (§ 9 Abs. 5). Die Mittel der Ausgleichsabgabe wurden bei den Hauptfürsorgestellen verwaltet. 20 Prozent der beigetriebenen Mittel waren an einen Ausgleichsfonds abzuführen, der vom Bundesausschuß der Kriegsbeschädigten- und Kriegshinterbliebenenfürsorge[879] gesondert verwaltet (§ 9 Abs. 7) und für die überregionale Ausbildungs- und Berufsfürsorge verwendet wurde.

Die Arbeitsverwaltung hatte demgegenüber im Benehmen mit den Hauptfürsorgestellen die beschäftigungspflichtigen Betriebe und Verwaltungen zu erfassen und zu überwachen (§ 3), die Pflichtquote im Einzelfall herauf- oder herabzusetzen (§ 3 Abs. 4), Arbeitsplätze für Schwerstbeschädigte zu bestimmen (§ 4), über die Anrechnung von Kriegerwitwen und Ehefrauen von Schwerbeschädigten auf die Pflichtquote zu entscheiden (§ 8 Abs. 4), die Ausgleichsabgabe festzusetzen und gegebenenfalls zu ermäßigen oder zu erlassen (§ 9 Abs. 3) und die Berufsberatung und Arbeitsvermittlung der Schwerbeschädigten durchzuführen.[880] Die damalige Bundesanstalt für Arbeitsvermittlung und Arbeitslosenversicherung[881] wurde zur Zusammenarbeit mit den Hauptfürsorgestellen verpflichtet, die immer noch ihre Zweckbindung als amtliche Stellen der Kriegsbeschädigten- und Kriegshinterbliebenenfür-

---

878 BECKER, *Das Schwerbeschädigtengesetz*, a. a. O., S. 102

879 Der Bundesausschuss der Kriegsbeschädigten- und Kriegshinterbliebenenfürsorge ist der Rechtsnachfolger des früheren Reichsausschusses der Kriegsbeschädigten- und Kriegshinterbliebenenfürsorge (vgl. §§ 2 bis 4 der Verordnung über die soziale Kriegsbeschädigten- und Kriegshinterbliebenenfürsorge vom 08.02.1919, RGBl. S. 187). Diese Körperschaft des öffentlichen Rechts wurde dem Bundesminister des Inneren angegliedert, während sein Vorgänger dem Reichsarbeitsminister zugeordnet wurde (Mitteilungen des Bundesministeriums des Inneren vom 08.12.1950, GMBl. S. 138); vgl. SELLMANN/EVERMANN, *Gesetz über die Beschäftigung Schwerbeschädigter*, a. a. O., § 39 Rdnr. 8.

880 BECKER, *Das Schwerbeschädigtengesetz*, a. a. O., S. 102; ROHWER-KAHLMANN, *Das Schwerbeschädigtengesetz*, a. a. O., S. 115

881 Damalige Bezeichnung der Bundesagentur für Arbeit, vgl. KARASCH, *50 Jahre Bundesanstalt für Arbeit....*, a. a. O., S. 201

sorge auf der Grundlage der Verordnungen über die soziale Kriegsbeschädigten- und Kriegshinterbliebenenfürsorge von 1919 und 1924[882] hatten.[883] Ein weiteres behördliches Zusammenarbeitsgebot der Hauptfürsorgestellen bestand aufgrund von § 21 Abs. 2 mit der Versorgungsverwaltung und den Berufsgenossenschaften.[884]

d. Die Weiterentwicklung des Schwerbeschädigtengesetzes von 1953

Der wirtschaftliche Boom in der Bundesrepublik Deutschland, der auf den durch die Kriegswirtschaft der NS-Diktatur zurückgedrängten technischen Entwicklungen ab den 1930er Jahren und dem nun beginnenden Massenkonsum sowie der beginnenden europäischen Verflechtung der deutschen Industrie und des Verkehrswesens beruhte,[885] begünstigte auch die Erwerbs- und Arbeitsmarktsituation für Schwerbeschädigte. Es zeigte sich bereits in den 1960er Jahren, dass die Pflichtquote des Schwerbeschädigtengesetzes sowohl in Bezug auf die Mindestzahl der Arbeitsplätze als auch hinsichtlich der Pflichtplätze im Verhältnis zu den Beschäftigten (§§ 3, 6) zu hoch war und für die freizuhaltenden Pflichtplätze nicht genügend vermittelbare Anspruchsberechtigte nach dem Schwerbeschädigtengesetz zur Verfügung standen.

Die Auflagen des Schwerbeschädigtengesetzes drohten in den Zeiten der Vollbeschäftigung und des Arbeitskräftemangels wegen der Inpflichtnahme der Arbeitgeber, trotz eines leeren Arbeitsmarktes für Schwerbeschädigte für nicht besetzte Pflichtplätze die Ausgleichsabgabe zahlen zu müssen, ihren beschäftigungspolitischen Zweck zu verlieren.[886] Durch Änderungsgesetz vom 03.07.1961 wurde daher für den Bundesminister für Arbeit und Sozialordnung die Möglichkeit geschaffen, die Pflichtquoten und Mindestgrenzen

[882] RGBl. 1919 S. 187; RGBl. 1924 I S. 100

[883] SELLMANN/ EVERMANN, *Gesetz über die Beschäftigung Schwerbeschädigter*, a. a. O., § 21 Rdnr. 1

[884] SELLMANN/ EVERMANN, *Gesetz über die Beschäftigung Schwerbeschädigter*, a. a. O., § 21 Rdnr. 9

[885] SCHRÖTER, *Von der Teilung zur Wiedervereinigung....*, a. a. O., S. 364 ff.; zum Zustand der deutschen Industrie nach 1945 ABELSHAUSER, *Deutsche Wirtschaftsgeschichte seit....*, a. a. O., S. 69 ff.

[886] Bei NEUMANN, *Schwerbehindertengesetz Kommentar*, a. a. O., Einl. Rdnr. 25 ff. ist die Entwicklung der Pflichtplätze und der arbeitslosen Schwerbeschädigten bis 1969 nachgewiesen. Dies verdeutlicht die Sondersituation auf dem deutschen Arbeitsmarkt während des wirtschaftlichen Aufschwungs bis 1970, in der die Arbeitgeber die Besetzung der ihnen auferlegten Pflichtplätze für Schwerbeschädigte faktisch nicht mehr erfüllen konnten.

der beschäftigungspflichtigen Betriebe den Gegebenheiten des Arbeitsmarktes anzupassen.[887]

Die nun folgenden Korrekturen der Pflichtquoten für Schwerbeschädigte zugunsten der Betriebe reichten nicht aus, die Zahlen der offenen Pflichtplätze mit denen der auf dem Arbeitsmarkt verfügbaren Schwerbeschädigen in ein Verhältnis zu setzen, das die Auflagen des Schwerbeschädigtengesetzes für die Wirtschaft erfüllbar machte und der Ausgleichsabgabe den Geruch der sachlich nicht gerechtfertigten Sondersteuer nahm.[888] Auch eine Erweiterung der Anspruchsberechtigten gem. § 1 Schwerbeschädigtengesetz um politische Häftlinge, Schwerbeschädigte des zivilen Ersatzdienstes und Impfgeschädigte sowie die Herabsetzung der Pflichtplätze und Freistellung der Kleinbetriebe von der Beschäftigungspflicht erreichte nicht das Ziel, die auf dem Arbeitsmarkt verfügbaren Schwerbeschädigten und die offenen Pflichtplätze in ein die Auflagen des Gesetzes erfüllbares Verhältnis zu setzen.

Aus diesem Grund wurde bereits in der sozialpolitischen Diskussion der 1960er Jahre gefordert, die kausal begründete Schwerbeschädigteneigenschaft durch einen zustandsbezogenen Schwerbehindertenbegriff zu ersetzen.[889] Diese Neuorientierung des gesetzlichen Behindertenschutzes konnte jedoch erst in den 1970er Jahren durchgesetzt werden. Das Schwerbeschädigtengesetz behielt seinen Charakter als Kriegsfolgengesetz bei. Dies prägte auch die Arbeit der Hauptfürsorgestellen und der örtlichen Fürsorgestellen bis 1974. Die hervorragende wirtschaftliche Situation hatte allerdings auch Auswirkungen auf ihre Arbeitsinhalte, bei denen die begleitende Hilfe im Arbeitsleben in den Hintergrund trat.[890]

3. *Die Umorientierung von der Beschädigtenfürsorge zur Teilhabesicherung für behinderte Menschen*

a. Vom Schwerbeschädigtengesetz zum Schwerbehindertengesetz

Seit 1969 zeichnete sich im Zusammenhang mit den Bestrebungen der ersten sozial-liberalen Bundesregierung, den Behinderten in Beruf und Gesellschaft

---

[887] Gesetz zur Änderung des Schwerbeschädigtengesetzes vom 03.07.1961 (BGBl. I S. 857); vgl. auch JUNG, KARL; CRAMER, HORST H.: *Schwerbehindertengesetz: Kommentar*, München 1980, S. 5

[888] NEUMANN, DIRK: *Schwerbehindertengesetz Kommentar*, 3. Aufl., München 1976, Einl. Rdnr. 28 f.

[889] JUNG/ CRAMER, *Schwerbehindertengesetz: Kommentar*, a. a. O., S. 12; NEUMANN, *Schwerbehindertengesetz Kommentar*, a. a. O., Einl. Rdnr. 26;

[890] Nähere Darstellung bei STORK, ERICH: *20 Jahre Schwerbehindertengesetz – Aspekte einer Entwicklung*, in: br. 1995, S. 167

mehr Chancen und Möglichkeiten zu eröffnen,[891] ein Paradigmenwechsel zu Schutzzweck und Zielbestimmung gesetzlicher Bestimmungen für durch Behinderung benachteiligte Personen ab. Neben sonstigen Maßnahmen zur Förderung der Eingliederung Behinderter wurde nun der Gedanke wieder aufgegriffen, entsprechend der Rechtspraxis in anderen europäischen Ländern die kausale Ausrichtung des Schwerbeschädigtengesetzes durch eine finale Betrachtungsweise zu ersetzen, nach der allein die Tatsache einer Behinderung und ihr Ausmaß als Voraussetzung genügen sollten, die Hilfe der Gemeinschaft zu aktivieren.[892] Die damals in der Bundesrepublik Deutschland bestehende Vollbeschäftigung und die vollständig gelungene Integration kriegsbeschädigter Erwerbstätiger in den Arbeitsmarkt[893] bildeten die Rahmenbedingungen für ein in der 6. Wahlperiode des Deutschen Bundestages in die Wege geleitetes Aktionsprogramm Rehabilitation, innerhalb dessen auch das bisherige Schwerbeschädigtengesetz durch ein Gesetz mit ausschließlich final ausgerichtetem Behindertenbegriff ersetzt werden sollte.[894]

Das Gesetzesvorhaben wurde nach vorzeitiger Beendigung der 6. Wahlperiode[895] in der 7. Wahlperiode ab 1973 erneut eingebracht, an deren Beginn die Bundesregierung die Eingliederung der Behinderten zu ihrem nochmaligen sozialpolitischen Schwerpunkt erklärt hatte.[896] In den bis 1974 andauernden Beratungen des Deutschen Bundestages unter Beteiligung der relevanten ge-

---

891 STERN, *Das Staatsrecht der....*, Bd. V, a. a. O., S. 1480

892 DIETZE, LUTZ: *Schwerbehindertengesetz, Finalität und Normalisierungsprinzip,* in: br 1986, S. 80 f.; JUNG/ CRAMER, *Schwerbehindertengesetz: Kommentar*, a. a. O., S. 7

893 Bei NEUMANN, *Schwerbehindertengesetz Kommentar*, a. a. O., Einl. Rdnr. 28, sind die entsprechenden Zahlen nachgewiesen; vgl. auch KARASCH, *50 Jahre Bundesanstalt....*, a. a. O., S. 201 f.

894 BUNDESMINISTERIUM FÜR ARBEIT UND SOZIALORDNUNG (Herausg.), *Sozialgeschichte, Bilder und Dokumente*, a. a. O., S. 286 f.; CRAMER, HORST H.: *Historie und Rechtsentwicklung des Schwerbehindertengesetzes*, in: Der Versorgungsbeamte 1980, S. 71; JUNG/ CRAMER, *Schwerbehindertengesetz: Kommentar*, a. a. O., S. 6; mit dem Aktionsplan Rehabilitation wurde auch das Gesetz über die Angleichung der Leistungen zur Rehabilitation (Rehabilitations-Angleichungsgesetz) in den Gesetzgebungsgang eingebracht, das am 07.08.1974 verkündet werden konnte (BGBl. I S. 1881). Dieses Gesetz, das die Träger der Kranken-, der Pflege-, der Renten- und der Unfallversicherung, der sozialen Entschädigung sowie die Bundesanstalt für Arbeit erfasste, glich die von den einzelnen Trägern im Rahmen ihrer Zuständigkeit nach den verschiedenen Leistungsgesetzen zu erbringenden Leistungen in vielen Punkten aneinander an; vgl. DEUTSCHER BUNDESTAG (Herausg.): *Vierter Bericht der Bundesregierung über die Lage der Behinderten und die Entwicklung der Rehabilitation*, BT-Drs. 13/9514 vom 18.12.1997, S. 6.

895 STERN, *Das Staatsrecht der....*, Bd. V, a. a. O., S. 1487

896 NEUMANN, *Schwerbehindertengesetz Kommentar*, a. a. O., Einl. Rdnr. 33; CRAMER, *Historie und Rechtsentwicklung des....*, a. a. O., S. 72

sellschaftlichen Gruppierungen und des Bundesrats unter Anrufung des Vermittlungsausschusses erhob sich wegen der Neuausrichtung des Gesetzes weg von einem Gesetz zur Milderung körperlicher Kriegs- und Arbeitsfolgen für einen bestimmten Personenkreis hin zu einem umfassenden Schutzgesetz für alle Körperbehinderten auch von Seiten der Wirtschaft kein grundsätzlicher Widerspruch. Die Gesetzgebungskompetenz des Bundesgesetzgebers, die sich noch beim Schwerbeschädigtengesetz aus Art. 74 Nr. 10 und 12 GG begründet hatte, wurde wegen des grundlegenden Zielgruppenwechsels des durch das neue Gesetz geschützten Personenkreises nun aus Art. 74 Nr. 7 GG hergeleitet.[897] So konnte das Gesetz als „Gesetz zur Sicherung der Eingliederung Schwerbehinderter in Arbeit, Beruf und Gesellschaft“ (SchwbG) am 01.05.1974 in Kraft treten.[898]

Die finale Ausrichtung des Schwerbehindertengesetzes entsprach dem Rechtszustand, der bereits in der britischen Besatzungszone und den dort entstandenen Bundesländern bis 1953 geherrscht hatte und in Berlin weiter fortbestand.[899] Auch die DDR hatte ihre im Gesetzbuch der Arbeit enthaltenen Schutzbestimmungen zugunsten schwerbehinderter Menschen trotz Weiterverwendung des Begriffs des Schwerbeschädigten auf das Finalprinzip umgestellt und die Schwerbeschädigteneigenschaft in vier Stufen ausgedrückt.[900] Die Bundesregierung schätzte seinerzeit, dass sich durch die Neuausrichtung des geschützten Personenkreises im Schwerbehindertengesetz von 1974 die Anzahl der Anspruchsberechtigten um 40 Prozent gegenüber den nach dem Vorgängergesetz geschützten Schwerbeschädigten und gleichgestellten Personen erhöhen werde. Ihnen wurden die nach neuem Recht entstehenden Pflichtplätze gegenübergestellt, nach denen damals auf 982.000 Pflichtplätzen

---

[897] KUNIG, PHILIP: *Kommentierung zu Art. 74*, in: Münch, Ingo von; Kunig, Philip: *Grundgesetz-Kommentar, Bd 3*, 5. Aufl., München 2003, S. 81; MAUNZ, in: Maunz/ Dürig, *Kommentar zum Grundgesetz*, a. a. O., Art. 74 Rdnr. 108

[898] Das Gesetz wurde als Gesetz zur Weiterentwicklung des Schwerbeschädigtenrechts am 27.04.1974 verkündet (BGBl. I S. 981). Es wurde mit neuem Wortlaut und neuer Paragraphenfolge vom Bundesminister für Arbeit und Sozialordnung am 29.04.1974 bekanntgegeben (BGBl. I S. 1005). Zur Entstehungsgeschichte vgl. NEUMANN, *Schwerbehindertengesetz Kommentar*, a. a. O., Einl. Rdnr. 30 ff.; JUNG/ CRAMER, *Schwerbehindertengesetz: Kommentar*, a. a. O., S. 7 ff.

[899] Zu den Sonderverhältnissen in Berlin vgl. BARTH, *Soziale Fürsorge für....*, a. a. O., S. 2 f.; NEUMANN, *Schwerbehindertengesetz Kommentar*, a. a. O., § 1 Rdnr. 5

[900] BRUNNER, GEORG: *Einführung in das Recht der DDR*, München 1975, S. 148; DOERNER, HANS-JÜRGEN: *Schwerbehindertenrecht im Beitrittsgebiet des Art. 3 des Einigungsvertrages vom 31. August 1990*, in: ZFSH/ SGB 1991, S. 661; KUNZ, EDUARD: *Schwerbeschädigtenbetreuung in der DDR*, in: br 1990, S. 74

etwa 870.000 Schwerbehinderte unterzubringen gewesen wären.[901] Eine Überforderung der Wirtschaft wurde angesichts dieser Zahlen damals auch von den Unternehmerverbänden nicht befürchtet. Im Übrigen sollten die Berichtspflichten nach §§ 10 und 51 SchwbG[902] genauere Aufschlüsse über die Auswirkungen des Gesetzes geben.[903]

b. Die Einbindung der Versorgungsverwaltung in die Durchführung des Schwerbehindertengesetzes

Das Schwerbehindertengesetz beinhaltete sowohl öffentlich-rechtliche als auch arbeitsrechtliche Vorschriften, die sich durch die inhaltliche Übernahme des gesamten Gesetzes unter veränderter Reihung der Paragraphen in das heutige SGB IX fortgeschrieben haben.[904] Zum Arbeitsrecht gehören alle Bestimmungen über die Pflichten der Arbeitgeber gegenüber Schwerbehinderten, der Betriebsräte und der Vertrauensleute der Schwerbehinderten, den Kündigungsschutz, das Arbeitsentgelt und den Zusatzurlaub.[905] Zum öffentlichen Recht als Sonderordnungsrecht für die Wirtschaft[906] dagegen zählen alle Bestimmungen im Zusammenhang mit der Einstellungspflicht der Arbeitgeber und den Zwangsmitteln, die staatliche Amtswalter zur Durchsetzung dieser Pflichten ergreifen können, alle Auskunftspflichten der Arbeitgeber gegenüber öffentlichen Stellen sowie die Vorschriften, die die Durchführung des Gesetzes und das Verwaltungsverfahren sowie die zuständigen Behörden betreffen.[907]

---

[901] NEUMANN, *Schwerbehindertengesetz Kommentar*, a. a. O., Einl. Rdnr. 41

[902] IdF der Bek. v. 08.10.1979 (BGBl. I S. 1650), später §§ 13 und 53 SchwbG

[903] Die so erhobenen Daten fließen auch in die Berichte der Bundesregierung zur Lage der Behinderten und die Entwicklung der Rehabilitation ein, die der Deutsche Bundestag in einer 1982 gefassten Entschließung (BT-Drs. 9/ 1753) einmal pro Legislaturperiode von der Bundesregierung erbat. Die Berichte wurden im April 1984 (BT-Drs. 10/1233), im Mai 1989 (BT-Drs. 11/ 4455), im März 1994 (BT-Drs. 12/7148) und im Dezember 1997 (BT-Drs. 13/ 9514) erstattet. Unter der Geltung des SGB IX setzt der Bericht vom 16.12.2004 (BT-Drs. 15/ 4575) diese Reihe fort.

[904] Vgl. Begründung der Bundesregierung zum Entwurf eines Sozialgesetzbuchs – Neuntes Buch– (SGB IX) Rehabilitation und Teilhabe behinderter Menschen, in Bundesratsdrucksache 49/01 vom 26.01.2001, S. 333 ff.

[905] EICHENHOFER, *Sozialrecht*, a. a. O., S. 283 f.; NEUMANN, *Schwerbehindertengesetz Kommentar*, a. a. O., Einl. Rdnr. 44

[906] BADURA, *Wirtschaftsverwaltungsrecht*, a. a. O., S. 301 f.; STOBER, *Besonderes Wirtschaftsverwaltungsrecht*, a. a. O., S. 6

[907] NEUMANN, *Schwerbehindertengesetz Kommentar*, a. a. O., Einl. Rdnr. 44. Die Sichtweise von EICHENHOFER, *Sozialrecht*, a. a. O., S. 283, dass das Sozialrecht durch das SchwbG nur in Bezug auf das Bestehen der Behinderteneigenschaft und die Entscheidung über den Grad der Behinderung berührt werde, ist eng ausgelegt.

Das Schwerbehindertengesetz erfasste über den zuvor begünstigten Kreis der Kriegs- und Arbeitsopfer nunmehr alle Schwerbehinderten unabhängig von Art oder Ursache ihrer Behinderung und ohne Unterscheidung zwischen körperlicher, geistiger oder seelischer Behinderung oder ihrer Entstehung durch Geburt, Fremdeinwirkung oder anderer Schädigung und unabhängig von ihrer Nationalität, sofern sie sich im Geltungsbereich des Gesetzes rechtmäßig aufhielten. Maßgeblich wurde der Grad der Minderung der Erwerbsfähigkeit von mehr als 50 vom Hundert (§ 1 SchwbG). Konsequenz dieses umfassenden Behindertenbegriffs war, ein behördliches Feststellungsverfahren für diejenigen Behinderten festzulegen, die keine Feststellung ihrer Behinderteneigenschaft und ihres Grades der Minderung der Erwerbsfähigkeit etwa als Kriegs- oder Arbeitsopfer durch Verwaltungs- oder Gerichtsentscheidung vorweisen konnten.

Für dieses Feststellungsverfahren, das gem. § 3 Abs. 1 SchwbG[908] auf Antrag des Behinderten eingeleitet wurde und mit einer Feststellung nach §§ 30 Abs. 1 und 62 Abs. 1 bis 3 BVG und den Verfahrensgrundsätzen des Gesetzes über das Verwaltungsverfahren der Kriegsopferversorgung in der Form eines schriftlichen Bescheides abschloss, wurde nun die Versorgungsverwaltung zuständig.[909] Zur Bewertung der noch als Minderung der Erwerbsfähigkeit ausgedrückten gesundheitlichen Beeinträchtigungen wurden zunächst die „Anhaltspunkte für die Ärztliche Gutachtertätigkeit im Versorgungswesen" herangezogen,[910] die 1977 durch die auf das Schwerbehindertengesetz bezogenen „Anhaltspunkte für die ärztliche Begutachtung Behinderter nach dem Schwerbehindertengesetz" ersetzt wurden.[911]

---

908 In der Erstfassung vom 29.04.1974 (BGBl. I S. 1006)

909 Vgl. BREY, HEINRICH: *Gesetzgebung zur Sicherung der Eingliederung Schwerbehinderter in Arbeit, Beruf und Gesellschaft (Schwerbehindertengesetz)*, in: Der Versorgungsbeamte 1974, S. 65 f.; NEUMANN, *Schwerbehindertengesetz Kommentar*, a. a. O., § 3 Rdnr. 22

910 BUNDESMINISTERIUM FÜR ARBEIT UND SOZIALORDNUNG (Herausg.): *Anhaltspunkte für die Ärztliche Gutachtertätigkeit im Versorgungswesen*, Ausgabe 1973, Bonn 1973

911 BUNDESMINISTERIUM FÜR ARBEIT UND SOZIALORDNUNG (Herausg.): *Anhaltspunkte für die ärztliche Begutachtung nach dem Schwerbehindertengesetz*, Bonn 1977, S. III. Die beiden jeweils für das soziale Entschädigungsrecht und das Schwerbehindertenrecht geltenden Anhaltspunkte wurden 1983 in den „Anhaltspunkten für die ärztliche Gutachtertätigkeit im sozialen Entschädigungsrecht und nach dem Schwerbehindertengesetz" zusammengefasst, vgl. BUNDESMINISTERIUM FÜR ARBEIT UND SOZIALORDNUNG (Herausg.): *Anhaltspunkte für die ärztliche Gutachtertätigkeit im sozialen Entschädigungsrecht und nach dem Schwerbehindertengesetz*, Bonn 1983, S. I

Durch die Neufassung des Schwerbehindertengesetzes im Jahr 1986 wurde im früheren § 3 Abs. 1 SchwbG[912] der Begriff des Vorliegens einer Behinderung und des Grades der auf ihr beruhenden Erwerbsunfähigkeit in § 4 Abs. 1 SchwbG durch das Vorliegen einer Behinderung und den Grad der Behinderung ersetzt.[913] Hierdurch vollzog der Gesetzgeber allerdings lediglich einen Begriffstausch,[914] der zwar die Behinderteneigenschaft vom Kriterium der aus der gesetzlichen Unfallversicherung herrührenden Erwerbsfähigkeit löste, sich aber weder im Feststellungsverfahren der Versorgungsverwaltung noch in der Akzeptanz des neuen Begriffs auf der Seite der Arbeitgeber auswirkte. Eine auf den jeweiligen Arbeitsplatz bezogene Skalierung der Auswirkungen von Behinderungen auf die Leistungsfähigkeit, wie sie die Arbeitgeber forderten, wurde hierdurch nicht geschaffen.[915] Auch die Ersetzung des früheren Begriffs der Vergünstigungsmerkmale durch den des Nachteilsausgleichs in § 4 Abs. 4 SchwbG[916] hatte lediglich klarstellende Auswirkungen auf die Feststellungsverfahren bei den Versorgungsverwaltungen.

c. Die Neuausrichtung der Aufgaben der Hauptfürsorgestellen durch das Schwerbehindertengesetz

Seit Inkrafttreten des Durchführungsgesetzes zur Kriegsopferversorgung war in Rheinland-Pfalz die Zuständigkeitsverteilung zwischen der Hauptfürsorgestelle und den örtlichen Fürsorgestellen festgelegt. Die Neuordnungsgesetze zum Bundesversorgungsgesetz hatten darüber hinaus die Leistungsarten der Kriegsopferfürsorge in §§ 25 bis 27 j BVG mit den ergänzenden Regelungen

---

[912] IdF der Bek. v. 29.04.1979 (BGBl. I S. 1650)

[913] Vgl. CRAMER, HORST: *Schwerbehindertengesetz: Kommentar*, 4. Aufl., München 1992, § 4 SchwbG Rdnr. 2; MASUCH, *Die Beeinträchtigung der....*, a. a. O., S. 217 f.; PÖPPL, ERNST J.: *Das neue Schwerbehindertenrecht – Wichtige Verbesserungen in Kraft getreten*, in: br 1986, S. 49 f.; SCHATZSCHNEIDER, WOLFGANG: *Die Neuregelung des Schutzes Schwerbehinderter*, in: NJW 1986, S. 2873; zu den sozialpolitischen Grundlagen der Novellierung: DIETZE, *Schwerbehindertengesetz, Finalität und....*, a. a. O., S. 83 f.

[914] KUNZE, THOMAS: *Das neue Schwerbehindertenrecht – Probleme und Konsequenzen im sozialrechtlichen Bereich*, in: Der Versorgungsbeamte 1987, S. 3; SCHIMANSKI, WERNER: *Vier Jahre danach ... Erfahrungen nach der Novellierung des SchwbG im Jahr 1986*, in: br 1990, S. 78

[915] Zu den Grundproblemen des MdE/ GdB-Maßstabes: OFFCZORS, GÜNTER: *Stillstand oder Konzeptionslosigkeit im Schwerbehindertenrecht?*, in SGb 1991, S. 8 ff.; siehe auch DIETZE, *Schwerbehindertengesetz, Finalität und....*, a. a. O., S. 83; SCHIMANSKI, *Vier Jahre danach....*, a. a. O., S. 79. Beispiele für situative Behinderungen bei DOLATA, RALF: *Sind die derzeitigen Regelungen des SGB IX für schwerbehinderte Menschen ein Beschäftigungshemmnis?*, in: br 2004, S. 129 f.

[916] Vgl. SCHATZSCHNEIDER, *Die Neuregelung des....*, a. a. O., S. 2873

der Verordnung zur Kriegsopferversorgung[917] präzisiert und Zweifel über den entschädigungsrechtlichen Charakter der sozialen Fürsorge beseitigt. Zum Aufgabenbereich der Hauptfürsorgestellen mit ihrem fest definierten Kreis der Anspruchsberechtigten trat nach Inkrafttreten des Schwerbehindertengesetzes erstmals der Personenkreis der Schwerbehinderten und der ihnen Gleichgestellten[918], der nach der damals von der Bundesregierung aufgestellten Schätzformel den früheren Berechtigtenkreis der Schwerbeschädigten um 40 Prozent erhöhen sollte.[919]

Darüber hinaus grenzte das Schwerbehindertengesetz die Aufgabeninhalte der Hauptfürsorgestelle gegenüber der Arbeitsverwaltung und den übrigen öffentlichen Rehabilitationsträgern mit teilweise neuer Schwerpunktbildung ab. Diese hatten sich vor 1974 auf den Kündigungsschutz und die Verwendung der Ausgleichsabgabe beschränkt und entwickelten sich nun in einem Prozess, der auch durch die Ersetzung des Schwerbehindertengesetzes durch das SGB IX noch nicht zum Abschluss gekommen ist, zu einer zu aktivem Agieren verpflichteten öffentlichen Servicestelle. Sie hatte nun neben der Streitentscheidung in Kündigungsangelegenheiten und der Bescheidung von Förderanträgen die betriebliche Beratung, die Erarbeitung gemeinsamer betrieblicher Problemlösungen und die Schulung sowohl von Arbeitgeber- als auch von Arbeitnehmervertretern in den Betrieben zu leisten.[920]

Dabei mussten die Hauptfürsorgestellen bereits bei Inkrafttreten des Schwerbehindertengesetzes die veränderten Arbeitsbedingungen in den Betrieben berücksichtigen, die durch zunehmende Technisierung der Arbeitsplätze, Rationalisierungszwänge und Reduktion des Personals als Folge eines immer schärfer werdenden Konkurrenzdrucks gekennzeichnet waren.[921] Auch führte die finale Ausrichtung des Schwerbehindertenbegriffs zu einem Verlust an Solidarität in den Betrieben, die bei den Kriegsbeschädigten auf Arbeitgeber- und Arbeitnehmerseite vor dem Hintergrund eines gemeinsam erlittenen

---

[917] In der Neufassung vom 27.08.1965 (BGBl. I S. 1031), ersetzt durch die Verordnung zur Kriegsopferfürsorge vom 16.01.1979 (BGBl. I S. 80)

[918] Zur Gleichstellung nach § 2 SchwbG (heute § 68 Abs. 2 SGB IX) vgl. RIEß, WALTER: *Die Gleichstellung nach § 2 Schwerbehindertengesetz,* in: br 1991, S. 49 ff.

[919] STORK, *20 Jahre Schwerbehindertengesetz-....*, a. a. O., S. 167 gibt den geschützten Personenkreis für 1971 mit 450.000 und für 1975 mit 800.000 Berechtigten an.

[920] HEUSER, KARL: *Thesen zum Stellenwert der Begleitenden Hilfen im Arbeitsleben*, in: br. 1993, S. 114

[921] Vgl. SCHRÖTER, *Von der Teilung zur....*, a. a. O., S. 393 ff.

Schicksals noch vorhanden war und bei den Schwerbehinderten als nicht in sich geschlossener Schicksalsgruppe keine Entsprechung hatte.[922]

d. Die Aufgaben der Hauptfürsorgestellen

Die Hauptfürsorgestellen wurden nun für die Erhebung der Ausgleichsabgabe zuständig, die zunächst auf 100,-- DM festgesetzt und nach dem Beitritt der DDR auf 200,- DM (heute 105 €) angehoben wurde (§ 8 Abs. 2 SchwbG[923]).[924] Sie erhielten darüber hinaus die Entscheidungsbefugnis über die Verwendung des bei ihnen verbleibenden Teils der Ausgleichsabgabe in Höhe von 60 Prozent der Gesamterhebung; die restlichen 40 Prozent wurden an einen vom Bundesminister für Arbeit und Sozialordnung verwalteten Ausgleichsfonds abgeführt.[925] Der besondere, zusätzliche Kündigungsschutz für schwerbehinderte Arbeitnehmer und Auszubildende wurde ausgebaut und in seinem Verfahren unter Beteiligung der Hauptfürsorgestelle verfestigt (§§ 12 ff SchwbG[926]). Jede Kündigung bedurfte nun der Zustimmung der Hauptfürsorgestelle; dies wurde auch auf außerordentliche Kündigungen aus wichtigem Grund erstreckt.[927]

Die weitere Ausformung des Gesetzes durch zunächst vier Durchführungsverordnungen[928] und seine Fortentwicklung durch Gesetzesänderungen erwei-

---

[922] STORK, *20 Jahre Schwerbehindertengesetz-....*, a. a. O., S. 167; vgl. auch DEUTSCHER BUNDESTAG: *Vierter Bericht der....*, a. a. O., S. 3 f.

[923] In der Erstfassung vom 29.04.1974 (BGBl. I S. 1006)

[924] Heute § 77 Abs. 2 Nr. 1 SGB IX. Zur Entwicklung der Ausgleichsabgabe CRAMER, *Schwerbehindertengesetz: Kommentar*, a. a. O., § 11 SchwbG Rdnr. 1; kritisch zur Ausgleichsfunktion dieser Abgabe DIETZE, *Schwerbehindertengesetz, Finalität und....*, a. a. O., S. 81; HORN, HANS HELMUT: *Beschäftigungspflicht und Ausgleichsabgabe – Mittel der Chancengleichheit für Schwerbehinderte?*, Köln, Berlin, Bonn, München 1989, S. 105 f.

[925] NEUMANN, *Schwerbehindertengesetz Kommentar*, a. a. O., § 8 Rdnr. 49; nach § 11 Abs. 4 SchwbG (heute § 77 Abs. 6 SGB IX) waren 45 Prozent an den Ausgleichsfonds abzuführen.

[926] In der Erstfassung vom 29.04.1974 (BGBl. I S. 1006)

[927] JUNG/ CRAMER, *Schwerbehindertengesetz: Kommentar*, a. a. O., S. 19 f.; NEUMANN, *Schwerbehindertengesetz Kommentar*, a. a. O., Einl. Rdnr. 58; PÖPPL, *Das neue Schwerbehindertenrecht....*, a. a. O., S. 51 f.

[928] In der zeitlichen Reihenfolge: Erste Verordnung zur Durchführung des Schwerbehindertengesetzes (Wahlordnung Schwerbehindertengesetz – SchwbWVO) vom 22.07.1975 (BGBl. I S. 1965), idF v. 23.04.1990 (BGBl. I S. 811), zuletzt geändert am 19.06.2001 (BGBl. I S. 1046); Zweite Verordnung zur Durchführung des Schwerbehindertengesetzes (Ausgleichsabgabenverordnung Schwerbehindertengesetz – SchwbAV) vom 08.08.1978 (BGBl. I S. 1228), idF v. 28.03.1988 (BGBl. I S. 484), zuletzt geändert am 23.04.2004 (BGBl. I S. 606); Dritte Verordnung zur Durchführung des Schwerbehindertengesetzes (Werkstättenverordnung – WVO) vom 13.08.1980 (BGBl. I S. 1365), zuletzt geändert am

terte auch die Zuständigkeiten der Hauptfürsorgestellen im Bereich der Unterstützungsmaßnahmen zur Beschaffung und Erhaltung eines leistungs- und behinderungsgerechten Arbeitsplatzes und der begleitenden Hilfen im Arbeitsleben[929]. Nun konnten die Hauptfürsorgestellen aus den Mitteln der Ausgleichsabgabe Geldleistungen an schwerbehinderte Arbeitnehmer zur Beschaffung technischer Arbeitshilfen in den Betrieben (§ 5 der Ausgleichsabgabenverordnung Schwerbehindertengesetz - SchwbAV) , zur Erreichung des Arbeitsplatzes (§ 6 SchwbAV), zur wirtschaftlichen Selbständigkeit (§ 7 SchwbAV), zur Beschaffung und Erhaltung einer behindertengerechten Wohnung (§ 8 SchwbAV), zur Erhaltung der Arbeitskraft (§ 9 SchwbAV) und in besonderen behinderungsbedingten Lebenslagen (§ 10 SchwbAV) bereitstellen sowie Arbeitgebern Mittel zur behindertengerechten Einrichtung von Arbeits- und Ausbildungsplätzen gewähren (§ 11 SchwbAV).[930]

Unter allen diesen Hilfen entwickelten sich die Investitionshilfen an Arbeitgeber zur Schaffung und behindertengerechten Einrichtung von Arbeits- und Ausbildungsplätzen für Behinderte (§ 31 Abs. 3 Nr. 2 Buchst. a und b SchwbG, §§ 15 Abs. 1, 26 SchwbAV) zur wichtigsten Leistungsart der Hauptfürsorgestellen heraus.[931] Zur Beurteilung der technischen Möglichkeiten effektiver Hilfegewährung und ihrer Effizienz für die betrieblichen Abläufe wurde es erforderlich, auch in den rheinland-pfälzischen Hauptfürsorgestellen Ingenieure als technische Berater einzustellen, die über die notwendigen Kenntnisse verfügten, die Arbeitgeber bei der Gestaltung von Arbeitsplätzen Behinderter unter Berücksichtigung und Nutzung der Eigenschaften dieser Arbeitnehmer und der wirtschaftlichen Erfordernisse zu beraten.[932]

Die Erweiterung des Behindertenbegriffs über den Personenkreis der Körperbehinderten hinaus erforderte es weiterhin, ein Instrumentarium zur Unter-

---

23.04.2004 (BGBl. I S. 606); Vierte Verordnung zur Durchführung des Schwerbehindertengesetzes (Ausweisverordnung Schwerbehindertengesetz – SchwbAwVO) vom 15.05.1981 (BGBl. I S. 431), idF v. 25.07.1991 (BGBl. I S. 1739), zuletzt geändert am 23.04.2004 (BGBl. I S. 606)

[929] Vor 1986: nachgehende Hilfe im Arbeitsleben, § 28 Abs. 1 Nr. 3 SchwbG in der Fassung vom 08.10.1997 (BGBl. I S. 1649); vgl. SEIDEL, *Grundsätze der begleitenden....*, a. a. O., S. 35

[930] Einzelheiten bei HORN, *Beschäftigungspflicht und Ausgleichsabgabe....*, a. a. O., S. 83 ff.

[931] CRAMER, *Schwerbehindertengesetz: Kommentar*, a. a. O., § 31 SchwbG Rdnr. 10 c; STORK, *20 Jahre Schwerbehindertengesetz-....*, a. a. O., S. 169; vgl. auch MROZYNSKI, *Berufliche Rehabilitation und....*, a. a. O., S. 110

[932] Einzelheiten bei SEMLINGER, KLAUS: *Hilfe zur Eingliederung. Die technischen Beratungsdienste in der beruflichen Rehabilitation*, in: br 1990, S. 59 ff.; STORK, *20 Jahre Schwerbehindertengesetz-....*, a. a. O., S. 169 ff.

stützung psychisch behinderter Menschen zu entwickeln. Dem trug die Neufassung des § 31 Abs. 2 SchwbG[933] Rechnung, in dem in Satz 3 klargestellt wurde, dass die begleitende Hilfe auch die nach den Umständen des Einzelfalles notwendige psychosoziale Betreuung Schwerbehinderter umfasst.[934] Hierzu wurden die Hauptfürsorgestellen ermächtigt, sich bei der Durchführung dieser Aufgabe psychosozialer Dienste freier gemeinnütziger Einrichtungen oder Organisationen zu bedienen und die Kosten aus der Ausgleichsabgabe zu bestreiten.

Zur Förderung behindertengerechter Arbeit wurden die Möglichkeit der Kostenübernahme für eine Hilfsperson am Arbeitsplatz eines Schwerbehinderten und der finanzielle Ausgleich für die Minderleistung eines Schwerbehinderten eingeführt, die von den Hauptfürsorgestellen gem. § 27 SchwbAV gewährt werden können. Aus der Kostenübernahme für Hilfspersonen entwickelte sich die Einrichtung der persönlichen Assistenz am Arbeitsplatz oder Arbeitsassistenz als individuelles Integrationsinstrument für den Behinderten, die dem Behinderten selbst nach dem Arbeitgeber-Arbeitnehmer-Modell zur Verfügung stehen soll.[935] Diese Unterstützungsleistung wurde mit dem Gesetz zur Bekämpfung der Arbeitslosigkeit Schwerbehinderter[936] durch §§ 31 Abs. 3 a Satz 1 SchwbG, 17 Abs. 1 a SchwbAV als Rechtsanspruch des Schwerbehinderten gegenüber den Hauptfürsorgestellen verankert.[937]

Weiterhin wurde die Betreuung besonderer Firmen zur Beschäftigung Schwerbehinderter, die entweder als rechtlich selbständige Betriebe oder als betriebsinterne Abteilungen gegründet wurden, zu Aufgaben der Hauptfürsorgestellen.[938] Das Gesetz zur Förderung der Ausbildung und Beschäftigung

---

[933] Heute § 102 Abs. 2 Satz 4 SGB IX

[934] Vgl. ERNST, KARL-FRIEDRICH: *Betreuungs- und Beratungsdienste in der beruflichen Eingliederung Schwerbehinderter - Zusammenarbeit zwischen Arbeitsverwaltung und Hauptfürsorgestellen*, in: br 1995, S. 102; MROZYNSKI, *Berufliche Rehabilitation und....*, a. a. O., S. 109 f.

[935] SCHNEIDER, MICHAEL; ADLHOCH, ULRICH: *Arbeitsassistenz für Schwerbehinderte – Fachliche und juristische Aspekte*, in: br 2001, S. 52 ff.

[936] Gesetz zur Bekämpfung der Arbeitslosigkeit Schwerbehinderter vom 29.09.2000 (BGBl. I S. 1394); zu seinen wesentlichen Inhalten EBSEN, *Schwerbehindertenrecht*, a. a. O., S. 1406

[937] Vgl. ADLHOCH, ULRICH: *Neue Rechte für Schwerbehinderte im Arbeitsleben – ein kurzer Überblick*, in: br 2000, S. 201 f.; MROZYNSKI, PETER: *Neue Perspektiven der beruflichen Förderung behinderter Menschen*, in: SGb 2004, S. 262 f.

[938] Diese neuen Beschäftigungsmöglichkeiten für behinderte Arbeitnehmer sind heute als Integrationsprojekte gem. §§ 132 ff. SGB IX gesetzlich verankert; vgl. ADLHOCH, ULRICH: *Die Förderung von Integrationsunternehmen im Sinne der §§ 53 a ff. SchwbG*, in: br 2001, S. 10 ff.; KREUTZ, MARCUS: *Was sind Integrationsunternehmen im Sinne des § 132 Abs. 1*

schwerbehinderter Menschen vom 23.04.2004[939] übertrug schließlich die Struktur- und Finanzierungsverantwortung für die Integrationsfachdienste auf die Integrationsämter zurück.[940]

Die geschilderte Aufgabenentwicklung hatte zur Folge, dass sich innerhalb der rheinland-pfälzischen Hauptfürsorgestelle mit seinen bis 1996 zwei Außenstellen eine Zweiteilung der Aufgabenwahrnehmung entwickelte. Die dort wahrzunehmende „klassische" Kriegsopferfürsorge hatte einen zwar aufgrund der demographischen Entwicklung schrumpfenden, aber dennoch immer noch erheblichen Teil an Anspruchsberechtigten, dem ein neuer und ab den 1980er Jahren größer werdender Berechtigtenkreis gegenüberstand. Ihm gegenüber war weniger persönliche Betreuung, sondern in Form von Kündigungsschutz und begleitender Hilfe im Arbeitsleben eine betriebliche Betreuung entgegenzubringen, der sich von dem früheren Umfang der Betreuung Schwerbeschädigter im Arbeitsleben unterschied. Hinzu kam, dass in der Kriegsopferfürsorge eine relativ homogen zusammengesetzte Gruppe betreut wurde, während die Schwerbehinderten im Arbeitsleben aufgrund des ursachenunabhängigen Behindertenbegriffs keine geschlossene Gruppe oder, wie noch die Kriegsopfer, eine Schicksalsgemeinschaft darstellen.

4. *Feststellungsverfahren gem. §§ 69 ff. SGB IX*

a. Grundsätze des Feststellungsverfahrens

Mit der Durchführung von Verfahren zur Feststellung einer Behinderung gem. § 69 Abs. 1 SGB IX wird den Versorgungsverwaltungen der Länder ein wichtiger Teil des Auftrags an den Staat zur Verwirklichung des Diskriminierungsverbots nach Art. 3 Abs. 3 GG übertragen, wonach niemand wegen seiner Behinderung benachteiligt werden darf.[941] Das Verfahren zur Feststellung des Vorliegens einer Behinderung und zur Feststellung des Grads der Behin-

---

SGB IX?, in: ZFSH/ SGB 2003, S. 341; MAAßEN, JOACHIM: *Integrationsprojekte: Was und warum?*, in: br 2004, S. 26 f.; MROZYNSKI, *Neue Perspektiven der....*, a. a. O., S. 266 f.; STORK, *20 Jahre Schwerbehindertengesetz-....*, a. a. O., S. 177 ff.

[939] BGBl. I S. 606

[940] ADLHOCH, ULRICH: *Der Inhalt der Struktur- und Finanzierungsverantwortung der Integrationsämter für die Integrationsfachdienste aufgrund der Änderung des SGB IX*, in: br 2004, S. 135 ff.

[941] Zu den Grundrechtsadressaten vgl. JÜRGENS, GUNTER: *Die verfassungsrechtliche Stellung Behinderter nach Änderung des Grundgesetzes*, in: ZFSH/ SGB 1995, S. 359 f.; zum Inhalt des Behindertengrundrechts BEAUCAMP, GUY: *Das Behindertengrundrecht (Art. 3 Abs. 3 Satz 2 GG) im System der Grundrechtsdogmatik*, in: DVBl. 2002, S. 998 ff.; zum Behindertenbegriff: NEUMANN, VOLKER: *Der verfassungsrechtliche Begriff der Behinderung*, in: NVwZ 2003, S. 897 ff.; PITSCHAS, *Integration behinderter Menschen....*, a. a. O., S. 69

derung trägt dazu bei, dem betroffenen Personenkreis dazu zu verhelfen, die Verwirklichung seiner Rechte aus § 10 SGB I in Anspruch zu nehmen. Es bildet die Voraussetzung für behinderte Menschen, in sozialrechtlichen Verfahren Rehabilitationsleistungen, Rechte und Hilfen im Arbeitsleben und Nachteilsausgleiche zu verwirklichen, wie sie in § 29 Abs. 1 SGB I normiert sind.[942] Dieses Feststellungsverfahren ist gem. § 69 Abs. 2 SGB IX zwar nicht erforderlich, wenn das Vorliegen einer Behinderung und der Grad der auf ihr beruhenden Erwerbsminderung bereits in einem Bescheid eines Rentenversicherungsträgers oder einer entsprechenden Verwaltungs- oder Gerichtsentscheidung festgestellt wurde.[943] Der Vorschrift, mit der Doppelverfahren vermieden und eine Verwaltungsvereinfachung durchgesetzt werden sollen, kommt allerdings im Alltag der mit den Feststellungsverfahren nach § 69 Abs. 1 SGB IX beauftragten Verwaltung nur untergeordnete Bedeutung zu.

Ausgangspunkt des Verfahrens zur Feststellung einer Behinderung ist der Behindertenbegriff nach § 10 Abs. 1 SGB I. Danach hat, wer körperlich, geistig oder seelisch behindert ist oder wem eine solche Behinderung droht, ein Recht auf Hilfe zur Abwendung, Beseitigung oder Besserung. Hierzu gehören auch Hilfen zur Sicherung eines entsprechenden Platzes in der Gemeinschaft, vor allem im Arbeitsleben. Als Behinderte gelten nach § 2 Abs. 1 SGB IX die Menschen, die von Auswirkungen einer nicht nur vorübergehenden Funktionsbeeinträchtigung betroffen sind, welche auf einem für das jeweilige Lebensalter typischen Zustand abweichenden körperlichen, geistigen oder seelischen Zustand beruht.[944] Als nicht nur vorübergehend gilt nach § 2 Abs. 1 Satz 1 SGB IX ein Zeitraum von mehr als sechs Monaten.[945]

---

942 Vgl. EBSEN, *Schwerbehindertenrecht*, a. a. O., S. 1409 f.

943 Vgl. hierzu: BERAUS, ADOLF: *Bieten die Feststellungen der Versorgungsverwaltung nach dem Schwerbehindertenrecht (Teil 2 SGB IX) noch eine sichere Grundlage für die Gewährung von Nachteilsausgleichen, Leistungen oder sonstigen Hilfen?*, in br 2002, S. 149 f.; SAILER, STEPHAN: *Das Feststellungsverfahren nach dem Schwerbehindertengesetz*, in: br 1992, S. 28

944 DEUTSCHER BUNDESTAG (Herausg.), *Vierter Bericht der....*, a. a. O., S. 2 ff. Der Bericht wurde auch vorgestellt von KRAUS, RUDOLF: *Der Vierte Bericht der Bundesregierung über die Lage der Behinderten und die Entwicklung der Rehabilitation; Positionen – Erhebungen – Konzepte*, in: br 1998, S. 117; vgl. ebenso BERAUS, ADOLF: Bedeutung und Auswirkung der Feststellungen nach dem Schwerbehindertengesetz (SchwbG), in: br 2001, S. 123; DIETZE, *Schwerbehindertengesetz, Finalität und....*, a. a. O. S. 83; PITSCHAS, Integration behinderter Menschen...., a. a. O., S. 402; vgl. auch DEUTSCHER BUNDESTAG (Herausg.): *Bericht der Bundesregierung über die Lage behinderter Menschen und die Entwicklung ihrer Teilhabe*, BT-Drs. 15/4575 vom 16.12.2004, S. 17

945 MASUCH, *Die Beeinträchtigung der*, a. a. O., S. 206 f.; SCHLEMBACH, *Das Neunte Buch....*, a. a. O., S. 133 f.

b. Verfahrensablauf in den Versorgungsbehörden

Das Verfahren bei den für die Durchführung der Kriegsopferversorgung zuständigen Behörden (§ 69 Abs. 1 Satz 1 SGB IX) wird ausschließlich auf Antrag des behinderten Menschen eröffnet; Dritte haben kein Antragsrecht.[946] Der Antragsteller kann seinen Feststellungsantrag auf einzelne Behinderungen beschränken oder auf bereits festgestellte Behinderungen (nachträglich) verzichten; der Antragsinhalt bestimmt den Gegenstand des Feststellungsverfahrens.[947] Für erwerbstätige Personen gelten gem. § 69 Abs. 1 Satz 2 SGB IX besondere Fristen, mit denen in diesem sozialrechtlichen Verwaltungsverfahren das Gebot der Zügigkeit fixiert wurde.[948]

Entsprechend dem auch in diesem Verfahren geltenden Amtsermittlungsgrundsatz (§ 30 Abs. 1 und 2 SGB X) holen in Rheinland-Pfalz die regional zuständigen Ämter für soziale Angelegenheiten bei den behandelnden Ärzten des Antragstellers Befundberichte ein; für diese Auskünfte der behandelnden Ärzte gelten die Verpflichtungen gem. § 21 Abs. 3 SGB X. Nach Eingang aller für die Sachverhaltsaufklärung aus medizinischer Sicht notwendigen Unterlagen, insbesondere des Befundberichts des behandelnden Hausarztes oder der Unterlagen aus Krankenhausaufenthalten, erfolgt durch einen ärztlichen Gutachter des zuständigen Amtes in einer Stellungnahme die medizinische Sachverhaltsfeststellung, die mit einer Bildung und Feststellung des Grads der Behinderung (GdB), abgeleitet aus den vorliegenden Funktionsbeeinträchtigungen, abschließt. Dabei werden die beim Antragsteller vorliegenden Gesundheitsstörungen und ihre Funktionsbeeinträchtigungen auf der Grundlage der „Anhaltspunkte für die ärztliche Gutachtertätigkeit im sozialen Entschädigungsrecht und nach dem Schwerbehindertenrecht (Teil 2 SGB IX)“[949] in Zehnergraden von 20 bis 100 bewertet.

---

[946] BSG in: br 1990, S. 94; allerdings ist eine Vertretung durch Bevollmächtigte unter den Voraussetzungen der §§ 13 und 16 Abs. 1 SGB X möglich.

[947] BSG in: Breith. 1986, S. 877

[948] Drei-Wochenfrist nach Antragseingang, wenn ein Gutachten nicht erforderlich ist; gestufte Fristen gem. § 14 Abs. 5 SGB IX zur Gutachtenerstellung und behördlichen Entscheidung, vgl. KOSSENS, MICHAEL; WOLLSCHLÄGER, FRANK: *Gesetz zur Förderung der Ausbildung und Beschäftigung schwerbehinderter Menschen*, in: ZFSH/ SGB 2004, S. 347 f., PITSCHAS, *Das sozialrechtliche Verwaltungsverfahren....*, a. a. O., S. 775 f.

[949] BUNDESMINISTERIUM FÜR GESUNDHEIT UND SOZIALE SICHERUNG (Herausg.): *Anhaltspunkte für die ärztliche Gutachtertätigkeit im sozialen Entschädigungsrecht und nach dem Schwerbehindertenrecht (Teil 2 SGB IX)*, Bonn, 2004; zur rechtlichen Bindungswirkung der Anhaltspunkte vgl. BSG in SGb 2004, S. 378 ff. (mit Anmerkung von Jürgen Mälicke); BÜRCK, HARALD: *Der Grad der Behinderung (GdB) und die „Anhaltspunkte für die ärztliche Gutachtertätigkeit im sozialen Entschädigungsrecht und nach dem Schwerbehindertengesetz“ (AHP)*, in: ZfS 1999, S. 129 ff.; GAA-UNTERPAUL, BIRGITTA: *Die*

Liegen mehrere Funktionsbeeinträchtigungen vor, ist gem. 69 Abs. 3 SGB IX ein Gesamt-GdB nach ihren Auswirkungen und unter Berücksichtigung ihrer wechselseitigen Beziehungen festzustellen.[950] Hierbei ist weder eine Addition von Einzel-GdB noch eine andere Berechnungsmethode zulässig; vielmehr hat der Gutachter eine dem individuellen Einzelfall gerecht werdende medizinische Gesamtwürdigung vorzunehmen.[951] Die Entscheidung über das Vorliegen einer Behinderung und den Gesamt-GdB trifft die Verwaltung auf der Grundlage der gutachterlichen Stellungnahme oder eines Untersuchungsberichts des Versorgungsarztes.[952]

Liegt beim Antragsteller ein Gesamt-GdB von mindestens 20 vor, erteilt das zuständige Amt für soziale Angelegenheiten einen Feststellungsbescheid gem. § 69 Abs. 1 SGB IX. Ist dies nicht gegeben, ergeht eine ablehnende Entscheidung, da gem. § 69 Abs. 1 Satz 5 SGB IX die Feststellung einer Behinderung nur nach Zehnergraden von 20 bis 100 möglich ist. Ergibt die Feststellung einen Grad der Behinderung von 50 oder mehr, stellen die Ämter für soziale Angelegenheiten auf Antrag einen Ausweis über die Eigenschaft als schwerbehinderter Mensch aus (§ 69 Abs. 5 SGB IX). Er enthält den Grad der Behinderung ab mindestens 50 und kann auch die Zugehörigkeit zu Sondergruppen oder Merkzeichen enthalten, die nach der Schwerbehindertenausweisverordnung vorgesehen sind.[953]

Bei einer Verschlimmerung von Leiden oder dem Auftreten weiterer gesundheitlicher Beeinträchtigungen können die Ämter für soziale Angelegenheiten in einem weiteren Verfahren auf Antrag die Behinderung und ihren Grad neu feststellen. Wurden Gesundheitsstörungen als Behinderung anerkannt, bei denen die Belastbarkeit abgewartet werden muss oder die zu Rezidiven neigen (z. B. Herzinfarkt, Schlaganfall, Krebserkrankungen), wird eine Hei-

---

Nachteilsausgleiche nach dem Sozialgesetzbuch-Neuntes Buch (SGB IX) unter Berücksichtigung der jüngeren Rechtsprechung des BSG, in: NZS 2002, S. 406; GOEDELT, UWE: *Die Festsetzung des Grades der Minderung der Erwerbsfähigkeit/ des Grades der Behinderung nach dem Schwerbehindertengesetz*, in: ZfS 1994, S. 100 ff.; WACHHOLZ, KIRSTEN: *Die „Anhaltspunkte" als Bewertungsmaßstab für den Grad einer Behinderung*, in: br 1992, S. 40 ff.

950 STRAßFELD, ELISABETH: *Kriterien für die GdB-Bildung*, in: SGb 2003, S. 613 ff.

951 SAILER, *Das Feststellungsverfahren nach....*, a. a. O., S. 27; USTARBOWSKI, KLAUS: *Die Bildung des Gesamt-GdB nach dem Schwerbehindertengesetz*, in: SGb 1991, S. 15 ff.

952 STRAßFELD, *Kriterien für die....*, a. a. O., S. 615

953 §§ 2 und 3 der Schwerbehindertenausweisverordnung. Vgl. GAA-UNTERPAUL, *Die Nachteilsausgleiche nach....*, a. a. O., S. 406 ff.; KOSSENS/ WOLLSCHLÄGER, *Gesetz zur Förderung....*, a. a. O., S. 352; PEUTLER, HANS: *Übersicht über steuerliche Nachteilsausgleiche für Behinderte*, in: br 2003, Beihefter S. I ff.; ZELLNER, GERHARD: *Hilfen für Schwerbehinderte*, in: br 1996, S. 33 ff.

lungsbewährung abgewartet, während der eine Behinderung angenommen wird, die auch negative Folgen der Erkrankung berücksichtigt. Nach Ablauf der Heilungsbewährung wird eine Nachuntersuchung von Amts wegen eingeleitet, die bei folgenloser Heilung zur Rücknahme eines Feststellungsbescheides führen kann.[954] In beiden Fällen richten sich die Rücknahmen bereits ergangener Feststellungsbescheide nach den Grundsätzen der §§ 44 ff. SGB X.[955] Bei Streitigkeiten im Zusammenhang mit dem Feststellungsverfahren nach § 69 ff. SGB IX ist der Rechtsweg zu den Sozialgerichten gegeben (§ 51 Abs. 1 Nr. 7 SGG).

c. Umfang der Feststellungsverfahren in Rheinland-Pfalz in Zahlen

Bei den vier rheinland-pfälzischen Ämtern für soziale Angelegenheiten waren im Jahr 2003 70.277 Anträge auf Feststellung einer Behinderung zu bearbeiten, davon 38.678 Änderungsanträge. In jedem dieser Fälle war wenigstens ein ärztlicher Befundbericht anzufordern und eine gutachterliche Stellungnahme abzugeben. Die Dauer der Feststellungsverfahren nach § 69 SGB IX ist wesentlich von der Vorlage dieser Befundberichte oder sonstiger Unterlagen von Ärzten oder Krankenhäusern (auch Kur- und Reha-Kliniken) bei der Verwaltung abhängig, die leider oftmals erst nach nochmaliger Aufforderung erfolgt.

Der Gesamtbestand der Antragsbearbeitung von Anerkennungen behinderter Menschen ab einem GdB von 20 und höher beläuft sich auf 724.439, davon 443.774 behinderte Menschen mit einem GdB ab 50.[956] Dieser Gesamtbestand ist zugleich der vorzuhaltende Aktenbestand der Ämter.[957] In Rheinland-Pfalz haben 336.268 behinderte Menschen Ausweise nach § 69 Abs. 5 SGB IX.[958]

---

[954] Sowohl das Verfahren auf Verschlimmerungsantrag des behinderten Menschen als auch die Nachuntersuchung von Amts wegen erfordern eine erneute Einholung von Befundberichten und die gutachterliche Stellungnahme eines Versorgungsarztes sowie die rechtliche Bewertung und abschließende Entscheidung der Verwaltung.

[955] Einzelheiten bei STRAßFELD, ELISABETH: *Aufhebung und Rücknahme von Bescheiden nach § 69 SGB IX*, in: SGb 2003, S. 88 ff.

[956] Im Bundesgebiet sind 7.430.278 Personen als schwerbehinderte Menschen mit einem GdB ab 50 anerkannt; dies entspricht einem prozentualen Anteil von 9,7 % der Einwohnerzahl. (Quelle: Eigene Erhebungen, Stand: 31.12.2002); vgl. auch DOLATA, RALF: *Auswirkungen der voraussichtlichen demographischen Entwicklung auf die Zahl der schwerbehinderten Menschen*, in: br 2003, S. 182 für 1999; DEUTSCHER BUNDESTAG (Herausg.): *Bericht der Bundesregierung...*, a. a. O., S. 18 f.

[957] Der Zuwachs an schwerbehinderten Menschen entwickelte sich in den letzen drei Jahren wie folgt: 2001: 18.764; 2002: 17.966; 2003: 20.017

[958] Im Bundesgebiet lebten 2002 6.610.760 Ausweisinhaber nach § 69 Abs. 5 SGB IX, davon 3.292.574 mit dem Merkzeichen G (gehbehindert, ohne aG), 619.089 mit dem Merkzeichen aG (außergewöhnlich gehbehindert), 838.241 mit dem Merkzeichen H (hilflos),

179.483 Personen haben die Berechtigung zum Erwerb von Wertmarken für die unentgeltliche Beförderung im öffentlichen Personenverkehr; für sie ist ein Beiblatt mit Wertmarke auszustellen, um die unentgeltliche Beförderung im öffentlichen Personenverkehr in Anspruch nehmen zu können.[959]

Das Feststellungsverfahren gem. § 69 SGB IX bei den rheinland-pfälzischen Ämtern für soziale Angelegenheiten hat für die Inanspruchnahme von Nachteilsausgleichen gegenüber den Behörden anderer öffentlicher Träger Bindungswirkung und überträgt sie auch auf das Arbeitsrecht, soweit behinderte Menschen betroffen sind.[960] Diese Bindungswirkung gilt gegenüber Finanzbehörden bei Steuererleichterungen für behinderte Menschen in der Einkommenssteuer[961], der Kfz-Steuer[962] und der Umsatzsteuer[963] sowie bei den Kommunalverwaltungen zur Befreiung von der Hundesteuer[964], bei Parkerleichterungen[965] und der Fahrerlaubnis bei erhöhter Ozonkonzentration.[966] Sie gilt weiterhin gegenüber der Deutschen Telekom bei der Inanspruchnahme von Sozialtarifen, der Deutschen Bahn und anderen Unternehmen nach dem Personenbeförderungsgesetz bei der Inanspruchnahme von Freifahrten und der Deutschen Post bei der Beförderung von Postsendun-

---

1.070.657 mit dem Merkzeichen RF (Befreiung von der Rundfunkgebührenpflicht), 106.079 mit dem Merkzeichen Bl (blind), 23.825 mit dem Merkzeichen 1. Kl (Berechtigung zur Benutzung der 1. Wagenklasse der Deutschen Bahn AG mit Fahrschein der 2. Wagenklasse).

[959] Einzelheiten bei BUNDESARBEITSGEMEINSCHAFT DER INTEGRATIONSÄMTER UND HAUPTFÜRSORGESTELLEN -BIH (Herausg.): *ABC Behinderung und Beruf*, Wiesbaden 2002, S. 171 ff.

[960] EICHENHOFER, *Sozialrecht*, a. a. O., S. 283 rechnet deshalb das Schwerbehindertenrecht dem individuellen und kollektiven Arbeitsrecht zu.

[961] Behinderten-Pauschbeträge nach § 33 b EStG in unterschiedlicher Staffelung nach dem Grad der Behinderung und der Feststellung von Merkzeichen

[962] § 3 a Abs. 1 KraftStG

[963] §§ 4 Nr. 16 - 19, 12 Abs. 2 UStG (für ermäßigte Steuersätze der Werkstätten für Behinderte, für Lieferung von Rollstühlen und andere Hilfsmittel, Körperersatzstücke und orthopädische Vorrichtungen für Kranke und Körperbehinderte; Befreiung für Leistungen von Blinden, Pflegeheimen und den Behindertentransport)

[964] Entsprechend den jeweiligen Satzungen der Kommunen; vgl. auch PEUTLER, *Steuerliche Nachteilsausgleiche für....*, a. a. O., S. VIII

[965] § 42 Abs. 4 Nr. 2 i.V. m. § 12 Abs. 2 StVO

[966] § 40 d Abs. 1 Nr. 5 des Gesetzes zum Schutz vor schädlichen Umwelteinwirkungen durch Luftverunreinigungen, Geräusche, Erschütterungen und ähnliche Vorgänge (–Bundes-Immissionsschutzgesetz– BImSchG) idF der Bek. v. 14.05.1990 (BGBl. I S. 880), zuletzt geändert am 21.08.2002 (BGBl. I S. 3322)

gen.[967] Sie gilt darüber hinaus gegenüber den Trägern der gesetzlichen Sozialversicherung[968] und für Nachteilsausgleiche im Beruf.[969]

5. *Verwaltungsverfahren des Integrationsamtes*

a. Aufgabe des Integrationsamtes

§ 102 Abs. 1 SGB IX bestimmt als Aufgaben der Integrationämter die Erhebung und Verwendung der Ausgleichsabgabe, den Kündigungsschutz und die begleitende Hilfe im Arbeitsleben.[970] Mit dieser gesetzlichen Aufgabenzuweisung wird den als Landesbehörden oder in Trägerschaft höherer Kommunalverbände organisierten Integrationsämtern neben der Erhebung der Ausgleichsabgabe nach § 77 SGB IX die Beratung und Unterstützung schwerbehinderter Menschen sowie der Arbeitgeber bei allen Problemen, die im Zusammenhang mit der Beschäftigung schwerbehinderter Menschen entstehen, übertragen. Darüber hinaus obliegt ihnen die Gewährung von Geldleistungen an schwerbehinderte Menschen und Arbeitgeber für den behindertengerechten Einsatz dieser Menschen, soweit diese nicht aus dem Ausgleichsfonds gem. § 78 SGB IX gefördert werden.[971]

Die Aufgabenzuordnung verdeutlicht auch, dass die Integrationsämter keine Rehabilitationsträger sind und ihre Zuständigkeit auf Hilfen und Unterstützungen begrenzt ist, die sich aus dem Zusammenhang der Beschäftigung von schwerbehinderten Menschen in (öffentlichen und privaten) Betrieben nach der Definition der §§ 71 ff. SGB IX ergeben. Leistungen zur beruflichen Rehabilitation werden demgegenüber von den Arbeitsagenturen gewährt, insbesondere dann, wenn es sich um die Einstellung und Beschäftigung von schwerbehinderten Menschen handelt.[972]

---

[967] Die Deutsche Post befördert gem. § 21 der Postordnung Blindensendungen kostenlos.

[968] §§ 9 Abs. 1 Nr. 4, 10 Abs. 2 Nr. 4 SGB V für schwerbehinderte Menschen, die sich bzw. ihre Angehörige unter den dort genannten Voraussetzungen freiwillig versichern lassen können. Vgl. auch §§ 97, 101 Abs. 3, 104 SGB III für die berufliche Eingliederung behinderter Menschen und beim Ausbildungsgeld.

[969] Überblick bei WELTI, *Das neue SGB IX...*, a. a. O., S. 2214 f.

[970] Als weitere Aufgabe wird in § 102 Abs. 1 Nr. 4 SGB IX die zeitweilige Entziehung der besonderen Hilfen für schwerbehinderte Menschen genannt; auf ihre Darstellung kann hier allerdings wegen ihrer geringen praktischen Relevanz für das Verwaltungsverfahren verzichtet werden.

[971] Vgl. KOSSENS/ WOLLSCHLÄGER, *Gesetz zur Förderung....*, a. a. O., S. 351; SEIDEL, RAINER: *Grundsätze der begleitenden Hilfe im Arbeitsleben nach dem SGB IX*, in: br 2002, S. 34

[972] Zur Abgrenzung der Aufgaben von Arbeitsagenturen und Integrationsämtern vgl. ERNST, *Betreuungs- und Beratungsdienste....*, a. a. O., S. 101; MROZYNSKI, *Berufliche Rehabilitation und....*, a. a. O., S. 108 ff.; zur geänderten Verantwortung für die Integrations-

b. Erhebung der Ausgleichsabgabe gem. § 77 SGB IX

Die Ausgleichsabgabe nach § 77 SGB IX wird durch die Integrationsämter von denjenigen privaten und öffentlichen Arbeitgebern erhoben, welche die in § 71 SGB IX festgesetzte Pflichtquote zur Beschäftigung schwerbehinderter Menschen nicht erfüllen.[973] Als zweckgebundene Sonderabgabe hat die Ausgleichsabgabe einen doppelten Zweck: Sie soll die Arbeitgeber dazu anhalten, schwerbehinderte Menschen einzustellen (Antriebsfunktion). Daneben sollen die Belastungen zwischen den Arbeitgebern, die dieser Verpflichtung genügen, und denjenigen, die diese Verpflichtung nicht erfüllen, ausgeglichen werden (Ausgleichsfunktion).[974]

Die Ausgleichsabgabe soll also ungerechtfertigte Kostenvorteile abschöpfen, die diejenigen Arbeitgeber haben, die schwerbehinderte Menschen nicht oder nicht im pflichtgemäßen Umfang beschäftigen. Damit soll ein Ausgleich im Verhältnis zu den Arbeitgebern hergestellt werden, die die vorgeschriebene Zahl an schwerbehinderten Menschen beschäftigen und denen hierdurch finanzielle Belastungen entstehen, wie Lohnfortzahlung während des Zusatzurlaubs[975] oder durch behinderungsbedingte Arbeitsausfälle. Sie soll zum anderen die Erfüllung der Beschäftigungspflicht sichern, indem sie die beschäftigungspflichtigen Arbeitgeber dazu anhält, ihren gesetzlichen Pflichten nachzukommen.[976]

In Rheinland-Pfalz wurde 2003 vom Integrationsamt von 3.765 Betrieben eine Ausgleichsabgabe erhoben. Das Gesamtaufkommen belief sich auf 24,8 Mio. €. 2.649 Betriebe genügten ihrer Pflicht nach § 71 SGB IX zur Beschäftigung schwerbehinderter Menschen. Die jährliche Festlegung der Ausgleichsabgabe pro pflichtigem Betrieb erfolgt auf Meldung und Zahlung des

---

fachdienste ADLHOCH, *Der Inhalt der....*, a. a. O., S. 135 ff.; KOSSENS/ WOLLSCHLÄGER, *Gesetz zur Förderung....*, a. a. O., S. 351 f.

973 Einzelheiten bei EBSEN, *Schwerbehindertenrecht*, a. a. O., S. 1418; KOSSENS/ WOLLSCHLÄGER, *Gesetz zur Förderung....*, a. a. O., S. 348 f.

974 BVERFGE 57, 139, 167 f.; vgl. auch EBSEN, *Schwerbehindertenrecht*, a. a. O., S. 1417; HORN, *Beschäftigungspflicht und Ausgleichsabgabe....*, a. a. O., S. 8 ff.

975 Zum Zusatzurlaub gem. § 125 SGB IX vgl. BERAUS, STEFAN: *Kriterien für die Gewährung des Zusatzurlaubs nach dem Schwerbehindertengesetz (SchwbG)*, in: br 1998, S. 61 f.; KOSSENS/ WOLLSCHLÄGER, *Gesetz zur Förderung....*, a. a. O., S. 352

976 So DEUTSCHER BUNDESTAG (Herausg.): *Vierter Bericht der....*, a. a. O., S. 69. Ob der Ausgleichsabgabe darüber hinaus eine (subsidiäre) Finanzierungsfunktion zukommt, wie in der Literatur vertreten wird, kann hier dahin gestellt bleiben, da diese Funktion im Wesentlichen in der Anreizfunktion zum Ausdruck kommt. Vgl. hierzu ADLHOCH, ULRICH: *Die Finanzierungsfunktion der Ausgleichsabgabe für Leistungen an Arbeitgeber nach dem SchwbG*, in: br 1993, S. 162 ff.; EBSEN, *Schwerbehindertenrecht*, a. a. O., S. 1417: kritisch DOLATA, *Sind die derzeitigen....*, a. a. O., S. 128 ff.

Betriebs nach seiner Selbstveranlagung (§ 80 SGB IX) durch Prüfung und Datenabgleich der gemeldeten Beschäftigten bei der zuständigen Arbeitsverwaltung beim Integrationsamt. Dort werden weiterhin die Anrechnungen nach §§ 75, 76 und 140 SGB IX in Abzug gebracht und hiernach die Höhe der Ausgleichsabgabe durch Bescheid im Sinne von §§ 35 ff. VwVerfG dann festgelegt, wenn die Selbstveranlagung zu niedrig war. Überzahlungen werden zurückerstattet. Gegen den Bescheid des Integrationsamtes kann der Arbeitgeber mit Widerspruch vor dem Widerspruchsausschuß beim Integrationsamt (§§ 118 f. SGB IX) und Klage vor dem Verwaltungsgericht vorgehen.[977]

Das Aufkommen der Ausgleichsabgabe verbleibt zu 55 % bei den jeweiligen Integrationsämtern und ist zu 45 % an einen beim Bundesministerium für Arbeit und Sozialordnung eingerichteten Ausgleichsfonds für überregionale Maßnahmen zur Eingliederung schwerbehinderter Menschen in Arbeit, Beruf und Gesellschaft abzuführen (§§ 76 Abs. 6, 77 SGB IX).[978] 50 Prozent der jährlich an den Ausgleichsfonds abgeführten Mittel werden der Bundesagentur für Arbeit zur besonderen Förderung der Einstellung und Beschäftigung schwerbehinderter Menschen zugewiesen, soweit nicht ein anderer Anteil erforderlich ist. Mit dem verbleibenden Rest werden aus dem Ausgleichsfonds überregionale Aufklärungs-, Fortbildungs- und Forschungsmaßnahmen zur Weiterentwicklung der Arbeits- und Berufsförderung schwerbehinderter Menschen sowie überregionaler Rehabilitationseinrichtungen (Berufsbildungs- und Berufsförderungswerke, Werkstätten für behinderte Menschen und Wohnheime) gefördert.[979]

Die Mittel der Ausgleichsabgabe unterliegen der gesonderten Verwaltung durch das Integrationsamt; sie sind keine Haushaltsmittel. Sofern diese Mittel nicht sofort verausgabt werden müssen, werden sie bei Kreditinstituten zu ortsüblichen Zinsen verwahrt.[980]

---

[977] Vgl. EBSEN, *Schwerbehindertenrecht*, a. a. O., S. 1419

[978] Zur Mittelverwendung und Rechtsnatur des Ausgleichsfonds HORN, *Beschäftigungspflicht und Ausgleichsabgabe....*, a. a. O., S. 99 f.. Ab. 01.01.2005 ist gem. §§ 77 Abs. 6, 79 Nr. 3 a SGB IX die Bundesregierung ermächtigt, den Prozentsatz des Aufkommens an Ausgleichsabgabe an den Ausgleichsfonds durch Rechtsverordnung zu bestimmen; vgl. KOSSENS/ WOLLSCHLÄGER, *Gesetz zur Förderung....*, a. a. O., S. 349

[979] Das Verfahren der Aufteilung der Mittel des Ausgleichsfonds und ihre Verwendung ist in § 41 der Schwerbehinderten-Ausgleichsabgabenverordnung festgelegt, vgl. EBSEN, *Schwerbehindertenrecht*, a. a. O., S. 1419 f.; kritisch zur Verwendung der Ausgleichsabgabe DOLATA, *Sind die derzeitigen....*, a. a. O., S. 131 f.; HORN, *Beschäftigungspflicht und Ausgleichsabgabe....*, a. a. O., S. 105 f.

[980] Das Gebot der Verzinsung angelegter Mittel der Ausgleichabgabe ergibt sich aus § 14 Abs. 1 Schwerbehinderten-Ausgleichsabgabeverordnung, nach dem die Integrationsämter

c. Kündigungsschutz für schwerbehinderte Menschen im Arbeitsleben

In den Verfahren des besonderen Kündigungsschutzes für behinderte Menschen im Arbeitsleben gem. §§ 85 ff. SGB IX hat das Integrationsamt die Pflicht, alle Möglichkeiten zur Erhaltung des Arbeitsplatzes beziehungsweise der Aufrechterhaltung des Arbeitsverhältnisses auszuschöpfen. Hierzu hat es in Abwägung der Interessen des Arbeitgebers und des schwerbehinderten Arbeitnehmers nach pflichtgemäßem Ermessen unter Berücksichtigung des Einzelfalles zu entscheiden, den es von Amts wegen aufzuklären hat. Der Kündigungsschutz der §§ 85 ff. SGB IX hat insofern für die Arbeitgeber die Gestaltungsfunktion eines Kündigungsverbots unter Erlaubnisvorbehalt der Integrationsämter.[981]

Das Kündigungsschutzverfahren wird gem. § 87 Abs. 1 SGB IX durch einen Antrag des Arbeitgebers auf Zustimmung zur Kündigung eingeleitet. Mit dem Antrag beginnt die Monatsfrist des § 88 Abs. 1 SGB IX für das Integrationsamt zu einer Entscheidung, innerhalb derer Stellungnahmen des zuständigen Arbeitsamtes, des Betriebs- oder Personalrates und der Schwerbehindertenvertretung einzuholen und der betroffene Arbeitnehmer anzuhören ist. Dabei ist zu prüfen, ob der kündigungsbedrohte Arbeitnehmer zu dem nach § 68 SGB IX besonders geschützten Personenkreis gehört, ob eine Weiterbeschäftigung erreicht werden kann, gegebenenfalls durch Hilfen zur Sicherung des Arbeitsplatzes und ob und welche andere Vermittlungschancen bestehen.[982]

In jeder Lage des Verfahrens hat das Integrationsamt auf eine gütliche Einigung hinzuwirken (§ 87 Abs. 3 SGB IX) und seine Entscheidung durch eine mündliche Verhandlung vorzubereiten (§ 88 Abs. 1 SGB IX). Hierzu wird üblicherweise durch den beauftragten Mitarbeiter des Integrationsamtes eine Einigungsverhandlung vor Ort im Betrieb mit den Parteien und ihren Bevollmächtigten sowie Vertretungen des Betriebs- oder Personalrats und der Schwerbehindertenvertretungen durchgeführt.[983] Dabei tritt das Integrationsamt nicht als Interessenvertretung des behinderten Arbeitnehmers auf, sondern hat bei seiner abschließenden Abwägung nur Erwägungen zu berück-

---

die Mittel der Ausgleichsabgabe einschließlich Zinsen für Leistungen nach Nr. 1 bis 4 zu verwenden haben.

[981] Einzelheiten des Verfahrens bei EBSEN, *Schwerbehindertenrecht*, a. a. O., S. 1422 ff.; KOSSENS/ WOLLSCHLÄGER, *Gesetz zur Förderung....*, a. a. O., S. 350 f.; SEIDEL, RAINER: *Der Kündigungsschutz nach dem Schwerbehindertengesetz*, in: br 1996, S. 101

[982] Vgl. KLARE, HENNING: Die Zustimmung zur Kündigung von Schwerbehinderten, in: br 1993, S. 73 f.

[983] SEIDEL, *Der Kündigungsschutz nach....*, a. a. O., S. 105

sichtigen, die sich aus dem besonderen Zweck der Kündigungsschutzvorschriften der §§ 85 ff. SGB IX herleiten.[984]

Die beschriebenen Kündigungsverfahren werden in Rheinland-Pfalz in den Zweigstellen des Integrationsamts bei den vier Ämtern für soziale Angelegenheiten durchgeführt. So soll gewährleistet werden, dass die Mitarbeiter des Integrationsamtes ortsnah bei den Betrieben handeln und auch in Kontakt mit der dort zuständigen Arbeitsagentur treten können. Diese regionale Dekonzentration hat jedoch nicht die Bedeutung einer Zuständigkeitsabgrenzung im Sinne des § 87 Abs. 1 SGB IX; es gilt vielmehr die landesweite Zuständigkeit des Landesamtes für Soziales, Jugend und Versorgung als Integrationsamt für alle Betriebe in Rheinland-Pfalz.[985]

In den vier Zweigstellen des Integrationsamtes wurden im Jahr 2003 1442 Anträge auf ordentliche Kündigung beschieden, von denen in 247 Fällen der Kündigungsabsicht der beantragenden Arbeitgeber durch betriebsinterne Maßnahmen, wie die Bereitstellung eines anderen angemessenen Arbeitsplatzes oder technischer Hilfsmittel zur Arbeitsbewältigung, entgegengewirkt werden konnte. Weiterhin wurden dort 161 Anträge auf außerordentliche Kündigung nach § 91 SGB IX (einschließlich Änderungskündigung) entschieden. In diesen Fällen gilt gem. § 91 Abs. 2 SGB IX die auf zwei Wochen verkürzte Zustimmungsfrist, die nach Ablauf ohne Entscheidung des Integrationsamtes gem. § 91 Abs. 3 Satz 2 SGB IX als erteilt gilt.[986] 41 Fälle des erweiterten Beendigungsschutzes nach § 92 SGB IX waren zu bearbeiten; das Integrationsamt war in 43 Fällen der vorzeitigen Versetzung von schwerbehinderten Beamten in den einstweiligen Ruhestand gem. § 128 Abs. 2 SGB IX beteiligt.

Gegen die Entscheidungen des Integrationsamtes in Kündigungsschutzverfahren wurden im Jahr 2003 216 Widersprüche erhoben, davon 18 von den Arbeitgebern und 198 von den schwerbehinderten Arbeitnehmern. Diese Widersprüche werden, ebenso wie auch die Widersprüche gegen Festsetzungsbe-

---

[984] KAISER, ANTON: *Verfahrensablauf bei Zustimmungsanträgen zur Kündigung Schwerbehinderter*, in: br 1996, S. 11

[985] Innerhalb von Rheinland-Pfalz kommt es also nicht zu einer örtlichen Zuständigkeitsabgrenzung der regionalen Zweigstellen mit der Folge, dass Fristen nach § 88 Abs. 1 oder § 91 Abs. 3 SGB IX erst bei Eingang in der „zuständigen" Zweigstelle begonnen würden; zur örtlichen Zuständigkeit EBSEN, *Schwerbehindertenrecht*, a. a. O., S. 1422 f.

[986] Dies unterscheidet die Fälle der Zustimmung zur außerordentlichen Kündigung von den Fällen nach § 88 Abs. 3 SGB IX, bei denen nach Verstreichen der Monatsfrist keine Zustimmung fingiert wird. Das Verstreichen dieser Frist kann allerdings Schadensersatzansprüche des Arbeitgebers auslösen, vgl. SEIDEL, *Der Kündigungsschutz nach....*, a. a. O., S. 104

scheide zur Ausgleichsabgabe oder Leistungen der begleitenden Hilfe im Arbeitsleben, gem. § 118 Abs. 1 SGB IX vom Widerspruchsausschuss beim Integrationsamt entschieden. Sie haben keine aufschiebende Wirkung mit der Folge, dass ein Arbeitgeber trotz Widerspruchs seines schwerbehinderten Arbeitnehmers gegen einen Zustimmungsbescheid des Integrationsamtes innerhalb der Vier-Wochen-Frist des § 86 SGB IX kündigen kann und muss.[987] Für die Zusammensetzung des aus sieben Personen bestehenden Widerspruchsausschusses gilt § 119 Abs. 1 und 2 SGB IX; die Modalitäten ihrer Berufung ergeben sich aus § 119 Abs. 3 SGB IX. Die Amtszeit der ehrenamtlichen Mitglieder des Widerspruchsausschusses beträgt nach § 119 Abs. 5 SGB IX vier Jahre. Das Integrationsamt ist die Geschäftsstelle des Widerspruchsausschusses, dem auch die Vorbereitung und Durchführung der Ausschusssitzungen obliegt.[988]

Die Entscheidungen des Widerspruchsausschusses können innerhalb eines Monats nach Zustellung mit Klage beim zuständigen Verwaltungsgericht angefochten werden. Zeitgleich kann ein schwerbehinderter Arbeitnehmer in Kündigungsschutzverfahren gegen seine Kündigung vor dem Arbeitsgericht klagen.[989]

---

[987] EBSEN, *Schwerbehindertenrecht*, a. a. O., S. 1425

[988] SEIDEL, RAINER: *Das Widerspruchsverfahren und die Klagen vor dem Verwaltungs- und Arbeitsgericht*, in: br 1996, S. 126

[989] Bei SEIDEL, *Das Widerspruchsverfahren und....*, a. a. O., S. 127 f. ist dieses Verfahren im Einzelnen beschrieben; vgl. auch EBSEN, *Schwerbehindertenrecht*, a. a. O., S. 1425 f.

d. Begleitende Hilfen im Arbeitsleben und Integrationsförderung

Die dritte Hauptaufgabe des Integrationsamtes ist gem. § 102 Abs. 1 Nr. 3 SGB IX die begleitende Hilfe im Arbeitsleben.[990] Sie umfasst Leistungen an schwerbehinderte Menschen im Arbeitsleben, wie persönliche Hilfen durch Beratung und Betreuung in allen Fragen des Arbeitslebens, sowie finanzielle Leistungen, wie technische Arbeitshilfen und Hilfen zur Erreichung des Arbeitsplatzes, Leistungen zum Erreichen oder zur Sicherstellung der wirtschaftlichen Selbständigkeit (§ 102 Abs. 3 Nr. 1 Buchst. a bis c SGB IX). Weiterhin kommen Wohnungshilfen zur Beschaffung, Ausstattung oder Erhaltung einer Wohnung, die den besonderen Bedürfnissen des schwerbehinderten Menschen entspricht, in Betracht sowie Hilfen zur Erhaltung der Arbeitskraft, zur Teilnahme an Maßnahmen zur Erhaltung und Erweiterung beruflicher Kenntnisse und Fähigkeiten und Hilfen in besonderen Lebenslagen (§ 102 Abs. 3 Nr. 1 Buchst. d bis f SGB IX).[991] Zunehmende Bedeutung in diesem Zusammenhang gewinnt die Arbeitsassistenz gem. § 102 Abs. 4 SGB IX, durch die den schwerbehinderten Menschen ein selbstbestimmtes Leben auch in Arbeit und Beruf ermöglicht werden soll.[992]

Die Arbeitgeber schwerbehinderter Menschen unterstützt das Integrationsamt durch Beratung bei der Auswahl geeigneter Arbeitsplätze für schwerbehinderte Menschen und ihrer behindertengerechten Gestaltung sowie bei Problemen im Zusammenhang mit der Beschäftigung schwerbehinderter Menschen, auch durch psychosoziale Beratung[993] und Information über technische Lösungsmöglichkeiten.[994] Daneben können sie finanzielle Leistungen aus Mitteln der Ausgleichsabgabe zur Schaffung neuer und behindertengerechter Ar-

---

990 Vgl. BUNDESARBEITSGEMEINSCHAFT DER INTEGRATIONSÄMTER UND HAUPTFÜRSORGESTELLEN – BIH (Herausg.): *ABC Behinderung und....*, a. a. O., S. 67; SEIDEL, RAINER: *Grundsätze der begleitenden Hilfe im Arbeitsleben nach dem SGB IX*, in: br 2002, S. 35 f.

991 Zu den Einzelheiten der finanziellen Leistungen an schwerbehinderte Menschen vgl. BIH: *ABC Behinderung und....*, a. a. O., S. 253 ff.; EBSEN, *Schwerbehindertenrecht*, a. a. O., S. 1427

992 Vgl. hierzu: MROZYNSKI, *Neue Perspektiven der....*, a. a. O., S. 262 f.; SCHNEIDER/ADLHOCH, *Arbeitsassistenz für Schwerbehinderte....*, a. a. O., S. 51 ff.

993 Psychosoziale Beratung wird in Rheinland-Pfalz entsprechend der Ermächtigung des § 102 Abs. 2 Satz 5 SGB IX durch psychoziale Dienste der Wohlfahrtsverbände im Auftrag des Integrationsamtes durchgeführt. Die Kostenerstattung richtet sich nach § 28 der Schwerbehinderten-Ausgleichsabgabenverordnung.

994 Die technischen Berater des Integrationsamtes stehen sowohl den schwerbehinderten Arbeitnehmern als auch den Arbeitgebern zur Verfügung. Zu Einzelheiten der technischen Beratung durch die Integrationsämter vgl. SEMLINGER, *Hilfe zur Eingliederung....*, a. a. O., S. 60 ff.

beitsplätze oder der behindertengerechten Gestaltung vorhandener Arbeitsplätze erhalten, auf denen schwerbehinderte Menschen eingesetzt werden (§ 102 Abs. 3 Nr. 2 Buchst. a SGB IX, § 26 SchwbAV). Weiterhin können ihnen finanzielle Leistungen zum Ausgleich von außergewöhnlichen Belastungen gewährt werden, die mit der Beschäftigung besonders betroffener schwerbehinderter Menschen verbunden sind (§ 102 Abs. 3 Nr. 2 Buchst. b SGB IX, 27 SchwbAV).[995] Schließlich berät und unterstützt das Integrationsamt Arbeitgeber und Schwerbehindertenvertretungen beim Abschluss von Integrationsvereinbarungen gem. § 83 SGB IX.[996]

Aus dieser beispielhaften Aufzählung ergeben sich auch die Berührungspunkte zu den Leistungen der Rehabilitationsträger (insbesondere der Rentenversicherungsträger und der Bundesagentur für Arbeit), die diese nach dem SGB IX zur medizinischen oder beruflichen Rehabilitation behinderter Menschen zu erbringen haben. Zwar löst die Zuständigkeitserklärung gem. § 14 SGB IX mögliche Zuständigkeitskonkurrenzen unter den verschiedenen Rehabilitationsträgern;[997] eine Abgrenzung zwischen Rehabilitationsleistungen und begleitenden Hilfen im Arbeitsleben wird durch das SGB IX allerdings nicht vorgenommen.

Diese Abgrenzungsproblematik wird von Rechtsprechung und Literatur dadurch gelöst, dass alle Hilfen, die das Leistungsvermögen eines konkret betroffenen behinderten Menschen verbessern, den Rehabilitationsleistungen zugeordnet werden, wobei es sich dabei sowohl um den Einsatz technischer oder personeller Hilfen, als auch um Bildungsmaßnahmen handeln kann. Werden demgegenüber die Bedingungen in der Arbeitswelt verbessert, ohne dass das Leistungsvermögen des einzelnen Behinderten gesteigert wird, handele es sich um begleitende Hilfen im Arbeitsleben.[998] Ein weiteres Abgrenzungskriterium ist der Bezug zum behinderten Menschen. Personenbezogene Hilfen zur Beschaffung eines Arbeitsplatzes werden danach den beruflichen Rehabilitationsleistungen zugerechnet, während die behindertengerechte Ges-

---

[995] Zu den Einzelheiten der finanziellen Leistungen an Arbeitgeber, die schwerbehinderte Menschen beschäftigen vgl. BIH: *ABC Behinderung und....*, a. a. O., S. 246 ff.

[996] Zu den Inhalten FANKHAENEL, KARIN; IHME, CARLA: *Zwei Jahre Integrationsvereinbarung gem. § 83 SGB IX – Erfahrungen, Umsetzungsstand, Arbeitshilfen-*, in: br 2003, S. 178 ff.; KOSSENS/ WOLLSCHLÄGER, *Gesetz zur Förderung....*, a. a. O., S. 349 f.; MROZYNSKI, *Neue Perspektiven der....*, a. a. O., S. 264 f.

[997] Vgl. WELTI, *Das neue SGB IX....*, a. a. O., S. 2211

[998] BSGE 52, 120, 121

taltung des Arbeitsplatzes oder der betrieblichen Umgebung zu den Hilfen nach § 102 Abs. 1 Nr. 3 SGB IX zählen.[999]

Zusammengefasst geht es bei den Leistungen der begleitenden Hilfe im Arbeitsleben darum, von schwerbehinderten Menschen ausführbare und durchzuführende Arbeit für diese besser und durchführbarer zu gestalten. In diesem Sinne ist das Ziel der Hilfen nach § 102 Abs. 1 Nr. 3 SGB IX durch das Integrationsamt weiter gefasst, als den schwerbehinderten Menschen Arbeit zu ermöglichen oder sie vor dem Ausscheiden aus dem Erwerbsleben zu schützen. Im Verhältnis zu den behinderten Menschen Rehabilitationsleistungen gewährenden Trägern kommt dem Integrationsamt die Aufgabe eines „Wächteramtes“ zu, das gem. § 102 Abs. 2 Satz 2 SGB IX auch auf Leistungserbringung durch die Reha-Träger hinzuwirken hat.[1000]

In dieser Aufgabenzuordnung hat der nach § 103 SGB IX beim Integrationsamt zu bildende Beratende Ausschuß für behinderte Menschen eine besondere Bedeutung. Sein gesetzlicher Auftrag ist, die Teilhabe von behinderten Menschen am Arbeitsleben zu fördern, das Integrationsamt bei der Durchführung der besonderen gesetzlichen Regelungen für schwerbehinderte Menschen zu unterstützen und bei der Vergabe der Mittel der Ausgleichsabgabe mitzuwirken. Seine gem. § 103 Abs. 2 SGB IX vorgegebene besondere Zusammensetzung soll sicherstellen, dass die unterschiedlichen Erfahrungen und Erkenntnisse der vertretenen Gruppen in die Ausschussarbeit eingebracht werden können und so zum Nutzen der Tätigkeit des Integrationsamtes beitragen.[1001] Schließlich weist das in § 101 Abs. 1 SGB IX normierte Gebot der engen Zusammenarbeit zwischen den Integrationsämtern der Länder und der Bundesagentur für Arbeit zur Verwirklichung der Teilhaberechte schwerbehinderter Menschen im Arbeitsleben auf die besondere Aufgabenstellung des Integrationsamtes hin.

Streitigkeiten im Zusammenhang mit der Verwendung der Ausgleichsabgabe nach § 102 SGB IX, § 17 Schwerbehinderten-Ausgleichsabgabeverordnung werden nach Widerspruch durch den Widerspruchsausschuss beim Integrationsamt (§§ 118 ff. SGB IX) vor den Verwaltungsgerichten entschieden.[1002]

---

[999] MROZYNSKI, *Berufliche Rehabilitation und....*, a. a. O., S. 108 f.; SEIDEL, *Grundsätze begleitender Hilfen....*, a. a. O., S. 35 weist allerdings unter Verweis auf § 17 Schwb-AV darauf hin, dass die begleitende Hilfen im Arbeitsleben des Integrationsamtes auch in die Ersteinstellung oder Einstellung schwerbehinderter Menschen hineinreichen kann.

[1000] BSG in: br 1992, 83, 85; SEIDEL, *Grundsätze begleitender Hilfen....*, a. a. O., S. 37 f.

[1001] SEIDEL, RAINER; BRODKORB, BIRGITTA: *Kommentierung zu § 103*, in: Hauck, Karl; Noftz, Wolfgang (Herausg.): *SGB IX Kommentar,* 2. Bd., Berlin 2001, § 103 Rdnr. 7

[1002] MASUCH, PETER: *Kommentierung zu § 118*, in: Hauck, Karl; Noftz, Wolfgang (Herausg.) *SGB IX Kommentar*, 2. Bd., Berlin 2001, § 118 Rdnr. 15

e. Fortentwicklung des Schwerbehindertenrechts und der beruflichen Rehabilitation behinderter Menschen

Im Recht der Rehabilitation und Teilhabe behinderter Menschen wird trotz seiner erst im Jahr 2001 erfolgten Zusammenfassung des Gesetzes über die Angleichung der Leistungen zur Rehabilitation[1003] und des Schwerbehindertengesetzes zum SGB IX Fortentwicklungsbedarf gesehen. Dies drückt sich im am 23.04.2004 in Kraft getretenen Gesetz zur Förderung der Ausbildung schwerbehinderter Menschen aus, mit dem unter dem Rubrum der Fortsetzung erfolgreicher Politik zur Sicherung der Teilhabe behinderter Menschen[1004] das SGB IX in vielen Bereichen geändert wurde. Eines ihrer Ergebnisse war die Öffnungsklausel des § 69 Abs. 1 Satz 3 SGB IX, die nun den Ländern ermöglicht, die Verwaltungszuständigkeit für das Feststellungsverfahren in eigener Organisationshoheit zu regeln. In seiner Stellungnahme zum damaligen Gesetzesentwurf forderte der Bundesrat die Bundesregierung zur gemeinsamen Überprüfung des gesamten Feststellungsverfahrens im Schwerbehindertenrecht einschließlich der Ausweisgestaltung auf.[1005] Es ist daher zu erwarten, dass ab 2005 weitere Gesetzesinitiativen zur Durchsetzung dieser Forderung und Umgestaltung des Feststellungsverfahrens gem. § 69 SGB IX erfolgen.

In der Literatur wird die Änderung der Behinderungsfeststellung unter Zusammenfassung der bisherigen 10er Stufen des Grades der Behinderung oder seiner Ersetzung durch eine situationsbedingte Skalierung der Behinderteneigenschaft erörtert. Staatliche Verantwortung für behinderte Menschen müsse sich zielgruppenorientiert auswirken und ihre soziale Sicherung gewährleisten. Hierfür müsse der Gesetzgeber einen individualisierenden und zugleich situativen und sozial definierten Behindertenbegriff entwickeln,[1006]

Ausgehend vom Partizipationsmodell der WHO,[1007] das eine internationale Klassifikation der Schädigungen, Fähigkeitsstörungen und Beeinträchtigungen beinhaltet, könnte ein Behinderungsbegriff entwickelt werden, der die

---

[1003] Vom 01.10.1974 (BGBl. I S. 1881)

[1004] So die Begründung in: Deutscher Bundestag –15. Wahlperiode– Entwurf eines Gesetzes zur Förderung der Ausbildung und Beschäftigung schwerbehinderter Menschen vom 21.10.2003 – BT-Drs. 15/1783, S. 10

[1005] Stellungnahme des Bundesrats in der 795. Sitzung vom 19.12.2003, BR-Drs. 746/ 03

[1006] PITSCHAS, *Integration behinderter Menschen....*, a. a. O., S. 66, 76

[1007] Partizipationsmodell der „International Classification of Functioning, Disability and Health (ICF), beschlossen von der WHO im Mai 2001, vgl. BRAND, VOLKER: *Reformstau im Feststellungsverfahren nach dem Schwerbehindertengesetz*, in: br 1999, S. 79; MASUCH, *Die Beeinträchtigung der....*, a. a. O., S. 200 f.; REIMANN, *Recht der Rehabilitation und....*, a. a. O., S. 1438

heute noch maßgebliche Bezugnahme auf die für die gesetzliche Sozialversicherung und Kriegsopferversorgung entwickelte Minderung der Erwerbsfähigkeit verlässt und die noch bestehende Beziehung zwischen dem Grad der Behinderung und einer Rentenleistung als Ersatz für eine verminderte Erwerbsfähigkeit auflöst.[1008] So wird vorgeschlagen, auf der Grundlage des Klassifikationssystems der WHO ein zweistufiges Feststellungsverfahren zu entwickeln, das in der ersten Stufe die Feststellung einer Schwerbehinderteneigenschaft zur Inanspruchnahme allgemeiner Nachteilsausgleiche beinhaltet. Eine weitere Stufe der Behindertenfeststellung soll denjenigen vorbehalten bleiben, die ein berechtigtes Interesse an einer differenzierten und qualifizierten Feststellung der bei ihnen vorliegenden Auswirkungen der Funktionsbeeinträchtigungen nachweisen. Hierfür sollten allgemeinverbindliche Standards entwickelt werden, um insbesondere berufsbedingte Funktionsbeeinträchtigungen auszudrücken.[1009]

Ein anderer Vorschlag sieht vor, die Feststellungen zum Vorliegen von Behinderungen in drei Gruppen zusammen zu fassen, die die bisherigen Grade der Behinderung von 30 bis unter 50, von 50 bis 70 und von 80 bis 100 zusammenfassen.[1010] Dieser Vorschlag entspricht in etwa der Systematik, die in der früheren DDR zur Abstufung der Behinderteneigenschaft angewendet wurde.[1011]

Allen Vorschlägen ist die Lösung der Behindertenfeststellung von der Fixierung auf die graduierte Abstufung einer Erwerbsminderung gemeinsam und würde zu einer wesentlichen Verwaltungsvereinfachung bei den Feststellungsbehörden führen. Im derzeit unter den zuständigen Verwaltungen des Bundes und der Länder stattfindenden Abstimmungsprozess scheint man eine dreigestufte Feststellung der Behinderteneigenschaft zu favorisieren und damit letztlich auf das frühere System der DDR zurückzugreifen. Fest scheint allerdings zu stehen, dass die Behindertenfeststellung im Sinne einer Abkoppelung des bisherigen Verfahrens geändert wird.

1008 BRAND, *Reformstau im Feststellungsverfahren....*, a. a. O., S. 78 f.; DOLATA, *Die Grundlagen für....*, a. a. O., S. 4

1009 EICHBERGER, RUDOLF: *Neuere Tendenzen zur Reform des Schwerbehindertenrechts*, in: br 1997, S. 147 f.; ERNST, KARL-FRIEDRICH: *Zu einer Novellierung des Schwerbehindertengesetzes und zu einem Sozialgesetzbuch IX*, in: br 1999, S. 158; MATZEDER, KARL: *Neue Konzepte zur beruflichen Eingliederung von Menschen mit Behinderungen*, in: br 1999, S. 127

1010 SAUL, DIETER: *Abstufung des GdB in Zehner-Stufen: noch zeitgemäß?*, in: VersorgV 2000, S. 90

1011 Vgl. DOERNER, *Schwerbehindertenrecht im....*, a. a. O., S. 661; KUNZ, *Schwerbeschädigtenbetreuung in der....*, a. a. O., S. 74

Im Bereich der Behindertenbeschäftigung wurden durch die Förderung von Integrationsprojekten gem. §§ 132 ff. SGB IX neue Möglichkeiten geschaffen, soziale Unternehmen zur Beschäftigung von Behinderten und Benachteiligten zu gründen oder Bereiche von Unternehmen als Integrationsabteilungen auszubauen. Der Vergleich mit anderen Mitgliedstaaten der Europäischen Union zeigt, dass in Deutschland derartige Beschäftigungsformen noch ausbaubar sind.[1012] Ihre Praxistauglichkeit auch aus ökonomischer Sicht ist nachgewiesen; [1013] auf der Grundlage von Art. 137 Abs. 1 EGV werden derartige Projekte durch die Sozialpolitik der Europäischen Union gefördert. [1014]

Deshalb wird gefordert, die durch das SGB IX nur punktuell gelungene Aufhebung der Grenzen zwischen beruflicher Rehabilitation und behindertengerechter Arbeit durch Fortentwicklung des innerstaatlichen Rechts durchlässiger zu machen.[1015] *Rainer Pitschas* weist auf den erheblichen Fortschreibungsbedarf der Behindertenpolitik in Deutschland hin, der mit der Neuregelung des Behindertenrechts im SGB IX nicht ausgeschöpft werde. Es gehe darum, behinderten Menschen zur Potentialentfaltung zu verhelfen, statt durch Leistungsrecht Defizite ausgleichen zu wollen. Hierzu müsse ein „Lebenslage“- Konzept entwickelt werden, dass Lebensphasen, wie Kindheit und Jugend, Erwerbsleben und Alter erfasse und unterschiedliche Verwirklichungschancen bei den Selbstbestimmungsmöglichkeiten akzeptiere.[1016] Aus dieser Zusammenfassung der Fortentwicklungsmöglichkeiten im SGB IX wird auch deutlich, wie sehr dieses Teilgebiet des Sozialrechts mit den übrigen sozialen Rechtsgebieten verzahnt ist.

Die heutigen Zuständigkeiten und Aufgabenbereiche der Integrationsämter können allerdings auch als markantes Beispiel gelten, wie sich Bereiche des sozialrechtlichen Verwaltungsverfahrens von der bloßem Intervention hin zu einer Verwaltungspartnerschaft mit der solidarischen Bürgergesellschaft gewandelt haben. In Kündigungsschutzverfahren sind eher kooperative Sachverhaltsermittlungen und –entwicklungen durch die Beteiligten zielführend als die strikte Anwendung des Untersuchungsgrundsatzes nach § 20 SGB X, bei denen auch mediatorische Verfahrensgrundsätze der Streitschlichtung

---

[1012] STADLER, PETER: *Soziale Unternehmen zur Beschäftigung von Behinderten und Benachteiligten – Charakter, Bedeutung und Aufgaben am Beispiel ihrer Entwicklung in Italien und Großbritannien*, in: br 2004, S. 48 ff.

[1013] STREMMING, CLAUDIA: *Praxistauglichkeit von Integrationsunternehmen aus ökonomischer Sicht*, in: br 2004, S. 28 ff.

[1014] MROZYNSKI, *Neue Perspektiven der....*, a. a. O., S. 260 ff.; PRUNZEL, REGINE: *Behinderte Menschen in Europa*, in: br 2003, S. 43 ff.

[1015] MROZYNSKI, *Neue Perspektiven der....*, a. a. O., S. 261

[1016] PITSCHAS, *Integration behinderter Menschen...*, a. a. O., S. 75 f.

zum Einsatz kommen. Dabei ist das Kündigungsverfahren insgesamt durch seine strikte Fristenbindung an hohe Verfahrenseffizienz gebunden.[1017] Auch die vielfältigen Beratungs- und Unterstützungsleistungen der Integrationsämter bei der Arbeitsplatzgestaltung schwerbehinderter Menschen sind mehr durch Verfahrenspartnerschaft gekennzeichnet, als durch bloßen Verwaltungsvollzug. Schließlich belegen die Eingliederungsvereinbarungen und die Absprachen über Integrationsprojekte die Besonderheiten des Verwaltungsverfahrens der Integrationsämter, das sich zu einer bereichsbezogenen Kooperation zwischen der öffentlichen Hand und der Wirtschaftsgesellschaft gewandelt hat.[1018]

III. Entwicklung des öffentlichen Gesundheitswesens

1. Von der Medizinal- und Sanitätspolizei zur Gesundheitsverwaltung

a. Einleitende Problemskizze

Als öffentlicher Gesundheitsdienst wird der Teil der öffentlichen Verwaltung bezeichnet, dem die Wahrnehmung staatlicher Aufgaben im Gesundheitswesen übertragen ist. Zu diesen Aufgaben gehören die Ermittlung und Überwachung des Gesundheitszustandes der Bevölkerung oder bestimmter Bevölkerungsteile, die Feststellung und Beseitigung drohender Gefahren sowie der Schutz und die Förderung der Gesundheit der Bevölkerung oder bestimmter Teile von ihr.[1019] Hieraus ergeben sich als Aufgabenschwerpunkte des öffentlichen Gesundheitsdienstes die Gesundheitsvorsorge, die Gesundheitsaufsicht und Hygieneüberwachung, der gesundheitliche Umweltschutz und die Gesundheitshilfe für bestimmte Bevölkerungsgruppen.[1020]

Der öffentliche Gesundheitsdienst nimmt die dargestellten Aufgabenbereiche als handelndes Organ des öffentlichen Gesundheitswesens wahr, das in öffentlicher Trägerschaft mit der Gesundheitsförderung, –erhaltung und –wiederherstellung der Bevölkerung betraut ist.[1021] Das öffentliche Gesundheitswesen gehört neben dem Aufbau und der Unterhaltung von Si-

---

[1017] Vgl PITSCHAS, RAINER: *Das sozialrechtliche Verwaltungsverfahren....*, a. a. O., S. 776 f.

[1018] PITSCHAS, RAINER: *Das sozialrechtliche Verwaltungsverfahren....*, a. a. O., S. 780 f.

[1019] PITSCHAS, RAINER: *Öffentlicher Gesundheitsdienst und Verwaltungsverfahren*, in: NJW 1986, S. 2863

[1020] LABISCH, ALFONS: *Der öffentliche Gesundheitsdienst (öGD) angesichts neuer öffentlicher Gesundheitsleistungen (new public health),* in: Deppe, Ulrich (Herausg.): *Öffentliche Gesundheit = Public health*, Frankfurt, New York 1991, S. 84 f.

[1021] BESKE, FRITZ: *Gesundheitswesen*, in: Jeserich, Kurt G. A.; Pohl, Hans; Unruh, Georg-Christoph von (Herausg.): *Deutsche Verwaltungsgeschichte,* Bd. 5, Stuttgart 1986, S. 598

cherungssystemen für die Hauptrisiken von Altern, Invalidität, Krankheit, Arbeitslosigkeit und Pflege zu den Kernaufgaben des Sozialstaates und zur „Grundversorgung“ seiner Bürger.[1022]

Die Sicherstellung eines effizienten öffentlichen Gesundheitswesens durch die hiermit beauftragten staatlichen Organe steht deshalb im Zielbereich des Sozialstaatsprinzips des Grundgesetzes, das in der Sicherung eines menschenwürdigen Daseins für jedermann besteht und den Auftrag an Politik und Verwaltung beinhaltet, die sozialen Relationen in der Gesellschaft in Richtung auf Gleichheit zu verändern, die sozialen Gegensätze zu versöhnen und damit für eine gerechte Sozialordnung zu sorgen.[1023] Das in der Gesundheitsverwaltung organisierte öffentliche Gesundheitswesen ist so eine tragende Säule der staatlichen Daseinsvorsorge, mit der im gegliederten Sozialstaat dazu beigetragen wird, die materiellen Risiken der individuellen Lebensführung in einem marktwirtschaftlichen Gesellschaftssystem zu kompensieren und auszugleichen. Durch das öffentliche Gesundheitswesen und seine Verwaltung erfüllt der Sozialstaat in diesem Teilbereich der Daseinsvorsorge seinen durch Bundes- und Landesrecht vorgegebenen Sicherstellungsauftrag und ist zumindest in Teilbereichen sozialrechtlicher Verfahrensbeteiligter.[1024]

b. Die Anfänge des öffentlichen Gesundheitswesens in Deutschland

Das öffentliche Gesundheitswesen in Deutschland entwickelte sich seit dem Mittelalter aus polizeirechtlichen, gewerberechtlichen und fürsorgerechtlichen Vorgaben, mit denen das Seuchenwesen, die Ausübung der Heilberufe und die Gesundheitsfürsorge einer staatlichen Ordnung unterworfen wurden. So sollten bereits mittelalterliche Medizinalordnungen Seuchen eindämmen oder begrenzen; ihre Wirkungen waren allerdings mangels ausreichender Kenntnisse über ihre Ursachen und Ausbreitungsbedingungen wenig erfolgreich.

In den Städten und Territorien der absolutistischen Staaten wurde seit dem 17. Jahrhundert versucht, durch Trockenlegen von Sümpfen (Malaria), Absonderungen von Kranken (Lepra, Pest) und Absperrmaßnahmen (Pestkordon), Infektionskrankheiten einzudämmen oder ihre Verbreitung zu unterbinden sowie durch die Errichtung von öffentlichen Krankenhäusern und die Bereitstellung von Wasserversorgung, Kanalisation und Abfallbeseitigung die

---

[1022] PITSCHAS, *Der „neue“ soziale....*, a. a. O., S. 759; derselbe, *Die Zukunft der sozialen....*, a. a. O., S. 111

[1023] BVERFGE 1, 97, 105; 22, 180, 204; 93, 121, 163; vgl. auch PITSCHAS, *Der „neue“ soziale....*, a. a. O., S. 757

[1024] PITSCHAS, *Öffentlicher Gesundheitsdienst und....*, a. a. O., S. 2868 f.; RÜFNER, *Daseinsvorsorge und soziale....*, a. a. O., S. 1039 f.

Grundbedingungen eines öffentlichen Gesundheitswesens zu schaffen.[1025] Erst die Arbeiten von *Louis Pasteur, Rudolf Virchow, Max Josef von Pettenkofer, Robert Koch* und seiner Schüler schufen die wissenschaftlichen Grundlagen für eine rationale und kausale Seuchenbekämpfung als Voraussetzung für die Gestaltung eines wirksamen öffentlichen Gesundheitswesens.[1026]

In den Städten entstand bereits im Spätmittelalter parallel zum öffentlichen Armenwesen ein öffentliches Gesundheitswesen, bei dem städtische Ärzte und Hebammen eingestellt und Apotheken eröffnet wurden.[1027] Es war wie die Armenfürsorge Polizeiaufgabe im Sinne von hoheitlich-administrativer Tätigkeit zur Aufrechterhaltung der öffentlichen Sicherheit und Ordnung, mit dem durch kommunale und territoriale Vorgaben und Aufsichtstätigkeit ähnlich der Bauaufsicht, dem Feuerschutzwesen und der Gewerbepolizei Gefahrenabwehr in Form von Prävention, Abschottung von damals unheilbar Erkrankten und Verbesserungen der Lebensbedingungen durch Sauberkeit und rudimentäre Hygiene betrieben wurde.[1028]

Bis ins 20. Jahrhundert wurde zwischen polizeilicher Betätigung unter dem Sammelbegriff der Sanitätspolizei (Gesundheitspolizei) in Abgrenzung zur Verwaltungstätigkeit im Heilwesen als Medizinalpolizei[1029] unterschieden. Zum sanitätspolizeilichen Instrumentarium gehörten die Rechtsgrundlagen und Maßnahmen zur Seuchenabwehr und –bekämpfung, mit der die Territorialstaaten des 19. Jahrhunderts versuchten, epidemische Infektionserkrankun-

---

[1025] GÖCKENJAN, GERD: *Stichwort Gesundheit*, in: Deppe, Ulrich (Herausg.): *Öffentliche Gesundheit = Public health*, Frankfurt, New York 1991, S. 21 f.; LABISCH, ALFONS: *Entwicklungslinien des öffentlichen Gesundheitsdienstes in Deutschland*, in: Öff. Gesundh.-Wes. 1982, S. 746

[1026] Vgl. JANTZEN, WOLFGANG: *Gesundheit als humanwissenschaftliche Kategorie*, in: Deppe, Ulrich (Herausg.): *Öffentliche Gesundheit = Public health*, Frankfurt, New York 1991, S. 25 ff.; SCHUMACHER, WOLFGANG: *Bundes-Seuchengesetz*, 4. Aufl., Köln 1992, S. 2

[1027] POHL, HANS: *Die wirtschaftliche und soziale Entwicklung von Spätmittelalter bis zum ausgehenden 18. Jahrhundert*, in: Jeserich, Kurt G. A.; Pohl, Hans; Unruh, Georg-Christoph von (Herausg.): *Deutsche Verwaltungsgeschichte*, Bd. 1, Stuttgart 1983, S. S. 266

[1028] LABISCH, *Entwicklungslinien des öffentlichen....*, a. a. O., S. 747; UNRUH, GEORG-CHRISTOPH VON: *Polizei, Polizeiwissenschaft und Kameralistik*, in: Jeserich, Kurt G. A.; Pohl, Hans; Unruh, Georg Christoph von (Herausg.): *Deutsche Verwaltungsgeschichte,* Bd. 1, Stuttgart 1983, S. 407 f.

[1029] So JELLINEK, *Verwaltungsrecht*, a. a. O., S. 465 f.

gen mit hohem Gefährdungsgrad für die Bevölkerung aufzuspüren, ihre Quellen zu verstopfen und ihre Ausbreitungswege zu unterbrechen.[1030]

In Preußen wurde mit dem „Regulativ, betreffend sanitätspolizeiliche Vorschriften" von 1835 nach der Choleraepidemie von 1830/ 31 das erste wirksame Gesetz zur Seuchenabwehr erlassen.[1031] Bereits durch Medizinaledikt von 1725 waren dort mit dem Collegium Sanitatis und der Gesundheitspolizei zentrale Gesundheitsbehörden zur Seuchenbekämpfung geschaffen worden.[1032] Andere Ländergesetze schrieben den Impfschutz gegen Pocken vor, der 1796 von *Edward Jenner* empirisch durch Impfung mit Kuhpocken als Schutz gegen Menschenpocken gefunden wurde.[1033]

Das Heilwesen erfuhr im preußischen Staat ebenfalls durch das Medizinaledikt von 1725 eine erste staatliche Überwachung, als dort mit dem Ober-Collegium medicum eine zentrale Behörde zur Erteilung der staatlichen Erlaubnis zur Ausübung der Heilkunde geschaffen wurde.[1034] Neben dieser Medizinalpolizei bildete sich die „Staatsarzneikunde" als behördliche Disziplin im öffentlichen Gesundheitswesen heraus, der die Überwachung der Herstellung und des Vertriebs von Arzneimitteln oblag. Herstellung und Vertrieb von Arzneimitteln wurden neben der Approbation der Apotheker durch die Konzessionierung von Apotheken überwacht, deren Errichtung in Preußen seit 1825 durch die Provinzialregierungen abhängig vom Bedarf gesteuert wurde.[1035] Ihr Betrieb wurde durch von den Ländern erlassenen Apothekenbetriebsordnungen vorgeschrieben, die auch die Herstellung und die Abgabe von Arzneimitteln regelten.

[1030] Sogenannte „gemeingefährliche" Erkrankungen, wie Lepra, Cholera, Fleckfieber, Gelbfieber, Pest und Pocken, vgl. SCHUMACHER, *Bundes-Seuchengesetz*, a. a. O., S. 3

[1031] RÜFNER, WOLFGANG: *Preußen – Restauration und Konstitution*, in: Jeserich, Kurt G. A.; Pohl, Hans, Unruh, Georg-Christoph von (Herausg.): *Deutsche Verwaltungsgeschichte*, Bd. 2, Stuttgart 1983, S. 475

[1032] BESKE, *Gesundheitswesen*, a. a. O., S. 597 f.; LABISCH, *Entwicklungslinien des öffentlichen....*, a. a. O., S. 746 f.; vgl. auch VON UNRUH, *Polizei, Polizeiwissenschaft und....*, a. a. O., S. 409

[1033] *Edward Jenner* (1749 – 1823), englischer Arzt, entdeckte 1796 die Pockenschutzimpfung durch Übertragung der Kuhpocken auf den Impfling

[1034] ALBER, JENS: *Das Gesundheitswesen in der Bundesrepublik Deutschland*, Frankfurt 1992, S. 23; BESKE, *Gesundheitswesen*, a. a. O., S. 597 f.

[1035] Vgl. JELLINEK, *Verwaltungsrecht*, a. a. O., S. 466 unter Benennung der damals einschlägigen Vorschriften der Gewerbeordnung; LABISCH, *Entwicklungslinien des öffentlichen....*, a. a. O., S. 747; SCHUBERT, INGRID: *Apothekenwesen*, in: Bauer, Rudolf (Herausg.): *Lexikon des Sozial- und Gesundheitswesens*, 2. Aufl., München 1996, S. 107 f.

c. Das öffentliche Gesundheitswesen von 1871 bis 1918

Die Verfassung des deutschen Reiches von 1871 wies in Art. 4 Nr. 15 die Gesetzgebungskompetenz über „Maßregeln der Medizinal- und Veterinairpolizei" dem Reich zu, das auch seine Verwaltungskompetenz für diesen Bereich durch die Errichtung des Kaiserlichen Gesundheitsamtes in Berlin im Jahr 1876 dokumentierte.[1036] Auf Reichsebene wurde zur technischen Unterstützung des Reichskanzlers als dem administrativen Träger der Regierungsgewalt 1876 das Kaiserliche Gesundheitsamt (Reichsgesundheitsamt) geschaffen, das mit der Beaufsichtigung und Gesetzgebung in Angelegenheiten der Medizinalpolizei beauftragt wurde.[1037]

Das Reichsseuchengesetz von 1900 war das erste Reichsgesetz, mit dem die reichsrechtliche Regelungskompetenz im Gesundheitswesen wahrgenommen wurde.[1038] Im übrigen blieb die medizial- und sanitätspolizeiliche Vollzugsgewalt bei den nach dem allgemeinen Polizeirecht oder aufgrund von Spezialermächtigungen der Länder zuständigen Behörden der allgemeinen inneren Landesverwaltung entweder auf der Ebene der Bezirksregierungen oder auf Ortsebene. Dabei fungierten die Gesundheitsämter als Sonderpolizeibehörden der Verwaltungspolizei mit sanitätspolizeilicher Vollzugsgewalt, während für das Heilwesen und den Arzneimittelverkehr die Gewerbepolizei zuständig war.[1039]

Rechtsgrundlage sowohl für die Ausübung der Berufe des Heilwesens als auch für den Betrieb von Apotheken und die dort ausgeübte Herstellung von Arzneimitteln wurde die ab 1871 allen Länder eingeführte Gewerbeordnung von 1869,[1040] dessen § 6 Abs. 1 Satz 2 die Ausübung der Heilkunde an die ausdrücklichen Bestimmungen der Gewerbeordnung bindet. Hierzu be-

---

[1036] BESKE, FRITZ (HERAUSG.): *Das Gesundheitswesen in Deutschland*, 2. Aufl., Köln 1995, S. 43; GÖCKENJAN, *Stichwort: Gesundheit*, a. a. O., S. 22

[1037] GÖCKENJAN, *Stichwort: Gesundheit*, a. a. O., S. 22; MORSEY, RUDOLF: *Die Erfüllung von Aufgaben des Norddeutschen Bundes und des Reiches durch Behörden des Bundes und des Reiches*, in: Jeserich, Kurt G. A.; Pohl, Hans; Unruh, Georg-Christoph von (Herausg.): *Deutsche Verwaltungsgeschichte*, Bd. 3, Stuttgart 1984, S. 176

[1038] Gesetz, betreffend die Bekämpfung gemeingefährlicher Krankheiten vom 30.06.1900 (RGBl. S. 306). Das bereits am 08.04.1874 erlassene Impfgesetz (RGBl. S. 31) hatte die zuvor geltenden Gesetze der Länder zum Schutz vor Pocken reichseinheitlich zusammengefasst.

[1039] GROEBEN, KLAUS VON DER: *Allgemeine und besondere polizeiliche Aufgaben*, in: Jeserich, Kurt G. A.; Pohl, Hans; Unruh, Georg-Christoph von (Herausg.): *Deutsche Verwaltungsgeschichte*, Bd. 3: Das Deutsche Reich bis zum Ende der Monarchie, Stuttgart 1984, S. 451

[1040] Gewerbeordnung vom 21.06.1869 (RGBl. S. 245)

stimmte § 29 Abs. 1 ergänzend, dass „diejenigen Personen, welche sich als Ärzte (Wundärzte, Augenärzte, Geburtshelfer, Zahnärzte und Tierärzte) oder mit gleichbleibenden Titeln bezeichnen oder seitens des Staates oder einer Gemeinde als solche anerkannt oder mit amtlicher Funktion betraut werden sollen“ einer Approbation aufgrund eines Nachweises der Befähigung bedürfen. Durch diese Bestimmungen war der approbierte Arzt zur Titelführung und in der Anstellungsmöglichkeit begünstigt; für Personen ohne Führung der Berufsbezeichnung als Arzt war die Ausübung eines Heilberufs jedoch grundsätzlich frei.[1041]

Apotheker hatten zur Berufsausübung eine Approbation nach § 29 Abs. 1 GewO nachzuweisen und benötigten zum Betrieb einer Apotheke eine Erlaubnis nach Landesrecht; nach § 6 Abs. 1 GewO fand für die Errichtung und Verlegung von Apotheken die Gewerbeordnung keine Anwendung.[1042] Die an den Verkauf in Apotheken gebundenen Heilmittel oder dem freien Verkehr zu überlassenden Apothekerwaren wurden gem. § 6 Abs. 2 GewO durch kaiserliche Verordnung bestimmt.[1043] Für die industrielle Herstellung von Arzneimitteln, die sich zu dieser Zeit fortschreitend entwickelte, bestanden keine gesetzlichen Bindungen mit Ausnahme ihres Vertriebs durch Apotheken, wenn sie aufgrund ihrer Wirkstoffe an den Apothekenvertrieb gebunden waren. Auch die Befugnisse der Aufsichtsbehörden gegenüber industriellen Arzneimittelherstellern beschränkten sich auf die allgemeinen gewerberechtlichen Aufsichtsbefugnisse gem. § 139 b GewO.

Die Leistungen des Heilwesens sowohl als Inanspruchnahme ärztlicher Leistungen als auch beim Vertrieb von Arzneimitteln erhielten durch den Aufstieg der Krankenkassen in Deutschland bereits vor den *Bismarck*-schen Sozialreformen eine kaufkräftige Nachfrage. Sie wurde durch die freien Hilfskassen der Zünfte, Gesellen und Knappschaften, die auf dem Gedanken der Unternehmerhaftpflicht beruhenden Fabrik-Krankenkassen und die durch Gemeinderecht angeordneten Zwangshilfskassen hervorgerufen und ließ die Zahl der

---

1041 JELLINEK, *Verwaltungsrecht*, a. a. O., S. 465 bezeichnet die Bestimmung des § 29 Abs. 1 GewO als „Freigabe des Kurpfuschertums“; vgl. auch ALBER, *Das Gesundheitswesen der....*, a. a. O., S. 24; LAUFS, ADOLF: *Arzt und Recht im Wandel der Zeit*, in: MedR 1986, S. 165 f.

1042 BVERFGE 7, 377, 389 ff.; SCHUBERT, *Apothekenwesen*, a. a. O., S. 107

1043 Verordnung vom 06.01.1875 betreffend den Verkehr mit Arzneimitteln (RGBl. S. 5), Anlage A (Zubereitungen als Heilmittel ausschließlich für den Vertrieb durch Apotheken) und Anlage B (Drogen und chemische Präparate ausschließlich für den Vertrieb durch Apotheken). Die Verordnung wurde mehrfach ersetzt, zuletzt durch Verordnung vom 22.10.1901 (RGBl. S 380), die nun nach Heilmitteln (Anlage A) und Stoffen (Anlage B) trennt, die außerhalb von Apotheken nicht feilgehalten oder verkauft werden dürfen. Sie galt bis zum Inkrafttreten des Arzneimittelgesetzes von 1961.

Ärzte und Apotheker stetig steigen.[1044] Hiermit einher ging die Notwendigkeit der Einrichtung eines wirksamen öffentlichen Gesundheitsdienstes.

Auf kommunaler Ebene wurde in Preußen und den süddeutschen Staaten durch Gesundheitsämter ein öffentliches Gesundheitswesen aufgebaut, das sowohl die staatlich-eingreifenden als auch die kommunal-fürsorgerischen Komponenten des Gesundheitswesens umfasste. Dabei kam es in Preußen zu einer Zweigliedrigkeit des öffentlichen Gesundheitswesens, bei der auf der Ebene der Landkreise als unteren staatlichen Behörden der Kreisarzt die staatliche Gesundheitsaufsicht wahrnahm, während in den größeren Städten vor allem in industriellen Ballungsgebieten die kommunale Gesundheitsfürsorge durch den Kommunalarzt ausgeübt wurde. Die Tätigkeit der Kreisärzte konzentrierte sich auf Aufgaben der Medizinalaufsicht im Heilwesen, die Sanitätsaufsicht mit gesundheitspolizeilichen Schwerpunkten, sozialhygienische Aufgaben und gerichts- und vertrauensärztliche Gutachtertätigkeit für Gerichte, Behörden und die Körperschaften der Sozialversicherung. In den kommunalen Gesundheitsämtern überwogen durch den Aufgabenschwerpunkt der kommunalen Gesundheitspflege die Anknüpfungspunkte an die gemeindliche Fürsorgetätigkeit.[1045]

d. Das öffentliche Gesundheitswesen in der Weimarer Republik (1919 – 1933)

In der Weimarer Reichsverfassung von 1919 erhielt das Gesundheitswesen durch Art. 7 Nr. 8 Verfassungsrang und wurde neben anderen Bereichen den Aufgaben der Reichsregierung zugeordnet. Der aus der Armenpflege entwickelte Bereich der Gesundheitsfürsorge als spezieller Fürsorge für Säuglinge, schulpflichtige Kinder und alte Menschen oder für bestimmte Krankheitsgruppen (Tuberkulöse, psychisch Kranke, Körperbehinderte oder Geschlechtskranke) bildete einen Unterfall von Art. 7 Nr. 7 WRV, der die Bevölkerungspolitik, die Mutterschafts-, Säuglings-, Kinder- und Jugendfürsorge umfasste. In diesem Zusammenhang wurde der Begriff des öffentlichen Gesundheitsdienstes für die öffentliche Aufgabenwahrnehmung im Gesundheitswesen geprägt.[1046] Da die Weimarer Reichsverfassung in Art. 14 den föderalen Grundsatz fortschrieb, die Reichsaufgaben durch die Länder ausführen zu lassen, soweit durch Reichsgesetz nicht etwas anderes bestimmt

---

[1044] ALBER, *Das Gesundheitswesen der....*, a. a. O., S. 24; BUTTERWEGGE, *Krise und Zukunft....*, a. a. O., S. 39

[1045] KÜHN, DIETRICH: *Gesundheitsamt*, in: Bauer, Rudolph (Herausg.): *Lexikon des Sozial- und Gesundheitswesens*, München 1996, S. 799; eingehend LABISCH, *Entwicklungslinien des öffentlichen....*, a. a. O., S. 747 ff.; vgl. auch LINDNER, ULRIKE: *Chronische Gesundheitsprobleme*, in: Aus Politik und Zeitgeschichte B 33-34/2003, S. 22

[1046] BESKE, *Gesundheitswesen*, a. a. O., S. 597 f.

wurde, blieb das Gesundheitswesen wie die Jugend- und Wohlfahrtspflege Angelegenheit der allgemeinen inneren Landesverwaltung, die in den Ländern entsprechend ihren spezifischen Eigenheiten des Verwaltungsaufbaus organisiert wurden.[1047]

Auf Reichsebene wurde das öffentliche Gesundheitswesen mit den Bereichen Medizinalpolizei, „Irrenwesen", Gesundheitsämter, Medizinalpersonen und Apothekenwesen in der Zuständigkeit des Reichsministeriums des Inneren gebündelt. Dort waren auch die Wohlfahrtspflege und die übrigen Bereiche der Volksgesundheit, wie die Bevölkerungspolitik, die Zuständigkeit für die Veterinärämter, die Schlachtvieh- und Fleischbeschau und der Nahrungsmittelverkehr in einer Abteilung zusammengefasst; zu seinem Geschäftsbereich gehörte das Reichsgesundheitsamt.[1048] Diese Gliederung innerhalb der Innenverwaltung war Vorbild für die Organisation der Landesverwaltungen bis in die Ebene der Bezirksregierungen. Dem Organisationsschema entsprachen die Zuständigkeitsaufteilungen in den obersten und oberen Innenbehörden der Länder noch bis in die jüngste Zeit.[1049]

Auf der unteren staatlichen und kommunalen Ebene blieb es bei den landesgesetzlichen Regelungen aus der Zeit vor 1919 und dem Dualismus zwischen Kreisarzt und Kommunalarzt, wobei allerdings in den Städten die Errichtung kommunaler Gesundheitsämter zunahm.[1050] Eine Initiative des Deutschen Gemeindetages für eine Kommunalisierung und Einbindung der kreisärztlichen Aufgaben in die kommunalen Gesundheitsämter konnte sich nicht durchsetzen.[1051]

e. Die Vereinheitlichung des Gesundheitswesens während der Zeit des Nationalsozialismus (1933 – 1945

Mit dem Gesetz über die Vereinheitlichung des Gesundheitswesens vom 03.07.1934[1052] ordnete der nationalsozialistische Führerstaat den öffentlichen Gesundheitsdienst auf der Ebene der Landkreise neu. Mit diesem Gesetz wur-

---

[1047] MÄDING, *Aufgabenfelder und Aufgabenzuordnung....*, a. a. O., S. 102

[1048] FROTSCHER, *Organisation der Reichsverwaltung....*, a. a. O., S. 115; GROEBEN, KLAUS VON DER: *Reichsinnenministerium*, in: Jeserich, Kurt G. A; Pohl, Hans; Unruh, Georg-Christoph von (Herausg.): *Deutsche Verwaltungsgeschichte* Bd. 4, Stuttgart 1985, S. 160 f.; MÄDING, *Aufgabenfelder und Aufgabenzuordnung....*, a. a. O., S. 102

[1049] Vgl. etwa für Bayern WAHL, *Die Organisation und....*, a. a. O., S. 248

[1050] LINDNER, *Chronische Gesundheitsprobleme*, a. a. O., S. 22 f.

[1051] KÜHN, *Gesundheitsamt*, a. a. O., S. 799 f. berichtet von 60 neu geschaffenen kommunalen Gesundheitsämtern in der Zeit zwischen 1919 und 1929

[1052] RGBl. I S. 531, ergänzt durch drei Durchführungsverordnungen vom 06.02.1935 (RGBl. I S. 177), vom 22.03.1935 (RGBl. I S. 215) und vom 30.03.1935 (RMBl. S. 327) den „in Anlehnung an die unteren Verwaltungsbehörden“ (§ 1) staatliche Gesundheitsämter eingerichtet, in denen unter Leitung eines staatlichen Amtsarztes (§§ 2 und 5 Abs. 1) die Aufgaben der Gesundheitspolizei (Sanitätspolizei) und der Gesundheitsfürsorge (§ 3 Abs. 1 Ziff. I a, c bis f) zusammengefasst wurden. Daneben übten die Gesundheitsämter die amts-, gerichts- und vertrauensärztlichen Tätigkeiten aus, die bereits bisher nach landesrechtlichen Regelungen Amtsärzten übertragen wurden. Schließlich hatten die Gesundheitsämter die Aufgabe der „Erb- und Rassenpflege, einschließlich der Eheberatung“ (§ 3 Abs. 1 Ziff. I b).[1053]

Das Aufgabengebiet der Medizinalpolizei blieb von diesem Gesetz unberührt; im gesundheitspolizeilichen Aufgabenbereich, der nun neben dem klassischen staatlichen Gesundheitsschutz und der kommunalen Gesundheitsfürsorge die menschenverachtende nationalsozialistische Erb- und Rassenpflege umfasste, wurde indessen ein Organisationsgesetz geschaffen, das zusammen mit seinen Durchführungsverordnungen und den nationalsozialistischen „Gesundheitsgesetzen“[1054] eine reichseinheitliche Organisation des öffentlichen Gesundheitsdienstes auf dem kleinsten gemeinsamen Nenner der bisherigen Länderregelungen herstellte.[1055]

Alfons Labisch bewertet dieses Konzept eines öffentlichen Gesundheitsdienstes mit seinem Versuch, den staatlichen Gesundheitsdienst und die kommunale Gesundheitsfürsorge mit den nationalsozialistischen Vorstellungen von Erb- und Rassenpflege als öffentliche Aufgabe in einer Behörde zu verbinden, bereits als in der NS-Zeit gescheitert. So habe der öffentliche Gesundheitsdienst schon damals alle gruppenspezifischen Aufgaben der Gesundheitsfürsorge an die Nationalsozialistische Volkswohlfahrt verloren und dafür im Gegenzug alle Verwaltungsaufgaben der nationalsozialistischen Erb- und Rassegesetze einschließlich der in diesen Zusammenhang anzuordnenden Zwangsmaßnahmen übernehmen müssen. Die Abkoppelung des öffentlichen Gesundheitsdienstes von sozialer Diagnose, gesundheitlicher Aufklärung und Vermittlung von Hilfe und seine Beschränkung auf diagnostische und letztlich denunziatorische Hilfstätigkeiten zur Durchsetzung der Erb- und Rassegesetze habe das Verständnis von öffentlichem Gesundheitsdienst und Ge-

---

[1053] Eingehend zu den Inhalten des Gesetzes LABISCH, *Entwicklungslinien des öffentlichen....*, a. a. O., S. 751 f.; vgl. auch LINDNER, *Chronische Gesundheitsprobleme*, a. a. O., S. 23 f.; STOLLEIS, *Geschichte des Sozialrechts....*, a. a. O., S. 186 f.

[1054] Darstellung der Einbindung der Gesundheitsämter beim Vollzug dieser Gesetze bei SACHßE/ TENNSTEDT, *Geschichte der Armenfürsorge....*, Bd. 3, a. a. O., S. 101 ff.

[1055] SACHßE/ TENNSTEDT, *Geschichte der Armenfürsorge....*, Bd. 3, a. a. O., S. 104

sundheitsfürsorge mit Fernwirkung bis weit in die Zeit der Bundesrepublik Deutschland nachhaltig zerstört.[1056]

2. Der öffentliche Gesundheitsdienst in Deutschland nach 1945

a. Besatzungsherrschaft 1945 bis 1949

Wie viele andere staatliche Verwaltungsbereiche wurde nach dem Zusammenbruch 1945 auch der öffentliche Gesundheitsdienst mit seinen gesundheitspolizeilichen Aufgaben in der Initiative der Gemeinden und Kreise aufrecht erhalten, die der wesentliche Faktor des Wiederaufbaus nach dem Untergang des NS-Führerstaates waren.[1057] Dabei waren die Besatzungsmächte daran interessiert, dass die Gesundheitsämter als die unteren Instanzen des öffentlichen Gesundheitswesens arbeitsfähig blieben, um mögliche Seuchen und die katastrophale Gesundheits- und Ernährungssituation der Bevölkerung im Nachkriegsdeutschland beherrschbar zu machen.

Die während der NS-Zeit eingesetzten Amtsärzte wurden wegen des Ärztemangels infolge hoher Verluste im Fronteinsatz zumeist in ihren Funktionen belassen.[1058] Auch das Gesetz über die Vereinheitlichung des Gesundheitswesens aus dem Jahr 1934 blieb, bereinigt um die Bestimmungen der Staatsaufsicht im NS-Führerstaat, weiterhin in Kraft.[1059] Dabei folgten die drei westlichen Besatzungsmächte ihrem Prinzip, die lokalen Verwaltungsstrukturen weitgehend zu erhalten und, wie auch bei der Weitergeltung der Deutschen Gemeindeordnung, die Befehlsgewalt der früheren nationalsozialistischen Staats- und Parteimacht durch ihre örtlichen Militärkommandos zu ersetzen.[1060] Die den Einfluss der NSDAP sichernden Bestimmungen der Deutschen Gemeindeordnung und des Gesetzes über die Vereinheitlichung des Gesundheitswesens waren durch die mit Gesetz des Kontrollrates Nr. 2[1061] verfügte Auflösung der NSDAP ohnehin außer Kraft gesetzt worden.

Die früher in den staatlichen Mittelinstanzen verankerten Aufgaben der Aufsicht über das Heilwesen und den Arzneimittelverkehr wurden weiterhin in diesen Behörden belassen, die sich in den einzelnen Besatzungszonen in unterschiedlicher Weise entwickelten. Ihre Besonderheiten werden bei der Ent-

---

1056 LABISCH, *Der öffentliche Gesundheitsdienst....*, a. a. O., S. 88 ff.; LINDNER, *Chronische Gesundheitsprobleme*, a. a. O., S. 23 f.; vgl. auch die ausführliche Darstellung bei SACHßE/ TENNSTEDT, *Geschichte der Armenfürsorge....*, Bd. 3, a. a. O., S. 101 ff.

1057 VON MUTHIUS, *Kommunalverwaltung und Kommunalpolitik*, a. a. O., S. 314 f.

1058 KÜHN, *Gesundheitsamt*, a. a. O., S. 800

1059 LABISCH, *Entwicklungslinien des öffentlichen....*, a. a. O., S. 752 f.

1060 VON MUTHIUS, *Kommunalverwaltung und Kommunalpolitik*, a. a. O., S. 315 f.

1061 Vgl. STERN, *Das Staatsrecht der....*, Bd. V, a. a. O., S. 945

wicklung der Sozialverwaltungen von Bayern, Nordrhein-Westfalen, Rheinland-Pfalz und Sachsen-Anhalt dargestellt

b. Die gesetzlichen Grundlagen der Aufgaben des öffentlichen Gesundheitsdienstes nach Inkrafttreten des Grundgesetzes

Die Kompetenzzuordnungen des Grundgesetzes, aus denen das Recht der Gesundheitsverwaltung hergeleitet wird, erfassen unterschiedliche Sachgebiete der konkurrierenden Gesetzgebung, die entweder ausschließlich das Gesundheitswesen betreffen oder diese öffentliche Aufgabe mit umfassen. Das Gesundheitswesen ist ummittelbar betroffen durch Art. 74 Abs. 1 Nr. 19 GG bei Maßnahmen gegen gemeingefährliche und übertragbare Krankheiten bei Menschen und Tieren, auf dessen Grundlage das Bundes-Seuchengesetz im Jahr 1961 und das dieses Gesetz ablösende Infektionsschutzgesetz vom 20.07.2000 erlassen wurde.

Art. 74 Abs. 1 Nr. 19 GG erfasst weiterhin die Zulassung zu ärztlichen und anderen Heilberufen und zum Heilgewerbe und bildet die Grundlage der konkurrierenden Gesetzgebungsbefugnis des Bundes für die von ihm erlassenen Approbationsordnungen für Ärzte, Zahnärzte, Apotheker und Psychotherapeuten. Art. 74 Abs. 1 Nr. 19 GG beinhaltet auch die Gesetzgebungsbefugnis des Bundes für den Verkehr mit Arzneien, Heil- und Betäubungsmitteln und Giften, auf dessen Grundlage im Jahr 1976 das Arzneimittelgesetz[1062], im Jahr 1981 das Betäubungsmittelgesetz[1063] sowie im Jahr 2002 das Medizinproduktegesetz[1064] erlassen wurden. In die konkurrierende Gesetzgebungskompetenz des Bundes fällt weiterhin die Regelungszuständigkeit der künstlichen Befruchtung beim Menschen, die Untersuchung und die künstliche Veränderung von Erbinformationen sowie der Transplantation von Organen und Geweben gem. Art. 74 Abs. 1 Nr. 26 GG, auf Grund derer im Jahr 1990 das Gentechnikgesetz erging.[1065]

Diese Gesetze bilden den Kern des Rechts der Gesundheitsverwaltung, das sich wie das Gesundheitsrecht selbst als Sammelbegriff für eine Vielzahl ver-

[1062] Gesetz über den Verkehr mit Arzneimitteln vom 24.08.1976 (BGBl. I S. 2445) idF der Bek. v. 11.12.1998 (BGBl. I S. 3586), zuletzt geändert am 30.07.2004 (BGBl. I S. 2031)

[1063] Gesetz über den Verkehr mit Betäubungsmitteln vom 28.07.1981 (BGBl. I S. 681, 1187) idF der Bek. v. 01.03.1994 (BGBl. I S. 358), zuletzt geändert am 22.12.2003 (BGBl. I 2004 S. 28)

[1064] Gesetz über Medizinprodukte vom 02.08.1994 (BGBl. I S. 1936) idF der Bek. v. 07.08.2002 (BGBl. I S. 3146), zuletzt geändert am 25.11.2003 (BGBl. I S. 2304)

[1065] Gesetz zur Regelung der Gentechnik vom 20.06.1990 (BGBl. I S. 1080) idF der Bek. v. 16.12.1993 (BGBl. I S. 2066), zuletzt geändert am. 22.06.2004 (BGBl. I S. 1248)

schiedener Rechtsgebiete gebildet hat.[1066] Weitere gesundheitsschützenden Sachgebiete sind in Art. 74 Abs. 1 Nr. 11 a GG mit der Gesetzgebungskompetenz zum Schutz gegen Gefahren beim Freiwerden von Kernenergie oder durch ionisierende Strahlen erfasst, auf deren Grundlage das Atomgesetz aus dem Jahr 1976[1067] erging, das primär dem Gewerbe- und Umweltrecht zugeordnet wird, allerdings auch gesundheitsschützende Vorschriften enthält. Gleiches gilt für die in Art. 74 Abs. 1 Nr. 20 GG enthaltene Gesetzgebungsermächtigung zum Schutz beim Verkehr mit Lebens- und Genussmitteln sowie Bedarfsgegenständen, aufgrund dessen das dem Gewerberecht zugerechnete Lebensmittel- und Bedarfsgegenständegesetz 1993 erlassen wurde.[1068]

Das in Art. 74 Abs. 1 Nr. 7 GG im Sachgebiet der öffentlichen Fürsorge enthaltene Teilgebiet der Gesundheitsfürsorge mit Schulgesundheitspflege, Gesundheitspflege für Mutter und Kind und Gesundheitsförderung und –vorsorge hat keine bundesgesetzlichen Handlungsanweisungen an die Länder erfahren. Diese öffentlichen Aufgabenfelder gingen nach 1949 nach und nach in das Betätigungsfeld der niedergelassenen Ärzte über, die auch erreichen konnten, dass diese öffentlichen Aufgaben über die gesetzliche Krankenversicherung finanziert wurde.[1069]

Zum Recht der Gesundheitsverwaltung gehören darüber hinaus landesrechtliche Bestimmungen zum Schutz von psychisch kranken Personen[1070] und zur Röntgenuntersuchung. Weiterhin sind ihm die landesrechtlichen Vorschriften zuzurechnen, die die Ausübung von ärztlichen und nichtärztlichen Heilberufen und des Heilgewerbes jenseits der Zulassung, wie das Facharztwesen, regeln.[1071] Zu den gesundheitsschützenden Landesgesetzen gehören schließlich

---

1066 MAUNZ, THEODOR: *Sozialrecht*, in: Maunz, Theodor; Obermayer, Klaus; Berg, Wilfried; Knemeyer, Franz-Ludwig (Herausg.): *Staats- und Verwaltungsrecht in Bayern*, 5. Aufl., Stuttgart, München, Hannover 1988, S. 645; SODAN, *Gesundheitsrecht*, a. a. O., S. 767

1067 Gesetz über die friedliche Verwendung der Kernenergie und den Schutz gegen ihre Gefahren vom 23.12.1959 (BGBl. I S. 814) idF der Bek. v. 15.07.1985, (BGBl. I S. 1565), zuletzt geändert am 06.01.2004, BGBl. I S. 2)

1068 Gesetz über den Verkehr mit Lebensmitteln, Tabakerzeugnissen, kosmetischen Mitteln und sonstigen Bedarfsgegenständen vom 15.08.1974 (BGBl. I S. 1945, 1975 S. 2652) idF der Bek. v. 09.09.1997 (BGBl. I S. 2296), zuletzt geändert am 13.05.2004 (BGBl. I S. 934)

1069 GÖCKENJAHN, *Stichwort: Gesundheit*, a. a. O., S. 23 f.; GRUNOW, DIETER; GRUNOW-LUTTER, VERA: *Der öffentliche Gesundheitsdienst im Modernisierungsprozess*, Weinheim und München 2000, S. 12; LABISCH, *Der öffentliche Gesundheitsdienst....*, a. a. O., S. 92 f.

1070 Beispielsweise das rheinland-pfälzische Landesgesetz für psychisch kranke Personen vom 17.11.1995 (GVBl. S. 473)

1071 Nach BVERFGE 33, 125, 154 f. gehören Regelungen der ärztlichen Weiterbildung nach Erteilung der Approbation und damit die gesamte Regelung des Facharztwesens zur aus-

Bestimmungen zum Schutz und zur Qualitätssicherung von Trink-, Heil- und Badewässern und zur Hygiene.[1072]

c. Die organisationsrechtlichen Grundlagen des öffentlichen Gesundheitsdienstes

Der Bund hat in einigen Sachgebieten des Gesundheitswesens Rahmenkompetenzen, die in den entsprechenden Bundesgesetzen festgelegt sind. Sie werden vom für das Gesundheitswesen zuständigen Bundesministerium (heute das Bundesministerium für Gesundheit und Soziale Sicherung) ausgeübt, das sich bis 1993 des Bundesgesundheitsamtes als oberer Bundesbehörde und Nachfolgerin des Kaiserlichen Gesundheitsamtes bediente. Diese Bundesoberbehörde wurde durch des BGA-Nachfolgegesetz im Jahr 1994 durch drei Bundesinstitute ersetzt.[1073] Der Schwerpunkt der Vollzugskompetenz der gesundheitsschützenden Bundesgesetze liegt indessen bei den Bundesländern, die diese Gesetze als eigene Angelegenheiten gem. Art. 83 GG vollziehen und denen die entsprechenden Befugnisse zur Überwachung und zur Anordnung von Vollzug und Zwangsmaßnahmen übertragen sind.[1074]

Für den organisatorischen Bereich des Gesundheitswesens in den Ländern war auch über 1949 hinaus lange Zeit das durch die Besatzungsmächte bereinigte Gesetz über die Vereinheitlichung des Gesundheitswesens von 1934 die allein gültige Rechtsgrundlage.[1075] Erst 1979 reagierte Schleswig-Holstein auf die durch die Fortentwicklung des Gesundheitswesens und die in diesem Zusammenhang vom Bund erlassenen rechtlichen Vorgaben notwendig gewordenen Veränderungen der Aufgabenstellung des öffentlichen Gesundheitsdienstes und löste das noch aus der NS-Zeit stammende Gesetz durch ein ei-

---

schließlichen Gesetzgebungszuständigkeit der Länder; vgl. auch MAUNZ, in: Maunz/ Dürig, *Grundgesetz Kommentar*, a. a. O., Art. 74 Rdnr. 214

1072 PITSCHAS, *Öffentlicher Gesundheitsdienst und....*, a. a. O., S. 2863

1073 Gesetz über die Neuordnung zentraler Einrichtungen des Gesundheitswesens (BGBl. I S. 1416). Anlass dieser organisationsrechtlichen Neuordnung waren AIDS-Erkrankungen, die durch Verwendung von verseuchten Blutkonserven entstanden, für die auch Pflichtverletzungen des Bundesgesundheitsamts verantwortlich gemacht wurden. Die Nachfolgeinstitute sind das Bundesinstitut für Arzneimittel und Medizinprodukte, das Robert-Koch-Institut –Bundesinstitut für Infektionskrankheiten und nicht übertragbare Krankheiten– und das Bundesinstitut für Verbraucherschutz und Veterinärmedizin, vgl. auch SODAN, *Gesundheitsrecht*, a. a. O., S. 777

1074 BESKE, *Gesundheitswesen*, a. a. O., S. 600; MAUNZ, *Sozialrecht*, a. a. O., S. 645; SODAN, *Gesundheitsrecht*, a. a. O., S. 776

1075 BESKE, *Gesundheitswesen*, a. a. O., S. 601; LABISCH, *Entwicklungslinien des öffentlichen....*, a. a. O., S. 751 f.; PITSCHAS, *Öffentlicher Gesundheitsdienst und....*, a. a. O., S. 2864; LINDNER, *Chronische Gesundheitsprobleme*, a. a. O., S. 25

genes Gesetz über den öffentlichen Gesundheitsdienst ab.[1076] Rheinland-Pfalz erließ am 17.11.1995 sein Landesgesetz über den öffentlichen Gesundheitsdienst,[1077] . Ihm folgten Nordrhein-Westfalen 1997,[1078] das Saarland 1999[1079] und Hamburg 2001.[1080] Die übrigen Bundesländer, mit Ausnahme von Hessen, Niedersachsen und Thüringen haben inzwischen ebenfalls eigene Landesgesetze über den öffentlichen Gesundheitsdienst erlassen.

d. Die heutige Struktur des öffentlichen Gesundheitsdienstes in Deutschland auf der unteren Verwaltungsebene

Der öffentliche Gesundheitsdienst ist heute lediglich noch in den aufgeführten drei Bundesländern als landeseigene Sonderverwaltung organisiert; in allen übrigen Bundesländern gehört er zum Aufgabenbereich der Landkreise und kreisfreien Städte. Bei dieser „Kommunalisierung" des öffentlichen Gesundheitsdienstes, der in der Literatur als sachdienlich eingefordert wurde,[1081] müssen allerdings die Bindungen der Kreise und Städte durch die Staatsaufsicht berücksichtigt werden, die aus jedem Landesgesetz über den öffentlichen Gesundheitsdienst und den korrespondierenden Verwaltungsverfahrensgesetzen zu beantworten sind.

Den unterschiedlichen Strukturen des öffentlichen Gesundheitsdienstes in Deutschland ist gemeinsam, dass die Gesundheitsbehörden auf der Ortsebene als medizinische Fachbehörden der gesundheitlichen Gefahrenabwehr und gesundheitlichen Beratung organisiert sind, denen mit Ausnahme ausdrücklicher bundes- und landesrechtlicher Aufgabenzuordnung keine Aufgaben des Verwaltungsvollzugs übertragen sind.[1082] *Rainer Pitschas* kritisiert diese herkömmlichen Verfahrensbindungen und fordert, die überkommenen Rezepte und Strukturen der Gefahrenabwehr durch einen bevölkerungs- und sozialme-

---

[1076] Gesetz über den öffentlichen Gesundheitsdienst vom 26.03.1979 (GVOBl. Schl.-H. S. 224), zitiert bei PITSCHAS, *Öffentlicher Gesundheitsdienst und....*, a. a. O., S. 2864. Dieses Gesetz wurde inzwischen durch das Gesetz über den öffentlichen Gesundheitsdienst vom 14.12.2001 (GVOBl. Schl.-H. S. 398) ersetzt.

[1077] GVBl. S. 485, zuletzt geändert am 12.10.1999 (GVBl. S. 325)

[1078] GVBl. S. 431

[1079] Gesetz über den öffentlichen Gesundheitsdienst vom 19.05.1999 (Amtsbl. S. 844)

[1080] Gesetz über den öffentlichen Gesundheitsdienst in Hamburg vom 18.07.2001 (Hamb. GVBl. S., 201)

[1081] Vgl. KÜHN, *Gesundheitsamt*, a. a. O., S. 798; PITSCHAS, *Kommunale Sozialpolitik*, a. a. O., S. 1328

[1082] LINDNER, *Chronische Gesundheitsprobleme*, a. a. O., S. 27 f.; MAUNZ, *Sozialrecht*, a. a. O., S. 647

dizinischen Handlungsauftrag mit neuen makropolitischen gesundheitlichen Überwachungsfunktionen zu ersetzen.[1083]

Seine Vision von der Entwicklung des öffentlichen Gesundheitsdienstes zum eigenständigen Sozialleistungsträger und der Entwicklung einer einheitlichen gesetzlichen Grundlage in einem „Gesundheitsgesetzbuch" [1084] setzt allerdings eine Rückbesinnung auf die Aufgabenschwerpunkte des öffentlichen Gesundheitsdienstes voraus, die, wie *Alfons Labisch* feststellt, von einem subsidiären Zurückweichen originärer Aufgaben des öffentlichen Gesundheitswesens zugunsten der Leistungserbringung durch niedergelassene Ärzte und ihre Kostentragung durch die Sozialversicherungsträger gekennzeichnet sind.[1085] Die Austrocknung des öffentlichen Gesundheitsdienstes habe dazu geführt, dass der öffentliche Gesundheitsdienst heute auf einen Medizinalüberwachungsverein ähnlich dem Technischen Überwachungsverein und ein Arztnotariat reduziert sei. Diese Entwicklung habe den öffentlichen Gesundheitsdienst in Deutschland im Vergleich zu Entwicklungen von „new public health" in vergleichbaren Industriestaaten in eine Randposition geraten lassen.[1086]

e. Landesbehörden im Gesundheitswesen

Gegenüber den Gesundheitsverwaltungen auf der Ortsebene haben die oberen Gesundheitsverwaltungen der Länder oder ihre Mittelbehörden im Bereich der Überwachung des Heilwesens, der Herstellung und den Vertrieb von Arzneimitteln und Medizinprodukten einen Bedeutungszuwachs erhalten, dem sie nur durch Bereitstellung zusätzlichen Fachpersonals gerecht werden können. Die Europäisierung der pharmazeutischen Industrie[1087] und die stetige Zunahme von nichtakademischen Heilberufen erfordern ständig steigenden Bedarf an medizinischer und pharmazeutischer Prüf- und Überwachungstätig-

[1083] PITSCHAS, *Öffentlicher Gesundheitsdienst und....*, a. a. O., S. 2865 ff.; derselbe, *Kommunale Sozialpolitik*, a. a. O. S. 1329 f.

[1084] PITSCHAS, *Öffentlicher Gesundheitsdienst und....*, a. a. O., S. 2865, 2868

[1085] Die Subsidiarität der Gesundheitshilfe ist in § 5 Abs. 3 Satz 1 ÖGdG für Rheinland-Pfalz ausdrücklich normiert.

[1086] LABISCH, *Der öffentliche Gesundheitsdienst....*, a. a. O., S. 93 ff.; derselbe, *Entwicklungslinien des öffentlichen....*, a. a. O., S. 753 f.; ähnlich GRUNOW/ GRUNOW-LUTTER, *Der öffentliche Gesundheitsdienst....*, a. a. O., S. 16 f.; im Zusammenhang mit Arzneimittelsicherheit HART, DIETER: *Arzneimittelsicherheit und Länderüberwachung*, in: MedR 1993, S. 208

[1087] Zur volkswirtschaftlichen Bedeutung der Arzneimittelindustrie in Deutschland und Europa HAINIKA, *Europäisches Arzneimittelrecht*, in: MedR 2000, S. 63

keit, für deren Wahrnehmung neue Antworten und Verfahren gefunden werden müssen.[1088]

Diese Behörden haben darüber hinaus infolge der raschen Verbreitung von epidemischen und pandemischen Krankheitserregern durch den ständig steigenden internationalen Reiseverkehr insbesondere auf dem Luftweg und seine immer kürzer werdenden Reisezeiten eine Durchsetzungs- und Koordinationsverantwortung erhalten, für deren Wahrnehmung die herkömmlichen Instrumente der Wirtschaftsüberwachung nur eingeschränkt tauglich sind. Denn in dem Maße, in dem die untere Verwaltungsebene des öffentlichen Gesundheitsdienstes der Dienstaufsicht und teilweise sogar der Fachaufsicht der obersten Gesundheitsbehörden auf Landesebene entzogen ist,[1089] können landeseinheitliche gesundheitsschützende Maßnahmen der Gefahrenabwehr bei Seuchengefahr oder terroristischen Angriffen mit biologischen Kampfmitteln in Durchsetzung und Koordination gefährdet sein.

Die Gesundheitsverwaltung auf Landesebene ist in den Ländern unterschiedlich organisiert. In Ländern mit zweistufigem Verwaltungsaufbau ist den Gesundheitsabteilungen des jeweiligen Fachministeriums oder der Senatsverwaltung ebenfalls die Aufgabe der oberen Gesundheitsbehörde zugeordnet, in denen die Aufsicht über das Heilwesen und die Arzneimittel- und Medizinprodukteherstellung wahrgenommen wird.[1090] Von den Ländern mit dreistufigem Verwaltungsaufbau wird die Aufgabe der oberen Gesundheitsbehörde teilweise in oberen Landesbehörden als eigene Fachverwaltung,[1091] teilweise in oberen Landesbehörden mit Bündelungsfunktion für mehrere Fachverwaltungsbereiche durchgeführt.[1092]

In den übrigen Bundesländern sind die Aufgaben der oberen Gesundheitsverwaltung in die Aufgabenpalette der Bezirksregierungen integriert;[1093] Thürin-

---

1088 Vgl. PITSCHAS, *Öffentlicher Gesundheitsdienst und....*, a. a. O., S. 2865, der dies allerdings als Aufgabe für die Gesundheitsämter vorschlägt.

1089 So ist in Schleswig-Holstein nach § 3 Abs. 2 seines Gesetzes über den öffentlichen Gesundheitsdienst (GVOBl. Schl.-H., S. 398) die Aufsicht des Landes auf die Rechtsaufsicht beschränkt.

1090 Dies sind die drei Stadtstaaten Berlin, Bremen und Hamburg und das Land Schleswig-Holstein.

1091 Landesgesundheitsämter in Mecklenburg-Vorpommern und Niedersachsen

1092 Landesamt für Soziales und Versorgung in Brandenburg, Landesamt für Soziales, Jugend und Versorgung in Rheinland-Pfalz, Landesamt für Verbraucher-, Gesundheits- und Arbeitsschutz im Saarland

1093 Baden-Württemberg hat zwar ein Landesgesundheitsamt, das allerdings nicht die Aufgabe einer höheren Gesundheitsbehörde ausübt, sondern die höheren Gesundheitsbehörden (Fachministerium, Bezirksregierungen) als Fachbehörde berät (§§ 2 Abs. 1, 5 Abs. 1 des baden-württembergischen Gesetzes über den öffentlichen Gesundheitsdienst)

gen mit nur einer Oberbehörde der allgemeinen Verwaltung in der Mittelinstanz hat diese Aufgabe beim Landesverwaltungsamt angesiedelt. Auch in dieser unterschiedlichen Aufgabenzuordnung kommt die Sichtweise von der Funktion der Gesundheitsverwaltung zum Ausdruck, die bei der Zuordnung zur allgemeinen Verwaltung in der Mittelinstanz noch vom Polizeivollzug geprägt ist, während bei der Organisation als Fachverwaltung die Funktion des öffentlichen Gesundheitsdienstes als Verwaltungsträger der Daseinsvorsorge überwiegt, der bei der seiner Eingliederung mit weiteren Aufgaben in eine Landessozialverwaltung sogar vom Leitgedanken der Gesundheitsverwaltung als Sozialleistungsträger geprägt sein könnte.[1094]

f. Europarechtliche Regelungsvorgaben für das öffentliche Gesundheitswesen

Seit dem am 02.10.1997 unterzeichneten Vertrag von Amsterdam ist in Art. 152 EGV die Gesundheitskompetenz der Europäischen Gemeinschaft festgelegt. Die Vorschrift weist dem Europäischen Rat (Art. 4 Abs. 1 EGV) die Kompetenz zu, Qualitäts- und Sicherheitsstandards für „Organe und Substanzen menschlichen Ursprungs sowie für Blut und Blutderivate" festzulegen und Förderungsmaßnahmen zum Gesundheitsschutz zu ergreifen. Diese Kompetenzzuweisung beinhaltet einen gemeinschaftspolitischen Sicherstellungsauftrag für ein hohes Gesundheitsschutzniveau[1095] und die Entwicklung von Möglichkeiten für eine gemeinschaftliche Gesundheitspolitik und ihre Instrumentarien.[1096]

Entsprechend dem Strukturprinzip der begrenzten Einzelermächtigung nach Art. 5 Abs. 1 EGV und der in ihm enthaltenen Aufteilung der Gesetzgebungszuständigkeiten zwischen der Gemeinschaft und den Mitgliedsländern[1097] beschränkt sich die Befugnis nach Art. 152 EGV allerdings auf die Koordination der Gesundheitspolitiken und –programme der Mitgliedsstaaten in den aufgeführten Bereichen und das Ergreifen von Initiativen für diese Koordination.[1098]

[1094] Diese Zuordnung nimmt PITSCHAS, *Öffentlicher Gesundheitsdienst und....*, a. a. O., S. 2868 vor.

[1095] HIRSCH, *Einfluss der EG....*, a. a. O., S. 587 f.; PITSCHAS, *Inhalt und Reichweite....*, a. a. O., S. 465

[1096] HANIKA, *Europäische Gesundheitspolitik*, a. a. O., S. 195; SCHULTE, *Das Europäische....*, a. a. O., S. 72 f.

[1097] BERGMANN, *Grundstrukturen der Europäischen....*, a. a. O., S. 456; OPPERMANN, *Europarecht*, a. a. O., S. 197 ff.

[1098] OPPERMANN, *Europarecht*, a. a. O., S. 892 ff.

Das wichtigste Instrument der Europäischen Union im Gesundheitsbereich ist also die Förderung und Unterstützung der Zusammenarbeit der Mitgliedstaaten, deren nationale Verantwortung für die Gesundheitspolitik auch nach dem Vertrag von Amsterdam erhalten geblieben ist;[1099] eine Harmonisierung der nationalen Gesundheitssysteme ist (noch) ausdrücklich ausgeschlossen.[1100] Allerdings besteht die Verpflichtung der Gemeinschaft, bei ihren Angleichungsmaßnahmen von einem hohen Gesundheitsschutz auszugehen (Art. 95 Abs. 3 EGV). Zu ihren Aufgaben gehört auch die die Gesundheitsversorgung umfassende soziale Absicherung von Wanderarbeitnehmern (Art 136 EGV).

Darüber hinaus haben die Gemeinschaft und die Mitgliedsstaaten gem. Art. 152 Abs. 3 EGV im Gesundheitswesen gleichrangige Zuständigkeiten gegenüber Drittländern und den für das Gesundheitswesen zuständigen internationalen Organisationen. Hieraus ergeben sich Zuständigkeiten der Europäischen Union, welche die vor dem Vertrag von Amsterdam noch geltenden ausschließlichen Zuständigkeiten der Mitgliedsländer überlagern[1101] und als der Beginn einer Harmonisierung im öffentlichen Gesundheitswesen angesehen werden können.

Die Ausrichtung der Europäischen Union als Wirtschafts- und Währungsunion prägt die Zuständigkeitsverteilung zwischen den Organen der Union und der Mitgliedsländer, die im Bereich der Systeme der sozialen Sicherheit einschließlich des öffentlichen Gesundheitswesens bei den Mitgliedsstaaten verblieben ist. Die wirtschaftlichen Grundfreiheiten und das Wettbewerbsrecht der Europäischen Union beeinflussen jedoch auch die Systeme der sozialen Sicherheit der Mitgliedstaaten, wie durch die Rechtsprechung des Europäischen Gerichtshofs zur Kostenerstattung in den Sozialversicherungssystemen in den Urteilen *Kohll* und *Decker* belegt ist.[1102] Sie bestätigen die EG-rechtlichen Einflüsse auf das nationale Recht der Sozialleistungen in den Mitgliedsstaaten, allerdings unter bisheriger Beibehaltung des Grundsatzes der Sozialpolitik als nationale Gestaltungsaufgabe.[1103]

Diese Anfänge eines grenzüberschreitenden Gesundheitsmarktes innerhalb der Europäischen Union, ihre Einflüsse auf die Anbieter und Nachfrager von

---

1099 HANIKA, Europäische Gesundheitspolitik, a. a. O., S. 195

1100 HIRSCH, *Einfluss der EG....*, a. a. O., S. 588

1101 OPPERMANN, *Europarecht*, a. a. O., S. 893 f.

1102 EuGH, Urt. v. 28.04.1998 RS C-120/95 (Decker ./. Caisse de maladie des employés privés) in: EuGHE 1998, I-1831, und RS C-158/96 (Kohll ./. Union des caisses de maladie) in: EuGHE 1998, I-1931; vgl. auch EICHENHOFER, *Tragweite europäischen Sozialrechts....*, a. a. O., S. 847 ff.

1103 HIRSCH, *Einfluss der EG....*, a. a. O., S. 588; OPPERMANN, *Europarecht*, a. a. O., S. 892 f.

Waren und Dienstleistungen des Gesundheitswesens und die Einbindung der Sozialversicherungssysteme stellen wohl erst den Beginn einer Harmonisierung im Gesundheitswesen dar, die auch die nationalen öffentlichen Gesundheitsdienste erfassen werden. Hierfür spricht auch das Aktionsprogramm der Europäischen Kommission zur Neuorientierung der Politik im Bereich der nationalen Gesundheit als Reaktion auf die Kompetenzzuweisung nach Art. 152 EGV.[1104] Die Aktionsbereiche der Verbesserung der Information zur Entwicklung der öffentlichen Gesundheit und der raschen Reaktion auf Gesundheitsgefahren erfassen den Kernbereich der nationalen öffentlichen Gesundheitsdienste und werden auch hier zu einer Angleichung der nationalen Ausprägungen führen.

Der Einfluss der Europäischen Gesundheitspolitik mit seinem jetzt schon durch Art. 152 EGV erteilten Sicherstellungs- und Präventionsauftrag wird sich ausweiten und zu einem dichten Netz auch administrativer gesundheitspolitischer Steuerung innerhalb der Europäischen Union entwickeln.[1105] Dabei ist auch zu erwarten, dass die heutigen Defizite im föderal organisierten öffentlichen Gesundheitswesen in Deutschland mit seinen unterschiedlichen Ausprägungen erfasst und im Sinne neuer EU-weiter Standards beeinflusst werden.[1106]

3. *Überwachungsaufgaben im Gesundheitswesen*

a. Überwachungsaufgaben über Heil- und Gesundheitsfachberufe in Rheinland-Pfalz

Im Gesundheitsrecht kommen die hiermit befassten Verwaltungsträger durch ihr Verwaltungshandeln gegenüber Dritten der staatlichen Verpflichtung gem. Art. 2 Abs. 2 Satz 1 GG nach, das Grundrecht auf Leben und körperliche Unversehrtheit sicherzustellen, das der Gesetzgeber durch strafrechtliche oder privatrechtliche Schutzgesetze ausgestaltet hat.[1107] Dies sind die das Grundrecht der Berufs- und Gewerbefreiheit im Gesundheitswesen einschränkenden

---

[1104] Zitiert bei RATZEL, RUDOLF: *Grenzüberschreitender Gesundheitsmarkt innerhalb der EU, neue Chancen für Patienten und Leistungserbringer*, in: MedR 1999, S. 510 f.

[1105] PITSCHAS, *Europäische Gesundheitspolitik und....*, a. a. O., S. 462

[1106] HANIKA, *Europäische Gesundheitspolitik. Stärkung....*, a. a. O., S. 195 f.; PITSCHAS, *Europäische Gesundheitspolitik und....*, a. a. O., S. 462; derselbe, *Kommunale Sozialpolitik*, a. a. O., S. 1329 f. mit Vorschlägen für ein Kernprofil der Gesundheitsbehörden.

[1107] Zum Umfang der entsprechenden staatlichen Handlungsverpflichtung: BVERFGE 7, 198, 206 f.; 77, 170, 214; 77, 381, 402 f.; 79, 174, 201 f., zum Untermaßverbot insbesondere BVERFGE 88, 203, 254 f.; vgl. auch MAUNZ/ ZIPPELIUS, *Deutsches Staatsrecht*, a. a. O., S. 142, 162

Gesetze im Sinne von Art. 12 Abs. 1 Satz 2 GG.[1108] So schließt bereits § 6 GewO die Errichtung und Verlegung von Apotheken, die Ausübung der ärztlichen und anderen Heilberufe und den Verkauf von Arzneimitteln vom Grundsatz der Gewerbefreiheit aus.

Für das Betreiben von Privatkrankenanstalten ist gem. § 30 Abs. 1 GewO eine staatliche Konzessionierung vorgeschrieben, bei der neben weiteren Prüfungskriterien die persönliche Zuverlässigkeit des Betreibers, die Eignung der Räume und die Sicherstellung der medizinischen und pflegerischen Versorgung abgeprüft wird. Weiterhin ist die Herstellung und das Inverkehrbringen von Arzneimitteln an im Arzneimittelgesetz festgelegte staatliche Zulassungs- und Kontrollkriterien gebunden.[1109]

Die im Heilwesen tätigen akademische Berufe sind staatlich gebundene Berufe,[1110] bei denen sowohl die Ausbildung als auch die Überprüfung des Ausbildungserfolgs in staatlichen Prüfungsämtern der Länder durch Rechtsvorschriften des Bundes festgelegt ist.[1111] Das Landesamt für Soziales, Jugend und Versorgung führt in Rheinland-Pfalz in einem Prüfungsamt die Staatsprüfungen für Medizin, Pharmazie, Zahnmedizin und Psychotherapie durch.[1112] Es stellt weiterhin die Approbationen aus, mit denen die staatliche Erlaubnis für die Ausübung dieser Heilberufe ausgesprochen wird.[1113] Dies schließt

---

[1108] BADURA, *Wirtschaftsverwaltungsrecht*, a. a. O., S. 282 f.; SODAN, *Gesundheitsrecht*, a. a. O., S. 771, 784; STOBER, *Allgemeines Wirtschaftsverwaltungsrecht*, a. a. O., S. 200 f:

[1109] Gesetz über den Verkehr mit Arzneimitteln (Arzneimittelgesetz) vom 24.08.1976 (BGBl. I S. 2445, 2448) idF der Bek. v. 11.12.1998 (BGBl. I S. 3586)

[1110] BVERFGE 11, 30, 40 (für Ärzte); SODAN, *Gesundheitsrecht*, a. a. O., S. 783 f.

[1111] Approbationsordnung für Ärzte vom 27.06.2002 (BGBl. I S. 2405); Approbationsordnung für Zahnärzte vom 26.01.1955 (BGBl. I S. 37), zuletzt geändert am 27.04.2002 (BGBl. I S. 1467); Approbationsordnung für Apotheker vom 19.07.1989 (BGBl. I S. 1489), zuletzt geändert am 27.04.2002 (BGBl. I S. 1467); Ausbildungs- und Prüfungsverordnung für psychologische Psychotherapeuten vom 18.12.1998 (BGBl. I S. 3749) sowie Ausbildungs- und Prüfungsverordnung für Kinder- und Jugendlichenpsychotherapeuten vom 18.12.1998 (BGBl. I S. 3761)

[1112] Landesgesetz über die Errichtung eines Landesprüfungsamtes für Studierende der Medizin und der Pharmazie vom 04.07.1972 (GVBl. S. 230), zuletzt geändert am 17.11.1995 (GVBl. S. 485); § 2 Abs. 2 der Landesverordnung über die Zuständigkeiten nach dem Psychotherapeutengesetz und den hierzu erlassenen Ausbildungs- und Prüfungsverordnungen vom 11.02.1999 (GVBl. S. 30); zu den durchgeführten Prüfungen in 2003 vgl. LANDESAMT FÜR SOZIALES, JUGEND UND VERSORGUNG, *Tätigkeitsbericht 2003,* Mainz o. D., S. 102

[1113] LAUFS, ADOLF: *3. Kapitel: Die ärztliche Ausbildung*, in: Laufs, Adolf; Uhlenbruck, Wilhelm (Herausg.): *Handbuch des Arztrechts*, 3. Aufl., München 2002, S. 83 ff.. Die Approbation ist ein gebundener Verwaltungsakt, der dem Antragsteller bei Vorliegen der gesetzlichen Voraussetzungen nach den jeweiligen Bestimmungen der Approbationsordauch die Prüfung von außerhalb der Europäischen Union erlangten ausländischen Bildungsabschlüssen und die Prüfung der Gleichwertigkeit dieser Ausbildungsnachweise als Grundlage für eine Approbation ein. Diese Ausländer haben im Gegensatz zu Deutschen und EU-Bürgern keinen Rechtsanspruch auf Approbation; die Entscheidung hierüber liegt in Rheinland-Pfalz im Ermessen des Landesamtes für Soziales, Jugend und Versorgung.[1114]

Bei den nicht akademischen Gesundheitsberufen unterliegen Ausbildung und Prüfung der Abschlüsse ebenfalls der staatlichen Überwachung, für die in Rheinland-Pfalz die Zuständigkeit des Landesamtes für Soziales, Jugend und Versorgung aufgrund zahlreicher bundesgesetzlicher Vorgaben für die Ausbildung und die Prüfung von Leistungs- und Tätigkeitsnachweisen und der entsprechenden landesgesetzlichen Zuständigkeitszuweisungen gegeben ist. In diesen Ausbildungsbereichen hat das Landesamt die landesweite Zuständigkeit für das Ausbildungs- und Prüfungswesen in den staatlichen Prüfungen dieser Gesundheitsfachberufe und übt durch ärztliches Personal die Aufsicht über die Prüfungsverfahren an den Ausbildungsstätten aus.[1115]

Das Führen der Berufsbezeichnung und die Tätigkeit als Hebamme und Entbindungspfleger bedürfen nach dem Hebammengesetz einer staatlichen Erlaubnis, die neben persönlicher Zuverlässigkeit eine festgelegte Ausbildung

---

nungen eine Einräumungsberichtigung gibt (vgl. auch WOLFF/ BACHOF/ STOBER/ KLUTH/ PEILERT, *Verwaltungsrecht,* Bd. 2, a. a. O., S. 61 f.). Die Zuständigkeit des Landesamtes für Soziales, Jugend und Versorgung für diese Approbationen (einschließlich ihrer Rücknahme, ihren Widerruf und die Anordnung ihres Ruhens) wird in § 1 Abs. 2 u. 3 sowie § 2 der Landesverordnung über die Zuständigkeiten nach der Bundesärzteordnung, der Approbationsordnung für Ärzte, der Bundes-Apothekerordnung, der Approbationsordnung für Apotheker, dem Gesetz über die Ausübung der Zahnheilkunde, der Prüfungsordnung für Zahnärzte und der Bestallungsordnung für Ärzte vom 05.06.1975 (GVBl. S. 234), zuletzt geändert am 12.10.1999 (GVBl. S. 325) begründet. Zu den Zahlen der Approbationen und Berufserlaubnisse in 2003 vgl. LANDESAMT FÜR SOZIALES, JUGEND UND VERSORGUNG, *Tätigkeitsbericht 2003,* Mainz o. D., S. 101

[1114] Im Sinne einer freien Erlaubnis zur Berufsausübung, vgl. WOLFF/ BACHOF/ STOBER/ KLUTZ/ PEILERT, *Verwaltungsrecht* Bd. 2, a. a. O., S. 62

[1115] Beispielsweise Ausbildungs- und Prüfungsordnung für die Berufe in der Krankenpflege vom 16.10.1985 (BGBl. S. 1973) und Landesverordnung über Zuständigkeiten auf dem Gebiet des Krankenpflegerechts vom 31.08.1989 (GVBl. S. 214), geändert durch Gesetz vom 12.10.1999 (GVBl. S. 325); von den übrigen Ausbildungs- und Prüfungsordnungen zuletzt: Gesetz über den Beruf der Podologin und des Podologen und zur Änderung anderer Gesetze vom 04.12.2001 (BGBl. I S. 3320); zu den Prüfungen in 2003 in den einzelnen Gesundheitsfachberufen LANDESAMT FÜR SOZIALES, JUGEND UND VERSORGUNG, *Tätigkeitsbericht 2003,* a. a. O., S. 103

und eine staatliche Prüfung voraussetzt.[1116] Die selbständige Ausübung der Tätigkeit als Hebamme oder Entbindungspfleger ist anzeigepflichtig; die Bezahlung der niedergelassenen Hebammen ist durch Gebührenordnung festgelegt.[1117] In Rheinland-Pfalz wird den niedergelassenen Hebammen und Entbindungspflegern eine Mindestvergütung gewährleistet; hierdurch wird diese Tätigkeit zu einem halbamtlichen Beruf.[1118] Gegenüber den vorgenannten Berufen üben Heilpraktiker keinen staatlich gebundenen Beruf aus, bedürfen allerdings für die Berufsausübung einer Erlaubnis, die in Rheinland-Pfalz landesweit von der Kreisverwaltung Mainz-Bingen unter Beteiligung des Landesamtes für Soziales, Jugend und Versorgung erteilt wird.[1119]

Für die Gesundheitsfachberufe gilt das Landesgesetz über die Weiterbildung in den Gesundheitsfachberufen, mit dem nähere Regelungen über die Weiterbildung in den einzelnen Fachbereichen und über die erforderlichen personellen, baulichen und sachlichen Voraussetzungen für die staatliche Anerkennung von Weiterbildungsstätten getroffen werden.[1120] Die Zuständigkeit umfasst auch die staatliche Anerkennung der Ausbildungsstätten, die nichtakademische Gesundheitsfachberufe weiterbilden wollen.[1121]

b. Überwachungsaufgaben über Produktion und Vertrieb von Arzneimitteln und Medizinprodukten in Rheinland-Pfalz

Der Betrieb von Apotheken, Krankenhausapotheken und Tierapotheken wird in Rheinland-Pfalz durch das Landesamt für Soziales, Jugend und Versorgung

---

[1116] §§ 2 Abs. 1 Nr. 2, 4 des Gesetzes über den Beruf der Hebamme und des Entbindungspflegers (Hebammengesetz – HebG) vom 04.06.1985 (BGBl. I S. 902), zuletzt geändert am 04.12.2001 (BGBl. I S. 3320)

[1117] Hebammenhilfe-Gebührenordnung vom 28.10.1986 (BGBl. I S. 1662), zuletzt geändert am 07.10.1997 (BGBl. I S. 2317)

[1118] Landesverordnung über die Gewährleistung des Mindesteinkommens für Hebammen mit Niederlassungserlaubnis vom 15.04.1957 (GVBl. S. 58), zuletzt geändert am 28.08.2001 (GVBl. S. 210)

[1119] Erste Durchführungsverordnung zum Gesetz über die berufsmäßige Ausübung der Heilkunde ohne Bestallung (Heilpraktikergesetz) vom 18.02.1939 (RGBl. I S. 259), zuletzt geändert am 18.04.1975 (BGBl. I S. 967) und Landesverordnung über Zuständigkeiten für die Überprüfung von Heilpraktikeranwärtern vom 15.07.1983 (GVBl. S. 186), zuletzt geändert am 12.10.1999 (GVBl. S. 325)

[1120] Landesgesetz über die Weiterbildung in den Gesundheitsfachberufen vom 17.11.1995 (GVBl. S. 471), zuletzt geändert am 06.02.2001 (GVBl. S. 29)

[1121] Landesverordnung zur Durchführung des Landesgesetzes über die Weiterbildung in den Gesundheitsfachberufen vom 13.02.1998 (GVBl. S. 77), zuletzt geändert am 12.10.1999 (GVBl. S. 325). In Rheinland-Pfalz sind 14 Weiterbildungsstätten staatlich anerkannt; vgl.: LANDESAMT FÜR SOZIALES, JUGEND UND VERSORGUNG (Herausg.): *Tätigkeitsbericht 1998*, Mainz o. D., S. 54 f.

überwacht, das in diesem Aufgabenbereich im Rahmen der Betriebsaufsicht Kontrollen durchführen, Auflagen erteilen und Untersagungen bis hin zu Betriebsschließungen aussprechen kann. Die Aufsicht über das Apothekenwesen umfasst Betriebserlaubnisse, Dienstbereitschaften, Krankenhausversorgungsverträge und Rezeptsammelstellen; sie erfasst auch die Krankenhausapotheken.[1122] Zur Kontrolle der Betriebsstätten bedient sich das Landesamt auch ehrenamtlich tätiger Apotheker, die als Pharmazieräte im öffentlichen Gesundheitsdienst in staatlichem Auftrag Aufgaben auf dem Gebiet des Apothekenrechts und im Zusammenhang mit der Überwachung und dem Verkehr von Arznei- und Betäubungsmitteln und Medizinprodukten ausüben.[1123]

Bei der Durchführung des Arzneimittelgesetzes und des Medizinproduktegesetzes obliegt dem Landesamt die verhaltensbezogene Überwachung des Arzneimittelmarktes in Rheinland-Pfalz, also die Durchsetzung der Verfügungen des Bundesinstituts für Arzneimittel und Medizinprodukte,[1124] die Überwachung der Herstellerbetriebe und des Groß- und Einzelhandels, das Betäubungsmittelwesen und das Heilmittelwerbegesetz sowie die Aufsicht über das Blutspendewesen.[1125] §§ 56 ff. des Arzneimittelgesetzes stellen die Rechtsgrundlage dar, auf Grund derer die sogenannten Tierapotheken bei Tierärzten und Landwirten durch das Landesamt kontrollpflichtig sind. Verstöße im Zusammenhang mit Verschreibung, Erwerb und Nachweis von Tierarzneimitteln sind immer wieder Gegenstand von großem öffentlichen Interesse, die als Futtermittelskandale auch internationale Auswirkungen haben können.

Die nach dem Arzneimittelgesetz erforderlichen Genehmigungen, Auflagen und Versagungen werden durch förmliche Verwaltungsakte erteilt.[1126] Die Zulassungsbefugnis des Bundesinstituts für Arzneimittel und Medizinpro-

---

[1122] Verordnung über den Betrieb von Apotheken (Apothekenbetriebsordnung – ApBetrO) vom 09.02.1987 (BGBl. I S. 547) idF der Bek. v. 26.09.1995 (BGBl. I S. 1195) und Landesverordnung über die Zuständigkeiten auf dem Gebiet des Apothekenrechts vom 04.09.2000 (GVBl. S. 369).

[1123] § 8 Abs. 2 u. 3 ÖGdG. Es gibt in Rheinland-Pfalz 77 Arzneimittelhersteller, 1175 öffentliche Apotheken, 35 Krankenhausapotheken und 18 pharmazeutische Großhandlungen (Quelle: Tätigkeitsbericht 2000 des Landesamtes für Soziales, Jugend und Versorgung, S. 64); vgl. auch MIESEN, ANTON: *Ehrenbeamte im Öffentlichen Gesundheitsdienst – Eine attraktive Möglichkeit*, in: Ärzteblatt Rheinland-Pfalz, 06/2003, S. 13

[1124] Zur Kompetenzabgrenzung zwischen Bundesinstitut für Arzneimittel und Medizinprodukte und Länderbehörden des öffentlichen Gesundheitsdienstes HART, *Arzneimittelsicherheit und Länderüberwachung*, a. a. O., S. 208 f.

[1125] Landesverordnung über Zuständigkeiten auf dem Gebiet des Arzneimittel- und des Transfusionsrechts vom 28.11.2000 (GVBl. S. 499)

[1126] REHMANN, *Arzneimittelgesetz*, a. a. O., Einführung Rdnr. 12

dukte, das Arzneimitteln die Verkehrsfähigkeit verleiht,[1127] wird durch Verordnungen der Europäischen Union ergänzt, durch die eine Vereinheitlichung arzneimittelrechtlicher Zulassungs- und Überwachungsbestimmungen innerhalb der Europäischen Union erreicht wurde. Diese Europäisierung des Arzneimittelrechts erstreckt sich zunehmend auch auf die Arzneimittelzulassung.

So wurde durch nationale Umsetzung von Richtlinien des Rats der Europäischen Gemeinschaften das Prinzip der gegenseitigen Anerkennung von nationalen Zulassungen innerhalb der Europäischen Union eingeführt.[1128] Es hat zur Folge, dass die nationalen Zulassungsbehörden nicht mehr unabhängig voneinander über Erteilung oder Versagung von Zulassungen entscheiden können, sondern bei nationalem Dissens gegenüber dem Ministerrat der Europäischen Union vorlagepflichtig sind, der auf der Grundlage von Empfehlungen eines bei der Europäischen Arzneimittelagentur in London eingerichteten Ausschusses eine Entscheidung trifft. Diese Entscheidung bindet die nationale Zulassungsbehörde, die sie als eigene Entscheidung umsetzt.[1129] Im übrigen können EU-weit agierende Arzneimittelhersteller in einem Land ihrer Wahl unter der Voraussetzung dortiger Firmenpräsenz eine Zulassung betreiben, die hierdurch die Wirkung der europaweiten Verkehrsfähigkeit dieses Medikaments erhält.[1130]

Aufgrund von über den Rahmen der Europäischen Union hinausgehenden internationalen Verflechtungen und Abhängigkeiten beim Vertrieb von Arzneimitteln und Medizinprodukten erhalten bei der Überwachung der Betriebe und Herstellerverfahren zunehmend internationale Vereinbarungen Bedeutung, die eine gegenseitige Abstimmung der Überwachungsverfahren und der Kontrolle bei den Herstellern beinhalten.[1131] In diesen Vereinbarungen wer-

[1127] HART, *Arzneimittelsicherheit und Länderüberwachung*, a. a. O., S. 208 f.: „Das arzneimittelgesetzliche Verbot des Inverkehrbringens von Arzneimitteln mit Erlaubnisvorbehalt weist dem BGA (heute Bundesinstitut für Arzneimittel und Medizinprodukte) die Aufgabe der Zulassung nach Prüfung der Voraussetzungen und Aufhebung und Beschränkung (Rücknahme, Widerruf, Ruhensanordnung, Indikationsbeschränkungen, Ausnahmen usw.) sowie zeitgebundene Überprüfung nach Verlängerungsantrag alle 5 Jahre zu (§§ 21 ff., 28 ff. AMG)."

[1128] Richtlinie 93/ 40/ EWG zur Änderung der Richtlinie 81/ 851/ EWG und 82/ 852 EWG zur Angleichung von Rechtsvorschriften der Mitgliedstaaten über Tierarzneimittel vom 14.06.1993 (ABl. EG Nr. L 214 vom 24.08.1993, S. 31)

[1129] REHMANN, *Arzneimittelgesetz*, a. a. O., Einführung Rdnr. 7 f.

[1130] Ausführlich zur Referenzzulassung SYDOW, GERNOT: *Vollzug des europäischen Unionsrechts im Wege der Kooperation nationaler und europäischer Behörden*, in: DÖV 2006, S. 67 ff.

[1131] Beispielsweise Abkommen zwischen der Europäischen Gemeinschaft mit den Vereinigten Staaten von Amerika über die gegenseitige Anerkennung von GMP (Good Manifacden den Teilnehmerstaaten neben gegenseitiger Bindung von Konformitätsbewertungen und Zertifizierungen auch Rechte eingeräumt, ihrerseits Durchführung und Wirksamkeit der nationalen Aufsicht zu überprüfen. Für Rheinland-Pfalz als einem bedeutenden Standort international agierender Arzneimittelhersteller hat die Einhaltung dieser internationalen Kontrollabsprachen eine besondere Bedeutung auch mit Auswirkungen auf die Aufsichtstätigkeit.

c. Gebührenerhebung für Leistungen der oberen Gesundheitsbehörde in Rheinland-Pfalz

Die rheinland-pfälzischen Gesundheitsbehörden erheben für die überwiegende Anzahl ihrer Amtshandlungen und sonstiger öffentlich-rechtlicher Dienstleistungen Gebühren auf der Grundlage einer Gebührenverordnung.[1132] In dieser Verordnung sind auch die Tätigkeiten des Landesamtes für Soziales, Jugend und Versorgung als oberer Gesundheitsbehörde erfasst. Sie betreffen Genehmigungen und Erlaubnisse zur Berufsausübung (Approbationen, widerrufliche Erlaubnisse, Erlaubnisse zur vorübergehenden Berufsausübung, Entscheidungen in Studien- und Ausbildungsangelegenheiten), Genehmigungen und Erlaubnisse im Arzneimittelrecht einschließlich der Durchführung von Überwachungstätigkeiten bei Herstellern, Großhandelsbetrieben oder Apotheken, tierärztlichen Hausapotheken und Tierhaltungsbetrieben, Erlaubnisse zum Betrieb von Apotheken, Filialapotheken, Krankenhaus- und Notapotheken einschließlich der Erlaubnis zur Versendung von Arzneimitteln sowie Erlaubnisse nach §§ 44 ff. IfG. Die Gebühren werden in der Mehrzahl nach festgelegten Sätzen, ansonsten nach Zeitaufwand für die Beanspruchung des eingesetzten Personals erhoben. Sie können im Arzneimittel- und Apothekenwesen eine Höhe bis zu 5.000 € erreichen.

Das Gebührenaufkommen belief sich in diesen Tätigkeitsfeldern des öffentlichen Gesundheitsdienstes in Rheinland-Pfalz auf insgesamt 645.000 €. Davon entfielen auf Approbationen und Berufserlaubnisse in den akademischen Heilberufen 149.121 €, auf Gleichwertigkeitsprüfungen in diesen Berufen 9.058 €, auf Erlaubnisse zum Führen der Berufsbezeichnung in Gesundheits-

---

turing Practice – Gute Herstellungspraxis für Arzneimittel) und über die Konformitätsbewertung und Zertifizierung von Medizinprodukten vom 04.02.1999 (Beschluss des Rates vom 22.06.1998), ABl. EG L 31/1; derartige gegenseitige Anerkennungsabkommen (Mutual Recognition Agreements –MRA) wurden mit folgenden Ländern abgeschlossen: Australien und Neuseeland, Kanada, Schweiz

[1132] Landesverordnung über Gebühren der Gesundheitsverwaltung (Besonderes Gebührenverzeichnis) vom 22.07.1996 (GVBl. S. 333), zuletzt geändert am 01.03.2002 (GVBl. S. 131)

fachberufen 103.827 € und auf Amtshandlungen im Arzneimittel- und Medizinproduktewesen 383.888 €.[1133]

IV. Staatliche Überwachung von Alten- und Behindertenheimen

1. Das Heimwesen als Aufgabe der Wirtschaftsüberwachung

a. Die polizei- und gewerberechtlichen Ursprünge der Heimaufsicht

Das öffentliche Heimwesen als Oberbegriff der staatlichen Überwachung gewerblicher Altenheime, Altenwohnheime und Pflegeheime erhielt erst im Jahr 1967 mit einer Ergänzung des damaligen § 38 GewO eine gesetzliche Ermächtigungsgrundlage.[1134] Durch sie wurden die Länder befugt, für den Betrieb dieser Heime Rechtsverordnungen zu erlassen, durch die Mindestanforderungen für den Heimbetrieb, die Auskunfts- und Buchführungspflicht sowie die Duldung von behördlicher Nachschau gesetzt werden konnten.[1135] Bis zu diesem Zeitpunkt unterlag der Heimbetrieb für Alte, Pflegebedürftige und Behinderte, anders als dies bei der Heimaufsicht gem. §§ 78 und 79 JWG für die Heime der Jugendhilfe mit Unterbringung von Minderjährigen vorgeschrieben war, lediglich den allgemeinen polizeirechtlichen und gewerberechtlichen Auflagen, vergleichbar denen des Beherbergungsgewerbes.[1136]

Unter der Geltung der landesrechtlichen Regelungen auf der Grundlage des § 38 GewO wurde das Heimwesen allerdings keiner präventiven Überwachung in Form von Erlaubnisverpflichtungen oder Eignung des Heimgebäudes sowie der Zuverlässigkeit und fachlichen Qualifikation seiner Betreiber unterworfen;[1137] sie setzte erst nach der Inbetriebnahme ein. Diese Einwirkungsbefugnisse erwiesen sich vor dem Hintergrund von immer wieder pressewirksam herausgestellten Missständen in Altenheimen als unzureichend und führten zu Bundesratsinitiativen, eine personen- und sachbezogene Erlaubnispflicht für das Heimwesen einzuführen, die allerdings zunächst im Bundesrat keine Mehrheit fanden. Erst zwei Gesetzesinitiativen der Länder Hessen und

---

[1133] Vgl. LANDESAMT FÜR SOZIALES, JUGEND UND VERSORGUNG, *Tätigkeitsbericht 2003,* a. a. O.., S. 101

[1134] Art. 1 Nr. 2 des Gesetzes zur Änderung der Gewerbeordnung vom 24.08.1967 (BGBl. I S. 933)

[1135] KUNZ/ BUTZ/ WIEDEMANN, *Heimgesetz Kommentar*, a. a. O., Einführung S. XIII

[1136] STOBER, *Heimgesetz, Heimvertrag und....*, a. a. O., S. 322 verweist auf die engen Gemeinsamkeiten des Altenheimvertrages mit dem Beherbergungsvertrag.

[1137] FINKELNBURG, *Der Betrieb von....*, a. a. O., S. 1477

Berlin führten ab 1971 zu positiven Beschlussfassungen im Bundesrat und einem Gesetzesentwurf, der 1972 im Bundestag eingebracht wurde.[1138]

b. Das Heimgesetz und seine Weiterentwicklung

Das Gesetz über Altenheime, Altenwohnheime und Pflegeheime für Volljährige (Heimgesetz - HeimG) ist vom Gedanken der Gefahrenabwehr geprägt und wird deshalb als gewerberechtliches Sondergesetz mit sozialrechtlichem Einschlag bezeichnet.[1139] Seine Zweckbestimmung besteht gem. § 2 HeimG unter anderem darin, die Interessen und Bedürfnisse der Bewohner von Altenheimen, Altenwohnheimen, Pflegeheimen und vergleichbaren Einrichtungen zu schützen, ein Missverhältnis zwischen Heimentgelt und Leistung der Einrichtung zu verhindern sowie die Beratung der Bewohner und Heimträger zu fördern.[1140]

Die Einrichtungen im Sinne des § 1 HeimG unterliegen der präventiven Überwachung, die sich in einem betriebs- und personenbezogenen Anzeige- und Untersagungsverfahren gem. § 11 ff. HeimG ausdrückt.[1141] Dabei gibt § 11 HeimG einen umfangreichen Anforderungskatalog mit einrichtungs- und personenbezogenen Komponenten an die Heimträger und die Leitung jedes Heimes vor, der die Betreuung und Versorgung der Heimbewohner in pflegerischer, sozialer, raumbezogener und medizinischer Hinsicht sicherstellen soll. Dieser Katalog wird ergänzt durch Verpflichtungen der Heimträger in Bezug auf ihre wirtschaftliche Leistungsfähigkeit, die Sicherstellung ausreichenden qualifizierten Pflegepersonals und die Angemessenheit der Heimentgelte. Der Anforderungskatalog ist gegenüber den Aufsichtsbehörden nach den Vorgaben des § 12 HeimG nachzuweisen und um die dort festgelegten weiteren Angaben und Nachweise zu ergänzen, die auf Anforderungen der zuständigen Heimaufsichtsbehörde zu konkretisieren und beizubringen sind.

1138 KUNZ/ BUTZ/ WIEDEMANN, *Heimgesetz Kommentar*, a. a. O., Einführung S. XIII f.; FINKELNBURG, *Der Betrieb von....*, a. a. O., S. 1477 f.

1139 STOBER, *Heimgesetz, Heimvertrag und....*, a. a. O., S. 321, derselbe: *Zur Entgelterhöhung bei Heimvertragsverhältnissen*, in: NJW 1979, S. 98; kritisch FINKELNBURG, *Der Betrieb von....*, a. a. O., S. 1478; ähnlich FRIEDRICH, JOCHEN: *Das „neue" Heimgesetz – ein gelungener Wurf?*, in: ZfF 1990, S. 172, der das Gesetz nach seiner ersten Novellierung als ein Aufsichts-, Prüfungs- und Kontrollgesetz bezeichnet.

1140 STOBER, *Heimgesetz, Heimvertrag und....*, a. a. O., S. 321

1141 Ursprünglich war der Betriebsanzeige ein einrichtungs- und personenbezogenes Erlaubnisverfahren (§ 6 HeimG idF v. 23.04.1990, BGBl. I S. 763) vorgeschaltet. Es wurde durch das Zweite Gesetz zur Änderung des Heimgesetzes vom 03.02.1997 (BGBl. I S. 158) durch ein Anzeigeverfahren ersetzt, vgl. FÜßER, KLAUS: *Regulierung und Deregulierung im Heimrecht: Das Zweite Gesetz zur Änderung des Heimgesetzes vom 3.2.1997*, in: NJW 1997, S. 1959; KUNZ/ BUTZ/ WIEDEMANN, *Heimgesetz Kommentar*, a. a. O., Einführung S. XX

Das Heimgesetz wurde ergänzt um Verordnungen zur Mitwirkung der Bewohner in Angelegenheiten des Heimbetriebs,[1142] zu den baulichen Mindestanforderungen für Heime nach § 1 HeimG,[1143] zu den Pflichten der Heimträger bei der Entgegennahme von Leistungen bei Unterbringung von Bewohnern oder Bewerbern[1144] und zu den Mindestanforderungen für das Heimpersonal.[1145] Seine jetzt geltende dritte Novellierung stärkte die Heimaufsicht mit der gesetzlichen Festlegung jährlicher Prüfungen für jedes Heim (§ 15 Abs. 4 HeimG), durch die Befugnis jederzeitiger unangemeldeter Prüfungen durch Betreten der Einrichtungen (§ 15 Abs. 1 Satz 2 HeimG) und durch die Berechtigung, für ihre Prüfungen weitere sach- und fachkundige Personen aus anderen Behörden oder als freiberufliche Sachverständige heranzuziehen (§ 15 Abs. 2 Satz 3 HeimG). Die Behörden der Heimaufsicht werden zur engen Zusammenarbeit mit den Pflegekassen, dem Medizinischen Dienst der Krankenversicherung und den zuständigen Trägern der Sozialhilfe verpflichtet (§ 20 Abs. 1 HeimG). Sie haben darüber hinaus die Verpflichtung, im Zwei-Jahres-Turnus einen Tätigkeitsbericht zu erstellen und zu veröffentlichen sowie der Bundesregierung bei ihrer Berichtspflicht nach § 22 Abs. 1 HeimG zuzuarbeiten.[1146]

2. *Aufgabeninhalte der Heimaufsicht*

a. Die Adressaten der Heimaufsicht

Die öffentliche Heimaufsicht hat nach dem Heimgesetz einen mehrfachen Schutzauftrag. Er besteht in erster Linie gegenüber den Heimbewohnern und beinhaltet, ihre wirtschaflichen, medizinisch-pflegerischen und sozialen Interessen gegenüber den Heimträgern und der jeweiligen Heimleitung zu si-

---

[1142] Verordnung über die Mitwirkung der Bewohnerinnen und Bewohner in Angelegenheiten des Heimbetriebs vom 19.07.1976 (HeimMitwirkungsV, BGBl. I S. 1819) idF v. 25.07.2002 (BGBl. I S. 2890)

[1143] Verordnung über bauliche Mindestanforderungen für Altenheime, Altenwohnheime und Pflegeheime für Volljährige vom 27.01.1978 (HeimMindBauV, BGBl. I S. 189) idF v. 03.05.1983 (BGBl. I S. 550)

[1144] Verordnung über die Pflichten der Träger von Altenheimen, Altenwohnheimen und Pflegeheimen für Volljährige im Fall der Entgegennahme von Leistungen zum Zwecke der Unterbringung eines Bewohners oder Bewerbers vom 24.04.1978 (HeimsicherungsV, BGBl. I S. 553)

[1145] Verordnung über personelle Anforderungen für Heime vom 19.07.1993 (HeimPersV, BGBl. I S. 1205), geändert am 22.06.1998 (BGBl. I S. 1506)

[1146] zur Entstehung der Novelle und ihren Neuregelungen SUNDER, ELLEN; KONRAD, RUDOLF: *Die wesentlichen Neuregelungen durch das Gesetz zur Änderung des Heimgesetzes zum 1. Januar 2002*, in: NDV 2002, S. 52 ff.

chern.[1147] Sie soll sie darüber hinaus bei Gefährdung von Heimbewohnern durch Verwirrtheit vor rechtswidrigen Persönlichkeitsbeschränkungen bewahren.[1148] Dieser Schutzauftrag hat hohe Aktualität, da sich heute die Missbrauchstatbestände kaum noch in körperlicher Freiheitseinschränkung von Heimbewohnern manifestieren, sondern eher in nicht ärztlich indizierter Verabreichung von Beruhigungsmedikamenten.

Als Schutzgesetz zugunsten der Bewerber und Bewohner von Heimen im Sinne des § 1 HeimG gewährt es diesen einen Anspruch auf Beachtung und Bewahrung ihrer Interessen gegenüber Heimträgern und Heimbetreibern. Daher wirken sich Verwaltungsakte der Heimaufsicht im Vollzug des Heimgesetzes und seiner Rechtsverordnungen auch auf die Interessen der Heimbewohner aus und entfalten in vielen Fällen Drittwirkung mit der Folge ihrer Beteiligung im Verwaltungsverfahren.[1149] Hieraus erwächst den Heimbewohnern allerdings nicht in allen Fällen ihrer Rechtsbeziehungen zu den Heimbetreibern und Heimträgern ein Anspruch auf Einschreiten der Aufsichtsbehörden. Dieser Anspruch ist jedoch immer dort gegeben, wo unmittelbare öffentlich-rechtliche Verpflichtungen der Heimbetreiber und Heimträger nicht eingehalten werden, auch mit der Folge der Amtshaftung der Heimaufsicht in den Fällen, in denen diese ihren Aufsichtsverpflichtungen aus dem Heimgesetz und seinen Rechtsverordnungen nicht nachkommt.[1150]

b. Die Heimaufsicht im Beziehungsgeflecht zwischen Pflegeversicherungsträgern, Trägern der Kriegsopferfürsorge oder Sozialhilfe zu Heimbewohnern und Heimbetreibern

Die Fälle, in denen ein Bewerber um einen Heimplatz mit dem Heimbetreiber einen Heimvertrag im Sinne von § 5 HeimG abschließt und das gesamte Heimentgelt aus eigenem Vermögen aufbringt, sind selten geworden. In vie-

---

[1147] GIESE, DIETER: *Zur Rechtsstellung der Heimbewohner*, in: ZfF 1979, S. 243 f.; STOBER, ROLF: *Zur Entgelterhöhung bei Heimvertragsverhältnissen*, in: NJW 1979, S. 98; zu den Anforderungen an das in der Altenpflege eingesetzte Personal SCHNEIDER, GÜNTHER: *Die Neuregelung der Altenpflege durch das Altenpflegegesetz*, in: NJW 2001, S. 3226 ff.

[1148] Vgl. ARIANS, KARL-HEINZ: *Freiheitsentziehung durch Unterbringung und unterbringungsähnliche Maßnahmen in Heimen für erwachsene Menschen mit Behinderungen*, in: br 1994, S. 147; KUNZ, EDUARD: *Zur Frage der Zulässigkeit der geschlossenen Unterbringung von Personen in Alten- und Pflegeheimen*, in: ZFSH/ SGB 1983, S. 68

[1149] Einzelheiten bei KLIE, THOMAS: *Verwaltungsverfahren Heimgesetz*, in: ZfF 1988, S. 50 f.

[1150] Ständige Rechtsprechung des BGH, vgl. zuletzt *BGHZ* 90, 1, 5 f.; 110, 1, 8 f.; vgl. auch WOLFF/ BACHOF/ STOBER/ KLUTH/ PEILERT, *Verwaltungsrecht,* Bd. 2, a. a. O., S. 546 ff.

len Fällen liegt bei Heimbewohnern Pflegebedürftigkeit im Sinne des § 14 SGB XI vor, die zu Pflegeleistungen der teilstationären Pflege oder Kurzzeitpflege gem. §§ 41 und 42 SGB XI, der vollstationären Pflege gem. § 43 SGB XI oder der Pflege in vollstationären Pflegeeinrichtungen der Behindertenhilfe durch die sozialen Pflegeversicherungsträger berechtigt.

Ein Teil von ihnen bezieht darüber hinaus Hilfe zur Pflege gem. § 61 SGB XII.[1151] Kriegsopferfürsorgeberechtigte Heimbewohner erhalten Hilfe zur Pflege gem. § 26 c BVG; ihre Leistungsarten gem. § 26 c Abs. 2 Satz 2 BVG entsprechen denen des § 28 Abs. 1 Nr. 1 und 5 bis 8 SGB XI. Hieraus ergeben sich besondere Rechtsbeziehungen der Pflegekassen zu den betreuenden Alten-, Pflege- oder Behindertenheimen, da die Leistungen dieser Träger gegenüber den Anspruchsberechtigten als Sachleistungen erbracht werden und die Kostenabrechnung unmittelbar mit den Heimbetreibern auf der Grundlage von Versorgungsverträgen und Vergütungsvereinbarungen (§§ 69 ff. SGB XI) erfolgt.[1152]

Die stationären Pflegeleistungen der sozialen Pflegeversicherung umfassen lediglich die Aufwendungen der Heime für Pflegeleistungen, nicht dagegen die Kosten für Unterkunft und Verpflegung (sogenannte Hotelkosten).[1153] Diese Kosten trägt der Pflegebedürftige oder im Falle des Anspruchs auf Leistungen der Sozialhilfe gem. § 17 SGB XII[1154] der zuständige Sozialhilfeträger.[1155] Die Hilfe zur Pflege gem. §§ 61 ff. SGB XII[1156] ergänzt den Anspruch auf Pflegeleistung nach SGB XI, der auch bei der vollstationären Pflege gem. § 43 SGB XI der Höhe nach begrenzt ist und in Alten- oder Pflegeheimen lediglich die Kosten für Grund- und Behandlungspflege abdecken soll.

[1151] Bis 31.12.2004: § 68 BSHG

[1152] Vgl. GITTER/ SCHMITT, *Sozialrecht*, a. a. O., S. 127 f.; IGL, GERHARD: *Die soziale Pflegeversicherung*, in: NJW 1994, S. 3191; zum Begriff der Sachleistung GITTER/ SCHMITT, *Sozialrecht*, a. a. O., S. 65 f. Versicherte der privaten Pflegekassen rechnen nach dem Kostenerstattungsprinzip der privaten Kranken- und Pflegeversicherung unmittelbar mit diesen Versicherungsträgern ab und sind gegenüber den Heimbetreibern unmittelbarer Entgeltschuldner. Bei den Hilfen zur Pflege gem. § 26 c BVG tritt der Kriegsopferfürsorgeträger an die Stelle der Pflegekasse.

[1153] HÜBSCH, MICHAEL: *Belastung von Bewohnern und Sozialhilfeträgern mit Investitionskosten von Pflegeheimen*, in: NZS 2004, S. 462

[1154] Bis 31.12.2004: § 4 BSHG

[1155] HÜBSCH, *Belastung von Bewohnern....*, a. a. O., S. 463; IGL, *Die soziale Pflegeversicherung*, a. a. O., S. 3192; SCHAAF, *Die soziale Pflegeversicherung....*, a. a. O., S. 419

[1156] Bis 31.12.2004: §§ 68 ff. BSHG

Das Sozialhilferecht setzt hier jenseits der Kostenbegrenzung der Pflegeversicherung ein.[1157] Der als Hilfe zur Pflege ausgestaltete Anspruch des Sozialhilfeempfängers besteht als Kostenerstattungsanspruch grundsätzlich gegenüber dem Sozialhilfeträger, es sei denn, es wurden Kostenübernahmevereinbarungen zwischen diesen Trägern und den Spitzenverbänden der freien Wohlfahrtspflege Pflegesatzvereinbarungen gem. § 75 Abs. 3 SGB XII abgeschlossen.[1158]

Das Zusammentreffen dieser Rechtsbeziehungen im Heimwesen führte in § 20 Abs. 1 HeimG zur gesetzlichen Verpflichtung von Heimaufsicht, Medizinischem Dienst der Krankenversicherung, Pflegekassen und Sozialhilfeträgern zur engen Zusammenarbeit mit dem Ziel, die Verbesserung des Schutzes der Heimbewohner und der Qualität der Pflege und Betreuung in Heimen zu bewirken, Doppelarbeit bei der Überwachung der Heime zu vermeiden und durch eine vertrauensvolle und kooperative Zusammenarbeit Synergieeffekte zu nutzen. Dieses Zusammenarbeitsgebot wurde als verbindliche Rechtspflicht ausgestaltet, die sich in der wechselseitigen Unterrichtung, der Koordination der Prüftätigkeit und der Absprache über die zur Qualitätssicherung erforderlichen Maßnahmen konkretisiert. Hierzu gehört auch eine Terminabsprache der beteiligten Träger und ihrer Aufsichtsorgane zur gemeinsamen oder arbeitsteiligen Heimüberprüfung und Abstimmung der Heimaufsicht mit den Pflegekassen und Sozialhilfeträgern zur Verständigung vor dem Erlass von Aufsichtsmaßnahmen.[1159] Zur einheitlichen Qualitätssicherung in Heimen nach § 1 HeimG sind die Qualitätsvereinbarungen gem. §§ 80 und 80 a SGB XI, die Rahmenverträge nach § 75 SGB XI und die Vereinbarungen nach §§ 75 ff SGB XII zu einem Kriterienkatalog zusammenzufassen.[1160]

[1157] Vgl. HÜBSCH, *Belastung von Bewohnern....*, a. a. O., S. 463; MROZYNSKI, *Pflege zwischen Versicherung...., Teil 1*, a. a. O., S. 569 f.

[1158] Einzelheiten bei LENZ, GISELA: *Die Rechtsbeziehungen zwischen Einrichtungen der freigemeinnützigen und kirchlichen Wohlfahrtspflege und den Trägern der Sozialhilfe im Bereich der Altenheime*, in: ZFSH/ SGB 1986, S. 162 ff., 203 ff.. Siehe auch DAHLINGER, ERICH: *Die einzelnen Rechtsbeziehungen zwischen Heimbewohner, privatem Heimträger und Sozialhilfeträger und ihr Zusammenwirken*, in: NDV 1979, S. 214 ff.; IGL, GERHARD: *Die Rechtsbeziehungen zwischen dem Sozialleistungsberechtigten und dem Heimträger*, in: NDV 1979, S. 218 ff.

[1159] In der Begründung der Bundesregierung zum Heimgesetz (BT-Drs. 14/5399, S. 32) wird die Verbesserung der Zusammenarbeit zwischen Heimaufsicht, medizinischem Dienst der Krankenversicherung, Pflegekassen und Sozialhilfeträgern als ein Kernstück der Novellierung bezeichnet; vgl. auch KUNZ/ BUTZ/ WIEDEMANN, *Heimgesetz Kommentar*, a. a. O., § 20 Rdnr. 2 ff.

[1160] KUNZ/ BUTZ/ WIEDEMANN, *Heimgesetz Kommentar*, a. a. O., § 20 Rdnr. 3; vgl. auch SUNDER/ KONRAD, *Die wesentlichen Neuregelungen....*, a. a. O., S. 55

Zu den wesentlichen Elementen der Berechtigung und Verpflichtung zur Zusammenarbeit und Koordination gehört auch der Austausch von Angaben, Erkenntnissen und Daten sowie der Befugnis ihrer Übermittlung, wie sie in § 20 Abs. 2 und 3 HeimG bestimmt ist.[1161] Schließlich verpflichtet § 20 Abs. 5 HeimG die genannten Träger und Aufsichtsorgane zur Zusammenarbeit in der Form von Arbeitsgemeinschaften, deren Ausgestaltung dem Landesrecht obliegt. Die inhaltliche Ausgestaltung dieser besonderen Art institutionalisierter Zusammenarbeit kann so ein Kompetenznetzwerk generieren, mit dem auch unter Effektivitätsgesichtspunkten das Verwaltungsverfahren dieses besonderen Teils der Wirtschaftsüberwachung intensiviert werden kann.[1162]

3. Überwachungsaufgaben im Bereich der Alten-, Behinderten- und Pflegeheime

Die Überwachung von Heimen im Sinne des Heimgesetzes gehört in Rheinland-Pfalz ebenfalls zu den Aufgaben des Landesamtes für Soziales, Jugend und Versorgung.[1163] Nach der Definition des § 1 Abs. 1 Satz 2 des Heimgesetzes sind Heime Einrichtungen, „die dem Zweck dienen, ältere Menschen oder pflegebedürftige oder behinderte Volljährige aufzunehmen, ihnen Wohnraum zu überlassen sowie Betreuung und Verpflegung zur Verfügung zu stellen oder vorzuenthalten und die in ihrem Bestand von Wechsel und Zahl der Bewohnerinnen und Bewohner unabhängig sind und entgeltlich betrieben werden“. Für diese Heime gelten nach dem Heimgesetz und seinen ergänzenden Verordnungen[1164] besondere bauliche Anforderungen, spezifiziert für Altenheime, Altenwohnheime, Pflegeheime und Heime für Behinderte, besondere persönliche Anforderungen für das Betreuungspersonal einschließlich der

---

[1161] Zu Einzelheiten FOERSTER, AXEL: *Zur Zulässigkeit der Weitergabe von Daten an Pflegekassen, die die Heimaufsichtsbehörde im Rahmen der ihr obliegenden Überwachungstätigkeit erlangt*, in: NZS 2000, S. 340 ff.; zu den zulässigen Formen des Datenaustauschs KUNZ/ BUTZ/ WIEDEMANN, *Heimgesetz Kommentar*, a. a. O., § 20 Rdnr. 7

[1162] Vgl. PITSCHAS, *Das sozialrechtliche Verwaltungsverfahren....*, a. a. O., S. 771

[1163] § 1 des Landesgesetzes über die Zuständigkeiten nach dem Heimgesetz vom. 01.03.1989 (GVBl. S. 66) zuletzt geändert am 12.10.1999 (GVBl. S. 325)

[1164] Verordnung über die Mitwirkung der Bewohnerinnen und Bewohner in Angelegenheiten des Heimbetriebs (HeimMitwirkungsV) vom 19.07. 1976 (BGBl. I S. 1819), neugefasst durch Bek. v. 25.07.2002 (BGBl. I S. 2896); Verordnung über die Pflichten der Träger von Altenheimen, Altenwohnheimen und Pflegeheimen für Volljährige im Falle der Entgegennahme von Leistungen zum Zwecke der Unterbringung eines Bewohners oder Bewerbers (HeimsicherungsV) vom 24.04.1978 (BGBl. I S. 553); Verordnung über bauliche Mindestanforderungen für Altenheime, Altenwohnheime und Pflegeheime für Volljährige (HeimMindBauV) vom 29.01.1978 (BGBl. I S. 189); Verordnung über personelle Anforderungen für Heime (HeimPersV) vom 19.07.1993 (BGBl. I S. 1205), geändert am 22.06.1998 (BGBl. I S. 1506)

Heimleiter und an die Zuverlässigkeit des Heimträgers (§ 11 HeimG). Der Betrieb derartiger Heime ist bei der zuständigen Aufsichtsbehörde anzeigepflichtig. Mit der mindestens drei Monate vor Betriebsaufnahme abzugebenden Anzeige ist neben anderen Betriebsbedingungen nachzuweisen, dass die besonderen baulichen und personellen Anforderungen für den Heimbetrieb erfüllt sind (§ 12 Abs. 1 HeimG).

In der amtlichen Begründung zum Dritten Gesetzes zur Änderung des Heimgesetzes[1165] wird es als ausdrückliche Aufgabe des Staates definiert, die Pflegequalität in den Heimen zu sichern. Dabei wird auf die Notwendigkeit verwiesen, die Aufsicht über die Heime zu intensivieren und das Eingriffsinstrumentarium der Heimaufsicht zu verbessern. Die in der jüngeren Vergangenheit aufgetretenen Pflegeskandale hätten gezeigt, dass dieses Instrumentarium in der vorherigen Fassung des Heimgesetzes nicht ausreichend gewesen sei. Die Überalterung der Gesellschaft und die zunehmende Bedeutung von Pflegebedarf und Hilfe gegenüber alten, pflegebedürftigen und behinderten Menschen zur Förderung, Erhaltung und Wiederherstellung ihrer körperlichen, geistigen und seelischen Gesundheit,[1166] aber auch die Verknüpfung des Heimgesetzes mit den übrigen sozialen Sicherungssystemen unterstreichen die Bedeutung einer wirksamen staatlichen Heimaufsicht.[1167]

Die Heimaufsicht wird durch mindestens im Jahresturnus wiederkehrende oder durch anlassbezogene Prüfungen in den Heimen ausgeübt, die das Zutritts-, Prüfungs- und Besichtigungsrecht sowie das Befragungsrecht der Bewohner, ihre Inaugenscheinnahme bei deren Zustimmung und Einsichtsrechte in Heimunterlagen beinhaltet (§ 15 HeimG). Bei Mängelfeststellung ist zunächst eine Beratungspflicht der Aufsichtsbehörde vorgesehen (§ 16 HeimG), bevor einschneidendere Maßnahmen, wie Anordnungen der Mängelbeseitigung (§ 17 HeimG), Beschäftigungsverbote von Heimmitarbeitern einschließlich der Leiter bis hin zur Einsetzung einer kommissarischen Heimlei-

---

1165 Begründung der Bundesregierung zum Entwurf eines Dritten Gesetzes zur Änderung des Heimgesetzes (BT-Drs. 14/5399 vom 28.02.2001) unter Berücksichtigung der Änderungsbeschlüsse des Ausschusses für Familie, Senioren, Frauen und Jugend (13. Ausschuss – BT-Drs. 14/6366 vom 30.05.2001)

1166 DEUTSCHER BUNDESTAG (Herausg.): *Bericht der Enquête-Kommission „Demographischer Wandel – Herausforderungen unserer älter werdenden Gesellschaft an den Einzelnen und die Politik"*, BT-Drs. 14/ 8800 vom 28.03.2002, S. 232 ff.

1167 Die Heimaufsicht betreut in Rheinland-Pfalz 383 Alten- und Pflegeheime mit 30.584 Plätzen und 153 Behinderteneinrichtungen mit 10.200 Plätzen (vgl. LANDESAMT FÜR SOZIALES, JUGEND UND VERSORGUNG (Herausg.), *Tätigkeitsbericht 2000*, Mainz o. D., S. 74)

tung (§ 18 HeimG) und schließlich die Betriebsuntersagung (§19 HeimG) ausgesprochen werden.

Die Heimaufsicht hat gegenüber den Heimbetreibern oder Personen oder Trägern, die ein Heim einrichten und betreiben wollen, eine die Planung und den Betrieb dieser Heime umfassende Beratungspflicht. Sie umfasst die Inhalte des Anforderungskatalogs gem. § 11 HeimG und ist im Wesentlichen auf Erfahrungsmitteilung angelegt.[1168] Die Beratungspflicht erstreckt sich auch auf die Beratung nach Mängelfeststellung beim Heimbetrieb, die § 16 Abs. 1 HeimG als Sollvorschrift den Heimbehörden vorgibt, den Heimbetreibern einen Weg zur Abstellung des durch die Heimaufsicht festgestellten Mangels aufzuzeigen.

Der Heimaufsicht obliegt allerdings keine Beratungsverpflichtung im Hinblick auf das unternehmerische oder betriebswirtschaftliche Risiko eines konkreten Heimbetriebs.[1169] Für ihre Beratungs- und Aufsichtsfunktionen sollen sie gem. § 23 Abs. 2 HeimG nur solche Personen einsetzen, die sich hierfür nach ihrer Persönlichkeit eignen und in der Regel entweder eine ihren Aufgaben entsprechende Ausbildung erhalten haben oder besondere berufliche Erfahrung besitzen.[1170]

V. Zwischenfazit

Im Rückblick auf die Geschichte des Rechts der Teilhabesicherung für behinderte Menschen konnte der Wandel dieses Sozialrechtsbereichs von einer Arbeitsplatz- und Beschäftigungssicherung für einen ursachenbezogenen Personenkreis zu einer allgemeinen und damit ausschließlich am Merkmal einer Behinderung orientierten Teilhabesicherung deutlich gemacht werden. Trotz des Paradigmenwechsels zu einer Sicherung der Eingliederung aller behinderter Menschen in Arbeit, Beruf und Gesellschaft sind noch heute die Grundzüge der Steuerungsfunktion dieses Rechtsgebiets erhalten geblieben.

Es ging bereits nach dem Ersten Weltkrieg um die Sicherung eines Arbeitsmarktbereichs für Beschädigte, für die sich die staatliche Gemeinschaft besonders verpflichtet fühlte und für die sie ihre Erwerbsfähigkeit auch unter den besonderen Bedingungen ihrer Gesundheitsschäden sicherstellen wollte. Dieses Ziel besteht nach wie vor, seit den 1970er Jahren und nach Einführung

---

1168 KUNZ/ BUTZ/ WIEDEMANN, *Heimgesetz Kommentar*, a. a. O., § 4 Rdnr. 5

1169 Zur Beratungstätigkeit der Heimaufsicht DAHLEM, OTTO: *Zu den Aufgaben und Tätigkeiten der zuständigen Behörden nach der Heimaufsicht*, in: ZfF 1975, S. 158

1170 Diese Sollvorschrift begründet jedoch weder eine unmittelbare Verpflichtung der Länder, noch einen Anspruch von Heimbewohnern und Heimbetreibern auf ausschließlichen Einsatz von gem. § 23 Abs. 2 HeimG qualifiziertem Personal, vgl. KUNZ/ BUTZ/ WIEDEMANN, *Heimgesetz Kommentar*, a. a. O., § 23 Rdnr. 17 ff.

des Art. 3 Abs. 3 Satz 2 ins Grundgesetz nun für alle gesundheitlich beeinträchtigten Menschen im erwerbsfähigen Alter und unabhängig vom Grund ihrer Behinderung. In dieser Funktion stellt das heutige SGB IX ebenso wie das erste Schwerbeschädigtengesetz des Jahres 1920 ein gesetzliches Regulativ von Angebot und Nachfrage auf dem Arbeitmarkt und die Bereitstellung eines eigenen Arbeitsmarktsegments dar.

Die Entwicklungsstationen hin zum heutigen Schwerbehindertenrecht machen auch deutlich, wie eng das geltende Verwaltungsverfahren zur Behindertenfeststellung immer noch mit den ersten Verfahren zur Beschädigtenfeststellung durch die Koppelung des Grades der Behinderung mit der für das soziale Entschädigungsrecht und die Unfallversicherung maßgeblichen Minderung der Erwerbsfähigkeit verbunden ist. Ebenso bilden die heutigen Strukturen der Verwaltungen, zu deren Aufgaben die Teilhabesicherung behinderter Menschen gehört, noch heute die Organisationsstrukturen ab, wie sie unmittelbar nach dem Ersten Weltkrieg entwickelt wurden.

Dies betrifft insbesondere die in den alten Bundesländern bestehende Trennung der Verwaltungen für die Behindertenfeststellung von den Behörden, die die Teilhabesicherung behinderter Menschen am Arbeitsplatz und im Berufsleben sicherzustellen haben. Sie hat sich in den Ländern verfestigt, in denen die arbeitsmarktspezifische Teilhabesicherung durch die Integrationsämter in die Zuständigkeit höherer Kommunalverbände fällt, während die Behindertenfeststellung ihren traditionellen Bezugspunkt zur landeseigenen Versorgungsverwaltung hat.

Unter fachlichen Gesichtspunkten wären diese Verwaltungen in Landesträgerschaft zusammen zu fassen und zu einem Instrument der Teilhabesicherung für behinderte Menschen in allen Lebensbereichen auszubauen. Die heutigen Möglichkeiten der Förderung von Integrationsprojekten in besonderen Betrieben und Firmen, die den Grundgedanken der Werkstätten für behinderte Menschen fortentwickeln, könnten von derartig ausgestatteten öffentlichen Dienstleistungszentren besser entwickelt und verfolgt werden.

Die Rückschau konnte auch aufzeigen, dass die Einbeziehung aller Behinderten in eine öffentlich-rechtliche Teilhabesicherung seit den 1970er Jahren so, wie sie geschah und sich weiter entwickelte, nur unter den besonderen Bedingungen der wirtschaftlichen Entwicklung in Deutschland seit den 1960er Jahren möglich wurde. Verglichen mit der heutigen gesellschaftlichen Diskussion um staatliche Gewährleistung von Ausbildungsplätzen kommen Zweifel auf, ob unter den heutigen Arbeitsmarktbedingungen derartig weitreichende Teilhabesicherungen für behinderte Menschen durchsetzbar wären.

Die heutigen Verwaltungsstrukturen des öffentlichen Gesundheitsdienstes gewinnen ebenfalls vor dem Hintergrund der Entwicklung dieses Rechtsgebiets ihre Logik. Die Rückbetrachtung erschließt auch die Zusammenhänge der heutigen unterschiedlichen Struktur dieses Behördenbereichs in den einzelnen Ländern, die in ihren Ursprüngen bis zur Entstehung der Medizinal- und Sanitätspolizei als territoriale Aufgabe vor der Reichsgründung zurückgehen. Das föderale Prinzip der eigenverantwortlichen Aufgabenerledigung durch die Länder bildet sich auch in der Zuordnung dieser Aufgaben zur landeseigenen Verwaltung ab.

Die Darstellung der Aufgabenentwicklung dieses Rechtsbereichs bezog sich auch auf die unterschiedliche Entwicklung seiner wirtschaftsverwaltungsrechtlichen und sozialrechtlichen Inhalte. Während das Beruferecht der akademischen und nicht akademischen Heilberufe, das Apothekenrecht und Arzneimittel- und Medizinprodukterecht eine tief strukturierte rechtliche Regelung auch hinsichtlich des Verwaltungsvollzugs erfuhr, trat die öffentliche Gesundheitsfürsorge immer mehr Aufgabengebiete an die Wahrnehmungskompetenz der niedergelassenen Ärzteschaft und Kostentragung durch die gesetzliche oder private Krankenversicherung ab. In öffentlicher Wahrnehmungskompetenz verblieb quasi lediglich die medizinische Betreuung von Kindern in den Schulen durch die Gesundheitsämter.

Die Fortentwicklung des Rechts der Europäischen Union setzte bei der Harmonisierung des öffentlichen Gesundheitswesens neue Akzente. Mit der Sicherstellung der gegenseitigen Anerkennung von Zulassungsverfahren im Arzneimittel- und Medizinproduktewesen konnten wettbewerbsverzerrende nationale Praktiken des Schutzes eigener Märkte durch nationale Zulassungsverfahren abgestellt und eine europaweite Clearing-Stelle für das Arzneimittelwesen eingerichtet werden. Die ersten Möglichkeiten der Einrichtung eines grenzüberschreitenden Dienstleistungsmarktes für die gesundheitliche Betreuung sind durch die Rechtsprechung des Europäischen Gerichtshofs ebenfalls erkennbar. Auch dies wird künftig Auswirkungen auf die Strukturen der nationalen Gesundheitsbehörden haben.

Schließlich könnte die Gesundheitsfürsorge in Deutschland aufgrund der Kompetenzzuweisung des Art. 152 EUV und hierauf beruhender europaweiter Impulse der Europäischen Kommission neue Inhalte erhalten. Die Verlagerung weiter Teile dieses Aufgabengebiets in die Kostenträgerschaft privater oder gesetzlicher Versicherungen, die in den übrigen Ländern der Europäischen Union keine Entsprechung hat, könnte durch diese europäischen Initiativen überlagert werden.

Aus der Darstellung der Entwicklung des Heimrechts von einem Teilbereich des Gewerberechts hin zu einem Sonderordnungsrecht für das Heimwesen wird deutlich, wie die demographische Entwicklung unserer Gesellschaft sich auf Zuständigkeiten und Wahrnehmungskompetenzen von Landesverwaltungen bis hin zur Spezialisierung eigener Verwaltungsteilbereiche auswirkt. Heute hat sich die öffentliche Heimaufsicht über ihre Schutzfunktion für Heimbewohner hinaus auch zur öffentlichen Institution der Beratung für Heimbetreiber und deren Mitarbeiter entwickelt. Die hierdurch bedingte fachliche Spezialisierung der Verwaltung ist die Folge des Steuerungsanspruchs dieses Teilgebiets der Wirtschaftsüberwachung.

Das Heimrecht steht im untrennbaren Zusammenhang mit dem SGB XI und seinen Aufgabenzuweisungen zur Sicherstellung von Wirtschaftlichkeit und Qualität der Heimpflege. Hieraus resultieren die aufgezeigten Verknüpfungen der Überwachungsfunktionen der Heimaufsichtsbehörden mit den Kontrolltätigkeiten der Medizinischen Dienste der Pflegekassen sowie den Kostenträgern. Die Institutionalisierung dieser Zusammenarbeit in Arbeitsgemeinschaften ist als Rechtsgebot im Heimgesetz niedergelegt und erfordert von seinen Mitgliedern Zusammenarbeit auch zur Steigerung der Qualität der Heimbetreuung. Hierdurch ist ein organisatorischer Rahmen vorgegeben, mit dem auch eine Steigerung der Effektivität der Überwachungs- und Kontrolltätigkeit der Mitglieder dieser Arbeitsgemeinschaft erreicht werden könnte.

Kapitel 4: Gestaltungsprinzipien von Landessozialverwaltungen

I. Sozialrecht als Leistungs-, Verfahrens- und Steuerungsrecht

1. Bestimmungsfaktoren für Sozialverwaltungen

a. Staatliche Sozialverwaltung als Organisation

In den Sozialverwaltungen der Länder ist eine Vielzahl staatlicher sozialer Aufgaben gebündelt, deren Gesamtspektrum sich aus den Rechtsgrundlagen und Verfahrensvorschriften ergibt, die die Grundlage ihres Vollzugs bilden. Dies sind zunächst Teilbereiche des Sozialrechts im formellen Sinne als dem Sozialgesetzbuch zugehörige oder ihm erkennbar zugeordnete Rechtsgebiete. Weiterhin sind dies Rechtsgebiete, die wie das öffentliche Gesundheitswesen, vom Begriff des materiellen Sozialrechts erfasst werden.[1171] Diesen Verwaltungen können aber auch Rechtsgebiete zugeordnet sein, die, wie das Betreuungswesen, das Heimgesetz oder der Maßregelvollzug, nicht dem Sozialrecht zugeordnet werden. Ihre Besonderheiten haben Auswirkungen auf den Geschäftsablauf und die Personalstruktur des Behördenbereichs.

Verwaltung wird als mannigfaltige, zweckbestimmte, organisierte, fremdnützige und verantwortliche, nur teilplanende, selbstbeteiligte, ausführende und gestaltende Institution zur Wahrnehmung von öffentlichen Angelegenheiten definiert, die auf den Erlass einer Entscheidung, die Vornahme einer sonstigen Handlung oder den Abschluss eines Vertrages gerichtet ist.[1172] Wird diese sehr komplexe verwaltungsrechtliche Definition um die staatsrechtliche Erklärung von Verwaltung als Subjekt des öffentlichen Rechts ergänzt, das für Organe vollziehender Gewalt diesen zuzurechnende Aufgaben des Gemeinwesens eigenverantwortlich und ständig mit rechtlicher Bindungswirkung erledigt,[1173] dann ist Verwaltung folglich der umsetzende und ausführende Teil der staatlichen Exekutive.

Diese Beschreibung von Aufgaben und Tätigkeiten von Verwaltung ist der Themenstellung dieser Arbeit entsprechend um eine betriebswirtschaftliche Sichtweise zu ergänzen. Ihr zufolge ist eine öffentliche Verwaltung als Einzelwirtschaft zu verstehen, deren Ausstattung mit Sachgütern, Personal- und Finanzmitteln von einer oder mehreren öffentlich-rechtlichen Körperschaften

---

[1171] PITSCHAS, *Organisationsrecht als Steuerungsressource....*, a. a. O., S. 164

[1172] WOLFF/ BACHOF/ STOBER, *Verwaltungsrecht,* Bd. 1, a. a. O., S. 41; zur Entstehung des positiven Verwaltungsbegriffs STERN, *Das Staatsrecht der....*, Bd. II, a. a. O., S. 735 f.; vgl. auch MAURER, *Allgemeines Verwaltungsrecht*, a. a. O.,S. 475

[1173] STERN, *Das Staatsrecht der....*, Bd. II, a. a. O., S. 739 f.

aufgebracht werden und deren erstellte Güter oder Dienstleistungen nicht marktgängig sind.[1174]

Die von Verwaltungen anzuwendenden Rechtsnormen und Verfahrensvorschriften sind folglich Teile der Bedingungen für die Erstellung ihrer Güter oder Dienstleistungen; ihre Ergebnisse sind die erstellten Produkte.[1175] Vor diesem betriebswirtschaftlichen Hintergrund hat die verwaltungsrechtliche Systematisierung von Verwaltungstätigkeiten als Aufgaben von ordnender oder leistender Verwaltung eine nachgeordnete Bedeutung. Sie wäre zur Kategorisierung der Aufgaben des Landesamtes für Soziales, Jugend und Versorgung und seiner nachgeordneten Behördenbereiche ohnehin wenig hilfreich, weil sich ordnende und leistende Elemente der Aufgabenerfüllung in vielen seiner Verwaltungsverfahren ergänzen und deshalb eine ausschließliche Zuordnung nicht zulassen. Bei der Charakteristik der Aufgabenkomplexität eines Verwaltungsbereichs bezeichnen sie eher unterschiedliche Mittel der Aufgabenerfüllung.[1176]

Die Sozialverwaltung als Teilbereich der öffentlichen Verwaltung kann heute nicht mehr ausschließlich in der Sichtweise ihrer unterschiedlichen Funktionen der Leistungserbringung betrachtet werden. Sie muss sich vielmehr als Trägerin sozialstaatlicher Aufgabenerfüllung an Effizienzkriterien messen lassen, die das Sozialrecht in seiner Funktion als Sozialverwaltungsrecht[1177] und damit als Organisationsrecht[1178] vorgibt. Dabei wird das Sozialrecht wegen seiner Eigenständigkeit und Dynamik als „Referenzgebiet" des allgemeinen Verwaltungsrechts angesehen, das früher wegen seines ständigen Aufga-

---

1174 BREDE *Grundzüge der Öffentlichen....*, a. a. O., S. 27; zur wissenschaftsdisziplinären Abgrenzung vgl. PÜTTNER, GÜNTER: *Verwaltungslehre*, 3. Aufl., München 2000, S. 28 ff.

1175 SCHMIDT-AßMANN, *Verwaltungsorganisationsrecht als Steuerungsressource....*, a. a. O., S. 13 stellt deshalb fest: „Das Vorbild der Verwaltung ist das Unternehmen." Vgl. auch GRIMMER, KLAUS: *Die Gestaltbarkeit von Verwaltungen*, in: Die Verwaltung 1998, S. 481 f.; OETTLE, KARL: *Verkleinerung von Leistungsprogrammen („lean production") in öffentlicher Wirtschaft und Verwaltung*, in: Budäus, Dietrich (Herausg.): *Organisationswandel öffentlicher Aufgabenwahrnehmung*, 1. Aufl., Baden-Baden 1998, S. 156 f.; WOLFF/ BACHOF/ STOBER, *Verwaltungsrecht*, Bd. 1, a. a. O., S. 50

1176 PÜTTNER, *Verwaltungslehre*, a. a. O., S. 39 zweifelt generell die Tauglichkeit dieser Unterscheidung für die Verwaltungslehre an.

1177 DÖRR, GERNOT: *Sozialverwaltungsrecht*, in: DÖV 1999, S. 111 f.; PITSCHAS, *Organisationsrecht als Steuerungsressource....*, a. a. O., S. 165

1178 SCHMIDT-AßMANN, *Verwaltungsorganisationsrecht als Steuerungsressource....*, a. a. O., S. 12 bewertet das Verwaltungsorganisationsrecht als „Herzstück des Verwaltungsrechts", weil es Leistungsvorgänge und Beteiligungschancen in Strukturen überführe und in ihm die Forderungen nach rechtsstaatlicher Verantwortungsklarheit und Effektivität mit den Geboten demokratischer Legitimation zusammengeführt würden.

benwachstums, in der aktuellen Situation aber wegen der Veränderung seiner Aufgabenwahrnehmung die Steuerungsmöglichkeiten des Staates im sozialen Bereich umsetzt.[1179] Die Sozialverwaltung stellt insofern den „arbeitenden Sozialstaat“[1180] im Bereich der staatlichen Exekutive dar.

Sozialverwaltungen haben in besonderer Weise Teilhabe und Bürgernähe zu gewährleisten. Mit diesen Begriffen wird die Legitimation öffentlicher Einrichtungen und ihrer Tätigkeit sowie die Möglichkeit ausgedrückt, über gewählte Organe das Staatshandeln reglementieren, kontrollieren und fordern zu können.[1181] Sie sind Teilaspekte einer Kundenorientierung öffentlicher Verwaltungen, die sich nach *Rainer Pitschas* auch in der finalen Organisation der Sozialverwaltung ausdrücken.[1182] Letztlich sagen sie aus, dass die Bürger nicht nur politische Rechte und Abwehrrechte gegen staatliche Eingriffe haben, sondern mit ihren individuellen Rechten gegenüber dem Staat und seiner Verwaltung Leistungs- und Teilhaberechte einfordern können, die über normale Kundenbeziehungen in einer Marktwirtschaft hinausgehen.[1183]

b. Sozialrecht als Organisationsvorgabe für die Landessozialverwaltungen

Sozialorganisationsrecht als der Normenteil zum „Ob“ und „Wie“ der Verwirklichung des materiellen Sozialrechts hat, wie *Rainer Pitschas* feststellt, unmittelbaren Bezug zur Gestaltung der sozialen Infrastruktur einschließlich ihrer Organisation, in deren Rahmen die Mitarbeiter der Sozialverwaltungen handeln und das Sozialrecht umsetzen. Zwar präge die Sozialpolitik durch Gesetzgebung die Realisation des sozialen Rechtsstaates. Sie habe aber neben ihrer Wirkung für die Entstehung von Sozialleistungen und ihrer Sicherungsfunktion für den Bestand, die Qualität und Wirkung des sozialen Rechtsstaats die institutionell-organisatorische Dimension der für die Sozialleistungsträger handelnden Verwaltungen zu berücksichtigen. Rechtsbildung und Rechtsdurchsetzung unterlägen folglich den Verhaltensgesetzmäßigkeiten ihrer Organisationsform. Auch Organisationswahlentscheidungen seien hierauf auszurichten und daher rechtlich nicht beliebig möglich.[1184] Das Sozialorganisationsrecht ist als Bestandteil des Sozialrechts letztlich zusammen mit dem So-

---

1179 PITSCHAS, *Organisationsrecht als Steuerungsressource....*, a. a. O., S. 165 ff.; derselbe, *Das sozialrechtliche Verwaltungsverfahren....*, a. a. O., S. 770 f.

1180 PITSCHAS, *Organisationsrecht als Steuerungsressource....*, a. a. O., S. 176

1181 HESSE, JOACHIM JENS: *Regierungs- und Verwaltungsreform in Nordrhein-Westfalen*, Berlin 2003, S. 9

1182 PITSCHAS, RAINER: *Neubau der Sozialverwaltung*, in: Die Verwaltung 1979, S. 415

1183 KÖNIG, KLAUS: *Der Verwaltungsstaat in Deutschland*, in: Verwaltungs-Archiv 1997, S. 564 f.

1184 PITSCHAS, *Organisationsrecht als Steuerungsressource....*, a. a. O., S. 198

zialleistungsrecht einer der bestimmenden Faktoren zur Steuerung der staatlichen Umverteilung, mit der die Sicherung des Einzelnen vor elementaren Risiken und soziale Gerechtigkeit für alle hergestellt und aufrecht erhalten werden soll.[1185]

Der organisationsrechtliche Teil des Sozialrechts beinhaltet die Regelungen, die die Verteilung von Aufgaben der Sozialverwaltungsträger auf Arbeitseinheiten festlegt.[1186] Es bezieht Behörden der unmittelbaren Staatsverwaltung ebenso ein, wie die verselbständigten Einrichtungen der gesetzlichen Sozialversicherung als mittelbare Staatsverwaltung.[1187] Im Bereich von staatsergänzenden und gemeinnützigen Einrichtungen (Dritter Sektor) bestehen darüber hinaus gesetzlich festgelegte Zusammenarbeits- oder Wahrnehmungsgebote (§§ 75 ff. SGB XII, 74 ff. SGB VIII), die den Weg zu einer stärkeren Einbeziehung dieser Institutionen durch Sozialorganisationsrecht weisen.[1188] Dieser Teil des Sozialrechts bildet insgesamt die Grundlage für die rechtsstaatliche Wahrnehmung ihrer Verwaltungsaufgaben und beantwortet die Frage, wer welche Entscheidungen zu treffen hat und wem diese Entscheidungen zuzurechnen sind. Sozialorganisationsrecht ist in diesem Sinne die Voraussetzung für die Anwendung und Durchsetzung des geltenden Sozialrechts.[1189]

Die Teilbereiche der sozialen Entschädigung, sozialen Förderung und sozialen Hilfe[1190] erfordern darüber hinaus zur Erfüllung ihrer leistungsrechtlichen Inhalte Organisationsgrundlagen und Verfahren, die die Aufbau- und Ablauforganisation der sie anwendenden Behörden prägen.[1191] So bedingen die ren-

---

1185 HIPPEL, *Grundfragen der Umverteilung*, a. a. O., S. 352 f.

1186 In Analogie zur Begriffsbestimmung des Organisationsrechts bei KREBS, WALTER: *Verwaltungsorganisation*, in: Isensee, Josef; Kirchhof, Paul (Herausg.): *Handbuch des Staatsrechts der Bundesrepublik Deutschland*, Bd. III, 2. Aufl., Heidelberg 1996, S. 581 f.

1187 DÖRR, *Sozialverwaltungsrecht*, a. a. O., S. 112

1188 ENGELHARDT, *Hybride Organisationsformen des....*, a. a. O., S. 181 f.; zum Begriff des Dritten Sektors PITSCHAS, *Kommunale Sozialpolitik*, a. a. O., S. 1299, 1338; REICHARD, CHRISTOPH: *Der Dritte Sektor*, in: DÖV 1988, S. 365 ff.; SCHUPPERT, *Zur Anatomie und....*, a. a. O., S. 138; derselbe, *Verwaltungswissenschaft*, a. a. O., S. 358 ff.

1189 KREBS, *Verwaltungsorganisation*, a. a. O., S. 582

1190 Kriegsopferversorgung nach dem BVG, soziale Entschädigung nach den Anwendungsgesetzen des BVG; Kinder- und Jugendhilfe nach dem SGB VIII, Rehabilitation und Teilhabe behinderter Menschen nach dem SGB IX; Sozialhilfe nach dem SGB XII

1191 Aufbauorganisation als Gliederung von Behörden in organisatorische Teileinheiten, Zuordnung von Aufgaben und Kompetenzen und Koordination der Teileinheiten; Ablauforganisation als Ablauf der behördlichen Geschäftsprozesse und der Funktionsausübung innerhalb der Teileinheiten; vgl. BEA, FRANZ-XAVER; GÖBEL, ELISABETH: *Organisation*, Stuttgart 1999, S. 221 f.; SCHULTE-ZURHAUSEN, *Organisation*, a. a. O., S. 13 f.. Die Frage

tenähnlichen und monatlich wiederkehrenden Auszahlungen von sozialen Entschädigungsleistungen nach dem Bundesversorgungsgesetz oder die in sehr großer Anzahl zu bearbeitenden Feststellungsverfahren gem. § 69 SGB IX Organisationsformen, die auf Auszahlungs-, Überprüfungs- und Handlungsroutinen ausgelegt und auf weitgehende Unterstützung durch elektronische Datenverarbeitung angewiesen sind.[1192]

Die rechtsförmliche Erledigung derartiger Massenvorgänge, die auch gem. § 33 Abs. 4, 35 Abs. 2 Nr. 3 SGB X in Bezug auf Form- und Begründungserfordernisse von Verwaltungsakten Sonderregelungen in Anspruch nehmen kann, bedingt Arbeitseinheiten mit Fähigkeiten zur routinierten Erledigung typischer Fallgruppen, allerdings auch unter strikter Berücksichtigung der Individualität des Einzelfalls und der sozialen Verantwortung für den Antragsteller.[1193] Anders, als die als Massenverfahren bezeichneten Verfahren, bei denen sich hunderte oder tausende von Einsendern gegen bestimmte bau- oder anlagenplanungsrechtliche Entscheidungen wenden,[1194] sind die bei Sozialverwaltungen zu bearbeitenden Massenvorgänge, zumeist als Dauerverwaltungsverhältnisse, durch Gleichartigkeit und hohe Fallzahlen gekennzeichnet.[1195] Bei ihnen steht allerdings auf der Seite der Antragsteller immer ein soziales Einzelschicksal, das einen Anspruch auf rechtlich richtige Entscheidung hat.[1196] Hier ist der sozialrechtliche Verwaltungsakt gem. § 31 SGB X die Standardmaßnahme behördlichen Handelns, der die Gewährung von Leistungen oder Verschonungen[1197] oder aber die Gewährung besonderer Rechtspositionen, wie für behinderte Menschen im Arbeitsleben, beinhalten kann.

---

der durch das Sozialrecht ebenfalls vorgegebenen Rechtsform unterschiedlicher Sozialverwaltungen soll hier ausgeklammert bleiben.

1192 BIEBACK, KARL-JÜRGEN: *Effizienzanforderungen an das sozialstaatliche Leistungsrecht*, in: Hoffmann-Riem, Wolfgang; Schmidt-Aßmann, Eberhard (Herausg.): *Effizienz als Herausforderung an das Verwaltungsrecht*, 1. Aufl., Baden-Baden 1998, S. 129 f.; vgl. auch MAURER, *Allgemeines Verwaltungsrecht*, a. a. O., S. 465 ff.

1193 PITSCHAS, *Organisationsrecht als Steuerungsressource....*, a. a. O., S. 168; derselbe, *Das sozialrechtliche Verwaltungsverfahren....*, a. a. O., S. 777

1194 Vgl. MAURER, *Allgemeines Verwaltungsrecht*, a. a. O., S. 479

1195 BIEBACK, *Effizienzanforderungen an das....*, a. a. O., S. 129; PITSCHAS, *Organisationsrecht als Steuerungsressource....*, a. a. O., S. 168; WOLFF/ BACHOF/ STOBER/ KLUTH/ PEILERT, *Verwaltungsrecht*, Bd. 2, a. a. O., S. 14

1196 PITSCHAS, *Das sozialrechtliche Verwaltungsverfahren....*, a. a. O., S. 777

1197 RULAND, *Sozialrecht*, a. a. O., S. 734 führt hierfür als Beispiel die unentgeltliche Beförderung von schwerbehinderten Menschen nach § 145 SGB IX an.

Das Produkt sozialrechtlicher Verwaltungsakt erfordert unter diesen Bedingungen behördenintern hohe Flexibilität des Aufgabenvollzugs und der Arbeitserledigung, auch unter Gesichtspunkten der Zweckmäßigkeit der Intensität von Sachverhaltsermittlungen gem. §§ 20 ff. SGB X. Es hat daneben dem jedem Antragsteller zukommenden Anspruch auf Rechtmäßigkeit und Zweckmäßigkeit der behördlichen Entscheidung Rechnung zu tragen.[1198] Die die Verwaltungsverfahren beeinflussenden Vorschriften des Sozialrechts haben in diesem Sinne eine Steuerungsfunktion, indem sie als soziales Verwaltungsorganisationsrecht die Sozialverwaltungen in Anspruch nehmen und gestalten. Die Steuerungsfähigkeit des Sozialrechts drückt sich in der Befugnis und Verpflichtung der Sozialverwaltung zur Informationsgewinnung und –verarbeitung sowie zur Entscheidung über Leistungsgewährung oder Rechtsgestaltung aus.

Ihr steht auf der Seite des das Sozialrecht in Anspruch Nehmenden die Verpflichtung gegenüber, die durch das Sozialrecht vorgegebenen Informationen zu liefern oder in die Erhebung bei Dritten einzuwilligen.[1199] Das rechtsstaatliche Korrektiv eines lückenlosen Gerichtsschutzes (Art. 19 Abs. 4, 93 Abs. 1 Nr. 4 a GG, §§ 42 Abs. 1, 43 Abs. 1 VwGO, § 54 SGG) mit seiner Schutzfunktion gegenüber den Antragstellern setzt uneingeschränkter Standardisierung oder Rationalisierung des Verwaltungshandelns seine Grenzen.[1200]

c. Dimensionen der Steuerungsfunktion des Sozialrechts

Wenn der organisationsrechtliche Teil des Sozialrechts „als Instrument zur Bewirkung von erwünschten und zur Vermeidung von unerwünschten Wirkungen, also zur Beeinflussung von Ereignisabläufen“, betrachtet werden kann,[1201] dann sind die dieses Recht vollziehenden Verwaltungen (Kommunalverwaltungen, Landesverwaltungen), sowohl als Steuerungssubjekt im Sinne der das Recht vollziehenden Organisationen als auch als unmittelbare Adressaten zur Gestaltung von Verwaltungsverfahren, von den derzeitigen tiefgreifenden Umgestaltungen des Sozialrechts in besonderer Weise betrof-

---

[1198] MAURER, *Allgemeines Verwaltungsrecht*, a. a. O., S. 472

[1199] HOFFMANN-RIEM, WOLFGANG: *Organisationsrecht als Steuerungsressource*, in: Schmidt-Aßmann, Eberhard; Hoffmann-Riem, Wolfgang (Herausg.): *Verwaltungsorganisationsrecht als Steuerungsressource*, 1. Aufl., Baden-Baden 1997, S. 359 f.; PITSCHAS, *Organisationsrecht als Steuerungsressource....*, a. a. O., S. 189 f.; kritisch VOẞKUHLE, ANDREAS: *„Schlüsselbegriffe“ der Verwaltungsrechtsreform*, in: VerwArch 2001, S. 194 f.

[1200] PITSCHAS, *Organisationsrecht als Steuerungsressource....*, a. a. O., S. 196 f.; WOLFF/ BACHOF/ STOBER/ KLUTH/ PEILERT, *Verwaltungsrecht*, Bd. 2, a. a. O., S. 2 f.

[1201] So HOFFMANN-RIEM, *Organisationsrecht als Steuerungsressource....*, a. a. O., S. 358 f.; vgl. auch derselbe, *Tendenzen in der....*, a. a. O., S. 439

fen. Jede dieser gesetzgeberischen Maßnahmen zur Modernisierung des Sozialrechts setzt neues Verwaltungsorganisationsrecht, das Veränderungen in den dieses Recht vollziehenden Verwaltungen hervorruft, bedingt oder nach sich zieht. Zugleich obliegt den einbezogenen Verwaltungen eine entscheidende Rolle bei der Konkretisierung dieser Umgestaltung des Sozialrechts und seiner Inanspruchnahme durch die Bürger, die mit der Verwirklichung des Sozialrechts in besonderer Weise verbundenen gesellschaftlichen Kräfte und die Wirtschaft.[1202]

Das Handeln der Sozialleistungsträger und seiner Verwaltungen wird unter den normativen Bedingungen der Neuorientierung des Verwaltungshandelns nicht mehr ausschließlich auf die Rechtmäßigkeit im Sinne der richtigen Subsumption der Rechtsnormen begrenzt. Es ist vielmehr bei sozialprogrammatischen Aufträgen des Normgebers innerhalb eines Fensters rechtlich zulässiger Optionen um das Merkmal der Wirkung erweitert, das sowohl die Akzeptanz beim Betroffenen oder Begünstigten, als auch die Umsetzung der Entscheidung und die Problemlösungsfähigkeit der Verwaltungsentscheidung im sozialen Umfeld umfasst.[1203]

In dieser Sichtweise der Auswirkungen der Entscheidungsergebnisse auf das Verhalten der Normadressaten bzw. das Erzielen erwünschter oder die Vermeidung unerwünschter Wirkungen wird die betriebswirtschaftliche Seite von Verwaltungsentscheidungen deutlich.[1204] Sie hat in der aktuellen Diskussion um die Erneuerung des Sozialrechts im aktivierenden Staat unter dem Leitbegriff des Förderns und Forderns eine besondere Bedeutung.[1205] Diese am „Outcome“ als mess- und auswertbare Wirkung des Verwaltungshandelns orientierte Fokussierung auf Ergebnisse von Prozessen in den Aufgabenbereichen einer Landessozialverwaltung eröffnet die Sichtweise auf die gesamte

---

1202 PITSCHAS, *Organisationsrecht als Steuerungsressource....*, a. a. O., S. 156; derselbe, *Die Zukunft der....*, a. a. O., S. 133 f.

1203 HOFFMANN-RIEM, *Organisationsrecht als Steuerungsressource....*, a. a. O., S. 360 f.

1204 HILL, HERMANN: *Neue Organisationsformen in der Staats- und Kommunalverwaltung*, in: Schmidt-Aßmann, Eberhard; Hoffmann-Riem, Wolfgang (Herausg.): *Verwaltungsorganisationsrecht als Steuerungsressource*, 1. Aufl., Baden-Baden 1997, S. 78 f.

1205 Im Entwurf eines Gesetzes zur Einordnung des Sozialhilferechts in das Sozialgesetzbuch, mit dessen Art. 1 die Sozialhilfe als SGB XII neu bestimmt werden soll, ist einer der programmatischen Eckpunkte wie folgt ausgewiesen: „Verbesserung der aktivierenden Instrumente und Leistungen der Sozialhilfe (Fördern und Fordern) insbesondere durch Entwicklung rechtlicher Rahmenbedingungen und durch stärkere Beteiligung der Leistungsberechtigten ...“; vgl. Deutscher Bundestag –15. Wahlperiode–, BT-Drs. 15/1514 vom 05.09.2003, S. 50

Palette der Verwaltungsmodernisierung seit den 1990er Jahren,[1206] in die die Sozialverwaltung in besonderer Weise eingebunden ist.[1207] Allerdings gilt für diese Steuerungsfunktion von Sozialrecht die Feststellung von *Rainer Pitschas*, dass sich Wirkungen nur durch positive Effekte fördern und negative Wirkungen blockieren, nicht aber gegen die Verantwortung und den Willen der Adressaten erreichen im Sinne von steuern lassen.[1208]

Zu den Besonderheiten der Sozialverwaltungen der Länder in den dargestellten Aufgabenbereichen gehört ihre organisatorische Vielfalt, die sich in unterschiedlicher Weise aus denselben bundesrechtlichen Organisationsvorgaben herausgebildet hat. Ihre Entwicklung lässt sich von den ursprünglich festen Gestaltungsbindungen durch bundesgesetzliche Vorgaben über ihre Lockerung[1209] bis hin zur aktuellen Neugestaltung der Sozialgesetzgebung verfolgen, bei der die Zustimmungsvorbehalte des Art. 84 Abs. 2 GG organisationsrechtlichen Vorgaben des Bundes gegenüber den Ländern Grenzen setzen. Heute ist diese Vielfalt Ausdruck des Wahrnehmungsverständnisses, das die jeweils verantwortlichen Landesregierungen dem Aufgabenvollzug ihrer Verwaltungen zugrunde liegen, nachdem der Bund die Landessozialverwaltungen zur organisatorischen Disposition der Länder gestellt hat.

Weitere organisatorische Besonderheiten sind die Beteiligung der Betreuten durch Beiräte mit Übergängen zur Hilfe in Selbstorganisation (z. B. beratende Ausschüsse für behinderte Menschen bei den Integrationsämtern gem. § 103 SGB IX) und die Verpflichtung zur Kooperation mit Trägern der Wohlfahrtspflege oder anderen staatlichen Aufgabenträgern auf Bundes- oder Landesebene in Arbeitsgemeinschaften.[1210] Zu ihnen werden auch selbständige Verwaltungseinheiten der gesetzlichen Sozialversicherung im Bereich der Reha-

---

[1206] Zusammengefasst bei PITSCHAS, *Verwaltungsmodernisierung im Spannungsfeld....*, a. a. O., S. 108 f.; vgl. auch HOFFMANN-RIEM, *Tendenzen in der....*, a. a. O., S. 440

[1207] Vgl. PITSCHAS, *Organisationsrecht als Steuerungsressource....*, a. a. O., S. 166 ff.

[1208] PITSCHAS, RAINER: *Wirkungsorientierung des Verwaltungsmanagements im internationalen Vergleich*, in: VuM 2000, S. 329 f. Die Richtigkeit dieser Feststellung wurde durch die Demonstrationen gegen die Einführung des SGB II und XII im Sommer 2004 eindrucksvoll belegt.

[1209] Als Beispiel sei hier das Zweite Zuständigkeitslockerungsgesetz (BGBl. I 2000 S. 632) genannt, das die Versorgungsverwaltung aus dem Kreis der Sonderverwaltungen herausgenommen und bei den Ländern unterschiedliche Organisationsformen dieser bislang bundeseinheitlichen Verwaltungen ermöglicht hat.

[1210] Jüngstes Beispiel ist die Arbeitsgemeinschaft gem. § 44 b SGB II, vgl. MÜNDER, *Das SGB II – Die....*, a. a. O., S. 3213; STROBEL, BRIGITTE: *Die Rechtsform der Arbeitsgemeinschaften nach § 44 b SGB II*, in: NVwZ 2004, S. 1195 ff.

bilitation herangezogen.[1211] Schließlich bestimmen §§ 79 bis 81 SGB VIII die Organisationsform einer vermittelnden Verwaltung, deren Kompetenz sich auf Planung und Konzeption, die Gewährung von Organisationshilfe und die Information über Leistungsangebote beschränkt.[1212]

Insgesamt sind diese unterschiedlichen Organisationsstrukturen und ihre länderspezifischen Differenzierungen die Folgen der rechtlichen Rahmenbedingungen, die durch den Umbau des Sozialstaates seit den 1990er Jahren geschaffen oder verändert wurden. *Rainer Pitschas* stellt hierzu fest, dass der Gesetzgeber hierbei subjektiv-öffentliche Leistungsrechte abgebaut habe und zunehmend auf klare Vorentscheidungen unter divergierenden Interessen verzichte. Er beschränke sich auf die Moderation entsprechender Klärungsprozesse bei gleichzeitiger Organisation von Kooperationen, wo diese möglich seien. Dabei besinne er sich zunehmend stärker auf das Potential zur Mithilfe privater Wohlfahrtsorganisationen. Auffällig sei schließlich die wachsende Tendenz sozialstaatlicher Hilfs- und Förderungssysteme, sich zu verselbständigen.[1213]

d. Effektivität und Effizienz im sozialrechtlichen Verwaltungsvollzug

Behörden und Einrichtungen der öffentlichen Verwaltung unterscheiden sich von Unternehmungen der Privatwirtschaft durch ihre Zweckbestimmung.[1214] Beiden Organisationsformen ist zwar ihre Definition als einem Zusammenhang von Personen und Sachen zur Erfüllung eines Zweckes oder einer Aufgabe gemeinsam.[1215] Die Organisationszwecke von privatwirtschaftlichen Betrieben auf der einen Seite und der öffentlichen Verwaltung, insbesondere in ihrer Ausprägung als soziale Leistungsverwaltung, auf der anderen Seite scheinen jedoch vollkommen gegensätzlich zu sein. Während rationales Wirtschaften in Gewinnabsicht den Organisationszweck eines privaten Betriebes

---

[1211] Vgl. PITSCHAS, *Die Amtshilfe für....*, a. a. O., S. 239 ff.; SCHMIDT-AßMANN, *Verwaltungsorganisationsrecht als Steuerungsressource....*, a. a. O., S. 29 f.; zum Begriff der verselbständigten oder selbständigen Verwaltungseinheiten KREBS, *Verwaltungsorganisation*, a. a. O., S. 579 f.

[1212] SCHMIDT-AßMANN, *Verwaltungsorganisationsrecht als Steuerungsressource....*, a. a. O., S. 30

[1213] PITSCHAS, *Organisationsrecht als Steuerungsressource....*, a. a. O., S. 167; derselbe, *Kommunale Sozialpolitik*, a. a. O., S. 1298 f.

[1214] LUHMANN, NIKLAS: *Zweck-Herrschaftssystem, Grundbegriffe und Prämissen Max Webers*, in: Mayntz, Renate (Herausg.): *Bürokratische Organisation*, 2. Aufl., 1971, S. 42: „An die Spitze der Organisation werden die Zwecke gesetzt."

[1215] GRIMMER, KLAUS: *Die Gestaltbarkeit von Verwaltungen*, a. a. O., S. 485; vgl. auch PITSCHAS, *Organisationsrecht als Steuerungsressource....*, a. a. O., S. 177

bestimmt,[1216] erfüllen Sozialverwaltungen zu einem überwiegenden Teil Ansprüche von Leistungsempfängern auf der Grundlage bundes- oder landesgesetzlich normierter Vorgaben als Sach- und personale Dienstleistungen.[1217] In weiteren Teilen werden sie durch Verschonungen vermittelt, wie bei der Gewährung von kostenlosen oder begünstigten Leistungen der Daseinsvorsorge, oder drücken sich durch Einräumung eines besonderen Status im Rechtsleben aus, wie bei der Feststellung als schwerbehinderter Mensch. Der übergeordnete Zweck der sozialen Leistungsverwaltungen ist die Verwirklichung des Sozialstaatsgebots zur Gestaltung einer gerechten Sozialordnung durch ein leistungsfähiges System sozialer Sicherung, das letztlich einen wesentlichen Faktor innenpolitischer Stabilität bildet.[1218]

Die Zweckbestimmung der sozialen Leistungsverwaltung ist durch die Gesetzgebung vorgegeben, die Grundlage ihres Verwaltungsvollzugs ist. Sozialgesetze erzielen erwünschte oder vermeiden unerwünschte Wirkungen in einem sozialen Problemfeld und steuern durch ihre Bindungswirkung das Verwaltungshandeln der sie vollziehenden Behörden.[1219] Das Sozialrecht ist somit Steuerungsmedium, das die sozialen Rechte der Bürger konkretisiert und den Verwaltungsvollzug seiner Behörden bestimmt.[1220] Indem es eine Aufgabenzuweisung auf unterschiedliche Stellen vornimmt, prägt es durch seine Vorgaben die Organisation der Zwecke und Ziele sozialen Verwaltens.

In ihrer Interaktion mit den Leistungsbeziehern und Antragstellern umfasst die Sozialverwaltung die Gesamtheit der auf die Verwirklichung aller Ziele und Zwecke der sozialen Leistungssysteme gerichteten Maßnahmen. Sie ist also in einem institutionellen Organisationsverständnis durch das Sozialorganisationsrecht als Interaktionsverwaltung geprägt.[1221] In diesem Sinne ist sie als personalisierte Dienstleistungsverwaltung ausgestaltet, deren Amtswalter

---

[1216] BEA/ GÖBEL, *Organisation*, a. a. O., S. 14; WÖHE, GÜNTER: *Einführung in die Allgemeine Betriebswirtschaftslehre*, 20. Aufl., München 2000, S. 94 f.

[1217] BIEBACK, *Effizienzanforderungen an das....*, a. a. O., S. 129

[1218] HIPPEL, *Grundfragen der Umverteilung*, a. a. O., S. 352 f.; PITSCHAS, *Kommunale Sozialpolitik*, a. a. O., S. 1258 f.; RULAND, *Sozialrecht*, a. a. O., S. 800 f.

[1219] GAENTSCH, GÜNTER: *Gesetzmäßigkeit und Wirtschaftlichkeit der Verwaltung: Beißt oder verträgt sich das?*, in: DÖV 1998, S. 952; HOFFMANN-RIEM, WOLFGANG: *Innovationssteuerung durch die Verwaltung: Rahmenbedingungen und Beispiele*, in: Die Verwaltung 2000, S. 156

[1220] PITSCHAS, *Kommunale Sozialpolitik*, a. a. O., S. 1298 f.

[1221] PITSCHAS, Organisationsrecht als Steuerungsressource...., a. a. O., S. 177

einem besonderen beruflichen Ethos verpflichtet sind.[1222] Ihre Organisationsstrukturen müssen darüber hinaus den besonderen Vorgaben des Sozialorganisationsrechts, wie dem Sozialdatenschutz, entsprechen und haben die Vielfalt seines Aufgabenvollzugs zu berücksichtigen.[1223] Diese Organisationselemente kennzeichnen die Sozialverwaltung nach dem institutionellen Organisationsbegriff als eine Institution, die sich von anderen Verwaltungen unterscheidet und durch das Sozialorganisationsrecht geprägt ist.[1224]

Wie jede andere Verwaltung ist auch die Sozialverwaltung neben der Gesetzmäßigkeit der Wirtschaftlichkeit ihres Verwaltungshandelns verpflichtet.[1225] Dies ist als Verfassungsgebot für alles staatliche Handeln und Prüfauftrag an den Bundesrechnungshof in Art. 114 Abs. 2 GG vorgegeben und schreibt damit auch der Sozialverwaltung eine betriebswirtschaftliche Kosten-Nutzen-Relation vor.[1226] Ihre Maßgröße ist die Effizienz als das Verhältnis der eingesetzten Mittel (Kosten, Ressourcen) zu dem erzielten Erfolg (Nutzen, Ziel). Es wird durch das Minimalprinzip als der Regel, ein festgelegtes Ziel mit geringsten Mitteln zu erreichen, sowie durch das Maximalprinzip als der Regel, mit festgelegten Mitteln den größtmöglichen Nutzen zu erreichen, definiert.[1227] Das Maximalprinzip als Ergiebigkeitsprinzip und das Minimalprinzip als Sparsamkeitsprinzip bilden die Unterfälle des umfassenden Wirtschaftlichkeitsprinzips, das im öffentlichen Haushaltsrecht (§§ 6 Abs. 1 HGrG, 7 BHO, 7 LHO) grundlegende Bedeutung hat.[1228]

1222 PITSCHAS, *Organisationsrecht als Steuerungsressource....*, a. a. O., S. 175; Beispiele der institutionellen Prägung der Sozialverwaltung durch Sozialrecht finden sich in den Personalqualifikationsvorgaben der §§ 72 SGB VIII, 6 SGB XII, 23 Abs. 2 HeimG

1223 PITSCHAS, *Organisationsrecht als Steuerungsressource....*, a. a. O., S. 186 f.

1224 Nach BEA/ GÖBEL, *Organisation*, a. a. O., S. 5 beschreibt der institutionelle Organisationsbegriff eine Organisation als eine bestimmte Art von Institution; vgl. auch PITSCHAS, *Organisationsrecht als Steuerungsressource....*, a. a. O., S. 176.

1225 GAENTZSCH, *Gesetzmäßigkeit und Wirtschaftlichkeit....*, a. a. O., S. 952

1226 MAUNZ, THEODOR: *Kommentierung zu Art. 114*, in: Maunz, Theodor; Dürig, Günter und andere Mitherausgeber: *Grundgesetz Kommentar*, Loseblattausgabe, München 1984, Art. 114 Rdnr. 50; SCHMIDT-AßMANN, EBERHARD: *Effizienz als Herausforderung an das Verwaltungsrecht*, in: Hoffmann-Riem, Wolfgang; Schmidt-Aßmann, Eberhard (Herausg.): *Effizienz als Herausforderung an das Verwaltungsrecht*, 1. Aufl., Baden-Baden 1998, S. 225

1227 PETERS, ANNE: *Die Ausfüllung von Spielräumen der Verwaltung durch Wirtschaftlichkeitserwägungen*, in: DÖV 2001, S. 752; SCHMIDT-AßMANN, Effizienz als Herausforderung...., a. a. O., S. 246; vgl. auch BREDE, *Grundzüge der Öffentlichen....*, a. a. O., S. 208

1228 HOFFMANN-RIEM, WOLFGANG: *Effizienz als Herausforderung an das Verwaltungsrecht – Einleitende Problemskizze*, in: Hoffmann-Riem, Wolfgang; Schmidt-Aßmann, Eberhard (Herausg.): *Effizienz als Herausforderung an das Verwaltungsrecht*, Baden-Baden

Vom Begriff der Effektivität unterscheidet sich die Effizienz durch die in Beziehung gebrachte Relation von Kosten und Nutzen, während die Effektivität eine Maßgröße für einen Zielerreichungsgrad darstellt, im Sozialrecht also der Grad der Erreichung eines sozialpolitischen Zieles.[1229] Das Effizienzgebot als Bezugsgröße für das Verwaltungshandeln beinhaltet demnach die Handlungsanweisung zur Optimierung im Hinblick auf bestimmte, zumeist vorgegebene Ziele. Es stellt somit eine Maßgröße für das Ressourcenmanagement in einer Verwaltung dar.[1230] Die Effektivität als Maßgröße für die Zielerreichung kann demgegenüber durch Gesetz vorgegeben sein und orientiert sich im Prozeß der Rechtsanwendung am näher konkretisierten gesetzlichen Ziel.[1231]

Das Wirtschaftlichkeitsgebot bestimmt das Sozialhilferecht durch den Grundsatz des Nachrangs der Sozialhilfe (§ 9 SGB I, § 2 Abs. 1 SGB XII) als Gebot der Subsidiarität des staatlichen Ressourceneinsatzes nur für den Fall, dass für den hilfebedürftigen Bürger keine Möglichkeit zur Selbsthilfe besteht.[1232] Es richtet sich mit seinen Bestimmungen zur Ressourcenschonung an die Sozialleistungsträger, wie in § 75 Abs. 2 SGB XII, aber auch an Sozialleistungserbringer, wie in § 75 Abs. 3 SGB XII, § 74 Abs. 1 Nr. 2 SGB VIII.[1233] In seiner Außenwirkung gegenüber dem Bürger konkretisiert es sich darüber hinaus als das Gebot der ausreichenden, zweckmäßigen und notwendigen Leistung (z. B. in § 17 Abs. 1 SGB I), der Leistung „in vertretbarem Umfang" (§ 27 Abs. 1 Satz 1 SGB XII oder der Vermeidung von „unverhältnismäßigen Kosten" gem. § 9 Abs. 2 Satz 3 SGB XII.[1234]

Das Wirtschaftlichkeitsgebot hat bei sozialrechtlichen Ermessensentscheidungen Relevanz, bei denen in einem Abwägungsprozess auch andere Überlegungen zu berücksichtigen sind.[1235] Es ist somit ein Modul der Grundsätze

---

1998, S. 23; allgemein PETERS, *Die Ausfüllung von....*, a. a. O., S. 752; PÜTTNER, *Verwaltungslehre*, a. a. O., S. 237 f.

[1229] BIEBACK, *Effizienzanforderungen an das....*, a. a. O., S. 128; SCHMIDT-AßMANN, *Effizienz als Herausforderung....*, a. a. O., S. 248 f.

[1230] HOFFMANN-RIEM, *Innovationssteuerung durch die....*, a. a. O., S. 161 f.; derselbe, *Effizienz als Herausforderung....*, a. a. O., S. 19 ff.

[1231] HOFFMANN-RIEM, *Tendenzen in der....*, a. a. O., S. 437. Dies entspricht der zielorientierten Sichtweise von Effektivität, nach der im sozialen Rechtsstaat das Recht die Organisationsziele festlegt.

[1232] HOFFMANN-RIEM, *Effizienz als Herausforderung....*, a. a. O., S. 42

[1233] Vgl. BIEBACK, *Effizienzanforderungen an das....*, a. a. O., S. 131

[1234] HOFFMANN-RIEM, *Effizienz als Herausforderung....*, a. a. O., S. 46 f.; SCHMIDT-AßMANN, *Effizienz als Herausforderung....*, a. a. O., S. 261

[1235] PÜTTNER, *Verwaltungslehre*, a. a. O., S. 240; VOßKUHLE, *„Schlüsselbegriffe" der Verwaltungsrechtsreform*, a. a. O., S. 198 f.; zum Begriffspaar „Innenrecht – Außenrecht" vgl.

des Verwaltungshandelns, die daneben durch Rechtmäßigkeit, Zweckmäßigkeit, Bürgernähe,[1236] Gemeinwohlverpflichtung und Einsichtigkeit in die Gründe der Verwaltungsentscheidung ausgedrückt werden.[1237]

e. Effektivitätskriterien einer Sozialverwaltung im aktivierenden Staat

Die durch das Sozialrecht in normative Form gebrachten sozialpolitischen Staatsziele sind Veränderungen unterworfen. Der soziale Rechtsstaat kompensierte noch bis in die 1980er Jahre in seiner Ausformung als Wohlfahrtsstaat mit seiner umfassenden Sorge für seine Bürger und seinen Sicherungssystemen für die Hauptrisiken von Alter, Invalidität, Krankheit, Pflege und Arbeitslosigkeit Jahre alle sozialen Risiken. Seither offenbaren sich deutliche Überlastungssymptome, die zu einer Umorientierung der sozialpolitischen Zielsetzungen führten und nun im Sozialrecht umgesetzt werden.[1238] Der Sozialbericht 2001 der Bundesregierung[1239] und die in der Agenda 2010 zusammengefassten sozialpolitischen Zielsetzungen der derzeitigen Bundesregierung fassen die neuen sozialpolitischen Ziele im aktivierenden Sozialstaat zusammen.[1240] Sie drücken die Maßgrößen aus, wie im Sozialrecht durch gesetzgeberische Initiativen die Zielerreichung unter den Vorgaben des aktivierenden Sozialstaates umgesetzt werden soll.[1241]

Die Überforderung des Sozialstaates[1242] erfordert innerhalb der Sozialverwaltungen und unabhängig von künftigen Änderungen der Sozialgesetzgebung Maßnahmen zur Effizienzsteigerung des Verwaltungshandelns, um eine effiziente Verwendung knapper werdender Ressourcen im sozialen Leistungsbereich zu gewährleisten. Dabei darf, wie *Wolfgang Hoffmann-Riem* feststellt, das Gebot der effizienten Ressourcenverwendung bei der Rechtsverwirklichung nur insoweit bestimmend werden, als es neutral im Hinblick auf die

---

KREBS, *Verwaltungsorganisation*, a. a. O., S. 583 ff.; PETERS, *Die Ausfüllung von....*, a. a. O., S. 753 ff.

1236 PITSCHAS, *Verwaltungsmodernisierung im Spannungsfeld....*, a. a. O., S. 117 f.

1237 GAENTZSCH, *Gesetzmäßigkeit und Wirtschaftlichkeit....*, a. a. O., S. 952; PITSCHAS, *Verwaltungsmodernisierung und Verwaltungsrecht....*, a. a. O., S. 84

1238 So PITSCHAS, *Verwaltungsrecht im funktionalen....*, a. a. O., S. 173 ff.; zur ökonomischen und finanziellen Dimension der Entwicklung des Sozialstaates HAUSER, *Zukunft des Sozialstaates*, a. a. O., S. 181 ff.

1239 Sozialbericht 2001 der Bundesregierung vom 19.03.2002, S. 16 ff. (www.bmgs.bund.de/ download/broschueren/A101.pdf, eingesehen am 24.08.2004)

1240 DEUTSCHER BUNDESTAG (Herausg.): *Bericht der Enquête-....*, a. a. O., S. 25 ff.; ADOMEIT, KLAUS: *Die Agenda 20-10 – sozialpolitisch*, in: NJW 2003, S. 2356 ff.

1241 Vgl. HOFFMANN-RIEM, *Tendenzen in der....*, a. a. O., S. 437

1242 MÜHLUM, *Sozialpolitik in der....*, a. a. O., S. 509 ff.; PITSCHAS, *Die Zukunft des....*, a. a. O., S. 126

sonstige Qualität der Aufgabenerfüllung wirkt. Anders ausgedrückt: Die durch die Finanzkrise des Staats ausgelösten Sparzwänge dürfen nicht dazu führen, den Bürgern ausschließlich aus Gründen der Finanzknappheit soziale Rechte und Leistungen ohne rechtliche Legitimation zu verwehren,[1243] und sei dies auch nur durch Erschwernisse im Verwaltungsverfahren oder Verzögerungen der Leistungsbereitstellung.

Soweit Sozialleistungen als Leistungen der sozialen Entschädigung gewährt werden, sind sie in ihren Anspruchsvoraussetzungen und ihrer Leistungshöhe gesetzlich bestimmt und damit keiner Substitution durch andere Sozialleistungssysteme zugänglich. Die Systeme der staatlichen Hilfe sind demgegenüber als Mindestsicherung ausgestaltet und gegenüber anderen sozialen Leistungssystemen, wie den Vorsorge- oder Versorgungssystemen subsidiär.[1244] Diese Subsidiarität der Leistungsgewährung beinhaltet zunächst das Effizienzgebot der Bedarfsgerechtigkeit, nach dem Leistungen nur diejenigen erhalten sollen, die ihrer auch individuell bedürfen.[1245] In ihr ist darüber hinaus das Effizienzgebot enthalten, auch nach Leistungsgewährung alle Vorsorge- und Versorgungssysteme durch Kostenerstattung in Anspruch zu nehmen, die vorrangig zur Leistung verpflichtet gewesen wären. Selbst bei den sozialen Versorgungssystemen besteht das Gebot effizienter Ressourcenschonung, durch Rückgriff auf andere –auch private– Kostenträger alle Möglichkeiten der Inanspruchnahme rechtlich verpflichteter Dritter auszuschöpfen.[1246]

Letztlich drücken die Überlegungen zu Effizienz des sozialrechtlichen Verwaltungsverfahrens ein verändertes Kostenbewusstsein in den Sozialleistungsverwaltungen aus, das durch die Einführung von Elementen des New Public Management durchgesetzt werden kann.[1247] Durch sie können Ursache, Rechtfertigung und Wirkung von staatlichen Sozialleistungen transparenter gemacht und das Verhältnis von Sozialleistungsberechtigten und Sozialleistungsträger zu einer Verwaltungspartnerschaft umgestaltet werden.[1248] Ein derartiges Sozialrechtsverständnis ermögliche, so *Rainer Pitschas,* nicht nur eine Gesamtbetrachtung normativ-sozialrechtlicher Lebenssachverhalte, sondern bilde auch den Ordnungsrahmen für die organisatorische Zusammenfüh-

---

1243 HOFFMANN-RIEM, *Tendenzen in der....*, a. a. O., S. 437; vgl. auch BIEBACK, *Effizienzanforderungen an das....*, a. a. O., S. 144

1244 RULAND, *Sozialrecht*, a. a. O., S. 798

1245 BIEBACK, *Effizienzanforderungen an das....*, a. a. O., S. 142

1246 Vgl. insoweit § 81 a BVG, der insbesondere bei Inregressnahme von Kfz-Versicherern bei Wegeunfällen von Soldaten (§ 81 Abs. 2 Nr. 2 SVG) und Schädigern von Gewaltopfern (§ 5 Abs. 1 OEG) Anwendung findet.

1247 Vgl. WOLFF/ BACHOF/ STOBER, *Verwaltungsrecht,* Bd. 1, a. a. O., S. 148

1248 PITSCHAS, *Verwaltungsrecht im funktionalen....*, a. a. O., S. 181 f.

rung mehrseitiger Rechtsbeziehungen im Sozialleistungsverhältnis ab. Ein so verstandenes Sozialrechtsverhältnis umfasse Leistungsempfänger und Leistungsträger und beziehe die Leistungserbringer mit ein. Es wachse durch Einbeziehung sowohl der Leistungs-, Interaktions- und Verfahrensrechtsbeziehungen, also auch des Organisationsrechtsverhältnisses zu einer rechtlichen Steuerungs- und Wirkgesamtheit konkreter Leistungserbringung auf.[1249]

Die derart intensivierten Rechtsbeziehungen beinhalten allerdings nicht nur „Kundenfreundlichkeit". Sie erfahren vielmehr ihre Wirkungssteigerung vor allem durch informatorische Vernetzung bei den unterschiedlichen Leistungstatbeständen, um so Transparenz herzustellen und dem „moral hazard" sowohl von Leistungsberechtigten wie auch von Leistungserbringern zu begegnen.[1250]

2. *Inhalte und Reichweite der Verantwortung der Landessozialverwaltung*

a. Funktionswandel von Verwaltungsrecht und Verwaltung

Während die Leitbilder vom schlanken Staat und aktivierenden Staat seit den 1990er Jahren unterschiedliche Strategien der Reduktion oder zumindest Umgestaltung von Staatsaufgaben ausdrücken, trägt die Umorientierung der Steuerungsfunktion von Verwaltungsrecht und Verwaltungshandeln dem gewandelten Verständnis von Staat und Gesellschaft Rechnung. *Rainer Pitschas* stellt im Zusammenhang mit dem Aufwachsen des sozialen Rechtsstaats zum modernen Wohlfahrtsstaat einen tiefgreifenden Funktionswandel von Verwaltung und Verwaltungsrecht fest, der durch ein breites Aufgabenwachstum und zugleich einen grundlegenden Aufgabenwandel gekennzeichnet sei. Das Verwaltungsrecht habe diesen Funktionswandel nachvollzogen und sich zu „offenem" Recht gewandelt, halte immer seltener konkrete Rechtsfolgen vor und bevorzuge statt dessen Zweck- statt Konditionalprogramme.[1251]

Dem in Leitbildern ausgedrückten Funktionsverständnis vom Staat und seiner Verwaltung folgt auf der Aufgaben- und Handlungsebene sein neues Rollenverständnis, mit dem vermieden werden soll, dass der für alles und jeden ver-

---

[1249] PITSCHAS, *Organisationsrecht als Steuerungsressource....*, a. a. O., S. 195 f.; vgl. auch PITSCHAS, *Kommunale Sozialpolitik*, a. a. O., S. 1302 f. für die kommunale Sozialverwaltung

[1250] BIEBACK, *Effizienzanforderungen an das....*, a. a. O., S. 162; EBERS, MARK; GOTSCH, WILFRIED: *Institutionenökonomische Theorien der Organisation*, in: Kieser, Alfred (Herausg.): *Organisationstheorien*, 5. Aufl., Stuttgart 2002, S. 229 f.

[1251] PITSCHAS, *Verwaltungsrecht im funktionalen....*, a. a. O., S. 174 f.

antwortliche Staat in seiner allumfassenden Aufgabenfülle erstickt.[1252] Die Komplexität der Lebensverhältnisse in den modernen Industriestaaten, die supranationalen Verflechtungen in Europa und die Prozesse der Globalisierung, verknüpft mit der zunehmenden Vernetzung der Informationsgesellschaft, tun ein Übriges, das deutsche öffentliche Recht einem Wandlungs- und Angleichungsprozess zu unterziehen.

Dies verändert allerdings seine Steuerungsfunktionen, da das Verwaltungs- oder Sozialrecht sich vielfach nicht mehr auf Beschreibung tatbestandsmäßiger Voraussetzungen oder die Angabe des zu erreichenden Zieles beschränkt, von denen die Rechtmäßigkeit des Treffens einer bestimmten Rechtsfolge abhängt.[1253] Es enthält vielmehr und zunehmend komplexe Aufgabenumschreibungen oder Aufgabenprogramme.[1254] Die verstärkte Nutzung von Final- und Aufgabenprogrammen im Verwaltungsrecht mit seiner Betonung auf Konzepte, Prinzipien oder Leitlinien räumt so der normanwendenden Verwaltung einen Korridor unterschiedlicher rechtmäßiger Maßnahmen ein, von denen unter Effizienzgesichtspunkten die optimale Lösung anzuwenden ist.[1255] Die so vom Normgeber überlassenen Gestaltungsspielräume sind zwar an das Rechtsstaatsgebot des Art. 20 Abs. 1 GG gebunden, aber ansonsten seiner Steuerung entzogen.

Dieser Aufgabenwandel wirkt sich zu einen Organisationswandel öffentlicher Aufgabenwahrnehmung aus, wobei das Sozialrecht auch durch Inhalte des Leitbildes vom aktivierenden Staat neue Prägungen der Sozialverwaltungen anstößt.[1256] Er zielt auf die Wirkungen des Verwaltungshandelns und entwickelt das bürokratische Handlungsmodell[1257] zu einem modernen Dienstleis-

---

[1252] So im Ergebnis BUDÄUS/ FINGER, *Stand und Perspektiven....*, a. a. O., S. 319 f.; HOFFMANN-RIEM, WOLFGANG: *Finanzkontrolle als Steuerungsaufsicht im Gewährleistungsstaat*, in: DÖV 1999, S. 221; PITSCHAS, *Verwaltungsrecht in funktionalen....*, a. a. O., S. 175 f.

[1253] BUDÄUS, DIETRICH: *Public Management*, 4. Aufl., Berlin 1998, S. 32 ff.; HOFFMANN-RIEM, *Tendenzen in der....*, a. a. O., S. 433; PITSCHAS, *Verantwortungskooperation zwischen Staat....*, a. a. O., S. 227 ff.

[1254] HOFFMANN-RIEM, *Tendenzen in der....*, a. a. O., S. 434

[1255] HOFFMANN-RIEM, *Finanzkontrolle als Steuerungsaufsicht....*, a. a. O., S. 222; derselbe, *Organisationsrecht als Steuerungsressource*, a. a. O., S. 367 f.; vgl. auch BAUER, *Die Verfassungsentwicklung des....*, a. a. O. S. 755 ff.

[1256] Vgl. § 6 a SGB II, der die Option kommunaler Trägerschaften für die Grundsicherung der Arbeitssuchenden anstelle der Agenturen für Arbeit zulässt und damit die Möglichkeit eröffnet, kommunale Ämter für Arbeit und Soziales einzurichten.

[1257] Vgl. BUDÄUS/ FINGER, *Stand und Perspektiven....*, a. a. O., S. 314

tungsverständnis des Verwaltungshandelns fort.[1258] In diesem Zusammenhang wird zwar Steuerungs- oder Kontrollversagen des öffentlichen Sektors festgestellt; andere konstatieren lediglich einen andauernden Prozess des staatlichen Funktionswandels und der Anpassung öffentlicher Verwaltungen.[1259]

Dieser Organisationswandel hat jedoch in jedem Fall eine Umorientierung der Verwaltungsführung nach den Grundsätzen des New Public Management zur Folge,[1260] dessen betriebswirtschaftliche Elemente auch auf die Sozialverwaltungen einwirken.[1261] Der soziale Aufgabenwandel ist nicht die alleinige Ursache des Organisationswandels, da die immer offenkundiger werdenden Grenzen der Verfügbarkeit staatlicher Ressourcen eine Abkehr von herkömmlichen Organisationsformen staatlichen Handelns erfordern. Er ist jedoch eine der Voraussetzungen, die dieses neue öffentliche Management ermöglichen.[1262] Der Funktionswandel der Staats- und Verwaltungsaufgaben beeinflusst somit sowohl die Verwaltungsorganisation als auch die Art und Weise ihrer Führung.[1263]

b. Prägung öffentlicher Aufgabenerfüllung durch Typisierung von Staatsrollen

Eine Beschreibung des Wandels öffentlicher Aufgabenerfüllung setzt die Darstellung voraus, wie sich die Gewichtungen der Erfüllung von Staatsaufgaben und damit der Aufgaben seiner Organisationen verändert haben. Hier bildet das Leitbild vom aktivierenden Staat den aktuellen Bezug, der die Eckpunkte einer gewandelten Rollenverteilung zwischen Verwaltung, Wirtschaft und Gesellschaft zur Erfüllung von Aufgaben der Daseinsvorsorge vorgibt.[1264] Diese Rollenverteilung bestimmt, wie *Eberhard Schmidt-Aßmann* feststellt, die Erfüllungsmodalitäten und wirkt so auch auf die aufgabenadäquate Orga-

---

[1258] PITSCHAS, RAINER: *Dienstleistungsverwaltung und serviceorientierte Rechtskonkretisierung*, in: Bay VerwBl. 2000, S. 98

[1259] Zusammengefasst bei BUDÄUS, *Organisationswandel öffentlicher Aufgabenwahrnehmung*, a. a. O., S. 101 f.

[1260] So PITSCHAS, *Verwaltungsmodernisierung und Verwaltungsrecht....*, a. a. O., S. 4

[1261] Vgl. MERCHEL, JOACHIM; SCHRAPPER, CHRISTIAN: *Einleitung: „Neue Steuerung" in der Sozialverwaltung – Hoffnungen, Skepsis und Fragen gegenüber einem neuen Modernisierungskonzept*, in: Merchel, Joachim (Herausg.): Neue Steuerung: Tendenzen der Organisationsentwicklung in der Sozialverwaltung, Münster 1996, S. 8 ff.; SCHRÖTER/ WOLLMANN, *New Public Management*, a. a. O., S. 63 ff.

[1262] PITSCHAS, *Verwaltungsmodernisierung und Verwaltungsrecht....*, a. a. O., S. 4

[1263] SCHUPPERT, *Geändertes Staatsverständnis als....*, a. a. O., S. 19 f.

[1264] Ausgangspunkt hätte auch das zeitlich frühere Leitbild vom schlanken Staat oder das des starken Staates sein können, allerdings mit veränderten Gewichtungen der Rollenverteilung.

nisation der Verwaltungsorganisation ein.[1265] Dabei reiche es nicht aus, die öffentliche Verwaltung auf wie auch immer definierte Kernaufgaben zu beschränken oder mit Aufgabenkritik Gestaltungsspielräume durch Auslagerung von Verwaltungsaufgaben in private Durchführung zu gewinnen.[1266] Vielmehr bestimmen die Modalitäten der Aufgabenerledigung und ein geändertes Aufgabenverständnis diese Eckpunkte, von denen seit den 1990er Jahren die betriebswirtschaftlich geprägte Konzeption des New Public Management und seine deutsche Ausprägung des Neuen Steuerungsmodells[1267] ein bestimmendes Element ist, allerdings auch bereits bei der öffentlichen Aufgabenwahrnehmung nach den Grundsätzen vom schlanken Staat.

Einem gewandelten Aufgabenverständnis der Verwaltung, das auch ihre Rolle in Wirtschaft und Gesellschaft prägt, liegt ein gewandeltes staatliches Rollenverständnis zugrunde, wie es bereits bei den staatlichen Leitbildern dargestellt wurde. Dieses Rollenverständnis kann nach *Gunnar Folke Schuppert* auf vier abstrahierte Funktionen von Staat und Verwaltung zurückgeführt werden, die auch ihr Recht prägen.[1268] Dabei bilde die Rolle des souveränen Staates (the sovereign state) eine hierarchisch aufgebaute Verwaltung als Instrument demokratisch legitimierter Herrschaft aus und sei das nach den Vorgaben des Grundgesetzes gebotene Organisationsmodell.[1269] Das Modell des institutionellen Staates (the institutional state) weise dem Staat die Aufgabe zu, die bestehenden politischen und gesellschaftlichen Strukturen zu gewährleisten und ihre Autonomie zu respektieren. Die hierauf basierende institutionelle Verwaltungsorganisation entwickele sich in einem historischen Prozess und sei weniger das Ergebnis geplanter Organisationsentscheidungen, als vielmehr

---

[1265] SCHMIDT-AßMANN, *Verwaltungsorganisationsrecht als Steuerungsressource....*, a. a. O., S. 9 ff.; SCHUPPERT, *Geändertes Staatsverständnis als....*, a. a. O., S. 20

[1266] PITSCHAS, RAINER: *Wirkungsorientierung des Verwaltungsmanagements im internationalen Vergleich*, in: VuM 2000, S. 330; SCHUPPERT, *Geändertes Staatsverständnis als....*, a. a. O., S. 23 ff.; so auch die Kritik im Programm der Bundesregierung am Leitbild vom schlanken Staat, vgl. BUNDESMINISTERIUM DES INNEREN (Herausg.), *Moderner Staat – Moderne Verwaltung*, Berlin 1999, S. 7

[1267] JANN, *Neues Steuerungsmodell*, a. a. O., S. 73 ff.; WOLFF/ BACHOF/ STOBER/ KLUTH/ MÜLLER, *Verwaltungsrecht*, Bd. 3, a. a. O., S. 81 ff.

[1268] SCHUPPERT, *Geändertes Staatsverständnis als....*, a. a. O., S. 28 ff.; derselbe, *Verwaltungswissenschaft*, a. a. O., S. 57 ff.

[1269] Vgl. KAUFMANN, FRANZ XAVER: *Zur historischen und aktuellen Entwicklung des europäischen Staates*, in: Blanke, Bernhard; Bandemer, Stephan von; Nullmeier, Frank; Wewer, Göttrik: *Handbuch zur Verwaltungsreform*, Opladen 1998, S. 16; SCHUPPERT, *Geändertes Staatsverständnis als....*, a. a. O., S. 30

von allmählichen Anpassungen an Veränderungen der Organisationsumwelt. Hier setze die Neue Institutionenökonomie mit ihren Modellen an.[1270]

Diesen Modellen wird das Staatsmodell des Supermarktes (the supermarket state model) gegenübergestellt, das dem Staat die Rolle als einem von mehreren Anbietern von Gütern und Dienstleistungen im Wettbewerb mit Privaten zuweist. In ihm seien Verwaltungen nur einer von mehreren gesellschaftlichen Akteuren auf einem Wettbewerbsmarkt, die sich dort zu behaupten und zu bewähren haben.[1271] Das Modell des korporatistischen Verhandlungsstaates (the corporate bargaining state) schließlich weise Staat und Verwaltung die Rolle als Schlichter, Verhandlungsführer und Konfliktvermittler zu.[1272] *Schuppert* sieht den Gewinn dieser Modellüberlegungen in der Verdeutlichung der Typisierung von Verwaltungsorganisationen zu Staatsrollen und damit des engen Zusammenhangs von Rolle und Aufgabe von Verwaltung, die so zum Funktionsverständnis der Binnendynamik von Staat und Verwaltung beitrage.[1273]

c. Der kooperative Staat als Grundmuster des sozialen Rechtsstaats

Jede dieser Modellbildungen von Staat und Verwaltung hat rechtliche Anknüpfungen, entsprechend handelnde Verwaltungsbereiche und der Typisierung entsprechende gesellschaftliche Akteure, ob dies nun Einzelpersonen, Gruppen oder Interessensverbände sind.[1274] Eine derartige Typisierung von Staat und Verwaltung unter organisationstheoretischen Fragestellungen führt zu einer ähnlichen Vielfalt, wie dies bei der Begriffsbildung zur Unternehmensorganisation zu finden ist.[1275] Dabei weist bereits die Kategorisierung unter tätigkeitsorientierten, instrumentellen und institutionellen Organisationsgesichtspunkten auf Ziel-Mittel-Beziehungen hin, die Staats- und Ver-

---

1270 SCHUPPERT, *Geändertes Staatsverständnis als....*, a. a. O., S. 30; zur Neuen Institutionenökonomie BORINS, SANDFORD; GRÖNING, GERNOT: *New Public Management – Theoretische Grundlagen und problematische Aspekte der Kritik*, in: Budäus, Dietrich; Conrad, Peter; Schreyögg, Georg (Herausg.): *New Public Management*, Berlin, New York 1998, S. 15 ff.; SCHRÖTER/ WOLLMANN, *New Public Management*, a. a. O., S. 62

1271 ADAMSCHEK, BERND: *Hoheitsverwaltung und/ oder Dienstleistungsunternehmen*, in: Blanke, Bernhard; Bandemer, Stephan von; Nullmeier, Frank; Wewer, Göttrik: *Handbuch zur Verwaltungsreform*, Opladen 1998, S. 34 ff.; SCHUPPERT, *Geändertes Staatsverständnis als....*, a. a. O., S. 31 f.

1272 SCHUPPERT, *Geändertes Staatsverständnis als....*, a. a. O., S. 33 f.; vgl. auch HEINELT, *Vom Verwaltungsstaat zum....*, a. a. O., S. 18 ff.

1273 SCHUPPERT, *Verwaltungswissenschaft*, a. a. O., S. 62

1274 Vgl. die Übersicht bei SCHUPPERT, *Verwaltungswissenschaft*, a. a. O., S. 63

1275 Vgl. BEA/ GÖBEL, *Organisation*, a. a. O., S. 46 ff.; SCHULTE-ZURHAUSEN, *Organisation*, a. a. O., S. 7 ff.

waltungsorganisationen sowohl hinsichtlich der Zielerreichung als auch dem Mitteleinsatz in unterschiedlicher Sichtweise erscheinen lassen.

Keine dieser Sichtweisen ist für sich alleine vollständig und selbsterklärend. Die organisationstheoretischen Ansätze ergänzen sich eher als sich gegenseitig in Frage zu stellen und geben verschiedene Blickwinkel wieder.[1276] Sie eröffnen aber Möglichkeiten, in die Betrachtung Organisationstheorien einzubeziehen, die, wie die neue Institutionenökonomie, früher im öffentlichen Organisationsrecht unberücksichtigt blieben.[1277]

Unter diesen Organisationstypen wird der kooperative Staat als das Strukturmuster staatlich-gesellschaftlicher Beziehungen angesehen, das die rechts- und sozialstaatlichen Zielbestimmungen des Grundgesetzes auch auf der Organisationsebene verwirklicht. Sein wesentliches Verfahrenselement sei im sozialen Rechtsstaat die Kooperation als bestimmende Form der Zusammenarbeit zwischen Staat und Gesellschaft. Rationale Kommunikation, Interaktion und Abstimmung als Gebote des öffentlichen Verfahrensrechts wirkten auf gemeinsames binnenadministratives Handeln von Organen (Trägern) und Behörden ein und ermöglichten in der Beziehung zwischen Staat und Gesellschaft eine Rücknahme des Staatssektors und die Pluralisierung verbleibenden Staatshandelns.[1278]

Die heutigen Bedingungen der internationalen Verflechtung der Wirtschaftssysteme, des globalen Wettbewerbs der Staaten und ihrer Sozialrechtsordnungen um Standortfaktoren und –vorteile, die völkerrechtliche Bindungen in internationalen Handelsabkommen und die Einwirkungen und Bindungen der Europäischen Union schaffen für nationale Sozialrechtsordnungen neue Rahmenbedingungen. Ihre Korrekturmöglichkeiten sind heute relativ geworden und in überstaatliche Entscheidungs- und Handlungsabhängigkeiten eingebunden.

Diese Bedingungen erfordern kooperative Partnerschaft zwischen Staat, Wirtschaft und Gesellschaft nicht nur im staatenübergreifenden Bereich, sondern auch und vor allem im binnenstaatlichen Beziehungsgeflecht.[1279] Würde der Staat und seine Verwaltung in dieser Situation auf der herkömmlichen und allumfassenden Regulierungs- und Erfüllungsverantwortung vor allem im So-

---

1276 BEA/ GÖBEL, *Organisation*, a. a. O., S. 203 f.

1277 Vgl. BUDÄUS/ FINGER, *Stand und Perspektiven....*, a. a. O., S. 333 ff.; SCHUPPERT, *Institutional Choice im....*, a. a. O., S. 653 ff.

1278 PITSCHAS, *Verantwortungskooperation zwischen Staat....*, a. a. O., S. 224; kritisch gegenüber der Kooperationalisierung VOßKUHLE, *„Schlüsselbegriffe" der Verwaltungsrechtsreform*, a. a. O., S. 203 ff.

1279 BAUER, *Verfassungsentwicklung des....*, a. a. O., S. 770; PITSCHAS, *Verwaltungsrecht im funktionalen....*, a. a. O., S. 179 f.

zialbereich bestehen, wäre seine Überforderung offensichtlich.[1280] Daher weist nicht die Preisgabe von Staatsverantwortung für Leistungsbereiche der Daseinsvorsorge den Ausweg aus dem Dilemma, sondern seine Beschränkung auf unterschiedliche Intensitäten in den zugewiesenen Aufgabenbereichen. Hieraus resultiert eine problem- und aufgabenspezifisch abgestufte Verantwortungsintensität des Staates, die ihn in die Lage versetzt, verschiedene Verantwortungsmodalitäten und Instrumente für seine Verwaltung zu unterscheiden.[1281]

d. Stufung der staatlichen Verantwortung

Hinter dieser neuen Verantwortungsintensität steht ein neues Rollenverständnis von Staat und Verwaltung, kooperative Formen der Aufgabenwahrnehmung zusammen mit privaten Akteuren in unterschiedlicher Ausprägung einzugehen. So entstehen Möglichkeiten der Entscheidungswahl, ob bestimmte öffentliche Leistungen selbst erbracht, von verselbständigten öffentlichen Einrichtungen oder von nicht-öffentlichen Institutionen erledigt werden sollen, oder ob die Verwaltung bei der Leistungserbringung mit anderen Organisationen kooperieren soll.[1282] In diesem neuen Rollenverständnis hat die Verwaltung sicherzustellen, dass die vom Staat durch Gesetz vorgegebenen oder politisch gewollten Leistungen nach bestimmten rechtlichen, fachlichen und ökonomischen Standards gegenüber den Leistungsempfängern erbracht werden.

In einem weiteren Schritt wird festgelegt, für welche dieser Leistungen, für die der Staat die Erbringung sicherstellt, die Finanzierung durch den Staat übernommen werden kann oder soll. Schließlich wird entschieden, welche der gewährleisteten und finanzierten Leistungen von der Verwaltung selbst erstellt werden soll. In dieser Stufung teilt sich die Verantwortung eines öffentlichen Leistungsträgers in die Teilbereiche Gewährleistungsverantwortung, Finanzierungsverantwortung und Vollzugsverantwortung auf und belässt ihm somit Wahlmöglichkeiten sowohl hinsichtlich der Durchführung als auch der Finanzierung.[1283]

[1280] BUDÄUS, *Public Management*, a. a. O., S. 13 ff.; SCHUPPERT, *Rückzug des Staates?*, a. a. O., S. 761

[1281] SCHUPPERT, *Rückzug des Staates?*, a. a. O., S. 768 f.; derselbe, *Die öffentliche Verwaltung....*, a. a. O., S. 421 ff.

[1282] REICHARD, CHRISTOPH: *Institutionelle Wahlmöglichkeiten bei der öffentlichen Aufgabenwahrnehmung*, in: Budäus, Dietrich (Herausg.): *Organisationswandel öffentlicher Aufgabenwahrnehmung*, 1. Aufl., Baden-Baden 1998, S. 121 f.

[1283] REICHARD, *Institutionelle Wahlmöglichkeiten bei....*, a. a. O., S. 124 f.; SCHUPPERT, *Die öffentliche Verwaltung....*, a. a. O., S. 421 ff.; derselbe, *Verwaltungswissenschaft*, a. a. O., S. 402 ff.

Die staatliche Gewährleistungsverantwortung erstreckt sich auch auf nichtstaatliche Aufgabenträger, die als Private öffentliche Aufgaben wahrnehmen und für die der Staat dafür verantwortlich ist, dass diese Aufgaben in der gewünschten Art und Weise erfüllt werden.[1284] Hier hat sich im Sozialsektor eine historisch gewachsene Verantwortungsteilung zwischen staatlicher Aufgabengewährleistung und privater, insbesondere kirchlicher[1285] freigemeinnütziger Aufgabenerfüllung entwickelt. Diese wird ergänzt um die Auffangverantwortung, der eine ergebnisorientierte Steuerung für die Fälle obliegt, in denen das Handeln Dritter nicht das gewünschte Ergebnis erbringt.[1286] Sie wird über Informations- und Kooperationsvorkehrungen begleitend ausgeübt oder greift durch nachvollziehende Kontrollen ein, um Ergebnisse am staatlichen Gemeinwohlauftrag zu überprüfen.[1287] In dieser Funktion wird sie als latente Erfüllungsfunktion bezeichnet.[1288]

Die staatliche Gewährleistungsverantwortung bestimmt im Risikoverwaltungsrecht die staatlichen Aufsichts- und Kontrollzuständigkeiten als Ausdruck der staatlichen Verantwortung über risikobehaftete wirtschaftliche Betätigungen Privater.[1289] Das Landesamt für Soziales, Jugend und Versorgung hat in Rheinland-Pfalz die staatliche Gewährleistung für Produktion und Vertrieb von Arzneimitteln nach den Vorgaben des Arzneimittelrechts sicherzustellen und somit die technologischen Risiken dieses prinzipiell der Selbststeuerung überlassenen Tätigkeitsbereichs Privater aufzufangen.

In diesem Bereich müssen erkannte oder latente Risiken im Sinne einer weitestgehenden Risikominimierung reduziert werden. Dies erfordert die Zielverwirklichung durch besonderes Risikomanagement, welches eine Risikovorsorge in der Form der kontinuierlichen Aufklärung und Erforschung etwaiger Risiken sowie einer intensiven und kontinuierlichen Informationstätigkeit zwischen Verwaltung und den Produzenten und Vertreibern risikobehafteter Produkte (Arzneimittel, Medizinprodukte, wie Blut oder Nahtmaterial) voraussetzt. Grundbedingung für das Funktionieren eines derartigen Ri-

---

[1284] BUDÄUS/ FINGER, *Stand und Perspektiven....*, a. a. O., S. 321 f.; FRANZIUS, *Der „Gewährleistungsstaat" – ein....*, a. a. O., S. 504 ff.; HOFFMANN-RIEM, *Tendenzen in der....*, a. a. O., S. 441; SCHUPPERT, *Verwaltungswissenschaft*, a. a. O., S. 404 ff.

[1285] Die Kirchen sollen hier nicht in ihrer Eigenschaft als Körperschaften des öffentlichen Rechts mit eigener Rechtssetzungsbefugnis betrachtet werden, sondern als nichtstaatliche Aufgabenträger des Sozialsektors.

[1286] Zum Begriff HOFFMANN-RIEM, *Tendenzen in der....*, a. a. O., S. 442

[1287] HOFFMANN-RIEM: *Organisationsrecht als Steuerungsressource*, a. a. O., S. 366 f.

[1288] HOFFMANN-RIEM, *Tendenzen in der....*, a. a. O., S. 442

[1289] PITSCHAS, *Verantwortungskooperation zwischen Staat....*, a. a. O., S. 236 f., 251 ff.; derselbe, *Die Zukunft der....*, a. a. O., S. 134

sikomanagements ist ein besonderes Vertrauensverhältnis zwischen Staat und den Produzenten, das die unternehmerische Freiheit zwar einschränkt, der verantwortlichen Verwaltung aber ein schadensminimierendes Einschreiten ermöglicht.[1290]

Ähnliches gilt für die Unterbringung und Pflege von Personen in Alten-, Behinderten- und Pflegeheimen, in denen risikobehaftete Tätigkeiten der Betreiber und des Personals durch die Aufsichts- und Kontrollzuständigkeiten der Heimaufsicht nach dem Heimgesetz gesteuert werden. Diese Aufgabenbereiche der Sozialverwaltung sind Teil der Überwachungsverwaltung, mit denen der Staat dazu berufen ist, auf besonderen Sachgebieten Gefahren von den Bürgern abzuwehren.[1291]

Zusammengefasst ist die staatliche Aufsicht und Kontrolle in der Form der Wirtschaftsaufsicht über die Tätigkeit Privater Ausdrucksmittel einer umfassenden Verwaltungsverantwortung, die *Rainer Pitschas* als „Gesamtheit derjenigen Verantwortlichkeiten und Verfahren, Zuständigkeiten und spezifischen Handlungsspielräume..., die das System „öffentlicher Verwaltung" rechtlich und politisch verfassen", definiert. „Der Begriff der „Verwaltungsverantwortung" steht für ihr sachliches Substrat. Denn im sozialen Rechtsstaat .... verwirklicht sich das materielle Recht erst durch das Handeln der Exekutive."[1292]

II. Grundbegriffe und Grundmuster der Organisation staatlicher Sozialverwaltung

1. Landesverwaltung als Grundmuster staatlicher Verwaltung

a. Organisationsrechtliche Grundentscheidungen des Verwaltungsaufbaus

Die Landesverwaltung stellt nach der staatsorganisatorischen Grundsatzvorgabe des Art. 83 GG das Kernstück des Mehr-Ebenen-Aufbaus der öffentlichen Verwaltung in Deutschland dar.[1293] Sie ist als unmittelbare Staatsverwaltung ausgebildet, die dem jeweiligen Bundesland als Rechtsperson zuzurech-

---

[1290] PITSCHAS, *Verantwortungskooperation zwischen Staat....*, a. a. O., S. 252 f.; ein derartiges besonderes Kooperationsverhältnis bedingt beispielsweise einen detaillierten Einblick in Produktion und Verfahren bei der Herstellung von Arzneimitteln durch die Arzneimittelaufsicht und das Vertrauen der Produzenten in die Wahrung der unternehmerischen Geschäftsgeheimnisse.

[1291] WOLFF/ BACHOF/ STOBER, *Verwaltungsrecht,* Bd. 1, a. a. O., S. 55

[1292] PITSCHAS, *Verwaltungsverantwortung und Verwaltungsverfahren....*, a. a. O., S. 10

[1293] WAHL, *Die Organisation und....*, a. a. O., S. 209; KIRCHHOF, *Klare Verantwortungsteilung von....*, a. a. O., S. 982

nen ist.[1294] Hierdurch unterscheidet sie sich von der mittelbaren Staatsverwaltung durch Körperschaften oder Anstalten des öffentlichen Rechts, denen bestimmte Aufgaben innerhalb eines festgelegten Rechtsrahmens übertragen wurden.[1295]

Infolge der Selbstverwaltungsgarantie des Art. 28 Abs. 2 GG besteht eine faktische Dreigliederung der staatlichen Verwaltung in Bundes-, Landes- und Kommunalverwaltung,[1296] bei der sowohl der Bundesverwaltung als auch der Kommunalverwaltung durch das Grundgesetz aufgabenthematische Grenzen gesetzt sind. Bei der Bundesverwaltung ergeben sich die Verwaltungsaufgaben aus Art. 86 ff. GG oder aus einem Bundesgesetz auf der Basis grundgesetzlicher Ermächtigung als fakultative Bundesverwaltung.[1297] Die Aufgabenwahrnehmung durch Kommunalverwaltungen wiederum wird außerhalb der Selbstverwaltungsgarantie des Art. 28 Abs. 2 durch bundesgesetzliche Ermächtigung und Landesgesetze bestimmt.[1298]

Das Grundgesetz geht allerdings nicht von einer Drei- oder Vierstufigkeit der staatlichen Verwaltung unter Einschluss von Gemeindeverbänden und Gemeinden aus, sondern von einer Zweigliedrigkeit der staatlichen Verwaltungsorganisation in Bundes- und Landesverwaltungen. Sie kann nur durch Länderrecht über die Zweistufigkeit hinaus erweitert und als Auftragsangelegenheiten bzw. übertragenen Angelegenheiten auf Gemeindeverbände und Gemeinden heruntergebrochen werden.[1299] Die so entstehende Dreiteilung in Bundes-, Landes- und Kommunalverwaltung bildet den Hauptverwaltungsbe-

---

[1294] KREBS, *Verwaltungsorganisation*, a. a. O., S. 575; LERCHE, PETER: *Kommentierung zu Art. 83*, in: Maunz, Theodor; Dürig, Günter und andere Mitherausgeber: *Grundgesetz Kommentar*, Loseblattausgabe, München 1983, Art. 83 Rdnr. 14

[1295] MAURER, *Allgemeines Verwaltungsrecht*, a. a. O., S. 574; MILLER, MANFRED: *Vorstudien zur Organisation und Reform von Landesverwaltungen*, Bd. 1, Speyerer Forschungsberichte 149, 3. Aufl., Speyer 1998, S. 23 f.; STERN, *Das Staatsrecht der....*, Bd. II, a. a. O., S. 791 f.

[1296] WAGENER, *Typen der verselbständigten....*, a. a. O., S. 37; WAHL, *Die Organisation und....*, a. a. O., S. 209

[1297] MAURER, *Allgemeines Verwaltungsrecht*, a. a. O., S. 552 ff.; KREBS, *Verwaltungsorganisation*, a. a. O., S. 600; STERN, *Das Staatsrecht der....*, Bd. II, a. a. O., S. 816 f.

[1298] MAUNZ, in: Maunz/ Dürig (Herausg.), *Grundgesetz Kommentar*, a. a. O., Art. 28 Rdnr. 72; MAURER, *Allgemeines Verwaltungsrecht*, a. a. O., S. 554 f.

[1299] MAUNZ, in: Maunz/ Dürig (Herausg.), *Grundgesetz Kommentar*, a. a. O., Art. 28 Rdnr. 72; KIRCHHOF, *Klare Verantwortungsteilung von....*, a. a. O., S. 978

reich der staatlichen Verwaltungen, dem auch in seiner Abstufung fast alle Verwaltungsaufgaben und –einheiten zugeordnet werden können.[1300]

Diese faktisch fast unbegrenzte Befugnis der jeweiligen oberen staatlichen Verwaltungsträger zur Delegation von Staatsaufgaben auf nächstniedrigere Trägerebenen, allenfalls unter Kostenerstattung der hierdurch entstehenden Sachaufgaben, nicht aber der dadurch anfallenden Verwaltungskosten, ist der Hintergrund des Rufs nach der Verankerung eines neuen Konnexitätsprinzips sowohl in das Grundgesetz als auch in die Verfassungen der Länder.[1301] Recht steuert also die Aufgabenwahrnehmung durch Verwaltungsträger einschließlich ihrer Abstufung in dezentralisierte Verwaltungsebenen, wobei die Verwaltungsträger die Zuordnungsobjekte staatlicher Aufgaben darstellen.

Staatliche Verwaltung wird durch Organe der Verwaltungsträger ausgeübt, unter denen die Länder gem. Art. 83 GG den überwiegenden Anteil stellen.[1302] Die Landeseigenverwaltung stellt dabei den Regeltyp dar, über den die Länder eigene Organisations- und Ordnungskompetenz im Rahmen des Art. 84 GG ausüben.[1303] Die Einwirkungsbefugnisse des Bundes auf diesen Verwaltungstyp müssen entweder durch Bundesgesetz festgelegt sein oder sich aus Art. 84 Abs. 2 bis 4 GG ergeben. Maßnahmen der Bundesaufsicht wiederum können vom betroffenen Land vor den Bundesrat gebracht oder in einem Verfahren gem. Art. 93 Abs. 1 Nr. 3 GG überprüft werden.[1304]

[1300] KREBS, *Verwaltungsorganisation*, a. a. O., S. 575; WAGENER, FRIDO: *Typen der verselbständigten Erfüllung öffentlicher Aufgaben*, in: Wagener, Frido (Herausg.): *Verselbständigung von Verwaltungsträgern*, Bonn 1976, S. 33 f.

[1301] Zur Problemstellung KIRCHHOF, *Klare Verantwortungsteilung von....*, a. a. O., S. 984 f.; WAGNER/ RECHENBACH, *Konnexitätsprinzip ins Grundgesetz!*, a. a. O., S. 308 f.; vgl. auch WILMS, *Überlegungen zur Reform....*, a. a. O., S. 88 f.; zum Konnexitätsprinzip HEINTZEN, MARKUS: *Kommentierung zu Art. 104 a*, in: Münch, Ingo von; Kunig, Philip (Herausg.): *Grundgesetz-Kommentar,* Bd. 3, 5. Aufl., München 2003, Art. 104 a Rdnr. 11 ff. Rheinland-Pfalz hat dem durch eine Novellierung des Art. 49 Abs. 4 u. 5 LV sowie Einfügung eines Abs. 6 durch das 35. Landesgesetz zur Änderung der Verfassung des Landes Rheinland-Pfalz vom 14.06.2004 (GVBl. S. 321) Rechnung getragen. Die Regelung wird allerdings von WILMS, HEINRICH: *Klare Verantwortungsteilung von Bund, Ländern und Kommunen*, in: ZRP 2004, S. 154 als unbestimmt charakterisiert.

[1302] Vgl. LERCHE, in: Maunz/ Dürig (Herausg.), *Grundgesetz Kommentar*, a. a. O., Art. 83 Rdnr. 21

[1303] LERCHE, in: Maunz/ Dürig (Herausg.), *Grundgesetz Kommentar*, a. a. O., Art. 84 Rdnr. 3; STERN, *Das Staatsrecht der....*, Bd. II, a. a. O., S. 797 f.

[1304] BROß, SIEGFRIED, *Kommentierung zu Art. 84*, in: Münch, Ingo von; Kunig, Philip (Herausg.): *Grundgesetz-Kommentar,* Bd. 3, 5. Aufl., München 2003, Art. 84 Rdnr. 41 f.; STERN, *Das Staatsrecht der....*, Bd. II, a. a. O., S. 806

Doch auch die Bundesauftragsverwaltung gem. Art. 85 GG ist Landesverwaltung, bei der die Einwirkungsrechte des Bundes von der Behördeneinrichtung an bis hin zu Weisungen beim Verwaltungsvollzug erweitert ist.[1305] Auch hier werden die Verwaltungskosten, also die Gesamtkosten des Behördenpersonals, der behördlichen Infrastruktur und der behördeninternen Sachkosten gem. Art. 104a Abs. 5 Satz 1 GG von den Ländern getragen.[1306]

b. Mittelbare Staatsverwaltung

Mittelbare Staatsverwaltung wird durch Verwaltungseinrichtungen wahrgenommen, die nicht unmittelbarer Bestandteil der staatlichen Organisation sind. Sie wird durch rechtlich verselbständigte Verwaltungseinheiten ausgeübt, die dem Hauptverwaltungsträger (Bund oder Land) nur mittelbar zuzurechnen sind.[1307] Die Aufgabenübertragung geschieht in der jeweiligen staatlichen Ebene durch Bundes- oder Landesrecht oder durch gesetzesabhängigen Organisationsakt, wobei die Übertragung von Aufgaben an die Kommunen im Rahmen des Art. 28 Abs. 2 GG ein Beispiel für mittelbare Staatsverwaltung ist.[1308] Träger der mittelbaren Staatsverwaltung sind Körperschaften, Anstalten oder Stiftungen des öffentlichen Rechts, können aber auch Privatrechtssubjekte sein, die der Staatsaufsicht unterworfen sind.[1309]

Mittelbare Staatsverwaltung verwirklicht das Organisationsprinzip der Dezentralisation, bei dem Verwaltungsfunktionen durch verselbständigte Verwaltungsträger wahrgenommen werden, über die der Staat lediglich ein Aufsichtsrecht besitzt.[1310] Zentralisation bedeutet demgegenüber die Wahrneh-

---

[1305] BVERFGE, 81, 310, 331; BVERWGE 100, 56, 58; BROß, SIEGFRIED: *Kommentierung zu Art. 85*, in: Münch, Ingo von; Kunig, Philip (Herausg.): *Grundgesetz-Kommentar,* Bd. 3, 5. Aufl., München 2003, Art. 85 Rdnr. 1; LERCHE, PETER: *Kommentierung zu Art. 85*, in: Maunz, Theodor; Dürig, Günter und andere Mitherausgeber: *Grundgesetz Kommentar*, Loseblattausgabe, München 1987, Art. 85 Rdnr. 40 ff.; MAURER, *Allgemeines Verwaltungsrecht*, a. a. O., S. 551; Einzelheiten bei SOMMERMANN, *Grundfragen der Bundesauftragsverwaltung*, a. a. O., S. 1553 ff.

[1306] HEINTZEN, *Kommentierung zu Art. 104 a*, a. a. O., Art. 104 a Rdnr. 19 f.; KIRCHHOF, *Klare Verantwortungsteilung von....*, a. a. O., S. 984 f.; MAUNZ, in: Maunz/ Dürig (Herausg.), *Grundgesetz Kommentar*, a. a. O., Art. 104 a Rdnr. 59; STERN, *Das Staatsrecht der....*, Bd. II, a. a. O., S. 808

[1307] KREBS, *Verwaltungsorganisation*, a. a. O., S. 575 f.; MAURER, *Allgemeines Verwaltungsrecht*, a. a. O., S. 574; STERN, *Das Staatsrecht der....*, Bd. II, a. a. O., S. 791 f.; WOLFF/ BACHOF/ STOBER/ KLUTH/ MÜLLER, *Verwaltungsrecht,* Bd. 3, a. a. O., S. 326 ff.

[1308] MILLER, *Vorstudien zur Organisation....*, a. a. O., S. 24; zur Sonderstellung der Gemeinden als mittelbare Staatsverwaltung; MAURER, *Allgemeines Verwaltungsrecht*, a. a. O., S. 574 ff.

[1309] STERN, *Das Staatsrecht der....*, Bd. II, a. a. O., S. 792

[1310] PÜTTNER, *Verwaltungslehre*, a. a. O., S. 75

mung von Verwaltungsfunktionen durch unmittelbar staatliche Behörden.[1311] Unter den Trägern mittelbarer Staatsverwaltung können Körperschaften des öffentlichen Rechts als Gebietskörperschaften, Personalkörperschaften, Realkörperschaften oder Verbandskörperschaften organisiert sein.

Gebietskörperschaften unterhalb der staatlichen Ebene sind Gemeinden oder Gemeindeverbände;[1312] Personalkörperschaften umfassen bestimmte Personen oder Berufsgruppen entweder auf freiwilliger Basis, wie Religionsgemeinschaften,[1313] oder durch Zwangsmitgliedschaft, wie bei den Ärzte- oder Handwerkskammern.[1314] Im Bereich der Sozialversicherung bestimmt § 29 Abs. 1 SGB IV die Träger der Sozialversicherung zu Körperschaften des öffentlichen Rechts mit Selbstverwaltung und bezieht damit alle Versicherungsträger der Sozialgesetzbücher V bis VII und XI ein.[1315] Zu den Realkörperschaften werden die Wasser- und Bodenverbände zugerechnet, während Verbandskörperschaften durch Landschaftsverbände oder Landeswohlfahrtsverbände dargestellt werden.[1316] Für Körperschaften des öffentlichen Rechts gilt –ausgenommen die Gemeinden und Gemeindeverbände– das Enumerationsprinzip ihrer Zwecksetzung, die bei ihrer Errichtung festgelegt wird.[1317]

Zur Aufgabenerfüllung auch im Sozialrecht werden in zunehmendem Maße Anstalten des öffentlichen Rechts geschaffen, die, als selbständige oder nichtselbständige Einrichtungen der öffentlichen Verwaltung mit Personal und Sachmitteln ausgestattet, einer öffentlichen Zweckbindung unterlie-

[1311] MILLER, *Vorstudien zur Organisation....*, a. a. O., S. 49; STERN, *Das Staatsrecht der....*, a. a. O., S. 795; WAGENER, *Typen der verselbständigten....*, a. a. O., S. 39

[1312] Zum Beispiel die rheinland-pfälzischen Verbandsgemeinden und Landkreise und der Bezirksverband Pfalz, vgl. DITTMANN, ARMIN: *Kommunalverbandsrecht*, in: Achterberg, Norbert; Püttner, Günter; Würtenberger, Thomas (Herausg.): *Besonderes Verwaltungsrecht,* Bd. II, Heidelberg 2000, S. 132, 140 f.; MAURER, *Allgemeines Verwaltungsrecht*, a. a. O., S. 597 ff.

[1313] Vgl. im Einzelnen MAURER, *Allgemeines Verwaltungsrecht*, a. a. O., S. 603

[1314] MAURER, *Allgemeines Verwaltungsrecht*, a. a. O., S. 601 f.; MILLER, *Vorstudien zur Organisation....*, a. a. O., S. 25; zur Entwicklung berufsständischer Selbstverwaltung EYLL, KLARA VON: *Berufsständische Selbstverwaltung*, in: Jeserich, Kurt G. A.; Pohl, Hans; Unruh, Georg-Christoph von (Herausg.): *Deutsche Verwaltungsgeschichte,* Bd. 5, Stuttgart 1987, S. 355 ff.; WOLFF/ BACHOF/ STOBER/ KLUTH/ MÜLLER, *Verwaltungsrecht,* Bd. 3, a. a. O., S. 791 ff.

[1315] BECKER, *Organisation und Selbstverwaltung....*, a. a. O., S. 226 ff.

[1316] DITTMANN, *Kommunalverbandsrecht*, a. a. O., S. 141 ff.; WOLFF/ BACHOF/ STOBER/ KLUTH/ MÜLLER, *Verwaltungsrecht,* Bd. 3, a. a. O., S. 766 ff.

[1317] WOLFF/ BACHOF/ STOBER/ KLUTH/ MÜLLER, *Verwaltungsrecht,* Bd. 3, a. a. O., S. 340 f.

gen.[1318] So wurden in Rheinland-Pfalz die drei früheren Landesnervenkliniken in Andernach, Alzey und Meisenheim zum Landeskrankenhaus –Anstalt des öffentlichen Rechts– zusammengefasst und ihr neben der Trägerschaft dieser Krankenhäuser der Maßregelvollzug übertragen.[1319] Auch bereits bestehende Anstalten, wie die Landesbanken und die Sparkassen werden herangezogen, um Auszahlungen von staatlichen Fördermitteln im Sozialbereich oder zinsverbilligte Kredite an freie oder gewerbliche Träger zu tätigen und ihre Abwicklung vorzunehmen. Stiftungen des öffentlichen Rechts nehmen heute im Sozialrecht eine untergeordnete Rolle ein, da frühere Stiftungen heute zumeist, wie bei Krankenhäusern und Pflegeeinrichtungen, in Anstalten des öffentlichen Rechts umgewandelt wurden.[1320]

c. Verwaltung durch Private

Werden Private mit der Erfüllung von Verwaltungsaufgaben beauftragt, handeln sie als Beliehene in staatlichem Auftrag und sind als Verwaltungsträger in die organisierte Staatlichkeit eingebunden.[1321] Sind sie demgegenüber durch Beauftragung mit einzelnen Tätigkeiten als Bestandteile des verwaltungsinternen Entscheidungsprozesses befasst, werden sie als Verwaltungshelfer nicht der Verwaltungsorganisation zugerechnet.[1322] Die Beleihung Privater setzt die Annahme der Beauftragung als Verwaltungsträger voraus, die in aller Regel nur dann verwirklicht werden kann, wenn sich auf Seiten des beliehenen Unternehmers die Tätigkeit als Verwaltungsträger betriebs-

---

[1318] MAURER, *Allgemeines Verwaltungsrecht*, a. a. O., S. 610 ff.; WOLFF/ BACHOF/ STOBER/ KLUTH/ MÜLLER, *Verwaltungsrecht*, Bd. 3, a. a. O., S. 354 ff.

[1319] Vgl. § 1 des rheinland-pfälzischen Landesgesetzes über die Errichtung des Landeskrankenhauses –Anstalt des öffentlichen Rechts– vom 17.11.1995 (GVBl. S. 494)

[1320] Eingehend WOLFF/ BACHOF/ STOBER/ KLUTH/ MÜLLER, *Verwaltungsrecht*, Bd. 3, a. a. O., S. 480 ff.; zu Stiftungen der Wohlfahrtspflege FLIERL, *Freie und öffentliche....*, a. a. O., S. 32 f., 79 f.; zur Rolle der Stiftungen KOCKA, *Die Rolle der....*, a. a. O., B 14/ 2004, S. 3 ff.

[1321] KREBS, *Verwaltungsorganisation*, a. a. O., S. 573; MAURER, *Allgemeines Verwaltungsrecht*, a. a. O., S. 616 ff.; WOLFF/ BACHOF/ STOBER, *Verwaltungsrecht*, Bd. 1, a. a. O., S. 532; dieselben, *Verwaltungsrecht*, Bd. 2, a. a. O., S. 528; WOLFF/ BACHOF/ STOBER/ KLUTH/ MÜLLER, *Verwaltungsrecht*, Bd. 3, a. a. O., S. 514 ff.

[1322] MAURER, *Allgemeines Verwaltungsrecht*, a. a. O., S. 618; MILLER, *Vorstudien zur Organisation....*, a. a. O., S. 28; KREBS, *Verwaltungsorganisation*, a. a. O., S. 575 f; PÜTTNER, GÜNTER; LOSCH, BERNHARD: *Verwaltung durch Private und in privatrechtlicher Form*, in: Jeserich, Kurt G. A.; Pohl, Hans; Unruh, Georg-Christoph von (Herausg.): *Deutsche Verwaltungsgeschichte*, Bd. 5, Stuttgart 1987, S. 373 ff.; WOLFF/ BACHOF/ STOBER/ KLUTH/ PEILERT, *Verwaltungsrecht*, Bd. 2, a. a. O., S. 529 ff.

wirtschaftlich rechnet.[1323] Dies gilt in gleichem Umfang für die Indienstnahme Privater, die aufgrund privatrechtlicher Vereinbarung in den Verwaltungsprozess einbezogen werden.[1324] Demgegenüber werden Sachverständige, die in das verwaltungs- oder sozialrechtlichen Verwaltungsverfahren eingebunden sind, auf gesetzlicher Grundlage für ihre Arbeit und Aufwendungen vergütet.[1325]

Im Sozialrecht haben freie Träger und Vereine traditionell sowie seit jüngerer Zeit auch Selbsthilfegruppen große Bedeutung, die als Organisationen des Privatrechts ein breites Spektrum öffentlicher Aufgaben erfüllen. Sie nehmen zwar keine staatlichen Aufgaben wahr; ihre Tätigkeit im Sozial- und Gesundheitswesen liegt jedoch im öffentlichen Interesse und entlastet die staatliche Verwaltung durch ihre Aufgabenwahrnehmung.[1326] Besondere Bedeutung erhält ihre Tätigkeit bei der Zusammenarbeit zwischen staatlicher Verwaltung und privater Trägerschaft im Bereich der Sozial- und Jugendhilfe.[1327]

2. Bausteine der Aufbauorganisation staatlicher Verwaltung

a. Organ, Amt, Behörde

Verwaltungsträger[1328] handeln durch Organe, derer sich diese juristischen Personen des öffentlichen oder privaten Rechts als Funktionsträger bedienen.[1329] Dieses Grundprinzip drückt sich für die staatliche Exekutive in Art. 20 Abs. 2 Satz 2 GG aus, der festlegt, dass die Staatsgewalt "durch besondere Organe ...

[1323] Beispiele hierfür sind die Tätigkeiten der rheinland-pfälzischen Notare und der Bezirksschornsteinfegermeister mit ihren Gebietsmonopolen.

[1324] Beispiel für die vertraglich vereinbarte Indienstnahme ist die gutachterliche Tätigkeit von frei praktizierenden Ärzten im Rahmen des Feststellungsverfahrens nach § 69 SGB IX

[1325] Dies gilt für die Mitwirkung niedergelassener Ärzte am Feststellungsverfahren gem. § 69 SGB IX durch Befundberichte, die hierfür nach dem Gesetz über die Vergütung von Sachverständigen, Dolmetscherinnen, Dolmetschern, Übersetzerinnen und Übersetzern sowie die Entschädigung von ehrenamtlichen Richterinnen, ehrenamtlichen Richtern, Zeuginnen, Zeugen und Dritten (Justizvergütungs- und –entschädigungsgesetz– JVEG) vom 05.05.2004 (BGBl. I S. 776) vergütet werden.

[1326] Zum öffentlichen Interesse WOLFF/ BACHOF/ STOBER, *Verwaltungsrecht,* Bd. 1, a. a. O., S. 419 ff.

[1327] PÜTTNER/ LOSCH, *Verwaltung durch Private....,* a. a. O., S. 376 ff.; Einzelheiten der Aufgabenwahrnehmung bei FLIERL, *Freie und öffentliche....,* a. a. O., S. 41 ff.

[1328] Zur Verwaltungsträgerschaft WOLFF/ BACHOF/ STOBER/ KLUTH/ MÜLLER, *Verwaltungsrecht,* Bd. 3, a. a. O., S. 554 f.

[1329] EICHHORN/ FRIEDRICH/ JANN/ OECHSLER/ PÜTTNER/ REINERMANN (Herausg.), *Verwaltungslexikon*, a. a. O., Stichwort: Organ; WOLFF/ BACHOF/ STOBER/ KLUTH/ MÜLLER, *Verwaltungsrecht,* Bd. 3, a. a. O., S. 246

der vollziehenden Gewalt .... ausgeübt" wird.[1330] Mit der Organschaft als Vertretungsmacht für eine rechtlich anerkannte Organisation wird Menschen als Organwalter die Zuständigkeit gegeben, für die Organisation und ihren Träger zu handeln.[1331] Organe staatlicher und nichtstaatlicher Verwaltungsträger werden durch deren Leiter vertreten, die kraft ihres Amtes befugt sind, für den Verwaltungsträger zu handeln und ihn zu verpflichten. Organwalter handeln in diesem funktionellen Sinne nicht in eigener Zuständigkeit, sondern in der Zuständigkeit ihrer Verwaltungsträger.[1332]

Organwalter sind zugleich Amtswalter, indem sie die Funktion des Leiters eines Verwaltungsorgans wahrnehmen. Amtswalter sind darüber hinaus alle Personen, die nach dem Recht des öffentlichen Dienstes ein Amt als Stelle oder Dienstposten in einer Behörde ausüben.[1333] Das Amt ist nur organintern als Segment staatlicher Aufgaben definiert und hat –anders als die Behörde– keine Außenzuständigkeit.[1334] Behörden sind die handelnden Einheiten von Verwaltungsorganen, die im Außenverhältnis als Organisation und Institution in Erscheinung treten.[1335]

Die Beziehungen zwischen staatlichem Verwaltungsträger, Verwaltungsorgan, Organwalter und Amtswalter kommen plakativ in der Adressierung sozialgerichtlicher Klagen gegen das Landesamt für Soziales, Jugend und Versorgung zu Ausdruck, die gerichtet sein müssen gegen „das Land Rheinland-Pfalz (Verwaltungsträger), vertreten durch das Landesamt für Soziales, Jugend und Versorgung in Mainz (Verwaltungsorgan), dieses vertreten durch seinen Präsidenten" (Organwalter). Die Klageerwiderung wird durch einen Amtswalter der Arbeitsebene „im Auftrag" unterzeichnet.

[1330] Vgl. STERN, *Das Staatsrecht der....*, Bd. II, a. a. O., S. 520

[1331] MAURER, *Allgemeines Verwaltungsrecht*, a. a. O., S. 528 f.; WOLFF/ BACHOF/ STOBER/ KLUTH/ PEILERT, *Verwaltungsrecht*, Bd. 2, a. a. O., S. 432, 544; WOLFF/ BACHOF/ STOBER/ KLUTH/ MÜLLER, *Verwaltungsrecht*, Bd. 3, a. a. O., S. 246 ff.

[1332] MAURER, *Allgemeines Verwaltungsrecht*, a. a. O., S. 529 f.; MILLER, *Vorstudien zur Organisation....*, a. a. O., S. 28; WOLFF/ BACHOF/ STOBER/ KLUTH/ MÜLLER, *Verwaltungsrecht*, Bd. 3, a. a. O., S. 254 ff.

[1333] WOLFF/ BACHOF/ STOBER/ KLUTH/ PEILERT, *Verwaltungsrecht*, Bd. 2, a. a. O., S. 89; WOLFF/ BACHOF/ STOBER/ KLUTH/ MÜLLER, *Verwaltungsrecht*, Bd. 3, a. a. O., S. 253

[1334] ISENSEE, JOSEF: *Transformation von Macht und Recht – das Amt*, in: ZBR 2004, S. 3; MAURER, *Allgemeines Verwaltungsrecht*, a. a. O., S. 536; WOLFF/ BACHOF/ STOBER/ KLUTH/ MÜLLER, *Verwaltungsrecht*, Bd. 3, a. a. O., S. 255

[1335] MILLER, *Vorstudien zur Organisation....*, a. a. O., S. 29; WOLFF/ BACHOF/ STOBER/ KLUTH/ MÜLLER, *Verwaltungsrecht*, Bd. 3, a. a. O., S. 238 f.; vgl. auch die Legaldefinition von Behörde in §§ 1 Abs. 4 VwVfG, 1 Abs. 2 SGB X

b. Grundstrukturen der Verwaltungsorganisation der Länder

Weder der Bund noch die Länder haben nach 1945 die Strukturen ihrer Verwaltungen grundlegend neu geordnet, sondern das Verwaltungsprofil der Weimarer Republik und ihrer Länder übernommen und fortentwickelt.[1336] Die heutige Struktur der Verwaltungen von Bund und Ländern spiegelt so das vorläufige Ergebnis einer Systementwicklung von mehr als zwei Jahrhunderten wider,[1337] die sich fortbewegt und deren Schritte nur als Momentaufnahme festgehalten werden können. Diese Entwicklung verlief weder linear, noch gleichzeitig oder gleichförmig, sondern wurde durch politische und rechtliche Bedingungen geprägt, die als Umwälzungen oder Reformprozesse die Verwaltungen veränderten.[1338] Diese Veränderungen bildeten Organisationsmuster heraus, die die Ausprägungen der Verwaltungen in den Ländern vergleichbar machen.[1339]

Nach 1945 haben sowohl die Stadtstaaten Berlin, Bremen und Hamburg als auch die übrigen Länder als Flächenländer die Eigentümlichkeiten der in ihren Territorien zuvor bestehenden Verwaltungsstrukturen an ihre eigenen Bedürfnisse angepasst und ausgestaltet, wie in Kapitel 5 bei der Darstellung der Sozialverwaltungen von Rheinland-Pfalz, Bayern, Nordrhein-Westfalen und Sachsen-Anhalt deutlich gemacht werden soll. Bei den Flächenländern ist eine Typisierung des Verwaltungsaufbaus festzustellen, die ebenfalls aus der Prägung der Verwaltungsstrukturen vor 1945 resultiert.

Dabei organisierten die größeren Flächenländer Bayern, Baden-Württemberg, Hessen, Niedersachsen, Nordrhein-Westfalen und Rheinland-Pfalz ihre Landesverwaltung in dreistufigem Verwaltungsaufbau mit staatlicher Mittelinstanz, während die kleineren Flächenländer Saarland und Schleswig-Holstein ihre Landesverwaltung zweistufig gestalteten und auf die staatliche Mittelinstanz verzichteten.[1340] Die fünf neuen Flächenländer Brandenburg, Mecklenburg-Vorpommern, Sachsen, Sachsen-Anhalt und Thüringen lehnten sich beim Aufbau ihrer Landesverwaltungen zunächst an Verwaltungsstrukturen aus der Zeit vor 1945 und den Vorbildern ihrer westdeutschen Partnerländer an, entwickelten dann aber eigene Verwaltungsstrukturen, in denen Erfah-

---

[1336] Einzelheiten bei STERN, *Das Staatsrecht der....*, Bd. II, a. a. O., S. 775 ff.; vgl. auch WOLFF/ BACHOF/ STOBER/ KLUTH/ MÜLLER, *Verwaltungsrecht,* Bd. 3, a. a. O., S. 36 ff.

[1337] MÜLLER, HORST: *Gestaltungsmuster staatlicher Aufbauorganisation*, in: DÖV 1994, S. 535

[1338] WAGENER, *Neubau der Verwaltung*, a. a. O., S. 99 ff.

[1339] MÜLLER, *Gestaltungsmuster staatlicher Aufbauorganisation*, a. a. O., S. 535

[1340] WAHL, *Die Organisation und....*, a. a. O., S. 213 ff.

rungen aus Territorial- und Funktionalreformen in den alten Bundesländern und eigene Organisationsvorstellungen verarbeitet wurden.[1341]

Die Grundmuster der staatlichen Verwaltung in den Flächenländern stellen sich in einem dreistufigen Verwaltungsaufbau mit regionaler Mittelstufe oder einem zweistufigen Verwaltungsaufbau unter Verzicht auf diese regionale Mittelinstanz dar.[1342] Die oberste Ebene ist in allen Flächenländern nach dem Ressortprinzip in verschiedene Fachministerien aufgeteilt,[1343] die sich entweder auf die politisch-strategische Leitung des jeweiligen Ressorts beschränken oder die operative Ebene der Aufsicht und Kontrolle nachgeordneter Behörden mit umfassen. Dabei vereinen in keinem Land die Ministerien als oberste Behörden die zentrale Zuständigkeit für das Land und die Programmierungs- und Aufsichtsfunktion für die jeweils zugeordneten Politikfelder mit der operativen Ebene des Verwaltungsvollzugs.[1344]

Alle Flächenländer mit zweistufigem Verwaltungsaufbau haben nichtministerielle zentrale Behörden geschaffen, in denen Vollzugsaufgaben aus einem oder mehreren Ressorts zentral für das ganze Land wahrgenommen werden, die einem oder mehreren Ministerien unterstellt sein können.[1345] Dies gilt für Brandenburg,[1346] Mecklenburg-Vorpommern,[1347] Schleswig-Holstein[1348] und Saarland[1349] mit seinen landesweit zuständigen oberen Landesbehörden ebenso wie für Sachsen-Anhalt und Thüringen, die neben oberen Landesbehörden als Sonderbehörden landesweit zuständige zentrale Verwaltungsämter geschaffen haben.[1350] Rheinland-Pfalz hat zum 01.01.2000 ebenfalls die regio-

---

[1341] Einzelheiten bei MILLER, *Vorstudien zur Organisation....*, a. a. O., S. 623 ff.

[1342] WAHL, *Die Organisation und....*, a. a. O., S. 213

[1343] Vgl. WAGENER, *Neubau der Verwaltung*, a. a. O., S. 57 f.

[1344] Nachweis bei WAHL, *Die Organisation und....*, a. a. O., S. 378 ff. am Beispiel von Schleswig-Holstein, das konsequent eine Aufgabendelegation auf die untere Verwaltungsebene bei den Kommunen verfolgt hat.

[1345] Typenbildung bei MÜLLER, HORST: *Gestaltungsmuster staatlicher Aufbauorganisation*, in: DÖV 1994, S. 538

[1346] Im Sozialbereich Landesamt für Soziales und Versorgung mit drei nachgeordneten Ämtern, Landesinstitut für Arbeitsschutz und Arbeitsmedizin, Landesjugendamt,

[1347] Im Sozialbereich Arzneimittelüberwachungs- und -prüfstelle, Landesgesundheitsamt, Landesjugendamt, Landesprüfungsamt für Heilberufe, Landesversorgungsamt mit Hauptfürsorgestelle und vier nachgeordneten Ämtern

[1348] Im Sozialbereich Landesamt für Jugend, Soziales und Versorgung mit Hauptfürsorgestelle, vgl. auch WAHL, *Die Organisation und....*, a. a. O., S. 281

[1349] Vgl. WAHL, *Die Organisation und....*, a. a. O., S. 273 ff.

[1350] Vgl. MILLER, *Vorstudien zur Organisation....*, a. a. O., S. 416 ff.

nale Mittelinstanz aufgegeben.[1351] Diese Länder haben zudem keine höheren Kommunal- oder Zweckverbände zur Wahrnehmung überörtlicher Trägerschaften der Sozial- oder Jugendhilfe gebildet. Unter ihnen ist das Saarland mit 1,06 Mio. Einwohnern das bevölkerungskleinste und Rheinland-Pfalz mit 4,05 Mio. Einwohnern das bevölkerungsgrößte Bundesland.[1352]

Die Flächenländer Baden-Württemberg, Bayern, Hessen, Niedersachsen, Nordrhein-Westfalen und Sachsen haben ihre Verwaltungen dreistufig mit regionaler Mittelinstanz aufgebaut und unterhalten daneben obere Landesbehörden mit teilweise nachgeordneten Regionalämtern.[1353] Unter ihnen geht Bayern mit der Eingliederung von Sonderbehörden der Orts- oder Regionalebene und der Effektivierung seiner Regierungsbezirke und Landesbehörden einen eigenen Weg.[1354] Baden-Württemberg, Hessen und Nordrhein-Westfalen reduzieren durch Gesetzgebung zur Verwaltungsreform die Anzahl ihrer Sonderbehörden auf der oberen Verwaltungsebene durch Eingliederung in eine ihrer Bezirksregierungen als Vor-Ort-Präsidium.[1355]

Die untere Verwaltungsebene dieser Sonderbehörden soll, wie bei Baden-Württemberg, entweder in die Landratsämter als untere staatliche Verwaltungsbehörde eingegliedert werden[1356] oder besteht, wie bei Hessen und Nordrhein-Westfalen unter der Aufsicht des Vor-Ort-Präsidiums fort.[1357] Niedersachsen betreibt (noch) vier Bezirksregierungen als regionale Mittelinstanz

---

[1351] MINISTERIUM DES INNEREN UND FÜR SPORT RHEINLAND-PFALZ: *Die Reform und Neuorganisation der Landesverwaltung Rheinland-Pfalz*, Mainz 2000, S. 20 ff.

[1352] Vgl. STATISTISCHES BUNDESAMT (Herausg.): *Datenreport 2004*, Bonn 2004, S. 34

[1353] Grundstruktur bei WAHL, *Die Organisation und....*, a. a. O., S. 240 ff.

[1354] Vgl. Kapitel 5 Abschnitt II

[1355] Baden-Württemberg: Gesetz zur Reform der Verwaltungsstruktur, zur Justizreform und zur Erweiterung des kommunalen Handlungsspielraums –Verwaltungsstruktur-Reformgesetz– vom 01.07.2004 (GBl. 469). Zur Darstellung der Bezirksregierungen in den alten Bundesländern WAGENER, *Die Regierungsbezirke im Gesamtaufbau der Verwaltung*, in: VerwArch 1882, S. 159 ff.

[1356] WIßMANN, HINNERK: *Staatliche Mittel- und Sonderbehörden – eine Altlast der Verwaltungslandschaft?*, in: DÖV 2004, S. 198 f.

[1357] Hessen: Das Landesamt für Versorgung und Soziales wurde aufgelöst; seine Aufgaben wurden der Bezirksregierung Gießen übertragen. Die sechs Ämter für Versorgung und Soziales bleiben bestehen und werden von der Bezirksregierung Gießen als Vor-Ort-Präsidium beaufsichtigt. Das Landesjugendamt wurde aufgelöst und in das Sozialministerium integriert. Seine zentrale Adoptionsstelle wird gemeinsam mit Rheinland-Pfalz beim rheinland-pfälzischen Landesamt für Soziales, Jugend und Versorgung in Mainz betrieben, vgl. http://www.reformkurs.hessen.de. (eingesehen am 24.08.2004) Die Darstellung zu Nordrhein-Westfalen erfolgt in Kapitel 5 Abschnitt IV

der allgemeinen Verwaltung;[1358] der Bereich Jugend, Soziales und Versorgung wird vom Landesamt für zentrale soziale Dienste und seinen nachgeordneten Regionalbehörden wahrgenommen. Sachsen hat drei Bezirksregierungen als regionale Mittelinstanz der allgemeinen Verwaltung und für die Bereiche Jugend, Rehabilitation, Integration und Versorgung das Landesamt für Familie und Soziales errichtet.[1359] Mit Ausnahme von Niedersachsen wurden in den Ländern höhere Kommunalverbände gebildet, denen die überörtliche Trägerschaft der Sozialhilfe, teilweise auch der Jugendhilfe, übertragen wurde.[1360] Sachsen ist unter diesen Bundesländern mit 4, 35 Mio. Einwohnern das bevölkerungsmäßig kleinste, Nordrhein-Westfalen mit 18,07 Mio. Einwohnern das größte Flächenland.[1361]

c. Organisationsmodelle staatlicher Verwaltung

Die Grundstruktur der staatlichen Verwaltung ist bei den Ländern mit zweistufigem Verwaltungsaufbau am Aufgabenorganisationsmodell ausgerichtet, während sie sich bei den Ländern mit dreistufigem Verwaltungsaufbau am Gebietsorganisationsmodell orientiert.[1362] Das Gebietsorganisationsmodell teilt das staatliche Territorium in räumlich abgegrenzte Verwaltungsbezirke auf, in denen eine einzige Verwaltungseinheit in absoluter Bündelung alle für dieses Gebiet zu erfüllenden Verwaltungsaufgaben wahrnimmt.

Dieses gebietsbezogene Organisationsmodell staatlicher Verwaltung war mit seiner Durchsichtigkeit und Prägnanz wegen der horizontalen Gliederung seines Verwaltungsaufbaus und der Bündelung mehrerer Aufgaben in einer Verwaltungseinheit das Standardmodell der Verwaltung von Territorialstaaten im 19. Jahrhundert und steht noch heute für die Organisationsbegriffe „Einheit der Verwaltung“ und „Universalität des Wirkungskreises“.[1363] Es

---

1358 WIßMANN, *Staatliche Mittel- und....*, a. a. O., S. 199

1359 Die Zuständigkeiten für Gesundheit, Krankenhauswesen und Soziales sind bei den Abteilungen 2 der Bezirksregierungen integriert, vgl. www.rpc.sachsen.de (eingesehen am 24.08.2004)

1360 Baden-Württemberg: Bis Ende 2004 zwei Landeswohlfahrtsverbände (Sozial- und Jugendhilfe), ab 2005 ein Kommunalverband; Bayern: Sieben Bezirksverbände (Sozialhilfe); Hessen: Landeswohlfahrtsverband (Sozialhilfe); Nordrhein-Westfalen: Zwei Landschaftsverbände (Sozial- und Jugendhilfe); Sachsen: Landeswohlfahrtsverband (Sozialhilfe)

1361 Vgl. Statistisches Bundesamt www.destatis.de/jahrbuch/jahrtab1.htm (eingesehen am 24.08.2004)

1362 WAGENER, *Typen der verselbständigten....*, a. a. O., S. 35 ff.; vgl. auch MILLER, *Vorstudien zur Organisation....*, a. a. O., S. 48; WAHL, *Die Organisation und....*, a. a. O., S. 211 f.

1363 SACHS, MICHAEL: *Die Einheit der Verwaltung als Rechtsproblem*, in: NJW 1987, S. 2339 ff.; WAGENER, *Typen der verselbständigten....*, a. a. O., S. 35

bindet die kommunale Selbstverwaltung der Ortsebenen ein, indem in der Bündelungsbehörde des Bezirks mit seiner breit gefächerten Zuständigkeit alle Aufgaben der Fach- und Rechtsaufsicht oder des Aufgabenvollzugs auf höherer Ebene zusammengeführt werden.[1364] Ihm entspricht die regional orientierte Bildung von Geschäftsbereichen in der betriebswirtschaftlichen Organisationslehre.[1365]

Das Gebietsorganisationsmodell konnte selbst in Preußen nach der staatlichen Organisationsreform durch *H. F. K. vom Stein* und *K. A. von Hardenberg* nach 1815 nicht durchgängig durchgesetzt werden; auch dort bestanden neben den Bezirksregierungen die horizontal gegliederten Sonderverwaltungen der Finanzen, der Justiz und des Militärwesens.[1366] Die ständige Zunahme von Fachverwaltungsaufgaben im 20. Jahrhundert führte sowohl zu mehr Fachbehörden mit eigener horizontal gegliederter Organisationsform als auch zu einer zunehmenden Ausdifferenzierung von Spezialisten in den Bezirksregierungen.[1367]

Der fachlich spezialisierten und effizienten Erfüllung von Sachaufgaben entspricht das Aufgabenorganisationsmodell, das die einzelnen Verwaltungsaufgaben und ihre optimale fachliche Erfüllung organisatorisch abbildet. Bei ihm ist die Einzelaufgabe organisationsbestimmend, nicht die Aufgabenbündelung in einer gemeinsamen Organisationsform.[1368] Nach ihm sind die Sonderverwaltungen organisiert, deren bestimmendes Merkmal die spartenhafte und sektorale Betrachtung entsprechend der Verwaltungsaufgabe ist. Ihnen vergleichbar ist die produktorientierte Bildung von Geschäftsbereichen der betriebswirtschaftlichen Organisationslehre.[1369]

Beide Organisationsmodelle umfassen einen durchgängigen Instanzenzug von der ressortgeprägten ministeriellen Ebene bis zur Ortsebene. Sie wird dort entweder durch eine Sonderbehörde der unteren Verwaltungsebene oder durch eine allgemeine Landesbehörde auf der Ebene der Landkreise präsentiert, die mit der Ebene der kommunalen Selbstverwaltung organisatorisch verbunden ist. Dabei ist heute die hierarchische Verknüpfung der kommuna-

---

[1364] MÜLLER, *Gestaltungsmuster staatlicher Aufgabenorganisation*, a. a. O., S. 534

[1365] SCHULTE-ZURHAUSEN, *Organisation*, a. a. O., S. 245

[1366] FROTSCHER, WERNER: *Überblick über die Verwaltungsorganisation in den Bundesstaaten*, in: Jeserich, Kurt G. A.; Pohl, Hans; Unruh, Georg-Christoph von (Herausg.): *Deutsche Verwaltungsgeschichte,* Bd. 3, Stuttgart 1984, S. 424 ff.

[1367] WAHL, *Die Organisation und....*, a. a. O., S. 212; WAGENER, *Die Regierungsbezirke im....*, a. a. O., S. 156

[1368] WAGENER, *Typen der verselbständigten....*, a. a. O., S. 35; vgl. auch MILLER, *Vorstudien zur Organisation....*, a. a. O., S. 48

[1369] SCHULTE-ZURHAUSEN, *Organisation*, a. a. O., S. 245

len Ebene als staatliche Verwaltung mit der Ebene der obersten Landesbehörden sowohl über Bündelungsbehörden einer regional gegliederten staatlichen Mittelinstanz als auch über landesweit zuständige obere Landesbehörden üblich. So ist in Rheinland-Pfalz die auf der Ortsebene den Landkreisen übertragene Aufgabe des öffentlichen Gesundheitsdienstes in der Aufsichts- und Kontrollebene beim Landesamt für Soziales, Jugend und Versorgung angesiedelt,[1370] während in Nordrhein-Westfalen die Bezirksregierungen den Vollzug der dortigen den Städten und Landkreisen übertragenen Aufgaben des öffentlichen Gesundheitsdienstes überwachen.[1371]

Die Vor- und Nachteile der beiden Organisationsmodelle staatlicher Landesverwaltung sind hinreichend benannt.[1372] Bei der staatlichen Sozialverwaltung beziehen sie sich auf die Möglichkeiten hierarchischer Steuerung und Einflussnahme in Bezug auf Effektivität sozialpolitischer und sozialrechtlicher Zielsetzungen im Sinne von Steuerungsfähigkeit und Realisierbarkeit. Sie betreffen auch die Effizienz sozialer Leistungsgewährung im Sinne von Qualität und Zielgenauigkeit sowie die Teilhabe und Bürgernähe im Sinne von Machbarkeit und Akzeptanz bei Leistungsempfängern und sozialen Institutionen als freie oder gewerbliche Träger.[1373]

Unter diesem Blickwinkel ist ein Organisationsmodell dann effektiv, wenn es die politischen Zielvorgaben des aktivierenden Staates bis in die Verwaltungsebene am Bürger um- und durchsetzt. Es ist effizient, wenn die bereitgestellten Ressourcen flexibel und bedarfsorientiert auch vertikal durch die Instanzen der Verwaltungsebenen gesteuert werden können. Es ist bürgernah, wenn sich die so gestaltete Verwaltung als problemorientierte Sozialverwaltung kompetent präsentiert und dem ratsuchenden Bürger Hilfestellung bieten kann. Seine Teilhabeorientierung ergibt sich aus den Möglichkeiten für Bürger, gestaltend auf die Verwaltung einzuwirken.

[1370] Vgl. § 2 Abs. 1 des rheinland-pfälzischen Landesgesetzes über den öffentlichen Gesundheitsdienst idF v. 28.08.2001 (GVBl. S. 210)

[1371] Vgl. § 5 Abs. 2 des nordrhein-westfälischen Gesetzes über den öffentlichen Gesundheitsdienst vom 25.11.1997 (GV NW S. 430)

[1372] BITTER, MANFRED: *Regionale Bündelungsbehörden – Notwendige staatliche Repräsentanz in der Fläche*, in: DÖV 1997, S. 855 ff.; SCHRAPPER, LUDGER: *Bezirksregierungen in Deutschland: Die Bündelungsbehörde der Mittelinstanz im Vergleich*, in: DÖV 1994, S. 157 ff.; WAGENER, *Typen der verselbständigten....*, a. a. O., S. 36; derselbe, *Die Regierungsbezirke im....*, a. a. O., S. 165 f.; WAHL, *Die Organisation und....*, a. a. O., S. 235 (für die Behörden der Sonderverwaltung)

[1373] Als Messgrößen der Organisationsoptimierung; vgl. MERTEN/ PITSCHAS, *Sozialverwaltung im Reformprozess*, a. a. O., S.

Nach diesen Gesichtspunkten ist weder das Gebietsorganisationsmodell noch das Aufgabenorganisationsmodell staatlicher Verwaltung geeignet, alle genannten Parameter in gleich oder ähnlich hohen Verwirklichungsstufen zusammenzuführen. Beide Modelle können zwar durch entsprechende Organisationsmaßnahmen sozialpolitische Effektivität als auch sozialrechtliche Effizienz und Bürgernähe gewährleisten; ihre Teilhabeorientierung muß jedoch durch die Einbindung von Gremien in ausgewählte Entscheidungsprozesse der Verwaltung sichergestellt werden. Dies ist jedoch keine Kategorie der Verwaltungsorganisation, sondern des von ihr anzuwendenden Rechts, wie die Gremieneinbindungen nach §§ 116 SGB XII, 71 SGB VIII oder 103 bzw. 119 SGB IX in Entscheidungsprozesse dieser Rechtsgebiete beispielhaft zeigen.

d. Konzentration und Dekonzentration staatlicher Verwaltung

Das Organisationsgefüge und die Stufung der unmittelbaren Staatsverwaltung wird mit dem Begriffspaar Konzentration oder Dekonzentration beschrieben.[1374] Dabei bedeutet Konzentration die Zusammenfassung von Aufgaben und Zuständigkeiten bei einem Verwaltungsträger, während Dekonzentration gegeben ist, wenn Aufgaben und Zuständigkeiten eines Verwaltungsträgers auf mehrere Verwaltungsebenen verteilt sind und so eine Organisation besteht, die weisungsabhängige Organe oder Ämter mit eigener Entscheidungszuständigkeit herausgebildet hat.[1375] Dabei kann Dekonzentration horizontal oder vertikal nach fachlichen, funktionalen oder räumlichen Kriterien organisiert sein.[1376] Im Gegensatz zur Dezentralisation, die mindestens zwei Verwaltungsträger voraussetzt,[1377] sind dezentralisierte Verwaltungseinheiten Teile eines Verwaltungsträgers.

Dekonzentrierte Verwaltungseinheiten können horizontal oder vertikal gebildet werden. Horizontale Dekonzentration durchbricht das Prinzip der Einheit der Verwaltung durch die Bildung von unterschiedlichen Fachverwaltungen auf einer Verwaltungsebene oder das Prinzip der Einräumigkeit der Verwaltung durch regional gegliederte Verwaltungen.[1378] Vertikale Dekonzentration

---

[1374] WAGENER, *Typen der verselbständigten....*, a. a. O., S. 39; vgl. auch PÜTTNER, *Verwaltungslehre*, a. a. O., S. 75

[1375] EICHHORN/ FRIEDRICH/ JANN/ OECHSLER/ PÜTTNER/ REINERMANN (Herausg.), *Verwaltungslexikon*, a. a. O., Stichwort: Konzentration; MILLER, *Vorstudien zur Organisation....*, a. a. O., S. 52; WAGENER, *Typen der verselbständigten....*, a. a. O., S. 39

[1376] MÜLLER, *Gestaltungsmuster staatlicher Aufbauorganisation*, a. a. O., S. 535; WOLFF/ BACHOF/ STOBER/ KLUTH/ MÜLLER, *Verwaltungsrecht*, Bd. 3, a. a. O., S. 102 f.

[1377] EICHHORN/ FRIEDRICH/ JANN/ OECHSLER/ PÜTTNER/ REINERMANN (Herausg.), *Verwaltungslexikon*, a. a. O., Stichwort: Dezentralisation

[1378] MILLER, *Vorstudien zur Organisation....*, a. a. O., S. 52 f.

ermöglicht demgegenüber die Bildung von Instanzen oder Ämter auf Regional- oder Ortsebene unter einheitlicher Leitung.[1379]

Horizontale Konzentration ist nicht immer gleichbedeutend mit der Verwirklichung des Prinzips der Einheit der Verwaltung.[1380] Sie liegt auch dann vor, wenn Sonderbehörden sachlich verwandter Aufgabengebiete zu einem Verwaltungsorgan zusammengefasst werden und so eine Aufgabenbündelung realisiert wird, wie dies mit der Zusammenführung früher selbständiger Sonderverwaltungen des Sozialbereichs in Rheinland-Pfalz zum Landesamt für Soziales, Jugend und Versorgung erreicht wurde. Seine dekonzentrierten Ämter für soziale Angelegenheiten in den vier Regionen von Rheinland-Pfalz stellen den ortsnahen Bezug zu den ratsuchenden Bürgern her.

e. Behördenarten der unmittelbaren Landesverwaltung

Für die hierarchische Stufenfolge von Landesbehörden, die als Sozialbehörden Gegenstand dieser Betrachtung sind, haben sich folgende Bezeichnungen gebildet:

- Oberste Landesbehörden (Ministerien), die der Legislative unmittelbar verantwortlich sind, mit einem oder mehreren Politikfeldern und zentraler Zuständigkeit für das gesamte Land und strategischer Programmierungs- und Kontrollfunktion.[1381]
- Obere Landesbehörden (Landesoberbehörden) mit Aufgaben aus einem oder mehreren Ministerien, Unterstellung unter ein oder mehrere Ministerien und entscheidungsorientierten (operativen) Vollzugsfunktionen und zentraler Zuständigkeit für das ganze Land. Als Landesverwaltungsämter bündeln sie unterschiedliche, auch nicht sachlich zusammenhängende, Aufgabenbereiche aus den Politikfeldern mehrerer Ministerien, darunter Aufgaben der allgemeinen inneren Verwaltung und Aufgaben von Son-

---

1379 Zur Leitungsgewalt WOLFF/ BACHOF/ STOBER/ KLUTH/ MÜLLER, *Verwaltungsrecht,* Bd. 3, a. a. O., S. 152 ff.

1380 Zum Prinzip EICHHORN/ FRIEDRICH/ JANN/ OECHSLER/ PÜTTNER/ REINERMANN (Herausg.), *Verwaltungslexikon*, a. a. O., Stichwort: Einheit der Verwaltung; SACHS, *Die Einheit der Verwaltung....*, a. a. O., S. 2339 f.; SCHUPPERT, *Verwaltungswissenschaft*, a. a. O., S. 831 ff.; WOLFF/ BACHOF/ STOBER/ KLUTH/ MÜLLER, *Verwaltungsrecht,* Bd. 3, a. a. O., S. 102

1381 MAURER, *Allgemeines Verwaltungsrecht,* a. a. O., S. 559; MÜLLER, *Gestaltungsmuster staatlicher Aufbauorganisation*, a. a. O., S. 538; PÜTTNER, *Verwaltungslehre*, a. a. O., S. 104; WAHL, *Die Organisation und....*, a. a. O., S. 215; WOLFF/ BACHOF/ STOBER/ KLUTH/ MÜLLER, *Verwaltungsrecht,* Bd. 3, a. a. O., S. 320; vgl. auch die zusammenfassende Darstellung bei EICHHORN/ FRIEDRICH/ JANN/ OECHSLER/ PÜTTNER/ REINERMANN (Herausg.), *Verwaltungslexikon*, a. a. O., Stichwort: Behörde

derbehörden.[1382] Als zentrale Landesämter ohne nachgeordnete Behörden vollziehen sie landesweit Aufgaben spezieller Verwaltungsbereiche.[1383] Als obere Landesbehörden mit nachgeordnetem Behördenunterbau können sie spezielle Verwaltungsaufgaben, auch aus mehreren Ressorts bündeln oder als obere Sonderbehörden mit nachgeordneten Behörden eine spezielle Verwaltungsaufgabe wahrnehmen.[1384]

- Mittelbehörden mit Zuständigkeit für eine staatliche Region mit entscheidungsorientierter Vollzugsfunktion und Aufsichtsfunktion gegenüber eigenen nachgeordneten Behörden.[1385] Als ressortübergreifende Behörden der Mittelinstanz (mittlere Landesbehörden, Landesmittelbehörden) können sie Vollzugsfunktionen aus den Aufgabenfeldern mehrerer oberster Landesbehörden bündeln und werden als Bezirksregierungen, Regierungspräsidien oder Regierungen eines Bezirks bezeichnet, die das Prinzip der Einheit der Verwaltung auf dieser Ebene verwirklichen.[1386] Als ressortgebundene Behörden vollziehen sie Aufgaben einer obersten Landesbehörde mit eigenen nachgeordneten Behörden.[1387]
- Unterbehörden mit regionaler Zuständigkeit unterhalb der Mittelbehörden, die entweder ressortgebunden oder ressortübergreifend Vollzugsaufgaben auf der Orts-, Kreis- oder Regionalebene wahrnehmen. Bei dreistufigen Landesverwaltungen sind sie Mittelbehörden unterstellt; bei zweistufigen Landesverwaltungen bilden sie die Vollzugsebene unterhalb der oberen Landesbehörden. Als Unterbehörden der allgemeinen Verwaltung sind sie einer Kreisverwaltung angegliedert; als Sonderbehörden sind sie eigenständige Orts- oder Regionalbehörden.[1388]

1382 HOFFMANN, GERT: *Die staatliche Mittelinstanz in den neuen Bundesländern*, in: DÖV 1992, S. 692; MILLER, *Vorstudien zur Organisation....*, a. a. O., S. 30; WOLFF/ BACHOF/ STOBER/ KLUTH/ MÜLLER, *Verwaltungsrecht,* Bd. 3, a. a. O., S. 321

1383 MILLER, *Vorstudien zur Organisation....*, a. a. O., S. 30; WAGENER, *Neubau der Verwaltung*, a. a. O., S. 55

1384 MILLER, *Vorstudien zur Organisation....*, a. a. O., S. 30 f.; PÜTTNER, *Verwaltungslehre*, a. a. O., S. 104; WAGENER, *Neubau der Verwaltung*, a. a. O., S. 55; WAHL, *Die Organisation und....*, a. a. O., S. 215

1385 PÜTTNER, *Verwaltungslehre*, a. a. O., S. 104

1386 WAHL, *Die Organisation und....*, a. a. O., S. 215; WOLFF/ BACHOF/ STOBER/ KLUTH/ MÜLLER, *Verwaltungsrecht,* Bd. 3, a. a. O., S. 321; Beispielsbezeichnung für die Regierung eines Bezirks: Regierung von Oberbayern.

1387 MÜLLER, *Gestaltungsmuster staatlicher Aufbauorganisation*, a. a. O., S. 538

1388 WAGENER, *Neubau der Verwaltung*, a. a. O., S. 55; WAHL, *Die Organisation und....*, a. a. O., S. 215; WOLFF/ BACHOF/ STOBER/ KLUTH/ MÜLLER, *Verwaltungsrecht,* Bd. 3, a. a. O., S. 321 f.

f. Kommunalisierung und Regionalisierung der Sozialverwaltung

Gegenüber diesen Organisationsmodellen staatlicher Verwaltung trägt das Modell kommunaler oder regionaler Selbstverwaltung dem Desiderat nach Bürgerteilhabe Rechnung. Dieses Modell ist im Sozialbereich in der Übertragung örtlicher Trägerschaften für die Sozial- und Jugendhilfe als mittelbare Staatsverwaltung auf kommunaler Ebene verwirklicht, das den Landkreisen und kreisfreien Städten die eigenverantwortliche Durchführung sozialer Aufgaben überantwortet. Es setzt sich fort in der mittelbaren Staatsverwaltung sozialer Aufgaben durch höhere Kommunalverbände oder Gebietskörperschaften, wie der Landschaftsverbände in Nordrhein-Westfalen, der Landeswohlfahrtsverbände in Baden-Württemberg, Hessen, und Sachsen oder den Bezirksverbänden in Bayern, die durch landesrechtliche Verweisung überörtliche Trägerschaften der Sozialhilfe und teilweise auch der Jugendhilfe wahrnehmen.[1389] Diese Organisationsformen mittelbarer Staatsverwaltung auf kommunaler und regionaler Ebene stehen für Begriffe, wie Kommunalisierung oder Regionalisierung von Staatsaufgaben.

Der auch im Zusammenhang mit Verwaltungsreformen gebrauchte Begriff der Kommunalisierung ist unscharf, weil mit ihm teilweise die Dezentralisation,[1390] teilweise aber auch die Dekonzentration von Verwaltungsaufgaben aus der Trägerschaft der Landesverwaltung auf die kommunale Ebene beschrieben wird. Landesverwaltung wird dann dekonzentriert, wenn Adressat der Aufgabenverlagerung der Landkreis als Region der unteren staatlichen Verwaltung ist, in dem die Kreisverwaltung in den staatlichen Aufgabenvollzug eingegliedert ist.[1391]

So ist gem. §§ 1 Abs. 1, 55 der rheinland-pfälzischen Landkreisordnung die Kreisverwaltung zugleich Verwaltungsbehörde des Landkreises und untere Behörde der allgemeinen Landesverwaltung im Bezirk des Landkreises, deren Bedienstete in dieser Funktion den Instanzen der allgemeinen Landesverwaltung gegenüber weisungsgebunden sind.[1392] Diese auch in anderen Ländern übliche Doppelfunktion der Kreisverwaltung[1393] hat ihre historische Ursache in der Entwicklung dieser Verwaltungsebene von einer Behörde der allgemei-

---

1389 DITTMANN, *Kommunalverbandsrecht*, a. a. O., S. 138 ff.; WOLFF/ BACHOF/ STOBER/ KLUTH/ MÜLLER, *Verwaltungsrecht*, Bd. 3, a. a. O., S. 766 ff.

1390 In der Form der Aufgabendelegation, vgl. PITSCHAS, *Die Amtshilfe für....*, a. a. O., S. 242

1391 Zum Landkreis als Bezirk der staatlichen Verwaltung SCHMIDT-AẞMANN, *Kommunalrecht*, a. a. O., S. 104

1392 Landkreisordnung idF v. 31.01.1994 (GVBl. S. 188), zuletzt geändert am 06.02.2001 (GVBl. S. 21)

1393 Vgl. SEEWALD, *Kommunalrecht*, a. a. O., S. 148

nen inneren Verwaltung[1394] hin zu einer Verwaltungsbehörde mit Doppelfunktion. Ihr wurden neben der Verwaltung der Selbstverwaltungsangelegenheiten als verfassungsrechtlich garantierter Gebietskörperschaft gem. Art. 28 Abs. 2 Satz 2 GG in zunehmendem Maße Aufgaben der Landesverwaltung als Auftragsangelegenheiten oder des übertragenen Wirkungskreises übertragen.[1395] Die Verknüpfung mit den übergeordneten Organen der Landesverwaltung wird entweder über eine Organleihe des Landrates als untere staatliche Verwaltungsbehörde oder durch Aufgabenübertragung als Auftragsangelegenheit auf den Landkreis selbst vollzogen.[1396]

Unter diesen organisationsrechtlichen Voraussetzungen wird die Kreisverwaltung als Organ der allgemeinen inneren Verwaltung nach wie vor als Verwaltungseinheit angesehen, die auf der Kreisstufe als unterer Verwaltungsstufe das Prinzip der Einheit der Verwaltung verwirklicht,[1397] obwohl der Landrat als Organwalter auch einer staatlichen Verwaltungsstufe nun in allen Bundesländern kommunaler Wahlbeamter ist.[1398] Dem hieraus abzuleitenden Amtsverständnis des Landrats als Repräsentant einer kommunalen Gebietskörperschaft würde es gerechter werden, wenn derart übertragene Aufgaben als weisungsfreie Kreisaufgaben in seiner originären Durchführungsverantwortung lägen.

Dies wird eher durch Dezentralisierung von unmittelbaren Staatsaufgaben auf den Verwaltungsträger Landkreis erreicht, für dessen Aufgabenerfüllung der Landrat als Organwalter dann umfassend verantwortlich wäre. Eine so verstandene Überantwortung von Verwaltungsaufgaben des Sozialbereichs entspräche dem Prinzip der selbstregulativen Regulierung, bei dem der Staat zwar weiterhin eine zumindest teilweise Erfüllungsverantwortung übernimmt, aber Möglichkeiten für verselbständigte Träger schafft, ihren Sachverstand,

---

[1394] BOVENSCHULTE, ANDREAS: *Gemeindeverbände als Organisationsformen kommunaler Selbstverwaltung*, 1. Aufl., Baden-Baden 2000, S. 347; FROTSCHER, *Überblick über die....*, a. a. O., S. 416 f.

[1395] Vgl. MAURER, *Allgemeines Verwaltungsrecht*, a. a. O., S. 598; SCHMIDT-AßMANN, *Kommunalrecht*, a. a. O., S. 104; SEEWALD, *Kommunalrecht*, a. a. O., S. 152 f.; WOLFF/ BACHOF/ STOBER/ KLUTH/ MÜLLER, *Verwaltungsrecht*, Bd. 3, a. a. O., S. 252, 322

[1396] BOVENSCHULTE, *Gemeindeverbände als Organisationsformen....*, a. a. O., S. 347 ff.; SCHMIDT-AßMANN, *Kommunalrecht*, a. a. O., S. 104; WOLFF/ BACHOF/ STOBER/ KLUTH/ MÜLLER, *Verwaltungsrecht*, Bd. 3, a. a. O., S. 322; zur Organleihe PITSCHAS, *Die Amtshilfe für....*, a. a. O., S. 242; für Brandenburg vgl. LÖRLER, SIGHART: *Probleme einer zweistufigen Landesverwaltung in einem Flächenstaat*, in: DÖV 1993, S. 245 f.

[1397] SEEWALD, *Kommunalrecht*, a. a. O., S. 152

[1398] BOVENSCHULTE, *Gemeindeverbände als Organisationsformen....*, a. a. O., S. 348 ff. Die Landräte werden zwischenzeitlich in allen Flächenländern, mit Ausnahme von Baden-Württemberg und Brandenburg (Wahl durch die Kreistage), durch Urwahl bestimmt.

ihr Engagement und auch ihr Eigeninteresse als Steuerungsressource bei der Verfolgung staatlich vorgegebener Ziele zu nutzen.[1399]

Das Organisationsmodell der Stärkung der allgemeinen inneren Verwaltung auf der Kreisverwaltungsstufe verstärkt die bereits jetzt schon vorhandenen Verflechtungen dieser Ebene unmittelbarer Staatsverwaltung mit den Selbstverwaltungsangelegenheiten des Kreises oder der Stadt in einer Behörde und prägt sie als Mischverwaltung.[1400] Dieses Modell ist auf der Ebene der Oberfinanzdirektionen als administrative Verflechtung in der Kritik, in der auf die Nachteile einer Verzahnung der Organisations- und Entscheidungsebenen von Bund und Ländern hingewiesen wird.[1401] Diese Kritik gilt uneingeschränkt für die Verzahnung der Organisations- und Entscheidungsebene eines Landes mit einer kommunalen Gebietskörperschaft.[1402]

Die Tendenz der Organisationsentwicklung der Sozialverwaltungen in einigen Flächenländern mit dreistufigem Verwaltungsaufbau geht jedoch in diese Richtung. Dies wird an der in Baden-Württemberg beabsichtigten Eingliederung der unteren Sonderverwaltungen in die Kreisverwaltungen deutlich, die lediglich als horizontale Konzentration auf der Ebene unterer staatlicher Verwaltungsbehörden durchgeführt werden soll, nicht aber als Aufgabendelegation auf die Landkreise als Gemeindeverbände.[1403] Dem entspricht es auch, dass ebenfalls in Baden-Württemberg die beiden Landeswohlfahrtsverbände aufgelöst und durch einen neuen kommunal getragenen Verband mit deutlich reduzierter Aufgabenstellung ersetzt werden sollen.[1404]

1399 HOFFMANN-RIEM, *Tendenzen in der....*, a. a. O., S. 436; SCHUPPERT, *Verwaltungswissenschaft*, a. a. O., S. 438, der den Begriff der regulierten Selbstregulierung verwendet; VOßKUHLE, *„Schlüsselbegriffe" der Verwaltungsrechtsreform*, a. a. O., S. 213 f.

1400 BVERFGE 32, 145, 156; EICHHORN/ FRIEDRICH/ JANN/ OECHSLER/ PÜTTNER/ REINERMANN (Herausg.), *Verwaltungslexikon*, a. a. O., Stichwort: Mischverwaltung; QUAAS, MICHAEL: *Die Arbeitsgemeinschaft nach dem neuen SGB II: Ungelöste Rechtsfragen zur Rechtsnatur der Einrichtung*, in: SGb 2004, S. 725 f.

1401 MAURER, *Allgemeines Verwaltungsrecht*, a. a. O., S. 569; STERN, *Das Staatsrecht der....*, Bd. II, a. a. O., S. 780 f.; WOLFF/ BACHOF/ STOBER/ KLUTH/ MÜLLER, *Verwaltungsrecht*, Bd. 3, a. a. O., S. 129; zum Verbot der Mischverwaltung zwischen Bund und Ländern BVERFGE 39, 96, 120; 108, 169, 182

1402 Vgl. KIRCHHOF, *Klare Verantwortungsteilung von....*, a. a. O., S. 980

1403 HILL, *Bürokratieabbau und Verwaltungsmodernisierung*, a. a. O., S. 723; WIßMANN, *Staatliche Mittel- und....*, a. a. O., S. 198 f.

1404 Die beiden Landeswohlfahrtsverbände Baden und Württemberg-Hohenzollern wurden zum 31.12.2004 aufgelöst und ihre Aufgaben auf die Landkreise und Stadtkreise übertragen. Für die überörtlich wahrzunehmenden Aufgaben wurde ein neuer Kommunalverband für Jugend und Soziales geschaffen. Vgl. Art. 177 des baden-württembergischen Verwaltungsstruktur-Reformgesetzes vom 01.07.2004 (GBl. S. 469)

Auch Nordrhein-Westfalen hat, wie später dargestellt wird, den Aufgabenkreis seiner Landschaftsverbände deutlich reduziert. Hieraus wird deutlich, dass die Flächenländer mit kommunalen Gebietskörperschaften bereits erfolgte Regionalisierungen von Verwaltungsaufgaben zurücknehmen und diese Ebene eigenverantwortlicher Aufgabenwahrnehmung schwächen. Auf diese Weise entfernen sich diese großen Flächenländer von den Vorschlägen von *Bill Drews*, der bereits 1919 die staatliche Verwaltung unterhalb der obersten Landesbehörden durch Erweiterung des kommunalen Wirkungskreises und der Selbstverwaltungskörper auf der Ebene der Mittelinstanz ersetzen und so den „Obrigkeitsstaat" in einen „Selbstverwaltungsstaat" umwandeln wollte.[1405]

g. Koordination und Kooperation der Sozialverwaltungen: Arbeitsgemeinschaften, Amtshilfe und Netzwerke

Die Vielfalt der Sozialverwaltungen der Länder, auf kommunaler Ebene sowie in Trägerschaft von Körperschaften und Anstalten der gesetzlichen Sozialversicherungen stellt die Frage nach ihrer Koordination und Kooperation, wenn durch sie qualitative staatliche Sozialpolitik gestaltet werden soll, die eine ergebnisorientierte Umsetzung des Leitbildes vom aktivierenden Staat verwirklichen will. Diese Ergebnisorientierung staatlicher Sozialpolitik ist weder durch beziehungsloses Nebeneinander, noch durch zufällige Abstimmungsprozesse unter den Sozialverwaltungsträgern und ihren Verwaltungsebenen zu erreichen, sondern durch sinnvolle Abstimmung, die die Eigenständigkeit und Handlungsfreiheit der einzelnen Verwaltungseinheiten erhält. Kooperation unter diesen (wie auch unter sonstigen) Verwaltungsträgern bedeutet demgegenüber, dass entweder eine Verwaltungseinheit der anderen bei der Aufgabenerfüllung hilft oder aus ihrem Zusammenwirken eine gemeinsame Aufgabenerfüllung bewirkt wird.[1406]

Koordination unter Einheiten oder Organen eines Verwaltungsträgers ist, wie in vielen übrigen Bereichen öffentlicher Verwaltung, ein Managementproblem.[1407] Sie wird in der Sozialverwaltung eines Landes, auch unter den Bedingungen der Aufteilung in unterschiedliche Verwaltungsorgane, durch die sozialpolitischen Vorgaben des Ressortministers oder des Kabinetts sowie durch Haushaltsgestaltung verwirklicht, die als Führungsinstrumente steuernd auf

---

[1405] Vgl. WAGENER, *Neubau der Verwaltung*, a. a. O., S. 105 f.

[1406] PÜTTNER, *Verwaltungslehre*, a. a. O., S. 119 ff.

[1407] So PITSCHAS, *Kommunale Sozialpolitik*, a. a. O., S. 1307 am Beispiel der Zielkonflikte in der Sozial-, Kinder- und Jugendhilfe; vgl. auch EICHHORN/ FRIEDRICH/ JANN/ OECHSLER/ PÜTTNER/ REINERMANN (Herausg.), *Verwaltungslexikon*, a. a. O., Stichwort: Koordination

den Verwaltungsvollzug einwirken.[1408] Unter selbständigen Verwaltungsträgern wird Koordination durch Recht bewirkt, das entweder selbst durch seine Befolgung koordiniertes Handeln herbeiführt oder Abstimmungsprozesse vorschreibt, die Koordination institutionell vorgeben.[1409] Kooperation unter Verwaltungseinheiten setzt ihre Selbständigkeit als Verwaltungsträger voraus und findet in Art. 35 Abs. 1 GG ihren verfassungsrechtlichen Ausdruck.[1410] Das SGB X verpflichtet die Sozialleistungsträger zur Koordination ihrer Aktivitäten zum Wohl der Leistungsberechtigten[1411] und widmet ihrer Zusammenarbeit das Dritte Kapitel (§§ 86 bis 119).

Bei den Arbeitsgemeinschaften als gesetzlich bestimmter Koordinations- und Kooperationsform verweist § 94 Abs. 2 SGB X auf die übrigen Bücher des Sozialgesetzbuches, die allerdings dem Begriff der Arbeitsgemeinschaft unterschiedliche Inhalte geben.[1412] Die Arbeitsgemeinschaften im Sinne §§ 4 Abs. 2 SGB XII und 12 Abs. 2 SGB IX sind Zusammenschlüsse von Sozialleistungsträgern, die sich einer besonderen Aufgabe widmen sollen, und stellen deshalb institutionalisierte Koordinations- und Kooperationsformen des Zusammenwirkens von Leistungsträgern dar.[1413]

Die Arbeitsgemeinschaften nach §§ 78 SGB VIII, 12 Abs. 2 SGB XI und 20 Abs. 1 HeimG sind demgegenüber institutionalisierte Gremien des Zusammenwirkens von öffentlichen und freien Trägern bzw. Aufsichtsorganen der Heimaufsicht mit öffentlichen Leistungsträgern und somit jeweils zweckgerichtete Koordinationsforen.[1414] Sie unterliegen der staatlichen Aufsicht und können sich privatrechtlicher Organisationsformen bedienen, wenn sie innerhalb ihres gesetzlichen Koordinations- und Kooperationsauftrages am

---

[1408] PITSCHAS, *Die Amtshilfe für....*, a. a. O., S. 240; PÜTTNER, *Verwaltungslehre*, a. a. O., S. 121

[1409] PÜTTNER, *Verwaltungslehre*, a. a. O., S. 129

[1410] DEGENHARDT, *Staatsrecht I*, a. a. O., S. 57; MAUNZ-ZIPPELIUS, *Deutsches Staatsrecht*; a. a. O., S. 111 f.; STERN, *Das Staatsrecht der....*, Bd. II, a. a. O., S. 785 f.

[1411] SCHELLHORN, WALTER: *Zusammenarbeit der Leistungsträger*, in: Maydell, Bernd Baron von; Ruland, Franz (Herausg.): *Sozialrechtshandbuch (SRH)*, 3. Aufl., Baden-Baden 2003, S. 420

[1412] § 4 SGB XII (§ 95 BSHG); § 78 SGB VIII; § 12 Abs. 2 SGB IX; § 12 Abs. 1 Satz 3 SGB XI; § 20 Abs. 5 HeimG; vgl. auch PITSCHAS, *Die Amtshilfe für....*, a. a. O., S. 241; SCHELLHORN, *Zusammenarbeit der Leistungsträger*, a. a. O., S. 429

[1413] HOYNINGEN-HUENE, GERRICK VON: *Die Zusammenarbeit von Sozialversicherungsträgern in Arbeitsgemeinschaften nach § 94 SGB X*, in: SGb 1985, S. 442

[1414] FRINGS, PETER: *Die Arbeitsgemeinschaften nach § 78 SGB VIII*, in: ZfF 2003, S. 54

Rechtsverkehr teilnehmen.[1415] Im Bereich der gesetzlichen Sozialversicherungsträger nehmen sie eine erhebliche Rolle ein;[1416] in der Sozial- und Jugendhilfe sowie im Rahmen der Rehabilitation und Teilhabe behinderter Menschen sind die Bundesarbeitsgemeinschaften der überörtlichen Sozial- und Jungenhilfeträger sowie die Bundesarbeitsgemeinschaft der Integrationsämter und Hauptfürsorgestellen Koordinationsgremien auf Bundesebene.

Die Arbeitsgemeinschaften nach § 44 b SGB II stellen einen neuen Typ der Zusammenarbeit unterschiedlicher öffentlicher Aufgabenträger dar. Als Behörden im Sinne von § 1 Abs. 2 SGB I sind sie gemeinsame Verwaltungsstellen der Leistungsträger nach dem SGB II, die in den Job-Centern der Arbeitsagenturen eingerichtet werden sollen. Die kommunalen Träger sollen den Arbeitsgemeinschaften die Wahrnehmung der ihnen nach dem SGB II obliegenden Aufgaben (Leistungen nach §§ 22 und 23 Abs. 3 SGB II) übertragen.[1417] Diese neue Art des Betriebs einer gemeinsamen Verwaltungsstelle von nicht durch Hierarchie verbundenen öffentlichen Aufgabenträgern ist die erste durch Gesetz eröffnete Möglichkeit, einen „One-Stop-Shop" orts- und kundennah zu unterhalten, der den eine bestimmte Art von Sozialleistungen (hier: Grundsicherungsleistungen für Arbeitssuchende) nachfragenden Bürgern den Gang zu verschiedenen Verwaltungseinheiten erspart.[1418]

Die Arbeitsgemeinschaften sind nicht nur gemeinsame Büroeinheiten unterschiedlicher Verwaltungsträger, die ihre jeweiligen Verwaltungshandlungen in eigener Organschaft vollziehen, sondern durch § 44 b SGB II ermächtigt, zur Erfüllung ihrer Aufgaben Verwaltungsakte und Widerspruchsbescheide zu erlassen. Ihre Errichtung kann in bürgerlich-rechtlicher oder öffentlich-rechtlicher Rechtsform gestaltet werden.[1419]

Die Amtshilfe für und durch Behörden der Sozialverwaltung gem. §§ 3 bis 7 SGB X ist als institutionelles Element der Zusammenarbeit unter Sozialleis-

---

1415 VON HOYNINGEN-HUENE, *Die Arbeitsgemeinschaften nach....*, a. a. O., S. 442; SCHELLHORN, *Zusammenarbeit der Leistungsträger*, a. a. O., S. 429

1416 VON HOYNINGEN-HUENE, *Die Arbeitsgemeinschaften nach....*, a. a. O., S. 442

1417 MÜNDER, *Das SGB II – Die....*, a. a. O., S. 3213; MROZYNSKI, *Grundsicherung für Arbeitssuchende....*, a. a. O., S. 206; STROBEL, *Die Rechtsform der....*, a. a. O., S. 1196

1418 EICHHORN/ FRIEDRICH/ JANN/ OECHSLER/ PÜTTNER/ REINERMANN (Herausg.), *Verwaltungslexikon*, a. a. O., Stichwort: One-Stop-Shop; LENK, KLAUS: *Außerrechtliche Grundlagen für das Verwaltungsrecht in der Informationsgesellschaft*, in: Hoffmann-Riem, Wolfgang; Schmidt-Aßmann, Eberhard (Herausg.): *Verwaltungsrecht in der Informationsgesellschaft*, 1. Aufl., Baden-Baden 2000, S. 89; QUAAS, *Die Arbeitsgemeinschaft nach....*, a. a. O., S. 725

1419 Einzelheiten der Gestaltungsmöglichkeiten bei STROBEL, *Die Rechtsform der....*, a. a. O., S. 1196 ff.; QUAAS, *Die Arbeitsgemeinschaft nach....*, a. a. O., S. 726 ff.

tungsträgern ein Verfahrensprinzip, mit dem die organisatorische Gliederung der Sozialverwaltung in ihren unterschiedlichen Trägerschaften überwunden werden soll.[1420] Durch sie werden nicht nur die Sozialleistungsträger untereinander zur kooperativen Zusammenarbeit verpflichtet. Ihren Behörden wird zudem die Befugnis eingeräumt, Verwaltungsgliederungen anderer Träger um Informationshilfe im Rahmen des § 4 SGB X zu ersuchen und diese innerhalb der Durchsetzungsmöglichkeiten des § 4 Abs. 5 Satz 2 SGB X einzufordern.

Diese besondere Form der Verwaltungshilfe umfasst die in § 4 Abs. 1 Nr. 1 bis 5 SGB X bezeichneten Grundfälle der Amtshandlung in auswärtigem Zuständigkeitsbereich oder durch Amtswalter der ersuchten Behörde, der Übermittlung vorhandener oder der Ermittlung notwendiger Tatsachenerkenntnisse sowie der Bereitstellung von Urkunden und Beweismitteln.[1421] Unter ihnen haben gutachterliche Stellungnahmen, insbesondere fachmedizinische Gutachten oder Feststellungen anderer Sozialleistungsträger für die Landessozialverwaltung eine besondere Bedeutung im sozialen Entschädigungsrecht, im Feststellungsverfahren gem. § 69 SGB IX oder in den Verwaltungsverfahren der Integrationsämter.

Ganz praktisch wirkt sich diese besondere Art der Verwaltungskooperation in den Verwaltungsverfahren der Integrationsämter aus, die sowohl in Kündigungsschutzverfahren als auch bei der Leistungsgewährung an Arbeitgeber auf die von der Arbeitsverwaltung ermittelten Betriebsdaten einschließlich der Betriebsnummern als verwaltungsinternem Ordnungsmittel angewiesen sind. Die Amtshilfe im Sozialverfahren ist, wie *Rainer Pitschas* herausstellt, ein bedeutendes Instrument zur Gestaltung einer trägerübergreifenden Sozialleistungsverwaltung, durch die unter der verfassungsrechtlichen Prämisse des Art. 35 Abs. 1 GG die Pluralisierung der öffentlichen Verwaltung und insbesondere der Sozialleistungsverwaltung sowohl in verfahrensmäßiger als auch in materieller Hinsicht auf die Praxis einer einheitlichen Leistungsdarbietung zurückgeführt werden soll.[1422]

Als die Sozialleistungsträger unmittelbar verpflichtende Einrichtung zur Leistungskoordination und Trägerkooperation nimmt die gemeinsame Servicestelle nach § 22 SGB IX in mehrfacher Hinsicht eine Pilotfunktion zur Ver-

---

1420 PITSCHAS, *Die Amtshilfe für....*, a. a. O., S. 235; vgl. auch EICHHORN/ FRIEDRICH/ JANN/ OECHSLER/ PÜTTNER/ REINERMANN (Herausg.), *Verwaltungslexikon*, a. a. O., Stichwort: Amtshilfe

1421 HAUCK, KARL: *Kommentierung zu § 4*, in: Hauck, Karl (Herausg.): *Sozialgesetzbuch – SGB X/ 1, 2*, Loseblattausgabe, Berlin 1998, § 4 Rdnr. 5 ff.; PITSCHAS, *Die Amtshilfe für....*, a. a. O., S. 235

1422 PITSCHAS, *Die Amtshilfe für....*, a. a. O., S. 240; vgl. auch WOLFF/ BACHOF/ STOBER/ KLUTH/ MÜLLER, *Verwaltungsrecht*, Bd. 3, a. a. O., S. 278 ff.

besserung der Zusammenarbeit der Leistungsträger zum Vorteil der Leistungsberechtigten ein. Sie ist der Kern einer neuen sozialorganisatorischen Infrastruktur, mit der durch verbindliche Koordination und Kooperation aller Sozialleistungsträger der Rehabilitation und Teilhabe behinderter Menschen eine gemeinsame Beratungs- und Unterstützungsstelle geschaffen wurde, die im sozialrechtlichen Verwaltungsverfahren neue Verpflichtungen der Träger festlegt.[1423]

Die Einrichtung und der Betrieb einer gemeinsamen Servicestelle ist weder an eine festgelegte Bundes- oder Landesverwaltung, noch an einen bestimmten Sozialleistungsträger gebunden, sondern soll von einem (oder kann von mehreren) Rehabilitationsträger im Gebiet eines Landkreises betrieben werden, der die Aufgabenbereiche aller Rehabilitationsträgern durch umfassende Beratung und Ermittlung des zuständigen Rehabilitationsträgers bearbeitet. Alle in § 6 SGB XI genannten Rehabilitationsträger unter Einschluss der Träger der Sozialhilfe und der örtlichen Versicherungsämter haben sicherzustellen, dass auf Kreisebene wenigstens eine gemeinsame Servicestelle vorhanden ist, deren Aufgabenträgerschaft von Kreis zu Kreis unter den Rehabilitationsträgern zu vereinbaren ist.[1424] Die Verordnungsermächtigung des § 25 SGB IX stellt sicher, dass Lücken im Netz der gemeinsamen Servicestellen bei nicht einvernehmlichen Zusammenwirken der Rehabilitationsträger durch Weisung geschlossen werden können.

Als Kooperationsmodell der Rehabilitationsträger mit seinem vereinbarten Informations- und Kommunikationsgeflecht zwischen den Servicestellen und den örtlichen Stellen der Träger bilden die gemeinsamen Servicestellen gem. §§ 22 ff. SGB IX eine gesetzlich normierte Netzwerkstruktur der Zusammenarbeit ab. Sie könnte sowohl für neue Formen eines Zusammenwirkens von Sozialleistungsträgern als auch für die Zusammenarbeit von unterschiedlichen Verwaltungsträgern auf einem gemeinsamen Tätigkeitsfeld beispielgebend werden.[1425] Eine Netzwerkorganisation wird aus relativ autonomen Mitgliedern (Amts- oder Funktionsträger, Behörden, Verwaltungsorganen, Verwaltungsträgern) gebildet, die langfristig durch gemeinsame Ziele miteinander

---

[1423] DEUTSCHER BUNDESTAG (Herausg.): *Bericht der Bundesregierung...*, a. a. O., S. 25 ff.; MATZEDER, KARL: *Konzeption Servicestelle*, in: br 2003, S. 70; PITSCHAS, *Integration behinderter Menschen....*, a. a. O., S. 69 f.; derselbe, *Organisationsrecht als Steuerungsressource....*, a. a. O., S. 171 f.; STÄHLER/ WIMMER, *Die Neuordnung des....*, a. a. O., S. 572

[1424] Vgl. Deutscher Bundestag –14. Wahlperiode– BT-Drs. 14/ 5074 vom 16.01.2001, S. 105 f.

[1425] Kritisch PITSCHAS, *Integration behinderter Menschen....*, a. a. O., S. 404

verbunden sind und koordiniert zusammenarbeiten.[1426] Ihr wesentliches Merkmal ist die funktionelle Kooperation ansonsten eigenständig verantwortlicher Institutionen, die sich zum Zweck des Netzwerkverbundes vertraglich oder auf Weisung eines übergeordneten Entscheidungsträgers zusammenschließen.

Die Netzwerkstruktur stellt eine Vorstufe des verwaltungsorganisatorischen Verbundes dar, dessen Koordination durch Hierarchie erfolgt. Die Hierarchie wird im Netzwerk regelmäßig durch einen Netzwerkpartner als Koordinator ersetzt.[1427] In diesem Sinne gibt § 22 Abs. 1 SGB IX den in § 6 Abs. 1 SGB IX enumerativ aufgeführten Rehabilitationsträgern als Netzwerkakteuren die Inhalte und Ziele ihrer Kooperation vor; § 23 Abs. 1 und 3 SGB IX regelt die örtliche und infrastrukturelle Ausprägung der Netzwerke. § 22 Abs. 2 SGB IX spricht schließlich das institutionelle und organisatorische Instrumentarium der Netzwerkkoordination an und gibt somit den Rahmen dieses besonderen Kompetenznetzwerkes vor.[1428]

Die gemeinsamen Servicestellen haben bundesweit ihre Bewährungsprobe als Institution einer bürgernahen und vernetzten Anlauf- und Beratungsstelle und gemeinsames Netzwerk der Rehabilitationsträger noch nicht bestanden. Die Rehabilitationsträger sind durch Berichtspflichten nach § 23 SGB IX gehalten, die Funktionsfähigkeit des von ihnen im Gesetzgebungsverfahren zum SGB IX vorgeschlagenen Kooperationsmodells der Struktur-, Durchführungs- und Finanzierungsverantwortung aller Rehabilitationsträger in einem Bundesland für flächendeckende gemeinsame Servicestellen unter Beweis zu stellen.[1429]

So wird sich zeigen, ob die Selbstorganisationsfähigkeit der Rehabilitationsträger in der Lage ist, ohne hierarchische Aufsichts- und Kontrollebene Strukturen zur Lösung von Kommunikations- und Informationsproblemen der Ad-

---

[1426] Zum Netzwerk als Organisationsform SCHULTE-ZURHAUSEN, *Organisation*, a. a. O., S. 263; WOLFF/ BACHOF/ STOBER/ KLUTH/ MÜLLER, *Verwaltungsrecht*, Bd. 3, a. a. O., S. 10 f.; vgl. auch HILL, HERMANN: *Partnerschaften und Netzwerke – Staatliches Handeln in der Bürgergesellschaft*, in: BayVBl. 2002, 325; SCHUPPERT, *Verwaltungswissenschaft*, a. a. O., S. 384 ff.

[1427] SCHULTE-ZURHAUSEN, *Organisation*, a. a. O., S. 264 f.

[1428] Zu Begriff und Inhalt PITSCHAS, *Das sozialrechtliche Verwaltungsverfahren....*, a. a. O., S. 771

[1429] Einzelheiten der Vereinbarungen der Rehabilitationsträger bei SEITER, HUBERT: *Kommentierung zu § 22*, in: Ernst, Karl-Friedrich; Adlhoch, Ulrich; Seel, Helga (Herausg.): *Sozialgesetzbuch IX –Rehabilitation und Teilhabe behinderter Menschen– Kommentar*, Loseblattsammlung, Stuttgart 2003, § 22 Anhang 1 – 3; vgl. auch PITSCHAS, *Integration behinderter Menschen....*, a. a. O., S. 71

ressaten im Sinne von § 1 SGB IX zu schaffen und zu vertiefen. Damit wäre der Beweis erbracht, dass Instanzen sozialrechtlicher Leistungserbringung ohne übergeordnetes Entscheidungszentrum aufgrund der Vorgaben der §§ 22 ff. SGB IX als kooperatives Recht Problemlösungen erbringen können, die in diesem Teilgebiet den institutionellen Wandel vom Verwaltungsstaat zum Verhandlungsstaat markieren.[1430] In ihrer ersten Bewertung der Arbeit der gemeinsamen Servicestellen mahnte die Bundesregierung allerdings Verbesserungen durch Übertragung von mehr Verantwortung und Entscheidungsbefugnisse zu den Servicestellen an.[1431]

3. *Aufsicht und Kontrolle im Verwaltungsgefüge*

a. Grundsätze von Aufsicht und Kontrolle

Am Beispiel des Landesamtes für Soziales, Jugend und Versorgung soll verdeutlicht werden, wie eine Landessozialverwaltung in ihrem gesamten Spektrum sozialer öffentlicher Aufgaben sowohl in Aufsichts- und Weisungsabhängigkeiten anderer Verwaltungsträger eingebunden als auch selbst durchführendes Organ von Aufsichts- und Weisungsverpflichtungen ist, die es gegenüber anderen staatlichen Aufgabenträgern auszuüben hat. Aufgrund der ihm zugewiesenen Verwaltungskompetenzen ist es mit seinen nachgeordneten vier regionalen Ämtern in ein Geflecht von Aufsichtsverhältnissen[1432] einbezogen, die durch die sozialrechtliche Aufgabenstellung des Verwaltungsbereichs ihre eigene Prägung haben.[1433]

Die auf einen Verwaltungsbereich einwirkende Aufsicht und die von ihm auf andere öffentliche Träger ausgeübten Aufsichtsbefugnisse sollen hier unter dem Gesichtspunkt der sich aus diesen Beziehungen ergebenden organisatorischen Rückwirkungen und den Gestaltungsmöglichkeiten der Verwaltungstätigkeiten betrachtet werden. Staatliche Aufsicht über eine Verwaltungsorganisation und das eigene Aufsichts- und Weisungsrecht auf andere Verwaltungs-

---

[1430] Vgl. HEINELT, *Vom Verwaltungsstaat zum....*, a. a. O., S. 19 ff.

[1431] DEUTSCHER BUNDESTAG (Herausg.): *Bericht der Bundesregierung...*, a. a. O., S. 3, 27

[1432] Zum Begriff MAURER, *Allgemeines Verwaltungsrecht*, a. a. O., S. 594 ff.; WOLFF/ BACHOF/ STOBER, *Verwaltungsrecht,* Bd. 1, a. a. O., S. 489; WOLFF/ BACHOF/ STOBER/ KLUTH/ MÜLLER, *Verwaltungsrecht,* Bd. 3, a. a. O., S. 312 ff.

[1433] So bei Aufsichtsaufgaben des Landesamtes für Soziales, Jugend und Versorgung als externe Kontrollinstanz gegenüber Kommunen und Sozialversicherungsträgern im Bereich der Mitwirkungsbefugnisse; vgl. SCHNAPP, *Sozialversicherungsrecht*, a. a. O., S. 810 für die Sozialversicherungsaufsicht

organe und Einrichtungen haben als Steuerungsstrukturen typenbildenden Einfluss, der sich auch in der Organisation einer Verwaltung abbildet.[1434]

Staatliche Aufsicht steuert die eigenverantwortliche Aufgabenwahrnehmung eines Verwaltungsträgers, den das Grundgesetz durch den Ländervollzug als Regeltyp in landeseigener Ordnungskompetenz zugrundelegt.[1435] Sie gestaltet sich in den Beziehungen von Verwaltungsträgern untereinander als Rechtsaufsicht, ansonsten als Fachaufsicht, wenn Auftragsverwaltung vorliegt, und kennzeichnet so die Einwirkungsbefugnisse im Gefüge staatlicher Kompetenzverteilung.[1436] Sie ist als Dienstaufsicht ausgeprägt, wenn sie darüber hinaus auf die personellen und organisatorischen Verhältnisse einer mehrstufigen Verwaltungsorganisation einwirkt oder in gesetzlich begründeter Gliederungsordnung besteht.[1437] In ihrer Einflussnahme auf die Entscheidungsträger wird sie in präventiver Steuerung oder Lenkung beziehungsweise repressiver Steuerung oder Kontrolle unterschieden.[1438]

Die Unterscheidung der Aufsichtsfunktionen zwischen Rechtsaufsicht und Fachaufsicht ergibt sich weder aus dem Grundgesetz, noch der Verfassung von Rheinland-Pfalz. Das Grundgesetz gebraucht in Art. 84 Abs. 3 Satz 2 GG den Begriff der Aufsicht und benennt in Art. 85 Abs. 4 Satz 1 die Bundesaufsicht. Mit diesen beiden Begriffen ist das verfassungsrechtliche Beziehungsgeflecht der Staatsaufsicht zwischen dem Bund und den Ländern definiert.[1439]

Eine Zuordnung zu einer bestimmten Art der Aufgabenwahrnehmung durch die Länder ergibt sich hierdurch noch nicht. Sie wird erst durch die Ausformung der Rechtsverhältnisse geprägt, in denen durchführende Verwaltung

---

[1434] GROß, *Was bedeutet Fachaufsicht?*, a. a. O., S. 793 f.; WOLFF/ BACHOF/ STOBER, *Verwaltungsrecht,* Bd. 1, a. a. O., S. 490 f.; PÜTTNER, *Verwaltungslehre*, a. a. O., S. 131 f.

[1435] KREBS, *Verwaltungsorganisation*, a. a. O., S. 592; STERN, *Das Staatsrecht der....*, Bd. II, a. a. O.,S. 791 f.; WOLFF/ BACHOF/ STOBER/ KLUTH/ MÜLLER, *Verwaltungsrecht,* Bd. 3, a. a. O., S. 350 f.

[1436] MAUNZ/ ZIPPELIUS, *Deutsches Staatsrecht*, a. a. O., S. 345; PITSCHAS, RAINER: *Struktur- und Funktionswandel der Aufsicht im Neuen Verwaltungsmanagement*, in: DÖV 1998, S. 909 f.; SEEWALD, *Kommunalrecht....*, a. a. O., S. 139 ff.

[1437] KREBS, *Verwaltungsorganisation*, a. a. O., S. 594; MAURER, *Allgemeines Verwaltungsrecht*, a. a. O., S. 565; PITSCHAS, *Struktur- und Funktionswandel der....*, a. a. O., S. 909

[1438] GROß, *Was bedeutet Fachaufsicht?*, a. a. O., S. 797; SCHRÖDER, MEINHARD: *Grundfragen der Aufsicht in der öffentlichen Verwaltung*, in: JuS 1986, S. 373 f.; derselbe, *Kommunalverfassungsrecht*, a. a. O., S. 48

[1439] BVERFGE 55, 274, 318; SCHULTE, *Zur Rechtsnatur der....*, a. a. O., S. 417; STERN, *Das Staatsrecht der....*, Bd. II, a. a. O., S. 804 ff.

und Aufsichtsorgan zu einander in Beziehung stehen.[1440] Diese erschließen sich neben dem allgemeinen Vollzugsauftrag entweder gem. Art. 84 oder gemäß 85 GG aus der jeweiligen konkreten Rechtsvorschrift, die Grundlage des Auftrags an das durchführende Verwaltungsorgan ist und Art und Reichweite der Aufsichts- und Kontrollbefugnisse bestimmt.[1441] Die Aufsichtsbefugnisse und Kontrollpflichten einer Landessozialverwaltung ergeben sich folglich aus den oben dargelegten Rechtsnormen, die Grundlage ihrer Kompetenzzuordnung sind.

Gleiches gilt für die Ingerenzrechte der Landesexekutive gegenüber den Verwaltungen der Kommunen, die in Rheinland-Pfalz in Art. 49 der Landesverfassung ihre verfassungsrechtliche Grundlage haben. Hier wird in Absatz 3 einerseits die Aufsicht des Staates über die Gemeinden und Gemeindeverbände darauf beschränkt, dass ihre Verwaltung im Einklang mit ihren Gesetzen durchgeführt wird. Auf der anderen Seite wird in Absatz 4 dem Landesgesetzgeber die Möglichkeit eingeräumt, durch Gesetz oder Rechtsverordnung die Kommunen zu verpflichten, „staatliche Aufgaben zur Erfüllung nach Anweisung“ durchzuführen. In dieser Verfassungsbestimmung wird also eine inhaltliche Unterscheidung von staatlichen Aufsichtsbefugnissen vorgenommen, die den Begriffen von Rechtsaufsicht und Fachaufsicht entsprechen.[1442]

b. Gestaltungsbefugnisse der staatlichen Aufsicht

Rechtsaufsicht, Fachaufsicht und Dienstaufsicht stellen organisationsrechtliche Steuerungsmittel dar, die es ermöglichen, Entscheidungsvorgaben des Aufsichtsführenden bei den Beaufsichtigten durchzusetzen. Im Grundraster der staatlichen Verwaltungsorganisation drücken sie ein in Zugriffsintensität und Kontrolldichte abgestuftes Steuerungspotential aus, das sowohl in die grundsätzlich von einander unabhängig stehenden Verwaltungsbereiche von Bund, Ländern und Kommunen einwirken, als auch das Entscheidungsverhalten dekonzentrierter Verwaltungsorganisationen innerhalb einer Verwal-

[1440] SCHULTE, *Zur Rechtsnatur der....*, a. a. O., S. 422 mit Nachweis der Literatur zum Ordnungsrahmen der Rechtsverhältnislehre; WOLFF/ BACHOF/ STOBER, *Verwaltungsrecht*, Bd. 1, a. a. O., S. 489

[1441] SCHULTE, *Zur Rechtsnatur der....*, a. a. O., S. 429 am Beispiel des Atomrechts; vgl. auch KREBS, *Verwaltungsorganisation*, a. a. O., S. 592, der Landeseigenverwaltung gem. Art. 83 GG mit der Rechtsaufsicht des Bundes und Bundesauftragsverwaltung nach Art. 85 GG mit seiner Fachaufsicht verbindet. Vgl. auch STERN, *Das Staatsrecht der....*, Bd. II, a. a. O., S. 805 f.

[1442] MAYER, FRANZ; ULE, CARL HERMANN: *Staats- und Verwaltungsrecht in Rheinland-Pfalz*, Stuttgart 1969, S. 57, 413 f.

tungshierarchie beeinflussen kann.[1443] In diesem Sinne drückt sich durch Aufsicht die Verantwortung für die Art und Weise der Aufgabenerfüllung beaufsichtigter Verwaltungseinrichtungen aus.[1444] Ihre Funktionalität als Steuerungsinstrument kommt durch die Intensität zum Ausdruck, die bei der Rechtsaufsicht mit einer Kontrolle nach den Maßstäben des Rechts beginnt und sich in der Dienstaufsicht mit uneingeschränkter Einwirkungsbefugnis in vollem Umfang entfaltet.

Durch Rechtsaufsicht wird auf die Durchführung der Tätigkeit aufsichtsunterworfener Verwaltungsträger nach den Maßstäben des geltenden Rechts hingewirkt.[1445] Sie kann von einer staatlichen Ebene in eine andere hineinwirken, wie bei der Aufsicht des Bundes zur Ausführung von Bundesgesetzen durch die Verwaltungen der Länder im Sinne von Art. 83, 84 Abs. 1 GG oder der Aufsicht der Länder über kommunale Tätigkeit, soweit es sich dort nicht um kommunale Auftragsangelegenheiten bzw. Angelegenheiten der Sonderaufsicht oder über Aufgaben zur Erfüllung nach Weisung handelt. Sie ist zudem der Regeltyp der Aufsichtsfunktion, die über öffentliche Körperschaften mit Selbstverwaltungsrecht, im Sozialrecht also die gesetzlichen Sozialversicherungsträger, ausgeübt wird.[1446]

Hier allerdings wirken aufsichtsführende Staatsorgane durch ihre Mitgliedschaft in den Selbstverwaltungsorganen der Körperschaften auch an der Steuerung und Kontrolle der Verwaltungsorgane mit und können so über die Rechtsaufsicht hinaus deren Verwaltungstätigkeit steuern.[1447] Gegen Maßnahmen rechtsaufsichtsführender Verwaltungsträger können die angewiesenen Verwaltungseinheiten im Sozialhilferecht verwaltungsgerichtlichen Rechtsschutz[1448] und in Angelegenheiten des sozialen Entschädigungsrechts und der gesetzlichen Sozialversicherungen sozialgerichtlichen Rechtsschutz in An-

---

[1443] GROß, *Was bedeutet Fachaufsicht?*, a. a. O., S. 793; KREBS, *Verwaltungsorganisation*, a. a. O., S. 591; SCHRÖDER, *Grundfragen der Aufsicht....*, a. a. O., S. 372

[1444] PITSCHAS, *Struktur- und Funktionswandel....*, a. a. O., S. 908

[1445] MAUNZ/ ZIPPELIUS, *Deutsches Staatsrecht*, a. a. O., S. 348 f.; MAURER, *Allgemeines Verwaltungsrecht*, a. a. O., S. 594 ff.; PITSCHAS, *Struktur- und Funktionswandel....*, a. a. O., S. 909

[1446] GROß, *Was bedeutet Fachaufsicht?*, a. a. O., S. 794 f.; KREBS, *Verwaltungsorganisation*, a. a. O., S. 592; MARBURGER, HORST: *Die Aufsicht in der Sozialversicherung*, in: DÖD 2003, S. 233 ff.; MAURER, *Allgemeines Verwaltungsrecht*, a. a. O., S. 610

[1447] KREBS, *Verwaltungsorganisation*, a. a. O., S. 594 f.

[1448] Ab Inkrafttreten des SGB XII zum 01.01.2005 sozialgerichtlichen Rechtsschutz, vgl. § 51 Abs. 1 Nr. 6 a SGG (Art. 38 des Gesetzes zur Einordnung des Sozialhilferechts in das Sozialgesetzbuch vom 27.12.2003, BGBl. I S. 3022)

spruch nehmen, mit dem sie ihr Recht zur selbstverantwortlichen Wahrnehmung ihrer eigenen Angelegenheiten geltend machen.[1449]

Die Eingriffsbefugnisse der Fachaufsicht sind um Aufsichtsmittel der präventiven Steuerung und nachgehender Kontrolle ergänzt, mit denen das Verwaltungshandeln der Aufsichtsunterworfenen vorab beeinflusst und nachträglich kontrolliert werden kann.[1450] Beiden Steuerungsfunktionen ist gemeinsam, dass durch sie das Handeln aufsichtsunterworfener Verwaltungseinheiten auch unter fachlichen Gesichtspunkten durchgesetzt werden können.[1451] Sie bestehen in Genehmigungsvorbehalten, allgemeinen Weisungen und Einzelweisungen, mit denen die Aufsicht ihre Befugnis zur Beobachtung, Prüfung und erforderlichenfalls durch Korrektur durchsetzt.[1452] Durch sie kann die Fachaufsicht mit Vorgaben zur Organisation und Personalbesetzung auch die Gestaltung von Behördenstrukturen beeinflussen und ihre Direktionsbefugnisse auf die Ausgestaltung einzelner Verfahrensschritte des Verwaltungsvollzugs ausdehnen.[1453]

Fachaufsicht wird in der Bundesauftragsverwaltung von Bundesorganen gegenüber Landes- und Kommunalbehörden entweder auf der Grundlage von Art. 85, 104 a Abs. 3 Satz 2 GG ausgeübt oder durch Bundesgesetz begründet.[1454] Das so begründete Rechtsverhältnis zwischen dem Bund und den Ländern ist verfassungsrechtlicher Art mit der Folge, dass Streitigkeiten zur Wahrung selbstverantwortlicher Aufgabenwahrnehmung grundsätzlich vor dem Bundesverfassungsgericht auszutragen sind.[1455] Im Verhältnis zwischen Län-

---

[1449] KREBS, *Verwaltungsorganisation*, a. a. O., S. 595 f.; MAURER, *Allgemeines Verwaltungsrecht*, a. a. O., S. 596

[1450] GROß, *Was bedeutet Fachaufsicht?*, a. a. O., S. 794

[1451] MAUNZ/ ZIPPELIUS, *Deutsches Staatsrecht*, a. a. O., S. 345; MAURER, *Allgemeines Verwaltungsrecht*, a. a. O., S. 565; PITSCHAS, *Struktur- und Funktionswandel....*, a. a. O., S. 909

[1452] SCHRÖDER, *Grundfragen der Aufsicht....*, a. a. O., S. 373 f.; WOLFF/ BACHOF/ STOBER, *Verwaltungsrecht*, Bd. 1, a. a. O., S. 488 f.

[1453] BVERFGE 84, 25, 31; SOMMERMANN, *Grundfragen der Bundesauftragsverwaltung*, a. a. O., S. 1554; STERN, *Das Staatsrecht der....*, Bd. II, a. a. O., S. 814 rückt die Bundesaufsicht in die Nähe der Dienstaufsicht.

[1454] MAUNZ/ ZIPPELIUS, *Deutsches Staatsrecht*, a. a. O., S. 349; SOMMERMANN, *Grundfragen der Bundesauftragsverwaltung*, a. a. O., S. 1551 ff.; STERN, *Das Staatsrecht der....*, Bd. II, a. a. O., S. 808 ff.

[1455] SCHULTE, *Zur Rechtsnatur der....*, a. a. O., S. 422 ff.; SOMMERMANN, *Grundfragen der Bundesauftragsverwaltung*, a. a. O., S. 1553; STERN, *Das Staatsrecht der....*, Bd. II, a. a. O., S. 804

dern und Gemeinden wird Fachaufsicht entweder aufgrund Kommunalrecht oder aufgrund von Fachgesetzen als Auftragsverwaltung ausgeübt.[1456]

In miteinander durch Organisationsrecht verbundenen Verwaltungseinheiten eines Verwaltungsträgers findet Handlungs- und Ergebnissteuerung nicht nur durch Fachaufsicht, sondern darüber hinaus durch Dienstaufsicht als allgemeine Organaufsicht statt, die sich auf den Aufbau, die innere Ordnung, die allgemeine Geschäftsführung und die Personalangelegenheiten der Behörde erstreckt.[1457] In dieser Funktion umfasst sie als Behörden- oder Organaufsicht innerhalb einer gegliederten Verwaltungshierarchie das Weisungsrecht sowie die Zweckmäßigkeitskontrolle.[1458]

Dienstaufsicht ist dort nicht gegeben, wo auf andere staatliche Verwaltungsträger oder, wie bei den Kommunen, unterstaatliche Ebenen der Selbstverwaltung eingewirkt wird.[1459] So findet Aufsicht von der Verwaltungsebene des Bundes gegenüber Landesverwaltungen oder von der Verwaltungsebene eines Landes über kommunale Verwaltungsträger allenfalls als Fachaufsicht im Rahmen von Auftragsverwaltung statt. Werden Kreis- oder Stadtverwaltungen demgegenüber als untere staatliche Verwaltungsbehörden tätig, unterliegen sie als dekonzentrierte Verwaltungseinheiten der allgemeinen inneren Landesverwaltung uneingeschränkt der Dienstaufsicht der vorgesetzten Verwaltungshierarchie.[1460]

c. Abgrenzung der Staatsaufsicht von der Wirtschaftsüberwachung

Im Sozialbereich sind private Aufgabenträger vielfach staatlicher Einwirkung und Steuerung unterworfen, die ebenfalls als Aufsicht bezeichnet wird.[1461] Im Gegensatz zur Aufsicht etwa über Sozialversicherungsträger, die als Körperschaften des öffentlichen Rechts durch das Sozialgesetzbuch in ein gesamtstaatliches Beziehungsgeflecht eingebunden sind, wirkt diese staatliche Ein-

---

[1456] Vgl. § 2 Abs. 1 Nr. 3 ÖGdG; §§ 117 ff. GemO; allgemein MAURER, *Allgemeines Verwaltungsrecht*, a. a. O., S. 566; WOLFF/ BACHOF/ STOBER, *Verwaltungsrecht,* Bd. 1, a. a. O., S. 87 f.

[1457] KREBS, *Verwaltungsorganisation*, a. a. O., S. 594 unter Bezugnahme auf § 11 des Landesorganisationsgesetzes von Nordrhein-Westfalen (GV NW 1962 S. 421, zuletzt geändert am 09.05.2000, GV NW S. 462); PITSCHAS, *Struktur- und Funktionswandel....*, a. a. O., S. 909

[1458] GROß, *Was bedeutet Fachaufsicht?*, a. a. O., S. 796; PÜTTNER, *Verwaltungslehre*, a. a. O., S. 353 f.

[1459] GROß, *Was bedeutet Fachaufsicht?*, a. a. O., S. 797; KREBS, *Verwaltungsorganisation*, a. a. O., S. 592 f.

[1460] MILLER, *Vorstudien zur Organisation....*, a. a. O., S. 32 f.

[1461] Zu den begrifflichen Hintergründen SCHRÖDER, *Grundfragen der Aufsicht....*, a. a. O., S. 371 f.; vgl. auch STOBER, *Allgemeines Wirtschaftsverwaltungsrecht*, a. a. O., S. 260 f.

wirkungsbefugnis steuernd auf Organisationseinheiten oder Personen des Privatrechts ein, um sie zu einem gewünschten Handeln oder zum Unterlassen nicht erwünschten Handelns zu veranlassen.[1462] In diesem Bereich der Wirtschaftsüberwachung und insbesondere im Risikoverwaltungsrecht üben staatliche Organe und die von ihnen beauftragten Verwaltungen zwar die Gewährleistung für durch Recht gesetzte Zustände aus; Aufsichtsfunktionen in dem oben beschriebenen verwaltungsorganisationsrechtlichen Sinne sind damit jedoch nicht verbunden.[1463]

Staatsaufsicht ist demnach ein institutionell gebundener Begriff für das Beeinflussen des Verwaltungshandelns von Exekutivorganen, der für die Einwirkung auf die Gesellschaft durch gesetzliche Gebote, Verbote oder Genehmigungsvorbehalte und deren Überwachung durch staatliche Organe nicht passt.[1464] Dies ist anders zu beurteilen, wenn die innenrechtlichen Beziehungen dieser staatlichen Aufgabenträger durch Verantwortungsteilung in partnerschaftlichen Netzwerken mit gesellschaftlichen Akteuren ausgeweitet und diese als Verwaltungsträger in die staatliche Gewährleistungsverantwortung einbezogen sind. Soweit sie hierdurch öffentlich-rechtliche Handlungsbefugnis erhalten, können sie ebenfalls Zuordnungsobjekte des öffentlichen Rechts werden und der staatlichen Aufsicht unterstellt sein.[1465]

Die von *Gunnar Folke Schuppert* formulierte Frage, ob die Staatsaufsicht auf den „rechtshistorischen Kirchhof“ gehöre,[1466] ist im Zusammenhang mit der Unterscheidung von Staatsaufsicht und Wirtschaftüberwachung zu sehen. Das Wirken privater Akteure auch im Sozialrecht und die Rolle des Staates und seiner Verwaltung entweder als eigenverantwortlicher Aufgabenträger oder Gewährleister bzw. Regulierer autonomer Prozesse im wirtschaftlichen Um-

---

[1462] Eine ähnliche Begriffsbildung besteht für die Bankenaufsicht als branchenbezogene Fach- oder Wirtschaftsaufsicht; vgl. PITSCHAS, *Struktur- und Funktionswandel....*, a. a. O., S. 910

[1463] KREBS, *Verwaltungsorganisation*, a. a. O., S. 593; PITSCHAS, *Struktur- und Funktionswandel....*, a. a. O., S. 910 fasst diese Art der Ausübung von Gewährleistungsverantwortung unter dem Begriff Steuerungsaufsicht zusammen. Zum Risikoverwaltungsrecht vgl. PITSCHAS, *Verwaltungsrecht im funktionalen....*, a. a. O., S. 182; vgl. auch WOLFF/ BACHOF/ STOBER/ KLUTH/ MÜLLER, *Verwaltungsrecht,* Bd. 3, a. a. O., S. 543 f.

[1464] GROß, *Was bedeutet Fachaufsicht?*, a. a. O., S. 795 bezeichnet die staatliche Aufsicht über Wirtschaftssubjekte als alternativen Grundtypus der Aufsicht, der anderen Regeln als die Aufsicht im innerstaatlichen Bereich unterliege; vgl. auch SCHUPPERT, *Die öffentliche Verwaltung....*, a. a. O., S. 425 f.; SCHRÖDER, *Grundfragen der Aufsicht....*, a. a. O., S. 371 f.; STOBER, *Allgemeines Wirtschaftsverwaltungsrecht*, a. a. O., S. 260

[1465] KREBS, *Verwaltungsorganisation*, a. a. O., S. 589 f.; PITSCHAS, *Verwaltungskooperation zwischen Staat....*, a. a. O., S. 236 f.

[1466] SCHUPPERT, *Verwaltungswissenschaft*, a. a. O., S. 887

feld findet heute unter neuen Rahmenbedingungen statt. Hieraus ergeben sich neue Formen der Verantwortungsteilung und der Steuerung, die der Aufsichtsfunktion des Staates eine Scharnierfunktion zwischen öffentlichem und privatem Sektor zuweisen. Hier setzt die Abkehr von der Allzuständigkeit des Staates hin zur verantwortungsteilenden Gewährleistungsverantwortung an.[1467]

d. Die Einwirkungsmöglichkeiten der Staatsaufsicht

Staatliche Aufsicht wirkt durch Kontrolle als Soll-Ist-Vergleich zwischen dem, was nach rechtlichen Vorgaben erreicht werden soll, und dem tatsächlichen Ergebnis. Sie realisiert damit das Prinzip der Kontrollpflicht des Staates, der keine kontrollfreien Räume dulden darf. Er hat die Einhaltung des von ihm durch Recht abgesteckten Verantwortungsrahmens so zu überprüfen, dass Abweichungen vom rechtlichen Sollen möglichst ausgeschlossen werden.[1468] Dabei gestalten sich die Sollvorgaben unterschiedlich und variieren mit dem jeweiligen Aufsichtsverhältnis. Zwar ist Grundlage jedes Aufsichtsverhältnisses das öffentliche Recht, durch welches die Aufsichtsbeziehungen geregelt werden. Bei der Dienst- und Fachaufsicht können jedoch weitere aufsichtsrechtlichen Gesichtspunkte einfließen, die die politische Funktion der öffentlichen Verwaltung betreffen.

Sie besteht bei einer Sozialverwaltung darin, Aufträge und Ziele zweckrational zu verfolgen, wohlfahrtsmehrende Planungen und Initiativen zu entwickeln und entsprechende Maßnahmen sozialer Art zu verwirklichen.[1469] Die Sozialverwaltung wird so zum ausführenden Organ von Parlament und Regierung, die durch sie ihren Lenkungswillen gegenüber den Bürgern und der Gesellschaft durchsetzen.[1470] Diese aufsichtsrechtlichen Gesichtspunkte werden durch Verwaltungsvorschriften, Erlasse und Weisungen ausgedrückt, die das Verwaltungsermessen entsprechend den übergeordneten Vorgaben binden.[1471] Dies können auch Leitbildern staatlichen Handelns sein, die als dienstrechtliche oder fachliche Vorgaben konkretisiert sind.

[1467] SCHUPPERT, *Verwaltungswissenschaft*, a. a. O., S. 913 ff.

[1468] PITSCHAS, *Struktur- und Funktionswandel....*, a. a. O., S. 908; PÜTTNER, *Verwaltungslehre*, a. a. O., S. 342 f.

[1469] PÜTTNER, *Verwaltungslehre*, a. a. O., S. 320 ff., 329 ff.; vgl. auch SCHUPPERT, *Verwaltungswissenschaft*, a. a. O., S. 662 ff.

[1470] Vgl. BREUER, RÜDIGER: Umsetzung von EG-Richtlinien im neuen Energiewirtschaftsrecht, in: NVwZ 2004, S. 523; PITSCHAS, *Organisationsrecht als Steuerungsressource....*, a. a. O., S. 196 f.

[1471] MAURER, *Allgemeines Verwaltungsrecht*, a. a. O., S. 624 ff.; derselbe, *Staatsrecht I*, a. a. O., S. 634; WOLFF/ BACHOF/ STOBER , *Verwaltungsrecht*, Bd. 1, a. a. O., S. 326 ff.

Die Einwirkungsmöglichkeiten der Staatsaufsicht sind demgegenüber bei der Rechtsaufsicht in ihrer Intensität durch das seine Befugnisse setzende Recht begrenzt. Sie beschränken sich auf die in diesem Recht ausgedrückten Sollvorgaben, das im Bund-Länder-Verhältnis seinerseits die Kompetenzschranken des Art. 84 Abs. 1 GG zu wahren hat.[1472] Dabei löst jeder bundesgesetzliche Eingriff in die Vollzugsautonomie der Länder das Zustimmungserfordernis entweder des Art. 84 Abs. 1, 2. Halbsatz GG oder des Art. 84 Abs. 2 GG aus. Dies bedeutet zugleich, dass die Länder die politischen Funktionen ihrer Verwaltungen bestimmen, solange sie sich in den Grenzen des Art. 28 Abs. 1 GG und der bundesgesetzlichen Vorgaben bewegen.[1473] Jeder politisch gestalterische Eingriff des Bundes entweder durch Gesetz oder durch Verwaltungsvorschrift in die Gestaltungs- und Wahrnehmungsautonomie der Länderverwaltungen muss also die Hürde der Zustimmung durch den Bundesrat überwinden.[1474]

Die Schranken des Art. 84 Abs. 1 und 2 GG bestimmen die Grenzen der Organisationsgewalt des Bundes über die Verwaltungen der Länder sowohl hinsichtlich ihrer Sach- und Wahrnehmungsbefugnisse als auch in Bezug auf Vorgaben politischer Leitbilder staatlichen Handelns. Im Aufeinandertreffen unterschiedlicher staatlicher Leitbilder bei der Behandlung zustimmungsbedürftiger Organisations- und Verfahrensvorgaben des Bundes im Bundesrat verdeutlicht sich das Verwischen der Grenzen zwischen Regierung und Opposition und letztlich der jeweiligen Verantwortlichkeit gegenüber den Bürgern.[1475]

Bundesgesetzliche Vorgabe richten sich vornehmlich an die juristische Funktion der Landesverwaltungen, die im Sozialrecht über Ansprüche von Bürgern auf Leistungen, Genehmigungen oder Verschonungen zu entscheiden ha-

[1472] BROß, in: von Münch/ Kunig (Herausg.), *Grundgesetz-Kommentar*, a. a. O., S. 316 f.; LERCHE, in: Maunz/ Dürig (Herausg.), *Grundgesetz Kommentar*, a. a. O., Art. 84 Rdnr. 2; STERN, *Das Staatsrecht der....*, Bd. II, a. a. O., S. 797

[1473] Am Beispiel des Sozialrechtsvollzugs PITSCHAS, *Organisationsrecht als Steuerungsressource....*, a. a. O., S. 194 f.

[1474] LERCHE, in: Maunz/ Dürig (Herausg.), *Grundgesetz Kommentar*, a. a. O., Art. 84 Rdnr. 62 ff., 87 ff.; MERTEN/ PITSCHAS, *Sozialverwaltung im Reformprozess*, a. a. O., S. 124; STERN, *Das Staatsrecht der....*, Bd. II, a. a. O., S. 798 ff.

[1475] LERCHE, in: Maunz/ Dürig (Herausg.), *Grundgesetz Kommentar*, a. a. O., Art. 84 Rdnr. 73. Beispiel ist die durch den Vermittlungsausschuss zum Vierten Gesetz für moderne Dienstleistungen am Arbeitsmarkt (BGBl. I 2003 S. 2954) durchgesetzte Zuständigkeit der kommunalen Träger in den Arbeitsgemeinschaften nach § 44 b SGB II, für deren Aufsicht die zuständigen obersten Landesbehörden im Benehmen mit dem Bundesministerium für Wirtschaft und Arbeit zuständig sind; vgl. MÜNDER, *Das SGB II – Die....*, a. a. O., S. 3213

ben.[1476] Die Verwaltung des sozialen Rechtsstaats ist entsprechend der deutschen Verwaltungsrechtstradition durch konditionale Rechtssätze bestimmt, bei denen allerdings unbestimmte Rechtsbegriffe oder die Einräumung von Ermessen Handlungs- und Beurteilungsspielräume gewähren.[1477] Bereits diese Lockerung der Gesetzesbindung verringert die Einwirkungsmöglichkeiten der Rechtsaufsicht, da das Verwaltungshandeln nur auf seine Rechtmäßigkeit überprüft werden kann.[1478]

Das durch Leitbilder staatlichen Handels geprägte Sozialrecht der Sozialgesetzbücher II, IX und XII belässt demgegenüber der Sozialverwaltung neue Gestaltungs- und Ermessensspielräume, die über die Lockerung der Gesetzesbindung des bisherigen konditionalen Sozialrechts mit seinen Regelungen zu Ansprüchen und Befugnissen hinausgeht. Die neuen Grundsätze des Forderns und Förderns, der Gewährung von Autonomie und Eigenverantwortung, aber auch der Einforderung von Mitwirkungspflichten der Leistungsberechtigten, der Pauschalierung von Sozialleistungen, der Leistungsabsprachen und der institutionellen Förderung[1479] erweitern die Gestaltungsbefugnisse und das Ermessen der Sozialverwaltungen in eine Dimension der finalen Programmsteuerung. Sie zielt auf Wirkungen ab und überlässt den Verwaltungsträgern die Handlungswahl im Rahmen der gesetzlichen Vorgaben.

Damit stößt die Einwirkungsbefugnis der Rechtsaufsicht im Sinne von Art. 84 Abs. 3 GG auf Grenzen, die sogar die Verfolgung sozialpolitischer Vorgaben umfassen können, wenn diese nicht eindeutig in normativer Form vorgegeben sind.[1480] Hier zeigen sich die Grenzen der Einwirkungsbefugnisse der Rechtsaufsicht im heutigen Verwaltungsföderalismus mit seiner Verflechtung divergierender politischer Leitlinien staatlichen Handeln über den Bundesrat als Mitwirkungsinstanz von Bundesgesetzen mit Auswirkungen auf den Ländervollzug.[1481]

[1476] Vgl. BREUER, *Umsetzung von EG-Richtlinien....*, a. a. O., S. 523 ff.

[1477] MAURER, *Allgemeines Verwaltungsrecht*, a. a. O., S. 131 ff.; WOLFF/ BACHOF/ STOBER, *Verwaltungsrecht*, Bd. 1, a. a. O., S. 195 f.

[1478] Vgl. PITSCHAS, *Organisationsrecht als Steuerungsressource....*, a. a. O., S. 194 f.

[1479] Vgl. KUNKEL, *Existenzsicherung in SGB II....*, a. a. O., S. 281 f.; MROZYNSKI, *Neue Perspektiven der....*, a. a. O., S. 260

[1480] Wohl deshalb ist eine finale Normstruktur von Verwaltungsrecht kaum in föderal organisierten Staaten, sondern vorwiegend in zentralstaatlichem Verwaltungsrecht, wie in Frankreich und Großbritannien, zielführend, vgl. BREUER, *Umsetzung von EG-Richtlinien....*, a. a. O., S. 532 ff.

[1481] FÄRBER, *Effizienzprobleme des Verwaltungsföderalismus*, in: DÖV 2001, S. 486; HAUG, *Die Föderalismusreform*, a. a. O., S. 192; HUBER, Klare Verantwortungsteilung von...., a. a. O., S. 23

III. Grundlagen der vergleichenden Betrachtung von Landessozialverwaltungen

1. Verwaltungsgeschichte als Erkenntnisquelle für Behördenentwicklungen

Der geschichtliche Rückblick auf einen Teilbereich der Verwaltung eines deutschen Bundeslandes, wie der Sozialverwaltung von Rheinland-Pfalz, ist wenig fruchtbar, wenn er nicht Erkenntnisziele verfolgt, die Grundlagen und Orientierungen für konkrete Fragestellungen geben.[1482] Die heutigen Strukturen staatlicher Verwaltungen sind Produkte historischer Entwicklungen und organisatorischer Prozesse, deren Nachzeichnung das Aufspüren weichenstellender Vorgänge möglich macht und es erlauben kann, Ursachen für spätere Entwicklungen herauszuarbeiten und Wiederholungen gescheiterter Verwaltungsexperimente zu vermeiden.[1483] Das Verfolgen von Entwicklungslinien bestimmter Verwaltungsstrukturen im föderalistischen Staatsaufbau der Bundesrepublik Deutschland und in der Aufbaustruktur ihres Rechtsvorgängers[1484] kann so die Veränderungen und Reformen von Verwaltungsstrukturen verdeutlichen, ihre Entstehung, ihre Kontinuität oder ihren Wandel offenlegen und dadurch das Verständnis ihrer heutigen Funktionszuordnung erleichtern.[1485]

[1482] Zu den Erkenntniszielen von Verwaltungsgeschichte HOFMANN, WOLFGANG: *Zielsetzung und Arbeitsweise der Verwaltungsgeschichte im Rahmen der Verwaltungswissenschaften*, in: Morsey, Rudolf (Herausg.): *Verwaltungsgeschichte: Aufgaben, Zielsetzungen, Beispiele*; Berlin 1977, S. 163, 167 ff.

[1483] PÜTTNER, *Verwaltungslehre*, a. a. O., S. 25; WOLFF/ BACHOF/ STOBER, *Verwaltungsrecht,* Bd. 1, a. a. O., S. 93 f.; zu den historischen Bezügen des Sozialrechts STOLLEIS, *Die Geschichtlichkeit des....*, a. a. O., S. 382

[1484] Das Deutsche Reich als Rechtsvorgänger der Bundesrepublik Deutschland (BVERFGE 36, 1, 15 ff.) ist über die NS-Zeit und die Zeit der Weimarer Republik zurückzuverfolgen bis auf seine Konstituierung am 18.01.1871 und den Norddeutschen Bund von 1866, vgl. GEIGER, RUDOLF: *Grundgesetz und Völkerrecht*, 3. Aufl., München, 2002, S. 47 ff; MAUNZ/ ZIPPELIUS, *Deutsches Staatsrecht*, a. a. O., S. 10; WILLOWEIT, *Deutsche Verfassungsgeschichte*, a. a. O., S. 278 f., 292 f., 403 f.

[1485] Zwar wird auch vertreten, die Geschichte sei für die Gegenwart ohne Nutzen (Ignoranzthese), doch gewährt das Aufzeigen der Entstehungsgeschichte bestehender Verwaltungsorganisationen und –strukturen zumindest die Möglichkeit, das Entstandene besser zu verstehen und aktuelle Zusammenhänge herzustellen. STERN: *Das Staatsrecht der....*, Bd. II, a. a. O., S. 748, stellt fest: „Die meisten modernen Institute und Institutionen der Verwaltung sind geschichtlich gewachsen; die Kenntnis ihres Werdegangs ist daher unabdingbar"; vgl. auch: SEIFFERT, *Einführung in die....*, Bd. 2, a. a. O., S. 123 ff.; WOLFF/ BACHOF/ STOBER, *Verwaltungsrecht,* Bd. 1, a. a. O., S. 92; UNRUH, GEORG-CHRISTOPH VON: *Verwaltungsreformen – Vorhaben und Ergebnisse seit dem Ausgang des 19. Jahr-*

Das Erkenntnisinteresse an der Geschichte heutiger Sozialverwaltungen auf Landesebene ist darin begründet, aus ihrer Entwicklung Erklärungen für die Ursachen, Hintergründe und Zusammenhänge des heute Bestehenden zu erhalten.[1486] Aus einem so herzuleitenden funktionalen Sinn früherer Verhältnisse und Entwicklungen kann die Überprüfung von Behördenstrukturen auf ihre Berechtigung in der Gegenwart zumindest erleichtert werden.[1487]

Die Entstehungsgeschichte der hier zu untersuchenden Landessozialverwaltungen soll demgegenüber nicht dazu verwandt werden, heutige Strukturen aus ihrer Historie zu rechtfertigen, wie dies bei der Diskussion um Bestand und Reorganisation der früheren Bezirksregierungen in Rheinland-Pfalz versucht wurde.[1488] Anders als Erfahrungssätze oder Auffassungen, deren Richtigkeit ihrer historischen Begründung einer Überprüfung bedürfen,[1489] sind Behördenstrukturen gegenwartsorientiert und zukunftsgewandt. Die historische Begründung ihrer Entstehung taugt allenfalls für das Verständnis des so Entstandenen, nicht aber als Rechtfertigung ihres Fortbestandes.[1490]

2. *Behördengeschichte als Grundlage des Vergleichs von Landesozialverwaltungen*

Der Vergleich der Strukturen von Sozialverwaltungen in den Ländern macht ihre organisatorische Vielfalt und ihre unterschiedliche Ausgestaltung deutlich. Er zeigt eine von Bundesland zu Bundesland unterschiedliche Gliederung und Organisation von Verwaltungsträgern und Behörden,[1491] die in Kon-

---

hunderts, in: Morsey, Rudolf (Herausg.): *Verwaltungsgeschichte: Aufgaben, Zielsetzungen, Beispiele*, Berlin 1977, S. 23 f.

1486 FORSTHOFF, ERNST: *Lehrbuch des Verwaltungsrechts,* I. Bd., 10. Aufl., München 1973, S. 19; FROTSCHER, WERNER; PIEROTH, BODO: *Verfassungsgeschichte*, 3. Aufl., München 2002, S. 5

1487 In Anlehnung an die These von HOFMANN, *Zielsetzung und Arbeitsweise....*, a. a. O., S. 181, wonach es eine von vier pragmatischen Zielsetzungen der historischen Perspektive ist, tradierte Normen auf ihre Funktionalität in der Gegenwart zu überprüfen.

1488 BITTER, *Regionale Bündelungsbehörden: Notwendige....*, a. a. O., S. 856 f.; vgl. auch die Zusammenfassung der Diskussion um die organisatorische Begründung von Bezirksregierungen bei MÜLLER, *Gestaltungsmuster staatlicher Aufbauorganisation*, a. a. O., S. 534 f.

1489 HOFMANN, *Zielsetzung und Arbeitsweise....*, a. a. O., S. 181

1490 ELLWEIN, THOMAS: *Geschichte der öffentlichen Verwaltung*, in: König, Klaus; Oertzen, Hans Joachim von; Wagener, Frido: *Öffentliche Verwaltung in der Bundesrepublik Deutschland*, 1. Aufl., Baden-Baden 1981, S. 40 f.

1491 EICHENHOFER, *Sozialrecht*, a. a. O., S. 291 f. für die Sozialhilfe; GITTER/ SCHMITT, *Sozialrecht*, a. a. O., S. 283 für die Ausführung des Bundesversorgungsgesetzes, S. 313 für die Kinder- und Jugendhilfe, S. 323 f. für die Sozialhilfe

kretisierung von § 1 SGB I die Leistungsbereiche der sozialen Entschädigung, der sozialen Förderung und der sozialen Hilfe als Aufgaben öffentlicher Verwaltung erfüllen.[1492] Diese unterschiedlichen Behördenzuständigkeiten erstrecken sich auf den Bereich der sozialen Vorsorge in dem Umfang, in dem die Sozialversicherungsträger gem. §§ 87 ff. SGB IV der staatlichen Aufsicht unterliegen.[1493]

Die Vielgliedrigkeit auch der Sozialverwaltungen in den Ländern ist Ausdruck des föderalen Staatsaufbaus der Bundesrepublik Deutschland[1494] und hat seine Wurzeln in der Entstehungsgeschichte der Länder, die in den jeweiligen Regionen die Länder des Deutschen Reichs ersetzten.[1495] Die Sozialverwaltungen in Deutschland nehmen teil an der Geschichte der Verwaltungen im gegliederten föderalen System der Bundesrepublik, die auf die Gliedstaaten des Deutschen Reiches bis 1871 und darüber hinaus die deutschen Territorien bis 1815 zurückgeht.[1496] Wie die übrige öffentliche Verwaltung in der Bundesrepublik Deutschland ist die Sozialverwaltung das Produkt einer Verwaltungsgeschichte, die von der Kontinuität des deutschen Verwaltungsstaates geprägt ist. Er nimmt seinen Anfang in der absoluten Monarchie und ihrer landesherrlichen Territorialgewalt, in der die Landesverwaltung von der Hofverwaltung getrennt, landesweit zentral organisiert und durch Fachpersonal professionalisiert wurde.[1497]

Die öffentliche Verwaltung unterscheidet sich seither von der privatwirtschaftlichen Verwaltung in ihrer Rechts- und Zweckbindung durch das öffentliche Recht, das die jeweilige Verwaltungsaufgabe mit der Art ihres Zustandekommens, den sich in ihr auswirkenden Interessen, sowie Organisation,

---

1492 EICHENHOFER, *Zum System des....*, a. a. O., S. 290; GITTER/ SCHMITT, *Sozialrecht*, a. a. O., S. 4 ff.

1493 Vgl. MARBURGER, *Die Aufsicht in....*, a. a. O., S. 237

1494 Statt vieler: HERZOG, in: Maunz/ Dürig (Herausg.), *Grundgesetz Kommentar*, a. a. O., Art. 20 IV Rdnr. 32 ff.

1495 KLOEPFER, *Bemerkungen zur Föderalismusreform*, a. a. O., S. 566 f.; zur Entstehung der Länder: MAUNZ, THEODOR; HERZOG, ROMAN; SCHOLZ, RUPERT, *Kommentierung zu Art. 29,* in: Maunz, Theodor; Dürig, Günter und andere Mitherausgeber: *Grundgesetz Kommentar*, Loseblattausgabe, München 1996, Art. 29 Rdnr. 3 ff.; WOLFF/ BACHOF/ STOBER/ KLUTH/ MÜLLER, *Verwaltungsrecht,* Bd. 3, a. a. O., S. 36 ff.

1496 ELLWEIN, THOMAS: *Perioden und Probleme der deutschen Verwaltungsgeschichte*, in: VerwArch 1996, S. 1 f.; zum föderalen System und seinen Aufgaben WAGENER, FRIDO: *Äußerer Aufbau von Staat und Verwaltung*, in: König, Klaus; Oertzen, Hans Joachim von; Wagener, Frido: *Öffentliche Verwaltung in der Bundesrepublik Deutschland*, 1. Aufl., Baden-Baden 1981, S. 78 ff.

1497 ACHTERBERG, NORBERT: *Strukturen der Geschichte der Verwaltung*, in: DÖV 1979, S. 579 f.; STOLLEIS, *Geschichte des öffentlichen....*, I. Bd., a. a. O., S. 335 f.

Personal- und Sachmittel und Verfahrensweisen, bestimmt.[1498] Damit kommt dem Verwaltungszweck auch in der geschichtlichen Betrachtung eine besondere Bedeutung zu.[1499] Er wird durch die politischen, sozialen, wirtschaftlichen, technischen und kulturellen Verhältnisse seiner Zeit geprägt, in die nicht nur die tatsächlichen Gegebenheiten, sondern auch die Vorstellungen und Erwartungen der Aufgabenträger einfließen.[1500]

Für die Sozialverwaltung ist deshalb der Aufgabenwandel von der durch karitative und kommunale Einrichtungen geleisteten Armenpflege und allgemeinen Wohlfahrt hin zur gesetzlichen Sozialversicherung, Alters- und Kriegsopferversorgung und Fürsorge als staatliche Handlungspflichten am Ende des 19. Jahrhunderts und ihre Verankerung als Aufgaben von staatlichen oder kommunalen Leistungsverwaltungen der Bezugspunkt dieses Rückblicks.[1501]

3. Tradierte Verwaltungskultur als Einflussgröße auf das Selbstverständnis sozialer Verwaltungstätigkeit

Aus dem Kompetenzgrundsatz nach Art. 83, 84 Abs. 1 GG entwickelte sich bis heute in den Ländern eine Vielfalt von Lösungen zur Organisation ihrer Sozialverwaltungen. Dabei entwickelten die Flächenländer[1502] ihre Sozialverwaltungen in Landesträgerschaft so unterschiedlich, dass heute jedes Land seine eigene organisatorische Lösung hat.[1503] Frühere Hauptfürsorgestellen und heutige Integrationsämter entwickelten sich als Zweige von Landesoberbehörden oder Aufgabenbereichen von höheren Kommunalverbänden; überörtliche Träger der Sozial- und Jugendhilfe wurden gleichfalls als Teile von Landesoberbehörden oder höheren Kommunalverbänden organisiert.

Staatliche Organe der Aufsicht über die gesetzliche Sozialversicherung wurden an Landesoberbehörden angegliedert oder als eigene Oberbehörden eingerichtet;[1504] Aufsichtsorgane des öffentlichen Gesundheitsdienstes wurden Teile der allgemeinen Verwaltung auf Landes- oder Kommunalebene. Seit

---

[1498] ELLWEIN, *Perioden und Probleme....*, a. a. O., S. 2 f.; WALLERATH, MAXIMILIAN: *Verwaltungserneuerung*, in: VerwArch 1997, S. 11 f.

[1499] BADURA, PETER: *Daseinsvorsorge als Verwaltungszweck der Leistungsverwaltung*, in: DÖV 1966, S. 625 ff.; zum Zweckmodell von Organisationen LUHMANN, *Zweck-Herrschaft-System....*, a. a. O., S. 39 f.

[1500] MAURER, *Allgemeines Verwaltungsrecht*, a. a. O., S. 12

[1501] RITTER, *Der Sozialstaat, Entstehung....*, a. a. O., S. 80 ff.; vgl. auch EICHENHOFER, *Sozialrecht*, a. a. O., S. 20 zum internationalen Kontext

[1502] Alle Bundesländer mit Ausnahme der Stadtstaaten Berlin, Bremen und Hamburg

[1503] Zuordnung der Aufgaben in Anlage 1

[1504] BECKER, *Organisation und Selbstverwaltung....*, a.-a. O., S. 240 f.

dem Zweiten Zuständigkeitslockerungsgesetz kann die mit sozialer Entschädigung und Feststellungsverfahren gem. §§ 69 ff. SGB IX beauftragte und früher nach bundeseinheitlichen Vorgaben organisierte Versorgungsverwaltung in die allgemeine Verwaltung der Länder integriert werden und ist nicht mehr als Sonderverwaltung zu führen.[1505]

Trotz ihrer unterschiedlichen organisatorischen Ausprägung stehen die Sozialverwaltungen der Länder insgesamt in der Systemrationalität öffentlicher Verwaltungen als eines klassischen Verwaltungssystems, dessen Elemente *Max Weber* in seiner Typisierung bürokratischer Organisation durch Kompetenz- und Regelgebundenheit, Betonung des hierarchischen Prinzips, den vorgeschriebenen Dienstweg, den Aktenbetrieb und die Abstraktion des hierarchischen Amtes von der Person charakterisiert hat.[1506] Allerdings bildeten sich in den dargestellten Verwaltungsbereichen unterschiedliche Ausprägungen von Aufgabenwahrnehmungen, Verhaltensmustern und Präferenzen heraus, die sowohl durch die jeweilige Verwaltungsaufgabe selbst als auch die Einbindung des Verwaltungshandelns in eine bestimmte Behördenorganisation, auch unter historischen Gesichtspunkten, beeinflusst wurden. Sie führte zu einer wachsende Segmentierung des Verwaltungshandelns, die durch eine weitgehende Spezialisierung von ohnehin professionellem Verwaltungspersonal noch gefördert wurde.[1507] In ihren extremen Ausformungen wird sie als Klientelbetreuung, Korpsgeist oder Fachbruderschaft kritisiert.[1508]

Diese tätigkeits- und organisationsrelevanten Einstellungen, Prägungen und Werthaltungen von Verwaltungsmitgliedern bilden Kulturen von Verwaltun-

---

[1505] Zweites Gesetz zur Erleichterung der Verwaltungsreform in den Ländern (2. Zuständigkeitslockerungsgesetz) vom 03.05.2000 (BGBl. I S. 632). Die Verwaltungsvorschriften zur Durchführung des Gesetzes über die Errichtung der Verwaltungsbehörden der Kriegsopferversorgung vom 10.08.1951 (BAnz. Nr. 155 S. 4) wurden nach Inkrafttreten des Zweiten Zuständigkeitslockerungsgesetzes durch Kabinettsbeschluss der Bundesregierung vom 14.02.2001 (BAnz. Nr. 67 v. 20.03.2001) aufgehoben.

[1506] WEBER, MAX: *Wirtschaft und Gesellschaft, Grundriss der verstehenden Soziologie*, Köln, Berlin 1964, S. 703 ff.; vgl. auch HILL, *Bürokratieabbau und Verwaltungsmodernisierung*, a. a. O., S. 721; MAYNTZ, RENATE: *Max Webers Idealtypus der Bürokratie und die Organisationssoziologie*, in: dieselbe (Herausg.): *Bürokratische Organisation*, 2. Aufl., Köln, Berlin 1971, S. 28 ff.; PITSCHAS, *Aspects of Max....*, a. a. O., S. 644 ff.

[1507] ELLWEIN, THOMAS: *Verwaltung und Verwaltungswissenschaft*, in: Lüder, Klaus (Herausg.): *Öffentliche Verwaltung der Zukunft*, Berlin 1998, S. 21; derselbe, *Perioden und Probleme....*, a. a. O., S. 47 f.; KÖNIG, *Der Verwaltungsstaat in....*, a. a. O., S. 546; MÜLLER, *Gestaltungsmuster staatlicher Aufbauorganisation*, a. a. O., S. 535

[1508] BÖHRET, CARL: *Öffentliche Verwaltung in....*, a. a. O., S. 61 f.; HILL, *Bürokratieabbau und Verwaltungsmodernisierung*, a. a. O., S. 722; KÖNIG, *Der Verwaltungsstaat in....*, a. a. O. S. 553; WAGENER, *Die Regierungsbezirke im....*, a. a. O., S. 156

gen aus, die den betrieblichen Kulturen privater Unternehmungen vergleichbar sind.[1509] Sie wurden durch die Geschichte einer Verwaltung geformt, überdauern kurzfristige Veränderungen, wie etwa Regierungswechsel, und können sogar die Stabilität und Leistungsfähigkeit von Verwaltungen über die Zeiten staatlicher Systembrüche aufrechterhalten.[1510] Die in der Organisationslehre privatwirtschaftlicher Unternehmungen geltende Aussage, die Struktur einer Unternehmung folge ihrer Kultur, ist auch auf die Sozialverwaltungen der Länder als Teilbereich ihrer öffentlichen Verwaltung ohne Einschränkungen anwendbar.[1511]

Weil allerdings Verwaltungsleistungen im Gegensatz zu industriell gefertigten Gütern in den meisten Fällen keine im Zusammenspiel vieler Verwaltungsmitglieder entstehenden Produkte sind, sondern nach Interaktion zwischen Antragsteller und „zuständigem“ Bearbeiter zustande kommen, ist die Kultur von Verwaltungen als Gesamtheit des dort Gelebten auf die Verwaltungsleistung in besonderer Weise prägend.[1512] Sie ist eine von vielen Einflussgrößen, die Verwaltungskulturen von denen marktwirtschaftlicher Unternehmungen unterscheiden und die Möglichkeiten eingrenzt, sie durch Führung zu instrumentalisieren und gezielt verändernd zu gestalten.[1513] Dies schmälert jedoch ihre Bedeutung für die Prägung von Verwaltungsorganisationen nicht und unterstreicht ihr Gewicht als Teilelement von Behördengeschichte.

IV. Zwischenfazit

In diesem Kapitel wurden die Prinzipien und Abhängigkeiten dargestellt, die den Aufbau von Landessozialverwaltungen beeinflussen können. Ausgangspunkt war das Sozialrecht als Leistungs- Verfahrens- und Steuerungsrecht, das sowohl die Ausprägung staatlicher Sozialverwaltungen für bestimmte soziale Leistungsbereiche bestimmt als auch Vorgaben zu Effizienz und Effek-

---

1509 REICHARD, CHRISTOPH; SCHRÖTER, ECKHARD: *Verwaltungskultur in Ostdeutschland*, in: Pitschas, Rainer (Herausg.): *Verwaltungsintegration in den neuen Bundesländern*, Berlin 1993, S. 193; WALLERATH, MAXIMILIAN: *Die Änderung der Verwaltungskultur als Reformziel*, in: Die Verwaltung 2000, S. 355 f.

1510 FISCH, STEFAN: *Verwaltungskulturen - Geronnene Geschichte?*, in: Die Verwaltung 2000, S. 316; KÖNIG, KLAUS: *Unternehmerisches oder exekutives Management – die Perspektive der klassischen öffentlichen Verwaltung*, in: VerwArch 1996, S. 23

1511 Zur Unternehmenskultur und ihren Einflussgrößen BEA/ GÖBEL, *Organisation – Theorie und....*, a. a. O., S. 410 ff.; STAEHLE/ CONRAD/ SYDOW, *Management*, a. a. O., S. 928 f.

1512 SCHEDLER/ PROELLER, *New Public Management*, a. a. O., S. 242 f.

1513 FISCH, *Verwaltungskulturen – Geronnene Geschichte?*, a. a. O., S. 313; WALLERATH; *Die Änderung der....*, a. a. O., S. 359 f.; zum Begriff der Führung: SCHULTE-ZURHAUSEN, *Organisation*, a. a. O., S. 195; STAEHLE/ CONRAD/ SYDOW, *Management*, a. a. O., S. 328

tivität ihres Verwaltungsvollzug macht. Dabei steuert das Sozialrecht sowohl die materielle Seite der Leistungsgewährung als auch die Organisation seiner Leistungsträger.

Es konnte auch der Einfluss von Leitbildern sozialstaatlichen Handelns, wie der Zielvorgaben des aktivierenden Staates aufgezeigt werden. Dabei nimmt das Sozialrecht als Teilsegment des Verwaltungsrechts am Funktionswandel von Verwaltungsrecht und Verwaltung teil, der mit der Prägung öffentlicher Aufgabenerfüllung durch Typisierung von Staatsrollen verbunden ist. Auch wurde erörtert, wie diese Typisierung die staatliche Verwaltung in ihrem Aufgabenverständnis beeinflussen kann. Unter den heutigen Leitbildvorgaben staatlichen Handelns bildet der kooperative Staat das Grundmuster des sozialen Rechtsstaates ab, der eine Stufung staatlicher Verantwortung zwischen Staat und Gesellschaft vornimmt und in Verantwortungsstufen unterscheidet.

Ebenso wurde auf die verfassungsrechtlichen Grundentscheidungen des Grundgesetzes für die Zuweisung der Aufgaben des Gesetzesvollzugs auf die Länder eingegangen, die Landeseigenverwaltung dort bereit zu stellen haben, wo die bundesgesetzlichen Vorgaben keine andere Entscheidung treffen. Hier wurden auch andere Vollzugstypen vorgestellt, wie die mittelbare Staatsverwaltung und die Verwaltung durch Private. Auch sie bedienen sich der Bausteine für die Aufbauorganisation staatlicher Verwaltung, die durch die Grundbegriffe Organ, Amt und Behörde geprägt sind. Aus ihnen leiten sich die Grundstrukturen der Verwaltungsorganisationen der Länder ebenso ab, wie die Organisationsmodelle verselbständigter Verwaltungsträger. Sie können durch das Merkmal der Konzentration ebenso geprägt sein wie durch das Prinzip der Dekonzentration hierarchisch gestufter Behörden.

Die Vielfalt der Behördenarten unmittelbarer Landesverwaltung umfasst auch den Vollzug der Sozialgesetze als Aufgabe der Länder. Ihre Grundmuster sind historisch gewachsen und werden heute in ausschließlicher Eigenverantwortung der Länder fortentwickelt, wobei jedes Land eigene Präferenzen herausgebildet hat. Dies betrifft auch die Regionalisierung ihrer Sozialverwaltungen, die durch Aufgabenübertragung in den kommunalen Verwaltungsvollzug teils ergänzt wird und teils in einigen Bundesländern bestimmend ist oder wird. Diese Vielfalt organisatorischer Ausprägungen der Landeseigenverwaltungen im Vollzug von sozialen Bundesgesetzen erfordert neue Formen der Koordination und Kooperation. Traditionell sind sie im gesetzlichen Auftrag zur Zusammenarbeit in Arbeitsgemeinschaften vorgegeben, haben jedoch durch die Bundesvorgabe zur Bildung gemeinsamer Servicestellen gem. § 22 ff. SGB XI neue Inhalte bekommen, die als Netzwerkstruktur von Sozialverwaltungen unterschiedlicher Träger eine neue Dimension abbilden könnte.

Die Mechanismen von Aufsicht und Kontrolle innerhalb der Sozialverwaltungen und die Gestaltungsformen staatlicher Aufsicht wurden in ihren Wirkungsmechanismen beschrieben. Dabei wurde die Staatsaufsicht von der Wirtschaftsaufsicht unterschieden, die als Sonderverwaltungsrecht das Handeln nichtstaatlicher Aufgabenträger oder Erbringer von Sozialleistungen zu beeinflussen hat. Die Einwirkungsmittel der Staatsaufsicht und ihre Durchsetzung gegenüber den Aufsichtsunterworfenen wurden in ihren unterschiedlichen Ausprägungen und Wirkungen erörtert. Es wurden die Hindernisse aufgezeigt, die der Durchsetzung von Leitbildern staatlichen Handelns im föderalen System den Grundgesetzes auf der Ebene der Landeseigenverwaltung entgegenstehen.

Die Erörterung der verwaltungsgeschichtlichen Grundzüge heutiger Behördenstrukturen der Landessozialverwaltungen und ihre Einwirkung auf ihre Ausformung schloss das Kapitel ab. Ihre zeitliche Dimension verknüpft sich mit der Herausbildung von Verwaltungskulturen, die als verwaltungsinternes Bindeglied und gemeinsames Grundverständnis der Aufgabenerfüllung stilprägend sein können. Ihr Einfluss als gelebte Verwaltungskultur entwickelt im Veränderungsprozess von Verwaltungen starke Beharrungskräfte aus, die aufgespürt und gelenkt werden müssen. Als eine wesentliche Rahmenbedingung für die Veränderung von Verwaltungsorganisationen ist sie ebenso nutzbar, wie die Umgestaltung der Aufbau- und Ablauforganisation dieser Verwaltungen durch Organisationsrecht oder hierarchische Weisung.

C: Die rheinland-pfälzische Landessozialverwaltung – Vergleich, Entwicklung, Perspektiven

Kapitel 5: Landessozialverwaltungen in Rheinland-Pfalz, Bayern, Nordrhein-Westfalen und Sachsen-Anhalt

I. Rückblick auf die Behördengeschichte der rheinland-pfälzischen Landessozialverwaltung

1. Die Errichtung des rheinland-pfälzischen Landesamtes für Soziales, Jugend und Versorgung

a. Die Rechtsgrundlagen der Errichtung

Das Landesamt für Soziales, Jugend und Versorgung wurde am 01.01.1996 durch Landesgesetz zur Neuordnung des öffentlichen Gesundheitsdienstes und zur Errichtung des Landesamtes für Soziales, Jugend und Versorgung und des Landeskrankenhauses - Anstalt des öffentlichen Rechts - vom 27.11.1995[1514] aus der Zusammenführung der zuvor selbständigen oberen Landesbehörden Landesversorgungsamt und Landesamt für Jugend und Soziales gebildet.[1515] Damit wurde für die Gesundheits- und Sozialverwaltung von Rheinland-Pfalz ein Teilschritt zu einer Reform der Landesverwaltung vollzogen, der von der Landesregierung seit 1991 verfolgt wurde.[1516] Mit ihm wurden auch die zuvor als untere Landesbehörden organisierten staatlichen Gesundheitsämter den Landkreisen als Auftragsangelegenheit zum Aufgabenvollzug übertragen. Weiterhin wurden die bislang vom früheren Landesamt für Jugend und Soziales beaufsichtigten zwei Landesnervenkliniken in Andernach und Alzey sowie das frühere Neurologische Landeskrankenhaus in Meisenheim unter der Rechtsform einer selbständigen Landesanstalt des öffentlichen Rechts zusammengeführt und dieser neue Aufgabenträger rechtlich und wirtschaftlich verselbständigt.[1517]

[1514] GVBl. S. 485

[1515] Organisationsschema siehe Anlage 2

[1516] Vgl. VORAN: Schriften zur Verwaltungsmodernisierung in Rheinland-Pfalz, Heft 9: *Voran in Rheinland-Pfalz – eine Bilanzierung der Verwaltungsmodernisierung*, Mainz 3/ 1999, S. 14; vgl. auch STADELMAIER, MARTIN; KONZENDORF, GÖTZ: *Verwaltungsmodernisierung und Bürokratieabbau in Rheinland-Pfalz*, in: DÖV 2004, S. 729 f.

[1517] § 4 des Landesgesetzes über den öffentlichen Gesundheitsdienst (Art. 1 des Landesgesetzes zur Neuordnung des öffentlichen Gesundheitsdienstes und zur Errichtung des Landesamtes für Soziales, Jugend und Versorgung und des Landeskrankenhauses –Anstalt des öffentlichen Rechts– vom 17.11.1995, GVBl. S. 485)

Mit dem Landesgesetz zur Reform und Neuorganisation der Landesverwaltung vom 22.09.1999[1518] wurde die Reorganisation der Landesverwaltung fortgesetzt und die bisher in der Behördenform von drei Bezirksregierungen organisierte Landesverwaltung in der Mittelinstanz durch zwei Struktur- und Genehmigungsdirektionen,[1519] eine Aufsichts- und Dienstleistungsdirektion[1520] und ein Landesuntersuchungsamt[1521] ersetzt. Schließlich wurden die bei den drei Bezirksregierungen verbliebenen Zuständigkeiten für die Aufgabenbereiche öffentliches Gesundheitswesen, Überwachung der Arzneimittelherstellung, des Medikamentenvertriebs sowie der staatlichen Aufsichten über die Alten- und Pflegeheime und die Kindertagesstätten dem Landesamt für Soziales, Jugend und Versorgung übertragen.

b. Landesoberbehörden versus Mittelinstanz in Rheinland-Pfalz

Durch die beiden Landesgesetze wurde in Rheinland-Pfalz das historisch gewachsene Nebeneinander von Bezirksregierungen als regionalen Bündelungsbehörden in der Mittelinstanz,[1522] besonderen oberen Landesbehörden[1523] und

---

[1518] HOEGNER, MARIA; GROß, GERHARD: *Die Reform und Neuorganisation der Landesverwaltung Rheinland-Pfalz,* in: DÖV 2000, S. 1040 ff.; STADELMAIER/ KONZENDORF, *Verwaltungsmodernisierung und Bürokratieabbau....*, a. a. O., S. 730

[1519] Die Struktur- und Genehmigungsdirektionen in Koblenz und Neustadt/ Weinstraße sind obere Landesbehörden für Umwelt-, Bau- und Gewerberecht unter Eingliederung der staatlichen Ämter für Wasser- und Abfallwirtschaft und der Gewerbeaufsicht; die Landesoberbehörde in Neustadt/ Weinstraße ist landesweit zuständig für den staatlichen Forstbereich.

[1520] Die Aufsichts- und Dienstleistungsdirektion in Trier ist landesweit zuständige obere Landesbehörde für Kommunalaufsicht, das Schul- und Ordnungswesen, den Brand- und Katastrophenschutz und für Landwirtschaft und Weinbau.

[1521] Im Landesuntersuchungsamt in Koblenz sind die früheren chemischen Untersuchungsämter, das Landesveterinäruntersuchungsamt, die Medizinaluntersuchungsämter und weitere Sonderbehörden des medizinisch-pharmazeutischen Bereichs zusammengefasst und so die Verwaltungsbereiche der Lebensmittelüberwachung und des Veterinärbereichs gebündelt.

[1522] Aus den ursprünglich fünf Bezirksregierungen Koblenz, Montabaur, Pfalz (Neustadt/ Weinstraße), Rheinhessen (Mainz) und Trier, die bereits bei Bildung des Landes Rheinland-Pfalz bestanden (vgl. Art. 78 Abs. 1 LV), wurden durch das zweite Landesgesetz über die Verwaltungsvereinfachung in Rheinland-Pfalz vom 16.06.1968 (GVBl. S. 131) drei Bezirksregierungen in Koblenz, Neustadt/ Weinstraße und Trier gebildet. Die wesentlichen Aufgaben der Bezirksregierungen sind bei MAYER/ ULE (Herausg.), *Staats- und Verwaltungsrecht....*, a. a. O., S. 99 f. dargestellt.

[1523] Landesamt für Straßen- und Verkehrswesen, Landesamt für Vermessung und Geobasisinformationen, Landesversorgungsamt; vgl. WOLFF/ BACHOF/ STOBER/ KLUTH/ PEILERT, *Verwaltungsrecht,* Bd. 2, a. a. O., S. 57

zentralen Landesämtern ohne nachgeordnete Behördenbereiche[1524] in wichtigen Verwaltungsbereichen aufgelöst und die Landesverwaltung unterhalb der Ministerialebene in landesweit zuständigen oberen Landesbehörden mit funktionaler Aufgabenzuordnung organisiert.[1525] Das durch den Behördentyp der Bezirksregierung gekennzeichnete organisatorische Grundmuster der Gebietsorganisation der Verwaltung wurde durch das Aufgabenorganisationsmodell ersetzt, bei dem die sachgerechte horizontale Aufgliederung der Verwaltungsaufgaben die Organisationsstruktur der oberen Landesbehörden bestimmt.[1526] Das Landesamt für Soziales, Jugend und Versorgung mit seinen vier nachgeordneten Ämtern für soziale Angelegenheiten in Koblenz, Landau, Mainz und Trier nimmt seither die sozialen Aufgaben des Landes wahr und ist zugleich obere Aufsichtsbehörde für alle Bereiche des öffentlichen Gesundheitswesens.

Diese beiden die rheinland-pfälzische Landesverwaltung grundlegend verändernden Gesetze beendeten eine über Jahrzehnte geführte Diskussion über den „Königsweg" der Organisation von Landesverwaltung unterhalb der obersten Landesbehörden. Noch im Zusammenhang mit der Gebiets- und Funktionalreform in Rheinland-Pfalz in den 1970er Jahren war man der Auffassung, dass die seinerzeit von fünf auf drei reduzierten Bezirksregierungen in besonderer Weise das Prinzip der horizontalen Konzentration der staatlichen Verwaltung auf der Mittelstufe verkörpern und so unter Wahrung des Prinzips der Einheit der Verwaltung[1527] die wegen der zunehmenden Differenzierung der Lebensverhältnisse notwendige Dekonzentration und Dezentralisierung gewährleisten.[1528] Der damalige Bestand an Sonderbehörden wurde

---

[1524] Geologisches Landesamt, Landesamt für Denkmalpflege, Landesamt für Jugend und Soziales, Statistisches Landesamt

[1525] STADELMAIER/ KONZENDORF, *Verwaltungsmodernisierung und Bürokratieabbau....*, a. a. O., S. 730

[1526] Zu den beiden Grundmodellen von Verwaltungsorganisation SCHUPPERT, *Einheit der Verwaltung*, a. a. O., S. 758; WAGENER, *Typen der verselbständigten....*, a. a. O., S. 35 f.; WAHL, *Die Organisation und....*, a. a. O., S. 212

[1527] Zur Einheit der Verwaltung als Organisationsmaxime EICHHORN/ FRIEDRICH/ JANN/ OECHSLER/ PÜTTNER/ REINERMANN (Herausg.), *Verwaltungslexikon*, a. a. O., Stichwort: Einheit der Verwaltung; SACHS, *Die Einheit der....*, a. a. O., S. 2339 ff.; SCHUPPERT, *Verwaltungswissenschaft*, a. a. O., S. 831 f.; WOLFF/ BACHOF/ STOBER/ KLUTH/ MÜLLER: *Verwaltungsrecht*, Bd. 3, a. a. O., S. 102

[1528] MEYER/ ULE: *Staats- und Verwaltungsrecht....*, a. a. O., S. 102; vgl. auch GIPP, WOLFGANG: *Verwaltungsaufbau und –organisation*, in: Ley, Richard; Prümm, Hans Paul (Herausg.): *Staats- und Verwaltungsrecht für Rheinland-Pfalz*, 2. Aufl., Baden-Baden 1990, S. 86 f.

als unübersichtlich kritisiert, weil er die Behördenzuständigkeiten für die Bürger nur schwer erkennen lasse.

Erst die Zusammenfassung möglichst vieler Verwaltungsleistungen bei den Bezirksregierungen schaffe die Möglichkeit, komplexe Lebensvorgänge unter Beteiligung aller Fachsparten auf einfache und schnelle Weise einer das Ganze würdigenden Verwaltungsentscheidung zuzuführen. Durch die Eingliederung von Sonderbehörden in die Behörden der allgemeinen Verwaltung könne das vorhandene Fachpersonal differenzierter und damit sachnäher eingesetzt werden.[1529] Das Anwachsen von Fach- und Sonderverwaltungen zu Lasten der regionalen Bündelungsbehörden und die damit einhergehende Spezialisierung in einer Vielzahl von Fachgebieten des Verwaltungsvollzugs wurde als Aufgabe des Prinzips der Einheit der Verwaltung angesehen, das die staatliche Verwaltungsorganisation in untereinander beziehungslose Systeme differenzierter Zuständigkeiten auseinander fallen lasse.[1530] Es wurden keine überzeugende Alternative zu den Bezirksregierungen in den Flächenländern gesehen,[1531] es sei denn an ihrer Statt würden „bei den Ministerien" zentrale Verwaltungsämter eingeführt.[1532]

Die Schwächen des Gebietsorganisationsmodells mit staatlicher Mittelinstanz durch Bezirksregierungen, bei dem grundsätzlich alle öffentlichen Aufgaben in einem territorialen Zuständigkeitsbereich nur von einer einzigen Verwaltungseinheit durchgeführt werden,[1533] zeigten sich in ihrer Realitätsferne. Dies wurde bereits damals durch die Existenz zahlreicher Sonderbehörden belegt.[1534] Das Gebietsorganisationsmodell sei zudem, wie *Frido Wagener* feststellt, eher auf Ausgleich und suboptimale Aufgabenerfüllung angelegt. Die Gefahr bestehe, dass sich die Bündelungsfunktion von nach diesem Modell geprägten Behörden auf eine bloße Bürogemeinschaft reduziere, in denen sich die vertikalen Fachbruderschaften eher bei den vorgesetzten Fachressorts rückversicherten, statt sich im eigenen Haus zu beraten und abzustimmen, um

---

1529 MEYER/ ULE, *Staats- und Verwaltungsrecht....*, a. a. O., S. 110 f.

1530 BITTER, *Regionale Bündelungsbehörden: Notwendige....*, a. a. O., S. 857

1531 MÜLLER, *Gestaltungsmuster staatlicher Aufbauorganisation*, a. a. O., S. 536

1532 So WAGENER, *Die Regierungsbezirke im....*, a. a. O., S. 154

1533 WAGENER, *Verselbständigung von Verwaltungsträgern*, a. a. O., S. 35

1534 Die „Einheit der Verwaltung" als Beschwörungsformel, vgl. KREBS, *Verwaltungsorganisation*, a. a. O., S. 574; zum Nebeneinander von Bezirksregierungen und Sonderverwaltungen in den 1970er Jahren MEYER/ ULE, *Staats- und Verwaltungsrecht....*, a. a. O., S. 99 f.; geschichtlicher Nachweis bei VON UNRUH, *„Einheit der Verwaltung"*, a. a. O., S. 763 ff.

so Grundlagen für eigenständige Entscheidungen zu erhalten.[1535] Deshalb wurde in Rheinland-Pfalz nach einem längeren Prozess der Vorbereitungen und Untersuchungen eine grundlegende Neuorganisation der Landesverwaltung vollzogen, für die sowohl das Landesgesetz zur Neuordnung des öffentlichen Gesundheitsdienstes als auch das Verwaltungsorganisationsreformgesetz die gesetzliche Grundlage bilden.

Nachdem in Rheinland-Pfalz die Polizeiverwaltungen und die Kataster- und Vermessungsverwaltungen aus den Bezirksregierungen herausgelöst worden waren, war eine neue Aufgabenzuordnung in der gesamten Landesverwaltung unabdingbar. Es war auch zu berücksichtigen, dass die Verwaltungen der Kreise und kreisfreien Städte in Rheinland-Pfalz durch zunehmende Übertragung staatlicher Aufgaben immer mehr in die Rolle von regionalen Bündelungsbehörden auf der unteren Verwaltungsebene hineinwuchsen.[1536] Die Kommunalisierung des öffentlichen Gesundheitsdienstes durch das Landesgesetz zur Neuordnung des öffentlichen Gesundheitsdienstes war ein Teilschritt auf diesem Weg.

2. *Die Versorgungsverwaltung in Rheinland-Pfalz*

Bis zur Errichtung des Landesamtes für Soziales, Jugend und Versorgung am 01.01.1996 wurden die Aufgaben der Leistungsgewährung nach dem sozialen Entschädigungsrecht und der Durchführung von Feststellungsverfahren für behinderte Menschen nach dem früheren Schwerbehindertengesetz vom Landesversorgungsamt in Koblenz sowie seinen vier nachgeordneten Versorgungsämtern in Koblenz, Landau, Mainz und Trier wahrgenommen.[1537] Die Errichtung dieser zweistufigen Sonderverwaltung in Rheinland-Pfalz beruht auf bundesgesetzlichen Vorgaben für die Sicherstellung der Versorgung der Opfer des Zweiten Weltkrieges und ihrer Hinterbliebenen, insbesondere dem Bundesversorgungsgesetz und dem Gesetz über die Errichtung der Verwaltungsbehörden der Kriegsopferversorgung. Diese Vorgaben gingen so weit, dass dem Länder in den Verwaltungsvorschriften zur Durchführung des Gesetzes über die Errichtung der Verwaltungsbehörden der Kriegsopferversor-

---

[1535] WAGENER, *Die Regierungsbezirke im....*, a. a. O., S. 157, 165; vgl. auch HILL, *Bürokratieabbau und Verwaltungsmodernisierung*, a. a. O., S. 722

[1536] HOEGNER/ GROß, *Die Reform und....*, a. a. O., S. 1040; zum Reformprozess vgl. VORAN: Schriften zur Verwaltungsmodernisierung in Rheinland-Pfalz, Heft 7: *Die Neuorganisation der Landesverwaltung Rheinland-Pfalz*, Mainz 9/ 1998, S. 9 ff.; RÜTER, KLAUS: *Rheinland-Pfalz auf dem Weg zu einer modernen öffentlichen Verwaltung*, in: DÖV 1997, S. 908 ff.; kritisch zum Herabzonen staatlicher Verwaltungsaufgaben auf die Kommunen KIRCHHOF, *Klare Verantwortungsteilung von....*, a. a. O., S. 978

[1537] Organisationsschema in Anlage 3

gung vom 10.08.1951 detailliert die Aufbau- und Ablauforganisation der Landesversorgungsämter und ihrer nachgeordneten Versorgungsämter vorgeschrieben wurde.[1538]

3. Das rheinland-pfälzische Landesamt für Jugend und Soziales und seine Vorgängerbehörden

a. Die Bündelung sozialer Landesaufgaben im Landesamt für Jugend und Soziales

Das 1996 ebenfalls in das Landesamt für Soziales, Jugend und Versorgung aufgegangene frühere Landesamt für Jugend und Soziales wurde durch Landesgesetz über die Errichtung des Landesamtes für Jugend und Soziales Rheinland-Pfalz vom 15.12.1972 als zentrale obere Landesbehörde mit Sitz in Mainz errichtet.[1539] § 1 dieses Gesetzes bestimmte die Auflösung des Landessozialamtes Rheinland-Pfalz, der Hauptfürsorgestelle beim Landessozialamt Rheinland-Pfalz, des Landesjugendamtes Rheinland-Pfalz und des Oberversicherungsamtes für Rheinland-Pfalz bei der Bezirksregierung Rheinhessen. Aus den aufgelösten Behörden wurde das Landesamt für Jugend und Soziales als obere Landesbehörde gebildet und der Übergang der Aufgaben dieser Behörden auf das neue Landesamt bestimmt. Die Dienst- und Fachaufsicht über das Landesamt für Jugend und Soziales wurden dem damaligen Ministerium für Soziales, Gesundheit und Sport übertragen. Mit der Behördenneuordnung wurden als Schwerpunktaufgaben die überörtliche Trägerschaft der Sozialhilfe, der Jugendhilfe und der Kriegsopferfürsorge sowie die Schwerbeschädigtenhilfe im Arbeitsleben nach dem damaligen Schwerbeschädigtengesetz zusammengeführt.[1540]

[1538] Verwaltungsvorschriften vom 10.08.1951 zur Durchführung des Gesetzes über die Errichtung der Verwaltungsbehörden der Kriegsopferversorgung, (BAnz. Nr. 155 vom 14.08.1951, S. 4)

[1539] GVBl. S. 374; das Gesetz bestimmte in § 2 auch, dass das damalige Landesgewerbeaufsichtsamt (heute Landesamt für Umweltschutz und Gewerbeaufsicht) dem damaligen Landesamt für Jugend und Soziales angegliedert werde. Hierauf ist zurückzuführen, dass die Mainzer Teile der beiden Landesämter in einem Gebäude in Mainz (Rheinallee 97-101) untergebracht sind.

[1540] SCHÄFERS, JOSEF: *Verlagerung von Teilaufgaben aus Ministerien auf Zentralämter am Beispiel des Landesamtes für Jugend und Soziales Rheinland-Pfalz*, in: Wagener, Frido (Herausg.): *Verselbständigung von Verwaltungsträgern*, Bonn 1976, S. 109; Organisationsschema in Anlage 3

Diese erste Zusammenlegung von zentralen Landesämtern[1541] auf dem Sozialsektor in Rheinland-Pfalz war die Folge der Reform der rheinland-pfälzischen Verwaltungsorganisation in den Jahren 1965 bis 1972, mit der auch funktionell erste verwaltungsorganisatorische Bündelungen herbeigeführt wurden.[1542] Ihr Hauptanliegen war zwar die Optimierung der Gebietsorganisation der Verwaltung durch Straffung und Verkleinerung der Verwaltungseinheiten. Sie hatte aber daneben als Zielvorgabe, eine Auflösung und Eingliederung von Sonderbehörden in die Mittelinstanz des allgemeinen staatlichen Verwaltungsaufbaus herbeizuführen, um so die „Einheit der Verwaltung" zu stärken.[1543] Dennoch wurde bereits damals durch die Zusammenfassung verschiedener Sozialbehörden in Landesträgerschaft mit dem Landesamt für Jugend und Soziales eine Stärkung und Straffung der Sonderverwaltung auf dem Sozialsektor herbeigeführt.[1544] Seine Eigenschaft als zentrale obere Landesbehörde ohne nachgeordneten regionalen Behördenbereich behielt das Landesamt für Jugend und Soziales bei, indem es seine ausgelagerten Behördenteile der Hauptfürsorgestelle in Koblenz und Neustadt/ Weinstraße als ausgelagerte Referate und Außenstellen einrichtete.

b. Eigenständige Behördenorganisationen sozialer Landesaufgaben bis 1972

Das Landessozialamt als eine Vorgängerbehörde des Landesamtes für Jugend und Soziales wurde zum 01.01.1964 errichtet, nachdem die Landesgesetze zur Ausführung des Bundessozialhilfegesetzes und zur Durchführung der Kriegsopferfürsorge das Land zum überörtlichen Träger der Sozialhilfe und der Kriegsoperfürsorge bestimmt hatten. Gem. § 1 Abs. 2 AGBSHG[1545] waren die Aufgaben des überörtlichen Sozialhilfeträgers vom Landessozialamt wahrzunehmen; die Aufgaben des überörtlichen Trägers der Kriegsopferfürsorge hatte nach § 2 Abs. 2 DGKOF[1546] die Hauptfürsorgestelle beim Landessozialamt

---

[1541] Unter zentralen Landesämtern werden obere Landesbehörden ohne nachgeordneten Behördenbereich verstanden, vgl.: MÜLLER, *Gestaltungsmuster staatlicher Aufbauorganisation*, a. a. O., S. 538

[1542] MAYER/ ULE, *Staats- und Verwaltungsrecht....*, a. a. O., S. 87 ff.; WAGENER, *Neubau der Verwaltung*, a. a. O., S. 183 ff.

[1543] MAYER/ ULE, *Staats- und Verwaltungsrecht....*, a. a. O., S. 110 ff.; SCHÄFERS, *Verlagerung von Teilaufgaben....*, a. a. O., S. 112

[1544] So das Fazit von SCHÄFERS, *Verlagerung von Teilaufgaben....*, a. a. O., S. 114 ff., der auch die damaligen Konflikte um organisatorische Veränderungen unter aufgabenfunktionellen Gesichtspunkten nachzeichnet. Der Autor war der erste Präsident des damaligen Landesamtes für Jugend und Soziales Rheinland-Pfalz.

[1545] In der Erstfassung vom 08.03.1963, GVBl. S. 79

[1546] In der Erstfassung vom 08.03.1963, GVBl. S. 82

zu erfüllen. Diese beiden Landesgesetze vollzogen die durch das Bundessozialhilfegesetz im Jahr 1961 notwendig gewordene Neuordnung der Trägerschaften der Fürsorge auf Landesebene.[1547]

Entsprechend dieser landesgesetzlichen Aufgabenzuordnung wurde das neue Landessozialamt in Mainz errichtet und bei ihm die weiterhin für die Aufgaben der Kriegsoperfürsorge und Schwerbehindertenhilfe landesweit zuständige Hauptfürsorgestelle gebildet.[1548] Das Landessozialamt behielt Außenstellen in Koblenz und Neustadt/ Weinstraße, deren Aufgabenzuordnung sich das damalige Sozialministerium vorbehielt. Mit der Errichtung dieser oberen Landessozialbehörde wurden das frühere Landeswohlfahrtsamt und die Zweigstellen der Landesfürsorgeverbände bei den Bezirksregierungen Rheinhessen und Pfalz aufgelöst.

Die Zuständigkeit des Landessozialamtes umfasste neben den Trägeraufgaben im Bereich der Sozialhilfe, der Kriegsopferfürsorge und der Schwerbeschädigtenhilfe auch Aufgaben im Bereich des Hebammenrechts und Teilbereiche des Gesundheitswesens.[1549] Ihm wurden weiterhin die Dienst- und Fachaufsicht über die früheren Landesnervenkliniken Andernach und Alzey[1550], die früheren Landeskrankenhäuser in Meisenheim[1551] und Montabaur[1552] sowie die drei früheren Landesanstalten für Sinnesbehinderte in Neuwied und Trier[1553] zugewiesen.

[1547] Nach der bis zum Inkrafttreten des BSHG geltenden Reichsverordnung über die Fürsorgepflicht vom 13.02.1924 (RGBl. I S. 100) oblag die Fürsorgepflicht den Bezirksfürsorgeverbänden (Gemeindeverbänden) und den Landesfürsorgeverbänden (preußischen Provinzen, ansonsten den Ländern). Vgl. hierzu: BERG, *Arbeits- und Sozialverwaltung....*, a. a. O., S. 231 ff.

[1548] Anordnung des Sozialministeriums über die Errichtung des Landessozialamtes Rheinland-Pfalz vom 12.12.1963, MinBl. 1963, S. 1131. Erster Behördenleiter war Regierungsdirektor *Hermann Rieg*.

[1549] Die zitierte Errichtungsanordnung nennt die den Vorgängerbehörden übertragenen Aufgaben auf Grund des Gesetzes zur Bekämpfung der Geschlechtskrankheiten vom 23.07.1953 (BGBl. I S. 700), die später in das Bundes-Seuchengesetz übergeleitet wurden.

[1550] Beide Krankenhäuser sind heute Teil des Landeskrankenhauses –Anstalt des öffentlichen Rechts–; vgl. § 2 des Landesgesetzes über die Errichtung des Landeskrankenhauses – Anstalt des öffentlichen Rechts– (Art. 4 ÖGdG)

[1551] Auch dieses Krankenhaus wurde aufgrund von § 2 des Landesgesetzes über die Errichtung des Landeskrankenhauses –Anstalt des öffentlichen Rechts– (Art. 4 ÖGdG) in das Landeskrankenhaus überführt.

[1552] Das Krankenhaus wurde aus der Trägerschaft des Landes entlassen.

[1553] Die drei heutigen Schulen für Sinnesbehinderte in Neuwied und Trier (Landesschule für Blinde und Sehbehinderte Neuwied, Landesschule für Gehörlose und Schwerhörige Neuwied, Wilhelm-Hubert-Cüppers-Schule – Landesschule für Gehörlose und Schwerhö-

Eine weitere Vorgängerbehörde des Landesamtes für Jugend und Soziales war das Oberversicherungsamt Rheinland-Pfalz, das nach Inkrafttreten des Sozialgerichtsgesetzes im Jahr 1953 und der mit ihm errichteten Sozialgerichtsbarkeit in Deutschland mit landesweiter Zuständigkeit geschaffen wurde.[1554] Mit dem Übergang der gerichtlichen Entscheidungszuständigkeit in allen Angelegenheiten der gesetzlichen Sozialversicherung auf die Sozialgerichtsbarkeit verloren die früheren Oberversicherungsämter einen wesentlichen Teil ihrer Entscheidungszuständigkeit. Sie reduzierte sich nun auf die Tätigkeit der Staatsaufsicht und umfasste nicht mehr die Spruchtätigkeit bei sozialversicherungsrechtlichen und versorgungsrechtlichen Streitigkeiten.[1555] Hierdurch konnte der Personalkörper dieser Ämter wesentlich reduziert und die Aufgabe bei einem landesweit zuständigen Oberversicherungsamt zusammengeführt werden. Deshalb wurden die verbleibenden Aufgaben und Befugnisse der bisherigen Oberversicherungsämter in Rheinland-Pfalz bei einem landesweit zuständigen Oberversicherungsamt gebündelt, das bei der damaligen Bezirksregierung Rheinhessen in Mainz als Abteilung eingerichtet wurde[1556]

Auch das vor der Zusammenführung im Jahr 1972 selbständige Landesjugendamt entstand aufgrund von bundesgesetzlichen Vorgaben. Mit dem Gesetz zur Änderung von Vorschriften des Reichsjugendwohlfahrtsgesetzes[1557] wurde die Jugendhilfe zur Selbstverwaltungsangelegenheit der Gemeinden und die Errichtung von Jugendämtern auf Ebene der kreisfreien Städte und

---

rige Trier), vgl. LANDESAMT FÜR SOZIALES, JUGEND UND VERSORGUNG (Herausg.): *Tätigkeitsbericht 2002*, Mainz o. D., S. 26 ff.

1554 In Rheinland-Pfalz bestanden ursprünglich vier, später drei Oberversicherungsämter beim Regierungspräsidium Koblenz (für die früheren Regierungsbezirke Koblenz und Montabaur), beim Oberregierungspräsidium Speyer (für die Regierungsbezirke Rheinhessen und Pfalz) und beim Regierungspräsidium Trier (für den Regierungsbezirk Trier). Das Oberversicherungsamt beim Regierungspräsidium Montabaur wurde durch Rundverfügung des Ministeriums des Inneren vom 01.08.1949 (MinBl. S. 367) aufgelöst und die Neuabgrenzung der Bezirke der Oberversicherungsämter verfügt.

1555 Zu Organisation und Aufgaben der Oberversicherungsämter vgl. BÜRCK, *War die Spruchtätigkeit....*, a. a. O., S. 158 ff.; vgl. auch RÜFNER, WOLFGANG: *Die Entwicklung der Verwaltungsgerichtsbarkeit*, in: Jeserich, Kurt G. A.; Pohl, Hans; Unruh, Georg-Christoph von (Herausg.): *Deutsche Verwaltungsgeschichte,* Bd. 3, Stuttgart 1984, S. 914; SCHWARZ, ALFRED: *Die Sozialgerichtsbarkeit*, in: Der Versorgungsbeamte 1953, S. 1 f.

1556 § 4 des Landesgesetzes zur Ausführung des Sozialgerichtsgesetzes vom 03.09.1953 (BGBl. I S. 1239) vom 02.10.1954 (GVBl. S. 115); Runderlass des Sozialministeriums vom 11.11.1954 zur Errichtung eines Oberversicherungsamtes bei der Bezirksregierung Rheinhessen in Mainz (MinBl. S. 1049)

1557 vom 28.08.1953 (BGBl. I S. 1035)

Landkreise bestimmt sowie die Zusammensetzung und die Aufgaben des Jugendwohlfahrtsausschusses neu geregelt.

Durch rheinland-pfälzisches Ausführungsgesetz wurde 1956 ein landesweit zuständiges Landesjugendamt eingerichtet, dem als oberer Landesbehörde die Wahrnehmung der Trägerschaft der freiwilligen Erziehungshilfe oblag.[1558] Dieses Gesetz machte, aufgrund der bundesgesetzlichen Vorgaben,[1559] die Herauslösung und behördliche Verselbständigung der Aufgaben der damaligen Jugendwohlfahrt aus dem bisherigen Behördenbereich des Landeswohlfahrts- und –jugendamtes erforderlich. Das Landesjugendamt nahm am 04.06.1956 seine Tätigkeit als Landesoberbehörde unter selbständiger Leitung in Koblenz als vorläufigem Dienstsitz im früheren Dienstgebäude des davor gemeinsamen Landesamtes auf.[1560] Sein Umzug nach Mainz erfolgte 1962.[1561]

II. Die Landessozialverwaltung in Rheinland-Pfalz nach 1945

1. Erste Regierungs- und Verwaltungsstrukturen

Nach der Kapitulation der deutschen Wehrmacht am 08.05.1945 in Berlin und der Übernahme der obersten Regierungsgewalt in Deutschland durch die vier Siegermächte[1562] war das heutige Landesgebiet von Rheinland-Pfalz Teil der französischen Besatzungszone, die auch den südbadischen und württemberg-hohenzollernschen Landesteil von Baden-Württemberg umfasste.[1563] Die französische Militärregierung hatte diesen Teil Deutschlands von der bereits seit März 1945 anwesenden amerikanischen Besatzungsmacht am 10.07.1945, entsprechend den Beschlüssen der alliierten Siegermächte zur Aufteilung von Deutschland in vier Besatzungszonen, übernommen.[1564]

1558 §§ 11 und 12 des Landesgesetzes zur Ausführung des Reichsgesetzes für die Jugendwohlfahrt vom 02.03.1956 (GVBl. S. 7)

1559 § 12 Abs. 1 des Reichsjugendwohlfahrtsgesetzes idF des Gesetzes zur Änderung von Vorschriften des Reichsjugendwohlfahrtsgesetzes vom 28.08.1953 (BGBl. I S. 1035)

1560 Runderlass des Sozialministeriums vom 15.06.1956 zur Errichtung des Landesjugendamtes Rheinland-Pfalz (MinBl. S. 739). Erste Behördenleiterin war Regierungsrätin *Gertrud Sauerborn*

1561 Bekanntmachung des Sozialministeriums vom 02.10.1962 zur Verlegung des Landesjugendamtes Rheinland-Pfalz (MinBl. S. 1176)

1562 Art. 1 des Abkommens der Drei Mächte vom 13.11.1944 und Berliner Erklärung vom 05.06.1945, vgl. GEIGER, *Grundgesetz und Völkerrecht*, a. a. O., S. 35; STERN, *Das Staatsrecht der....*, Bd. V, a. a. O., S. 919; WILLOWEIT, *Deutsche Verfassungsgeschichte*, a. a. O., S. 365 ff.

1563 STERN, *Das Staatsrecht der....*, Bd. V, a. a. O., S. 958

1564 LEY, RICHARD: *Staats- und Verfassungsrecht*, in: Ley, Richard; Prümm, Hans Paul (Herausg.): *Staats- und Verwaltungsrecht für Rheinland-Pfalz*, 2. Aufl., Baden-Baden

Im Südteil des heutigen Rheinland-Pfalz war durch die amerikanische Militärregierung am 10.05.1945, also bereits zwei Tage nach der Kapitulation, das Oberpräsidium Saarland-Pfalz-Südhessen als erste Verwaltungsregion geschaffen worden. Diese regionale Verwaltungseinheit wurde durch die spätere französische Militärregierung durch Ausgliederung des Saarlandes umgegliedert und als Oberpräsidium Hessen-Pfalz am 29.08.1945 bestätigt.[1565] Aus den früheren Regierungsbezirken der Rheinprovinz, Koblenz und Trier, sowie dem aus vier Landkreisen der ehemaligen preußischen Provinz Hessen-Nassau gebildeten Regierungsbezirk Montabaur wurde am 02.01.1946 das Oberpräsidium Rheinland-Hessen-Nassau als nördliche Verwaltungsregion gebildet.[1566]

Das Territorium des durch Verfügung der französischen Militärregierung vom 30.08.1946, aus der Zusammenfassung der beiden Oberpräsidien Hessen-Pfalz und Rheinland-Hessen-Nassau, geschaffenen Landes Rheinland-Pfalz bestand im Norden aus Teilen von zwei preußischen Provinzen,[1567] im Süd-Osten mit Rheinhessen[1568] aus einem Teil des früheren Großherzogtums Hessen[1569] (nach 1918 Republik Hessen) und im Süden mit der Pfalz aus dem früheren bayerischen Bezirk der Rheinpfalz.[1570] Es gründete so in diesen Landesteilen auf preußischen, bayerischen und hessischen Verwaltungsstrukturen und –traditionen. Die staatlichen Zuordnungen der Landesteile gingen linksrheinisch insgesamt auf die territoriale Neugliederung des Wiener Kongresses

---

1990, S. 24 f.; MAYER/ ULE, *Staats- und Verwaltungsrecht....*, a. a. O., S. 23; STERN, *Das Staatsrecht der....*, Bd. V, a. a. O., S. 923

1565 BÖHN, GEORG FRIEDRICH: *Wiederaufbau der Verwaltung*, in: Heyen, Franz-Josef (Herausg.): *Rheinland-Pfalz entsteht*, Boppard 1984, S. 12 f.; MAYER/ ULE, *Staats- und Verwaltungsrecht....*, a. a. O., S. 23 f.; RUDOLF, WALTER: *Entstehungsgeschichte des Landes Rheinland-Pfalz*, in: Grimm, Christoph; Caesar, Peter (Herausg.): *Verfassung für Rheinland-Pfalz Kommentar*, 1. Aufl., Baden-Baden 2001, S. 2

1566 BÖHN, *Wiederaufbau der Verwaltung*, a. a. O., S. 14 f.; MAYER/ ULE, *Staats- und Verwaltungsrecht....*, a. a. O., S. 23 f.

1567 MAYER/ ULE, *Staats- und Verwaltungsrecht....*, a. a. O., S. 23; zur Provinzialeinteilung in Preußen nach 1818 vgl. MÖLLER, HORST: *Preußen*, in: Jeserich, Kurt G. A.; Pohl, Hans; Unruh, Georg-Christoph von (Herausg.): *Deutsche Verwaltungsgeschichte,* Bd. 4, Stuttgart 1985, S. 550; RUDOLF, *Entstehungsgeschichte des Landes....*, a. a. O., S. 2

1568 Mit den früheren Landkreisen Alzey, Bingen, Mainz und Worms, vgl. LEY, *Staats- und Verfassungsrecht*, a. a. O., S. 25

1569 STERN, *Das Staatsrecht der....*, Bd. V, a. a. O., S.330, 354

1570 MAYER/ ULE, *Staats- und Verwaltungsrecht....*, a. a. O., S. 23; STERN, *Das Staatsrecht der....*, Bd. V, a. a. O., S. 157

1815 zurück.[1571] Die durch die preußische Verwaltung geprägten Regierungsbezirke Koblenz, Trier und Montabaur (aus den früher zur preußischen Provinz Hessen-Nassau gehörenden Landkreisen des Westerwaldes und des Taunus)[1572] wurden mit dem hessischen Regierungsbezirk Rheinhessen und dem bayerischen Regierungsbezirk Pfalz zusammengefügt und bestehen noch heute gem. Art. 78 Abs. 1 LV als Bestandteile der Landesgliederung von Rheinland-Pfalz fort.[1573]

Mit dem Inkrafttreten der Landesverfassung am 18.05.1947 erlangte Rheinland-Pfalz seine Souveränität als Gliedstaat Deutschlands[1574] und begründete damit auch die Handlungsfähigkeit seiner Landesverwaltung.[1575] Sie war durch die Grundsätze des preußischen Verwaltungsrechts geprägt, das von den drei ehemals preußischen Regierungsbezirken Montabaur, Koblenz und Trier auf den ehemals hessischen Regierungsbezirk Rheinhessen und den ehemals bayerischen Regierungsbezirk Pfalz ausstrahlte. Obwohl bereits eine Weisung der französischen Militärregierung vom 12.08.1946 zur Vereinigung der Oberpräsidien Rheinland-Hessen-Nassau und Hessen-Pfalz zum Land Rheinland-Pfalz Mainz als Landeshauptstadt bestimmt hatte, war die Landesregierung zunächst in Koblenz etabliert worden. Sie verlegte ihren Amtssitz erst ab dem Sommer 1950 nach Mainz.[1576] Hier hatten zunächst rheinische Politiker[1577] und Verwaltungsbeamte[1578] das Übergewicht und setzten so preußisch geprägte Verwaltungstradition fort.[1579]

[1571] RUDOLF, *Entstehungsgeschichte des Landes....*, a. a. O., S. 2; STERN, *Das Staatsrecht der....*, Bd. V, a. a. O., S. 157 (Bayern), 188 (Preußen)

[1572] Mit den früheren Landkreisen Oberwesterwald (Westerburg), Unterwesterwald (Montabaur), Unterlahn (Diez) und St. Goarshausen, vgl. LEY, *Staats- und Verfassungsrecht*, a. a. O., S. 24. Die linksrheinischen Landkreise Altenkirchen und Neuwied gehörten zum Gebiet der Rheinprovinz.

[1573] RUDOLF, *Entstehungsgeschichte des Landes....*, a. a. O., S. 5, 13; MAYER/ ULE, *Staats- und Verwaltungsrecht....*, a. a. O., S. 30 f.; SCHRÖDER, MEINHARD: *Kommentierung zu Art. 78*, in: Grimm, Christoph; Caesar, Peter: *Verfassung für Rheinland-Pfalz*, Baden-Baden 2001, S 428 f.

[1574] So ausdrücklich Art. 74 Abs. 1 LV; vgl. auch MAYER/ ULE, *Staats- und Verwaltungsrecht....*, a. a. O., S. 27

[1575] Allerdings zunächst in den Schranken von Vorbehaltsrechten des französischen Zonenbefehlshabers gem. seiner Verordnung Nr. 95 vom 09.06.1947; vgl. LEY, *Staats- und Verfassungsrecht*, a. a. O., S. 28 f.; MAYER/ ULE, *Staats- und Verwaltungsrecht....*, a. a. O., S. 26

[1576] Detailliert GRAß, KARL MARTIN: *Von Koblenz nach Mainz – Die Hauptstadtfrage*, in: Heyen, Franz-Josef (Herausg.): *Rheinland-Pfalz entsteht*, Boppard 1984, S. 433 ff.; vgl. auch RUDOLF, *Entstehungsgeschichte des Landes....*, a. a. O., S. 6

[1577] BÖHN, *Wiederaufbau der Verwaltung*, a. a. O., S. 13 ff.

2. *Kriegsopferversorgung und Beschädigtenfürsorge im deutschen Südwesten nach 1945*

Entsprechend den Beschlüssen des Alliierten Kontrollrats zur vollkommenen Entmilitarisierung und Entnazifizierung Deutschlands war durch Kontrollratsgesetz Nr. 2 für ganz Deutschland bestimmt worden, dass alle Stellen der Kriegsopferversorgung aufgelöst werden musten.[1580] Dementsprechend hatte auch die französische Militärregierung am 02.08.1945 die Beseitigung der organisatorischen Infrastruktur zur Versorgung der Kriegsopfer aus den beiden Weltkriegen in ihrem Besatzungsgebiet verfügt.[1581]

Rainer Hudemann hat den Weg der Neuerrichtung von Grundsätzen und Verwaltungsstrukturen zur Versorgung der Kriegsopfer in den beiden früheren Oberpräsidien nachgezeichnet. Es sei den zähen Bemühungen der Verwaltung des damaligen Oberpräsidiums Hessen-Pfalz zu verdanken gewesen, die zunächst reservierte französische Militärverwaltung umzustimmen und zu einer positiven Haltung zu bewegen. So habe in Rheinland-Pfalz materiell und auch verwaltungsorganisatorisch ein soziales Leistungsniveau für die Versorgung der Kriegsopfer und ihrer Hinterbliebenen erreicht werden können, das der Fürsorgepflicht des Staates für seine Kriegsopfer Rechnung trug.

Zwar lehnte die französische Militärverwaltung eine Gleichstellung der Kriegsopfer mit Unfallopfern, die von der Landesversicherungsanstalt in Speyer versorgt wurden, aus Kostengründen ab. Sie unterstützte aber Bestrebungen des Oberpräsidiums, die Kriegsopfer durch prozentuale Anbindung an die Versorgungsleistungen der Landesversicherungsanstalt abzusichern und sie nicht der „Armenunterstützung“ anheim fallen zu lassen. Dies führte zum Auftrag an die Landesversicherungsanstalt, auch die Kriegsopferversorgung durchzuführen. Sie bediente sich für ihre Arbeit der früheren Versorgungsämter in Mainz und Landau, die so ab November 1945 ihre Arbeit wieder aufnahmen.[1582]

Im Oberpräsidium Rheinland-Hessen-Nassau waren demgegenüber die Kriegsopfer und ihre Hinterbliebenen nach dem August 1945 auf die kommu-

---

1578 Einzelheiten zur personellen Rekrutierung in den Oberpräsidien und zur Bildung der Landesregierung bei BÖHN, *Wiederaufbau der Verwaltung*, a. a. O., S. 15 ff.

1579 WAHL, *Die Organisation und....*, a. a. O., S. 273 charakterisiert Rheinland-Pfalz als den typischen preußischen Nachfolgestaat

1580 Proklamation Nr. 2: Zusätzliche an Deutschland gestellte Forderungen vom 20.09.1945 (Amtsblatt des Kontrollrats Nr. 1 vom 29.10.1948, S. 8-19); vgl. auch STERN, *Das Staatsrecht der....*, Bd. V, a. a. O., S. 945

1581 Vgl. HUDEMANN, *Sozialpolitik im deutschen....*, a. a. O., S. 475 f.

1582 HUDEMANN, *Sozialpolitik im deutschen....*, a. a. O., S. 478 ff.

nale Fürsorge angewiesen. Dabei richtete das Regierungspräsidium in Trier unter Rückgriff auf frühere Verwaltungsstrukturen eine eigene Versorgungsdienststelle ein; in den anderen nördlichen Regierungsbezirken übernahmen Organisationseinheiten bei den Landratsämtern und Stadtverwaltungen diese Aufgabe. In beiden Verwaltungsbezirken wurde darüber hinaus bereits ab dem zweiten Halbjahr 1945 die Berufsfürsorge für Schwerbeschädigte durch Festlegung von Pflichteinstellungsquoten mit Unterstützung der französischen Militärverwaltung durchgesetzt.[1583] Bis zum Frühjahr 1947 verblieb es jedoch bei unterschiedlichen Regelungen zu Organisation und Leistungen der Kriegsopferversorgung in den damaligen Verwaltungsregionen des heutigen Rheinland-Pfalz.

Die Durchführung des Schwerbeschädigtengesetzes von 1923 übertrug die französische Militärregierung auf den Oberpräsidenten von Hessen-Pfalz und die Regierungspräsidenten von Koblenz und Trier, die diese durch entsprechende Verordnungen konkretisierten.[1584] Der Personenkreis der Schwerbeschädigten blieb unverändert; allerdings wurde die Pflichtquote auf zehn vom Hundert pro Betrieb heraufgesetzt. Auch die Aufgaben des Schwerbeschädigtengesetzes wurden weiterhin von den bei den drei Oberbehörden eingerichteten Hauptfürsorgestellen durchgeführt.

3. *Das rheinland-pfälzische Landesversorgungsgesetz und seine Ausführung*

In Rheinland-Pfalz bestand, im Unterschied zu den meisten anderen Bundesländern, im Zeitpunkt des Inkrafttretens des Gesetzes über die Errichtung der Verwaltungsbehörden der Kriegsopferversorgung eine landeseigene Versorgungsverwaltung. Dabei ging die Initiative zu einer landeseinheitlichen Regelung der Kriegsopferversorgung in Rheinland-Pfalz ab dem Frühjahr 1947 von der französischen Militärregierung aus. Dies führte auch dazu, dass der Anspruch auf eine angemessene Versorgung von Opfern des Faschismus sowie von Kriegsopfern und ihrer Hinterbliebenen bei den Beratungen zur Landesverfassung aufgenommen wurde und mit Art. 139 Abs. 2 LV Verfassungs-

---

[1583] HUDEMANN, RAINER: *Zur Politik der französischen Besatzungsmacht*, in: Heyen, Franz-Josef (Herausg.): *Rheinland-Pfalz entsteht*, Boppard 1984, S. 52 f.

[1584] Rundverfügung des Oberregierungspräsidenten Hessen-Pfalz betreffend die Änderung über die Beschäftigung Schwerbeschädigter vom 01.02.1946 (Amtliche Mitteilungen des Oberregierungspräsidiums Hessen-Pfalz, Jahrgang 1946, Nr. 8, S. 41); Erlass des Regierungspräsidenten von Koblenz vom 03.08.1945, zitiert bei SELLMANN/ EVERMANN, *Gesetz über die Beschäftigung Schwerbeschädigter*, a. a. O., Einleitung, S. XXVI; Verordnung des Regierungspräsidenten von Trier vom 29.12.1945 (Regierungs-Amtsblatt 1946, S. 10)

rang erhielt und heute noch hat.[1585] Die Initiative der französischen Militärregierung bewirkte, dass die im Oberpräsidium Hessen-Pfalz seit 1945 bestehende Form der Kriegsopferversorgung auf das ganze Land ausgedehnt wurde.[1586] Damit wurden auch die Versorgungsdienststellen im nördlichen Landesteil wieder reaktiviert.

Nach Inkrafttreten der Verfassung des Landes Rheinland-Pfalz[1587] verabschiedete der erste Landtag am 08.04.1848 ein Landesversorgungsgesetz. Dieses Gesetz stieß zunächst – wegen seines damals relativ hohen Leistungsniveaus zugunsten der Kriegsbeschädigten und ihrer Hinterbliebenen – auf Genehmigungsvorbehalte bei der französischen Militärregierung. Sie sah das Gesetz seinen Grundsätzen nach zwar als notwendig an, hielt es aber für nicht finanzierbar. Es dauerte bis zum Januar 1949, bis die Bedenken der Militärregierung ausgeräumt werden konnten.[1588] Das Gesetz trat am 18.01.1949, also noch vor Gründung der Bundesrepublik Deutschland,[1589] in Kraft und übertrug in § 16 Abs. 1 den Versorgungsdienststellen die Durchführung der Kriegsopferversorgung.[1590]

Das rheinland-pfälzische Landesversorgungsgesetz enthielt Regelleistungen für Erwerbsminderungen aufgrund von Gesundheitsschäden, bedingt durch Kriegseinwirkungen, militär- oder militärähnliche Dienste oder der im Krieg oder Militärdienst eigentümlichen Verhältnisse. Daneben enthielt es auch Kann-Leistungen, wie Zusatzrenten oder erhöhte Hinterbliebenenrenten bei

---

1585 KLAAS, HELMUT (Bearb.): *Die Entstehung der Verfassung für Rheinland-Pfalz, Eine Dokumentation*, Boppard 1978, S. 800 hat nachgewiesen, dass die übrigen deutschen Landesverfassungen der Nachkriegszeit eine derartige Berücksichtigung der Kriegsopfer nicht kennen.

1586 HUDEMANN, *Sozialpolitik im deutschen....*, a. a. O., S. 485 f.

1587 BROMMER, PETER: *Die Entstehung der Verfassung*, in: Heyen, Franz-Josef (Herausg.): *Rheinland-Pfalz entsteht*, Boppard 1984, S. 59 ff.; LEY, *Staats- und Verfassungsrecht*, a. a. O., S. 24 ff.; MAYER/ ULE, *Staats- und Verwaltungsrecht....*, a. a. O., S. 24 ff.; RUDOLF, *Entstehungsgeschichte des Landes....*, a. a. O., S. 5; STERN, *Das Staatsrecht der....*, Bd. V, a. a. O., S. 1061

1588 Zur Entstehungsgeschichte des rheinland-pfälzischen Landesversorgungsgesetzes vgl. HUDEMANN, *Sozialpolitik im deutschen....*, a. a. O., S. 489 ff.; zur Bewertung des Gesetzes gegenüber vergleichbaren Gesetzen in den übrigen Ländern SCHÖNLEITER, *Bundesversorgungsgesetz Kommentar*, a. a. O., Einleitung, S. VIII

1589 Das Grundgesetz für die Bundesrepublik Deutschland trat nach Verkündung am 23.05.1949 am 24.05.1949 in Kraft. Vgl. GEIGER, *Grundgesetz und Völkerrecht*, a. a. O., S. 38; MAUNZ/ ZIPPELIUS, *Deutsches Staatsrecht*, a. a. O., S. 5 f.; WILLOWEIT, *Deutsche Verfassungsgeschichte*, a. a. O., S. 385 f.

1590 Gesetz über die Versorgung der Opfer des Krieges (Landesversorgungsgesetz) vom 18.01.1949 (GVBl. S. 11)

Vorliegen von Bedürftigkeit, sowie Pflegezulagen bei Vorliegen der gesetzlichen Voraussetzungen. Damit umfasste es auch Leistungen der Kriegsopferfürsorge, die das Reichsversorgungsgesetz noch ausgeklammert und besonderen Fürsorgerichtlinien überlassen hatte.[1591]

Entsprechend dieser umfassenden Aufgabenstellung erhielt die rheinland-pfälzische Oberbehörde der Kriegsopferversorgung die Bezeichnung Landesversorgungs- und –fürsorgeamt.[1592] Die Fürsorgeaufgaben für Kriegsbeschädigte und Kriegshinterbliebene wurden allerdings im Vorgriff auf die sich abzeichnenden Regelungen des Bundesversorgungsgesetzes[1593] bereits im Juli 1950 aus dem Geschäftsbereich der Landesversorgungsverwaltung herausgetrennt und Landesfürsorgeverbänden zugewiesen, die bei den damaligen Bezirksregierungen gebildet wurden.[1594] Seither galten die Behördenbezeichnungen Landesversorgungsamt Rheinland-Pfalz mit nachgeordneten Versorgungsämtern und dem Zusatz ihrer Ortsangabe.[1595]

[1591] Es waren gerade diese Kann-Leistungen, wegen derer die französische Militärregierung dem Gesetz von April 1948 bis zu seiner Verkündung Anfang 1949 seine Genehmigung versagte; vgl. HUDEMANN, *Sozialpolitik im deutschen....*, a. a. O., S. 489 f., 522 f.

[1592] Die Rundverfügung des Ministeriums der Arbeit vom 27.05.1949 zur Durchführung des Landesversorgungsgesetzes (MinBl. S. 236 f.) benennt als Dienststellen zur Durchführung des Landesversorgungsgesetzes die Versorgungsämter und das Landesversorgungs- und -fürsorgeamt. Gegen die Entscheidungen dieser Versorgungsdienststellen war Berufung nach den Grundsätzen des Gesetzes über das Verfahren in Versorgungssachen vom 10.01.1922 (RGBl. S. 59) bei den Versorgungsgerichten zulässig. Diese Versorgungsgerichte wurden bei den Oberversicherungsämtern Speyer (für das Gebiet Pfalz-Hessen) und Koblenz (für die übrigen Landesteile) gebildet.

[1593] HUDEMANN, *Sozialpolitik im deutschen....*, a. a. O., S. 532 ff.. Er stellt auch die Schlechterstellung dar, die die rheinland-pfälzischen Kriegsopfer durch dieses erste Bundesgesetz zur Kriegsopferversorgung gegenüber der landesgesetzlichen Regelung erfuhren. Das Bundesversorgungsgesetz vom 20.12.1950 (BGBl. I S. 791) verwies in §§ 25 bis 27 (soziale Fürsorge, Berufsfürsorge, Erziehungsbeihilfen) auf die Zuständigkeit der Hauptfürsorgestellen der Länder. Die Einzelheiten der Durchführung der Kriegsopferfürsorge sollten durch Rechtsvorschriften geregelt werden, die erst mit den Verwaltungsvorschriften zur Durchführung der §§ 25 bis 27 BVG vom 10.12.1951 (GMBl. S. 256) und der Rechtsverordnung zur Durchführung des § 26 BVG vom 10.12.1951 (BGBl. I S. 951) erfolgten. Hierzu: BARTH, ERNST: *Die Kriegsopferversorgung von 1945 bis 1951*, in: Kriegsopferversorgung 1951, S. 2; BISCHOFF, AXEL: *Versorgung und Fürsorge für Kriegsblinde nach dem BVG*, in: Kriegsopferversorgung 1952, S. 51 f.

[1594] Rundverfügung des Sozialministeriums vom 12.07.1950 zur Änderung der Bezeichnung Landesversorgungs- und -fürsorgeamt Rheinland-Pfalz (MinBl. S. 528)

[1595] Organigramme der rheinland-pfälzischen Versorgungsverwaltung bis 1995 in Anlage 2. Erste Behördenleiterin war Oberregierungsrätin *Maria Detzel*

4. *Durchführung von Aufgaben der Fürsorge und des öffentlichen Gesundheitsdienstes im Gebiet von Rheinland-Pfalz nach 1945*

In der französischen Besatzungszone fand nach 1945 die Fürsorgepflicht-Verordnung von 1924 weiterhin Anwendung, soweit sie in der allgemeinen Not gerade in dieser damals nicht industriell geprägten Zone überhaupt zum Zuge kommen konnte.[1596] Für den Kostenausgleich unter den Fürsorgeverbänden trat Rheinland-Pfalz am 16.07.1951 der Fürsorgerechtsvereinbarung innerhalb der britischen Besatzungszone vom 18.09.1947 in der Neufassung vom 03.05.1949 bei, die auch für die Fürsorgeverbände der amerikanischen Besatzungszone galt.[1597] In der öffentlichen Jugendhilfe galten die Prinzipien des Preußischen Ausführungsgesetzes zum Reichsjugendwohlfahrtsgesetz weiter fort, wobei in Rheinland-Pfalz die Aufgaben der Provinzialverwaltungen von der Landesverwaltung nach Verfestigung ihrer Organisationsstrukturen übernommen wurden.

Als Landesbehörde der öffentlichen Fürsorge und Jugendfürsorge wurde das Landeswohlfahrts- und –jugendamt Rheinland-Pfalz mit Sitz in Koblenz eingerichtet.[1598] Ihm wurden ab September 1950 die Aufgaben des damaligen Landesfürsorgeverbandes Rheinland-Hessen-Nassau (mit den Regierungsbezirken Koblenz, Montabaur und Trier) sowie der damaligen Hauptfürsorgestelle für Kriegsbeschädigte und Kriegshinterbliebene für Rheinland-Hessen-Nassau übertragen. Dazu gehörte auch das Landesjugendamt Rheinland-Pfalz – einschließlich der damaligen Fürsorgeerziehungsbehörde -, die Verwaltung der landeseigenen Kranken-, Pflege-, Erziehungs– und Bewahranstalten, der Tuberkulosehilfe, der Geschlechtskrankenfürsorge, des Hebammenwesens sowie die Verwaltung öffentlichen Suchdienstes.[1599]

In den Regierungsbezirken Pfalz und Rheinhessen waren eigene Verwaltungseinheiten des Landesfürsorgeverbandes als Zweigverbände Rheinhessen

---

[1596] Ausgenommen war die Kriegsopferfürsorge, vgl. GIESE, *30 Jahre BHSG – ....*, a. a. O., S. 1

[1597] BRACKMANN/ DRILLING, *Wohlfahrtspflege*, a. a. O., S. 47; SAURBIER, HELMUT: *Ende der Schiedsgerichtsbarkeit nach der Fürsorgerechtsvereinbarung*, in: ZfF 2003, S. 121

[1598] Die ursprüngliche Konzentration vieler Landesoberbehörden am Dienstsitz Koblenz war eine Entscheidungsfolge der französischen Militärregierung (Verordnung Nr. 57 vom 30.08.1946), als rheinland-pfälzische Hauptstadt Mainz zu bestimmen, sobald dort die entsprechenden wohnlichen Voraussetzungen geschaffen worden seien. Bis dahin, also vom November 1946 bis zum Mai 1951, war Koblenz die Landeshauptstadt; hier und nicht in Mainz war genügend Infrastruktur für die Errichtung auch von Landesoberbehörden vorhanden. Vgl. GRAß, *Von Koblenz nach....*, a. a. O., S. 433 ff.

[1599] Rundverfügung des Sozialministeriums vom 25.08.1950 zur Übertragung von Wohlfahrts- und Jugendwohlfahrtsaufgaben vom Sozialministerium auf das Landeswohlfahrts- und –jugendamt in Koblenz (MinBl. S. 618)

und Pfalz sowie bei der Bezirksregierung Pfalz eine eigene Hauptfürsorgestelle gebildet worden.[1600] Nach Herauslösung der Aufgaben des Landesjugendamtes im Jahr 1956 bestand diese Oberbehörde als Landeswohlfahrtsamt Rheinland-Pfalz in Koblenz bis zur Errichtung des Landessozialamtes in Mainz weiter fort.[1601]

Für die Wahrnehmung der Aufgaben des öffentlichen Gesundheitsdienstes galt in der französischen Besatzungszone nach 1945 das Gesetz über die Vereinheitlichung des Gesundheitsdienstes aus dem Jahr 1934 fort, das auf der Ebene der kommunalen Gebietskörperschaften staatliche Gesundheitsämter vorschrieb und seine Aufsichtsaufgaben bei den Bezirksregierungen bündelte. Diese organisationsrechtlichen Grundsätze wurden zusammen mit dem vor 1933 geltenden Verwaltungsorganisationsrecht der Länderverwaltungen von der französischen Militäradministration für die unter ihrer Aufsicht unterstehenden Regierungspräsidien übernommen und in der rheinland-pfälzischen Landesverwaltung der Mittelinstanz nach 1947 fortgesetzt.[1602] Damit gehörte auch die Überwachung des Heilwesens und des Arzneimittelverkehrs sowie die Kindertagesstättenaufsicht zum Aufgabenbündel der Bezirksregierungen[1603] bis zu ihrer Auflösung im Jahr 2000.

III. Die bayerischen Verwaltungsbehörden im Sozialbereich

1. Zur Geschichte der bayerischen Sozialverwaltung

a. Zur Entstehung der bayerischen Verwaltung

Wie in den übrigen deutschen Territorialstaaten beginnt die Geschichte der bayerischen staatlichen Verwaltung mit ihrer Trennung von der Domänen- oder Vermögensverwaltung der feudalen Herrscher.[1604] Ihre Entstehung und ihre zunehmende Bedeutung als vollziehende Gewalt ist zugleich Ausdruck des Wachsens der territorialen staatlichen Verantwortung des absolutistischen Souveräns für sein Territorium und dessen Einwohner vor dem geschichtli-

---

[1600] Dies geht aus der Anordnung des Sozialministeriums über die Errichtung des Landessozialamtes Rheinland-Pfalz (MinBl. 1963, S. 1131) hervor, mit der diese Verwaltungseinheiten aufgelöst werden.

[1601] Nr. 2 des Runderlasses des Sozialministeriums zur Errichtung des Landesjugendamtes Rheinland-Pfalz vom 15.06.1956 (MinBl. S. 739). Behördenleiter war Oberregierungsrat *Paul Wieland*. Er leitete bereits die Vorgängerbehörde.

[1602] VON UNRUH, *Die Lage der....*, a. a. O., S. 84

[1603] WAHL, *Die Organisation und....*, a. a. O., S. 270

[1604] ACHTERBERG, *Strukturen der Geschichte....*, a. a. O., S. 579; ELLWEIN, *Geschichte der öffentlichen....*, a. a. O., S. 40 f.; STERN, *Das Staatsrecht der....*, Bd. V, a. a. O., S. 151 f.; STOLLEIS, *Geschichte des öffentlichen....*, 1. Bd., a. a. O., S. 335 f.

chen Hintergrund des sinkenden Einflusses staatlicher Zentralgewalt ab dem Beginn des 17. Jahrhunderts.[1605] Der Freistaat[1606] Bayern mit seiner historisch gewachsenen Territorialstruktur[1607] nimmt dabei unter den 16 Bundesländern eine Sonderstellung ein. Er ist eines der wenigen Bundesländer mit einer Kontinuität als Gliedstaat Deutschlands, die über die erste Verfassung Deutschlands als Gesamtstaat[1608] hinausgeht.[1609] Darüber hinaus hat er bei seiner Wiederkonstituierung als Freistaat am 08.12.1946[1610] sein Territorium im Wesentlichen bewahren können.[1611]

Die Festigung der Grundstrukturen der bayerischen Verwaltung erfolgte zusammen mit der Vereinigung der bayerischen Territorien nach 1805 durch *Maximilian J. Graf von Montgelas*. Er vollzog in Bayern die in Preußen bereits erfolgte Trennung der feudalistischen Herrscherrechte von der Funktion des Fürsten als Organ des Staates und leitete die Organisation des bayerischen Staates durch zentrale Regierungsbehörden ein.[1612] Auf ihn geht die bayerische Konstitution vom 25.05.1808 zurück, die die Organisation der bayerischen Verwaltung als zentral geführte Verwaltung mit Mittel- und Unterbehörden nach französischem Vorbild festlegte.[1613] Sie realisierte sich im baye-

---

1605 WILLOWEIT, *Deutsche Verfassungsgeschichte*, a. a. O., S. 182

1606 Als Synonym für Republik, vgl. MEDER, *Die Verfassung des....*, a. a. O., S. 68; MAUNZ, *Verfassungsrecht und Staatsorganisation*, a. a. O., S. 47; STERN, *Das Staatsrecht der....*, Bd. V, a. a. O., S. 565

1607 STERN, *Das Staatsrecht der....*, Bd. V, a. a. O., S. 156 ff.

1608 Vgl. bereits Bayern als Monarchie in der Präambel der Verfassung des deutschen Reiches vom 16.04.1871 (RGBl. S. 63); WILLOWEIT, *Deutsche Verfassungsgeschichte*, a. a. O., S. 290 f.

1609 WAHL, *Die Organisation und....*, a. a. O., S. 245

1610 Verfassung des Freistaates Bayern vom 02.12.1946, in Kraft getreten am 08.12.1946 (GVBl. Nr. 23 S. 333)

1611 Bis auf die Pfalz, die als Teil der französischen Besatzungszone Bestandteil von Rheinland-Pfalz wurde; vgl. MAUNZ, *Verfassungsrecht und Staatsorganisation*, a. a. O., S. 46. Zur Konstituierung Bayern als Freistaat nach 1918 vgl. VOLKERT, WILHELM: *Bayern*, in: Jeserich, Kurt G. A.; Pohl, Hans; Unruh, Georg-Christoph von (Herausg.): *Deutsche Verwaltungsgeschichte,* Bd. 4, Stuttgart 1985, S. 558 ff. Bayern ist mit 70.553 Quadratkilometern das flächengrößte Land der Bundesrepublik Deutschland, in dem 12,38 Millionen Einwohner leben (Quelle: STATISTISCHES BUNDESAMT (Herausg.): *Datenreport 2004*, a. a. O., S. 34).

1612 STERN, *Das Staatsrecht der....*, Bd. V, a. a. O., S. 157 f.

1613 STERN, *Das Staatsrecht der....*, Bd. V, a. a. O., S. 159. Die staatliche Regionalgliederung Bayerns wurde 1808 nach dem Muster des französischen Departementsystems in 15 nach Flüssen benannte Kreise eingeteilt, die zunächst auf neun und 1817, als Bayern nach dem Wiener Kongress seine im Wesentlichen heutige Territorialgestalt einnahm, auf acht Kreise (einschließlich Pfalz) reduziert und nach den regionalen Stämmen umbenannt wurrischen Staat in einer allgemeinen Verwaltung auf drei Ebenen, bei der die Ebene der Mittelbehörden durch die Verwaltungen der Kreise (Regierungen als Regierungsbezirke) und auf der unteren staatlichen Ebene der Bezirke (Landkreise) dargestellt wurde.

Diese Grundstruktur der staatlichen Exekutive wurde 1828 durch König *Ludwig I* durch eine umfassende Reform der Staatsverwaltung verändert, in der die historischen Landesteile Bayerns als Bezirke (Distrikte) und Gebietskörperschaften anerkannt wurden. Sie erhielten 1852 den Status von Körperschaften des öffentlichen Rechts und 1919 das Recht der Selbstverwaltung in ihrem wirtschaftlichen, sozialen und kulturellen Tätigkeitsbereich.[1614]

b. Die Grundstruktur der bayerischen Verwaltung

Die Landesverwaltung Bayerns ist in ihrer Grundstruktur nach dem Gebietsorganisationsmodell der Flächenländer der Bundesrepublik Deutschland ausgebildet, bei dem die oberste Ebene der Landesverwaltung nach dem Ressortprinzip in verschiedene Fachministerien aufgeteilt ist, die mittlere und untere Ebene dagegen nach Bündelungsgesichtspunkten zusammengefasst wird.[1615] Dieses zentralistische Grundprinzip der bayerischen Verwaltungsorganisation wurde in Art. 9 der bayerischen Verfassung als Aufteilung des Staatsgebiets Bayerns aufgenommen und ist mit den sieben Regierungen (Regierungsbezirke) in der Mittelinstanz sowie den Kreisverwaltungsbehörden der Bezirke (Landkreise) als Behörden der unteren staatlichen Stufe realisiert.[1616] Ihm steht das Verfassungsgebot kommunaler Selbstverwaltung bis in die Ebene der Regierungsbezirke nach Art. 10 der Verfassung gegenüber, nach dem bei den Landkreisen und Regierungsbezirken Gemeindeverbände als Selbstverwaltungskörper mit eigenem Wirkungskreis gebildet werden.[1617]

Die bayerische Landesverwaltung ist nach den Staatsministerien als obersten Landesbehörden in der Mittelstufe durch die zentralen staatlichen Verwaltungsbehörden der Regierungsbezirke gegliedert, in denen nach dem Grundsatz der Einheit der Verwaltung die Staatsaufgaben unter der Dienstaufsicht

---

den. Die heutigen sieben Regierungsbezirke (ohne Pfalz) entsprechen im Wesentlichen dieser Struktur.

1614 VOLKERT, *Bayern*, a. a. O., S. 562 f.

1615 WAHL, *Die Organisation und....*, a. a. O., S. 213

1616 MAUNZ, *Verfassungsrecht und Staatsorganisation*, a. a. O., S. 65 ff.

1617 Organisationsschema der bayerischen Landessozialverwaltung in Anlage 4; vgl. auch die Darstellung bei WOLFF/ BACHOF/ STOBER/ KLUTH/ PEILERT, *Verwaltungsrecht,* Bd. 2, a. a. O., S. 52 f.

des Staatsministeriums des Inneren wahrgenommen werden.[1618] Die Hauptaufgabe der Regierungen besteht in der Überwachung des Verwaltungsvollzugs der unteren staatlichen Verwaltungsbehörden, die entweder als Kreisverwaltungsbehörden (Landratsämter)[1619] oder als Sonderbehörden staatliche Aufgaben auf der Kreisebene erfüllen.[1620]

Auf der Ebene der Landkreise und kreisfreien Städte, als kommunale Selbstverwaltungskörperschaften und Gemeindeverbände, nehmen die Kreis- oder Stadtverwaltungen die Aufgaben ihres eigenen oder des übertragenen Wirkungskreises wahr und sind somit auch untere staatliche Verwaltungsbehörden.[1621] Die kommunale Selbstverwaltung in Bayern wird ergänzt um die Ebene der Bezirke, die als Gebietskörperschaften, entsprechend den Regierungen, organisiert sind.[1622] Die sieben Bezirke Bayerns verfügen über eine rechtlich selbständige Verwaltung, die gem. Art. 35 der Bezirksordnung[1623] im personellen und sächlichen Verwaltungsverbund mit den Regierungen geführt wird, allerdings gem. Art. 33 Abs. 4 der Bezirksordnung dem Weisungsrecht des Bezirkstagspräsidenten unterliegt. Damit verfügt Bayern als einziges Bundesland flächendeckend über durch allgemeine Wahlen legitimierte

---

1618 MAUNZ, *Verfassungsrecht und Staatsorganisation*, a. a. O., S. 65 bezeichnet sie als zentrale staatliche Verwaltungsbehörden für die Regierungsbezirke; vgl. auch MAUNZ, THEODOR: *Verfassungs- und Verfassungsprozessrecht*, in: Berg, Wilfried; Knemeyer, Ludwig; Papier, Hans-Jürgen; Steiner, Udo: *Staats- und Verwaltungsrecht in Bayern*, 6. Aufl., Stuttgart, München, Hannover, Berlin, Weimar, Dresden 1996, S. 60; MÜLLER, *Gestaltungsmuster staatlicher Aufbauorganisation*, a. a. O., S. 538 f.

1619 Funktion und Aufgabenverteilung gem. Art. 37 Abs. 1 der Landkreisordnung für den Freistaat Bayern vom 22.08.1998 (GVBl. S. 827, geändert am 28.03.2000, GVBl. S. 136); MAUNZ, *Verfassungs- und Verfassungsprozessrecht*, a. a. O., S. 60; zum Aufgabenverständnis von Bezirksregierungen WAGENER, *Die Regierungsbezirke im....*, a. a. O., S. 157 f.

1620 MAUNZ, *Verfassungsrecht und Staatsorganisation*, a. a. O., S. 65 ff.; WAHL, *Die Organisation und....*, a. a. O., S. 248 f.

1621 Art. 4 bis 6 der Landkreisordnung für den Freistaat Bayern; vgl auch MAUNZ, *Verfassungs- und Verfassungsprozessrecht*, a. a. O., S. 61 f.; SCHMIDT-AßMANN, *Kommunalrecht....*, a. a. O., S. 95; SCHRÖDER, *Kommunalverfassungsrecht....*, a. a. O., S. 6; SEEWALD, *Kommunalrecht....*, a. a. O., S. 152

1622 Art. 1 der Bezirksordnung für den Freistaat Bayern vom 27.07.1953 idF der Bek. v. 27.12.1999 (GVBl. S. 548); BOVENSCHULTE, *Gemeindeverbände als Organisationsformen....*, a. a. O., S. 395; STEINER, UDO: *Kommunalrecht*, in: Berg, Wilfried; Knemeyer, Ludwig; Papier, Hans-Jürgen; Steiner, Udo: *Staats- und Verwaltungsrecht in Bayern*, 6. Aufl., Stuttgart, München, Hannover, Berlin, Weimar, Dresden 1996, S. 208; WAHL, *Die Organisation und....*, a. a. O., S. 249

1623 Bezirksordnung für den Freistaat Bayern idF v. 22.08.1998 (GVBl. S. 851), geändert am 27.12.1999 (GVBl. S. 548)

Selbstverwaltungskörperschaften mit dem Wirkungskreis seiner überörtlichen Gemeinschaft, der um staatliche Auftragsangelegenheiten erweitert werden könnte.[1624]

Neben dieser allgemeinen staatlichen Verwaltung der Regional- und Ortsebene besteht eine spartenbezogene Sonderverwaltung, die in der Folge von Änderungen im gesamtwirtschaftlichen und gesamtgesellschaftlichen Umfeld ab den 1990er Jahren teilweise in die allgemeine Staatsverwaltung integriert und zum anderen Teil durch Zusammenfassung aufgabenverwandter Ämter oder von Zuständigkeitsbereichen verringert wurde. So wurde die staatliche Gesundheitsverwaltung auf der unteren Verwaltungsstufe in die Landratsämter eingegliedert. Ziel dieser Umstrukturierungsmaßnahmen war, Sonderbehörden zugunsten von Behörden der allgemeinen inneren Verwaltung abzubauen, um so dem Gedanken der „Einheit der Verwaltung" Rechnung zu tragen.[1625]

c. Grundzüge der Sozialverwaltung in Bayern nach 1918

Wie in allen deutschen Ländern stand nach dem Ende des Ersten Weltkrieges die Sicherung der Ernährung für die Bevölkerung, die Umstellung von der Kriegswirtschaft auf die Friedensproduktion und die Kriegsopferversorgung im Vordergrund. Deshalb wurde in der ersten bayerischen Staatsregierung unter *Kurt Eisner* bereits im November 1918 ein Sozialministerium eingerichtet, dessen Arbeitsschwerpunkte die Arbeitsvermittlung und Erwerbslosenfürsorge bildeten.[1626] Die Arbeitsvermittlung wurde seit Errichtung des Reichsarbeitsamtes am 04.10.1918 Angelegenheit der Reichsbehörden, die in Bayern mit dem Landesamt für Arbeitsvermittlung und den Arbeitsämtern vertreten wurden.[1627] Ebenso ging die Kriegsopferversorgung nach 1919 von der früheren Zuständigkeit der bayerischen Militärverwaltung als Reichsangelegenheit in die Zuständigkeit des Reichsarbeitsministeriums über,[1628] des-

---

[1624] BOVENSCHULTE, *Gemeindeverbände als Organisationsformen....*, a. a. O., S. 398; DITTMANN, *Kommunalverbandsrecht*, a. a. O., S. 139; SCHMIDT-AßMANN, *Kommunalrecht....*, a. a. O., S. 102; WOLFF/ BACHOF/ STOBER/ KLUTH/ PEILERT, *Verwaltungsrecht*, Bd. 2, a. a. O., S. 766 f.

[1625] Vgl. GANßER, WALTER: *Verwaltungsreform in Bayern*, in: BayVBl. 1996, S. 103 f.; durch die Ermächtigung in § 1 der bayerischen Verordnung über die Einrichtung der staatlichen Behörden vom 31.03.1954 (BayRS 200-1-S) ist es jedem Ressort möglich, seinen Behördenbereich im Rahmen der haushaltsrechtlichen Ermächtigung zu gestalten.

[1626] VOLKERT, *Bayern*, a. a. O., S. 563 f.

[1627] BERG, *Arbeits- und Sozialverwaltung*, a. a. O., S. 220; BUTTERWEGGE, *Krise und Zukunft....*, a. a. O., S. 51; VOLKERT, *Bayern*, a. a. O., S. 563 berichtet von der Eingliederung der bayerischen Arbeitsvermittlung in das Reichsamt für Arbeitsvermittlung im Jahr 1928

[1628] BERG, *Arbeits- und Sozialverwaltung*, a. a. O., S. 239

sen Hauptversorgungsamt in München mit acht regionalen Versorgungsämtern den Zuständigkeitsbereich von Bayern abdeckte.[1629]

Für die gehobene Fürsorge, darunter auch die Kriegsopferfürsorge und die Schwerbeschädigtenbeschäftigung, wurde in Bayern die „Landeshauptfürsorgestelle der Kb- und Kh-Fürsorge" zuständig, die als staatliche Landesaufgabe bei den Regierungen der Kreise (Regierungsbezirke) im Aufgabenbereich Inneres gebildet wurden.[1630] Im Bereich der öffentlichen Fürsorge wurden in Bayern die Bezirke (Landkreise und kreisfreien Städte) zuständig, denen als Bezirksfürsorgeverbände die Sicherstellung der Fürsorgepflicht in ihrem Zuständigkeitsbereich oblag.[1631] Die Jugendfürsorge wurde auf kommunaler Ebene in Wohlfahrtsämtern zusammen mit der öffentlichen Fürsorge betrieben;[1632] die Funktion des Landesjugendamtes wurde von einem Landesausschuss wahrgenommen, der sich auf Zweigstellen bei den Bezirksregierungen für seine Verwaltungstätigkeit abstützte.[1633]

Das öffentliche Gesundheitswesen war, wie in den übrigen Ländern, auch in Bayern Angelegenheit der allgemeinen inneren Landesverwaltung, das in der Mittelinstanz von den Regierungen der Kreise (Regierungsbezirke)[1634] und auf der unteren Ebene zunächst in kommunaler Trägerschaft sowie ab 1934 von staatlichen Gesundheitsämtern durchgeführt wurde.

d. Besonderheiten sozialrechtlicher Entwicklung in Bayern nach 1945

Bayern gehörte nach der Regierungsübernahme der vier Siegermächte 1945 mit fast seinen gesamten Landesteilen zur amerikanischen Besatzungszone.[1635] Deshalb wurden dort, wie in den übrigen Ländern unter amerikanischer Militärregierung,[1636] die von dieser erlassenen oder initiierten Verände-

---

[1629] Versorgungsämter in Augsburg, Bayreuth, Landshut, München-Stadt, München Land, Nürnberg, Regensburg, Würzburg

[1630] Verordnung über die soziale Kriegsbeschädigten- und Kriegshinterbliebenenfürsorge in Bayern vom 07.04.1920 (GVBl. Nr. 19 S. 112)

[1631] Vgl. BRACKMANN/ DRILLING, *Wohlfahrtspflege*, a. a. O., S. 45; DAHLINGER/ MERGLER, *Einführung in das....*, a. a. O., Einführung Rdnr. 10; HAUBENWALLNER, *Soziale Entschädigung und....*, a. a. O., S. 110

[1632] WEBER, *Fürsorge und Wohlfahrtspflege*, a. a. O., S. 117 f.

[1633] Art. 17 – 21 des Bayerischen Jugendamtsgesetzes vom 20.07.1925 (GVBl. S. 211)

[1634] WAHL, *Die Organisation und....*, a. a. O., S. 248

[1635] Die linksrheinische Pfalz und der Landkreis Lindau gehörten zur französischen Besatzungszone. Während die Pfalz Bestandteil des Landes Rheinland-Pfalz wurde, kam der Landkreis Lindau bei der Konstituierung des Landes Baden-Württemberg nach Bayern zurück; vgl. MAUNZ, *Verfassungsrecht und Staatsorganisation*, a. a. O., S. 46

[1636] Bremen, Hessen, Württemberg-Baden, vgl. STERN, *Das Staatsrecht der....*, Bd. V, a. a. O., S. 955 f.

rungen oder Weiterentwicklungen des Sozialrechts aus der Zeit vor 1945 umgesetzt. Zu den Veränderungen gehörte auch das Kontrollratsgesetz Nr. 34 vom 20.03.1946, mit dem die bisherigen Behördenstrukturen der Versorgungsverwaltung aufgelöst und die Zahlung von Versorgungsbezügen an beschädigte Wehrmachtsangehörige untersagt wurde. Das Fürsorgerecht der Weimarer Republik galt mit der Fürsorgepflicht-Verordnung von 1924 sowie den Reichsgrundsätzen über Voraussetzung, Art und Maß der öffentlichen Fürsorge demgegenüber unverändert fort – mit Ausnahme der Regelungen zur Kriegsopferfürsorge.[1637]

Die Fürsorgeverbände der amerikanischen Besatzungszone, die in Bayern von den Bezirken (Kreisen)[1638] dargestellt wurden, traten am 03.05.1949 der Fürsorgerechtsvereinbarung innerhalb der britischen Besatzungszone bei und bildeten so einen bizonalen Fürsorgerechtsverband.[1639] Als Rechtsgrundlage für den öffentlichen Gesundheitsdienst galt das Gesetz über die Vereinheitlichung des Gesundheitswesens von 1934 weiter fort. Auf seiner Grundlage wurden bei den Bezirken (Kreisen) Gesundheitsämter beibehalten und ihre Aufsicht zusammen mit der Aufsicht über die Heilberufe und den Arzneimittelverkehr bei den Regierungsbezirken organisiert.[1640]

Der Freistaat Bayern griff nach seiner Konstituierung am 08.12.1946[1641] das ungelöste Problem der Kriegsopferversorgung auf und beschloss am 29.01.1947 ein Gesetz über Leistungen an Körperbeschädigte.[1642] Dieses Gesetz eröffnete Personen, die durch unmittelbare Kriegseinwirkung oder aus Anlass eines militärischen oder militärähnlichen Dienstes einen Gesundheitsschaden erlitten hatten, einen Anspruch auf Leistungen nach den Vorschriften der gesetzlichen Unfallversicherung. Beim Zusammentreffen einer Unfallversicherungsrente mit einem Anspruch aus gesetzlicher Rentenversicherung wurde nur dann die höhere Rente gewährt, wenn die Ansprüche auf der gleichen Rechtsfolge beruhten. Beschädigte ab einer Minderung der Erwerbsfähigkeit von 30 Prozent waren rentenberechtigt. Die Rentenberechtigung von Witwen bestand nur dann, wenn sie erwerbsunfähig waren oder das 60. Lebensjahr vollendet hatten, es sei denn, sie betreuten ein waisenrentenberechtigtes Kind unter drei Jahren oder zwei derartige Kinder unter acht Jahren. Ei-

---

1637 GIESE, *30 Jahre BSHG -....*, a. a. O., S. 1

1638 Vgl. VON UNRUH, *Die Lage der....*, a. a. O., S. 77

1639 BRACKMANN/ DRILLING, *Wohlfahrtspflege*, a. a. O., S. 47

1640 Vgl. LABISCH, *Entwicklungslinien des öffentlichen....*, a. a. O., S. 752 f.

1641 MEDER, *Die Verfassung des....*, a. a. O., S. 59

1642 KBLG – Bayerisches Gesetz Nr. 64 vom 26.03.1947 (GVBl. S. 107); Einzelheiten zum Gesetz bei KANDLER, HANS: *Vom Kriegsopfer- zum sozialen Entschädigungsrecht: Das Versorgungsamt im Wandel der Nachkriegszeit*, in: VersorgV 1996, S. 86 f.

ne Unwürdigkeitsklausel schloss Mitglieder der NSDAP oder ihrer Organisationen und Verbände vom Rentenbezug aus.[1643]

Das Schwerbeschädigtengesetz von 1923 wurde in Bayern im Jahr 1947 durch eigene Landesgesetzgebung hinsichtlich des Personenkreises unverändert gelassen, allerdings um Verfolgte des NS-Regimes mit einer Minderung der Erwerbsfähigkeit von wenigstens 50 vom Hundert erweitert und in Bezug auf die Beschäftigungspflicht verändert.[1644] So wurde die Pflichtquote auf acht vom Hundert angehoben und für diejenigen öffentlichen oder privaten Betriebe, die einen Pflichtplatz nicht mit einem Schwerbeschädigten besetzten, eine Ausgleichsabgabe eingeführt. Diese nur für Arbeits- und Berufsförderung von Schwerbeschädigten zweckgebundene Abgabe knüpfte an die Praxis unter dem Schwerbeschädigtengesetz von 1923 an, dass die Betriebe, die die damaligen Auflagen zur Beschäftigung von Schwerbeschädigten nicht erfüllten, eine geldliche Abstandssumme pro Pflichtplatz zu zahlen hatten.[1645] Durch dieses Gesetz wurde die Zuständigkeit der Hauptfürsorgestellen eingeschränkt und die Arbeitsvermittlung der Schwerbeschädigten den bis zur Wahrnehmung der Bundeszuständigkeit für die Arbeitsvermittlung landeseigenen Behörden der Arbeitsverwaltung übertragen.[1646]

Diese sozialrechtlichen Sonderentwicklungen wurden im Recht der Kriegsopferversorgung durch das Bundesversorgungsgesetz von 1950 und seine Durchführungsgesetzgebung[1647] sowie im Schwerbeschädigtenrecht durch das Schwerbeschädigtengesetz von 1953 bundeseinheitlich angeglichen. Das Bundessozialhilfegesetz von 1962 und das Jugendwohlfahrtsgesetz von 1961

[1643] VORBERG/ VAN NUIS, *Das Recht der....*, a. a. O., S. 20 f.; WUTTKE, *Fünfzig Jahre Versorgungsrecht*, a. a. O., S. 101. Das Gesetz wurde gleichlautend in Bremen, Hessen und Württemberg-Baden im Jahr 1947 übernommen.

[1644] Gesetz Nr. 81 zur Änderung und Ergänzung des Gesetzes über die Beschäftigung Schwerbeschädigter vom 15.09.1947 (GVBl. S. 176); gleichlautende Gesetze wurden in Württemberg-Baden (Gesetz Nr. 96 vom 11.09.1947, Reg.Bl. S. 94) und Hessen (Gesetz vom 12.09.1947, GVBl. S. 92) erlassen.

[1645] Nach § 6 Abs. 2 Satz 2 konnte die Hauptfürsorgestelle Befreiungen von der Pflichtquote an Bedingungen knüpfen, „die der Förderung der Arbeitsfürsorge oder sonst der Schwerbeschädigtenfürsorge dienen". Diese Bedingung konnte auch in der Leistung einer Abstandszahlung bestehen; vgl. SELLMANN/ EVERMANN, *Gesetz über die....*, a. a. O., § 9 Rdnr. 1. Die Legitimation der Ausgleichsabgabe blieb allerdings bis zum Inkrafttreten des Schwerbeschädigtengesetzes von 1953 in Rechtsprechung und Literatur umstritten, vgl. hierzu die Zusammenfassung bei ROHWER-KAHLMANN, *Das Schwerbeschädigtengesetz – ein....*, a. a. O., S. 106

[1646] Vgl. SCHMITT, *Arbeits- und Sozialverwaltung....*, a. a. O., S. 566 f.

[1647] Insbesondere das Gesetz über die Errichtung der Verwaltungsbehörden der Kriegsopferversorgung vom 12.03.1951 (BGBl. I S. 169) führten mit ihren Aufträgen an die Länder zur Durchführungsgesetzgebung zur Strukturierung der bayerischer Sozialbehörden.

2. *Die sozialrechtlichen Landeszuständigkeiten und überörtlichen Trägerschaften in Bayern*

a. Die Zuständigkeiten des bayerischen Landesamtes für Versorgung und Familienförderung und seiner nachgeordneten Behörden

Zur Durchführung des Gesetzes über Leistungen an Körperbeschädigte nahm die bayerische Versorgungsverwaltung in ihrer vor dem Zweiten Weltkrieg bestehenden Gliederung ihre Arbeit wieder auf und passte ihre Organisationsstruktur nach Gründung der Bundesrepublik Deutschland und dem Inkrafttreten des Bundesversorgungsgesetzes sowie seiner Organisationsgesetze den Bundesvorgaben an. Sie ging aus der ab 1949 beim Bayerischen Landesversicherungsamt gebildeten Verwaltungsabteilung für staatliche Versehrteneinrichtungen hervor und übte ab 1951 als Landesversorgungsamt Bayern die Dienst- und Fachaufsicht über die bayerischen Versorgungsdienststellen und –einrichtungen aus.[1648]

Wie viele Versorgungsverwaltungen in anderen Bundesländern wurde die bayerische Versorgungsverwaltung später über die Durchführung des sozialen Entschädigungsrechts hinaus mit zusätzlichen Aufgaben betraut. Es waren dies, neben der Durchführung der Anwendungsgesetze des Bundesversorgungsgesetzes und der Feststellungsverfahren gem. § 69 SGB IX, der Vollzug des Bundeserziehungsgeldgesetzes ab 1985[1649], des Bayerischen Landeserziehungsgeldgesetzes[1650] und des Bayerischen Blindengesetzes vom 07.04.1995.[1651] Weiterhin wurden ihm die unten dargestellten Verwaltungsaufgaben des Landes im Sozialbereich zur Durchführung übertragen.

Dem bis zum 31.07.2005 bestehenden[1652] Bayerischen Landesamt für Versorgung und Familicnförderung mit Hauptsitz in Bayreuth,[1653] das als obere Lan-

---

[1648] Verordnung über die Versorgungsverwaltung in Bayern vom 24.07.1991 (GVBl. S. 308), geändert am 21.03.1996 (GVBl. S. 137); weitere Einzelheiten bei KANDLER, *Vom Kriegsopfer- zum....*, a. a. O., S. 87 ff.

[1649] Gesetz über die Gewährung von Erziehungsgeld und Erziehungsurlaub vom 06.12.1985 (BGBl. I S. 2154), idF der Bek. v. 07.12.2001 (BGBl. I S. 3358)

[1650] Gesetz zur Gewährung eines Landeserziehungsgeldes und zur Ausführung des Bundeserziehungsgeldgesetzes vom 12.06.1989 idF der Bek. v. 16.11.1995 (GVBl. S. 818), abgelöst durch das Bayerische Gesetz zur Zahlung eines Landeskindergeldes und des Bundeserziehungsgeldgesetzes vom 26.03.2001 (GVBl. S. 76)

[1651] IdF der Bek. v. 13.04.1995 (GVBl. S. 150)

[1652] Durch das Zweite Gesetz zur Modernisierung der Verwaltung vom 26.07.2005 (GVBl. S. 287) wurden aus dem Geschäftsbereich des bayerischen Staatsministeriums für Arbeit

desbehörde der Dienst- und Fachaufsicht des bayerischen Staatsministeriums für Arbeit und Sozialordnung, Familie und Frauen untersteht, waren acht regionale Ämter für Versorgung und Familienförderung nachgeordnet.[1654] In der Zuständigkeit dieses Behördenbereichs werden folgende Aufgabengebiete bearbeitet:[1655]

- Soziales Entschädigungsrecht nach dem Bundesversorgungsgesetz und seinen Anwendungsgesetzen einschließlich Heil- und Krankenbehandlung sowie orthopädische Versorgung,
- Feststellungsverfahren gem. § 69 SGB IX,
- Durchführung des Bayerischen Blindengesetzes,[1656]
- Familienförderung nach dem Bundeserziehungsgeldgesetz und dem Bayerischen Landeserziehungsgeldgesetz,
- Durchführung von Unterstützungsleistungen der Landesstiftung „Hilfe für Mutter und Kind" mit den Stiftungszwecken „Leistungen an Familien in Not/ Mutter-Kind-Einrichtungen" und „Leistungen an Schwangere in Not",
- Durchführung von sozialen Hilfen des Freistaats Bayern aufgrund von Förderprogrammen oder Richtlinien des Bayerischen Landtages,
- Durchführung der Förderung von Organisationen der öffentlichen und freien Wohlfahrtspflege in Bayern,
- Durchführung der Förderprogramme nach dem Europäischen Sozialfonds (ESF) und seiner komplementären Landesmittel in den Projektebenen

---

und Sozialordnung, Familien und Frauen das Landesamt für Versorgung und Familienförderung mit seinen Ämtern für Versorgung und Familienförderung, das Landesjugendamt und die Integrationsämter und Hauptfürsorgestellen zum Zentrum Bayern Familie und Soziales in Bayreuth und sieben Regionalstellen in Augsburg, Bayreuth, Landshut, München, Nürnberg, Regensburg und Würzburg zusammengefasst.

[1653] Die Verlegung des Dienstsitzes dieser Mittelbehörde von München nach Bayreuth erfolgte zum 01.07.2001; in München verblieb ein Teil der Behörde. Vgl. BAYERISCHES LANDESAMT FÜR VERSORGUNG UND FAMILIENFÖRDERUNG (Herausg.): *Versorgung und Familienförderung in Bayern Verwaltungsbericht 2001/ 2002*, Bayreuth Mai 2003, S. 122, Anhang 4

[1654] Ämter für Versorgung und Familienförderung in Augsburg, Bayreuth, Landshut, München I (auch für Kriegsopfer in Österreich und Italien), München II, Nürnberg, Regensburg, Würzburg, Reha-Klinik Prinzregent Luitpold in Bad Reichenhall, Reha-Klinik Prof. Max Lange in Bad Tölz; vgl. Verordnung über die Behörden der Versorgungsverwaltung in Bayern v. 24.07.1991 (GVBl. S. 308), geändert am 21.03.1996 (GVBl. S. 137)

[1655] BAYERISCHES LANDESAMT FÜR VERSORGUNG UND FAMILIENFÖRDERUNG (Herausg.), *Versorgung und Familienförderung....*, a. a. O., S. 11 ff.

[1656] Art. 6 des Bayerischen Blindengesetzes

Ziel 2, Ziel 3 sowie der Gemeinschaftsinitiativen EQUAL (Förderung transnationaler Partnerschaften), EFRE (Europäischer Fonds für regionale Entwicklung) und INTERREG IIIA (Interregionale Zusammenarbeit Bayern mit Österreich und Tschechien),

- Durchführung von Stifungsleistungen (Bayerische Stiftung für Kriegsopfer und Kriegsblinde, Bayerischer Invaliden-, Witwen- und Waisenfonds, Bayerische Kriegsblindenstiftung, Bayerische Stiftung Hospiz).

Das bayerische Landesamt für Versorgung und Familienförderung wurde auf der Grundlage des 2. Gesetzes zur Modernisierung der Verwaltung zum Zentrum Bayern Familie und Soziales (ZBFS) mit Sitz in Bayreuth weiterentwickelt, dem sieben Regionalstellen (Servicestellen) in Augsburg, Bayreuth, Landshut, Nürnberg, München, Regensburg und Würzburg, gebildet aus den Versorgungsämtern, mit Aufgabenanreicherung angeschlossen wurden. Neben dem bisherigen Aufgabenbereich wurden in dieses Kompetenzzentrum das bayerische Landesjugendamt sowie die bei den Regierungen (Bezirksregierungen) angesiedelten Integrationsämter und Hauptfürsorgestellen integriert.[1657]

b. Die Zuständigkeiten des bayerischen Landesjugendamtes

Das ebenfalls bis zum 31.07.2005 selbständige bayerische Landesjugendamt war eine dem Staatsministerium für Arbeit und Sozialordnung, Familie, Frauen und Gesundheit nachgeordnete obere Landesbehörde mit Sitz in München. Seine Zuständigkeit erstreckte sich auf:

- Beratung und Unterstützung der örtlichen Jugendämter in den Landkreisen und Städten,
- Erarbeitung von Empfehlungen, Stellungnahmen, Arbeitshilfen und Konzepten für die Praxis der Kinder- und Jugendhilfe,
- Förderung der Zusammenarbeit mit den Trägern der freien Jugendhilfe und Durchführung von Projekten,
- Beratung der Jugendämter bei der Durchführung von Hilfen zur Erziehung junger Menschen,
- Jugendhilfeplanung,
- Fortbildung der Mitarbeiter der Jugendämter und bei den Verbänden,
- Durchführung von Aufgaben des Jugendmedienschutzes und anderer Jugendschutzgesetze,

[1657] Art. 30 bis 39 des Zweiten Gesetzes zur Modernisierung der Verwaltung vom 26.07.2005 (GVBl. S. 287)

- Zentrale Adoptionsstelle, insbesondere Adoptionen mit Auslandsberührung und Vermittlung schwieriger Einzelfälle.[1658]

Den Vorgaben des § 70 Abs. 3 SGB VIII entsprechend wurden die Aufgaben des Landesjugendamtes durch seine Verwaltung und den Landesjugendhilfeausschuss wahrgenommen, wobei sich der Landesjugendhilfeausschuss mit allen grundlegenden Fragen der Kinder- und Jugendhilfe befasste und die Verwaltung die laufenden Geschäfte durchführte.[1659] Dabei beschränkten sich die Aufgaben des bayerischen Landesjugendamtes auf die Teilbereiche der Jugendhilfe, die nicht der Jugendpflege im Sinne von Erziehung als Teilbereich der Bildung anzusehen sind. Gem. Art. 16 Abs. 1 des Bayerischen Kinder- und Jugendhilfegesetzes ist neben dem bayerischen Sozialministerium auch das Staatsministerium für Unterricht, Kultus, Wissenschaft und Kunst oberste Landesbehörde mit den Zuständigkeiten für Jugendarbeit – einschließlich der Jugendsozialarbeit (§§ 11 bis 13 SGB VIII) –, den damit zusammenhängenden Aufgaben des erzieherischen Kinder- und Jugendschutzes (§ 14 SGB VIII) sowie der Aufsicht über Einrichtungen nach §§ 45 bis 48a SGB VIII. Hieraus ergibt sich sowohl für die Aufsicht über die bayerischen Kindertagesstätten als auch über die dortigen Jugendbildungsstätten und der Träger der freien Jugendarbeit eine Zuständigkeitsverweisung außerhalb des Landesjugendamtes.

Das bayerische Landesjugendamt wurde im Zuge der Verwaltungsreform „Verwaltung 21“ ebenfalls in das aus dem Landesamt für Versorgung und Familienförderung entstandene „Zentrum Bayern Familie und Soziales“ eingegliedert, das, soweit in ihm Aufgaben der Kinder- und Jugendhilfe wahrgenommen werden, die Bezeichnung „Bayerisches Landesjugendamt“ führt.[1660]

c. Die Zuständigkeiten der bayerischen Regierungsbezirke (Regierungen) im Sozial- und Gesundheitswesen

Die sieben Bezirksregierungen[1661] bündeln in Bayern als zentrale staatliche Verwaltungsbehörden auf der Mittelstufe der staatlichen Verwaltung die Zu-

[1658] § 1 der Rechtsverordnung über das Bayerische Landesjugendamt vom 08.12.1998 (GVBl. S. 975). Die Unterstellung des Landesjugendamtes unter das bayerische Sozialministerium bestand erst seit Inkrafttreten des Bayerischen Kinder- und Jugendhilfegesetzes vom 18.06.1993 (GVBl. S. 392), geändert durch Gesetz vom 11.07.1998 (GVBl. S. 416); unter der Geltung des Bayerischen Jugendamtsgesetzes vom 23.07.1965 (GVBl. S. 194) unterstand es dem Innenministerium, vgl. MAUNZ, *Sozialrecht*, a. a. O., S. 634

[1659] § 2 der Rechtsverordnung über das Bayerische Landesjugendamt

[1660] Art. 37 des Zweiten Gesetzes zur Modernisierung der Verwaltung (GVBl. S. 287

[1661] Sie werden in Bayern als Regierungen (Regierung von Oberfranken, Regierung von Schwaben usw.) bezeichnet; der Vergleichbarkeit mit den Verwaltungsstrukturen in andeständigkeiten der obersten Landesbehörden, soweit diese nicht durch gesonderte obere Landesbehörden mit direkter dienstaufsichtsrechtlicher Unterstellung wahrgenommen werden. In dieser Funktion waren ihnen bis zum 31.07.2005 soziale Aufgabenbereiche der bayerischen Staatsministerien für Arbeit und Sozialordnung, Familie, Frauen und Gesundheit sowie für Unterricht, Kultus, Wissenschaft und Kunst zugewiesen. Diese Aufgaben führen sie teilweise in originärer Zuständigkeit aus; sie sind jedoch im überwiegenden Teil Überwachungsorgane für den Aufgabenvollzugs unterer staatlicher Behörden.

Sie entsprechen so dem klassischen Gebietsorganisationsmodell staatlicher Verwaltung in der Mittelinstanz, wie sie sich in den übrigen alten Bundesländern unter dem Einfluss früherer Verwaltungsstrukturen herausgebildet haben.[1662] Dem folgte die dienstaufsichtsrechtliche Unterstellung der Bezirksregierungen unter das Staatsministerium des Inneren und die fachaufsichtsrechtlichen Bezüge zu den beiden zuständigen Fachministerien. Den Bezirksregierungen oblagen:

- die Kriegsopferfürsorge nach dem sozialen Entschädigungsrecht (BVG und Anwendungsgesetze)[1663] – einschließlich der Rechtsaufsicht über den jeweiligen Bezirk als überörtlichem Träger der Kriegsopferfürsorge – und den Landkreisen und kreisfreien Städten als örtlichen Trägern der Kriegsopferfürsorge,[1664]
- die Aufgaben des Integrationsamts beim Kündigungsschutz für schwerbehinderte Menschen, der begleitenden Hilfe im Arbeitsleben und der Erhebung der Ausgleichsabgabe gem. SGB XI,[1665]
- die Aufsicht über Einrichtungen der Jugendhilfe gem. §§ 45 ff. SGB VIII; für die Kindertagesstättenaufsicht sind gem. Art. 32 Abs. 2 des Bayeri-

ren Bundesländern wegen wird hier der Begriff der Bezirksregierung verwandt. Zur Struktur vgl. MAUNZ, *Verfassungsrecht und Staatsorganisation*, a. a. O., S. 65 f.

1662 Vgl. WAHL, *Die Organisation und....*, a. a. O., S. 227 ff.

1663 Sowie bei der Regierung von Oberbayern die Kriegsopferfürsorge für Auslandsberechtigte im Zuständigkeitsbereich von Bayern (Österreich, Italien, San Marino, Vatikanstadt, Griechenland)

1664 Die Aufgaben der Hauptfürsorgestelle wurden dem Zentrum Bayern Familie und Soziales“ zugeordnet und dort von den sieben Regionalstellen wahrgenommen, vgl. Art. 32 des Zweiten Gesetzes zur Modernisierung der Verwaltung vom 26.07.2005 (GVBl. S. 287).

1665 Die Aufgabe soll im Wege der bayerischen Verwaltungsreform „Reform 21“ in das aus dem bayerischen Landesamt für Versorgung und Familienförderung gebildeten „Zentrum Bayern Familie und Soziales“ eingegliedert werden.

schen Kinder- und Jugendhilfegesetzes und Art. 28 Abs. 2 des Bayerischen Kindergartengesetzes[1666] die Kreisverwaltungsbehörden zuständig,

- die Überwachung des Verkehrs mit Arzneimitteln und Medizinprodukten einschließlich der Erteilung von Genehmigungen zur Herstellung und zur Einfuhr von Arzneimitteln, der Erteilung von Exportzertifikaten für Arzneimittel und Medizinprodukte,[1667]
- die Koordinierung überregionaler gesundheitsrelevanter Angelegenheiten (Schwangerenberatung, Aidsprävention, Hygiene, Seuchenbekämpfung), die Erteilung von Berufserlaubnissen zur vorübergehenden Anerkennung von Heilberufen[1668] einschließlich des Prüfungsvorsitzes und der Mitwirkung bei der Ausbildung der nichtakademischen Heilberufe an den Schulen für Berufe des Gesundheitswesens,[1669]
- die Anerkennung und Förderung von Einrichtungen nach dem Betreuungsgesetz[1670] und sowie Insolvenzberatungsstellen nach der Insolvenzordnung.[1671]

Die Bezirksregierungen sind Fachaufsichtsbehörden

- bei der Aufsicht über Alten-, Behinderten- und Pflegeheime nach dem Heimgesetz, die in der Zuständigkeit der Kreisverwaltungsbehörden ausgeübt wird,[1672] sowie

---

[1666] Gem. Art. 28 Abs. 2 des Bayerischen Kindergartengesetzes vom 25.07.1972 (BayRS 2231-1-K) erfolgt die Regelung der Zuständigkeitsverteilung in der Aufsicht über die Kindergärten durch Rechtsverordnung der Staatsregierung.

[1667] § 1 der Verordnung zum Vollzug arzneimittel-, betäubungsmittel-, apotheken- und transfusionsrechtlicher Vorschriften vom 10.02.1997 (GVBl. S. 36), geändert am 13.04.2000 (GVBl. S. 287)

[1668] § 1 der Verordnung zur Ausführung der Bundes-Apothekerordnung und der Approbationsordnung für Apotheker vom 12.05.1992 (GVBl. S. 136); § 1 Abs. 2 der Verordnung zur Ausführung des Gesetzes über die Ausübung der Zahnheilkunde vom 30.12.1983 (GVBl. S. 21); § 1 der Verordnung über die zuständigen Behörden zum Vollzug des Rechts der Heilberufe vom 17.12.1996 (GVBl. S. 549), geändert am 11.08.1999 (GVBl. S. 370). Für die Erteilung von Approbationen zu akademischen Heilberufen sind die Regierungen von Oberbayern und Unterfranken zuständig, für die Erteilung von Approbationen nach Gleichwertigkeitsprüfungen die Regierung von Oberbayern.

[1669] § 1 der Zuständigkeitsverordnung zum Krankenpflegerecht und zum Hebammenrecht vom 13.08.1986 (GVBl. S. 302)

[1670] Art. 2 des Gesetzes zur Ausführung des Gesetzes zur Reform des Rechts der Vormundschaft und Pflegschaft für Volljährige vom 27.12.1991 (GVBl. S. 496) geändert am 28.06.2000 (GVBl. S. 366)

[1671] Art. 5 des Gesetzes zur Ausführung des Verbraucherinsolvenzverfahrens nach der Insolvenzordnung vom 11.07.1998 (GVBl. S. 414)

- über die Gesundheitsämter bei den Landratsämtern.[1673]

Bei den Bezirksregierungen von Mittelfranken und Oberbayern sind die Zuständigkeiten der staatlichen Aufsicht über die landesunmittelbaren Sozialversicherungsträger[1674] in Oberversicherungsämtern zusammengefasst, die zugleich die Fachaufsicht über die bei den Landratsämtern eingerichteten Versicherungsämter ausüben.[1675]

d. Die Zuständigkeiten der bayerischen Bezirke im Sozialwesen

Den bayerischen Bezirken ist, wie den Landkreisen, durch Art. 10 der Landesverfassung die Gemeindeverbandseigenschaft als Selbstverwaltungskörper garantiert, dessen eigener Wirkungskreis durch die Landesgesetzgebung bestimmt wird. Durch Art. 4 Abs. 1 der Bezirksordnung ist ihnen das Recht eingeräumt, alle öffentlichen Aufgaben zu erfüllen, „die sich auf das Gebiet des Bezirks beschränken und über die Zuständigkeit oder das Leistungsvermögen der Landkreise und kreisfreien Städte hinausgehen."

Diese formelle Universalität des Wirkungskreises der bayerischen Bezirke[1676] beschränkt sich allerdings auf die Angelegenheiten des eigenen Wirkungskreises nach Art. 48 Abs. 2 der Bezirksordnung. Er legt den Bezirken die Verpflichtung auf, „nach Maßgabe der gesetzlichen Vorschriften die erforderlichen Maßnahmen auf den Gebieten der Sozialhilfe, der Jugendhilfe, der Kriegsopferfürsorge, des Gesundheitswesens" und weiteren regional bedeutenden Aufgaben außerhalb des Sozialbereichs „zu treffen oder die nötigen Leistungen für solche Maßnahmen zu erbringen."[1677] Die Bezirke haben dar-

---

[1672] Verordnung über die Zuständigkeiten nach dem Heimgesetz vom 04.03.2002 (GVBl. S. 89)

[1673] Art. 2 Abs. 1 des Gesetzes über den öffentlichen Gesundheitsdienst vom 12.07.1986 (GVBl. S. 120) geändert am 24.11.1999 (GVBl. S. 467); vgl. auch GANßER, *Verwaltungsreform in Bayern*, a. a. O., S. 104

[1674] Als Rechtsaufsicht gem. § 87 Abs. 1 Satz 2 SGB IV (mit Ausnahme der Prävention in der gesetzlichen Unfallversicherung gem. § 87 Abs. 2 SGB IV); vgl. MERTEN/ PITSCHAS, *Sozialverwaltung im Reformprozess*, a. a. O., S. 58

[1675] Art. 3 des Gesetzes zur Ausführung des Sozialgesetzbuches vom 10.08.1982 (BayRS 86-7-A), geändert am 24.11.1999 (GVBl. S. 467); die Regierung von Mittelfranken ist für Oberfranken, Mittelfranken und Unterfranken zuständig, die von Oberbayern für Oberbayern, Niederbayern, Oberpfalz und Schwaben. Vgl. auch SCHEWE, DIETER: *Die Organisation der Aufsicht über Sozialversicherungsträger – eine vergleichende Betrachtung*, in: SozVers. 1990, S. 171 ff.

[1676] MEDER, *Die Verfassung des....*, a. a. O., S. 96 f.; PAPIER, HANS-JÜRGEN: *Rechtsfragen zur Finanzausstattung der Bezirke*, in: BayVBl. 1994, S. 737 f.; WOLFF/ BACHOF/ STOBER/ KLUTH/ PEILERT, *Verwaltungsrecht*, Bd. 2, a. a. O., S. 766

[1677] BOVENSCHULTE, *Gemeindeverbände als Organisationsformen....*, a. a. O., S. 399 f.; vgl. auch STEINER, *Kommunalrecht*, a. a. O., S. 209 f.

über hinaus nach Art. 48 Abs. 3 der Bezirksordnung in den Grenzen ihrer Leistungsfähigkeit stationäre und teilstationäre Einrichtungen für Psychiatrie und Neurologie sowie für Suchtkranke und behinderte Menschen zu errichten, zu unterhalten und betreiben.

Die in Art. 48 Abs. 2 und 3 der Bezirksordnung enthaltene Benennung von Weisungsaufgaben bedeutet noch keine konkrete Aufgabenzuweisung, die erst durch entsprechende Landesausführungsgesetze erfolgt.[1678] Diese Gesetze beinhalten in Teilbereichen des sozialen Aufgabenspektrums auch Zuständigkeitszuweisungen an bayerische Landessozialbehörden und beschränken daher das soziale Tätigkeitsfeld der Bezirke auf traditionell wahrgenommene Aufgaben. Die bayerischen Bezirke sind, bezogen auf ihren regionalen Wirkungskreis, im Sozialbereich zuständig für

- die überörtliche Trägerschaft der Sozialhilfe,[1679]
- die überörtliche Trägerschaft der Kriegsopferfürsorge,[1680]
- Teilaufgaben der Jugendarbeit gem. § 85 Abs. 2 Nr. 3 SGB VIII, wie die Förderung der Errichtung und des Betriebs von Jugendbildungsstätten sowie der Tätigkeit der Bezirksjugendringe und anderer Träger der freien Jugendarbeit,[1681]
- die Trägerschaft psychiatrischer und neurologischer Fachkrankenhäuser.

Diese Aufgabenzuweisung belegt ihre traditionelle Herkunft aus der Armenpflege als klassische kommunale Aufgabe, die bei den höheren Kommunalverbänden in überörtlichen Fürsorgeträgerschaften mit der Unterhaltung besonderer psychiatrischer und neurologischer Einrichtungen ausgeprägt wurde.[1682] Insofern entspricht die Zuweisung sozialer Aufgaben auf die bayerischen Bezirke dem, was in anderen Bundesländern von vergleichbaren höheren Kommunalverbänden wahrgenommen wird.

[1678] DITTMANN, *Kommunalverbandsrecht*, a. a. O., S. 139; PAPIER, *Rechtsfragen zur Finanzausstattung....*, a. a. O., S. 737 f.

[1679] Art. 5 Abs. 1 des Gesetzes zur Ausführung des Bundessozialhilfegesetzes idF v. 29.11.1993 (GVBl. S. 868, berichtigt S. 1113), geändert am 24.07.1998 (GVBl. S. 440); die Fachaufsicht wird von den Bezirksregierungen durchgeführt; vgl. auch GOLETZ, *Träger der Sozialhilfe*, a. a. O., S. 198

[1680] Die Aufgabe soll im Wege der bayerischen Verwaltungsreform „Reform 21" in das aus dem bayerischen Landesamt für Versorgung und Familienförderung gebildeten „Zentrum Bayern Familie und Soziales" eingegliedert werden.

[1681] Art. 18 Abs. 1 des Bayerischen Kinder- und Jugendhilfegesetzes

[1682] Vgl. DITTMANN, *Kommunalverbandsrecht*, a. a. O., S. 138; MERTEN/ PITSCHAS, *Sozialverwaltung im Reformprozess*, a. a. O., S. 65 f. für Nordrhein-Westfalen

IV. Die nordrhein-westfälischen Verwaltungsbehörden im Sozialbereich

1. Zur Geschichte der nordrhein-westfälischen Sozialverwaltung

a. Die historischen Bezüge der nordrhein-westfälischen Verwaltung

Die Errichtung des Landes Nordrhein-Westfalen nach 1945 geht auf Veranlassung der britischen Militärregierung zurück, die am 23.08.1946 in ihrer Besatzungszone aus der früheren preußischen Provinz Westfalen und den in ihrer Besatzungszone liegenden Regierungsbezirken der preußischen Rheinprovinz[1683] die staatliche Konstituierung dieses Landes einleitete. Zeitgleich ordnete sie die Bildung der Länder Schleswig-Holstein und Niedersachsen sowie des Stadtstaates Hamburg in ihrer übrigen Besatzungszone an.[1684] Die beiden preußischen Provinzen, zu denen 1947 Lippe-Detmold als nicht-preußisches Gebiet zugeordnet wurde,[1685] prägten die Organisationsstruktur und –kultur der Verwaltung von Nordrhein-Westfalen als dem bevölkerungsreichsten Land der Bundesrepublik Deutschland.[1686]

Seit seiner Verwaltungsreform ab den 1870er Jahren[1687] gliederte sich Preußen in 12 Provinzen.[1688] Unter ihnen wurde die Provinz Westfalen 1815 und die Provinz Rheinland 1822 gebildet. Sie entstanden als Ergebnis des Wiener Kongresses, auf dem Teile des früheren Königreichs Westfalen[1689] und die an Frankreich angegliederten linksrheinischen Gebiete von der niederländischen Grenze bis zur Westgrenze der bayerischen Pfalz und des zum Großherzog-

---

1683 Die Provinz Rheinland ohne die Regierungsbezirke Koblenz und Trier

1684 Verordnung Nr. 46 der Militärregierung (Amtsblatt der Militärregierung des Vereinigten Königreichs S. 305); für Niedersachsen Verordnung Nr. 55 vom 01.11.1946 (Amtsblatt der Militärregierung des Vereinigten Königreichs S. 341); vgl. auch STERN, *Das Staatsrecht der....*, Bd. V, a. a. O., S. 1052;-MENZEL, *Einführung*, a. a. O., S. 32 ff.

1685 STERN, *Das Staatsrecht der....*, Bd. V, a. a. O., S. 1052; WAHL, *Die Organisation und....*, a. a. O., S. 262

1686 18,07 Millionen Einwohner, 34.068 Quadratkilometer Fläche (vgl. STATISTISCHES BUNDESAMT (Herausg.): *Datenreport 2004*, a. a. O., S. 34)

1687 Die damalige preußische Verwaltungsreform umfasste den Erlass von Kreisordnungen für die östlichen Provinzen (1872), der Provinzialordnung (1875) und das Gesetz über die Organisation der allgemeinen Landesverwaltung (1880, ersetzt 1883 durch das Gesetz über die allgemeine Landesverwaltung); Einzelheiten bei BOVENSCHULTE, *Gemeindeverbände als Organisationsform....*, a. a. O., S. 42 ff.; vgl. auch RÜFNER, *Die Entwicklung der....*, a. a. O., S. 679

1688 RÜFNER, *Die Entwicklung der....*, a. a. O., S. 687; für die Zeit der Weimarer Republik MÖLLER, *Preußen*, a. a. O., S. 550

1689 Ohne die Fürstentümer Lippe, Schaumburg-Lippe und Waldeck, das Bistum Osnabrück und das Niederstift Münster, die dem Königreich Hannover zugeteilt wurden.

tum Hessen gehörenden Rheinhessen dem Königreich Preußen zugesprochen wurden.[1690] Die allgemeine Verwaltung jeder dieser Provinzen wurde von einem Oberpräsidenten geleitet. Seine Zuständigkeit erstreckte sich neben seiner Aufgabe als Kommissar der preußischen Zentralinstanz auf die Angelegenheiten, die die Gesamtheit der Provinz betrafen oder die über die Regelungsbefugnis eines Bezirks hinausgingen.[1691] Dies waren unter anderem die Zuständigkeiten für Provinzialkrankenanstalten,[1692] den überregionalen Straßenbau, die Aufsicht über die Provinzialbehörden sowie die ministerielle Stellvertretung in der Provinz bei Notlagen und im Kriegsfall.[1693] Der Oberpräsident war Vorsitzender des Provinzialrats, der aus einem vom Minister des Inneren bestellten höheren Verwaltungsbeamten und fünf vom Provinzialausschuss gewählten Mitgliedern bestand.[1694]

Die 12 preußischen Provinzen waren in 36 Regierungsbezirke aufgeteilt, in denen die Bezirksregierungen unter den Regierungspräsidenten die eigentlichen Träger der Verwaltung in der Mittelinstanz darstellten und die Verwaltungsangelegenheiten des Inneren –einschließlich Polizeiaufgaben, Kommunalaufsicht, Landes- und Wasserstraßen, Schulaufsicht und Forsten– bündelten.[1695] Dem Regierungspräsidenten war ein Bezirksausschuss beigegeben, der als Beschlussbehörde der Verwaltung und als Verwaltungsgericht fungierte.[1696] Zwischen dem Oberpräsidenten und dem Regierungspräsidenten

---

[1690] KASTNER, DIETER: *Die Rheinlande vom Wiener Kongress bis zum Ende des Ersten Weltkrieges*, in: Kastner, Dieter; Torunsky, Vera: *Kleine rheinische Geschichte 1815 – 1986*, Köln 1987, S. 11. Der zur Rheinprovinz gehörende Regierungsbezirk Trier umfasste bis 1945 auch Teile des Saarlandes, weitere Teile gehörten zur bayerischen Pfalz und zum Fürstentum Birkenfeld als Teil des Herzogtums Oldenburg.

[1691] WOLFF/ BACHOF/ STOBER/ KLUTH/ PEILERT, *Verwaltungsrecht,* Bd. 2, a. a. O., S. 26 f.

[1692] Die Gründung der früheren Landesnervenklinik Andernach (heute Sitz des Landeskrankenhauses –Anstalt des öffentlichen Rechts– und einer neurologischen und psychiatrischen Fachklinik) und weiterer Fachkliniken in Düren, Bonn, Grafenberg und Merzig gehen, so KASTNER, *Die Rheinlande vom....*, a. a. O., S. 36, auf die Initiative der Provinzialverwaltung von 1865 zurück.

[1693] Detailliert GIESEN, LARS: *Zur rechtlichen und verwaltungsorganisatorischen Problematik der allgemeinen staatlichen Mittelinstanz in den Ländern Sachsen-Anhalt und Brandenburg*, Potsdam, Univ. Diss. 1998, S. 14 ff.; vgl. auch RÜFNER, *Die Entwicklung der....*, a. a. O., S. 686 f.

[1694] RÜFNER, *Die Entwicklung der....*, a. a. O., S. 688

[1695] FROTSCHER, *Überblick über die....*, a. a. O., S. 414; RÜFNER, *Die Entwicklung der....*, a. a. O., S. 687; WOLFF/ BACHOF/ STOBER/ KLUTH/ PEILERT, *Verwaltungsrecht,* Bd. 2, a. a. O., S. 27

[1696] Zusammensetzung und Einzelaufgaben bei GIESEN, *Zur rechtlichen und....*, a. a. O., S. 25 f.; RÜFNER, *Die Entwicklung der....*, a. a. O., S. 689; für die Zeit der Weimarer Republik vgl. MÖLLER, *Preußen*, a. a. O., S. 553 f.

bestand kein hierarchisches Verhältnis; beide Instanzen handelten in ihren jeweiligen Aufgabenbereichen auf einer Ebene, sodass in Preußen die Zahl der Sonderbehörden in der Mittelinstanz relativ gering war.[1697] Die Bezirksebene war selbstverwaltungsfrei.[1698]

Die kommunale Selbstverwaltung war in Preußen in den Landkreise und Gemeinden nicht einheitlich organisiert, sondern beruhte auch nach der preußischen Kreisverwaltungsreform von 1872 auf Rechtsgrundlagen, die von Provinz zu Provinz modifiziert oder den vorgefundenen rechtlichen Besonderheiten neu eingegliederter oder geschaffener Regierungsbezirke entsprechend angepasst waren.[1699] In ihrer Grundstruktur bildeten die Verwaltungen der Kreise eine Doppelstellung aus. Sie war durch die Eigenschaft der Kreise als Selbstverwaltungskörper und zugleich als Gebiet einer unteren staatlichen Verwaltungsbehörde unter der Leitung eines vom König ernannten Landrates[1700] geprägt. Als Organe der Selbstverwaltung fungierten der Kreistag und der durch ihn bestimmte Kreisausschuss, der, neben seiner administrativen Funktion, als Verwaltungsgericht tätig wurde.[1701]

Die Selbstverwaltung der Provinzen stand ohne Verbindung mit der dortigen staatlichen Verwaltung unter dem Oberpräsidenten. Für sie schuf die ebenfalls von Provinz zu Provinz modifizierte Provinzialordnung[1702] die Rechtsgrundlage als körperschaftlicher Kommunalverband mit dem Recht zur Selbstverwaltung seiner Angelegenheiten. In den sozialen Bereichen nahmen die Provinzen Aufgaben der Armen- und Gesundheitspflege sowie der Unterhaltung von Einrichtungen des Sozial- und Gesundheitswesen mit über die Kreise hinausgehender Bedeutung wahr, wie die Einrichtung von Anstalten für geistig und körperliche Behinderte und das Versicherungswesen. Die Verwaltung des Provinzialverbandes wurde von einem Landesdirektor (Landeshauptmann) geleitet, der die laufenden Geschäfte führte. Beschlussorgane des Provinzial-

---

[1697] RÜFNER, *Die Entwicklung der....*, a. a. O., S. 686 f.

[1698] BOVENSCHULTE, *Gemeindeverbände als Organisationsform....*, a. a. O., S. 46

[1699] RÜFNER, *Die Entwicklung der....*, a. a. O., S. 692 f., 698 (für Westfalen und die Rheinprovinz)

[1700] Das Prinzip der Ernennung der Landräte durch das Staatsoberhaupt des Landes bestand in Rheinland-Pfalz bis zur Novellierung von Art. 50 Abs. 1 Satz 2 und 102 LV im Jahr 1990; vgl. SCHRÖDER, MEINHARD: *Kommentierung zu Art. 50*, in: Grimm, Christoph; Caesar, Peter: *Verfassung für Rheinland-Pfalz*, Baden-Baden 2001, S. 324 f.

[1701] RÜFNER, *Die Entwicklung der....*, a. a. O., S. 696

[1702] Provinzialordnung für Westfalen vom 01.08.1886 (preußische Gesetzessammlung 254); Provinzialordnung für die Rheinprovinz vom 01.06.1887 (preußische Gesetzessammlung 249)

verbandes waren der von den Kreistagen der Provinz gewählte Provinziallandtag und der Provinzialausschuss.[1703]

Nach 1919 wurden die Provinzialverwaltungen den neuen demokratischen Verhältnissen angepasst und das preußische Drei-Klassen-Wahlrecht in den Gemeinden und Kreisen abgeschafft.[1704] Dieser Verfassungsgrundsatz fand seine Umsetzung in Art. 74 S. 1 der preußischen Verfassung von 1920, der die unmittelbare Wahl der Kreis- und Provinziallandtage vorschrieb. Es blieb allerdings bei der grundsätzlichen Trennung von Staats- und Selbstverwaltung in den Verwaltungen der Mittelstufe, die lediglich auf der Ebene der Provinzen durch die Zustimmung der Provinziallandtage bei der Ernennung der Oberpräsidenten und anderer leitender Staatsbeamter durchbrochen wurde. Organe der Provinz als Selbstverwaltungskörper waren der direkt gewählte Provinziallandtag unter einem eigenen Vorsitzenden, der Provinzialausschuss und der vom Provinziallandtag gewählte Landesdirektor.[1705]

b. Die Grundstruktur der nordrhein-westfälischen Verwaltung

Als preußischem Nachfolgestaat[1706] gilt für Nordrhein-Westfalen, wie für alle Verwaltungsorganisationen in den aus den drei westlichen Besatzungszonen nach 1945 entstandenen Bundesländern, die Formel „Neubeginn, aber nicht grundlegende Neuorganisation". Nach ihr wurden die im 19. Jahrhundert gewachsene Organisationsstrukturen der Verwaltung weitgehend übernommen und nur unter der besonderen Schwerpunktbildung der jeweiligen zonalen Besatzungsmacht verändert.[1707] Sie lag unter dem Einfluss der britischen Besatzungsmacht in einer britisch geprägten Kommunalisierung, die sich gegenüber den übrigen Ländern in einer Trennung der Funktionen von Verwaltungsleitung und Ratsvorsitz, in den kommunalen Gebietskörperschaften unter den Bezeichnungen Bürgermeister und Gemeindedirektor bzw. Landrat und Oberkreisdirektor, manifestierte.[1708] Weiteres Kennzeichen dieser kom-

---

1703 RÜFNER, *Die Entwicklung der....*, a. a. O., S. 699

1704 Art. 17 Abs. 2 Satz 1 WRV ordnete die allgemeine, gleiche, unmittelbare und geheime Wahl der Gemeindevertretungen durch alle Männer und Frauen deutscher Staatsangehörigkeit an, vgl. MAUNZ, in: Maunz/ Dürig (Herausg.), *Grundgesetz Kommentar*, a. a. O., Art. 28 Rdnr. 27

1705 BOVENSCHULTE, *Gemeindeverbände als Organisationsform....*, a. a. O., S. 64; VON UNRUH, *Die normative Verfassung....*, a. a. O., S. 572

1706 So WAHL, *Die Organisation und....*, a. a. O., S. 262

1707 WAHL, *Die Organisation und....*, a. a. O., S. 216 f.

1708 Sogenannte norddeutsche Ratsverfassung, vgl. MAURER, *Allgemeines Verwaltungsrecht*, a. a. O., S. 581; SCHMIDT-AßMANN, *Kommunalrecht*, a. a. O., S. 44; SCHRÖDER, *Kommunalverfassungsrecht*, a. a. O., S. 26. Die nordrhein-westfälische Gemeindeordnung vom 17.07.1994 (GV NW S. 666) hat die Doppelspitze von Rat und Verwaltung beseitigt;

munalen Schwerpunktbildung war die Integration vieler unterer Sonderbehörden in die Verwaltungen der Kreise und kreisfreien Städte, darunter auch im sozialen Bereich die Gesundheitsämter.[1709]

Dem steht die durch preußische Verwaltungstradition geprägte Organisationsstruktur der Landesverwaltung auf der Ebene oberer und mittlerer Landesbehörden gegenüber. Sie findet noch heute in der besonderen Stellung der fünf Bezirksregierungen als Bündelungsbehörden der Landesverwaltung in der Mittelinstanz[1710] und der besonderen Rolle des Regierungspräsidenten „als das Auge der Landesregierung im Regierungsbezirk" ihren Ausdruck.[1711] Die Bezirksregierungen in Arnsberg, Detmold, Düsseldorf, Köln und Münster vereinen fast alle Verwaltungszweige der nordrhein-westfälischen Landesverwaltung in ihren Regierungsbezirken[1712] und prägen so ihren Aufgabenschwerpunkt als Dienst- und Fachaufsichtsbehörde über nachgeordnete Behörden und Einrichtungen sowohl über Kommunalbehörden als auch Behörden der Sonderverwaltung.[1713]

Einen Gegenpol zu dieser nach dem Gebietsorganisationsmodell gestalteten und gebündelten Landesverwaltung in der Mittelinstanz bilden die höheren Kommunalverbände, unter denen die Landschaftsverbände Rheinland und Westfalen-Lippe auch soziale Aufgaben in den Bereichen soziale Sicherung, einschließlich der Jugendhilfe und Gesundheitspflege, wahrnehmen.[1714] In der

---

der hauptamtliche Oberbürgermeister, der jetzt auch direkt gewählt wird, ist politischer Repräsentant der Gemeinde und Chef der Verwaltung.

1709 BESKE, *Gesundheitswesen*, a. a. O., S. 601; EBERHARDT, GÜNTER: *Gesundheits- und Krankenhauswesen*, in: Loschelder, Wilhelm; Salzwedel, Jürgen (Herausg.): *Verfassungs- und Verwaltungsrecht des Landes Nordrhein-Westfalen*, Köln 1964, S. 464 f.

1710 So ausdrücklich § 8 Abs. 2 des nordrhein-westfälischen Gesetzes über die Organisation der Landesverwaltung vom 10.07.1962 (GV NRW S. 421), zuletzt geändert am 09.05.2000 (GV NW S. 462)

1711 So RIETDORF, FRITZ: *Verwaltungsorganisation*, in: Loschelder, Wilhelm; Salzwedel, Jürgen (Herausg.): *Verfassungs- und Verwaltungsrecht des Landes Nordrhein-Westfalen*, Köln 1964, S. 117; vgl. auch ACHTERBERG, NORBERT: *Verwaltungsorganisation*, in: Grimm, Dieter; Papier, Hans-Jürgen (Herausg.): *Nordrhein-westfälisches Staats- und Verwaltungsrecht*, Frankfurt/ M. 1986, S. 93

1712 Mit Ausnahme der Bereiche Justiz und Finanzen; vgl. Organisationsschaubild bei WAHL, *Die Organisation und....*, a. a. O., S. 265

1713 RIETDORF, *Verwaltungsorganisation*, a. a. O., S. 116; Organisationsschema der nordrhein-westfälischen Landessozialverwaltung in Anlage 5

1714 ACHTERBERG, *Verwaltungsorganisation*, a. a. O., S. 98 f.; DITTMANN, *Kommunalverbandsrecht*, a. a. O., S. 141 f.; THIEME, WERNER: *Vorschläge und Maßnahmen zur Verwaltungsreform (Gebiets- und Funktionalreform)*, in: Jeserich, Kurt G. A.; Pohl, Hans; Unruh, Georg-Christoph von (Herausg.): *Deutsche Verwaltungsgeschichte,* Bd. 5, Stuttgart 1987, S. 1039. Der Landschaftsverband Lippe und der Kommunalverband Ruhrgebiet ha-

Institution des Landschaftsverbandes verdeutlicht sich nach *Rainer Wahl* Nordrhein-Westfalen in besonderer Weise als preußischer Nachfolgestaat, der die Organisationsform der Provinzialverbände mit seinen traditionellen Aufgabenschwerpunkten der Kommunalwirtschaft, der Landes- und Landschaftspflege, der Wohlfahrts- und Gesundheitspflege und die über die kommunalen Gebietskörperschaften hinausgehende Zuständigkeit für das Straßenwesen übernahm und fortsetzte.[1715]

Die Landschaftsverbände haben keinen universellen Wirkungskreis und sind durch ihre Mitgliedskörperschaften legitimiert, die durch Vertreter in der Landschaftsversammlung repräsentiert werden.[1716] Sie sind seit ihrer Gründung im Jahr 1953 reine kommunale Verbandskörperschaften mit normiertem Aufgabenkreis[1717] und großen Zentralverwaltungen unter einem hauptamtlichen Verbandsdirektor sowie acht bzw. sieben hauptamtlichen Beigeordneten (Landesräten).[1718] Trotz ihrer Bedeutung im Verwaltungsgefüge von Nordrhein-Westfalen werden die Landschaftsversammlungen als Verbandsvertretungen der Landschaftsverbände lediglich in mittelbarer Wahl besetzt.[1719]

c. Strukturreform der nordrhein-westfälischen Landesverwaltung

Die nordrhein-westfälische Landesverwaltung befindet sich im Umbruch, der auch die Landschaftsverbände erfasst. Nach mehreren vorangegangenen aufgabenbezogenen Verwaltungsreformen seit den 1960er Jahren[1720] führten Rei-

---

ben ihren Aufgabenschwerpunkt in der Landschafts- und Gewässerpflege mit überörtlichem Bezug.

[1715] WAHL, *Die Organisation und....*, a. a. O., S. 268 f.; vgl. auch HENNEKE, HANS-GÜNTER: *Sind Gemeindeverbände dem aufgabenumverteilenden Gesetzgeber schutzlos ausgeliefert?*, in: DÖV 2002, S. 463. Die Zuständigkeit für das überörtliche Straßenwesen (frühere Provinzialstraßen) gehört nicht mehr zum Zuständigkeitsbereich der Landschaftsverbände, siehe § 5 der Landschaftsverbandsordnung für das Land Nordrhein-Westfalen idF der Bek. v. 14.07.1994 (GV NW S. 657), zuletzt geändert durch Gesetz vom 02.07.2002 (GV NW S. 284)

[1716] Einzelheiten bei BOVENSCHULTE, *Gemeindeverbände als Organisationsform....*, a. a. O., S. 530 ff.; vgl. auch DITTMANN, *Kommunalverbandsrecht*, a. a. O., S. 141 f.; WOLFF/ BACHOF/ STOBER/ KLUTH/ PEILERT, *Verwaltungsrecht*, Bd. 2, a. a. O., S. 766 f.

[1717] § 5 der nordrhein-westfälischen Verbandsordnung

[1718] Die beiden Landschaftsverbände haben jeweils rund 16.500 Beschäftigte und bewirtschaften zusammen ein Haushaltsvolumen von etwa 6 Mrd. €

[1719] BOVENSCHULTE, *Gemeindeverbände als Organisationsform....*, a. a. O., S. 396 f.; DITTMANN, *Kommunalverbandsrecht*, a. a. O., S. 142

[1720] Kommunale Neugliederung 1967 – 1975, Eingliederung des Regierungsbezirks Aachen in den Regierungsbezirk Köln 1972, Funktionalreform 1976-1985, Neuordnung der Umwelt- und Bauverwaltung 1993, Abschaffung der kommunalen Doppelspitze 1994, Direktwahl von Landräten und Bürgermeistern 1999, vgl. RAU, JOHANNES: *50 Jahre Nord-*

bungsverluste und sich überschneidende Zuständigkeiten zwischen oberen Landesbehörden, Bezirksregierungen, den Landschaftsverbänden und kommunalen Zweckverbandskörperschaften sowie den unteren Landesbehörden zu einer Initiative der nordrhein-westfälischen Landesregierung ab 1998, die Landesverwaltung grundlegend zu ändern. Damit sollten finanzielle und personelle Ressourcen eingespart und die Wettbewerbsfähigkeit des Landes durch Effizienzsteigerung und Modernisierung im nationalen und europäischen Kontext erhöht werden.[1721]

Den organisationsrechtlichen Schwerpunkt dieser Reform bildet das 2. Modernisierungsgesetz, mit dem die Struktur der Landesverwaltung grundlegend geändert wurde.[1722] Mit ihm wurde die staatliche Sonderverwaltung durch Verlagerung von Aufgaben auf die und Integration in die Bezirksregierungen neu geordnet sowie eine Aufgabenrückführung von den Landschaftsverbänden auf die staatliche und kommunale Ebene eingeleitet. Zugleich wurde ein Umbau der Ebene der Bezirksregierungen zu regionalen Dienstleistungszentren als neue Mittelinstanz vollzogen.[1723] Es wurden das Landesoberbergamt,[1724] das Landesamt für Agrarordnung,[1725] das Landesamt für Ausbildungsförderung[1726] und das Landesversorgungsamt[1727] in jeweils eine Bezirksregierung integriert, die als Oberbehörde für die jeweiligen regionalen Ämter des früheren Zuständigkeitsbereichs fungiert.

---

rhein-Westfalen – Verwaltungsreform in Nordrhein-Westfalen, in: NWVBl. 1996, S. 321 ff.

1721 NRW-Lexikon – Verwaltungsreform, http://www.nrw.de/landnrw/nrwlex/lexverref.htm (eingesehen am 19.08.2004)

1722 Zweites Gesetz zur Modernisierung von Regierung und Verwaltung vom 09.05.2000 (GV NW S. 562)

1723 STÄHLER, GERD: *Strukturreform als Prozesssteuerung und Moderation der beteiligten Interessen*, http://www.dhv-speyer.de/hill/Tagungen-2002/NRW.htm, S. 6 (eingesehen am 19.08.2004)

1724 Als Abteilung in die Bezirksregierung Arnsberg, vgl. § 2 des Gesetzes zur Eingliederung von Landesoberbehörden und Unteren Landesbehörden in die Bezirksregierungen vom 09.05.2000 (GV NW S. 462, 2001, S. 29)

1725 Als Abteilung in die Bezirksregierung Münster, vgl. Art 2 § 1 des Zweiten Gesetzes zur Modernisierung von Regierung und Verwaltung von Nordrhein-Westfalen

1726 Als Abteilung in die Bezirksregierung Köln, vgl. § 1 des Gesetzes zur Eingliederung von Landesoberbehörden und Unteren Landesbehörden in die Bezirksregierungen vom 09.05.2000 (GV NW S. 462; 2001, S. 29)

1727 Als Abteilung in die Bezirksregierung Münster, vgl. § 3 des Gesetzes zur Eingliederung von Landesoberbehörden und Unteren Landesbehörden in die Bezirksregierungen vom 09.05.2000 (GV NW S. 462; 2001, S. 29)

Durch diese Eingliederung im Sinne einer „Vorortlösung" wurde zwar eine Verringerung der zuvor eigenständigen Landesoberbehörden erreicht, eine echte Regionalisierung der Aufgaben auf alle Bezirksregierungen jedoch nicht durchgeführt.[1728] Das Landesamt für Besoldung und Versorgung, der Landesbeauftragte für den Maßregelvollzug, das Landesamt für Ernährungswirtschaft und Jagd, das Landeskriminalamt, das Landesumweltamt, das Landesversicherungsamt und das Rechenzentrum der Finanzverwaltung bleiben als obere Landesbehörden erhalten.[1729] Die früheren Landesbehörden Landesamt für Datenverarbeitung und Statistik, Landesvermessungsamt, Landeseichdirektion und Geologisches Landesamt wurden in die Rechtsform des Landesbetriebs überführt.[1730]

Die Landschaftsverbände wurden durch Entbindungen von Aufgabenwahrnehmungen im Straßenwesen[1731] und im Sozialbereich entlastet. Im Sozialwesen betrifft dies eine Verlagerung von Zuständigkeiten vom überörtlichen auf den örtlichen Sozialhilfeträger bei Hilfen in besonderen Lebenslagen, bei Heim- oder Anstaltsunterbringung ab dem 65. Lebensjahr und für die durch §§ 85 und 86 SGB XI dem überörtlichen Träger zugewiesenen Aufgaben.[1732] Gleiches gilt bei der Trägerschaft der Kriegsopferfürsorge für die Hilfen nach § 26 c BVG.[1733] Darüber hinaus wurden die Kreise und kreisfreien Städte zu zuständigen Behörden für die Durchführung des Heimgesetzes bestimmt.[1734]

Mit dieser Neuordnung der Organisationsstruktur seiner Landesbehörden entschied sich Nordrhein-Westfalen für die Stärkung der Stellung der Bezirksregierungen als Bündelungsbehörden auf der Mittelstufe staatlicher Verwaltung nach dem Gebietsorganisationsmodell und entsprechend dem Prinzip der Einheit der Verwaltung.[1735] Ihre Strukturierung in Aufgliederung von Verwaltungsaufgaben nach dem Aufgabenorganisationsmodell und räumlich geglie-

---

[1728] Vgl. STÄHLER, *Strukturreform als Prozesssteuerung....*, a. a. O., S. 9 f.

[1729] § 6 Abs. 2 des Gesetzes über die Organisation der Landesverwaltung

[1730] § 14 a des Gesetzes über die Organisation der Landesverwaltung

[1731] Zur Problematik der Aufgabenrückführung staatlicher Auftragsangelegenheiten von Kommunalverbänden auf die staatliche Verwaltung HENNEKE, *Sind Gemeindeverbände dem....*, a. a. O., S. 463 ff.

[1732] Art. 20 § 2 Abs. 3 des Zweiten Gesetzes zur Modernisierung von Regierung und Verwaltung in Nordrhein-Westfalen

[1733] Art. 23 des Zweiten Gesetzes zur Modernisierung von Regierung und Verwaltung in Nordrhein-Westfalen

[1734] Art. 22 § 1 des Zweiten Gesetzes zur Modernisierung von Regierung und Verwaltung in Nordrhein-Westfalen

[1735] Vgl. SCHUPPERT, *Verwaltungswissenschaft*, a. a. O., S. 833 ff.

dertem Unterbau[1736] wurde demgegenüber nur in begrenztem Umfang aufrecht erhalten, teilweise sogar nur deshalb, weil bundesgesetzliche Vorgaben keine andere organisatorische Lösung zuließen.[1737] Diese Präferenz entspricht dem traditionellen Verständnis in Nordrhein-Westfalen von den Aufgaben der Bezirksregierungen im Gefüge ihrer staatlichen Verwaltung[1738] und verdrängte gegenläufige Vorschläge zur sachgerechten Aufgabenwahrnehmung bundesgesetzlicher Vorgaben im Sozialbereich durch Zusammenfassung sachverwandter Aufgaben.[1739]

d. Besonderheiten sozialrechtlicher Entwicklungen in Nordrhein-Westfalen nach 1945

In der britischen Besatzungszone, mit dem Gebiet der späteren Länder Hamburg, Niedersachsen, Nordrhein-Westfalen und Schleswig-Holstein, unterlag die Neuordnung der Kriegsopferversorgung dem Direktivrecht der Besatzungsmacht, nachdem die Vier Mächte alle Reichsgesetze zur Versorgung von Kriegsopfern aufgehoben hatten. Dort schloss die Sozialversicherungsdirektive Nr. 27 vom 02.05.1947 die Entwicklung der Kriegsopferversorgung in dieser Besatzungszone ab. Sie lehnte sich an die Grundsätze der gesetzlichen Renten- und Unfallversicherung an und nutzte die gesetzliche Sozialversicherung als Träger der Kriegsopferversorgung.[1740] Dies hatte auch zur Folge, dass die Versorgungsverwaltung aufgelöst wurde.[1741]

Inhaltlich entsprachen diese Regelungen denen zur Kriegsopferversorgung in der amerikanischen Besatzungszone,[1742] stellten die Beschädigten und Hinterbliebenen jedoch durch einzelne Bestimmungen günstiger. Eine Unwürdigkeitsklausel schloss Leistungen an NSDAP-Mitglieder oder Mitglieder ihrer Organisationen und Verbände aus. Nordrhein-Westfalen übernahm durch Än-

---

1736 So die Abgrenzung des Aufgabenorganisationsmodells bei WAHL, *Die Organisation und....*, a. a. O., S. 211 f.

1737 STÄHLER, *Strukturreform als Prozesssteuerung....*, a. a. O., S. 10 am Beispiel des Flurbereinigungsgesetzes

1738 Vgl. SCHLEBERGER, ERWIN: *Zur Reform der Mittelebene der Verwaltung in Nordrhein-Westfalen*, in: NWVBl. 1997, S. 321 ff.; WIRTZ, ALFRED; SPALINK, DIETER: *Standort der Bezirksregierung im Modernisierungsprozess der Landesverwaltung Nordrhein-Westfalen*, in: NWVBl. 1995, S. 407 ff.

1739 Insbesondere die Vorschläge von MERTEN/ PITSCHAS, *Sozialverwaltung im Reformprozess....*, a. a. O., S. 114 zur Errichtung einer Fachverwaltung für Soziales

1740 BARTH, *Die Kriegsopferversorgung in....*, a. a. O., S. 2; VORBERG/ VAN NUIS, *Das Recht der....*, a. a. O., S. 22 ff.; WUTTKE, *Fünfzig Jahre Versorgungsrecht*, a. a. O., S. 101

1741 VORBERG/ VAN NUIS, *Das Recht der....*, a. a. O., S. 23

1742 Körperbeschädigten-Leistungsgesetz vom 01.01.1947 (Länderrats-Gesetzessammlung S. 163)

derungsgesetz vom 12.07.1949 die Regelungen der Versorgungsgesetze in den Ländern der amerikanischen Besatzungszone.[1743]

Die Leistungen der Kriegsopferfürsorge wurden ab 1947 in Nordrhein-Westfalen nach den Grundsätzen der in der amerikanischen Besatzungszone erlassenen Regelungen gewährt, die Bedürftigkeit voraussetzten.[1744] Das Schwerbeschädigtengesetz von 1923 blieb mit Abänderungen durch Erlasse des Zentralamtes für Arbeit in der britischen Zone mit einer Pflichtquote von zwei vom Hundert in Kraft, wurde jedoch auf alle Körperbehinderten ohne Berücksichtigung der Behindertenursache ausgedehnt, deren Erwerbsfähigkeit um mindestens 50 vom Hundert gemindert war.[1745] Die Vermittlung der Schwerbeschädigten oblag der Arbeitsverwaltung.

Im Fürsorgewesen galten die Bestimmungen der Fürsorgepflichtverordnung und der Reichsgrundsätze von 1924 weiter fort, die in der britischen Besatzungszone in den Trägerschaften der Gemeinden und Kreise sowie der Provinzialverbände weiter durchgeführt wurden; die gruppenspezifisch orientierte „gehobene Fürsorge" wurde abgeschafft.[1746] Die Fürsorgerechtsvereinbarung der Nachkriegszeit unter den Trägern der britischen Besatzungszone vom 18.09.1947, der sich die übrigen Fürsorgeträger in Westdeutschland später anschlossen, wurde erst zum 31.12.1996 gekündigt.[1747]

2. *Die Zuständigkeiten der Landessozialverwaltung in Nordrhein-Westfalen*

a. Sozialrechtliche Zuständigkeiten auf Ebene der Bezirksregierung

Die nordrhein-westfälische Versorgungsverwaltung[1748] wurde zum 01.01.2001 als Abteilung 10 in die Bezirksregierung Münster eingegliedert. Damit wurde sie Teil der allgemeinen Verwaltung, allerdings mit landesweit dekonzentrierten, eigenständigen Fachbehörden und Unterstellung unter die Bezirksregierung Münster als Oberbehörde.[1749] Mit dieser Organisationslö-

---

1743 Nachweise bei VORBERG/ VAN NUIS, *Das Recht der....*, a. a. O., S. 22 ff.

1744 HAUBENWALLNER, *Soziale Entschädigung und....*, a. a. O., S. 109

1745 SELLMANN/ EVERMANN, *Gesetz über die....*, a. a. O., Einleitung XXVIII

1746 BRACKMANN/ DRILLING, *Wohlfahrtspflege*, a. a. O., S. 15 f.; MUTHESIUS, *Reichsrechtliche Grundlagen der....*, a. a. O., S. 26, 104

1747 Einzelheiten bei SAURBIER, *Ende der Schiedsgerichtsbarkeit....*, a. a. O., S. 121 ff.

1748 Mit dem früheren Landesversorgungsamt Münster und den Versorgungsämtern in Aachen, Bielefeld, Dortmund, Düsseldorf, Duisburg, Essen, Gelsenkirchen, Köln, Münster, Soest und Unna sowie der Landesstelle Unna-Massen

1749 Art. 1 § 3 des Zweiten Gesetzes zur Modernisierung von Regierung und Verwaltung in Nordrhein-Westfalen, in dessen Satz 2 auch bestimmt wird, dass das Landesversorgungsamt aufgelöst sei; vgl. hierzu ZEIHE, PAUL-ARTHUR: *Bezirksregierung Münster als Lan-*

sung wurde ein Kompromiss gefunden zwischen der Absicht, Sonderbehörden als obere Landesbehörden nach dem Prinzip der Einheit der Verwaltung auf der staatlichen Mittelinstanz deutlich zu reduzieren[1750] und dem Erfordernis, die Effektivitäts- und Effizienzvorteile einer staatlichen Sozialverwaltung –mit ihrer Fähigkeit, die Qualität von Sozialleistungen durch Beherrschbarkeit größerer Fallzahlen, durch Arbeitsroutine und durch Bündelung fachlicher und kommunikativer Kompetenzen sicherzustellen– zumindest im Teilbereich der sozialen Entschädigung und der Feststellungsverfahren gem. § 69 SGB IX zu erhalten.[1751] Der Aufgabenbereich der nordrhein-westfälischen Versorgungsverwaltung blieb unverändert; er erstreckt sich in der dienst- und fachaufsichtsrechtlichen Zuständigkeit der Abteilung 10 der Bezirksregierung Münster auf

- das soziale Entschädigungsrecht (Bundesversorgungsgesetz und Anwendungsgesetze) mit Rentenzahlungen sowie Leistungen der Heil- und Krankenbehandlung, - einschließlich der orthopädischen Versorgung, bei dem die Versorgungsämter die Leistungsgewährung an die Berechtigten veranlassen,
- die Durchführung von Feststellungsverfahren gem. § 69 SGB IX bei den Versorgungsämtern,
- die Familienförderung nach dem Bundeserziehungsgeldgesetz, die von den Erziehungskassen der Versorgungsämter gewährt wird,
- die Zuerkennung eines Bergmannsversorgungsscheins an Berechtigte zentral in Nordrhein-Westfalen beim Versorgungsamt Gelsenkirchen,[1752]

---

desversorgungsamt?, in: SGb 2001, S. 116 ff., dessen Zweifel an der Zulässigkeit dieser organisatorischen Lösung zwischenzeitlich vom Bundessozialgericht zerstreut wurden (Urteil des BSG vom 12.06.2001 – B 9 V 5/00 R).

[1750] Vgl. NRW-Lexikon – Verwaltungsreform, http://www.nrw.de/landnrw/nrwlex/lex verref.htm (eingesehen am 08.09.2004)

[1751] MERTEN/ PITSCHAS, *Sozialverwaltung im Reformprozess*, a. a. O., S. 98 ff., 107. Diese Prinzipien gelten auch für die übrigen in Bezirksregierungen eingegliederten oberen Landesbehörden. Warum das Landesumweltamt oder das Landesversicherungsamt von der Eingliederung „verschont" blieben, kann unter sachlichen Gesichtspunkten nicht nachvollzogen werden.

[1752] Wegen der besonderen Belastungen, die der bergmännische Beruf mit sich bringt, besteht in den Ländern Niedersachsen, Nordrhein-Westfalen und Saarland für Bergleute ein besonderer Schutz, wenn sie nach längerer Tätigkeit ihre Untertagearbeit nicht mehr ausüben können. Für Nordrhein-Westfalen sind die Anspruchsvoraussetzungen in § 2 des Gesetzes über einen Bergmannversorgungsschein vom 20.12.1983 (GV NW S. 635), zuletzt geändert am 19.03.1996 (GV NW S. 136) niedergelegt. Inhaber eines Bergmannsversorgungsscheins genießen neben spezifischen Rechten (Hausbrand, Werkswohnung) Kündi-

- der Betrieb der Landesstelle für Aussiedler, Zuwanderer und ausländische Flüchtlinge in Unna-Massen,
- die Umsetzung der vom Europäischen Sozialfonds kofinanzierten Arbeitsmarktprogramme (Ziele 2 und 3, EQUAL) sowie von sozialpolitischen Programmen des Landes bei den Versorgungsämtern Aachen, Bielefeld, Dortmund, Düsseldorf, Essen, Gelsenkirchen, Köln und Soest als Bewilligungsbehörden,
- der Betrieb des Landesprüfungsamtes für Medizin, Psychotherapie und Pharmazie in Düsseldorf, das die Abwicklung der staatlichen Prüfungen für die akademischen Heilberufe, der Amtsärzte und der Gesundheitsaufseher sowie Sozialmedizinischen Assistenten sicherstellt.[1753]

Die Darstellung zeigt, dass die nordrhein-westfälische Versorgungsverwaltung auf der regionalen Ebene erhalten geblieben ist. Dies wird auch in der Aufgabendelegation sozialpolitischer Programme des Landes auf neun Versorgungsämter als Schwerpunktämter deutlich, die dort bürgernah erledigt werden. Dem spezifischen Verständnis der Aufgabenwahrnehmung der Bezirksregierungen in Nordrhein-Westfalen entspricht es, die frühere Oberbehörde Landesversorgungsamt als Abteilung in eine Bezirksregierung zu integrieren, so die Universalität des Wirkungskreises der Bezirksregierungen um Aufgaben der staatlichen Leistungsverwaltung zu vergrößern und sie als Bündelungsbehörde auf der Mittelinstanz sowie allgemeine Vertretung der Landesregierung in der Region zu stärken.[1754]

Bei allen fünf nordrhein-westfälischen Bezirksregierungen werden die Aufgabenbereiche der Fachaufsicht über den öffentlichen Gesundheitsdienst,[1755] der Überwachung des Verkehrs mit Arzneimitteln und Medizinprodukten, der Koordination von gesundheitsrelevanten Angelegenheiten der Seuchenbekämpfung und Hygiene,[1756] der Approbationen und der Gesundheitsfachbe-

---

gungsschutz entsprechend Teil 2 des SGB IX; sie werden bei der Veranlagung zur Ausgleichsabgabe auf einen Pflichtplatz angerechnet (§ 75 Abs. 4 SGB IX).

[1753] Die Dienstaufsicht über die Versorgungsämter und sonstigen Einrichtungen der Versorgungsverwaltung in Nordrhein-Westfalen, darunter auch die Eggeland-Klinik in Bad Driburg, obliegt dem Präsidenten der Bezirksregierung Münster.

[1754] So WIRZ/ SPALINK, *Standort der Bezirksregierung....*, a. a. O., S. 408 ff.; Hessen ist dieser organisatorischen Vorgabe von Nordrhein-Westfalen mit der Integration seines Landesversorgungsamtes in die Bezirksregierung Gießen zum 01.07.2002 gefolgt.

[1755] Gem. § 5 Abs. 2 Nr. 2 des Gesetzes über den öffentlichen Gesundheitsdienst vom 25.11.1997 (GV NW S. 430) sind die Bezirksregierungen mittlere Landesgesundheitsbehörden.

[1756] § 1 Abs. 2 der Verordnung zur Regelung von Zuständigkeiten nach dem Infektionsschutzgesetz vom 28.11.2000 (GV NW S. 701)

rufe, dem Organisationsschema früherer preußischer Bezirksregierungen entsprechend, in der Abteilung 2 (Gefahrenabwehr, Gesundheit) wahrgenommen.[1757] Sie sind darüber hinaus zuständige Behörde für die Durchführung des Krankenhausfinanzierungsgesetzes.[1758] Die Bezirksregierung Düsseldorf hat die landesweite Zuständigkeit für die Anerkennung geeigneter Stellen im Sinne von § 395 Abs. 1 Nr. 1 der Insolvenzordnung.

b. Zuständigkeiten der Landschaftsverbände Rheinland und Westfalen-Lippe

Die Zuständigkeit der beiden Landschaftsverbände ist in § 5 der Landschaftsverbandsordnung aufgeführt; sie erstreckt sich im Sozialbereich auf die überörtlichen Trägerschaften der Sozialhilfe, der Kriegsopferfürsorge und nach dem SGB IX in ihrem Gebiet.[1759] Die Landschaftsverbände nehmen weiterhin in ihrem Zuständigkeitsbereich die Aufgaben der Landesjugendämter wahr und sind Träger von Sonderschulen.[1760] Sie können darüber hinaus vom zuständigen Fachminister mit der Förderung von Einrichtungen und Maßnahmen öffentlicher und freier Träger, einschließlich der Verfügung über Haushaltsmittel des Landes, beauftragt werden. Hieraus ergibt sich die Zuständigkeit der Landschaftsverbände

- als überörtlicher Träger der Sozialhilfe gem. § 97 Abs. 3 SGB XII[1761] in den Aufgabenbereichen Hilfe zur Pflege, Eingliederungshilfe und Förderung von Pflegeeinrichtungen,[1762]
- als überörtliche Träger der Kriegsopferfürsorge und der Aufgaben nach dem früheren Schwerbehindertengesetz, soweit sie den Hauptfürsorgestellen übertragen sind,
- als Integrationsamt gem. § 102 SGB IX für behinderte Menschen im Beruf,[1763]

[1757] Vgl. WAHL, *Die Organisation und....*, a. a. O., S. 266; Medizinalangelegenheiten waren, so FROTSCHER, *Überblick über die....*, a. a. O., S. 420, in Preußen Teil der besonderen inneren Verwaltung.

[1758] § 1 der Verordnung zur Regelung von Zuständigkeiten auf dem Gebiet des Krankenhauswesens vom 22.02.2000 (GV NW S. 222)

[1759] Landschaftsverbandsordnung für das Land Nordrhein-Westfalen idF v. 14.07.1995 (GV NW S. 657, zuletzt geändert am 09.05.2000 (GV NW S. 462, 2001 S. 29); Gebietsabgrenzung der beiden Landschaftsverbände gem. §§ 1, 3 der Landschaftsverbandsordnung

[1760] DITTMANN, *Kommunalverbandsrecht*, a. a. O., S. 142

[1761] Bis 31.12.2005: § 100 Abs. 2 BSHG

[1762] Verordnung zur Ausführung des Bundessozialhilfegesetzes vom 15.06.1999 (GV NW S. 386), geändert am 09.05.2000 (GV NW S. 462, 2001 S. 29)

- als Landesjugendamt im Sinne von § 69 Abs. 3 SGB VIII – einschließlich der Aufgabenwahrnehmung gem. § 85 Abs. 2 SGB VIII als Pflichtaufgabe zur Erfüllung nach Weisung –,[1764]
- für die Gewährung von Hilfen für Blinde und Gehörlose.[1765]

Die beiden Landschaftsverbände unterhalten Schulen für Sinnes- und Körperbehinderte sowie psychiatrische und neurologische Kliniken in ihrem Gebiet. Im Bereich des Maßregelvollzugs sind sie staatliche Verwaltungsbehörde für die Durchführung von Maßregeln der Sicherung und Besserung in einem psychiatrischen Krankenhaus oder einer Erziehungsanstalt in seiner Trägerschaft und unterstehen der Dienst- und Fachaufsicht des Landesbeauftragten für den Maßregelvollzug als obere Landesbehörde.[1766]

c. Zuständigkeiten des Landesversicherungsamtes

Das Landesversicherungsamt in Essen ist Aufsichtsbehörde gem. § 90 Abs. 2 SGB IV über die landesunmittelbaren Krankenkassen und ihre Landesverbände. Es führt die Aufsicht über die Medizinischen Dienste der Krankenversicherung. Hierzu gehört die Prüfung der Geschäfts-, Rechnungs- und Betriebsführung der Kassen und Dienste.[1767]

Weiterhin ist es Aufsichtsbehörde im Sinne von § 91 Abs. 2 SGB IV über die Versicherungsämter bei den Kreisen und kreisfreien Städte, die die Aufsicht über die landesunmittelbaren Allgemeinen Ortskrankenkassen, Betriebskrankenkassen, Innungskrankenkassen und Ersatzkrankenkassen ausüben.[1768]

[1763] §§ 2 Abs. 2, 9 des Gesetzes zur Durchführung der Kriegsopferfürsorge und des Schwerbehindertengesetzes idF v. 01.11.1987 (GV NW S. 401), geändert am 09.05.2000 (GV NW S. 462, 2001 S. 29)

[1764] §§ 8, 15 des Ersten Gesetzes zur Ausführung des Kinder- und Jugendhilfegesetzes vom 12.12.1990 (GV NW S. 664), geändert am 15.06.1999 (GV NW S. 394)

[1765] Gem. § 8 des Gesetzes über die Hilfe für Blinde und Gehörlose vom 25.11.1997 (GV NW S. 430), geändert am 09.05.2000 (GV NW S. 29)

[1766] § 31 des Maßregelvollzugsgesetzes vom 15.06.1999 (GV NW S. 402)

[1767] § 1 des Gesetzes zur Errichtung des Landesversicherungsamts Nordrhein-Westfalen vom 14.12.1989 (GV NW S. 678)

[1768] Aus http://www.im.nrw.de/inn/seiten/vm/atlas/o_LVersi.htm (eingesehen am 09.09.2004); vgl. auch BECKER, *Organisation und Selbstverwaltung....*, a. a. O., S. 234

V. Die Verwaltungsbehörden von Sachsen-Anhalt im Sozialbereich

1. Zur Geschichte der Sozialverwaltung von Sachsen-Anhalt

a. Die historischen Bezüge der Verwaltung von Sachsen-Anhalt

Die Konstituierung des Landes Sachsen-Anhalt nach 1945 verlief zunächst parallel zu den Ländern in den drei westlichen Besatzungszonen und den übrigen Ländern im Einflussbereich der sowjetischen Besatzungszone. Dort wurden auf Weisung der sowjetischen Militärregierung[1769] die Territorien der früheren preußischen Provinz Sachsen sowie des Landes Anhalt[1770] zum Land Sachsen-Anhalt zusammengefasst. Am 10.01.1947 wurde nach Wahlen und Konstituierung von Landtag und Regierung eine Landesverfassung verabschiedet.[1771] Nach Gründung der DDR aus den fünf zur sowjetischen Besatzungszone gehörenden Ländern am 07.10.1949 bestand die bundesstaatliche Struktur dieses zweiten deutschen Staates zunächst fort,[1772] wurde jedoch rasch durch Verlagerung der Steuer- und Abgabenhoheit auf die zentrale staatliche Instanz ausgehöhlt und am 23.07.1952 beseitigt.[1773] Der Landtag Sachsen-Anhalts beschloss am 25.07.1952 seine Selbstauflösung und die Bildung der Bezirke Halle und Magdeburg.[1774] Die Verfassungsänderung der DDR vom 08.11.1958 schloss diese Zentralisierung der Staatsgewalt, mit der die DDR in der Mittelinstanz in 14 Bezirke aufgeteilt wurde, formell ab.[1775]

1769 STERN, *Das Staatsrecht der....*, Bd. V, a. a. O., S. 1063 f., 1609; WILLOWEIT, *Deutsche Verfassungsgeschichte*, a. a. O., S. 377 f.

1770 Zuzüglich einiger bisher thüringischer Exklaven und braunschweigischem Gebiet im Harz, vgl. GIESEN, *Zur rechtlichen und....*, a. a. O., S. 38; TULLNER, MATHIAS: *Geschichte des Landes Sachsen-Anhalt*, 3. Aufl., Opladen 2001, S. 146 ff.

1771 STERN, *Das Staatsrecht der....*, Bd. V, a. a. O., S. 1066; TULLNER, *Geschichte des Landes....*, a. a. O., S. 150

1772 Neben Sachsen-Anhalt Brandenburg, Mecklenburg-Vorpommern, Sachsen und Thüringen, vgl. STERN, *Das Staatsrecht der....*, Bd. V, a. a. O., S. 1620; zur bundesstaatlichen Struktur Art. 1 der Verfassung der DDR vom 07.10.1949 (GBl. S. 5) vgl. BRUNNER, GEORG: *Das Staatsrecht der Deutschen Demokratischen Republik*, in: Isensee, Josef; Kirchhof, Paul (Herausg.): *Handbuch des Staatsrechts der Bundesrepublik Deutschland*, Bd. I, 3. Aufl., Heidelberg 2003, S. 533; STERN, *Das Staatsrecht der....*, Bd. V, a. a. O., S. 1629

1773 BRUNNER, *Einführung in das....*, a. a. O., S. 23 f.; derselbe, *Das Staatsrecht der....*, a. a. O., S. 536; GIESEN, *Zur rechtlichen und....*, a. a. O., S. 39; STERN, *Das Staatsrecht der....*, Bd. V, a. a. O., S. 1636

1774 TULLNER, *Geschichte des Landes....*, a. a. O., S. 154

1775 STERN, *Das Staatsrecht der....*, Bd. V, a. a. O., S. 1636 f.; im Sprachgebrauch der DDR wurde ab den 1960er Jahren Ostberlin als 15. Bezirk bezeichnet, vgl. BRUNNER, *Das Staatsrecht der....*, a. a. O., S. 572; GIESEN, *Zur rechtlichen und....*, a. a. O., S. 43

Die Wiedererrichtung der fünf ostdeutschen Länder wurde im Zuge der politischen Umwälzungen ab 1989[1776] thematisiert und noch vor dem Beitritt der DDR zur Bundesrepublik Deutschland am 03.10.1990 durch Verfassungsgesetz zur Bildung von Ländern in der DDR vom 22.07.1990 realisiert.[1777] Die Verfassung von Sachsen-Anhalt vom 16.07.1992 schloss die Rekonstituierung dieses Bundeslandes ab.[1778] Zusammen mit den übrigen vier ostdeutschen Ländern wurde Sachsen-Anhalt mit dem Beitritt der DDR zur Bundesrepublik Deutschland eines der nun 16 Länder Deutschlands.[1779]

Die heutige Struktur der Landesverwaltung von Sachsen-Anhalt gründet vor diesem historischen Hintergrund auf Verwaltungstraditionen der preußischen Provinz Sachsen und hatte zugleich die 40jährigen Prägungen des zentralistischen Verwaltungsstaats der DDR mit seiner territorialen Gliederung in drei Verwaltungsebenen, ihren inneren Strukturen als Kaderverwaltung und ihrem besonderen Verständnis von Verwaltungsorganisation als Aufgabenzuteilung nach dem Grundsatz der Gewaltenkonzentration[1780] zu bereinigen sowie in die Organisationsstrukturen eines freiheitlichen Verwaltungsstaates zu überführen.[1781] Die Aufbauhilfe durch Verwaltungen benachbarter westdeutscher Länder, im Falle von Sachsen-Anhalt durch Niedersachsen,[1782] hinterließ in

---

[1776] BRUNNER, *Das Staatsrecht der....*, a. a. O., S. 538; KILIAN, MICHAEL: *Der Vorgang der deutschen Wiedervereinigung*, in: Isensee, Josef; Kirchhof, Paul (Herausg.): *Handbuch des Staatsrechts der Bundesrepublik Deutschland,* Bd. I, 3. Aufl., Heidelberg 2003, S. 606 ff.; WILLOWEIT, *Deutsche Verfassungsgeschichte*, a. a. O., S. 462 ff.

[1777] Verfassungsgesetz zur Bildung von Ländern in der Deutschen Demokratischen Republik –Ländereinführungsgesetz– vom 22.07.1990 (GBl. I S. 955); vgl. auch MAUNZ, THEODOR: *Kommentierung zu Art. 28*, in: Maunz, Theodor; Dürig, Günter und andere Mitherausgeber: *Grundgesetz Kommentar*, Loseblattausgabe, München 1996, Art. 28 Rdnr. 10; KILIAN, *Der Vorgang der....*, a. a. O., S. 640 ff.; STERN, *Das Staatsrecht der....*, Bd. V, a. a. O., S. 1794

[1778] Verfassung des Landes Sachsen-Anhalt vom 16.07.1992 (GVBl. S. 564)

[1779] Art. 1 Abs. 1 des Vertrags zwischen der Bundesrepublik Deutschland und der Deutschen Demokratischen Republik über die Herstellung der Einheit Deutschlands vom 31.08.1990 (BGBl. II S. 889); KILIAN, *Der Vorgang der....*, a. a. O., S. 644

[1780] KRINGE, OTTO: *Verwaltungsrecht in der DDR*, in: NJW 1981, S. 158; STELKENS, PAUL: *Die Überführung des sozialistischen Verwaltungsrechts, insbesondere des Verwaltungsverfahrensrechts der früheren DDR in das rechtsstaatliche Verwaltungsrechtssystem der Bundesrepublik Deutschland*, in: DVBl. 1992, S. 252 f.; allgemeiner Überblick bei WOLFF/ BACHOF/ STOBER/ KLUTH/ PEILERT, *Verwaltungsrecht*, Bd. 2, a. a. O., S. 64 ff.

[1781] BRUNNER, *Das Staatsrecht der....*, a. a. O., S. 572 f.; PITSCHAS, RAINER: *Verwaltungsentwicklung in den ostdeutschen Bundesländern*, in: DVBl. 1991, S. 457; STELKENS, PAUL: *Die Überführung des....*, a. a. O., S. 249

[1782] GIESEN, *Zur rechtlichen und....*, a. a. O., S. 70

diesem Zusammenhang Prägungen durch Organisationsmuster von Landesverwaltungen in den alten Bundesländern.[1783]

b. Die Grundstruktur der Landesverwaltung von Sachsen-Anhalt

Sachsen-Anhalt gehört mit seinen 2,57 Mio. Einwohnern und einer Fläche von 20.447 Quadratkilometern zu den kleineren Bundesländern. Seine allgemeine Verwaltung gliederte sich nach der Wiedergründung zunächst in der Mittelinstanz in die Regierungspräsidien von Dessau, Halle und Magdeburg als allgemeine Verwaltungsbehörden, fünf obere Landesbehörden mit nachgeordnetem Behördenbereich sowie zwölf zentrale Landesämter.[1784] Mit dieser Grundentscheidung orientierte sich Sachsen-Anhalt an der Landesverwaltungsstruktur des Partnerlandes Niedersachsen,[1785] verarbeitete aber auch öffentliche Spannungen zur Abbildung der Bedeutung seiner Oberzentren Dessau, Magdeburg und Halle in der Hauptstadtfrage und in der Behördenpräsenz.[1786] Ein Landesorganisationsgesetz wurde nicht erlassen.

Sachsen-Anhalt ist eines der neuen Bundesländer, in denen nach einer Empfehlung der Kommunalen Spitzenverbände auf die Einrichtung einer staatlichen Mittelinstanz verzichtet werden sollte.[1787] Ein Konzept zur Reform der Landesverwaltung verdichtete sich ab 1999 mit dem Ziel, die staatlichen Mittelinstanzen zu zentralisieren und damit die oberen Verwaltungsbehörden zu reduzieren.[1788] Der Prozess der ursprünglich bis 2007 geplanten Reform der staatlichen Mittelinstanz[1789] wurde ab 2002 gestrafft und führte am 12.12.2003 zur Verabschiedung eines Gesetzes zur Neuordnung der Landesverwaltung durch den Landtag von Sachsen-Anhalt.[1790] Mit diesem am

[1783] PITSCHAS, *Verwaltungsentwicklung in den....*, a. a. O., S. 461 f.

[1784] Darunter aus dem sozialen Aufgabenbereich das Landesamt für Versorgung und Soziales und das Landesamt für Studierende der Medizin, der Zahnmedizin und der Pharmazie; Einzelheiten der Behördengliederung bei MILLER, *Vorstudien zur Organisation....*, a. a. O., S. 408

[1785] MILLER, *Vorstudien zur Organisation....*, a. a. O., S. 402

[1786] TULLNER, *Geschichte des Landes....*, a. a. O., S. 154

[1787] Entschließung des Gesamtvorstandes der Kommunalen Spitzenverbände zur Kommunalen Selbstverwaltung in den neuen Bundesländern, zitiert bei GIESEN, *Zur rechtlichen und....*, a. a. O., S. 47

[1788] Regierungskommission „Aufgabenverlagerung", Enquête-Kommission des Landtages; Einzelheiten zu den Ergebnissen und Vorschlägen der Kommissionen bei MILLER, *Vorstudien zur Organisation....*, a. a. O., S. 644 ff.; vgl. auch HESSE, *Regierungs- und Verwaltungsreform....*, a. a. O., S. 52 f.

[1789] BÜRSCH, MICHAEL; MÜLLER, BRIGITTE: *Verwaltungsreformen in den deutschen Bundesländern*, Bonn 1999, S. 82

[1790] Landtag von Sachsen-Anhalt, Kurzbericht 4/32 vom 12.12.2003, S. 4

17.12.2003 in Kraft getretenen Gesetz[1791] wurden die drei Regierungspräsidien und das Landesamt für Versorgung und Soziales mit seinen zwei Ämtern für Versorgung und Soziales zum Landesverwaltungsamt in Halle mit Dienststellen in Dessau und Magdeburg zusammengefasst.[1792] Diese neue obere Landesbehörde bündelt seither alle Verwaltungsaufgaben des Landes im Sozialbereich.[1793]

c. Besonderheiten der Entwicklung des sozialen Entschädigungsrechts und der Sozialhilfe in Sachsen-Anhalt nach 1945

Sachsen-Anhalt nahm als Teil des Territoriums der sowjetischen Besatzungszone nach 1945 am staatlichen Entwicklungsprozess in dieser Zone teil, der von der Entstehung der fünf ostdeutschen Länder ab 1946 über die Konstituierung der DDR im Jahr 1949 bis hin zur Wiedervereinigung reicht. Durch diesen Entwicklungsprozess wurde das gesamte Rechtssystem als Bestandteil des Gesellschaftssystems in diesem Teil Deutschlands einer eigenen Prägung unterworfen, die sich nach Gründung der DDR von einer „antifaschistisch-demokratischen Umwälzung" nach den von *W. I. Lenin* definierten Prinzipien des demokratischen Zentralismus[1794] bis hin zur Gestaltung einer entwickelten sozialistischen Gesellschaft[1795] und der Ausprägung eines eigenständigen sozialistischen Verwaltungsrechts vollzog.[1796] In diesem System setzte die Sozialpolitik bei der Primärverteilung mit dem Anspruch des Staates an, allen Gesellschaftsmitgliedern eine umfassende Fürsorge zu bieten. Dies schloss auch ein, soziale Risiken nicht nur sozial durch Umverteilung aufzufangen, sondern den Risikofall möglichst durch gesellschaftliche Vorsorge und Kontrolle zu verhindern.[1797]

1791 GVBl. S. 353, 355

1792 Das am 01.01.2004 errichtete Landesverwaltungsamt integriert die bisherigen drei Bezirksregierungen, das Landesamt für Versorgung und Soziales, die beiden Ämter für Versorgung und Soziales, neun staatliche Schulämter und zehn staatliche Seminare für Lehrämter.

1793 Vgl. LEIMBACH, THOMAS; BORSCHEL, ANDREAS: *Das neue Landesverwaltungsamt in Sachsen-Anhalt*, in: LKV 2004, S. 484 ff.

1794 BRUNNER, *Das Staatsrecht der....*, a. a. O., S. 549 f., 572 ff.; WOLFF/ BACHOF/ STOBER/ KLUTH/ MÜLLER, *Verwaltungsrecht*, Bd. 3, a. a. O., S. 64 f.

1795 Präambel der Verfassung der Deutschen Demokratischen Republik vom 06.04.1968 idF v. 07.10.1974 (GBl. I S. 432)

1796 KINGE, *Verwaltungsrecht in der....*, a. a. O., S. 158; STELKENS, *Die Überführung des....*, a. a. O., S. 251 ff.; WOLFF/ BACHOF/ STOBER/ KLUTH/ PEILERT, *Verwaltungsrecht*, Bd. 2, a. a. O., S. 64

1797 FAUDE, MICHAEL: *Sozialrecht in der Deutschen Demokratischen Republik*, in: NDV 1977, S. 181

Auf diese Weise wurde Sozialpolitik Bestandteil der sozialistischen Gesamtpolitik der DDR und folglich das Sozialrecht Teil des dortigen Arbeits-, Familien- und Sozialversicherungsrechts.[1798] Diese Rechtsentwicklung war bestimmend für die Verwaltungsentwicklung in der DDR, in der sich eine mit der staatlichen Sozialverwaltung in der Bundesrepublik Deutschland vergleichbare Sozialverwaltung nicht herausbilden konnte. Zunächst allerdings galten nach 1945 auch in der sowjetischen Besatzungszone die sozialrechtlichen Bestimmungen der Weimarer Republik weiter, soweit sie nicht durch Beschluss der Vier Mächte, wie bei der Kriegsopferversorgung, aufgehoben oder außer Kraft gesetzt wurden.

Nachdem die Vier Mächte durch Kontrollratsgesetz Nr. 34 alle Gesetze zur Versorgung von Kriegsopfern aufgehoben hatten, nahm die soziale Entschädigung in der sowjetischen Besatzungszone eine eigene Entwicklung, innerhalb derer eine speziell für seine Anwendung beauftragte Verwaltung nicht entstand. Dort blieb die Versorgung der Kriegsopfer, wie ursprünglich in der amerikanischen und britischen Besatzungszone, an die gesetzliche Sozialversicherung gekoppelt. So wies der Oberkommandierende der sowjetischen Militärregierung am 23.04.1946 die Präsidenten der dortigen Länder und Provinzen an, diejenigen Personen, welche keinen Anspruch aus Mitteln der gesetzlichen Sozialversicherung hatten, Unterstützung aus Haushaltsmitteln zu gewähren. Zu diesem Personenkreis gehörten neben den Kriegsopfern auch die ehemaligen Beamten. Die Durchführung der Versorgung übernahmen die Sozialversicherungsanstalten und ersetzten so die frühere Versorgungsverwaltung.[1799]

Die Basis für die folgenden Regelungen der Kriegsopferversorgung in der DDR bildete die Verordnung der Deutschen Wirtschaftskommission für die Zahlung von Renten an Kriegsinvaliden und Kriegshinterbliebene vom 21.07.1948.[1800] Diese Verordnung wurde nach Konstituierung der DDR durch eine Verordnung über die Anpassung der Kriegsrenten an die Sozialversicherungsrenten vom 16.03.1950 ergänzt und schuf so die Grundlage für die künftige Verknüpfung der Leistungen an die Kriegsopfer mit den Leistungen der Sozialversicherungsträger.[1801] Bis zum Beitritt der DDR zur Bundesrepublik Deutschland wurden Angelegenheiten des sozialen Entschädigungsrechts nach den für die dortigen Sozialversicherungssysteme geltenden Rechts-

---

1798 BRUNNER, *Einführung in das....*, a. a. O., S. 99; FAUDE, *Sozialrecht in der....*, a. a. O., S. 180 ff.

1799 STEYER, STEPHAN: *Die Kriegsopferversorgung in der DDR*, in: VersorgV 1990, S. 36

1800 BARTH, *Die Kriegsopferversorgung in....*, a. a. O., S. 2

1801 Verordnung über die Anpassung der Kriegsrenten an die Sozialversicherungsrenten vom 19.03.1950 (GBl. S. 925); BARTH, *Die Kriegsopferversorgung in....*, a. a. O., S. 2

grundsätzen abgewickelt.[1802] Seit der Wiedervereinigung gelten das Bundesversorgungsgesetz und seine Anwendungsgesetze auch in den neuen Bundesländern, ergänzt um die Entschädigungstatbestände des StrRehaG und des VwRehaG für SED-Unrechtsopfer. Die neuen Länder wurden allerdings nicht dazu verpflichtet, eine Versorgungsverwaltung als Sonderverwaltung zu errichten.[1803]

Auch die Sozialfürsorge baute nach 1945 im Gebiet der sowjetischen Besatzungszone auf dem in der Weimarer Republik geschaffenen Fürsorgerecht auf; lediglich die Kriegsopferfürsorge als gehobene Fürsorge wurde abgeschafft.[1804] Als die Fürsorgeträger in den westlichen Besatzungszonen, zunächst regional und später über die Zonengrenzen hinweg, durch Fürsorgerechts-Vereinbarungen kooperierten, schottete sich die sowjetische Besatzungsmacht von dieser Entwicklung ab. Die DDR erließ in den 1970er Jahren zwei Sozialfürsorgeverordnungen, die das bisherige Recht ablösten und fortan die Rechtsgrundlage für Leistungen der Sozialfürsorge bildeten.[1805] Es baute ebenfalls auf dem Bedürftigkeits- und Subsidiaritätsprinzip auf und bestimmte die Gemeinden zu allgemeinen Fürsorgeträgern, die in besonderen Fällen durch die Kreise ersetzt wurden. Schwerpunkt der Unterstützung der Hilfeempfänger war auch, sie baldmöglichst wieder in das Arbeitsleben einzugliedern.[1806]

Die Sozialfürsorge bildete auch in der DDR das Basisnetz der sozialen Sicherung, fand jedoch nachrangige Beanspruchung, da sie von einer umfassenden, der Reichsversicherungsordnung nachgebildeten Sozialversicherung überlagert wurde, die fast alle arbeitenden Bürger erfasste.[1807] Sie wurde nur zu etwa 55 % aus den Beiträgen der Versicherten und der Betriebe finanziert und zum fast hälftigen Rest durch staatliche Zuschüsse. Die Sozialversicherung trug somit die Hauptlast der sozialen Absicherung in der DDR entsprechend der sozialistischen Leitidee einer allumfassenden sozialen Sicherung.

1802 Zu den Einzelheiten der Kriegsopferversorgung in der DDR STEYER, *Die Kriegsopferversorgung in....*, a. a. O., S. 36 ff.; vgl. auch FAUDE, *Sozialrecht in der....*, a. a. O., S. 183

1803 Einzelheiten, auch zur sozialen Entschädigung ehemaliger NVA-Soldaten, bei SCHULIN, *Soziales Entschädigungsrecht*, a. a. O., S. 1316 ff.; vgl. auch MERTEN/PITSCHAS, *Sozialverwaltung im Reformprozess*, a. a. O., S. 45

1804 GIESE, *Dreißig Jahre BSHG....*, a. a. O., S. 1

1805 Verordnung über Leistungen der Sozialfürsorge –SozialfürsorgeVO– vom 04.04.1974 (GBl. I S. 224) und Verordnung über Leistungen der Sozialfürsorge vom 29.07.1976 (GBl. I Nr. 28), zitiert bei FAUDE, *Sozialrecht in der....*, a. a. O., S. 182

1806 FAUDE, *Sozialrecht in der....*, a. a. O., S. 182

1807 FAUDE, *Sozialrecht in der....*, a. a. O., S. 182, der auch berichtet, dass 1975 lediglich etwa 23.000 Bürger auf Unterstützungsleistungen der Sozialfürsorge angewiesen waren.

Noch im letzten Jahr des Bestehens der DDR wurde unter Ministerpräsident *Lothar de Maizière* am 21.06.1990 das Gesetz über den Anspruch auf Sozialhilfe verabschiedet,[1808] das im Vertrag über die Schaffung einer Währungs-, Wirtschafts- und Sozialunion zwischen der Bundesrepublik und der DDR vereinbart worden war.[1809] Es bestimmte in § 9 die Gemeinden, kreisfreien Städte, Stadtbezirke und Landkreise zu örtlichen Trägern der Sozialhilfe, ohne nach Sozialhilfearten zu differenzieren. Allerdings überholte die Wiedervereinigung die Geschehnisse um den Aufbau einer Sozialverwaltung in den ostdeutschen Ländern nach den Bestimmungen dieses Gesetzes, als mit dem Beitritt der DDR durch Art. 8 des Einigungsvertrages Bundesrecht in den neuen Ländern in Kraft trat und dort das Bundessozialhilfegesetz, auch mit seinen Vorgaben für die Sozialverwaltungen der Länder, zum 01.01.1991 zur Geltung kam.[1810]

d. Besonderheiten der Entwicklung der Behindertenbeschäftigung

Im Herrschaftsbereich der sowjetischen Militärregierung blieb nach 1945 zunächst auch das Schwerbeschädigtengesetz von 1923 in Kraft und wurde in Sachsen-Anhalt durch Gesetz vom 05.11.1947 ergänzt.[1811] Nach Gründung der DDR ersetzte das Gesetz der Arbeit vom 19.04.1950 diese Regelungen mit der Verpflichtung aller Betriebe und Verwaltungen zur Einstellung von Schwerbeschädigten und ermächtigte das zuständige Ministerium zum Erlass von Durchführungsbestimmungen zum Schwerbeschädigtenbegriff und zur Ausgabe von Ausweisen. Bereits in diesen Verordnungen wurde der früher durch Ursachen bestimmte durch einen finalen Schwerbehindertenbegriff ersetzt.[1812]

Das spätere Gesetz der Arbeit vom 12.04.1961[1813] und die auf seiner Grundlage erlassenen Verordnungen gewährte allen Personen Schwerbeschädigtenschutz, die unabhängig von der Behindertenursache einen dauernden Körperschaden von mehr als 50 vom Hundert und einen amtlichen Schwerbeschä-

---

[1808] GBl. I S. 391, in Kraft getreten am 01.07.1990; vgl. NEES, ALBIN: *Sozialhilfe im Gebiet der neuen Bundesländer*, in: br 1990, S. 154

[1809] Art 24 des Vertrags über die Schaffung einer Währungs-, Wirtschafts- und Sozialunion zwischen der Bundesrepublik Deutschland und der Deutschen Demokratischen Republik vom 18.05.1990 (BGBl. II S. 537)

[1810] Einzelheiten bei NEES, *Sozialhilfe im Gebiet....*, a. a. O., S. 156 ff.

[1811] Zitiert bei DÖRNER, *Schwerbehindertenrecht im Beitrittsgebiet....*, a. a. O., S. 663

[1812] Gesetz der Arbeit zur Förderung und Pflege der Arbeitskräfte, zur Steigerung der Arbeitsproduktivität und zur weiteren Verbesserung der materiellen und kulturellen Lage der Arbeiter und Angestellten vom 19.04.1950 (GBl. S. 349); DÖRNER, *Schwerbehindertenrecht im Beitrittsgebiet....*, a. a. O., S. 663

[1813] GBl. I S. 27

digtenausweis hatten. Für das Anerkennungsverfahren war der Rat des Kreises oder des Stadtbezirks zuständig, in dem der Antragsteller seinen ständigen Wohnsitz hatte. Schwerbeschädigte genossen verstärkten Kündigungsschutz, durften nur eingeschränkt zu Überstunden oder zur Nachtarbeit herangezogen werden und erhielten Zusatzurlaub von drei Tagen. Die Betriebe wurden verpflichtet, mindestens zehn Prozent ihrer Arbeitsplätze Schwerbeschädigten zur Verfügung zu stellen.[1814]

Das Arbeitsgesetzbuch der DDR vom 16.06.1977[1815] fasste die Bestimmungen zum Kündigungsschutz, zur Nachtarbeit und zur Überstundenarbeit ohne wesentliche inhaltliche Änderungen neu und verschob die Bestimmungen über Zusatzurlaub in eine Rechtsverordnung.[1816] Dieses Gesetz wurde kurz vor der Wiedervereinigung durch ein Gesetz zur Sicherung der Eingliederung Schwerbehinderter in Arbeit, Beruf und Gesellschaft ersetzt, mit dem die letzte DDR-Regierung dem Auftrag aus dem Vertrag zur Währungsunion nachkam und das den Bestimmungen des bundesdeutschen Schwerbehindertengesetzes entsprach.[1817] Mit Ausnahme der Verwaltungsorganisation zur Anerkennung als Schwerbeschädigter bei den Kreisen und Stadtbezirken existierte in den neuen Ländern eine Behördenorganisation zur Durchsetzung des Rechts Schwerbeschädigter nicht; diese Aufgabe wurde von den Kommissionen und Räten in den Betrieben wahrgenommen.[1818]

e. Besonderheiten des öffentlichen Gesundheitsdienstes und der Jugendhilfe in der DDR

Die sowjetische Militärverwaltung nutzte im öffentlichen Gesundheitswesen nach 1945 in ihrer Besatzungszone zunächst ebenfalls die bestehenden staatlichen Organisationen, wie die staatlichen Gesundheitsämter und die Stellen in den Bezirksregierungen, die mit der Überwachung des Heilwesens und des Arzneimittelverkehrs befasst waren. Diese Einrichtungen, die nach Abschaffung der Länder in der DDR in die Verwaltungen der Bezirke übergingen, blieben auch für das öffentliche Gesundheitswesen zuständig.[1819]

In der DDR wurde ab 1949 ein staatliches Gesundheitswesen aufgebaut, das den öffentlichen Gesundheitsdienst, das betriebliche Gesundheitswesen, die

---

[1814] BRUNNER, *Einführung in das....*, a. a. O., S. 148; KUNZ, EDUARD: *Schwerbeschädigtenbetreuung in der DDR*, in: br 1990, S. 74 ff.

[1815] GBl. I S. 185

[1816] Einzelheiten bei DÖRNER, *Schwerbehindertenrecht im Beitrittsgebiet....*, a. a. O., S. 663 f.

[1817] DÖRNER, *Schwerbehindertenrecht im Beitrittsgebiet....*, a. a. O., S. 664

[1818] BRUNNER, *Einführung in das....*, a. a. O., S. 148

[1819] VON UNRUH, *Deutsche Verwaltung zwischen....*, a. a. O., S. 84 f.

ambulante und stationäre Krankenbehandlung sowie die Versorgung mit Arzneimitteln und medizinisch-technischen Erzeugnissen zusammenfasste. Entsprechend den Grundsätzen des demokratischen Zentralismus war das Gesundheitswesen nach dem Territorialprinzip einheitlich aufgebaut und unterstand dem Ministerium für Gesundheits- und Sozialwesen.

Die gesundheitliche Grundbetreuung wurde auf Kreisebene organisiert und sichergestellt, unterteilte sich aber in ein betriebliches und öffentliches Gesundheitswesen mit entsprechenden Ambulatorien und Kliniken.[1820] Für die medizinische Betreuung ergab sich so die „territoriale Organisation der ambulanten Betreuung“ in Polikliniken und Ambulatorien als staatlichen Arzt- oder Zahnarztpraxen mit mehreren angestellten Ärzten, die unterschiedliche Fachgebiete, wie Allgemeinmedizin, Kinderheilkunde, Gynäkologie und Zahnheilkunde, vertraten.[1821] Daneben waren freiberufliche Ärzte und Zahnärzte zugelassen, die wie die staatlichen Ärzte und der stationäre Sektor direkt mit der Sozialversicherung der DDR abrechneten.[1822] Das Betriebsgesundheitswesen stellte die medizinische Betreuung der Werksangehörigen in Betriebs-Polikliniken und Betriebs-Ambulatorien mit umfassender medizinischer Aufgabenstellung sicher.[1823] Die Sektoren der Heil- und Krankenbehandlung wurden auf Kreisebene als „medizinische Einrichtungen des Kreises“ zusammengefasst und von einem Ärztlichen Direktor geleitet.[1824]

In der Jugendhilfe trennte die sowjetische Militärverwaltung bereits 1947 die Jugendämter aus der Wohlfahrtspflege heraus und überführte sie in Volksbildungsämter, deren Aufgabe es war, die Erziehung der Kinder und Jugendlichen in speziellen Kinderheimeinrichtungen zu leiten und zu kontrollieren sowie ihre Tätigkeit vor den Organen der Volksbildung zu verantworten; die Jugendhilfe wurde nach Gründung der DDR dem Minister für Volksbildung unterstellt. Das Reichsjugendwohlfahrtsgesetz von 1924 galt zwar zunächst weiter fort, wurde aber um Durchführungsbestimmungen der DDR er-

---

[1820] FAUDE, *Sozialrecht in der....*, a. a. O., S. 183 f.; zum betrieblichen Gesundheitsschutz BRUNNER, *Einführung in das....*, a. a. O., S. 147 f.

[1821] Die Grundzüge dieser Einrichtungen wurden durch das GKV-Modernisierungsgesetz (BGBl. I 2003 S. 2190) in den nun gem. § 95 SGB V bundesweit möglichen medizinischen Versorgungszentren reaktiviert; vgl. WIGGE, PETER: *Medizinische Versorgungszentren nach dem GMG*, in: MedR 2004, S. 124

[1822] FAUDE, *Sozialrecht in der....*, a. a. O., S. 184

[1823] PITSCHAS, *Verwaltungsentwicklung in den....*, a. a. O., S. 462; RUF, THOMAS: Umstellung des Gesundheitswesens der DDR – ein schwieriges Problem der Sozialunion, in: ZfS 1990, S. 210

[1824] RUF, *Umstellung des Gesundheitswesens....*, a. a. O., S. 210

gänzt.[1825] Die Jugendhilfe bildete seit den 1950er Jahre lediglich den Bereich ab, der dort noch als Jugendfürsorge im Sinne einer jugendfürsorgerischen Einzelfallbearbeitung erfasst wurde.[1826]

Entsprechend den Vorgaben einer sozialistischen Pädagogik in der Sowjetunion wurde die Jugendhilfe als Jugendarbeit und Förderung sowie Unterstützung der Erziehung in der Familie als gesamtgesellschaftliche Aufgabe aufgefasst und durch entsprechende Gesetzgebung abgesichert.[1827] Grundlage wurde Art. 38 der Verfassung der DDR mit seinem besonderen Auftrag zur Förderung von Ehe, Familie, Mutterschaft und Kindern durch den sozialistischen Staat. Das Familiengesetzbuch der DDR von 1965[1828] ersetzte die bisherigen Bestimmungen zur Jugendwohlfahrt und wurde 1966 durch die Jugendhilfeverordnung ergänzt.[1829] Organe der Jugendhilfe waren nach § 4 dieser Verordnung das Ministerium für Volksbildung, die Referate Jugendhilfe bei den Räten der Bezirke, Kreise, Stadtkreise und Stadtbezirke und die dortigen Jugendhilfekommissionen. Beim Ministerium für Volksbildung wurde ein Zentraler Jugendhilfeausschuss gebildet; die Jugendhilfeausschüsse bei den Räten der Bezirke, Kreise, Stadtkreise und Stadtbezirke sowie die Vormundschaftsräte bei den Referaten Jugendhilfe der Räte der Bezirke, Kreise, Stadtkreise und Stadtbezirke ergänzten diese kollegialen Gremien auf der regionalen Ebene. Diese Zweigliedrigkeit der Jugendhilfeinstitutionen mit Ausschüssen und Verwaltungsorganen verdeutlicht, dass sich die duale Konstruktion der Jugendhilfeverwaltung selbst in der DDR in gewisser Weise fortsetzen konnte.

Das am 03.10.1990 in den neuen Ländern in Kraft getretene SGB VIII vereinheitlichte Recht und Verwaltung der Jugendhilfe in allen Bundesländern.[1830]

[1825] JOCKENHÖVEL-SCHIECKE, HELGA: *Jugendhilfe in der DDR: Erste Begegnungen nach den Jahren der getrennten Entwicklung*, in: NDV 1990, S. 143

[1826] SEIDENSTÜCKER, BERND: *Jugendhilfe in der DDR*, in: NDV 1990, S. 234

[1827] JÖCKENHÖVEL-SCHIECKE, *Jugendhilfe in der....*, a. a. O., S. 144

[1828] Familiengesetzbuch der Deutschen Demokratischen Republik vom 20.12.1965 (GBl. 1966 I S. 1) idF des Einführungsgesetzes zum Zivilgesetzbuch der Deutschen Demokratischen Republik vom 19.06.1975 (GBl. I S. 517)

[1829] Verordnung über die Aufgaben und Arbeitsweisen der Organe der Jugendhilfe vom 03.06.1966 (GBl. II Nr. 34)

[1830] Mit Übergangsbestimmungen gem. Anl. I, Kap. X, Sachgebiet B: Jugend, Abschnitt III des Einigungsvertrages, die bis zum 31.12.1994 befristet waren.

2. *Organisation und Zuständigkeiten der Landessozialverwaltung in Sachsen-Anhalt*

a. Aufbauorganisation der Landessozialverwaltung

Sachsen-Anhalt entschied sich nach seiner Rekonstituierung mit dem Aufbau der drei Bezirksregierungen in Dessau, Halle und Magdeburg sowie dem Aufbau von oberen Landesbehörden der Sonderverwaltung mit landesweiter Zuständigkeit und regionalem Unterbau für einen dreistufigen Aufbau seiner Landesverwaltung.[1831] Unter ihnen bündelte das Landesamt für Versorgung und Soziales in Halle, mit seinen beiden Ämtern für Versorgung und Soziales in Halle und Magdeburg, die Landeszuständigkeiten für das soziale Entschädigungsrecht, den überörtlichen Träger der Sozialhilfe und der Kriegsopferfürsorge, das Integrationsamt, das Landesjugendamt und das öffentliche Gesundheitswesen unterhalb der ministeriellen Ebene.[1832] In dieser Aufgabenzusammenfassung entsprach das Landesamt für Versorgung und Soziales sowohl in Aufgabenzuschnitt als auch in Behördenstruktur dem Bild einer gebündelten Landessozialverwaltung, wie sie von *Detlef Merten* und *Rainer Pitschas* entwickelt wurde.[1833]

b. Besonderheiten sozialrechtlicher Zuständigkeiten in Sachsen-Anhalt

Mit der Integration des Landesamtes für Versorgung und Soziales sowie seiner beiden nachgeordneten Behörden in das Landesverwaltungsamt zum 01.01.2004 blieb die Aufgabenkonzentration der Landessozialverwaltung zwar in einer Behördenebene erhalten, allerdings ist hierfür nun die Abteilung 6 (Familie, Gesundheit, Jugend und Versorgung) zuständig, die in ihren drei Referaten die frühere Gliederung des Landesamtes für Versorgung und Soziales widerspiegelt. Dabei wurde der Aufgabenbereich des Integrationsamtes in das Referat Gesundheit/ Integration verlagert; die früheren beiden Versorgungsämter wurden aufgelöst und in das Referat Versorgungsverwaltung/ Hauptfürsorgestelle integriert.[1834]

[1831] LEIMBACH/ BORSCHEL, *Das neue Landesverwaltungsamt....*, a. a. O., S. 484; MILLER, *Vorstudien zur Organisation....*, a. a. O., S. 398 ff., 408

[1832] Nach Anl. I, Kap. VIII, Sachgebiet K: Soziales Entschädigungsrecht und Rehabilitation, Abschnitt II, Nr. 2 a des Einigungsvertrages waren die neuen Länder von der Vorgabe des Gesetzes über die Errichtung der Verwaltungsbehörden der Kriegsopferversorgung (BGBl. 1951 I S. 169) befreit, zur Durchführung der Kriegsopferversorgung besondere Verwaltungsbehörden zu errichten und konnten diese Aufgabe so auch in ihre allgemeine Verwaltung integrieren.

[1833] MERTEN/ PITSCHAS, *Sozialverwaltung im Reformprozess*, a. a. O., S. 114 ff.

[1834] LEIMBACH/ BORSCHEL, *Das neue Landesverwaltungsamt....*, a. a. O., S. 486

Die Aufgaben des überörtlichen Trägers der Sozialhilfe, einschließlich der Förderungszuwendungen und Erstattungen an andere Sozialleistungsträger, wurden in einer Sozialagentur als Landesbetrieb gem. § 26 Abs. 1 der Landeshaushaltsordnung des Landes Sachsen-Anhalt[1835] mit Sitz in Halle verselbständigt. Diese Sozialagentur bewirtschaftet die bewilligten Deckungsmittel des Landes und Kapitalrückflüsse als Einnahmen und Ausgaben. Ihre Buchführung und Bilanzierung erfolgt nach den Grundsätzen der kaufmännischen Buchführung auf der Grundlage von Wirtschaftsplänen (§§ 71 a, 74 Abs. 1 LHO).[1836]

VI. Zwischenfazit

In diesem Kapitel wurden Entstehung und Entwicklung der Landessozialverwaltungen von Rheinland-Pfalz, Bayern, Nordrhein-Westfalen und Sachsen-Anhalt nachgezeichnet. Jedes dieser Länder steht repräsentativ für einen Teil einer der vier Besatzungszonen nach 1945, aus denen die deutschen Länder hervorgingen. Zugleich setzte jedes Land die Verwaltungstradition der deutschen Territorien fort, die Bestandteile ihres Gebiets wurden oder waren.

Für Rheinland-Pfalz wurde der Einfluss der Verwaltungsstrukturen der preußischen Rheinprovinz dargestellt, von der zweier Regierungsbezirke im nördlichen Teil des Landes bis zu ihrer Auflösung im Jahr 2000 weiter fortbestanden. Im südlichen Landesteil von Rheinland-Pfalz aus hessischen und bayerischen Verwaltungsgebieten entstand ein Regierungsbezirk, dessen Funktion als staatliche Mittelinstanz ebenfalls 2000 endete. Die heutige Zuständigkeitsaufteilung des Landes auf zwei Struktur- und Genehmigungsdirektionen schreibt diese Verwaltungstradition fort.

Rheinland-Pfalz, als territorial und von seiner Einwohnerzahl her kleineres Bundesland, entschied sich bereits bei seiner ersten Verwaltungsreform in den 1970er Jahren für eine Bündelung seiner Sozialverwaltungen, deren Strukturen auf der Grundlage fortgeltender Sozialgesetze der 1920er Jahre nach ihrer Behördenkonstituierung als Sonderverwaltungen fortgeführt wurden. So wurden das Landessozialamt, das Landesjugendamt, das Oberversicherungsamt und die Hauptfürsorgestelle bereits 1972 zu einer zentralen Landesoberbehörde zusammengelegt und das Landesversorgungsamt, wohl auch wegen der damals noch hohen Bedeutung der Kriegsopferversorgung, als weitere obere

---

[1835] Landeshaushaltsordnung des Landes Sachsen-Anhalt vom 30.04.1991 (GVBl. LSA S. 35), zuletzt geändert am 17.12.2003 (GVBl. LSA S. 352, 353)

[1836] Vgl. Erlass des Ministeriums für Gesundheit und Soziales vom 14.06.2004 über die Errichtung der Sozialagentur Sachsen-Anhalt, MBl. LSA S. 330 auf der Grundlage der Ermächtigung in Art. 4 Abs. 2 des Gesetzes zur Neuordnung der Landesverwaltung vom 17.12.2003 (GVBl. LSA S. 352)

Landesbehörde des Sozialbereichs mit vier bereits in der Weimarer Republik entstandenen Regionalämtern bestätigt.

Die zweite große Strukturreform der Landesverwaltung seit den 1990er Jahren war von der Grundentscheidung getragen, die Organisation der Landesverwaltung vom Gebietsorganisationsmodell preußischer Prägung auf eine an Aufgabenbündeln orientierte Behördenstruktur in drei Ebenen umzustellen. Sie führte auch zur Zusammenführung aller Landesaufgaben im Sozialbereich im Landesamt für Soziales, Jugend und Versorgung, in das darüber hinaus alle bis dahin bei den Bezirksregierungen verbliebenen sozialen Aufgaben eingegliedert wurden.

Bayern, als das flächengrößte Bundesland mit einer Einwohnerzahl vom etwa Dreifachen des Landes Rheinland-Pfalz, führte nach seiner Rekonstituierung 1946 seine gewachsenen Verwaltungsstrukturen mit Bündelung allgemeiner Verwaltungsaufgaben in staatlichen Mittelinstanzen und parallelen oberen Landesbehörden als Sonderverwaltungen weiter fort. Dabei wurde auch die historisch gewachsene Übertragung sozialer Aufgaben auf die Bezirke als höhere Kommunalverbände fortentwickelt. Der dort gewählte Weg der inkrementalen Optimierung tradierter Verwaltungsstrukturen führte bei der Landesversorgungsverwaltung zur Bündelung aller vom Bedürfnis unabhängigen Sozialaufgaben in Landesträgerschaft und der Arbeitsförderung zur Strukturverbesserung nach den Richtlinien der Europäischen Union.

Die bayerische Versorgungsverwaltung wuchs so zur leistungsfähigen Landesverwaltung für soziale Entschädigung und Familienförderung auf, allerdings zunächst ohne Aufgabenzuwächse durch Zusammenfassung weiterer sozialer Landesbehörden. Diese Entwicklung soll mit der Umgestaltung dieser Verwaltung zum „Zentrum Bayern Familie und Soziales“ fortgesetzt werden, mit der auch das bayerische Landesjugendamt seine eigenständige Stellung als obere Landesbehörde verlieren wird und die Landesaufgaben der sozialen Integration behinderter Menschen von den Regierungen auf dieses Zentrum verlagert werden.

Bei den Regierungen als staatliche Mittelinstanzen verblieben alle Landesaufgaben des Gesundheitswesens und der Heimaufsichten. Sie sind nach wie vor Träger der Rechtsaufsicht über die örtlichen und überörtlichen Sozialhilfeträger der Landkreise, kreisfreien Städte und Bezirke. Die Rechtsaufsicht über die Sozialversicherungsträger des Landes wird in einer Aufgabenkonzentration bei zwei Regierungen vollzogen; die Funktion des Landesprüfungsamtes für akademische Heilberufe ist ebenfalls bei einer Regierung konzentriert.

Nordrhein-Westfalen, als bevölkerungsstärkstes Bundesland mit 4,5-facher Einwohnerzahl von Rheinland-Pfalz, orientierte sich nach seiner Gründung 1946 beim Aufbau seiner Landesverwaltung an den Strukturen der preußischen Vorgängerverwaltungen, die dort die überwiegenden Anteile von zwei Provinzialterritorien umfassten. Diese Grundstruktur prägt noch heute den Gebietszuschnitt der beiden höheren Kommunalverbände, obwohl deren Zuständigkeitsabgrenzungen gerade im Ballungsraum des Ruhrgebietes immer wieder in Frage gestellt wurden.

Bei den Reformen seiner Landesverwaltung verfolgte Nordrhein-Westfalen konsequent den Weg der Aufgabenbündelung in seinen fünf Bezirksregierungen, die auch die Eingliederung von Sonderverwaltungen, wie des Landesversorgungsamtes, umfasste. Zugleich wurden die Landschaftsverbände um aus der preußischen Verwaltungstradition herrührende Auftragsangelegenheiten, wie die Zuständigkeit für den regionalen Straßenbau, entlastet und auf die Kernaufgaben höherer Kommunalverbände im Sozialbereich zurückgeführt. In dieser Aufgabenstruktur bestehen die sozialen Sonderverwaltungen des sozialen Entschädigungsrechts und der Behindertenfeststellung unter dem organisatorischen Dach einer Bezirksregierung weiter fort. Dagegen werden die Teilhabesicherung behinderter Menschen und die Existenzsicherung für nicht Erwerbsfähige weiterhin von den Landschaftsverbänden sichergestellt, soweit diese Aufgaben nicht in der Zuständigkeit der Kommunen liegen. Im Bereich der Gesundheitsüberwachung sind nach wie vor die klassischen Zuständigkeitsstrukturen der Bezirksregierungen erhalten, wie sie aus der Zeit vor 1945 vorgefunden wurden.

Kapitel 6: Die Binnenmodernisierung der rheinland-pfälzischen Landessozialverwaltung

I. Die Landessozialverwaltung als leistungs- und qualitätsorientierte Dienstleistungsverwaltung

1. Grunddaten der Umgestaltung der rheinland-pfälzischen Landessozialverwaltung

a. Anstöße zur Modernisierung der Landessozialverwaltung in Rheinland-Pfalz

Verwaltungsorganisationen sind wie alle Organisationen keine statischen Gebilde, sondern verändern sich.[1837] Anders als erwerbsorientierte private Unternehmen führen sie allerdings keine Aufgabenerfüllung aus eigener Zweckbestimmung durch, sondern verrichten abhängige Tätigkeiten und nehmen fremdbestimmte Aufgaben wahr.[1838] Diese sind bei der gesetzesakzessorischen Verwaltung festgelegt, wobei das Ausmaß der Bindung vom Inhalt der das Verwaltungshandeln bestimmenden Rechtsätze abhängig ist.[1839] Bei der gesetzesfreien Verwaltung ist diese Gesetzesbindung zwar nicht vorhanden;[1840] diese Verwaltung hat jedoch in der Leitung der Gebietskörperschaft, deren Organ sie ist, ihren „Herrn". Der organisatorische Wandel mit dem Ziel von Aufwands- und Personalreduktionen ist daher durch externe Vorgaben fremdbestimmt, auch deshalb, weil bürokratische Organisationen ein Eigengewicht und Eigeninteresse haben, das mit dem der politischen Führung nicht notwendigerweise übereinstimmen muss.[1841]

Die Entwicklung der Landessozialverwaltung von Rheinland-Pfalz war seit den 1970er Jahren wie die der übrigen Sozialverwaltungen durch einen beständigen Aufwuchs landeseigener Sozialaufgaben geprägt.[1842] Hierdurch wurde selbst die Aufgabenreduktion durch demographisch bedingten Rückgang der Berechtigten der Kriegsopferversorgung mit den neuen Aufgaben der Feststellungsverfahren nach dem Schwerbehindertengesetz von 1974 mehr als kompensiert. Auch die Nutzung der damals aufkommenden und seit

---

[1837] STAEHLE/ CONRAD/ SYDOW, *Management*, a. a. O., S. 898 f.

[1838] WAHL, *Zur Lage der....*, a. a. O., S. 1199; WEWER, GÖTTRIK: *Zieldefinition in der Verwaltung*, in: Blanke, Bernhard; Bandemer, Stephan von; Nullmeier, Frank; Wewer, Göttrik (Herausg.): *Handbuch zur Verwaltungsreform*, Opladen 1998, S. 225

[1839] WOLFF/ BACHOF/ STOBER, *Allgemeines Verwaltungsrecht*, Bd. 1, a. a. O., S. 440

[1840] MAURER, *Allgemeines Verwaltungsrecht*, a. a. O., S. 10

[1841] WAHL, *Zur Lage der....*, a. a. O., S. 1199; zur Erklärung des Wachstums von Bürokratien BLANKART, *Öffentliche Finanzen in....*, a. a. O., S. 489 ff.

[1842] TENNSTEDT, *Geschichte des Sozialrechts*, a. a. O., S. 64 f.

den 1980er Jahren immer bedienerfreundlicher werdenden EDV-Verfahren bei der Berechnung und Auszahlung von Leistungen des sozialen Entschädigungsrechts brachte keine derartige Effizienzrendite, die es ermöglicht hätte, Personal in größerem Umfang über bereits vollzogenen Kürzungen der Personalhaushalte hinaus abzubauen.[1843]

Die Mangelsituation der öffentlichen Haushalte führte auch in Rheinland-Pfalz zu Überlegungen, die Landesverwaltung durch Umbau zu straffen und Möglichkeiten für Personaleinsparungen zu gewinnen.[1844] Der Jahresbericht 1987 des rheinland-pfälzischen Rechnungshofes mit seiner Kritik an Aufbauorganisation und Personaleinsatz in fünf Landesministerien[1845] gab den Anstoß für einen Beschluss des Ministerrats unter Ministerpräsident. *Bernhard Vogel* am 03.05.1988, ein Landesministerium durch eine Unternehmensberatung prüfen zu lassen.[1846] Das damalige Ministerium für Umwelt und Gesundheit wurde zur exemplarischen obersten Landesbehörde bestimmt, die mit ihrem Geschäftsbereich durch eine externe Unternehmensberatung untersucht werden sollte.

Die beauftragte Unternehmungsberatung legte am 01.12.1989 ihren Bericht vor, der Vorschläge zur Straffung der politischen Führungsfähigkeit des Ministeriums für Umwelt und Gesundheit durch Erweiterung der Aufbauorganisation um eine Organisationsabteilung und eine Personalaufstockung um 41 Mitarbeiter enthielt.[1847] Dieses zu den Einsparabsichten der Landesregierung gegenläufige Ergebnis veranlasste das Ministerium der Finanzen, den Rechnungshof um Stellungnahme zu ersuchen. Er relativierte in seinem Bericht die vorgeschlagene Personalaufstockung und sah die Organisationsänderung als nicht notwendig an. Der Rechnungshof schlug vor, die Abteilung Gesundheit aus dem damaligen Ministerium für Umwelt und Gesundheit aus- und in das

---

[1843] Einzelheiten bei REINERMANN, HEINRICH: *4 EDV-Phasen in der öffentlichen Verwaltung*, in: VOP 1989, 136 ff. So begann die rheinland-pfälzische Versorgungsverwaltung die Nutzung der EDV im Datenverbund mit der Finanzverwaltung auf Terminal-Großrechner-Basis seit den 1980er Jahren bei Abrechnungs- und Auszahlungsverfahren im sozialen Entschädigungsrecht. Dieser Verbund besteht heute noch.

[1844] STADELMAIER/ KONZENDORF, *Verwaltungsmodernisierung und Bürokratieabbau....*, a. a. O., S. 729

[1845] Landtag Rheinland-Pfalz, –11. Wahlperiode–, Unterrichtung durch den Rechnungshof – Jahresbericht 1987, Drs. 11/810 v. 25.01.1988, S. 92; in den Jahren zuvor wurden das Ministerium für Landwirtschaft, Weinbau und Forsten, das Ministerium für Umwelt und Gesundheit, das Ministerium für Inneres und für Sport und das Ministerium der Justiz untersucht.

[1846] Nr. 3 der Niederschrift über die Sitzung des Ministerrats vom 03.05.1988 (auszugsweise im Aktenbestand des LSJV)

[1847] Staatszeitung Nr. 46 vom 11.12.1989, S. 3

Ministerium für Soziales und Familie einzugliedern.[1848] Nach Vorberatung durch die Zentralabteilungsleiter der obersten Landesbehörden beschloss der Ministerrat am 28.08.1990, weder die Vorschläge der Unternehmensberatung noch die Stellungnahme des Rechnungshofs umzusetzen und es bei der bestehenden Aufbauorganisation in den Ministerien zu belassen.[1849]

b. Vorarbeiten zur Strukturverbesserung der Landessozialbehörden

Der in der 12. Wahlperiode vom rheinland-pfälzischen Landtag gewählte Ministerpräsident *Rudolf Scharping*[1850] erklärte in seiner Regierungserklärung vom 05.06.1991 die Umstrukturierung der rheinland-pfälzischen Landesverwaltung durch Straffung des Verwaltungshandelns und Verschlankung des Personalkörpers zum politischen Schwerpunkt, allerdings noch mit dem Ziel, Sonderbehörden in die allgemeine Verwaltung unter Aufrechterhaltung von Standorten einzugliedern.[1851] Bei der Bildung seiner Landesregierung wurden die Ministerien für Arbeit, Soziales, Familie und Gesundheit und für Umwelt und Forsten entsprechend den Empfehlungen des Rechnungshofs zugeschnitten. Im Dezember 1991 setzte Sozialminister *Ulrich Galle* die Zielvorgaben der Regierungserklärung in den Auftrag an sein Ministerium und die nachgeordneten Dienststellen um, die Organisationsstrukturen seines Geschäftsbereichs in Aufgabenstellungen und Arbeitsabläufen auf Möglichkeiten der Verschlankung und Verwaltungsvereinfachung zu untersuchen.[1852]

Im Landesversorgungsamt und im Landesamt für Jugend und Soziales wurde eine Projektorganisation mit Projektleitung, Koordinierungskreis und Projektgruppen geschaffen,[1853] die eine kritische Bestandsaufnahme der jeweiligen Organisationsstrukturen zu erarbeiten und Vorschläge zur Optimierung der Aufbau- und Ablauforganisationen mit dem Ziel der Zusammenlegung der

---

1848 Schreiben des Präsidenten des rheinland-pfälzischen Rechnungshofs vom 23.01.1990 (im Aktenbestand des LSJV); Die Rheinpfalz –Süddeutsche Zeitung– vom 25.01.1990: „Rechnungshof: Ministerium nicht umbauen. Finanzminister Keller bestellt Gegengutachten zur Kienbaum-Studie über Umweltministerium“

1849 Punkt 5 der Niederschrift über die Sitzung des Ministerrats vom 28.08.1990 (auszugsweise im Aktenbestand des LSJV)

1850 Die Landtagswahl vom 21.04.1991 ermöglichte mit einer Sitzverteilung im rheinland-pfälzischen Landtag von 40 Sitzen für die CDU, 47 Sitzen für die SPD, 7 Sitzen für die FDP und 7 Sitzen für die GRÜNEN eine sozial-liberale Regierungskoalition in der 12. Wahlperiode vom 18.05.1991 bis zum 17.05.1996.

1851 VORAN, Heft 2, a. a. O., S. 15

1852 Schreiben des Staatssekretärs *Udo Reichenbecher* vom 19.12.1991 (im Aktenbestand des LSJV)

1853 Als Stabs-Projektorganisation, vgl. SCHMIDT, HANS-JÜRGEN: *Betriebswirtschaftslehre und Verwaltungsmanagement*, 5. Aufl., Heidelberg 2001, S. 246

beiden Landesämter vorzulegen hatte. Die Ergebnisse wurden bis zum 01.10.1992 in einem Bericht niedergelegt, der folgende Schwerpunkte umfasste:

- Errichtung einer oberen Landessozialbehörde durch Zusammenlegung des Landesamtes für Jugend und Soziales und des Landesversorgungsamtes,
- Verselbständigung der landeseigenen Kliniken durch Bildung von Eigenbetrieben, Herauslösung von Vollzugsaufgaben und Einzelfallentscheidungen aus dem Sozialministerium und ihre Verlagerung auf das neue Landesamt,[1854]
- Budgetverantwortung des Landesamtes als Eigenbetrieb des Landes im Rahmen eines fünfjährigen Modellversuchs,
- Ablösung der bisherigen hierarchischen Führung durch ein Kollegialsystem nach privatrechtlichem Vorbild.[1855]

Im Dezember 1992 erging der Folgeauftrag, Maßnahmen zur Reorganisation der beiden Landesämter vorzuschlagen. Aus dem Mitarbeiterkreis der beiden Landesämter wurden im Januar 1993 Projektgruppen besetzt, die zu den Themenbereichen zentrale Dienste und Organisation, Datenverarbeitung und Kommunikation, Finanzen und Eigenbetriebe, Gesundheitswesen Reorganisationsvorschläge zu erarbeiten hatten. Weiterhin erfolgte ein Untersuchungsauftrag an eine Unternehmensberatung mit dem Inhalt, alle im nachgeordneten Bereich anfallenden Tätigkeiten und Aufgaben festzustellen, ihren quantitativen Aufwand zu ermitteln, sie zu bewerten und die Aufgaben darzustellen, die wegen personeller Unterbesetzungen oder Kapazitätsüberlastungen unzureichend wahrgenommen wurden.

Diese Erhebung wurde mit einem Bericht vom 20.05.1994 abgeschlossen, in dem die Aufgaben und Tätigkeiten in den beiden Landesämtern erfasst wurden. Als weiterer Schritt wurde eine Konzeptionsphase vorgeschlagen, in der ein Feinkonzept für die zukünftige Behördenstruktur entwickelt werden sollte. Ihr hätte eine dritte Phase zu folgen, in der die Daten aus der Erhebungsphase mit den ermittelten Veränderungen aus der Konzeptionsphase in einer neuen

---

[1854] Als aufgabenkritische Strukturverbesserung, vgl. KLAGES, *Erforderlicher Umbau ministerieller....*, a. a. O., S. 12

[1855] Bericht über die Untersuchung von Möglichkeiten der Verwaltungsvereinfachung im Aufgabenbereich des Ministeriums für Arbeit, Soziales, Familie und Gesundheit vom 01.10.1992, S. 26 ff. (im Aktenbestand des LSJV); zu den strukturellen Bedingungen LORSE, JÜRGEN: *Kollegiale Führungsstrukturen in öffentlichen Verwaltungen – Rechtsgrundlagen, Gestaltungsperspektiven in der Verwaltungspraxis*, in: ZBR 2003, S. 185 ff.

Organisationsstruktur implementiert und eine angepasste Stellenbewertung erarbeitet werden sollte.[1856]

Die Konzeptionsphase zur Neustrukturierung der rheinland-pfälzischen Landessozialverwaltung wurde von der Projektorganisation aus Mitarbeitern des Ministeriums für Arbeit, Soziales, Familie und Gesundheit und der beiden Landesämter eingeleitet und durchgeführt. Die vorgeschlagenen Konzepte bildeten die Grundlage für den Entwurf eines Landesgesetzes zur Neuordnung des öffentlichen Gesundheitsdienstes und zur Errichtung des Landesamtes für Soziales, Jugend und Versorgung und des Landeskrankenhauses – Anstalt des öffentlichen Rechts –, der ab Herbst 1994 unter Sozialminister *Florian Gerster* erarbeitet wurde. Der Gesetzentwurf wurde am 20.06.1995 im Landtag eingebracht,[1857] von ihm am 31.10.1995 verabschiedet und am 27.11.1995 durch Verkündigung in Kraft gesetzt.[1858] Mit diesem Gesetz war die Zusammenlegung des Landesversorgungsamtes und des Landesamtes für Jugend und Soziales zum Landesamt für Soziales, Jugend und Versorgung zum 01.01.1996 verfügt.

c. Bewertung der Vorgaben zum organisatorischen Wandel der rheinland-pfälzischen Landessozialverwaltung

Der Meinungs- und Willensbildungsprozesses zum Wandel der Landessozialverwaltung in Rheinland-Pfalz, von den ersten Anstößen zur Veränderung von Verwaltungsstrukturen in 1987 bis zum Beginn der Umsetzung eines Veränderungskonzeptes durch Verabschiedung des Landesgesetzes zur Neuordnung des öffentlichen Gesundheitsdienstes am 31.10.1995, bestätigt die in der Literatur beschriebene Stufenfolge zur Veränderung und zum Wandel komplexer Organisationen. Auch für Verwaltungsorganisationen gilt ihr instrumenteller Charakter als Mittel zur Umsetzung von politischen Strategien und zur Erreichung politischer Ziele.[1859] Die aufbauorganisatorischen Grundstrukturen von Verwaltungen haben wie die von Unternehmungen eine relativ große Stabilität. Wie beim Top Management von Unternehmungen beschrieben, scheut auch die politische Führung der öffentlichen Verwaltung die schwer abschätzbaren ökonomischen und sozialen Konsequenzen einer um-

---

[1856] Bericht der Kienbaum Unternehmensberatung GmbH zur Ermittlung von Planungsdaten über die nachgeordneten Geschäftsbereiche (Landesamt für Jugend und Soziales sowie Versorgungsverwaltung) des Ministeriums für Arbeit, Soziales, Familie und Gesundheit des Landes Rheinland-Pfalz vom 20.05.1994, S. 56 (im Aktenbestand des LSJV)

[1857] Landtag von Rheinland-Pfalz, –12. Wahlperiode–, Gesetzentwurf der Landesregierung vom 21.06.1995, Drs. 12/6841

[1858] GVBl. S. 485

[1859] In Anlehnung an STAEHLE/ CONRAD/ SYDOW, *Management*, a. a. O., S. 671; vgl. auch BÖHRET, *Öffentliche Verwaltung in....*, a. a. O., S. 55

fassenden Reorganisation und tastet sich durch Hilfskonstruktionen an Veränderungen heran.[1860] Daher bilden Krisen als unbeabsichtigte und unerwartete nachhaltige Störung eines Systems den Auslöser für Veränderungsprozesse.[1861]

Beim Veränderungsprozess der Landessozialverwaltung von Rheinland-Pfalz waren die angespannte Haushaltslage und die Kritik des Rechnungshofs an der Organisation und Stellenbesetzung bei einem Landesministerium die Auslöser, um die exemplarische Untersuchung eines Ministeriums einzuleiten.[1862] Der Forderung des Rechnungshofes zur Bestellung eines Sparkommissars begegnete die damalige Landesregierung mit der Beauftragung einer externen Unternehmensberatung zur Organisationsuntersuchung in einem für alle obersten Landesbehörden exemplarischen Landesministerium.

Für die den obersten Landesbehörden nachgeordneten Verwaltungen galt damals noch das Paradigma der Einheit der Verwaltung, mit dem die rheinland-pfälzischen Bezirksregierungen als staatliche Mittelinstanz zu Lasten der Sonderverwaltungen gestärkt werden sollten.[1863] Hiervon waren sowohl die Versorgungsverwaltung mit ihren schrumpfenden Fallzahlen im sozialen Entschädigungsrecht als auch das Landesamt für Jugend und Soziales betroffen, das eine immer stärker werdende personelle Beanspruchung im Bereich des überörtlichen Sozialhilfeträgers und der damaligen Hauptfürsorgestelle zu verzeichnen hatte. Der Bericht der externen Unternehmungsberatung vom 01.12.1989 betraf zwar nicht die Landessozialverwaltung unmittelbar, gab aber Denkanstöße zur Restrukturierung der Gesundheitsverwaltung, die letztlich in das Landesgesetz über den öffentlichen Gesundheitsdienst einflossen.[1864] Zwei Prüfungen des Landesrechnungshofs bei Versorgungsämtern

---

1860 STAEHLE/ CONRAD/ SYDOW, *Management*, a. a. O., S. 739; vgl. auch den Befund bei KLAGES, *Nachhaltige Verwaltungsmodernisierung*, a. a. O., S. 7 f.

1861 HILL, *Bürokratieabbau und Verwaltungsmodernisierung*, a. a. O., S. 721; STAEHLE/ CONRAD/ SYDOW, *Management*, a. a. O., S. 902 ff.

1862 Landtag Rheinland-Pfalz, –11. Wahlperiode–, Unterrichtung durch den Rechnungshof – Jahresbericht 1987, Drs. 11/810 v. 25.01.1988, S. 12 ff.

1863 Vgl. PÜTTNER, *Verwaltungslehre*, a. a. O., S. 83 f.; SACHS, *Die Einheit der Verwaltung....*, a. a. O., S. 2338 ff.; STERN, *Das Staatsrecht der....*, Bd. II, a. a. O., S. 795; WAGENER, *Neubau der Verwaltung*, a. a. O., S. 146 f.; derselbe, *Verselbständigung von Verwaltungsträgern*, a. a. O., S. 37, 50

1864 Wie auf S. 29 ihres Berichts über die Untersuchung von Möglichkeiten der Verwaltungsvereinfachung im Aufgabenbereich des Ministers für Arbeit, Soziales, Familie und Gesundheit vom 01.10.1992 (im Aktenbestand des LSJV) festgehalten, machte sich die verwaltungsinterne Projektgruppe Verwaltungsstrukturreform diese Feststellungen zu Eigen.

1990[1865] und 1991[1866] und seine Feststellungen zu Möglichkeiten der Personaleinsparung bei diesen Ämtern verfestigten im zuständigen Fachministerium und im Finanzministerium den Eindruck, dass bei der Landessozialverwaltung personelle Synergieeffekte durch Organisationserneuerung zu erzielen seien.

Der Regierungswechsel im Jahr 1991 von Ministerpräsident *Wagner* auf Ministerpräsident *Scharping* führte die zuvor getrennten Politikbereiche Gesundheit, Familie und Soziales in einem Fachministerium zusammen und bündelte dort erstmals auf der Ebene einer obersten Landesbehörde die soziale Verwaltungskompetenz. Jetzt lag es nahe, ein gegenläufiges Reorganisationsmodell zu entwickeln und die soziale Verwaltungskompetenz auf der Ebene der nachgelagerten Verwaltungsbehörden zu bündeln, auch um personelle Defizite des einen Landesamtes gegen vom Rechnungshof aufgezeigte personelle Valenzen in dem anderen Landesamt auszugleichen. Der auf diesen Überlegungen angestellte Reorganisationsprozess begann mit den dargestellten Projektorganisationen zur Zusammenlegung des Landesamtes für Jugend und Soziales mit dem Landesversorgungsamt und seinen nachgeordneten Behörden. Er fand mit der Integration des öffentlichen Gesundheitswesens in das neue Landesamt für Soziales, Jugend und Versorgung im Jahr 2000 seinen vorläufigen Abschluss.[1867]

Die Abfolge des Wandlungsprozesses bei der rheinland-pfälzischen Landessozialverwaltung verdeutlicht auch, dass ihr kein extern eingekauftes Organisationsmodell durch Macht- und Zwangsstrategie übergestülpt wurde, sondern eigene empirisch-rationale Strategien der Veränderung Anwendung fanden. Sie gingen von der Erkenntnis aus, dass der Wandel dann von den Betroffenen akzeptiert wird, wenn sie über die Vorteile der Änderung aufgeklärt worden sind und sich der Wandel rational rechtfertigen lässt. Die Veränderung ist so nicht etwas von außen Herangetragenes, sondern ein von den Betroffenen in den Projektgruppen des Pilotprojektes aktiv gestalteter Lernprozess.[1868]

[1865] Landtag Rheinland-Pfalz, –11. Wahlperiode–, Unterrichtung durch den Rechnungshof – Jahresbericht 1990, Drs. 11/5214 v. 26.02.1991, S. 51 ff.

[1866] Landtag Rheinland-Pfalz, –12. Wahlperiode–, Unterrichtung durch den Rechnungshof – Jahresbericht 1991, Drs. 12/1275 v. 17.03.1992, S. 74 ff.

[1867] STADELMAIER/ KONZENDORF: *Verwaltungsmodernisierung und Bürokratieabbau....*, a. a. O., S. 730

[1868] Zu den Veränderungsstrategien STAEHLE/ CONRAD/ SYDOW, *Management*, a. a. O., S. 935 ff.; zur Mitarbeiterbeteiligung in Projektgruppen STÖBE, SYBILLE: *Mitarbeiterbeteiligung*, in: Blanke, Bernhard; Bandemer, Stephan von; Nullmeier, Frank; Wewer, Göttrik (Herausg.): *Handbuch zur Verwaltungsreform*, Opladen 1998, S. 155 f.

Es musste allerdings bei der Bewertung der Aufgaben und Tätigkeiten in den beiden Landesämtern nach Quantifizierungs- und Qualifizierungsgesichtspunkten externer Sachverstand eingeholt werden. Ein interner Erhebungsprozess hätte wegen der Konkurrenzsituation in und zwischen den beiden Landesämtern kaum Aussicht auf Erfolg gehabt und wäre nur mit erheblichem Kontrollaufwand durch die vorgesetzte Dienststelle durchsetzbar gewesen. Diese Drittparteien-Intervention war unter diesem Gesichtspunkt eher eine besondere Form der Konfliktbewältigung, als eine sachlich gebotene Organisationserhebung.

2. *Neues öffentliches Management als Leitbegriff der Verwaltungsmodernisierung*

a. Inhalte des neuen öffentlichen Managements

Die rheinland-pfälzische Landesregierung legte ihren Maßnahmen zur Verwaltungsmodernisierung die Grundsätze des neuen öffentlichen Managements zugrunde,[1869] deren Reformelemente drei Handlungsebenen zugeordnet werden. Die erste Reformebene umfasst ein neues Rollenverständnis von Staat bzw. von Politik und Verwaltung, welches das bestehende politisch-administrative System zugunsten einer Trennung in ein politisches Teilsystem und ein administratives Teilsystem auflöst und so eine Kompetenzabgrenzung zwischen Politik und Verwaltung herstellt.[1870] Sie bewirkt die Entscheidungsverantwortung der Politik über das „Was" und der Verwaltung über das „Wie", ohne allerdings die gesamtstaatliche Verantwortung aufzulösen, da ein Rückholrecht des Parlaments auf staatlicher oder kommunaler Ebene zu Fragen der Geschäftsführung der Verwaltung bestehen bleibt.[1871]

Dieses neue Rollenverständnis umfasst auch Fragen staatlicher Aktivitäten und zielt durch Aufgabenkritik auf Aufgabenwegfall oder Aufgabenübernahme durch nicht staatliche Akteure in neuen kooperativen Formen der Aufgabenwahrnehmung.[1872] Die Kriterien zur Beantwortung der Frage, welche

---

[1869] STADELMAIER/ KONZENDORF, *Verwaltungsmodernisierung und Bürokratieabbau....*, a. a. O., S. 729

[1870] BUDÄUS/ FINGER, *Stand und Perspektiven....*, a. a. O., S. 319; LÜDER, *„Triumph des Marktes....*, a. a. O., S. 94 f.; NASCHOLD, *Produktivität öffentlicher Dienstleistungen*, a. a. O., S. 366 bezeichnet den Kern der Bestrebungen als „Neubestimmung des Verhältnisses von demokratischer Gesellschaft und öffentlicher Verwaltung". Dies drückt Ministerpräsident *Kurt Beck* in seinem Vorwort in VORAN, Heft 8, a. a. O., S. 8 aus.

[1871] BUSCHOR, ERNST: *Der Beitrag der Evaluation zur wirksamen Verwaltungsführung*, in: VuM 1996, S. 141; PITSCHAS, *Stand und Perspektiven....*, a. a. O., S. 108; SCHEDLER/ PROELLER, *New Public Management*, a. a. O., S. 52

[1872] BUDÄUS/ FINGER, *Stand und Perspektiven....*, a. a. O., S. 319; PICOT/ WOLFF, *Zur ökonomischen Organisation....*, a. a. O., S. 76 ff.

Aufgaben weiterhin vom Staat wahrgenommen werden sollen, werden durch die Neue Institutionenökonomie geliefert.[1873] Ausgangspunkt ist die Feststellung, dass kaum eine vom Staat und seiner Verwaltung wahrgenommene Aufgabe zwingend als Staatsaufgabe angesehen werden muss und sein heutiger Aufgabenbestand das Ergebnis situationsgebundener Reaktionen auf früheres Marktversagen und historische gesellschaftliche Entwicklungen ist.[1874] Dies eröffnet eine Palette institutioneller Wahlmöglichkeiten bei der Erfüllung öffentlicher Aufgaben, die von der Aufgabenerfüllung durch öffentliche Einrichtungen über gemischtwirtschaftliche Organisationen (Public-Private-Partnership) und privatwirtschaftlich-kommerzielle Organisationen (private Unternehmungen) bis hin zu Organisationen des „Dritten Sektors" (private Nonprofit-Organisationen) und privater Haushalte als Kernzellen familiärer Solidarität reicht.[1875]

Die zweite Reformebene umfasst Initiativen, die Struktur- und Handlungsbedingungen des öffentlichen Sektors betreffen. Sie beinhalten Ansätze zur Herstellung von Wettbewerb in den Verwaltungen, eine stärkere Finanzierung öffentlicher Güter und Dienstleistungen durch die Nutzer und die Bereitstellung von Wahlmöglichkeiten der Nutzer in Konkurrenz mit privaten Leistungsanbietern.[1876] Auch in diesem Zusammenhang wird auf die Neue Institutionenökonomie als Grundlage der Erklärung und Gestaltung der Wettbewerbs- und Kundenorientierung öffentlicher Verwaltungen zurückgegriffen. Dabei wird auch die Unterscheidung der Rollen des Staates als Schutzstaat (protektiver Staat) und Leistungsstaat (produktiver Staat) herangezogen, aus der allerdings

---

[1873] BORINS/ GRÖNING, *New Public Management....*, a. a. O., S. 15 ff.; BUDÄUS/ FINGER, *Stand und Perspektiven....*, a. a. O., S. 335 ff.; GÖHLER, GERHARD; KÜHN, RAINER: *Institutionenökonomie, Neo-Institutionalismus und die Theorie politischer Institutionen*, in: Edeling, Thomas; Jann, Werner; Wagner, Dieter (Herausg.): *Institutionenökonomie und Neuer Institutionalismus*, Opladen 1999, S. 23 ff.; PICOT/ WOLFF, *Zur ökonomischen Organisation....*, a. a. O., S. 53 ff.; RICHTER, RUDOLF; FURUBOTN, EIRIK G.: *Neue Institutionenökonomik: Eine Einführung und kritische Würdigung*, Tübingen 1996, S. 33 ff.; SCHRÖTER/ WOLLMANN, *New Public Management*, a. a. O., S. 62

[1874] BUDÄUS/ FINGER, *Stand und Perspektiven....*, a. a. O., S. 320; SCHEDLER/ PROELLER, *New Public Management*, a. a. O., S. 22 f.; vgl. auch PÜTTNER, *Verwaltungslehre*, a. a. O., S. 36 f.

[1875] NASCHOLD, *Produktivität öffentlicher Dienstleistungen*, a. a. O., S. 380 ff.; REICHARD, *Institutionelle Wahlmöglichkeiten bei....*, a. a. O., S. 127 ff.; WOLFF/ BACHOF/ STOBER/ KLUTH/ MÜLLER, *Verwaltungsrecht*, Bd. 3, a. a. O., S. 559 f.; vgl. auch die Auflistung der Reformvorhaben in Rheinland-Pfalz in VORAN, Heft 2, a. a. O., S. 9 f.

[1876] BUDÄUS, *Von der bürokratischen....*, a. a. O., S. 4; BUDÄUS/ FINGER, *Stand und Perspektiven....*, a. a. O., S. 322 ff.; zum Wettbewerb in der öffentlichen Verwaltung SCHEDLER/ PROELLER, *New Public Management*, a. a. O., S. 155 ff.

keine „Überlegenheits-Hypothese“ für private Organisationsformen hergeleitet werden könne.[1877] Hier greift das Gewährleistungsmodell öffentlicher Aufgabenerfüllung, in dem die Verwaltungsinstitution durch ihre Gewährleistungsverantwortung sicherzustellen hat, dass gesetzlich vorgegebene oder politisch gewollte Leistungen nach bestimmten rechtlichen, fachlichen und ökonomischen Standards erbracht werden. Dabei ist auch festzulegen, für welche dieser Leistungen die Finanzierungsverantwortung durch den Gewährleister zu übernehmen ist und schließlich, in wessen Vollzugsverantwortung die zu gewährleistenden und möglicherweise zu finanzierenden Leistungen liegen.[1878]

Die dritte Reformebene betrifft die innere Reform der Strukturen, Verfahren und des personalen Verhaltens in öffentlichen Verwaltungen. Sie umfasst dezentrale Organisationsstrukturen, Outputorientierung durch Produktbildung, Kongruenz von Ressourcen- und Fachkompetenz, sowie globale Budgetierungskonzepte. Die Einführung von Kosten- und Leistungsrechnung nach den Grundsätzen eines neuen öffentlichen Rechnungswesens, ein Controlling, eine wirksame Personalentwicklung, eine Verstärkung der Bürger- und Kundenorientierung und ein Kontraktmanagement sollen sicherstellen, dass bei einer Neustrukturierung der Aufgabenverteilung zwischen Politik und Verwaltung die Kongruenz von gemeinsamer Ziel- und Maßnahmenplanung gewährleistet ist.[1879]

b. Binnenmodernisierung der Verwaltung und ihr Management

Mit dem Begriff der Binnenmodernisierung öffentlicher Verwaltung sind Handlungsgrundsätze und Organisationsmethoden zur Führung von „Verwaltungsbetrieben“ angesprochen, deren Anwendung veränderte Rahmenbedingungen voraussetzen. So erfordert die Umgestaltung bisheriger Organisationsstrukturen öffentlicher Verwaltung im Bund oder den Ländern mit dem Ziel der Dezentralisierung und dem Ergebnis dezentraler Ressourcenverantwortung neue Vorgaben für die Verwaltung, die durch Haushalts- und Ver-

---

[1877] BORINS/ GRÖNING, *New Public Management....*, a. a. O., S. 16 ff.; BUDÄUS, *Von der bürokratischen....*, a. a. O., S. 4; PICOT/ WOLFF, *Zur ökonomischen Organisation....*, a. a. O., S. 53 ff.

[1878] FRANZIUS, *Der „Gewährleistungsstaat“ – ein....*, a. a. O., S. 496 ff.; REICHARD, *Institutionelle Wahlmöglichkeiten bei....*, a. a. O., S. 122 ff.

[1879] BUDÄUS/ FINGER, *Stand und Perspektiven....*, a. a. O., S. 325 f.; PITSCHAS, *Verwaltungsmodernisierung im Spannungsfeld....*, a. a. O., S. 108 ff.; derselbe, *Verwaltungsmodernisierung und Verwaltungsrecht....*, a. a. O., S. 5; WOLFF/ BACHOF/ STOBER/ KLUTH/ MÜLLER, *Verwaltungsrecht,* Bd. 3, a. a. O., S. 77 ff.; vgl. auch die Kurzfassung der Modernisierungsvorhaben der rheinland-pfälzischen Landesregierung ab 1994 in VORAN, Heft 3, a. a. O., S. 9 f.

waltungsorganisationsrecht geschaffen werden müssen.[1880] Gleiches gilt für die Budgetierung von Verwaltungshaushalten und die Einführung einer Kosten- und Leistungsrechnung auf der Grundlage der doppischen Buchführung nach den Grundsätzen der §§ 238 ff. HGB, durch die die für den Bund und den Ländern vorgeschriebene kameralistische Haushaltsführung gem. § 33 HGrG abgelöst werden müsste.[1881] Auch bei den übrigen Aktionsfeldern stößt ein an betriebswirtschaftlichen Grundsätzen privater Unternehmungen ausgerichtetes Verwaltungsmanagement an rechtliche Grenzen. Sie eröffnen Chancen für eine öffentliche Betriebswirtschaftslehre, die den besonderen Auftrag öffentlicher Einrichtungen berücksichtigt und so zum Mittel der Durchsetzung von Verwaltungsmodernisierung wird.[1882]

Dies zeigt, dass es für die Umsetzung des New Public Management in der Praxis kein Patentrezept gibt und die Modernisierungsansätze von den politischen Zielvorgaben und dem Typ der zu modernisierenden Verwaltung abhängen. Das Ziel einer sparsamer werdenden, gleichzeitig aber in wachsendem Maß leistungs- und qualitätsbewussten bürgerorientierten Dienstleistungsverwaltung läßt sich, wie *Helmut Klages* feststellt, bei der Ausrichtung der Kommunalverwaltungen nach dem Neuen Steuerungsmodell als weitgehende Selbststeuerung dezentraler Organisationseinheiten, wirksame zentrale Rahmensteuerung und eine Hinwendung zur Ergebnis- und Produktorientierung bei gleichzeitiger Kostentransparenz und –verantwortung, beschreiben.[1883]

Diese Zielbildung mit seiner Orientierung am Ziel der höchstmöglichen Effizienz, einer hohen Motivation der Mitarbeiter und einer Kundenorientierung auf der Grundlage fest umrissener Qualitätsmaßstäbe ist für die Verwaltungen der Kommunen möglich, weil dort das betriebswirtschaftliche Gerüst und die Einzelinstrumente des Neuen Steuerungsmodells entweder durch kommunale

---

[1880] Hierauf weist PITSCHAS, *Verwaltungsmodernisierung im Spannungsfeld....*, a. a. O., S. 113 f. zu Recht hin.

[1881] BREDE, Grundzüge der Öffentlichen...., a. a. O., S. 195 f.; LÜDER, KLAUS: *Verpasste Chance –Das Haushaltsrechts-Fortentwicklungsgesetz vom 22.12.1997 und seine Konsequenzen für die Reform des öffentlichen Rechnungswesens–*, in: DÖV 1998, S. 285 ff.; zu halbherzigen Maßnahmen in der Reformpraxis SCHAAD, PETER: *Verwaltungsreformen im Gegenwind*, in: DÖV 2000, S. 26; Zusammenfassung der Reformdiskussion bei HEWER, ALEXANDER: *Finanzkontrolle im Neuen Öffentlichen Rechnungswesen*, Hamburg 2003, S. 11 ff.

[1882] BRÄUNING, DIETMAR: *Erkenntnisziel und Erkenntnisgegenstand der Öffentlichen Betriebswirtschaftslehre*, in: Bräuning, Dietmar; Greiling, Dorothea (Herausg.): *Stand und Perspektiven der Öffentlichen Betriebswirtschaftslehre,* Berlin 1999, S. 44

[1883] KLAGES, *Wie sieht die....*, a. a. O., S. 5

Rechtssetzung geschaffen werden kann,[1884] oder durch Verankerung des doppischen Haushalts- und Rechnungswesens in die Gemeindehaushaltsordnungen der Länder ermöglicht wird.[1885]

Für eine allgemeingültige Zielbildung von Verwaltungsmodernisierung weist *Rainer Pitschas* auf die Bindungen öffentlicher Dienstleistungen an den normativen Vorgaben des sozialen Rechtsstaates hin, die einer Verwaltungsmodernisierung Grenzen setzen. Bezugspunkt jeder Verwaltungsmodernisierung bleibe unter dem Leitmerkmal der Verantwortung der Gesamtauftrag der öffentlichen Verwaltung, wie er im Grundgesetz und den Länderverfassungen festgeschrieben ist. Unter den zahlreichen Handlungsgrundsätzen zur Aufgabenverwirklichung der Verwaltung bildeten die Grundsätze der Gesetzmäßigkeit und der Gemeinwohlverpflichtung die verfassungsrechtlichen Grundlagen und Richtlinien der Verwaltungstätigkeit.[1886]

Diese Rahmenbedingungen zur Verwaltungsmodernisierung setzen dem exekutiven Management Grenzen. Dies beginnt, wie *Klaus König* feststellt, bei der Definition der Dienstleistung einer Verwaltung, setzt sich über ihre „Kundenbeziehungen" fort und endet beim Charakter öffentlicher Aufgaben. Die Bewilligung von Sozialhilfe sei eben im Kern kein mit einem Industrieprodukt vergleichbares Verwaltungsprodukt, sondern die Bereitstellung eines öffentlichen Guts als Transferleistung. Auch stehe der Sozialhilfeempfänger oder der Störer öffentlicher Ordnung nicht in Kundenbeziehung zur zuständigen Leistungs- oder Eingriffsverwaltung, sondern in durch Recht vorgegebenen Beziehungen eigener Art.[1887] Hieraus wird deutlich, dass öffentliche Dienstleistungen nicht ausschließlich nach betriebswirtschaftlichen Managementgrundsätzen des Marktes bereitgestellt werden können, sondern auf die Eigenart öffentlicher Güter, die Nachfrageorientierung und die Bedarfslage

---

[1884] SCHMIDT-AßMANN, *Kommunalrecht*, a. a. O., S. 13 f.

[1885] Vgl. Auszug aus der Sammlung der zur Veröffentlichung freigegebenen Beschlüsse der 173. Sitzung der ständigen Konferenz der Innenminister und –senatoren der Länder vom 21.11.2003 in Jena, Nr. 18: Reform des Gemeindehaushaltsrechts: Von einem zahlungsorientierten zu einem ressourcenorientierten Haushalts- und Rechnungswesen, http://www.im.nrw.de/bue/25.htm (eingesehen am 24.08.2004)

[1886] PITSCHAS, *Verwaltungsmodernisierung und Verwaltungsrecht....*, a. a. O., S. 84 f.; vgl. auch WALLERATH, MAXIMILIAN: *Verwaltungserneuerung: Auf dem Weg zu einer neuen Verwaltungskultur*, in: VerwArch 1997, S. 11 ff.; WOLFF/ BACHOF/ STOBER/ KLUTH/ MÜLLER, *Verwaltungsrecht*, Bd. 3, a. a. O., S. 85 f. am Beispiel der Ministerialverwaltung

[1887] KÖNIG, *„Neue" Verwaltung oder....*, a. a. O., S. 565; derselbe, *Öffentliches Management und....*, a. a. O., S. 619; vgl. auch HILL, HERMANN: *Dienstleistungs- und Kundenorientierung der Verwaltung*, in: NdsVBl. 2002, S. 316; LAUX, EBERHARD: *Randbemerkung: Vom Verwaltungskunden*, in: DÖV 1996, S. 695 f.

beim Bürger ausgerichtet werden müssen.[1888] Verwaltungsmanagement bedeutet also, mit betriebswirtschaftlichen Grundsätzen und Instrumenten die Aufgabenerfüllung komplexer Verwaltungsorganisationen zu verbessern, ihre Strukturen zu verschlanken, ihren Ressourcengebrauch ökonomischer zu gestalten und ihre Produktivität zu steigern.[1889]

c. Rahmenbedingungen des Veränderungsprozesses

Die dargestellten Rahmenbedingungen prägen auch die Gestaltung des Veränderungsprozesses bei der Verwaltungsmodernisierung. Bei den Sozialverwaltungen der Länder wurden sie durch organisationsrechtliche Veränderungen eingeleitet, wobei die Möglichkeiten des Zweiten Zuständigkeitslockerungsgesetzes[1890] zur Auflösung bisher vorgegebener Sonderverwaltungen weitgehend ausgeschöpft wurden.[1891] Hier reicht die Spannweite der organisatorischen Möglichkeiten von der Zusammenfassung sozialer Aufgaben in einer oberen Landesbehörde nach dem Aufgabenorganisationsmodell, wie in Brandenburg, Niedersachsen, Rheinland-Pfalz, Saarland, Sachsen-Anhalt, Schleswig-Holstein[1892] über die Integration bisher selbständiger oberer Landesbehörden in eine Bezirksregierung, wie in Baden-Württemberg, Hessen und Nordrhein-Westfalen,[1893] bis hin zur Aufgabenanreicherung der bestehenden Landessozialbehörden in Bayern, Mecklenburg-Vorpommern und Sachsen.[1894] Sie wurden Auslöser für weitere sogenannte harte Reformele-

---

1888 PITSCHAS, *Verwaltungsmodernisierung im Spannungsfeld....*, a. a. O., S. 110 f.; derselbe, *Wirkungsorientierung des Verwaltungsmanagements....*, a. a. O., S. 331; WOLFF/ BACHOF/ STOBER/ KLUTH/ MÜLLER, *Verwaltungsrecht,* Bd. 3, a. a. O., S. 80 f.

1889 KÖNIG, *Verwaltungsmodernisierung im internationalen....*, a. a. O., S. 266; zur internationalen Dimension der Unterschiede von Management im privaten und öffentlichen Sektor KÖNIG, KLAUS, *Öffentliches Management und....*, a. a. O., S. 618 f.

1890 Zweites Gesetz zur Erleichterung der Verwaltungsreform in den Ländern vom 03.05.2000 (BGBl. I S. 632)

1891 Vgl. die Kritik von ZEIHE, *Bezirksregierung Münster als....*, a. a. O., S. 117 ff. an der „Abschaffung" der nordrhein-westfälischen Versorgungsverwaltung

1892 Brandenburg: Landesamt für Soziales und Versorgung; Niedersachsen: Landesamt für zentrale soziale Angelegenheiten; Rheinland-Pfalz: Landesamt für Soziales, Jugend und Versorgung; Saarland: Landesamt für Jugend, Soziales und Versorgung; Sachsen-Anhalt: Landesverwaltungsamt; Schleswig-Holstein: Landesamt für soziale Dienste; Thüringen: Landesamt für Soziales und Familie (künftig: Landesverwaltungsamt)

1893 Baden-Württemberg (ab 01.01.2005): Landesversorgungsamt zur Bezirksregierung Stuttgart; Hessen: Landesversorgungsamt zur Bezirksregierung Gießen; Nordrhein-Westfalen: Landesversorgungsamt zur Bezirksregierung Münster

1894 Bayern: Landesamt für Familie und Versorgung; Mecklenburg-Vorpommern: Landesversorgungsamt (mit Hauptfürsorgestelle/ Integrationsamt); Sachsen: Landesamt für Familie und Soziales

mente, wie Produktbildungen, Globalhaushalte und Kostenrechnungen, aber auch die Entwicklung von Leitbildern, Personalentwicklung und Organisationskulturen als weiche Reformfaktoren.[1895]

d. Organisation des Modernisierungsprozesses

Die Landessozialverwaltungen wurden seit den 1990er Jahren durch Veränderungen der Behördenstrukturen umgestaltet, wobei die fünf neuen Bundesländer die Vorreiter für einen strukturellen Neubau der dortigen Landessozialverwaltungen bildeten. In Brandenburg wurden die Zuständigkeiten für Soziales, Gesundheit, Integration behinderter Menschen, Versorgung, Vertriebene und Aussiedler im Landesamt für Soziales und Versorgung nach einem Reorganisationsmodell zusammengefasst, das auch für das Partnerland für den Verwaltungsaufbau Nordrhein-Westfalen vorgeschlagen war,[1896] sich dort aber nicht durchsetzen konnte. In Sachsen stand das bayerische Organisationsmodell einer angereicherten Landesversorgungsverwaltung Pate, das dort um die Zuständigkeiten des überörtlichen Trägers der Jugendhilfe und des Integrationsamtes erweitert und im Landesamt für Familie und Soziales verwirklicht wurde.[1897] In den alten Bundesländern fassten nach Rheinland-Pfalz Niedersachsen,[1898] das Saarland[1899] und Schleswig-Hostein[1900] die in Landesträgerschaft liegenden sozialen Aufgaben in sozialen Bündelungsbehörden zusammen.

Diese Neustrukturierungen waren der Auftakt für eine Verbesserung der Arbeitsabläufe, dem den landesspezifischen Modernisierungsschwerpunkten entsprechend sowohl Prozessoptimierungen nach dem Modell des Business Process Reengineering,[1901] allerdings überwiegend nach der Methode des in-

---

[1895] Allgemein BUDÄUS, *Von der bürokratischen....*, a. a. O., S. 4 f.; BUDÄUS/ FINGER, *Stand und Perspektiven....*, a. a. O., S. 331; KLAGES, *Zwischenbilanz der Verwaltungsmodernisierung....*, a. a. O., S. 134 ff.

[1896] MERTEN/ PITSCHAS, *Sozialverwaltung im Reformprozess*, a. a. O., S. 114 ff.

[1897] Bayern will diese Organisationsform mit seinen in der Verwaltungsreform „Verwaltung 21“ mit dem „Zentrum Bayern Familie und Soziales“ verwirklichen.

[1898] Ab 1998 Landesamt für zentrale soziale Dienste (Aufgabenbereiche soziales Entschädigungsrecht und Behindertenfeststellung, Hauptfürsorgestelle, Integrationsamt)

[1899] Ab 1997 Landesamt für Jugend, Soziales und Versorgung (Aufgabenbereiche soziales Entschädigungsrecht und Behindertenfeststellung, Hauptfürsorgestelle, Integrationsamt, überörtlicher Sozialhilfeträger, Landesjugendamt)

[1900] Ab 1998 Landesamt für soziale Dienste (Aufgabenbereiche soziales Entschädigungsrecht und Behindertenfeststellung, Hauptfürsorgestelle, Integrationsamt, überörtlicher Sozialhilfeträger)

[1901] EICHHORN/ FRIEDRICH/ JANN/ OECHSLER/ PÜTTNER/ REINERMANN (Herausg.), *Verwaltungslexikon*, a. a. O., Stichwort: Business Process Reengineering

krementalen Wandels folgten.[1902] Die Reorganisation bestehender und arbeitender Verwaltungsbehörden ist wie die Reparatur eines laufenden Motors, der durch Änderungen vorhandener Einstellungen und Verbindungen optimiert werden soll. Der inkrementale Wandel als Prozess der Orientierung am Bestehenden und seine schrittweise Veränderung[1903] vermeidet die Reibungs- und Wissensverluste, die durch radikale Neugestaltung alter Organisationsformen nach dem Prinzip des zentralistischen „Bombenwurfs"[1904] entstehen und nutzt die Interessen der Beteiligten und die Funktion einer Verwaltung als soziale Organisation.[1905]

Dabei kann in Pilotprojekten ausgetestet werden, ob eine Reorganisationsmaßnahme sich im täglichen Betrieb bewährt und von den Bürgern als den Nachfragern einer Leistungsverwaltung angenommen wird. Diese Vorgehensweise hat den Vorteil der Begrenzung von Risiken, aber auch der Eingewöhnung der Mitarbeiter und möglicher Anpassungen an besondere Bedingungen in einem bestimmten Verwaltungsumfeld. Darüber hinaus sind erfolgreich durchgeführte Pilotprojekte auch gegenüber skeptischen Mitarbeitern der Beweis für die Funktionsfähigkeit von Organisationsmodellen.[1906]

Der inkrementale Wandel und das Austesten von Organisationsmodellen durch Pilotprojekte ist gegenüber der radikalen Ersetzung bestehender durch neue Aufbau- und Ablauforganisationen und Geschäftsprozesse zwar zeitraubender, bietet jedoch die Gewähr für das Einbinden der Mitarbeiter in den Modernisierungsprozess. Er nutzt informelle Strukturen und das Wissenspotential einer Verwaltung und versucht, Angst vor der Erneuerung und des Verlustes bestehender informeller Positionen abzubauen. Widerstände gegen den organisatorischen Wandel sind seine Begleiterscheinungen und erfordern Strategien, wie mit ihnen umzugehen ist. Diese Strategien dürfen sich nicht nur auf die technokratische Überwindung von Widerständen beschränken,

---

[1902] Zu Reengineering und Inkrementalismus BEYER, LOTHAR: *Reengineering*, in: Blanke, Bernhard; Bandemer, Stephan von; Nullmeier, Frank; Wewer, Göttrik (Herausg.): *Handbuch zur Verwaltungsreform*, Opladen 1998, S. 111 ff.; vgl. auch SCHULTE-ZURHAUSEN, *Organisation*, a. a. O., S. 106, 180

[1903] BEYER, *Reengineering*, a. a. O., S. 113; STAEHLE/ CONRAD/ SYDOW, *Management*, a. a. O., S. 522 f.

[1904] STAEHLE/ CONRAD/ SYDOW, *Management*, a. a. O., S. 942 f.

[1905] STAEHLE/ CONRAD/ SYDOW, *Management*, a. a. O., S. 609 f., auch mit Darstellung der Gegenposition zur Tauglichkeit des inkrementalen Wandels; WOLFF/ BACHOF/ STOBER/ KLUTH/ MÜLLER, *Verwaltungsrecht*, Bd. 3, a. a. O., S. 96 f.

[1906] BEYER, *Reengineering*, a. a. O., S. 113

sondern umfassen vor allem Information, Partizipation und Vertrauensbildung auf allen Ebenen der Mitarbeiterschaft.[1907]

II. Organisationsentwicklung der rheinland-pfälzischen Landessozialverwaltung

1. Die Entwicklung der Aufbauorganisation des Landesamtes für Soziales, Jugend und Versorgung

a. Die Planung der Aufbauorganisation während der Konzeptionsphase der Zusammenlegung (1991 - 1992)

Bereits im März 1992 hatte ein für die Reorganisation der Landessozialverwaltung aus Mitarbeitern der beiden Landesämtern zusammengesetztes Projekt-Team[1908] eine Konzeption zur Zusammenfassung der rheinland-pfälzischen Landessozialverwaltung vorgelegt. In ihrem Bericht vom 01.01.1992[1909] werden die Grundzüge für die Aufbau- und Ablauforganisation eines „Landesamtes für Soziale Angelegenheiten" unter einer kollegialen Führung[1910] dargestellt und Vorschläge für die rechtliche und wirtschaftliche Verselbständigung der landeseigenen Kliniken[1911] und Schulen für Sinnesbehinderte[1912] gemacht. Der Bericht benennt Möglichkeiten der Abschichtung von Aufgaben aus dem Ministerium für Arbeit, Soziales, Familie und Gesundheit auf das neue Landesamt und die Integration von Aufgaben, die, wie

---

[1907] Zum Umgang mit Widerständen beim organisatorischen Wandel STAEHLE/ CONRAD/ SYDOW, *Management*, a. a. O., S. 980 f.; vgl. auch PALM, HERMANN: *Verwaltungsreform und Mitbestimmung*, in: Blanke, Bernhard; Bandemer, Stephan von; Nullmeier, Frank; Wewer, Göttrik (Herausg.): *Handbuch zur Verwaltungsreform*, Opladen 1998, S. 218 ff.

[1908] Bezeichnet als Projekt Verwaltungsstrukturreform im Bereich des Ministeriums für Arbeit, Soziales, Familie und Gesundheit Rheinland-Pfalz

[1909] Bericht über die Untersuchung von Möglichkeiten der Verwaltungsvereinfachung im Aufgabenbereich des Ministers für Arbeit, Soziales, Familie und Gesundheit vom 01.10.1992 (im Aktenbestand des LSJV)

[1910] Nach dem Prinzip der Primatkollegialität, vgl. SCHMIDT, *Betriebswirtschaftslehre und Verwaltungsmanagement*, a. a. O., S. 141. Die kollegiale Führungsstruktur wurde auch als tragendes Element der Verschmelzung der beiden ehemaligen oberen Landesbehörden ohne Benachteiligung von Aufgabenschwerpunkten oder Standorten angesehen; vgl. Bericht vom 01.10.1992, S. 39 f.

[1911] Damals Landesnervenklinik Alzey, Landesnervenklinik Andernach, Neurologisches Landeskrankenhaus Meisenheim mit Landessprachheilzentrum, Kinderneurologisches Zentrum Mainz, Kurklinik Rheingrafenstein (Versorgungskuranstalt) Bad Münster am Stein

[1912] Landesschule für Blinde und Sehbehinderte Neuwied, Landesschule für Gehörlose und Schwerhörige Neuwied, Wilhelm-Hubert-Cüppers-Schule (Landesschule für Gehörlose und Schwerhörige) Trier

der öffentliche Gesundheitsdienst und die Arzneimittelaufsicht, damals bei den drei rheinland-pfälzischen Bezirksregierungen durchgeführt wurden.[1913] Er enthält darüber hinaus Entwürfe für ein Landesgesetz über die Errichtung des Landesamtes für Soziale Angelegenheiten in Rheinland-Pfalz und für ein rheinland-pfälzisches Eigenbetriebsgesetz.[1914]

Diese Vorschläge wurden zunächst nicht umgesetzt. Hierfür waren neue politische Schwerpunktbildungen im Ministerium für Arbeit, Soziales, Familie und Gesundheit,[1915] aber auch Widerstände aus dem Ministerium gegen Aufgabenabschichtungen auf das neue Landesamt ursächlich, da diese in bestehenden Organisationsstrukturen eingewirkt und personelle Veränderungen nach sich gezogen hätten. Anknüpfungspunkt dieser Widerstände war auch der Umstand, dass im Projekt-Team kein verantwortlicher Mitarbeiter des Ministeriums vertreten war und so die Ergebnisse der Projektarbeit als Auffassung von um ihre eigene Interessen bedachte Mitarbeiter des nachgeordneten Bereichs abgetan werden konnten. Bei der Zusammensetzung des Projekt-Teams und der Erarbeitung seiner Ergebnisse wurde eine Interventionsebene in der Gesamthierarchie der Landessozialverwaltung vernachlässigt, die nur dann in Breitenwirkung und Akzeptanz hätte eingebunden werden können, wenn zumindest das mittlere Management des Ministeriums in vollem Umfang in die Pflicht genommen worden wäre.[1916]

Die Konzeption zur Bündelung der rheinland-pfälzischen Landessozialverwaltung wurden 1994 unter Sozialminister *Florian Gerster* wieder aufgegriffen, der das Gesetzesvorhaben zur Reform des öffentlichen Gesundheitsdienstes, zur Ämterzusammenlegung und zur rechtlichen und wirtschaftlichen Verselbständigung der landeseigenen Kliniken zum Abschluss brachte. Gleichzeitig beauftragte er ein ministeriumsinternes Projekt-Team mit einer

---

[1913] Vorschlag eines Organisationsschemas für das „Landesamt für Soziale Angelegenheiten" in Anlage 7

[1914] Anlagen 3 und 4 des Berichts über die Untersuchung von Möglichkeiten der Verwaltungsvereinfachung im Aufgabenbereich des Ministers für Arbeit, Soziales, Familie und Gesundheit vom 01.10.1992 (im Aktenbestand des LSJV)

[1915] Dies war im Wesentlichen die politische Bewältigung von Vorgängen im Zusammenhang mit dem In-Verkehr-Bringen von HIV-verseuchten Blutkonserven durch die Firma UB-Plasma Labor GmbH aus Koblenz; vgl. Landtag Rheinland-Pfalz: Bericht des Untersuchungsausschusses „Infiziertes Blut und infizierte Blutprodukte" vom 12.09.1994, Drs. 12/5360, S. 7 ff.

[1916] Zu Wandel-Strategien nach der Interventionsebene der Hierarchie NASCHOLD/ BOGUMIL, *Modernisierung des Staates*, a. a. O., S. 106 f.; STAEHLE/ CONRAD/ SYDOW, *Management*, a. a. O., S. 935; vgl. auch BÖHRET, CARL: *Gewollt ist noch nicht verwirklicht – Chancen und Hemmungen bei der Modernisierung von Landesverwaltungen*, in: VR 1996, S. 329; KLAGES, *Nachhaltige Verwaltungsmodernisierung*, a. a. O., S. 10 f.

Organisationsuntersuchung in seinem Ministerium, mit der Möglichkeiten zur Straffung der Arbeit und Vorschläge zur Abschichtung von Aufgaben des Verwaltungsvollzugs auf eine nachgeordnete Landessozialverwaltung aufgezeigt werden sollten. Durch diesen Auftrag wurde die bislang beim organisatorischen Wandel vernachlässigte ministerielle Arbeitsebene ergebnisorientiert eingebunden.[1917]

Der Bericht des Projekt-Teams zur Organisationsuntersuchung des Ministeriums für Soziales, Jugend und Versorgung vom 01.09.1996[1918] schuf die Voraussetzungen für Aufgabenabschichtungen auf das neue Landesamt, die hiernach schrittweise umgesetzt wurden.[1919] Er konkretisierte unabhängig von den Vorarbeiten des Projekt-Teams Verwaltungsstrukturreform die Mehrzahl der bereits 1992 vorgeschlagenen Aufgabenverlagerungen, die nun von der Leitung des Ministeriums angeordnet wurden.[1920]

b. Konstituierung des Landesamtes für Soziales, Jugend und Versorgung ab 1996 und Projektorganisation zur organisatorischen Gestaltung

Gem. § 1 Abs. 1 Satz 1 des Landesgesetzes über die Errichtung des Landesamtes für Soziales, Jugend und Versorgung wurde die Zusammenlegung des Landesamtes für Jugend und Soziales und des Landesversorgungsamtes zum 01.01.1996 wirksam. Dem Gesetz über die Errichtung der Verwaltungsbehörden der Kriegsopferversorgung[1921] wurde in § 1 Abs. 1 Satz 2 mit der Bestimmung entsprochen, dass das Landesamt für Soziales, Jugend und Versorgung das Landesversorgungsamt Rheinland-Pfalz ist. Als Behördensitz wurde Mainz festgelegt; der Dienstsitz Koblenz eines Teils der neuen Landesoberbehörde und die regionale Dislozierung der vier nachgeordneten damaligen Versorgungsämter wurden beibehalten.[1922]

1917 NASCHOLD/ BOGUMIL, *Modernisierung des Staates*, a. a. O., S. 107: „Umsetzungsprozesse bedürfen einer bestimmten Machtbasis als wesentliche Erfolgsvoraussetzung."

1918 MINISTERIUM FÜR ARBEIT, SOZIALES UND GESUNDHEIT (Herausg.): *Bericht zur Organisationsuntersuchung vom 01.09.1996* (im Aktenbestand des LSJV); vgl. auch VORAN, Heft 3, a. a. O., S. 28

1919 Vgl. VORAN, Heft 13, a. a. O., S. 8 f.; Organigramm des LSJV (Stand 2000) in Anlage 8

1920 In dieser Realisierungsphase war der von oben angeordnete Wandel auf der Basis rationaler Entscheidungskriterien geboten, hierzu STAEHLE/ CONRAD/ SYDOW, *Management*, a. a. O., S. 942

1921 Vom 12.03.1951 (BGBl. I S. 169), geändert am 27.04.1955 (BGBl. I S. 189)

1922 Hierzu heißt es in der Begründung zum Gesetzentwurf der Landesregierung – Landtag Rheinland-Pfalz, –12. Wahlperiode– Drucksache 12/ 6841 vom 21.06.1995, S. 36: „Die Zusammenfassung der beiden Landesämter bedeutet nicht, dass hierdurch ein Standort aufgegeben wird. Es ist insbesondere nicht vorgesehen, das bisherige Landesversorgungs-

Diese Standortentscheidung war ein Kompromiss zwischen einem örtlichen Neubeginn außerhalb der Landeshauptstadt, auch als Förderung eines regionalen Ober- oder Mittelzentrums, und einer weiteren Konzentration oberer Landesbehörden in Mainz.[1923] Nach der Zusammenlegung wurde die Aufbauorganisation der beiden alten Landesämter zunächst beibehalten. Die Klammer der gemeinsamen Amtsführung bildete ein ab dem 01.01.1996 ernannter neuer Präsident des Landesamtes für Soziales, Jugend und Versorgung.[1924]

Zeitgleich mit der Einbringung des Gesetzesentwurfs beim rheinland-pfälzischen Landtag wurde im September 1995 ein Projekt-Team einberufen, das die Zusammenlegung der beiden Landesämter steuernd begleiten sollte. Seine Leitung bestand aus zwei Referenten und einem Sachbearbeiter der Stabsstelle Planung und Steuerung des Ministeriums,[1925] dem damals bereits benannten zukünftigen Präsidenten des neuen Landesamtes und den Präsidenten der beiden bisherigen Landesämter. Dieser Projektleitung war eine Projektlenkungsgruppe, bestehend aus den Mitgliedern der Projektleitung, je drei Angehörigen der beiden früheren Landesämter, dem Leiter eines damaligen Versorgungsamtes, den Leitern der Fachabteilungen der beiden fachaufsichtlich zuständigen Ministerien sowie je einem Vertreter der beiden Bezirkspersonalräte und der Schwerbehindertenvertretung zugeordnet.

Der Lenkungsgruppe oblag es, Fachwissen und Problemorientierung zum Entscheidungsprozess der Projektleitung beizutragen sowie Informationen aus dem Entscheidungsfindungsprozess des Projekt-Teams in die betroffenen Arbeitseinheiten zu transportieren. Wesentliches Element ihrer Arbeit war auch, die Realisierungschancen von beabsichtigten oder erarbeiteten Lösungsansät-

---

amt Rheinland-Pfalz an den Sitz des neuen Landesamtes nach Mainz zu verlegen. Moderne Kommunikationstechniken ermöglichen heute den reibungslosen Betrieb von Behörden, deren Behördenteile an verschiedenen Standorten untergebracht sind."

[1923] In den Ländern Bayern, Brandenburg, Mecklenburg-Vorpommern, Niedersachsen, Sachsen, Sachsen-Anhalt wurde die Reorganisation der Landessozialverwaltung auch dazu genutzt, den Behördensitz weg von der Landeshauptstadt zu verlagern, um regionale Oberzentren (Bayreuth, Cottbus, Rostock, Hildesheim, Chemnitz, Halle) zu stärken. Zur Behördenverteilung in einem Staatsgebiet PÜTTNER, *Verwaltungslehre*, a. a. O., S. 115 f.

[1924] Der Vorschlag einer kollegialen Führung wurde durch die Neubesetzung zugunsten des Direktoralprinzips aufgegeben; zum Direktoralprinzip SCHMIDT, *Betriebswirtschaftslehre und Verwaltungsmanagement*, a. a. O., S. 140 f.; die Vorteile des Kollegialprinzips (vgl. LORSE, *Kollegiale Führungsstrukturen in....*, a. a. O., S. 189 f.), die sich auch in einer Leitungspräsenz am Standort Koblenz des LSJV ausgewirkt hätten, wurden aufgegeben.

[1925] Zur Stabsstelle als Organisationselement BREDE, *Grundzüge der Öffentlichen....*, a. a. O., S. 87; SCHMIDT, *Betriebswirtschaftslehre und Verwaltungsmanagement*, a. a. O., S. 239

zen aus der Sicht der Betroffenen einzuschätzen und die Betroffenen über Planungsschritte zu informieren.[1926]

Der Projektleitung arbeiteten acht sachthematisch gebundene Projektgruppen zu,[1927] die Aufgabengebiete aus dem Geschäftsbereich des neuen Landesamtes zu untersuchen und Reorganisationsvorschläge zu erarbeiten hatten. Diese Arbeitsgruppen wurde durch die Mitglieder der Projektleitung geleitet, die im Ministerium Stabsstellenaufgaben wahrnahmen und durch Einbindung in andere Projektarbeit ihr Wissen einbringen konnten. In den Projektgruppen mit je etwa zwölf Mitgliedern arbeiteten Mitarbeiter der thematisch befassten Arbeitseinheiten der beiden früheren Landesämter und Beauftragte der Personal- und Schwerbehindertenvertretungen zusammen.

Vorgabe für das Projekt-Team war, ab Januar 1996 die beiden früheren Landesämter zum Landesamt für Soziales, Jugend und Versorgung zusammenzuführen und seine Funktionsfähigkeit in neuer Struktur unter Einbeziehung von übertragenen Aufgaben aus dem Ministerium bis Oktober 1996 sicherzustellen.[1928] Ab Dezember 1996 sollte die Abschichtung neuer Aufgaben vom Landesamt auf die nachgeordneten Ämter in Pilotverfahren erprobt werden, um sie nach Bereinigung festgestellter Schwachstellen bis zum Herbst 1997 zu vollziehen.[1929] Ziel war, im Landesamt für Soziales, Jugend und Versorgung alle Kompetenzbereiche der Landessozialverwaltung zu bündeln und zugleich die vorgesetzte oberste Landesbehörde durch konsequente Aufgabendekon-

---

[1926] Zum Projektteam als Sekundärorganisation STAEHLE/ CONRAD/ SYDOW, *Management*, a. a. O., S. 769 f.; siehe auch BREDE, *Grundzüge der Öffentlichen....*, a. a. O., S. 92

[1927] Projektgruppe Organisation, zentrale Dienste; Projektgruppe Datenverarbeitung, Kommunikation; Projektgruppe soziales Entschädigungsrecht mit orthopädischer Versorgung, Heil- und Krankenbehandlung, Kriegsopferfürsorge; Projektgruppe Schwerbehindertengesetz; Projektgruppe BSHG, Betreuungsgesetz, SGB XI; Projektgruppe ärztliche Berufsausbildung und –ausübung, ärztliche Begutachtung; Projektgruppe Landesjugendamt; Projektgruppe Leistungsstandards im Sozial- und Jugendbereich, Qualitätssicherung

[1928] Zur Aufgabenübertragung auf das Landesamt für Soziales, Jugend und Versorgung waren vorgesehen: Landesförderung arbeitsmarktpolitischer Maßnahmen, Europäischer Sozialfonds, Durchführung der Insolvenzordnung, Landesprüfungsamt für Studierende der Medizin und Pharmazie, Vollzug des Landesgesetzes über die Weiterbildung in Gesundheitsfachberufen, Vollzug des Beruferechts der Heilberufe und des Psychotherapeutengesetzes, Aufsicht über die gesetzliche Sozialversicherung in Rheinland-Pfalz (ohne Allgemeine Ortskrankenkasse), Jugendschutz im Internet

[1929] Es sollten folgende Aufgaben auf die Ämter für soziale Angelegenheiten übertragen werden: Durchführung von Widerspruchsverfahren nach dem damaligen Schwerbehindertengesetz (heute Feststellungsverfahren gem. § 69 SGB IX), Einzelfallhilfe des überörtlichen Trägers der Kriegsopferfürsorge, Kündigungsschutz und Behindertenhilfe im Arbeitsleben nach dem damaligen Schwerbehindertengesetz (heute SGB IX), Aufsicht über die stationären Einrichtungen der Behindertenhilfe.

zentration von Aufgaben des Verwaltungsvollzugs zu entlasten, um es so in seiner politisch-strategischen Programmfunktion zu stärken.[1930]

Die Projektgruppenarbeit konnte entsprechend dem vorgegebenen Zeitplan durch Vorlage von Abschlussberichten bis Herbst 1996 abgeschlossen werden.[1931] Diese Abschlussberichte bildeten die Grundlage für die Gestaltung der Aufbau- und Ablauforganisation des Landesamtes für Soziales, Jugend und Versorgung ab dem 01.01.1997.[1932] Der termingerechte Abschluss wurde auch möglich, weil sich die Arbeitsvorgaben für das Projekt-Team konsequent auf solche Aufgaben beschränkten, die ausschließlich in der Gestaltungsbefugnis des vorgesetzten Ministeriums lagen. Aufgaben seines Geschäftsbereichs, die in den damaligen Bezirksregierungen wahrgenommen wurden, waren bewusst ausgeklammert. Ohne diese klare Beschränkung hätte sich die Projektarbeit zu einer nicht mehr einzugrenzenden Daueraufgabe entwickelt, die wegen ressortübergreifender Abhängigkeiten weder in Planung und Steuerung, noch in Gestaltung und Koordination zu beeinflussen gewesen wäre.[1933]

c. Die Beteiligung der Mitarbeiterschaft am Prozess der organisatorischen Veränderung

Prozess und Ergebnis der dargestellten Projektarbeit sind untrennbar mit der Beteiligung der Mitarbeiterschaft verbunden. Ihr Engagement für den organisatorischen Wandel und ihre Mitarbeit bei der Realisation stellt ein unverzichtbares Element des Entwicklungsprozesses und des eingetretenen Erfolges dar.[1934] Der kritische Sachverstand und die detaillierten Kenntnisse der Mitarbeiter um die Stärken und Schwächen der Organisation der beiden früheren Landesämter konnte sowohl in den mit dem Veränderungsprozess be-

---

[1930] VORAN: Schriften zur Verwaltungsmodernisierung in Rheinland-Pfalz, Heft 10: *Leitbilder in der rheinland-pfälzischen Landesverwaltung*, Mainz 3/ 1999, S. 11

[1931] Die Projektgruppe soziales Entschädigungsrecht konnte ihren Abschlussbericht erst am 26.05.1997 abliefern, weil sie Vorschläge für eine neue Aufbau- und Ablauforganisation der Ämter für soziale Angelegenheiten unter Einschluss der vom Landesamt übertragenen neuen Aufgaben zu erarbeiten hatte. Sie war damit dennoch im vorgegebenen Zeitplan.

[1932] Vgl. Organigramm in Anlage 2

[1933] Die Problembegrenzung auf die originären Gestaltungsmöglichkeiten der Organisation ist eine der wesentlichen Voraussetzungen für die erfolgreiche Projektarbeit, vgl. SCHMIDT, *Betriebswirtschaftslehre und Verwaltungsmanagement*, a. a. O., S. 246; STAEHLE/ CONRAD/ SYDOW, *Management*, a. a. O., S. 769

[1934] Im Sinne von „Enpowerment“, vgl. FISCH, RUDOLF: *Modernisierungsfreude gegen Frust und Widerstand*, in: Lüder, Klaus (Herausg.): *Öffentliche Verwaltung der Zukunft*, Berlin 1998, S. 164 f.; STÖBE, *Mitarbeiterbeteiligung*, a. a. O., S. 150; WALLERATH, *Die Änderung der....*, a. a. O., S. 376

auftragten Gremien als auch unterhalb dieser Ebene in vielen Arbeitsgruppen, die in der Zuarbeit mit abgegrenzten Arbeitsaufträgen betraut wurden, in vielfältiger Weise genutzt werden.[1935] Die Mitarbeiter brachten sich immer wieder in den einzelnen Arbeitsschritten ein und steuerten mit Veränderungs- und Verbesserungsvorschlägen wesentlich zum Erfolg bei.[1936]

Bereits bei der Zusammensetzung des Projekt-Teams wurden Sachwissen und interpersonale Kommunikationsfähigkeit gebündelt, um eine fachliche und informelle Akzeptanz bei möglichst vielen von den Veränderungen Betroffenen zu erreichen. Durch Einbeziehung der Vertretungsorgane im Sinne von § 2 Abs. LPersVG und § 95 Abs. 2 SGB IX und bewussten Verzicht auf eine Abbildung von Hierarchieebenen in den Projektgruppen gelang, trotz anfänglicher Missstimmung bei den vermeintlich übergangenen Verantwortungsträgern, eine vertrauensvolle Zusammenarbeit. Sie ermöglichte es, den Prozess der Grundlagenbildung für die Neuorganisation und die spätere Organisationsentwicklung fast gänzlich ohne die Inanspruchnahme externen Sachverstandes zu gestalten.[1937]

In den Projektgruppen arbeiteten ausschließlich Mitarbeiter der unterschiedlichsten Führungsebenen des Landesamtes und der nachgeordneten Ämter und Einrichtungen mit. Die guten Arbeitsergebnisse sind allein ihnen zu verdanken. Zu berücksichtigen ist auch, dass die Mitarbeiter die Arbeit in den Projektgruppen neben ihrer normalen Arbeitsbeanspruchung zu leisten hatten und hierfür auch Anreisezeiten zu den jeweils zentralen Arbeitsbesprechungen aufwenden mussten. Die Projektgruppenarbeit nahm damit insgesamt

---

[1935] Als Nutzung organisationsinternen Wissens SCHMIDT, *Betriebswirtschaftslehre und Verwaltungsmanagement*, a. a. O., S. 190; zur Mitarbeiterbeteiligung als Bestandteil des reformbezogenen Projektmanagements PALM, *Verwaltungsreform und Mitbestimmung*, a. a. O., S. 220 f.

[1936] Auf diese Weise wurde die Organisation als Wissenssystem genutzt, vgl. SCHEDLER/ PROELLER, *New Public Management*, a. a. O., S. 189; STAEHLE/ CONRAD/ SYDOW, *Management*, a. a. O., S. 920

[1937] Es wurden insgesamt vier je zweitägige Schulungsseminare der Leitung des neuen Landesamtes (Präsident, Vizepräsident, Abteilungsleiter, Amtsleiter, Vorsitzende der Personalvertretungen und Schwerbehindertenvertretungen, Gleichstellungsbeauftragte) unter der Leitung von Professoren der Deutschen Hochschule für Verwaltungswissenschaften (je einmal Univ.-Prof. Dr. *Rudolf Fisch*, Univ.-Prof. Dr. *Helmut Klages*, zweimal Univ.-Prof. Dr. *Rainer Pitschas*) abgehalten. Daneben wurde der Prozess der Erarbeitung des Leitbildes für das neue Landesamt durch einen Unternehmensberater begleitet.

2.015 Arbeitsstunden in Anspruch. Dies entspricht einem Arbeitsvolumen von 1, 25 Ganzjahreskräften.[1938]

Der Prozess der Neuorganisation erforderte, auch bei der Aufgabenerweiterung nach Übernahme von Tätigkeitsfeldern der Bezirksregierungen nach 2000, eine sehr intensive Befassung der Personalvertretungen unter Beteiligung der Gleichstellungsbeauftragten und der Schwerbehindertenvertretungen. Mit diesen Gremien war immer eine reibungslose Zusammenarbeit möglich. Es konnte von Beginn der Maßnahmen zur Neuorganisation an vereinbart werden, dass in Detailfragen der mündlichen Erörterung in den Beratungsgremien der Vorrang vor der schriftlichen Beantwortung einzuräumen war.[1939] Hierdurch wurde der Arbeitsaufwand in den mit der Neuorganisation befassten Stellen deutlich minimiert.

d. Aufbauorganisatorische Besonderheiten durch Aufgabendekonzentration auf die Ämter für soziale Angelegenheiten

Bei der Reorganisation der Behördenstrukturen im Geschäftsbereich des Landesamtes für Soziales, Jugend und Versorgung sollte das Potential der früheren Versorgungsämter in Koblenz, Landau, Mainz und Trier als dekonzentrierte Behörden genutzt[1940] und sie zu regionalen Beratungs- und Servicestellen der Landessozialverwaltung ausgebaut werden.[1941] Nach einer erfolgreichen Testphase in Pilotprojekten bei je einem Amt wurden folgende bisher zentral im Landesamt erledigte Aufgaben an die vier nachgeordnete Ämter abgegeben:

- Die Widersprüche bei Feststellungsverfahren gem. § 69 SGB IX, die gem. § 85 Abs. 1 und Abs. 2 SGG in einer Abhilfeprüfung beim erstentschei-

[1938] Quelle: Eigene Erhebungen. Die Berechnung der Jahresarbeitszeit erfolgt auf der Grundlage der Richtzahlen der Kommunalstelle für Verwaltungsvereinfachung (KGSt) für die Jahresarbeitszeit eines vollbeschäftigten Beamten.

[1939] Als ein Element, Grenzen und Schwierigkeiten der Mitarbeiterbeteiligung abzubauen, vgl. STÖBE, *Mitarbeiterbeteiligung*, a. a. O., S. 157

[1940] In der Begründung des Gesetzentwurfs der Landesregierung vom 21.06.1995 (Landtag Rheinland-Pfalz, –12. Wahlperiode–, Drucksache 12/ 6841, S. 36) wurde hierzu ausgeführt: „Auf Grund der umfassenden Aufgabenstellung des neuen Landesamtes für Soziales, Jugend und Versorgung wird es auch möglich sein, die ortsnahen Versorgungsämter in den Vollzug von Aufgaben einzubeziehen, die bisher innerhalb der Versorgungsverwaltung nicht wahrgenommen worden sind; die Erfüllung der Aufgaben vor Ort durch die Versorgungsämter stellt einen wichtigen Beitrag zur bürgerfreundlichen Ausgestaltung der Sozialverwaltung in Rheinland-Pfalz dar."

[1941] Vgl. die Modellbildung bei MERTEN/ PITSCHAS, *Sozialverwaltung im Reformprozess*, a. a. O., S. 114 ff.

denden Amt und danach in einem getrennten Widerspruchsverfahren bei der vorgesetzten Behörde zu entscheiden sind,

- die Heimaufsicht über die rheinland-pfälzischen Behindertenheime nach dem Heimgesetz, ergänzt ab 2000 um die Alten- und Pflegeheime im Land,
- aus dem Bereich der Hauptfürsorgestelle und des Integrationsamtes die Aufgaben des überörtlichen Trägers der Kriegsopferfürsorge (§ 25 BVG), des Kündigungsschutzes (§§ 85 ff. SGB IX), der begleitenden Hilfe im Arbeits- und Berufsleben (§§ 33 ff. SGB IX) und der Verwendung der Ausgleichsabgabe (§ 77 Abs. 5 SGB IX),
- ab dem Jahr 2000 die Aufgabenbereiche Gesundheit und Pharmazie, die bislang regional von den Bezirksregierungen wahrgenommen wurden.[1942]

Um den früheren Versorgungsämtern diese Aufgaben zur Wahrnehmung in ihrer Zuständigkeit zu übertragen, wäre es erforderlich gewesen, durch Landesgesetze die Aufgabenübertragung zu bestimmen.[1943] Als flexible und für zukünftige Aufgabendekonzentrationen offene Lösung bot sich an, bei den Versorgungsämtern außenstellenähnliche Organisationsteile des Landesamtes einzurichten, die ortsnah arbeiten, jedoch dem Landesamt im Sinne von § 1 Abs. 2 SGB X zuzurechnen sind. Die Einrichtung von Außenstellen bei den Versorgungsämtern wurde zwar erwogen, jedoch nicht realisiert, weil diese Organisationsform Defizite birgt, welche die Qualität der Aufgabenerledigung beeinträchtigt hätten. Statt dessen wurden bei allen Versorgungsämtern Zweigstellen des Landesamtes geschaffen, in denen die Amtsleiter neben ihrer bisherigen Aufgabe in Doppelfunktion zu Leitern der jeweiligen Zweigstellen ernannt und damit in die Handlungs-, Ergebnis- und Finanzverantwortung für ihre Zweigstellen genommen wurden.[1944] Dem so gebildeten re-

---

[1942] Organisationsschema der vier Ämter für soziale Angelegenheiten in Anlagen 8 und 9

[1943] Dies gilt gem. § 219 SGG für die Widerspruchsverfahren im Sinne von § 85 Abs. 2 Nr. 1 SGG. Für die Übertragung von Aufgaben der Hauptfürsorgestelle und des Integrationsamtes hätte das Landesgesetz zur Durchführung der Kriegsopferfürsorge geändert werden müssen. Im Bereich der Behindertenhilfe im Arbeitsleben hätte der Landesgesetzgeber von der Ermächtigung des § 107 Abs. 2 SGB IX Gebrauch machen müssen, Aufgaben und Befugnisse des Integrationsamtes auf örtliche Fürsorgestellen zu übertragen und diese in Landesträgerschaft zu übernehmen.

[1944] Im Sinne einer „dezentralen" Ressourcen- und Ergebnisverantwortung; vgl. JANN, WERNER: *Hierarchieabbau und Dezentralisierung*: in: Blanke, Bernhard; Bandemer, Stephan von; Nullmeier, Frank; Wewer, Göttrik (Herausg.): *Handbuch zur Verwaltungsreform*, Opladen 1998, S. 233

gionalen Amtsbereich wurde die Bezeichnung Amt für soziale Angelegenheiten gegeben.[1945]

Die ab Anfang 2000 auf das Landesamt für Soziales, Jugend und Versorgung übertragenen Aufgaben des öffentlichen Gesundheitsdienstes und der Aufsicht über Alten- und Pflegeheime wurden ebenfalls in die Aufbauorganisation der Ämter für soziale Angelegenheiten eingepasst.[1946] Zweigstellen bei den Ämtern für soziale Angelegenheiten wurden jedoch für diese neuen Aufgaben wegen des hohen Spezialisierungsgrades des eingesetzten Personals (Ärzte, Apotheker, Sozialarbeiter) nur bei den Ämtern gebildet, an deren Standort das Landesamt mit eigenen Aufgabenanteilen nicht vertreten ist.

Dort, wo Abteilungen des Landesamtes tätig sind, wird auch die regionale Aufgabe des Arbeitsbereichs abgedeckt. So nimmt die Abteilung 3 (Landesjugendamt) am Standort Mainz neben der landesweiten Koordination der Kindertagesstättenaufsicht auch die regionale Zuständigkeit des Amtsbezirks Mainz wahr. Gleiches gilt für die Heimaufsicht, deren landesweite Regiekompetenz bei dem für die Heimaufsicht zuständigen Referat der Abteilung 6 in Mainz liegt. Die Abteilung 5 demgegenüber, die in Koblenz je ein Referat für das öffentliche Gesundheitswesen und die Pharmazie ausweist, übt zugleich für diese Aufgaben die regionale Zuständigkeit des Amtes Koblenz aus.[1947]

Beim Amt für Soziale Angelegenheiten Mainz wurde als Zweigstelle des Landesamtes eine Zentrale Medizinische Verbindungsstelle eingerichtet. Sie wurde inzwischen durch Änderung des § 61 a LBG in eine medizinische Untersuchungsstelle umgewandelt, in der ärztliche Untersuchungen von unmittelbaren Landesbeamten in Dienstunfähigkeitsverfahren gem. §§ 56 bis 58, 60 und 61 LBG auf Veranlassung ihrer Dienstvorgesetzten vorgenommen werden.[1948]

[1945] Organisationserlass des Ministeriums für Arbeit, Soziales und Gesundheit vom 04.01.1999 (MinBl. 1999 S. 43). Die näheren Einzelheiten der Zweckbestimmung der Zweigstellen sind in der Antwort des Ministeriums für Arbeit, Soziales und Gesundheit auf eine Kleine Anfrage der Abgeordneten *Dieter Muscheid* und *Günter Rösch* vom 11.03.1999 dargestellt (Landtags-Drucksache 13/ 4122).

[1946] LANDESAMT FÜR SOZIALES, JUGEND UND VERSORGUNG (Herausg.), *Tätigkeitsbericht 2000*, a. a. O., S. 10 ff.

[1947] Die Aufgabenaufteilung ergibt sich aus den Organigrammen der vier Ämter in Anlage 8

[1948] In der Begründung zu diesem Gesetzentwurf (Landtag Rheinland-Pfalz – 14. Wahlperiode – Drs 14/ 3380 v. 31.08.2004, S. 16) heißt es: „Das Verfahren bei der Begutachtung der Dienstfähigkeit unmittelbarer Landesbeamter wird durch die Einrichtung einer zentralen medizinischen Untersuchungsstelle beim Landesamt für Soziales, Jugend und Versorgung erheblich beschleunigt. Durch die Integration der im Jahr 2003 gebildeten me-

2. *Die Optimierung der Ablauforganisation des Landesamtes für Soziales, Jugend und Versorgung*

a. Grundsätze der ablauforganisatorischen Gestaltung

Die Ablauforganisation einer Verwaltung strukturiert die Bedingungen, unter denen sich die konkrete tägliche Erfüllung der Verwaltungsaufgaben vollzieht.[1949] Im Mittelpunkt ablauforganisatorischer Gestaltung steht die Arbeit als zielbezogene menschliche Handlung und die Ausstattung der Stellen und Arbeitseinheiten mit den zur Aufgabenerfüllung notwendigen Sachmitteln.[1950] Durch Steuerung von Arbeitsprozessen und Zuordnung von Arbeitsverrichtungen zu Personen, Sachmitteln und Informationen werden die Aufgaben von Verwaltungen in Arbeit umgesetzt, die im Außenverhältnis den Verwaltungsvollzug als Leistungsprozess darstellt.[1951] Die Ablauforganisation legt somit die Verteilung von Aufgaben und Kompetenzen auf Organisationseinheiten und ihre Koordinierungsinstrumente fest und gestaltet eine relativ stabile Struktur, die sich in Stellenplänen und –beschreibungen, Geschäftsverteilungsplänen und Organigrammen niederschlägt.[1952]

Die klassische Unterscheidung der Ablauforganisation von der Aufbauorganisation drückt sich auch in ihrer Abhängigkeit von einer bestehenden Aufbauorganisation aus. Sie stößt allerdings auf Grenzen, da in der praktischen Organisationsgestaltung aufbau- und ablauforganisatorische Fragen derart miteinander verflochten sind, dass eine isolierte Betrachtung und Trennung der

---

dizinischen Verbindungsstelle in das Landesamt ergeben sich Synergieeffekte, weil eine im bisherigen Verfahren zusätzlich zu beteiligende Zwischeninstanz entfällt; trotzdem können unverändert die bei den bisherigen Plausibilitätsprüfungen amtsärztlicher Gutachten gesammelten Erfahrungen genutzt werden. Die künftige Erstellung aller Dienstunfähigkeitsgutachten durch eine zentrale und ausschließlich gutachterlich tätige Stelle bewirkt einen höheren Qualitätsstandard und ermöglicht eine leichtere und einheitlichere Umsetzung fachlicher Anforderungen an die Gutachtenerstellung, zumal die beim versorgungsärztlichen Dienst des Landesamtes tätigen Ärzte über langjährige gutachterliche Erfahrung verfügen, die sie befähigt, medizinische Sachverhalte für die Beurteilung dienstrechtlicher Fragestellungen so darzulegen, dass die Dienstherren eine Entscheidung über die Dienstunfähigkeit treffen können, ohne durch das Gutachten deren Entscheidung vorwegzunehmen.“ Der Gesetzentwurf wurde in der 78. Sitzung des rheinland-pfälzischen Landtages vom 09.09.2004 einstimmig angenommen. Die Gesetzesänderung ist aufgrund des Siebten Landesgesetz zur Änderung dienstrechtlicher Vorschriften seit dem 27.10.2004 in Kraft (GVBl. S. 457).

[1949] SCHMIDT, *Betriebswirtschaftslehre und Verwaltungsmanagement*, a. a. O., S. 250

[1950] SCHULTE-ZURHAUSEN, *Organisation*, a. a. O., S. 13

[1951] EICHHORN/ FRIEDRICH/ JANN/ OECHSLER/ PÜTTNER/ REINERMANN (Herausg.), *Verwaltungslexikon*, a. a. O., Stichwort: Verwaltung im Leistungsprozess

[1952] BEA/ GÖBEL, *Organisation*, a. a. O., S. 286

aufbauorganisatorischen von der ablauforganisatorischen Gestaltung weder nützlich noch erforderlich ist.[1953]

Es bietet sich deshalb für die Reorganisation ein Stufenverfahren an, in dem die Aufbauorganisation in Rohform festgelegt und sodann die Arbeitsabläufe geändert und die Ergebnisse mit der Aufbauorganisation rückgekoppelt werden. Alternativ wird vorgeschlagen, von einer vorläufigen Ablauforganisation auszugehen, danach die Aufbauorganisation festzulegen und bereinigte Schwächen oder Verbesserungen der Ablauforganisation in der Aufbauorganisation abzubilden.[1954] Diese Betrachtungsweise rückt die Aufgabe oder Zwecksetzung der Organisation in den Mittelpunkt,[1955] die sich in abgeschlossenen Arbeitsvorgängen oder Produkten ausdrückt und so die Gestaltung der sie erzeugenden Arbeitsprozesse zum Ziel hat.[1956]

Aus der Wirkungsumkehr der Betrachtung von Aufbau- und Ablauforganisation von der Ablaufseite aus legt die Konzeption des Business Process Reengineering ihren Schwerpunkt auf die Analyse der Geschäftsprozesse und die Identifikation von Kernprozessen einer Organisation, die von unterstützendem oder überflüssigem Beiwerk unterschieden werden. Durch Konzentration auf Arbeitsschritte, die zur Erstellung eines Produkts unabdingbar sind, soll die Organisation verschlankt und von unnötigen Arbeitsbelastungen befreit werden.[1957] Diese Prozessorientierung durch Beurteilung und Bewertung erfolgskritischer Prozesse als zweckbezogen verknüpfte und in Unternehmungen wertschöpfende Aktivitäten führt zu neuen Sichtweisen der Geschäftsprozessoptimierung. Sie lösen sich vom Denken in Aufgaben und Strukturen und setzen unabhängig von den Mitarbeitern und dem organisationskulturellen Umfeld von oben herab (top-down) neue Strukturen und Verfahren durch.[1958] Dieser Managementansatz führt von der Ablauforganisation zur Prozessorganisation, bei der die Analyse der Abläufe der Stellenbildung vorangeht und sich die Aufgabensynthese und Stellenbildung am dynamischen Aspekt der Aufgabenerfüllung orientiert.[1959]

[1953] SCHULTE-ZURHAUSEN, *Organisation*, a. a. O., S. 14

[1954] WÖHE, *Einführung in die....*, a. a. O., S. 191

[1955] KOSIOL, ERICH: *Organisation der Unternehmung*, 2. Aufl., Wiesbaden 1976, S. 41; vgl. auch BEYER, *Reengineering*, a. a. O., S. 111 f.

[1956] SCHULTE-ZURHAUSEN, *Organisation*, a. a. O., S. 14 f.; STAEHLE/ CONRAD/ SYDOW, *Management*, a. a. O., S. 749 ff.

[1957] BEYER, *Reengineering*, a. a. O., S. 112; SCHMIDT, *Betriebswirtschaftslehre und Verwaltungsmanagement*, a. a. O., S. 178

[1958] BREDE, *Grundzüge der Öffentlichen....*, a. a. O., S. 127; STAEHLE/ CONRAD/ SYDOW, *Management*, a. a. O., S. 750

[1959] BEA/ GÖBEL, *Organisation*, a. a. O., S. 232

Die Prozessorganisation betrachtet den Geschäftsprozess als umfassende Analyseeinheit, die letztlich eine gesamte Organisation umfassen kann. Ihre Tätigkeit wird so als Prozess der Umwandlung von Inputgütern in Outputgüter mit Kundennutzen verstanden, der in einer Wertkette abgebildet werden kann.[1960] Eine computergestützte Kosten-/ Leistungsrechnung soll in diesem Zusammenhang Kosten- und Leistungstransparenz schaffen und zu größerer Disziplin und Sparsamkeit in der Ressourcennutzung anhalten.[1961] Auch für Verwaltungen kann die Prozessorientierung vom Ergebnis und vom Kunden her erfolgen, wodurch jeder Teilprozess bei der Reorganisation seine Rechtfertigung aus dem Ergebnis und dem Kundennutzen bezieht.[1962] Bei dieser Kundenorientierung ist für Verwaltungen allerdings die Kundenfunktion nicht nur auf den ratsuchenden und Leistungen nachfragenden Bürger beschränkt, sondern auf das gesamte Beziehungsgeflecht des Umfeldes einer Verwaltung, das durch Aufsicht und Überwachung sowie durch Koordination und Kooperation mit anderen Verwaltungen geprägt ist.

Das Prozessmanagement verändert die Stufenfolge der Organisationsentwicklung von der Geschäftsprozessoptimierung mit seiner EDV-gestützten Straffung und Standardisierung der Vorgangsbearbeitung über das Reengineering, das organisatorische Strukturen aufschließt und neue Abläufe einrichtet, zur Prozessorganisation. Sie bricht mit den gewachsenen organisatorischen Gestaltungsvorgängen und kehrt das herkömmliche Verständnis der Aufgabenbildung um. Dabei wird die funktionale Orientierung verlassen und die Reorganisation funktionsübergreifend an den für die Organisation spezifischen Leistungsprozessen ausgerichtet. Diese systematische Organisationsveränderung geht über die herkömmlichen Organisationsgrenzen hinaus und kann im Falle von Verwaltungen zur Schaffung einer trägerübergreifenden Netzwerkorganisation führen.[1963]

Die Prozessorientierung der Tätigkeit und der Arbeitsergebnisse von Organisationen und damit auch der Ergebnisse von Verwaltungstätigkeit führt zu neuen Zielbildungen. Die Erhöhung der Prozessqualität soll durch Total Qua-

---

[1960] BUDÄUS, *Public Management*, a. a. O., S. 43 f.; BEA/ GÖBEL, *Organisation*, a. a. O., S. 308 f.

[1961] BREDE, *Grundzüge der Öffentlichen....*, a. a. O., S. 200; SCHMIDT, *Betriebswirtschaftslehre und Verwaltungsmanagement*, a. a. O., S. 178

[1962] BEYER, *Reengineering*, a. a. O., S. 109; SCHMIDT, *Betriebswirtschaftslehre und Verwaltungsmanagement*, a. a. O., S. 179

[1963] STAEHLE/ CONRAD/ SYDOW, *Management*, a. a. O., S. 751; vgl. auch die durch § 22 ff. SGB IX veranlasste Netzwerkorganisation der gemeinsamen Servicestellen der Rehabilitationsträger.

lity Management sichergestellt werden;[1964] die Verkürzung der Durchlaufzeiten sollen die Abwicklungsdauer der Arbeitsprozesse reduzieren.[1965] Das schöpferische Denkvermögen der an den Prozessen beteiligten Mitarbeiter als Informations- und Entscheidungsträger soll durch Wissensmanagement genutzt und gefördert werden,[1966] die Prozesskosten sollen schließlich durch Konzentration auf die Kernprozesse und mögliche Auslagerungen indirekter Prozessschritte (make or buy) vermindert werden.[1967]

Die methodische Durchsetzung der Um- oder Neugestaltung von Ablauforganisationen reicht von der Macht- und Zwangsstrategie (Bombenwurf-Strategie) mit seinem strikten Weisungsansatz (top-down) bis hin zum inkrementalen Wandel unter Einbeziehung der Mitarbeiterschaft (bottom-up).[1968] Als Dauerprozess wandelt sich die im inkrementalen Wandel angelegte Optimierung bestehender Abläufe zum Kontinuierlichen Verbesserungsprozess, der nach japanischem Vorbild (Kaizen) auch bei der Veränderung der Organisationskultur ansetzt.[1969] In der methodischen Vorgehensweise besteht also auch für die Veränderung der Ablauforganisation die Alternative zwischen radikaler Neuerfindung und schrittweiser Verbesserung.

b. Bedingungen ablauforganisatorischer Optimierungsprozesse im Landesamt für Soziales, Jugend und Versorgung

Da die Ablauforganisation die sachliche, räumliche und zeitliche Abfolge von Tätigkeiten koordiniert, verfolgt ihre Optimierung das Ziel der Nutzung von personellen, sachlichen und zeitlichen Ressourcen nach den Anforderungen organisatorischer Effektivität. Von den drei Gruppen organisatorischer Effek-

---

[1964] BEYER, *Reengineering*, a. a. O., S. 108; SCHMIDT, *Betriebswirtschaftslehre und Verwaltungsmanagement*, a. a. O., S. 251; SCHULTE-ZURHAUSEN, *Organisation*, a. a. O., S. 293; zur Qualitätssicherung durch Qualitätszirkel STAEHLE/ CONRAD/ SYDOW, *Management*, a. a. O., S. 726

[1965] WÖHE, *Einführung in die....*, a. a. O., S. 446 ff.

[1966] SCHMIDT, *Betriebswirtschaftslehre und Verwaltungsmanagement*, a. a. O., S. 251; STAEHLE/ CONRAD/ SYDOW, *Management*, a. a. O., S. 920

[1967] BEYER, *Reengineering*, a. a. O., S. 112; SCHMIDT, *Betriebswirtschaftslehre und Verwaltungsmanagement*, a. a. O., S. 251; die externe Fertigung von Teilschritten im privatwirtschaftlichen Produktionsprozess oder beim Verwaltungsvollzug ist nicht gleichbedeutend mit Privatisierung, sondern bedeutet lediglich die Auslagerung von verwaltungsinternen Arbeitsschritten an Private (Beispiel: Gutachterliche Stellungnahmen von Vertragsärzten im Feststellungsverfahren gem. § 69 SGB IX).

[1968] BREDE, *Grundzüge der Öffentlichen....*, a. a. O., S. 127; STAEHLE/ CONRAD/ SYDOW, *Management*, a. a. O., S. 938 ff.

[1969] SCHMIDT, *Betriebswirtschaftslehre und Verwaltungsmanagement*, a. a. O., S. 166; SCHULTE-ZURHAUSEN, *Organisation*, a. a. O., S. 180

tivität aus Effizienz der Ressourcennutzung, leistungsförderndem Personalmanagement und infrastruktureller Anpassungsfähigkeit wird die effiziente Ressourcennutzung als Schwerpunkt ablauforganisatorischer Gestaltung angesehen.[1970] Sie wird dann erreicht, wenn Herstellungskosten, Durchlaufzeiten, Terminüberschreitungen, Lager- oder Ruhezeiten sowie Transportwege minimiert und die Auslastung der Aktionsträger maximiert wird.[1971]

Bei der Büroarbeit, deren wesentliche Elemente die Bearbeitung, die Bewertung und der Austausch von Informationen sind, verkürzt sich die Zielsetzung optimaler Kapazitätsauslastung auf die personelle Synthese von Arbeitsvorgängen auf einen Bearbeiter, die zeitliche Synthese durch Festlegung der Reihenfolge von Arbeitsvorgängen bei einem Bearbeiter sowie die Abstimmung von Arbeitsschritten bei verschiedenen Bearbeitern, die durch Kommunikation einschließlich Transport- und Wartezeiten in der räumlichen Organisation der Organisation zu koordinieren sind.[1972]

Die ablauforganisatorische Optimierung geht bei der staatlichen Verwaltung von den gewachsenen Gegebenheiten ihrer Aufbauorganisation aus. Sie bestehen in der Übertragung von durch Recht vorgegebenen Arbeitsaufträgen an die Verwaltungseinheit, die entsprechend der jeweiligen Rechtsmaterie auf Stellen, Arbeitsgruppen (Referate, Dezernate) und Abteilungen sortiert wurden.[1973] Mit dieser Zuordnungsweise wurden überkommene Organisationsstrukturen selbst dann fortgeschrieben, wenn Reorganisationen vorgenommen oder Behördenstrukturen neu geschaffen wurden. So ist heute noch bei fast allen Bezirksregierungen in der Bundesrepublik Deutschland der Ursprung der preußischen Behördengliederung erkennbar; auch die Trennung von Kriegsopferversorgung und Behindertenfürsorge in unterschiedlichen Behörden, teilweise sogar bei unterschiedlichen Verwaltungsträgern, steht hierfür als Beispiel.

Auch das Landesamt für Soziales, Jugend und Versorgung spiegelte diese Entwicklung wider. Es setzt sich seit 1996 zusammen aus den Basiselementen Versorgungsverwaltung, Landesjugendamt, Aufgaben des überörtlichen Sozialhilfeträgers und Hauptfürsorgestelle, aus der als eigenständiges Organisationselement das Integrationsamt entstand. An sie wurden, wie auch aus dem Vergleich der jeweiligen Organigramme deutlich wird,[1974] weitere durch ge-

---

[1970] BEA/ GÖBEL, *Organisation*, a. a. O., S. 286 f.

[1971] Dilemma der Ablauforganisation, vgl. SCHULTE-ZURHAUSEN, *Organisation*, a. a. O., S. 99

[1972] BEA/ GÖBEL, *Organisation*, a. a. O., S. 305 f.; SCHULTE-ZURHAUSEN, *Organisation*, a. a. O., S. 97 f.

[1973] BEYER, *Reengineering*, a. a. O., S. 107

[1974] Vgl. Anlagen 2 und 3

setzliche Vorgaben geforderte oder durch Organisationsentscheidung aus anderen Behörden umgeschichtete Arbeitsaufträge „angebaut“,[1975] die fast ausschließlich aus den rechtlichen Bezügen ihrer Zuordnung erklärbar sind.[1976] Diese Zuordnung führte auch zu Ausführung von Verwaltungstätigkeiten in verschiedenen Abteilungen, obwohl deren Durchführungsprozesse identisch und fast ausschließlich in diesem Zusammenhang für den Verwaltungsvollzug relevant sind.[1977]

Bereits die ersten Maßnahmen zur Prozessoptimierung unmittelbar nach der Errichtung des Landesamtes für Soziales, Jugend und Versorgung führten zum Vorgehensmodell der Bearbeitung von Erstentscheidungen und Widersprüchen bei den Ämtern für soziale Angelegenheiten. Die Entscheidung, die Behindertenhilfen im Arbeitsleben und die Heimaufsichten dekonzentriert bei den Ämtern für soziale Angelegenheiten durchführen zu lassen, entstand aus der ablauforganisatorischen Notwendigkeit, zeit- und kundennahen Service anzubieten und Wege zu den betroffenen Arbeitnehmern und Arbeitgebern sowie den Heimen und Heimbewohnern einzusparen. Die Zuordnung der Aufgaben des öffentlichen Gesundheitswesens zur Fachabteilung mit medizinischer Schwerpunktbildung lag auf der Hand; die Dekonzentration von Vollzugsaufgaben der Herstellerüberwachung und des Arzneimittelverkehrs bei den Ämtern für soziale Angelegenheiten, in deren Bereich bedeutende Pharmahersteller produzieren (Ingelheim zu Mainz, Ludwigshafen zu Landau)[1978] war ebenfalls unter dem Gesichtspunkt ablauforganisatorischer Effizienz geboten.

[1975] KLAGES, *Erforderlicher Umbau ministerieller....*, a. a. O., S. 10 f.

[1976] So wurde in Rheinland-Pfalz die Aufgabe der überörtlichen Betreuungsbehörde der Abteilung Soziales des Landesamtes für Jugend und Soziales überantwortet, weil sie von der Sozialabteilung des vorgesetzten Ministeriums übertragen wurde. Ebenfalls wurde die Zuständigkeit für die Verbraucherinsolvenzen auf das Landesjugendamt übertragen, weil sie aus dem vorgesetzten Ministerium für Familie und Jugend zum Vollzug abgegeben wurde. Die Trennung der Abteilungszuständigkeiten für Behindertenfeststellung in der Abteilung Versorgung und Behindertenhilfe in der Abteilung Soziales, Integrationsamt wurde beibehalten, obwohl die Zusammenführung von Behindertenfeststellung und Behindertenhilfe fachlich naheliegt.

[1977] Bei Bußgeldverfahren liegt der Schwerpunkt des Verwaltungsvollzugs eher bei der rechtskonformen Verfolgung der Verfahrensschritte nach dem OWiG und weniger nach dem zugrundeliegenden Grundtatbestand der Ordnungswidrigkeit. Bei Abrechnungsverfahren der Heil- und Krankenbehandlung ist es sekundär, ob sie nach dem BSHG oder dem BVG gewährt wurden. Es zählt die korrekte Kontrolle und Erstattung in Rechnung gestellter Heilbehandlungskosten. Bei Verwendungsnachweisprüfungen kommt es auf die sachliche und rechnerische Richtigkeit an, nicht auf den Rechtsgrund der Förderungsgewährung.

[1978] Boehringer AG in Ingelheim, BASF AG und Knoll AG in Ludwigshafen

c. Von der ablauforganisatorischen Optimierung zur Teamstruktur

Eine der ersten Maßnahmen der ablauforganisatorischen Optimierung war die Analyse der wesentlichen Geschäftsprozesse im Landesamt, die durch die Projektgruppen des Projekt-Teams zur Neuorganisation des Landesamtes für Soziales, Jugend und Versorgung auf ihre inhaltliche Ausgestaltung, ihre zeitliche Beanspruchung, die Beteiligung von Organisationsteileinheiten und Stellen sowie die Bindung von Sachmitteln untersucht wurden. Diese Aufgabenanalyse legte die Beziehung der Tätigkeiten innerhalb der Organisation offen und ermöglichte die Darstellung ihrer zeitlichen, räumlichen und personenbezogenen Abfolge in Aufgabengliederungsplänen.[1979] Sie bildeten die Basis für die Bewertung ihrer Zuordnung zu Arbeitseinheiten und Abteilungen des Landesamtes nach Effizienzgesichtspunkten, ihre Optimierung durch intensivere Nutzung von EDV oder ihre Vereinheitlichung im Sinne von abteilungsübergreifender Standardisierung.[1980]

Diese Aufgabenanalyse legte die steile Hierarchie[1981] in den Ämtern für soziale Angelegenheiten offen, die aus den Beziehungen und Verknüpfungen zwischen den Bearbeitungs- und Entscheidungsebenen entstanden war. So trennten im sozialen Entschädigungsrecht oder im Feststellungsverfahren nach § 69 SGB IX fünf Hierarchiestufen den Bearbeiter eines Vorgangs vom möglicherweise schlusszeichnenden Amtsleiter. In diesen Ebenen waren alle Beteiligten in den Bearbeitungsprozess durch Prüf- und Kontrollaufgaben eingebunden.[1982]

Die untersuchenden Projektgruppen schlugen zur Straffung der Arbeitsprozesse und Verkürzung der Prüfungs-, Weiterleitungs- und Aufenthaltsphasen in den einzelnen Vorgängen eine Verflachung der Aufbauorganisation vor, in der auf die Hierarchieebenen des Abschnitts und der Gruppe verzichtet und die Sachbearbeiter unmittelbar ihren Referenten zugeordnet wurden. Dies führte zwar beim neuen Aufgabenzuschnitt der mit dem Massenvorgängen des sozialen Entschädigungsrechts oder der Behindertenfeststellung befassten

---

1979 SCHULTE-ZURHAUSEN, *Organisation*, a. a. O., S. 40 f.; SIEPMANN, HEINRICH; SIEPMANN, URSULA: *Verwaltungsorganisation*, 5. Aufl., Köln 1996, S. 66 ff.

1980 SCHMIDT, *Betriebswirtschaftslehre und Verwaltungsmanagement*, a. a. O., S. 254; WÖHE, *Einführung in die....*, a. a. O., S. 177 f.

1981 Zur Hierarchie als Folge vertikaler Arbeitsteilung SCHMIDT, *Betriebswirtschaftslehre und Verwaltungsmanagement*, a. a. O., S. 234

1982 Die Arbeits- und Kontrollkette setzte sich wie folgt zusammen: Sachbearbeiter – Gruppenleiter – stellvertretender Abschnittsleiter – Abschnittsleiter – Dezernent – Amtsleiter; sie konnte durch Prüfaufgaben des Sachbearbeiters bei vorarbeitenden Tätigkeiten von Zuarbeitern verlängert werden. Zur Aufbauorganisation der früheren rheinland-pfälzischen Versorgungsämter vgl. Anlage 9

Referenten zu einer Erhöhung der Leitungs- und Kontrollspanne auf bis zu 40 Mitarbeiter, die allerdings als vertretbar angesehen wurde.[1983] Entsprechend den Vorschlägen des Projekt-Teams Neuorganisation wurde eine um zwei Hierarchieebenen verkürzte Organisationsstruktur der Ämter für soziale Angelegenheiten eingeführt, in der heute zwischen dem Sachbearbeiter (unter Assistenz zugeordneter Zuarbeiter) und dem Behördenleiter die Entscheidungs- und Kontrollinstanz des Referenten eingefügt ist.[1984]

Diese neuen Referatsstrukturen bildeten die Vorstufe zur Einführung einer teamorientierten Organisationsstruktur in den Ämtern für soziale Angelegenheiten, für die mit der Zusammenführung von Assistenzkräften und Sachbearbeitern[1985] zu Bearbeitergruppen der Kern gebildet worden war. Die Teamstruktur in den Ämtern fasst heute die Referate zu Aufgaben- und Verantwortungseinheiten zusammen und wurde nach intensiver Vorbereitung und Schulung, auch in externen Schulungsveranstaltungen, ab 2002 eingeführt.[1986] Sie umfasst die Übertragung der Aufgabenerledigung festgelegter Arbeitsvorgänge auf ein Team aus maximal 15 Bearbeitern, die als Gruppe für das Gesamtergebnis verantwortlich sind, die Arbeitserledigung eigenverantwortlich steuern und in einer hierarchiefreien Gruppenstruktur arbeiten.[1987] Die Erfahrungen aus der Einführung der Teamarbeit in den Ämtern für soziale Angelegenheiten wurden auch bei der Reorganisation der Ablauforganisation im Landesamt für Soziales, Jugend und Versorgung genutzt, in dessen Abteilung Soziales, Integrationsamt ab 2004 ebenfalls eine teamorientierte Abteilungsstruktur eingeführt wurde.[1988]

d. Projektorganisation als Strukturprinzip ablauforganisatorischer Optimierungsprozesse

Seit der Konstituierung des Landesamtes für Soziales, Jugend und Versorgung am 01.01.1996 wurden Projektgruppen oder Arbeitsgruppen mit pro-

---

[1983] Vgl. die Ausführungen bei SCHULTE-ZURHAUSEN, *Organisation*, a. a. O., S. 189, 227; STAEHLE/ CONRAD/ SYDOW, *Management*, a. a. O., S. 476 zur industriellen Massenfertigung.

[1984] Vgl. Aufbauorganisation der Ämter für soziale Angelegenheiten in Anlage 9

[1985] Zuarbeiter, Schreibkräfte bis Vergütungsgruppe BAT VII, Sachbearbeiter der Vergütungsgruppen BAT VI b bis IV b bzw. Besoldungsgruppen A 7 bis A 11

[1986] Vgl. LANDESAMT FÜR SOZIALES, JUGEND UND VERSORGUNG (Herausg.): *Tätigkeitsbericht 2001*, Mainz o. D., S. 9

[1987] Zur teamorientierten Organisation BREDE, *Grundzüge der Öffentlichen....*, a. a. O., S. 92; SCHMIDT, *Betriebswirtschaftslehre und Verwaltungsmanagement*, a. a. O., S. 247 f.; zu den Bedingungen erfolgreicher Gruppenarbeit STAEHLE/ CONRAD/ SYDOW, *Management*, a. a. O., S. 284 ff.

[1988] Vgl. Organigramm in Anlage 13

jektähnlicher Struktur aus unterschiedlichen Anlässen, mit unterschiedlicher Einwirkungsintensität auf die behördliche Organisation und mit unterschiedlichen zeitlichen und inhaltlichen Vorgaben gebildet.[1989] Sie wurden in Leitung, Beratung und Durchführung nahezu ausschließlich von Mitarbeitern des Geschäftsbereichs durchgeführt; sie hatten die Projektarbeit als Zusatzaufgabe neben ihren durch Geschäftsverteilungspläne zugewiesenen Tätigkeiten zu erledigen.

Diese Projekte wurden entweder auf Veranlassung des vorgesetzten Ministeriums zur Untersuchung vorgegebener Fragestellungen oder der Umsetzung besonderer Themen der Verwaltungsmodernisierung (z. B. organisatorischer Wandel, Controlling, Benchmarking, Kosten-/ Leistungsrechnung) oder auf Initiative der eigenen Behördenleitung zur Untersuchung der Machbarkeit von Veränderungen der Aufbau- und Ablauforganisation eingerichtet. Daneben wurden Projekte auf Initiative aus den Abteilungen zur Veränderung von Aufgabenzuordnungen oder Arbeitsabläufen sowie auf Initiative von Gremien der Personalvertretung zur Untersuchung aufbau-, ablauforganisatorischer oder technischer Gegebenheiten und ihrer Verbesserung durchgeführt. Insgesamt wurden über 40 Projekte oder projektähnliche Arbeiten mit abteilungsübergreifender Fragestellung bearbeitet, die in der überwiegenden Anzahl der Fälle parallel oder zeitlich überlappend abgewickelt wurden.

Zur Koordination dieser Projekte und zur Verarbeitung ihrer Ergebnisse wurde eine eigene Leitungsorganisation erforderlich, die neben der eigentlichen Aufbauorganisation als Sekundärorganisation errichtet und als Multiprojektorganisation ausgestaltet wurde.[1990] Sie bedurfte einer eigenen organisatorischen Autorität, da unterschiedliche Projekte gleichzeitig koordiniert, überwacht und ergebnisorientiert verarbeitet werden mussten. Darüber hinaus war für die Arbeit in den einzelnen Projekten eine übergeordnete Konfliktlösungskompetenz mit Bindungswirkung und Steuerungseinfluss erfor-

---

[1989] Als Projekte sollen einmalige und zeitliche sowie inhaltlich begrenzte Vorhaben verstanden werden, die eine Veränderung behördlicher Organisationsstrukturen mit definiertem Resultat bewirken, nach Art und Umfang einen vergleichsweise hohen Schwierigkeitsgrad haben und die Mitwirkung von Mitarbeitern aus unterschiedlichen Organisationsbereichen unter Einbeziehung der Personalvertretung erfordern. Vgl. ANDERSCH/ BELZER, *Projektmanagement*, a. a. O., S. 269; SCHULTE-ZURHAUSEN, *Organisation*, a. a. O., S. 386 ff.; SCHMIDT, *Betriebswirtschaftslehre und Verwaltungsmanagement*, a. a. O., S. 245 f.; in Arbeitsgruppen werden demgegenüber Personen aus verschiedenen Bereichen einer Verwaltung zur Koordination fachübergreifender Daueraufgaben zusammengefasst. Vgl. SCHMIDT, *Betriebswirtschaftslehre und Verwaltungsmanagement*, a. a. O., S. 247 f.; SIEPMANN/ SIEPMANN, *Verwaltungsorganisation*, a. a. O., S. 54

[1990] Vgl. NASCHOLD/ BOGUMIL, *Modernisierung des Staates*, a. a. O., S. 105; SCHULTE-ZURHAUSEN, *Organisation*, a. a. O., S. 273 ff., 402

derlich, der zugleich eine Meinungsunterschiede überlagernde Entscheidungskompetenz zur Feststellung von Ergebnissen und Gestaltung weiterer Verfahrensweisen zukam.[1991] Ab Sommer 2000 wurde im Landesamt für Soziales, Jugend und Versorgung eine Projektleitstelle eingerichtet, die als Projektorganisation alle Projektarbeiten erfasste und zusammenführte.

Der Projektvorstand führt drei Projektbereiche, die sich thematisch durch die unterschiedlichen Schwerpunkte der Reorganisation von einander abgrenzen. Dies sind die Bereiche

- Führungsinformationssysteme, Mitarbeiterinformation, Bürgerinformation und Öffentlichkeitsarbeit, Leitbildprozess, Berichtswesen und Dokumentation, Zertifizierung (Projektbereich 1),
- Verwaltungsmodernisierung, Organisationsuntersuchungen, Geschäftsprozessoptimierung, Reorganisation der Aufbau- und Ablaufstrukturen, Aufgabenüberprüfung und Aufgabenkritik, Personal- und Leistungskennzahlen, strategische Organisation (Projektbereich 2),
- neue Steuerungsinstrumente (Budgetierung, Kosten-/ Leistungsrechnung, Controlling, Benchmarking, Qualitätsmanagement), Personalentwicklung, Mitarbeitermotivation (Projektbereich 3).[1992]

Der Projektvorstand legt die strategische Zuordnung von Projekten innerhalb des Reorganisationsprozesses fest (Fragestellung: Wo stehen wir?). Er bestimmt die Zielplanung nach Auftrag, Mittel und Weg (Fragestellung: Wie können wir es erreichen?). Er steuert die Projekte in Einrichtung, Zuordnung und ihrem Weg im Projektfortschritt (Fragestellung: Wie weit sind wir?). Er bearbeitet als Kollegialorgan Leitungsentscheidungen vor oder erarbeitet Entscheidungsvorlagen für das vorgesetzte Ministerium. Dem Projektvorstand ist ein Sekretariat beigegeben, dem die Protokollführung und die Dokumentation obliegt.

Der Projektvorstand kann einen Projektausschuß als Beratungsgremium einberufen, in dem neben ihm projektabhängig und fallweise Fachabteilungsleiter des Landesamtes oder Leiter der Ämter für soziale Angelegenheiten vertreten sein können. Als ständige Mitglieder gehören dem Projektausschuß Mitglieder der Personalvertretungen, Vertrauenspersonen der Schwerbehin-

---

[1991] ANDERSCH/ BELZER, *Projektmanagement*, a. a. O., S. 275 f.; Organisationsschema der Projektorganisation in Anlage 10

[1992] Vgl. LANDESAMT FÜR SOZIALES, JUGEND UND VERSORGUNG (Herausg.): *Tätigkeitsbericht 2002*, Mainz o. D., S. 29

dertenvertretungen und Gleichstellungsbeauftragte an.[1993] Der Projektausschuß kann Initiativen in den Prozess der Projektbildung und –verfolgung einbringen, Empfehlungen abgeben sowie Anregungen, Kritik und Einschätzungen auch der Mitarbeiterschaft weiterleiten. Er soll den Meinungsbildungsprozess zu Projektfortschritten und der Projektleitung der Mitarbeiterschaft übermitteln. Der Projektausschuss bedient sich zur Protokollführung und Dokumentation ebenfalls des Sekretariats.

Zu den wichtigsten Aufgaben der Projektorganisation gehört die Aufarbeitung und Optimierung der Geschäftsprozesse im Landesamt und den Ämtern für soziale Angelegenheiten, die Aufgabenbereich für Aufgabenbereich durch Arbeits- und Funktionsanalysen abgearbeitet werden.[1994] Als Analyse- und Erfassungsinstrumente wurden eigene, EDV-gestützte Erfassungssysteme entwickelt und Folgestrukturpläne erarbeitet, die es ermöglichen, unterschiedliche Verfahrensweisen aufzudecken und mit den Beteiligten in Aushandlungsprozessen zu optimieren.[1995] Diese sehr zeitaufwändigen, aber notwendigen Untersuchungen bilden die Grundlage für die Neustrukturierung von Arbeitsabläufen und ihre Unterstützung durch EDV, aber auch für aktualisierte Stellenbeschreibungen und –bewertungen.[1996]

III. Personalwirtschaftliche Besonderheiten im Reorganisationsprozess

1. Personalwirtschaftliche Vorgaben und Bedingungen des öffentlichen Dienstrechts

a. Personelle Einsparauflage als Reorganisationsvorgabe

Dem Landesamt für Soziales, Jugend und Versorgung wurde in der Begründung der Landesregierung zum Entwurf des Landesgesetzes zur Neuordnung des öffentlichen Gesundheitsdienstes und zur Errichtung des Landesamtes für Soziales, Jugend und Versorgung und des Landeskrankenhauses –Anstalt des öffentlichen Rechts- die Auflage erteilt, sein Personal innerhalb von zehn Jahren seit seiner Errichtung um 30 Prozent zu verringern. Dies sei möglich, weil im neuen Landesamt, anders als in den beiden früheren Landesämtern, nun

---

[1993] Als Form einer umfassenden und frühzeitigen Beteiligung; vgl. HEBELER, TIMO: *Neues Personalvertretungsrecht für eine „neue" Verwaltung?*, in: ZBR 2004, S. 84; siehe auch ANDERSCH/ BELZER, *Projektmanagement*, a. a. O., S. 275 f.

[1994] Zu den Grundlagen SIEPMANN/ SIEPMANN, *Verwaltungsorganisation*, a. a. O., S. 165 ff.

[1995] Prinzip der Folgestrukturpläne bei SIEPMANN/ SIEPMANN, *Verwaltungsorganisation*, a. a. O., S. 152 ff.

[1996] Vgl. LANDESAMT FÜR SOZIALES, JUGEND UND VERSORGUNG (Herausg.), *Tätigkeitsbericht 2001*, a. a. O., S. 12 f.; Beispiel eines Folgestrukturplans in Anlage 11

„Aufgabenfelder, bei denen sich bisher teilweise Überschneidungen in der Wahrnehmung ergaben, ... einheitlich und ohne Reibungsverluste wahrgenommen werden" könnten und so ein zielgerichteter und flexibler Personaleinsatz möglich werde.[1997] In vergleichender Betrachtung zu den übrigen rheinland-pfälzischen Landesbehörden war sie die höchste, in den letzten zehn Jahren im Zusammenhang mit der Neuorganisation der Landesverwaltung auferlegte personelle Einsparauflage.[1998] Das personelle Einsparziel des Landesamtes für Soziales, Jugend und Versorgung konnte bereits im Jahr 2003 erfüllt werden.[1999]

Die auferlegte Einsparauflage bewirkte neben einer deutlichen Personalreduzierung ab 1996 einen faktischen Einstellungsstopp bis zur Auflagenerfüllung, da der Einsparauflage bis 2005 lediglich ein voraussichtlicher Personalabgang von 222 Mitarbeitern gegenübersteht. Deshalb mussten durch Reorganisations- und Rationalisierungsmaßnahmen die Rahmenbedingungen geschaffen werden, damit das personelle Einsparziel möglichst vorzeitig erreicht und ab Zielerreichung die Rekrutierung neuen Personals möglich wurde. Es mussten alle realisierbaren Möglichkeiten des neuen öffentlichen Managements genutzt werden, um die negativen Folgen einer personellen Überalterung zu kompensieren und eine Überforderung der Mitarbeiter zu vermei-

---

[1997] Landtag Rheinland-Pfalz –12. Wahlperiode– Drs. 12/ 6841 vom 21.06.1995, S. 36

[1998] Die Einsparauflage beinhaltete den Abbau von 285 Vollzeitstellen innerhalb von zehn Jahren, ausgehend von einem Gesamtvolumen von 950 Vollzeitstellen im Geschäftsbereich, davon 334 Stellen in den beiden früheren Landesämtern. Auf die Einsparauflage durften Stellen angerechnet werden, die durch Übertragung von zusätzlichen Aufgaben auf das Landesamt ohne entsprechende Personalverstärkung genutzt wurden. Unter Anrechnung von sechs Stellen für zusätzliche Aufgaben aus dem vorgesetzten Ministerium wurde so eine jährliche Einsparquote bis 2005 von 29,1 Vollzeitstellen errechnet. Demgegenüber wurde den Nachfolgebehörden der früheren Bezirksregierungen eine Einsparauflage von 750 Stellen innerhalb von 15 Jahren bei einem Gesamtstellenvolumen von 2.900 Stellen auferlegt, die bei der Übertragung der Aufgaben von diesen Behörden auf das Landesamt (öffentlicher Gesundheitsdienst, Kindertagesstättenaufsicht) durch Vorwegabzug von Stellen realisiert wurde. Vgl. hierzu Landtag Rheinland-Pfalz –13. Wahlperiode– Drs. 13/ 4168 vom 31.03.1999, S. 2

[1999] Laut Staatszeitung Nr. 13 vom 26.04.2004, S. 1: „Bei Verwaltungsreformen bundesweit vorn" wurden im Landesamt für Soziales, Jugend und Versorgung 215 Stellen eingespart. 70 Stellen wurden als Aufgabenübertragungen ohne Personalverstärkung auf die Einsparauflage angerechnet. Vgl. auch LANDESAMT FÜR SOZIALES, JUGEND UND VERSORGUNG (Herausg.), *Tätigkeitsbericht 2003*, a. a. O., S. 20; zu den Einsparvorgaben LANDESAMT FÜR SOZIALES, JUGEND UND VERSORGUNG (Herausg.), *Tätigkeitsbericht 2002*, a. a. O., S. 28

den.[2000] Dies war neben der dargestellten Reorganisation[2001] und der Nutzbarmachung ergebnisorientierter Steuerungsinstrumente[2002] auch die Neuausrichtung der Personalwirtschaft an den veränderten personellen Rahmenbedingungen.[2003]

Die hergebrachte Personalverwaltung ist durch die administrative und technische Funktion der Personalwirtschaft gekennzeichnet. Sie besteht aus der Erfassung, Aufbereitung und Pflege von Personaldaten, der Veranlassung von Besoldungs- und Vergütungszahlungen und sozialen Leistungen, der Personalbewirtschaftung im haushaltsrechtlichen Sinne sowie der Einhaltung und Überwachung der gesetzlichen Vorgaben für die Personalwirtschaft in Landesbehörden.[2004] Diese Funktion war um eine wirkungsorientierte Personalführung,[2005] eine an den künftigen Anforderungen im Behördenbereich orientierte Personalplanung[2006] und eine an Effizienz und Effektivität des Verwaltungsauftrags ausgerichtete Personalpolitik[2007] zu erweitern und zum Gesamt-

---

[2000] Zu den Defiziten der Verwaltungsmodernisierung durch Personalabbau PITSCHAS, RAINER: *Verwaltungsmodernisierung im Gegenlicht der rechtsstaatlich-demokratischen Amts- und Dienstauffassung*, in: VuM 1998, S. 325

[2001] Durch Abbau von mittleren Führungsebenen, Einführung von Teamstrukturen und konsequente Nutzung der EDV in allen Arbeitsprozessen, hierzu auch PITSCHAS, *Verwaltungsmodernisierung, Dienstrechtsreform und....*, a. a. O., S. 3 f.

[2002] Aufgabenkritik und Neuausrichtung von Standards, Outputsteuerung des Verwaltungshandelns, Nutzung von Kennzahlen und Indikatoren, Controlling und Benchmarking, vgl. OECHSLER, WALTER A.; VAANHOLT, SILKE: *Human Resource Management – Auswirkungen des New Public Management auf ein zeitgemäßes Verwaltungsmanagement in der öffentlichen Verwaltung*, in: Budäus, Dietrich; Conrad, Peter; Schreyögg, Georg (Herausg.): *New Public Management*, Berlin, New York 1998, S. 155

[2003] Personalwirtschaft steht synonym für den Begriff des Personalmanagements; vgl. SCHOLZ, CHRISTIAN: *Personalmanagement*, 5. Aufl., München 2000, S. 1

[2004] MEIXNER, HANS-EBERHARD: *Personalpolitik*, Köln, Berlin, Bonn, München 1982, S. 14 f.; vgl. auch LORSE, JÜRGEN: *Personalentwicklung und Systemsteuerung einer dezentralen Personalwirtschaft*, in: RiA 2004, S. 63

[2005] Als zielorientierte Beeinflussung von Einstellungen und Verhaltensweisen der Mitarbeiter und Vorgesetzten und damit als Führungsaufgabe, vgl. SCHOLZ, *Personalmanagement*, a. a. O., S. 84 f.

[2006] Mit den Elementen Personalbedarfsplanung, Planung von Personalbeschaffung, Planung des künftigen Personaleinsatzes, Planung der Personalentwicklung und Planung der Freistellung von Personal, vgl. SCHOLZ, *Personalmanagement*, a. a. O., S. 251

[2007] Als Aufgabe, die Mitarbeiter effizient einzusetzen, eine an der Funktionsfähigkeit des Behördenbereichs orientierte Personalstruktur zu schaffen und dabei sowohl Effizienzgesichtspunkte als auch soziale Kriterien, wie Arbeitszufriedenheit, soziale Sicherheit und Streben nach Selbstentfaltung zu berücksichtigen, vgl. SCHOLZ, *Personalmanagement*, a. a. O., S. 21

spektrum der planerischen, steuernden und kontrollierenden Tätigkeiten des Personalmanagements zusammenzufassen.[2008] Dabei durfte sie sich nicht auf die Adaption privatwirtschaftlicher Managementkonzepte der Privatwirtschaft beschränken, sondern hatte die besonderen Bedingungen des öffentlichen Dienstrechts und der öffentlich-rechtlichen Besoldungs- und Vergütungssysteme zu berücksichtigen.[2009] Ihre grundlegenden Besonderheiten sind hinreichend erörtert.[2010] Hier sollen die personalwirtschaftlichen Besonderheiten im Geschäftsbereich des Landesamtes für Soziales, Jugend und Versorgung dargestellt werden.

b. Die Besonderheiten des öffentlichen Dienstes als personalwirtschaftliches Gestaltungselement

Mit öffentlichem Dienst werden sowohl die Tätigkeit für eine öffentliche Einrichtung als auch die Beschäftigten in einer öffentlichen Institution bezeichnet.[2011] Die hierauf bezogene Personalarbeit wird durch das Recht des öffentlichen Dienstes mit seinen Elementen Beamtenrecht, Tarifrecht und Personalvertretungsrecht gesteuert.[2012] Beamte als in einem öffentlich-rechtlichen Dienstverhältnis zum Verwaltungsträger stehende Bedienstete haben im Unterschied zu den aufgrund eines privatrechtlichen Arbeitsverhältnisses mit

---

2008 REICHARD, CHRISTOPH: *Personalmanagement*, in: Blanke, Bernhard; Bandemer, Stephan von; Nullmeier, Frank; Wewer, Göttrik (Herausg.): *Handbuch zur Verwaltungsreform*, Opladen 1998, S. 167

2009 Hier zeigen sich die Grenzen der Managerialisierung des neuen öffentlichen Managements besonders deutlich, vgl. KÖNIG, *Öffentliches Management und....*, a. a. O., S. 618 f.; PITSCHAS, *Verwaltungsmodernisierung im Gegenlicht....*, a. a. O., S. 328 f.; REICHARD, *Personalmanagement*, a. a. O., S. 170 f.

2010 Vgl. BATTIS, ULRICH: *Hergebrachte Grundsätze versus Ökonomisierung: Das deutsche Beamtenrecht in der Modernisierungsfalle?*, in: DÖV 2001, S. 311 ff.; BREDE, *Grundzüge der Öffentlichen....*, a. a. O., S. 155 f.; LECHELER, HELMUT: *Die Zukunft des Berufsbeamtentums*, in: ZBR 1996, S. 1 ff.; LOSCHELDER, WOLFGANG: *Der Kampf um das Berufsbeamtentum – zum wievielten Mal?*, in: ZBR 2004, S. 15 ff.; PITSCHAS, *Verwaltungsmodernisierung, Dienstrechtsreform und....*, a. a. O., S. 13 ff.; SCHNELLENBACH, HELMUT: *Öffentliches Dienstrecht im Umbruch –Statusfragen und Leistungselemente–*, in: ZBR 1998, S. 223 ff.

2011 BREDE, *Grundzüge der Öffentlichen....*, a. a. O., S. 151; KUNIG, PHILIP: *Das Recht des öffentlichen Dienstes*, in: Schmidt-Aßmann, Eberhard (Herausg.): *Besonderes Verwaltungsrecht*, 12. Ausg., Berlin 2003, S. 685

2012 BATTIS, ULRICH: *Stand und Perspektiven des Personalrechts des öffentlichen Dienstes*, in: Wagner, Dietrich (Herausg.): *Personal und Personalmanagement in der modernen Verwaltung*, Berlin 1998, S. 91; a. A. KUNIG, *Das Recht des....*, a. a. O., S. 684, der nur das Beamtenrecht zum öffentlichen Dienstrecht zurechnet. Zur Einordnung des Personalvertretungsrechts als öffentliches Recht STELTER, KURT; SEILER, JOSEPH: *Die Grundzüge des Personalvertretungsrechts*, in: ZFSH/ SGB 2004, S. 131

dem jeweiligen Verwaltungsträger verbundenen Angestellten und Arbeitern besondere Pflichten.

Sie umfassen die Dienst-, Treue- und Gehorsamspflicht gegenüber dem Dienstherrn und die Neutralitätspflicht gegenüber gesellschaftlichen Gruppen; hieran sind sie durch Diensteid gebunden. Dem staatlichen Verwaltungsträger obliegt als Dienstherren gegenüber den Beamten, diese zumeist auf Lebenszeit zu unterhalten und nicht, wie sich dies aus seinen privatrechtlichen Arbeitsverhältnissen gegenüber den übrigen Bediensteten ergibt, die geleisteten Dienste leistungsgerecht zu vergüten.[2013] Aus dieser Unterscheidung resultiert die Fürsorgepflicht des Dienstherrn für das gesundheitliche Wohl der Beamten und ihre Familien, das sich bei diesen im Recht auf Fürsorge mit Anspruch auf Beihilfe im Krankheits- oder Todesfall manifestiert (§§ 48 BRRG, 79 BBG, 87 LBG) während Angestellte und Arbeiter desselben Verwaltungsträgers wie die übrigen Arbeitnehmer in gesetzliche Sozialversicherungsverhältnisse eingebunden werden.

Aus diesen als Verfassungsgebot gem. Art. 33 Abs. 5 GG ausgestalteten hergebrachten Grundsätzen des Berufsbeamtentums resultiert das Laufbahn- und Besoldungsrecht der Beamten im Unterschied zur individuellen und dezentralen Lohnfindung für Angestellte und Arbeiter des öffentlichen Dienstes einschließlich ihrer Befugnis zu Arbeitskampfmaßnahmen zur Durchsetzung.[2014] Sie werden als Hemmschuh für die Gestaltung eines effektiven neuen öffentlichen Managements in deutschen Verwaltungen angesehen.[2015] Aber auch die Eingruppierungs-, Vergütungs- und Kündigungsschutzregeln des für die Angestellten des öffentlichen Dienstes geltenden Bundesangestelltentarifvertrags werden als den hergebrachten Grundsätzen des Berufsbeamtentums vergleichbares unüberwindliches Bollwerk gegen eine grundle-

---

[2013] BVERWGE 40, 229, 230; BREDE, *Grundzüge der Öffentlichen....*, a. a. O., S. 152 ff.; HEBELER, TIMO: *Beamtenbesoldung und Haushaltszwänge*, in: RiA 2003, S. 159; JACHMANN, MONIKA; STRAUß, THOMAS: *Berufsbeamtentum, Funktionsvorbehalt und der „Kaperbrief für den Landeinsatz"*, in: ZRB 1999, S. 290; KUNIG, *Das Recht des....*, a. a. O., S. 773; SUMMER, RUDOLF: *Gehen wir vorwärts oder gehen wir zurück?*, in: ZBR 2002, S. 110 f.

[2014] BATTIS, *Hergebrachte Grundsätze versus....*, a. a. O., S. 310 f.; ISENSEE, JOSEF: *Affekt gegen Institutionen – überlebt das Berufsbeamtentum?*, in: ZBR 1998, S. 299 ff.; KUNIG, *Das Recht des....*, a. a. O., S. 758 f.

[2015] Vgl. den Bericht bei BATTIS, *Hergebrachte Grundsätze versus....*, a. a. O., S. 309 von der Heidelberger Staatsrechtslehrertagung 1999 zum Thema „Arbeitsmarkt und staatliche Lenkung"; derselbe, *Stand und Perspektiven....*, a. a. O., S. 92 ff.; REICHARD, *Personalmanagement*, a. a. O., S. 168 bezeichnet das Berufsbeamtentum herkömmlicher Prägung gar als „Auslaufmodell". Vgl. auch MERTEN, DETLEF: *Das Berufsbeamtentum als Element der Rechtsstaatlichkeit*, in: ZBR 1999, S. 1

gende Reform des öffentlichen Dienstrechts und damit gegen die Einführung eines modernen Personalmanagements in öffentlichen Verwaltungen bezeichnet.[2016] Es wird sogar die Ansicht vertreten, das durch die Dienstrechtsreformgesetzgebung seit 1997 leistungsorientierter gestaltete Dienstrecht der Beamten gewährleiste für diesen Personenkreis eine größere Flexibilität des Personalmanagements als für die Angestellten und Arbeiter des öffentlichen Dienstes.[2017]

Der Managerialismus[2018] stellt deshalb die Wirkungsmechanismen des öffentlichen Dienstrechts generell in Frage, räumt allerdings ein, dass ein modernes Personalmanagement auch im geltenden Rechtsrahmen praktiziert werden kann, wenn die durch die Dienstrechtsreform eröffneten Handlungsspielräume konsequent genutzt werden.[2019] Daher ist *Rainer Pitschas* zuzustimmen, der ebenfalls eine anhaltende Reform des öffentlichen Dienstrechts für die Modernisierung öffentlicher Verwaltungen als notwendig ansieht, sie jedoch nicht als hinreichende Bedingung für Verwaltungsreformen voraussetzt. Es komme vielmehr entscheidend auf die Handhabung der gegenständlich-praktischen Personalarbeit und Führungsorganisation an, für die das Recht lediglich den Rahmen für das konkrete Praxishandeln bilde.[2020]

Im Landesamt für Soziales, Jugend und Versorgung waren deshalb unter den geltenden rechtlichen Vorgaben zunächst die Rahmenbedingungen herauszu-

---

[2016] BULL, HANS PETER: *Sind die Tarifparteien bereit, den BAT grundlegend zu ändern?*, in: ZRP 2002, S. 338; vgl. auch BATTIS, *Stand und Perspektiven....*, a. a. O., S. 98; LECHELER, *Die Zukunft des Berufsbeamtentums*, a. a. O., S. 2

[2017] BATTIS, *Hergebrachte Grundsätze versus....*, a. a. O., S. 316; SUMMER, RUDOLF: *Organisationsfreiheit – ein schrankenloses Dienstherrenrecht?*, in: PersV 2003, S. 14 f.; zu den leistungsbezogenen Bezahlungselementen LORSE, JÜRGEN: *Die leistungsbezogenen Bezahlungselemente des Dienstrechtsreformgesetzes*, in: RiA 2000, S. 219 ff.; zur Optimierung des Personaleinsatzes ZIEKOW, JAN: *Veränderungen des Amts im funktionellen Sinn – eine Betrachtung nach Inkrafttreten des Dienstrechtsreformgesetzes*, in: DVBl. 1999, S. 7 ff.; vgl. auch LECHELER, HELMUT: *Reform oder Deformation?*, in: ZBR 1997, S. 207 ff.; PITSCHAS, *Verwaltungsmodernisierung im Gegenlicht....*, a. a. O., S. 329; SCHNELLENBACH, *Öffentliches Dienstrecht im....*, a. a. O., S. 223 ff.

[2018] Zum „neuen" Leitbild des öffentlichen Dienstes BADURA, PETER: *Die hoheitlichen Aufgaben des Staates und die Verantwortung des Berufsbeamtentums*, in: ZBR 1996, S. 323 f.; ISENSEE, *Affekt gegen Institutionen....*, a. a. O., S. 303, zum Managerialismus BORINS/ GRÖNING, *New Public Management....*, a. a. O., S. 19 ff.; KÖNIG, *Öffentliches Management und....*, a. a. O., S. 617; SCHRÖTER/ WOLLMANN, *New Public Management*, a. a. O., S. 62 f.

[2019] REICHARD, *Personalmanagement*, a. a. O., S. 170; zu den Defiziten der Umsetzung dieser Dienstrechtsreform in den Ländern BATTIS, *Hergebrachte Grundsätze versus....*, a. a. O., S. 316

[2020] PITSCHAS, *Verwaltungsmodernisierung im Gegenlicht....*, a. a. O., S. 330

arbeiten, in denen sich eine personalwirtschaftliche Neuorientierung nach den Grundsätzen des neuen öffentlichen Management bewegt, um so Gestaltungsmöglichkeiten zu erkennen, die qualitative Veränderungen ermöglichen. Dies waren eine Analyse der Personalstruktur des Geschäftsbereichs, die Neubestimmung einer sachgerechten Dienstpostenbewertung, die Herstellung einer inhaltlichen Konkurrenzsituation zwischen Beamten und Angestellten bei der Leistungsbemessung, die Verbesserung bestehender und Schaffung neuer Leistungsanreizsysteme und ein zukunftsweisendes Leitbild für den Geschäftsbereich.

2. *Bausteine eines wirkungsorientierten Personalmanagements im Landesamt für Soziales, Jugend und Versorgung*

a. Dienstpostenbewertung

Nach der Zusammenlegung zum neuen Landesamt für Soziales, Jugend und Versorgung zeigte sich, dass in den beiden früheren Landesämtern unterschiedliche Grundsätze zur Personalplanung angewandt wurden. Sie leiteten sich voneinander verschiedenen Verfahrensweisen zur Beschreibung von Anforderungsprofilen für das vorhandene oder zu rekrutierende Personal ab, die sich bis zu unterschiedlichen Beurteilungs- sowie Beförderungs- bzw. Eingruppierungsgrundsätzen auswirkten. Ursache hierfür waren Dienstpostenstrukturen und Arbeitsplatzanforderungen, die wegen unterschiedlicher Vorgaben für die beiden früheren Landesämter und andersartiger Aufgabenstellungen deutliche Unterschiede aufwiesen.

Während das Landesversorgungsamt und seine nachgeordneten Behörden auf der Grundlage der Verwaltungsvorschriften zur Durchführung des Gesetzes über die Errichtung der Verwaltungsbehörden der Kriegsopferversorgung vom 10.08.1951[2021] hinsichtlich Aufbauorganisation und Stellenstruktur eine verbindliche Vorgabe des Bundes hatte, waren derartige Vorgaben für den Aufgabenbereich und die Personalausstattung des Landesamtes für Jugend und Soziales und seiner Vorgängerbehörden nicht vorhanden. Darüber hinaus war die Arbeit im Geschäftsbereich des Landesversorgungsamtes durch Massenvorgänge im sozialen Entschädigungsrecht und der Behindertenfeststellung geprägt, während im Landesamt für Jugend und Soziales eine sehr ausdifferenzierte Aufgabenstruktur mit kleinteiligen Arbeitseinheiten aufgabenbestimmend war. Hiervon ausgehend beeinflusste der zunehmende Einsatz von Büro- und EDV-Technik ab den 1980er Jahren viele Arbeitsplätze in den

[2021] Bundesarbeitsblatt 1951, S. 349. Diese Verwaltungsvorschrift wurde erst am 14.02.2001 aufgehoben (BAnz. Nr. 67 v. 20.03.2001)

beiden Landesämtern in derart unterschiedlicher Weise, dass auch bei der Personaleinsatzplanung Angleichungen vorgenommen werden mussten.

Für den Geschäftsbereich des Landesamtes war deshalb eine einheitliche Dienstposten- und Stellenbewertung durchzuführen. Für die Mehrzahl der Beamten war sie erforderlich, um dem Gebot des § 18 Satz 1 BBesG zu entsprechen und durch eine analytische Dienstpostenbewertung[2022] diejenigen Dienstposten[2023] gegeneinander zu gewichten, aus deren summarischer Bewertung keine Auskunft über das konkrete Anforderungsprofil und die Arbeitsschwierigkeit herzuleiten war.[2024] Dabei war lediglich bei den wenigen Spitzenämtern des Geschäftsbereichs eine direkte Zuordnung möglich;[2025] für die übrigen Ämter war eine konkret-funktionelle Zuordnung durch Verknüpfung von Amt und Funktion in verwaltungsinterner Dienstpostenbewertung zu treffen.

Diese Bewertung hatte sich auf die Beförderungsämter in den Laufbahngruppen zu beziehen, um die Wertigkeiten ihrer Funktionen von den Ämtern der niedrigeren Besoldungsgruppen abzuheben.[2026] Diese Dienstpostenbewertungen konnten teilweise mit Arbeitsplatzuntersuchungen verknüpft werden, die allerdings wegen des hierfür erforderlichen hohen Zeitaufwands nicht überall zeitnah durchzuführen waren. Bei den übrigen Dienstposten wurde das analytische Dienstpostenbewertungsmodell der kommunalen Gemeinschaftsstelle

---

[2022] REICHARD, *Personalmanagement*, a. a. O., S. 171; SUMMER, *Organisationsfreiheit – ein schrankenloses....*, a. a. O., S. 14 f.

[2023] Als kleinste Organisationseinheit, in der die durch eine Person zu erfüllenden Aufgaben zusammengefasst sind; dies entspricht dem Amt im funktionellen Sinn als ein der Rechtsstellung des Beamten entsprechender Aufgabenkreis bei einer bestimmten Behörde. Vgl. MAUNZ, THEODOR: *Kommentierung zu Art. 74 a*, in: Maunz, Theodor; Dürig, Günter und andere Mitherausgeber: *Grundgesetz Kommentar*, Loseblattausgabe, München 1988, Art. 74 a Rdnr. 9 f.; ZIEKOW, *Veränderungen des Amts....*, a. a. O., S. 7

[2024] SUMMER, *Organisationsfreiheit – ein schrankenloses....*, a. a. O., S. 16 versteht den Auftrag aus § 18 BBesG als gesetzliche Pflicht des Dienstherrn zur nichtnormativen Dienstpostenbewertung.

[2025] Z. B. Präsident des Landesamtes für Soziales, Jugend und Versorgung (Anlage BesGrp B 6 zum rheinland-pfälzischen Landesbesoldungsgesetz), Vizepräsident des Landesamtes für Soziales, Jugend und Versorgung (Anlage BesGrp B 3 zum rheinland-pfälzischen Landesbesoldungsgesetz), Abteilungsdirektor als Leiter einer Abteilung des Landesamtes (Anlage BesGrp B 2 zum BBesG)

[2026] Vgl. KUNIG, *Das Recht des....*, a. a. O., S. 702; MUSCHAL, ROBERT: *Stellenobergrenzen für Beförderungsämter*, in: RiA 1996, S. 114 f.

für Verwaltungsvereinfachung (KGSt) angewandt, das diese zusammen mit dem Bundesinnenministerium erarbeitet hatte.[2027]

Die Gestaltung der Dienstpostenbewertungen im Landesamt und den Ämtern für soziale Angelegenheiten wurde in zwei Schritten vollzogen. Zunächst wurden typische Funktionsstufen gebildet, an die Ämter im statusrechtlichen Sinne angebunden wurden. Bei diesen Funktionsstufen wurden Ämter der Besoldungsordnung A und B des Bundesbesoldungsgesetzes oder, soweit ergänzend, des Landesbesoldungsgesetzes zugeordnet, aber auch Bündelungsdienstposten definiert, deren Funktionsstufung abhängig von der konkreten personellen Besetzung unterschiedliche Schwierigkeitsgrade enthielt. Die Dienstpostenbewertungen wurden mit Funktionszuordnungen versehen, die über die jeweilige Verantwortungsebene, die allgemeine Tätigkeit und mögliche personelle Unterstellungsverhältnisse Auskunft geben.

b. Dienstpostenbewertung, Funktionsvorbehalt und statusübergreifende Besetzung

In die Dienstpostenbewertung wurden auch Eingruppierungen nach Anlage 1 a des Bundesangestelltentarifvertrages aufgenommen, um so eine Vergleichbarkeit von Dienstposten für Beamte mit Stellen für Angestellte herzustellen.[2028] Damit wurde quasi jeder Dienstposten im Geschäftsbereich auch durch einen Angestellten besetzbar.[2029] Mit dieser kombinierten Dienstposten- und Stellenbewertung wurde weder gegen den Funktionsvorbehalt nach Art. 33 Abs. 4 GG verstoßen, noch die Notwendigkeit der Beschäftigung von Beamten im Geschäftsbereich des Landesamtes für Soziales, Jugend und Versorgung in Frage gestellt, sondern das Prinzip der Bestenauslese nach §§ 8 Abs. 1 BBG, 10 Abs. 1 Satz 1 LBG als Auswahlkriterium im Sinne des Art. 33 Abs. 2 GG[2030] auf alle Beschäftigten des Geschäftsbereichs anwendbar gemacht und zugleich transparent gestaltet.

Der Funktionsvorbehalt gem. Art. 33 Abs. 4 GG verlangt, „die Ausübung hoheitlicher Befugnisse“ ... „in der Regel Angehörigen des öffentlichen Dienstes

---

[2027] Vgl. HACHENBERG, KARIN: *Die Dienstpostenbewertung in der öffentlichen Verwaltung*, in: VR 1993, S. 110 f.; MÜLLER, GERD B.: *Grundsätze der Stellenbewertung im öffentlichen Dienst*, in: DÖD 1989, S. 157 ff.; andere Analysemethoden bei MEIXNER, *Personalpolitik*, a. a. O., S. 256 ff.

[2028] Das Verhältnis der im Geschäftsbereich beschäftigten Beamten zu den Angestellten ist mit 563 zu 671 Personen (einschließlich der drei Schulen für Sinnesbehinderte) fast gleich, vgl. LANDESAMT FÜR SOZIALES, JUGEND UND VERSORGUNG (Herausg.), Tätigkeitsbericht 2002, a. a. O., S. 18

[2029] Einzelheiten der Funktionsbewertung in Anlage 12

[2030] BATTIS, ULRICH: *Berufsbeamtentum und Leistungsprinzip*, in: ZRB 1996, S. 194 ff.; KUNIG, *Das Recht des....*, a. a. O., S. 724 ff.

zu übertragen, die in einem öffentlich-rechtlichen Dienst- und Treueverhältnis stehen". Dies sind die Beamten; die Angestellten des öffentlichen Dienstes stehen zu ihrem öffentlichen Arbeitgeber in einem privatrechtlichen Dienstverhältnis.[2031] Dieser Funktionsvorbehalt ist nicht auf die Eingriffsverwaltung beschränkt, sondern erstreckt sich auch auf die Leistungsverwaltung,[2032] zu der der Geschäftsbereich des Landesamtes als Sozialverwaltung des Landes gehört.

Der Funktionsvorbehalt des Art. 33 Abs. 4 GG gebietet aber nicht, auch in der Leistungsverwaltung alle Dienstposten mit Beamten zu besetzen. Er verlangt vielmehr eine besondere personalrechtliche Absicherung durch den Beamtenstatus für die Beschäftigten der öffentlichen Verwaltung, deren Aufgabe darin besteht, bestimmenden Einfluss darauf zu nehmen, dass in den Rechtsbeziehungen zu den Adressaten Rechte begründet, modifiziert oder aufgehoben werden.[2033] Der Funktionsvorbehalt habe, so das Bundesverfassungsgericht, die Kontinuität hoheitlicher Befugnisse zu sichern.[2034] Hierunter fällt auch das Verwaltungshandeln der Sozialverwaltung, das sich nicht in rein fiskalischer Tätigkeit erschöpft, sondern in Verwirklichung des Sozialstaatsprinzips grundrechtswesentliche Leistungen gewährt.[2035]

Der Funktionsvorbehalt des Art. 33 Abs. 4 GG lässt sich in der staatlichen Sozialverwaltung auch nicht, von den wenigen Ausnahmen der durch Gesetz zugewiesenen Leitungsaufgaben[2036] abgesehen, auf bestimmte Dienstposten beziehen.[2037] Eine derartige Unterscheidung würde zu einer Stellenqualifizierung in durch hoheitliche Befugnisse geprägte und folglich bedeutende gegenüber den weniger bedeutenden und deshalb niedriger bewerteten Stellen für Angestellte führen. Da inzwischen wohl auch geklärt ist, dass Angestellte

---

[2031] KUNIG, *Das Recht des....*, a. a. O., S. 700, 773 f.

[2032] HUBER, PETER M.: *Das Berufsbeamtentum im Umbruch*, in: Die Verwaltung 1996, S. 444; JACHMANN/ STRAUß, *Berufsbeamtentum, Funktionsvorbehalt und....*, a. a. O., S. 292 f.; SANDER, HILMAR: *Art. 33 Abs. 4 GG im (Zwie-)Licht der Rechtsprechung*, in: ZBR 2001, S. 394

[2033] HUBER, *Das Berufsbeamtentum im....*, a. a. O., S. 445

[2034] Ständige Rechtsprechung, vgl. BVERFGE 88, 103, 114; WOLFF/ BACHOF/ STOBER/ KLUTH/ MÜLLER, *Verwaltungsrecht,* Bd. 3, a. a. O., S. 518

[2035] EICHENHOFER, *Sozialrecht und Privatrecht....*, a. a. O., S. 169; JACHMANN/ STRAUß, *Berufsbeamtentum, Funktionsvorbehalt und....*, a. a. O., S. 293; Nachweise zur Rechsprechung des Bundesverwaltungsgerichts bei SANDER, *Art. 33 Abs. 4 GG im....*, a. a. O., S. 394 f.

[2036] Präsident und Vizepräsident des Landesamtes für Soziales, Jugend und Versorgung, vgl. Anlage B 3 und B 6 zum rheinland-pfälzischen Landesbesoldungsgesetz

[2037] So allerdings wohl KUNIG, *Das Recht des....*, a. a. O., S. 702

keinesfalls die kostengünstigere Alternative zur Beschäftigung von Beamten darstellen,[2038] besteht auch kein fiskalischer Grund, Dienstposten von Beamten gegenüber Stellen für Angestellte in ein bestimmtes Verhältnis zu setzen.

Dem Funktionsvorbehalt des Art. 33 Abs. 4 GG wird dann Rechnung getragen, wenn in den Behördenbereichen der staatlichen Sozialverwaltung die Anzahl der mit Beamten besetzten Dienstposten so hoch ist, dass die Kontinuität der hoheitlichen Funktionswahrnehmung der Verwaltung gesichert ist. Dies ist im Geschäftsbereich des Landesamtes mit seinem annähernd gleichen Verhältnis von Beamten zu Angestellten jedenfalls gewährt. Darüber hinaus können statusspezifische Anforderungsprofile ausgesuchter Dienstposten den Funktionsvorbehalt zusätzlich sichern.

In einem weiteren Schritt wurden die Dienstpostenbewertungen mit den dem Geschäftsbereich des Landesamtes durch Haushaltsrecht zugeordneten Planstellen und Stellen abgeglichen. Bei ihrer Zuordnung wurde in Kauf genommen, dass die Anzahl der definierten Dienstposten die der verfügbaren Planstellen und Stellen geringfügig überschritt und sich so eine „Schere" zwischen Dienstposten und Planstellen bildete.[2039] Sie führt bei den Beamten zu Wartezeiten bei der Beförderung, während bei Verwendungsentscheidungen für Angestellte die sofortige Verfügbarkeit einer Stelle sichergestellt werden muss.[2040]

Für Beamte hat dies weiterhin zur Folge, dass ihrer Beförderung im Sinne von § 12 Abs. 1 Satz 1 BLV zeitlich vorangesetzt eine Umsetzung auf einen höherwertigen Dienstposten vorausgeht.[2041] Dies bedeutet umgekehrt, dass die Beförderung eines Beamten die zeitlich spätere Folge einer zuvor getroffenen

---

[2038] BADURA, *Die hoheitlichen Aufgaben....*, a. a. O., S. 326; BREDE, *Grundzüge der Öffentlichen....*, a. a. O., S. 157; ISENSEE, *Affekt gegen Institutionen....*, a. a. O., S. 304; STEGMANN, THOROLF: *Beamte oder Angestellte?*, in: ZBR 1996, S. 7 ff.; anders REICHARD, *Personalmanagement*, a. a. O., S. 170, der allerdings einen Beleg für seine Feststellung, Beamte seien auf Dauer deutlich teurer als vergleichbare Angestellte, schuldig bleibt. Kritische Zusammenfassung bei LOSCHELDER, *Der Kampf um....*, a. a. O., S. 13

[2039] MEIXNER, *Personalpolitik*, a. a. O., S. 89

[2040] Dies ist die Konsequenz der Grundsätze, dass Angestellte entsprechend ihrer Eingruppierung zu vergüten sind (Tarifrecht bricht Haushaltsrecht), während Beamte keinen Anspruch auf Beförderung haben, vgl. KUNIG, *Das Recht des....*, a. a. O., S. 737, 775; SUMMER, *Organisationsfreiheit – ein schrankenloses....*, a. a. O., S. 16 berichtet sogar von höheren Eingruppierungen von Angestellten, während vergleichbare Beförderungen für Beamte aus haushaltsrechtlichen Gründen versagt wurden. Zum Eingruppierungsprinzip BULL, *Sind die Tarifparteien....*, a. a. O., S. 389

[2041] Zur Umsetzung vgl. CARL, SEBASTIAN: *Dienstpostenausschreibung und Bewerberauswahl im öffentlichen Dienst*, in: ZBR 2003, S. 344 f.; ZIEKOW, *Veränderungen des Amtes....*, a. a. O., S. 26 f.

Verwendungsentscheidung ist. Aus dieser Verwendungsentscheidung erwächst zwar kein Anspruch des umgesetzten Beamten auf Beförderung; sie eröffnet jedoch eine transparente und berechenbare Beförderungserwartung,[2042] die durch Beurteilungen als Leistungsnachweise gestützt oder sogar revidiert werden kann.

Durch Dienstvereinbarung mit der Personalvertretung wurde erreicht, dass erstmals ab 2003 neben den Beamten auch die Angestellten und Arbeiter des Geschäftsbereichs nach einem einheitlichen Beurteilungsverfahren im dreijährigen Turnus beurteilt wurden.[2043] Damit wurden die Grundlagen geschaffen, um bei Entscheidungen über die Nachbesetzung freiwerdender Dienstposten auch Angestellte einzubeziehen, ihnen eine Möglichkeit der Bewerbung zu bieten und sie als Mitbewerber nach einheitlichen Leistungskriterien zu bewerten. Das Zusammenspiel von umfassender Dienstpostenbewertung und Beurteilung für alle Mitarbeiter des Geschäftsbereichs ermöglicht somit Transparenz bei notwendigen Personalauswahlen und verwirklicht transparente Personalpolitik als unverzichtbaren Bestandteil des Modernisierungsprozesses.[2044] Für die Personalwirtschaft im Landesamt rückt damit die auf einen Mitarbeiter unabhängig von seinem Dienstverhältnis bezogene Verwendungsentscheidung als karrierebestimmende Maßnahme in den Vordergrund. Dabei ist sowohl das Beurteilungsbild der Dienstpostenbewerber als auch das Anforderungsprofil des Dienstpostens maßgeblich, das die Personalauswahl beeinflussen kann. Beide Kriterien sind transparent und für die Beteiligten nachvollziehbar, sodass Angestellten die gleichen Chancen eingeräumt werden wie den Beamten.

c. Personalstruktur und Personalbedarf

Der dem Landesamt für Soziales, Jugend und Versorgung bei seiner Errichtung auferlegten personellen Einsparauflage stand das Faktum gegenüber, dass in diesem Zeitraum weniger Mitarbeiter durch Erreichen der Altersgrenze aus dem Dienst- oder Arbeitsverhältnis ausscheiden würden, als die Einsparauflage verlangte. Aufgabenverlagerungen aus dem vorgesetzten Ministerium und aus dem Geschäftsbereich der früheren Bezirksregierungen ohne Bereitstellung von Personal reduzierten die Zahl der einzusparenden Plan-

[2042] Vgl. RIECKER, ALBERT: Können die Gerichte das „Leistungsprinzip" durchsetzen?, in: ZBR 1997, S. 181

[2043] LANDESAMT FÜR SOZIALES, JUGEND UND VERSORGUNG (Herausg.), *Tätigkeitsbericht 2003*, a. a. O., S. 21

[2044] Vgl. KLAGES, HELMUT: *Leistungsmessung und Leistungsbeurteilung*, in: VuM 1999, S. 204 ff.; MEHDE, VEITH: *Das dienstliche Beurteilungswesen vor der Herausforderung des administrativen Modernisierungsprozesses*, in: ZBR 1998, S. 235; OECHSLER, WALTER: *Ist Leistung objektiv messbar?*, in: ZBR 1996, S. 205 f.

stellen und Stellen so, dass bereits Ende 2003 die Einsparauflage durch die bis zu diesem Zeitpunkt ausgeschiedenen Mitarbeiter erfüllt werden konnte.[2045] Dies bedeutete allerdings auch, dass, bis auf wenige Ausnahmen, im Zeitraum von 1996 bis 2003 kein Personal beim Landesamt eingestellt werden konnte.

Das Personalmanagement hatte sich unter diesen Vorgaben um so intensiver um das vorhandene Personal zu kümmern, den Personalbestand hinsichtlich seiner Struktur, seinen Fähigkeiten und seinen Entwicklungsmöglichkeiten zu analysieren und seine künftigen Einsatzmöglichkeiten zu untersuchen.[2046] Unter diesen Bedingungen bildet der vorhandene Personalbestand ein geschlossenes System, das sich allenfalls durch unkontrollierbare Abgänge, etwa Wechsel zu anderen Behördenbereichen, reduziert, kaum dagegen durch Zugänge verändert. Nach Erfüllung der Einsparauflage Ende 2003 konnte der Personalbedarf für den Geschäftsbereich definiert und auf seiner Grundlage eine Personalstrukturplanung mit dem Ziel gebildet werden, jährliche personelle Regenerierungsquoten zu bilden.[2047] Hierfür bilden der Haushaltsplan des Landesamtes für die Haushaltsjahre 2004 und folgende die Berechnungsgrundlage, da hier erstmals das Planstellen- und Stellensoll unter Berücksichtigung der erfüllten Einsparauflage definiert ist.[2048] Aus ihm kann der Personalbedarf für den Geschäftsbereich des Landesamtes[2049] wie folgt gebildet werden:

- Beamte des höheren Dienstes und vergleichbare Angestellte: 85
- Beamte des gehobenen Dienstes und vergleichbare Angestellte: 296
- Beamte des mittleren Dienstes und vergleichbare Angestellte: 377
- Beamte des einfachen Dienstes und vergleichbare Angestellte: 14

Der gesamte Personalbedarf des Geschäftsbereichs drückt sich somit in 772 Planstellen und Stellen aus.

Der Personalbedarf einer Behörde unterliegt den Einflussgrößen des Bestandes an Planstellen und Stellen und der Verweildauer der Dienstposteninhaber. Die Verweildauer des einzelnen Dienstposteninhabers oder seine nutzbare Gesamtdienst- oder –arbeitszeit wird bestimmt durch seine Einstellung unter

---

2045 LANDESAMT FÜR SOZIALES, JUGEND UND VERSORGUNG (Herausg.), *Tätigkeitsbericht 2003*, a. a. O., S. 20

2046 Zur Informationsorientierung SCHOLZ, *Personalmanagement*, a. a. O., S. 129 ff.

2047 Zur Charakterisierung SCHOLZ, *Personalmanagement*, a. a. O., S. 251 ff.

2048 MINISTERIUM DER FINANZEN: *Haushaltsplan für das Haushaltsjahr 2005 Einzelplan 06 Ministerium für Arbeit, Soziales, Familie und Gesundheit* (www.fm.rlp.de/Finanzen/Landeshaushalt/ Doc/06.pdf, eingesehen am 01.10.2004), S. 82 ff.

2049 Ohne das Personal der drei Schulen für Sinnesbehinderte

Einbringung einer bestimmten Qualifikation und den Zeitpunkt seines Ausscheidens aus dem Dienst- oder Arbeitsverhältnis infolge Kündigung, Dienst- oder Arbeitsunfähigkeit oder Zurruhesetzung bzw. Verrentung.

Während Kündigungen oder Dienst- bzw. Arbeitsunfähigkeiten für die Personalbedarfsplanung im öffentlichen Dienst infolge eingeschränkter Kündigungsmöglichkeiten des Dienstherren kaum beeinflussbare Ereignisse darstellen,[2050] kann der Zeitpunkt des altersbedingten Ausscheidens von Mitarbeitern aus dem Dienst- oder Arbeitsverhältnis langfristig innerhalb einer bestimmten Schwankungsbreite vorherbestimmt werden. Sie ergibt sich für Beamte aus den derzeit bestehenden Wahlmöglichkeiten, als Schwerbehinderter ab dem 60. Lebensjahr in den Ruhestand versetzt werden zu können (§ 59 Nr. 2 LBG), ab dem 63. Lebensjahr aus dem aktiven Dienstverhältnis auszuscheiden (§ 59 Nr. 1 LBG) oder bei Erreichen der Altersgrenze von 65 Jahren in den Ruhestand einzutreten (§ 54 Abs. 1 LBG).[2051] Die Inanspruchnahme von Altersteilzeit nach dem Blockmodell (§ 80 b Abs. 3 LBG) erweitert die Freisetzungsmöglichkeiten für Beamte.[2052] Die für Angestellte geltenden Altersgrenzen sind identisch.[2053]

Diese Eckwerte der personellen Verfügbarkeit lassen sich bei den nicht vom Dienstherrn oder öffentlichen Arbeitgeber beeinflussbaren Personalabgängen durch vertrauensvollen Informationsaustausch zwischen den Personalverantwortlichen, den unmittelbaren Dienstvorgesetzten und den Betroffenen so verfestigen, dass Szenarien für personelle Nachbesetzungen und eine längerfristige Verwendungsplanung entwickelt werden können. Ziel ist, personelle Zu- und Abgänge längerfristig in ein ausgewogenes Verhältnis zu einander zu bringen und so die personelle Regenerationsquote über Jahre hinweg zu stabilisieren.

Für ein Szenario der personellen Nachbesetzung in einem Verwaltungsbereich kann eine ideale Altersschichtung in den verschiedenen Qualifikationsberei-

---

2050 Vgl. dagegen die Personalfreisetzungsplanung bei SCHOLZ, *Personalmanagement*, a. a. O., S. 546 ff.

2051 Zu den Altersgrenzen und seinen finanziellen Folgen vgl. BEUS, HANS-BERND; BREDENDIEK, KNUT: *Das Gesetz zur Reform des öffentlichen Dienstrechts*, in: ZBR 1997, S. 204 ff.

2052 Vgl. HANAU, PETER: Arbeitszeitflexibilisierung im öffentlichen Dienst, in: ZRB 1996, S. 200 f.

2053 OECHSLER/ VAANHOLT, *Human Resource Management*, a. a. O., S. 180 f.; vgl. auch die Zusammenstellung in DEUTSCHER BUNDESTAG (Herausg.): *Dritter Bericht zur Lage der älteren Generation in der Bundesrepublik Deutschland: Alter und Gesellschaft und Stellungnahme der Bundesregierung*, BT-Drs. 14/ 5130 vom 19.01.2000, S. 179

chen ermittelt werden.[2054] Sie lässt sich aus der Anzahl der verfügbaren Dienstposten oder Stellen multipliziert mit der durchschnittlichen Verweildauer der Stelleninhaber zusammenstellen und mit den vorhandenen Mitarbeitern nach Geburtsjahrgängen vergleichen. Dabei wird angenommen, dass Mitarbeiter mit einer Qualifikation für den höheren Dienst (§ 25 LBG) etwa im 30. Lebensjahr eingestellt werden können und eine Verweildauer von 35 Jahren bis zum altersbedingten Ausscheiden haben. Mitarbeiter mit Qualifikation für den gehobenen Dienst (§ 24 LBG) können im 25. Lebensjahr eingestellt werden und stehen so 40 Jahre lang bis zu ihrem Ausscheiden zur Verfügung. Die Einstellung von Qualifikanten des mittleren Dienstes (§ 23 LBG) kann in deren 20. Lebensjahr erfolgen und hat eine nutzbare Dienstzeit von 45 Jahren zur Folge.[2055]

Werden also im Geschäftsbereich 296 Beamte des gehobenen Dienstes oder vergleichbare Angestellte verwendet, dann ist bei einer jährlichen Ergänzungsrate von aufgerundet acht Beamten bzw. Angestellten über 40 Jahre hinweg eine ideale Altersschichtung erreicht, bei der Zu- und Abgänge ausgeglichen sind.[2056] Es entsteht so eine gleichmäßig gefügte Soll-Struktur, bei der allenfalls in den älteren Jahrgängen eine personelle Verringerung durch vorzeitiges Ausscheiden oder den frühen Tod eines Mitarbeiters eintritt.[2057]

Die Bildung eines derartigen Modells der Personalbedarfsplanung stellt nicht nur die Grundlage für die jährliche Personalergänzungsplanung in einem Behördenbereich dar,[2058] sondern lässt auch Aussagen über mögliche Stehzeiten in bestimmten Beförderungsämtern einer Laufbahngruppe zu sowie die Auswirkungen des Abweichens von diesen Stehzeiten zugunsten einiger weniger für die übrigen Angehörigen dieser Laufbahngruppe. Sind beispielsweise in der Laufbahngruppe des gehobenen Dienstes neben dem Eingangsamt vier Beförderungsämter erreichbar,[2059] dann kann die gesamte Verweildauer des

---

[2054] Die Qualifikationsbereiche ergeben sich aus der Dienstpostenstruktur, in der der Bedarf an Beamten des höheren, gehobenen, mittleren und einfachen Dienstes und die Zuordnung entsprechender Vergütungsgruppen für Angestellte bzw. Lohngruppen für Arbeiter festgelegt ist.

[2055] Vereinfacht dargestellt bei MEIXNER, HANNS-EBERHARD: *Personal- und Organisationsentwicklung*, Bonn 1996, S. 103

[2056] Vgl. MEIXNER, *Personalpolitik*, a. a. O., S. 90

[2057] MEIXNER, *Personal- und Organisationsentwicklung*, a. a. O., S. 103 f.

[2058] REICHARD, *Personalmanagement*, a. a. O., S. 171

[2059] Eingangsamt Regierungsinspektor (Besoldungsgruppe A. 9), Beförderungsämter Regierungsoberinspektor (Besoldungsgruppe A 10), Regierungsamtmann (Besoldungsgruppe A 11), Regierungsamtsrat (Besoldungsgruppe A 12), Regierungsoberamtsrat (Besoldungsgruppe A 13); vgl. MEIXNER, *Personal- und Organisationsplanung*, a. a. O., S. 105 f.

Mitarbeiters in fünf mögliche Funktionsbereiche unterteilt werden. Es hängt nun von der Kürze oder Länge der Verwendungszeit in niedriger besoldeten Funktionen ab, wann die höchste Funktionsebene erreicht wird und wie lange ein Mitarbeiter bis zu seinem altersbedingten Ausscheiden dieses Beförderungsamt innehat. Wird bereits ein 40-jähriger zum Regierungsoberamtsrat ernannt, dann hat er diesen Dienstposten noch 25 Jahre lang bis zu seiner Zurruhesetzung inne. Werden alle A 13-Dienstposten bereits mit 40-jährigen besetzt, dann nehmen diese den übrigen Mitarbeitern 25 Jahre lang die Möglichkeit, ebenfalls Oberamtsrat werden zu können.[2060]

3. *Die Personalstruktur des Landesamtes für Soziales, Jugend und Versorgung und ihre Auswirkungen*

a. Der Personalbestand und seine Altersschichtung

Die Alterspyramide des Personals im Geschäftsbereich des Landesamtes für Soziales, Jugend und Versorgung ist die Folge der Aufgabenzuwächse für die Sozialverwaltungen der Länder seit den 1960er Jahren.[2061] Die Einstellungspraxis in den Vorgängerbehörden des Landesamtes hatte auf die Vermehrung von Aufgaben und arbeitsinhaltliche Intensivierung bereits bestehender Aufgabenbereiche durch Bundes- oder Landesgesetze mit zusätzlichen Einstellungen von Personal zu reagieren.[2062] So übertrug § 4 Abs. 1 Satz 1 des Schwerbehindertengesetzes vom 27.04.1974 den Versorgungsverwaltungen der Länder mit der Übertragung der Zuständigkeit für die Feststellungen von Behinderungen ein neues Aufgabengebiet, durch das die bereits damals sichtbar gewordenen Rückgänge von Geschäftsvorfällen der Kriegsopferversorgung mehr als kompensiert wurden.

Auch die Ausdehnung der Kündigungsschutzvorschriften für behinderte Menschen und der Beschäftigungspflichten für Arbeitgeber, der begleitenden Hil-

---

[2060] Eingehend MEIXNER, *Personalpolitik*, a. a. O., S. 94 ff.; derselbe, *Organisations- und Personalentwicklung*, a. a. O., S. 68

[2061] Zur Aufgabenvermehrung im Sozialbereich TENNSTEDT, *Geschichte des Sozialrechts*, a. a. O., S. 67 ff.; allgemein MEIXNER, *Personalpolitik*, a. a. O., S. 44 ff.

[2062] Der Sachverständigenrat „Schlanker Staat“ stellt hierzu in seinem Abschlussbericht fest: „Dem öffentlichen Sektor ist durch den Ausbau des Sozialstaats eine erhebliche Rolle zugewachsen. Über Jahrzehnte konnten auf der Grundlage der florierenden Wirtschafts- und Finanzverhältnisse von Bund und Ländern die Leistungssysteme und daseinsversorgerischen Leistungsangebote von Bund, Ländern und Kommunen immer weiter ausgedehnt werden. Dies hat im übrigen auch zu einem hohen Maß an Überregulierung sowie Intransparenzen geführt. So werden heute beispielsweise 153 staatliche Sozialleistungen von insgesamt 37 verschiedenen Sozialbürokratien gewährt, ohne dass zwischen diesen Leistungs- und Bürokratiesystemen hinlängliche Koordinierungen ersichtlich wären.“ Vgl. SACHVERSTÄNDIGENRAT „SCHLANKER STAAT“, *Abschlussbericht*, Bd. 1, a. a. O., S. 9

fen und der Förderung von Werkstätten für Behinderte erweiterte die Aufgaben der damaligen Hauptfürsorgestelle beim Landesamt für Jugend und Soziales in erheblichem Umfang. Schließlich führten Aufgabenerweiterungen in bestehenden Aufgabengebieten, wie beim überörtlichen Träger der Sozialhilfe die Intensivierung der begleitenden Hilfen und der Eingliederungshilfen für besondere Personengruppen zu Personalexpansionen, die sich in ihrer Gesamtheit noch heute aus der Altersstruktur der Mitarbeiter des Landesamtes herauslesen lassen.[2063]

Im Geschäftsbereich des Landesamtes für Soziales, Jugend und Versorgung sind heute 80 Prozent der Mitarbeiter auf die Geburtsjahrgänge 1940 bis 1964 und damit auf einen Zeitraum von 25 Jahren verteilt, wohingegen sich die übrigen 20 Prozent auf die restlichen 17 Jahre erstrecken. Die langfristige personelle Zukunftsfähigkeit belastet darüber hinaus, dass ab dem Geburtsjahrgang 1966 der Mitarbeiterbestand stetig absinkt und ab dem Geburtsjahrgang 1975 quasi auf Null reduziert ist. In dieser Situation hätte die Gewährung eines personalwirtschaftlichen Einstellungskorridors die Gefahr einer Überalterung mindern können, zu der sich das vorgesetzte Ministerium jedoch nicht durchringen konnte.[2064] Dadurch wäre das Problem gemildert worden, in etwa zehn Jahren wiederum mit einer gegenüber der Sollstruktur weit überhöhten jährlichen Einstellungsquote neues Personal rekrutieren zu müssen und so die nächste Unausgewogenheit der Altersstruktur künftiger Mitarbeiter hervorzurufen. Derartige Wellenbewegungen bei der Personalbedarfsdeckung belasten die Aufwendungen für Landesbedienstete und Versorgungsempfänger in kaum kalkulierbaren Kostenschüben und verschärfen so das Problem steigender Versorgungslasten in den Landeshaushalten.[2065]

Es ist durch strukturbezogene Personalrekrutierung möglich, eine unausgewogene Altersstruktur zumindest in einem Zehn-Jahres-Zeitraum der letzten Einstellungen abzumildern. So bietet es sich bei der Altersstruktur des Landesamtes an, Neueinstellungen für den Vorbereitungsdienst einer Beamtenlaufbahn des mittleren oder gehobenen Dienstes (§§ 18, 23 LbVO) oder als Angestellter bevorzugt aus dem Kreis der Bewerber vorzunehmen, die als e-

---

2063 Vgl. Diagramme in Anlage 15

2064 Der Landeskulturverwaltung, die ebenfalls bis zum Jahr 2010 Personal in erheblichem Umfang (205 Stellen oder 23 Prozent des vorhandenen Personals) abbauen muss, wurde ein derartiger Einstellungskorridor im Umfang von 31,5 Stellen zugestanden; vgl. VORAN, Heft 3, a. a. O., S. 45

2065 Zur Situation der Beamtenversorgung RULAND, FRANZ: *Zur Zukunft von gesetzlicher Rentenversicherung und Beamtenversorgung*, in: NVwZ 1995, S. 421 ff.; vgl. auch MEIXNER, *Personal- und Organisationsentwicklung*, a. a. O., S. 103; REICHARD, *Personalmanagement*, a. a. O., S. 168

hemalige Soldaten auf Zeit einen Eingliederungs- oder Zulassungsschein gem. § 9 SVG haben. Durch eine Übererfüllung des Stellenvorbehalts nach § 10 SVG zugunsten dieses Personenkreises werden unterbesetzte Geburtsjahrgänge durch Mitarbeiter mit Berufserfahrung und sozialer Kompetenz aus ihrem früheren Dienstverhältnis aufgefüllt und so die unausgewogene Altersstruktur abgeflacht. Gleiches gilt für die an der Altersstruktur orientierte Rekrutierung von älteren Mitarbeitern, die eine berufliche Veränderung in den Behördenbereich des Landesamtes anstreben oder sich auf eine Stellenausschreibung bewerben.

b. Personalentwicklung bei personeller Einsparauflage

Personelle Einsparauflagen zwingen zu Personalwirtschaft, der das Bewirtschaftungselement der Personalbeschaffung weitgehend genommen ist. Unter diesen Restriktionen gewinnt der Ansatz, die Mitarbeiter eines Behördenbereichs als sein wichtigstes Kapital zu betrachten,[2066] eine besondere Bedeutung. Die Humanvermögensrechnung betrachtet jeden Mitarbeiter als Vermögensteil einer Unternehmung, hier also einer Verwaltung, und damit als Aktivposten, der wie jedes andere Vermögensgut bewertbar und entsprechend zu behandeln ist. Personal wandelt sich unter diesem Gesichtspunkt vom bloßen Kostenfaktor[2067] zum Aktivposten, der in betrieblichen Rechnungslegungswerken erfasst und bewertet werden kann.[2068] Er ist durch Personalentwicklung als zielgerichtete Beeinflussung menschlichen Verhaltens über die Erweiterung bestehender und die Vermittlung neuer Qualifikationen beeinflussbar.[2069] Sie wird durch Ausbildung als berufsspezifischer Qualifikation,[2070] Fort- und Weiterbildung als berufsbegleitenden Maßnahmen, systematischem Arbeitsplatzwechsel als systematische Stufenfolge eines Verwendungsauf-

---

[2066] PITSCHAS, *Verwaltungsmodernisierung, Dienstrechtsreform und....*, a. a. O., S. 6; derselbe, *Verwaltungsmodernisierung im Gegenlicht....*, a. a. O., S. 326; SCHOLZ, *Personalmanagement*, a. a. O., S. 356; Der Sachverständigenrat „Schlanker Staat" stellt hierzu in seinem Leitfaden zur Modernisierung von Behörden fest: „Die Ressource Personal ist für die Organisation die teuerste, wichtigste und am wenigsten genutzte Ressource."; vgl. SACHVERSTÄNDIGENRAT „SCHLANKER STAAT": *Leitfaden zur Modernisierung von Behörden*, Bonn o. D., S. 55

[2067] Vgl. den Ansatz bei MEIXNER, *Personalpolitik*, a. a. O., S. 56 ff.

[2068] SCHOLZ, *Personalmanagement*, a. a. O., S. 357; STAEHLE/ CONRAD/ SYDOW, *Management*, a. a. O., S. 782 ff.

[2069] Zum Begriff der Personalentwicklung SCHOLZ, *Personalmanagement*, a. a. O., S. 406 ff.

[2070] Beispielsweise durch Ausbildung von Anwärtern des mittleren und gehobenen Dienstes oder von Auszubildenden als Verwaltungsfachangestellte

baus[2071] und Führungskräfteentwicklung als Qualifikationsvermittlung für künftige Führungsaufgaben geleistet.[2072]

Personalentwicklung ist ebenso wie die Organisationsentwicklung ein Bestandteil der geplanten Veränderung einer Verwaltungsorganisation.[2073] Daher muss sie mit den Zielen der Organisationsentwicklung verbunden werden, die darüber Klarheit hat, wie sie sich zu entwickeln und welche organisatorischen Veränderungen sie zu durchlaufen hat. Personalentwicklung ist in diesem Sinne ein Element der lernenden Verwaltung als einer Verwaltung, die den Modernisierungsprozess als Chance begreift und ihre Aktivitäten darauf ausrichtet, ihre Organisation einem stetigen Wandel zu unterziehen und die Mitarbeiter bei der Bewältigung dieses Wandels zu unterstützen.[2074]

Personalentwicklung beinhaltet nicht nur, das Fachwissen und die Fachkenntnisse der Mitarbeiter durch Fortbildung zu verbreitern und sie im Umgang mit EDV-Geräten oder –Programmen zu schulen. Sie muss auch

- die Mitarbeiter befähigen, die bisherigen Aufgaben, die durch den Einsatz von Informations- und Kommunikationstechnik verändert werden oder gar wegfallen, aufgeben zu können und neue und mit anderen Inhalten versehene Aufgaben auszufüllen;[2075]
- einzelne Mitarbeiter gezielt darauf vorbereiten, in Aufgaben mit höheren Anforderungen wechseln zu können und sie hierfür zu qualifizieren;[2076]

2071 MEIXNER, *Personalpolitik*, a. a. O., S. 122 ff.

2072 OECHSLER/ VAANHOLT, *Human Resource Management....*, a. a. O., S. 175; zur Personalentwicklung als Planungsprozess LORSE, *Personalentwicklung und Systemsteuerung*, a. a. O., S. 64 f.

2073 MEIXNER, *Personalpolitik*, a. a. O., S. 231 ff.; PITSCHAS, *Verwaltungsmodernisierung und Verwaltungsrecht....*, a. a. O., S. 11 f.

2074 KLIMECKI, RÜDIGER: *Auf dem Weg zu einer lernenden Verwaltung – Verwaltungsreform als institutioneller Lernprozess und die Rolle der Personalentwicklung*, in: Wagner, Dieter (Herausg.): *Personal und Personalmanagement in der modernen Verwaltung*, Berlin 1998, S. 82 f.; PITSCHAS, *Verwaltungsmodernisierung im Gegenlicht....*, a. a. O., S. 327; WAGNER, DIETER: *Personalmanagement als elementarer Bestandteil des Public Management*, in: Wagner, Dieter (Herausg.): *Personal und Personalmanagement in der modernen Verwaltung*, Berlin 1998, S. 29, 42 ff.

2075 Job-Enlargement, Job-Enrichment, vgl. MEIXNER, *Personal- und Organisationsentwicklung*, a. a. O., S. 43 f.; OECHSLER/ VAANHOLT, *Human Resource Management....*, a. a. O., S. 178; SCHOLZ, *Personalmanagement*, a. a. O., S. 515

2076 Job-Rotation, vgl. MEIXNER, *Personal- und Organisationsentwicklung*, a. a. O., S. 43 f.; SCHOLZ, *Personalmanagement*, a. a. O., S. 515 f.

- die Motivation der Mitarbeiter dadurch zu erhalten, dass ihnen durch transparente Personalentwicklungsplanung Anreize gegeben und Perspektiven eröffnet werden.[2077]

Personalentwicklung bildet durch Weiterentwicklung der individuellen Wissensbasis und durch Verknüpfung dieser Entwicklung mit der Weiterentwicklung der Organisation und der Bewältigung von Veränderungsprozessen die Verbindung zum organisatorischen Lernprozess und zum Wissensmanagement der Organisation. Dienstleistungen öffentlicher Verwaltungen sind zu einem guten Teil Informationsverarbeitungsleistungen.[2078] Deshalb ist die Steuerung von Prozessen zur organisationsweiten Verbreitung von Wissen unabdingbare Voraussetzung für die Funktionalität einer Verwaltung, die bei Personalknappheit durch altersbedingte Personalfreisetzungen mehr Wissensträger verliert, als ihr durch Neueinstellungen von für die besonderen Bedingungen des behördeninternen Einsatzes zu formenden Mitarbeitern zuwächst.

Hier kann die Bildung von Teams, Qualitätszirkeln oder Projektgruppen als Entwicklungsgemeinschaften, aber auch der geplante Arbeitsplatzwechsel und die Aufgabenanreicherung genutzt werden, um individuelles Wissen für die Organisation nutzbar zu machen.[2079] Für die Beamten wurde durch die Dienstrechtsreform von 1997 das rechtliche Instrumentarium zur Initiierung der Basisschritte zur Personalentwicklung, wie Versetzung oder Umsetzung geschaffen;[2080] für die Angestellten verhindert das geltende Tarifrecht die Durchführung vergleichbarer Maßnahmen gegen den Willen der Betroffenen.[2081]

Eine mitarbeiterorientierte Personalstruktur- und –entwicklungsplanung ist ein nicht hoch genug einzuschätzender Beitrag zur Motivationssteigerung der Mitarbeiter. Sie trägt wesentlich zur Transparenz des Personalmanagements bei und befreit die Personalverwaltung von dem Verdacht, neben den oder gar gegen die Interessen der Mitarbeiter zu handeln.[2082] Eine an Transparenz und Berechenbarkeit orientierte Personalpolitik innerhalb einer Verwaltungsorga-

---

[2077] OECHSLER/ VAANHOLT, *Human Resource Management....*, a. a. O., S. 175; REICHARD, *Personalmanagement*, a. a. O., S. 171

[2078] BRINCKMANN, *Strategien für eine....*, a. a. O., S. 216 f.; LENK, *Außerrechtliche Grundlagen für....*, a. a. O., S. 63: „Verwaltungsarbeit ist Umgehen mit Informationen."

[2079] KLIMECKI, *Auf dem Weg....*, a. a. O., S. 84 f.

[2080] Ausführlich ZIEKOW, *Veränderungen des Amtes....*, a. a. O., S. 8 ff.

[2081] BULL, *Sind die Tarifparteien....*, a. a. O., S. 389; zum Stand der Verhandlungen zur Änderung des BAT: BRAUN, STEFAN: *Die Tarifverhandlungen über neue Inhalte und Strukturen des BAT*, in: RiA 2004, S. 219 ff.

[2082] LORSE, *Personalentwicklung und Systemsteuerung....*, a. a. O., S. 65; MEHDE, *Das dienstliche Beurteilungswesen....*, a. a. O., S. 235 f.

nisation wird so nicht nur zum Eckpfeiler einer erfolgreichen Verwaltungsmodernisierung,[2083] sondern auch zu einem Motivationsfaktor und Anreizsystem.[2084] In dieser Funktion trägt sie nicht unwesentlich zur Verwirklichung des Wertekonzepts der „Good Governance" in einer Verwaltung bei.[2085]

c. Mitarbeiterförderung bei Einsparauflagen und Stellenknappheit

Eine transparente Personalplanung mit ihren Elementen der Personalstruktur- und –entwicklungsplanung gewinnt unter den Bedingungen von personellen Einsparauflagen und Stellenknappheit an Beweglichkeit, wenn sie den künftigen Personalbedarf entsprechend den Vorgaben organisatorischer Entwicklung vorausschauend vorbereitet. Dies beinhaltet vor allem die Planung von Nachbesetzungen mit Personal, dessen Potential Weiterentwicklungen zulässt und das auf künftige, auch höhere Anforderungen durch Fortbildung qualifiziert werden soll. Die Planungsgrundlagen lassen sich aus den künftigen Abgängen in den Verwendungsebenen der Sachbearbeiter oder Referenten selbst über einen mittelfristigen Zeitraum hinweg ermitteln und durch Qualifikationsmaßnahmen der Aufgabengeneralisierung vorbereiten.[2086] Voraussetzung hierfür sind Potentialanalysen der Mitarbeiter auf der Grundlage aussagekräftiger Parameter, unter denen der nicht anlassbezogenen[2087] Personalbeurteilung, verbunden mit dem Instrument der Zielvereinbarung, eine besondere Bedeutung zukommen kann.[2088]

Im Landesamt für Soziales, Jugend und Versorgung konnte 2003 durch Dienstvereinbarung mit der Personalvertretung ein einheitliches Beurteilungs-

---

2083 PITSCHAS, *Verwaltungsmodernisierung im Gegenlicht....*, a. a. O., S. 330; derselbe, *Verwaltungsmodernisierung, Dienstrechtsreform und....*, a. a. O., S. 11

2084 GANßER, WALTER: *Mitarbeitermotivation Förderung durch nicht-monetäre Faktoren*, in: ZBR 1996, S. 307; LORSE, *Personalentwicklung und Systemsteuerung....*, a. a. O., S. 67; SCHEDLER/ PROELLER, *New Public Management*, a. a. O., S. 216 f.

2085 Zu Governance als Wertekonzept KÖNIG, *Öffentliches Management und....*, a. a. O., S. 622 ff.

2086 BRUNS, HANS-JÜRGEN; RIDDER, HANS-GERD: *Qualifizierung und Fortbildung*, in: Blanke, Bernhard; Bandemer, Stephan von; Nullmeier, Frank; Wewer, Göttrik (Herausg.): *Handbuch zur Verwaltungsreform*, Opladen 1998, S. 183; MEIXNER, *Personalpolitik*, a. a. O., S. 243 f.; derselbe, *Personal- und Organisationsentwicklung*, a. a. O., S. 67 ff.; SCHOLZ, *Personalmanagement*, a. a. O., S. 514 ff.

2087 Bedarfsbeurteilungen aus besonderen Anlässen, wie bevorstehenden Beförderungen, sind hinsichtlich ihrer Aussagekraft zweifelhaft; vgl. SCHNELLENBACH, HELMUT: *Richtwertvorgaben bei dienstlichen Beurteilungen*, in: DÖD 1999, S. 5 f.

2088 KLAGES, *Leistungsbemessung und Leistungsbeurteilung*, a. a. O., S. 205 f.; MEHDE, *Das dienstliche Beurteilungswesen....*, a. a. O., S. 231 f.; OECHSLER, *Ist Leistung objektiv....*, a. a. O., S. 205 ff.; OECHSLER/ VAANHOLT, *Human Resource Management....*, a. a. O., S. 166 ff.

system für alle Mitarbeiter eingeführt werden,[2089] bei dem Regelbeurteilungen in Drei-Jahres-Zeiträumen nach dem Beurteilungstermin 2003 durch periodisch folgende Mitarbeitergespräche mit Zielvereinbarungen ergänzt werden. Eine Vereinbarung von Richtwertvorgaben für diese Beurteilungen war leider nicht möglich.[2090] So wurde die Grundlage geschaffen, um für alle Mitarbeiter künftige Potentialanalysen zu schaffen.[2091]

Neben der Personalbedarfsprognose und einer aussagekräftigen Potentialanalyse stellen behördeninterne Werdegangsmodelle ein systematisches Instrumentarium zur Verfügung, Potentiale der Mitarbeiter besser zu nutzen und ihre dienstliche Entwicklung zu fördern. Sie haben die Vorgaben gem. § 26 Abs. 1 BBesG zu berücksichtigen, dessen Stellenobergrenzen für eine obere Landesbehörde und ihre Ämter bindend sind.[2092] Sie schlagen sich in den Planstellen- und Stellenzuweisungen der Haushaltspläne als Stellenkegel nieder, die Dienstpostenbewertungen ihren besoldungs- und vergütungsrechtlichen Rahmen geben.[2093]

Die Vorgaben des § 26 Abs. 1 BBesG werden zwar als leistungsfeindlich kritisiert.[2094] Sie geben aber in der nach der Dienstrechtsreform 1997 geltenden Fassung durch abweichende Regelungsbefugnisse für Bundes- oder Landesregierungen gem. § 26 Abs. 3 BBesG und die Ausnahmeregelung des § 26 Abs. 4 BBesG dem Personalmanagement bei Stellenreduzierungen durch Verwaltungsreorganisation ausreichende Instrumentarien an die Hand, sowohl die Personaleinsatzplanung als auch vorausschauende Verwendungsplanungen zu gestalten.[2095] Bundeseinheitliche Stellenobergrenzen mit den Gestaltungsspielräumen, wie sie in § 26 Abs. 2 bis 4 BBesG niedergelegt sind, ver-

---

2089 Das vorgesetzte Ministerium hatte 2002 die bis dahin noch bestehenden Beurteilungsrichtlinien für Beamte außer Kraft gesetzt und das Landesamt aufgefordert, eigene Beurteilungsrichtlinien durch Dienstvereinbarung mit der Personalvertretung zu vereinbaren. So wurde es möglich, den Versuch zu wagen, neben den Beamten die übrigen Mitarbeiter in ein einheitliches Beurteilungssystem einzubeziehen.

2090 Zu Richtwertvorgaben SCHNELLENBACH, *Richtwertvorgaben bei dienstlichen....*, a. a. O., S. 1 ff.

2091 LORSE, *Personalentwicklung und Systemsteuerung....*, a. a. O., S. 64

2092 MUSCHAL, *Stellenobergrenzen für Beförderungsämter*, a. a. O., S. 114

2093 MEIXNER, *Personalpolitik*, a. a. O., S. 88 f.; derselbe, *Personal- und Organisationsentwicklung*, a. a. O., S. 105

2094 MUSCHAL, *Stellenobergrenzen für Beförderungsämter*, a. a. O., S. 114; REICHARD, *Personalmanagement*, a. a. O., S. 168; ähnlich GANßER, *Mitarbeitermotivation Förderung durch....*, a. a. O., S. 305

2095 BEUS/ BREDENDIEK, *Das Gesetz zur....*, a. a. O., S. 203; LECHELER, *Reform oder Deformation....*, a. a. O., S. 210

hindern zudem allzu gravierende Unterschiede in den Ämterbewertungen bei den Verwaltungen des Bundes und der Länder. Sie werden zwar in der heutigen Arbeitsnachfragesituation begrüßt, schlagen jedoch bei einem Überhang von Arbeitsplatzangeboten möglicherweise in ihr Gegenteil um.[2096]

In derartigen Werdegangsmodellen[2097] können auch die auf der Grundlage der analytischen Dienstpostenbewertung in einem Behördenbereich bestehenden Möglichkeiten, Mitarbeitern des mittleren und gehobenen Dienstes einen Aufstieg gem. §§ 27, 34 LbVO oder Verwendungsaufstieg gem. §§ 27 a, 34 a LbVO zu öffnen, einbezogen werden.[2098] Hierfür können Dienstposten in Betracht gezogen werden, bei deren Besetzung keine verwendungsbezogene Fachhochschul- oder Hochschulausbildung Voraussetzung ist; spezifische akademische Qualifikationserfordernisse scheiden folglich aus. Sind derartige Aufstiegsmöglichkeiten für die Belegschaft transparent und nachvollziehbar ausgewiesen, werden politisch gesteuerte Möglichkeiten der Verwendung von „anderen Bewerbern“ (§§ 16 BRRG, 38 BLV, 29 LBG) durch vorhandene Konkurrenzsituationen eingeschränkt und sogar justitiabel gemacht.[2099]

In derartigen Personalentwicklungskonzepten sind Laufbahnerwartungen für Beamte und Eingruppierungsmöglichkeiten für Angestellte als Karrierechancen für alle Mitarbeiter niedergelegt.[2100] Sie bieten dem soliden und verlässlichen Arbeiter ebenso Aufstiegsmöglichkeiten wie dem hochbegabten „Überflieger“, der durch Verwendungszyklen Verwendungsbreite und soziale Kompetenz gewinnt und für Führungsaufgaben vorbereitet werden kann.[2101] Unter den Bedingungen eingeschränkter oder schrumpfender Möglichkeiten

---

2096 SCHOLZ, *Personalmanagement*, a. a. O., S. 12 skizziert auf der Grundlage der demographischen Entwicklung in der Bundesrepublik eine derartige Situation in nicht ferner Zukunft.

2097 Beispiele bei MEIXNER, *Personalpolitik*, a. a. O., S. 122 ff.; derselbe, *Personal- und Organisationsentwicklung*, a. a. O., S. 68 ff.

2098 Der Unterschied ist deutlich zu machen, da es bei Nachbesetzungsentscheidungen durchaus Situationen gibt, in denen etwa ein Beamter des mittleren oder gehobenen Dienstes durch seine herausragenden Leistungen und seine langjährige Diensterfahrung bereits die Voraussetzungen für einen Dienstposten der nächsthöheren Laufbahngruppe erfüllt. Dies wird beim Verwendungsaufstieg gem. §§ 27 a, 34 a LbVO als nachgewiesen unterstellt. Der Aufstiegsbeamte nach §§ 27, 34 LbVO hat dies erst nach mehrjähriger Einführungszeit (Fachhochschulstudium oder Einführungszeit mit abschließender Eignungsfeststellung) nachzuweisen.

2099 MERTEN, *Das Berufsbeamtentum als....*, a. a. O., S. 9; zu den Möglichkeiten von Konkurrentenklagen KLOEPFER, MICHAEL: *Politische Klasse und Ämterpatronage*, in: ZBR 2001, S. 192

2100 LORSE, *Personalentwicklung und Systemsteuerung....*, a. a. O., S. 67

2101 Eingehend MEIXNER, *Personal- und Organisationsentwicklung*, a. a. O., S. 120 ff.

der Personalrekrutierung sind Personalentwicklungskonzepte, die befolgt werden, ein verlässliches Signal an die Belegschaft, dass alle die vorhandenen Restriktionen teilen und keiner bevorzugt oder benachteiligt wird. Wenn dies durch eine berechenbare und nachvollziehbare Leistungsmessung unterstützt wird, stellt die Personalentwicklungsplanung Chancengleichheit für alle Mitarbeiter her, denen so entsprechend ihren Potentialen und Qualifikationen gleiche Chancen auf berufliches Fortkommen gewährt wird.[2102]

d. Verwaltungsreorganisation, Aufgabenbestand und Personaleinsatz

Die Entwicklung des Aufgaben- und Personalbestandes beim Landesamt für Soziales, Jugend und Versorgung seit 1996 mit dem Ergebnis der effektiven Einsparung von 215 Planstellen und Stellen und einem deutlich erweiterten Aufgabenbestand[2103] hat gezeigt, dass durch Nutzung von Synergiepotentialen der Verwaltungsreorganisation[2104] und dem Einsatz von Sachmitteln zur Steigerung von Verwaltungsleistungen, insbesondere dem flächendeckenden Einsatz von EDV, deutliche Reduktionen von Personalkosten[2105] möglich sind. Dies gelang auch deshalb, weil im Zuge der Reorganisationsplanung alle Aufgabenbereiche des Landesamtes auf Möglichkeiten der Aufgabenreduzierung durch Aufgabenkritik untersucht wurden. Die vorhandenen Synergiepotentiale konnten vor allem deshalb genutzt werden, weil sich die seit den 1990er Jahren bestehenden Problemlagen in der Landessozialverwaltung vom sozialen Entschädigungsrecht hin zum Sozialhilfe- und Rehabilitationsrecht verschoben und im Landesamt ab 2000 im öffentlichen Gesundheitswesen und der Heimaufsicht eine neue Schwerpunktbildung erfuhren. Die erreichte Personalverminderung das Ergebnis einer Straffung und Konzentration aller Verwaltungsabläufe durch Abbau von Parallel-Strukturen und EDV-Einsatz. Sie wurde verbunden mit dem Verzicht auf viele, teilweise redundante Überwachungs-, Kontroll- und Einzelregulierungsaufgaben und einem damit einhergehenden Wandel von einer Mißtrauenskultur zu einer Vertrauenskultur in der Verwaltung.[2106]

2102 LORSE, *Personalentwicklung und Systemsteuerung....*, a. a. O., S. 67; MEIXNER, *Personal- und Organisationsentwicklung*, a. a. O., S. 64

2103 Vgl. Staats-Zeitung Nr. 13 v. 26.04.2004, S. 1: „Bei Verwaltungsreform bundesweit vorn"

2104 Vgl. STAEHLE/ CONRAD/ SYDOW, *Management*, a. a. O., S. 657

2105 Zum Begriff SCHOLZ, *Personalmanagement*, a. a. O., S. 690 f.

2106 Vgl. FIEDLER, JOBST: *Aufgabenkritik und Konzentration auf Kernaufgaben*, in: Blanke, Bernhard; Bandemer, Stephan von; Nullmeier, Frank; Wewer, Göttrik (Herausg.): *Handbuch zur Verwaltungsreform*, Opladen 1998, S. 100

Sind diese binnenorganisatorischen Möglichkeiten der Aufgabenkritik und der Besinnung auf den Umfang der durch Recht vorgegebenen Kernaufgaben erschöpft, lassen sich weitere Effizienzfortschritte nur durch Aufgabenentlastung als Wegfall von Aufgaben oder Einschränkung ihrer Intensität oder durch Aufgabenausgliederung aus dem Bereich der staatlichen Verwaltung und Aufgabenübertragung an Private erreichen.[2107] Derartige Aufgabenreduktionen erfordern allerdings entsprechende rechtliche Vorgaben, die unter der Prärogative der Bestimmung von Staatsaufgaben durch die Gesetzgebungsorgane im Bund und den Ländern stehen.[2108] Die in Art. 83 ff. GG verfassungsrechtlich vorgegebene Trennung von Aufgabenbestimmung und Aufgabendurchführung mit der Folge der Isolation der Personalausgabengewalt und –verpflichtung von der Aufgabenfestsetzungsgewalt[2109] führt allerdings bei den personalausgabenverpflichteten Ländern und Kommunen zu Sparzwängen und in ihrer Folge zum Personalabbau ohne Aufgabenreduktion.

Walter Leisler hat die rechtlichen Folgen eines „aufgabenblinden Personalsparens“ aufgezeigt, die sich in Fürsorgepflichtverletzungen bei Überbelastung des Personal, darunter durch Arbeitszeit- und Mehrarbeitsregelungen,[2110] aber auch in der Gefahr der Schlecht- bis Nichterfüllung von Staatsaufgaben ausdrückt.[2111] Dies berührt im Landesamt die Risikoverwaltung, wie die öffentlichen Gesundheitsdienste und die Heimaufsicht, bei der Personalknappheit zu einer Überdehnung der gesetzlich vorgeschriebenen Kontrolldichte bis hin zu ihrer Nichtbeachtung führen kann. So ist das Gebot der jährlichen Kontrolle von Heimen gem. § 15 Abs. 4 Satz 1 HeimG dann nicht durchführbar, wenn das Personal der Heimaufsichtsbehörden nicht ausreicht, um jedes Heim im behördlichen Zuständigkeitsbereich mindestens einmal jährlich kontrollieren zu können. Die Verringerung der Leistungstiefe infolge von Arbeitsverdichtung und hohem Arbeitsdruck führt dem gegenüber bei der Sozialleistungsverwaltung zum Effekt der Erhöhung der Leistungsgewährung, da diese Art der Aufgabenerledigung weniger arbeitsintensiv ist. Der durch

---

[2107] BADURA, *Die hoheitlichen Aufgaben....*, a. a. O., S. 322; FIEDLER, *Aufgabenkritik und Konzentration....*, a. a. O., S. 97; LEISLER, WALTER: *Personaleinsparungen ohne Aufgabenreduktion?*, in: ZBR 1998, S. 75; STOBER, *Allgemeines Wirtschaftsverwaltungsrecht*, a. a. O., S. 37 f.; WOLFF/ BACHOF/ STOBER/ KLUTH/ MÜLLER, *Verwaltungsrecht*, Bd. 3, a. a. O., S. 499 ff.

[2108] LEISLER, *Personaleinsparungen ohne Aufgabenreduktion?*, a. a. O., S. 74; WOLFF/ BACHOF/ STOBER/ KLUTH/ MÜLLER, *Verwaltungsrecht*, Bd. 3, a. a. O., S. 495 f.

[2109] LEISLER, *Personaleinsparungen ohne Aufgabenreduktion?*, a. a. O., S. 76

[2110] Vgl. BATTIS, ULRICH: *Entwicklung des Beamtenrechts im Jahr 2003*, in: NJW 2004, S. 1086

[2111] LEISLER, *Personaleinsparungen ohne Aufgabenreduktion?*, a. a. O., S. 81

Leistungsgewährung entsprechend seinem Begehr zufrieden gestellte Bürger beschwert sich nicht und hat keinen Grund, vor den Sozialgerichten zu klagen. Auf diese Weise können also Folgekosten entstehen, die als hohe Sachkosten die gewonnene Verringerung der Personalkosten bei weitem überkompensieren.[2112]

e. Transaktionskostenökonomische Erklärung der Folgen von Personalasymmetrien

Die Mechanismen und Kostenfolgen der Asymmetrie von Auftrag und Personaleinsatz, insbesondere der Überforderung und Demotivation von Personal in Organisationen, werden durch die Transaktionskostentheorie als Teilbereich der Neuen Institutionenökonomie verdeutlicht.[2113] Sie geht im Gegensatz zur ökonomischen Rationalität der neoklassischen volks- oder betriebswirtschaftlichen Marktmechanismen[2114] von der unvollkommenen individuellen Rationalität der Prozesse aus, die in Organisationen durch die zweckgerichtete Beeinflussung der in ihr handelnden Personen Transaktionskosten verursachen. [2115] Organisationen als Zusammenfassung von Institutionen mit dem Zweck, individuelles Verhalten in eine bestimmte Richtung zu steuern, und Personen als ihre Mitglieder bergen rationale Unsicherheiten in sich, deren Beseitigung durchzusetzen ist.[2116] Der hierdurch entstehende Aufwand schlägt sich als Transaktionskosten nieder, die sich in Betriebskosten eines organisatorischen Systems ausdrücken.[2117] Transaktionen sind dann effizient, wenn die Akteure sie so organisieren, dass sie, im Vergleich zu anderen Ver-

---

[2112] Weitere Beispiele bei WEIDINGER, *Schlanke Verwaltung = leistungsfähige....*, a. a. O., S. 515

[2113] BOFINGER, PETER: *Grundzüge der Volkswirtschaftslehre*, München 2003, S. 71 f.; BUDÄUS/ FINGER, *Stand und Perspektiven....*, a. a. O., S. 336; HOFFMANN-RIEM, *Innovationssteuerung durch die....*, a. a. O., S. 163; NASCHOLD/ BOGUMIL, *Modernisierung des Staates*, a. a. O., S. 69, 251

[2114] BOFINGER, *Grundzüge der Volkswirtschaftslehre*, a. a. O., S. 68 ff.; vgl. auch WALLERATH, *Verwaltungserneuerung*, a. a. O., S. 16 f.

[2115] BEA/ GÖBEL, *Organisation*, a. a. O., S. 133; NASCHOLD/ BOGUMIL, *Modernisierung des Staates*, a. a. O., S. 69; RICHTER/ FURUBOTN, *Neue Institutionenökonomik – eine....*, a. a. O., S. 8 f.

[2116] BEA/ GÖBEL, *Organisation*, a. a. O., S. 133 f.; RICHTER/ FURUBOTN, *Neue Institutionenökonomik – eine....*, a. a. O., S. 22 f.

[2117] PICOT/ WOLFF, *Zur ökonomischen Organisation....*, a. a. O., S. 59; RICHTER/ FURUBOTN, *Neue Institutionenökonomik – eine....*, a. a. O., S. 47 ff.

trags- oder Organisationsformen-, neben den Produktionskosten die geringsten Transaktionskosten aufweisen.[2118]

So fallen auf dem „Markt“ des Sozialtransfers zwischen Sozialverwaltung und Leistungsnachfrager wegen der Unvollständigkeit der bei den Akteuren vorliegenden Informationen ähnliche Kosten an, wie sie auf Märkten zwischen Tauschpartnern entstehen. Es entstehen Such- und Informationskosten (z. B. Nachweis der Bedürftigkeit bei der Sozialhilfe, Gesundheitszustand bei der Behindertenfeststellung, Ortstermine bei der Arzneimittelüberwachung), Verhandlungs- und Entscheidungskosten (z. B. Aufbereitung der Informationen, Kosten externer Gutachter) sowie Überwachungs- und Durchsetzungskosten. Bei allen Kostenarten kann durch opportunistisches Verhalten der Akteure[2119] Informationsasymmetrie entstehen, die zu ineffizienten Ergebnissen führt und sich in höheren Kosten ausdrückt. Beispiel ist die erschlichene Sozialleistung durch unrichtige Angaben des Antragstellers bei ungenügender Sachaufklärung durch die Behörde.

Analog zu den unternehmerischen Transaktionskosten spielen unter den behördlichen Transaktionskosten im Personalbereich die Kosten der Erfüllung beamtenrechtlicher wie arbeitsvertraglicher Anstellungsverhältnisse eine herausragende Rolle. Unter ihnen sind Kosten der Einrichtung, Erhaltung und Änderung einer Organisationsstruktur im Personalbereich mit den Kosten der Personalverwaltung verknüpft, die als fixe Kosten wie die sonstigen Kosten dieses Gliederungsbereichs unschwer kalkulierbar sind.[2120]

Dagegen können sich von den Kosten des Betriebs einer Organisation die Kosten der Entscheidungsvorgänge, die Kosten der Überwachung der Ausführung von Anordnungen sowie die Kosten der Messung von Arbeitsergebnissen durch opportunistisches Verhalten zu nicht kalkulierbaren Größen entwickeln. Hier wirkt insbesondere der als Ex-Post-Opportunismus bezeichnete Versuch eines Akteurs, nach „Vertragsschluss“ sein Eigeninteresse, –ermöglicht durch Informationsasymmetrien oder die Unvollständigkeit des Vertrags–, auf die Transaktionskosten aus. Dabei wird unterstellt, dass alle Akteure einer Organisation, also Leitung und Linie, allen Vertrags- und Organisationsalternativen neutral gegenüberstehen und sich in ihrer Neigung, ein Risiko einzugehen, nicht unterscheiden.[2121]

2118 EBERS, MARK; GOTSCH, WILFRIED: *Institutionenökonomische Theorien der Organisation*, in: Kieser, Alfred (Herausg.): *Organisationstheorien*, 5. Aufl., Stuttgart 2002, S. 225 ff.

2119 EBERS/ GOTSCH, *Institutionenökonomische Theorien der....*, a. a. O., S. 210; RICHTER/ FURUBOTN, *Neue Institutionenökonomik – eine....*, a. a. O., S. 5

2120 RICHTER/ FURUBOTN, *Neue Institutionenökonomik – eine....*, a. a. O., S. 51 ff.

2121 EBERS/ GOTSCH, *Institutionsökonomische Theorien der....*, a. a. O., S. 210

Die nach der Transaktionskostentheorie unvollständige Integration der Humanressourcen führt zur Verhaltensunsicherheit, die durch das Ausmaß der Messbarkeit von Arbeitsproduktivität ausgedrückt wird. Bei schwerer Messbarkeit bestehen Anreize zu opportunistischem Verhalten, das bei spezialisierter Mitarbeiterschaft die Möglichkeit sowohl der Leistungszurückhaltung als auch des nicht interessenkonformen Verhaltens (hold-up) eröffnet.[2122]

Dieses Problem wird üblicherweise der Arbeitnehmerseite zugeordnet, kann aber auch, wie die gegenwärtige Situation im öffentlichen Dienst ausweist, auf der Arbeitgeberseite beobachtet werden. Sie reagiert in Situationen knapper Kassen und einem großen Arbeitsnachfragemarkt mit Lohnzurückhaltung oder einseitiger Umformung der bei „Vertragsschluss" als Konsens unterstellten beamtenrechtlichen Bedingungen.[2123] Bei zunehmender Spezifität der Leistungen, wie in einer hochspezialisierten Sozialverwaltung mit einer großen Vielfalt autonomer Tätigkeitsfelder, erhöhen sich also aus transaktionskostentheoretischer Sicht die gegenseitigen Abhängigkeiten und Sicherungsbedürfnisse zwischen den Kontraktpartnern, um opportunistisches Verhalten zu vermeiden.[2124] Die besonderen Bedingungen des öffentlichen Dienstes sowohl für Beamte als auch für Arbeitnehmer, die Anreiz- und Motivationsstrategien des behördlichen Personalmanagements sowie besondere Kultur- und Motivationsbedingungen sind Mittel zur Absicherung dieser Abhängigkeiten. Teamarbeit und dekonzentrierte Strukturen von Organisation und Personalmanagement sind Möglichkeiten, um überhöhte Transaktionskosten zu vermeiden.[2125]

IV. Anwendung weiterer Steuerungselemente des neuen öffentlichen Managements

1. Optimierung des EDV-Einsatzes im Landesamt für Soziales, Jugend und Versorgung

a. Entwicklung des EDV-Einsatzes seit Errichtung des Landesamtes für Soziales, Jugend und Versorgung

Wie in allen öffentlichen Verwaltungen führte der EDV-Einsatz in den Vorgängerbehörden des Landesamtes für Soziales, Jugend und Versorgung durch

---

[2122] BEA/ GÖBEL, *Organisation*, a. a. O., S. 138; PICOT/ WOLFF, *Zur ökonomischen Organisation....*, a. a. O., S. 74, 84

[2123] BATTIS, *Entwicklung des Beamtentums....*, a. a. O., S. 1085 f.

[2124] BUDÄUS/ FINGER, *Stand und Perspektiven....*, a. a. O., S. 337; PICOT/ WOLFF, *Zur ökonomischen Organisation....*, a. a. O., S. 60

[2125] BEA/ GÖBEL, *Organisation*, a. a. O., S. 137; PICOT/ WOLFF, *Zur ökonomischen Organisation....*, a. a. O., S. 89 ff.; SCHOLZ, *Personalmanagement*, a. a. O., S. 54

Konzentration und Automatisierung periodisch zu erbringender Leistungsbescheide (Bescheide über Versorgungsrenten, Schwerbehindertenbescheide) sowie den Wegfall aller aufrechnenden und verbuchenden Tätigkeiten zur Abrechnung von Haushaltsmitteln des Bundes im sozialen Entschädigungsrecht mit EDV-basierten Buchungsprogrammen zur Einsparung einer erheblichen Anzahl von zuarbeitendem Personal. In der Versorgungsverwaltung wurde es durch Vernetzung der Versorgungsämter mit dem Landesversorgungsamt auf der Basis von Großrechner-Terminal-Technologie[2126] unter Mitnutzung der EDV-Technologie und –Infrastruktur der rheinland-pfälzischen Finanzverwaltung möglich, den überwiegenden Teil des Postausdrucks, der Adressierung, Couvertierung und des Postversands zentral über die Oberfinanzdirektion in Koblenz abzuwickeln. Diese Technologie wird noch heute im sozialen Entschädigungsrecht und beim Feststellungsverfahren gem. § 69 SGB IX genutzt, allerdings mit bedienerfreundlicher Software nach aktuellem Standard auf vernetzten PC-Arbeitsplätzen, von denen aus das Intranet[2127] des Landesamtes und das Internet genutzt werden können.

Die EDV-Netze des Geschäftsbereichs wurden ab 1996 so vereinheitlicht, dass heute behördenweit alle PC-Arbeitsplätze mit einheitlicher Anwender- und Netzsoftware arbeiteten und untereinander zu einem einheitlichen Behördennetz zusammengefügt sind. Dadurch wird es möglich, dass jeder Anwender sich an jedem Arbeitsplatz des Behördenbereichs unter seinem Passwort anmelden und mit seiner gewohnten Arbeitsumgebung sowie der Verfügbarkeit aller seiner Daten arbeiten kann. Hierzu gehört auch der Zugang für alle Bearbeiter zum Internet sowie die Kommunikation und der Dokumenten- und Datenversand mittels E-Mail.[2128] Mit dieser technischen Ausstattung wird auch die Voraussetzungen geschaffen, lokale oder regionale Arbeitsüberhänge zu verschieben und dort erledigen zu lassen, wo eine kurzfristige Mehrbelastung der Mitarbeiter vertretbar erscheint.[2129]

Über eine seit 2002 freigeschaltete, dialogfähige Internet-Adresse des Landesamtes können Bürger Informationen zu allen Aufgabenbereichen einholen

---

2126 REINERMANN, *4 EDV-Phasen in....*, a. a. O., S. 136 beschreibt diese Form der EDV-Anwendung als Anwendungsstufe 4 mit Dialogverarbeitung bei nach wie vor zentraler Datenhaltung und -verarbeitung in Time-Sharing-Betriebssystemen. Der Dialog mit dem Zentralrechner wird über Terminals und Standleitungen abgewickelt.

2127 Zum Begriff BEYER, LOTHAR: *Informations- und Kommunikationstechnik*, in: Blanke, Bernhard; Bandemer, Stephan von; Nullmeier, Frank; Wewer, Göttrik (Herausg.): *Handbuch zur Verwaltungsreform*, Opladen 1998, S. 262

2128 Vgl. LANDESAMT FÜR SOZIALES, JUGEND UND VERSORGUNG (Herausg.), *Tätigkeitsbericht 2002*, a. a. O., S. 43

2129 Vgl. LENK, *Außerrechtliche Grundlagen für....*, a. a. O., S. 96

und auf Formulare zur Antragstellung zurückgreifen.[2130] Eine elektronische Antragstellung scheitert bislang an der fehlenden Verbreitung der elektronischen Signatur, deren Durchsetzung gerade bei der Klientel einer Landessozialverwaltung lange auf sich warten lassen wird.[2131] Ein alternatives Verfahren, das dem Steuererklärungs-System „ELSTER“ der Finanzverwaltung nachempfunden ist, befindet sich für das Feststellungsverfahren gem. § 69 SGB IX in Entwicklung und wurde bereits datenschutzrechtlich positiv geprüft. Mit seinem Einsatz in der Landessozialverwaltung von Rheinland-Pfalz könnte der Einstieg in das Electronic Government gelingen.[2132]

b. Auswirkungen des vernetzten EDV-Einsatzes auf die Organisation

Die Einführung von EDV-Arbeitsplätzen in allen Arbeitsbereichen und ihre Vernetzung untereinander und über alle Behördenstandorte hinweg hat Auswirkungen auf die Ablauforganisation des Geschäftsbereichs. Zu den Vorteilen der höheren Geschwindigkeit der Informationsverarbeitung, der Zuverlässigkeit der Verarbeitung gleichförmiger Vorgänge sowie des insgesamt effizienteren Informationsmanagements tritt der Vorteil der internen und externen Vernetzung und der damit verbundenen Möglichkeit, externe Informationen und Kommunikationswege zu nutzen.[2133]

Die EDV-gestützte integrierte Vorgangsbearbeitung stellt den Mitarbeitern insbesondere bei Massenvorgängen eine einheitliche und gleichzeitig benutzbare Datenbasis zur Verfügung und hält Software für die Bearbeitungsschritte[2134] bereit. In ihr sind Organisationsstrukturen abgebildet, Zugriffsrechte auf Programme und Daten installiert und Freigabe- bzw. Kontrollvorbehalte definiert. Sie sind so zu gestalten, dass Technik- und Rechtssicherheit

---

2130 www. lsjv. de; www. lsjv.rlp.de, vgl. auch LANDESAMT FÜR SOZIALES, JUGEND UND VERSORGUNG (Herausg.), *Tätigkeitsbericht 2002*, a. a. O., S. 43

2131 Zum derzeitigen Stand ROẞNAGEL, ALEXANDER: *Das elektronische Verwaltungsverfahren*, in: NJW 2003, S. 472 ff.; zu den infrastrukturellen Voraussetzungen BOEHME-NEẞLER, VOLKER: *Electronic Government: Internet und Verwaltung*, in: NVwZ 2001, S. 378

2132 Zum Bezug des Electronic Government zur Verwaltungsmodernisierung GROẞ, THOMAS: *Öffentliche Verwaltung im Internet*, in: DÖV 2001, S. 159; HILL, HERMANN: *E-lectronic Government – Strategie zur Modernisierung von Staat und Verwaltung*, in: Aus Politik und Zeitgeschichte B 39-40/ 2002, S. 30 ff.; derselbe, *Bürokratieabbau und Verwaltungsmodernisierung*, a. a. O., S. 724

2133 REINERMANN, HEINRICH: *Das Internet und die öffentliche Verwaltung*, in: DÖV 1999, S. 23

2134 Im Landesamt für Soziales, Jugend und Versorgung kommt Standardsoftware der Bürokommunikation zum Einsatz (Schriftguterstellung, Tabellenkalkulation, Terminverwaltung), die in die elektronische Vorgangsbearbeitung eingepasst ist; vgl. auch BEYER, *Informations- und Kommunikationstechnik*, a. a. O., S. 264 f.

gleichermaßen gewährleistet sind. Techniksicherheit umfasst die ständige Verfügbarkeit der Systeme, also ihre Ausfallsicherheit sowie das Bereithalten von Fehlerkorrekturmechanismen und Ersatzsystemen für den Fall des Technikversagens. Rechtssicherheit erfordert neben der strikten Einhaltung datenschutzrechtlicher Vorschriften die Installation eines Bündels von Sicherungsmaßnahmen zur Identifizierung der Bearbeiter, Benutzer, Freigeber und Kontrolleure eines durch EDV mit Außenwirkung erstellten Vorgangs (Bescheid, Zahlungsanordnung).[2135]

Diese EDV-gestützte Form der Vorgangsbearbeitung ist mit der früheren durch Hierarchie- und Kontrollstufen zergliederten Vorgangsbearbeitung nicht vergleichbar, obwohl auch in ihr durch Recht vorgegebene Zugangs-, Freigabe- und Kontrollmechanismen abzubilden waren. Beim Landesamt wurde sie vielmehr so gestaltet, dass eine ganzheitliche Bearbeitung durch Zusammenfassung früher bei unterschiedlichen Bearbeitern erledigten Arbeitsschritten möglich wurde. Sie können nun von einem Bearbeiter angestoßen und erledigt werden.[2136] Die Vorgangsbearbeitung mit EDV wurde gruppenbezogen gestaltet; dabei wurden Eingrenzungen einer ablaufgeprägten Arbeitsaufteilung auf unterschiedliche Bearbeiter vermieden.[2137] Sie schuf darüber hinaus die technische Voraussetzung für die Einführung der Teamarbeit in den Ämtern für soziale Angelegenheiten und in Teilbereichen des Landesamtes.[2138]

Die Ablösung der Informationsübermittlung auf Papier[2139] durch elektronische Formen verändert nicht nur die internen Arbeitsprozesse in einer Verwaltung,[2140] sondern löst auch frühere Kontrollmechanismen der hierarchischen Arbeitsablaufgestaltung auf.[2141] „Posteingänge“ gehen nun unmittelbar auf dem Arbeitsplatz des Bearbeiters ein und gelangen nur dann seinen Vor-

---

2135 Einzelheiten bei REINERMANN, *Auswirkungen der Neuen....*, a. a. O., S. 95 f.; vgl. auch HOFFMANN-RIEM: *Verwaltungsrecht in der Informationsgesellschaft – Einleitende Problemskizze*, in: Hoffmann-Riem, Wolfgang; Schmidt-Aßmann, Eberhard (Herausg.): *Verwaltungsrecht in der Informationsgesellschaft*, Baden-Baden 2000, S. 18

2136 Einheitssachbearbeitung, vgl. BRINKMANN, *Strategien für eine....*, a. a. O., S. 215; HOFFMANN-RIEM, *Verwaltungsrecht in der....*, a. a. O., S. 32

2137 Hierzu BEYER, *Informations- und Kommunikationstechnik*, a. a. O., S. 265; REINERMANN, HEINRICH: *Auswirkungen der Neuen Verwaltungskonzepte auf die Informationsverarbeitung*, in: VOP 2/ 1995, S. 96

2138 Vgl. REINERMANN, *Das Internet und....*, a. a. O., S. 24

2139 Zum Informationsträger Papier in der Verwaltung HOFFMANN-RIEM, *Verwaltungsrecht in der....*, a. a. O., S. 17 f.

2140 GROß, *Öffentliche Verwaltung im....*, a. a. O., S. 159

2141 BOEHME-NEßLER, *Electronic Government: Internet....*, a. a. O., S. 379 f.

gesetzten zur Kenntnis, wenn der Bearbeiter sie durch eigene Entscheidung übermittelt. Seine Mitwirkung kommt erst durch Mitwissen zustande; Informationsmonopole verschwinden.[2142] Der in Geschäftsordnungen vorgeschriebene Dienstweg kann so zur Sackgasse werden, weil die Vernetzung eine offene Kommunikation aller Teilnehmer ermöglicht und die formalisierte Kommunikation des Dienstweges durch die Möglichkeiten informeller Kommunikation überlagert wird.

Standortübergreifend vernetzte EDV-Arbeitsplätze mit ihren Möglichkeiten der jederzeitigen Verfügbarkeit von Information und Kommunikation bieten durch ihr Potential zur Selbstorganisation für alle Mitarbeiter einer Verwaltung neue Möglichkeiten, ihre Arbeitswelt in weitgehender Eigenverantwortung unter Reduzierung der früheren Steuerungs- und Kontrollmechanismen zu gestalten. Hierdurch ändern sich auch die Beziehungen der Vorgesetzten zu den Mitarbeitern, deren Aufgabe sich von korrigierendem Eingreifen in die Vorgangsbearbeitung hin zu Führungstätigkeiten, wie Leitbildvermittlung, Budgetierung, Controlling, Personalentwicklung, Qualifizierung und Motivation verlagert.[2143] Diese Vorgesetztenaufgaben sind die bestimmenden Aufgaben für eine zielorientierte und offene Führung von Teams, die auf einem Optimum an Vertrauen und Delegation beruhen muss.[2144]

Beteiligungsketten in der Amtshierarchie und Mitzeichnungswege werden durch die Möglichkeit der jederzeitigen Einbindung jedes Netzteilnehmers in einen bestimmten Arbeitsprozess unter Dokumentenaustausch auf elektronischem Weg in Echtzeit ersetzt; zeitraubende Transport- und Liegezeiten entfallen. Die an einem Arbeitsprozess Beteiligten haben so die Möglichkeit, sich selbst zu organisieren und sich zu am Produkt orientierten Teams zusammen zu finden. *Heinrich Reinermann* beschreibt solche Teams als in einem „sozialen Netz“ Beteiligte, die schnelle Entscheidungen auf kurzen Wegen treffen können und nach den Prinzipien der virtuellen Organisation[2145] geführt werden. Ihre Führungsprinzipien sind Selbststeuerung als Kenntnis von Auftrag, Entwicklung und Zielabweichung, Selbstorganisation als Entscheidungsautonomie über die Arbeitsweise und Selbstverantwortung als eigene Ergebnisverantwortung.[2146]

2142 REINERMANN, *Das Internet und....*, a. a. O., S. 23

2143 BRINKMANN, *Strategien für eine....*, a. a. O., S. 218 f.

2144 Eingehend HAUG, CHRISTOPH V.: *Erfolgreich im Team*, 2. Aufl., München 1998, S. 99 ff.; vgl. auch BRINKMANN, *Strategien für eine....*, a. a. O., S. 221

2145 REINERMANN, HEINRICH: *Virtuelle Organisationen*, in: VerwArch 1996, S. 441 f.

2146 REINERMANN, *Das Internet und....*, a. a. O., S. 24

c. Vernetzte Arbeitsplätze und neue Organisationsformen

Durch die Nutzung vernetzter EDV-Arbeitsplätze wird Information als Handlung des Mitteilens und Inhalt des Mitgeteilten[2147] sowie Grundlage juristischer und administrativer Entscheidungen[2148] an jedem beliebigen Platz in einer Verwaltungsorganisation verfügbar[2149] und unterliegt in ihrer Verbreitung und Verarbeitung keinen technischen, sondern ausschließlich rechtlichen Einschränkungen.[2150] Dies eröffnet in einem Verwaltungsverbund wie dem Landesamt für Soziales, Jugend und Versorgung neue Kooperationsperspektiven und arbeitsteiliges Bearbeiten und Entscheiden über Behördenstandorte hinweg.[2151] Die räumliche Zuordnung von Arbeitskapazität und damit Personal zu einer bestimmten Organisationseinheit verliert an Bedeutung; die kurzfristige Verlagerung von Arbeit von einer Organisationseinheit zur anderen wird jederzeit möglich und unterliegt ausschließlich rechtlichen Schranken.[2152]

Die Abgrenzung zwischen landesweit zuständiger Oberbehörde und lokalen bzw. regionalen Ausführungsbehörden verliert an Trennschärfe. Die Präsenz aller Informationen im Netz macht es möglich, Arbeitsprozesse bürgernah zu organisieren und sie nur dort zu zentralisieren, wo aus Effizienzgründen eine Konzentration geboten ist. Entsprechend dieser Leitidee wurden aus Gründen der Bürgerorientierung regional vorzuhaltende Aufgabenbereiche des Landesamtes im Bereich des Integrationsamtes, der Jugendhilfe, der Heimaufsicht und des öffentlichen Gesundheitsdienstes als Zweigstellenaufgaben des Landesamtes für Soziales, Jugend und Versorgung in die Ämter für soziale Angelegenheiten integriert und über das EDV-Netz zur virtuellen Gesamtorganisation verbunden.

Das im Geschäftsbereich des Landesamts für Soziales, Jugend und Versorgung verfügbare Potential an Informationstechnik eröffnet neue Möglichkeiten zur Verbesserung des Kontakts zwischen Bürgern, privatrechtlichen Institutionen und Verwaltung. In den Ämtern für soziale Angelegenheiten sind bereits seit 1997 Bürgerservice-Büros eingerichtet, die den dortigen Besu-

---

2147 LENK, *Außerrechtliche Grundlagen für....*, a. a. O., S. 69; vgl. auch GRIMMER, *Die Gestaltbarkeit von....*, a. a. O., S. 482

2148 HOFFMANN-RIEM, *Verwaltungsrecht in der....*, a. a. O., S. 13

2149 LENK, *Außerrechtliche Grundlagen für....*, a. a. O., S. 83; REINERMANN, *Das Internet und....*, a. a. O., S. 23

2150 HOFFMANN-RIEM, *Verwaltungsrecht in der....*, a. a. O., S. 55 ff.

2151 BRINKMANN, *Strategien für eine....*, a. a. O., S. 220; LENK, *Außerrechtliche Grundlagen für....*, a. a. O., S. 93 f.

2152 Sie werden insbesondere durch das Personalvertretungsrecht gezogen, das derartige Arbeitsverlagerungen mitbestimmungspflichtig macht (§ 80 Abs. 2 Nr. 1 u. 2 LPersVG); vgl. auch STELTER/ SEILER, *Die Grundzüge des....*, a. a. O., S. 136

cherverkehr koordinieren und als Ansprechstelle für Sachstandsauskünfte in allen Tätigkeitsbereichen der Ämter fungieren.[2153] Dort werden Anträge entgegengenommen bzw. bei ihrer Erstellung und Einreichung Hilfestellung geleistet, Wertmarken gem. § 145 Abs. 1 Satz 2 und 3 SGB IX ausgegeben und Behindertenausweise ausgestellt oder verlängert. In dieser Eigenschaft stellen die Bürgerservice-Büros das Front Office der Ämter für soziale Angelegenheiten dar, das in seiner Bündelungsfunktion den Kontakt mit allen Organisationseinheiten des Geschäftsbereichs herstellen kann.[2154]

Die Bürgerservice-Büros sind in den Ämtern besonders gekennzeichnet, behindertengerecht erreichbar und mit geschultem Fachpersonal besetzt. Die dortigen Arbeitsplätze sind so eingerichtet, dass der Datenschutz der ratsuchenden Bürger gewährleistet ist, aber auch, dass Gehörlose über Telekonferenzschaltungen mit einem Gebärdendolmetscher und dem Bearbeiter kommunizieren können. Die Büros haben akzeptable Wartezonen und sind in der Besetzung so steuerbar, dass auf größeren Publikumsverkehr durch Personalverstärkung reagiert werden kann.[2155] Die Bürgerservice-Büros haben nicht die Aufgabe, den Publikumsverkehr in den übrigen Arbeitseinheiten der Ämter abzuschotten. Sie bleiben den ratsuchenden Bürgern weiterhin durchgehend geöffnet.

2. *Budgetierung von Haushaltsmitteln und Kosten- und Leistungsrechnung*

a. Rechnungswesen im neuen öffentliches Management

Zu den tragenden Elementen des neuen öffentlichen Managements gehört die Berücksichtigung der Komplexität öffentlicher Aufgabenerfüllung durch das bewusste Messen des Leistungs-Kostenverhältnisses.[2156] Für die detaillierte Kosten- und Leistungserfassung ist ein Rechnungswesen unerlässlich, mit dem Rechenschaft über die Kosten und den Zielerreichungsgrad einer demo-

---

[2153] Zur Funktion EICHHORN/ FRIEDRICH/ JANN/ OECHSLER/ PÜTTNER/ REINERMANN (Herausg.), *Verwaltungslexikon*, a. a. O., Stichwort: Bürgerbüro

[2154] Vgl. HILL, *Bürokratieabbau und Verwaltungsmodernisierung*, a. a. O., S. 724; HOFFMANN-RIEM, *Verwaltungsrecht in der....*, a. a. O., S. 27; LENK, *Außerrechtliche Grundlagen für....*, a. a. O., S. 88 f.

[2155] Vgl. MÜLLER, GERT: *Verbesserung der Dienstleistungsorientierung durch Einrichtung von Bürgerbüros*, in: RiA 2004, S. 7 ff.

[2156] BUSCHOR, ERNST: *Das Rechnungswesen im New Public Management*, in: Budäus, Dietrich; Küpper, Willi; Streitferdt, Lothar (Herausg.): *Neues öffentliches Rechnungswesen*, Wiesbaden 2000, S. 25

kratischen Staatsorganisation abgegeben werden kann.[2157] Verwaltungsreform nach den Grundsätzen des neuen öffentlichen Managements umfasst deshalb auch die Installation eines Rechnungswesens, mit dem die finanzielle Lage des Staates transparent gemacht und der Nachweis geführt werden kann, dass die staatlichen Verwaltungen die knappen öffentlichen Ressourcen effizient einsetzen.[2158] Dies gilt für eine staatliche Sozialverwaltung, deren Leistungserbringung in der Umverteilung von starken auf schwache Schultern nach den Grundsätzen solidarischer Verpflichtung besteht, in besonderem Maße.

Ein Schwerpunkt der Maßnahmen des neuen öffentlichen Managements ist die Verbesserung des Finanzwesens durch ergebnisorientierte Programmbudgetierung und interne Kostenrechnung, mit denen die Produktivität öffentlicher Dienstleistungen gemessen werden kann.[2159] Dazu ist das traditionelle[2160] als Einnahmen- und Ausgabenrechnung konzipierte kamerale Rechnungswesen[2161] nicht in der Lage.[2162] Die Kameralistik erfasst in staatlichen Haushalten Zahlungseingänge und –ausgänge und dient als Geldverbrauchskonzept dazu, Einnahmen und Ausgaben entsprechend den haushaltsrechtlichen Vorschriften (BHO, HGrG, LHO) zu verbuchen.[2163] Aussagen zu Erlösen und Kosten, Ressourcenzufluss und Ressourcenverbrauch, kalkulatorischen Ab-

---

2157 LÜDER, KLAUS: *Reform des öffentlichen Haushalts- und Rechnungswesens*, in: DÖV 2000, S. 837; derselbe: *Neues öffentliches Haushalts- und Rechnungswesen: Anforderungen, Konzept, Perspektiven*, Berlin 2001, S. 10; PICOT/ WOLFF, *Zur ökonomischen Organisation....*, a. a. O., S. 102 f.

2158 LÜDER, *Reform des öffentlichen....*, a. a. O., S. 837

2159 LÜDER, *Neues öffentliches Haushalts-....*, a. a. O., S. 14 f.; NASCHOLD, *Produktivität öffentlicher Dienstleistungen*, a. a. O., S. 365 f.

2160 Dies gilt auch nach Inkrafttreten des Haushaltsrechts-Fortentwicklungsgesetzes vom 22.12.1997 (BGBl. I S. 3251) fort; vgl. LÜDER, *Verpasste Chance – Das....*, a. a. O., S. 287. Zu den Inhalten dieses Gesetzes BÖHM, MONIKA: *Fortentwicklung des Haushaltsrechts*, in: NVwZ 1998, S. 934 ff.; GRÖPL, KLAUS: *Das Haushaltsrechts-Fortentwicklungsgesetz*, in: NVwZ 1998, S. 1251 ff.

2161 BEYER, LOTHAR: *Kameralistik und Doppik*, in: Blanke, Bernhard; Bandemer, Stephan von; Nullmeier, Frank; Wewer, Göttrik (Herausg.): *Handbuch zur Verwaltungsreform*, Opladen 1998, S. 304 f.; DIEMER, ROLF: *Neukonzeption des kommunalen Rechnungswesens*, Wiesbaden 1996, S. 28 ff.; EICHHORN, PETER: *Allgemeine und Öffentliche Betriebswirtschaftslehre, insbesondere Doppik und Kameralistik*, in: Eichhorn, Peter (Herausg.): *Doppik und Kameralistik*, Baden-Baden 1987, S. 53 ff.; LÜDER, *Neues öffentliches Haushalts-....*, a. a. O., S. 7 ff.

2162 BEYER, *Kameralistik und Doppik*, a. a. O., S. 306 ff.; KIRCHHOF, *Das Haushaltsrecht als....*, a. a. O., S. 111

2163 BREDE, *Grundzüge der Öffentlichen....*, a. a. O., S. 190 ff.; HEWER, *Finanzkontrolle im Neuen....*, a. a. O., S. 7 ff.; SCHMIDT, *Betriebswirtschaftslehre und Verwaltungsmanagement*, a. a. O., S. 335 ff.

schreibungen, Mieten oder Zinsen sowie Rückstellungen für künftige Ausgaben lassen sich mit diesem Konzept nicht erzielen.[2164]

Bei der Modernisierung des öffentlichen Rechnungswesens geht es um seine Umstrukturierung zu einem Ressourcenverbrauchskonzept, mit dem nicht nur der Geldverbrauch, sondern der tatsächliche Ressourcenverbrauch erfasst, dokumentiert und unter Wirtschaftlichkeitsgesichtspunkten bewertet und beeinflusst werden kann.[2165] Ein der Zielkonzeption des neuen öffentlichen Managements gerecht werdendes öffentliches Rechnungswesen muss Informationen über die tatsächliche finanzielle Lage eines Verwaltungsträgers bereitstellen können, eine periodengerechte Zuordnung von Ausgaben und künftigen Belastungen gewährleisten sowie Informationen über Kostenwirtschaftlichkeit, Effizienz und Effektivität des Verwaltungshandelns liefern.[2166] Zur Lösung dieses Informationsbedarfs wurden Reformkonzepte entwickelt, die von einer optimierten Kameralistik[2167] über organisatorische und rechnungsmäßige Verselbständigungen als Insellösungen[2168] bis hin zur von *Klaus Lüder* entwickelten integrierten Verbundrechnung auf der Grundlage der kaufmännischen Buchführung (Doppik) als flächendeckendem Reformansatz[2169] reichen.

Ob die kameralistische Einnahmen- und Ausgabenrechnung zwingend durch die kaufmännische Buchführung abgelöst werden muss, ist heute immer noch

---

2164 BEYER, *Kameralistik und Doppik*, a. a. O., S. 306; HEWER, *Finanzkontrolle im Neuen....*, a. a. O., S. 10 f.; WEWER, GÖTTRIK: *Globalisierung, Flexibilisierung, Budgetierung*, in: Blanke, Bernhard; Bandemer, Stephan von; Nullmeier, Frank; Wewer, Göttrik (Herausg.): *Handbuch zur Verwaltungsreform*, Opladen 1998, S. 292

2165 BUDÄUS, DIETRICH: *Weiterentwicklung der integrierten Verbundrechnung (Speyerer Verfahren) – Aktuelle Reformprobleme und Entwicklungsperspektiven des öffentlichen Rechnungswesens*, in: Budäus, Dietrich; Küpper, Willi; Streitferdt, Lothar (Herausg.): *Neues öffentliches Rechnungswesen*, Wiesbaden 2000, S. 305

2166 LÜDER, KLAUS: *Innovationen im öffentlichen Rechnungswesen in Deutschland und Europa*, in: Jann, Werner; König, Klaus; Landfried, Christine; Worbelmann, Peter (Herausg.): *Politik und Verwaltung auf dem Weg in die transindustrielle Gesellschaft*, Baden-Baden 1998, S. 217 ff.

2167 Vgl. BEYER, *Kameralistik und Doppik*, a. a. O., S. 310; EICHHORN, *Allgemeine und Öffentliche....*, a. a. O., S. 55, 60 ff.; LÜDER, *Reform des öffentlichen....*, a. a. O., S. 838

2168 EICHHORN, *Allgemeine und Öffentliche....*, a. a. O., S. 58

2169 LÜDER, KLAUS: *Konzeptionelle Grundlagen des Neuen Kommunalen Rechnungswesens (Speyerer Verfahren)*, Schriftenreihe des Innenministeriums Baden-Württemberg zum kommunalen Haushalts- und Rechnungswesen 1, Stuttgart 1996, S. 4 ff.; OETTLE, KARL: *Zur Bewältigung erfolgsrechnerischer Probleme im Neuen Kommunalen Rechnungswesen*, in: Budäus, Dietrich; Küpper, Willi; Streitferdt, Lothar (Herausg.): *Neues öffentliches Rechnungswesen*, Wiesbaden 2000, S. 238 ff.

umstritten. Die Befürworter einer erweiterten Kameralistik verweisen darauf, dass auch die kaufmännische Buchführung nicht vor Unwirtschaftlichkeit und Fehlgebrauch schützt, dass also die Aussagefähigkeit eines öffentlichen Rechnungswesens nicht von der Buchführungsmethode abhängig sein könne.[2170] Dem wird entgegengehalten, dass die erweiterte Kameralistik einen Buchungsaufwand erfordert, der mindestens gleichbedeutend mit dem der Doppik ist.[2171]

Zugunsten der doppischen Buchführung spricht darüber hinaus, dass computergestützte kaufmännische Buchführungssysteme zur Standardsoftware der Industrie gehören und deshalb preisgünstig beschafft werden können, während EDV-Systeme zur Anwendung der erweiterten Kameralistik proprietäre Lösungen für die öffentliche Verwaltung darstellen, die mit hohen Entwicklungs- und Beschaffungskosten verbunden sind.[2172] Zudem ist ein internationaler Leistungsvergleich unter Verwaltungen und die damit verbundene Verständigung über nationale Grenzen hinweg durch die Anwendung der Doppik besser geeignet, da sich in den westlichen Industrienationen die kaufmännische Buchführung als Grundlage des öffentlichen Rechnungswesens durchsetzt.[2173]

Die Widerstände gegen die Einführung eines leistungs- und ressourcenorientierten Haushalts- und Rechnungswesens auf doppischer Basis beruhen auf Befürchtungen, durch Aufgabe oder Lockerung der Prinzipien der qualitativen, quantitativen und zeitlichen Spezialität (§§ 37, 45 LHO) zugunsten einer Gewährung von Globalhaushalten[2174] verschiebe sich das haushaltsrechtliche Kompetenzgefüge der Staatsgewalten[2175] hin zu einer Erweiterung der exeku-

---

[2170] STREITFERDT, LOTHAR: *Das Neue Kommunale Rechnungswesen als Instrument zur Beurteilung der Wirtschaftlichkeit und der Wertschöpfung im öffentlichen Sektor*, in: Budäus, Dietrich; Küpper, Willi; Streitferdt, Lothar (Herausg.): *Neues öffentliches Rechnungswesen*, Wiesbaden 2000, S. 275 f.; WEWER, *Globalisierung, Flexibilisierung, Budgetierung*, a. a. O., S. 292

[2171] STREITFERDT, *Das Neue Kommunale....*, a. a. O., S. 276 f.

[2172] BREDE, *Grundzüge der Öffentlichen....*, a. a. O., S. 195 f.; STREITFERDT, *Das Neue Kommunale....*, a. a. O., S. 277 ff.; WEWER, *Globalisierung, Flexibilisierung, Budgetierung*, a. a. O., S. 292

[2173] LÜDER, KLAUS: *Ein kaufmännisches Rechnungswesen für die öffentliche Verwaltung?*, in: Eichhorn, Peter (Herausg.): *Doppik und Kameralistik*, Baden-Baden 1987, S. 246 ff.; derselbe, *Reform des öffentlichen....*, a. a. O., S. 840 ff.

[2174] KIRCHHOF, *Das Haushaltsrecht als....*, a. a. O., S. 119 ff.; LÜDER, *Reform des öffentlichen....*, a. a. O., S. 838

[2175] Eingehend DREIER, HORST: *Der Kampf um das Budgetrecht als Kampf um die staatliche Steuerungsherrschaft – Zur Entwicklung des modernen Haushaltsrechts*, in: Hofftiven Handlungsspielräume und der Preisgabe parlamentarischer Steuerungseinflüsse.[2176] Wohl auch deshalb ist die doppische Buchführung im Bund und den Ländern auf der Grundlage von § 33 a HGrG lediglich als Parallelbuchführung neben dem kameralistischen Rechnungswesen zugelassen,[2177] weshalb in Rheinland-Pfalz die Kameralistik beibehalten[2178] und das Haushaltsrecht durch Erweiterungen von Deckungsfähigkeiten und Übertragbarkeiten, Öffnungsklauseln für eine dezentrale Budgetverantwortung und Verpflichtung zur schrittweisen Einführung einer Kosten- und Leistungsrechnung in den Landesverwaltungen fortentwickelt wurde.[2179]

b. Die Möglichkeiten des rheinland-pfälzischen Haushaltsrechts zur eigenverantwortlichen Bewirtschaftung von Haushaltsmitteln

Das rheinland-pfälzische Haushaltsrecht wurde seit 1997 in einem Erprobungs- und Entwicklungsprozess auf eine Lockerung von Bindungswirkungen hin flexibilisiert, an dem auch das Landesamt für Soziales, Jugend und Versorgung seit seiner Errichtung teilhaben konnte. Erstmals räumte § 6 des Landeshaushaltsgesetzes 1997[2180] den Landesverwaltungen die Möglichkeit ein, die Ausgaben der Haushaltsgruppe 4 (Personalausgaben)[2181] selbstgesteuert zu bewirtschaften, indem ihre Ausgabetitel für gegenseitig deckungsfähig erklärt wurden. Dadurch wurde ein Einstieg in die Budgetierung insofern geschaffen, als das Ministerium der Finanzen eine Reihe von zuvor genehmigungspflichtigen Tatbeständen der Personalbewirtschaftung nun zur Ent-

---

mann-Riem, Wolfgang; Schmidt-Aßmann, Eberhard (Herausg.): *Effizienz als Herausforderung an das Verwaltungsrecht*, 1. Aufl., Baden-Baden 1998, S. 60 ff.

2176 BÖHM, *Fortentwicklung des Haushaltsrechts*, a. a. O., S. 935 f.; DREIER, *Der Kampf um....*, a. a. O., S. 97 ff.; KUBE, HANNO: *Neue Steuerung im Haushaltsrecht – Ein Kompetenzgefüge außer Balance?*, in: DÖV 2000, S. 812 ff.

2177 GRÖPL, *Das Haushaltsrechts-Fortentwicklungsgesetz*, a. a. O., S. 1258 f.; LÜDER, *Verpasste Chance – Das....*, a. a. O., S. 286 f.

2178 Dies wird auch aus § 71 a LHO deutlich, der in Analogie zu § 33 a HGrG die doppelte Buchführung lediglich neben der Kameralistik zulässt.

2179 GRIMM, CHRISTOPH: *Wirtschaftlicher, flexibel, parlamentarisch gesteuert – Rheinland-Pfalz hat sein Haushaltsrecht reformiert*, in: Das Parlament Nr. 21 v. 19.05.2000; KEILMANN, ULRICH: *Personalausgabenbudgetierung – Die Entwicklung in Rheinland-Pfalz seit 1996*, in: VuM 2001, S. 163

2180 Vom 12.02.1997 (GVBl. S. 39)

2181 Bestandteile der Hauptgruppe 4 gem. Richtlinien zur Haushaltssystematik des Landes Rheinland-Pfalz vom 15.02.2001, in: MinBl. S. 215 f.

scheidung durch die Fachressorts freigab, die sie ihrerseits an die personalbewirtschaftenden Dienststellen weitergaben.[2182]

Dies ist seither an die Bedingung geknüpft, dass die Haushaltsansätze der Hauptgruppe 4 in den jeweiligen Kapiteln[2183] nicht überschritten werden dürfen. Darüber hinaus dürfen die Stellenpläne durch die Personalbewirtschaftung nur dann ausgeschöpft werden, wenn dadurch der in der Hauptgruppe 4 des jeweiligen Kapitels festgelegte Geldansatz als Budget eingehalten wird. Auch durch Personalfreisetzungen unbesetzte Stellen dürfen erst dann nachbesetzt werden, wenn die Einhaltung des Personalausgabenbudgets sichergestellt ist.[2184]

Diese Flexibilisierung eröffnete die Möglichkeit, Planstellen für Beamte mit Angestellten zu besetzen und umgekehrt, eigenverantwortlich auf Vollzeitstellen Teilzeitkräfte einzusetzen, Planstellen und Stellen in andere Verwaltungen eines Kapitels umzusetzen, Planstellen und Stellen zu schaffen, soweit sie drittfinanziert werden, fachspezifische Planstellen und Stellen mit Personal anderer Qualifikationen zu besetzen und Leerstellen zu schaffen und anzuheben.[2185] Dem in der Hauptgruppe 4 festgesetzten Geldansatz wurde nun auch die Bindungswirkung beigegeben, dass, anders als in den Personalhaushalten vor 1997, nicht mehr die Stellenpläne die Handlungs- und Entscheidungsmöglichkeiten der Personalbewirtschaftung bestimmten. Das so gebildete Budget orientierte sich an der Ist-Besetzung der vorjährigen Haushalte, berücksichtigte also nicht die Geldsumme der aufgrund der Stellenpläne möglichen Löhne und Gehälter, die aufgrund der periodisch gestaffelten Lebensaltersstufen oder durch Beförderungen bzw. Höhergruppierungen ansteigen können.

Ab 1998 erweiterte ein Bonus-/ Malus-System die Gestaltungsmöglichkeiten der rheinland-pfälzischen Verwaltungen zur Budgetierung ihrer Haushalts-

---

[2182] Nachweis bei KEILMANN, *Personalausgabenbudgetierung – Die Entwicklung....*, a. a. O., S. 162 f.

[2183] Darunter erstmals im Haushaltsjahr 1997 Kapitel 06 04 „Landesamt für Soziales, Jugend und Versorgung"; Definition von „Kapitel" gem. Richtlinien zur Haushaltssystematik des Landes Rheinland-Pfalz vom 15.02.2001, in: MinBl. S. 213

[2184] Vgl. Haushalts- und Wirtschaftsführung der Landesverwaltung im Haushaltsjahr 2001 – Verwaltungsvorschrift des Ministeriums der Finanzen vom 19.12.2000, in: MinBl. 2001, S. 156

[2185] Haushalts- und Wirtschaftsführung der Landesverwaltung im Haushaltsjahr 2001 – Verwaltungsvorschrift des Ministeriums der Finanzen vom 19.12.2000, in: MinBl. 2001, S. 156; KEILMANN, *Personalausgabenbudgetierung – Die Entwicklung....*, a. a. O., S. 162 f.

mittel.[2186] Durch § 6 Abs. 3 Landeshaushaltsgesetz 1998/ 1999 wurde die Möglichkeit geschaffen, alle Ausgabenansätze der Hauptgruppe 4 und der Obergruppen 51 bis 54 (sächliche Verwaltungsausgaben mit Ausnahme von Verfügungsmitteln und Mitteln für Öffentlichkeitsarbeit) ohne Genehmigungsvorbehalte des für Finanzen zuständigen Ministeriums in das kommende Haushaltsjahr zu übertragen; § 45 Abs. 2 LHO wurde insofern außer Kraft gesetzt. Darüber hinaus wurde zugelassen, dass Ausgabereste aus Mitteln für die Personalbewirtschaftung im folgenden Haushaltsjahr von der Zweckbindung befreit auch für sächliche Verwaltungsausgaben (Obergruppen 51 bis 54), Ausgaben für Zuweisungen und Zuschüsse gem. § 23 LHO (Hauptgruppe 8)[2187] sowie Investitionen der Hauptgruppe 8[2188] verwendet werden dürfen.

Diese Möglichkeiten der Bildung von Ausgaberesten bei den Personalausgaben, ihre Übertragung ins nächstfolgende Haushaltsjahr und ihre Verwendung auch für sächliche Verwaltungsausgaben oder Investitionen, insbesondere im Bereich der EDV-Ausstattung, ermöglichte es dem Landesamt, durch sparsame Personalbewirtschaftung Geldmittel verfügbar zu machen, die nach Übertragung im nächsten Haushaltsjahr für Beschaffungsmaßnahmen genutzt werden konnten. Das Landesamt konnte so Zug um Zug die EDV-Ausstattung seines gesamten Geschäftsbereichs modernisieren und nach der dargestellten EDV-Strategie umgestalten. Dies war eine der wesentlichen Voraussetzungen, um die personellen Einsparauflagen durch erhöhten Technikeinsatz auszugleichen.

Auf dieser Grundlage wurde im Landesamt für Soziales, Jugend und Versorgung ab dem Jahr 2000 die Budgetierung für die Abteilungen des Landesamtes und die Ämter für soziale Angelegenheiten eingeführt. Mit der Zuweisung der Budgets wurde dort die Verantwortung für die Mittelverwendung und die fachliche Verantwortung zusammengeführt und die Möglichkeit eröffnet, veränderte Bedarfssituationen durch Umschichtung von Haushaltsmitteln inner-

---

2186 Grundlage waren die durch das Haushaltsrechts-Fortentwicklungsgesetz vom 22.12.1997 (BGBl. I S. 3251) erweiterten Möglichkeiten zur Übertragbarkeit von Haushaltsmitteln (§ 15 Abs. 1 Satz 1 HGrG), zur Erleichterung von Zweckbindungsvermerken (§ 7 Satz 2 HGrG) und zur Einführung einer dezentralen Budgetverantwortung (§ 6a HGrG); vgl. GRÖPL, *Das Haushaltsrechts-Fortentwicklungsgesetz*, a. a. O., S. 1254 f.

2187 Zu den Einzelheiten vgl. Richtlinien zur Haushaltssystematik des Landes Rheinland-Pfalz vom 15.02.2001, in: MinBl. S. 231 ff.

2188 Vgl. Richtlinien zur Haushaltssystematik des Landes Rheinland-Pfalz vom 15.02.2001, in: MinBl. S. 210, 234 f.

halb der Abteilungsbudgets zu berücksichtigen.[2189] Seither wurde diese Art der dezentralen Verantwortung für die Bewirtschaftung der Haushaltsmittel mit Erfolg fortgeführt.

c. Entwicklung einer Kosten- und Leistungsrechnung im Landesamt für Soziales, Jugend und Versorgung

In den rheinland-pfälzischen Verwaltungen wird der Haushaltsvollzug entsprechend den Vorgaben der §§ 34 ff. LHO gestaltet, die für die Landesbehörden eine Einnahmen- und Ausgabenrechnung nach kameralistischen Prinzipien und ihren Nachweis in Haushaltsüberwachungslisten vorschreiben.[2190] Diese Art der Rechnungslegung erfasst allerdings nur einen Teil der innerbetrieblichen Kosten und lässt weder Aufschlüsse über die verwaltungsinternen Geld- und Leistungsströme, noch eine Kontrolle der Wirtschaftlichkeit und Rentabilität der Verwaltungsprozesse zu. Erst recht kann dieses Rechenwerk nicht als taugliches Instrument zur frühzeitigen Aufdeckung von Fehlentwicklungen angesehen werden.[2191]

Informationen über Leistungen von Verwaltungen und ihren Ressourcenverbrauch als Grundlage der Beurteilung von effizientem Verwaltungshandeln können demgegenüber durch Kosten- und Leistungsrechnungen gewonnen werden, mit denen die Leistungen über Kostenträger und Produkte definiert, die produzierten Leistungsmengen pro Zeiteinheit erfasst und der zur Erstellung in Anspruch genommene Einsatz an personellen und sächlichen Ressourcen als Kostenarten ermittelt werden.[2192] Auf der Grundlage der Novellierung des § 6 Abs. 3 HGrG durch das Haushaltsrechts-Fortentwicklungsgesetz wurde in § 7 Abs. 3 der Haushaltsordnungen von Bund und Län-

---

[2189] Vgl. LANDESAMT FÜR SOZIALES, JUGEND UND VERSORGUNG (Herausg.): *Tätigkeitsbericht 1999*, Mainz, o. D., S. 15

[2190] Nr. 7 und 8 zu § 34 der Verwaltungsvorschrift des Ministeriums der Finanzen zum Vollzug der Landeshaushaltsordnung vom 20.12.2002, in: MinBl. S. 44 f.; zu den Rechnungszielen der kameralistischen Haushaltsführung BREDE, *Grundzüge der Öffentlichen....*, a. a. O., S. 190 ff.; EICHHORN, *Allgemeine und öffentliche....*, a. a. O., S. 54 f.; SCHMIDT, *Betriebswirtschaftslehre und Verwaltungsmanagement*, a. a. O., S. 335 ff.

[2191] HEWER, *Finanzkontrolle im Neuen....*, a. a. O., S. 10 f.; RÜRUP, BERT: *Controlling als Instrument effizienzsteigernder Verwaltungsreform?*, in: Aus Politik und Zeitgeschichte, B 5/ 1995, S. 7 f.; SCHMIDT, *Betriebswirtschaftslehre und Verwaltungsmanagement*, a. a. O., S. 338 f.

[2192] BREDE, HELMUT: *Die Einführung einer Kosten- und Leistungsrechnung in der öffentlichen Verwaltung – auch eine Frage des Vorgehens*, in: Budäus, Dietrich; Küpper, Willi; Streitferdt, Lothar (Herausg.): *Neues öffentliches Rechnungswesen*, Wiesbaden 2000, S. 356 ff.; GRÖPL, *Das Haushaltsrechts-Fortentwicklungsgesetz*, a. a. O., S. 1255; HEWER, *Finanzkontrolle im Neuen....*, a. a. O., S. 38 f.; SCHMIDT, *Betriebswirtschaftslehre und Verwaltungsmanagement*, a. a. O., S. 337 f.

dern die Bestimmung aufgenommen, „in geeigneten Bereichen“ die Kosten- und Leistungsrechnung einzuführen.

Das rheinland-pfälzische Ministerium der Finanzen erstellte zur Unterstützung seiner Einführung den Entwurf einer standardisierten Kosten- und Leistungsrechnung[2193] und verpflichtete die Fachressorts zur Prüfung sowie zum Bericht, welche ihrer Verwaltungsbereiche für die Einführung der standardisierten Kosten- und Leistungsrechnung geeignet sind.[2194] Hierzu gehört auch das Landesamt für Soziales, Jugend und Versorgung mit seinen personal- und sachkostenintensiven[2195] Tätigkeitsbereichen der Feststellungsverfahren nach § 69 SGB IX oder den ausgabenintensiven Aufgaben des überörtlichen Trägers der Sozialhilfe, einschließlich der institutionellen Förderung entsprechender Einrichtungen.

Das System der Rechnungslegung spielt für die Frage, ob und wo eine Kosten- und Leistungsrechnung eingeführt werden soll, keine entscheidende Rolle. Es ist zur Anwendung einer Kosten- und Leistungsrechnung nicht erforderlich, einen Verwaltungsbereich vollständig aus dem kameralistischen Rechnungssystem herauszulösen und ihn ausschließlich auf das kaufmännische Rechnungssystem umzustellen.[2196] Allerdings muss die kameralistische Rechnungslegung um einige Elemente der Kostenerfassung und –zuordnung auf der Basis des Systems der erweiterten Kameralistik ergänzt werden.[2197] So ist für eine Kostenartenrechnung, die Personalkosten, Sachkosten, Kapitalkosten und Kosten für Steuern, Gebühren und Beiträge erfasst,[2198] neben dem Nachweis der bisherigen in den Haushaltsplänen ausgewiesenen Untergliederungen nach Gruppierungsübersichten die Ermittlung und Erfassung von Mie-

---

2193 MINISTERIUM DER FINANZEN RHEINLAND-PFALZ (Herausg.): *Handbuch der standardisierten Kosten- und Leistungsrechnung*, Mainz August 2000, S. 6 ff.

2194 Nr. 4 zu § 7 der Verwaltungsvorschrift des Ministeriums der Finanzen zum Vollzug der Landeshaushaltsordnung vom 20.12.2002, in: MinBl. S. 24; KEILMANN, *Personalausgabenbudgetierung – Die Entwicklung....*, a. a. O., S. 376

2195 Hier schlugen im Haushaltsjahr 2004 die Gerichts- und ähnlichen Kosten (HH-Titel 526 11 - Kosten der Klageverfahren vor den Sozialgerichten) mit 388.100 € und die Kosten der Beweiserhebung (HH-Titel 532 11 – Kosten der Befundberichte und Untersuchungen im Feststellungsverfahren nach § 69 SGB IX) mit 2.938.600 € zu Buche.

2196 SACHVERSTÄNDIGENRAT „SCHLANKER STAAT“, *Abschlussbericht,* Bd. 1, a. a. O., S. 151

2197 BREDE, *Grundzüge der Öffentlichen....*, a. a. O., S. 194 f.; SCHMIDT, *Betriebswirtschaftslehre und Verwaltungsmanagement*, a. a. O., S. 338

2198 Nr. 4.4 bis 4.5 zu § 7 der Verwaltungsvorschrift des Ministeriums der Finanzen zum Vollzug der Landeshaushaltsordnung vom 20.12.2002, MinBl. S. 29 f.; BEYER, *Kameralistik und Doppik*, a. a. O., S. 309; HEWER, *Finanzkontrolle im Neuen....*, a. a. O., S. 41 f.; SCHMIDT, *Betriebswirtschaftslehre und Verwaltungsmanagement*, a. a. O., S. 356 f.

ten (oder kalkulatorischen Mieten für Gebäudenutzung), von kalkulatorischen Zinsen und von Abschreibungen auf Geschäftseinrichtungen und Maschinen (z. B. EDV) erforderlich.

Die Zuordnung dieser Kostenarten durch die Kostenträgerrechnung zu Organisationseinheiten als Kostenträgern, entsprechend der Fragestellung: „Wo sind die Kosten angefallen?",[2199] erfordert keine weiteren Anforderungen an die Ausdifferenzierung von Kosten über das durch die Kameralistik vorgegebene Ausmaß hinaus. Hier liegt die Gefahr eher in einer zu kleinteiligen Zergliederung in unterschiedliche Kostenträger, zu denen Kosten durch Buchung zugeordnet werden müssen.[2200] Kostenträger sind auch verwaltungsinterne Produkte, die von einer Stelle der anderen gegenüber geleistet werden, wie die Personalverwaltung oder die EDV-Programmierung und –Wartung. Die Behandlung und interne Verrechnung dieser Gemeinkosten[2201] zählen zu den Problemen einer aussagekräftigen Kosten- und Leistungsrechnung, die erst mit einer ausgereiften Vollkostenrechnung gelöst werden.[2202]

Im Landesamt für Soziales, Jugend und Versorgung wurde als Einstieg ein erster Ansatz zur Teilkostenrechnung[2203] erstellt, mit dem bei den vier Ämtern für soziale Angelegenheiten die Kosten der Feststellungsverfahren gem. § 69 SGB IX ermittelt werden sollten. In ihm wurden die angefallenen variablen Kosten, wie Personalkosten aller mit diesem Produkt befassten Mitarbeiter sowie die Kosten der Beweiserhebung durch Befundberichte von Ärzten erfasst, in ein zu den Erledigungszahlen stehendes rechnerisches Beziehungs-

---

[2199] Nr. 4.7 zu § 7 der Verwaltungsvorschrift des Ministeriums der Finanzen zum Vollzug der Landeshaushaltsordnung vom 20.12.2002, in: MinBl. S. 30; BREDE, *Grundzüge der Öffentlichen...*, a. a. O., S. 205; HEWER, *Finanzkontrolle im Neuen....*, a. a. O., S. 44 f.

[2200] BEYER, *Kameralistik und Doppik*, a. a. O., S. 309; BREDE, *Die Einführung einer....*, a. a. O., S. 357 f.; derselbe, *Grundzüge der Öffentlichen....*, a. a. O., S. 201; Bei MINISTERIUM DER FINANZEN (Herausg.), *Handbuch der standardisierten....*, a. a. O., S. 77 wird die Begrenzung der Produkte auch in größeren Behörden auf fünf Produktbereiche zu fünf Produktgruppen und dort auf fünf Produkte vorgeschlagen, so dass maximal 125 Produkte auszudifferenzieren sind.

[2201] Vgl. Nr. 4.5 zu § 7 der Verwaltungsvorschrift des Ministeriums der Finanzen zum Vollzug der Landeshaushaltsordnung vom 20.12.2002, in: MinBl. S. 30; BREDE, *Grundzüge der Öffentlichen....*, a. a. O., S. 203; SCHMIDT, *Betriebswirtschaftslehre und Verwaltungsmanagement*, a. a. O., S. 370 f.; HEWER, *Finanzkontrolle im Neuen....*, a. a. O., S. 45 f.

[2202] BEYER, *Kameralistik und Doppik*, a. a. O., S. 309; BREDE, *Die Einführung einer....*, a. a. O., S. 359 f.

[2203] SCHMIDT, *Betriebswirtschaftslehre und Verwaltungsmanagement*, a. a. O., S. 380 ff.

system gesetzt und um pauschalierte Sachkosten ergänzt.[2204] Der hieraus ermittelte Vergleich der vier Ämter für soziale Angelegenheiten war Grundlage für Untersuchungen zur Effizienzsteigerung durch Vereinheitlichung der Verfahren, der Zusammenfassung des am Verfahren beteiligten Personals und zur Reduzierung der Kosten der Beweiserhebung.

Diese Untersuchungen bildeten die Grundlage für Organisationsuntersuchungen zu Möglichkeiten der Reduzierung von Personal in diesem Tätigkeitsbereich. Die Ergebnisse ermöglichten eine Reihung der vier Ämter durch Vergleichsdaten, die in jedem Amt nach den gleichen Vergleichsparametern erhoben wurden. So konnte ein Einstieg in einen Betriebsvergleich der Ämter für soziale Angelegenheiten nach den Kriterien des Benchmarking[2205] gefunden werden, der systematisch ausgebaut und erweitert wurde.

Die ersten Erfahrungen im Jahr 1997 wurden für den Aufbau eines Systems der Kostenrechnung genutzt, mit dem ab dem Haushaltsjahr 2000 der Geschäftsbereich des Landesamtes in Kostenstellen gegliedert und Kostenarten in Anlehnung an die Haushaltstitel der Hauptgruppen 4 (Personal), 5 (sächliche Verwaltungsausgaben) und 8 (Investitionen) mit entsprechenden Buchungskonten gebildet wurden. Zur Berechnung wurde Standardsoftware herangezogen und den Bedürfnissen dieser Kostenrechnung angepasst. Monatliche Buchungsübersichten ermöglichen es seither den verantwortlichen Referenten, Abteilungsleitern und Amtsleitern, die Kostenentwicklung ihres Verantwortungsbereichs zu verfolgen und zu steuern.[2206]

Diese kalkulatorischen Grundlagen bildeten das Gerüst zur Vorbereitung einer auf Produkte bezogene Kosten- und Leistungsrechnung, für die allerdings die im Landesamt verfügbare Software nicht ausreichte. Aufgrund der bisherigen Erfahrungen konnte eine Projektgruppe ein Gesamtkonzept der Kostenstellen-, Kostenarten- und Produktbildung erstellen. Dieses Konzept wurde unter Mitwirkung einer externen Unternehmensberatung in ein Pflichtenheft

---

[2204] Grundlage bildeten die mit Rundschreiben des Ministeriums der Finanzen vom 28.12.1995 herausgegebenen Richtwerte für die Berücksichtigung des Verwaltungsaufwands bei der Festsetzung der nach dem Landesgebührengesetz zu erhebenden Verwaltungs- und Benutzungsgebühren, in: MinBl. 1996, S. 23 f.

[2205] BANDEMER, STEPHAN VON: *Benchmarking*, in: Blanke, Bernhard; Bandemer, Stephan von; Nullmeier, Frank; Wewer, Göttrik (Herausg.): *Handbuch zur Verwaltungsreform*, Opladen 1998, S. 362 ff.; BREDE, *Grundzüge der Öffentlichen....*, a. a. O., S. 66 f.; SCHMIDT, *Betriebswirtschaftslehre und Verwaltungsmanagement*, a. a. O., S. 86 f.; HECKERT, DANIELA; SCHWAB, SIEGFRIED: *Benchmarking – Lernen vom Besten*, in: DÖD 1996, S. 221

[2206] Vgl. LANDESAMT FÜR SOZIALES, JUGEND UND VERSORGUNG (Herausg.), *Tätigkeitsbericht 2001*, a. a. O., S. 15 f.

für die Beschaffung einer alle Aufgabenbereiche des Landesamtes umfassende Kosten- und Leistungsrechnung umgesetzt, welches die Basis für ein hierauf aufbauendes Management-Informationssystem bilden soll. Es ist beabsichtigt, ab 2005 eine entsprechende Software anzuschaffen und mit der Durchführung der Kosten- und Leistungsrechnung für alle Aufgabenbereiche des Landesamtes zu beginnen.[2207]

d. Kosten- und Leistungsrechnung als Voraussetzung für Controlling und Qualitätsmanagement

Aus dem Dargestellten wird deutlich, dass aussagekräftige Informationen über die Kosten und Leistungen einer Verwaltung erst durch eine Kosten- und Leistungsrechnung gewonnen werden können. Ohne derartige Informationen und unter den Bedingungen des kameralistischen Rechnungswesens mit seinen eingegrenzten Möglichkeiten der Kostenzuordnung entstehen gravierende Lücken im systematischen Zusammenhang von Herkunft und Zuordnung der Mittel in einer Verwaltung. Diese Lücken sind letztlich die Ursachen der Wissensdefizite, die insgesamt als System der organisierten Unverantwortlichkeit der öffentlichen Verwaltung apostrophiert werden.[2208]

Da durch das kameralistische Rechnungswesen in den öffentlichen Verwaltungen keine Informationen über die Effektivität von Mitteleinsatz, Verwaltungshandeln und Wirkungen des Verwaltungshandelns (Input, Output, Outcome)[2209] zu erzielen sind, müssen die notwendigen Informationen zur verwaltungsinternen und letztlich auch zur politischen und parlamentarischen Steuerung über Umwege und Sonderberechnungen beschafft werden. Erst eine Kosten- und Leistungsrechnung, zumindest auf der Basis einer erweiterten Kameralistik, und weiteren, auch in diesem Zusammenhang noch notwendigen Erhebungen zur Ermittlung einer Relation zwischen Aufwand und Ergebnis stellen hierzu die erforderlichen Erkenntnisse bereit. Nur so können Betriebsvergleiche im Sinne eines Benchmarking angestellt und Kostenstrukturen verdeutlicht werden. Ohne diese Grundlageninformationen werden aufwändige „Zahlenfriedhöfe" produziert,[2210] deren Aussagekraft ebenso begrenzt, wie willkürlich interpretierbar ist.

2207 LANDESAMT FÜR SOZIALES, JUGEND UND VERSORGUNG (Herausg.), *Tätigkeitsbericht 2003*, a. a. O., S. 18

2208 BEYER, *Kameralistik und Doppik*, a. a. O., S. 307; KIRCHHOF, *Das Haushaltsrecht als....*, a. a. O., S. 111 f.; LÜDER, *Reform des öffentlichen....*, a. a. O., S. 838

2209 Vgl. NULLMEIER, FRANK: *Input, Output, Outcome, Effektivität und Effizienz*, in: Blanke, Bernhard; Bandemer, Stephan von; Nullmeier, Frank; Wewer, Göttrik (Herausg.): *Handbuch zur Verwaltungsreform*, Opladen 1998, S. 315 ff.

2210 BAK, BERND: *Funktion und Wirkung von Kennzahlen*, in: VOP 4/ 1999, S. 23 f.; NULLMEIER, FRANK: *Kennzahlen und Indikatoren*, in: Blanke, Bernhard; Bandemer, Ste-

Die Kosten- und Leistungsrechnung stellt damit das zentrale Instrument für ein wirksames Controlling und in seiner Folge für ein umfassendes Qualitätsmanagement dar. Soll bereits ein operatives Controlling mit dem Ziel der Effizienzkontrolle über ein reines Input-Controlling des Haushaltsplanvollzugs[2211] hinausgehen, muss es produktbezogen die Effizienz von Verwaltungsleistungen erfassen und bewerten können.[2212] Produkte und ihre kostenmäßige Bewertung sind damit der Ausgangspunkt für ein Controlling ergebnisorientierten Verwaltungshandelns und der Sicherung ihrer Qualität.[2213] Ein wirkungsvolles Qualitätsmanagement, das über die Gesetzlichkeit und Rechtmäßigkeit des Verwaltungshandelns hinaus eine Zielorientierung nach Effizienzgesichtspunkten von Verwaltungsleistungen abbilden will, benötigt als Messinstrument eine über die Input-Kontrolle hinausgehende wirksame Steuerung. Wird die Effizienz des Verwaltungshandelns durch Beachtung der Grundsätze der Wirtschaftlichkeit und Sparsamkeit des Verwaltungshandelns gem. §§ 6 Abs. 1 HGrG, 7 Abs. 1 Satz 1 BHO, 7 Abs. 1 LHO als gegeben unterstellt, können Verursacher von Kosten nicht ermittelt und eine Steuerung des Ressourceneinsatzes nicht geleistet werden. Ein als Gemeinwohl-Management[2214] verstandenes Verwaltungsmanagement wird so nicht möglich, weil es ausschließlich auf die Rechtsbindung fixiert ist und die Zweckbindung vernachlässigt.

3. *Der Leitbildprozess im Landesamt für Soziales, Jugend und Versorgung*

a. Organisationsentwicklung, Verwaltungskultur und Leitbild

Verwaltungsreorganisation nach den Grundsätzen des neuen öffentlichen Managements setzt auf die Eigenverantwortung der Mitarbeiter, die Delegation von Kompetenzen und die Dezentralisierung von Ressourcen. Sie fördert das

---

phan von; Nullmeier, Frank; Wewer, Göttrik (Herausg.): *Handbuch zur Verwaltungsreform*, Opladen 1998, S. 344

2211 RICHTER, WALTER: *Controlling und Berichtswesen*, in: Blanke, Bernhard; Bandemer, Stephan von; Nullmeier, Frank; Wewer, Göttrik (Herausg.): *Handbuch zur Verwaltungsreform*, Opladen 1998, S. 354

2212 STÖBE, SYBILLE: *Output-Steuerung des Verwaltungshandelns*, in: Blanke, Bernhard; Bandemer, Stephan von; Nullmeier, Frank; Wewer, Göttrik (Herausg.): *Handbuch zur Verwaltungsreform*, Opladen 1998, S. 328 f.

2213 SPITZER, MALTE: *Produkte als Informationsträger*, in: Blanke, Bernhard; Bandemer, Stephan von; Nullmeier, Frank; Wewer, Göttrik (Herausg.): *Handbuch zur Verwaltungsreform*, Opladen 1998, S. 335

2214 PITSCHAS, RAINER: *Zielkonflikte der nationalen Reformaktivitäten*, in: VOP 3/ 2001, S. 12

Engagement, die Kreativität und die Phantasie der Mitarbeiter und verzichtet auf Standardisierung, bürokratische Kontrolle und Misstrauenskultur.[2215] Da dieser Verzicht zugleich den Verlust der Koordinationsmechanismen des herkömmlichen bürokratischen Steuerungsmodells beinhaltet, sind sie durch Koordinationsmechanismen der Selbstorganisation und der Ausprägung von Verhaltensregeln zu ersetzen.[2216] Diese Mechanismen prägen sich als gemeinsame Überzeugungen und Normen aus; die Strukturen einer Organisation werden durch die Unternehmenskultur beeinflusst.[2217]

Die gemeinsamen Werte und Einstellungen werden als die Basiselemente einer Unternehmens- oder Verwaltungskultur durch Objekte, wie Standorte oder Gebäude, Sprache, Verhalten und Gefühle ausgedrückt und fügen sich zu gemeinsamen grundsätzlichen Annahmen und Normen zusammen.[2218] Aus ihnen kann sich ein Leitbild entwickeln, das von allen Mitgliedern einer Organisation getragen wird.[2219] Aus derartigen Leitbildern werden Standards abgeleitet, nach denen die Mitgliedern einer Organisation typische Verhaltensweisen entwickeln und pflegen. Leitbilder werden so zu einer Klammer, die Unternehmens- wie Behördenorganisationen zusammenhält und ein gemeinsames Wir-Gefühl erzeugt.[2220]

Verwaltungskulturen öffentlicher Verwaltungen entstehen zumeist vor dem Hintergrund der gemeinsamen Behördentradition, die, je länger sie sich entwickelt hat, typenbildend sein kann.[2221] Dies ist bei der Verwaltungskultur der Bezirksregierungen, Regierungen oder Regierungspräsidien mit ihren aus der Mitte des 19. Jahrhunderts hergeleiteten Behördentraditionen beispielhaft ausgeprägt. Dennoch sind sowohl diese nach dem Grundsatz der Einheit der

---

2215 SCHULTE-ZURHAUSEN, *Organisation*, a. a. O., S. 218; WEWER, *Leitbilder und Verwaltungskultur*, a. a. O., S. 142

2216 SCHULTE-ZURHAUSEN, *Organisation*, a. a. O., S. 27 f.; WOLFF/ BACHOF/ STOBER/ KLUTH/ MÜLLER, *Verwaltungsrecht,* Bd. 3, a. a. O., S. 97 f.

2217 SCHMIDT, *Betriebswirtschaftslehre und Verwaltungsmanagement*, a. a. O., S. 172 f.

2218 LAUX, EBERHARD: *„Neue Steuerungsmodelle", brauchbare Ansätze zur Verwaltungsmodernisierung?*, in: Merchel, Joachim (Herausg.): *Neue Steuerung: Tendenzen der Organisationsentwicklung in der Sozialverwaltung*, Münster 1996, S. 133; SCHEDLER/ PROELLER, *New Public Management*, a. a. O., S. 240

2219 SCHULTE-ZURHAUSEN, *Organisation*, a. a. O., S. 219 f.; STAEHLE/ CONRAD/ SYDOW, *Management*, a. a. O., S. 499 ff.

2220 WEWER, *Leitbilder und Verwaltungskultur*, a. a. O., S. 143

2221 EICHHORN/ FRIEDRICH/ JANN/ OECHSLER/ PÜTTNER/ REINERMANN (Herausg.), *Verwaltungslexikon*, a. a. O., Stichwort: Verwaltungskultur; SCHEDLER/ PROELLER, *New Public Management*, a. a. O., S. 242: WOLFF/ BACHOF/ STOBER/ KLUTH/ MÜLLER, *Verwaltungsrecht,* Bd. 3, a. a. O., S. 96 f.

Verwaltung organisierten regionalen Bündelungsbehörden als auch die nach dem Aufgabenorganisationsmodell gefügten Oberbehörden der Sonderverwaltung mit ihren regionalen Dienststellen bei näherem Hinsehen „Gemischtwarenläden“, in denen unterschiedliche Aufgabenbereiche der Leistungsverwaltung zusammengefasst sind.[2222] Für sie stellt sich, wie bei großen Unternehmungen, die Frage, was ihre unterschiedlichen Leistungsbereiche zusammenhält, wenn die Klammer der formalisierten Regelungskultur durch Hierarchiebindung, Kontrollmechanismen und interne Regelungsdichte entfällt.

Der Verzicht auf sich in detaillierten Verwaltungsvorschriften, Erlassen und Dienstanweisungen ausdrückenden formalisierten Regelungskulturen erfordert im Prozess der Entwicklung einer Verwaltungsorganisation neue Vorgaben für den Umgang miteinander oder für das Verhalten der Mitglieder einer Verwaltung sowohl nach innen als auch nach außen.[2223] Leitbilder, die die Leitidee des Behördenzwecks ausdrücken, die gemeinsame Mission zusammenfassen und gemeinsame Handlungsgrundsätze zur Umsetzung des Behördenauftrags formulieren, stellen heraus, wie sich das Aufgabenverständnis einer Verwaltung als Organisationseinheit darstellt und was das Handeln ihrer Mitglieder prägt.[2224] Als prägnante Zusammenfassung der Kultur einer Verwaltungsorganisation gehören sie zu den „weichen“ Faktoren des organisatorischen Veränderungsprozesses.[2225]

Leitbilder haben eine Vielzahl von Funktionen, die auf die Mitglieder einer Organisation einwirken und das Umfeld der Organisation beeinflussen. Bezogen auf die Organisationsmitglieder haben sie Orientierungsfunktion durch Beschreibung einer gemeinsamen Grundauffassung und Transformationsfunktion durch Zielvorgabe organisatorischer Veränderungen. Sie haben Identifikationsfunktion durch Darstellung des organisatorischen Selbstverständnisses und der Ziele und Strategien sowie Motivationsfunktion durch Appell an den selbstverantwortlichen Einsatz der Organisationsmitglieder. Gegenüber den ratsuchenden Bürgern und den mit der Verwaltung in Beziehung stehenden Institutionen geben Leitbilder Auskunft über das Selbstver-

---

[2222] WEWER, *Leitbilder und Verwaltungskultur*, a. a. O., S. 143

[2223] SCHMIDT, *Betriebswirtschaftslehre und Verwaltungsmanagement*, a. a. O., S. 173; WEWER, *Leitbilder und Verwaltungskultur*, a. a. O., S. 141; WOLFF/ BACHOF/ STOBER/ KLUTH/ MÜLLER, *Verwaltungsrecht*, Bd. 3, a. a. O., S. 97 f.

[2224] SCHMIDT, *Betriebswirtschaftslehre und Verwaltungsmanagement*, a. a. O., S. 173

[2225] Als „Style“ im 7-S-Modell, vgl. STAEHLE/ CONRAD/ SYDOW, *Management*, a. a. O., S. 507 f.; vgl. auch EICHHORN/ FRIEDRICH/ JANN/ OECHSLER/ PÜTTNER/ REINERMANN (Herausg.), *Verwaltungslexikon*, a. a. O., Stichwort: Leitbild; WOLFF/ BACHOF/ STOBER/ KLUTH/ MÜLLER, *Verwaltungsrecht*, Bd. 3, a. a. O., S. 96

ständnis des Verwaltungsauftrags und der behördlichen Zielsetzung und drücken damit auch aus, welcher Sinn im eigenen Handeln auch in seiner Außenwirkung gesehen wird.[2226]

Leitbilder prägen die Kultur von Behördenorganisationen auch durch Vorgabe einer unverwechselbaren Identität und gemeinsamer Ziele, durch Hervorhebung der Gemeinsamkeiten behördlicher Aufgaben, durch Beschreibung der relevanten Aufgabenfelder und durch Ziel- und Richtungsvorgaben.[2227] Sie können damit das Selbstverständnis einer Verwaltung beeinflussen, das sich im Kundenbezug und der Ermessensausübung ausdrückt.[2228] Sie stellen insofern einen Gradmesser dar, inwieweit eine Verwaltung ihre Aufgaben und Ziele zweckrational erfüllen, wohlfahrtsmehrende Planungen und Initiativen entwickeln und entsprechende Maßnahmen, hier sozialer Art, verwirklichen kann.[2229]

b. Entstehung eines Leitbildes im Landesamt für Soziales, Jugend und Versorgung

Im Reformprozess einer Verwaltungsorganisation fixiert das Behördenleitbild das Ziel der Reformbestrebungen und weist den Reorganisationsschritten ihre Richtung.[2230] Als Zukunftsentwurf für das alltägliche Mitarbeiterhandeln und dem hieraus abgeleiteten Aufgabenverständnis stellen Leitbilder im Prozess des organisatorischen Umbruchs nach innen wie auch nach außen eine unverzichtbare, sich wie ein „roter Faden" durchziehende Leitlinie dar.[2231] Sollen sie zum Erfolgsfaktor für die Verwaltungserneuerung werden, müssen sie unter aktiver Beteiligung der Mitarbeiter entwickelt werden. Dies erfordert zwar einen großen Aufwand im partizipativen Entwicklungsprozess. Er dürfte jedoch letztlich dem von oben übergestülpten Leitbild gegenüber gleichbleibend sein, da dieses im Vermittlungsprozess vor den Mitarbeitern überzeugen und von ihnen angenommen werden muss.[2232] Die erfolgreiche Realisierung eines Behördenleitbildes setzt folglich den Konsens aller Beteiligten voraus, da nur so die notwendigen Veränderungen von den Mitarbeitern akzeptiert

---

2226 GANßER, *Mitarbeitermotivation – Förderung durch....*, a. a. O., S. 304; SACHVERSTÄNDIGENRAT „SCHLANKER STAAT", *Abschlussbericht,* Bd. 1, a. a. O., S. 114; WEWER, *Leitbilder und Verwaltungskultur*, a. a. O., S. 144 f.

2227 WEWER, *Leitbilder und Verwaltungskultur*, a. a. O., S. 146

2228 SCHEDLER/ PROELLER, *New Public Management*, a. a. O., S. 243 ff.

2229 PÜTTNER, *Verwaltungslehre*, a. a. O., S. 329 ff.

2230 SACHVERSTÄNDIGENRAT „SCHLANKER STAAT", *Abschlussbericht,* Bd. 1, a. a. O., S. 114

2231 SCHMIDT, *Betriebswirtschaftslehre und Verwaltungsmanagement*, a. a. O., S. 173

2232 WEWER, *Leitbilder und Verwaltungskultur*, a. a. O., S. 144

werden.[2233] Ein „eigenes“ Leitbild, das im Diskussionsprozess um Unzulänglichkeiten und Reibungsverluste in den Arbeitsabläufen sowie um Verbesserungen und neue Zielvorstellungen erarbeitet wird, wirkt bereits durch die Art und Weise seiner Entstehung und den Weg zum Ergebnis stilprägend.[2234]

Nach der Entstehung des Landesamtes für Soziales, Jugend und Versorgung war 1997 zu entscheiden, ob dort das vom damals dienstaufsichtsführenden Ministerium für Arbeit, Soziales und Gesundheit entwickelte Leitbild als Ressortleitbild übernommen oder ein eigenes Leitbild für das Landesamt und seine nachgeordneten Behörden entwickelt werden sollte.[2235] Es wurde vom Ministerium auch als Leitlinie für die Verwaltungskultur seiner nachgeordneten Dienststellen verstanden.

Im Dezember 1997 entschied sich die Leitung des Landesamtes für Soziales, Jugend und Versorgung für die Entwicklung eines eigenen Leitbildes unter aktiver Beteiligung der Mitarbeiter.[2236] Ausschlaggebend war, dass mit der Zusammenführung der beiden früheren Landesämter zwei unterschiedliche und in unterschiedlichen Standorten gewachsene Behördenkulturen miteinander verbunden werden mussten. Auch war zu berücksichtigen, dass im dienstaufsichtsführenden Ministerium damals noch mit der Zuständigkeit im Gesundheitswesen und seinem gesonderten Behördenbereich der staatlichen Gesundheitsämter eine größere Aufgabenpalette zu bearbeiten war als im nachgeordneten Landesamt, in dem zudem für den Bereich Jugend der landesweite Verwaltungsvollzug aus dem Aufgabenbereich einer anderen obersten Landesbehörde eingegliedert ist. Mit einem gemeinsamen Leitbild für das die eigenen Aufgabenbereiche zusammenfassende Landesamt für Soziales, Jugend und Versorgung sollte also ein neuer Anstoß zu einer die bisherigen Identifikationsmechanismen überwindenden Behördenkultur geschaffen werden.

c. Der Prozess der Leitbildentwicklung

Mit der Entwicklung eines Leitbildes für das Landesamt für Soziales, Jugend und Versorgung wurde unmittelbar nach der erfolgreichen Umsetzung des Leitbildes des vorgesetzten Ministeriums im vierten Quartal 1997 begonnen. Hierzu wurde in einer als Workshop[2237] organisierten Eingangsbesprechung

---

2233 SACHVERSTÄNDIGENRAT „SCHLANKER STAAT“, *Abschlussbericht,* Bd. 1, a. a. O., S. 114

2234 WEWER, *Leitbilder und Verwaltungskultur*, a. a. O., S. 144

2235 VORAN, Heft 10, a. a. O., Anlage 1

2236 VORAN, Heft 10, a. a. O., S. 20

2237 Als Workshop wird eine meist über mehrere Tage dauernde thematisch geschlossene Veranstaltung verstanden, bei der der Sachverstand mehrerer Experten gebündelt und auf eine Problemstellung hin konzentriert wird; vgl. MEIXNER, HANNS-EBERHARD: *Lust statt*

mit der Leitung des Landesamtes,[2238] den Leitern der nachgeordneten Ämter, dem Vertreter des Bezirkspersonalrats, der Vertrauensperson der Schwerbehinderten und der Gleichstellungsbeauftragten durch einen externen Moderator die Konzeption einer Projektorganisation definiert, die den Leitbildprozess steuern sollte. Dabei wurde eine konsequent beteiligungsorientierte Vorgehensweise unter Einbeziehung aller Mitarbeiter des Geschäftsbereichs, die am Leitbildprozess mitarbeiten wollten, gewählt.[2239]

Die hierauf gebildete Organisation der Leitbildentwicklung setzte sich aus einem Lenkungsteam und einem Leitbildteam zusammen. Das Lenkungsteam, aus dem Präsidenten des Landesamtes, seines Vizepräsidenten, dem Vertreter des Bezirkspersonalrats und der Leitung des Leitbildteams sowie der Stabsstelle Planung und Steuerung als Koordinationsorgan, hatte die Prozessschritte zeitlich zu gestalten und den Prozessfortschritt zu begleiten. Das Leitbildteam, bestehend aus den von den Abteilungen des Landesamtes und den Ämtern für soziale Angelegenheiten benannten Beauftragten, einem Mitglied des Bezirkspersonalrates, einer Behindertenvertretung und einer Gleichstellungsbeauftragten, erarbeitete unter einer vom Lenkungsteam beauftragten Leitung und unter Begleitung durch den hierfür beauftragten externen Moderator die Grundkonzeption eines Leitbildes, dessen Inhalte mitarbeiterorientiert mehrfach hinterfragt wurden.[2240]

Hierzu wurde zunächst vom Leitbildteam eine offene Befragung der Mitarbeiter des Geschäftsbereichs erarbeitet, in der unter den beiden Fragestellungen „bei meiner Arbeit ist mir besonders wichtig, dass...." und „in unserem Amt sollte besonders darauf geachtet werden, dass...." Anhaltspunkte vorgegeben wurden, unter denen die Mitarbeiter ihre Vorstellungen entwickeln sollten. Die Mitarbeiter sollten ihre Anregungen unter strikter Wahrung der Anonymität als „blaue Briefe" in eigens dafür in jedem Amtsgebäude aufgestellte Briefkästen einbringen. Zur Vorbereitung dieser Befragung wurden an allen Standorten des Geschäftsbereichs Mitarbeiterversammlungen durchgeführt, in denen auch das Konzept der Leitbildentwicklung vorgestellt wurde.[2241]

Frust in der öffentlichen Verwaltung – Wege aus der Führungskrise, Köln, Berlin, Bonn, München 1998, S. 241 f.

2238 Präsident, Vizepräsident, Abteilungsleiter

2239 GANßER, *Mitarbeitermotivation – Förderung durch....*, a. a. O., S. 305

2240 LANDESAMT FÜR SOZIALES, JUGEND UND VERSORGUNG (Herausg.), *Tätigkeitsbericht 1998*, a. a. O., S. 8 f.; VORAN, Heft 10. a. a. O., S. 20

2241 Entsprechend der Bottom-up-Strategie zur Entstehung eines Leitbildes aus der Diskussion „von unten nach oben", vgl. WEWER, *Leitbilder und Verwaltungskultur*, a. a. O., S. 144; zur Vorgehensweise VORAN, Heft 10. a. a. O., S. 20

Das Leitbildteam entwickelte sodann von März bis Juni 1998 auf der Basis der Mitarbeiterbefragung einen Diskussionsrahmen, der in insgesamt vier Zusammenkünften der Mitarbeiter (Leitbild-Foren) an einem zum Dienstgeschehen neutralen Ort analysiert und diskutiert wurde. An diesen Foren nahmen insgesamt 190 Mitarbeiter des Geschäftsbereichs aus allen Hierarchieebenen teil, wobei bei jedem Forum darauf geachtet wurde, dass ein repräsentativer Querschnitt aller Fachebenen und der Ämter vertreten war. Diese Foren waren für viele Mitarbeiter aus den unterschiedlichen Standorten die erste Gelegenheit zur persönlichen Begegnung seit der Errichtung des neuen Landesamtes.

Der Ablauf der Diskussion innerhalb der Tagungen mit Curricula zu Einzelaspekten des Leitbildes stellte zudem eine neue Form des Gedankenaustauschs dar. So konnte ein erstes gemeinsames Wir-Gefühl entstehen, in dem für viele Mitarbeiter die neue und umfassendere Rolle des neuen Landesamtes gegenüber den Vorgängerbehörden erfahrbar und praktisch deutlich wurde. Die Ergebnisse der Foren wurden vom Leitbildteam in zwei Zwei-Tages-Veranstaltungen, ebenfalls außerhalb des dienstlichen Alltags, zusammengefasst und zu einem Leitbild-Entwurf ausformuliert.[2242]

Der erste Leitbild-Entwurf wurde im Juni 1998 im Lenkungsteam diskutiert und inhaltlich abgestimmt, wobei sich die dort vorgenommenen Änderungen ausschließlich auf organisatorische Richtigstellungen oder fachlich-inhaltliche Begrifflichkeiten bezogen. Dieser Leitbild-Entwurf wurde allen Mitarbeitern des Geschäftsbereichs sowohl in schriftlicher Form als auch über das Intranet zugänglich gemacht; sie wurden gebeten, ihre Vorstellungen auf schriftlichem Wege, auch über E-Mail, einzubringen. Alle Vorschläge wurden dokumentiert und in einer Überarbeitung des Entwurfs, soweit als inhaltlich vertretbar, berücksichtigt.[2243] Dieser zweite Entwurf wurde nach positiver Kenntnisnahme durch das Lenkungsteam nochmals allen Mitarbeitern zur Kenntnis gebracht und sodann dem dienstaufsichtsführenden Ministerium zur Billigung vorgelegt. Hiernach wurde das Leitbild des Landesamtes für Soziales, Jugend und Versorgung im Sommer 1998 umgesetzt und in einen Überprüfungsprozess in der Behördenwirklichkeit überführt.[2244]

Der Leitbild-Prozess ist nicht abgeschlossen, sondern bedarf der kontinuierlichen Überprüfung und Weiterentwicklung. Hiermit wurde im Rahmen der

---

2242 VORAN, Heft 10. a. a. O., S. 20

2243 LANDESAMT FÜR SOZIALES, JUGEND UND VERSORGUNG (Herausg.), *Tätigkeitsbericht 1998*, a. a. O., S. 9 f.

2244 LANDESAMT FÜR SOZIALES, JUGEND UND VERSORGUNG (Herausg.), *Tätigkeitsbericht 1998*, a. a. O., S. 11; vgl. auch VORAN, Heft 10. a. a. O., S. 21

Projektorganisation des Landesamtes[2245] eine Projektgruppe Leitbildprozess beauftragt, die sich aus Mitgliedern aus dem gesamten Geschäftsbereich des Landesamtes zusammensetzt und die den Auftrag hat, die Annahme und Umsetzung des Leitbildes im Geschäftsbereich zu verfolgen. Sie erarbeitete bereits 2001 Handlungsbedarf bei den Themenbereichen Informationsfluss/ Beteiligung der Mitarbeiter am Entscheidungsprozess, erkennbare Wertschätzung, Gesprächskultur, Kritikfähigkeit/ Selbstkritik und Mitarbeiterförderung.[2246] Bei einem Projekttag außerhalb des täglichen Dienstbetriebes, an dem alle Mitarbeiter des Geschäftsbereichs mitwirken konnten, wurden diese Themenbereiche vertieft und in weitere Handlungsaufträge an die Projektgruppe Leitbildprozess umgesetzt.[2247]

Heute kann festgestellt werden, dass einige Handlungsaufträge des Leitbildes andere Schwerpunktbildungen erfahren müssen. Das Leitbild muss deshalb überarbeitet und den aktuellen Bedürfnissen der Mitarbeiterschaft angepasst werden. Dennoch erfüllt es heute in vollem Umfang seine kulturbildende Funktion der Vermittlung grundlegender Einstellungen und Werte im zusammengewachsenen Landesamt für Soziales, Jugend und Versorgung.

V. Zwischenfazit

Dieses Kapitel beschäftigte sich mit dem Prozess der Binnenmodernisierung des Landesamtes für Soziales, Jugend und Versorgung. Es wurden die Maßnahmen und Schritte dargestellt, mit denen eine Behördenstruktur in Landesträgerschaft so gestaltet werden kann, dass sie den Anforderungen gerecht wird, wie sie die öffentliche Betriebswirtschaftslehre und der Stand der Informations- und Kommunikationstechnik ermöglicht. Schwerpunkt war die Darstellung der Organisation des Modernisierungsprozesses.

Die organisatorische Umgestaltung der rheinland-pfälzischen Landessozialverwaltung hatte politische Auslöser. Beanstandungen des Landesrechnungshofs Rheinland-Pfalz veranlassten die damalige Landesregierung zu einer externen Organisationsuntersuchung von Aufgaben und Strukturen des damaligen Fachministeriums, dem das Politikfeld Gesundheitswesen zugeordnet war. Dieser Untersuchung folgten beim Regierungswechsel 1991 Ressortumgliederungen innerhalb der Landesregierung, mit denen die Politikfelder Arbeit, Soziales, Familie und Gesundheit in einem Fachministerium zusammen-

---

2245 Vgl. LANDESAMT FÜR SOZIALES, JUGEND UND VERSORGUNG (Herausg.), *Tätigkeitsbericht 2000*, a. a. O., S. 17 ff.

2246 LANDESAMT FÜR SOZIALES, JUGEND UND VERSORGUNG (Herausg.), *Tätigkeitsbericht 2001*, a. a. O., S. 11

2247 LANDESAMT FÜR SOZIALES, JUGEND UND VERSORGUNG (Herausg.), *Tätigkeitsbericht 2002*, a. a. O., S. 40

gefasst wurden. Diese neue Kompetenzbündelung überwand bisherige Behördenzuordnungen und löste Untersuchungsaufträge aus, wie die nachgeordnete Behördenstruktur ebenfalls in einer oberen Landesbehörde zusammengefasst werden könnte.

Bereits aus den ersten Ergebnissen der aus Mitarbeitern der betroffenen Behörden zusammengesetzten Arbeitsgruppe zeichneten sich die heutigen Strukturen des Landesamtes für Soziales, Jugend und Versorgung ab, dessen Einrichtung durch Landesgesetz 1995 ebenso angeordnet wurde, wie die rechtliche Verselbständigung von Landeskrankenhäusern unter dem Dach einer Anstalt des öffentlichen Rechts. Der Weg dorthin verlief allerdings nicht zielgenau. Erst die Einsetzung hauptamtlicher Prozessmoderatoren mit uneingeschränktem Rückhalt bei der politischen Ressortleitung und die Einbeziehung des mittleren Managements auch der obersten Landesbehörde ermöglichte die zielgerichtete Verfolgung des Reformprozesses.

Auch der Paradigmenwechsel vom Gebietsorganisationsmodell der rheinland-pfälzischen Verwaltung hin zur Bündelung zusammenhängender Aufgaben in oberen Landesbehörden nach dem Aufgabenorganisationsmodell zeichnete sich bereits in der ersten Skizze zur Neuorganisation der rheinland-pfälzischen Landessozialverwaltung ab. Die Aufträge zur Verfolgung dieser Neugliederung beschränkten sich jedoch auf die organisatorischen Gestaltungskompetenzen, die das Sozialministerium uneingeschränkt wahrnehmen konnte. Hierdurch wurde unter Einbeziehung der Mitarbeiterschaft ein inkrementaler Organisationswandel vollzogen, der Reibungsverluste in ressortübergreifenden Abstimmungsprozessen vermied. So entstanden Strukturen einer Landessozialverwaltung, deren Anreicherung um weitere soziale Aufgaben anlässlich der Veränderung weiterer Landesverwaltungen nur folgerichtig war.

Es wurde auch darauf Bezug genommen, wie und in welchem Umfang der Prozess der Umgestaltung der rheinland-pfälzischen Landesversorgungsverwaltung durch Einbeziehung und Mitarbeit seiner Bediensteten zu einem ersten erfolgreichen Abschluss geführt werden konnte. Die Berücksichtigung aller sozialrechtlichen und verwaltungstechnischen Besonderheiten in einer neuen, an den Grundsätzen des neuen öffentlichen Managements orientierten Aufbaustruktur war nur möglich, weil sich die Mitarbeiterschaft in den Erneuerungsprozess aktiv einbrachte. Die Darstellung der Prozessorganisation, die den Reorganisationsprozess steuerte, verdeutlichte die Bedeutung dieser positiven Mitarbeiterbeteiligung.

Die aufbau- und ablauforganisatorischen Besonderheiten der dekonzentrierten Struktur des Geschäftsbereichs wurden ebenfalls erörtert. Sie ermöglichen es, die regionalen Aufgabenschwerpunkte in Rheinland-Pfalz ortsnah wahrzunehmen, ohne dabei den Vorteil der Aufgabenbündelung aufzugeben. Dabei wurden die Besonderheiten der Aufgabenstellung dieser Verwaltung dazu genutzt, Optimierungsprozesse durchzuführen, die in ihrer Verzahnung mit der Aufbauorganisation zur Strukturierung der Regionalbehörden und einer Abteilung des Landesamtes in Teamorganisationen führte.

Die Ausführungen zu den Bedingungen und Möglichkeiten des Personalmanagements im Landesamt machten die Chancen deutlich, die in einer kreativen Gestaltung von personellen Einsparauflagen unter Nutzung der vorhandenen Humanressourcen liegen. Voraussetzung ist die Erweiterung der herkömmlichen Personalverwaltung um die Bausteine eines wirkungsorientierten Personalmanagements, wie Dienstpostenbewertung, an der vorhandenen Personalstruktur orientierten Personalergänzungsplanung und transparenter Konzeption der Mitarbeiterförderung.

Auf weitere Steuerungselemente des neuen öffentlichen Managements, wie die Optimierung der Informations- und Kommunikationstechnologie und die Auswirkungen der vernetzten Arbeitsplatz-Infrastruktur auf die Aufbau- und Ablauforganisation, wurde ebenfalls eingegangen. Die Darstellung der Bedeutung einer effizienten Kosten- und Leistungsrechnung, unter Einsatz des doppischen Rechnungswesens als Voraussetzung für ein aussagefähiges Controlling und Qualitätsmanagement, machte auch die Abhängigkeiten einer leistungsfähigen Landessozialverwaltung von den sich in Kostenstrukturen und –zuordnungen ausdrückenden Wirkungen ihrer Leistungen deutlich. Dabei sind die Defizite der durch die kamerale Rechnungslegung verursachten Kostenzuordnungen eine gewichtige Ursache für Schwachstellen.

Die Ausführungen zum Leitbildprozess im Landesamt konnten die Bedeutung einer durch die Mitarbeiter aktiv gestalteten Behördenkultur aufzeigen. Das Leitbild des Landesamtes ist das Ergebnis eines von allen Mitarbeitern getragenen Gestaltungsprozesses, der dann erfolgreich ist, wenn er in einer Aufwärtsspirale eines sich wiederholenden Planungs-, Durchführungs- und Kontrollprozesses durchgeführt wird. Dabei bedarf der Leitbildprozess als wesentliches Gestaltungselement einer selbstgesteuerten Verwaltungskultur der ständigen Pflege durch das Management, um seine Wirkungen als Klammer gemeinsamer Handlungsgrundsätze zu entfalten.

Hinter alldem steht das Erfordernis der ständigen Weiterentwicklung des Reformprozesses unter Einsatz aller Instrumente und Wirkungsmechanismen des neuen öffentlichen Managements. Ihm wird genüge getan, wenn die Behördenleitung die erreichten Ergebnisse auf den Prüfstand stellt und unter Einbeziehung der Mitarbeiterschaft nicht nachlässt, diese Ergebnisse in regelmäßigen Abständen weiter zu optimieren. Dabei sind die Gradlinigkeit und Berechenbarkeit der Zielsetzung und die Nachhaltigkeit der Zielverfolgung wesentliche Bedingungen des Erfolges.

Kapitel 7: Weitere Entwicklungsmöglichkeiten in der rheinland-pfälzischen Landessozialverwaltung

I. Zur Produktivität sozialer Leistungsgewährung im aktivierenden Staat

1. Wahlmöglichkeiten öffentlicher Aufgabenwahrnehmung

a. Öffentliche und private Aufgabenwahrnehmung

Für die öffentliche Aufgabenwahrnehmung besteht die grundsätzliche Wahlmöglichkeit zwischen der Leistungserbringung durch staatliche Verwaltung, der Erbringung durch verselbständigte öffentliche Einrichtungen, der Beauftragung von und Erledigung durch nicht-öffentliche Institutionen oder schließlich der Kooperation mit anderen öffentlichen oder nicht-öffentlichen Organisationen bei der Leistungserbringung.[2248] Ihr geht die von ordnungspolitischen Überlegungen und heute zunehmend von haushaltspolitischen Gesichtspunkten,[2249] aber auch von europarechtlichen Vorgaben[2250] bestimmte Frage voraus, ob für eine Aufgabe überhaupt ein öffentliches Regulierungserfordernis besteht. Wenn dies der Fall ist, ist weiterhin zu prüfen, ob verminderte oder angepasste Regulierungsvorgaben ausreichen (Re-Regulierung)[2251] oder Raum für Regulierung in Bürgermitverantwortung durch Aufrechterhaltung staatlicher Erfüllungsverantwortung, auch durch Nutzung der Ressourcen nicht-staatlicher Akteure, gegeben werden soll.[2252] Deregulierung und Privatisierung öffentlicher Aufgaben bedingen sich in diesem Sinne wechsel-

---

[2248] REICHARD, *Institutionelle Wahlmöglichkeiten bei....*, a. a. O., S. 121; SCHUPPERT, *Verwaltungswissenschaft*, a. a. O., S. 546 f.; WOLFF/ BACHOF/ STOBER/ KLUTH/ MÜLLER, *Verwaltungsrecht,* Bd. 3, a. a. O., S. 495 ff.

[2249] BREDE, *Grundzüge der Öffentlichen....*, a. a. O., S. 47; WOLFF/ BACHOF/ STOBER/ KLUTH/ MÜLLER, *Verwaltungsrecht,* Bd. 3, a. a. O., S. 625

[2250] KÄMMERER, JÖRN: *Strategien zur Daseinsvorsorge*, in: NVwZ 2004, S. 28 ff.; vgl. auch WOLFF/ BACHOF/ STOBER/ KLUTH/ MÜLLER, *Verwaltungsrecht,* Bd. 3, a. a. O., S. 627 f.

[2251] HOFFMANN-RIEM, *Innovationssteuerung durch die....*, a. a. O., S. 168 f.; VOßKUHLE, *„Schlüssebegriffe" der Verwaltungsrechtsreform*, a. a. O., S. 207; zu den Grundtypen staatlicher Regulierung SCHUPPERT, *Staatsaufsicht im Wandel*, a. a. O., S. 836; derselbe, *Verwaltungswissenschaft*, a. a. O., S. 348 ff.

[2252] HOFFMANN-RIEM, *Tendenzen in der....*, a. a. O., S. 436; derselbe, *Innovationssteuerung durch die....*, a. a. O., S. 178 ff.; PITSCHAS, *Verwaltungskooperation zwischen Staat....*, a. a. O., S. 226; SCHUPPERT, *Staatsaufsicht im Wandel*, a. a. O., S. 836; derselbe, *Verwaltungswissenschaft*, a. a. O., S. 348 f.

seitig bei der Neuverteilung der Aufgaben im Verhältnis von Staat und Gesellschaft.[2253]

Hans Peter Bull hat die liberale Grundposition des Grundgesetzes zur Wahrnehmung öffentlicher Aufgaben wie folgt zusammengefasst: Soviel Privatisierung wie möglich, soviel öffentliche Aufgabenwahrnehmung wie nötig. Das Grundgesetz erwarte und setze voraus, dass private Aktivitäten dem Gemeinwohl nützen. Es lasse deshalb Einschränkungen privater Tätigkeiten und insbesondere wirtschaftliche Individualinitiativen nur bei Vorliegen gewichtiger Gründe zu. Damit sei allerdings offen, wieviel öffentliche Aktivitäten nötig seien und wieviel Raum für privatwirtschaftliche Aktivitäten verbleiben müsse. Hier biete das Verfassungsrecht nur grobe Maßstäbe, wie die Grundrechtsbindung öffentlicher Instanzen, das Subsidiaritätsprinzip, das Gebot der Wirtschaftlichkeit der Verwaltung, das Sozialstaatsgebot und die Schutzpflichten des Staates zugunsten derer, die darauf angewiesen sind. Bei der Konkretisierung und Realisierung dieser Rechtspositionen sei viel Entscheidungsspielraum gegeben, der durch gut fundierte sowie von Sachlichkeit und Fachlichkeit getragene Entscheidungen der politischen Instanzen auszufüllen sei.[2254]

Neben öffentlichen Einrichtungen (staatliche und kommunale Behörden, Anstalten und Körperschaften des öffentlichen Rechts) sind im sozialen Leistungsbereich bereits heute privatwirtschaftlich-kommerzielle Organisationen,[2255] gemeinwohlorientierte Organisationen des „Dritten Sektors",[2256] private Haushalte[2257] und gemischtwirtschaftliche Organisationen mit der Leistungserbringung betraut.[2258] Eine Strategie zur Ausgliederung öffentlicher

---

[2253] PITSCHAS, *Verwaltungskooperation zwischen Staat....*, a. a. O., S. 241

[2254] BULL, HANS PETER: *Privatisierung öffentlicher Aufgaben*, in: VerwArch 1995, S. 622; vgl. auch WOLFF/ BACHOF/ STOBER/ KLUTH/ MÜLLER, *Verwaltungsrecht*, Bd. 3, a. a. O., S. 626 ff.; die unterschiedlichen politischen Sichtweisen zur Aufgabe des Sozialstaates und der Rolle des bürgerschaftlichen Engagements sind bei DEUTSCHER BUNDESTAG (Herausg.), *Zukunft des Bürgerschaftlichen....*, a. a. O., S. 58 ff. niedergelegt.

[2255] Privat betriebene Alten-, Pflege- und Jugendheime, Privatkliniken, Krankenhäuser in privater Rechtsform

[2256] Einrichtungen der Wohlfahrtspflege von Caritas, Diakonie, Zentrale Wohlfahrtsstelle der Deutschen Juden, paritätischem Wohlfahrtsverband; gemeinnützige GmbH, gemeinnützige Stiftungen, Selbsthilfeorganisationen; vgl. SCHUPPERT, *Zur Anatomie und....*, a. a. O., S. 139 ff.; derselbe, *Verwaltungswissenschaft*, a. a. O., S. 354 ff.

[2257] Pflegepersonen bei häuslicher Pflege gem. §§ 36 ff. SGB XI, Pflegepersonen der Kinder- und Jugendhilfe nach dem SGB VIII; weitere Beispiele bei PITSCHAS, *Kommunale Sozialpolitik*, a. a. O., S. 1309 ff.

[2258] REICHARD, *Institutionelle Wahlmöglichkeiten bei....*, a. a. O., S. 128 ff.; SCHUPPERT, *Verwaltungswissenschaft*, a. a. O., S. 370 ff.

Aufgaben aus der unmittelbar staatlichen Trägerschaft ist die Aufgabenverselbständigung in öffentlichen Regiebetrieben oder öffentlich-rechtlichen Anstalten sowie die formale Aufgabenprivatisierung als Ausgliederung in privater Rechtsform bei öffentlicher Trägerschaft.[2259] Sie wird ergänzt um den Transfer öffentlicher Aufgaben in private oder gemeinnützige Trägerschaft durch materielle Privatisierung mit Eigentümerwechsel und Abkoppelung als öffentliche Aufgabe[2260] oder durch die Indienstnahme Privater zur Erfüllung einer weiterhin öffentlichen Aufgabe.[2261]

b. Sozialleistungsgewährung als öffentliche Aufgabe

Durch Sozialleistungen stellen die staatlichen oder kommunalen Institutionen die Mittel zum Lebensunterhalt bzw. die Mittel zur Bezahlung bestimmter für das Leben erforderlicher Güter und Sachleistungen zur Verfügung; der soziale Tatbestand begründet den Anspruch auf soziale Geld- oder Sachleistungen.[2262] Sozialleistungen bezwecken, anders als andere Güter der Daseinsvorsorge oder Dienstleistungen von allgemeinem Interesse,[2263] dem einzelnen Bürger Sicherheit in seiner Lebensplanung zu geben und ihn vor einem Abgleiten auf ein nicht mehr menschenwürdiges Lebensniveau zu bewahren.[2264] Die steuerfinanzierten Sozialleistungen des sozialen Entschädigungsrechts und der Sozial- und Jugendhilfe, aber auch die steuerrechtlichen Verschonungen als Folge bestimmter Behinderteneigenschaften, sind das Ergebnis eines vom Prinzip der sozialen Gerechtigkeit und des Sozialfriedens getragenen Umverteilungsprozesses. Mit ihm werden durch Steuerrecht progressive Einkommen geschmälert und durch die Hilfesysteme des Sozialrechts soziale Defizite ausgeglichen.[2265]

[2259] SCHUPPERT, *Staatsaufsicht im Wandel*, a. a. O., S. 833; derselbe, *Geändertes Staatsverständnis als....*, a. a. O., S. 23 f.; WOLFF/ BACHOF/ STOBER/ KLUTH/ MÜLLER, *Verwaltungsrecht,* Bd. 3, a. a. O., S. 595, 624

[2260] Beispiele bei WOLFF/ BACHOF/ STOBER/ KLUTH/ MÜLLER, *Verwaltungsrecht,* Bd. 3, a. a. O., S. 626

[2261] SCHUPPERT, *Staatsaufsicht im Wandel*, a. a. O., S. 833; derselbe, *Verwaltungswissenschaft*, a. a. O., S. 364 ff.

[2262] ALBERS, WILLI: *Soziale Dienste aus ökonomischer und finanzpolitischer Sicht*, in: NDV 1985, S. 247

[2263] KÄMMERER, *Strategien zur Daseinsvorsorge*, a. a. O., S. 28 f.

[2264] PITSCHAS, *Die Zukunft der....*, a. a. O., S. 111 f.; RÜFNER, *Daseinsvorsorge und soziale....*, a. a. O., S. 1046

[2265] VON HIPPEL, *Grundfragen der Umverteilung*, a. a. O., S. 353; PITSCHAS, *Wandel des Sozialrechts....*, a. a. O., S. 2 f.; RÜFNER, *Daseinsvorsorge und soziale....*, a. a. O., S. 1045; ZACHER, *Das soziale Staatsziel*, a. a. O., S. 1083

Die Formen der Leistungsgewährung, als Ausgleich für besondere Lebenslagen und Kompensation von materiellen Risiken in der individuellen Lebensführung, sind staatliche Kernaufgaben[2266] und deshalb ebenso hoheitlich, wie der steuerrechtliche Eingriff zur Vermögensabschöpfung. Als hoheitliche Aufgaben dürfen sie deshalb nicht in private Hände übergeben werden. Staatliche und kommunale Sozialleistungsträger können sich allerdings zur Erfüllung dieser hoheitlichen Aufgabe der Hilfe von Privaten bedienen und hierzu auch privatrechtliche Verträge abschließen.[2267]

Die Sozialleistungsträger erbringen neben ihren finanziellen Leistungen zur Daseinssicherung Sachleistungen in eigenen Einrichtungen und durch eigene Kräfte. Dies sind beispielsweise im sozialen Entschädigungsrecht staatliche Versorgungskuranstalten oder im Sozialhilferecht kommunale Sozialstationen.[2268] Sie stehen traditionell im Wettbewerb mit Einrichtungen privater oder gemeinnütziger Träger, unter denen die Sozialleistungsempfänger wählen können, wenn die Kosten im Rahmen bleiben.[2269] Bei Alten- und Pflegeheimen, bei Heimen für behinderte Menschen und bei Werkstätten für behinderte Menschen hat das Engagement privater oder wohlfahrtsverbandlich organisierter Träger dafür gesorgt, dass der öffentlichen Hand die Errichtung und Trägerschaft entsprechender öffentlicher Einrichtungen weitgehend erspart blieb.[2270] Den Dienstleistungen, die in diesen Einrichtungen erbracht werden, kommt für die betroffenen Menschen ein Stellenwert zu, der über die finanzielle Absicherung der Unterbringungskosten durch die Sozialleistungsträger weit hinausgeht.[2271]

Diese Einrichtungen erhalten von den Sozialleistungsträgern besondere finanzielle Zuwendungen, um die Rahmenbedingungen für ihre private Tätigkeit zu verbessern und ihre Überlebensfähigkeit zu sichern. Die Verringerung oder sogar das Fehlen derartiger privater Angebote würde die staatlichen oder kommunalen Leistungsträger dazu verpflichten, selbst eigene Einrichtungen zu schaffen. Die Subventionierung privater Leistungsangebote kann deshalb kostengünstiger sein als die Schaffung oder Aufrechterhaltung entsprechender

---

[2266] PITSCHAS, *Der „neue" soziale....*, a. a. O., S. 759

[2267] RÜFNER, *Daseinsvorsorge und soziale....*, a. a. O., S. 1055; SCHUPPERT, *Zur Anatomie und....*, a. a. O., S. 156 ff.; derselbe, *Verwaltungswissenschaft*, a. a. O., S. 360 ff.

[2268] PITSCHAS, *Kommunale Sozialpolitik*, a. a. O., S. 1310; weitere Beispiele bei ALBERS, *Soziale Dienste aus....*, a. a. O., S. 247 ff. und SCHUPPERT, *Zur Anatomie und....*, a. a. O., S. 158; derselbe, *Verwaltungswissenschaft*, a. a. O., S. 358 ff.

[2269] RÜFNER, *Daseinsvorsorge und soziale....*, a. a. O., S. 1046

[2270] PITSCHAS, *Kommunale Sozialpolitik*, a. a. O., S. 1345

[2271] ALBERS, *Soziale Dienste aus....*, a. a. O., S. 248 ff.; RÜFNER, *Daseinsvorsorge und soziale....*, a. a. O., S. 1075

staatlicher Angebote. Sie ist zumindest geeignet, die Kosten derartiger, zur eigentlichen Sozialleistungsgewährung hinzukommender Einrichtungen zu begrenzen.[2272]

c. Subsidiarität der Erfüllung öffentlicher Sozialaufgaben

Zur Erfüllung ihrer Aufgaben bedienen sich die staatlichen und kommunalen Sozialleistungsträger traditionell der Träger sozialer Selbsthilfe, die als Institutionen der freien Wohlfahrtspflege, der Kirchen und Wohlfahrtsverbände Einrichtungen und soziale Dienste bereit halten.[2273] Die Subsidiarität der Erfüllung öffentlicher Sozialleistungsaufgaben durch Einrichtungen dieser Träger und Verbände der freien Wohlfahrtspflege liegt dem Gebot der §§ 75 Abs. 2 Satz 1 SGB XII,[2274] 74 Abs. 1 SGB VIII zugrunde und beinhaltet im Sozialrecht den Vorrang privater oder gemeinwirtschaftlicher Leistungserbringung vor staatlicher Erfüllung sozialer Aufgaben.[2275] Sie entbindet die staatlichen Sozialleistungsträger jedoch weder von ihrer Gewährleistungsverantwortung für die Bereitstellung derartiger Einrichtungen, noch zur finanziellen Unterstützung der Sozialleistungsempfänger bei der Inanspruchnahme dieser Einrichtungen und Dienstleistungen sowie der Wirksamkeit der Aufgabenerfüllung.[2276] Im Verhältnis zum Sozialleistungsempfänger handeln die Sozialleistungsträger und die Einrichtungen der freien Wohlfahrtspflege in einem Verhältnis der Kooperation als Verwaltungspartner, da die Wohlfahrtsverbände ihre Einrichtungen aus eigenem Auftrag und Selbstverständnis betreiben und nicht als Verwaltungshelfer staatlicher Institutionen auftreten.[2277]

[2272] RÜFNER, *Daseinsvorsorge und soziale....*, a. a. O., S. 1051

[2273] Arbeiterwohlfahrt, Caritas, Diakonie, Zentrale Wohlfahrtsstelle der Deutschen Juden, Deutsches Rotes Kreuz, Deutscher Paritätischer Wohlfahrtsverband, vgl. FLIERL, *Freie und öffentliche....*, a. a. O., S. 20 ff.; SCHUPPERT, *Zur Anatomie und....*, a. a. O., S. 156 ff.; derselbe, *Verwaltungswissenschaft*, a. a. O., S. 359 f.

[2274] Bis 31.12.2004: § 93 Abs. 1 Satz 1 BSHG

[2275] BREDE, *Grundzüge der Öffentlichen....*, a. a. O., S. 9 ff.; DEUTSCHER BUNDESTAG, *Zukunft des Bürgerschaftlichen....*, a. a. O., S. 242; PITSCHAS, *Kommunale Sozialpolitik*, a. a. O., S. 1345; derselbe, *Verwaltungskooperation zwischen Staat....*, a. a. O., S. 225; SCHMIDT, *Betriebswirtschaftslehre und Verwaltungsmanagement*, a. a. O., S. 69; SCHUPPERT, *Zur Anatomie und....*, a. a. O., S. 158; WOLFF/ BACHOF/ STOBER/ KLUTH/ MÜLLER, *Verwaltungsrecht*, Bd. 3, a. a. O., S. 627 f.

[2276] PITSCHAS, *Wandel des Sozialrechts....*, a. a. O., S. 4 f.; derselbe, *Der „neue" soziale....*, a. a. O., S. 764

[2277] PITSCHAS, *Kommunale Sozialpolitik*, a. a. O., S. 1345 unter Verweis auf BVERFGE 22, 180, 204 ff.; WOLFF/ BACHOF/ STOBER/ KLUTH/ MÜLLER, *Verwaltungsrecht*, Bd. 3, a. a. O., S. 560

Das Prinzip der Subsidiarität sozialer Leistungserbringung[2278] durch private Anbieter vor dem Tätigwerden staatlicher oder kommunaler Institutionen ist zugleich ein Kompromiss zwischen schlichter Reduktionspolitik[2279] und dem umfassenden öffentlichen Tätigwerden des paternalistischen Staates, der jedes Marktversagen zum Anlass nimmt, die Leistungserbringung durch öffentliche Einrichtungen voranzutreiben.[2280] Im aktivierenden Staat als kooperativem Staat, der Bürgermitverantwortung fordert und fördert, umfasst dieses Prinzip alle gesellschaftlichen Kräfte, losgelöst von der teils kritisierten Einbindung der etablierten „Wohlfahrtskonzerne" in den Gesamtzusammenhang öffentlicher Sozialpolitik.[2281] Dies entspricht einer Leitidee des Grundgesetzes, wonach die Verantwortung für den Zustand des Gemeinwesens beim Bürger liegt und nicht bei den Parteien und nicht endgültig beim Staat.[2282]

2. *Kooperation zwischen Staat und Privaten bei der sozialen Leistungserbringung*

a. Public-Private-Partnership

Bei der materiellen Privatisierung verzichten die staatlichen oder kommunalen Aufgabenträger auf die Erfüllung öffentlicher Aufgaben, geben sie in private Hände ab und ziehen sich auf die Übernahme der Überwachungs-, Regulierungs- oder Auffangverantwortung zurück.[2283] Durch formelle Privatisierung wird demgegenüber lediglich die Verwaltungsträgerschaft in den Organisationsformen des Privatrechts ausgeübt, ohne dass die Aufgabe als öffentliche Aufgabe preisgegeben wird.[2284] Zwischen ihnen steht die als funktionelle Privatisierung bezeichnete Teilprivatisierung, bei der der Aufgabenvoll-

---

2278 Im Unterschied zur Subsidiarität gem. Art. 23 Abs. 1 GG und der Subsidiarität des Vorrangs kleinerer staatlicher oder gesellschaftlicher Einheiten vor größeren oder übergeordneten Einheiten, vgl. DEUTSCHER BUNDESTAG, *Bericht der Enquête-Kommission....*, a. a. O., S. 24 f.; WOLFF/ BACHOF/ STOBER/ KLUTH/ MÜLLER, *Verwaltungsrecht,* Bd. 3, a. a. O., S. 627 f., 778

2279 NASCHOLD/ BOGUMIL, *Modernisierung des Staates*, a. a. O., S. 44 f.; PITSCHAS, *Verwaltungskooperation zwischen Staat....*, a. a. O., S. 230

2280 BLANKART, *Öffentliche Finanzen in....*, a. a. O., S. 67 ff.; BREDE, *Grundzüge der Öffentlichen....*, a. a. O., S. 12; BUDÄUS/ FINGER, *Stand und Perspektiven....*, a. a. O., S. 334 f.

2281 PITSCHAS, *Wandel des Sozialrechts....*, a. a. O., S. 5; derselbe, *Kommunale Sozialpolitik*, a. a. O., S. 1300; SCHUPPERT, *Zur Anatomie und....*, a. a. O., S. 163 f.

2282 PITSCHAS, *Verwaltungskooperation zwischen Staat....*, a. a. O., S. 225

2283 STOBER, *Allgemeines Wirtschaftsverwaltungsrecht*, a. a. O., S. 359 f.; WOLFF/ BACHOF/ STOBER/ KLUTH/ PEILERT, *Verwaltungsrecht,* Bd. 2, a. a. O., S. 624

2284 SCHUPPERT, *Die öffentliche Verwaltung....*, a. a. O., S. 415 f., 424 ff.; derselbe, *Verwaltungswissenschaft*, a. a. O., S. 370; WOLFF/ BACHOF/ STOBER/ KLUTH/ PEILERT, *Verwaltungsrecht,* Bd. 2, a. a. O., S. 555

zug auf ein Privatrechtssubjekt als beliehenem Unternehmer oder Verwaltungshelfer übertragen wird, hingegen die Aufgabenzuständigkeit und damit auch die Verantwortung für die Aufgabe beim öffentlichen Verwaltungsträger verbleibt.[2285] Die Aufgabenübertragung in dieser Privatisierungsform bedingt auch, dass der Beliehene oder Verwaltungshelfer zumindest der staatlichen Rechtsaufsicht unterworfen wird.[2286]

Diesen wie den sonstigen Privatisierungsformen ist gemeinsam, dass vormals öffentliche Aufgaben zum Vollzug oder zur Erfüllung in private Hände übergeben werden, während die öffentliche Hand bei der Subsidiarität sozialer Aufgaben privaten Leistungsanbietern den Vortritt überlässt und auf öffentliche Aufgabenwahrnehmung verzichtet.[2287] Auch diese Anbieter kooperieren mit staatlichen Verantwortungsträgern bei der Wahrnehmung einer durch Sozialrecht oder sonstiges öffentliches Recht gebotenen Dienstleistung oder Aufgabe. Sie arbeiten zur Aufgabenerfüllung mit der verantwortlichen Verwaltung in einer Verantwortungspartnerschaft zusammen. Diese Formen der Zusammenarbeit werden, wie viele weitere Kooperationsformen zwischen öffentlichen Verwaltungsträgern und Privaten bei der Erfüllung öffentlicher Aufgaben, unter dem Begriff des Public-Private-Partnership zusammengefasst.[2288] Der Begriff erfasst indessen ein großes Spektrum öffentlich-privater Zusammenarbeit, das von der informellen Kooperation öffentlicher und privater Träger bis hin zur formellen Kooperation in festgefügten Rechtsformen reicht.[2289]

[2285] BAUER, HARTMUT: *Verwaltungsrechtliche und verwaltungswissenschaftliche Aspekte der Gestaltung von Kooperationsverträgen bei Public Private Partnership*, in: DÖV 1998, S. 90; SCHUPPERT, *Die öffentliche Verwaltung....*, a. a. O., S. 417; derselbe, *Geändertes Staatsverständnis als....*, a. a. O., S. 23 f.; derselbe, *Verwaltungswissenschaft*, a. a. O., S. 371 f.

[2286] BRITZ, *Die Mitwirkung Privater....*, a. a. O., S. 433 f.; SCHUPPERT, *Verwaltungswissenschaft*, a. a. O., S. 372 ff.; STELKENS, ULRICH: *Die Stellung des Beliehenen innerhalb der Verwaltungsorganisation*, in: NVwZ 2004, S. 305 ff.; WOLFF/ BACHOF/ STOBER/ KLUTH/ MÜLLER, *Verwaltungsrecht,* Bd. 3, a. a. O., S. 521

[2287] SCHUPPERT, *Zur Anatomie und....*, a. a. O., S. 164; derselbe, *Verwaltungswissenschaft*, a. a. O., S. 366 f.

[2288] BAUER, *Verwaltungsrechtliche und verwaltungswissenschaftliche....*, a. a. O., S. 89; EICHHORN/ FRIEDRICH/ JANN/ OECHSLER/ PÜTTNER/ REINERMANN (Herausg.), *Verwaltungslexikon*, a. a. O., Stichwort: Public Private Partnership; MEHDE, VEITH: *Ausübung von Staatsgewalt und Public Private Partnership*, in: VerwArch 2000, S. 542 ff.; PITSCHAS, *Kommunale Sozialpolitik*, a. a. O., S. 1344 f.; WOLFF/ BACHOF/ STOBER/ KLUTH/ MÜLLER, *Verwaltungsrecht,* Bd. 3, a. a. O., S. 611 ff.

[2289] BUDÄUS, DIETRICH; GRÜNING, GERNOT: *Public Private Partnership*, in: VuM 1996, S. 280 ff.; SCHUPPERT, *Zur Anatomie und....*, a. a. O., S. 139 ff.; derselbe, *Verwaltungswissenschaft*, a. a. O., S. 367 ff.

b. Zusammenarbeit von Sozialleistungsträgern mit Einrichtungen der Wohlfahrtspflege

Unter den vielen Erscheinungsformen von Public-Private-Partnership hat die Kooperation der staatlichen und kommunalen Sozialverwaltung mit den Einrichtungen und Verbänden der freien Wohlfahrtspflege, aber auch mit gemeinnützigen Stiftungen eine lange und erfolgreiche Tradition.[2290] Ebenso wird die Arbeit der sozialen Selbsthilfeverbände[2291] als Kooperationsform mit der Sozialverwaltung eines Landes oder der Kommunen genutzt. Dies sind beispielsweise die Kriegsopferverbände seit der Entstehung der Versorgungs- und Fürsorgeverwaltung sowie die Blinden- und Gehörlosenverbände bei der Bereitstellung von Verwaltungsleistungen für behinderte Menschen mit Kommunikationsschwierigkeiten. Gleiches gilt für die Organisationen im Bereich des Gesundheitswesens, die aus dem Leistungsangebot des Gesundheitswesens nicht wegzudenken sind, wie im Krankenhauswesen, im Rettungsdienst[2292] oder zur Wiedereingliederung in das Erwerbsleben. Insgesamt wird die vielfältige Palette sozialpflegerischer Dienste gemeinnütziger Organisationen, Stiftungen, Selbsthilfegruppen und Privater in der häuslichen Pflege sowie freiwillige Helferdienste sozial engagierter Bürger in Kooperationsformen mit der Sozialverwaltung genutzt.[2293] Sie bilden den von *Gunnar Folke Schuppert* so apostrophierten Public-Private-Mix, der für die Erfüllung von sozialen und gesundheitlichen Aufgaben positiv wirkt.[2294]

Die Nutzung der Tätigkeit sozial engagierter Bürger, von Selbsthilfegruppen und Selbsthilfevereinen sowie den Organisationen der freien Wohlfahrtspflege erfordern unterschiedliche Vorgehensweisen der Kooperationsgestaltung mit der Sozialverwaltung. Ausgangspunkt ist die Dienstleistungssituation sozialer Leistungserbringung. Während Geldleistungen gegenüber dem Sozialleistungsempfänger zu erbringen sind, sind sächliche Leistungen ortsbezogen durch Personen zu leisten. Sie sind deshalb personengebundene Leis-

---

[2290] PITSCHAS, *Kommunale Sozialpolitik*, a. a. O., S. 1345; REICHARD, *Institutionelle Wahlmöglichkeiten bei....*, a. a. O., S. 129 f.; SCHUPPERT, *Zur Anatomie und....*, a. a. O., S. 158 ff.; WOLFF/ BACHOF/ STOBER/ KLUTH/ MÜLLER, *Verwaltungsrecht,* Bd. 3, a. a. O., S. 614 ff.

[2291] Kriegsopferverbände, Verbände Geschädigter und Vertriebener, Familienverbände, Blindenverbände, Gehörlosenverbände, vgl. SCHUPPERT, *Verwaltungswissenschaft*, a. a. O., S. 359

[2292] Durch Deutsches Rotes Kreuz, Malteser Hilfsdienst, Johanniter-Unfallhilfe, Arbeiter-Samariterbund, Bergwacht, Deutsche Gesellschaft zur Rettung Schiffbrüchiger

[2293] PITSCHAS, *Kommunale Sozialpolitik*, a. a. O., S. 1343; REICHARD, *Institutionelle Wahlmöglichkeiten bei....*, a. a. O., S. 129 f.

[2294] SCHUPPERT, *Zur Anatomie und....*, a. a. O., S. 156 ff.

tungen, weil sie als persönliche Beratung, Betreuung, Behandlung oder Pflege erbracht werden.[2295] Ihre Bereitstellung kann weder durch rechtliche Sanktion, noch allein durch Geld gesichert werden. Daher können in diesem Bereich keine standardisierten Kooperationsmuster greifen, sondern nur situationsbedingte Kooperationsprozesse und –lösungen.[2296] Zugleich wird deutlich, dass der kommunalen Sozialpolitik bei der Kooperation mit dem Dritten Sektor andere Aktionsmöglichkeiten und Kooperationsformen möglich sind,[2297] als der Landessozialverwaltung mit ihrer auf Geldleistung, die Vermittlung von Sachleistung und institutionelle Beratung festgelegten Schwerpunktbildung.

3. *Der Dritte Sektor als Kooperationspartner bei der sozialen Leistungserbringung*

a. Der Dritte Sektor zwischen Markt und Staat

Unter dem Sammelbegriff Dritter Sektor werden die Anbieter öffentlich bedeutsamer Leistungen zusammengefasst, die weder eindeutig dem Staat und seiner Verwaltung, noch eindeutig den Unternehmungen als markt- und gewinnorientierten Organisationen zuzurechnen sind. Weil dieser gesellschaftliche Bereich durch ein Neben- und Miteinander von Marktmechanismen, staatlicher Steuerung und Leistung sowie gemeinschaftlicher und familiärer Arbeit gekennzeichnet ist, ist die Abgrenzung dieser Leistungsanbieter von staatlichen bzw. privaten Institutionen ungenau und erfolgt eher durch Negativabgrenzungen.[2298] Er umfasst bei der sozialen Leistungserbringung verselbständigte öffentliche Leistungsträger, wie die Sozialversicherungsträger. Dem Dritten Sektor können aber auch durch formale Privatisierung gegründete Gesellschaften angehören, die im Eigentum staatlicher oder kommunaler Institutionen stehen, wie Beschäftigungsgesellschaften zur Vermeidung von Arbeitslosigkeit oder Sozialhilfebezug.[2299] Zum Dritten Sektor gehören daneben das Genossenschaftswesen, die klassischen Wohlfahrtsorganisationen und al-

---

[2295] ALBERS, *Soziale Dienste aus....*, a. a. O., S. 248 ff.

[2296] PITSCHAS, *Kommunale Sozialpolitik*, a. a. O., S. 1343

[2297] Vgl. ENGELHARDT, *Hybride Organisationsformen des....*, a. a. O., S. 195 f.; PITSCHAS, *Wandel des Sozialrechts....*, a. a. O., S. 4 f.

[2298] ENGELHARDT, *Hybride Organisationsformen des....*, a. a. O., S. 179; REICHARD, CHRISTOPH: *Der Dritte Sektor*, in: DÖV 1988, S. 365; derselbe, *Institutionelle Wahlmöglichkeiten bei....*, a. a. O., S. 129 f.; SCHUPPERT, *Zur Anatomie und....*, a. a. O., S. 137 f.; derselbe, *Verwaltungswissenschaft*, a. a. O., S. 358 ff.; WOLFF/ BACHOF/ STOBER/ KLUTH/ MÜLLER, *Verwaltungsrecht,* Bd. 3, a. a. O., S. 559

[2299] PITSCHAS, *Kommunale Sozialpolitik*, a. a. O., S. 1313

ternative Einrichtungen, wie die Selbsthilfeorganisationen und –gruppen des Gesundheits- und Sozialwesens.[2300]

Die Organisationsformen der im Dritten Sektor zusammengefassten Anbieter öffentlicher Leistungen reichen von privatrechtlichen Organisationsformen bis zu den öffentlich-rechtlichen Zusammenschlüssen der Körperschaften und Anstalten als teilautonome Institutionen.[2301] Für die Zugehörigkeit zum Dritten Sektor wird allerdings eine dieser Organisationsformen vorausgesetzt, die beim Verein, so *Lorenz von Stein*, als Baustein der „freien Verwaltung" beginnt.[2302] Gemeinsames Handlungsziel dieser Organisationen ist Solidarität als altruistische und wechselseitige Hilfeorientierung.[2303] Einzelpersonen und nicht organisierte Personenmehrheiten mit gesellschaftlichem und sozialem Engagement sind demgegenüber dem Bereich des Ehrenamtes zuzuordnen,[2304] zu dessen Annahme private und öffentliche Institutionen zu ihrer unmittelbaren Unterstützung bei den Bürgern nachsuchen und ihnen hierfür möglicherweise eine Aufwandsentschädigung und sozialrechtliche Absicherung gewähren.[2305]

b. Kooperationsformen mit dem Dritten Sektor

Unter den Kooperationsformen ist im Bereich der sozialen Leistungserbringung die Dreiecksbeziehung zwischen dem Sozialhilfeträger als Leistungsverpflichtetem, dem Sozialhilfeempfänger als Leistungsempfänger und einer Einrichtung der Wohlfahrtspflege als Leistungserbringer durch Vereinbarung gem. § 75 Abs. 3 SGB XII[2306] die häufigste Form der Vertragsgestaltung. Sie

---

[2300] EICHHORN/ FRIEDRICH/ JANN/ OECHSLER/ PÜTTNER/ REINERMANN (Herausg.), *Verwaltungslexikon*, a. a. O., Stichwort: Dritter Sektor; ENGELHARDT, *Hybride Organisationsformen des....*, a. a. O., S. 182; SCHUPPERT, *Zur Anatomie und....*, a. a. O., S. 141 f.

[2301] REICHARD, *Der Dritte Sektor*, a. a. O., S. 365 f.; eine Bestandsaufnahme des bürgerschaftlichen Engagements nach Bereichen und Organisationsformen ist bei DEUTSCHER BUNDESTAG (Herausg.), *Zukunft des Bürgerschaftlichen....*, a. a. O., S. 27 ff. wiedergegeben

[2302] Vgl. SCHUPPERT, *Zur Anatomie und....*, a. a. O., S. 144

[2303] REICHARD, *Der Dritte Sektor*, a. a. O., S. 364; zum Begriff der Solidarität RULAND, FRANZ: *Solidarität*, in: NJW 2002, S. 3518 f.

[2304] Zum Begriff DEUTSCHER BUNDESTAG (Herausg.), *Zukunft des Bürgerschaftlichen....*, a. a. O., S. 391; vgl. auch BIEBACK, *Effizienzanforderungen an das....*, a. a. O., S. 139; PITSCHAS, RAINER: *Verwaltungsmodernisierung und lokale Demokratie*, in: VuM 1997, S. 261 f.

[2305] Vgl. DEUTSCHER BUNDESTAG, *Zukunft des Bürgerschaftlichen....*, a. a. O., S. 315 ff.; Staatszeitung Rheinland-Pfalz –Sonderdruck III/ 2004– vom 26.05.2004: „Bilanz und Perspektiven ehrenamtlichen Engagements in Rheinland-Pfalz"; zur sozialrechtlichen Absicherung BOERNER, *Förderung von bürgerschaftlichem....*, a. a. O., S. 654 ff.

[2306] Bis 01.01.2005: § 93 Abs. 2 BSHG

ist als Vereinbarung gem. §§ 78 b ff. SGB VIII auch im Bereich der Kinder- und Jugendhilfe bestimmend. Sowohl § 75 Abs. 3 SGB XII als auch § 78 b SGB VIII legen darüber hinaus eine Rollenverteilung fest, bei der dem Träger der Sozial- bzw. Jugendhilfe die Planungs- und Gesamtverantwortung für die Leistungsgewährung obliegt, während der Bereich der Leistungserbringung auf nicht staatliche Träger verlagert ist. Das Verhältnis zwischen öffentlicher und privater Sozial- und Jugendhilfe ist demnach durch unterschiedliche Funktionen der staatlichen oder kommunalen Gewährleistung und der privaten Erfüllung bestimmt.[2307] Sonstige Kooperationsformen, wie Betreibermodelle oder die Heranziehung Privater zur Erfüllung öffentlicher Aufgaben, werden im Sozialbereich nicht abgeschlossen, da die karitativen Einrichtungen der Kirchen und Wohlfahrtsverbände sowie die Stiftungen und Selbsthilfeeinrichtungen ihre soziale Aufgabe aus eigenem Antrieb und Interesse erfüllen und nicht als staatliche Sub-Unternehmer oder Verwaltungshelfer auftreten.[2308]

Im Gesundheits- und Sozialwesen sind eine Vielzahl von Selbsthilfeorganisationen tätig, die als Selbsthilfegruppen oder soziale oder gesundheitspolitische Interessengemeinschaften arbeiten und mit ihrem auch im öffentlichen Interesse liegenden Anliegen Interaktions- und Kommunikationspartner staatlicher oder kommunaler Sozialverwaltungen sind. Unter ihnen blicken die bundesweit agierenden Kriegsopfer- und Sozialverbände auf eine bis über die Gründung der Bundesrepublik Deutschland hinaus reichende partnerschaftliche Zusammenarbeit mit den Sozialverwaltungen zurück. Für die landesweit organisierten Selbsthilfeorganisationen wurde in Rheinland-Pfalz mit der Landesarbeitsgemeinschaft Rheinland-Pfalz Selbsthilfe Behinderter e. V. ein Forum geschaffen, in dem 41 Selbsthilfeorganisationen und Interessengemeinschaften behinderter oder kranker Menschen zusammengefasst sind.[2309] Sie stehen in Interaktions- und Kommunikationspartnerschaft[2310] mit dem rheinland-pfälzischen Ministerium für Arbeit, Soziales, Familie und Gesundheit, das für sie einen Beirat für die Belange behinderter Menschen geschaffen hat.

[2307] MESSMER, HEINZ: *Zwischen Qualität und Kosteneffizienz*, in: ZfJ 2004, S. 52; STÄHR, AXEL: *Leistungserbringung durch Träger der freien Jugendhilfe*, in: ZfJ 2002, S. 456

[2308] BREDE, *Grundzüge der Öffentlichen....*, a. a. O., S. 22; KOCKA, *Die Rolle der....*, a. a. O., S. 5 f.

[2309] Einzelheiten unter www.lag-sb.rlp.de (eingesehen am 22.08.2004)

[2310] PITSCHAS, *Kommunale Sozialpolitik*, a. a. O., S. 1335 f.

c. Ehrenamtliche Verpflichtung von Experten

Im Bereich des öffentlichen Gesundheitsdienstes hat Rheinland-Pfalz durch § 8 des Landesgesetzes über den öffentlichen Gesundheitsdienst die Möglichkeit geschaffen, frei praktizierenden Ärzten hoheitliche Aufgaben des Gesundheitsamtes zu übertragen; gleiches gilt für Aufgaben von Apothekern außerhalb des öffentlichen Gesundheitsdienstes bei der Überwachung des Verkehrs mit Arznei- und Betäubungsmitteln sowie Medizinprodukten. Diese Personen führen ihre Aufgaben als Ehrenbeamte und damit als Amtswalter im Auftrag der zuständigen Gebietskörperschaft (Landkreise für die Gesundheitsämter; Landesamt für Soziales, Jugend und Versorgung für die Arzneimittel- und Medizinprodukteüberwachung) durch und erhalten für ihre Tätigkeit eine Aufwandsentschädigung.[2311]

Die ehrenamtlich tätigen Pharmazieräte im öffentlichen Gesundheitsdienst in Rheinland-Pfalz rekrutieren sich aus einem Kreis akademisch ausgebildeter Personen, die nicht intern organisiert sind, jedoch gemeinsam das Ziel haben, ihre spezielle Berufsausbildung in den Dienst öffentlicher Organisationen zur Erfüllung einer öffentlichen Aufgabe zu stellen. Ehrenamtliche Pharmazieräte sind auch niedergelassene Apotheker, die zusammen mit den Apothekern ohne eigene Apotheke das Bestreben eint, im Sinne des gemeinsamen Interesses des Berufsstandes die gesetzlichen Standards des Arzneimittelverkehrs sicherzustellen. Sie sind nicht organisiert, sondern bewerben sich aus eigenem Antrieb und in Kenntnis des öffentlichen Interesses an ihrer ehrenamtlichen Tätigkeit.

Dieses in Rheinland-Pfalz seit Jahrzehnten erfolgreiche Modell ehrenamtlicher und berufsspezifischer Tätigkeit im öffentlichen Interesse wurde durch § 8 Abs. 1 ÖGdG auch auf ehrenamtliche Aufgaben im öffentlichen Gesundheitsdienst erweitert. Allerdings fand diese Möglichkeit der Nutzung ehrenamtlichen Engagements bislang bei den Landkreisen als Aufgabenträger des öffentlichen Gesundheitsdienstes in Rheinland-Pfalz kaum Interesse, obwohl das Landesamt für Soziales, Jugend und Versorgung als Fachaufsichtsbehörde des öffentlichen Gesundheitsdienstes entsprechende Bewerbungen von Ärzten den Gesundheitsämtern mitteilte. Beim Landesamt für Soziales, Jugend und Versorgung sind zur Zeit 36 Apotheker als ehrenamtliche Pharmazieräte tätig; ein ehrenamtlicher Medizinalrat ist beim Landkreis Rhein-Lahn eingesetzt.

[2311] MIESEN, *Ehrenbeamte im Öffentlichen....*, a. a. O., S. 13; vgl. auch DEUTSCHER BUNDESTAG (Herausg.), *Zukunft des Bürgerschaftlichen....*, a. a. O., S. 319 f.

4. Sonstige Kooperationsformen im Bereich einer Landessozialverwaltung

a. Outsourcing und Kooperationsverbünde

Zur Steigerung der Produktivität öffentlicher Verwaltungen wird durch das neue öffentliche Management auch die Möglichkeit aufgezeigt, die Leistungstiefe öffentlicher Verwaltungstätigkeit[2312] zu reduzieren und auf ihr Kerngeschäft zu konzentrieren.[2313] Sie umfasst die betriebswirtschaftliche Entscheidung, ob die Eigenerstellung einer bestimmten, für den Verwaltungsablauf erforderlichen Leistung kostengünstiger durch Eigenerstellung oder durch Zulieferung durch Private (make or buy) beschafft werden kann.[2314] Die Auftragsvergabe an Private durch Kauf-, Werk- oder Dienstverträge ist das Ergebnis der unter Kostengesichtspunkten getroffenen Feststellung, dass der als Outsourcing bezeichnete Fremdbezug einer vorher selbst erstellten Leistung kostengünstiger ist als ihre Eigenproduktion.[2315] Unter diesen Voraussetzungen hat die öffentliche Verwaltung interne Serviceaufgaben ausgelagert, wie Reinigungs- oder Hausmeisterdienste an private Anbieter. Allerdings haben sich in anderen Bereichen die Grenzen derartiger Vergabemöglichkeiten gezeigt. So ist ein komplettes Outsourcing der EDV-Wartung und Datenpflege in einer Landessozialverwaltung bereits deshalb nicht möglich, weil die Vorgaben des Sozialdatenschutz dem entgegenstehen.

Als Alternative zur privaten Auftragsvergabe werden demgegenüber Möglichkeiten des Kooperationsverbundes mit anderen Verwaltungen genutzt, um

---

2312 Nach NASCHOLD/ BOGUMIL, *Modernisierung des Staates*, a. a. O., S. 15 f. wird unter dem Begriff der Leistungstiefe im öffentlichen Sektor analog zur Fertigungstiefe von Industrieunternehmen diskutiert, in welchem Umfang und in welcher Qualität öffentliche Leistungen selbst erbracht werden. Je geringer die Leistungstiefe, um so mehr müssen bei gegebenem Leistungsumfang Teilleistungen von dritter Seite zugekauft werden. Die Bandbreite der Leistungstiefe erstreckt sich von 100 % bei vollständiger Eigenerstellung durch öffentliche Einrichtungen bis zu 0 % bei vollständigem Verzicht auf öffentliche Eigenleistung. Statt des Begriffs der Leistungstiefe wird in der Literatur auch der Begriff der Fertigungstiefe auf die öffentliche Verwaltung bezogen: Vgl. auch EICHHORN/ FRIEDRICH/ JANN/ OECHSLER/ PÜTTNER/ REINERMANN (Herausg.), *Verwaltungslexikon*, a. a. O., Stichwort: Leistungstiefe; STÖBE, SIBILLE: *Schlanke Verwaltung (Lean Administration)*, in: Blanke, Bernhard; Bandemer, Stephan von; Nullmeier, Frank; Wewer, Göttrik (Herausg.): *Handbuch zur Verwaltungsreform*, Opladen 1998, S. 243

2313 STÖBE, *Schlanke Verwaltung (Lean....*, a. a. O., S. 243 f.

2314 EICHHORN/ FRIEDRICH/ JANN/ OECHSLER/ PÜTTNER/ REINERMANN (Herausg.), *Verwaltungslexikon*, a. a. O., Stichwort: Leistungstiefe

2315 BREDE, *Grundzüge der Öffentlichen....*, a. a. O., S. 43; EICHHORN/ FRIEDRICH/ JANN/ OECHSLER/ PÜTTNER/ REINERMANN (Herausg.), *Verwaltungslexikon*, a. a. O., Stichwort: Outsourcing

durch größere Aufgabenvolumina eine bessere Ausnutzung der vorhandenen personellen und sächlichen Ressourcen sicherzustellen. Beispiel ist der Kooperationsverbund mit dem Daten- und Informationszentrum Rheinland-Pfalz, über dessen Rechenzentrum in Koblenz alle Rentenzahlungen des sozialen Entschädigungsrechts und ein wesentlicher Teil des automatisierten Schriftverkehrs bei den Verfahren der Behindertenfeststellung abgewickelt werden.[2316] Auch die Teilnahme der rheinland-pfälzischen Landessozialverwaltung an der Weiterentwicklung von EDV-Anwendungen im sozialen Entschädigungsrecht mit den im sogenannten Nordverbund zusammengeschlossenen Landessozialverwaltungen ist eine Form des länderübergreifenden Kooperationsverbundes.

Ein weiteres Beispiel ist die gemeinsame zentrale Adoptionsstelle für die Länder Hessen und Rheinland-Pfalz in der Abteilung Landesjugendamt. Bei der Druckerstellung wickelt die mit zwei Mitarbeitern besetzte Druckerei des Landesamtes für Soziales, Jugend und Versorgung auch die Druckaufträge des dienstaufsichtsführenden Ministeriums ab und arbeitet mit diesem Auftragsvolumen unter betriebswirtschaftlichen Gesichtspunkten nachweislich kostengünstiger als externe Druckereien.

b. Contracting Out

In den deutschen Landessozialverwaltungen wird bereits seit ihrer Entstehung, ausgehend vom Mangel eigenen ärztlichen Personals, die Möglichkeit genutzt, die im sozialen Entschädigungsrecht und später im Feststellungsverfahren gem. § 69 SGB IX[2317] erforderliche ärztliche Gutachtertätigkeit durch Auftragsvergabe an selbstständige oder bei anderen Organisationen angestellte Ärzte als sogenannte Außengutachter sicherzustellen. Diese im neuen öffentlichen Management als Contracting Out bezeichnete Form der Beiziehung des Sachverstandes Privater[2318] ist heute unter den Bedingungen personeller Einsparzwänge die einzige Möglichkeit, den hohen Anteil ärztlichen Sachverstandes an der Abwicklung der Feststellungsverfahren gem. § 69 SGB IX zu gewährleisten.[2319]

Derzeit werden im Landesamt für Soziales, Jugend und Versorgung 65 Prozent der ärztlichen Gutachtertätigkeit durch Außengutachter erstellt, die ver-

---

[2316] Vgl. VORAN, Heft 9, a. a. O., S. 50 f.

[2317] Seit 1974: § 4 des Gesetzes zur Eingliederung Schwerbehinderter in Arbeit, Beruf und Gesellschaft (BGBl. I 1986 S. 1421)

[2318] BREDE, *Grundzüge der Öffentlichen....*, a. a. O., S. 43; BUDÄUS, *Organisationswandel öffentlicher Aufgabenwahrnehmung....*, a. a. O., S. 114

[2319] Zur Rolle des ärztlichen Sachverstandes vgl. GOEDELT, *Die Festsetzung des....*, a. a. O., S. 99; STRAßFELD, *Kriterien für die....*, a. a. O., S. 614

traglich hierzu beigezogen werden und deren Leistungen aufgrund Vereinbarung gem. § 14 des Justizvergütungs- und –entschädigungsgesetzes pro Gutachten vergütet werden.[2320] Hierfür wurden im Jahr 2003 etwa 1,3 Mio. € aufgewendet.

II. Wirtschaftlichkeitserwägungen bei Herstellung und Gestaltung von Leistungen einer Landessozialverwaltung

1. Verringerung der Leistungstiefe als Einsparpotential?

a. Leistungstiefe sozialrechtlicher Verwaltungsleistungen

Der Privatisierung öffentlicher Aufgaben, der Auslagerung verwaltungsintern relevanter Leistungen zu privaten Leistungserbringern und der Kooperation mit privaten Anbietern von Aufgaben im öffentlichen Interesse liegt die Vision der Verringerung von Staatstätigkeit zugrunde.[2321] Wenn sie allerdings einen quantifizierbaren volkswirtschaftlichen oder betriebswirtschaftlichen Nutzen haben soll, bilden Wirtschaftlichkeitserwägungen[2322] die Kriterien, an denen sich die Organisationsmotive der Verringerung der Fertigungstiefe öffentlicher Leistungen und der Konzentration der Verwaltung auf ihr Kerngeschäft messen lassen müssen.

Die der Landessozialverwaltung durch Recht oder exekutiven Organisationsakt zugewiesenen Aufgaben werden dabei als gegeben vorausgesetzt, da sie nur durch politisch bestimmte Vorgaben des Bundes und die dort aus der Diskussion über Staatsziele und Staatsaufgaben entstandenen legislativen Vorgaben für den Ländervollzug verändert werden können.[2323] Hier allerdings ist heute vieles im Fluss; so wurde kürzlich durch Änderung des § 69 Abs. 1 SGB IX die Abwicklung der Feststellungsverfahren für behinderte Menschen zur organisatorischen Disposition des Landesgesetzgebers gestellt.[2324]

2320 Gesetz über die Vergütung von Sachverständigen, Dolmetscherinnen, Dolmetschern, Übersetzerinnen und Übersetzern sowie die Entschädigung von ehrenamtlichen Richterinnen, ehrenamtlichen Richtern, Zeuginnen, Zeugen und Dritten (Justizvergütungs- und –entschädigungsgesetz – JVEG) vom 12.05.2004 (BGBl. I S. 776); vgl. auch HESPELER, ULRIKE: *Die Neuordnung der Vergütung für medizinische Sachverständige durch das Justizvergütungs- und Entschädigungsgesetz (JVEG)*, in: MedR 2004, S. 494 ff.

2321 WOLFF/ BACHOF/ STOBER/ KLUTH/ PEILERT, *Verwaltungsrecht,* Bd. 2, a. a. O., S. 505 f.

2322 OETTLE, *Elemente der Ökonomisierung....*, a. a. O., S. 295 f.; PETERS, *Die Ausfüllung von....*, a. a. O., S. 752

2323 NASCHOLD/ BOGUMIL, *Modernisierung des Staates*, a. a. O., S. 83

2324 Das Gesetz zur Förderung der Ausbildung und Beschäftigung schwerbehinderter Menschen vom 23.04.2004 (BGBl. I S. 606) eröffnete durch Einfügung einer landesrechtlichen Ermächtigung in § 69 Abs. 1 Satz 3 die Möglichkeit, die Durchführung der Feststellungs-

Bei der Frage der Leistungstiefe sozialrechtlicher Verwaltungstätigkeit greifen nahezu ausschließlich verwaltungsbetriebswirtschaftliche Gesichtspunkte.[2325] Das durch die Haushaltsordnungen des Bundes und der Länder ihren Verwaltungen auferlegte Wirtschaftlichkeitsgebot (§§ 6 Abs. 1 HGrG, 7 BHO, 7 LHO) verlangt, das Verwaltungshandeln nach den Grundsätzen der Wirtschaftlichkeit und Sparsamkeit auszurichten.[2326] Bei einer Landessozialverwaltung ist damit wie bei jeder öffentlichen Verwaltung die Frage nach der Zielerreichung aufgeworfen. Sie umfasst im Innenverhältnis die Produktion von Verwaltungsleistungen und im Verhältnis zu den Adressaten ihre Produktivität im Sinne von Zielerreichung, Wirkung und Qualität sozialrechtlicher Dienstleistungsproduktion.[2327]

Die Veränderung der Leistungstiefe durch Überprüfung der Eigenproduktion und externe Beschaffung gehört zu den Maßnahmen, um Kosten bei der Entstehung von Verwaltungsleistungen zu senken. Dabei ist zwischen den eigentlichen Herstellungskosten einer Verwaltungsleistung und den Gemeinkosten als den Kosten für Service, Arbeitsplatz und Infrastruktur[2328] zu trennen. Im Bereich der Gemeinkosten sind eher wettbewerbsähnliche Vergleiche möglich, die sich unmittelbar auf die Kostenstruktur auswirken. Dort, wie bei der Inanspruchnahme von speziellem Sachverstand, kann es durchaus betriebswirtschaftlich effektiver sein, Komponenten oder Vorprodukte von Verwaltungsleistungen von Privaten zu beziehen.[2329] Dies wird dann als sinnvoll angesehen, wenn spezieller Sachverstand nur punktuell benötigt wird, wo die Menge des Arbeitsanfalls stark variiert oder wo Aufgabenüberschneidungen vorliegen.[2330]

---

verfahren durch andere als die für die Durchführung des Bundesversorgungsgesetzes zuständigen Behörden durch Landesrecht festzulegen. Für diese Aufgabe sind im Geschäftsbereich des Landesamtes für Soziales, Jugend und Versorgung 151 Planstellen und Stellen (fast 20 % der Gesamtstellen) gebunden.

[2325] Vgl. EICHHORN/ FRIEDRICH/ JANN/ OECHSLER/ PÜTTNER/ REINERMANN (Herausg.), *Verwaltungslexikon*, a. a. O., Stichwort: Leistungstiefe

[2326] WOLFF/ BACHOF/ STOBER/ KLUTH/ PEILERT, *Verwaltungsrecht*, Bd. 2, a. a. O., S. 506

[2327] Vgl. NASCHOLD, *Produktivität öffentlicher Dienstleistungen*, a. a. O., S. 366

[2328] BREDE, *Grundzüge der Öffentlichen....*, a. a. O., S. 203; EICHHORN/ FRIEDRICH/ JANN/ OECHSLER/ PÜTTNER/ REINERMANN (Herausg.), *Verwaltungslexikon*, a. a. O., Stichwort: Gemeinkosten; SCHMIDT, *Betriebswirtschaftslehre und Verwaltungsmanagement*, a. a. O., S. 360

[2329] SCHMIDT, *Betriebswirtschaftslehre und Verwaltungsmanagement*, a. a. O., S. 71

[2330] STÖBE, *Schlanke Verwaltung (Lean....*, a. a. O., S. 244

b. Grenzen der Leistungstiefenvariation

Eine Verringerung der Leistungstiefe durch privatwirtschaftliche Zulieferer beinhaltet jedoch noch nicht, dass ihre Aufgabenwahrnehmung bereits durch die bloße Inanspruchnahme kostengünstiger wäre. So ist eine Behörde, die eigenes Reinigungspersonal beschäftigt, an die Arbeitskapazität dieser Hilfskräfte gebunden. Bei Vergabe von Reinigungsarbeiten an einen externen Anbieter, kann sie flexibel entscheiden, ob Papierkörbe in den Dienstzimmern täglich bzw. zweimal wöchentlich geleert werden sollen oder lediglich Papier aus Sammelstellen entsorgt wird. Auch verwaltungsinterne Zubringer- und Assistenzdienste können reduziert oder gar gestrichen werden. Fahrbereitschaften können abgeschafft und die im Außendienst tätigen Mitarbeiter auf die Benutzung von Taxis, öffentliche Verkehrsmittel oder die Inanspruchnahme von Behördenfahrzeugen ohne Fahrer verwiesen werden. Postverteilung und Botendienste können von in der Verwaltung tätigen externen Kräften erledigt werden; die Schriftguterstellung durch eigene Schreib- und Kanzleikräfte kann drastisch reduziert oder eingestellt werden. Alle diese Maßnahmen haben Auswirkungen auf die Leistungstiefe und damit die Kostenstruktur von Verwaltungsleistungen; sie wirken allerdings als Arbeitsverdichtung auf die Mitarbeiter ein.[2331]

Bei den im neuen öffentlichen Management als Verwaltungsprodukte bezeichneten Verwaltungsleistungen,[2332] die mit Außenwirkung erbracht werden, sind demgegenüber rein betriebswirtschaftlich bestimmte Wirtschaftlichkeitsüberlegungen nur eingeschränkt sinnvoll. Diese Leistungen haben eine auf ihre Wirkung (Outcome) bezogene Dimension,[2333] die auch Fragen nach der Effektivität und der Effizienz des sozialrechtlichen Verwaltungsvollzugs aufwerfen. In diesem Zusammenhang haben sie keinen Selbstzweck, sondern dienen durch Schonung von Ressourcen der nachhaltigen Erfüllung der konkreten Sachaufgabe.[2334] So schont die Ablehnung eines nach gründlicher und kostenintensiver medizinischer Befunderhebung oder Begutachtung als unbegründet ermittelten Antrags auf Leistungen nach dem sozialen Entschädigungsrecht Ressourcen für die Leistungsgewährung in begründeten Fällen. Die Ablehnung eines aus medizinischer Sicht nicht gerechtfertigten Antrags auf Anerkennung als schwerbehinderter Mensch versagt zugleich Steuererleichterungen und Zusatzleistungen von Arbeitgebern. Die aus intern be-

---

2331 OETTLE, *Elemente der Ökonomisierung....*, a. a. O., S. 307

2332 HOFFMANN-RIEM, *Tendenzen in der....*, a. a. O., S. 436 f.

2333 BREDE, *Grundzüge der Öffentlichen....*, a. a. O., S. 207; SCHMIDT, *Betriebswirtschaftslehre und Verwaltungsmanagement*, a. a. O., S. 95

2334 PETERS, *Die Ausfüllung von....*, a. a. O., S. 755

triebswirtschaftlicher Sicht kostengünstigere Lösung wäre demgegenüber, den Anträgen stattzugeben, um Kosten für (interne oder externe) medizinische Gutachter und dezidiert begründete, somit also personalintensive Ablehnungsentscheidungen zu sparen.[2335]

Verwaltungsbetriebswirtschaftliche Erwägungen der Variation der Leistungstiefe in einer Landessozialverwaltung können demnach zu Kostenreduzierungen führen. Sie beziehen sich in erster Linie auf die Zulieferung von Leistungen, die entweder die Aufrechterhaltung des Verwaltungsbetriebs ermöglichen, wie der Bezug von Leistungen des verwaltungsinternen Service, oder in Kooperation mit externen Fachleuten (EDV-Fachleute, „Außengutachter", Einrichtungen der freien Wohlfahrtspflege) erstellt werden. Dabei zeigt der Kostenvergleich allerdings in vielen Fällen, dass die Eigenerstellung kostengünstiger ist als der Fremdbezug. Unter dem Gesichtspunkt des rein betriebswirtschaftlichen Kostenvergleichs wird deshalb die Privatisierung nicht als der „Königsweg" zur öffentlichen Aufgabenreform angesehen.[2336]

2. *Nutzen der Institutionenökonomie für die Wahlentscheidung öffentlicher Aufgabenwahrnehmung*

a. Staatliche Kern- und Ergänzungsaufgaben

Die aus der allgemeinen Betriebswirtschaftslehre übernommenen Handlungsanweisungen von Lean Production und Lean Management[2337] werden auch im öffentlichen Sektor als Orientierungsregeln zur Entscheidung über Eigenerstellung, Fremdbezug und Kooperation sowie die Schaffung von wirtschaftlichen und handlungsfähigen Einheiten innerhalb einer Verwaltungsorganisation genutzt.[2338] Dabei liefert das Konzept der „abgestuften Staatsaufgaben" mit seiner Unterscheidung in die Aufgabentypen der staatlichen Kernaufgaben, der staatlichen Gewährleistungsaufgaben, der staatlichen Annex- und Ergänzungsaufgaben sowie der privaten Kernaufgaben Möglichkeiten zur Bildung von Entscheidungsalternativen, die ein von ideologischen Argumenten

---

[2335] Hieran schließt sich zudem eine Folge von Rechtsbehelfen und gerichtlichen Rechtsmitteln an, für die die Sozialverwaltungen eigene Referate vorzuhalten haben.

[2336] BREDE, *Grundzüge des Öffentlichen....*, a. a. O., S. 48 ff.; NASCHOLD/ BOGUMIL, *Modernisierung des Staates*, a. a. O., S. 55, 69; WOLFF/ BACHOF/ STOBER/ KLUTH/ MÜLLER, *Verwaltungsrecht,* Bd. 3, a. a. O., S. 630

[2337] Vgl. EICHHORN/ FRIEDRICH/ JANN/ OECHSLER/ PÜTTNER/ REINERMANN (Herausg.), *Verwaltungslexikon*, a. a. O., Stichwort: Lean Management; STAEHLE/ CONRAD/ SYDOW, *Management*, a. a. O., S. 724 f.

[2338] PICOT/ WOLFF, *Zur ökonomischen Organisation....*, a. a. O., S. 76

ungefärbtes Aufgabenverständnis vermitteln sollen.[2339] Für den Bereich einer Landessozialverwaltung können die staatlichen Annex- und Ergänzungsaufgaben als nichtöffentliche Aufgaben in Regie der Gebietskörperschaften und die privaten Kernaufgaben, unter ihnen auch die Aufgaben von Einrichtungen des Dritten Sektors, als Privatisierungspotential vernachlässigt werden.

Bei allen im Landesamt für Soziales, Jugend und Versorgung wahrgenommenen originären Aufgaben der sozialen Leistungsgewährung handelt es sich entweder um staatliche Kernaufgaben oder um staatliche Gewährleistungsaufgaben, wie bei der Leistungsgewährung im sozialen Entschädigungsrecht, der Statusfeststellung und Sicherung der Teilhabe und Rehabilitation behinderter Menschen oder der Sicherstellung von Hilfen in besonderen Lebenslagen als Existenzsicherung des Sozialhilferechts. Hierzu zählen ebenso die Sicherstellungsaufgaben des öffentlichen Gesundheitsdienstes und der Heimaufsichten. Bei dieser Zuordnung ist allenfalls der Vollzug von staatlichen Gewährleistungsaufgaben durch private Auftragnehmer nach staatlicher Auftragserteilung und unter demokratischer Kontrolle möglich.[2340]

Es verbleiben allerdings Aufgaben, die als Folgeaufgaben der sozialen Leistungsverwaltung in anderen Organisationsformen wahrgenommen werden können. Hierzu gehören alle Aufgaben der Durchsetzung von Regressansprüchen staatlicher Leistungsträger gegenüber Privaten, für die der Staat in Vorleistung zu treten hatte. Dazu zählt ebenso die Abwicklung und Durchsetzung der Rückforderung von Darlehen und Krediten, die als Rentenkapitalisierungen des sozialen Entschädigungsrechts, als besondere Hilfen des Sozialhilferechts oder als institutionelle Förderungen aufgrund von sozialrechtlichen Leistungstatbeständen gewährt wurden. Für die Abwicklung dieser Aufgaben kommen staatliche Aufgabenträger, verselbständigte Verwaltungsträger oder private Aufgabenträger in Frage.[2341]

b. Institutionenökonomische Kriterien zur Entscheidungswahl

Ebenso wie in der Betriebswirtschaftslehre ist unter verwaltungsbetriebswirtschaftlichen Gesichtspunkten die Frage zu stellen, ob es günstiger ist, derartige Teilleistungen selbst zu erbringen oder sie durch Dritte erstellen zu lassen. Dabei wird nicht ausschließlich der unmittelbare Kosten-Preis-Vergleich als Entscheidungskriterium angesehen, sondern auch andere Kostenfaktoren, wie die Spezifität der Verwaltungsleistung und der hierfür einzusetzenden

---

2339 NASCHOLD/ BOGUMIL, *Modernisierung des Staates*, a. a. O., S. 67 ; SCHMIDT, *Betriebswirtschaftslehre und Verwaltungsmanagement*, a. a. O., S. 71

2340 NASCHOLD/ BOGUMIL, *Modernisierung des Staates*, a. a. O., S. 68

2341 OHLER, CHRISTOPH: *Die Abtretung öffentlich-rechtlicher Forderungen an Private*, in: DÖV 2004, S. 518 ff.

Ressourcen sowie ihre strategische Bedeutung.[2342] Die als Teildisziplin der Nationalökonomie entwickelte Institutionenökonomie[2343] findet heute in der verwaltungswissenschaftlichen Erörterung um Institutionenwahl und Organisationsformen öffentlicher Aufgabenerfüllung Beachtung[2344] und stellt mit ihren Teilkonzepten Analysemodelle zur Verfügung,[2345] welche Organisationsform für welche Art der Leistungserstellung unter Effizienzgesichtspunkten die richtige Wahl sein kann.[2346]

Die Institutionenökonomie stellt das eigeninteressierte und rationale Handeln der Akteure in Wirtschaft und Staat in den Mittelpunkt ihrer Betrachtungen und unterstellt, dass die Handelnden um so effizienter mit einem Gut umgehen, je vollständiger ihnen die Rechte an diesem Gut zugeordnet sind.[2347] Dabei wird unterschieden zwischen dem Recht, ein Gut zu benutzen (usus), dem Recht ein Gut zu verändern (abusus), dem Recht, sich die Gewinne und Verluste anzueignen, die aus diesem Gut entstehen (usus fructus), und dem Recht, das Gut an einen Dritten zu veräußern (Liquidationsrecht).[2348] Mit dieser Theorie der Verfügungsrechte wird auch untersucht, wie Wahlentscheidungen öffentlicher Aufgabenwahrnehmung zugunsten privater oder staatli-

---

[2342] NASCHOLD/ BOGUMIL, *Modernisierung des Staates*, a. a. O., S. 69; PICOT/ WOLFF, *Zur ökonomischen Organisation....*, a. a. O., S. 59; REICHARD, *Institutionelle Wahlmöglichkeiten bei....*, a. a. O., S. 145 f.

[2343] STAEHLE/ CONRAD/ SYDOW, *Management*, a. a. O., S. 414 f.

[2344] BUDÄUS/ FINGER, *Stand und Perspektiven....*, a. a. O., 335 ff.; REICHARD, *Institutionelle Wahlmöglichkeiten bei....*, a. a. O., S. 139 ff.; PICOT/ WOLFF, *Zur ökonomischen Organisation....*, a. a. O., S. 66 ff.; SCHMIDT, *Betriebswirtschaftslehre und Verwaltungsmanagement*, a. a. O., S. 37 f.; SCHUPPERT, *Verwaltungswissenschaft*, a. a. O., S. 576 ff.

[2345] Theorie der Verfügungsrechte, Transaktionskostentheorie, Principal-Agent-Theorie, vgl. EICHHORN/ FRIEDRICH/ JANN/ OECHSLER/ PÜTTNER/ REINERMANN (Herausg.), *Verwaltungslexikon*, a. a. O., Stichwort: Neue Institutionenökonomie; REINERMANN, HEINRICH: *Neues Politik- und Verwaltungsmanagement: Leitbild und theoretische Grundlagen*, Speyerer Arbeitshefte 130, Speyer 2000, S. 80 ff.

[2346] NASCHOLD/ BOGUMIL, *Modernisierung des Staates*, a. a. O., S. 69

[2347] STAEHLE/ CONRAD/ SYDOW, *Management*, a. a. O., S. 414 zeigt auch die Schwäche dieses Ansatzes auf. Es erscheine wenig erfolgversprechend, Entstehung und Veränderung von Institutionen allein aus dem Verhalten nutzenmaximierender Individuen erklären zu wollen.

[2348] BUDÄUS/ FINGER, *Stand und Perspektiven....*, a. a. O., S. 336; PICOT/ WOLFF, *Zur ökonomischen Organisation....*, a. a. O., S. 67; RICHTER/ FURUBOTN, *Neue Institutionenökonomik*, a. a. O., S. 35; STAEHLE/ CONRAD/ SYDOW, *Management*, a. a. O., S. 423; vgl. auch WEIGEL, WOLFGANG: *Rechtsökonomik*, München 2003, S. 28 f.

cher Institutionen zustande gekommen sind und wie sie hinterfragt werden können.[2349]

Hierauf aufbauend beinhaltet die Transaktionskostentheorie, dass beim Austauschprozess mit diesen Rechten Transaktionskosten entstehen, da jeder entweder die Regeln der Verhaltensbeziehungen unter allen an diesen Gütern Interessierten beachten muss oder die Kosten der Nichtbeachtung zu tragen hat. Sie beeinflussen die Spezifizierung und die Durchsetzung einzelner Verfügungsrechte und umfassen alle Kosten im Zusammenhang mit der Koordination der Leistungserstellung, wie Such- und Informationskosten, Verhandlungs- und Entscheidungskosten, Überwachungs- und Durchsetzungskosten.[2350] Diese Kosten sind in Organisationen neben den eigentlichen Kosten der Produktion eines Gutes gleichbedeutend zu berücksichtigen.[2351] Sie entstehen entweder bei der Koordination einer Vielzahl von Teilleistungen oder bei ihrer Umwandlung in ein Gut, das zwischen Aufgabenträgern und Leistungsnachfragern oder –empfängern ausgetauscht wird.

Die ebenfalls aus der Theorie der Verfügungsrechte abgeleitete Principal-Agent-Theorie beschäftigt sich mit der Trennung von Eigentum und Verfügungsmacht über private oder öffentliche Güter und den Beziehungen zwischen Auftraggebern (Prinzipal) und Ausführenden (Agent) bei arbeitsteiligen Beziehungen, in denen der Prinzipal eine Aufgabe nicht selbst erledigt, sondern sie unter Bereitstellung der erforderlichen Ressourcen von Agenten durchführen lässt.[2352] Bei derartigen Auftragsbeziehungen entstehen Informations- und Zielasymmetrien zwischen Prinzipal und Agent, die auch zwischen öffentlichen Institutionen auftreten.[2353] Sie sind das Ergebnis unterschiedlicher Nutzenkalküle, die beim Prinzipal anders als beim Agenten ausgeprägt sein können.

2349 REICHARD, *Institutionelle Wahlmöglichkeiten bei....*, a. a. O., S. 139; REINERMANN, *Neues Politik- und....*, a. a. O., S. 78 f.

2350 BUDÄUS/ FINGER, *Stand und Perspektiven....*, a. a. O., S. 336 f.; EICHHORN/ FRIEDRICH/ JANN/ OECHSLER/ PÜTTNER/ REINERMANN (Herausg.), *Verwaltungslexikon*, a. a. O., Stichwort: Transaktionskosten; RICHTER/ FURUBOTN, *Neue Institutionenökonomik*, a. a. O., S. 35; WEIGEL, *Rechtsökonomik*, a. a. O., S. 29 f.

2351 REICHARD, *Institutionelle Wahlmöglichkeiten bei....*, a. a. O., S. 140; SCHUPPERT, *Verwaltungswissenschaft*, a. a. O., S. 577 f.; STAEHLE/ CONRAD/ SYDOW, *Management*, a. a. O., S. 422

2352 BUDÄUS/ FINGER, *Stand und Perspektiven....*, a. a. O., S. 339; EICHHORN/ FRIEDRICH/ JANN/ OECHSLER/ PÜTTNER/ REINERMANN (Herausg.), *Verwaltungslexikon*, a. a. O., Stichwort: Prinzipal-Agent-Modelle; PICOT/ WOLFF, *Zur ökonomischen Organisation....*, a. a. O., S. 71 ff.; STAEHLE/ CONRAD/ SYDOW, *Management*, a. a. O., S. 423 f.

2353 BLANKART, *Öffentliche Finanzen in....*, a. a. O., S. 579; EBERS/ GOTSCH, *Institutionenökonomische Theorien der....*, a. a. O., S. 205

Dabei wird angenommen, dass der Agent nur dann eine für den Prinzipal optimale Leistung erbringt, wenn diese mit seinen eigenen Interessen vertretbar ist. Interessenunterschiede führen zu Konflikten bei der Zielverfolgung durch den Agenten.[2354] Dabei ist die Gefahr des nicht zielkonformen Verhaltens des Agenten (Moral Hazard) zu Lasten des Auftraggebers um so höher, je mehr Ressourcen ihm verfügbar sind und je schlechter die Überwachungsmöglichkeiten des Prinzipals bzw. je höher dessen Überwachungskosten sind. Beim Fall versteckter Absichten des Agenten weiß der Prinzipal vor Vertragsabschluss nicht, wie sich der Agent im Verlauf der Vertragsbeziehungen verhält. Er kann hier zwar mögliche verwerfliche Gefahren erkennen, ist aber vom Agenten durch Vertragsbindungen oder die Einmaligkeit der Leistungserstellung so abhängig (Hold Up), dass er sich von ihm nicht lösen kann.[2355]

Diese unterschiedlichen Arten der Informations- und Zielasymmetrien müssen durch zusätzliche Anreiz- oder Kontrollmechanismen ausgeglichen werden, für die Transaktionskosten anfallen.[2356] Sie zielen auf die Beseitigung des Informationsgefälles oder die Angleichung der Interessen von Prinzipal und Agent. Principal-Agent-Beziehungen entstehen bei jeder Form der Arbeitsteilung zwischen öffentlicher Leistungsgewährung und privatem Aufgabenvollzug, aber auch bei Aufgabendelegation innerhalb des hierarchischen Gefüges der Staatsarchitektur, bei denen die beschriebenen Asymmetrien ebenso auftreten können und mit zusätzlichem Anreiz- oder Kontrollaufwand beseitigt werden müssen.[2357]

c. Spezifität und strategische Bedeutung als Entscheidungskriterien für die Aufgabenwahrnehmung

Die Kriterien der Spezifität und strategischen Bedeutung einer Leistung werden als Messgrößen verwendet, um eine abgesicherte Entscheidung zwischen Eigenerstellung und Fremdbezug zu treffen. Die Spezifität einer Leistung misst sich an den aufzuwendenden Fertigungsverfahren und Ressourcen, den hierfür erforderlichen Fertigkeiten und Kenntnissen sowie ihren Qualitätseigenschaften. Je größer die Spezifität einer Leistung ist, um so höher sind die Abhängigkeiten und Bindungsbedürfnisse an die Organisation, die die Leis-

---

2354 EBERS/ GOTSCH, *Institutionenökonomische Theorien der....*, a. a. O., S. 211

2355 PICOT/ WOLFF, *Zur ökonomischen Organisation....*, a. a. O., S. 71; REINERMANN, *Neues Politik- und....*, a. a. O., S. 84 f.

2356 BUDÄUS/ FINGER, *Stand und Perspektiven....*, a. a. O., S. 339; SCHUPPERT, *Verwaltungswissenschaft*, a. a. O., S. 374 ff.; STAEHLE/ CONRAD/ SYDOW, *Management*, a. a. O., S. 423 f.

2357 REINERMANN, *Neues Politik- und....*, a. a. O., S. 90 ff.

tung durchzuführen hat.[2358] Spezifität äußert sich im öffentlichen Bereich in bestimmten Verfahren (Verwaltungsakte in Verwaltungs- und Sozialrechtsverfahren), der Erforderlichkeit besonders ausgebildeten Personals und besonderer Ressourcen. Sie ist beeinflussbar und kann möglicherweise durch Absenken von Standards verändert werden. Beispiel ist die individuell zu bestimmende Leistung, die zu einer pauschalierten Standardleistung für jedermann umgewandelt wird.[2359]

Die strategische Bedeutung einer Leistung wird daran gemessen, ob ohne ihre Eigenerstellung der Staat in seinem Bestand oder seiner Bedeutung für den Bürger in einem aus Sicht des Bürgers nicht akzeptablem Maß gefährdet ist.[2360] Ihre Relevanz umfasst auch die Sicherstellung strategischer Ziele des Staates durch die öffentliche Verwaltung und ihre langfristige politische Steuerbarkeit.[2361] Sie bemisst sich nicht nach bestimmten Typen öffentlicher Verwaltung, sondern, wie *Christoph Reichard* aufgezeigt hat, nach einem Bündel von Steuerungsformen, unter denen die Steuerbarkeit über rechtliche Regelungen zur Sicherstellung öffentlicher Leistungen oder die Erteilung öffentlich-rechtlicher Sanktionen einen wesentlichen Eckpfeiler darstellt.[2362]

Diesen Bewertungsmerkmalen werden institutionelle Alternativen gegenübergestellt, die auch die Wahrung oder Veränderung von Rahmenbedingungen umfassen müssen. So können durch den Funktionsvorbehalt des Art. 33 Abs. 4 GG geprägte hoheitliche Leistungen nicht auf Private übertragen werden;[2363] umsatzsteuerpflichtige Leistungserstellung durch Private können zu Kostensteigerungen führen (Beispiel: Mehrwehrsteuerpflicht der Erstellung von medizinischen Gutachten durch Außengutachter). Darüber hinaus müssen die Transaktionskosten eingerechnet werden, die bei der Eigenerstellung geringer sind als beim Fremdbezug. Insgesamt muss also bei einer Entscheidung über Eigenerstellung oder Fremdbezug die Summe der Produktions-, Beschaffungs- und Transaktionskosten berücksichtigt werden. Dabei soll gelten, dass bei Leistungen mit geringer Spezifität und geringer strategischer Relevanz der

---

[2358] NASCHOLD/ BOGUMIL, *Modernisierung des Staates*, a. a. O., S. 69 f.; REICHARD, *Institutionelle Wahlmöglichkeiten bei....*, a. a. O., S. 145

[2359] REICHARD, *Institutionelle Wahlmöglichkeiten bei....*, a. a. O., S. 146; REINERMANN, *Neues Politik- und....*, a. a. O., S. 81 f.

[2360] NASCHOLD/ BOGUMIL, *Modernisierung des Staates*, a. a. O., S. 71

[2361] REICHARD, *Institutionelle Wahlmöglichkeiten bei....*, a. a. O., S. 141; WEIGEL, *Rechtsökonomik*, a. a. O., S. 96 f.

[2362] REICHARD, *Institutionelle Wahlmöglichkeiten bei....*, a. a. O., S. 144; REINERMANN, *Neues Politik- und....*, a. a. O., S. 85 ff.

[2363] REICHARD, *Institutionelle Wahlmöglichkeiten bei....*, a. a. O., S. 149

Fremdbezug günstiger ist, während hochspezifische und strategisch wichtige Leistungen eher selbst zu erstellen sind.[2364]

3. *Gesetzgebungsauftrag und Verwaltungsvollzug in institutionenökonomischer Betrachtung am Beispiel der Behindertenfeststellung*

a. Bund und Länder als Principal-Agent-Beziehung

Die Aufgabenverteilung zwischen Bund und Ländern gem. Art. 83, 84 Abs. 1 GG lässt sich als verfassungsrechtlich vorgegebene institutionenökonomische Beziehung zwischen dem Bund als Prinzipal und den Ländern als Agenten im Sinne der Principal-Agent-Theorie interpretieren.[2365] Dabei sollen die verschachtelten Prinzipal-Agent-Beziehungen zwischen den Gewalten und ihren Institutionen außer acht gelassen werden. Die zwischen Prinzipal und Agent erforderliche Vertragsbeziehung wird durch das Grundgesetz dargestellt. Es geht bei der Durchführung von Bundesgesetzen in Eigenverwaltung der Länder vom Grundsatz aus, dass die dezentralisierten Verwaltungsorganisationen der Länder über die Fachkenntnisse verfügen und sie einsetzen können, um ein nach verfassungsrechtlichen Gesichtspunkten optimales Ergebnis für einen bundeseinheitlichen Gesetzesvollzug zu ermöglichen.[2366]

Das Verhältnis zwischen Bund und Ländern ist unter dem Blickpunkt der Principal-Agent-Theorie nicht nur durch das generelle Auftragsverhältnis nach Art. 83, 84 Abs. 1 GG bestimmt, sondern durch die bundesgesetzliche Gesetzgebungsermächtigung nach Art. 74 GG konkretisiert. In diesem Rahmen bilden die sozialrechtlichen Ermächtigungen nach Art. 74 Abs. 1 Nr. 7, 10, 19 GG die Grundlage für die konkrete Gesetzgebung und ihren Verwaltungsvollzug durch die Länder; die Gesetzgebungskompetenzen liegen also überwiegend beim Bund. Den Ländern obliegt der Gesetzesvollzug und die Wahrnehmung von Verwaltungszuständigkeiten bei der Entscheidung über die öffentlichen Ausgaben.[2367]

Auf der anderen Seite bilden die grundgesetzlichen Regelungen der Finanzverfassung des Bundes nach Art. 104 a ff. GG und hier insbesondere der Finanzausgleich gem. Art. 107 GG die Leistungsseite dieses institutionenöko-

---

2364 NASCHOLD/ BOGUMIL, *Modernisierung des Staates*, a. a. O., S. 71

2365 Am Beispiel des Bundesstaates BLANKART, *Öffentliche Finanzen in....*, a. a. O., S. 570; RICHTER/ FURUBOTN, *Neue Institutionenökonomik*, a. a. O., S. 466

2366 Vgl. REINERMANN, *Neues Politik- und....*, a. a. O., S. 84

2367 KIRCHHOF, *Klare Verantwortungsteilung von....*, a. a. O., S. 982; MARGENDANT, UDO: *Die Föderalismusdiskussion in Deutschland*, in: Aus Politik und Zeitgeschichte, B 29-30/ 2003, S. 6

nomischen Arrangements.[2368] Sie allerdings belassen den Ländern kaum Eigenständigkeiten in der Steuerpolitik und verengen ihren politischen und auch finanziellen Handlungsspielraum mit der Überwälzung finanzieller Lasten durch die Bundesgesetzgebung.[2369]

b. Asymmetrische Störungen am Beispiel der Behindertenfeststellung

Die Informationsasymmetrien zwischen dem Bund als Prinzipal und den Ländern als Agenten ergeben sich beim sozialrechtlichen Gesetzesvollzug bereits aus der verfassungsgesetzlichen Vorgabe für die Landeseigenverwaltung, welche den Ländern ihre organisatorischen Handlungsmöglichkeiten belässt und sie lediglich an die Rahmenvorgaben der jeweiligen sozialen Leistungsgesetze sowie die Vorgaben des sozialrechtlichen Verfahrens bindet. Im Unterschied zur Auftragsverwaltung nach Art. 85 GG ist hier also eine Verringerung der Informationsasymmetrie zugunsten des Bundes durch Verwaltungsvorschriften und Weisungen nicht möglich.[2370] Die Vielfältigkeit der organisatorischen Arrangements zur Einbindung der Aufgaben des sozialen Entschädigungsrechts, des Sozial- und Jugendhilfewesens, des öffentlichen Gesundheitswesens und des öffentlichen Gesundheitsdienstes in den Ländern belegen dies.[2371]

Bedeutsamer ist in diesem Zusammenhang jedoch die Zielasymmetrie, die zwischen dem Bund und den Ländern beim Aufgabenvollzug entstehen kann. Dies wird am Beispiel der Behindertenfeststellung nach § 69 SGB IX deutlich. Sozialleistungen zur Teilhabe von den in § 6 SGB IX aufgeführten Rehabilitationsträgern sowie Leistungen zur Teilhabe am Arbeitsleben, am Leben in der Gemeinschaft und sonstige Leistungen, Vergünstigungen und Verschonungen [2372] erhalten nur behinderte Menschen im Sinne von § 2 SGB IX.[2373] Die Eigenschaft, behinderter oder schwerbehinderter Mensch zu sein, erfolgt durch amtliche Feststellung mit Verwaltungsakt gem. § 69 SGB

2368 KIRCHHOF, *Klare Verantwortungsteilung von....*, a. a. O., S. 984 f.; SCHWANENGEL, *Die Malaise des....*, a. a. O., S. 559 f.

2369 BULL, HANS PETER; WELTI, FELIX: *Schwachstellen der geltenden Finanzverfassung*, in: NVwZ 1996, S. 839

2370 MAURER, *Allgemeines Verwaltungsrecht*, a. a. O., S. 570

2371 Vgl. Übersicht der sozialrechtlichen Zuständigkeiten in den Verwaltungen der Flächenländer in Anlage 1

2372 Zu den einzelnen Leistungen REIMANN, *Recht der Rehabilitation....*, a. a. O., S. 1454 ff.

2373 EBSEN, *Schwerbehindertenrecht*, a. a. O., S. 1402; REIMANN, *Recht der Rehabilitation....*, a. a. O., S. 1438

IX.[2374] Diese Statusfeststellung mit unwiderleglicher Nachweiswirkung gegenüber jedermann ist Tatbestandsvoraussetzung jeglicher Leistung gem. §§ 26 ff. SGB IX und der Inanspruchnahme von Nachteilsausgleichen.[2375] Das Verfahren ist gem. § 64 SGB X für die Antragsteller kostenfrei.

Im Feststellungsverfahren gem. § 69 SGB IX haben die mit der Behindertenfeststellung beauftragten Behörden den Sachverhalt des Vorliegens eines regelwidrigen Zustandes gem. § 2 SGB IX nach den Verfahrensvorschriften des SGB X zu ermitteln, wobei der Amtsermittlungsgrundsatz des § 20 Abs. 1 SGB X den Behörden die Pflicht auferlegt, sich gem. § 21 Abs. 1 SGB X die Beweismittel zu beschaffen, die sie nach pflichtgemäßem Ermessen für erforderlich halten.[2376] Dabei sind die Auswirkungen der jeweiligen Funktionsbeeinträchtigungen als Grad der Behinderung festzustellen und zwar in einer Abstufung von 20 bis 100, wie in § 69 Abs. 1 SGB IX unter Verweis auf § 30 Abs. 1 BVG bestimmt ist.[2377] Im Bescheid ist darüber hinaus die konkrete Beschreibung der Auswirkungen der beim Antragsteller vorliegenden Funktionsbeeinträchtigungen erforderlich.[2378]

Die Komplexität dieses Feststellungserfahrens mit seinen medizinischen Komponenten erfordert bei jedem Antrag, egal ob Erstantrag oder Änderungsantrag, die vollständige Beweiserhebung durch Einholung ärztlicher Befundberichte und ihre medizinische Begutachtung durch eigene oder beauftragte Ärzte. In Rheinland-Pfalz waren so in 2003 für etwa 73.000 Erst- und Änderungsanträge mindestens ebenso viele Befundberichte anzufordern und ärztliche Stellungnahmen zu erstellen. Hierfür entstanden Kosten von etwa 2,7 Mio. € für Befundberichte, Untersuchungen und externe Gutachter, die der landespolitischen Disposition entzogen wurden.[2379]

[2374] DOLATA, *Die Grundlagen für....*, a. a. O., S. 1; EBSEN, *Schwerbehindertenrecht*, a. a. O., S. 1409 f.

[2375] DOLATA, *Die Grundlagen für....*, a. a. O., S. 3 f.; GAA-UNTERPAUL, *Die Nachteilsausgleiche nach....*, a. a. O., S. 406

[2376] SCHÄFER, RÜDIGER: *Zur Diskussion: Sollen von der Versorgungsverwaltung im Rahmen der Durchführung der §§ 4 und 48 SchwbG beigezogenen Unterlagen für die Antragsteller weiterhin kostenfrei sein?*, in: br 1997, S. 9

[2377] EICHBERGER, *Neuere Tendenzen zur....*, a. a. O., S. 147; STRAßFELD, *Kriterien für die....*, a. a. O., S. 613

[2378] BRAND, *Reformstau im Feststellungsverfahren....*, a. a. O., S. 78; EICHBERGER, *Neue Tendenzen zur....*, a. a. O., S. 148 unter Verweis auf die Rechtsprechung des Bundessozialgerichts

[2379] Die Faustformel der hier genannten Zahl multipliziert mit 40 ergibt ungefähr das bundesweite Volumen.

c. Zielkonflikte zwischen Gesetzgebungsauftrag und Verwaltungsvollzug

Unter institutionenökonomischen Gesichtspunkten hat der Bundesgesetzgeber als Schöpfer des SGB IX und Auftraggeber des Verwaltungsverfahrens nach § 69 SGB IX das Interesse, allen behinderten und von Behinderung bedrohten Menschen Leistungen zur Teilhabe zu gewähren, um ihre Selbstbestimmung und gleichberechtigte Teilhabe am Leben in der Gesellschaft zu fördern und Benachteiligungen zu vermeiden oder ihnen entgegenzuwirken.[2380] Dies beinhaltet unter den Gesichtspunkten gesetzgeberischer Effizienz allerdings auch, den Personenkreis auf diejenigen zu beschränken, für die der Behindertenbegriff des § 2 SGB IX zutrifft.[2381] Ebenfalls kann die geltende Differenzierung des Grades der Behinderung in neun Stufen und der Nachteilsausgleiche nach sechs Merkzeichen hierunter gefasst werden.

Das Interesse der das Verwaltungsverfahren durchführenden Länder ist demgegenüber, ihren Verwaltungsaufwand in Grenzen zu halten und zusätzliche Verfahrens- und Verwaltungskosten zu vermeiden, da für sie eine Kostenerstattung gem. Art. 104 a Abs. 5 GG bei der Landeseigenverwaltung nicht vorgesehen ist.[2382] Sie haben also im Feststellungsverfahren gem. § 69 SGB IX eine als Verwaltungsakt vorgeschriebene, aufwändige und kostenintensive Statusfeststellung zu betreiben,[2383] deren Leistungsfolgen sie unmittelbar allenfalls in den Integrationsämtern zu tragen haben, sofern diese in der Trägerschaft des jeweiligen Landes sind. Die Länder vollziehen also weit überwiegend ein sozialrechtliches Verwaltungsverfahren für andere Sozialleistungsträger, für das sie bei Anwendung der Grundsätze der Amtshilfe zumindest Auslagenerstattung gem. § 8 Abs. 1 Satz 2 VwVfG verlangen könn-

---

2380 REIMANN, *Recht der Rehabilitation....*, a. a. O., S. 1437

2381 Allgemein zur ökonomischen Sicht des Legalitätsprinzips WEIGEL, *Rechtsökonomik*, a. a. O., S. 96 f.

2382 MAUNZ, in: Maunz/ Dürig (Herausg.), *Grundgesetz Kommentar*, a. a. O., Art. 104 a Rdnr. 59

2383 Ein jüngeres Beispiel ist der Beschluss des Gemeinsamen Bundesausschusses der Ärzte und Krankenkassen in der Sitzung vom 22.01.2004 zur Festlegung von Kriterien, wer nach den Vorgaben des Gesundheitsmodernisierungsgesetzes künftig als schwerwiegend chronisch krank gilt (Richtlinien des Gemeinsamen Bundesausschusses zur Definition schwerwiegend chronischer Krankheiten, in Kraft getreten am 29.01.2004, BAnz. Nr. 18, S. 1343). In diesen dreistufigen Kriterienkatalog wurden erstmals schwerbehinderte Menschen mit einem GdB von mindestens 60 aufgenommen und Pflegebedürftigen im Sinne des SGB XI der Pflegestufe 2 gleichberechtigt gegenübergestellt. Vgl. BERAUS, ADOLF: *Zuzahlung der Versicherten bei schwerwiegend chronischer Krankheit*, in: br 2004, S. 171. Dies hatte zur Folge, dass im Jahr 2004 in Rheinland-Pfalz die Antragszahlen gegenüber dem Vorjahr um 10.000 Anträge stieg.

ten.[2384] Mittelbar sind sie darüber hinaus als Arbeitgeber behinderter Menschen betroffen.

Die Folge dieser Zielasymmetrie ist, dass die Länder über den Bundesrat im Jahr 2004 bei der Neufassung des § 69 SGB IX eine Änderung der bisherigen bundeseinheitlichen Zuständigkeitsverweisung hin auf eine behördliche Zuständigkeitsregelung in Länderkompetenz erreiche konnten. Sie wird dazu führen, dass die bisherige Vielfalt organisatorischer Gestaltungen der sozialrechtlicher Aufgabenwahrnehmung in den Ländern, auch als Gestaltung weiterer Prinzipal-Agent-Beziehungen durch die Länder mit unterstaatlichen Gebietskörperschaften oder Kommunalverbänden, weiter zunimmt und sich die Informationsasymmetrien des Bundes zur Herstellung von Rechtssicherheit und Gleichheit sowie bei der Zielverfolgerung der Behindertenfeststellung vergrößern.[2385]

Um die zwischen dem Bund und Ländern beim Verwaltungsvollzug sozialer Leistungsgesetze bestehenden Zielasymmetrien zu verringern, kann sowohl eine Verringerung der Komplexität der Verwaltungsverfahren als auch eine Verbesserung der Kostensituation bei den Ländern in Betracht kommen. Zur Verringerung der Verfahrenskosten des Verwaltungsvollzugs bei den Ländern besteht allerdings unter den verfassungsrechtlichen Gegebenheiten des Verbots der Verwaltungskostenerstattung gem. Art. 104 a Abs. 5 GG[2386] nur die Möglichkeit, das sozialrechtliche Verwaltungsverfahren selbst so auszugestalten, dass auch die Leistungsempfänger bereits ab dem Stadium der Antragstellung an der Beibringungs- und Kostenlast gem. §§ 20 ff SGB X beteiligt werden. Weiterhin könnte die Finanzierungsformen sozialrechtlicher Leistungsgewährung weg von der Beihilfe zur Darlehensfinanzierung geändert werden; darüber hinaus könnten für die Gewährung eines besonderen sozialrechtlichen Status Gebühren erhoben werden. Die Sozialgesetze, die derzeit die finanziellen Lasten des Verwaltungsvollzugs auf die Länder überwälzen, müssten daher mit entsprechenden landesrechtlichen Ermächtigungen ausgestattet werden.[2387]

[2384] MAUNZ, in: Maunz/ Dürig (Herausg.), *Grundgesetz Kommentar*, a. a. O., Art. 104 a Rdnr. 59; WOLFF/ BACHOF/ STOBER/ KLUTH/ MÜLLER, *Verwaltungsrecht*, Bd. 3, a. a. O., S. 299 f.

[2385] So unter dem Gesichtspunkt der finanziellen Eigenverantwortung BULL/ WELTI, *Schwachstellen der geltenden....*, a. a. O., S. 840, 844

[2386] MAUNZ, in: Maunz/ Dürig (Herausg.), *Grundgesetz Kommentar*, a. a. O., Art. 104 a Rdnr. 60

[2387] Beispielsweise wie bei § 20 Passgesetz (BGBl. I S. 1986, S. 537, zuletzt geändert am 21.08.2002, BGBl. I S. 3322)

III. Strukturreform der Landessozialverwaltung durch Gebührenfinanzierung, Auslagerung von Leistungsrückforderungs- und Regressverfahren sowie Darlehensfinanzierungen

1. Verwaltungsgebühren zur Refinanzierung von Verwaltungsleistungen

a. Grundsätze der Gebührenerhebung

Am Beispiel des Feststellungsverfahrens gem. § 69 SGB IX wurde erörtert, wie das Konnexitätsverständnis des Art. 104 a GG in Bezug auf Aufgabenübertragung und Ausgabenlast bei den Ländern wirkt. Dieses Konnexitätsprinzip bewirkt keine „fiskalische Äquivalenz", weil es lediglich Aufgabenkompetenz und Ausgabenkompetenz erfasst, aber keine inhaltliche Rückwirkung auf die Gesetzgebungskompetenz als Kostenverursacher entfaltet. So verhindert der sozialrechtliche Gesetzgebungsvorbehalt des § 31 SGB I im Bereich der sozialen Leistungen untergesetzliche Regelungen der Länder zur Gestaltung des Verwaltungsverfahrens und der Verwaltungskosten.[2388] Deshalb ist im sozialrechtlichen Verfahren der Feststellung einer Behinderteneigenschaft eine Gebührenerhebung bei Inanspruchnahme der Sozialverwaltung, mit der ein mit der Leistungserbringung verbundener Verwaltungsaufwand refinanziert werden könnte, mangels bundesgesetzlicher Ermächtigung nicht möglich.

Die Erhebung von Gebühren für die Inanspruchnahme von Verwaltungsleistungen stellt ein Finanzierungsinstrument für Verwaltungsträger dar, um die hiermit verbundenen Aufwendungen und Kosten verursachergerecht zu erheben, statt sie aus dem allgemeinen Steueraufkommen und damit zu Lasten der Allgemeinheit tragen zu müssen.[2389] Gebühren sind der Preis für die Leistung der öffentlichen Verwaltung, die allerdings auch dann erhoben werden können, wenn ein beantragter Verwaltungsakt aus Rechtsgründen nicht erteilt werden konnte.[2390] Unter den Gebührenarten ist die Verwaltungsgebühr ein durch öffentliches Recht festgelegtes Entgelt für die Vornahme von Amtshandlungen, die auf Veranlassung oder im Interesse des Gebührenschuldners vorgenommen werden. Ihre Höhe ist abhängig vom Wert der beantragten Verwaltungsleistung, dem durch sie entstandenen Aufwand und den Interessen des Empfängers. Als Entgelt für eine Verwaltungsleistung darf sie den verursachten Verwaltungsaufwand nicht überschreiten, kann aber trotz des

---

[2388] BULL/ WELTI, *Schwachstellen der geltenden....*, a. a. O., S. 844

[2389] BUDÄUS/ FINGER, *Stand und Perspektiven....*, a. a. O., S. 331

[2390] EICHHORN/ FRIEDRICH/ JANN/ OECHSLER/ PÜTTNER/ REINERMANN (Herausg.), *Verwaltungslexikon*, a. a. O., Stichwort: Gebühr; STOBER, *Allgemeines Wirtschaftsverwaltungsrecht*, a. a. O., S. 131; WOLFF/ BACHOF/ STOBER, *Verwaltungsrecht,* Bd. 1, a. a. O., S. 622

Grundsatzes der Kostendeckung nur einen Teil des aufzuwendenden Finanzmittelbedarfs abdecken.[2391]

Verwaltungsgebühren haben wie alle Gebühren neben ihrer Entlastungsfunktion für die öffentlichen Haushalte eine Lenkungsfunktion insoweit, als sie eine verursachergerechte Kostenerstattung ermöglichen und damit auch ein Signal setzen, dass staatliche Leistungen nicht umsonst sind. Sie dürfen aber nicht so hoch sein, dass sie auf potentielle Antragsteller abschreckend wirken.[2392] Ihre Erhebung ist nur aufgrund gesetzlicher Ermächtigung möglich.

b. Möglichkeiten der Gebührenfinanzierung der Landessozialverwaltung

Im Bereich der bei den Landessozialverwaltungen zu erledigenden sozialrechtlichen Verwaltungsverfahren ist die Möglichkeit einer Gebührenerhebung auf wenige Bereiche beschränkt. Sie scheidet in den Anerkennungsverfahren nach dem sozialen Entschädigungsrecht aus, weil die staatliche Verpflichtung zur Wiedergutmachung der unterschiedlichen Tatbestände des Bundesversorgungsgesetzes und seiner Anwendungsgesetze bereits die Pflicht zur Sachverhaltsaufklärung von Amts wegen und auf Kosten der Allgemeinheit umfasst. Im Bereich der Sozialhilfe ist sie ebenfalls nicht gegeben, weil gerade die Beseitigung einer individuellen Notlage essentielle Voraussetzung für das Antragsverfahren ist, die durch Gebührenerhebung nicht zusätzlich erhöht werden kann.

Anders wird dies allerdings bei den Verwaltungsverfahren zur Behindertenfeststellung gesehen. Hier wird vorgeschlagen, die Kosten dieser Verfahren bei den Landessozialverwaltungen entweder durch Abschaffung des Prinzips der Sachverhaltsaufklärung von Amts wegen und Verpflichtung der Antragsteller, Beweisunterlagen auf eigene Kosten zu beschaffen, zu reduzieren oder die Kostenlast der Beweiserhebung durch die Erhebung von Gebühren zu mildern.[2393] Dabei wird erwogen, ob dies für jedes Antragsverfahren gem. § 69 SGB IX oder nur für die Ausstellung eines Schwerbehindertenausweises gelten soll.[2394] Beide Alternativen sind zwischenzeitlich auch Gegenstand des Meinungsaustauschs zwischen dem Bund und den Ländern auf Verwaltungsebene, da die Neufassung des § 69 SGB IX mit seinen Beschleunigungsvor-

---

[2391] BREDE, *Grundzüge der Öffentlichen....*, a. a. O., S. 105; EICHHORN/ FRIEDRICH/ JANN/ OECHSLER/ PÜTTNER/ REINERMANN (Herausg.), *Verwaltungslexikon*, a. a. O., Stichwort: Gebührengrundsätze; WOLFF/ BACHOF/ STOBER, *Verwaltungsrecht*, Bd. 1, a. a. O., S. 622 f.

[2392] WOLFF/ BACHOF/ STOBER, *Verwaltungsrecht*, Bd. 1, a. a. O., S. 625; WOLFF/ BACHOF/ STOBER/ KLUTH/ PEILERT, *Verwaltungsrecht*, Bd. 2, a. a. O., S. 206

[2393] SCHÄFER, *Zur Diskussion: Sollen....*, a. a. O., S. 10

[2394] EICHBERGER, *Neuere Tendenzen zur....*, a. a. O., S. 145 f.

gaben für erwerbstätige Antragsteller den Kostendruck auf die Feststellungsbehörden noch erhöht hat.

Das Feststellungsverfahren gem. § 69 SGB IX kann, wie dargestellt wurde, als öffentliche Dienstleistung gewertet werden, die nicht in unmittelbaren Zusammenhang mit einer bestimmten Leistungsgewährung durch die feststellende Behörde steht. Anders als im sozialen Entschädigungsrecht die Feststellung der Maßstäbe gem. § 30 Abs. 1 BVG ist die Feststellung einer Behinderteneigenschaft im Sinne von § 2 SGB IX nicht verfahrensrechtliche Voraussetzung einer von derselben Verwaltung zu erbringenden Geld- oder Sachleistung, sondern das Attest einer gesundheitlichen Gegebenheit. Die an diese Feststellung geknüpften Leistungen, Vergünstigungen oder steuerrechtlichen Verschonungen werden auf gesonderten Antrag von Dritten erbracht, sei es durch Rehabilitationsträger, von Steuerbehörden oder sonstige Institutionen des öffentlichen oder privaten Bereichs.[2395]

Mit der Feststellung der Behinderteneigenschaft wird also das öffentlichrechtlich wirksame Verhältnis eines besonderen Nutzens in individueller Zurechenbarkeit begründet, das beispielsweise über die Ausstellung eines Reisepasses weit hinausgeht. Die Gesamtheit der Nachteilsausgleiche für behinderte Menschen wurden bislang noch nicht exakt beziffert; sie kann jedoch als nicht unerheblicher volkswirtschaftlicher Nutzen bezeichnet werden.[2396] Vor diesem Hintergrund erscheint es gerechtfertigt, das Antragsverfahren hinsichtlich der Kosten der Beweiserhebung mit seinen Elementen der Befundberichte und medizinischen Gutachter- und Untersuchungskosten durch Verwaltungsgebühren nutzerbezogen zu finanzieren und nicht durch Steuerfinan-

---

2395 SCHÄFER, *Zur Diskussion: Sollen....*, a. a. O., S. 9; zu den Einzelheiten der Vergünstigungen und Verschonungen vgl. PEUTLER, *Steuerliche Nachteilsausgleiche für....*, a. a. O., S. I ff.

2396 Bei BERAUS, *Bedeutung und Auswirkung....*, a. a. O., S. 124 wird die Summe von 3.500 € pro behindertem Mensch mit einem GdB ab 30 und Jahr genannt, für die als Beleg eine Feststellung des Bundesrechnungshofs herangezogen wurde. Meine Nachfrage beim Präsidenten des Bundesrechnungshofs vom 20.11.2003 unter Hinweis auf diese Fundstelle ergab, dass dieser Betrag anlässlich einer Organisationsuntersuchung der Consultingfirma „Mummert+Partner" bei der nordrhein-westfälischen Versorgungsverwaltung ermittelt worden sein soll, die allerdings die Berechnungsgrundlagen nicht offen gelegt habe (Antwortschreiben des Präsidenten des Bundesrechnungshofs vom 22.12.2003). Der Bundesrechnungshof habe sich diese Schätzung nicht zu Eigen gemacht. Im Fachbereich IV – Services, Administration and Management – Prof. Dr. Hans Braun – der Universität Trier wird derzeit eine Studie „Volkswirtschaftliche Auswirkungen der Anerkennung eines schwerbehinderten Menschen" erarbeitet, die auf ein Jahr angelegt ist und möglicherweise exaktere Zahlen liefern kann.

zierung auf die Allgemeinheit abzuwälzen.[2397] Hierdurch würden die aufgezeigten Dysfunktionalitäten kollektiver Finanzsysteme reduziert und eine individuelle Zurechnung der Finanzierung von in Anspruch genommenen Verwaltungsleistungen begründet.[2398]

Zur Abfederung dieser Kosten könnte den Antragstellern eingeräumt werden, sie als Werbungskosten oder außergewöhnliche Belastungen in der Einkommensteuererklärung geltend zu machen.[2399] Alternativ könnte die Einführung der persönlichen elektronischen Gesundheitskarte gem. §§ 68, 291 a SGB V[2400] dazu genutzt werden, mit dem Einverständnis der Antragsteller dem ärztlichen Dienst der Versorgungsverwaltung die Möglichkeit zu gewähren, Gesundheitsdaten der Antragsteller auszuwerten und so die Abrufung kostenintensiver Befundberichte einzusparen.

Eine ähnliche Dysfunktionalität individuellen Nutzens zu Lasten kollektiver Finanzierung der Verwaltung besteht bei der Verpflichtung der jährlichen Prüfung der Alten-, Behinderten- und Pflegeheime gem. § 15 Abs. 4 HeimG durch die Heimaufsichtsbehörden der Länder und Kommunen. In diesen der Wirtschaftsüberwachung zuzurechnenden Aufsichts- und Überprüfungsverfahren[2401] ist gem. § 1 Abs. 1 VwKostG ebenfalls eine Gebührenerhebung nur aufgrund einer gesetzlichen Ermächtigung möglich, hier allerdings auf der Grundlage des Verwaltungskostengesetzes. Von dieser Ermächtigung wurde in Rheinland-Pfalz durch Landesverordnung über die Gebühren für Amtshandlungen nach dem Heimgesetz vom 04.04.2002[2402] zwar Gebrauch gemacht; die jährliche Heimüberprüfung nach § 15 Abs. 4 HeimG ist hierin jedoch nicht als Gebührentatbestand enthalten.[2403]

[2397] So EICHBERGER, *Neue Tendenzen zur....*, a. a. O., S. 145 ff.; SCHÄFER, *Zur Diskussion: Sollen....*, a. a. O., S. 10

[2398] BUDÄUS/ FINGER, *Stand und Perspektiven....*, a. a. O., S. 324

[2399] SCHÄFER, *Zur Diskussion: Sollen....*, a. a. O., S. 10

[2400] Vgl. HANIKA, HEINRICH: *Bism@rck geht online*, in: MedR 2004, S. 153 ff.

[2401] EICHHORN/ FRIEDRICH/ JANN/ OECHSLER/ PÜTTNER/ REINERMANN (Herausg.), *Verwaltungslexikon*, a. a. O., Stichwort: Wirtschaftsaufsicht; SCHUPPERT, *Verwaltungswissenschaft*, a. a. O., S. 905; STOBER, *Allgemeines Wirtschaftsverwaltungsrecht*, a. a. O., S. 271 f.

[2402] GVBl. S. 169

[2403] Demgegenüber kann die kommunale Gesundheitsverwaltung auf der Grundlage von § 15 HeimG (nicht also auf der Grundlage des IfSG) nach Ziff. 3.1.19 der Landesverordnung über Gebühren der Gesundheitsverwaltung (Besonderes Gebührenverzeichnis) vom 22.07.1996 (GVBl. S. 333), geändert am 01.03.2002 (GVBl. S. 131) für die Besichtigung eines Heimes Gebühren, gestaffelt nach zeitlicher Inanspruchnahme, von 153,39 € bis zu 511,29 € erheben.

Im öffentlichen Gesundheitswesen werden Gebühren für die Vornahme von Amtshandlungen und sonstigen öffentlich-rechtlichen Dienstleistungen der Behörden der Gesundheitsverwaltung nach der Landesverordnung über Gebühren der Gesundheitsverwaltung vom 22.07.1996[2404] erhoben. Der Gesamtbetrag der Einnahmen des Landesamtes für Soziales, Jugend und Versorgung aus den kostenpflichtigen Amtshandlungen im Arzneimittel- und Apothekenwesen in Höhe von 382.888 € deckt jedoch bei weitem nicht die Kosten ab, die dem Land durch das Vorhalten von Personal zur Vornahme insbesondere von Überprüfungen der Arzneimittel- und Medizinprodukteüberwachung einschließlich der Apothekenaufsicht entsteht. So sind im Geschäftsbereich des Landesamtes insgesamt neun Pharmazeuten eingesetzt, die fast ausschließlich in der Arzneimittel- und Medizinprodukteüberwachung tätig sind. Bereits ihre Personalkosten sind höher als die gesamten Gebührenaufkommen des Landesamtes als Gesundheitsverwaltung.[2405] Höhere und dem tatsächlichen Personalaufwand entsprechend realistische Gebührensätze im Bereich der Arzneimittelüberwachung und des Apothekenwesens könnten die Einnahmensituation deutlich verbessern.

2. Durchführung von Regressverfahren als staatliche Ergänzungsaufgabe

a. Regresse nach §§ 81 a BVG und 116 SGB X

Das Landesamt für Soziales, Jugend und Versorgung hat bei Leistungsgewährungen nach dem Bundesversorgungsgesetz und seiner Anwendungsgesetze auch die Durchsetzung von Regressansprüchen gegenüber Dritten sicherzustellen. Regresspflichten Dritter gegenüber dem Bund als Träger der Kriegsopferversorgung entstehen aufgrund des in § 81 a BVG normierten Forderungsübergangs gesetzlicher Schadensersatzansprüche gegenüber Dritten in diesem Sozialleistungsbereich selbst sowie für die Anwendungsgesetze, bei denen der Bund alleiniger Kostenträger ist. Im Bereich des Opferentschädigungsgesetzes verweist § 5 Abs. 1 OEG auf die Geltung des § 81 a BVG für gesetzliche Schadensersatzansprüche gegenüber Dritten im Zusammenhang mit Leistungen aus diesem Gesetz, allerdings mit der Maßgabe, dass das kostentragende Land Forderungsinhaber wird, das gem. § 5 Abs. 2 OEG an den Bund 40 Prozent der eingezogenen Beträge abzuführen hat.[2406] Auf gesetzli-

---

[2404] GVBl. S. 333, zuletzt geändert am 01.03.2002 (GVBl. S. 131)

[2405] Nach LANDESAMT FÜR SOZIALES, JUGEND UND VERSORGUNG (Herausg.), *Tätigkeitsbericht 2003*, a. a. O., S. 101 wurde 2003 in diesem Bereich ein Gebührenaufkommen von insgesamt 645.000 € erzielt, davon 59,4 Prozent im Arzneimittel- und Apothekenwesen.

[2406] Diese Quotelung der Verteilung beigetriebener Geldleistungen aus Regresspflichten Dritter auf das forderungsberechtigte Land und den Bund entspricht der Verteilung der

cher Grundlage beruhende Schadensersatzansprüche gegenüber Dritten im Bereich der Sozialhilfe gehen gem. § 116 Abs. 1 SGB X auf den Sozialhilfeträger über.

Regresspflichten Dritter gegenüber dem Landesamt als Leistungserbringer können aufgrund der Haftungsnormen des BGB (§§ 823 ff. BGB), des Straßenverkehrsgesetzes (§§ 7 ff. SVG), des Luftverkehrsgesetzes,[2407] des Atomgesetzes,[2408] des Haftpflichtgesetzes,[2409] des Produkthaftungsgesetzes[2410] und des Umwelthaftungsgesetzes[2411] entstehen. Der Anspruchsübergang vollzieht sich bereits im Augenblick des schadensbegründenden Ereignisses[2412] und ist damit auch für die in der Regel dreijährigen Verjährungsfristen relevant, die für die in diesen Gesetzen bestimmten unerlaubten Handlungen festgelegt sind. In entsprechender Anwendung des § 852 Abs. 1 BGB beginnt die Verjährung allerdings erst in dem Zeitpunkt, in dem der Träger der Rehabilitations- oder Hilfeleistung als Forderungsberechtigter vom Schaden und der Person des Ersatzpflichtigen Kenntnis erlangt hat.[2413] Diese relativ kurze Frist und die erforderlichen Rechtshandlungen zur Unterbrechung oder Hemmung der Verjährung sind vor dem Hintergrund der Zuständigkeit der Zivilgerichtsbarkeit für die Forderungsdurchsetzung praxiserheblich.

Kostenlast in § 4 Abs. 1 und 2 OEG; vgl. SAILER, STEPHAN M.: *Kommentierung zum OEG*, in: Wilke, Gerhard (Herausg.): *Soziales Entschädigungsrecht*, 7. Aufl., Stuttgart, München, Hannover, Berlin, Weimar 1992, § 5 OEG Rdnr. 1

2407 Luftverkehrsgesetz idF der Bek. v. 27.03.1999 (BGBl. I S. 550), zuletzt geändert durch Gesetz vom 24.05.2004 (BGBl. I S. 1027)

2408 Gesetz über die friedliche Nutzung der Kernenergie und den Schutz gegen ihre Gefahren idF der Bek. v. 15.07.1985 (BGBl. I S. 1565), zuletzt geändert durch Gesetz vom 06.01.2004 (BGBl. I S. 2)

2409 Haftpflichtgesetz idF der Bek. v. 04.01.1978 (BGBl. I S. 145), zuletzt geändert durch Gesetz vom 19.07.2002 (BGBl. I S. 2674)

2410 Gesetz über die Haftung für fehlerhafte Produkte vom 15.12.1989 (BGBl. I S. 2198), zuletzt geändert durch Gesetz vom 19.07.2002 (BGBl. I S. 2674)

2411 Umwelthaftungsgesetz vom 10.12.1990 (BGBl. I S. 2634), zuletzt geändert durch Gesetz vom 19.07.2002 (BGBl. I S. 2674)

2412 Für das BVG vgl. FEHL, HANS-MARTIN: *Kommentierung zu § 81 BVG*, in: Wilke, Gerhard (Herausg.): *Soziales Entschädigungsrecht*, 7. Aufl., Stuttgart, München, Hannover, Berlin, Weimar 1992, § 81 a BVG Rdnr. 20; für § 116 SGB X BGHZ 48, 181 ff.; BGH in VersR 1996, 649; NEHLS, JÜRGEN: *Kommentierung zu § 116*, in: Hauck, Karl; Noftz, Wolfgang (Herausg.): *SGB X/ 3 Zusammenarbeit der Leistungsträger und ihre Beziehungen zu Dritten*, Bonn 1985/2003, § 116 Rdnr. 22

2413 Für § 81 a BVG FEHL, in: Wilke (Herausg.), *Soziales Entschädigungsrecht*, a. a. O., § 81 a BVG Rdnr. 26 ff.; für § 116 SGB X: NEHLS, in: Hauck (Herausg.), *SGB X/ 3....*, a. a. O., § 116 Rdnr. 25; vgl. auch KUNZ, EDUARD; ZELLNER, GERHARD: *Opferentschädigungsgesetz Kommentar*, 3. Aufl., München 1995, § 5 Rdnr. 5

Bei der Durchsetzung der Ansprüche nach § 81 a BVG werden die veränderten Bedingungen deutlich, die sich für die Sozialverwaltung durch die Überschreitung der Grenzen von Rechtsgebieten ergeben, da sozialrechtliche Schadensausgleiche mit den Mitteln des privaten Haftungsrechts zu verfolgen sind.[2414] Dies sind vor allem die gegenüber der Sozialgerichtsbarkeit bei der Zivilgerichtsbarkeit bestehenden unterschiedlichen Bedingungen der Prozessführung, die in der Abkehr vom Amtsermittlungsgrundsatz (§§ 86 Abs. 1 VwGO, 103 SGG) und der behördlichen Vertretungsfähigkeit (§§ 67 Abs. 1 Satz 3 VwGO, 70 SGG) im Grundsatz der freien Beweiswürdigung (§ 286 ZPO) und des Anwaltszwangs (§ 78 ZPO) sowie aller damit zusammenhängenden Kostenrisiken bestehen.

b. Relevanz der Regressverfahren und Möglichkeiten ihrer Auslagerung

Im sozialen Entschädigungsrecht ist fast jede Leistungsgewährung nach dem Opferentschädigungsgesetz zugleich als Schadensersatzfall nach §§ 81 a BVG, 5 Abs. 1 OEG relevant, da die Voraussetzung jedes Anspruchs auf Entschädigung als Gewaltopfer aufgrund von § 1 OEG ein vorsätzlicher rechtswidriger Angriff durch einen Gewalttäter ist,[2415] der zugleich den Tatbestand des § 823 Abs. 1 BGB erfüllt. Der Schadensersatzanspruch des Landes nach §§ 81 a BVG, 5 Abs. 1 OEG richtet sich zumeist gegen Straftäter, die wegen ihrer Gewalttat eine Haftstrafe verbüßen und deswegen, aber auch wegen ihres sozialen Umfeldes nur sehr eingeschränkt in der Lage sind, die einzufordernde Schadensersatzsumme in einer einmaligen Zahlung aufzubringen. In diesen Fällen sind fast immer Vollstreckungsmaßnahmen nach §§ 803 ff. ZPO erforderlich, denen ein vollstreckbarer Titel aufgrund eines rechtskräftigen Urteils im Sinne von §§ 704 ZPO zugrunde liegen muss.

Viele Regressverfahren haben auch nach der Erwirkung eines vollstreckbaren Titels oder aufgrund eines Schuldanerkenntnisses eine lange Verfahrensdauer, da die Regressforderungen in kleinen Raten und über einen langen Rückzahlungszeitraum zurückgezahlt werden. Dies erfordert eine intensive Überwachung der einzelnen Zahlfälle und eine zeitgenaue Einrechnung der Verzinsung dieser Forderungen. Im Landesamt für Soziales, Jugend und Versorgung werden derzeit 1.370 Regressfälle verfolgt und überwacht, davon 183 Neuzugänge im Jahr 2003.

Eine Fallgestaltung von Regressverfahren betrifft Rückforderungen im Zusammenhang mit Versorgungsleistungen für ehemalige Soldaten der Bundes-

---

2414 Vgl. EICHENHOFER, EBERHARD: *Dogmatik und Systematik öffentlich-rechtlicher Erstattungsansprüche und privatrechtlicher Regressansprüche der Sozialleistungsträger*, in: SGb 1989, S. 177 f.

2415 KUNZ/ ZELLNER, *Opferentschädigungsgesetz Kommentar*, a. a. O., § 1 Rdnr. 9 ff.

wehr, die durch Wegeunfälle im Sinne von § 81 SVG eine Wehrdienstbeschädigung erlitten haben. In diesen Fällen besteht oft ein Schadensersatzanspruch gegenüber Unfallgegnern gem. §§ 7 ff. StVG, der gem. § 412 BGB auf den Bund übergeht und von den Versorgungsverwaltungen durchgesetzt wird. Hier haben die Versicherungen der Schädiger oftmals Interesse an Abfindungsvergleichen,[2416] um auf ihrer Seite lang in die Zukunft wirkende Zahlfälle und ihren Verwaltungsaufwand zu vermeiden.

In allen Regressverfahren ist für die gerichtliche Geltendmachung der besondere Gerichtsstand gem. § 32 ZPO maßgeblich. Allerdings ist oftmals die Wohnsitzermittlung des Schädigers für die Zustellung der Klage gem. § 270 f. ZPO problematisch, insbesondere dann, wenn er wohnsitzlos oder ausländischer Staatsangehöriger ist. In derartigen Fällen kann zwar durch Zustellungen gem. §§ 199 oder 203 ZPO das Verfahren eingeleitet und nach Versäumnisurteil gem. 331 ZPO ein vollstreckbarer Titel erlangt werden. Die Beitreibung der Forderung bleibt dennoch nicht möglich, weil der Aufenthalt des Schädigers weiterhin nicht ermittelt werden kann oder im Ausland vollstreckt werden muss.

Auch die Verwaltung dieser Forderungen mit komplexen Zinsberechnungen erfordert Sachverstand und technische Hilfsmittel, die häufiger im Bankensektor vorzufinden sind, als in einer Sozialleistungsverwaltung. Daher ist es eher angebracht, solche Verfahren landesweit in einer spezialisierten Institution zu konzentrieren, in der juristischer und bankkaufmännischer Sachverstand vorgehalten wird, um diese Forderungen sowohl im Verfahrensablauf als auch in der juristischen Durchsetzung sicher zu machen. Diese Forderungen könnten grundsätzlich sogar an Private übertragen werden;[2417] die Bewertung des Beitreibungsrisikos als Minderung des Forderungswertes und die bei Forderungen des Bundes notwendige Einwilligung der zuständigen obersten Bundesbehörden wird diese Möglichkeit des Public-Private-Partnership allerdings eher unrealistisch machen. Durchaus möglich ist demgegenüber die Abtretung derartiger Forderungen an ein landeseigenes öffentlich-rechtliches Geldinstitut, bei dem auch aus anderen öffentlichen Bereichen derartige Forderungen unter bankbetriebswirtschaftlichen Gesichtspunkten behandelt und durchgesetzt werden.

[2416] Zur Kapitalisierung von Schadensersatzansprüchen und Abfindungsvergleichen vgl. FEHL, in: Wilke (Herausg.), *Soziales Entschädigungsrecht*, a. a. O., § 81 a BVG Rdnr. 30 ff.

[2417] Vgl. OHLER, *Die Abtretung öffentlich-....*, a. a. O., S. 519

3. *Ansprüche gem. §§ 94 SGB XII, 114 ff. SGB X als Objekte des Debitorenverkaufs?*

a. Ersatzansprüche gegen Dritte als Aktiva der Landessozialverwaltung

Das Landesamt für Soziales, Jugend und Versorgung hat als überörtlicher Träger der Sozialhilfe Ansprüche aus übergegangenem Recht gem. § 94 SGB XII[2418] zu verfolgen, die gem. § 94 Abs. 5 Satz 3 SGB XII ebenfalls vor den Zivilgerichten geltend zu machen sind. In dieser Vorschrift konkretisiert sich die Nachrangigkeit der Sozialhilfe, die erst nach der Leistungspflicht Privater oder vorrangig leistender Sozialhilfeträger wie der gesetzlichen Sozialversicherungen eintritt, im gesetzlichen Übergang des Unterhaltsanspruchs des Sozialhilfeempfängers gegenüber privaten Dritten.[2419] Hierdurch wird der Sozialhilfeträger nicht nur Forderungsgläubiger, sondern zugleich Auskunftsberechtigter mit der Möglichkeit, Auskunftsanspruch und Leistungsanspruch in einer Stufenklage gem. § 254 ZPO gegenüber Unterhaltspflichtigen zu verbinden.[2420] Ansprüche des Sozialhilfeempfängers gegenüber einem vorrangig leistungspflichtigen Sozialleistungsträger sind vom Sozialhilfeträger gem. § 104 SGB X geltend zu machen, der insofern auch gem. § 95 SGB XII[2421] zu entsprechenden Feststellungsklagen vor den Verwaltungsgerichten legitimiert ist.

Zivilrechtlich begründete Rückgriffe der Sozialhilfeträger entstehen aufgrund des gesetzlichen Forderungsübergangs von Ansprüchen auf Familienunterhalt oder aufgrund vorangegangener Vermögensverfügung des Sozialhilfeempfängers unter Lebenden oder von Todes wegen.[2422] Gegenüber dem vorleistungspflichtigen Sozialhilfeträger besteht ein Anspruch auf Aufwendungsersatz oder auf Abschöpfung des Vermögensvorteils, der dem leistungspflichtigen Träger durch die Vorleistung durch den unzuständigen Träger entstanden ist.[2423] Ein gesetzlicher Anspruchsübergang zugunsten des Sozialhilfeträgers

---

2418 Bis 31.12.2004: § 91 BSHG

2419 EICHENHOFER, *Rückgriff des Sozialhilfeträgers....*, a. a. O., S. 82; MÜNDER, *Der sozialhilferechtliche Übergang....*, a. a. O., S. 2201 f.; PLAGEMANN, HERMANN: *Ersatzpflichten Dritter*, in: Maydell, Bernd Baron von; Ruland, Franz (Herausg.): *Sozialrechtshandbuch (SRH)*, 3. Aufl., Baden-Baden 2003, S. 439; TRENK-HINTERBERGER, *Sozialhilferecht*, a. a. O., S. 1258

2420 MÜNDER, *Der sozialhilferechtliche Übergang....*, a. a. O., S. 2204

2421 Bis 31.12.2004: § 91 a BSHG

2422 Ausführliche Darstellung bei EICHENHOFER, *Rückgriff des Sozialhilfeträgers....*, a. a. O., S. 83 ff., 111 ff.

2423 TRENK-HINTERBERGER, *Sozialhilferecht*, a. a. O., S. 1238; zum Verfahren SCHWABE, BERND-GÜNTER: *Anmeldung von Kostenerstattungsansprüchen nach den §§ 103 ff. BSHG*, in: ZfF 2003, S. 217 ff.

entsteht ebenfalls gegenüber Arbeitgebern, die den Anspruch auf Arbeitsentgelt nicht gegenüber einem Hilfeempfänger erbracht haben, der deswegen Sozialhilfe beziehen musste (§ 115 SGB X), sowie bei Ansprüchen gegenüber Schadensersatzpflichtigen (§ 116 SGB X).[2424]

b. Forderungsdurchsetzung und Forderungsabtretung

Während die Forderungsdurchsetzung vor den Verwaltungsgerichten von ähnlichen Verfahrensgrundsätzen geprägt ist wie bei den Sozialgerichtsverfahren, trägt in den Verfahren vor den Zivilgerichten der Sozialhilfeträger die Darlegungs- und Beweislast sowohl hinsichtlich der Voraussetzungen für den zivilrechtlichen Anspruch als auch zu den Voraussetzungen einer rückwirkenden Inanspruchnahme. Daneben hat er den Umfang der erbrachten Sozialhilfeleistungen und die Höhe der künftig entstehenden Unterhaltsleistungen substantiiert nachzuweisen und sozialhilferechtliche Vergleichsberechnungen beizubringen. Daher sind diese Klageverfahren wegen der uneingeschränkten Darlegungslast auf Seiten des prozessführenden Sozialhilfeträgers mit einem nicht unerheblichen Prozessrisiko behaftet[2425] und erfordern gründliche Vorbereitungen zur Sach- und auch zur Rechtslage mit der Folge der Bindung entsprechender Arbeitskapazitäten bei den prozessführenden Arbeitseinheiten des Landesamtes für Soziales, Jugend und Versorgung.

Auch diese Rückforderungen eignen sich zur Übertragung auf ein spezialisiertes bankenähnliches Institut in öffentlich-rechtlicher Trägerschaft, um beim Sozialleistungsträger Liquiditätsvorteile zu erzielen, personelle und sachliche Spezialisierungsvorteile bei einer Stelle zu bündeln und die Kosten langwieriger Vollstreckungen kalkulierbarer zu gestalten. Die Abtretung derartiger Forderungen des Sozialhilfeträgers wäre ebenso wie die der Regresse nach § 81 a BVG und § 116 SGB X durch öffentlich-rechtlichen Vertrag in analoger Anwendung der §§ 398 ff. BGB gestaltbar.[2426]

Als Factoring (Debitorenverkauf) ausgestaltet könnte sich der Sozialleistungsträger schneller refinanzieren, da ihm sofort ein Betrag gutgeschrieben wird, der sich auf die Forderungssumme abzüglich einer Prämie für die Forderungsverwaltung und Beitreibung beläuft. Beim echten Factoring würde die Factorgesellschaft neben der Debitorenverwaltung auch das Ausfallrisiko übernehmen, während beim unechten Factoring der vorfinanzierte Betrag zurückgezahlt werden muss, falls die abgetretene Forderung nicht einziehbar

---

[2424] PLAGEMANN, *Ersatzpflichten Dritter*, a. a. O., S. 439; RÜFNER, *Sozialhilferecht*, a. a. O., S. 946 f.

[2425] MÜNDER, *Der sozialhilferechtliche Übergang....*, a. a. O., S. 2209; GÜNTHER, FRAUKE: *Zivilrechtliche Hinweise zum neuen § 91 BSHG*, in: NDV 1993, S. 335 f.

[2426] OHLER, *Die Abtretung öffentlich-....*, a. a. O., S. 520 f.

ist.[2427] In beiden Fällen überwiegen für den abtretenden Sozialleistungsträger die Vorteile durch schnellere Refinanzierung und die Ersparnis personellen und sachlichen Spezialistensachverstands.

4. Finanzierungsförderung freier Träger und ihre Abwicklung

a. Staatliche Finanzierungsförderung freier Träger

Dem Gebot der Zusammenarbeit nach §§ 5 Abs. 3 SGB XII,[2428] 74 Abs. 3 Satz 1 SGB VIII entspricht es, dass die Träger der Jugend- und Sozialhilfe die freien Träger bei der Wahrnehmung ihrer Tätigkeit angemessen unterstützen. Neben der Entgeltfinanzierung aufgrund von Leistungsvereinbarungen gem. §§ 78 a bis 78 g SGB VIII und §§ 75 bis 79 SGB XII[2429] fördern die Träger der Jugend- und Sozialhilfe freie Träger durch zweckgebundene Zuwendungen für die Errichtung, Erweiterung oder Modernisierung von Einrichtungen.[2430] In welcher Art und Weise und mit welchem Betrag dies zu erfolgen hat, entscheidet der öffentliche Träger der Jugend- oder Sozialhilfe nach seinem Ermessen. Seine Zuwendungen können durch Verwaltungsakt im Sinne von § 31 SGB X in Form eines Zuwendungsbescheids bewilligt oder durch Zuwendungsvertrag mit dem jeweiligen freien Träger vereinbart werden.

Die Vergabe von Fördermitteln kann auch in einer ersten Stufe als Bewilligung durch Verwaltungsakt und in der zweiten Stufe der Abwicklung privatrechtlich, etwa durch Darlehens-, Kauf- oder Bürgschaftsvertrag geregelt werden. In Zuwendungsverträgen gem. § 53 Abs. 1 SGB X können in öffentlich-rechtlicher Vertragsform zwischen öffentlichen und freien Trägern unter Wahrung der Gleichberechtigung der Vertragsparteien und ihren Handlungsspielräumen die Zuwendungsvergabe über einen bestimmten Zeitraum, ihre Übertragbarkeit auf Folgezeiträume, der Anteil der vom freien Träger aufzubringenden Eigenmittel, die Zweckbindung der Förderung und ihre Kontrolle aufgrund öffentlichen Prüfungsrechts festgelegt werden.[2431]

Die Förderungsfinanzierung erfolgt als Subvention, durch die der Staat vermögenswerte Zuwendungen privaten oder kirchlichen Aufgabenträgern im

---

[2427] WEBER, HANSJÖRG: *Kreditsicherheiten. Recht der Sicherungsgeschäfte*, 6. Aufl., München 1998, S. 302 ff.

[2428] Bis 31.12.2004: § 10 Abs. 3 Satz 2 BSHG

[2429] Bis 31.12.2004: §§ 93 bis 93 d BSHG

[2430] MÜNDER, JOHANNES: *Kinder- und Jugendhilferecht*, in: Maydell, Bernd Baron von; Ruland, Franz (Herausg.): *Sozialrechtshandbuch (SRH)*, 3. Aufl., Baden-Baden 2003, S. 1291

[2431] STÄHR, AXEL; HILKE, ANDREAS: *Die Leistungs- und Finanzierungsbeziehungen im Kinder- und Jugendhilferecht vom dem Hintergrund der neuen §§ 78 a bis 78 g SGB VIII*, in: ZfJ 1999, S. 156

sozialen Tätigkeitsbereich zukommen lässt, um einen im öffentlichen Interesse liegenden Zweck zu fördern, der entweder sozialpolitischer Art ist oder der Verwirklichung von sozialen Rechts nach dem SGB I dient.[2432] Von diesen Zuwendungen sind die Sozialleistungen zu unterscheiden, die an Sozialhilfeempfänger erbracht werden, ohne dass damit gezielt eine übergeordnete Gemeinwohlaufgabe erfüllt wird.[2433]

Sozialsubventionen sind wie alle staatlichen Subventionen etatgebunden und in der Höhe der Titelansätze der jeweiligen öffentlichen Haushalte begrenzt. Sind sie erschöpft, besteht kein darüber hinausgehender Anspruch auf Gewährung. Diesem haushaltsrechtlichen Erschöpfungseinwand kann nur mit dem Gleichbehandlungsgrundsatz und einer hiergegen verstoßenden Vergabepraxis begegnet werden.[2434] Deshalb regulieren häufig Vergaberichtlinien das Ermessen bei der Fördervergabe, die neben der Bindung der bewilligenden Verwaltung auch den Zweck haben, zweckleitende Bedingungen vorzugeben, die vom Begünstigten der Förderung zu erfüllen sind.[2435]

b. Variationen der Förderungsabwicklung

Sozialrechtliche Förderungen binden die freien Träger als Zuwendungsempfänger oder Partner von Zuwendungsverträgen gegenüber dem bewilligenden öffentlichen Träger. Die freien Träger sind verpflichtet, die Zuwendungen zweckentsprechend zu verwenden und hierüber Nachweise zu führen sowie eine Kontrolle der Verwendungsnachweise durch die bewilligende Verwaltung zu dulden.[2436] Dies gilt in der Sozialhilfe auch für Drogenberatungsstellen, Beratungsstellen für Nichtsesshafte und Sozialstationen. Für ihren Betrieb erhalten die freien Träger öffentliche Zuschüsse,[2437] die, als Kostenpau-

---

[2432] Der Begriff der Subvention wird hier als Oberbegriff für Förderungen und Zuwendungen benutzt, vgl. BADURA, *Wirtschaftsverwaltungsrecht*, a. a. O., S. 315 f.; SCHUPPERT, *Verwaltungswissenschaft*, a. a. O., S. 218 ff.; STOBER, *Besonderes Wirtschaftsverwaltungsrecht*, a. a. O., S. 361 ff. Dies entspricht der in § 74 SGB VIII und § 10 Abs. 3 BSHG verwandten Begrifflichkeit.

[2433] LUTHE, ERNST-WILHELM: *Einige Anmerkungen zum Sozialsubventionsrecht*, in: NDV 1994, S. 377

[2434] KUNKEL, PETER-CHRISTIAN: *Rechtsfragen der Finanzierung freier Träger*, in: ZfJ 2000, S. 414; WOLFF/ BACHOF/ STOBER, *Verwaltungsrecht*, Bd. 1...., a. a. O., S. 436

[2435] BADURA, *Wirtschaftsverwaltungsrecht*, a. a. O., S. 316; LUTHE, *Einige Anmerkungen zum....*, a. a. O., S. 378 f.; MAURER, *Allgemeines Verwaltungsrecht....*, a. a. O., S. 433 f.; STOBER, *Besonderes Wirtschaftsverwaltungsrecht*, a. a. O., S. 372 f.

[2436] KUNKEL, *Rechtsfragen der Finanzierung....*, a. a. O., S. 413; WIESNER, REINHARD: *Die Neuregelung der Entgeltfinanzierung in der Kinder- und Jugendhilfe*, in: ZfJ 1999, S. 80

[2437] Als Zuwendungen im Sinne von §§ 26 HGrG, 44 LHO, vgl. SCHELLHORN/ JIRASEK/ SEIPP, *Das Bundessozialhilfegesetz*, a. a. O., § 10 Rdnr. 20a

schalen oder nach Höchstbeträgen begrenzt, im Rahmen einer institutionellen Förderung sowie als Projektförderung an Selbsthilfeverbände gewährt werden können, wenn die entsprechenden landesrechtlichen Förderbestimmungen dies zulassen. In anderen Aufgabenfeldern der Sozialhilfe, der Kinder- und Jugendhilfe in Zuständigkeit des überörtlichen Trägers und bei der Arbeitsmarktförderung ist das Landesamt als bewilligender Kostenträger auch für die Verwendungsnachweisprüfung zuständig.

Die Investitionsförderung freier Träger erfolgt demgegenüber als Darlehensgewährung durch die landeseigene Investitions- und Strukturbank, die nach Bewilligung der Fördermaßnahme durch das Landesamt für Soziales, Jugend und Versorgung die Darlehen vergibt und mit dem Einrichtungsträger die Rückzahlungsmodalitäten abwickelt.[2438] Der Einrichtungsträger wiederum legt seine Zins- und Tilgungsleistungen auf die Anzahl seiner Einrichtungsplätze um und refinanziert sie über die Entgelte, die die Sozialleistungsträger mit dem Sozialhilfe- oder Jugendhilfeträger abrechnen.

IV. Entwicklungsmöglichkeiten der rheinland-pfälzischen Landessozialverwaltung durch Aufgabenzusammenführung und Wahrnehmung von Kernaufgaben

1. Veränderungspotential zur derzeitigen Aufgabenwahrnehmung

a. Prognose der zukünftigen Aufgabenentwicklung

Die heutige Aufbauorganisation des Landesamtes für Soziales, Jugend und Versorgung spiegelt die Fortentwicklung des Geschäftsbereichs wider, wie sie durch weitere Aufgabenübertragungen gestaltet wurden.[2439] Sie wird sich allerdings nochmals verändern, weil die den Ländern obliegende Durchführungsgesetzgebung zu den Sozialgesetzbüchern II und XII sowohl auf die Aufgabenschwerpunkte als auch auf die Fallzahlen einwirken wird. Dabei ist, wie oben dargestellt, erkennbar, dass das Ausführungsgesetz des Landes zum SGB XII weitere Wahrnehmungszuständigkeiten der örtlichen Sozialhilfeträger im Land begründet und damit die beim Landesamt für Soziales, Jugend und Versorgung verbleibenden Fallzahlen reduziert werden. Dem Landesamt werden in diesem Zusammenhang in verstärktem Umfang Koordinierungsaufgaben in der Eingliederungshilfe für behinderte Menschen zuwachsen, um

---

[2438] Zum Prinzip SCHUPPERT, *Verwaltungswissenschaft*, a. a. O., S. 219

[2439] Organigramm in Anlage 13

die Grundsätze des selbstbestimmten Lebens für behinderte Menschen durchzusetzen.[2440]

Ebenfalls werden im sozialen Entschädigungsrecht die Fallzahlen zurückgehen, da die Anzahl der Kriegsopfer in Rheinland-Pfalz aufgrund der demographischen Entwicklung weiterhin abnimmt. Dies wird sich auf die Struktur der Ämter für soziale Angelegenheiten auswirken, in denen heute in je einem Referat die Versorgung der Kriegsopfer abgewickelt wird. Künftig wird es möglich sein, dort alle Angelegenheiten des sozialen Entschädigungsrechts in einem Team zu bündeln. Auf die Strukturen der zuständigen Abteilung des Landesamtes wirkt sich diese Reduzierung der Fallzahlen weniger aus, da dort bereits jetzt schon die dienst- und fachaufsichtliche Grundsatzarbeit bei wenigen Bearbeitern konzentriert und die Anzahl der Rechtsmittelverfahren in Angelegenheiten der eigentlichen Kriegsopferversorgung gering ist.

Die demographische Entwicklung der Bevölkerung und ihre zunehmende Alterung wird allerdings zu einer Steigerung der Fallzahlen der Behindertenfeststellung führen.[2441] Sollte darüber hinaus das Eintrittsalter in die Verrentung von Erwerbspersonen und die Pensionierung von Beamten, Soldaten und Richtern angehoben werden, wird auch die Anzahl der beim Integrationsamt zu betreuenden schwerbehinderten Menschen steigen.[2442] Dabei wird auch zu berücksichtigen sein, wie sich der Arbeitsmarkt für schwerbehinderte Erwerbspersonen künftig entwickelt und ob auch die Länder zur Arbeitsmarktsteuerung eigene Initiativen entwickeln. Zu erwarten ist allerdings, dass sich die Strukturförderung der Europäischen Union in Rheinland-Pfalz wegen der positiven Wirtschaftsentwicklung im Vergleich zu den neuen Beitrittsländern zurück entwickeln wird.

Die zunehmende Bedeutung der älteren Generation in unserer Gesellschaft und die damit verbundenen Auswirkungen auf ihre gesundheitliche und medizinische Versorgung wird sich auf das öffentliche Gesundheitswesen auswirken und neue Schwerpunktbildungen auch in der Arzneimittelüberwachung und im Apothekenwesen erfordern.[2443] Dies hat darüber hinaus Bedeutung für die Heimüberwachung, die vor inhaltlich neue Herausforderungen und Erfor-

---

[2440] Vgl.. MARQUARD, PETER: *Teilhabe und Beteiligung als individuelles Recht und fachliche Ressource*, in: ZfJ 2004, S. 91 ff.; PITSCHAS, *Kommunale Sozialpolitik*, a. a. O., S. 1312

[2441] DEUTSCHER BUNDESTAG (Herausg.), *Dritter Bericht zur....*, a. a. O., S. 14, 95 f.

[2442] Dies ist eine Folge aus den Forderungen des Dritten Altenberichts zur Beschäftigung älterer Menschen im Erwerbsumfeld, vgl. DEUTSCHER BUNDESTAG (Herausg.), *Dritter Bericht zur....*, a. a. O., S. 164 ff.

[2443] DEUTSCHER BUNDESTAG (Herausg.), *Dritter Bericht zur....*, a. a. O., S. 69 ff., 95

dernisse der Zusammenarbeit mit den medizinischen Diensten der Pflegekassen zur Qualitätssicherung der Heimunterbringung gestellt wird.[2444]

b. Einflüsse der Sozialgesetzgebung auf Aufgaben und Organisation der Landessozialverwaltung

Das Aufzeigen möglicher Sozialgesetzgebungsvorhaben und ihre Auswirkungen auf Tätigkeit und Organisation einer Landessozialverwaltung gerät zur Spekulation, wenn sie nicht konkrete Fakten heute anstehender Gesetzgebungsinitiativen im Sozialbereich aufgreifen kann. Dennoch: Als der Verfasser dieser Arbeit vor drei Jahren begann, die Fakten zur Reform der rheinland-pfälzischen Landessozialverwaltung zusammenzutragen, war noch nicht absehbar, in welchem Umfang der Bundesgesetzgeber die Gesetzgebungslandschaft im sozialen Leistungsbereich verändern würde. Zwar zeichneten sich die Konturen des künftigen SGB XI ab. Die Neugestaltung des Rechts der Arbeitslosen- und Sozialhilfe und die Aufteilung dieser Materie in den SGB II und XII war aber noch nicht erkennbar. Die Aufgabe des Prinzips, den Vollzug sozialer Leistungsgesetze in Trägerschaft der Länder durch Sonderverwaltungen sicherzustellen, wurde damals zwar in einigen Ländern gefordert. Dass der Bundesgesetzgeber dies mit dem Zweiten Zuständigkeitslockerungsgesetz und der Neuformulierung des § 69 SGB IX zur Disposition der Länder stellen würde, wurde in vielen Landessozialverwaltungen jedoch zur Überraschung.

Heute ist für die Länder fast jede Variante zur Gestaltung ihrer Landessozialverwaltung denkbar. Ihre Aus- und Durchführungsgesetze können quasi jede Gestaltungsalternative aufgreifen, sei es durch Aufgabendelegation auf unterstaatliche Verwaltungsträger, wie Landkreise und kreisfreie Städte, sei es durch Errichtung neuer überörtlicher Verwaltungsträger, wie dies in einigen neuen Ländern bereits vollzogen wurde.[2445] Organisationsrechtliche Vorgaben des Bundes bestehen quasi nicht mehr. Statt dessen spricht er gesetzgeberische Verpflichtungen an die Länder aus, die von ihnen vorzuhaltenden Behörden so auszustatten, dass sie „ihre Aufgaben umfassend und qualifiziert erfüllen können", wie dies nun in § 102 Abs. 1 Satz 2 SGB IX geschehen ist.[2446] Ob und wie diese Verpflichtung durchzusetzen ist, bleibt offen. Wollte der Bund demgegenüber den Ablauf eines Verwaltungsverfahrens im Ländervoll-

---

[2444] DEUTSCHER BUNDESTAG (Herausg.), *Dritter Bericht zur....*, a. a. O., S. 136 f.

[2445] Beispiel: Errichtung des Kommunalen Sozialverbandes Mecklenburg-Vorpommern durch Gesetz zur Neuordnung der Aufgaben nach dem Bundessozialhilfegesetz und anderer Sozialvorschriften vom 17.12.2001 (GVOBl. M-V S. 612, 2002 S. 470)

[2446] § 102 Abs. 1 Satz 2 SGB IX idF durch Gesetz zur Förderung der Ausbildung und Beschäftigung schwerbehinderter Menschen vom 23.04.2004 (BGBl. I S. 606)

zug sicherstellen und damit auch auf die Verwaltungsorganisation Einfluss nehmen, wird die Zustimmung des Bundesrates erforderlich (Art. 84 Abs. 2 GG),[2447] deren Einholung heute fraglich ist und deshalb vermieden wird.

c. Rahmenbedingungen für die Entwicklung von Landessozialverwaltungen

Es ist absehbar, dass die Gestaltungsvielfalt der Landessozialverwaltungen künftig steigen und sie zum neuen Ausdruck des Wettbewerbsföderalismus[2448] der Sozialverwaltungen in Landesträgerschaft wird. Den Gestaltungsmöglichkeiten der Länder bei Inanspruchnahme ihrer Wahrnehmungskompetenz, einschließlich der Inanspruchnahme weiterer Delegationen, sind keine Grenzen mehr gesetzt. Die Gestaltung von Landessozialverwaltungen als staatlichen Fachverwaltungen folgt den jeweiligen Besonderheiten entweder der Traditionslinien der dortigen gesamten Landesverwaltung oder den Modernisierungsprioritäten der jeweiligen Landesregierung.[2449] Ihre künftigen aufbauorganisatorischen Variationen in den einzelnen Ländern werden wohl dazu führen, dass alle Flächenländer unterschiedliche Aufbauorganisationen wählen und keine Landessozialverwaltung mehr der anderen gleichen wird.

Zwar wird der Wettbewerbsföderalismus heute überwiegend als die Föderalismusform angesehen, die gegenüber seinen anderen Entwicklungsstufen überlegen sei.[2450] Dieser Wettbewerb kann aber nur dann für alle und insbesondere für die länderübergreifend lebenden und arbeitenden Bürger Effizienzvorteile erbringen, wenn die Selbstorganisationsstrategien in den Ländern unter annähernd gleichen Bedingungen stattfinden. Ein Land wie Nordrhein-Westfalen muss andere Organisationsformen für seine Verwaltung und damit auch seine Sozialleistungsverwaltung wählen, als Sachsen-Anhalt, dessen Einwohnerzahl mit 2,56 Mio. Menschen in etwa derjenigen der Bezirksregierung Münster entspricht. Sie ist in Nordrhein-Westfalen eine der zwei kleineren Bezirksregierungen; die Bezirksregierung Köln, als von der Einwohnerzahl her die zweitgrößte Bezirksregierung, umfasst mehr Einwohner als das gesamte Land Rheinland-Pfalz.[2451] Die Fläche von Bayern als dem vierten in dieser Arbeit untersuchten Land ist doppelt so groß wie die von Baden-Württemberg, obwohl dort nur etwa 1,6 Mio. Einwohner weniger le-

---

[2447] WILMS, *Klare Verantwortungsteilung von....*, a. a. O., S. 153

[2448] SCHUPPERT, *Verwaltungswissenschaft*, a. a. O., S. 944 ff.; SOMMERMANN, *Grundfragen der Bundesauftragsverwaltung*, in: DVBl. 2001, S. 1555

[2449] Vgl. WIßMANN, *Staatliche Mittel- und....*, a. a. O., S. 203 f.

[2450] SCHUPPERT, *Verwaltungswissenschaft*, a. a. O., S. 950

[2451] Bezirksregierung Köln: 4,3 Mio. Einwohner – Rheinland-Pfalz: 4,05 Mio. Einwohner

ben.[2452] Bereits diese Zahlen belegen die unterschiedlichen Bedingungen, unter denen Verwaltungsreformen auf Länderebene stattfinden.

Da also die Rahmenbedingungen für den Wettbewerbsföderalismus in den Ländern derart unterschiedlich sind und ihre heutigen Einflussmöglichkeiten zur Gestaltung oder Verhinderung von Rahmenvorgaben des Bundes im Sinne von Art. 84 Abs. 2 GG eine derart unterschiedliche Gewichtung haben,[2453] findet der Wettbewerb unter ungleichen Bedingungen statt. Er fördert eher sachfremde Interessensbildung als effizienzorientierte Konkurrenz.[2454] Bei sozialen Leistungsgesetzen, aber auch bei bundesgesetzlichen Vorgaben des Risikoverwaltungsrechts muss sich deshalb die inhaltliche Gesetzgebungskompetenz auch auf organisationsrechtliche Vorgaben erstrecken. Dabei geht es nicht um Interventionen des Bundes im Außenverhältnis, sondern um die Möglichkeiten staatsinterner Einwirkung auf die Länder zur Herstellung von Gleichwertigkeit im Gesamtstaat.[2455]

Deshalb sollte der Bund durch eine Föderalismusreform wieder in die Lage versetzt werden, seine Vorgaben dort auf Organisations- und Verfahrensregeln zu erstrecken, wo ansonsten die Gleichwertigkeit im Gesamtstaat in Frage steht.[2456] Nur auf diese Weise kann der Bund seiner Verantwortung für die Bereitstellung eines funktionsfähigen Rechtsrahmens für eine rechtsstaatlich und zugleich effiziente öffentliche Verwaltung gerecht werden.[2457]

[2452] Bayern: 70.553 km², 12,38 Mio. Einwohner – Baden-Württemberg: 35.751 km², 10,65 Mio. Einwohner

[2453] So verfügen die neuen Bundesländer (einschließlich Berlin) mit 17,04 Mio. Einwohnern und 23 Stimmen im Bundesrat über das fast vierfache Stimmgewicht des einwohnergrößten Landes Nordrhein-Westfalen (18,1 Mio. Einwohner, sechs Stimmen; vgl. www2.bundesrat.de/ Föderalismus/index.html, eingesehen am 23.08.04).

[2454] SCHUPPERT, *Verwaltungswissenschaft*, a. a. O., S. 948; ausführlich zur unterschiedlichen Interessenlage im Bundesrat WILMS, *Klare Verantwortungsteilung von....*, a. a. O., S. 151

[2455] Vgl. JOCHUM, *Die Bundesauftragsverwaltung im....*, a. a. O., S. 23 für die Bundesauftragsverwaltung; KRUIS, KONRAD: *Finanzautonomie und Demokratie im Bundesstaat*, in: DÖV 2003, S. 12 f.; vgl. auch die Problembeschreibung bei PITSCHAS, *Organisationsrecht als Steuerungsressource....*, a. a. O., S. 195

[2456] Vgl. HUBER, PETER M.: *Klare Verantwortungsteilung von Bund, Ländern und Kommunen?*, in: Beilage zu NJW Heft 27/ 2004, S. 25. Die Frage der Gleichwertigkeit stellt sich ganz praktisch bei der Schwerbehindertenfeststellung in den Ländern (GdB von 50 bis 100), die sich in 2002 von der niedrigsten Anerkennungsquote von 7,8 Prozent Schwerbehinderte der Einwohner in Sachsen bis zu 13,3 Prozent Schwerbehinderte der Einwohner im Saarland erstreckte (Quelle: Jährliche interne Länderumfrage innerhalb der Versorgungsverwaltungen).

[2457] SCHUPPERT, *Verwaltungswissenschaft*, a. a. O., S. 977

2. *Einflüsse veränderter Rahmenbedingungen auf die rheinland-pfälzische Landessozialverwaltung*

a. Dienstort des Landesamtes für Soziales, Jugend und Versorgung

Mit § 1 Abs. 1 Satz 1 2. Halbsatz des Landesgesetzes über die Errichtung des Landesamtes für Soziales, Jugend und Versorgung wurde als Sitz dieser oberen Landesbehörde die Landeshauptstadt Mainz bestimmt. In der amtlichen Begründung zu diesem Gesetz wurde verdeutlicht, dass Koblenz als Behördenstandort des früheren Landesversorgungsamtes beibehalten werden soll.[2458] In diese Entscheidung floss neben personenbezogenen Gründen der Gesichtspunkt des engen räumlichen Kontakts mit dem vorgesetzten Ministerium am Sitz der Landesregierung ein und wurde mit dem Kompromiss verwoben, den Behördenstandort Koblenz als „zweites Standbein" dieser Oberbehörde aufrecht zu erhalten. Da das neue Landesamt mit den Behördenstandorten seiner nachgeordneten Ämter in Koblenz, Landau, Mainz und Trier präsent wurde, konnten fortan diese Verwaltungseinheiten den gesamten Publikumsverkehr aus den vier Großregionen Mittelrhein-Westerwald, Trier, Rheinhessen-Nahe und Pfalz aufnehmen.

Die Standortwahl für die Oberbehörde hätte also ohne den Kontaktgesichtspunkt zur Landesregierung in der Landeshauptstadt auch zugunsten eines anderen Behördenstandortes ausfallen können, da die zentrale Erreichbarkeit für die Bürger des Landes in den Oberzentren der vier rheinland-pfälzischen Großregionen gesichert war.[2459] Die bis heute durch EDV-Verbund aufgebaute Netzwerkstruktur der Gesamtbehörde erlaubt ohnehin die jederzeitige Aufgabenerledigung von jedem der vier Standorte aus und die Aufgabenverlagerung an jeden Standort.[2460]

Diese Standortentscheidung hatte zur Konsequenz, dass der Sitz des früheren Landesamtes für Jugend und Soziales als der kleineren zentralen Landesoberbehörde gegenüber dem mit seinen nachgeordneten vier Ämtern größeren Landesversorgungsamt zum Dienstort des verschmolzenen neuen Landesamtes für Soziales, Jugend und Versorgung wurde.[2461] Trotz der zwischenzeitlich hervorragenden Möglichkeiten flexibler Aufgabenerledigung von allen Standorten des Geschäftsbereichs aus übt der Behördensitz Mainz eine Sog-

---

[2458] Landtag Rheinland-Pfalz –12. Wahlperiode–, Drs. 12/ 6841 vom 21.06.1995, S. 36

[2459] Vgl. PÜTTNER, *Verwaltungslehre*, a. a. O., S. 116

[2460] EICHHORN/ FRIEDRICH/ JANN/ OECHSLER/ PÜTTNER/ REINERMANN (Herausg.), *Verwaltungslexikon*, a. a. O., Stichwort: Virtuelle Organisation; REINERMANN, HEINRICH: *Virtuelle Organisationen*, in: VerwArch 1996, S. 434 ff.

[2461] Landesamt für Jugend und Soziales: 197 Mitarbeiter (1995); Landesversorgungsamt mit Versorgungsämtern: 932 Mitarbeiter (1995)

wirkung zur Personal- und Aufgabenkonzentration aus, durch den sich insbesondere durch Verlagerung neuer Aufgaben auf das Landesamt die personellen Zuwächse auf Mainz fokussieren.[2462]

Das im Landesamt in Mainz eingesetzte Personal lebt und arbeitet im städtischen Ballungsgebiet Frankfurt – Mainz – Wiesbaden, das durch die nahe beieinanderliegenden Hauptstädte von Hessen und Rheinland-Pfalz und das europäische Bankenzentrum Frankfurt geprägt ist.[2463] Das dort sehr stabile Arbeitsmarktangebot sowohl durch Industrie, Banken und Handel als auch durch Verwaltungen von Bund, zwei Ländern und mehreren großen und größeren kommunalen Verwaltungsträgern übt eine große Anziehungskraft aus und erzeugt durch attraktive Angebote mit besseren Aufstiegs- und Verdienstmöglichkeiten eine hohe Bereitschaft auch des Personals des Landesamtes zum Arbeitsplatzwechsel. Demzufolge besteht beim Landesamt in Mainz und beim dortigen Amt für soziale Angelegenheiten im Vergleich zu den anderen Behördenstandorten die größte Personalfluktuation.

In vergleichbaren Situationen zur Standortwahl der Landessozialverwaltung haben die Länder Brandenburg, Mecklenburg-Vorpommern, Sachsen, Sachsen-Anhalt und Thüringen auf die Ansiedlung dieser Behörden in der Landeshauptstadt verzichtet, um andere regionale Zentren in ihren Ländern durch Präsenz oberer Landesbehörden zu stärken. Dort wurden als Behördenstandorte der Landessozialverwaltung Cottbus, Rostock, Chemnitz, Halle und Suhl bestimmt. Die Länder Bayern, Niedersachsen und Schleswig-Holstein nutzten die Gelegenheit der Reorganisation ihrer Landessozialverwaltungen, um ihren Behördensitz aus der jeweiligen Landeshauptstadt herauszuverlagern und dort eine Nebendienststelle beizubehalten.[2464]

Bei Landesoberbehörden im sozialen Leistungsbereich besteht ein hoher Bedarf an Mitarbeitern in Besoldungs- und Vergütungsgruppen des mittleren

---

2462 Von den Einstellungen der Geburtsjahrgänge ab 1974 (vgl. Anlage 15) werden alle Mitarbeiter entweder beim Landesamt in Mainz oder bei den Ämtern für soziale Angelegenheiten eingesetzt.

2463 Der Raum Mainz ist Teil der Europäischen Metropolregion Rhein-Main. Das herausragende Merkmal derartiger Standorte besteht darin, dass sie in ihren verschiedenen Funktionen auch über die nationalen Grenzen hinweg ausstrahlen. Vgl. MINISTERIUM DES INNEREN UND FÜR SPORT: *Bericht zur Neuaufstellung des Landesentwicklungsprogramms Rheinland-Pfalz (LEP IV)*, www.ism.rlp.de/images/ themendown/Themen-Datei-Bericht%20zur%20Neuaufstellung%20LEP %20IV.pdf (eingesehen am 24.08.2004)

2464 Hauptsitz des bayerischen Landesamtes für Versorgung und Familienförderung ist Bayreuth; weiterer Dienstort ist München; Hauptsitz des niedersächsischen Landesamtes für zentrale soziale Dienste ist Hildesheim, weiterer Dienstort ist Hannover; Hauptsitz des schleswig-holsteinischen Landesamtes für soziale Dienste ist Neumünster, seine vier Außenstellen sind in Heide, Kiel, Lübeck und Schleswig.

und gehobenen Dienstes, der die Kontinuität ihrer Arbeit sichert. Diese Behörden sind zudem an die Stellenobergrenzen des § 26 Abs. 1 BBesG gebunden, von denen die obersten Landesbehörden gem. § 26 Abs. 2 BBesG befreit sind. In dieser Konkurrenzsituation sind obere Landesbehörden am Standort der Landesregierung gegenüber Angeboten zum Arbeitplatzwechsel aus den Ministerien unterlegen, während an anderen Behördenstandorten das günstigere Umfeld zum Wohnen und Leben ein geldwertes Äquivalent zum Wechsel auf einen höher dotierten Arbeitsplatz an einem Dienstort mit höheren Lebenshaltungskosten darstellt.

Aus diesen Gründen sollte der Hauptsitz des Landesamtes für Soziales, Jugend und Versorgung aus der Landeshauptstadt herausverlegt werden, um die personelle Kontinuität im gesamten Geschäftsbereich zu sichern. Als Alternativstandort bietet sich Koblenz an, das in Rheinland-Pfalz als Oberzentrum außerhalb europäischer Metropolregionen in Deutschland liegt und Standort der Sozial- und Verwaltungsgerichtsbarkeit ist. Damit würde auch dem landesplanerischen Ziel Rechnung getragen, die Rolle der Großstädte des Landes zu sichern und zu stärken.[2465]

b. Abbildung kollegialer Führungsstrukturen in der rheinland-pfälzische Landessozialverwaltung

Bereits in der ersten Studie über Möglichkeiten der Zusammenlegung von Landesamt für Jugend und Soziales und Landesversorgungsamt war 1992 vorgeschlagen worden, das bei Bundes- und Landesbehörden übliche Hierarchieprinzip[2466] zu verlassen und durch eine aufgabenteilige kollegiale Führungsstruktur zu ersetzen.[2467] Diese Anregung wurde bei der Errichtung des Landesamtes für Soziales, Jugend und Versorgung ab 1996 nicht aufgegriffen; es verblieb bei der nach dem Hierarchieprinzip gestalteten Führungsstruktur mit der Leitung des Landesamtes durch einen Präsidenten, der durch einen Vizepräsidenten vertreten wird. Der gesetzlich festgelegten Entscheidung zum Behördensitz des Landesamtes entsprechend hat der Präsident seinen Dienstort in Mainz, während für den Vizepräsidenten Koblenz als Dienstort festgelegt wurde. Da der Vizepräsident in seiner Leitungsfunktion

---

2465 Vgl. MINISTERIUM DES INNEREN UND FÜR SPORT, *Bericht zur Neuaufstellung....*, a. a. O., S. 14

2466 LORSE, *Kollegiale Führungsstrukturen in....*, a. a. O., S. 190; PÜTTNER, *Verwaltungslehre*, a. a. O., S. 153

2467 Bericht über die Untersuchung von Möglichkeiten der Verwaltungsvereinfachung im Aufgabenbereich des Ministeriums für Arbeit, Soziales, Familie und Gesundheit vom 01.10.1992, S. 39 ff. (im Aktenbestand des LSJV). Das Kollegialorgan sollte aus drei Direktoren bestehen, von denen jeder zwei der sechs vorgeschlagenen Abteilungen zu führen gehabt hätte.

lediglich mit der Abwesenheitsvertretung des Präsidenten betraut wurde,[2468] war es nur folgerichtig, ihn neben Funktionen bei der Neuorganisation des Geschäftsbereichs als Leiter einer Abteilung am Standort Koblenz einzusetzen.[2469]

Die hierarchische Leitung einer Landessozialverwaltung entspricht dem Prinzip der Unteilbarkeit der Führungsverantwortung in monokratischen Behörden, in denen der Behördenleiter die alleinige Verantwortung als Organwalter inne hat.[2470] Bereits in ausschließlich an einem Behördenstandort konzentrierten Behörden stellt der Wechsel vom bürokratischen und damit hierarchiefixierten zum kooperativen oder kollektiven Führungsstil[2471] einen Grund dar, von diesem Hierarchieprinzip zugunsten des Kollegialprinzips abzuweichen. Als Ertrag dieses Wandels wird die Nutzung umfassenderer Kompetenz, Partizipation am Entscheidungsprozess und die damit verbundene Motivationssteigerung der ansonsten hierarchiegebundenen Mitarbeiter der nächsttieferen Hierarchieebene gesehen.[2472]

Bei an mehreren Standorten dislozierten Behörden und dem damit verbundenen höheren Aufwand für Dienstaufsicht und Betreuung der Mitarbeiter tritt das Problem der Überdehnung der Leitungsspanne zur Durchsetzung der behördeninternen Koordinations- und Überwachungserfordernisse hinzu.[2473] Sie ist in Landessozialverwaltungen mit großer Aufgabenbündelung ohnehin wegen der Vielschichtigkeit der Aufgabenwahrnehmung hoch, auch weil ihre Entscheidungen weniger durch strikte Gesetzeskonditionierung als durch finale sozialrechtliche Programmsteuerung gekennzeichnet sind.[2474] Unter diesen Gesichtspunkten ist es zweckmäßig, Führungskompetenzen so zusam-

---

[2468] Diese Aufgabenverteilung entspricht *nicht* dem unechten Kollegialprinzip, bei dem der Vizepräsident durch ständige Vertretung in einem festgelegten Geschäftsbereich den Präsidenten entlastet, vgl. LORSE, *Kollegiale Führungsstrukturen in....*, a. a. O., S. 188 f.

[2469] § 6 Abs. 1 der Geschäftsordnung des Landesamtes für Soziales, Jugend und Versorgung vom 01.07.1997; Organisationsschema Anlage 8

[2470] KÖNIG, KLAUS: *System und Umwelt der öffentlichen Verwaltung*, in: König, Klaus; Oertzen, Hans Joachim von; Wagener, Frido (Herausg.): *Öffentliche Verwaltung in der Bundesrepublik Deutschland*, 1. Aufl., Baden-Baden 1981, S. 23

[2471] EICHHORN/ FRIEDRICH/ JANN/ OECHSLER/ PÜTTNER/ REINERMANN (Herausg.), *Verwaltungslexikon*, a. a. O., Stichwort: Führungsstil; PÜTTNER, *Verwaltungslehre*, a. a. O., S. 279 f.

[2472] LORSE, *Kollegiale Führungsstrukturen in....*, a. a. O., S. 191 f.

[2473] EICHHORN/ FRIEDRICH/ JANN/ OECHSLER/ PÜTTNER/ REINERMANN (Herausg.), *Verwaltungslexikon*, a. a. O., Stichwort: Leitungsspanne; PÜTTNER, *Verwaltungslehre*, a. a. O., S. 154

[2474] PITSCHAS, *Organisationsrecht als Steuerungsressource....*, a. a. O., S. 166 f.; SCHUPPERT, *Verwaltungswissenschaft*, a. a. O., S. 490 ff.

menzuführen, dass in der Struktur einer Behördenorganisation neben der Verantwortungsklarheit auch die interessengerechte Zusammensetzung als Ausdruck komplementärer Repräsentationsfunktion abgebildet ist.[2475] Dies wird durch eine kollegiale Führungsstruktur dargestellt.[2476]

Neben den vielen Vorteilen eines durch das Band von Zielvereinbarungen und Rückholvorbehalten in definierten Entscheidungssituationen zusammengefügten Führungskollegiums[2477] kommt in Rheinland-Pfalz ein Akzeptanzproblem der an unterschiedlichen Behördenstandorten eingesetzten Mitarbeiterschaft größerer Verwaltungseinheiten hinzu, das durch das Landespersonalvertretungsgesetz verursacht wird. § 5 Abs. 3 LPersVG räumt den Mitarbeitern von räumlich weit auseinanderliegenden Teilen einer Dienststelle die Möglichkeit ein, durch Verselbständigungsbeschluss einen örtlichen Personalrat im Sinne von § 12 LPersVG zu wählen; neben diesen örtlichen Personalräten ist gem. § 56 Abs. 1 LPersVG ein Gesamtpersonalrat zu bilden. Dieser Gesamtpersonalrat wird gem. § 57 LPersVG von den Beschäftigten aller Dienststellenteile gewählt. Er ist der bestimmende Kommunikationspartner des Dienststellenleiters im Sinne von §§ 67 ff. LPersVG, insbesondere für Beteiligungstatbestände nach §§ 73 ff. LPersVG. Daneben ist der örtliche Personalrat des Dienststellenteils, an dem der Behördenleiter seinen Amtssitz hat, Kommunikationspartner des Dienststellenleiters für die sozialen und personellen Angelegenheiten, die diesen Dienststellenteil betreffen.

Der örtliche Personalrat des Dienststellenteils, über den durch einen ranghöchsten Beamten vor Ort keine Leitungsfunktion ausgeübt wird, hat demgegenüber gem. § 56 Abs. 2 i. V. m. § 53 Abs. 1 und 7 LPersVG weder Anspruch auf Beteiligung in Angelegenheiten dieses Dienststellenteils noch der eigenverantwortlichen Kommunikation mit dem Dienststellenleiter. Er kann sich nur über den Gesamtpersonalrat artikulieren, der sich seiner Anliegen annehmen kann, aber nicht muss. Seine Zuständigkeit ist auf die Gelegenheit zur Stellungnahme gem. § 56 Abs. 2 i. V. m. § 53 Abs. 7 Satz 1 LPersVG beschränkt; er hat demnach keinerlei Möglichkeiten, durch eigene Impulse auf innerdienstliche Verfahrensabläufe einzuwirken oder hierzu initiativ zu werden.[2478]

[2475] SCHUPPERT, *Verwaltungswissenschaft*, a. a. O., S. 853 f.

[2476] LORSE, *Kollegiale Führungsstrukturen in....*, a. a. O., S. 192 ff.

[2477] Zu den Erfolgsfaktoren kollegialen Führungshandelns LORSE, *Kollegiale Führungsstrukturen in....*, a. a. O., S. 192 ff.; SCHMIDT, *Betriebswirtschaftslehre und Verwaltungsmanagement*, a. a. O., S. 141

[2478] Diese sowohl vom dienstaufsichtsführenden Ministerium als auch vom für das Personalvertretungsrecht zuständigen Fachministerium und dem Deutschen Beamtenbund bestätigte Rechtslage besteht erst seit Inkrafttreten des LPersVG zum 24.11.2000; unter der Gel-

Die negative Signalwirkung, die durch den Verweis einer örtlichen Personalvertretung ohne dauerhafte örtliche Repräsentanz einer Dienststellenleitung zur Macht- und Einflusslosigkeit aufgebaut wird und letztlich die örtliche Mitarbeiterschaft erfasst, ist offensichtlich. Diese Situation verändert sich nur dann, wenn an den dislozierten Dienststellenteilen vor Ort jeweils ein ranghöchster Beamter mit personalrechtlich relevanten Entscheidungsbefugnissen betraut ist. Sie liegt dann vor, wenn die Dienstaufsicht vor Ort in den Händen eines kollegialen Funktionsträgers liegt. Er übernimmt damit auch eine für die Mitarbeiterführung und –motivation wichtige komplementäre Repräsentationsfunktion und gewährleistet durch seine örtliche Zuständigkeit die Chancengleichheit der Durchsetzung der personalvertretungsrechtlich relevanten Anliegen der örtlichen Mitarbeiterschaft im kollegialen Entscheidungsgremium.[2479] Als Ansprechpartner gegenüber dem örtlichen Personalrat wirkt er glaubwürdiger als der Gesamtpersonalrat, in dessen Zusammensetzung sich die Konkurrenzsituation der Dienststellenteile untereinander widerspiegelt.

Für ein kollegiales Führungsorgan im Landesamt für Soziales, Jugend und Versorgung könnte das Modell der Kollegien des Bundesrechnungshofs nutzbar gemacht werden, das gem. § 9 BRHG als Regelzusammensetzung ein Zweierkollegium unterschiedlicher Funktionsträger vorsieht und eine Ermächtigung zur Eigenentscheidung eines Mitglieds für Einzelfälle durch das Kollegium vorsieht.[2480] Die herausragende Rolle des Präsidenten im Kollegialorgan aus Präsident und Vizepräsident könnte durch sein Rückholrecht von zur autonomen Entscheidung dem Vizepräsidenten überlassenen Amtsgeschäften und seine besondere Stimmengewichtung entsprechend der Regelung des § 15 Abs. 2 BRHG verdeutlicht werden.[2481]

Derartige binnenorganisatorische Regelungen sind durch entsprechende Änderung der Geschäftsordnung des Landesamtes für Soziales, Jugend und Versorgung möglich, die ausschließlich der Genehmigung des dienstaufsichtsführenden Ministeriums bedarf. Das Modell könnte auf weitere kollegiale Leitungsorgane dann erweitert werden, wenn durch Aufgabenkonzentration im

---

tung des Personalvertretungsgesetzes für Rheinland-Pfalz vom 05.07.1977 (GVBl. S. 213) hatten alle örtlichen Personalräte einer dislozierten Dienststelle die gleichen Mitwirkungsrechte.

2479 Vgl. SCHUPPERT, *Verwaltungswissenschaft*, a. a. O., S. 854

2480 HEWER, *Finanzkontrolle im Neuen....*, a. a. O., S. 74 f.; LORSE, *Kollegiale Führungsstrukturen in....*, a. a. O., S. 189

2481 LORSE, *Kollegiale Führungsstrukturen in....*, a. a. O., S. 193; dies entspricht der Form der Primatkollegialität, vgl. SCHMIDT, *Betriebswirtschaftslehre und Verwaltungsmanagement*, a. a. O., S. 141; SCHULTE-ZURHAUSEN, *Organisation*, a. a. O., S. 184; Aufgabenverteilung gem. Anlage 14

Geschäftsbereich durch Integration bisher nachgeordneter regionaler Ämter und ihre Funktionsänderung zu regionalen Außenstellen nach dem Vorbild von Sachsen-Anhalt oder Schleswig-Holstein Führungs- und Entscheidungsbedarf an weiteren Standorten des Landesamtes besteht.

c. Straffung der Aufbauorganisation und Bildung von Teamstrukturen in allen Abteilungen des Landesamtes für Soziales, Jugend und Versorgung

Die künftig zu erwartende rückläufige Fallzahlenentwicklung sowohl in der Kriegsopferversorgung als auch beim überörtlichen Sozialhilfeträger wird eine weitere Straffung der Abteilungsstruktur des Landesamtes für Soziales, Jugend und Versorgung erforderlich machen. Hierdurch wird es möglich, die beiden im mit ähnlichen Rechtsmaterien befassten Abteilungen Soziales/ Integrationsamt und Qualitätssicherung im sozialen Bereich unter einer Abteilungsleitung zusammenzuführen. Auf diese Weise werden die noch im Bereich des überörtlichen Sozialhilfeträgers verbleibenden Aufgaben der besonderen Hilfearten und der fachlichen Unterstützung der örtlichen Sozialhilfeträger mit den Aufgaben der Qualitätssicherung im sozialen Bereich auf sinnvolle Weise verbunden.

Die Zusammenfassung sollte genutzt werden, um die traditionell aus den unterschiedlichen Behördenzuständigkeiten für Behindertenfeststellung und Teilhabesicherung schwerbehinderter Menschen begründete Trennung in zwei Abteilungen des Landesamtes aufzuheben und sie nach dem Vorbild der Aufgabenzusammenfassung in den Ländern Brandenburg und Thüringen in einer künftigen Abteilung Soziales Entschädigungsrecht, Hauptfürsorgestelle, Integrationsamt zu bündeln.[2482] Durch diesen neuen Aufgabenzuschnitt entstehen in beiden Abteilungen inhaltlich ausgewogene und sachlich homogene Aufgabenzusammenfassungen mit zukunftsfähiger Aufgabenstellung.

In den fünf Abteilungen des Landesamtes sollten die bereits in der heutigen Abteilung 4 erprobten Teamstrukturen übernommen werden. So würden in der Abteilung 1 (Zentrale Aufgaben) ein Referententeam mit vier Referenten und vier nach Aufgaben zusammengefasste Sachbearbeiter-/ Assistenzkräfteteams entstehen. Die künftige Abteilung 2 (Soziales Entschädigungsrecht, Hauptfürsorgestelle, Integrationsamt) würde ein Referententeam mit drei Referenten und fünf aufgabenorientierte Sachbearbeiter-/ Assistenzkräfteteams umfassen. In der Abteilung 3 (Landesjugendamt) wäre die bisherige Aufteilung in sieben Referaten aufzulösen und ein Referententeam sowie drei Sachbearbeiter-/ Assistenzkräfteteams zu bilden. In dieser Abteilung würden die gemeinsame zentrale Adoptionsstelle und das sozialpädagogische Fortbil-

[2482] Beispiele: Abt. 2 des brandenburgischen Landesamtes für Soziales und Versorgung, Abt. 3 des thüringischen Landesamtes für Soziales und Familie

dungszentrum wegen ihrer besonderen Aufgabenstellung als Referatseinheiten fortgeführt.

Die neue Abteilung 4 (Qualitätssicherung im sozialen Leistungsbereich) würde durch ein Referententeam und sechs Sachbearbeiter-/ Assistenzkräfteteams gebildet. Abteilung 5 (Öffentlicher Gesundheitswesen und Pharmazie) würde neben zwei fachspezifisch ausgerichteten Referententeams (ärztliches Begutachtungswesen und Pharmazie) mit jeweils einem Sachbearbeiter-/ Assistenzkräfteteam wegen ihrer besonderen Aufgabenstellung drei eigenständige Referate (Öffentliches Gesundheitswesen, Beruferecht der Heilberufe und Landesprüfungsamt für Studierende der Medizin, Zahnmedizin, Pharmazie und für Psychotherapie) erhalten.[2483]

d. Nachhaltigkeit der Reformentwicklung als Erfolgsfaktor

Helmut Klages hat in einem Rückblick auf die Verwaltungsmodernisierung in Deutschland die von ihm beobachteten Defizite bei der Bestandsfähigkeit und Weiterentwicklung von Maßnahmen zur Reform öffentlicher Verwaltungen in Deutschland aufgezeigt und daran erinnert, dass alle Anstrengungen zur Verwaltungsmodernisierung ständiger und sich immer wiederholender Prozessplanung und –steuerung bedürfen. Erst wenn sich der Managementzyklus aus Bestandsaufnahme, Ableitung von Entwicklungs- und Verbesserungszielen, Maßnahmenprogrammierung, Entscheidung, Durchsetzung und Kontrolle in einer Aufwärtsspirale von seiner Basis aus nach oben bewege, könne von einer Fortentwicklung der Reformanstrengungen gesprochen werden, in der Erfahrungen aus der Reformentwicklung immer wieder zur Verbesserung und Weiterentwicklung genutzt und umgesetzt werden.[2484] Er attestiert den von ihm beobachteten Verwaltungsmodernisierungen zwar hohe Innovationsfähigkeit, vermisst aber die Sicherstellung ihrer Nachhaltigkeit im Sinne von Zielerreichungsfähigkeit, Bestandsfähigkeit und Weiterentwicklung. Hierfür sei eine realistische Einschätzung des Zeitbedarfs derartiger Reformen notwendig, aber auch ihre ständige Zielverfolgung durch die von ihm als Machtpromotoren bezeichneten Führungsebenen.[2485]

In diesem Sinne ist die Modernisierung der Landessozialverwaltung wie jeder Verwaltung nach Abschluss ihrer Neuformierung ein ständiger Prozess der Planung, Durchsetzung und Kontrolle von Entscheidungen unter Einschluss der Suche nach weiterem Verbesserungspotential und seiner Bewertung. Der

---

[2483] Funktionsgliederung gem. Anlage 14

[2484] KLAGES, *Nachhaltige Verwaltungsmodernisierung*, a. a. O., S. 9; vgl. auch die Darstellung des Problemlösungsprozesses bei STAEHLE/ CONRAD/ SYDOW, *Management*, a. a. O., S. 299

[2485] KLAGES, *Nachhaltige Verwaltungsmodernisierung*, a. a. O., S. 10 f.

aus der Ressourcennutzung abgeleitete Begriff der Nachhaltigkeit[2486] beschreibt also bei der Reformentwicklung von Verwaltungen die Sicherstellung ihrer Leistungsfähigkeit auch unter veränderten rechtlichen Rahmenbedingungen und ihrer Einflussnahmen auf Aufgabe, Organisation und Struktur einer Landessozialverwaltung. Hierfür bieten die Möglichkeiten der Kooperation und Vernetzung unterschiedlicher Verwaltungsträger zu einem Verwaltungsverbund, der dem Leistungsnachfrager gegenüber als Verwaltungseinheit auftritt, hinreichende Gestaltungsmöglichkeiten.[2487] Auch die bereits seit langem durch das Sozialrecht angebotenen Kooperationsmöglichkeiten, wie gemeinsame Sozialverwaltungen mehrerer Länder, die bislang nur spärlich realisiert wurden, gehören hierzu.[2488]

Die Gewährleistung von Nachhaltigkeit initiierter Verwaltungsreformen insbesondere in einer Landessozialverwaltung, deren rechtliche Rahmenbedingungen wie in jüngster Zeit einem derartigen Veränderungsprozess unterworfen sind, benötigt politischen Durchsetzungswillen.[2489] Er sollte auch berücksichtigen, dass eine gut arbeitende Spezialverwaltung mit hochmotivierten Mitarbeitern allemal besser ist, als das ständige Auswechseln von Komponenten eines laufenden Motors.

V. Zwischenfazit

In diesem Kapitel wurden Möglichkeiten dargestellt, wie sich die rheinland-pfälzische Landessozialverwaltung weiterentwickeln kann. Ausgangspunkt der Betrachtung war der aktivierende Staat als Gewährleister sozialer Leistungen, der sich seiner Verwaltung bedient, um nach den Grundsätzen des Förderns und Forderns gesetzlich bestimmte oder notwendige Leistungen als Geld-, Sach- oder Dienstleistungen zu gewähren. Die Sozialleistungsverwaltung handelt dabei nach den innerbetrieblichen Grundsätzen der Effektivität und Effizienz, ist aber im Außenverhältnis der Gemeinwohlbezüglichkeit verpflichtet. Ihre Wahlmöglichkeiten zur Auftragserfüllung umfassen auch die Einbeziehung Privater in die Leistungserbringung, deren Leistungsfähigkeit

---

[2486] EICHHORN/ FRIEDRICH/ JANN/ OECHSLER/ PÜTTNER/ REINERMANN (Herausg.), *Verwaltungslexikon*, a. a. O., Stichwort: Nachhaltigkeit

[2487] SCHUPPERT, *Verwaltungswissenschaft*, a. a. O., S. 393

[2488] So in § 69 Abs. 4 SGB VIII zur Errichtung länderübergreifender gemeinsamer Einrichtungen und Dienste (z. B. gemeinsame zentrale Adoptionsstelle); vgl. hierzu Anlage 1; demgegenüber ist das auch nach dem Inkrafttreten des 2. Zuständigkeitslockerungsgesetzes weiterhin bestehende bundesrechtliche Angebot in § 1 des Gesetzes über die Errichtung der Verwaltungsbehörden der Kriegsopferversorgung, dass mehrere Länder ein gemeinsames Landesversorgungsamt einrichten können, noch niemals angenommen worden.

[2489] So ausdrücklich KLAGES, *Nachhaltige Verwaltungsmodernisierung*, a. a. O., S. 5 f.

sie zu gewährleisten hat. Dabei gebietet die Subsidiarität der Erfüllung öffentlicher sozialer Aufgaben die Einbeziehung Privater, für deren Aufgabenerfüllung und Finanzierung der Staat verantwortlich ist.

In einer Bestandsaufnahme wurden die Grundsätze der Kooperation zwischen staatlicher Verwaltung und Privaten als Public-Private-Partnership und die heutigen Formen der Zusammenarbeit zwischen Trägern der Wohlfahrtspflege und der Landessozialverwaltung dargestellt. Hieraus wurden die Kooperationsmöglichkeiten mit dem Dritten Sektor aufgezeigt, der zwischen Markt und Staat mit gemeinnütziger Zielsetzung auftritt. Sie wurde um die Möglichkeiten der Verpflichtung von ehrenamtlichen Experten als Amtswaltern für die Landessozialverwaltung am Beispiel der ehrenamtlichen Pharmazie- und Medizinalräte ergänzt. Es wurde auch auf die Möglichkeiten der Auslagerung von Teilaufgaben an Private am Beispiel der ärztlichen Gutachtertätigkeit und des Abschlusses von Kooperationsverbünden mit Sozialverwaltungen anderer Länder eingegangen.

Hieran schloss sich die Untersuchung an, inwieweit die Herstellung und Gestaltung von Leistungen einer Landessozialverwaltung durch Wirtschaftlichkeitserwägungen, wie der Verringerung der Leistungstiefe beeinflussbar sind. Zu ebenfalls möglichen Beschränkungen der Landessozialverwaltung auf ihre Kernaufgaben wurden Entscheidungskriterien entwickelt, für die die Erkenntnisse der Neuen Institutionenökonomie genutzt wurden. Dabei wurde am Beispiel der Behindertenfeststellung gem. § 69 SGB IX entwickelt, welche Interessensunterschiede zwischen der Bundesebene als gesetzgeberischem Auftraggeber und der Vollzugsebene bei den Ländern bestehen.

Das Kapitel wurde mit Überlegungen zu weiteren Strukturreformen der rheinland-pfälzischen Landessozialverwaltung fortgesetzt. Es wurden Finanzierungsmöglichkeiten durch Gebührenerhebung aufgezeigt, die sich auf die Behindertenfeststellung, die Heimaufsicht und das öffentliche Gesundheitswesen beschränken. Hieran schlossen sich Überlegungen an, in welchem Umfang durch Auslagerung von Verwaltungsaufgaben im Regress, der Durchsetzung von Ersatzansprüchen gegenüber Dritten und der Förderungsfinanzierung freier Träger Personal- und Sachmittelkapazität freigesetzt werden könnten.

Zur weiteren Aufgabenentwicklung der rheinland-pfälzischen Landessozialverwaltung wurde auf das gesellschaftliche Veränderungspotential zur derzeitigen Aufgabenwahrnehmung und die Einflüsse weiterer sich abzeichnender sozialer Rechtsgestaltung eingegangen. Hierfür wurden die Prognosen der vom Deutschen Bundestag eingesetzten Enquête-Kommissionen zur Zukunft des bürgerschaftlichen Engagements und zum demographischen Wandel sowie seine Berichte zur Lage der Behinderten und der älteren Generation in Deutschland zugrunde gelegt.

Hieraus wurden Entwicklungsmöglichkeiten für die rheinland-pfälzische Landessozialverwaltung aufgezeigt, die eine weitere Straffung der Ablauforganisation durch kollegiale Führungsstrukturen und Zusammenlegung von Abteilungen beinhalten. Sie wurden ergänzt um Vorschläge zur flächendeckenden Einführung von Teamarbeit im gesamten Verwaltungsbereich und die Flexibilisierung der Aufgabenwahrnehmung vor Ort durch stationäre und mobile Bürgerservice-Büros. Den Abschluss bildete das Petitum, der bisherigen Entwicklung dieses Verwaltungsbereichs durch Nachhaltigkeit Bestand und Zukunftsfähigkeit zu verleihen.

D: Zusammenfassung in Thesen

Die Landessozialverwaltung im aktivierenden Staat und ihre Bezüge

1. Das deutsche Sozialrecht ist Veränderungen ausgesetzt, die unmittelbare Auswirkungen auf seinen Vollzug und damit auf Struktur und Organisation seiner Verwaltungen haben. Die negative Entwicklung der Staatsfinanzen hat dramatische Ausmaße angenommen; der Rückgang der Staatseinnahmen und die stetig steigenden Ausgaben für Sozialleistungen belassen den Regierungen im Bund und in den Ländern immer weniger Möglichkeiten zur Politikgestaltung.

Die Überforderung der Sozialsicherungssysteme veranlassten die Bundesregierungen seit 1994 zur Aufgabe der seit dem Entstehen der Bundesrepublik Deutschland bestehenden Leitidee vom starken Staat, der durch Umverteilung Mangel- und Notsituationen seiner Bevölkerung kompensierte und die Tätigkeit seiner Verwaltungen auf die gesamte Palette öffentlicher Aufgaben ausdehnte. Das derzeitige Leitbild vom aktivierenden Staat setzt eine Verantwortungsteilung zwischen Staat und Gesellschaft voraus (Seiten 23 – 34).

2. Das Leitbild vom aktivierenden Staat stellt eines von möglichen Leitbildern staatlichen Handelns dar und löste das Leitbild vom schlanken Staat ab. Mit ihm sollte durch Deregulierung, Dezentralisierung und Privatisierung öffentlicher Aufgaben die staatliche Handlungsfähigkeit zurückgewonnen werden. Es leitete die Abkehr von der Sichtweise des Staates als allumfassendem Produzenten öffentlicher Leistungen und Garant für ein Optimum materieller Wohlfahrt ein.

Alternativ hierzu drücken die Leitbilder des Kommunitarismus und des Wohlfahrtspluralismus den Gedanken der Wahrnehmung öffentlicher Aufgaben durch die Gesellschaft aus. Sie weisen dem Staat die Rolle eines Förderers dieser gesellschaftlichen Selbstregulierungskräfte zu (Seiten 35 – 52).

3. Das Sozialstaatsprinzip des Grundgesetzes beinhaltet keine inhaltlichen Festlegungen von Staatszielen und Staatszwecken als übergeordnete Wegmarken staatlicher Tätigkeit. Das Grundgesetz lässt hinsichtlich der Zielerreichung Spielräume, die durch Gesetze als staatliche Aufgaben begründet werden. Staatsziele und –zwecke sind auch in den Verfassungen der Länder enthalten. Sie werden durch das Homogenitätsprinzip des Grundgesetzes nach Art. 28 Abs. 1 GG verbunden, belassen aber den Ländern Spielräume innerhalb dieses Rahmens und der bundesgesetzlichen Vorgaben, für deren Vollzug sie gem. Art. 83 GG verantwortlich sind (Seiten 53 – 65).

4. Für die Landessozialverwaltungen stellt das Sozialstaatsprinzip des Grundgesetzes die Verfassungsgrundlage der Kompetenzzuordnung dar, die durch Art. 74 Abs. 1 GG konkretisiert ist. Weite Bereiche der sozialen Sicherungssysteme stehen in Verwaltung bundesweiter oder überregionaler Sozialversicherungsträger oder werden durch bundesunmittelbare Verwaltung durchgeführt. Die Kompetenzzuordnung des Grundgesetzes ist durch das Recht der Europäischen Gemeinschaft überlagert und weist den Ländern Verwaltungszuständigkeiten im Bereich der Arbeitsmarktförderung und im öffentlichen Gesundheitsdienst zu, die sowohl die Vorgaben des Grundgesetzes als auch bundesgesetzliche Regelungsinhalte verändern (Seiten 67 – 105).

4. Das soziale Entschädigungsrecht liegt mit den Teilbereichen der Kriegsopferversorgung und der Opferentschädigung in der Eigenverwaltung durch die Länder. Das Soldatenversorgungsgesetz und die hierauf verweisenden Gesetze führen die Landessozialverwaltungen im Auftrag des Bundes aus. Die den Landessozialverwaltungen zugewiesenen Kompetenzen auf der Grundlage der SGB VIII, IX und XII sowie im öffentlichen Gesundheitsdienst und der Aufsichtstätigkeit nach dem HeimG überlassen den Ländern Gestaltungsfreiheit, die durch Aufgabe oder Lockerung bestehender Verfahrens- und Organisationsvorgaben des Bundes erweitert wurden (Seiten 111 – 113).

5. Die Vorgaben des Bundes für den Landesvollzug der sozialen Entschädigung und der sozialen Hilfen gehen im Wesentlichen auf eine Vorgängergesetzgebung zurück, die in der Weimarer Republik maßgeblich gestaltet wurde und bis heute fortwirkt. Die Inhalte des Reichsversorgungsgesetzes mit seinen Regelungen zur Kausalität von Ereignissen, die einen Entschädigungstatbestand auslösen, mit Gesundheitsschäden und den Leistungsarten ihrer Entschädigung wurden in das Bundesversorgungsgesetz fortgeschrieben. Dies gilt ebenso für die Organisation ihrer Verwaltungen.

Die Fürsorgeleistungen des sozialen Entschädigungsrechts sind aus der nach dem Ersten Weltkrieg entstandenen Kriegsopferfürsorge als besondere Fürsorgeleistung weiterentwickelt worden. Ihre Wahrnehmung durch Fürsorgestellen und Hauptfürsorgestellen in Länderzuständigkeit geht gleichfalls auf die Regelungen der Weimarer Republik zurück. Ihre heutige organisationsrechtliche Grundlage bildet immer noch die Fürsorgegesetzgebung von 1919, die unter der Geltung des Grundgesetzes in Bezug auf die sachlichen Zuständigkeiten nicht ersetzt wurde (Seiten 115 – 147).

6. Das Recht der Sozialhilfe ging aus der bereits im Mittelalter auf kommunaler und später auf territorialer Ebene gepflegten Armenhilfe hervor und hat seine Prägung als vorwiegend kommunale Aufgabe behalten. In der Weimarer Republik erfolgte ihre reichseinheitliche Aufgabenzuweisung an Bezirks- und

Landesfürsorgeverbände und eine Verrechtlichung der Erstattungsverfahren unter den Trägern, die durch Fürsorgerechtsvereinbarungen ergänzt wurden.

Unter der Geltung des Grundgesetzes wandelte sich die öffentliche Fürsorge zum Anspruch auf Sozialhilfe. Im sozialen Sicherungssystem bildete die Sozialhilfe mit ihrem Nachrang vor anderen Sozialleistungen das Basisnetz und die Ausfallbürgschaft, die während der wirtschaftlichen Prosperität bis in die 1970er Jahre untergeordnete finanzielle Bedeutung hatte. Erst die seither eingetretene Verschlechterung der ökonomischen Gesamtsituation in Deutschland führte zu einer Reformgesetzgebung, die mit ihrer Neuregelung durch die Sozialgesetzbücher II und XII in diesem Jahr abgeschlossen wurde. Sie vollzog die Abkehr vom paternalistischen zum aktivierenden Sozialstaat, der nach den Grundsätzen des Förderns und Forderns von den Leistungsempfängern aktive eigene Bemühungen verlangt (Seiten 148 – 173).

7. Die Verselbständigung der Kinder- und Jugendhilfe aus der allgemeinen Armenpflege wurde ebenfalls in der Weimarer Republik durch das Reichsjugendwohlfahrtsgesetz vollzogen. Auch dieses Gesetz mit seinem aus Weimarer Reichsverfassung umgesetzten staatlichen Auftrag, die Jugend vor Verwahrlosung zu schützen, bildete Organisationsstrukturen staatlicher und kommunaler Aufgabenwahrnehmung heraus, die in ihren Grundsätzen bis heute fortgelten. Das heutige SGB VIII als Novellierung des Jugendhilfegesetzes von 1961 schreibt die geänderten grundgesetzlichen Vorgaben zum Primat des elterlichen Erziehungsrechts fort und überweist die Schwerpunktaufgaben der Jugendhilfe der örtlichen Trägerschaft. Die organisatorischen Gestaltungsmöglichkeiten der Aufgabenwahrnehmung werden den Ländern überlassen, die sie in unterschiedlichen Wahrnehmungsformen organisiert haben. Das Scheitern der Föderalismuskommission Ende 2004 belegt die unterschiedlichen Sichtweisen des Bundes und der Länder über weite Bereiche der Aufgabenwahrnehmung (Seiten 174 – 195).

8. Das heutige Recht der Teilhabesicherung für behinderte Menschen im SGB XI geht ebenfalls auf die Schwerbeschädigtengesetzgebung der Weimarer Republik zurück. Zu den herausragenden Entwicklungen der Schwerbehindertengesetzgebung gehört der in den 1970er Jahren vollzogene Paradigmenwechsel von der gruppenbezogenen Sorge für aufgrund gesetzlich festgelegter Ursachen beschädigte Menschen hin zur von Ursachen unabhängigen Teilhabesicherung. Dieser Wechsel machte die Bestimmung eines Verwaltungsträgers zur Behindertenfeststellung erforderlich, der wohl wegen der Verfahrensnähe zur sozialen Entschädigung der Versorgungsverwaltung überantwortet wurde. Ihre Einrichtung als Sonderverwaltung ist zwischenzeitlich nicht mehr erforderlich; die Organisation dieser Aufgabe in die Zuständigkeit der Länder übergeben worden.

Die seit dem Inkrafttreten des SGB IX zu Integrationsämtern gewandelten Hauptfürsorgestellen haben ebenfalls ihre organisationsrechtlichen Wurzeln in der Schwerbeschädigtengesetzgebung der Weimarer Republik, die in der Bundesrepublik Deutschland als Länderaufgabe fortgeschrieben wurde. Die Aufgaben der Integrationsämter wurden im letzten Jahrzehnt unter dem Einfluss der negativen Arbeitsplatzentwicklung gerade für behinderte Menschen durch gesetzliche Verankerung neuer Förderungs- und Beschäftigungsformen komplex und vielschichtig und haben sich in der Interaktion mit den behinderten Menschen und ihren Arbeitgebern zu einer Verwaltungspartnerschaft entwickelt.(Seiten 199 – 239).

9, Das heutige öffentliche Gesundheitswesens ist das Ergebnis einer Rechtsentwicklung, die es seit dem 19. Jahrhundert zunächst aus seinen Wurzeln als ordnungsrechtliche Aufgabe mit Sanitätspolizei und besonderer Gewerbeaufsicht herausführte. Es wuchs im 20. Jahrhundert zu einem eigenständigen Verwaltungsbereich auf.

Im Teilbereich des öffentlichen Gesundheitsdienstes markiert die Zeit der NS-Diktatur einen Einschnitt, der durch organisatorische Vereinheitlichung und Straffung dieses Verwaltungsbereichs, aber auch durch seinen Missbrauch für die Zwecke der damaligen Rassen- und Euthanasiegesetzgebung gekennzeichnet ist. Dies führte nach 1949 zu einem latenten Misstrauen gegenüber diesem Verwaltungsbereich. Es verhinderte weitere Aufgabenübertragungen auf das öffentliche Gesundheitswesen entsprechend den Anforderungen der neueren gesellschaftlichen und technischen Entwicklung. Statt dessen wurden gesundheitsfürsorgerische Aufgaben zunehmend in die Leistungserbringung durch die gesetzliche Sozialversicherung verlagert und ihre Wahrnehmung der niedergelassenen Ärzteschaft überantwortet.

Die staatliche Überwachung der Arzneimittel- und Medizinprodukteherstellung, des Apothekenwesens und der Aufsicht über die Heilberufe und ihrer Selbstverwaltungskörperschaften wurde demgegenüber innerhalb der allgemeinen Verwaltung der Länder kontinuierlich weiterentwickelt und den Rahmenbedingungen der Wirtschaftsentwicklung in Deutschland angepasst. Ihre Einbindung in die Landessozialverwaltungen wurde erst in den letzten Jahren in einigen Bundesländern vollzogen, wobei die neuen Länder eine Vorreiterrolle übernahmen.

Das gesamte Recht des öffentlichen Gesundheitsdienstes ist auf Bundes- wie auf Landesebene durch eine ausdifferenzierte Einzelgesetzgebung gekennzeichnet. Sie erfasst die Heilberufe ebenso berufsgruppenspezifisch wie die Produktion der Heilmittel und ihren Vertrieb vom Hersteller bis zum Kunden. Dieses Rechtsgebiet wird auf der Grundlage des Art. 152 EGV zunehmend von der Rechtssetzung der Europäischen Gemeinschaft überlagert (Seiten 242 – 266).

10. Die staatliche Überwachung von Alten-, Behinderten- und Pflegeheimen gehört zu den jüngeren Aufgaben der Landessozialverwaltung. Das Heimrecht wurde seit den 1960er Jahren zunächst in Länderkompetenz aus dem allgemeinen Gewerberecht entwickelt und erfuhr in den 1970er Jahren eine bundeseinheitliche Regelung. Als Schutzgesetz zugunsten der Heimbewohner schreibt es neben ihren Mitwirkungsrechten und baulichen Mindeststandards für Heime die staatliche Heimüberwachung vor. Die Zusammenarbeit der Heimaufsicht mit den Medizinischen Diensten der Sozialversicherungsträgern, Pflegekassen und Sozialhilfeträgern, aber auch mit den Heimbetreibern und ihren Trägern kann als Grundlage eines Kompetenznetzwerkes im aktivierenden Sozialstaat angesehen werden, das auch unter Effizienzgesichtspunkten die unterschiedlichen Überwachungsaufgaben bündelt und zusammenführt (Seiten 267 – 275).

11. Grundlage der Tätigkeit und Organisation der Landessozialverwaltungen ist das Sozialrecht, dessen organisationsrechtlichen Elemente die Aufgabenträgerschaft der Länder festlegen. Die Landessozialverwaltungen „produzieren" in diesem Sinne soziale Sicherung und Teilhabe in den ihnen übertragenen Aufgabenbereichen. Ihr Vollzug unterliegt den organisationsrechtlichen Vorgaben dieses staatlichen Leistungsbereichs und ist an besondere Verfahrensvorgaben für die Leistungsgewährung gebunden. Für sie gelten die Grundsätze der Gesetzmäßigkeit der Verwaltung ebenso wie die betriebswirtschaftlichen Kriterien der Effizienz und der Mittel-Zweck-Relation.

Die Landessozialverwaltungen sind in besonderer Weise dem gewandelten Aufgabenverständnis von Staat und Verwaltung ausgesetzt. Sie haben als Leistungsträger den Part der Betriebsstätte des kooperativen Staates zu übernehmen. Dieser zieht sich aus seiner Erfüllungsverantwortung zurück und konzentriert sich auf die Gewährleistung der sozialen Sicherung entsprechend den Vorgaben des Sozialrechts (Seiten 279 – 300).

12. In der Vielzahl der Gestaltungsmöglichkeiten staatlicher Verwaltung, die auch die mittelbare Staatsverwaltung umfasst, sind die Landessozialverwaltungen in unterschiedlichen exekutiven Ebenen organisiert. Ihre Grundmuster werden durch das Gebiets- sowie das Aufgabenorganisationsmodell dargestellt, die beide in jeweils spezifischen Variationen in den Ländern abgebildet sind. Beide Modelle bilden hierarchisch gegliederte Instanzenzüge ab, die durch besondere Ausprägungen der Aufsicht miteinander verbunden sind.

Die Wirkung der Bundesaufsicht hängt von der Präzisierung des Rechts ab, dessen Vollzug den Ländern überantwortet ist. Sie ist um so unbestimmter, je mehr Gestaltungs- und Entscheidungsspielräume gewährt werden. Bei den am

Leitbild vom aktivierenden Staat ausgerichteten Finalnormen des jüngeren Sozialrechts sind sie größer, als dies noch beim vorherigen und konditional geprägten Sozialrecht der Fall war.

Koordination und Kooperation von Verwaltungsträgern stellen alternative oder ergänzende Bindungsformen zu Hierarchie und Aufsicht dar. In den gemeinsamen Servicestellen gem. § 22 SGB IX für unterschiedliche Aufgabenträger wurden sie zu einer besonderen Form der Zusammenarbeit, die den Beginn einer neuen virtuellen und trägerübergreifenden Organisation der Sozialverwaltungen darstellen könnte (Seiten 301 – 342).

Die rheinland-pfälzische Landessozialverwaltung im Vergleich, ihre Entwicklung und ihre Perspektiven

13. Die rheinland-pfälzische Landessozialverwaltung ist heute als nach dem Aufgabenorganisationsmodell staatlicher Verwaltung gestaltete obere Landesoberbehörde mit vier nachgeordneten Regionalämtern organisiert und bündelt die gesamte Aufgabenpalette des Landesvollzugs sozialrechtlicher Bundesvorgaben. Die Vorgängerbehörden des Landesamtes waren Landesbehörden, deren Ursprünge auf die preußische Staatsorganisation während der Weimarer Republik zurückgehen. Diese Aufgabenwahrnehmung in Landesträgerschaft wurde durch die Konstituierung von Rheinland-Pfalz aus ehemals bayerischen, hessischen und preußischen Landesteilen im Jahr 1946 geprägt. Mit ihr wurde die vor 1945 geltende Aufgabenträgerschaft entsprechend den Organisationsvorgaben der Weimarer Republik aufgenommen (Seiten 345 – 361).

14. Die bayerische Landessozialverwaltung wurde durch Aufgabenübernahmen aus einer auf die soziale Entschädigung und Behindertenfeststellung beschränkten Versorgungsverwaltung hin zu einer sozialen Landesoberbehörde entwickelt. Dennoch wurde die allgemeine Landesverwaltung auf unterschiedlichen Zuständigkeitsebenen mit sozialen Vollzugsaufgaben betraut. So wurde ebenso ein selbständiges Landesjugendamt eingerichtet, wie die allgemeine Verwaltung in der Mittelinstanz der Regierungen mit den Aufgaben des Integrationsamtes, des öffentlichen Gesundheitswesens und der Heimaufsichten befasst. Daneben führen die bayerischen Bezirke als Kommunalverbände die Aufgaben des überörtlichen Sozialhilfeträgers durch.

Die bayerische Landessozialverwaltung soll im Jahr 2005 weitere Aufgaben des Sozialbereichs übernehmen und unter dem Begriff „Zentrum Bayern Familie und Soziales“ zu einem Kompetenzzentrum sozialer Landesaufgaben ausgebaut werden, in das auch die Aufgabenbereiche des Landesjugendamtes und des Integrationsamtes integriert werden (Seiten 362 – 377).

15. Die Aufbauorganisation der nordrhein-westfälischen Landessozialverwaltung knüpft an die Tradition der preußischen Verwaltungsorganisation an. Ihr entsprechend werden die Aufgaben des sozialen Landesvollzugs sowohl in Sonderverwaltungen als auch in den Bezirksregierungen als Trägern der allgemeinen Verwaltung in der Mittelinstanz wahrgenommen. Als zweitem Bereich werden von den beiden Landschaftsverbänden als höheren Kommunalverbänden die überörtliche Sozialhilfeträgerschaft, die überörtliche Trägerschaft der Kinder- und Jugendhilfe und der Aufgabenbereich des Integrationsamtes wahrgenommen.

Mit der Reorganisation der nordrhein-westfälischen Landesverwaltung wurden die Aufgaben der sozialen Entschädigung und der Behindertenfeststellung sowie weitere Landesaufgaben der sozialen Leistungsgewährung in die allgemeine Landesverwaltung integriert. Dabei verlor das Landesversorgungsamt seine organisatorische Selbständigkeit; sie wurde als Abteilung in die Bezirksregierung Münster eingegliedert. Dieses Modell der Verwaltungsreorganisation beinhaltet, die Orts- und Regionalämter bestehen zu lassen und lediglich die oberen Landesbehörden in die fünf Bezirksregierungen als „Vor-Ort"-Präsidien einzubeziehen. Das Landesversicherungsamt als Rechtsaufsichtsbehörde über die Sozialversicherungsträger in Nordrhein-Westfalen behielt seine organisatorische Selbständigkeit (Seiten 378 – 391).

16. Sachsen-Anhalt als neues Bundesland organisierte seine Landessozialverwaltung wie die übrigen vier neuen Bundesländer losgelöst von den traditionellen Bindungen der alten Bundesländer. Dort wurde der gesamte Bereich des sozialrechtlichen Landesvollzugs zunächst in einem Landesamt für Versorgung und Soziales mit Versorgungsämtern konzentriert. Seit Anfang 2004 sind alle Aufgaben der Landesverwaltung in einem Landesverwaltungsamt zusammengefasst, in dem das frühere Landesamt für Versorgung und Soziales eine Abteilung darstellt. Seine regionalen Ämter wurden als Außenstellen eingegliedert; die überörtliche Sozialhilfeträgerschaft wurde einer als Landesbetrieb organisatorisch verselbständigten Sozialagentur überantwortet (Seiten 392 – 402).

17. Das rheinland-pfälzische Landesamt für Soziales, Jugend und Versorgung vereinigt seit dem Jahr 2000 alle sozialen Vollzugsaufgaben des Landes einschließlich des öffentlichen Gesundheitswesens auf überörtlicher Ebene und die Heimaufsichten. Mit dieser Organisationsstruktur stellte es die erste nach dem Aufgabenorganisationsmodell zusammengefasste Landesoberbehörde dar, der zum Ende der 1990er Jahre die Reorganisation der gesamten Landesverwaltung unter Abkehr vom Gebietsorganisationsmodell in vier weiteren aufgabenspezifisch gegliederten Landesverwaltungsbereichen folgte (Seiten 407 – 441).

18. Die Bedingungen der Reorganisation der rheinland-pfälzischen Landessozialverwaltung erfordern neue Wege des Personalmanagements. Eine auf zehn Jahre angelegte personelle Einsparauflage in Höhe von 30 Prozent des 1995 vorhandenen Personals erfordert die Abkehr von der herkömmlichen Personalbewirtschaftung hin zu einem Human-Resource-Management. Hierzu gehören Personalstrukturmodelle, Dienstpostenbewertungen und ein neues Beurteilungssystem, das alle Mitarbeiter gleichermaßen erfasst (Seiten 442 – 468).

19. Bei der Binnenmodernisierung des Landesamtes für Soziales, Jugend und Versorgung bildeten die Optimierung der Informations- und Kommunikationstechnik, die Einführung einer Kosten- und Leistungsrechnung und die Entwicklung eines Behördenleitbildes besondere Schwerpunkte. Die Einführung einer Kosten- und Leistungsrechnung ist Voraussetzung, um Effizienz und Effektivität einer Landessozialverwaltung messbar zu machen. Voraussetzung hierfür ist die Umstellung des kameralistischen Haushalts- und Rechnungswesens auf die doppische Buchführung oder die Erweiterung der Kameralistik um weitere Verbuchungskriterien zur Leistungsmessung. Erst unter diesen Voraussetzungen ist eine wirksame Kontrolle budgetierter Haushaltszuweisungen möglich (Seiten 469 – 486).

20. Für das Landesamt für Soziales, Jugend und Versorgung wurde ein Leitbild entwickelt, um die bisherigen Leitvorstellungen aus den früher selbständigen Behörden durch eine gemeinsame und von den Mitarbeitern akzeptierte Behördenkultur zu ersetzen. Für den Prozess der Entwicklung dieses Leitbildes wurde das Engagement und der Mitwirkungswille der Mitarbeiterschaft in Anspruch genommen und durch sie ein Leitbild erstellt (Seiten 487 – 492).

21. Zur Produktivität sozialer Leistungsgewährung gehört die Frage der Wahl zwischen öffentlicher oder privater Aufgabenwahrnehmung. Die Landessozialverwaltung im aktivierenden Staat ist ihr deshalb ausgesetzt, weil ihr der Part der Gewährleistungsverantwortung für die Leistungserbringung durch Private vor der eigenen Erfüllungsverantwortung überantwortet ist. Dabei besteht traditionell eine Partnerschaft mit den Einrichtungen und Verbänden der freien Wohlfahrtspflege, die zur Leistungserbringung im Sozialbereich auf den unterschiedlichsten Feldern und Ebenen beitragen.

Die Erscheinungsformen privater Aufgabenerfüllung im Sozialbereich werden als Dritter Sektor beschrieben, der sich ohne Gewinnerzielungsabsicht zwischen Markt und Staat etabliert hat. Die Kooperationsformen mit diesem Bereich reichen von der privaten Leistungserbringung über die ehrenamtliche Verpflichtung von Experten bis hin zur Auslagerung von Teilleistungen und dem Eingehen von Kooperationsverbünden. Die Entscheidung über Art und Tiefe dieser Kooperationen hängt von der Frage ab, wieweit unter verwaltungsbetriebswirtschaftlichen Gesichtspunkten auf verwaltungsinterne Eigenproduktion verzichtet werden kann. Hierzu gehört die Kosteneffizienz ebenso, wie die Abgrenzung von Ergänzungsaufgaben einer Landessozialverwaltung von ihren Kernaufgaben. Die neue Institutionenökonomie kann hierfür Kriterien zur Entscheidungswahl liefern (Seiten 499 – 526).

22. Die finanzielle Situation der Landessozialverwaltung kann durch Gebührenfinanzierung dort verbessert werden, wo sie unter Kosten-Nutzen-Gesichtspunkten vertretbar wäre. In den Bereichen, in denen bereits Gebühren erhoben, sollten die Gebührensätze unter betriebswirtschaftlichen Gesichtspunkten kalkuliert werden.

Regresse durch Inanspruchnahme von Schädigern und Rückforderungen von Sozialleistungen bei ungerechtfertigtem Leistungsbezug oder von vorrangig Verpflichteten sind Ergänzungsaufgaben der Landessozialverwaltung. Sie stellen Aktiva dar, deren Durchsetzung weiter professionalisiert werden kann. Hier kann durch Forderungsabtretung an eine auf Factoring spezialisierte öffentliche Institution Verwaltungskapazität geschont und ein Finanzierungsgrundstock für Sozialleistungen oder zur Förderungsfinanzierung freier Träger geschaffen werden (Seiten 527 – 538).

23. Es bestehen weitere Möglichkeiten zur Weiterentwicklung der rheinland-pfälzischen Landessozialverwaltung. Die demographische Entwicklung lässt zwar den Aufgabenbereich der sozialen Entschädigung weiter schrumpfen; ihm steht jedoch eine Aufgabenvermehrung bei der Teilhabesicherung für behinderte Menschen infolge der zunehmenden Alterung unserer Bevölkerung entgegen. Sie erfordert auch Verbesserungen im öffentlichen Gesundheitswesen und bei der Heimaufsicht.

Diese Entwicklung trifft auf eine Reduktionsgesetzgebung des Bundes, mit der frühere organisationsrechtliche Vorgaben zurückgenommen oder außer Kraft gesetzt wurden. Dies ermöglicht heute eine bunte organisatorische Vielfalt von Landessozialbehörden oder Stellen im organisatorischen Verbund mit anderen Landesverwaltungen. Sie wird zunehmen und hat heute bereits dazu geführt, dass jedes Land eine andere organisatorische Lösung für seine Landessozialverwaltung gefunden hat. So kostengünstig dieser „Wettbewerbsföderalismus" für die Länder sein mag, so nachteilig wirkt er sich auf die soziale Rechtsposition der Bürger aus (Seiten 539 – 543).

24. Die Organisationsstrukturen der rheinland-pfälzischen Landessozialverwaltung sind weiter optimierbar. Rheinland-Pfalz hat als einziges Bundesland den Dienstort ihrer Landessozialverwaltung in der Landeshauptstadt eingerichtet; die übrigen Länder haben im Zuge der Reorganisation ihrer Landessozialverwaltung bewusst deren Dienstorte aus strukturpolitischen Gründen in regionale Oberzentren außerhalb der Landeshauptstadt verlagert. Eine derar-

tige Lösung spart Personalkosten und beschränkt Abwanderungen an andere Behörden, die attraktivere Karrieremöglichkeiten bieten können.

Mittelfristig wird auch in Rheinland-Pfalz die Frage gestellt werden müssen, ob für die vier Standorte der Landessozialverwaltung eine andere Organisationsstruktur vorteilhafter ist. Die dort vorhandene Informations- und Kommunikationstechnik erlaubt heute bereits die verzugslose Arbeitserledigung an jedem seiner Standorte. Hierfür ist die derzeitige hierarchische Führungsstruktur suboptimal. Sie sollte aus Gründen der Effizienz und allgemeinen Akzeptanz durch eine kollegiale Führungsstruktur ersetzt werden. Mit ihr könnte auch eine Umwandlung heute noch eigenständiger nachgeordneter Ämter in Außenstellen durch Führungsrepräsentanz vor Ort dargestellt werden (Seiten 544 – 551).

E: Literatur- und Quellenverzeichnis

ABELSHAUSER, WERNER: Deutsche Wirtschaftsgeschichte seit 1945, Bonn 2004 (Lizenzausgabe für die Bundeszentrale für politische Bildung)

ACHTERBERG, NORBERT: Strukturen der Geschichte der Verwaltung, in: DÖV 1979, S. 577 – 585

ACHTERBERG, NORBERT: Verwaltungsorganisation, in: Grimm, Dieter; Papier, Hans-Jürgen (Herausg.): Nordrhein-westfälisches Staats- und Verwaltungsrecht, Frankfurt/ Main 1986, S. 63 – 104

ACHTERBERG, NORBERT; PÜTTNER, GÜNTER; WÜRTENBERGER, THOMAS (Herausg.): Besonderes Verwaltungsrecht, Bd. II Kommunal-, Haushalts-, Abgaben-, Ordnungs-, Sozial-, Dienstrecht, 2. Aufl., Heidelberg 2000

ADAMSCHEK, BERND: Hoheitsverwaltung und/ oder Dienstleistungsunternehmen, in: Blanke, Bernhard; Bandemer, Stephan von; Nullmeier, Frank; Wewer, Göttrik (Herausg.): Handbuch zur Verwaltungsreform, Opladen 1998, S. 32 – 41

ADLHOCH, ULRICH: Neue Rechte für Schwerbehinderte im Arbeitsleben – ein kurzer Überblick, in: br 2000, S. 201 – 202

ADLHOCH, ULRICH: Die Förderung von Integrationsunternehmen im Sinne der §§ 53 a ff. SchwbG, in: br 2001, S. 8 – 20

ADLHOCH, ULRICH: Der Inhalt der Struktur- und Finanzierungsverantwortung der Integrationsämter für die Integrationsfachdienste aufgrund der Änderung des SGB IX, in: br 2004, S. 134 – 138

ADOMEIT, KLAUS: Die Agenda 20-10 – sozialpolitisch, in: NJW 2003, S. 2356 – 2358

ALBER, JENS: Das Gesundheitswesen der Bundesrepublik Deutschland: Entwicklung, Struktur und Funktionsweise, Frankfurt/ Main 1992

ALBERS, WILLI: Soziale Dienste aus ökonomischer und finanzpolitischer Sicht, in: NDV 1985, S. 245 – 254

ALBERS, WILLI und andere Mitherausgeber: Handwörterbuch der Wirtschaftswissenschaften (HdWW), Siebter Band, Stuttgart, New York, Tübingen, Göttingen, Zürich 1977

AMBROSIUS, GEROLD: Von Kriegswirtschaft zu Kriegswirtschaft 1914 – 1945, in: North, Michael (Herausg.): Deutsche Wirtschaftsgeschichte. Ein Jahrtausend im Überblick, München 2000, S. 282 – 350

ARBEITSGEMEINSCHAFT DER DEUTSCHEN HAUPTFÜRSORGESTELLEN (Herausg.): 50 Jahre Kriegsopfer- und Schwerbeschädigtenfürsorge, Dokumentation über Entwicklung und Rechtsgrundlagen aus Anlass der 50 jährigen Wiederkehr der Verkündung der Verordnung über die soziale Kriegsbeschädigten- und Kriegshinterbliebenenfürsorge vom 8. Februar 1919, zusammengestellt vom Ministerialrat a. D. Dr. Alexander Szilagi, München 1969

ARIANS, KARL-HEINZ: Freiheitsentziehung durch Unterbringung und unterbringungsähnliche Maßnahmen in Heimen für erwachsene Menschen mit Behinderungen, in: br 1994, S. 145 – 147

BADURA, PETER: Daseinsvorsorge als Verwaltungszweck der Leistungsverwaltung, in: DÖV 1966, 624 – 633

BADURA, PETER: Kommentierung zu Art. 6 GG, in: Maunz, Theodor; Dürig, Günter und andere Mitherausgeber: Grundgesetz Kommentar, Lieferung 41, München Oktober 2002

BADURA, PETER: Wirtschaftsverwaltungsrecht, in: Schmidt-Aßmann, Eberhard (Herausg.): Besonderes Verwaltungsrecht, 12. Ausg., Berlin 2003, S. 245 – 366

BAK, BERND: Funktion und Wirkung von Kennzahlen, in: VOP 4/ 1999, S. 21 – 24

BALTZ, JOCHEM: Veränderte Zuständigkeiten in der Jugendhilfe: Die „Zweigliedrigkeit" des Jugendamtes und der Fachbehörde Landesjugendamt – Auslauf- oder Zukunftsmodell?, in: NDV 1999, S. 367 – 374

BANDEMER, STEPHAN VON: Benchmarking, in: Blanke, Bernhard; Bandemer, Stephan von; Nullmeier, Frank; Wewer, Göttrik (Herausg.): Handbuch zur Verwaltungsreform, Opladen 1998, S. 362 – 369

BANDEMER, STEPHAN VON; HILBERT, JOSEF: Vom expandierenden zum aktivierenden Staat, in: Blanke, Bernhard; Bandemer, Stephan von; Nullmeier, Frank; Wewer, Göttrik (Herausg.): Handbuch zur Verwaltungsreform, Opladen 1998, S. 25 – 32

BANNER, GERHARD: Verwaltungsreform als Staatsdilemma, in: VuM 1997, S. 337 – 341

BARTH, ERNST: Soziale Fürsorge für Kriegsopfer in Berlin, in: Kriegsopferversorgung 1952, S. 85 – 87

BATTIS, ULRICH: Berufsbeamtentum und Leistungsprinzip, in: ZBR 1996, S. 193 - 198

BATTIS, ULRICH: Stand und Perspektiven des Personalrechts des öffentlichen Dienstes, in: Wagner, Dieter (Herausg.): Personal und Personalmanagement in der modernen Verwaltung, Berlin 1998, S. 91 – 102.

BATTIS, ULRICH: Hergebrachte Grundsätze versus Ökonomisierung: Das deutsche Beamtenrecht in der Modernisierungsfalle?, in: DÖV 2001, S. 309 – 317

BATTIS, ULRICH: Entwicklung des Beamtenrechts im Jahr 2003, in: NJW 2004, S. 1085 – 1090

BAUER, HARTMUT: Verwaltungsrechtliche und verwaltungswissenschaftliche Aspekte der Gestaltung von Kooperationsverträgen bei Public Private Partnership, in: DÖV 1998, S. 89 – 97

BAUER, HARTMUT: Entwicklungstendenzen und Perspektiven des Föderalismus in der Bundesrepublik Deutschland –Zugleich ein Beitrag zum Wettbewerbsföderalismus–, in: DÖV 2002, S. 837 – 845

BAUER, HARTMUT: Verfassungsentwicklung des wiedervereinigten Deutschland, in: Isensee, Josef; Kirchhof, Paul (Herausg.): Handbuch des Staatsrecht, Bd. I – Historische Grundlagen, 3. Aufl., Heidelberg 2003, S. 699 – 789

BAUER, RUDOLPH (Herausg.): Lexikon des Sozial- und Gesundheitswesens, 2. Aufl., München 1996

BAUR, FRITZ: Die Werkstatt für Behinderte im Spannungsfeld von Förderung und Arbeitsleistung, in: ZFSH/ SGB 1999, S. 262 – 268

BAUR, FRITZ: Sozialhilfe für Deutsche im Ausland, in: NVwZ 2004, S. 1322 - 1324

BAYERISCHES LANDESAMT FÜR VERSORGUNG UND FAMILIENFÖRDERUNG (Herausg.): Versorgung und Familienförderung in Bayern Verwaltungsbericht 2001/ 2002, Bayreuth, Mai 2003

BEA, FRANZ XAVER; GÖBEL, ELISABETH: Organisation: Theorie und Gestaltung, Stuttgart 1999

BEAUCAMP, GUY: Das Behindertengrundrecht (Art. 3 Abs. 3 Satz 2 GG) im System der Grundrechtsdogmatik, in: DVBl. 2002, S. 997 – 1004

BECKENRATH, ERWIN VON und andere Mitautoren: Handwörterbuch der Sozialwissenschaften, zugleich Neuauflage des Handwörterbuchs der Staatswissenschaften, 6. Bd., Stuttgart, Tübingen, Göttingen 1959

BECKER, H.-J.: Das Schwerbeschädigtengesetz, in: Kriegsopferversorgung 1953, S. 97 – 103

BECKER, ULRICH: Organisation und Selbstverwaltung der Sozialversicherung, in: Maydell, Bernd Baron von; Ruland, Franz (Herausg.): Sozialrechtshandbuch (SRH), 3. Aufl., Baden-Baden 2003, S. 225 – 247

BERAUS, ADOLF: Bieten die Feststellungen der Versorgungsverwaltung nach dem Schwerbehindertenrecht (Teil 2 SGB IX) noch eine sichere Grundlage für die Gewährung von Nachteilsausgleichen, Leistungen und sonstigen Hilfen?, in: br 2002, S. 148 – 150

BERAUS, ADOLF: Zuzahlung der Versicherten bei schwerwiegend chronischer Krankheit, in: br 2004, S. 171

BERAUS, STEFAN: Kriterien für die Gewährung des Zusatzurlaubs nach dem Schwerbehindertengesetz (SchwbG), in: br 1998, S. 61 – 62

BERG, WILFRIED: Arbeits- und Sozialverwaltung einschließlich Sozialversicherung und Reichsversorgung, in: Jeserich, Kurt G. A.; Pohl, Hans; Unruh, Georg-Christoph von (Herausg.): Deutsche Verwaltungsgeschichte, Bd. 4: Das Reich als Republik und in der Zeit des Nationalsozialismus, Stuttgart 1985, S. 218 – 240

BERGMANN, JAN MICHAEL: Grundstrukturen der europäischen Gemeinschaft und Grundzüge des gemeinschaftlichen Sozialrechts, in: SGb 1998, S. 449 – 461

BERNZEN, CHRISTIAN: Aufgaben, Kompetenzen und Zuständigkeiten des Landesjugendhilfeausschusses, in: ZfJ 1996, S. 17 – 23

BESKE, FRITZ: Gesundheitswesen, in: Jeserich, Kurt G. A.; Pohl, Hans; Unruh, Georg-Christoph von (Herausg.): Deutsche Verwaltungsgeschichte, Bd. 5: Die Bundesrepublik Deutschland, Stuttgart 1986, S. 597 – 608

BEUS, HANS-BERND; BREDENDIEK, KNUT: Das Gesetz zur Reform des öffentlichen Dienstrechts, in: ZBR 1997, S. 201 – 206

BEYER, LOTHAR: Reengineering, in: Blanke, Bernhard; Bandemer, Stefan von; Nullmeier, Frank; Wewer, Göttrik (Herausg.): Handbuch zur Verwaltungsreform, Opladen 1998, S. 106 – 115

BEYER, LOTHAR: Informations- und Kommunikationstechnik, in: Blanke, Bernhard; Bandemer, Stephan von; Nullmeier, Frank; Wewer, Göttrik (Herausg.): *Handbuch zur Verwaltungsreform*, Opladen 1998, S. 256 – 268

BEYER, LOTHAR: Kameralistik und Doppik, in: Blanke, Bernhard; Bandemer, Stephan von; Nullmeier, Frank; Wewer, Göttrik (Herausg.): Handbuch zur Verwaltungsreform, Opladen 1998, S. 303 – 314

BIEBACK, KARL-JÜRGEN: Effizienzanforderungen an das sozialstaatliche Leistungsrecht, in: Hoffmann-Riem, Wolfgang; Schmidt-Aßmann, Eberhard (Herausg.): Effizienz als Herausforderung an das Verwaltungsrecht, 1. Aufl., Baden-Baden 1998, S. 127 – 173

BITTER, MANFRED: Regionale Bündelungsbehörden: Notwendige staatliche Repräsentanz in der Fläche – Beitrag zur Reformdiskussion in Rheinland-Pfalz, in: DÖV 1997, S. 855 – 855

BLANKART, CHARLES BEAT: Öffentliche Finanzen in der Demokratie, 4. Aufl., München 2001

BLANKE, BERNHARD; BANDEMER, STEPHAN VON; NULLMEIER, FRANK; WEWER, GÖTTRIK: Handbuch zur Verwaltungsreform, Opladen 1998

BLEY, HELMER: Die öffentlich-rechtliche Risikohaftung als Teil eines sozialen Entschädigungsrechts – untersucht an sozialrechtlich geregelten Einzeltatbeständen, in: SGb 1974, S. 45 – 57

BÖHM, MONIKA: Fortentwicklung des Haushaltsrechts, in: NVwZ 1998, S. 934 – 936

BOEHME-NEßLER, VOLKER: Electronic Government: Internet und Verwaltung, in: NVwZ 2001, S. 374 – 380

BÖHN, GEORG FRIEDRICH: Wiederaufbau der Verwaltung, in: Heyen, Franz-Josef (Herausg.): Rheinland-Pfalz entsteht, Veröffentlichungen der Kommission des Landtages für die Geschichte des Landes Rheinland-Pfalz, Bd. 5, Boppard 1984, S. 1 – 30

BÖHRET, CARL: Öffentliche Verwaltung in der Demokratie, in: König, Klaus; Oertzen, Hans Joachim von; Wagener, Frido (Herausg.): Öffentliche Verwaltung in der Bundesrepublik Deutschland, 1. Aufl. Baden-Baden 1981, S. 53 – 71

BÖHRET, CARL: Funktionaler Staat – ein Konzept für die Jahrhundertwende?, Frankfurt/ Main 1993

BOERNER, DIETMAR: Förderung von bürgerschaftlichem Engagement durch das Sozialrecht – Möglichkeiten und Grenzen, in: SGb 2002, S. 653 – 659

BOFINGER, PETER: Grundzüge der Volkswirtschaftslehre, München 2003

BORINS, SANDFORD; GRÖNING, GERNOT: New Public Management – Theoretische Grundlagen und problematische Aspekte der Kritik, in: Budäus, Dietrich, Conrad, Peter; Schreyögg, Georg (Herausg.): New Public Management, Berlin, New York 1998, S. 11 – 53

BOVENSCHULTE, ANDREAS: Gemeindeverbände als Organisationsformen kommunaler Selbstverwaltung, 1. Aufl., Baden-Baden 2000

BRACKMANN, PAUL; DRILLING, PHILIPP: Jugendfürsorge, Detmold-Herford 1950

BRACKMANN, PAUL; DRILLING, PHILIPP: Wohlfahrtspflege, Detmold-Herford 1950

BRÄUNING, DIETMAR: Erkenntnisziel und Erkenntnisgegenstand der Öffentlichen Betriebswirtschaftslehre, in: Bräuning, Dietmar; Greiling, Dorothea (Herausg.): Stand und Perspektiven der öffentlichen Betriebswirtschaftslehre, Berlin 1999, S. 38 – 46

BRÄUNING, DIETMAR; GREILING, DOROTHEA (Herausg.): Stand und Perspektiven der Öffentlichen Betriebswirtschaftslehre: Festschrift für Prof. Dr. Peter Eichhorn zur Vollendung des 60. Lebensjahres, Berlin 1999

BRAND, VOLKER: Reformstau im Feststellungsverfahren nach dem Schwerbehindertengesetz, in: br 1999, S. 77 – 80

BREDE, HELMUT: Die Einführung einer Kosten- und Leistungsrechnung in der öffentlichen Verwaltung – auch eine Frage des Vorgehens, in: Budäus, Dietrich; Küpper, Willi; Streitferdt, Lothar (Herausg.): Neues öffentliches Rechnungswesen, Wiesbaden 2000, S. 349 – 367

BREDE, HELMUT: Grundzüge der Öffentlichen Betriebswirtschaftslehre, München, Wien 2001

BRENCKENDORFF und andere Herausgeber: Kommentar von Reichsversorgungsbeamten zum Reichsversorgungsgesetz, bearbeitet von Brenckendorff, Cichos, Drittler, Loesch, Nilson, unter Mitwirkung von Dansauer, Hartung, Klückmann, Berlin 1929

BREUER, RÜDIGER: Umsetzung von EG-Richtlinien im neuen Energiewirtschaftsrecht, in: NVwZ 2004, S. 520 – 530

BREY, HEINRICH: Gesetzgebung zur Sicherung der Eingliederung Schwerbehinderter in Arbeit, Beruf und Gesellschaft (Schwerbehindertengesetz), in: Der Versorgungsbeamte 1974, S. 62 – 66

BRINKMANN, HANS: Strategien für eine effektivere und effizientere Verwaltung, in: Naschold, Frieder, Pröhl, Marga (Herausg.): Produktivität öffentlicher Dienstleistungen, Bd. 1, 3. Aufl., Gütersloh 1994, S. 167 – 242

BRITZ, GABRIELE: Die Mitwirkung Privater an der Wahrnehmung öffentlicher Aufgaben durch Einrichtungen des öffentlichen Rechts: Verwaltungsorganisationen zwischen Legitimationserfordernis und Rationalisierungswunsch, in: VerwArch 2000, S. 418 - 437

BROHM, WINFRIED: Soziale Grundrechte und Staatszielbestimmungen in der Verfassung – zu den gegenwärtig diskutierten Änderungen des Grundgesetzes, in: JZ 1994, S. 213 – 220

BROMMER, PETER: Die Entstehung der Verfassung, in: Heyen, Franz-Josef (Herausg.): Rheinland-Pfalz entsteht: Beiträge zu den Anfängen des Landes Rheinland-Pfalz in Koblenz 1945 – 1951, Veröffentlichungen der Kommission des Landtages für die Geschichte des Landes Rheinland-Pfalz, Bd. 5, Boppard 1984, S. 59 – 78

BROß, SIEGFRIED: Vorbemerkungen zu den Art. 83 – 87 GG, in: Münch, Ingo von; Kunig, Philip (Herausg.): Grundgesetz-Kommentar, Bd. 3, 5. Aufl., München 2003, S. 293 - 29

BROß, SIEGFRIED: Kommentierung zu Art. 84, in: Münch, Ingo von; Kunig, Philip (Herausg.): Grundgesetz-Kommentar, Bd. 3, 5. Aufl., München 2003

BROß, SIEGFRIED: Kommentierung zu Art. 85, in: Münch, Ingo von; Kunig, Philip (Herausg.): Grundgesetz-Kommentar, Bd. 3, 5. Aufl., München 2003

BRUGGER, WILFRIED: Staatszwecke im Verfassungsstaat, in: NJW 1989, S. 2425 – 2434

BRUGGER, WILFRIED: Kommunitarismus als Verfassungstheorie des Grundgesetzes, in: AöR 1998 (123), S. 337 – 374

BRUGGER, WILFRIED: Liberalismus, Pluralismus, Kommunitarismus. Eine Studie zur Legitimation des Grundgesetzes, Interdisziplinäre Studien zu Recht und Staat, Bd. 12, herausgegeben von Werner Maihofer und Gerhard Sprenger, 1. Aufl., Baden-Baden 1999

BRUNNER, GEORG: Einführung in das Recht der DDR, München 1975

BRUNNER, GEORG: Das Staatsrecht der Deutschen Demokratischen Republik, in: Isensee, Josef; Kirchhof, Paul (Herausg.): Handbuch des Staatsrechts der Bundesrepublik Deutschland, Bd. I: Historische Grundlagen, 3. Aufl., Heidelberg 2003, S. 531 – 596

BRUNS, HANS-JÜRGEN; RIDDER, HANS-GERD: Qualifizierung und Fortbildung, in: Blanke, Bernhard; Bandemer, Stephan von; Nullmeier, Frank; Wewer, Göttrik (Herausg.): Handbuch zur Verwaltungsreform, Opladen 1998, S. 181 – 190

BUDÄUS, DIETRICH: Public Management: Konzepte und Verfahren zur Modernisierung öffentlicher Verwaltungen, 4. Aufl., Berlin 1998

BUDÄUS, DIETRICH: Organisationswandel öffentlicher Aufgabenwahrnehmung als Teil eines New Public Management, in: Budäus, Dietrich (Herausg.): Organisationswandel öffentlicher Aufgabenwahrnehmung, 1. Aufl., Baden-Baden 1998, S. 99 – 118

BUDÄUS, DIETRICH: Von der bürokratischen Steuerung zum Public Management – Eine Einführung, in: Budäus, Dietrich; Conrad, Peter; Schreyögg, Georg (Herausg.): New Public Management, Berlin, New York 1998, S. 1 – 9

BUDÄUS, DIETRICH: Weiterentwicklung der integrierten Verbundrechnung (Speyerer Verfahren) – Aktuelle Reformprobleme und Entwicklungsperspektiven des öffentlichen Rechnungswesens, in: Budäus, Dietrich; Küpper, Willi; Streitferdt, Lothar (Herausg.): Neues öffentliches Rechnungswesen, Wiesbaden 2000, S. 301 – 321

BUDÄUS, DIETRICH; FINGER, STEFANIE: Stand und Perspektiven der Verwaltungsreform in Deutschland, in: Die Verwaltung 1999, S. 313 – 343

BUDÄUS, DIETRICH; GRÜNING, GERNOT: Kommunitarismus – eine Reformperspektive?; eine kritische Analyse kommunitaristischer Vorstellungen zur Gesellschafts- und Verwaltungsreform, Berlin 1997

BUDÄUS, DIETRICH (Herausg.): Organisationswandel öffentlicher Aufgabenwahrnehmung; im Auftrag des Wissenschaftlichen Beirats der Gesellschaft für öffentliche Wirtschaft; Schriftenreihe der Gesellschaft für öffentliche Wirtschaft, 1. Aufl., Baden-Baden 1998

BUDÄUS, DIETRICH; CONRAD, PETER; SCHREYÖGG, GEORG (Herausg.): New Public Management, Berlin, New York 1998

BUDÄUS, DIETRICH; KÜPPER, WILLI; STREITFERDT, LOTHAR (Herausg.): Neues öffentliches Rechnungswesen Stand und Perspektiven, Klaus Lüder zum 65. Geburtstag, 1. Aufl., Wiesbaden 2000

BÜRCK, HARALD: War die Spruchtätigkeit des Reichsversicherungsamtes, des Reichsversorgungsgerichts, der Oberversicherungsämter, der Versicherungsämter, der Versorgungsgerichte und der Schiedsgerichte nach damaligem und heutigem Rechtsverständnis Rechtsprechung?, in: Wannagat, Georg (Herausg.): Entwicklung des Sozialrechts, Aufgabe der Rechtsprechung: Festgabe aus Anlass des 100 jährigen Bestehens der sozialgerichtlichen Rechtsprechung, herausgegeben vom Deutschen Sozialrechtsverband e. V., Köln, Berlin, Bonn, München 1984, S. 139 – 170

BÜRCK, HARALD: Der Grad der Behinderung (GdB) und die „Anhaltspunkte für die ärztliche Gutachtertätigkeit im sozialen Entschädigungsrecht und nach dem Schwerbehindertengesetz „ (AHP), in: ZfS 1999, S. 129 – 137

BÜRSCH, MICHAEL; MÜLLER, BEATE: Verwaltungsreformen in den neuen Bundesländern, Bonn 1999

BULL, HANS PETER: Die Staatsaufgaben nach dem Grundgesetz, 2. Aufl., Hamburg 1977

BULL, HANS PETER: Staatszwecke im Verfassungs*staat,* in: NVwZ 1989, S. 801 – 806

BULL, HANS PETER: Privatisierung öffentlicher Aufgaben, in: VerwArch 1995, S. 621 – 631

BULL, HANS PETER; WELTI, FELIX: Schwachstellen der geltenden Finanzverfassung, in: NVwZ 1996, S. 838 – 846

BULL, HANS PETER: Sind die Tarifparteien bereit, den BAT grundlegend zu ändern?, in ZRP 2002, S. 388 – 391

BUNDESARBEITSGEMEINSCHAFT DER INTEGRATIONSÄMTER UND HAUPTFÜRSORGESTELLEN – BIH (Herausg.): ABC Behinderung und Beruf, Handbuch für die betriebliche Praxis, Wiesbaden 2002

BUNDESMINISTERIUM DES INNEREN (Herausg.): Moderner Staat – Moderne Verwaltung. Das Programm der Bundesregierung, Berlin 1999

BUNDESMINISTER DES INNEREN/ BUNDESMINISTER DER JUSTIZ (Herausg.): Staatszielbestimmungen, Gesetzgebungsaufträge: Bericht der Sachverständigenkommission, Bonn 1983

BUNDESMINISTERIUM FÜR ARBEIT UND SOZIALORDNUNG (Herausg.): Anhaltspunkte für die Ärztliche Gutachtertätigkeit im Versorgungswesen, Ausgabe 1973, Bonn 1973

BUNDESMINISTERIUM FÜR ARBEIT UND SOZIALORDNUNG (Herausg.): Anhaltspunkte für die ärztliche Begutachtung nach dem Schwerbehindertengesetz, Bonn November 1977

BUNDESMINISTERIUM FÜR ARBEIT UND SOZIALORDNUNG (Herausg.): Anhaltspunkte für die ärztliche Gutachtertätigkeit im sozialen Entschädigungsrecht und nach dem Schwerbehindertengesetz, Bonn November 1983

BUNDESMINISTERIUM FÜR ARBEIT UND SOZIALORDNUNG (Herausg.): Sozialgeschichte, Bilder und Dokumente, 5. Aufl. Bonn 2001

BUNDESMINISTERIUM FÜR FRAUEN, SENIOREN, FRAUEN UND JUGEND (Herausg.): 11. Kinder- und Jugendbericht – Bericht über die Lebenssituation junger Menschen und die Leistungen der Kinder- und Jugendhilfe in Deutschland, Bonn 2002

BUNDESMINISTERIUM FÜR GESUNDHEIT UND SOZIALE SICHERUNG (Herausg.): Anhaltspunkte für die ärztliche Gutachtertätigkeit im sozialen Entschädigungsrecht und nach dem Schwerbehindertenrecht (Teil 2 SGB IX), Bonn April 2004

BUNDESMINISTERIUM FÜR WIRTSCHAFT UND ARBEIT (Herausg.): Jahreswirtschaftsbericht 2004, Berlin o. D.

BUNDESRECHNUNGSHOF: Bemerkungen 2003 zur Haushalts- und Wirtschaftsführung des Bundes, Bonn 2003

BUSCHOR, ERNST: Der Beitrag der Evaluation zur wirksamen Verwaltungsführung, in: VuM 1996, S. 141 – 143

BUSCHOR, ERNST: Das Rechnungswesen im New Public Management, in: Budäus, Dietrich; Küpper, Willi; Streitferdt, Lothar (Herausg.): Neues öffentliches Rechnungswesen Stand und Perspektiven, Klaus Lüder zum 65. Geburtstag, 1. Aufl., Wiesbaden 2000, S. 21 – 57

BUTTERWEGGGE, CHRISTOPH: Krise und Zukunft des Sozialstaates, Wiesbaden 2005

BUTZER, HERMANN: Verfassungsrechtliche Anmerkungen zum GKV-Modernisierungsgesetz, in: MedR 2004, S. 177 – 188

CARL, SEBASTIAN: Dienstpostenausschreibung und Bewerberauswahl im öffentlichen Dienst, in: ZBR 2003, S. 343 – 347

COESTER, MICHAEL: Die Bedeutung des Kinder- und Jugendhilfegesetzes (KJHG) für das Familienrecht, in: FamRZ 1991, S. 253 – 263

CONRAD, SABINE: Der Europäische Sozialfonds, in: ZFSH/ SGB 1994, S. 409 – 420

CRAMER, HORST: Historie und Rechtsentwicklung des Schwerbehindertengesetzes, in: Der Versorgungsbeamte 1980, S. 71 – 73

CRAMER, HORST: Schwerbehindertengesetz: mit Wahlordnung 1990, Schwerbehinderten-Ausgleichsabgabenverordnung 1988, Werkstättenverordnung 1980, Ausweisverordnung 1991 und weiteren Vorschriften des Schwerbehindertenrechts, 4. Aufl., München 1992

CREMERS, ALBERT: Die Verteilung der Aufgaben im künftigen Schwerbeschädigtengesetz, in: ZfF 1952, S. 330 – 331

DAHLEM, OTTO: Zu den Aufgaben und Tätigkeiten der zuständigen Behörden nach dem Heimgesetz, in: ZfF 1975, S. 155 – 158

DAHLINGER, ERICH: Die einzelnen Rechtsbeziehungen zwischen Heimbewohner, privatem Heimträger und Sozialhilfeträger und ihr Zusammenwirken, in: NDV 1979, S. 214 – 218

DAHLINGER, ERICH; MERGLER, OTTO: Einführung in das Sozialhilferecht, in: Mergler, Otto; Zink, Günter (Herausg): *Bundessozialhilfegesetz*, Kommentar von Otto Mergler, Günter Zink, Erich Dahlinger, Helmut Zeitler, Ursula Friedrich, 4. Aufl., 32. Lieferung, Stuttgart 1984/ 2002

DAHLINGER, KARL: Die Rechtsstellung des Einzelnen nach dem Bundessozialhilfegesetz, in: NJW 1962, S. 1129 – 1132

DAUBER, GERLINDE: Zukunft der Sozialhilfe, in: ArchsozArb 2002, S. 63 – 94

DECKER, ANDREAS: Sozialhilfe in die Sozialgerichtsbarkeit, in: ZFSH/ SGB 2004, S. 259 – 265

DEGENHARDT, CHRISTOPH: Staatsrecht I - Staatsorganisationsrecht, 16 Aufl., Heidelberg 2000

DEIMLING, GERHARD: 150 Jahre Elberfelder System – Ein Nachruf, in: ZFSG/ SGB 2002, S. 716 – 722

DEPPE, ULRICH (Herausg.): Öffentliche Gesundheit = Public Health, Frankfurt, New York 1991

DEUTSCHER BUNDESTAG (Herausg.): Vierter Bericht der Bundesregierung über die Lage der Behinderten und die Entwicklung der Rehabilitation, BT-Drs. 13/9514 vom 18.12.1997

DEUTSCHER BUNDESTAG (Herausg.): Dritter Bericht zur Lage der älteren Generation in der Bundesrepublik Deutschland: Alter und Gesellschaft und Stellungnahme der Bundesregierung, BT-Drs. 14/ 5130 vom 19.01.2000

DEUTSCHER BUNDESTAG (Herausg.): Bericht der Enquête-Kommission „Demographischer Wandel – Herausforderungen unserer älter werdenden Gesellschaft an den Einzelnen und die Politik“, BT-Drs. 14/ 8800 vom 28.03.2002

DEUTSCHER BUNDESTAG (Herausg.): Bericht der Enquête-Kommission „Zukunft des Bürgerschaftlichen Engagements“: Bürgerschaftliches Engagement: auf dem Weg in eine zukunftsfähige Bürgergesellschaft, BT-Drs. 14/ 8900 vom 03.06.2002

DEUTSCHER BUNDESTAG (Herausg.): Bericht der Bundesregierung über die Lage behinderter Menschen und die Entwicklung ihrer Teilhabe, BT-Drs. 15/4575 vom 16.12.2004

DIEMER, ROLF: Neukonzeption des kommunalen Rechnungswesens: Vergleich des betrieblichen Gestaltungspotentials von Doppik und Kameralistik, Wiesbaden 1996

DIETZE, LUTZ: Schwerbehindertengesetz, Finalität und Normalisierungsprinzip, in: br 1986, S. 80 – 84

DITTMANN, ARMIN: Kommunalverbandsrecht, in: Achterberg, Norbert; Püttner, Günter; Würtenberger, Thomas (Herausg.): Besonderes Verwaltungsrecht, Bd. II, 2. Aufl., Heidelberg 2000, S. 105 – 153

DÖRFLER, REINHARD: Die Sozialhilfereform –Strukturveränderung und Haushaltskonsolidierung–, in: ZFSH/ SGB 1996, S. 449 – 460

DÖRNER, HANS-JÜRGEN: Schwerbehindertenrecht im Beitrittsgebiet des Art. 3 des Einigungsvertrages vom 31.August 1990, in: ZFSH/ SGB 1991, S. 662 – 669

DÖRING, DIETHER: Schlüsselprobleme der deutschen Sozialstaatsreform, in: NDV 2000, S. 353 – 360

DÖRR, GERNOT: Sozialverwaltungsrecht, in: DÖV 1999, S. 110 – 113

DOLATA, RALF: Auswirkungen der voraussichtlichen demographischen Entwicklung auf die Zahl der schwerbehinderten Menschen, in: br 2003, S. 182 – 185

DOLATA, RALF: Die Grundlagen für die Feststellung eines Grades der Behinderung im Schwerbehindertenrecht und die Frage, ist die Festsetzung eines Grades der Behinderung ein Anachronismus oder ein unabdingbar notwendiges Kriterium zur Schaffung von Einzelfallgerechtigkeit?, in: br 2004, S. 1 – 4

DOLATA, RALF: Sind die derzeitigen Regelungen des SGB IX für schwerbehinderte Menschen ein Beschäftigungshemmnis?, in: br 2004, S. 128 – 134

DREIER, HOST: Der Kampf um das Budgetrecht als Kampf um die staatliche Steuerungsherrschaft – Zur Entwicklung des modernen Haushaltsrechts, in: Hoffmann-Riem, Wolfgang; Schmidt-Assmann, Eberhard (Herausg.): Effizienz als Herausforderung an das Verwaltungsrecht, 1. Aufl., Baden-Baden 1998, S. 59 – 105

DRITTLER, HANS: Zur rechtlichen Tragweite der Feststellungen nach dem Reichsversorgungsgesetz für das Bayerische Körperbeschädigten-Leistungsgesetz und das Bundesversorgungsgesetz, in: Die Kriegsopferveësorgung 1953, S. 17 – 18

EBERHARDT, GÜNTER: Gesundheits- und Krankenhauswesen, in: Loschelder, Wilhelm; Salzwedel, Jürgen (Herausg.): Verfassungs- und Verwaltungsrecht des Landes Nordrhein-Westfalen, Köln 1964, S. 461 – 517

EBERS, MARK; GOTSCH, WILFRIED: Institutionenökonomische Theorien der Organisation, in: Kieser, Alfred (Herausg.): Organisationstheorien, 5. Aufl., Stuttgart 2002, S. 199 – 251

EBSEN, INGWER: Schwerbehindertenrecht, in: Maydell, Bernd Baron von; Ruland, Franz (Herausg.): Sozialrechtshandbuch (SRH), 3. Aufl., Baden-Baden 2003, S. 1401 – 1432

ECKERT, HANS-ULRICH: Zur historischen Dimension des Behandlungsgedankens im (Jugend-) Strafvollzug, in: ZfJ 1998, S. 364 – 369

EICHBERGER, RUDOLF: Neuere Tendenzen zur Reform des Schwerbehindertenrechts, in: br 1997, S. 145 – 152

EICHBERGER, RUDOLF: Das Soldatenversorgungsgesetz als Teil des sozialen Entschädigungsrechts, in: ZfS 1999, S. 97 – 104

EICHENHOFER, EBERHARD: Dogmatik und Systematik öffentlich-rechtlicher Erstattungsansprüche und privatrechtlicher Regressansprüche der Sozialleistungsträger, in: SGb 1989, S. 177 – 184

EICHENHOFER, EBERHARD: Zum System des Sozialrechts, in: SGb 1998, S. 289 – 291

EICHENHOFER, EBERHARD: Rückgriff des Sozialhilfeträgers aufgrund vorangegangener Vermögensverfügungen unter Lebenden oder von Todes wegen, in: NDV 1999, S. 82 – 89, 111 – 120

EICHENHOFER, EBERHARD: Sozialrecht, 4. Aufl., Tübingen 2003

EICHENHOFER, EBERHARD: Wahl des Lebensstils – Auswirkungen in der sozialen Sicherheit, in: SGb 2003, S. 705 – 712

EICHENHOFER, EBERHARD: Sozialrecht und Privatrecht – wechselseitig unvereinbar oder aufeinander bezogen?, in: NZS 2004, S. 169 – 178

EICHENHOFER, EBERHARD: Tragweite europäischen Sozialrechts für das deutsche Sozialrecht, in: Wulffen, Matthias von; Krasney, Otto Ernst (Herausg.): Festschrift 50 Jahre Bundessozialgericht, Köln, Berlin, München 2004, S. 835 - 854

EICHHORN, PETER: Allgemeine und Öffentliche Betriebswirtschaftslehre, insbesondere Doppik und Kameralistik, in: Eichhorn, Peter (Herausg.): Doppik und Kameralistik: Festschrift für Prof. Dr. Ludwig Mühlhaupt zur Vollendung des 75. Lebensjahres, Baden-Baden 1987, S. 48 – 62

EICHHORN, PETER (Herausg.): Doppik und Kameralistik: Festschrift für Prof. Dr. Ludwig Mühlhaupt zur Vollendung des 75. Lebensjahres, Baden-Baden 1987

Eichhorn, Peter; Friedrich, Peter; Jann, Werner; Oechsler, Walter A.; Püttner, Günter; Reinermann, Heinrich (Herausg.): *Verwaltungslexikon*, 3. Aufl., Baden-Baden 2003

ELLWEIN, THOMAS: Geschichte der öffentlichen Verwaltung, in: König, Klaus; Oertzen, Hans Joachim von; Wagener, Frido (Herausg.): Öffentliche Verwaltung in der Bundesrepublik Deutschland, 1. Aufl., Baden-Baden 1981, S. 37 – 51

ELLWEIN, THOMAS: Perioden und Probleme der deutschen Verwaltungsgeschichte, in: VerwArch 1996, 1 – 18

ELLWEIN, THOMAS: Verwaltung und Verwaltungswissenschaft, in: Lüder, Klaus (Herausg.): Öffentliche Verwaltung der Zukunft, Berlin, 1998, S. 17 – 30

ELSTER, LUDWIG; WEBER, ADOLF; WIESER, FRIEDRICH (Herausg.): Handwörterbuch der Staatswissenschaften, 5. Band, 4. Aufl., Jena 1923

ENGELHARDT, WERNER WILHELM: Hybride Organisationsformen des „Dritten" bzw. „Nonprofit"-Sektors und die künftige Verwaltungsreform, in: Budäus, Dietrich (Herausg.): Organisationswandel öffentlicher Aufgabenwahrnehmung, 1. Aufl., Baden-Baden 1998, S. 177 – 207

ERNST, KARL-FRIEDRICH: Betreuungs- und Beratungsdienste in der beruflichen Eingliederung Schwerbehinderter – Zusammenarbeit zwischen Arbeitsverwaltung und Hauptfürsorgestellen, in: br 1995, S. 101 – 105

ERNST, KARL-FRIEDRICH: Die Entwicklung der Kriegsopferfürsorge nach dem Bundesversorgungsgesetz von 1995 bis 2000, in: br 2000, S. 144 – 151

ERNST, KARL-FRIEDRICH; ADLHOCH, ULRICH, SEEL, HELGA (Herausg.): Sozialgesetzbuch IX –Rehabilitation und Teilhabe behinderter Menschen– Kommentar, Loseblattausgabe, Stuttgart 2002

ETZIONI, AMITAI: Der Dritte Weg – Zwischen Staat und Markt: Zur Theorie der Zivilgesellschaft, in: TuP 2000, S. 403 – 409, 443 – 449

EVERS, ADALBERT; OLK, THOMAS: Bürgerengagement im Sozialstaat – Randphänomen oder Kernproblem?, in: Aus Politik und Zeitgeschichte, B 9/ 2002 S. 6 – 14

EYLL, KLARA VON: Berufsständische Selbstverwaltung, in: Jeserich, Kurt G. A.; Pohl, Hans; Unruh, Georg-Christoph von (Herausg.): Deutsche Verwaltungsgeschichte, Bd. 5: Die Bundesrepublik Deutschland, Stuttgart 1986, S. 351 – 367

FÄRBER, GISELA: Effizienzprobleme des Verwaltungsföderalismus, in: DÖV 2001, S. 485 – 496

FANKHAENEL, KARIN; IHME, CARLA: Zwei Jahre Integrationsvereinbarung gem. § 83 SGB IX –Erfahrungen, Umsetzungsstand, Arbeitshilfen–, in: br 2003, S. 177 – 181

FAUDE, MICHAEL: Sozialrecht in der Deutschen Demokratischen Republik, in: NDV 1977, S. 180 – 187

FEHL, HANS-MARTIN: Kommentierung zu § 81 BVG, in: Wilke, Gerhard (Herausg.): Soziales Entschädigungsrecht, 7. Aufl. Stuttgart, München, Hannover, Berlin, Weimar, S. 965 – 1007

FENSKE, HANS: Die Verwaltung im Ersten Weltkrieg, in: Jeserich, Kurt G. A.; Pohl, Hans; Unruh, Georg-Christoph von (Herausg.): Deutsche Verwaltungsgeschichte, Bd. 3: Das Deutsche Reich bis zum Ende der Monarchie, Stuttgart 1984, S. 866 – 896

FIEDLER, JOBST: Aufgabenkritik und Konzentration auf Kernaufgaben, in: : Blanke, Bernhard; Bandemer, Stephan von; Nullmeier, Frank; Wewer, Göttrik (Herausg.): Handbuch zur Verwaltungsreform, Opladen 1998, S. 93 – 106

FINKE, BERND: Die Auswirkungen des Gesetzes zur Reform des Bundessozialhilferechtes auf Werkstätten für Behinderte, in: br. 1996, S. 185 – 188

FINKELNBURG, KLAUS: Der Betrieb von Alten- und Pflegeheimen, in: NJW 1978, S. 1477 – 1480

FISCH, STEFAN: Verwaltungskulturen – Geronnene Geschichte?, in: Die Verwaltung 2000, S. 303 – 323

FISCH, RUDOLF: Modernisierungsfreude gegen Frust und Widerstand, in: Lüder, Klaus (Herausg.): Öffentliche Verwaltung der Zukunft, Berlin 1998, S. 161 – 166

FLIERL, HANS: Freie und öffentliche Wohlfahrtspflege: Aufbau, Finanzierung, Geschichte, Verbände, 2. Aufl., München 1992

FORSTHOFF, ERNST: Lehrbuch des Verwaltungsrechts, I. Band, 10. Aufl., München 1973

FRANK, ANDREAS: Die Vereinbarkeit des § 1 a BVG mit dem Grundgesetz, in: br 2003, S. 1 –14

FRANK, LOTHAR: Zur Auslegung des Begriffes „gewöhnlicher Aufenthalt", in: SGb 1999, S. 547 – 551

FRANK, WERNER: Rückwirkungen von Gesetzesänderungen in anderen Sozialleistungsbereichen auf die Sozialhilfe, in: NDV 1978, S. 349 – 355

FRANZIUS, CLAUDIO: Der „Gewährleistungsstaat" – ein neues Leitbild für den sich wandelnden Staat?, in: Der Staat 2003, S. 493 – 517

FRIEDMANN, A.: Kriegsopferversorgung im Bundesgebiet und in West-Berlin, in: Die Kriegsopferversorgung 1953 S. 42 – 43

FRIEDRICH, JOCHEN: Das „neue" Heimgesetz – ein gelungener Wurf?, in: ZfF 1990, S. 170 – 172

FRINGS, PETER: Die Arbeitsgemeinschaften nach § 78 SGB VIII, in: ZfF 2003, S. 53 – 57

FRITZE, EUGEN: Aufgaben und Tätigkeit des medizinischen Sachverständigen, in: SGb 1987, S. 369 – 374

FROTSCHER, WERNER: Überblick über die Verwaltungsorganisation in den Bundesländern, in: Jeserich, Kurt G. A.; Pohl, Hans; Unruh, Georg-Christoph von (Herausg.): Deutsche Verwaltungsgeschichte, Bd. 3: Das Deutsche Reich bis zum Ende der Monarchie, Stuttgart 1984, S. 407 – 434

FROTSCHER, WERNER: Organisation der Reichsverwaltung und der Länderverwaltungen einschließlich der Vorschläge zur Reichsreform, in: Jeserich, Kurt G. A.; Pohl, Hans; Unruh, Georg-Christoph von (Herausg.): Deutsche Verwaltungsgeschichte, Bd. 4: Das Reich als Republik und in der Zeit des Nationalsozialismus, Stuttgart 1985, Stuttgart 1985, S. 111 – 137

FROTSCHER, WERNER; PIEROTH, BODO: Verfassungsgeschichte, 3. Aufl., München 2002

FÜßER, KLAUS: Regulierung und Deregulierung im Heimrecht: Das Zweite Gesetz zur Änderung des Heimgesetzes vom 3.2.1997, in: NJW 1997, S. 1957 – 1959

FUKUYAMA, FRANCIS: Der große Aufbruch – wie unsere Gesellschaft eine neue Ordnung erfindet (The Great Disruption), München 2002

GAA-UNTERPAUL, BIRGITTA: Die Nachteilsausgleiche nach dem Sozialgesetzbuch-Neuntes Buch (SGB IX) unter besonderer Berücksichtigung der jüngeren Rechtsprechung des BSG, in: NZS 2002, S. 406 – 410

GAENTZSCH, GÜNTER: Gesetzmäßigkeit und Wirtschaftlichkeit der Verwaltung: Beißt oder verträgt sich das?, in: DÖV 1998, S. 952 – 958

GALLUS, ALEXANDER; JESSE, ECKHARD: Was sind Dritte Wege? Eine vergleichende Bestandsaufnahme, in: Aus Politik und Zeitgeschichte, B 16-17/ 2001, S. 6 – 15

GANßER, WALTER: Verwaltungsreform in Bayern – Auf dem Weg zu einem neuen Denken, in: BayVBl. 1996, S. 102 – 107

GANßER, WALTER: Mitarbeitermotivation Förderung durch nicht-monetäre Faktoren, in: ZBR 1996, S. 304 – 309

GEIGER, HARALD: Verlagerung der Sozialhilfestreitigkeiten auf die Sozialgerichte, in: NJW 2004, S. 1850 - 1852

GEIGER, RUDOLF: Grundgesetz und Völkerrecht, 3. Aufl., München 2002

GERNERT, WOLFGANG: Wohin gehört die sog. „Heimaufsicht" in der Jugendhilfe?, in ZfJ 1997, S. 1 – 5

GIESE, DIETER: 25 Jahre Bundessozialhilfegesetz: Entstehung – Ziele – Entwicklung, in: ZfSH/ SGB 1986, S. 249 – 258, 305 – 314, 374 – 383

GIESE, DIETER: Zur Rechtsstellung der Heimbewohner, in: ZfF 1979, S. 241 – 246

GIESE, DIETER: 30 Jahre BSHG – Historie und Zukunftsperspektiven, in: ZfF 1993, S. 1 – 5

GIESEN, LARS: Zur rechtlichen und verwaltungsorganisatorischen Problematik der allgemeinen staatlichen Mittelinstanz in den Ländern Sachsen-Anhalt und Brandenburg, Diss. Potsdam 1998

GIPP, WOLFGANG: Verwaltungsaufbau und –organisation, in: Ley, Richard; Prümm, Hans Paul (Herausg.): Staats- und Verwaltungsrecht für Rheinland-Pfalz, 2. Aufl., Baden-Baden 1990, S. 83 – 126

GITTER, WOLFGANG: Die Funktion des Sachverständigen im Lichte des materiellen Sozialrechts, in: SGb 1987, S. 358 – 363

GITTER, WOLFGANG: Sozialrecht, 4. Aufl., München 1996

GITTER, WOFGANG; SCHMITT, JOCHEM: Sozialrecht, 5. Aufl., München 2001

GÖCKENJAN, GERD: Stichwort: Gesundheit, in: Deppe, Ulrich (Herausg.): Öffentliche Gesundheit = Public Health, Frankfurt, New York 1991, S. 15 – 24

GOEDELT, UWE: Die Festsetzung des Grades der Minderung der Erwerbsfähigkeit/ des Grades der Behinderung nach dem Schwerbehindertengesetz –Eine Aufgabe für Bilanzbuchhalter, Ärzte, Verwaltungsbeamte oder sogar für Richter?–, in: ZfS 1994, S. 97 – 106

GÖHLER, GERHARD; KÜHN, RAINER: Institutionenökonomie, Neo-Institutionalismus und die Theorie politischer Institutionen, in: Edeling, Thomas; Jann, Werner; Wagner, Dieter (Herausg.): Institutionenökonomie und Neuer Institutionalismus: Überlegungen zur Organisationstheorie, Opladen 1999, S. 17 – 42

GÖRG, HUBERT: Die Erweiterung der Bundesauftragsverwaltung, in: Der Versorgungsbeamte 1969, S. 111 – 113

GÖRG, HUBERT: Eine Erwiderung: Bundesauftragsverwaltung in der Kriegsopferversorgung, in: Der Versorgungsbeamte 1969, S. 135

GÖRTEMAKER, MANFRED: Kleine Geschichte der Bundesrepublik Deutschland, Bonn 2004 (Lizenzausgabe für die Bundeszentrale und die Landeszentralen für politische Bildung)

GOLETZ, ANDREA: Sozialhilfe – Örtliche Zuständigkeit, in: ZfF 1993, S. 225 - 229

GOLETZ, ANDREA: Träger der Sozialhilfe, in: ZfF 1994, S. 193 – 204

GRÄF, GÜNTER: Kommentierung zu § 91, in: Hauck, Karl (Herausg.): Sozialgesetzbuch SGB IV, Loseblattausgabe, Berlin 1997, Stand Februar 2002

GRAHN, BJÖRN; SCHMIDT, BENJAMIN: Änderungen im Sozialrecht durch die „Hartz-Gesetze“, in: SGb 2003, S. 207 – 214

GRAß, KARL MARTIN: Von Koblenz nach Mainz – Die Hauptstadtfrage, in: Heyen, Franz-Josef (Herausg.): Rheinland-Pfalz entsteht, Veröffentlichungen der Kommission des Landtages für die Geschichte des Landes Rheinland-Pfalz, Bd. 5, Boppard 1984, S. 433 – 449

GRIMM, CHRISTOPH: Wirtschaftlicher, flexibel, parlamentarisch gesteuert – Rheinland-Pfalz hat sein Haushaltsrecht reformiert, in: Das Parlament Nr. 21 v. 19.05.2000

GRIMM, CHRISTOPH; CAESAR, PETER (Herausg.): Verfassung für Rheinland-Pfalz Kommentar, 1. Aufl., Baden-Baden 2001

GRIMM, DIETER: Der Wandel der Staatsaufgaben und die Zukunft der Verfassung, in: Grimm, Dieter (Herausg.): Staatsaufgaben, 1. Aufl., Baden-Baden 1994, S. 613 – 646

GRIMM, DIETER (Herausg.): Staatsaufgaben, 1. Aufl., Baden-Baden 1994

GRIMM, DIETER; PAPIER, HANS-JÜRGEN (Herausg.): Nordrhein-westfälisches Staats- und Verwaltungsrecht, Frankfurt/ Main 1986

GRIMMER, KLAUS: Die Gestaltbarkeit von Verwaltungen, in: Die Verwaltung 1998, S. 481 – 503

GROEBEN, KLAUS VON DER: Allgemeine und besondere polizeiliche Aufgaben, in: Jeserich, Kurt G. A.; Pohl, Hans; Unruh, Georg-Christoph von (Herausg.): Deutsche Verwaltungsgeschichte, Bd. 3: Das Deutsche Reich bis zum Ende der Monarchie, Stuttgart 1984, S. 435 – 451

GROEBEN, KLAUS VON DER: Reichsinnenministerium, in: Jeserich, Kurt G. A.; Pohl, Hans; Unruh, Georg-Chrisoph von (Herausg.): Deutsche Verwaltungsgeschichte, Bd. 4: Das Reich als Republik und in der Zeit des Nationalsozialismus, Stuttgart 1985, S. 156 – 168

GRÖPL, CHRISTOPH: Das Haushaltsrechts-Fortentwicklungsgesetz, in: NVwZ 1998, S. 1251 – 1259

GROß, THOMAS: Was bedeutet Fachaufsicht?, in: DVBl. 2002, S. 793 – 800

GROß, THOMAS: Öffentliche Verwaltung im Internet, in: DÖV 2001, S. 159 – 164

GRUNOW, DIETER; GRUNOW-LUTTER, VERA: Der öffentliche Gesundheitsdienst im Modernisierungsprozess. Eine Untersuchung über Handlungsspielräume und Restriktionen im Rahmen kommunaler Gesundheitspolitik, Weinheim und München 2000

GÜNTHER, FRAUKE: Zivilverfahrensrechtliche Hinweise zum neuen § 91 BSHG, in: NDV 1993, S. 335 – 337

HAMMEL, MANFRED: Das „Gesetz über eine bedarfsorientierte Grundsicherung im Alter und bei Erwerbsminderung (GSiG)" – Ein tauglicher Ansatz zum Abbau „verschämter Armut" und zum Aufbau einer bedarfsgerechten sozialen Grundsicherung?, in: ZFSH/ SGB 2001, S. 713 – 727

HANAU, PETER: Arbeitszeitflexibilisierung im öffentlichen Dienst, in: ZBR 1996, S. 199 – 202

HANIKA, HEINRICH: Europäische Gesundheitspolitik. Stärkung der Kompetenzen der Europäischen Union im Gesundheitswesen durch die Neufassung des Artikels 152 EG-Vertrag, in: MedR 1998, S. 193 – 196

HANIKA, HEINRICH: Europäisches Arzneimittelrecht. Die pharmazeutische Industrie in Europa auf dem Weg zur Vollendung des Binnenmarktes für Arzneimittel, in: MedR 2000, S. 63 – 71

HANIKA, HEINRICH: Bism@rck geht online, in: MedR 2004, S. 149 – 156

HAPPE, GÜNTER: Jugend- und Familienhilfe, in: Jeserich, Kurt G. A.; Pohl, Hans; Unruh, Georg-Christoph von (Herausg.): Deutsche

Verwaltungsgeschichte, Bd. 5: Die Bundesrepublik Deutschland, Stuttgart 1986, S. 586 – 597

HART, DIETER: Arzneimittelsicherheit und Länderüberwachung, in: MedR 1993, S. 207 – 218

HASE, FRIEDHELM: Soziales Entschädigungsrecht, in: Maydell, Bernd Baron von; Ruland, Franz: Sozialrechtshandbuch (SRH), 3. Aufl., Baden-Baden 2003, S. 1354 – 1400

HASENCLEVER, CHRISTA: Jugendhilfe und Jugendgesetzgebung seit 1900, Göttingen 1978

HAUBENWALLNER, PETER: Soziale Entschädigung und Sozialhilfe, in: br 1993, S. 104 – 113

HAUCK, KARL: Kommentierung zu § 4, in: Hauck, Karl (Herausg.): Sozialgesetzbuch-SGB XI/ 1, 2, Loseblattausgabe, 24. Lieferung, Berlin 1998

HAUCK, KARL; NOFTZ, WOLFGANG (Herausg.): SGB X/ 3 Zusammenarbeit der Leistungsträger und ihre Beziehungen zu Dritten, Kommentar, Bonn 1985, 12. Lieferung. III/2003

HAUG, VOLKER: Die Föderalismusreform, in: DÖV 2004, S. 191 – 197

HAUSER, RICHARD: Zukunft des Sozialstaats, in: Maydell, Bernd Baron von; Ruland, Franz (Herausg.): Sozialrechtshandbuch (SRH), 3. Aufl., Baden-Baden 2003, S. 192 – 224

HAYEK, FRIEDRICH A. VON: Liberalismus, in: Beckenrath, Erwin von und andere Mitautoren (Herausg.): Handwörterbuch der Sozialwissenschaften, sechster Band, Göttingen 1959 S. 591 – 596

HEBEISEN, WALTER MICHAEL: Staatszwecke, Staatsziele, Staatsaufgaben, Chur, Zürich 1996

HEBELER, TIMO: Beamtenbesoldung und Haushaltszwänge, in: RiA 2003, S. 157 – 162

HECKERT, DANIELA; SCHWAB, SIEGFRIED: Benchmarking – Lernen vom Besten, in: DÖD 1996, 221 – 223

HEILMANN, STEFAN: Hilfe oder Eingriff? –Verfassungsrechtliche Überlegungen zum Verhältnis von staatlichem Wächteramt und Jugendhilfe–, in: ZfJ 2000, S. 41 – 50

HEINECKE, HANS: Vom Gnadenthaler zur Rente – kleine Geschichte der Kriegsopferversorgung, in: Kriegsopferversorgung 1974, S. 145 – 147

HEINELT, HUBERT: Vom Verwaltungsstaat zum Verhandlungsstaat, in: Blanke, Bernhard; Bandemer, Stephan von; Nullmeier, Frank;

Wewer, Göttrik (Herausg.): Handbuch zur Verwaltungsreform, Opladen 1998, S. 18 – 25

HEINZ, DIRK: Zum Entzug von Versorgungsleistungen nach der Ausschlussklausel des § 1 a BVG – ein Fall der „unechten Rückwirkung“ von Gesetzen, in: ZfS 1999, S. 244 – 247

HEINTZEN, MARKUS: Kommentierung zu Art. 104 a, in: Münch, Ingo von; Kunig, Philip (Herausg.): Grundgesetz-Kommentar, Bd. 3, 5. Aufl., München 2003

HENNEKE, HANS-GÜNTER: Sind Gemeindeverbände dem aufgabenumverteilenden Gesetzgeber schutzlos ausgeliefert?, in: DÖV 2002, S. 463 – 476

HENNING, HANSJOACHIM: Sozialpolitik III, in: Albers, Willi und andere Mitherausgeber: Handwörterbuch der Wirtschaftswissenschaften (HdWW), Siebter Band, Stuttgart, New York, Tübingen, Göttingen, Zürich 1977, S.85 – 110

HENNING, HANSJOACHIM: Aufbau der Sozialverwaltung, in: Jeserich, Kurt G. A.; Pohl, Hans; Unruh, Georg-Christoph von (Herausg.): Deutsche Verwaltungsgeschichte, Bd. 3: Das Deutsche Reich bis zum Ende der Monarchie, Stuttgart 1984, S. 275 – 310

HERZOG, ROMAN: Kommentierung zu Art. 20, in: Maunz, Theodor; Dürig, Günter und andere Mitherausgeber: Grundgesetz Kommentar, Loseblattausgabe, Lieferung 18, München, September 1980

HERZOG, ROMAN: Kommentierung zu Art. 62, in: Maunz, Theodor; Dürig, Günter und andere Mitherausgeber: Grundgesetz Kommentar, Loseblattausgabe, Lieferung 21, München, April 1983

HESSE, JOACHIM JENS: Regierungs- und Verwaltungsreform in Nordrhein-Westfalen. Eine Zwischenbilanz und Bewertung von Regierungs- wie Oppositionsvorschlägen, Gutachten im Auftrag der Staatskanzlei (unter Mitarbeit von Alexander Götz, Bernhard Bär und Juliane Hübner), Berlin, Dezember 2002

HESPELER, ULRIKE: Die Neuordnung der Vergütung für medizinische Sachverständige durch das Justizvergütungs- und Entschädigungsgesetz (JVEG), in: MedR 2004, S. 494 – 499

HEUSER, KARL: Thesen zum Stellenwert der Begleitenden Hilfen im Arbeitsleben, in: br 1993, S. 114 – 115

HEWER, ALEXANDER: Finanzkontrolle im Neuen Öffentlichen Rechnungswesen, Hamburg 2003 (zugl.: Dissertation Hochschule für Verwaltungswissenschaften Speyer 2003)

HEYEN, FRANZ-JOSEF (Herausg.): Rheinland-Pfalz entsteht: Beiträge zu den Anfängen des Landes Rheinland-Pfalz in Koblenz 1945 – 1951, Veröffentlichungen der Kommission des Landtages für die Geschichte des Landes Rheinland-Pfalz, Bd. 5, Boppard 1984

HIDIEN, JÜRGEN W.: Nichts ist unmöglich: Aus dem Kuriositätenkabinett des bundesstaatlichen Finanzausgleichs, in: DÖV 1999, S. 903 – 909

HILL, HERMANN: Neue Organisationsformen in der Staats- und Kommunalverwaltung, in: Schmidt-Aßmann, Eberhard; Hoffmann-Riem, Wolfgang (Herausg.): Verwaltungsorganisationsrecht als Steuerungsressource, 1. Aufl., Baden-Baden 1997, S. 65 – 101

HILL, HERMANN: Potentiale und Perspektiven der Verwaltungsmodernisierung, in: Lüder, Klaus (Herausg.): Öffentliche Verwaltung der Zukunft, Berlin 1998, S. 129 – 135

HILL, HERMANN: Über Binnenmodernisierung zu Good Governance, in: VOP 12/ 2000, S. 9 – 12

HILL, HERMANN: Dienstleistungs- und Kundenorientierung der Verwaltung, in: NdsVbl. 2002, S. 313 – 317

HILL, HERMANN: Partnerschaften und Netzwerke –Staatliches Handeln in der Bürgergesellschaft–, in: BayVBl. 2002, S. 321 – 326

HILL, HERMANN: Electronic Government – Strategie zur Modernisierung von Staat und Verwaltung, in: Aus Politik und Zeitgeschichte B 39-40/ 2002, S. 24 – 36

HILL, HERMANN: Bürokratieabbau und Verwaltungsmodernisierung, in: DÖV 2004, S. 721 – 729

HINRICHS, KNUT: Der Erziehungs- und Bildungsauftrag der Jugendhilfe in Abgrenzung zu jenem von Eltern und Schule, in: ZFSH/ SGB 2004, S. 353 - 363

HIPPEL, EIKE VON: Grundfragen der Umverteilung, in: SGb 2001, S. 352 – 356

HIRSCH, GÜNTER: Einfluss der EG auf nationale Gesundheitssysteme, in: MedR 2000, S. 586 – 590

HIRSCHBOECK, THOMAS: Ausbau automatisierter Datenabgleiche im Bereich der Sozialhilfe, in: ZFSH/ SGB 2004, S. 590 – 595

HÖFFE, OTFRIED: Einführung in Rawls´ Theorie der Gerechtigkeit, in: Höffe, Otfried (Herausg.): John Rawls, Eine Theorie der Gerechtigkeit, Berlin 1998, S. 3 – 26

HÖFFE, OTFRIED (Herausg.): John Rawls, Eine Theorie der Gerechtigkeit, Berlin 1998

HOEGNER, MARIA; GROß, GERHARD: Die Reform und Neuorganisation der Landesverwaltung Rheinland-Pfalz, in: DÖV 2000, S. 1040 – 1045

HOFFMANN, GERT: Die staatliche Mittelinstanz in den neuen Bundesländern, in: DÖV 1992, S. 691 – 696

HOFMANN, WOLFGANG: Zielsetzung und Arbeitsweise der Verwaltungsgeschichte im Rahmen der Verwaltungswissenschaften, in: Morsey, Rudolf (Herausg.): Verwaltungsgeschichte: Aufgaben, Zielsetzungen, Beispiele; Vorträge und Diskussionsbeiträge der verwaltungsgeschichtlichen Arbeitstagung 1976 der Hochschule für Verwaltungswissenschaften Speyer, Berlin 1977, S. 163 – 182

HOFMANN, WOLFGANG: Aufgaben und Struktur der kommunalen Selbstverwaltung in der Zeit der Hochindustrialisierung, in: Jeserich, Kurt G. A.; Pohl, Hans; Unruh, Georg-Christoph von (Herausg.): Deutsche Verwaltungsgeschichte, Bd. 3: Das Deutsche Reich bis zum Ende der Monarchie, Stuttgart 1984, S. 578 – 644

HOFFMANN-RIEM, WOLFGANG: Tendenzen in der Verwaltungsrechtsentwicklung, in: DÖV 1997, S. 433 – 442

HOFFMANN-RIEM, WOLFGANG: Organisationsrecht als Steuerungsressource – Perspektiven der verwaltungsrechtlichen Systembildung–, in: Schmidt-Aßmann, Eberhard; Hoffmann-Riem, Wolfgang (Herausg.): Verwaltungsorganisationsrecht als Steuerungsressource, 1. Aufl., Baden-Baden 1997, S. 355 – 395

HOFFMANN-RIEM, WOLFGANG: Effizienz als Herausforderung an das Verwaltungsrecht – Einleitende Problemskizze, in: Hoffmann-Riem, Wolfgang; Schmidt-Aßmann, Eberhard (Herausg.): Effizienz als Herausforderung an das Verwaltungsrecht, Baden-Baden 1998, S. 11 – 57

HOFFMANN-RIEM, WOLFGANG: Finanzkontrolle als Steuerungsaufsicht im Gewährleistungsstaat, in: DÖV 1999, S. 221 – 227

HOFFMANN-RIEM, WOLFGANG: Verwaltungsrecht in der Informationsgesellschaft – Einleitende Problemskizze, in: Hoffmann-Riem, Wolfgang; Schmidt-Aßmann, Eberhard (Herausg.): Verwaltungsrecht in der Informationsgesellschaft, Baden-Baden 2000, S. 9 – 58

HOFFMANN-RIEM, WOLFGANG: Innovationssteuerung durch die Verwaltung: Rahmenbedingungen und Beispiele, in: Die Verwaltung 2000, S. 155 – 182

HOFFMANN-RIEM, WOLFGANG; SCHMIDT-AßMANN, EBERHARD (Herausg.): Verwaltungsorganisationsrecht als Steuerungsressource, 1. Aufl., Baden-Baden 1997

HOFFMANN-RIEM, WOLFGANG; SCHMIDT-AßMANN, EBERHARD (Herausg.): Effizienz als Herausforderung an das Verwaltungsrecht, 1. Aufl., Baden-Baden 1998

HOFFMANN-RIEM, WOLFGANG; SCHMIDT-AßMANN, EBERHARD (Herausg.): Verwaltungsrecht in der Informationsgesellschaft, Baden-Baden 2000

HORN, HANS HELMUT: Beschäftigungspflicht und Ausgleichsabgabe – Mittel der Chancenangleichung für Schwerbehinderte?, Köln, Berlin, Bonn, München 1989

HOYNINGEN-HUENE, GERRICK VON: Die Zusammenarbeit von Sozialversicherungsträgern in Arbeitsgemeinschaften nach § 94 SGB X, in: SGb 1985, S. 441 - 446

HUBER, ERNST RUDOLF (Herausg.): Dokumente zur deutschen Verfassungsgeschichte, Bd. 2, 3. Aufl., Berlin, Köln, Mainz 1986

HUBER, PETER M.: Das Berufsbeamtentum im Umbruch – Grundsätzliche Überlegungen unter besonderer Berücksichtigung der neuen Länder, in: Die Verwaltung 1996, S. 437 – 463

HUBER, PETER M.: Klare Verantwortungsteilung von Bund, Ländern und Kommunen?, in: Beilage zu NJW Heft 27/ 2004, S. 23 – 26

HUDEMANN, RAINER: Zur Politik der französischen Besatzungsmacht, in: Heyen, Franz-Josef (Herausg.): Rheinland-Pfalz entsteht, Veröffentlichungen der Kommission des Landtages für die Geschichte des Landes Rheinland-Pfalz, Bd. 5, Boppard 1984, S. 31 – 58

HUDEMANN, RAINER: Sozialpolitik im deutschen Südwesten zwischen Tradition und Neuordnung 1945 – 1953, Veröffentlichungen der Kommission des Landtages für Geschichte des Landes Rheinland-Pfalz Bd. 10, Mainz 1988

HÜBSCH, MICHAEL: Belastung von Bewohnern und Sozialhilfeträgern mit Investitionskosten von Pflegeheimen, in: NZS 2004, S. 462 – 465

IGL, GERHARD: Die Rechtsbeziehungen zwischen dem Sozialleistungsberechtigten und dem Heimträger, in: NDV 1979, S. 218 – 227

IGL, GERHARD: Die soziale Pflegeversicherung, in: NJW 1994, S. 3185 – 3194

IGL, GERHARD: Sozialrechtliche Stellung mitmenschlich und ehrenamtlich Engagierter – Bestandsaufnahme und Zukunftsperspektiven, in: SGb 2002, S. 705 – 714, 2003, 6 – 12

ISENSEE, JOSEF: Gemeinwohl und Staatsaufgaben im Verfassungsstaat, in: Isensee, Josef; Kirchhof, Paul (Herausg.): Handbuch des Staatsrechts der Bundesrepublik Deutschland Bd. III – Das Handeln des Staates, 2. Aufl., Heidelberg 1996, S. 3 – 82

ISENSEE, JOSEF: Affekt gegen Institutionen – überlebt das Berufsbeamtentum?, in: ZBR 1998, S. 295 – 312

ISENSEE, JOSEF: Staat und Verfassung, in: Isensee, Josef; Kirchhof, Paul (Herausg.): Handbuch des Staatsrechts der Bundesrepublik Deutschland, Bd. II – Verfassungsstaat, 3. Aufl., Heidelberg 2004, S. 3 – 106

ISENSEE, JOSEF; KIRCHHOF, PAUL (Herausg.): Handbuch des Staatsrechts der Bundesrepublik Deutschland, Bd. III – Das Handeln des Staates, 2. Aufl., Heidelberg 1996

ISENSEE, JOSEF; KIRCHHOF, PAUL (Herausg.): Handbuch des Staatsrechts der Bundesrepublik Deutschland, Bd. I – Historische Grundlagen, 3. Aufl., Heidelberg 2003

ISENSEE, JOSEF; KIRCHHOF, PAUL (Herausg.): Handbuch des Staatsrechts der Bundesrepublik Deutschland, Bd. II – Verfassungsstaat, 3. Aufl., Heidelberg 2004

ISENSEE, JOSEF: Transformation von Macht in Recht – das Amt, in: ZRB 2004, S. 3 – 12

JACHMANN, MONIKA; STRAUß, THOMAS: Berufsbeamtentum, Funktionsvorbehalt und der „Kaperbrief für den Landeinsatz“, in: ZRB 1999, S. 289 – 300

JANN, WERNER: Neues Steuerungsmodell, in: Blanke, Bernhard; Bandemer, Stefan von; Nullmeier, Frank; Wewer, Göttrik (Herausg.): Handbuch zur Verwaltungsreform, Opladen 1998, S. 70 – 80

JANN, WERNER: Hierarchieabbau und Dezentralisierung, in: Blanke, Bernhard; Bandemer, Stefan von; Nullmeier, Frank; Wewer, Göttrik (Herausg.): Handbuch zur Verwaltungsreform, Opladen 1998, S. 230 – 238

JANTZEN, WOLFGANG: Gesundheit als humanwissenschaftliche Kategorie, in: Deppe, Ulrich (Herausg.): Öffentliche Gesundheit = Public Health, Frankfurt, New York 1991, S. 25 – 59

JEAND'HEUR, BERND: Kindeswohl, staatliches Wächteramt und Reform des Kinder- und Jugendhilferechts, in: RdJB 1992, S. 165 – 175

JELLINEK, WALTER: Verwaltungsrecht, 3. Aufl. 1931, Neudruck: Bad Homburg vor der Höhe (und andere) 1966

JENKS, STUART: Von den archaischen Grundlagen bis zur Schwelle der Moderne (ca. 1000 – 1450), in: North, Michael (Herausg.): Deutsche Wirtschaftsgeschichte. Ein Jahrtausend im Überblick, München 2000, S. 15 – 106

JESERICH, KURT G. A.; POHL, HANS; UNRUH, GEORG-CHRISTOPH VON (Herausg.): Deutsche Verwaltungsgeschichte, Bd. 1: Vom Spätmittelalter bis zum Ende des Reiches, Stuttgart 1983

JESERICH, KURT G. A.; POHL, HANS; UNRUH, GEORG-CHRISTOPH VON (Herausg.): Deutsche Verwaltungsgeschichte, Bd. 2: Vom Reichsdeputationshauptschluss bis zur Auflösung des Deutschen Bundes, Stuttgart 1983

JESERICH, KURT G. A.; POHL, HANS; UNRUH, GEORG-CHRISTOPH VON (Herausg.): Deutsche Verwaltungsgeschichte, Bd. 3: Das Deutsche Reich bis zum Ende der Monarchie, Stuttgart 1984

JESERICH, KURT G. A.; POHL, HANS; UNRUH, GEORG-CHRISTOPH VON (Herausg.): Deutsche Verwaltungsgeschichte, Bd. 4: Das Reich als Republik und in der Zeit des Nationalsozialismus, Stuttgart 1985

JESERICH, KURT G. A.; POHL, HANS; UNRUH, GEORG-CHRISTOPH VON (Herausg.): Deutsche Verwaltungsgeschichte Bd. 5: Die Bundesrepublik Deutschland, Stuttgart 1986

JOCHUM, HEIKE: Die Bundesauftragsverwaltung im Umbruch: Wie weit reicht die Sachkompetenz des Bundes?, in: DÖV 2003, S. 16 – 23

JOCKENHÖVEL-SCHIECKE, HELGA: Jugendhilfe in der DDR: Erste Begegnungen nach den Jahren der getrennten Entwicklung, in: NDV 1990, S. 143 – 149

JÜRGENS, GUNTER: Die verfassungsrechtliche Stellung Behinderter nach Änderung des Grundgesetzes, in: ZFSH/ SGB 1995, S. 353 – 360

JUTZI, SIEGFRIED: Verfassungsreform in Rheinland-Pfalz, in: NJW 2000, S. 1295 – 1297

JUTZI, SIEGFRIED: Einleitung C: Verhältnis des Landesverfassungsrechts zum Bundes- und Europarecht, in: Grimm, Christoph; Caesar, Peter (Herausg.): Verfassung für Rheinland-Pfalz, 1. Aufl., Baden-Baden 2001, S. 15 – 26

KÄMMERER, JÖRN: Strategien zur Daseinsvorsorge, in: NVwZ 2004, S. 28 – 34

KALTENBORN, BRUNO: Reformvorschläge für die Sozialhilfe – und ihre Achillesfersen, in: NDV 1999, S. 76 – 81

KALTENBORN, MARKUS: Die Sozialgesetzgebung des Reichskanzlers Fürst Otto von Bismarck, in: JZ 1998 S. 770 – 773

KALUZA, HILDEGARD: Der Europäische Sozialfonds, 1. Aufl., Baden-Baden 1998

KANDLER, HANS: Vom Kriegsopfer- zum sozialen Entschädigungsrecht: Das Versorgungsamt im Wandel der Nachkriegszeit, in: VersorgV 1996, S. 86 – 89; 1997, S. 22 – 26

KARASCH, JÜRGEN R.: 50 Jahre Bundesanstalt für Arbeit – Eine Erfolgsgeschichte geht zu Ende, in: Wege zur Sozialversicherung 2002, S. 200 – 204

KASTNER, DIETER: Die Rheinlande vom Wiener Kongress bis zum Ende des Ersten Weltkrieges, in: Kastner, Dieter; Torunsky, Vera: Kleine rheinische Geschichte 1815 – 1986, Köln 1987, S. 11 – 50

KASTNER, DIETER; TORUNSKY, VERA: Kleine rheinische Geschichte, Köln 1987

KAUFMANN, FRANZ-XAVER: Diskurse über Staatsaufgaben, in: Grimm, Dieter (Herausg.): Staatsaufgaben, 1. Aufl., Baden-Baden 1994, S. 15 – 42

KAUFMANN, FRANZ-XAVER: Zur historischen und aktuellen Entwicklung des europäischen Staates, in: Blanke, Bernhard; Bandemer, Stephan von; Nullmeier, Frank; Weger, Göttrik (Herausg.): Handbuch zur Verwaltungsreform, Opladen 1998, S. 11 – 18

KEILMANN, ULRICH: Personalausgabenbudgetierung – Die Entwicklung in Rheinland-Pfalz seit 1996, in: VuM 2001, S. 160 – 164, 241 – 246, 311 – 314, 374 – 379

KESSLER, RAINER: Die gesetzlichen Grundlagen des sozialen Entschädigungsrechts, in: ZfS 2001, S. 235 – 240

KERSCHENSTEINER, ANTON: Kriegsbeschädigten- und Kriegshinterbliebenenversorgung, in: Elster, Ludwig; Weber, Adolf; Wieser, Friedrich (Herausg.): Handwörterbuch der Staatswissenschaften, 5. Band, 4. Aufl., Jena 1923, S. 959 – 970

KIESER, ALFRED: Max Webers Analyse der Bürokratie, in: Kieser, Alfred (Herausg.): Organisationstheorien, 5. Aufl., Stuttgart 2002, S. 39 – 64

KIESER, ALFRED (Herausg.): Organisationstheorien, 5. Aufl., Stuttgart 2002

KIEHL, WALTER H.: Die Rechtsstellung Minderjähriger und Sorgeberechtigter im neuen Kinder- und Jugendhilfegesetz, in: ZRP 1990, S. 94 – 99

KILIAN, MICHAEL: Der Vorgang der deutschen Wiedervereinigung, in: Isensee, Josef; Kirchhof, Paul (Herausg.): Handbuch des Staatsrechts der Bundesrepublik Deutschland, Bd. I – Historische Grundlagen, 3. Aufl., Heidelberg 2003, S. 597 – 667

KINGREEN, THORSTEN: Wettbewerbsrechtliche Aspekte des GKV-Modernisierungsgesetzes, in: MedR 2004, S. 188 - 197

KIRCHHOF, FERDINAND: Das Haushaltsrecht als Steuerungsressource –Neue Steuerungstechniken im Staatshaushalt zum Abbau seines strukturellen Defizits–, in: Hoffmann-Riem, Wolfgang; Schmidt-Aßmann, Eberhard (Herausg.): Effizienz als Herausforderung an das Verwaltungsrecht, Baden-Baden 1998, S. 107 – 125

KIRCHHOF, FERDINAND: Klare Verantwortungsteilung von Bund, Ländern und Kommunen?, in: DVBl. 2004, S. 977 – 986

KLAAS, HELMUT (Bearb.): Die Entstehung der Verfassung für Rheinland-Pfalz. Eine Dokumentation, Boppard 1978

KLAGES, HELMUT: Wie sieht die Verwaltung der Zukunft aus?, in: VR 1995, S. 1 – 7

KLAGES, HELMUT: Zwischenbilanz der Verwaltungsmodernisierung in Deutschland, in: VuM 1997, S. 132 – 139

KLAGES, HELMUT: Erforderlicher Umbau ministerieller Strukturen, in: VOP 10/ 1997 S. 10 – 14

KLAGES, HELMUT: Leistungsmessung und Leistungsbeurteilung – Antik oder modern?, in: VuM 1999, S. 204 – 206

KLAGES, HELMUT: Nachhaltige Verwaltungsmodernisierung, in: VuM 2004, S. 4 – 12

KLARE, HENNING: Die Zustimmung zur Kündigung von Schwerbehinderten, in: br 1993, S. 73 – 80

KLEIN, HANS H.: Staatsziele im Verfassungsgesetz – Empfiehlt es sich, ein Staatsziel Umweltschutz in das Grundgesetz aufzunehmen?, in: DVBl. 1991, S. 729 – 739

KLEIN, OTTO: Die neue Versorgungsgesetzgebung, in: Kriegsopferversorgung 1952, S. 49 – 52

KLEIN, OTTO: Die Entwicklung des Versorgungswesens bis zum 1. Weltkriege, in: Kriegsopferversorgung 1952, S. 13 –15

KLIE, THOMAS: Verwaltungsverfahren Heimgesetz – Beteiligung von Heimbewohnern und Heimbeirat beim Verwaltungsverfahren nach dem Heimgesetz, in: ZfF 1988, S. 49 – 51

KLIMECKI, RÜDIGER: Auf dem Wege zu einer lernenden Verwaltung – Verwaltungsreform als institutioneller Lernprozess und die Rolle der Personalentwicklung, in: Wagner, Dieter (Herausg.): Personal und Personalmanagement in der modernen Verwaltung, Berlin 1998, S. 69 – 90

KLOEPFER, MICHAEL: Politische Klasse und Ämterpatronage, in: ZBR 2001, S. 189 – 194

KLOEPFER, MICHAEL: Bemerkungen zur Föderalismusreform, in: DÖV 2004, S. 566 – 571

KOCKA, JÜRGEN: Die Rolle der Stiftungen in der Bürgergesellschaft der Zukunft, in: Aus Politik und Zeitgeschichte, B 14/ 2004, S. 3 – 7

KÖNIG, KLAUS: System und Umwelt der öffentlichen Verwaltung, in: König, Klaus; Oertzen, Hans Joachim von; Wagener, Frido (Herausg.): Öffentliche Verwaltung in der Bundesrepublik Deutschland, 1. Aufl., Baden-Baden 1981, S. 13 – 36

KÖNIG, KLAUS: „Neue" Verwaltung oder Verwaltungsmodernisierung: Verwaltungspolitik in den 90er Jahren, in: DÖV 1995, S. 349 – 358

KÖNIG, KLAUS: Unternehmerisches oder exekutives Management – die Perspektive der klassischen öffentlichen Verwaltung, in: VerwArch 1996, S. 19 – 37

KÖNIG, KLAUS: Der Verwaltungsstaat in Deutschland, in: VerwArch 1997, S. 545 – 567

KÖNIG, KLAUS: Verwaltungsmodernisierung im internationalen Vergleich, in: DÖV 1997, S. 265 – 268

KÖNIG, KLAUS: Rückzug des Staates – Privatisierung der öffentlichen Verwaltung, in: DÖV 1998, S. 963 – 968

KÖNIG, KLAUS: Öffentliches Management und Governance als Verwaltungskonzepte, in: DÖV 2001, S. 617 – 625

KÖNIG, KLAUS; FÜRCHTNER, NATASCHA: „Schlanker Staat" zwischen Bonn und Berlin, in: VerwArch 1999, S. 1 – 20

KÖNIG, KLAUS; OERTZEN, HANS JOACHIM VON; WAGENER, FRIDO (Herausg.): Öffentliche Verwaltung in der Bundesrepublik Deutschland, 1. Aufl., Baden-Baden 1981

KOSIOL, ERICH: Organisation der Unternehmung, 2. Aufl., Wiesbaden 1976

KOSSENS, MICHAEL; WOLLSCHLÄGER, FRANK: Gesetz zur Förderung der Ausbildung und Beschäftigung schwerbehinderter Menschen, in: ZFSH/ SGB 2004, S. 346 – 352

KRAUS, RUDOLF: Die Reform des Sozialhilferechts – Wesentliche Argumente im Gesetzgebungsverfahren, in: br 1996, S. 177 – 184

KRAUS, RUDOLF: Die neuen politischen Zielvorgaben zur „Verschlankung" der Staatsaufgaben. Der Sachverständigenstaat „Schlanker Staat" legte seine Beschlüsse vor, in: br 1998, S. 7 – 14

KRAUS, RUDOLF: Der neue § 1 a BVG – Zielvorgaben und Auslegungskriterien, in: br 1998, S. 145 – 154

KRAUS, RUDOLF: Entwicklung der Sozialhilfeleistungen 1967 – 1997 unter besonderer Berücksichtigung der Eingliederungshilfen für Behinderte, in: br 1999, S. 65 – 77

KREBS, WALTER: Verwaltungsorganisation, in: Isensee, Josef; Kirchhoff, Paul (Herausg.): Handbuch des Staatsrechts der Bundesrepublik Deutschland, Bd. III – Das Handeln des Staates, 2. Aufl., Heidelberg 1996, S. 567 – 621

KREUTZ, MARCUS: Was sind Integrationsunternehmen im Sinne des § 132 Abs. 1 SGB IX?, in: ZFSH/ SGB 2003, S. 341 – 343

KRINGE, OTTO: Verwaltungsrecht in der DDR, in: NJW 1981, S. 158 – 159

KRUIS, KONRAD: Finanzautonomie und Demokratie im Bundesstaat, in: DÖV 2003, S. 10 – 16

KÜHN, DIETRICH: Gesundheitsamt, in: Bauer, Rudolph (Herausg.): Lexikon des Sozial- und Gesundheitswesens, 2. Aufl., München 1996, S. 798 – 801

KÜNG, EMIL: Interventionismus, in: Beckenrath, Erwin von und andere Mitautoren: Handwörterbuch der Sozialwissenschaften, Sechster Band, Göttingen 1955 S. 321 – 329

KUNIG, PHILIP: Das Recht des öffentlichen Dienstes, in: Schmidt-Aßmann, Eberhard (Herausg.): Besonderes Verwaltungsrecht, 12. Ausg., Berlin 2003, S. 679 – 777

KUNIG, PHILIP: Kommentierung zu Art. 74, in: Münch, Ingo von; Kunig, Philip: Grundgesetz-Kommentar, Bd. 3, 5. Aufl., München 2003

KUNKEL, PETER-CHRISTIAN: Jugendhilfe und Schule – Zum Verhältnis beider Institutionen nach dem neuen Jugendhilferecht, in: RdJB 1990, S. 149 – 162

KUNKEL, PETER-CHRISTIAN: Rechtsfragen der Finanzierung freier Träger, in: ZfJ 2000, S. 413 – 420

KUNKEL, PETER-CHRISTIAN: Existenzsicherung in SGB II und SGB XII, in: ZFSH/ SGB 2004, S. 280 – 285

KUNZ, EDUARD: Zur Frage der Zulässigkeit der geschlossenen Unterbringung von Personen in Alten- und Pflegeheimen, in: ZFSH/ SGB 1983, S. 66 – 69

KUNZ, EDUARD: Schwerbeschädigten-Betreuung in der DDR: Anerkennungsverfahren und berufliche Rehabilitation, in: br 1990, S. 73 – 77

KUNZ, EDUARD; BUTZ, MANFRED; WIEDEMANN, EDGAR: Heimgesetz Kommentar, 9. Aufl., München 2003

KUNZ, EDUARD; ZELLNER, GERHARD: Opferentschädigungsgesetz Kommentar, 3. Aufl., München 1995

KUNZE, THOMAS: Das neue Schwerbehindertenrecht – Probleme und Konsequenzen im sozialrechtlichen Bereich, in: Der Versorgungsbeamte 1987, S. 2 – 7

LABISCH, ALFONS: Der öffentliche Gesundheitsdienst (öGD) angesichts neuer öffentlicher Gesundheitsleistungen (new public health), in: Deppe, Ulrich (Herausg.): Öffentliche Gesundheit = Public Health, Frankfurt, New York 1991, S. 84 – 102

LABISCH, ALFONS: Entwicklungslinien des öffentlichen Gesundheitsdienstes in Deutschland. Vorüberlegungen zur historischen Soziologie öffentlicher Gesundheitsvorsorge, in: Öffentliches Gesundheitswesen 1982, S. 745 – 761

LADEUR, KARL-HEINZ: „Deliberative Demokratie“ und „Dritter Weg“ – eine neue Sackgasse?, in: Der Staat 2002, S. 3- 27

LAKIES, THOMAS: Probleme des Jugendhilferechts im System des Sozialgesetzbuches, in: ZfJ 1996, S. 451 – 456

LAMPING, WOLFGANG; SCHRIDDE, HENNING; PLAß, STEFAN; BLANKE, BERNHARD: Der aktivierende Staat. Positionen, Begriffe, Strategien, Bonn 2002

LANDESAMT FÜR SOZIALES, JUGEND UND VERSORGUNG (Herausg.): Tätigkeitsbericht 1998, Mainz, o. D.

LANDESAMT FÜR SOZIALES, JUGEND UND VERSORGUNG (Herausg.): Tätigkeitsbericht 1999, Mainz, o. D.

LANDESAMT FÜR SOZIALES, JUGEND UND VERSORGUNG (Herausg.): Tätigkeitsbericht 2000, Mainz, o. D.

LANDESAMT FÜR SOZIALES, JUGEND UND VERSORGUNG (Herausg.): Tätigkeitsbericht 2001, Mainz, o. D.

LANDESAMT FÜR SOZIALES, JUGEND UND VERSORGUNG (Herausg.): Tätigkeitsbericht 2002, Mainz, *o. D.*

LANDESAMT FÜR SOZIALES, JUGEND UND VERSORGUNG (Herausg.): Tätigkeitsbericht 2003, Mainz, o. D.

LAUFS, ADOLF: Arzt und Recht im Wandel der Zeit, in: MedR 1986, S. 163 – 170

LAUFS, ADOLF: 3. Kapitel: Die ärztliche Ausbildung, in: Laufs, Adolf; Uhlenbruck, Wilhelm (Herausg.): Handbuch des Arztrechts, 3. Aufl., München 2002, S. 83 – 97

LAUFS, ADOLF; UHLENBRUCK, WILHELM: (Herausg.): Handbuch des Arztrechts, herausgegeben von Adolf Laufs, bearbeitet von Herbert Genzel, Bernd-Rüdiger Kern, Dieter Krauskopf, Adolf Laufs, Gerhard H. Schlund, Klaus Usenheimer, 3. Aufl., München 2002

LAUX, EBERHARD: Vom Verwaltungskunden, in: DÖV 1996, S. 695 – 696

LAUX, EBERHARD: „Neue Steuerungsmodelle“, brauchbare Ansätze zur Verwaltungsmodernisierung?, in: Merchel, Joachim (Herausg.): Neue Steuerung: Tendenzen der Organisationsentwicklung in der Sozialverwaltung, Münster 1996, S. 129 – 144

LECHELER, HELMUT: Die Zukunft des Berufsbeamtentums, in: ZBR 1996, S. 1 – 6

LECHELER, HELMUT: Reform oder Deformation?, in: ZBR 1997, S. 206 – 211

LEIMBACH, THOMAS; BORSCHEL, ANDREAS: Das neue Landesverwaltungsamt in Sachsen-Anhalt, in: LKV 2004, S. 484 - 488

LEISLER, WALTER: Personaleinsparungen ohne Aufgabenreduktion?, in. ZBR 1998, S. 73 – 84

LEISNER, FRANZ: Kommentierung zu §§ 25 – 27 i BVG, in: Wilke, Gerhard (Herausg.): Soziales Entschädigungsrecht, Handkommentar zum Bundesversorgungsgesetz und Soldatenversorgungsgesetz (Kriegsopferversorgung), Opferentschädigungsgesetz, Bundes-Seuchengesetz (Impfschädenversorgung), begründet von Gerhard Wilke, fortgeführt von Gerhard Wunderlich, neu bearbeitet von Hans-Martin Fehl, Hans-Christian Förster, Franz Leisner, Stephan M. Sailer, 7. Aufl., Stuttgart, München, Hannover, Berlin, Weimar 1992

LENK, KLAUS: Außerrechtliche Grundlagen für das Verwaltungsrecht in der Informationsgesellschaft: Zur Bedeutung von Information und Kommunikation in der Verwaltung, in: Hoffmann-Riem, Wolfgang; Schmidt-Aßmann, Eberhard (Herausg.): Verwaltungsrecht in der Informationsgesellschaft, Baden-Baden 2000, S. 59 – 99

LENZ, GISELA: Die Rechtsbeziehungen zwischen Einrichtungen der freigemeinnützigen und kirchlichen Wohlfahrtspflege und den Trägern der Sozialhilfe im Bereich der Altenheime, in: ZFSH/SGB 1986, S. 162 – 166, 203 – 209

LERCHE, PETER: Kommentierung zu Art. 83, in: Maunz Theodor; Dürig, Günter und andere Mitherausgeber: Grundgesetz Kommentar, Loseblattausgabe, Lieferung 21, München, April 1983

LERCHE, PETER: Kommentierung zu Art. 84, in: Maunz, Theodor; Dürig, Günter und andere Mitherausgeber: Grundgesetz Kommentar, Loseblattausgabe, Lieferung 24, München Januar 1985

LERCHE, PETER: Kommentierung zu Art. 85, in: Maunz, Theodor; Dürig, Günter und andere Mitherausgeber: Grundgesetz Kommentar, Loseblattausgabe, Lieferung 26, München Januar 1987

LEY, RICHARD: Staats- und Verfassungsrecht, in: Ley, Richard; Prümm, Hans Paul (Herausg.): Staats- und Verwaltungsrecht in Rheinland-Pfalz, 2. Aufl., Baden-Baden 1990, S. 21 – 81

LEY, RICHARD; PRÜMM, HANS PAUL (Herausg.): Staats- und Verwaltungsrecht in Rheinland-Pfalz, 2. Aufl., Baden-Baden 1990

LINDNER, JOSEF FRANZ: Das BVerfG, der Länderfinanzausgleich und der Schleier des Nichtwissens, in: NJW 2000, S. 3757 – 3760

LINDNER, ULRIKE: Chronische Gesundheitsprobleme. Das deutsche Gesundheitssystem vom Kaiserreich bis in die Bundesrepublik, in: Aus Politik und Zeitgeschichte B 33-34/2003, S. 21 – 28

LINK, HEINZ-CHRISTOPH; REES, GEORG: Staatszwecke im Verfassungsstaat, Berlin, New York 1990

LÖRLER, SIGHART: Probleme einer zweistufigen Landesverwaltung in einem Flächenstaat, in: DÖV 1993, S. 244 – 248

LÖWER, WOLFGANG; TETTINGER, PETER J.: Kommentar zur Verfassung des Landes Nordrhein-Westfalen, Stuttgart, München, Hannover, Berlin, Weimar, Dresden 2002

LORSE, JÜRGEN: Die leistungsbezogenen Bezahlungselemente des Dienstrechtsreformgesetzes, in RiA 2000, S. 219 – 213

LORSE, JÜRGEN: Kollegiale Führungsstrukturen in öffentlichen Verwaltungen – Rechtsgrundlagen, Gestaltungsperspektiven in der Verwaltungspraxis, in: ZBR 2003, S. 185 – 198

LORSE, JÜRGEN: Personalentwicklung und Systemsteuerung einer dezentralen Personalwirtschaft, in: RiA 2004, S. 62 – 69

LOSCHELDER, WILHELM; SALZWEDEL, JÜRGEN (Herausg.): Verfassungs- und Verwaltungsrecht des Landes Nordrhein-Westfalen, Köln 1964

LOSCHELDER, WOLFGANG: Der Kampf um das Berufsbeamtentum – zum wievielten Mal? Anmerkungen zur Bewusstseinslage des grundgesetzlichen Gemeinwesens, in: ZBR 2004, S. 12 – 19

LÜDER, KLAUS: Ein kaufmännisches Rechnungswesen für die öffentliche Verwaltung?, in: Eichhorn, Peter (Herausg.): Doppik und Kameralistik, Baden-Baden 1987, S.-245 - 261

LÜDER, KLAUS: „Triumph des Marktes im öffentlichen Sektor?“ –Einigen Anmerkungen zur aktuellen Verwaltungsreformdiskussion–, in: DÖV 1996, S. 93 – 100

LÜDER, KLAUS: Konzeptionelle Grundlagen des Neuen Kommunalen Rechnungswesens (Speyerer Verfahren), Schriftenreihe des Innenministeriums Baden-Württemberg zum kommunalen Haushalts- und Rechnungswesen 1, Stuttgart 1996

LÜDER, KLAUS: Verpasste Chance – Das Haushaltsrechts-Fortentwicklungsgesetz vom 22.12.1997 und seine Konsequenzen für die Reform des öffentlichen Rechnungswesens-, in: DÖV 1998, S. 285 – 287

LÜDER, KLAUS: Innovationen im öffentlichen Rechnungswesen in Deutschland und Europa, in: Jann, Werner; König, Klaus; Landfried, Christine; Worbelmann, Peter (Herausg.): Politik und Verwaltung auf dem Weg in die transindustrielle Gesellschaft, Baden-Baden 1998, S. 217 – 226

LÜDER, KLAUS: Reform des öffentlichen Haushalts- und Rechnungswesens, in: DÖV 2000, S. 837– 845

LÜDER, KLAUS: Neues öffentliches Haushalts- und Rechnungswesen: Anforderungen, Konzept, Perspektiven, Berlin 2001

LÜDER, KLAUS (Herausg.): Öffentliche Verwaltung der Zukunft, Vorträge der 65. Staatswissenschaftlichen Fortbildungstagung 1997 der Hochschule für Verwaltungswissenschaften Speyer; Schriftenreihe der Hochschule Speyer Bd. 124, Berlin 1998

LÜDERITZ, ALEXANDER: Verbot von Kinderhandel und Ersatzmuttervermittlung durch Änderung des Adoptionsvermittlungsgesetzes, in: NJW 1990, S. 1633 – 1636

LUHMANN, NIKLAS: Zweck-Herrschaft-System, Grundbegriffe und Prämissen Max Webers, in: Mayntz, Renate (Herausg.): Bürokratische Organisation, 2. Aufl., Köln, Berlin 1971, S. 36 – 55

LUTHE, ERNST-WILHELM: Einige Anmerkungen zum Sozialsubventionsrecht, in: NDV 1994, S. 377 – 380

MAAßEN, JOACHIM: Integrationsprojekte: Was und warum?, in: br 2004, S. 26 – 27

MÄDER, WERNER: Europäische Arbeitsmarktpolitik – Rechtlicher Rahmen des EG-Vertrages, in: ZFSH/ SGB 1997, S. 3 – 17; 71 – 80

MÄDING, ERHARD: Aufgabenfelder und Aufgabenzuordnung der Republik, in: Jeserich, Kurt G. A.; Pohl, Hans; Unruh, Georg-Christoph von (Herausg.): Deutsche Verwaltungsgeschichte, Bd. 4: Das Reich als Republik und in der Zeit des Nationalsozialismus, Stuttgart 1985, S. 92 – 110

MARBURGER, HORST: Die Aufsicht in der Sozialversicherung, in: DÖD 2003, S. 232 – 237

MARGENDANT, UDO: Die Föderalismusdiskussion in Deutschland, in: Aus Politik und Zeitgeschichte, B 29-30/ 2003, S. 6 – 13

MASUCH, PETER: Kommentierung zu § 118 SGB IX, in: Hauck, Karl; Noftz, Wolfgang (Herausg.): SGB IX Rehabilitation und Teilhabe behinderter Menschen, Kommentar, 2. Bd., Berlin 2001

MASUCH, PETER: Die Beeinträchtigung der Teilhabe in der Gesellschaft. Die Rechtsprechung des Bundessozialgerichts auf dem Weg zum neuen Behindertenbegriff, in: Wulffen, Matthias von; Krasney, Otto Ernst (Herausg.): Festschrift 50 Jahre Bundessozialgericht, Köln, Berlin, München 2004, S. 199 – 219

MATZEDER, KARL: Neue Konzepte zur beruflichen Eingliederung von Menschen mit Behinderungen, in: br 1999, S. 121 – 129

MATZEDER, KARL: Konzeption Servicestelle, in: br. 2003, S. 69 – 75

MAUNZ, THEODOR: Kommentierung zu Art. 28, in: Maunz, Theodor, Dürig, Günter und andere Mitherausgeber: Grundgesetz Kommentar, Loseblattausgabe, München Mai 1977

MAUNZ, THEODOR: Kommentierung zu Art. 104 a, in: Maunz, Theodor; Dürig, Günter und andere Mitherausgeber: Grundgesetz Kommentar, Loseblattausgabe, München Mai 1977

MAUNZ, THEODOR; Kommentierung zu Art. 30, in: Maunz, Theodor; Dürig, Günter und andere Mitherausgeber: Grundgesetz Kommentar, Loseblattausgabe, Lieferung 20, München November 1982

MAUNZ, THEODOR: Kommentierung zu Art. 114, in: Maunz, Theodor, Dürig, Günter und andere Mitherausgeber: Grundgesetz Kommentar, Loseblattausgabe, Lieferung 23, München Oktober 1984

MAUNZ, THEODOR: Kommentierung zu Art. 74 a, in: Maunz, Theodor; Dürig, Günter und andere Mitherausgeber: Grundgesetz Kommentar, Loseblattausgabe, Lieferung 27, München November 1988, Art. 74 a

MAUNZ, THEODOR: Sozialrecht, in: Maunz, Theodor; Obermayer, Klaus; Berg, Wilfried; Knemeyer, Franz-Ludwig (Herausg.): Staats- und Verwaltungsrecht in Bayern, 5. Aufl., Stuttgart, München, Hannover 1988, S. 627 – 650

MAUNZ, THEODOR: Verfassungsrecht und Staatsorganisation, in: Maunz, Theodor; Obermayer, Klaus; Berg, Wilfried; Knemeyer, Franz-Ludwig (Herausg.): Staats- und Verwaltungsrecht in Bayern, 5. Aufl., Stuttgart, München, Hannover 1988, S. 17 – 83

MAUNZ, THEODOR: Verfassungs- und Verfassungsprozessrecht, in: Berg, Wilfried; Knemeyer, Ludwig; Papier, Hans-Jürgen; Steiner, Udo: Staats- und Verwaltungsrecht in Bayern, 6. Aufl., Stuttgart, München, Hannover, Berlin, Weimar, Dresden 1996, S. 1 – 96

MAUNZ, THEODOR; DÜRIG, GÜNTER: Kommentierung zu Art. 11, in: Maunz, Theodor; Dürig, Günter und andere Mitherausgeber: Grundgesetz Kommentar, München September 1970

MAUNZ, THEODOR; DÜRIG, GÜNTER: Kommentierung zu Art. 74, in: Maunz, Theodor; Dürig, Günter und andere Mitherausgeber: Grundgesetz Kommentar, Lieferung 23, München Oktober 1984

MAUNZ, THEODOR; HERZOG, ROMAN; SCHOLZ, RUPERT, Kommentierung zu Art. 29, in: Maunz, Theodor; Dürig, Günter und andere Mitherausgeber: Grundgesetz Kommentar, Loseblattausgabe, Lieferung 32, München Oktober 1996

MAUNZ, THEODOR; OBERMAYER, KLAUS; BERG, WINFRIED; KNEMEYER, FRANZ-LUDWIG (Herausg.): Staats- und Verwaltungsrecht in Bayern, 5. Aufl., Stuttgart, München, Hannover 1988

MAUNZ, THEODOR; ZIPPELIUS, REINHOLD: Deutsches Staatsrecht, 30. Aufl., München 1998

MAURER, HANS-ULRICH: Das Gesetz zur Regelung von Rechtsfragen auf dem Gebiet der internationalen Adoption und zur Weiterentwicklung des Adoptionsvermittlungsrechts, in: FamRZ 2003, S. 1337 – 1354

MAURER, HARTMUT: Staatsrecht I, 2. Aufl., München 2001

MAURER, HARTMUT: Allgemeines Verwaltungsrecht, 14. Aufl., München 2002

MAYDELL, BERND BARON VON: Die Stellung der Sozialhilfe im System sozialer Sicherung –Eigenständigkeit und Abhängigkeit–, in: NDV 1978, S. 341 – 347

MAYDELL, BERND BARON VON; RULAND, FRANZ (Herausg.): Sozialrechtshandbuch (SRH), 2. Aufl., Neuwied 1996

MAYDELL, BERND BARON VON; RULAND, FRANZ (Herausg.): Sozialrechtshandbuch (SRH), 3. Aufl., Baden-Baden 2003

MAYER, FRANZ; ULE, CARL HERMANN (Herausg.): Staats- und Verwaltungsrecht in Rheinland-Pfalz, Stuttgart 1969

MAYNTZ, RENATE: Max Webers Idealtypus der Bürokratie und die Organisationssoziologie, in: Mayntz, Renate (Herausg.): Bürokratische Organisation, 2. Aufl., Köln, Berlin 1971, S. 27 – 35

MAYNTZ, RENATE (Herausg.): Bürokratische Organisation, 2. Aufl., Köln, Berlin 1971

MAYNTZ, RENATE: Soziologie der öffentlichen Verwaltung, 4. Aufl. (Nachdruck der 3. Aufl. 1985), Heidelberg 1997

MEDER, THEODOR: Die Verfassung des Freistaats Bayern, Handkommentar, 4. Aufl., Stuttgart, München, Hannover, Berlin 1992

MEHDE, VEITH: Das dienstliche Beurteilungswesen vor der Herausforderung des administrativen Modernisierungsprozesses, in: ZBR 1998, S. 229 – 236

MEHDE, VEITH: Ausübung von Staatsgewalt und Public Private Partnership, in: VerwArch 2000, S. 540 – 565

MEIXNER, HANNS-EBERHARD: Personalpolitik, Köln, Berlin, Bonn, München 1982

MEIXNER, HANNS-EBERHARD: Personal- und Organisationsentwicklung, Bonn 1996

MEIXNER, HANNS-EBERHARD: Lust statt Frust in der öffentlichen Verwaltung – Wege aus der Führungskrise, Köln, Berlin, Bonn, München 1998

MENZEL, JÖRG: Einführung, in: Löwer, Wolfgang; Tettinger, Peter J.: Kommentar zur Verfassung des Landes Nordrhein-Westfalen, Stuttgart, München, Hannover, Berlin, Weimar, Dresden 2002, S. 25 – 62

MERCHEL, JOACHIM: Die Fiktion einer „überörtlichen Jugendhilfeplanung“ – Anmerkung zu einer Verlautbarung der Bundesarbeitsgemeinschaft der Landesjugendämter, in: ZfJ 1998, S. 376 – 380

MERCHEL, JOACHIM; SCHRAPPER, CHRISTIAN: Einleitung: „Neue Steuerung" in der Sozialverwaltung – Hoffnungen, Skepsis und Fragen gegenüber einem neuen Modernisierungskonzept, in: Merchel, Joachim (Herausg.): Neue Steuerung: Tendenzen der Organisationsentwicklung in der Sozialverwaltung, Münster 1996, S. 7 – 15

MERCHEL, JOACHIM (Herausg.): Neue Steuerung: Tendenzen der Organisationsentwicklung in der Sozialverwaltung, Münster 1996

MERTEN, DETLEF: Über Staatsziele, in: DÖV 1993, S. 368 – 377

MERTEN, DETLEF: Das Berufsbeamtentum als Element der Rechtsstaatlichkeit, in: ZBR 1999, S. 1 – 11

MERTEN, DETLEF; PITSCHAS, RAINER: Sozialverwaltung im Reformprozess: Verfassungsrechtliche und verwaltungswissenschaftliche Studie zur Modernisierung der Sozialverwaltung am Beispiel Nordrhein-Westfalens, Schriftenreihe der Hochschule Speyer Bd. 123, Berlin 1997

MESSMER, HEINZ: Zwischen Qualität und Kosteneffizienz – Entwicklungen in der Heimerziehung in Folge der gesetzlichen Neuregelungen nach §§ 78 a – g SGB VIII aus der Sicht der Leistungserbringer, in ZfJ 2004, S. 50 – 59

MEYER-TESCHENDORF, KLAUS G.; HOFMANN, HANS: Zwischenergebnisse des Sachverständigenrats „Schlanker Staat" – Qualifizierte Aufgabenkritik – Testkatalog für den Gesetzgeber – Flexibilisierung des Haushaltswesens –, in: DÖV 1997, S. 268 – 277

MILLER, MANFRED: Vorstudien zur Organisation und Reform von Landesverwaltungen, Bd. 1, Speyerer Forschungsberichte 149, 3. Aufl., Speyer 1998

MINISTERIUM DES INNEREN UND FÜR SPORT RHEINLAND-PFALZ (Herausg.): Die Reform und Neuorganisation der Landesverwaltung, Mainz 2000

MINISTERIUM DER FINANZEN RHEINLAND-PFALZ (Herausg.): Handbuch der standardisierten Kosten- und Leistungsrechnung, Mainz, August 2000

MÖLLER, HORST: Preußen, in: Jeserich, Kurt G. A.; Pohl, Hans; Unruh, Georg-Christoph von (Herausg.): Deutsche Verfassungsgeschichte, Bd. 4: Das Reich als Republik und in der Zeit des Nationalsozialismus, Stuttgart 1985, S. 540 – 557

MÖSCHEL, WERNHARD: Zum Subsidiaritätsprinzip im Vertrag von Maastricht, in: NJW 1993, S. 3025 – 3028

MÖRSBERGER, THOMAS: Kommentierung zu § 48, in: Wiesner, Reinhard (Herausg.): SGB VIII – Kinder- und Jugendhilfe, 2. Aufl., München 2000, S. 747 – 750

MORITZ, HEINZ PETER: Die rechtliche Integration behinderter Menschen nach SGB IX, BGG und Antidiskriminierungsgesetz, in: ZFSH/ SGB 2002, S. 204 – 214

MORSEY, RUDOLF: Die Erfüllung von Aufgaben des Norddeutschen Bundes und des Reiches durch Behörden des Bundes und des Reiches, in: Jeserich, Kurt G. A.; Pohl, Hans; Unruh, Georg-Christoph von (Herausg): Deutsche Verwaltungsgeschichte, Bd. 3: Das Deutsche Reich bis zum Ende der Monarchie, Stuttgart 1984, S. 138 – 186

MROZYNSKI, PETER: Berufliche Rehabilitation und behindertengerechte Arbeit, in: SGb 1993, S. 103 – 111

MROZYNSKI, PETER: Pflege zwischen Versicherung und Sozialhilfe, Teil 1: Der Versicherungsfall, in: SGb 1996, S. 565 – 571; Teil 2 und Schluss: Die Leistungen, in: SGb 1996, S. 626 – 631

MROZYNSKI, PETER: Rehabilitationsleistungen – Integrierte Versorgung im gegliederten System: Überlegungen zum SGB IX, in: SGb 2001, S. 277 – 286

MROZYNSKI, PETER: Neue Perspektiven der beruflichen Förderung behinderter Menschen, in: SGb 2004, S. 259 – 271

MROZYNSKI, PETER: Paradigmenwechsel in der Sozialgesetzgebung, in: Bayerische Sozialnachrichten 3/ 2004, S. 3 – 9

MROZYNSKI, PETER: Grundsicherung für Arbeitssuchende, im Alter, bei voller Erwerbsminderung und die Sozialhilfereform, in: ZFSH/ SGB 2004, S. 198 - 221

MÜHLUM, ALBERT: Sozialpolitik in der Modernisierungskrise – Befunde und Lösungsansätze, in: ZfJ 1998, S. 506 – 515

MÜLLER, GERD B.: Grundsätze der Stellenbewertung im öffentlichen Dienst, in: DÖD 1989, S. 155 - 164

MÜLLER, GERT: Verbesserung der Dienstleistungsorientierung durch Einrichtung von Bürgerbüros, in: RiA 2004, S. 7 – 15

MÜLLER, HORST: Gestaltungsmuster staatlicher Aufbauorganisation – Zu den Möglichkeiten und Grenzen der Neuformation von staatlichen Verwaltungen in den Flächenländern der Bundesrepublik-, in: DÖV 1994, S. 533 – 543

MÜLLER-TERPITZ, RALF: Kommentierung zu Art. 24, in: Löwer, Wolfgang; Tettinger, Peter J. (Herausg.): Kommentar zur Verfassung des

Landes Nordrhein-Westfalen, Stuttgart, München, Hannover, Berlin, Weimar, Dresden 2002, S. 447 – 462

MÜNCH, INGO VON; KUNIG, PHILIP (Herausg.): Grundgesetz-Kommentar, Bd. 3, 5. Aufl., München 2003

MÜNDER, JOHANNES: Das Jugendwohlfahrtsgesetz von 1922 –„in Kraft getreten"– 1953, in: RdJB 1990, S. 43 – 53

MÜNDER, JOHANNES: Umsetzungsprobleme des neuen Kinder- und Jugendhilfegesetzes, in: RdJB 1993, S. 388 – 399

MÜNDER, JOHANNES: 10 Jahre Kinder- und Jugendhilfegesetz: Renovierungs-, Modernisierungs-, Reformbedarf, in: RdJB 2000, S. 123 – 132

MÜNDER, JOHANNES: Der sozialhilferechtliche Übergang von Ansprüchen gegen zivilrechtlich Unterhaltspflichtige, in: NJW 2001, S. 2201 – 2210

MÜNDER, JOHANNES: Kinder- und Jugendhilferecht, in: Maydell, Bernd Baron von; Ruland, Franz (Herausg.): Sozialrechtshandbuch (SRH), 3. Aufl., Baden-Baden 2003, S. 1267 – 1294

MÜNDER, JOHANNES: Das SGB II – Die Grundsicherung für Arbeitssuchende, in: NJW 2004, S. 3209 - 3214

MÜNDER, JOHANNES; SCHRUTH, PETER: Zur gesetzlichen Deckelung der Pflegesätze, in: ZfF 1997, S. 100 – 107

MUSCHAL, ROBERT: Stellenobergrenzen für Beförderungsämter, in: RiA 1996, S. 114 – 115

MUTHESIUS, HANS: Reichsrechtliche Grundlagen der öffentlichen Fürsorgepflicht, 3. Aufl., Berlin, München 1949

MUTHIUS, ALBERT VON: Kommunalverwaltung und Kommunalpolitik, in: Jeserich, Kurt G. A.; Pohl, Hans, Unruh, Georg-Christoph von (Herausg.): Deutsche Verwaltungsgeschichte, Bd. 5: Die Bundesrepublik Deutschland, Stuttgart 1986, S. 312 – 348

NASCHOLD, FRIEDER: Produktivität öffentlicher Dienstleistungen, in: Naschold, Frieder; Pröhl, Marga (Herausg.): Produktivität öffentlicher Dienstleistungen, 3. Aufl., Gütersloh 1994, S. 363 – 413

NASCHOLD, FRIEDER; BOGUMIL, JÖRG: Modernisierung des Staates. New Public Management in deutscher und internationaler Perspektive, 2. Aufl., Opladen 2000

NASCHOLD, FRIEDER; PRÖHL, MARGA (Herausg.): Produktivität öffentlicher Dienstleistungen, Bd. 1, 3. Aufl., Gütersloh 1994

NEES, ALBIN: Sozialhilfe im Gebiet der neuen Bundesländer, in: br 1990, S. 153 – 159

NEHLS, JÜRGEN: Kommentierung zu § 116, in: Hauck, Karl; Noftz, Wolfgang (Herausg.): SGB X/ 3 Zusammenarbeit der Leistungsträger und ihre Beziehungen zu Dritten, Bonn 1985, 12. Lieferung III/ 2003, S. 1 – 57

NEUGEBAUER, KARL-VOLKER (Herausg.): Grundzüge der deutschen Militärgeschichte, *Bd. 1*, Freiburg 1993

NEUMANN, DIRK: Schwerbehindertengesetz: Gesetz zur Sicherung der Eingliederung von Schwerbehinderten in Arbeit, Beruf und Gesellschaft, begründet von Hermann Wilrodt und Otfried Gotzen, 3. Aufl. München 1976

NEUMANN, VOLKER: Der verfassungsrechtliche Begriff der Behinderung, in: NVwZ 2003, S. 897 – 900

NORTH, MICHAEL: Von der atlantischen Handelsexpansion bis zu den Agrarreformen (1450 – 1815), in: North, Michael (Herausg.): Deutsche Wirtschaftsgeschichte. Ein Jahrtausend im Überblick, München 2000, S. 107 – 191

NORTH, MICHAEL (Herausg.): Deutsche Wirtschaftsgeschichte. Ein Jahrtausend im Überblick, München 2000

NULLMEIER, FRANK: Input, Output, Outcome, Effektivität und Effizienz, in: Blanke, Bernhard; Bandemer, Stephan von; Nullmeier, Frank; Wewer, Göttrik (Herausg.): Handbuch zur Verwaltungsreform, Opladen 1998, S. 314 – 322

NULLMEIER, FRANK: Kennzahlen und Indikatoren, in: Blanke, Bernhard; Bandemer, Stephan von; Nullmeier, Frank; Wewer, Göttrik (Herausg.): Handbuch zur Verwaltungsreform, Opladen 1998, S. 339 – 347

OBERLOSKAMP, HELGA, Kommentierung zu Anhang III, in: Wiesner, Reinhard: (Herausg.), SGB VIII – Kinder und Jugendhilfe, 2. Aufl., München 2000., Anh. III, S. 1632 – 1691

OECHSLER, WALTER A.: Ist Leistung objektiv messbar?, in: ZBR 1996, S. 202 - 206

OECHSLER, WALTER A.; VAANHOLD, SILKE: Human Resource Management – Auswirkungen des New Public Management auf ein zeitgemäßes Personalmanagement in der öffentlichen Verwaltung, in: Budäus, Dietrich; Conrad, Peter; Schreyögg, Georg (Herausg.): New Public Management, Berlin, New York 1998, S. 151 – 190

OETTLE, KARL: Verkleinerung von Leistungsprogrammen („lean production“) in öffentlicher Wirtschaft und Verwaltung, in: Budäus, Dietrich (Herausg.): Organisationswandel öffentlicher Aufgabenwahrnehmung, 1. Aufl., Baden-Baden 1998, S. 155 – 175

OETTLE, KARL: Elemente der Ökonomisierung des Verwaltungshandelns, in: Die Verwaltung 1999, S. 291 – 312

OETTLE, KARL: Zur Bewältigung erfolgsrechnerischer Probleme im Neuen Kommunalen Rechnungswesen, in: Budäus, Dietrich; Küpper, Willi; Streitferdt, Lothar (Herausg.): Neues öffentliches Rechnungswesen, Wiesbaden 2000, S. 235 – 252

OFFCZORS, GÜNTER: Stillstand und Konzeptionslosigkeit im Schwerbehindertenrecht?, in: SGb 1991, S. 6 – 15

OHLER, CHRISTOPH: Die Abtretung öffentlich-rechtlicher Forderungen an Private, in: DÖV 2004, S. 518 – 525

OLSHAUSEN, TH. VON; SCHULTE-HOLTHAUSEN, TH.: Das Gesetz über das Verfahren in Versorgungssachen mit Ausführungsbestimmungen, 2. Aufl., München, Berlin, Leipzig 1926

OPPERMANN, THOMAS: Europarecht, 2. Aufl., München 1999

OSBORNE, DAVID; GAEBLER, TED: Der innovative Staat: Mit Unternehmergeist zur Verwaltung der Zukunft (Reinventing Government), Wiesbaden 1997

PALM, HERMANN: Verwaltungsreform und Mitbestimmung, in: Blanke, Bernhard; Bandemer, Stephan von; Nullmeier, Frank; Wewer, Göttrik (Herausg.): Handbuch zur Verwaltungsreform, Opladen 1998, S. 216 – 221

PAPIER, HANS-JÜRGEN: Rechtsfragen zur Finanzausstattung der Bezirke, in: BayVBl. 1994, S. 737 – 747

PAULITZ, HARALD: Interstaatliche Adoptionsvermittlung – Bestandsaufnahme und Perspektive, in: ZfJ 2001, S. 379 – 386

PENSKI, ULRICH: Staatlichkeit öffentlicher Verwaltung und ihre marktmäßige Modernisierung – Vereinbarkeit oder Widerspruch?-, in: DÖV 1999, S. 85 – 96

PETERS, ANNE: Die Ausfüllung von Spielräumen der Verwaltung durch Wirtschaftlichkeitserwägungen, in: DÖV 2001, S. 749 – 762

PETZINA, DIETMAR: Soziale und wirtschaftliche Entwicklung, in: Jeserich, Kurt G. A.; Pohl, Hans; Unruh, Georg-Christoph von: Deutsche Verwaltungsgeschichte, Bd. 4: Das Reich als Republik und in der Zeit des Nationalsozialismus, Stuttgart 1985, S.39 – 66

PEUTLER, HANS: Steuerliche Nachteilsausgleiche für Behinderte, in: br 2003, Beihefter S. I – XII

PICOT, ARNOLD; WOLFF, BIRGITTA: Zur ökonomischen Organisation öffentlicher Leistungen: „Lean Management" im öffentlichen Sektor?, in: Naschold, Frieder; Pröhl, Marga (Herausg.): Produktivität öffentlicher Dienstleistungen, 3. Aufl., Bielefeld 1994, S. 51 – 119

PITSCHAS, RAINER: Neubau der Sozialverwaltung, in: Die Verwaltung 1979, S. 409 – 432

PITSCHAS, RAINER: Öffentlicher Gesundheitsdienst und Verwaltungsverfahren, in: NJW 1986, S. 2861 – 2869

PITSCHAS, RAINER: Die Amtshilfe für und durch Sozialleistungsträger, in: SGb 1990, S. 233 – 244

PITSCHAS, RAINER: Verwaltungsverantwortung und Verwaltungsverfahren. Strukturprobleme, Funktionsbedingungen und Entwicklungsperspektiven eines konsensualen Verwaltungsrechts, München 1990

PITSCHAS, RAINER: Verwaltungsentwicklung in den ostdeutschen Bundesländern, in: DVBl. 1991, S. 457 – 466

PITSCHAS, RAINER: „Soziale" Kohäsionspolitik im Verfassungsstaat Europa und nationale Arbeitsvermittlung, in: SGb 1992, S. 477 – 487

PITSCHAS, RAINER: Inhalt und Reichweite des Mandats der Europäischen Gemeinschaft auf dem Gebiet der Gesundheitspolitik, in: Zeitschrift für Sozialreform 1993, S. 468 – 485

PITSCHAS, RAINER: Aspects of Max Weber's Theory of Bureaucracy and New Public Management Approach, in: The Indian Journal of Public Administration, Vol. XXXIX (1993), S. 643 – 651

PITSCHAS, RAINER: Europäische Gesundheitspolitik und berufliche Sozialarbeit im Gesundheitswesen, in: NDV 1994, S. 459 – 466

PITSCHAS, RAINER: Verwaltungsmodernisierung im Spannungsfeld von öffentlichem Dienstleistungsmanagement und dem Steuerungsanspruch des Rechts, in: Merchel, Joachim; Schrapper, Christian (Herausg.): Neue Steuerung: Tendenzen der Organisationsentwicklung in der Sozialverwaltung, Münster 1996, S. 107 – 128

PITSCHAS, RAINER: Verwaltungsmodernisierung und Verwaltungsrecht im „schlanken Staat", in: VuM 1996, S. 4 – 8, 83 – 85, 163 – 165

PITSCHAS, RAINER: Die Betreuung in der „schlanken" Sozialverwaltung – Betreuungsbehörden zwischen Bürokratie und Management, in: Bt.Prax. 1997, S. 212 – 217

PITSCHAS, RAINER: Organisationsrecht als Steuerungsressource in der Sozialverwaltung, in: Schmidt-Aßmann, Eberhard; Hoffmann-Riem, Wolfgang (Herausg.): Verwaltungsorganisationsrecht als Steuerungsressource, 1. Aufl., Baden-Baden 1997, S. 151 – 205

PITSCHAS, RAINER: Verwaltungsmodernisierung und lokale Demokratie – Bürgerschaftliches Engagement als Element des Neuen Öffentlichen Management, in: VuM 1997, S. 260 – 265

PITSCHAS, RAINER: Verwaltungsrecht im funktionalen Wandel des spätmodernen Staates, in: Pitschas, Rainer (Herausg.): Entwicklungen des Staats- und Verwaltungsrechts in Südkorea und Deutschland, Berlin 1998, S. 171 – 186

PITSCHAS, RAINER: Der „neue" soziale Rechtsstaat. Vom Wandel der Arbeits- und Sozialverfassung des Grundgesetzes, in: Ruland, Franz; Maydell, Bernd Baron von; Papier, Hans-Jürgen (Herausg.): Verfassung, Theorie und Praxis des Sozialstaats – Festschrift für Hans F. Zacher zum 70. Geburtstag, Heidelberg 1998, S. 755 – 775

PITSCHAS, RAINER: Struktur- und Funktionswandel der Aufsicht im Neuen Verwaltungsmanagement, in DÖV 1998, S. 907 – 915

PITSCHAS, RAINER: Verwaltungsmodernisierung im Gegenlicht der rechtsstaatlich-demokratischen Amts- und Dienstauffassung, in: VuM 1998, S. 324 – 331

PITSCHAS, RAINER: Verwaltungsmodernisierung, Dienstrechtsreform und neues Personalmanagement, in: Die Verwaltung 1999, S. 1 – 19

PITSCHAS, RAINER: Reform des sozialgerichtlichen Verfahrens. Zur Integration von Sozial- und allgemeiner Verwaltungsgerichtsbarkeit, in: SGb 1999, S. 385 – 393

PITSCHAS, RAINER: Dienstleistungsverwaltung und serviceorientierte Rechtskonkretisierung, in: BayVBl. 2000, S. 97 – 103

PITSCHAS, RAINER: Wirkungsorientierung des Verwaltungsmanagements im internationalen Vergleich, in: VuM 2000, S. 329 – 334

PITSCHAS, RAINER: Zielkonflikte der nationalen Reformaktivitäten. Ökonomisierung und Gemeinwohlmanagement als Gegensätze?, in: VOP 3/ 2001, S. 9 – 12

PITSCHAS, RAINER: Verantwortungskooperation zwischen Staat und Bürgergesellschaft. Vom hierarchischen zum partnerschaftlichen Rechtsstaat am Beispiel des Risikoverwaltungsrechts, in: Sommermann, Karl-Peter; Ziekow, Jan (Herausg.): Perspektiven der Verwaltungsforschung; Beiträge zur Wissenschaftlichen Arbeitstagung aus Anlass des 25-jährigen Bestehens des Forschungsinstituts für öffentliche Verwaltung vom 8. bis 10. Oktober 2001 in Speyer; Schriftenreihe der Hochschule Speyer, Band 154, Berlin 2002, S. 223 – 267

PITSCHAS, RAINER: Wandel des Sozialrechts und kommunale Finanzpolitik, Schriftenreihe des Niedersächsischen Städtetags, Heft 30, Großburgwedel 2002, ohne Paginierung. Meine Seitenangaben beziehen sich auf eine Durchnummerierung, beginnend mit S. 1 ab Textbeginn.

PITSCHAS, RAINER: Strukturen und Verfahrensweisen des Jugendamtes im kooperativen Rechts- und Sozialstaat, in: Sachverständigenkommission 11. Kinder- und Jugendbericht (Herausg.): Band 1: Strukturen der Kinder- und Jugendhilfe: Eine Bestandsaufnahme, München 2002, S. 163 – 263

PITSCHAS, RAINER: Polizeirecht im kooperativen Staat, in: DÖV 2002, S. 221 – 231

PITSCHAS, RAINER: Integration behinderter Menschen als Teilhabekonzept im Rechts- und Sozialvergleich: Zur Neuordnung des deutschen Rehabilitationsrechts, in: Maydell, Bernd Baron von; Pitschas, Rainer, Schulte, Bernd (Herausg.): Behinderung in Asien und Europa im Politik- und Rechtsvergleich, 1. Aufl., Baden-Baden 2003, S. 391 – 421

PITSCHAS, RAINER: Integration behinderter Menschen als Teilhabekonzept. Zur Neuordnung des deutschen Rehabilitationsrechts in vergleichender Perspektive, in: SGb 2003, S. 65 – 76

PITSCHAS, RAINER: Kommunale Sozialpolitik, in: Maydell, Bernd Baron von; Ruland, Franz (Herausg.): Sozialrechtshandbuch, 3. Aufl., Baden-Baden 2003, S. 1295 – 1353

PITSCHAS, RAINER: Neues Verwaltungsrecht im partnerschaftlichen Rechtsstaat? – Zum Wandel von Handlungsverantwortung und –formen der öffentlichen Verwaltung am Beispiel der Vorsorge für innere Sicherheit in Deutschland-, in: DÖV 2004, S. 231 – 238

PITSCHAS, RAINER: Das sozialrechtliche Verwaltungsverfahren im „aktivierenden" Sozialstaat. Verfahrensrechtliche Konsequenzen der staatlichen Verantwortungspartnerschaft mit der Bürgergesellschaft, in: Wulffen, Matthias von; Krasney, Otto Ernst (Herausg.): Festschrift 50 Jahre Bundessozialgericht, Köln, Berlin, München 2004, S. 765 – 782

PITSCHAS, RAINER: Die Zukunft der sozialen Sicherungssysteme, in: VVDStRL 64, S. 109 – 143

PITSCHAS, RAINER (Herausg.): Entwicklungen des Staats- und Verwaltungsrechts in Südkorea und Deutschland. Vorträge und Berichte auf dem Vierten Speyerer Forum zur Rechts- und Verwaltungszusammenarbeit der Hochschule für Verwaltungswissenschaften Speyer 1995, Schriftenreihe der Hochschule Speyer Bd. 127, Berlin 1998

PLAGEMANN, HERMANN: Ersatzpflichten Dritter, in: Maydell, Bernd Baron von; Ruland, Franz (Herausg.): Sozialrechtshandbuch (SRH), 3. Aufl., Baden-Baden 2003, S. 437 – 466

PÖPPL, ERNST J.: Das neue Schwerbehindertenrecht – Wichtige Verbesserungen in Kraft getreten, in: br 1986, S. 49 – 56

POHL, HANS: Die wirtschaftliche und soziale Entwicklung vom Spätmittelalter bis zum ausgehenden 18. Jahrhundert, in: Jeserich, Kurt G. A.; Pohl, Hans; Unruh, Georg-Christoph von (Herausg.): Deutsche Verwaltungsgeschichte, Bd. 1: Vom Spätmittelalter bis zum Ende des Reiches, Stuttgart 1983, S. 214 – 267

PORTYKUS, GERHARD: Jugendwohlfahrtsgesetz Kommentar, München, Berlin 1953

PORTYKUS, GERHARD: Das Reichsjugendwohlfahrtsgesetz von 1921 bis 1953, in: RdJ 1958, S. 7 – 10

PREIS, ULRICH: Eine notwendige Reform ohne sozialpolitischen Fortschritt – Die Neuordnung des Kinder- und Jugendhilferechts, in: ZRP 1990, S. 90 – 94

PREIS, ULRICH; KELLERMANN, BRITTA: Reform des Sozialstaats zwischen Sozialstaatsprinzip und Grundrechtsschutz, in: SGb 1999, S. 329 – 340

PRUNZEL, REGINE: Behinderte Menschen in Europa, in: br 2003, S. 42 – 48

PÜTTNER, GÜNTER: Verwaltungslehre, 3. Aufl., München 2000

PÜTTNER, GÜNTER; LOSCH, BERNHARD: Verwaltung durch Private und in privatrechtlicher Form, in: Jeserich, Kurt G. A.; Pohl, Hans; Unruh, Georg-Christoph von (Herausg.): Deutsche Verwaltungsgeschichte, Bd. 5: Die Bundesrepublik Deutschland, Stuttgart 1986, S. 368 – 385

PUSCHKE, DIETER: Die Organisation des rheinland-pfälzischen Landesamtes für Soziales, Jugend und Versorgung – Entwicklung, Bestand, Perspektiven, in: VersorgV 2002, S. 18 – 22, 39 – 42

QUAAS, MICHAEL: Die Arbeitsgemeinschaft nach dem neuen SGB II: Ungelöste Rechtsfragen zur Rechtsnatur der Einrichtung, in: SGb 2004, S. 725 – 731

RAMM, THILO: *Jugendrecht, ein Lehrbuch*, München 1990

RATZEL, RUDOLF: Grenzüberschreitender Gesundheitsmarkt innerhalb der EU, neue Chancen für Patienten und Leistungserbringer. Das deutsche Gesundheitswesen und der europäische Einigungsprozess, in: MedR 1999, S. 510 – 512

RAU, JOHANNES: 50 Jahre Nordrhein-Westfalen – Verwaltungsreform in Nordrhein-Westfalen, in: NWVBl. 1996, S. 321 – 325

RAULAND, MARCO: Die entscheidende Hürde, in: PTA heute 1999, S. 623 – 625

RAUSCHER, ANTON: Soziallehre, kirchliche, in: Albers, Willi und andere Mitherausgeber: Handwörterbuch der Wirtschaftswissenschaften (HdWW), Siebter Band, Stuttgard, New York, Tübingen, Göttingen, Zürich 1977, S. 41 - 51

RECHNUNGSHOF RHEINLAND-PFALZ: Kommunalbericht 2003, Speyer 2004

REHMANN, WOLFGANG A.: Arzneimittelgesetz, München 1999

REICH, ANDREAS: Verfassung des Landes Sachsen-Anhalt, Bad Honnef 1994

REICHARD, CHRISTOPH: Der Dritte Sektor - Entstehung, Funktion und Problematik von „Nonprofit"-Organisationen aus verwaltungswissenschaftlicher Sicht, in: DÖV 1988, S. 363 – 370

REICHARD, CHRISTOPH: Institutionelle Wahlmöglichkeiten bei der öffentlichen Aufgabenwahrnehmung, in: Dietrich Budäus (Herausg.): Organisationswandel öffentlicher Aufgabenwahrnehmung, 1. Aufl., Baden-Baden 1998, S. 121 – 153

REICHARD, CHRISTOPH: Interdependenzen zwischen Öffentlicher Betriebswirtschaftslehre und Public Management, in: Bräuning, Dietmar; Greiling, Dorothea (Herausg.): Stand und Perspektiven der Öffentlichen Betriebswirtschaftslehre, Berlin 1999, S. 47 – 54

REICHARD, CHRISTOPH: Personalmanagement, in: Blanke, Bernhard; Bandemer, Stephan von; Nullmeier, Frank; Wewer, Göttrik (Herausg.): Handbuch zur Verwaltungsreform, Opladen 1998, S. 166 – 173

REICHARD, CHRISTOPH; SCHRÖTER, ECKHARD: Verwaltungskultur in Ostdeutschland; empirische Befunde und personalpolitische Ansätze zur Akkulturation ostdeutscher Verwaltungsmitarbeiter; in: Pitschas, Rainer (Herausg.): Verwaltungsintegration in den neuen Bundesländern, Berlin 1993, S. 191 – 222

REICHSARBEITSMINISTERIUM (Herausg.): Handbuch der Reichsversorgung, Bd. I und II, Loseblattsammlung mit Änderungsdienst, Erstausgabe Berlin 1932

REIMANN, AXEL: Recht der Rehabilitation und Teilhabe behinderter Menschen, in: Maydell, Bernd Baron von; Ruland, Franz (Herausg.): Sozialrechtshandbuch (SRH), 3. Aufl., Baden-Baden 2003, S. 1433 - 1502

REIMANN, AXEL; SCHLIEHE, FERDINAND: Regelungen zu den gemeinsamen Servicestellen für Rehabilitation, in: Die Versorgungsverwaltung 2002, S. 62 – 67

REINERMANN, HEINRICH: 4 EDV-Phasen in der öffentlichen Verwaltung, in VOP 3/ 1989, S. 126 – 153

REINERMANN, HEINRICH: Die Krise als Chance: Wege innovativer Verwaltungen, Speyerer Forschungsberichte Bd. 139, 5. Aufl., Speyer 1995

REINERMANN, HEINRICH: Auswirkungen der Neuen Verwaltungskonzepte auf die Informationsverarbeitung, in: VOP 2/ 1995, S. 90 – 100

REINERMANN, HEINRICH: Virtuelle Organisationen, in: VerwArch 1996, S. 431 – 444

REINERMANN, HEINRICH: Das Internet und die öffentliche Verwaltung –Von der bürokratischen zur interaktiven Verwaltung?–, in: DÖV 1999, S. 20 – 25

REINERMANN, HEINRICH: Neues Politik- und Verwaltungsmanagement: Leitbild und theoretische Grundlagen, Speyerer Arbeitshefte 130, Speyer 2000

REINHARD, WOLFGANG: Geschichte der Staatsgewalt: Eine vergleichende Verfassungsgeschichte Europas von den Anfängen bis zur Gegenwart, 2. Aufl., München 2000

RICHTER, INGO: Das Kinder- und Jugendhilferecht als Teil des Sozialrechts, in: RdJB 2000, S. 112 – 123

RICHTER, RUDOLF; FURUBOTN, EIRIK G.: Neue Institutionenökonomik: Eine Einführung und kritische Würdigung, Tübingen 1996

RICHTER, WALTER: Controlling und Berichtswesen, in: Blanke, Bernhard; Bandemer, Stephan von; Nullmeier, Frank; Wewer, Göttrik

(Herausg.): Handbuch zur Verwaltungsreform, Opladen 1998, S. 347 – 356

RIECKER, ALBERT: Können die Gerichte das „Leistungsprinzip" durchsetzen?, in: ZBR 1997, S. 180 – 182

RIEDEL, HERMANN: Jugendwohlfahrtsgesetz Kommentar, 4. Aufl., Berlin 1965

RIETDORF, FRITZ: Verwaltungsorganisation, in: Loschelder, Wilhelm; Salzwedel, Jürgen (Herausg.): Verfassungs- und Verwaltungsrecht des Landes Nordrhein-Westfal*en*, Köln 1964, S. 93 – 119

RIEß, WERNER: Die Gleichstellung nach § 2 Schwerbehindertengesetz, in: br 1991, S. 49 – 52

RITTER, GERHARD A.: Der Sozialstaat: Entstehung und Entwicklung im internationalen Vergleich, München 1989

ROELLECKE, GERT: Das Interesse der Rechtswissenschaft am Nichtwissen, in: DÖV 2003, S. 896 – 901

ROEMER, HANNS: Die versorgungsrechtliche Kausaltheorie im Spiegel einer allgemeinen Haftungslehre (Ein Beitrag zu einer für die versorgungsrechtliche Entscheidung bedeutsamen rechtssystematischen Orientierung), in: SGb 1963, S. 392 – 395

ROHR, KURT: Bundesauftragsverwaltung in der Kriegsopferversorgung, in: Der Versorgungsbeamte 1969, S. 113 – 114

ROHR, KURT; STRÄßER, HORST (Herausg.): Bundesversorgungsrecht und Verfahrensrecht Handkommentar, ab. der 56./58. Lfg. fortgeführt von Dirk Dahm, unter Mitarbeit von Heinz-Harro Rauschelbach, Jürgen Pohlmann, 6. Aufl., 69. Lfg., St. Augustin 2002

ROHWER-KAHLMANN, HARRY: Die Soziale Fürsorge nach dem BVG – Teil der öffentlichen Fürsorge oder der Versorgung, in: ZfF 1951, S. 230 – 232

ROHWER-KAHLMANN, HARRY: Das Schwerbeschädigtengesetz – ein Gesetz des guten Willens, in: Die Kriegsopferversorgung 1953, S. 104 – 106

ROHWER-KAHLMANN: HARRY: Das Schwerbeschädigtengesetz, in: Die Kriegsopferversorgung 1953, 113 – 116

ROßNAGEL, ALEXANDER: Das elektronische Verwaltungsverfahren, in: NJW 2003, S. 469 – 475

ROTHKEGEL, RALF: Sozialhilferecht im Umbruch, in: ZFSH/ SGB 2004, S. 396 – 409

RUDOLF, WALTER: Entstehungsgeschichte des Landes Rheinland-Pfalz, in: Grimm, Christoph; Caesar, Peter (Herausg.): Verfassung für Rheinland-Pfalz Kommentar, 1. Aufl., Baden-Baden 2001, S. 1 – 14

RÜFNER, WOLFGANG: Die Verwaltung in den einzelnen Staaten (ab 1808 bzw. 1815): Preußen – Die Verwaltungstätigkeit unter Restauration und Restitution, in: Jeserich, Kurt G. A.; Pohl, Hans; Unruh, Georg-Christoph von (Herausg.): Deutsche Verwaltungsgeschichte, Bd. 2: Vom Reichsdeputationshauptschluss bis zur Auflösung des Deutschen Bundes, Stuttgart 1983, S. 470 – 502

RÜFNER, WOLFGANG: Die Entwicklung der Verwaltung in den Bundesstaaten: Preußen in: Jeserich, Kurt G. A.; Pohl, Hans; Unruh, Georg-Christoph von (Herausg.): Deutsche Verwaltungsgeschichte, Bd. 3: Das Deutsche Reich bis zum Ende der Monarchie, Stuttgart 1984, S. 678 – 713

RÜFNER, WOLFGANG: Die Entwicklung der Verwaltungsgerichtsbarkeit, in: Jeserich, Kurt G. A.; Pohl, Hans; Unruh, Georg-Christoph von (Herausg.): Deutsche Verwaltungsgeschichte, Bd. 3: Das Deutsche Reich bis zum Ende der Monarchie, Stuttgart 1984, S. 909 – 930

RÜFNER, WOLFGANG: Die Entwicklung der Verwaltungsgerichtsbarkeit, in: Jeserich, Kurt G. A.; Pohl, Hans; Unruh, Georg-Christoph von (Herausg.): Deutsche Verwaltungsgeschichte, Bd. 4: Das Reich als Republik und in der Zeit des Nationalsozialismus, Stuttgart 1985, S. 639 – 650

RÜFNER, WOLFGANG: Daseinsvorsorge und soziale Sicherheit, in: Isensee, Josef; Kirchhoff, Paul (Herausg.): Handbuch des Staatsrechts der Bundesrepublik Deutschland, Bd. III – Das Handeln des Staates, 2. Aufl., Heidelberg 1996, S. 1038 – 1085

RÜFNER, WOLFGANG: Kinder- und Jugendhilferecht, in: Achterberg, Norbert; Püttner, Günter; Würtenberger, Thomas (Herausg.): Besonderes Verwaltungsrecht Bd. II, 2. Aufl., Heidelberg 2000, S. 968 – 985

RÜFNER, WOLFGANG: Sozialhilferecht, in: Achterberg, Norbert; Püttner, Günter; Würtenberger, Thomas (Herausg.): Besonderes Verwaltungsrecht Bd. II, 2. Aufl, Heidelberg 2000, S. 927 – 967

RÜLING, ANNELI; KASSNER, KARSTEN; GROTTIAN, PETER: Geschlechterdemokratie leben – Junge Eltern zwischen Familienpolitik und Alltagserfahrungen, in: Aus Politik und Zeitgeschichte, B 19/ 2004, S. 11 – 18

RÜRUP, BERT: Controlling als Instrument effizienzsteigernder Verwaltungsreform?, in: Aus Politik und Zeitgeschichte, B 5/ 1995, S. 3 – 10

RÜRUP, BERT: Effizienzrevolution in der öffentlichen Verwaltung - Wann, wenn nicht jetzt?, in: VuM 2000, S. 265 – 268

RÜTER, KLAUS: Rheinland-Pfalz auf dem Weg zu einer modernen öffentlichen Verwaltung, in: DÖV 1997, 908 – 911

RUF, THOMAS: Umstellung des Gesundheitswesens der DDR – ein schwieriges Problem, in: ZfS 1990, S. 210 – 213

RULAND, FRANZ: Zur Zukunft von gesetzlicher Rentenversicherung und Beamtenversorgung, in: NVwZ 1995, S. 417 – 426

RULAND, FRANZ: Sozialrecht, in: Schmidt-Aßmann, Eberhard (Herausg.): Besonderes Verwaltungsrecht, Berlin, New York 1999, S. 779 – 882

RULAND, FRANZ: Solidarität, in: NJW 2002, S. 3518 – 3519

RUPP, HANS HEINRICH: Die Unterscheidung von Staat und Gesellschaft, in: Isensee, Josef; Kirchhof, Paul (Herausg.): Handbuch des Staatsrechts der Bundesrepublik Deutschland, Bd. II – Verfassungsstaat, Heidelberg 2004, S. 879 – 927

SACHS, MICHAEL: Die Einheit der Verwaltung als Rechtsproblem, in: NJW 1987, S. 2338 – 2344

SACHßE, CHRISTOPH, TENNSTEDT, FLORIAN: Geschichte der Armenfürsorge in Deutschland, Bd. 1. Vom Spätmittelalter bis zum 1. Weltkrieg, Stuttgart, Berlin, Köln 1980

SACHßE, CHRISTOPH, TENNSTEDT, FLORIAN: Geschichte der Armenfürsorge in Deutschland, Bd. 3. Der Wohlfahrtsstaat im Nationalsozialismus, Stuttgart, Berlin, Köln 1992

SACHVERSTÄNDIGENRAT „SCHLANKER STAAT“ (Herausg.): Abschlussbericht Bd. 1, Bonn, 1997

SACHVERSTÄNDIGENRAT „SCHLANKER STAAT“ (Herausg.): Abschlussbericht Bd. 3: Leitfaden zur Modernisierung von Behörden, Bonn, o. D.

SAILER, STEPHAN: Das Feststellungsverfahren nach dem Schwerbehindertengesetz, in: br 1992, S. 25 – 29

SAILER, STEPHAN M.: Kommentierung zum OEG, in: Wilke, Gerhard (Herausg.): Soziales Entschädigungsrecht, 7. Aufl. Stuttgart, München, Hannover, Berlin, Weimar, S. 1113 - 1146

SANDER, HILMAR: Art. 33 Abs. 4 GG im (Zwie-)Licht der Rechtsprechung, in: ZBR 2001, S. 391 – 398

SAUL, DIETER: Abstufung des GdB in Zehner-Stufen: noch zeitgemäß?, in: VersorgV 2000, S. 90

SAURBIER, HELMUT: Ende der Schiedsgerichtsbarkeit nach der Fürsorgerechtsvereinbarung, in: ZfF 2003, S. 121 – 124

SCHAAD, PETER: Verwaltungsreformen im Gegenwind, in: DÖV 2000, S. 22 – 27

SCHAAF, MICHAEL: Die soziale Pflegeversicherung als fünfte Säule der Sozialversicherung, in: SGb 1994, S. 414 – 421

SCHÄFER, KARL HEINZ: Kommentierung zu Art. 120, in: Münch, Ingo von; Kunig, Philip (Herausg.): Grundgesetz-Kommentar, Bd. 3, 5. Aufl., München 2003, S. 1269 - 1289

SCHÄFER, RÜDIGER: Zur Diskussion: Sollen von der Versorgungsverwaltung im Rahmen der Durchführung der §§ 4 und 48 SchwbG beigezogenen Unterlagen für die Antragssteller weiterhin kostenfrei sein?, in: br 1997, S. 9 – 11

SCHÄFERS, JOSEF: Verlagerung von Teilaufgaben aus Ministerien auf Zentralämter am Beispiel des Landesamtes für Jugend und Soziales Rheinland-Pfalz, in: Wagener, Frido (Herausg.): Verselbständigung von Verwaltungsträgern, Bonn 1976, S. 109 – 117

SCHATZSCHNEIDER, WOLFGANG: Die Neuregelung des Schutzes Schwerbehinderter, in: NJW 1986, S. 2873 – 2874

SCHEDLER, KUNO; PROELLER, ISABELLA: New Public Management, Bern, Stuttgart, Wien 2000

SCHELLHORN, WALTER: Was wird aus der Sozialhilfe? Anregungen zum 25jährigen Jubiläum des Bundessozialhilfegesetzes, in: NDV 1987, S. 241 – 248

SCHELLHORN, WALTER: Kommentierung zu Einführung, §§ 27 – 44, 69 – 105, in: Schellhorn, Walter (Herausg.): Sozialgesetzbuch achtes Buch – Kinder- und Jugendhilfe: Ein Kommentar für Ausbildung, Praxis, Rechtsprechung und Wissenschaft, 2. Aufl., Neuwied, Kriftel 2000

SCHELLHORN, WALTER: Zusammenarbeit der Leistungsträger, in: Maydell, Bernd Baron von; Ruland, Franz (Herausg.): Sozialrechtshandbuch (SRH), 3. Aufl., Baden-Baden, 2003, S. 419 – 436

SCHELLHORN, WALTER (Herausg.): Sozialgesetzbuch achtes Buch – Kinder- und Jugendhilfe: Ein Kommentar für Ausbildung, Praxis, Rechtsprechung und Wissenschaft, 2. Aufl., Neuwied, Kriftel 2000

SCHELLHORN, WALTER; SCHELLHORN, HELMUT: Das Bundessozialhilfegesetz: Ein Kommentar für Ausbildung, Praxis und Wissenschaft, weitergeführt von Walter Schellhorn und Helmut Schellhorn unter Mitarbeit von Karl-Heinz Hohm, 16. Aufl., Neuwied, Kriftel 2002

SCHEUNER, ULRICH: Staatszielbestimmungen, in: Schnur, Roman (Herausg.): Festschrift für Ernst Forsthoff zum 70. Geburtstag, München 1972, S. 325 – 346

SCHEWE, DIETER: Die Organisation der Aufsicht über Sozialversicherungsträger –eine vergleichende Betrachtung–, in: SozVers. 1990, S. 169 – 177

SCHIECKEL, HORST: Kriegsopferversorgung, in: Beckenrath, Erwin von und andere Mitautoren.: Handwörterbuch der Sozialwissenschaften, zugleich Neuauflage des Handwörterbuchs der Staatswissenschaften, 6. Bd., Stuttgart, Tübingen, Göttingen 1959

SCHIEL, C.-H.: Rechtskraftwirkungen der Bescheide und Entscheidungen im Versorgungsrecht aus der Zeit vor 1945, in: SGb 1954, S. 139 – 140

SCHIMANSKI, WERNER: Vier Jahre danach.... Erfahrungen nach der Novellierung des SchwbG im Jahre 1986, in: br 1990, S. 78 – 80

SCHLEBERGER, ERWIN: Zur Reform der Mittelebene der Verwaltung in Nordrhein-Westfalen, in: NWVBl. 1997, S. 321 – 325

SCHLEMBACH, ROSITA: Das Neunte Buch Sozialgesetzbuch (SGB IX): Schneller, gleichberechtigter, besser?, in: br 2001, S. 133 – 136

SCHLEMMER, ELISABETH: Familienbiographien und Schulerfolg von Kindern, in: Aus Politik und Zeitgeschichte, B. 19/ 2004, S. 26 – 32

SCHMIDT, HANS-JÜRGEN: Betriebswirtschaftslehre und Verwaltungsmanagement, 5. Aufl., Heidelberg 2001

SCHMIDT-AßMANN, EBERHARD: Verwaltungsorganisationsrecht als Steuerungsressource –Einleitende Problemskizze–, in: Hoffmann-Riem, Wolfgang; Schmidt-Aßmann, Eberhard (Herausg.): Verwaltungsorganisationsrecht als Steuerungsressource, 1. Aufl., Baden-Baden 1997, S. 9 – 63

SCHMIDT-AßMANN, EBERHARD: Effizienz als Herausforderung an das Verwaltungsrecht –Perspektiven der verwaltungsrechtlichen Systembildung–, in: Hoffmann-Riem, Wolfgang; Schmidt-Aßmann, Eberhard (Herausg.): Effizienz als Herausforderung an das Verwaltungsrecht, 1. Aufl., Baden-Baden 1998, S. 245 – 269

SCHMIDT-AẞMANN, EBERHARD; HOFFMANN-RIEM, WOLFGANG (Herausg.): Verwaltungsorganisationsrecht als Steuerungsressource, 1. Aufl., Baden-Baden 1997

SCHMIDT-AẞMANN, EBERHARD: Kommunalrecht, in: Schmidt-Aßmann, Eberhard (Herausg.): Besonderes Verwaltungsrecht, 11. Aufl., Berlin, New York 1999, S. 1 – 103

SCHMIDT-AẞMANN, EBERHARD (Herausg.): Besonderes Verwaltungsrecht, 11. Aufl., Berlin, New York 1999

SCHMIDT-PREUẞ, MATTHIAS: Steuerung durch Organisation, in: DÖV 2001, S. 45 – 55

SCHMITT, JOCHEM: Arbeits- und Sozialverwaltung, in: Jeserich, Kurt G. A.; Pohl, Hans; Unruh, Georg-Christoph von (Herausg.): Deutsche Verwaltungsgeschichte, Bd. 5: Die Bundesrepublik Deutschland, Stuttgart 1986, S. 565 – 585

SCHMITT, JOCHEM: Unfallversicherung, in: Maydell, Bernd Baron von; Ruland, Franz (Herausg.): Sozialrechtshandbuch (SRH), Baden-Baden 2003, S. 901 – 957

SCHMITT, KARL: Das Bundessozialhilfegesetz, in: Die Kriegsopferversorgung 1963, S. 41 – 46; 61 – 67

SCHNAPP, FRIEDRICH E.: Sozialversicherungsrecht, in: Achterberg, Norbert; Püttner, Günter; Würtenberger, Thomas (Herausg.): Besonderes Verwaltungsrecht, Bd. II Kommunal-, Haushalts-, Abgaben-, Ordnungs-, Sozial-, Dienstrecht, 2. Aufl., Heidelberg 2000, S. 798 – 879

SCHNEIDER, GÜNTHER: Die Neuregelung der Altenpflege durch das Altenpflegegesetz, in: NJW 2001, S. 3226 – 3230

SCHNEIDER, MICHAEL; ADLHOCH, ULRICH: Arbeitsassistenz für Schwerbehinderte – Fachliche und juristische Aspekte, in: br 2001, S. 51 – 61

SCHNELLENBACH, HELMUT: Öffentliches Dienstrecht im Umbruch –Statusfragen und Leistungselemente–, in: ZBR 1998, S. 223 – 236

SCHNELLENBACH, HELMUT: Richtwertvorgaben bei dienstlichen Beurteilungen, in: DÖD 1999, S. 1 – 7

SCHNUR, ROMAN (Herausg:): Festschrift für Ernst Forsthoff zum 70. Geburtstag, München 1972

SCHÖNLEITNER, WALDEMAR (Herausg.): Bundesversorgungsgesetz Kommentar, Stuttgart, Köln 1953

SCHOLZ, CHRISTIAN: Personalmanagement, 5. Aufl., München 2000

SCHOLZ, RUPERT: Kommentierung zu Art. 23, in: Maunz, Theodor; Dürig, Günter und andere Mitherausgeber: Grundgesetz Kommentar, Loseblattausgabe, Lieferung 32, München Oktober 1996

SCHOLZ, RUPERT: Kommentierung zu Art. 23 a. F., in: Maunz, Theodor; Dürig, Günter und andere Mitherausgeber: Grundgesetz Kommentar, Loseblattausgabe, Lieferung 32, München Oktober 1996

SCHRÖDER, MEINHARD: Grundfragen der Aufsicht in der öffentlichen Verwaltung, in: JuS 1986, S. 371 – 374

SCHRÖDER, MEINHARD: Kommunalverfassungsrecht, in: Achterberg, Norbert; Püttner, Günter; Würtenberger, Thomas (Herausg.): Besonderes Verwaltungsrecht, Bd. II, 2. Aufl., Heidelberg 2000, S. 1 – 53

SCHRÖDER, MEINHARD: Kommentierung zu Art. 49 - 50, in: Grimm, Christoph; Caesar, Peter (Herausg.): Verfassung für Rheinland-Pfalz, 1. Aufl., Baden-Baden 2001, S. 313 - 329

SCHRÖDER, MEINHARD: Kommentierung zu Art. 74 - 78, in: Grimm, Christoph; Caesar, Peter (Herausg.): Verfassung für Rheinland-Pfalz, 1. Aufl., Baden-Baden 2001, S. 408 - 431

SCHRÖTER, ECKHARD; WOLLMANN, HELLMUT: New Public Management, in: Blanke, Bernhard; Bandemer, Stephan von; Nullmeier, Frank; Wewer, Göttrik (Herausg.): Handbuch zur Verwaltungsreform, Opladen 1998, S. 59 – 69

SCHRÖTER, HARM G.: Von der Teilung zur Wiedervereinigung (1945 – 2000), in: North, Michael (Herausg.): Deutsche Wirtschaftsgeschichte. Ein Jahrtausend im Überblick, München 2000, S. 351 – 420

SCHUBERT, INGRID: Apothekenwesen, in: Bauer, Rudolf (Herausg.): Lexikon des Sozial- und Gesundheitswesens, 2. Aufl., München 1996, S. 106 – 109

SCHÜTTE, WOLFGANG: Modernisierung von innen? Auf dem Wege zu einem anderen Sozialstaat, Verwaltungsreformen und ihre Folgen für öffentliche Dienstleistungen, in: ArchsozArb, 2001 S.- 52 – 75

SCHULIN, BERTRAM: Soziales Entschädigungsrecht, in: Maydell, Bernd Baron von; Ruland, Franz (Herausg.): Sozialrechtshandbuch (SRH), 2. Aufl., Neuwied 1996, S. 1307 – 1351

SCHULIN, BERTRAM; IGL, GERHARD: Sozialrecht, 7. Aufl., Düsseldorf 2002

SCHULIN, BERTRAM; KÖBL, URSULA: Soziales Entschädigungsrecht, in: Achterberg, Norbert; Püttner, Günter; Würtenberger, Thomas: Besonderes Verwaltungsrecht, Bd. II, 2. Aufl., Heidelberg 2000, S. 881 – 925

SCHULTE, BERND: Das Europäische Sozialmodell im künftigen Europa, in: ZFSH/ SGB 2001, S. 3 – 17; 67 – 79

SCHULTE, BERND: Sozialpolitik und europäische Integration, in: ZFSH/ SGB 2002, S. 328 – 337; 387 – 396

SCHULTE, BERND: Behindertenpolitik und Behindertenrecht in der Europäischen Union, als Gemeinschaftsprojekt, in: Maydell, Bernd Baron von; Pitschas, Rainer, Schulte, Bernd (Herausg.): Behinderung in Asien und Europa im Politik- und Rechtsvergleich, 1. Aufl., Baden-Baden 2003, S. 479 – 509

SCHULTE, MARTIN: Zur Rechtsnatur der Bundesauftragsverwaltung, in: VerwArch 1990, S. 415 – 435

SCHULTE-ZURHAUSEN, MANFRED: Organisation, 2. Aufl., München 1999

SCHUMACHER, WOLFGANG: Bundes-Seuchengesetz, 4. Aufl., Köln 1992

SCHUNCK, EGON; DE CLERCK, HANS; GUTHARDT, HARALD: Allgemeines Staatsrecht und Staatsrecht des Bundes und der Länder, 15. Aufl., Siegburg 1995

SCHUPPERT, GUNNAR FOLKE: Die Einheit der Verwaltung als Rechtsproblem, in: DVBl. 1984, S. 757 – 768

SCHUPPERT, GUNNAR FOLKE: Institutional Choice im öffentlichen Sektor, in: Grimm, Dieter (Herausg.): Staatsaufgaben, 1. Aufl., Baden-Baden 1994, S. 647 – 683

SCHUPPERT, GUNNAR FOLKE: Zur Anatomie und Analyse des Dritten Sektors, in: Die Verwaltung 1995, 137 – 200

SCHUPPERT, GUNNAR FOLKE: Rückzug des Staates? –Zur Rolle des Staates zwischen Legitimationskrise und politischer Neubestimmung–, in: DÖV 1995, S. 761 – 770

SCHUPPERT, GUNNAR FOLKE: Die öffentliche Verwaltung im Kooperationsspektrum staatlicher und privater Aufgabenerfüllung: Zum Denken in Verantwortungsstufen, in: Die Verwaltung 1998, S. 415 – 439

SCHUPPERT, GUNNAR FOLKE: Geändertes Staatsverständnis als Grundlage des Organisationswandels öffentlicher Aufgabenwahrnehmung, in: Budäus, Dietrich (Herausg.): Organisationswandel öffentlicher Aufgabenwahrnehmung, 1. Aufl., Baden-Baden 1998, S. 19 – 59

SCHUPPERT, GUNNAR FOLKE: Staatsaufsicht im Wandel, in DÖV 1998, S. 831 – 831

SCHUPPERT, GUNNAR FOLKE: Verwaltungswissenschaft – Verwaltung, Verwaltungsrecht, Verwaltungslehre, 1. Aufl., Baden-Baden 2000

SCHUPPERT, GUNNAR FOLKE (Herausg): Jenseits von Privatisierung und „schlankem Staat“: Verantwortungsteilung als Schlüsselbegriff eines sich verändernden Verhältnisses von öffentlichem und privatem Sektor, 1. Aufl., Baden-Baden 1999

SCHWABE, BERND-GÜNTER: Anmeldung von Kostenerstattungsansprüchen nach den §§ 103 ff. BSHG, in: ZfF 2003, S. 217 – 225

SCHWANENGEL, WITO: Die Malaise des deutschen Bundesstaates –Zu Möglichkeiten und Grenzen der Föderalismusreform–, in: DÖV 2004, S. 553 – 560

SCHWARZ, ALFRED: Die Sozialgerichtsbarkeit, in: Der Versorgungsbeamte 1953, S. 1 – 4

SEIDEL, RAINER: Der Kündigungsschutz nach dem Schwerbehindertengesetz, in: br 1996, S. 101 – 111

SEIDEL, RAINER: Das Widerspruchsverfahren und die Klagen vor dem Verwaltungs- und Arbeitsgericht, in: br 1996, s. 125 – 129

SEIDEL, RAINER: Grundsätze der begleitenden Hilfe im Arbeitsleben nach dem SGB IX, in: br 2002, S. 34 – 39

SEIDEL, RAINER; BRODKORB, BIRGITTA: Kommentierung zu § 103 SGB IX, in: Hauck, Karl; Noftz, Wolfgang (Herausg.): SGB IX Rehabilitation und Teilhabe behinderter Menschen, Kommentar, 2. Bd., Berlin 200

SEIDENSTÜCKER, BERND: Jugendhilfe in der DDR, in: NDV 1990, S. 234 – 241

SEIFFERT, HELMUT: Einführung in die Wissenschafts-Theorie, Bd. 2. Geisteswissenschaftliche Methoden: Phänomenologie – Hermeneutik und historische Methode – Dialektik, 10. Aufl. München 1996

SEITER, HUBERT: Kommentierung zu § 22, in: Ernst, Karl-Friedrich; Adlhoch, Ulrich; Seel, Helga (Herausg.): Sozialgesetzbuch IX –Rehabilitation und Teilhabe behinderter Menschen– Kommentar, Loseblattsammlung, 4. Lieferung, Stuttgart 2003

SELLMANN, MARTIN; EVERMANN, WERNER: Gesetz über die Beschäftigung Schwerbeschädigter –Schwerbeschädigtengesetz– mit den wichtigsten Nebengesetzen, Köln, Berlin 1954

SEMLINGER, KLAUS: Hilfe zur Eingliederung. Die Technischen Beratungsdienste in der beruflichen Rehabilitation, in: br 1990, S. 57 – 65

SEUFERLE, KARL: Soll das künftige Schwerbeschädigtengesetz nach arbeitsmarktpolitischen oder fürsorgerechtlichen (Schutz-) Gesichtspunkten gestaltet werden?, in: ZfF 1952, S. 266 – 269

SEUFERLE, KARL: Das neue Schwerbeschädigtengesetz, in: ZfF 1953, S. 178 – 181

SIEMS, MATHIAS: Der Neoliberalismus als Modell für die Zukunft, in: ZRP 2002, S. 170 – 174

SIEPMANN, HEINRICH; SIEPMANN, URSULA: Verwaltungsorganisation, 5. Aufl., Köln 1996

SODAN, HELGE: Gesundheitsrecht, in: Achterberg, Norbert; Püttner, Günter; Würtenberger, Thomas: Besonderes Verwaltungsrecht Bd. II, 2. Aufl., Heidelberg 2000, S. 766 – 797

SOMMERMANN, KARL-PETER: Grundfragen der Bundesauftragsverwaltung, in: DVBl. 2001, S. 1549 – 1556

SOMMERMANN, KARL-PETER; ZIEKOW, JAN: Perspektiven der Verwaltungsforschung, Beiträge zur Wissenschaftlichen Arbeitstagung aus Anlass des 25-jährigen Bestehens des Forschungsinstituts für öffentliche Verwaltung vom 8. bis 10. Oktober 2001 in Speyer; Schriftenreihe der Hochschule Speyer, Band 154, Berlin 2002

SPITZER, MALTE: Produkte als Informationsträger, in: Blanke, Bernhard; Bandemer, Stephan von; Nullmeier, Frank; Wewer, Göttrik (Herausg.): Handbuch zur Verwaltungsreform, Opladen 1998, S. 332 – 339

STADELMAIER, MARTIN; KONZENDORF, GÖTZ: Verwaltungsmodernisierung und Bürokratieabbau in Rheinland-Pfalz, in: DÖV 2004, S. 729 – 733

STADLER, PETER: Soziale Unternehmen zur Beschäftigung von Behinderten und Benachteiligten – Charakter, Bedeutung und Aufgaben am Beispiel ihrer Entwicklung in Italien und Großbritannien, in: br 2004, S. 48 – 58

STAEHLE, WOLFGANG H.; CONRAD, PETER; SYDOW, JÖRG: Management: Eine verhaltenswissenschaftliche Perspektive, 8. Aufl. München 1999

STÄHLER, GERD: Strukturreform als Prozesssteuerung und Moderation der beteiligten Interessen, in: Deutsche Hochschule für Verwaltungswissenschaften Speyer in Zusammenarbeit mit dem Innenministerium Nordrhein-Westfalen: Evaluationstagung zum Zweiten Modernisierungsgesetz 17./18.01.2002, http://www.dhv-speyer.de/hill/Tagungen-2002/NRW.htm (eingesehen am 19.04.2004)

STÄHLER, THOMAS P.; WIMMER, DIRK: Die Neuordnung des Rehabilitations- und Schwerbehindertenrechts, in: NZS 2002, S. 570 – 578

STÄHR, AXEL: Leistungserbringung durch Träger der freien Jugendhilfe – Konsequenzen aus dem Urteil des Bundesverwaltungsgerichts vom 28. September 2000 zur Selbstbeschaffung von Jugendhilfeleistungen, in: ZfJ 2002, S. 449 – 457

STÄHR, AXEL; HILKE, ANDREAS: Die Leistungs- und Finanzierungsbeziehungen im Kinder- und Jugendhilferecht vor dem Hintergrund der neuen §§ 78 a bis 78 g SGB VIII, in: ZfJ 1999, S. 155 – 170

STATISTISCHES BUNDESAMT (Herausg.): Datenreport 2004, Bonn 2004

STEGMANN, THOROLF: Beamte oder Angestellte?, in: ZBR 1996, S. 6 – 10

STEINER, UDO: Kommunalrecht, in: Berg, Wilfried; Knemeyer, Ludwig; Papier, Hans-Jürgen; Steiner, Udo (Herausg.): Staats- und Verwaltungsrecht in Bayern, 6. Aufl., Stuttgart, München, Hannover, Berlin, Weimar, Dresden 1996, S. 109 – 212

STELKENS, PAUL: Die Überführung des sozialistischen Verwaltungsrechts, insbesondere des Verwaltungsverfahrensrechts der früheren DDR in das rechtsstaatliche Verwaltungsrechtssystem der Bundesrepublik Deutschland, in: DVBl. 1992, S. 248 – 256

STELKENS, ULRICH: Die Stellung des Beliehenen innerhalb der Verwaltungsorganisation, in: NVwZ 2004, S. 304 – 308

STELTER, KURT; SEILER, JOSEPH: Die Grundzüge des Personalvertretungsrechts, in: ZFSH/ SGB 2004, S. 131 – 139

STERN, KLAUS: Das Staatsrecht der Bundesrepublik Deutschland, Bd. I: Grundbegriffe und Grundlagen des Staatsrechts, Strukturprinzipien der Verfassung, 2. Aufl., München 1984

STERN, KLAUS: Das Staatsrecht der Bundesrepublik Deutschland, Bd. II: Staatsorgane, Staatsfunktionen, Finanz- und Haushaltsverfassung, Notstandsverfassung, München 1980

STERN, KLAUS: Das Staatsrecht der Bundesrepublik Deutschland, Bd. III/ 1: Allgemeine Lehren der Grundrechte, München 1988

STERN, KLAUS: Das Staatsrecht der Bundesrepublik Deutschland, Bd. III/ 2: Allgemeine Lehren der Grundrechte, München 1994

STERN, KLAUS: Das Staatsrecht der Bundesrepublik Deutschland, Bd. V: Die geschichtlichen Grundlagen des deutschen Staatsrechts, München, 2000

STEYER, STEPHAN: Die Kriegsopferversorgung in der DDR, in: VersorgV 1990, S. 36 – 40

STOBER, ROLF: Heimgesetz, Heimvertrag und Pflegesatzerhöhung –dargestellt am Altenheimvertrag–, in: ZFSH 1977, S. 321 – 329

STOBER, ROLF: Zur Entgelterhöhung bei Heimvertragsverhältnissen, in: NJW 1979, S. 97 – 98

STOBER, ROLF: Police-Private-Partnership aus juristischer Sicht, in: DÖV 2000, S. 261 – 269

STOBER, ROLF: Besonderes Wirtschaftsverwaltungsrecht, 12. Aufl., Stuttgart, Berlin, Köln 2001

STOBER, ROLF: Allgemeines Wirtschaftsverwaltungsrecht – Grundlagen des Wirtschaftsverfassungs- und Wirtschaftsverwaltungsrechts, des Weltwirtschafts- und Binnenmarktrechts, 14. Aufl., Stuttgart 2004

STÖBE, SYBILLE: Mitarbeiterbeteiligung, in: Blanke, Bernhard; Bandemer, Stephan von; Nullmeier, Frank; Wewer, Göttrik (Herausg.): Handbuch zur Verwaltungsreform, Opladen 1998, S. 150 – 159

STÖBE, SYBILLE: Schlanke Verwaltung (Lean Administration), in: Blanke, Bernhard; Bandemer, Stephan von; Nullmeier, Frank; Wewer, Göttrik (Herausg.): Handbuch zur Verwaltungsreform, Opladen 1998, S. 239 – 247

STÖBE, SYBILLE: Output-Steuerung des Verwaltungshandelns, in: Blanke, Bernhard; Bandemer, Stephan von; Nullmeier, Frank; Wewer, Göttrik (Herausg.): Handbuch zur Verwaltungsreform, Opladen 1998, S. 323 – 332

STOLLEIS, MICHAEL: Die Geschichtlichkeit des Sozialrechts, in: SGb 1984, S. 378 – 382

STOLLEIS, MICHAEL: Geschichte des öffentlichen Rechts in Deutschland, Erster Band 1600 – 1800, München 1988

STOLLEIS, MICHAEL: Geschichte des öffentlichen Rechts in Deutschland, Zweiter Band 1800 – 1914, München 1992

STOLLEIS, MICHAEL: Besatzungsherrschaft und Wiederaufbau deutscher Staatlichkeit 1945 – 1949, in: Isensee, Josef; Kirchhof, Paul (Herausg.): Handbuch des Staatsrechts, Bd. I, – Historische Grundlagen, 3. Aufl., Heidelberg 2003, S. 269 – 313

STOLLEIS, MICHAEL: Geschichte des Sozialrechts in Deutschland, Stuttgart 2003

STORK, ERICH: Die Entwicklung der Kriegsopferfürsorge, in: br 1990, S. 104 – 108

STORK, ERICH: 20 Jahre Schwerbehindertengesetz – Aspekte einer Entwicklung, in: br 1995, S. 165 – 179; 1996, S. 12 – 22

STORR, MICHAEL: „Neuorganisation der Sozialen Sicherungssysteme" – zu den verfassungsrechtlichen Grenzen von Reformen in der Sozialversicherung am Beispiel der Krankenversicherung, in: SGb 2004, S. 279 – 287

STRAßFELD, ELISABETH: Aufhebung und Rücknahme von Bescheiden nach § 69 SGB IX, in: SGb 2003, S. 88 – 94

STRAßFELD, ELISABETH: Kriterien für die GdB-Bildung, in: SGb 2003, S. 613 – 617

STREITFERDT, LOTHAR: Das Neue Kommunale Rechnungswesen als Instrument zur Beurteilung der Wirtschaftlichkeit und der Wertschöpfung im öffentlichen Sektor, in: Budäus, Dietrich; Küpper, Willi; Streitferdt, Lothar (Herausg.): Neues öffentliches Rechnungswesen, Wiesbaden 2000, S. 271 – 299

STREMMING, CLAUDIA: Praxistauglichkeit von Integrationsunternehmen aus ökonomischer Sicht, in: br 2004, S. 28 – 31

STROBEL, BRIGITTE: Die Rechtsform der Arbeitsgemeinschaften nach § 44 b SGB II, in: NVwZ 2004, S. 1195 – 1199

STRUZYNA, KARL-HEINZ: Der 11. Kinder- und Jugendbericht – Herausforderungen, Konsequenzen, Perspektiven, in: ZfJ 2003, S. 257 – 266

SYDOW, GERNOT: Vollzug des europäischen Unionsrechts im Wege der Kooperation nationaler und europäischer Behörden, in: DÖV 2006, S. 66 – 71

SUMMER, RUDOLF: Gehen wir vorwärts oder gehen wir zurück?, in: ZBR 2002, S. 109 – 115

SUMMER, RUDOLF: Organisationsfreiheit – ein schrankenloses Dienstherrenrecht?, in: PersV 2003, S. 14 – 18

SUNDER, ELLEN; KONRAD, RUDOLF: Die wesentlichen Neuregelungen durch das Dritte Gesetz zur Änderung des Heimgesetzes zum 1. Januar 2002, in: NDV 2002, S. 52 – 56

TENNSTEDT, FLORIAN: Geschichte des Sozialrecht, in: Maydell, Bernd Baron von; Ruland, Franz (Herausg.): Sozialrechtshandbuch, 3. Aufl., Baden-Baden 2003, S. 24 – 80

THIEL, MARKUS: Gemeindliche Selbstverwaltung und kommunales Verfassungsrecht im neuzeitlichen Preußen, in: Die Verwaltung 2002, S. 25 – 60

THIEME, WERNER: Vorschläge und Maßnahmen zur Verwaltungsreform (Gebiets- und Funktionalreform), in: Jeserich, Kurt G. A.; Pohl, Hans; Unruh, Georg-Christoph von (Herausg.): Deutsche Verwaltungsgeschichte, Bd. 5: Die Bundesrepublik Deutschland, Stuttgart 1986, S. 1027 – 1042

THIEME, WERNER: Aufgaben und Aufgabenverteilung, in: König, Klaus; Siedentopf, Heinrich (Herausg.): Öffentliche Verwaltung in Deutschland, 1. Aufl., Baden-Baden 1996/97

TRENK-HINTERBERGER, PETER: Gesetz zur Reform des Sozialhilferechts, in: NJW 1996, S. 3193 – 3196

TRENK-HINTERBERGER, PETER: Sozialhilferecht, in: Maydell, Bernd Baron von; Ruland, Franz (Herausg.): Sozialrechtshandbuch (SRH), 3. Aufl., Baden-Baden 2003, S. 1223 – 1266

TRUTE, HANS-HEINRICH: Verantwortungsteilung als Schlüsselbegriff eines sich verändernden Verhältnisses von öffentlichem und privatem Sektor, in: Schuppert, Gunnar Folke (Herausg.): Jenseits von Privatisierung und „schlankem Staat": Verantwortungsteilung als Schlüsselbegriff eines sich verändernden Verhältnisses von öffentlichem und privatem Sektor, 1. Aufl., Baden-Baden 1999, S. 13 – 45

TULLNER, MATHIAS: Geschichte des Landes Sachsen-Anhalt, 3. Aufl., Opladen 2001

UNRUH, GEORG-CHRISTOPH VON: Verwaltungsreformen – Vorhaben und Ergebnisse seit dem Ausgang des 19. Jahrhunderts, in: Morsey, Rudolf (Herausg.): Verwaltungsgeschichte: Aufgaben, Zielsetzungen, Beispiele; Vorträge und Diskussionsbeiträge der verwaltungsgeschichtlichen Arbeitstagung 1976 der Hochschule für Verwaltungswissenschaften Speyer, Berlin 1977, S. 163 – 182

UNRUH, GEORG-CHRISTOPH VON: Polizei, Polizeiwissenschaft und Kameralistik, in: Jeserich, Kurt G. A.; Pohl, Hans; Unruh, Georg-Christoph von (Herausg.): Deutsche Verwaltungsgeschichte, Bd. 1. Vom Spätmittelalter bis zum Ende des Reiches, Stuttgart 1983, S. 388 – 427

UNRUH, GEORG-CHRISTOPH VON: Die normative Verfassung der kommunalen Selbstverwaltung, in: Jeserich, Kurt G. A.; Pohl, Hans; Unruh, Georg-Christoph von (Herausg.): Deutsche Verwaltungsgeschichte, Bd. 3: Das Deutsche Reich bis zum Ende der Monarchie, Stuttgart 1984, S. 560 – 578

UNRUH, GEORG-CHRISTOPH VON: Die Lage der deutschen Verwaltung zwischen 1945 und 1949, in: Jeserich, Kurt G. A.; Pohl, Hans; Unruh, Georg-Christoph von (Herausg.): Deutsche Verwaltungsgeschichte, Bd. 5: Die Bundesrepublik Deutschland, Stuttgart 1986, S. 70 – 86

UNRUH, GEORG-CHRISTOPH VON: „Schlanker Staat" - Schlagwort oder realisierbarer Leitbegriff?, in: BayVBl. 2002, S. 43 – 46

USTARBOWSKI, KLAUS: Die Bildung des Gesamt-GdB nach dem Schwerbehindertengesetz, in: SGb 1991, S. 15 – 17

VOGEL, RICK: Öffentliche Verwaltung in den Perspektiven interpretativer Organisationstheorie, in: Die Verwaltung 2004, S. 115 – 132

VOLKERT, WILHELM: Bayern, in: : Jeserich, Kurt G. A.; Pohl, Hans; Unruh, Georg-Christoph von (Herausg.): Deutsche Verwaltungsgeschichte, Bd. 4: Das Reich als Republik und in der Zeit des Nationalsozialismus, Stuttgart 1985, S. 558 – 567

VORBERG, ROBERT; VAN NUIS, HANNS: Das Recht der Kriegsbeschädigten und Kriegshinterbliebenen, Teil 1 Allgemeiner Teil, Herford 1966

VORAN: Schriften zur Verwaltungsmodernisierung in Rheinland-Pfalz, herausgegeben von der Staatskanzlei Rheinland-Pfalz (Schriftleitung: Carl Böhret und Hermann Bolz):

Heft 2: Auf gutem Weg zur modernen Verwaltung. Zwischenbericht 95, Mainz 12/ 1995

Heft 3: Verwaltungsmodernisierung nach dem Vorbild der Wirtschaft, Mainz 3/ 1996

Heft 7: Die Neuorganisation der Landesverwaltung Rheinland-Pfalz, Mainz 9/ 1998

Heft 8: Die Neuordnung des Gesundheitsdienstes in Rheinland-Pfalz, Mainz 3/ 1999

Heft 9: Voran in Rheinland-Pfalz – eine Bilanzierung der Verwaltungsmodernisierung, Mainz 3/1999

Heft 10: Leitbilder in der rheinland-pfälzischen Landesverwaltung, Mainz 3/1999

Heft 13: Bericht über die Neuorganisation der Landessozialverwaltung im Geschäftsbereich des Ministeriums für Arbeit, Soziales und Gesundheit, Mainz 01/ 2001

VORLÄNDER, HANS: Dritter Weg und Kommunitarismus, in: Aus Politik und Zeitgeschichte, B 16-17/ 2001, S. 16 – 23

VOß, JÜRGEN: Das Bundesversorgungsgesetz als Leitgesetz für das soziale Entschädigungsrecht – Vorschläge für eine Strukturreform, in: ZfS 2003, S. 161 – 169

VOßKUHLE, ANDREAS: Der „Dienstleistungsstaat". Über Nutzen und Gefahren von Staatsbildern, in: Der Staat 2001, S. 495 – 523

VOßKUHLE, ANDREAS: Schlüsselbegriffe der Verwaltungsrechtsreform –Eine kritische Bestandsaufnahme–, in: VerwArch 2001, S. 184 – 215

WACHHOLZ, KIRSTEN: Die „Anhaltspunkte" als Bewertungsmaßstab für den Grad einer Behinderung, in: br 1992, S. 35 – 42

WAGENER, FRIDO: Neubau der Verwaltung, 2. Aufl., Berlin 1974

WAGENER, FRIDO: Typen der verselbständigten Erfüllung öffentlicher Aufgaben, in: Wagener, Frido (Herausg.): Verselbständigung von Verwaltungsträgern, Bonn 1976, S. 31 – 50

WAGENER, FRIDO: Äußerer Aufbau von Staat und Verwaltung, in: König, Klaus; Oertzen, Hans Joachim von; Wagener, Frido (Herausg.): Öffentliche Verwaltung in der Bundesrepublik Deutschland, 1. Aufl., Baden-Baden 1981

WAGENER, FRIDO: Die Regierungsbezirke im Gesamtaufbau der Verwaltung, in: Verw-Arch 1982, S. 153 – 166

WAGENER, FRIDO (Herausg.): Verselbständigung von Verwaltungsträgern, Bericht über ein verwaltungspolitisches Sonderseminar der Hochschule für Verwaltungswissenschaften Speyer in Verbindung mit der Deutschen Sektion des Internationalen Instituts für Verwaltungswissenschaften in Speyer vom 24. – 26. September 1975, Schriften der Deutschen Sektion des Internationalen Instituts für Verwaltungswissenschaften Bd. 1, Bonn 1976

WAGNER, DIETER: Personalmanagement als elementarer Bestandteil des Public Management, in: Wagner, Dieter (Herausg.): Personal und Personalmanagement in der modernen Verwaltung, Berlin 1998, S. 23 – 50

WAGNER, DIETER (Herausg.): Personal und Personalmanagement in der modernen Verwaltung, Berlin 1998

WAHL, RAINER: Die Organisation und Entwicklung der Verwaltung in den Ländern und in Berlin: Die Länder, in: Jeserich, Kurt G. A.; Pohl, Hans; Unruh, Georg-Christoph von (Herausg.): Deutsche

Verwaltungsgeschichte, Bd. 5: Die Bundesrepublik Deutschland, Stuttgart 1986, S. 208 – 292

WAHL, RAINER: Zur Lage der Verwaltung Ende des 20. Jahrhunderts, in: Jeserich, Kurt G. A.; Pohl, Hans; Unruh, Georg-Christoph von (Herausg.): Deutsche Verwaltungsgeschichte, Bd. 5: Die Bundesrepublik Deutschland, Stuttgart 1986, S. 1197 – 1217

WALLERATH, MAXIMILIAN: Verwaltungserneuerung: Auf dem Weg zu einer neuen Verwaltungskultur, in: VerwArch 1997, S. 1 – 22

WALLERATH, MAXIMILIAN: Die Änderung der Verwaltungskultur als Reformziel, in: Die Verwaltung 2000, S. 351 – 378

WEBER, ADOLF: Fürsorge und Wohlfahrtspflege, eine Einführung in die soziale Hilfsarbeit, 2. Aufl., Berlin, Leipzig 1926

WEBER, HANSJÖRG: Kreditsicherheiten. Recht der Sicherungsgeschäfte, 6. Aufl., München 1998

WEBER, MAX: Wirtschaft und Gesellschaft, Grundriss der verstehenden Soziologie, Köln, Berlin 1964

WEHLER, HANS-ULRICH: Deutsche Gesellschaftsgeschichte, Bd. 1: Vom Feudalismus des Alten Reichs bis zur Defensiven Modernisierung der Reformära 1700 – 1815, 2. Aufl., München 1989

WEHLER, HANS-ULRICH: Deutsche Gesellschaftsgeschichte, Bd. 2: Von der Reformära bis zur industriellen und politischen „Deutschen Doppelrevolution“ 1815 – 1845/49, 3. Aufl., München 1996

WEHLER, HANS-ULRICH: Deutsche Gesellschaftsgeschichte, Bd. 3: Von der „Deutschen Doppelrevolution“ bis zum Beginn des Ersten Weltkrieges 1849 – 1914, München 1995

WEHLER, HANS-ULRICH: Deutsche Gesellschaftsgeschichte, Bd. 4: Vom Beginn des Ersten Weltkrieges bis zur Gründung der beiden deutschen Staaten 1914 – 1949, München 2003

WEIDINGER, WILHELM: Schlanke Verwaltung = leistungsfähige Verwaltung?, in: BayVBl 1997, S. 513 – 518

WEIGEL, WOLFGANG: Rechtsökonomik, München 2003

WELLISCH, DIETMAR: Finanzwissenschaft I –Rechtfertigung der Staatstätigkeit–, München 1999

WELTI, FELIX: Das neue SGB IX – Recht der Rehabilitation und Teilhabe behinderter Menschen, in: NJW 2001, S. 2210 – 2215

WEWER, GÖTTRIK: Leitbilder und Verwaltungskultur, in: Blanke, Bernhard; Bandemer, Stefan von; Nullmeier, Frank; Wewer, Göttrik (Herausg.): Handbuch zur Verwaltungsreform, Opladen 1998, S. 141 – 150

WEWER, GÖTTRIK: Zieldefinition in der Verwaltung, in: Blanke, Bernhard; Bandemer, Stephan von; Nullmeier, Frank; Wewer, Göttrik (Herausg.): Handbuch zur Verwaltungsreform, Opladen 1998, S. 223 – 229

WEWER, GÖTTRIK: Globalisierung, Flexibilisierung, Budgetierung, in: Blanke, Bernhard; Bandemer, Stephan von; Nullmeier, Frank; Wewer, Göttrik (Herausg.): Handbuch zur Verwaltungsreform, Opladen 1998, S. 289 – 295

WIESNER, REINHARD: Die Landesjugendämter – Aufgabenstellung und Zukunftsperspektiven, in: NDV 1997, S. 213 – 216

WIESNER, REINHARD: Kommentierung zu Einleitung, § 69, in: Wiesner, Reinhard (Herausg.): SGB VIII – Kinder- und Jugendhilfe, 2. Aufl., München 2000, S. 2 – 18; 1231- 1250

WIESNER, REINHARD: Das Wächteramt des Staates und die Garantenstellung der Sozialarbeiterin/ des Sozialarbeiters zur Abwehr von Gefahren für das Kindeswohl, in: ZfJ 2004, S. 161 – 172

WIESNER, REINHARD (Herausg.): SGB VIII – Kinder- und Jugendhilfe, erläutert von Reinhard Wiesner, Thomas Mörsberger, Helga Oberloskamp, Jutta Struck, 2. Aufl., München 2000

WIGGE, PETER: Medizinische Versorgungszentren nach dem GMG, in: MedR 2004, S. 123 – 134

WILKE, GERHARD: Das Soldatenversorgungsgesetz, in: Die Kriegsopferversorgung 1957, S. 141 – 145

WILKE, GERHARD: Bundesversorgungsgesetz Handkommentar, München 1960

WILKE, GERHARD (Herausg.): Soziales Entschädigungsrecht – Handkommentar zum Bundesversorgungsgesetz (Kriegsopferversorgung), Opferentschädigungsgesetz, Bundes-Seuchengesetz (Impfschädenversorgung), neu bearbeitet von Hans-Martin Fehl, Hans-Christof Förster, Franz Leisner, Stephan M. Sailer, 7. Aufl., Stuttgart, München, Hannover, Berlin, Weimar 1992

WILLOWEIT, DIETMAR: Deutsche Verfassungsgeschichte – Vom Frankenreich bis zur Wiedervereinigung Deutschlands, 4. Aufl., München 2001

WILMS, HEINRICH: Überlegungen zur Reform des Föderalismus in Deutschland, in: ZRP 2003, S. 86 – 90

WILMS, HEINRICH: Klare Verantwortungsteilung von Bund, Ländern und Kommunen, in: ZRP 2004, S. 150 – 154

WINKLER, HEINRICH AUGUST: Der lange Weg nach Westen II, Deutsche Geschichte 1933 – 1990, Bonn 2004 (Lizenzausgabe für die Bundeszentrale für politische Bildung)

WIRZ, ALFRED; SPALINK, DIETER: Standort der Bezirksregierung im Modernisierungsprozess der Landesverwaltung, in: NWVBl. 1995, S. 405 – 412

WIßMANN, HINNERK: Staatliche Mittel- und Sonderbehörden – eine Altlast der Verwaltungslandschaft?, in: DÖV 2004, S. 197 – 204

WÖHE, GÜNTER: Einführung in die Allgemeine Betriebswirtschaftslehre, 20. Aufl., München 2000

WOLFF, HANS. J.; BACHOF, OTTO; STOBER, ROLF: Verwaltungsrecht, Band 1, 11. Aufl., München 1999

WOLFF, HANS. J.; BACHOF, OTTO; STOBER, ROLF; KLUTH, WINFRIED; PEILERT, ANDREAS: Verwaltungsrecht, Band 2, 6. Aufl., München 2000

WOLFF, HANS. J.; BACHOF, OTTO; STOBER, ROLF; KLUTH, WINFRIED; MÜLLER, MARTIN: Verwaltungsrecht, Band 3, 5. Aufl., München 2004

WOHLFAHRT, NORBERT: Der aktivierende Sozialstaat: Konzept und Konsequenzen einer veränderten Sozialpolitik, in: NDV 2001, S. 82 – 86

WULFFEN, MATTHIAS VON; KRASNEY, OTTO ERNST (Herausg): Festschrift 50 Jahre Bundessozialgericht, Köln, Berlin, München 2004

WULFHORST, TRAUGOTT: Verfassungswidrigkeit der „Unwürdigkeits"-Tatbestände des § 1a Bundesversorgungsgesetz, in: ZfS 2001, S. 266 – 267

WUTTKE, MAX: Vom Vollzug des Schwerbeschädigtengesetzes (SBG), in: Der Versorgungsbeamte 1954, S. 21 – 23

WUTTKE, MAX: Arbeit für Schwerbeschädigte und Kriegerfrauen, in: Der Versorgungsbeamte 1953, S. 53 – 54

WUTTKE, MAX: Fünfzig Jahre Versorgungsrecht, in: Der Versorgungsbeamte 1956, S. 85 – 87; 101 – 103

ZACHER, HANS F.: Zur Anatomie des Sozialrechts, in: SGb 1982, S. 329 – 337

ZACHER, HANS F.: Der soziale Bundesstaat, in: ZFSH/ SGB 2003, S. 451 – 470

ZACHER, HANS F.: Das soziale Staatsziel, in: Isensee, Josef; Kirchhoff, Paul (Herausg.): Handbuch des Staatsrechts der Bundesrepublik Deutschland Bd. II – Verfassungsstaat, 3. Aufl. Heidelberg 2004, S. 659 – 784

ZECK, HANS: Aus der Geschichte des Versorgungswesens, in: Der Versorgungsbeamte 1953, S. 58, 66, 74, 86, 98 – 99

ZEIHE, PAUL-ARTHUR: Bezirksregierung Münster als Landesversorgungsamt?, in: SGb 2001, S. 116 – 120

ZIEGLER, DIETER: Das Zeitalter der Industrialisierung (1815 – 1914), in: North, Michael (Herausg.): Deutsche Wirtschaftsgeschichte. Ein Jahrtausend im Überblick, München 2000, S. 192 – 281

ZIEKOW, JAN: Veränderungen des Amts im funktionellen Sinn – eine Betrachtung nach Inkrafttreten des Dienstrechtsreformgesetzes, in: DVBl. 1999, S. 7 – 28

ZIPPELIUS, REINHOLD: Allgemeine Staatslehre, 13. Aufl., München 1999

ZIPPELIUS, REINHOLD: Juristische Methodenlehre, 7. Aufl. München 1999

Ohne Autor: Entwicklung der Versorgungsverwaltung, in: Der Versorgungsbeamte 1963, S. 1 - 3

F: Abkürzungsverzeichnis

a. A.	andere Ansicht
a. a. O.	am angegebenen Ort
ABl.	Amtsblatt
ABl. EG	Amtsblatt der Europäischen Gemeinschaft
Abs.	Absatz
Abt.	Abteilung
a. M.	am Main
AöR	Archiv des öffentlichen Rechts (Zeitschrift, zitiert nach Jahr und Seiten)
ArchsozArb	Archiv für Wissenschaft und Praxis der sozialen Arbeit (Zeitschrift)
Art.	Artikel
Aufl.	Auflage
BAnz.	Bundesanzeiger
BArbBl.	Bundesarbeitsblatt
BayRS	Bayerische Rechtssammlung
BayVBl.	Bayerische Verwaltungsblätter Zeitschrift für öffentliches Recht und öffentliche Verwaltung
Bd.	Band
Bek.	Bekanntmachung
ber.	berichtigt
BesGrp	Besoldungsgruppe nach Landesbesoldungsgesetz
BGBl.	Bundesgesetzblatt
br	Behindertenrecht: Fachzeitschrift für Fragen der Rehabilitation, bis 1975 Zeitschrift: Die Kriegsopferversorgung (KOV)
Breith.	Breithaupt, Sammlung von Entscheidungen
BSG	Bundessozialgericht
BSGE	Entscheidungen des Bundessozialgerichts (zitiert nach Band und Seiten)
BT-Drs.	Bundestagsdrucksache
BT-Pl.Prot.	Bundestagsplenarprotokoll
Bt.Prax.	Betreuungsrechtliche Praxis Zeitschrift für soziale Arbeit, gutachterliche Tätigkeit und Rechtsanwendung in der Betreuung
Buchst.	Buchstabe

BVerfG .... Bundesverfassungsgericht

BVerfGE .... Entscheidungen des Bundesverfassungsgerichts (Zitiert nach Band und Seiten

bzw. .... beziehungsweise

DDR .... Deutsche Demokratische Republik

Ders. .... Derselbe

DM .... Deutsche Mark

DÖV .... Die Öffentliche Verwaltung (Zeitschrift)

Drs. .... Drucksache

DVBl. .... Deutsches Verwaltungsblatt (Zeitschrift)

Einl. .... Einleitung

EU .... Europäische Union

EuGH .... Europäischer Gerichtshof

EuGHE .... Entscheidungen des Europäischen Gerichtshofs

e. V. .... Eingetragener Verein

FamRZ .... Zeitschrift für das gesamte Familienrecht

f. .... folgende

ff. .... fortfolgende

FN .... Fußnote

GBl. .... Gesetzblatt der Deutschen Demokratischen Republik

Gem. .... gemäß

GMBl. .... Gemeinsames Ministerialblatt

GVBl. .... Gesetzes- und Verordnungsblatt des jeweils benannten Bundeslandes

GV NW .... Gesetz- und Verordnungsblatt für das Land Nordrhein-Westfalen

GVOBl. M-V .... Gesetzes- und Verordnungsblatt des Landes Mecklenburg-Vorpommern

GVOBl. Schl.-H. ... Gesetzes- und Verordnungsblatt des Landes Schleswig-Holstein

Herausg. .... Herausgeber

idF . ... in der Fassung

i. V. m. .... in Verbindung mit

Jahrg. .... Jahrgang

Kap. . ... Kapitel

KGSt. .... Kommunale Gemeinschaftsstelle für Verwaltungsvereinfachung

Lfg. .... Lieferung

LSA .... Land Sachsen-Anhalt

MedR .... Medizinrecht (Zeitschrift)
MBl. LSA .... Ministerialblatt des Landes Sachsen-Anhalt
MdE .... Minderung der Erwerbsfähigkeit
MinBl. .... Ministerialblatt der Landesregierung von Rheinland-Pfalz
Mio. . ... Million
Mrd. .... Milliarde
NdsVBl. .... Niedersächsische Verwaltungsblätter (Zeitschrift)
NDV .... Nachrichtendienst des Deutschen Vereins für öffentliche und private Fürsorge (Zeitschrift)
NJW .... Neue Juristische Wochenschrift (Zeitschrift)
Nr. .... Nummer
NSDAP .... Nationalsozialistische Deutsche Arbeiterpartei
NVwZ .... Neue Zeitschrift für Verwaltungsrecht (Zeitschrift)
NWVBl. .... Nordrhein-westfälische Verwaltungsblätter (Zeitschrift)
o. D. .... ohne Datum
Öff. Gesundh.-Wes. Öffentliches Gesundheitswesen (Zeitschrift)
PC .... Personal-Computer
PersV .... Die Personalvertretung (Zeitschrift)
PlPr .... Plenarprotokoll
RdJ .... Recht der Jugend (Zeitschrift)
RdJB .... Recht der Jugend und des Bildungswesens (Zeitschrift)
Rdnr. .... Randnummer
Reg.Bl. .... Regierungsblatt
Reha .... Rehabilitation, Rehabilitations-
RJWG .... Reichsjugendwohlfahrtsgesetz
RM .... Reichsmark, Währung des Deutschen Reiches von 1871 bis 1945
Rspr. .... Rechtsprechung
RVO .... Reichsversicherungsordnung
S. .... Seite
s. .... siehe
SozVers .... Die Sozialversicherung (Zeitschrift)
SPD .... Sozialdemokratische Partei Deutschlands
stellv. .... stellvertretende/ stellvertretender
TuP .... Theorie und Praxis der sozialen Arbeit (Zeitschrift)
v. . ... vom

VergGrp .... Vergütungsgruppe nach Anlage 1 a des Bundesangestellten-Tarifvertrags

VersorgV .... Die Versorgungsverwaltung (Zeitschrift)

VersR .... Versicherungsrecht, Zeitschrift für Versicherungsrecht, Haftungs- und Schadensrecht

VerwArch .... Verwaltungsarchiv (Zeitschrift, zitiert nach Jahr und Seiten)

VMBl. .... Ministerialblatt des Bundesministeriums der Verteidigung

VOBl. .... Verordnungsblatt

Vol. .... Volume

VOP .... Verwaltung, Organisation, Personal (Zeitschrift, zitiert nach Monat, Jahr und Seiten)

VR .... Verwaltungsrundschau, Zeitschrift für Verwaltung in Praxis und Wissenschaft

VuM .... Verwaltung und Management (Zeitschrift)

VVDStRL .... Veröffentlichungen der Vereinigung der Deutschen Staatsrechtslehrer (Sammlung, zitiert nach Band und Seiten)

WFVG .... Wehrmachtsfürsorge- und -versorgungsgesetz

WHO .... Weltgesundheitsorganisation

z. B. . ... zum Beispiel

ZBR .... Zeitschrift für Beamtenrecht

ZentralVOBl. .... Zentrales Verordnungsblatt der DDR

ZfF .... Zeitschrift für das Fürsorgewesen

ZfJ .... Zentralblatt für Jugendrecht (Zeitschrift)

ZfS .... Zentralblatt für Sozialversicherung, Sozialhilfe und Versorgung (Zeitschrift)

ZFSH/ SGB .... Zeitschrift für Sozialhilfe und Sozialgesetzbuch

Ziff. .... Ziffer

G: Verzeichnis der verwendeten Rechtsquellen

Beamtenrechtsrahmengesetz (BRRG): Rahmengesetz zur Vereinheitlichung des Beamtenrechts vom 01.07.1957 (BGBl. I S. 667) in der Fassung der Bekanntmachung vom 31.03.1999 (BGBl. I S. 654) zuletzt geändert am 04.11.2004 (BGBl. I S. 2686)

Bürgerliches Gesetzbuch (BGB) vom 18.08.1896 (RGBl. S. 195) in der Fassung der Bekanntmachung vom 02.01.2002 (BGBl. I S. 42, 2909), zuletzt geändert am 09.12.2004 (BGBl. I S. 3214)

Bundes-Angestelltentarifvertrag (BAT) vom 23.02.1961, zuletzt geändert durch den 78. Änderungstarifvertrag vom 31.01.2003 (veröffentlicht unter www.bmi.bund.de, eingesehen am 24.08.2004)

Bundesbeamtengesetz (BBG) vom 14.07.1953 (BGBl. I S. 551) in der Fassung der Bekanntmachung vom 31.03.1999 (BGBl. I S. 675), zuletzt geändert am 04.11.2004 (BGBl. I S. 2686)

Bundesbesoldungsgesetz (BBesG) vom 23.05.1975 (BGBl. I S. 1173) in der Fassung der Bekanntmachung vom 06.08.2002 (BGBl. I S. 3020), zuletzt geändert am 15.12.2004 (BGBl. I S. 3390)

Bundesgrenzschutzgesetz (BGSG): Gesetz über den Bundesgrenzschutz vom 19.10.1994 (BGBl. I S. 2978), zuletzt geändert am 24.08.2004 (BGBl. I S. 2198)

Bundeshaushaltsordnung (BHO) vom 19.08.1969 (BGBl. I S. 1284), zuletzt geändert am 17.06.1999 (BGBl. I S. 1334)

Bundeslaufbahnverordnung (BLV): Verordnung über die Laufbahnen der Bundesbeamtinnen und Bundesbeamten vom 15.11.1978 (BGBl. I S. 1763) in der Fassung der Bekanntmachung v. 02.07.2002 (BGBl. I S. 2459, 2671), zuletzt geändert am 15.12.2004 (BGBl. I S. 3396)

Bundesrechnungshofgesetz (BRHG): Gesetz über den Bundesrechnungshof vom 11.07.1985 (BGBl. I. S. 1445), zuletzt geändert am 09.07.2001 (BGBl. I S. 1510)

Bundes-Seuchengesetz (BSeuchG) vom 18.07.1961 (BGBl. I S. 1012) in der Fassung der Bekanntmachung vom 01.07.1997 (BGBl. I S. 2262; 1980 S. 151), zuletzt geändert am 24.03.1997 (BGBl. I S. 594), am 01.01.2001 außer Kraft getreten

Bundessozialhilfegesetz (BSGH) vom 30.06.1961 (BGBl. I S. 815, 1875) in der Fassung der Bekanntmachung vom 23.03.1994 (BGBl. I S. 545, 2975), zuletzt geändert am 25.11.2003 (BGBl. I S. 2304), am 31.12.2004 außer Kraft getreten

Bundesversorgungsgesetz (BVG): Gesetz über die Versorgung der Opfer des Krieges vom 20.12.1950 (BGBl. S. 791), in der Fassung der Bekanntmachung vom 01.01.1982 (BGBl. I S. 21), zuletzt geändert am 15.12.2004 (BGBl. I S. 3396)

Einkommensteuergesetz (EStG) vom 16.10.1936 (RGBl. I S. 1005) in der Fassung der Bekanntmachung vom 19.10.2002 (BGBl. I S. 4210, 2003 S. 179), zuletzt geändert am 02.12.2004 (BGBl. I S. 3112)

Gemeindeordnung Rheinland-Pfalz (GemO) in der Fassung vom 31.01.1994 (GVBl. S. 153), zuletzt geändert am 15.10.2004 (GVBl. S. 457)

Gesetz über das Verfahren in Versorgungssachen (VerfG) vom 10.01.1922 (RGBl. S. 59) in der Fassung der Bekanntmachung v. 20.03.1928 (RGBl. I S. 71)

Gesetz über das Verwaltungsverfahren der Kriegsopferversorgung (VfG) vom 02.05. 1955 (BGBl. I S. 202) idF der Bek. v. 06.05.1976 (BGBl. I S. 1169), zuletzt geändert am 18.08.1980 (BGBl. I S. 1469, 2218)

Gewerbeordnung (GewO) vom 21.06.1869 (RGBl. S. 245) in der Fassung der Bekanntmachung vom 22.02.1999 (BGBl. I S. 202), zuletzt geändert am 30.07.2004 (BGBl. I S. 2014)

Grundgesetz für die Bundesrepublik Deutschland (GG) vom 23.05.1949 (BGBl. S. 1), zuletzt geändert am 26.07.2002 (BGBl. I S. 2863)

Handelsgesetzbuch (HGB) vom 10.05.1897 (RGBl. S. 219), zuletzt geändert am 15.12.2004 (BGBl. I S. 3408)

Haushaltsgrundsätzegesetz (HGrG): Gesetz über die Grundsätze des Haushaltsrechts des Bundes und der Länder vom 19.08.1969 (BGBl. I S. 1273), zuletzt geändert am 23.12.2003 (BGBl. I S. 2848)

Häftlingshilfegesetz (HHG) vom 06.08.1955 (BGBl. I S. 498) in der Fassung der Bekanntmachung vom 02.06.1999 (BGBl. I S. 838), zuletzt geändert am 17.08.2001 (BGBl. I S. 2144)

Heimgesetz (HeimG) vom 07.08.1974 (BGBl. I S. 1873) in der Fassung der Bekanntmachung vom 05.11.2001 (BGBl. I S. 2970), zuletzt geändert am 27.12.2003 (BGBl. I S. 3022)

Infektionsschutzgesetz (IfSG): Gesetz zur Verhütung und Bekämpfung von Infektionskrankheiten beim Menschen vom 20.07.2000 (BGBl. I S. 1045), zuletzt geändert am 24.12.2003 (BGBl. I S. 2954)

Jugendwohlfahrtsgesetz (JWG): Gesetz für die Jugendwohlfahrt vom 11.08.1961 (BGBl. I S. 1206), außer Kraft getreten am 31.12.1990

Kraftfahrzeugsteuergesetz (KraftStG) vom 21.12.1927 (RGBl. I S. 509) neugefasst durch Bekanntmachung vom 26.09.2002 (BGBl. I S. 3818)

Landesbeamtengesetz Rheinland-Pfalz (LBG) vom 11.07.1962 (GVBl. S. 73) in der Fassung vom 14.07.1979 (GVBl. S. 241), zuletzt geändert am 15.10.2004 (GVBl. S. 457)

Landesgesetz zur Ausführung des Bundessozialhilfegesetzes Rheinland-Pfalz (AGBSHG) vom 08.03.1963 (GVBl. S. 79), zuletzt geändert durch Gesetz vom 17.11.1995 (GVBl. S. 473), gültig bis 31.12.2004

Landesgesetz zur Ausführung des Kinder- und Jugendhilfegesetzes Rheinland-Pfalz (AGKJHG) vom 21.12.1993 (GVBl. S. 632), zuletzt geändert am 10.04.2003 (GVBl. S. 55)

Landesgesetz zur Ausführung des Zweiten Buches Sozialgesetzbuch Rheinland-Pfalz (AGSGB II) vom 22.12.2004 (GVBl. S. 569)

Landesgesetz zur Ausführung des Zwölften Buches Sozialgesetz Rheinland-Pfalz (AGSGB XII) vom 22.12.2004 (GVBl. S. 571)

Landesgesetz zur Durchführung der Kriegsopferfürsorge Rheinland-Pfalz (DGKOF) vom 08.03.1963 (GVBl. S. 82), zuletzt geändert am 17.11.1995 (GVBl. S. 485)

Landesgesetz über den öffentlichen Gesundheitsdienst Rheinland-Pfalz (ÖGdG) vom 17.11.1995 (GVBl. S. 485), zuletzt geändert am 08.05.2002 (GVBl. S. 177)

Landeshaushaltsordnung Rheinland-Pfalz (LHO) vom 20.12.1971 (GVBl. 1972 S. 2), zuletzt geändert am 06.02.2001 (GVBl. S. 29)

Landespersonalvertretungsgesetz Rheinland-Pfalz (LPersVG) in der Fassung der Bekanntmachung vom 24.11.2000 (GVBl. S. 530), zuletzt geändert am 15.10.2004 (GVBl. S. 457)

Laufbahnverordnung Rheinland-Pfalz (LbVO) vom 26.06.1971 (GVBl. S. 143), zuletzt geändert am 09.09.2003 (GVBl. S. 275)

Opferentschädigungsgesetz (OEG): Gesetz über die Entschädigung für Opfer von Gewalttaten vom 11.05.1976 (BGBl. I S. 1181) in der Fassung der Bekanntmachung vom 01.07.1985 (BGBl. I S. 1), zuletzt geändert am 30.07.2004 (BGBl. I S. 1950)

Ordnungswidrigkeitengesetz (OWiG): Gesetz über Ordnungswidrigkeiten vom 26.05.1968 (BGBl. I S. 481) in der Fassung der Bekanntmachung vom 19.02.1987 (BGBl. I S. 602), zuletzt geändert am 25.08.2004 (BGBl. I S. 2198)

Reichsjugendwohlfahrtsgesetz (RJWG) vom 09.07.1922 (RGBl. I S. 633), zuletzt geändert am 01.02.1939 (RGBl. I S. 109)

Reichsversicherungsordnung (RVO) vom 19.07.1911 (RGBl. S. 509) in der Fassung der Bekanntmachung vom 15.12.1924 (RGBl. I S. 779)

Reichsversorgungsgesetz (RVG): Gesetz über die Versorgung der Militärpersonen und ihrer Hinterbliebenen bei Dienstbeschädigung vom 12.05.1920 (RVG) in der Fassung der Bekanntmachung vom 22.12.1927 (RGBl. I S. 515)

Schwerbehinderten-Ausgleichsabgabeverordnung (SchwbAV) vom 28.03.1988 (BGBl. I S. 484), zuletzt geändert am 23.04.2004 (BGBl. I S. 606)

Schwerbehindertengesetz (SchwbG): Gesetz zur Sicherung der Eingliederung Schwerbehinderter in Arbeit, Beruf und Gesellschaft –Schwerbehindertengesetz– vom 29.04.1974 (BGBl. I S. 1006) in der Fassung der Bekanntmachung vom 26.08.1989 (BGBl. I S. 1421), zuletzt geändert am 19.12.1997 (BGBl. I S. 3158), ab dem 01.07.2001 ersetzt durch das SGB IX

Soldatenversorgungsgesetz (SVG): Gesetz über die Versorgung für die ehemaligen Soldaten der Bundeswehr und ihre Hinterbliebenen vom 26.07.1957 (BGBl. I S. 785) in der Fassung der Bekanntmachung vom 09.04.2002 (BGBl. I S. 1258, 1909), zuletzt geändert am 29.12.2003 (BGBl. I S. 3076)

Sozialgerichtsgesetz (SGG) vom 03.09.1953 (BGBl. I S. 1239) in der Fassung der Bekanntmachung vom 23.09.1975 (BGBl. I S. 2535), zuletzt geändert am 09.12.2004 (BGBl. I S. 3302)

Sozialgesetzbuch (Erstes Buch – SGB I) –Allgemeiner Teil– vom 11.12.1975 (BGBl. I S. 3015), zuletzt geändert am 30.07.2004 (BGBl. I S. 2014)

Sozialgesetzbuch (Zweites Buch – SGB II) – Grundsicherung für Arbeitssuchende– vom 24.12.2003 (BGBl. I S. 2955), zuletzt geändert am 19.11.2004 (BGBl. I S. 2902), in Kraft ab 01.01.2005

Sozialgesetzbuch (Drittes Buch – SGB III) –Arbeitsförderung– vom 24.03.1997 (BGBl. I S. 594), zuletzt geändert am 09.12.2004 (BGBl. I S. 3242)

Sozialgesetzbuch (Viertes Buch – SGB IV) –Sozialversicherung– vom 23.12.1976 (BGBl. I S. 3845), zuletzt geändert am 19.11.2004 (BGBl. I S. 2902)

Sozialgesetzbuch (Fünftes Buch – SGB V) –Gesetzliche Krankenversicherung– vom 20.12.1988 (BGBl I S. 2477, 2482), zuletzt geändert am 30.07.2004 (BGBl. I S. 2014)

Sozialgesetzbuch (Sechstes Buch – SGB VI) –Gesetzliche Rentenversicherung– vom 18.12.1989 (BGBl. I 2261, 1990, 1337) in der Fassung der Bekanntmachung vom 19.02.2002 (BGBl. I S. 3183), zuletzt geändert am 15.12.2004 (BGBl. I S. 3445)

Sozialgesetzbuch (Siebtes Buch – SGB VII) – Gesetzliche Unfallversicherung– vom 07.08.1996 (BGBl. I S. 1254), zuletzt geändert am 15.12.2004 (BGBl. I S. 3396)

Sozialgesetzbuch (Achtes Buch – SGB VIII) –Kinder- und Jugendhilfe– vom 26.06.1990 (BGBl. I S. 1163) in der Fassung der Bekanntmachung vom

08.12.1998 (BGBl. I S. 3546), zuletzt geändert am 30.07.2004 (BGBl. I S. 2014)

Sozialgesetzbuch (Neuntes Buch – SGB IX) –Rehabilitation und Teilhabe behinderter Menschen– vom 19.06.2001 (BGBl. I S. 1046, 1047), zuletzt geändert am 09.12.2004 (BGBl. I S. 3242)

Sozialgesetzbuch (Zehntes Buch – SGB X) –Sozialverwaltungsverfahren und Sozialdatenschutz– vom 18.08.1980 (BGBl. I S. 1980, 1469; 1982, 1450) in der Fassung der Bekanntmachung vom 18.01.2001 (BGBl. I S. 130), zuletzt geändert am 15.12.2004 (BGBl. I S. 3450)

Sozialgesetzbuch (Elftes Buch – SGB XI) –Soziale Pflegeversicherung– vom 26.05.1994 (BGBl. I S. 1014, 1015), zuletzt geändert am 15.12.2004 (BGBl. I S. 3448)

Sozialgesetzbuch (Zwölftes Buch – SGB XII) –Sozialhilfe– vom 27.12.2003 (BGBl. I S. 3022)zuletzt geändert am 09.12.2004 (BGBl. I S. 3305), in Kraft ab 01.01.2005

Strafgesetzbuch (StGB) vom 15.05.1871 (RGBl. S. 127) in der Fassung der Bekanntmachung vom 13.12.1998 (BGBl. I S. 3322), zuletzt geändert am 15.12.2004 (BGBl. I S. 3396)

Strafrechtliches Rehabilitierungsgesetz (StrRehaG): Gesetz über die Rehabilitierung und Entschädigung von Opfern rechtswidriger Strafverfolgungsmaßnahmen im Beitrittsgebiet vom 29.10.1992 (BGBl. I S. 1814), zuletzt geändert am 22.12.2003 (BGBl. I S. 2834)

Strafvollzugsgesetz (StVollzG): Gesetz über den Vollzug der Freiheitsstrafe und der freiheitsentziehenden Maßregeln der Besserung und Sicherung vom 16.03.1976 (BGBl. I S. 581, 2088), zuletzt geändert am 27.12.2003 (BGBl. I S. 3022)

Straßenverkehrs-Ordnung (StVO) vom 16.11.1970 (BGBl. I S. 1565; 1971, 38), zuletzt geändert am 22.01.2004 (BGBl. I S. 117)

Umsatzsteuergesetz (UStG) vom 26.11.1979 (BGBl. I S. 1953) in der Fassung der Bekanntmachung vom 09.06.1999 (BGBl. I S. 1270), zuletzt geändert am 09.12.2004 (BGBl. I S. 3310)

Verfassung für Rheinland-Pfalz (LV) vom 18.05.1947 (VOBl. S. 209), zuletzt geändert am 14.06.2004 (GVBl. S. 321)

Vertrag zur Gründung der Europäischen Gemeinschaft (EGV) in der Fassung des Vertrages über die Europäische Union vom 07.02.1992 (BGBl. II S. 1253/1256), geändert durch den Amsterdamer Vertrag vom 02.10.1997 (BGBl. 1998 II, S. 387, ber. BGBl. 1999 II, S. 416)

Verwaltungsgerichtsordnung (VwGO) vom 21.01.1960 (BGBl. I S. 17) in der Fassung der Bekanntmachung vom 19.03.1991 (BGBl. I S. 686), zuletzt geändert am 09.12.2004 (BGBl. I S. 3302)

Verwaltungskostengesetz (VwKostG) vom 23.06.1970 (BGBl. I S. 821), zuletzt geändert am 05.05.2004 (BGBl. I S. 718)

Verwaltungsorganisationsreformgesetz (VwORG): Landesgesetz zur Reform und Neuorganisation der Landesverwaltung Rheinland-Pfalz vom 12.10.1999 (GVBl. S. 325)

Verwaltungsrechtliches Rehabilitierungsgesetz (VwRehaG): Gesetz über die Aufhebung rechtsstaatswidriger Verwaltungsentscheidungen im Beitrittsgebiet und die daran anknüpfenden Folgeansprüche vom 23.06.1994 (BGBl. I S. 1311), zuletzt geändert am 22.12.2003 (BGBl. I S. 2834)

Verwaltungsverfahrensgesetz (VwVfG) vom 25.05.1976 (BGBl. I S. 1253) in der Fassung der Bekanntmachung vom 23.01.2003 (BGBl. I S. 102), zuletzt geändert am 05.05.2004 (BGBl. I S. 718)

Wehrmachtsfürsorge- und –versorgungsgesetz (WFVG): Fürsorge- und Versorgungsgesetz für die ehemaligen Angehörigen der Wehrmacht und ihrer Hinterbliebenen vom 26.08.1936 (RGBl. I S. 1077)

Weimarer Reichsverfassung (WRV) vom 11.08.1919 (RGBl. S. 1382)

Zivildienstgesetz (ZDG): Gesetz über den Zivildienst der Kriegsdienstverweigerer vom 13.01.1960 (BGBl. I S. 10) in der Fassung der Bekanntmachung vom 28.09.1994 (BGBl. I S. 2811), zuletzt geändert am 27.09.2004 (BGBl. I S. 2358)

Zivilprozessordung (ZPO) vom 12.09.1950 (BGBl. I S. 455, 512, 533), zuletzt geändert am 15.12.2004 (BGBl. I S. 3396)

H: Verzeichnis der Anlagen

Anlage 1

Aufgabenbündelung bei Landessozial- oder –versorgungsverwaltungen in den Flächenländern – 1-–

Aufgabe/ Land	BW	BY	BR	HE	MV	NI	NW
Soziale Entschädigung	X (BezReg Stuttgart)*	X	X	X (BezReg Gießen)	X	X	X (BezReg Münster)
Feststellung gem. § 69 SGB IX	X (BezReg Stuttgart)*	X	X	X (BezReg Gießen)	X	X	X (BezReg Münster)
Hauptfürsorgestelle (KOF)	Komm	BezReg	X	KomV	X	X	KomV
Integrationsamt	KomV	BezReg	X	KomV	X	X	KomV
Landesjugendamt	KomV	LOB	LOB	Min	LOB	X	KomV
Gemeinsame zentrale Adoptionsstelle	KomV	nein	mit Berlin	mit RP	nein	mit HH, HB, SH	nein
Aufsicht über Kindertagesstätten	KomV	BezReg	LOB	BezReg	LOB	LOB	KomV
Heimaufsicht nach HeimG	Komm	Komm/ BezReg	X	X (BezReg Gießen)	Komm	X	KomV
Überörtl. Träger Sozialhilfe	KomV	KomV	X	KomV	KomV	X	KomV
BErzGG (Fachaufsicht)	Landesbank BW	X	LOB	Min	X (u. Durchf.)	Min	BezReg
Aufgaben nach InsO	Min/ Bez Reg	BezReg	X	BezReg	Min	X	BezReg Düsseldorf
Europ. Sozialfonds	Min	X	X	Min	Min	X	X (BezReg Münster)
Arbeitsmarktpol. Landesprogramme	Min	X	Min	Min	X	N-Bank	X (BezReg Münster)
Eingliederung von Aussiedl. u. Flüchtl.	LOB	Min	X	BezReg	Min	Min	X (BezReg Münster)
Landesprüfdienst Kranken- u. Pflegev.	Min	Min	Min	LOB	Min	Min	LOB
Obere Gesundheits-behörde	BezReg	BezReg	X	BezReg	LOB	LOB	BezReg
Landesaufsicht Apotheken usw.	BezReg	BezReg	LOB	BezReg	LOB	Apotheken kammerg	BezReg
Landesaufsicht Arzneimittelherstell.	BezReg Tübingen	BezReg	X	Min	LOB	Gewerbe-aufsicht	BezReg
Landesprüfungsamt f. Heiberufe	BezReg Stuttgart	BezReg Oberbay.	X	LOB	LOB	X	X (BezReg Münster)
Beruferecht der Heilberufe	Min/ Bez Reg	BezReg	X	LOB	LOB	X	BezReg
Aufsicht über Kammern Heilberufe	Min	BezReg	Min	Min	LOB	Min	BezReg
Aufsicht gem. § 90 Abs. 2 SGB IV	Min	BezReg (1)	Min	Min	Min	Min	LOB
Bußgeldverfahren nach SGB XI	Komm	Komm	Komm	X (BezReg Gießen)	X	Komm	Komm

Legende:

BW: Baden-Württemberg; BY: Bayern; BR: Brandenburg; HE: Hessen; NI: Niedersachsen; NW Nordrhein-Westfalen

Min = Oberste Landesbehörde (Landesministerium); BezReg = Bezirksregierung, Regierung oder Regierungspräsidium; X = Obere Landesbehörde mit Regionalbehörden (Grundtyp: Landesversorgungsamt); X (BezReg): Landesversorgungsamt mit Regionalbehörden als Abteilung einer BezReg. LOB = andere obere Landesbehörde; Komm = Kommunale Ebene (Landkreise und kreisfreie Städte); KomV = höherer Kommunalverband

Aufgabenbündelung bei Landessozial- oder –versorgungsverwaltungen in den Flächenländern – 2–

Aufgabe/ Land	RP	SL	SN	ST	SH	TH
Soziale Entschädigung	X	X	X	X **	X	X
Feststellung gem. § 69 SGB IX	X	X	X	X **	X	X
Hauptfürsorgestelle (KOF)	X	Xg	X	X **	X	X
Integrationsamt	X	X	X	X **	X	X
Landesjugendamt	X	X	X	X **	Min	X
Gemeinsame zentrale Adoptionsstelle	X (mit HE)	nein	nein	nein	mit HH, HB, NI	nein
Aufsicht über Kindertagesstätten	X	X	X	X **	Min	X
Heimaufsicht nach HeimG	X	Min	BezReg	X **	Min/ Komm	X
Überörtl. Träger Sozialhilfe	X	X	KomV	LBtr	Min	X
BErzGG (Fachaufsicht)	X	Min	X	X **	Min	X
Aufgaben nach InsO	X	Min	X (teilw.)	X **	Min	X
Europ. Sozialfonds	X	Min	Min	X **	Min/ X	X
Arbeitsmarktpol. Landesprogramme	X	Min	Min	X **	Min/ X	X
Eingliederung von Aussiedl. u. Flüchtl.	LOB	LOB	BezReg	X **	LOB	X
Landesprüfdienst Kranken- u. Pflegev.	X	Min	Min	Min	Min	Min
Obere Gesundheits-behörde	X	Min	Min	X **	Min	Min
Landesaufsicht Apotheken usw.	X	LOB	Min	X **	LOB	LOB**
Landesaufsicht Arzneimittelherstell.	X	LOB	Min	X **	Min	LOB**
Landesprüfungsamt f. Heiberufe	X	LOB	BezReg Dresden	X **	LOB	LOB**
Beruferecht der Heilberufe	X	LOB	Min	X **	Min	LOB**
Aufsicht über Kammern Heilberufe	Min/ X	LOB	Min	Min	Min/ X	LOB**
Aufsicht gem. § 90 Abs. 2 SGB IV	X	Min	Min	Min	Min	LOB**
Bußgeldverfahren nach SGB XI	X	X	Komm	X **	X	X (VA Suhl)

Legende:
RP: Rheinland-Pfalz;SL: Saarland; SN: Sachsen; ST: Sachsen-Anhalt; SH: Schleswig-Holstein; TH Thüringen
LBtr: Landesbetrieb gem. § 26 LHO (des jeweiligen Landes)
* In BW wurde das Landesversorgungsamt in die BezReg Stuttgart integriert; die Aufgaben der acht VÄ wurden auf die 35 Landkreise übertragen. ** Landesverwaltungsamt.
(1) Regierungen von Oberbayern und Mittelfranken.

Landesamt für Jugend und Soziales (1971 - 1995)

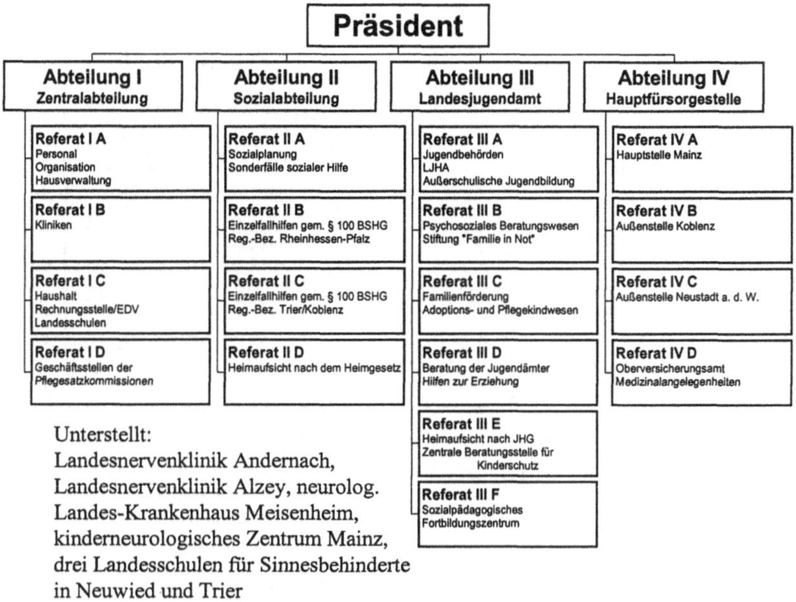

Landesversorgungsamt in Koblenz (1954 - 1995)

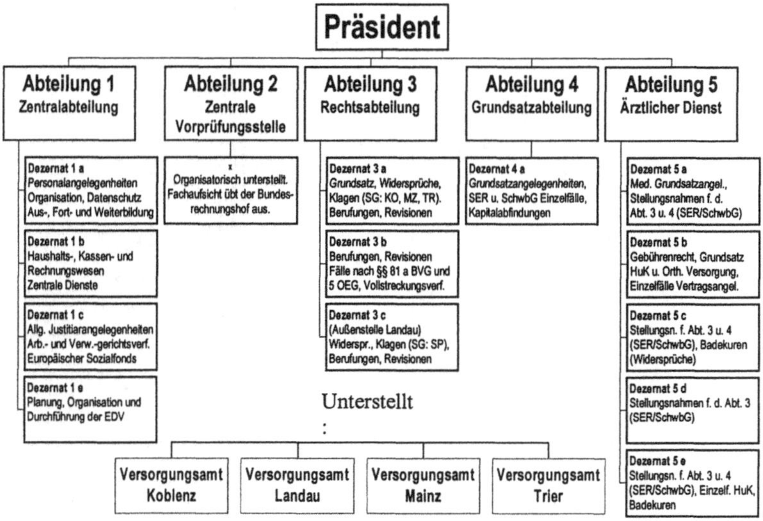

Quelle: Eigene Darstellung

Anlage 3

Landesamt für Soziales, Jugend und Versorgung (1996/1997)

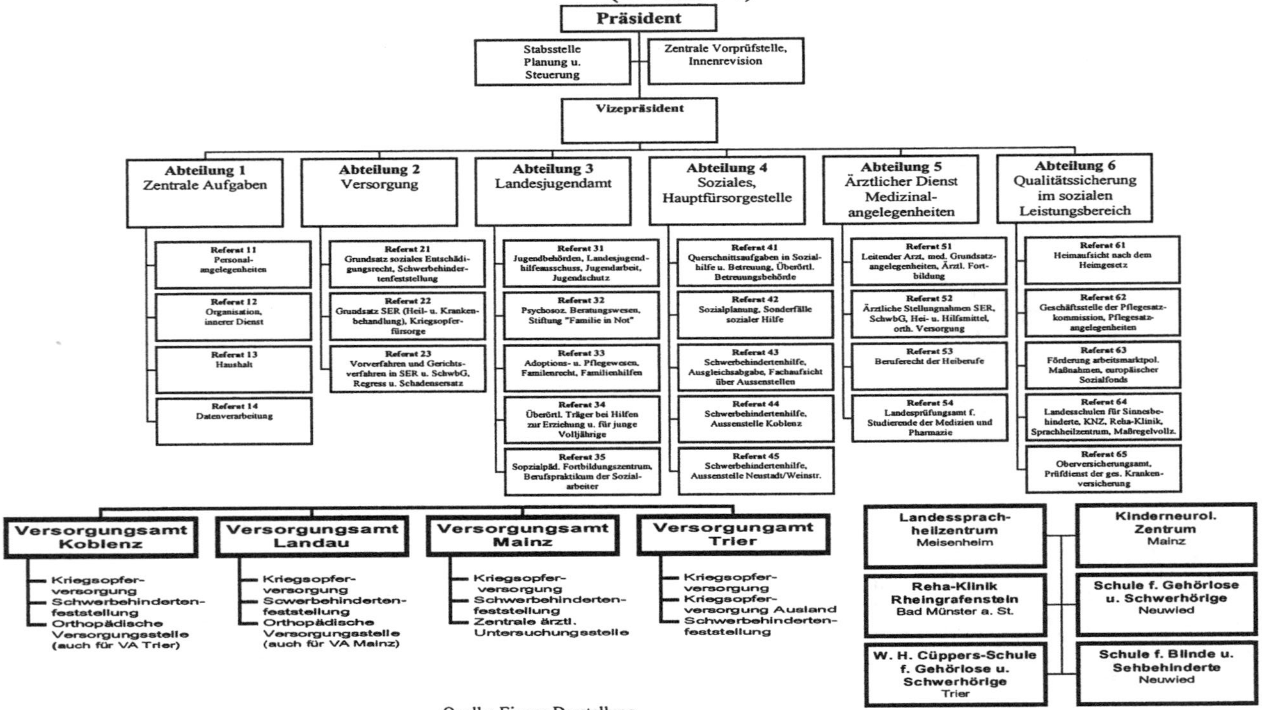

Quelle: Eigene Darstellung

Landessozialverwaltung in Bayern

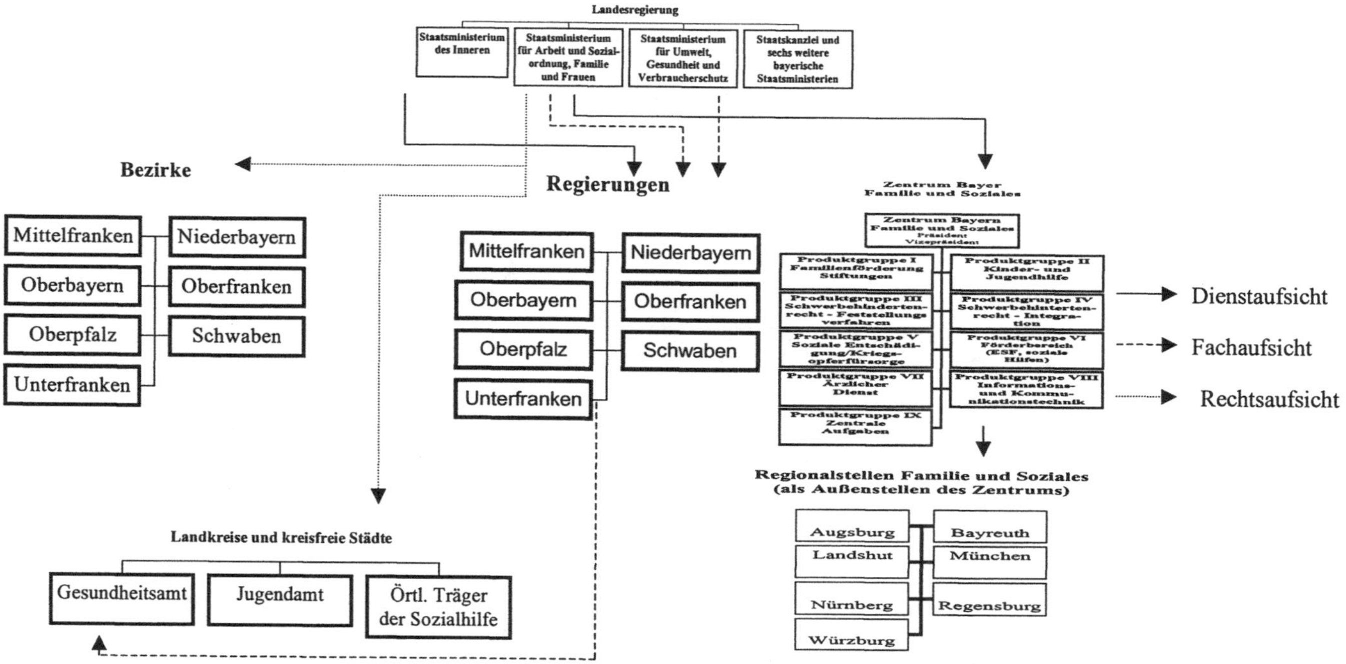

(In den Regionalstellen werden alle Produktgruppen des Zentrums, mit Ausnahme der Produktgruppen II u. VIII, operativ wahrgenommen)

Quelle: Eigene Darstellung

Anlage 5

Landessozialverwaltung in Nordrhein-Westfalen

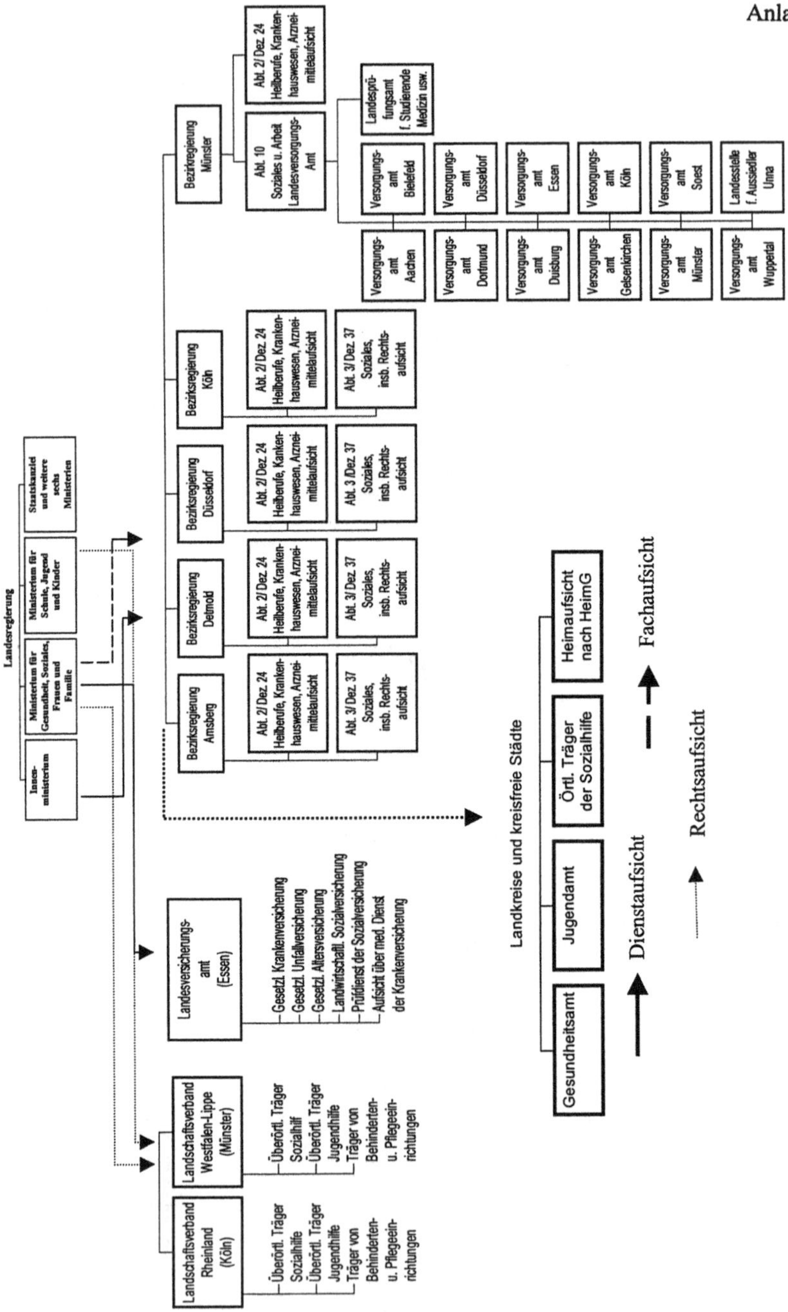

Quelle: Eigene Darstellung

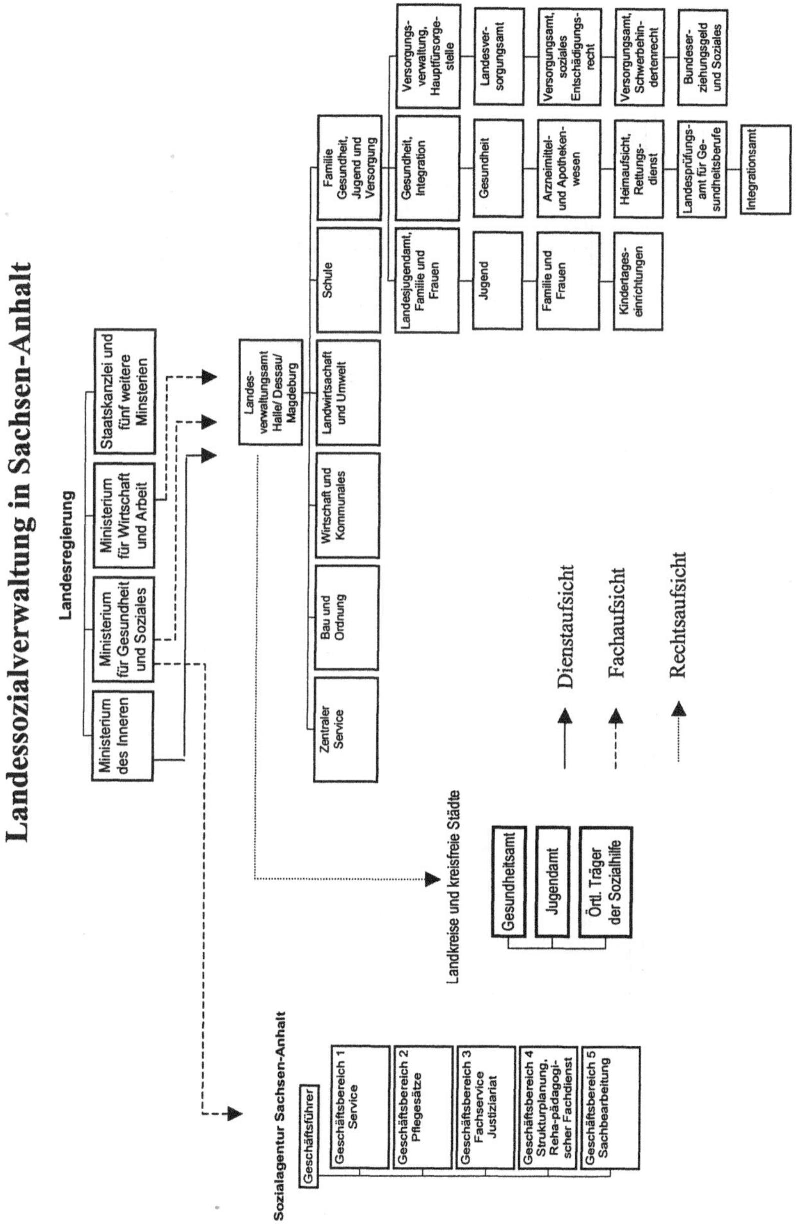

Quelle: Eigene Darstellung

Konzept: Landesamt für Soziale Angelegenheiten Rheinland-Pfalz (1992)

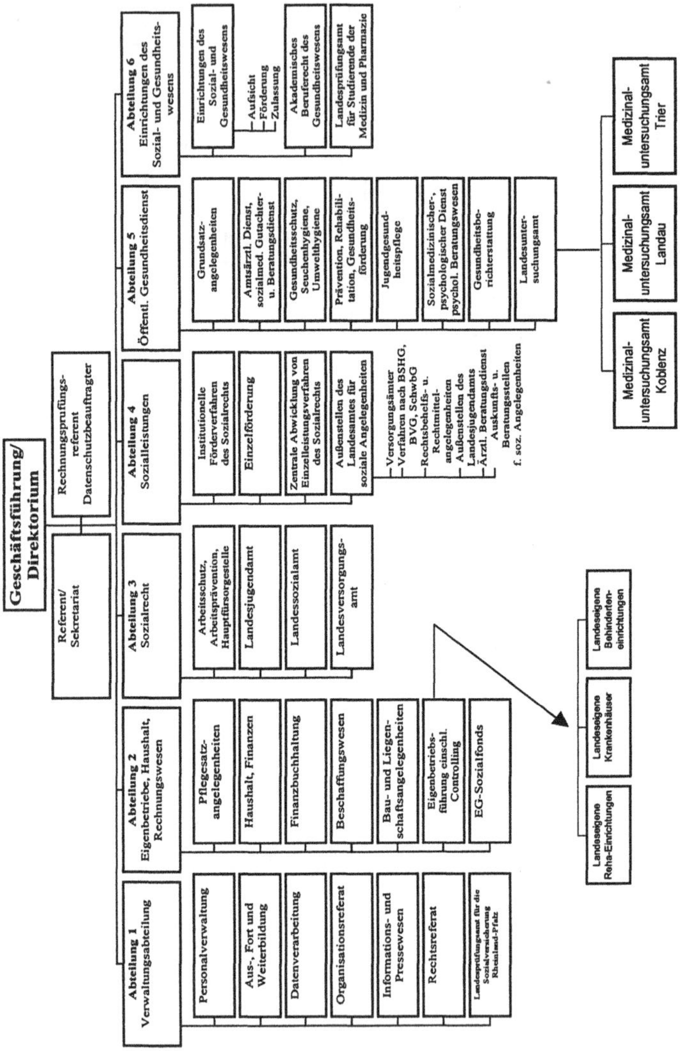

Quelle: Bericht über die Untersuchung von Möglichkeiten der Verwaltungsvereinfachung im Aufgabenbereich des Ministeriums für Arbeit, Soziales, Familie und Gesundheit v. 01.10.1992

Landesamt für Soziales, Jugend und Versorgung (2000)

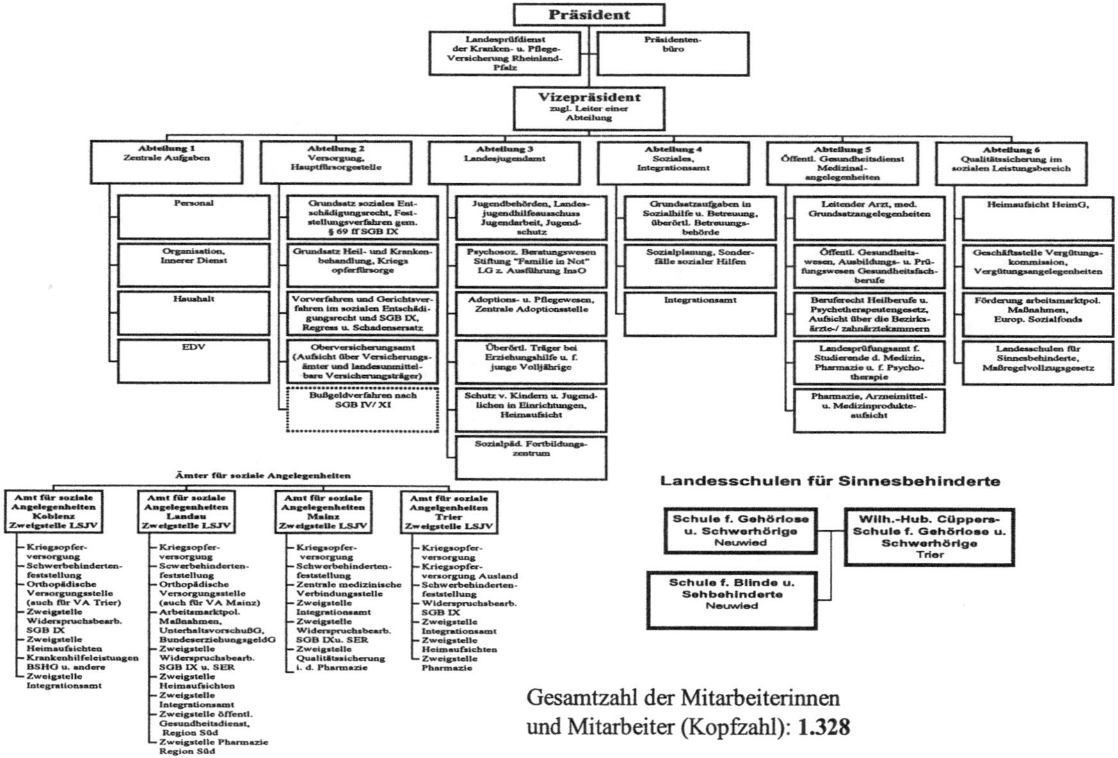

Gesamtzahl der Mitarbeiterinnen und Mitarbeiter (Kopfzahl): **1.328**

Quelle: Eigene Darstellung

Aufbauorganisation der früheren Versorgungsämter

Anlage 9

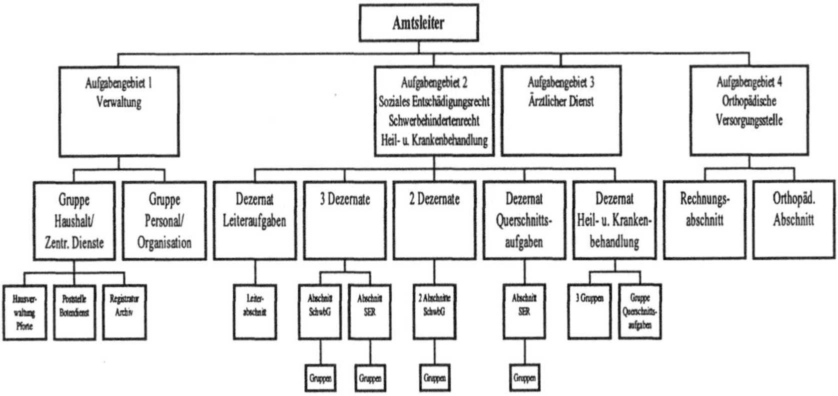

Aufbauorganisation der Ämter für soziale Angelegenheiten einschließlich Zweigstellen des LSJV

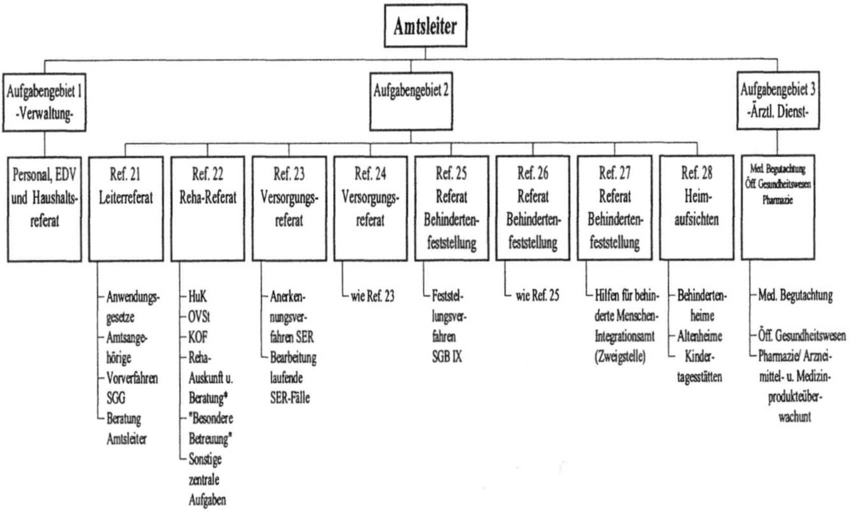

*AsA Landau: Gemeinsame Servicestelle §§ 22 ff SGB IX (mit Arbeitsagentur Landau)

Quelle: Eigene Darstellung

Projektorganisation im Landesamt für Soziales, Jugend und Versorgung (seit 2000)

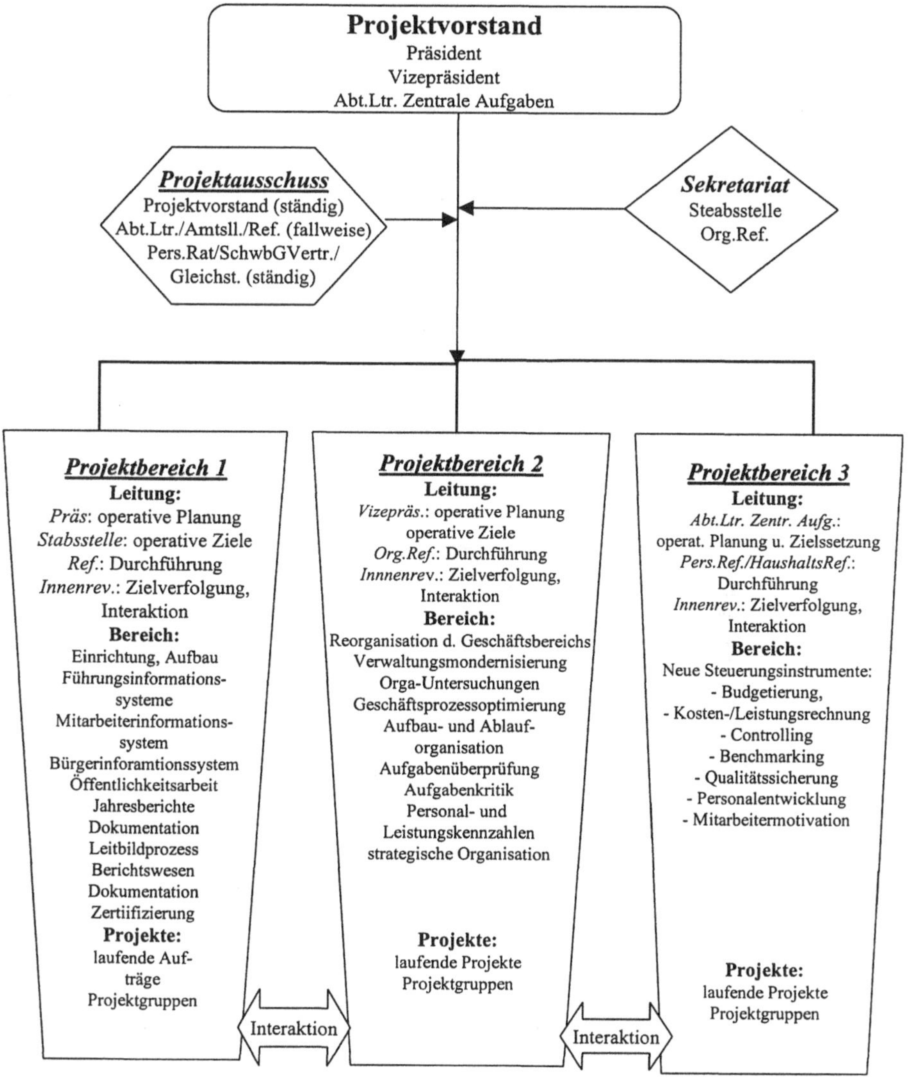

Folgestruktur-plan	Beispielsbereich: Zweigstellen - Integrationsamt -	Ablage-Nr.: *Anlage 11-1*	**Anlage 11**
		Datum: (Datum der Erfassung)	

Beispiel einer Aufgabe: **Aufgabe 1.1** - Kündigungsschutz - ordentliche Kündigung / ordentl. Änderungskündigung -	Bearbeiter: Herr Kleinbusch

Auftg.-Träger	Bedingungen	Tätigkeit/	**Erläuterungen** (Beschreibung der Ereignisse und Tätigkeiten der mit der Bearbeitung befassten Mitarbeiter einschließlich der Verzweigungen der Arbeitsabläufe)
b	c	d	e
		1	Eingang eines Antrags auf Zustimmung zur ordentlichen Kündigung oder ordentlichen Änderungskündigung
		2	Posteingang sichten, Prüfung der örtlichen und sachlichen Zuständigkeit, einzelne Integrationsämter: Verfahrensleitende Verfügung
	A 1		**Zuständigkeit ist nicht gegeben**
		3	Abgabe des Vorgang an die zuständige Stelle mit Abgabenachricht
		4	Ablage
	A 2		**Zuständigkeit ist gegeben**
	B 1		**Antrag wird zurückgenommen**
		5	Nach inhaltlicher Vorprüfung durch den Sachbearbeiter wird der Antrag zurückgenommen
		6	Ablage
	B 2		**Antrag wird nicht zurückgenommen**
		7	Aktenzeichen festlegen, Akten anlegen, Betriebsnummer erfragen, OASIS - Daten erfassen (Grunddaten), OASIS - Kündigungsfall anlegen, Fertigung des Einleitungsschreibens an alle Beteiligten (Unterschrift teilweise g.D.), OASIS - Datenpflege, Postversand
		8	Bearbeitung der Wiedervorlage, ggf. Erinnerungsschreiben, Weitergabe von Schriftsätzen an Beteiligte
		9	Würdigung der Stellungnahmen / Inhaltliche Prüfung / ggf. Ergänzung des Datenbestandes
	C 1		**Fachdienst, Arzt, Krankenkasse etc. wird eingeschaltet**
		10	Schriftliche Anfrage
		11	Bearbeitung der Wiedervorlage, ggf. Erinnerungsschreiben
		12	Würdigung der Stellungnahme des Fachdienstes / Inhaltliche Prüfung
	C 2		**Fachdienst, Arzt, Krankenkasse etc. wird nicht eingeschaltet**
		13	Rechtliche Würdigung des ermittelten Sachverhalts, Prüfung der Entscheidungsreife und der weiteren Vorgehensweise
	D 1		**Entscheidung nach Aktenlage ist möglich**
	E 1		**Entscheidung durch Bescheiderteilung**
		14	Bescheiderteilung – Zustimmung oder Ablehnung -, Bescheid diktieren
		15	Bescheid schreiben
		16	Bescheid prüfen und korrigieren
		17	Bescheid versenden / Dateneingabe / Nachbearbeitung
	E 2		**Entscheidung über den Versuch einer gütlichen Einigung**
		18	Gütlichen Einigungsversuch durchführen

Folgestrukturplan	Beispielsbereich: Zweigstellen - Integrationsamt -	Ablage-Nr.: *Anlage 11 -2-*	**Anlage 11** 2
		Datum: (Datum der Erfassung)	
Beispiel einer Aufgabe: **Aufgabe 1.1** - Kündigungsschutz - ordentliche Kündigung / ordentl. Änderungskündigung -		Bearbeiter: Herr Kleinbusch	

Aufg.-Träger	Bedingungen	Tätigkeit	**Erläuterungen** (Beschreibung der Ereignisse oder Tätigkeiten der mit der Bearbeitung befassten Mitarbeiter einschließlich der Verzweigung der Arbeitsabläufe –Fortsetzung)
b	c	d	e
	F 1		**Einigungsversuch ist gelungen**
		19	Rücknahmeerklärung abwarten und ggf. erinnern
		20	Mitteilung an die Beteiligten, Bescheid diktieren
		21	Bescheid schreiben
		22	Bescheid prüfen und korrigieren
		23	Bescheid versenden / Dateneingabe / Nachbearbeitung
	F 2		**Einigungsversuch ist gescheitert** **Bescheiderteilung – Darstellung s. Nrn. 14 - 17**
	D 2		**Mündliche Verhandlung erforderlich**
		24	Terminierung telefonisch oder schriftlich per OASIS
		25	Wiedervorlagebearbeitung
		26	Terminvorbereitung
		27	Mündliche Verhandlung mit Fertigung eines Vermerks, einschl. Reisezeiten und Zeiten für die Beantragung der Dienstreise und Vorbereitung der Fahrtroute
	G 1		**Es wurde eine gütliche Einigung bei der mündlichen Verhandlung erzielt**
	H 1		**Rücknahme der Kündigung –Darstellung s. Nrn. 19 - 23**
	H 2		**Vergleich – Gleiche Arbeitsschritte wie bei Rücknahme der Kündigung – Darstellung s. Nrn. 19 - 23**
	G 2		**Entscheidung durch Bescheiderteilung – Darstellung s. Nrn. 14 – 17**
	G 3		**Aussetzung des Verfahrens**
	I 1		**Rücknahme der Kündigung – Darstellung s. Nrn. 19 – 23**
	I 2		**Keine Rücknahme der Kündigung – Weiter mit Nr. 9**
	D 3		**Es sind Nachermittlungen erforderlich**
		28	Nachermittlungen durchführen – **Dann weiter mit Nr. 8**

Anlage 12

Dienstpostenbewertung im Landesamt für Soziales, Jugend und Versorgung

Verknüpfung von Funktionen mit Besoldungsgruppen oder Vergütungsgruppen im Geschäftsbereich:

Im Landesamt für Soziales, Jugend und Versorgung:

Höherer Dienst und vergleichbare Angestellte:

Abteilungsleiter:	BesGrp A 16/ B 2 oder VergGrp I/ I mit Zulage
Stellv. Abteilungsleiter:	BesGrp A 15/ A 16 oder VergGrp Ia/ I
Referatsleiter:	BesGrp A 14/ A 15 oder VergGrp I b/ I a
Koreferent, ärztlicher Referent:	BesGrp A 13/ A 14 oder VergGrp II a/ I b

Gehobener Dienst und vergleichbare Angestellte:

Sachbearbeiter mit herausragender Aufgabenzuweisung:	BesGrp A 13 S oder VergGrp II a
Sachbearbeiter mit besonderer Aufgabenzuweisung:	BesGrp A 12 oder VergGrp III
Sachbearbeiter:	BesGrp A 9 bis A 11 oder VergGrp V b bis IV a

Mittlerer Dienst und vergleichbare Angestellte:

Sachbearbeiter mit herausragender Aufgabenzuweisung:	BesGrp A 9 S mit Zulage oder VerGrp V b
Sachbearbeiter mit besonderer Aufgabenzuweisung:	BesGrp A 9 S oder VergGrp V b
Sachbearbeiter:	BesGrp A 7 bis A 8 oder VergGrp VII bis VI b
Assistenzkraft:	BesGrp A 3 bis A 6 oder VergGrp IX bis VIII

In den Ämtern für soziale Angelegenheiten:

Höherer Dienst und vergleichbare Angestellte:

Amtsleiter:	BesGrp A 16
Leitender Arzt:	BesGrp A 16 oder VergGrp I
Referent als Vertreter des Amtsleiters:	BesGrp A 14/ A 15
Arzt mit besonderer Wertigkeit der Aufgabenstellung:	BesGrp A 14/ A 15 oder VergGrp I b/ I a
Referent:	BesGrp A 13/ A 14 oder VergGrp II a/ I b
Arzt im Begutachtungswesen:	BesGrp A 13/ A 14 oder VergGrp II a/ I b

Gehobener Dienst und vergleichbare Angestellte:

Referent:	BesGrp A 13 oder VergGrp II a
Erster Sachbearbeiter:	BesGrp A 12 oder VergGrp III
Sachbearbeiter:	BesGrp A 9 bis A 11 oder VergGrp V b bis IV a

Mittlerer Dienst und vergleichbare Angestellte:

Sachbearbeiter:	BesGrp A 7 bis A 8 oder VergGrp VII bis VI b
Assistenzkraft:	BesGrp A 3 bis A 6 oder VergGrp IX bis VIII

Landesamt für Soziales, Jugend und Versorgung (2004)

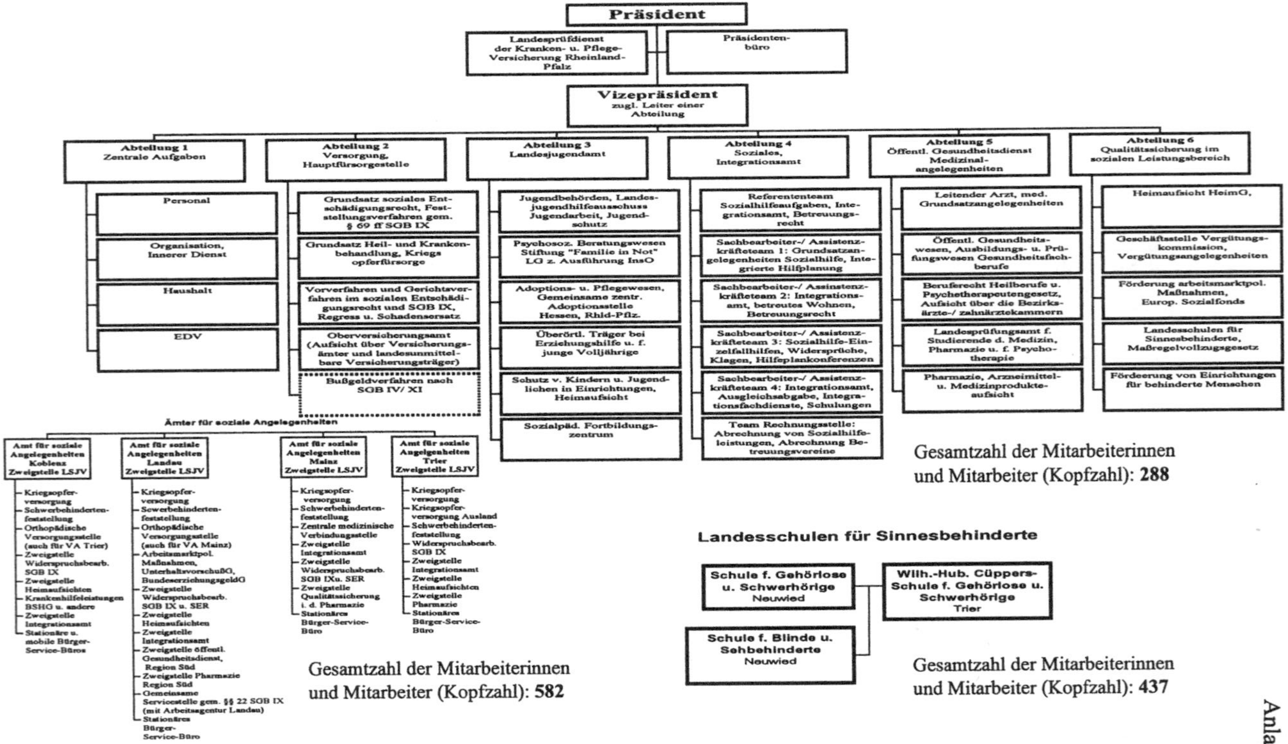

Quelle: Eigene Darstellung

Landesamt für Soziales, Jugend und Versorgung (Entwicklungskonzept)

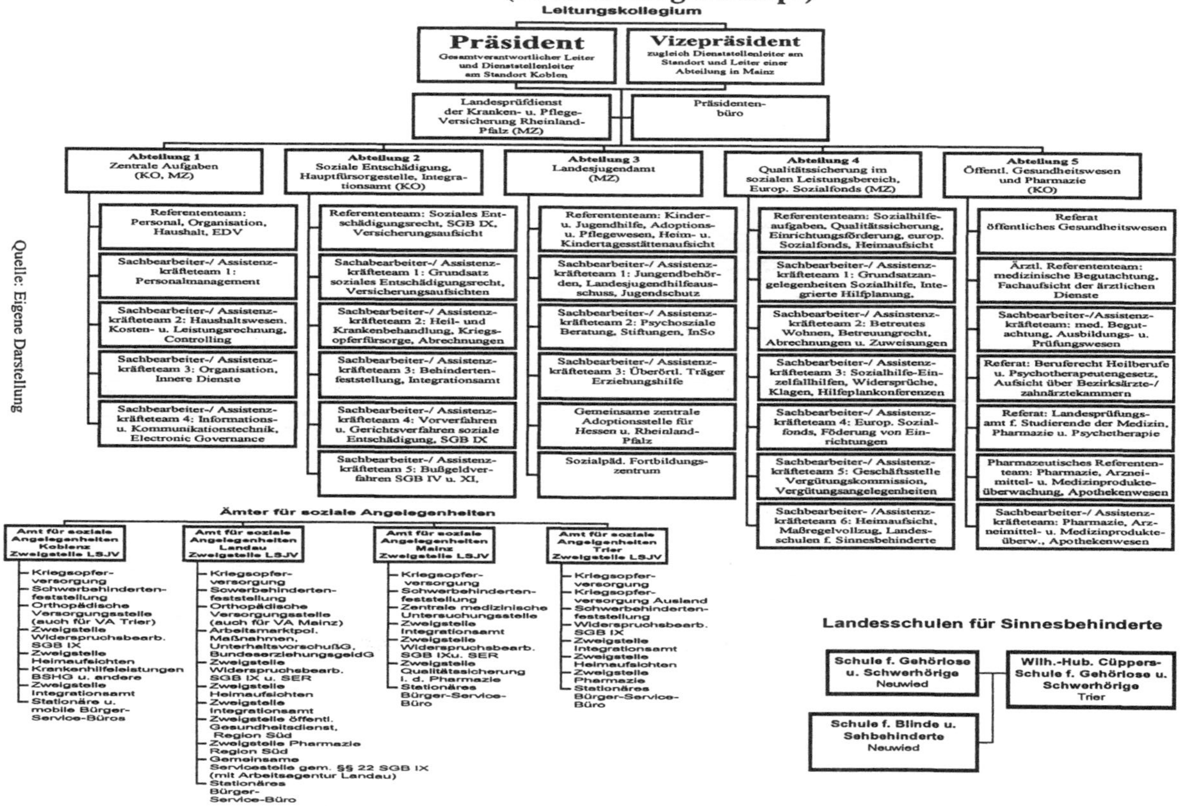

Quelle: Eigene Darstellung

Altersstruktur der Mitarbeiter des Geschäftsbereichs des Landesamtes für Soziales, Jugend und Versorgung (nach Geburtsjahrgängen)

Personalbestand 2000

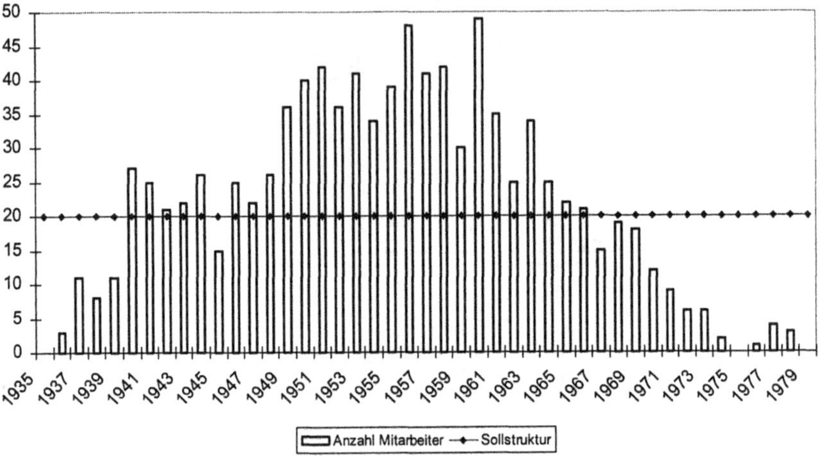

Personalbestand 2004

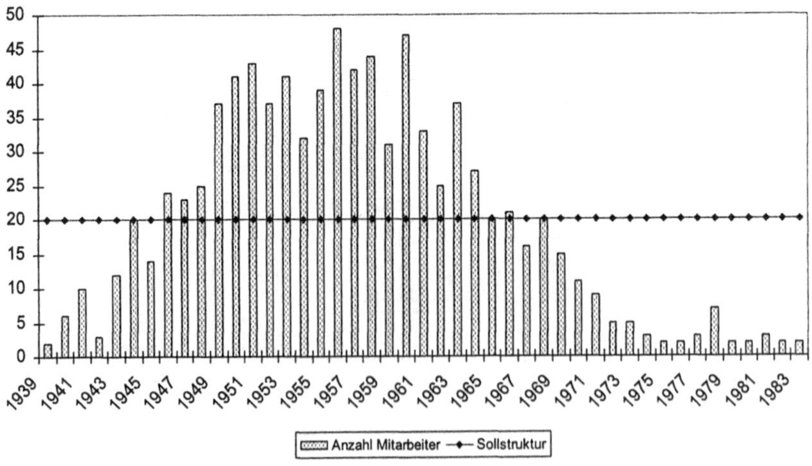

Quelle: Eigene Darstellung

Struktur der Aufsicht im Verwaltungsaufbau

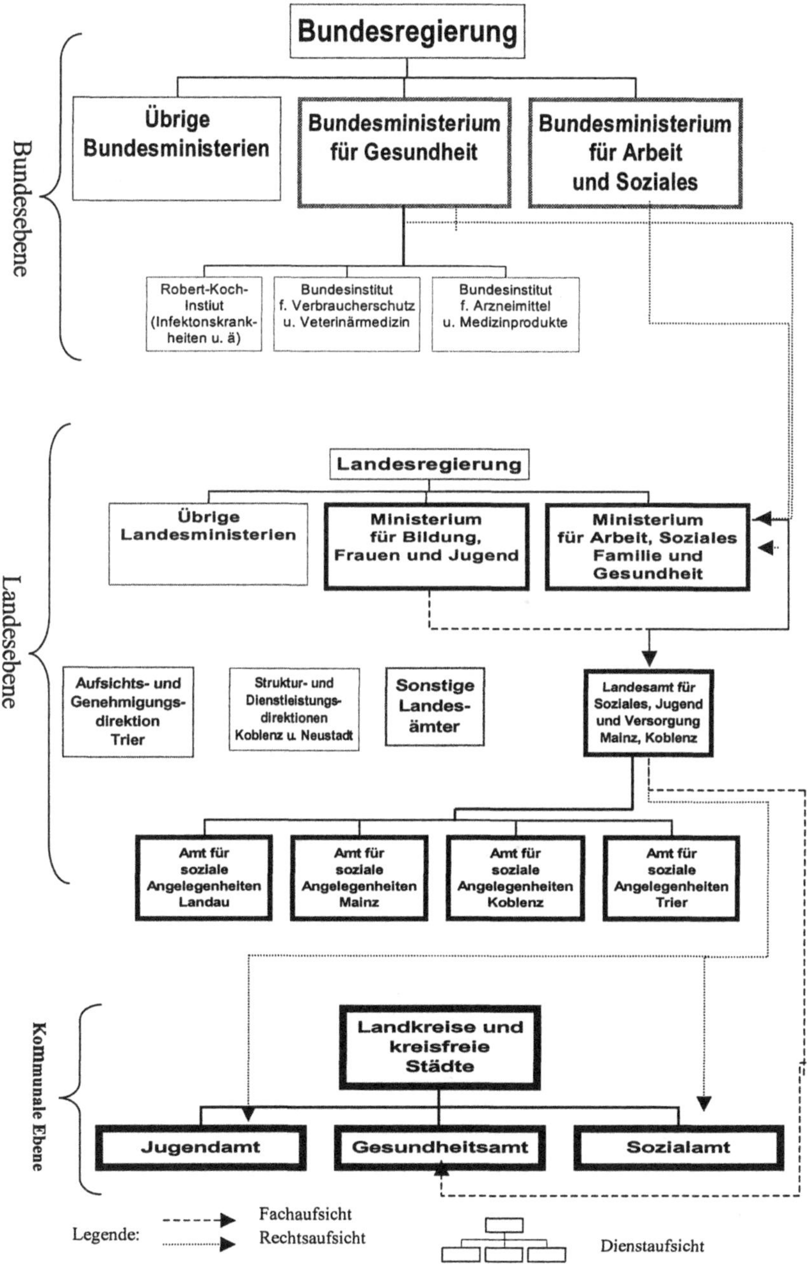

Quelle: Eigene Darstellung

Speyerer Schriften zur Verwaltungswissenschaft

Herausgegeben von Rainer Pitschas

Band 1 Rainer Pitschas: Trusted Governance due to Public Value Management. Public Governance in Europe between Economization and Common Weal: A Value-Based Concept of Public Administration. 2006.

Band 2 Dieter Puschke: Sozialverwaltung im aktivierenden Staat. Die Reform der Sozialverwaltung zwischen Aufgabenkomplexität, bundesstaatlichen Rahmenbedingungen und Effizienzanforderungen am Beispiel des Landesamtes für Soziales, Jugend und Versorgung in Rheinland-Pfalz. 2006.

www.peterlang.de

FSC
www.fsc.org
MIX
Papier | Fördert gute Waldnutzung
FSC® C083411

Kolibri 360 GmbH
Ferdinand-Jühlke-Straße 7
99095 Erfurt, Deutschland
produktsicherheit@kolibri360.de

Druck:
CPI Druckdienstleistungen GmbH
im Auftrag der
Kolibri 360 GmbH
Ferdinand-Jühlke-Str. 7
99095 Erfurt